राहुल वाङ्मय

राहुल-वाङ्मय

परामर्श

डॉ. विद्यानिवास मिश्र

डॉ. नामवर सिंह

डॉ. निर्मला जैन

सम्पादन

कमला सांकृत्यायन

सम्पादन सहयोग

बसन्तकुमार कपूर

रामकुमार कृषक

संयोजन

जया पड़हाक

जेता सांकृत्यायन

राधाकृष्ण प्रकाशन

राहुल वाङ्मय

खण्ड एक

जीवन-यात्रा

जिल्द 3

ISBN : 978-81-7119-185-7

राहुल वाङ्मय
खण्ड : एक–जीवन-यात्रा–जिल्द-3

पहला संस्करण : 1994
छठा संस्करण : 2024

मूल्य : ₹2250

प्रकाशक
राधाकृष्ण प्रकाशन प्राइवेट लिमिटेड
जी-17, जगतपुरी, दिल्ली-110 051
शाखाएँ : अशोक राजपथ, साइंस कॉलेज के सामने, पटना-800 006
पहली मंजिल, दरबारी बिल्डिंग, महात्मा गांधी मार्ग, प्रयागराज-211 001
1, अनमोल सोराबजी संतुक लेन, धोबी तलाव, मरीन लाइंस, मुम्बई-400 002
वेबसाइट : www.radhakrishnaprakashan.com
ई-मेल : info@radhakrishnaprakashan.com

मुद्रक
बी.के. ऑफसेट
नवीन शाहदरा, दिल्ली-110 032

MERI JEEVAN-YATRA-3
by Rahul Sankrityayan

महापंडित राहुल सांकृत्यायन (सीतापुर, 1948)

प्रकाशकीय

मूर्धन्य और अंतर्राष्ट्रीय ख्यातिप्राप्त विद्वान, अप्रतिम विभूति महापंडित राहुल सांकृत्यायन के जीवन और लेखन–उनके विराट व्यक्तित्व एवं बहुआयामी कृतित्व को जानने-पहचानने का बुनियादी साधन है उनकी आत्मकथा–उनकी लिखी 'मेरी जीवन-यात्रा'।

राहुल सांकृत्यायन साधु थे, बौद्ध भिक्षु थे, यायावर थे, इतिहासकार और पुरातत्ववेत्ता थे, नाटककार और कथाकार थे, और थे जुझारू स्वतंत्रता-सेनानी, किसान-नेता, जन-जन के प्रिय नेता। उनके अनन्य मित्र भदंत आनंद कौसल्यायन के शब्दों में, "उन्होंने जब जो कुछ सोचा, जब जो कुछ माना, वही लिखा, निर्भय होकर लिखा। चिंतन के स्तर पर राहुलजी कभी भी न किसी साम्प्रदायिक विचार-सरणी से बँधे रहे और न संगठन-सरणी से। वह 'साधु न चले जमात' जाति के साधु-पुरुष थे।"

इस साधु-पुरुष, विलक्षण लेखक के वाङ्मय के इस पहले खण्ड की पहली जिल्द में है 'मेरी जीवन-यात्रा' का पहला भाग : 9 अप्रैल, 1893 से अप्रैल, 1927 तक के जीवन का लेखा-जोखा। और है उनकी वैचारिक यात्रा के साथ ही भारतीय समाज की सामाजिक-सांस्कृतिक विकास-यात्रा को समझने का प्रयास।

राहुलजी के प्रारम्भिक जीवन के चित्र नहीं मिलते। 'राहुल संग्रहालय' में उपलब्ध चित्रों में से कुछ चुने हुए चित्र विभिन्न खण्डों की विभिन्न जिल्दों में दिए गए हैं।

प्रकाशन में जहाँ जो भी त्रुटियाँ रह गई हैं, उनके लिए हम हृदय से क्षमाप्रार्थी हैं।

विषयानुक्रम

मेरी जीवन-यात्रा : 3

मेरी जीवन-यात्रा : 4

अखिल भारतीय हिन्दी साहित्य सम्मेलन के सभापति महापंडित राहुल सांकृत्यायन भाषण पढ़ते हुए (बम्बई : दिसम्बर, 1947)

लेनिनग्राद विश्वविद्यालय में अपने साथियों के साथ राहुलजी (1946)। बैठे हुए : बाएँ से दूसरे–राहुलजी, डॉ. वारान्निकोफ, मदाम दीना गोल्दमान; खड़े हुए : बाएँ से–श्री सुलेकिन, वी. आई. कल्पानोव, वेरानोविकोवा आदि

श्रीमती एलेना नोरवो तोपना सांकृत्यायन (लोला), पुत्र इगोर के साथ (लेनिनग्राद : 1946)

अखिल भारतीय हिन्दी साहित्य सम्मेलन के सभापति राहुल सांकृत्यायन मंच पर
पं. गोविन्दवल्लभ पंत के साथ (बम्बई : 1947)

पार्वती कोठी, कलिम्पोंग (जुलाई '49 से फरवरी '50 तक का निवास स्थान)

मेरी जीवन-यात्रा
3

'बेड़े की तरह पार उतरने के लिए मैंने विचारों को स्वीकार किया, न कि सिर पर उठाये-उठाये फिरने के लिए।'

दो शब्द[1]

वह यात्रा 17 अगस्त 1947 में समाप्त हुई थी, किन्तु इसके लिखने का काम 25 नवम्बर 1951 में खतम हुआ। 4 साल बाद इसको लिखा गया, यह आश्चर्य की बात नहीं है। शायद अब भी इसमें हाथ नहीं लगता यदि डायबेटीज़ ने मुझे मसूरी के साथ चिपका न दिया होता। डायबेटीज़ को मैं रोग नहीं मानता, यदि यह रोग है तो वैसे ही जैसे अन्धापन और लँगड़ापन। वह मेरे काम में बाधक नहीं हो रही है, इसका एक उदाहरण तो यही पुस्तक है। रूस के 25 मास के निवास में मैंने जो सामग्री मध्य-एसिया के इतिहास के लिखने के लिए जमा की थी, और जिसके ही कारण एक तरह मैं लंदन के रास्ते आने के लिए मजबूर हुआ, उसका उपयोग भी मैंने इसी साल मसूरी में किया और इस यात्रा से दूने आकार की प्रथम जिल्द 'मध्य-एसिया का इतिहास' लिखकर तैयार हो गया है। इसलिए डायबेटीज़ से मुझे शिकायत करने का कोई हक नहीं। यात्राओं का आकर्षण कम नहीं रहा है। यह यात्रा किन परिस्थितियों में और कैसे हुई, इसके बारे में पुस्तक में ही काफी आ चुका है। ईरान से आगे तो मैंने श्रृंखलाबद्ध यात्रा लिखने की कोशिश की है, ईरान रास्ते में आया था, और वह यात्रा का कोई मुख्य लक्ष्य भी नहीं था; इसलिए उसके बारे में ज्यादा विस्तार में नहीं लिखा।

यात्रा करने में सहायक होनेवाले कितने ही इष्ट-मित्र रहे, जिनके प्रति कृतज्ञ रहते हुए भी सबका नाम देना यहाँ मुश्किल है। भाई सरदार पृथ्वीसिंह ने ईरान की निराशा की अवस्था में केवल पैसे भिजवाकर ही सहायता नहीं दी, बल्कि वह, और दो एक और मित्रों का अगर आग्रह न होता, तो शायद मैं उतने दिनों तक ईरान में ठहरने के लिए तैयार न होता। मिर्ज़ा महमूद अस्फहानी जैसे अकारण बन्धु के गुणों के बारे में मैं काफी कह चुका हूँ। भारत में आकर मैंने कलकत्ता में उनसे मिलने की कोशिश की, लेकिन वह मिल नहीं सके। इतना मालूम हुआ, कि उनकी नवपरिणिता बीवी इज्जत खानम भारत आयी थीं और यहाँ से चली भी गई। एक-दो बार पुराने पते पर चिट्ठी लिखी, लेकिन कोई जवाब नहीं मिला। इसमें संदेह है कि वह अब भारत में हैं। शायद पाकिस्तान में हों, या उससे भी अधिक सम्भावना उनके ईरान में जाने की है। एक पुराने मित्र के उपकारों के प्रति कृतज्ञता प्रकट करने में भी बहुत आनन्द आता है, लेकिन मिर्ज़ा महमूद के प्रति वैसा करने को भी मेरे पास साधन नहीं हैं। यह भी बहुत संदिग्ध है, कि वह मेरी इस पुस्तक में लिखी अपने सम्बन्ध की पंक्तियों को पढ़ सकेंगे। तो भी महमूद को मैं उन सहृदय रत्नों में मानता हूँ, जिनके जैसे बहुत थोड़े लोगों से मुझे मिलने का मौका मिला।

---

1. 'मेरी जीवन-यात्रा' का यह भाग पहले 'रूस में पच्चीस मास' नाम से प्रकाशित हुआ था, यह 'दो शब्द' उसी से हैं।

क्वेटा में कागज-पत्र ठीक कराने के लिए मुझे अक्तूबर 1944 में ठहरना पड़ा था, उस वक्त अपने 10-11 वर्ष के सहचर कैमरे को मैं आज्ञा न मिलने के कारण छोड़ गया था। 10-11 वर्ष काम कर चुकने के बाद उस पुराने मोडल के रोलेफ्लैक्स कैमरे का मूल्य निकल आया था, लेकिन उसके साथ कई बार तिब्बत, फिर जापान, कोरिया, रूस, ईरान आदि की यात्रा की थी, इसलिए उसके प्रति एक तरह का कोमल सम्बन्ध स्थापित हो गया था। जिसके पास उसे अमानत रूप में रख गया था, उसने हमारे बतलाये स्थान पर लौटाने की तकलीफ नहीं की। अब उनसे भी क्या शिकायत हो सकती है। क्वेटा के हजारों हिन्दू जिस तरह अपने आशियाने को छोड़ने के लिए मजबूर हुए और जहाँ-तहाँ बिखर गये, वही हालत उसकी भी हुई होगी। अब तो वह मेरे दुर्भाव नहीं, बल्कि सहृदयता के पात्र हैं।

यात्रा में मैंने इस बात को स्वीकार किया है, कि सोवियत के साथ की मेरी मैत्री 33-34 वर्षों पुरानी है। यह मेरी तीसरी यात्रा उस देश में थी। यदि मैं कहूँ कि मैं वहाँ के लोगों के बहुत घनिष्ट सम्बन्ध में आया, तो शायद इसमें अतिरंजन से काम नहीं ले रहा हूँ। मैंने अपनी यात्रा में ऐसी बातों को भी लिखने में संकोच नहीं किया है, जिनको कि अच्छा नहीं कहा जा सकता। लेकिन वह पृष्ठभूमि का ही काम देती हैं, जिसमें कि वहाँ के गुणों को अच्छी तरह से देखा जा सकता है। मैंने मुक्तकण्ठ से अपने इस ग्रन्थ में भी स्वीकार किया है और यहाँ भी स्वीकार करता हूँ, कि सोवियत जीवन, सोवियत के विशाल निर्माण कार्य से न केवल सोवियत-शासनयुक्त देशों को ही लाभ हुआ है, बल्कि वह नवीन सोवियत राष्ट्र सारी मानवता की आशा है। आज या कल सभी देशों की सारी समस्याओं का हल उसी रास्ते होगा, जिस रास्ते पर 1917 में रूस पड़ा और जिस रास्ते को उससे 32 वर्ष बाद चीन ने पाने में सफलता पाई। जो पार्टियाँ और जननायक अपने को नवीन मानवता का पक्षपाती मानते हैं, संसार को सुख और शान्ति के मार्ग पर ले जानेवाला कहते हैं, यदि वह सोवियत रूस और चीन के साथ शत्रुता रखकर वैसा करना चाहते हैं, तो मैं समझता हूँ, वह अपने को और अपने पीछे चलनेवाली जनता को धोखा देते हैं। यह पढ़कर आश्चर्य होता है कि हमारे कितने ही सोशलिस्ट पार्टी के महानेता पृथ्वी पर सोशलिज़्म लाने के लिए रूस-चीन को बाधक और अमेरिका को साधक समझते हैं।

मैंने जगह-जगह पर दिखलाया है, कि कैसे साल-भर पहिले कुछ चीजों का अभाव और कुछ बातों में दुर्व्यवस्था देखी जाती थी, लेकिन साल-भर बाद ही उसमें भारी परिवर्तन हो गया। मेरे भारत लौटने के 4 महीने बाद सोवियत से राशनिंग हट गई। युद्धोपरान्त की पंचवार्षिक योजनाएँ आज मात्रा से अधिक पूरी हो चुकी हैं। पिछले 4 वर्षों में जहाँ सुख-समृद्धि के साधनों में रूस ने भारी प्रगति की है, वहाँ अणुबम जैसे घोर अस्त्रों का भी उसने आविष्कार कर लिया है। सैनिक तौर से वह अब दुनियाँ की सबसे सबल शक्ति है, लेकिन शान्ति का पक्षपाती जितना आज वह है, उतना दुनियाँ का कोई देश नहीं है। यह मानवता के लिए बड़ी प्रसन्नता की वात है, कि मानवप्रगति का सबसे बड़ा समर्थक और सहायक देश समृद्धि और शक्ति में दिन-प्रतिदिन आगे बढ़ता जा रहा है। अब वह अकेला नहीं है, बल्कि उसके साथ चीन जैसा महान् राष्ट्र है, जो कि दो पंचवार्षिक योजनाओं को समाप्त करने के बाद रूस की तरह ही समृद्ध और सबल राष्ट्र हो जायेगा।

अन्त में मैं इस यात्रा के लिखने में सहायक श्री हरिश्चन्द्र पुष्प के प्रति भी कृतज्ञता प्रकट करना चाहता हूँ, जिन्होंने मेरे बोलने का जल्दी-जल्दी टाइप करके पुस्तक को निर्विघ्न समाप्त करने में सहायता की।

हैपीवेली, मसूरी

राहुल सांकृत्यायन

1
ईरान में

परेदश में खाली हाथ

1944 के अक्तूबर के अन्त में किसी तरह पासपोर्ट पाकर मैं रूस के लिए रवाना हुआ। स्थल-मार्ग ही सस्ता तथा उस वक्त निरापद था, इसलिए मैंने ईरान की ओर पैर बढ़ाया। वैसे मेरी कोई यात्रा पैसे के बल पर कभी नहीं हुई, किन्तु उनमें यह सुभीता अवश्य था, कि "तेते पाँव पसारिए, जेती लांबी सौर" की नीति का पालन कर सकता था। युद्ध के कारण विदेशी विनिमय का मिलना बहुत मुश्किल था, जो मिलना था वह भी खर्च करने को देश के नाम-निर्देश के साथ। मुझे सवा सौ पौंड विनिमय मिला था, जिसमें 100 पौंड रूस में खर्च कर सकता था और 25 ईरान में। सोचा था दस-पाँच दिन तेहरान में रहना होगा, जिसके लिए 25 पौंड पर्याप्त होंगे, फिर तो वीसा लेकर सोवियत-भूमि में चल देना है, जहाँ लेनिनग्राद विश्वविद्यालय में संस्कृत की प्रोफेसरी प्रतीक्षा कर रही है।

उस वक्त क्वेटा से ट्रेन सीधे ईरान की सीमा के भीतर जाहिदान (पुराना नाम दुज्दाबपानीचोर) तक जाती थी। रजाशाह ने जर्मन नाजियों की विजय पर विजय देखकर उदीयमान सूर्य का स्वागत करना चाहा, किन्तु जर्मन भुजाएँ इतनी लम्बी नहीं थीं, कि ईरान तक पहुँच पातीं। रज़ाशाह पकड़ लिए गए, किन्तु दक्षिणी अफ्रीका में नजरबन्दी कुछ ही महीनों की रही, अल्लामियाँ ने बेचारे को अपने यहाँ बुला लिया और उनके साहबजादे को तख्त पर बैठा दिया गया। अब ईरान के अलग-अलग भागों पर अंग्रेज, अमेरिकन और रूसी सेनाएँ नियन्त्रण कर रही थीं। जर्मन सेना की विजय-यात्रा पराजय-यात्रा में परिणत हो चुकी थी। इसी समय 2 नवम्बर (1944 ई.) को सबेरे 6 बजे हमारी ट्रेन जाहिदान पहुँची। हम समझते थे, पिछली दो यात्राओं की भाँति कस्टमवालों से अभी काफी भुगतना होगा, किन्तु राज्य की असली बागडोर परदेशियों के हाथ में हो, तो ईरानी अफसरों को बहुत परेशानी उठाने की क्या आवश्यकता ? मैं अभी भी 'कस्टपरीक्षा' की प्रतीक्षा कर रहा था, इसी समय साथ के भाई ने कहा—वह तो मीरजावा (स्टेशन) में ही खत्म हो गया। स्टेशन से लारी ने नगर में पहुँचा दिया। 1937 से जाहिदान अब बहुत बढ़ गया था—युद्ध की बरक्कत। भारत से कितनी ही चीजें भी इस समय इसी रास्ते से रूस भेजी जा रही थीं। लारी ने एक अरक्षित-सी गराज में जा उतारा था। ऐसी कोठरी में सामान रखकर पासपोर्ट, मोटर टिकट आदि के प्रबन्ध के लिए इधर-उधर की दौड़-धूप करने जाना बुद्धिमानी की बात नहीं थी। मैं अपने दूसरे ही पूर्व-परिचित के ख्याल से सरदार मेहरसिंह (चकवाल) के मकान पर जा पहुँचा। अपरिचित होने पर भी बहुत प्रेम से मिले। बेटे की कुड़माई (सगाई) थी, दो कमरों में मिठाइयों और फल की तश्तरियाँ सजी हुई थीं। "मान न मान मैं तेरा मेहमान" तो मैं बनना नहीं चाहता था, किन्तु सुरक्षित स्थान

में सामान रखने के लिए लाचार था।

चीजें भारत में भी बहुत महँगी हो गई थीं, किन्तु यहाँ तो हमारे यहाँ का 20 रुपयों का बूट 100 में बिक रहा था। चीजों का दाम भारत से चौगुना-पाँच गुना था। उस पर "जोई राम सोई राम" अलग। मैं उसी दिन मशहद के लिए रवाना हो जाना चाहता था। दोपहर तक शहरवानी (कोतवाली) के कई चक्कर लगाए, किन्तु वहाँ पासपोर्ट का कहीं पता नहीं था। बतलाया गया, अभी कोरन्तीन से आया ही नहीं। कोरन्तीन के डाक्टर गरबी ने कहा–न मिले तो लारी छूटने से घंटा पहिले आना, मैं तुम्हारा पासपोर्ट दे दूँगा। लेकिन काम इतना आसान नहीं था। किसी ने सरदार लालसिंह का पता दे दिया। उन्होंने 50 तुमान पर (तुमान=एक रुपया, यद्यपि ईरानी बैंक उसे एक रुपए से कुछ अधिक का मानता था।) लारी का टिकट खरीद दिया। अगले दिन (3 नवम्बर) को भी सरदार लालसिंह ने दौड़-धूप की, तब दस बजे पासपोर्ट मिल सका, उसके बिना जाहिदान से आगे नहीं बढ़ा जा सकता था। आदमी अतीत के तरद्दुदों को जल्दी भूल जाता है, किन्तु ईरान की बस और लारी की यात्रा तो पूरी तपस्या है–शोफर (ड्राइवर) मुसाफिर की जान-माल के बादशाह हैं, जब मर्जी हुई चल पड़े, जब मर्जी हुई खड़े हो गए। रज़ाशाही कड़ाई हट गई थी, इसलिए फिर सड़कों पर बुर्का (पर्दा) आम दिखाई देता था, कितनी ही पगड़ियाँ भी दिखलाई पड़ती थीं, यद्यपि हैट बिल्कुल उठ नहीं गई थी।

लारी आठ बजे रात को चली। हमारी लारी में 31 बल्ती (काश्मीर) तीर्थयात्री भी थे, जो तिब्बती भाषा ही बोल सकते थे। मुझे कभी-कभी दुभाषिया भी बनना पड़ता था, वैसे अपनी प्रभुता से वह 26 तुमान में ही लारी का टिकट पा गए थे। तकलीफ भी बड़े महँगे भाव मोल लेनी पड़ी थी। नंगी पहाड़ियों की मानसून-वंचित भूमि थी। सड़क बनाने की सामग्री सब जगह मौजूद थी किन्तु सड़कों का भाग्य युद्ध ने ही खोला था। चार बजे रात तक लारी चलती गई, फिर दो घंटे के लिए खड़ी हो गई। हम लोग बैठे-बैठे ऊँघे। सूर्योदय को फिर चले। चाय के लिए एकाध जगह जरा देर ठहरते। एक बजे दिन को बिरजन्द पहुँचे। मील-डेढ़ मील आगे जाते ही लारी बिगड़ गई, एक बार तो निराशा छा गई, किन्तु घंटे-भर बाद वह फिर चेतन हो गई। रातों-रात मशहद पहुँचने की बात थी, लेकिन ड्राइवर पर नींद सवार हो गई, हमारे दम में दम आई, जबकि दो बजे रात (5 नवम्बर) को उसने गुनाबाद में विश्राम लेने का निश्चय किया। वह 10 बजे दिन तक सोता रहा। फिर बल्ती यात्रियों से बाकी किराए के लिए झंझट शुरू हो गया, उन्होंने कुछ सुन रक्खा होगा। कहते-सुनते 27 ने दोपहर तक किराया चुकाया, फिर लारी आगे बढ़ी। लारी पर यह तीसरा दिन था। एक-एक बार के खाने पर साढ़े तीन रुपए खर्च हो रहे थे।

अँधेरा हो चला था। दूर मशहद नगर के चिराग दिखाई देने लगे। ड्राइवर ने यात्रियों को दिखलाकर कहा–"शागिर्द (क्लीनर) को चिराग दिखाई की दक्षिणा दो।" ड्राइवर मानो साथ ही साथ पंडा भी था। लेकिन गरीब बल्तियों ने बड़ी कसाले की कमाई में से कुछ बचाकर मशहद शरीफ में इमाम रज़ा की समाधि के दर्शन के लिए वह यात्रा की थी, चीजों का दाम भी महँगा था, फिर वह कैसे हर जगह दक्षिणा देते फिरते ? उनके इन्कार करने पर शोफर ने "वहशी, जानवर, बर्बरी" जाने क्या-क्या उपाधियाँ उन्हें दे डालीं। एक जगह रूसी सैनिक ने लाल रोशनी दिखा गाड़ी खड़ी कराई, फिर चलकर नौ बजे रात को हम मशहद-शरीफ पहुँचे। पन्द्रह तुमान और सामान का देना पड़ा। दो-एक जगह भटकने पर जब होटल में जगह नहीं मिली, तो पंडाजी मूसा साहिब के प्रस्ताव को स्वीकार करना पड़ा। दुरेश्की (फिटन) ने चार तुमान और मजूर ने दो तुमान लेकर गली में पंडाजी के घर पर पहुँचा दिया। हर जगह के पंडों की भांति यहाँ के पंडे भी यजमान के आराम का ख्याल रखते हैं और तुरन्त ही सारे सोने के अंडों को निकालवाने की बात न करने पर भी अधिक से अधिक दक्षिणा पाने की कोशिश करते हैं। मैंने कह दिया–यथाशक्ति-तथाभक्ति।

सबेरे (6 नवम्बर) रूसी कौन्सल के पास गया। सोचा, कहीं यहीं से अशकाबाद होकर वीसा मिल जाए, तो दिक्कत से बच जाऊँ, किन्तु वह कहाँ होनेवाला था। रुपए के रूप में लाए सिक्के खतम हो गए थे, अब ईरान में खर्च करने के लिए प्राप्त 25 पौंडों पर हाथ डालना था। 10 पौंडों के चैक के बंक शाहंशाही से 128 तुमान मिले, जिसमें 75 तुमान तो तेहरान की बस का किराया देना पड़ा, तीन तुमान मूसा साहेब को और

साढ़े चार तुमान मजूरों को भी। पैसों के पर उग आए थे, उनको उड़ते देर नहीं लग रही थी। सूर्यास्त के समय बस रवाना हुई। 7 नवम्बर के दिन और रात चलते रहे। अत्तारी गाँव में बारह बजे रात को आराम के लिए ठहरे। उताक (कमरे) का किराया दो तुमान (रुपया) दे दिया, लेकिन पीछे पिस्सुओं से परास्त हो बाहर लेटना पड़ा।

सबेरे फिर चले। समनान की मँड़इयों का पता नहीं था, अब तो वहाँ बड़े-बड़े पक्के घर खड़े थे, पैट्रोल जो निकल आया था। रेल भी आ गई थी, किन्तु हमें तो बस ही से तेहरान पहुँचना था। दोपहर बाद हाजियाबाद में रूसी चौकी आई। सोवियत कौंसल का दिया पास यहाँ दे दिया। पास लेनेवाला रूसी सैनिक बहुत रूखा था, यद्यपि वही बात उसके लिए एशियाई साथी की नहीं थी।

हमारी बस में अधिकतर यात्री तब्रेजी तुर्क थे, जिनमें टोपवालों से पगड़ीवाले अधिक थे। साथ में कारतूस-मालाधारी एक सरकारी अफसर साहेब थे जो अपने तिरियाक (अफीम) को बड़े दिखलावे के साथ पीना पसन्द करते थे–कानून के बाबा जो थे। 30-32 किलोमीटर तेहरान रह गया था, जब कि उनका तिरियाक पकड़ा गया। पहिले उन्होंने कुछ रोब दिखलाना चाहा, किन्तु उससे कुछ बननेवाला नहीं था। बस रुकी रही। कारतूसी माला डाले अभिमान के पुतले तिरियाकी साहब ने 500 तुमान रिश्वत के गिन दिए और साथ ही उन्हें अफीम से भी हाथ धोना पड़ा, फिर जाकर छुट्टी मिली। हम सात बजे रात को ईरान की राजधानी (तेहरान) में पहुँचे।

पहिले तो कहीं पैर रखने की जगह बनानी थी, फिर सोवियत वीसा की फिकर में पड़ना था। चिरागबर्क सड़क पर 5 कहकर 6 तुमान रोज का एक कमरा 'मुसाफिरखाना तेहरान' में मिला। उसी रात पता लगा, यहाँ 20 तुमान (रुपया) रोज से कम खर्च नहीं पड़ेगा, और हमारे पास थे केवल 15 पौंड या 192 तुमान अर्थात् सिर्फ दस दिन की खर्ची। बस से यहाँ पहुँचनेवाले एक सहयात्री अभी और आशा बाँधे हुए थे। अगले दिन 5 तुमान देकर उनसे पिंड छुड़ाया।

अगले दिन हम्माम कोरवी के पास कूचा-उन्सरी में अपने पूर्वपरिचित आगा अमीर अली दीमियाद से मिलने गए। छै ही साल में इतने बूढ़े मालूम होने लगे ! फिर सोवियत कौंसल के यहाँ गए। कहा गया–पहिले अंग्रेजी दूतावास की सिफारिशी चिट्ठी लाओ, फिर बात करो। मनमारे पहुँचे अंग्रेजी दूतावास में, और भारतीय विभाग के मुखिया मेजर नकवी के सहायक रिज्वी साहेब से मिले। रिज्वी प्रयाग (शाहगंज) के रहनेवाले थे, इसलिए प्रदेशभाई, और नगरभाई के तौर पर बड़े प्रेम से मिले, अगले सात महीनों तक उनका वैसा ही सौहार्द्र रहा। उन्होंने सोवियत वीसा का मिलना आसान नहीं बतलाया।

हमारे सामने कड़ी समस्या थी–192 तुमान और रोजाना 20 तुमान का खर्च ! वहीं अब्बासी उर्फ बोस महाशय बैठे थे, उनसे भी परिचय हो गया। वह स्वयं अपनी बीवी-बच्ची (ईरानी) लिवाने आए थे। महीनों बीत जाने पर भी कहीं कूल-किनारा नहीं देख पा रहे थे। मेरी चिन्ता में उन्होंने बड़ी संवेदना प्रकट की। रास्ते में उन्होंने अपने 30 तुमान मासिकवाले कमरे को मेरे हवाले करने का प्रस्ताव किया। मैंने सोचा 150 की जगह मकान का 30 ही तो हुआ। उन्हीं के साथ टैक्सी में सामान रखवा के मैं खयाबान-फरिश्ता के उस घर में चला आया। दीमियाद साहब का मकान भी पास ही था, यह प्रसन्नता की बात थी। यद्यपि 192 तुमानों के 15 पौंड के चेक तथा आगे के अनिश्चित समय को देखकर हृदय-कम्पन दूर नहीं हुआ था, किन्तु इतना तो समझ गए कि अब 20 तुमान से कम शायद 10 तुमान में ही रोज का खर्च चल जाए। 9 नवम्बर की रात को बहुत इतमीनान से सोए। अब्बासी अपनी ससुराल में रहते थे, वह वहाँ चले गए।

अगले दिन चिन्ता दुगने जोर से बढ़ी, जब मालूम हुआ कि अब्बासी ने दो महीने का किराया मकान-मालकिन को नहीं दिया है तो भी "दुनियाँ बा-उम्मीद कायम।" हम हिसाब बाँध रहे थे–"रोज डेढ़ तुमान रोटी, मक्खन, खजूर पर गुजारा और इन्सान के बेटे पर भरोसा। चार तुमान रोज से ज्यादा नहीं खर्च करना होगा। 160 तुमान में 10 दिसम्बर तक चलाएँगे। तब भी 32 तुमान बच जाएँगे। अँगूठी और रिस्टवाच की जंजीर के तीन तोले सोने पर तीन मास और खपा देंगे। 10 फरवरी तक यहाँ इन्तिजार कर सकते हैं।" वीसा न मिला

तो ? भविष्य प्रकाशमान नहीं था।

अगले दिन (11 नवम्बर) 10 पौंड भुनाना जरूरी था। अब्बासी का 15 तुमान उधार था, भुनाकर 128 में से अब्बासी को 15 देने लगा, तो उन्होंने 50 तुमान किसी जल्दी के काम के लिए माँग लिये और मैंने सहज भाव से दे दिये। अब हाथ में 63 तुमान तथा 5 पौंड का चेक रह गया। वीसा के बारे में दौड़-धूप करने पर उस दिन की डायरी में लिखना पड़ा, "अपने बारे में तो अभी आशा की किरण नह, दिखलाई पड़ती।"

डेढ़ तुमान रोज पर गुजारा करने का निश्चय कर चुका था, किन्तु (12 नवम्बर) को तीन तुमान गर्माबा (स्नानागार) को ही देना पड़ा। 13 नवम्बर तक अब्बासी से परिचय चार दिन का हो गया था और उनके कई दोष-गुण मालूम हो गये थे। उनको दिए पचास तुमानों के लौटने की आशा नहीं थी, ऊपर से दो मास के बाकी किराये के 60 तुमान के देनदार भी बनने जा रहे थे ! लेकिन अब्बासी का दूसरा भी पहलू था, जिससे वह सच्चे मानवपुत्र जँचते थे। वह बहुत अधिक नहीं बोलते थे, साथ ही बहुत अल्पभाषी भी नहीं थे। "न ह्येकं अपि सत्यं स्यात्, पुरुषे बहुभाषिणी" के अनुसार उनकी बातों में बिल्कुल सत्य का कोई अंश नहीं था, यह बात नहीं थी, तो भी उस जंगल में से सत्य को ढूँढ़ निकालना मुश्किल काम था। यदि 9 नवम्बर को अब्बासी मिले थे, तो अगले दिन आगा दीमियाद के यहाँ दूसरे मानवपुत्र मिर्जा महमूद अस्पहानी से भी परिचय प्राप्त हुआ।

तेहरान में

मैं सन् 1944 के जाड़ों में तेहरान पहुँचा था। 7 नवम्बर (1944) से 2 जून (1945) तक वहीं इस आशा में पड़ा रहना पड़ा, कि वीसा मिले और सोवियत के लिए रवाना हो जाऊँ। यद्यपि यह आवश्यक तथा बहुत कुछ दुर्भर प्रतीक्षा थी, लेकिन करता तो क्या करता ? सोवियत वीसा तभी मिला, जब यूरोप में युद्ध समाप्त हो गया, और जर्मनी ने हथियार डाल दिया, लेकिन इस सात महीने की प्रतीक्षा को बिल्कुल बेकार भी नहीं कहा जा सकता। तेहरान उस वक्त केवल अन्तर्राष्ट्रीय अखाड़ा ही नहीं, राजनीतिक बल्कि सैनिक अखाड़ा भी था। राजनीतिक अखाड़ा बल्कि तब नहीं कहा जा सकता था, क्योंकि ईरान के बिल्कुल अमेरिका के हाथ की कठपुतली हो जाने के कारण खेल बराबर पर नहीं हो रहा था।

तेहरान मेरे देखते-देखते बहुत बढ़ गया। प्रथम विश्व-युद्ध के बाद वह एक लाख से कुछ ही अधिक का पुराने ढंग का नगर था। उसकी गलियाँ तंग और अँधेरी थीं। चौड़े रास्तों को ही सड़क कहा जाता था, पक्की सड़कों का उस समय कहीं पता नहीं था। 1935 में जब पहिले-पहिल मैं तेहरान पहुँचा, तो वह दो लाख से कुछ ऊपर का शहर था। सड़कें चौड़ी, सीधी और पक्की हो चुकी थीं। सड़कों पर विशेषकर केन्द्रीय स्थानों में आधुनिक ढंग की इमारतें खड़ी थीं। 1937 की द्वितीय यात्रा में शहर का आकार काफी बढ़ गया था, भारत से लौटे मेरे ईरानी मित्र आगा दीमियाद ने अपना मकान शहर के छोर पर बनवाया था, जहाँ आसपास बहुत-सी खाली जगह पड़ी हुई थी। 7 बरस बाद तीसरी यात्रा में अब उनका मकान घनी बस्ती के भीतर था, और आबादी 7-8 लाख से ऊपर हो चुकी थी, जिसमें मित्र-शक्तियों की सेनाएँ और वृद्धि कर रही थीं। यद्यपि अँग्रेजी, अमेरिकन और रूसी सेनाओं के रहने के लिए शहर से बाहर अलग-अलग स्थान नियत थे, किन्तु तो भी सेना का शहर से सम्बन्ध तो था ही। साधारण नहीं तो असाधारण शौकीनी की चीजें खरीदने के लिए सैनिकों को वहाँ जाना पड़ता था। सिनेमा और दूसरी मनोरंजन की सामग्री भी वहीं थी। सड़कों पर अपने-अपने देश की वर्दियाँ पहिने सैनिक घूमा करते थे।

ऊँचे स्थानों की राजनीति तो यही थी, कि रज़ाशाह–जिसे नये ईरान का निर्माता कहा जाता है–जर्मन नाजियों का पक्षपाती था। उसने मुल्लाओं की धर्मान्धता के विरुद्ध ईरान के जातीय अभिमान को खड़ा किया। हरेक रजाशाही ईरानी तरुण अरबों और अरबी संस्कृति पर 4 लात लगाकर अपने को कौरोश और दारयोश के आर्यत्व का उत्तराधिकारी मानने लगा। हिटलर के आर्यत्व के प्रचार के पहिले ही रज़ाशाह ने अपने यहाँ उसकी ध्वजा गाड़ दी थी, इसलिए कोई आश्चर्य नहीं, यदि हिटलर की नीति के साथ ईरान ने भी अपनी नीति

को जोड़ दिया। लेकिन यह नीति का जोड़ना केवल आर्यत्व की भावना के कारण नहीं हुआ। जर्मनी ने जिस तरह यूरोप के प्रायः सारे भाग को हड़पकर अफ्रीका की ओर पैर फैलाया था, उससे रज़ाशाह को विश्वास हो गया था, कि अब की विजय जर्मनी की होगी। इसीलिए उसने उगते सूर्य को नमस्कार करना चाहा। चाहे इंगलैंड और अमेरिका अभी अफ्रीका में हिटलर के बढ़ाव को न रोक सकते हों, किन्तु रज़ाशाह की रक्षा के लिए हिटलर की बाँह अभी उतनी बड़ी नहीं थी; इसीलिए एक ही झोंक में मित्र-शक्तियों की सेनाओं ने ईरान को अपने अधीन कर लिया। रज़ाशाह को बन्दी बना उसे दक्षिण-अफ्रीका भेज दिया। रज़ाशाह ने एक साधारण तुर्क-परिवार से बढ़कर एक राजवंश की स्थापना की, इसलिए उसका गद्दी से वंचित होना कोई बड़ी बात नहीं थी, लेकिन उसका लड़का (वर्तमान शाह) तो शाहजादा था। हिटलर को हराने के लिए रूस की सहायता की आवश्यकता भलेई मालूम होती हो, किन्तु इंगलैंड और अमेरिका रूसी राज-व्यवस्था को छूत की बीमारी समझते थे। जिस समय जर्मन सेना रूस के भीतर बढ़ रही थी, उस समय रूस इस स्थिति में नहीं था, कि अपनी किसी बात के लिए जिद करे। ब्रिटिश तथा अमेरिकन साम्राज्यवादी सिर्फ उस समय होती लड़ाई को जीतने की ही फिक्र में नहीं थे, बल्कि युद्ध के बाद अपने साम्राज्य की भी चिन्ता करते थे। इसलिए वह किसी तरह का भारी हेरफेर नहीं होने देना चाहते थे। इस प्रकार रज़ाशाह युद्ध की भेंट हुआ, किन्तु उसका राजवंश बचा दिया गया।

तेहरान की सड़कों पर सैकड़ों की तादाद में घूमते इन विदेशी सैनिकों को देखकर मालूम हो जाता था, कि ईरान अपने वश में नहीं है। लेकिन जहाँ तक रोज-रोज के शासन का सम्बन्ध था, वह ईरानियों के ही हाथ में था। रज़ाशाह की हकूमत एक तानाशाही या आभिजात्य तानाशाही हकूमत थी। उसमें साधारण जनता या साधारण बुद्धिजीवियों को अपनी आवाज बुलन्द करने का कोई अधिकार अथवा अवसर प्राप्त नहीं था। सारे देश में खुफिया पुलिस का जाल बिछा हुआ था। ईरानी स्त्री-पुरुष देश के भीतर भी एक जगह से दूसरी जगह जाते गिरफ्तार होके रहते, यदि उनके पास अपने चित्र सहित जाबाज़ (पासपोर्ट) न रहता। एक तरफ रज़ाशाह ने इस तरह सारे देश को जकड़बन्द कर रखा था–जिससे उसके शत्रुओं का सर्वथा उच्छेद भी नहीं हो गया था–लेकिन दूसरी ओर वह कभी-कभी अपनी निर्भीकता को भी दिखलाना चाहता था। 1937 में एक बार मैं सरकारी सचिवालय के पास से जानेवाली सड़क पर जा रहा था, उसी समय एक कपड़े के हूडवाली साधारण मोटर पर ड्राइवर के पास बैठे एक आदमी को जाते देखा। तस्वीर देखने से चेहरा परिचित था, इसलिए मुझे संदेह हुआ लेकिन सन्देह की गुन्जाइश नहीं रही, जबकि आसपास और कितने ही लोगों को उधर गौर से देखते तथा "आला हज़रत" का नाम लेकर इशारा करते देखा। अब भी जावाज आदि के सम्बन्ध में रज़ाशाही कानून का ही पालन हो रहा था, किन्तु युद्ध ने बहुत-सी बँधी हुई मुश्कों को खोल दिया था। 20-20 बरस तक जेल में सड़ के अनेक देश-भक्त बाहर निकल आये। सोवियत की सेनाएँ पास में मौजूद थीं, जिनसे मजूरों और बुद्धिजीवियों का साहस बढ़ गया था। उनका संगठन तूदे (जनता) बहुत मजबूत होता जा रहा था। बुद्धिजीवियों पर उसका प्रभाव था–आज तूदा अवैध संस्था है। साम्यवादी असर को बढ़ते देखकर भी ऐंग्लो-अमेरिकन साम्राज्यवादी युद्ध के वक्त उसे दबाने के लिए सर्वथा सुरक्षित बनाना चाहा, लेकिन सोवियत के कारण उन्हें साहस नहीं हो रहा था। ईरानी आजुर्बायजान–काकेशश पर्वतमाला तथा कास्पियन समुद्र के बीच में अवस्थित विशाल आजुर्बायजान का एक ही अंश है। इसका उत्तरी भाग अर्थात् सोवियत आजुर्बायजान एक स्वतन्त्र प्रजातन्त्र के तौर पर सामूहिक खेती और उद्योग-धन्धों से सम्पन्न सुशिक्षित राष्ट्र हो गया है, जबकि ईरानी आजुर्बायजान सब तरह से पिछड़ा हुआ प्रदेश था। युद्ध के समय सोवियत के नागरिकों के साथ साक्षात् सम्पर्क हुआ। उन्होंने देखा कि सोवियत सेना में किस तरह आजुर्बायजानी, तुर्कमान, उजबेक, काजार, रूसी या उकरैनी सभी एक समान पूर्ण बन्धुता के साथ रहते हैं। इसका असर इन पर पड़ना जरूरी था। ईरानी आजुर्बायजान ने स्वतन्त्रता की माँग नहीं की, बल्कि अपना स्वायत्त शासन स्थापित कर लिया; जिसे अमेरिका की मदद से ईरानी सरकार ने बड़ी बुरी तरह से दबा दिया। जब देख लिया, कि सोवियत राष्ट्र युद्ध को आगे बढ़ाने का कारण नहीं बन सकता, तो अमेरिका की शह में पड़कर ईरानी सरकार ने सभी तरह से वामपक्षी

संगठनों को नष्ट करने का निश्चय कर लिया। आज जिन संगठनों को लुक-छिपकर ही काम करने का मौका मिलता है, उस समय उनमें जान थी।

मित्र-शक्तियों के सैनिकों के सम्बन्ध में ईरानियों की क्या राय थी, इसके बारे में मैं एक ईरानी भद्र महिला की बात सुनाता हूँ। उनके पिता भारत में कई साल से रह रहे थे, और शायद अब भी यहीं हैं। अपनी शिक्षा-दीक्षा से उक्त महिला को अर्ध-भारतीय कहा जा सकता है। वह कह रही थीं–जिस फुटपाथ पर मैं चल रही हूँ, अगर उसी पर सामने से अमेरिकन या ब्रिटिश सैनिक आता देखूँगी, तो मैं पहिले ही उसे छोड़कर दूसरी ओर के फुटपाथ से चलने लगूँगी; लेकिन अगर सामने से कोई रूसी सैनिक आता हो, तो मैं जरा भी नहीं हटूँगी। मैंने कहा–तब तो आप उसको धक्का देती चली जायेंगी। महिला ने हँसते हुए कहा–हाँ बिल्कुल ठीक है, धक्का लग जाने पर भी कोई डर की बात नहीं है। रूसी सैनिकों के बारे में वहाँ तरह-तरह की दन्त-कथाएँ प्रचलित थीं। एक दिन भारत से लौटे एक दूसरे ईरानी विद्वान की वृद्धा पत्नी कह रही थीं–हम लोग माजन्दरान के रहनेवाले हैं, जो रूसी सीमा के पास है। वहाँ रूसी सैनिक छावनियाँ डाले पड़े हुए हैं। एक बात उनके बारे में अभी सुनी, किसी रूसी सैनिक ने किसी के बाग से बिना पूछे बिना दाम दिए एक सेब तोड़ लिया था, जिस पर उसे सरे-बाजार कोड़ा लगाने की सजा हुई थी। क्या यह अति नहीं है ? मुझे इस घटना की सत्यता-असत्यता का क्या पता था, कि जवाब देता। लेकिन रूसी सैनिकों को लोग भ्रष्ट होने की सीमा से परे समझते थे। अमेरिकन सैनिक दोनों हाथ से पैसे लुटाते थे। ईरानी, और उनसे भी ज्यादा रूसी क्रांति के वक्त भागे श्वेत रूसी तो समझते थे कि उनके पास सोने की खान है। पहिले महीने-दो महीने तक जिस घर में मैं रहता था, उसके पास के कमरे में एक श्वेत रूसी वृद्धा अपनी तरुणी पुत्री के साथ रहती थी। उनके यहाँ जब-तब कोई अमेरिकन सैनिक आता रहता था। वह तो मना रही थीं, कि मेरी लड़की किसी अमेरिकन के साथ ब्याह कर लेने का सौभाग्य प्राप्त करे, तो भाग्य खुल जाएँ।

तेहरान में भारतीय सैनिक भी कई हजार थे। प्रथम विश्व-युद्ध के समय भी ईरान में कहीं-कहीं भारतीय सैनिक रहे थे, किन्तु तब भारतीय केवल सिपाही-भर थे। अब तो कितने ही कप्तान, मेजर और कर्नल थे। लेकिन अभी हिन्दुस्तान अंग्रेजों का गुलाम था, इसलिए भारतीय सैनिकों के प्रति किसी का कोई भाव-दुर्भाव नहीं था। उनका वेतन भी कम था, इसलिए पैसा खर्च करने में उतनी मुक्तहस्तता नहीं दिखला सकते थे, जितने कि अंग्रेज और अमेरिकन सैनिक।

युद्ध ने सभी जगह चीजों का मोल बढ़ा दिया था। भारत में भी रुपए का दो सेर आटा हो गया था, 10 रुपए के जूते 20 रुपए में बिक रहे थे, लेकिन तेहरान में तो वह जूता सौ पर भी नहीं मिलता। वहाँ सभी चीजें बहुत महँगी थीं। 1935 में दो आना, छै पैसा सेर बढ़िया अंगूर बिकता था, और अब वह उसी भाव बिक रहा था, जिस भाव में बम्बई या लाहौर में। खाने की चीजें भी बहुत महँगी थीं। विदेशी सेनाएँ अपने देश से पैसा मँगाकर यहाँ खर्च कर रही थीं, इसलिए पैसों की कमी नहीं थी। रोजगार की भी कमी नहीं थी। सैनिकों के उपयोग की भी बहुत-सी चीजें बाजार में चली आती थीं। वहाँ ब्रिटिश, अमेरिकन, फ्रेंच, भारतीय सभी देशों के बने सिगरेट मिलते थे। सिनेमा खोलने में तो इन देशों ने एक दूसरे से होड़-सी लगा रखी थी। कितने ही सिनेमाघरों को अमेरिकनों ने किराये पर ले लिया था, जहाँ उनके फिल्म चलते थे। अंग्रेजों के भी दो या तीन सिनेमा चल रहे थे। रूसी भी अपना सिनेमा हाल खोले हुए थे। भारत ने अपनी ओर से कोई सिनेमा नहीं खोला था, क्योंकि भारत की उस वक्त पूछ ही क्या थी, लेकिन हमारे यहाँ के फिल्म तेहरान में कई सिनेमा हालों में दिखाये जाते थे, और वह होते थे, ज्यादातर 'पिस्तौलवाली' 'हन्टरवाली' टाइप के। यद्यपि इस तरह के फिल्मों को देखने के लिए और जगहों से अधिक भीड़ रहती थी, किन्तु भारत के लिए वह गौरव की बात नहीं थी।

अकारण वन्धु

8 नवम्बर 1944 की शाम को करीब-करीब खाली हाथ मैं ईरान की राजधानी तेहरान में बड़ा आशावान पहुँचा

था। सोचा था जल्दी ही सोवियत वीसा मिल जायेगा और मैं लेनिनग्राद पहुँच जाऊँगा। उस वक्त कहाँ मालूम था, कि 3 जून 1945 को प्रायः सात महीने बाद मैं तेहरान से आगे बढ़ सकूँगा। तेहरान में जो प्रथम भारतीय मित्र मिले थे, उनका असल नाम तो था अभयचरण, किन्तु वह बने थे अब्दुल्लाह या सुकरुल्लाह अब्बासी। उस गाढ़ के समय हाथ में बचे कुछ तुमानों में से भी कितने ही को बात बनाकर ऐंठ लेने से उनके बारे में कोई निर्णय कर बैठना भारी गलती होगी। उनमें परस्पर विरोधी प्रवृत्तियों का अद्‌भुत सम्मिश्रण था। कभी वह सोलह-कलापूर्ण देवता बन जाते थे और कभी उनका रूप कुटिल शैतान-जैसा मालूम होता था। उनके बारे में आगे कहूँगा। पहिली यात्रा के परिचित वृद्ध आगा अमीरअली दीमियाद हमारे उस घर से नजदीक ही थे, जिसमें कि अब्बासी ने मुझे ले जाकर टिकाया था और जिसके बारे में आगे मालूम हुआ, कि महीनों का बाकी किराया अब मुझे चुकाना पड़ेगा। 9 तारीख को ही दौड़-धूप करने से पता लग गया, कि वीसा इतनी जल्दी मिलनेवाला नहीं है। उसी दिन दीमियाद साहब से मिल आया था। 10 नवम्बर को 48 घंटा तेहरान में रहने के बाद अब अपनी आर्थिक कठिनाइयाँ सामने नंगी खड़ी मालूम हो रही थीं। घबराने से कोई लाभ नहीं था, किन्तु कहीं से भी आशा की किरण दिखलाई नहीं पड़ती थी। मैं 10 नवम्बर को सबेरे दीमियाद साहब के घर गया था। वहाँ एक हँसमुख प्रौढ़ गोरे चेहरेवाले पुरुष से मुलाकात हुई। उनकी काली आँखों में एक तरह की विशेष चमक दिखलाई पड़ती थी, जिससे स्नेह और बुद्धि दोनों का आभास मिलता था, दीमियाद साहब, उनकी लड़की ताहिरा और उक्त सज्जन (मिर्ज़ा महमूद अस्पहानी) से दो घण्टे तक बातचीत करते मैं अपनी सारी चिन्ताएँ भूल गया था। उन्हीं के साथ मैं सैयद मुहम्मद अली 'दाइउल-इस्लाम' के घर गया। दाइउल-इस्लाम कई सालों से हैदराबाद में रहते थे, जहाँ रहकर उन्होंने 'फरहंगे-निजाम' नामक एक फारसी कोश लिखा था। उनकी तीन लड़कियाँ यद्यपि ईरान के पक्षपात के कारण अपने पितृदेश में आ गई थीं, किन्तु उनमें हिन्दुस्तानियत की बू इतनी अधिक थी, कि वह ईरानी बन जाने के लिए तैयार नहीं थीं। दो बड़ी लड़कियों में एक एम. ए. और दूसरी एम. एस. सी. थी। छोटी जूनियर केम्ब्रीज पास थी। पिता का मकान हैदराबाद में भी था, किन्तु वह चाहते थे, अपनी लड़कियों का ब्याह ईरानियों से करना। मिर्ज़ा महमूद ईरानी हिन्दुस्तानी थे, इसलिए वह दामाद बनने के योग्य थे। उनकी हिन्दुस्तानी बीवी मर गई थी, इसलिए वह शादी करना चाहते थे, किन्तु उस लड़की से नहीं, जिसे कि दोस्त लोग पूरी गौ कहते थे। वह सदा नमाज-रोजे रखनेवाली भोली-भाली तथा रूप में भी कुछ कम लड़की महमूद को क्यों पसन्द आने लगी ? बाकी दोनों में से किसी के साथ विवाह करने को वह तैयार थे, किन्तु पिता अपनी जेठी कन्या को कुमारी रखकर दूसरी का विवाह करने के लिए तैयार नहीं थे। अन्त में उन्हें मझली लड़की का विवाह पहिले करने पड़ा, और महमूद को भी इच्छा या अनिच्छा से अपनी सौतली माँ की छोटी बहन के साथ निकाह कराना पड़ा।

उस दिन हम दोनों आठ-दस घण्टे साथ-साथ रहे। आठ-दस घण्टा आदमी के पहिचानने के लिए काफी नहीं हैं, लेकिन जान पड़ता है खुलकर बातें करते-सुनते एक दूसरे के ऊपर विश्वास करने की भूमिका तैयार हो गई थी। महमूद के पिता बड़े व्यापारी थे। कलकत्ते के अस्पहानी ब्रादर्स के पिता और वह दोनों सगे भाई थे। दोनों का कारबार भी बहुत दिनों तक साझे में था। उनका कारबार विलायत तक था। रुपया कमाने और उड़ाने दोनों में वह बड़े बहादुर थे। मदिरा, मदिरेक्षण के अनन्य साधक थे, जिसके लिए अत्यन्त उपयुक्त स्थान समझकर बुढ़ापे में उन्होंने तेहरान का निवास स्वीकार लिया था। उड़ाते-उड़ाते भी उन्होंने चार-पाँच लाख की जायदाद तेहरान नगर में अपने मरने के समय (1943 ई.) छोड़ी थी। लड़ाई के समय चीनी का भाव बहुत बढ़ गया, खासकर ईरान में तो वह सोने के मोल बिक रही थी। बूढ़े सौदागार को इसका आभास पहले ही मिल गया था, और उन्होंने दसियों हजार बोरा चीनी हिन्दुस्तान से मँगा ली, जिसमें तेरह-चौदह लाख रुपये का नफा हो गया। चीनी के बोरे हिन्दुस्तान की सीमा (नोककुंडी) में आकर अटके हुए थे, जहाँ से निकाल लाने के लिए पिता ने कलकत्ते से महमूद को बुलाया। महमूद ने चीनी पार कराई। कह रहे थे; यदि वह चीनी आज रही होती, तो नफा एक करोड़ का होता। महमूद के तेहरान पहुँचने के पाँच मास बाद पिता मर गये। अब उनकी जायदाद को बेचने और उसमें से अपना हिस्सा लेने की समस्या महमूद के सामने थी। उनके सौतेले

भाइयों और बहनों की संख्या काफी थी, जिनमें से कुछ भारत में और कुछ ईरान में थे।

17 नवम्बर तक हम दोनों का परिचय घनिष्ट मित्रता में परिणत हो गया था। महमूद खुले दिल के आदमी थे, जिसका यह अर्थ नहीं, कि समझ में कसर रखते थे। मेरे भीतर भी उन्होंने कुछ समानता देखी और यह जानने में भी दिक्कत नहीं हुई, कि मैं किस कठिनाई में पड़ा हूँ। मेरे पास दो-तीन तोले सोने, तथा एकाध और चीजें थीं, जिनके बेचने की मैं सोच रहा था। इसी समय महमूद ने कहा—चलो फकीरों की झोंपड़ी में, संकोच मत करो। उनके फक्कड़ स्वभाव से भी मैं परिचित हो चुका था। तेहरान विश्वविद्यालय के समीप ही तिमहले पर दो कोठरियाँ उन्होंने ले रखी थीं। बहुत मामूली सामान था। एक नौकरानी (रुकैया) थी जो खाना बना दिया करती थी। महमूद नौ बजे दफ्तर चले जाते थे, उन्होंने एक ईरानी सौदागर के साथ कुछ कारबार शुरू किया था। मैं या तो वीसे के लिए कोशिश करने ब्रिटिश तथा सोवियत-दूतावास का चक्कर लगाता, या कहीं से कुछ पुस्तकें पैदा करके पढ़ता। महमूद के आने पर कभी हम दीमियाद साहब के यहाँ जाते और कभी दाइउल-इस्लाम के यहाँ। उनकी सौतेली माँ और पिता के घर भी जाते थे। उस समय युद्ध के कारण तेहरान में भारतीय सेना भी काफी संख्या में मौजूद थी, इसलिए कभी-कभी भारतीयों से भी मिलने चले जाते। तेहरान में अमेरिकन, अंग्रेजी, फ्रेंच और रूसी ही नहीं कुछ हिन्दी फिल्म भी दिखाये जाते थे। हिन्दी फिल्मों में 'पिस्तौलवाली' जैसे बहुत नीचे दर्जे की फिल्म ही अधिक थे।

एक-दो सप्ताह तो मुझे यह बहुत बुरा मालूम होता था—कि मैं क्यों अपने दोस्त पर अपना भार डाल रहा हूँ, किन्तु पीछे उनके स्वभाव से अधिक परिचित होने के बाद वह संकोच जाता रहा। दाइउल-इस्लाम की ज्येष्ठ कन्या जाहिरा ने एक दिन उस्मानिया विश्वविद्यालय के एम. ए. के अपने निबन्ध को सुनाया। मुलन्टों या पुराने पंडितों जैसी खोज थी—अशोक एकेश्वरवादी था। वह ईरान के अखामनी (दारा) खानदान में पैदा हुआ था। उसने परसेपोलिस के कारीगरों को बुलाकर भारतवर्ष में इमारतें बनवाई थीं। अशोक का दादा चन्द्रगुप्त ईरान के नगर मूरू से भागकर आया था, जो कि परसेपोलिस (तख्तेजम्शीद) का ही दूसरा नाम था। अशोक बौद्ध नहीं था। अजन्ता की गुफायें बौद्ध विहार नहीं थे, बल्कि पुलकेशी और दूसरे दक्खिनी राजाओं की चित्रशालायें हैं, जिनमें उनकी वास्तविक जीवनी और इतिहास लिखा हुआ है। उनका बुद्ध और बौद्ध भिक्षुओं से कोई सम्बन्ध नहीं, बुद्ध ने तो चित्र और मूर्तियाँ बनानी मना कर दी थीं, फिर बौद्ध भिक्षु इन्हें कैसे बना सकते थे ? यह शृंगारी मूर्तियाँ और चित्र बौद्ध-भिक्षुओं के बनाये कभी नहीं हो सकते। मैंने बड़े धैर्य से जाहिरा खानम् के निबन्ध को सुना। मुझे आश्चर्य होता था, उस्मानिया विश्वविद्यालय के उस प्रोफेसर के ऊपर, जिसकी देखरेख में यह निबन्ध लिखा गया।

दाइउल-इस्लाम साहेब अरबी-फारसी ही नहीं, संस्कृत भी काफी जानते थे। वह तेहरान विश्वविद्यालय में संस्कृत पढ़ा सकते थे, किन्तु "धोबी बस के का करे, दीगम्बर के गाँव" वाली कहावत थी। उनके पास भी काफी समय था, मेरे पास भी कोई काम नहीं था और महमूद को भी थोड़ा ही काम था। इसलिए हर दूसरे-तीसरे हम लोग दाइउल-इस्लाम के यहाँ पहुँच जाते थे। अभी भी लोग महमूद से निराश नहीं थे। महमूद की बीवी मर चुकी थीं, किन्तु उनके बच्चे कलकत्ते में थे, जिनसे पिता का काफी प्रेम था। वह विवाह करने के लिए पहिले एक परी की आँखों के शिकार हुए। उसने भी कई महीने उन्हें अपने प्रेम-पाश से बाँध रखा, किन्तु उसके माँ-बाप राजी नहीं हुए। लाचार हो उसे उनकी आज्ञा के सामने झुकना पड़ा। अब महमूद के सामने पाँच लड़कियाँ थीं। ताहिरा को वह ज्यादा पसन्द करते, किन्तु मेरे आने पर वह समझने लगे, कि वह स्वतन्त्र प्रकृति की नारी है, उससे नहीं निभेगी। जाहिरा को वह कहते थे—यह काठ का कुन्दा है, जिसे नमाज पढ़ने से ही फुर्सत नहीं। हमारी उसके साथ संवेदना थी, क्योंकि वह पैंतीस साल की हो चुकी थी। उसका एक ईरानी चचेरा भाई, जो बढ़ई का काम करता था, विवाह करने के लिए तैयार था, किन्तु जाहिरा ने उसे इन्कार कर दिया। मझली सिद्दीका (एम. एस. सी.) शुद्ध ईरानी श्वेत रक्त को चाहती थी, और पिता तो "बड़ी लड़की की शादी हुए बिना उसकी शादी कैसे करें" का बहाना कर देते थे। सौतेली माँ की छोटी बहन पढ़ी-लिखी नहीं थी, किन्तु अठारह वर्षीया सुन्दरी गोरी थी। महमूद का ख्याल उस पर नहीं जाता था, क्योंकि सौतेली

माँ के परिवार पर उनका विश्वास नहीं था, बयालीस तथा अठारह बरस के अंतर का भी ख्याल आता था। मैं बाज वक्त कह देता था–कि आदर्श पत्नी तो जाहिरा ही हो सकती है। किन्तु जब तक दूसरी नवतरुणियाँ हैं, तब तक इस शुष्क चिरतरुणी को कौन पूछेगा ? दाइउल-इस्लाम के पड़ोस में एक और सुशिक्षित संस्कृत महिला थी, जिसे मनुश्राविणी काव्यमयी सुन्दरी कहा जा सकता था, किन्तु उनका सम्बन्ध हुआ था ऐसे आदमी के साथ जिसे देखकर महमूद आश्चर्य करते थे। मैंने कहा–अल्लमियाँ अपने गदहों के सामने अंगूर फेंकता है, इसमें हमारा-तुम्हारा क्या ?

मेरे आने के महीने-भर बाद महमूद की सौतेली माँ से सुलह हो गई। यद्यपि वह चाहते थे, कि भाइयों की सहायता करें, किन्तु वह जायदाद के सम्बन्ध में चाल चल रहे थे। फिर उनको क्या पड़ी थी, खामख्वाह परदेश में आकर झगड़ा मोल लेते ? सुलह का मतलब था–अब शादी इज्जत से होगी। वह मानते थे–कि वह सुन्दर तरुणी है, शिक्षित न होने पर भी गुण उसमें हो सकते हैं, किन्तु वह शीराज के उस खानदान पर विश्वास करने के लिए तैयार नहीं थे। लेकिन उनके पिता आगा हाशिम अस्पहानी भी तो उसी खानदान में शादी कर चुके थे।

दिसम्बर के अन्त तक मैं आर्थिक तौर से अब निश्चिन्त हो चुका था। मेरे मित्र सरदार पृथ्वीसिंह ने बम्बई से हजार रुपये भेज दिए थे, उधर प्रकाशक से भी 500 रुपये आ गये थे। जरूरत पड़ने पर और भी रुपये आ सकते थे। जब सुलह हो चुकी, छोटी बहन के साथ ब्याह की भी बात तय-सी हो चुकी, और सौतेली माँ जोर देने लगीं–कि यहीं चले आओ, क्यों अलग रहकर अपना खर्च बढ़ाते हो। 19 दिसम्बर को चारों ओर बरफ फैली हुई थी। आठ-नौ बजे तक हिमवर्षा जारी थी। उसी दिन ग्यारह बजे सामान घोड़ागाड़ी पर लदवाकर हम नाजिमुत्तुज्जार आगा हाशिम अली अस्पहानी के घर पर चले आए। अब से पाँच महीने के लिए इस्मत खानम् का यह मकान मेरा ही निवासस्थान बन गया। महमूद अकेले रहते थे, तब तो उनके स्वभाव से परिचित हो जाने के कारण संकोच का कारण नहीं था, किन्तु यहाँ मेरे सामने फिर समस्या आई–अनिश्चित काल के लिए कैसे मेहमान बनूँ। मेरे पास अब पैसा भी था, किन्तु भारतीय शिष्टाचार की तरह पैसा देनेवाला मेहमान रखना वहाँ भी शान के खिलाफ समझा जाता है। भवितव्यता के समान सिर झुकाना पड़ा। मैं इस्मत खानम् की मेहमानी का प्रतिशोध रुपये-पैसे में नहीं कर सकता था। वस्तुतः वह घर थोड़े ही दिनों बाद मेरा घर हो गया। घर के सभी लोगों के बारे में तो नहीं कहा जा सकता, किन्तु गृहस्वामिनी का बर्ताव बहुत ही गम्भीर और मधुर था। इन पाँच महीनों में एक ईरानी मध्यवर्गीय परिवार में चौबीसों घन्टे रहकर मैंने उन्हें बहुत नजदीक से देखा। इस्मत खानम् सितार बहुत सुन्दर बजाती थीं, जिससे प्रायः रोज ही रात के भोजन के बाद हमारा मनोरंजन हुआ करता था। महमूद जब इज्जत के साथ विवाह करने को तैयार हो गए, तो फिर उनकी बड़ी बहन ने सौदा करना शुरू किया। यह कोई बुरी बात नहीं कही जा सकती। जिस देश में पुरुष किसी भी वक्त स्त्री को तलाक दे सकता है, वहाँ यदि आर्थिक सुरक्षा की चिन्ता की जाए, तो क्या आश्चर्य है ? दिसम्बर के अन्त में मोहर्रम का पवित्र महीना आ गया। ईरान शीया देश है। वहाँ इमाम हुसैन की शहादत (वीरगति) का बहुत मातम मनाया जाता है। 25 दिसम्बर को उस साल इमाम हुसैन का 'रोज़ेकत्ल' और ईसा का भी जन्मदिन था। नवीन ईरान में अब मोहर्रम के लिए स्त्रियों का 'गिरिया' (रोदन) और पुरुषों की "सीनाज़नी' (छाती पीटना) अब बन्द कर दिया गया है। खानम् के घर में एक दिन एक मुल्ला 15 मिनट के लिए आया। उसने कुछ मर्सिया गाये और खानम ने कपड़े में मुँह छिपाकर रोदन किया।

अब मेरी दिनचर्या थी। सबेरे सात-साढ़े सात बजे उठकर हाथ-मुँह धोना, हजामत से निबट, फिर परिवार के साथ पनीर-मक्खन-रोटी और तीन गिलास बिना दूध की मीठी चाय पीना। आठ-नौ बजे के करीब मैं उस कमरे में पहुँच जाता था, जहाँ 'कुर्सी' के नीचे परिवार के लोग बैठे रहते थे। सरदी के कारण मकान को गरम करने की आवश्यकता होती है, किन्तु मध्य-एशिया, अफगानिस्तान और ईरान में लकड़ी दुर्लभ है, इसलिए लोगों ने 'कुर्सी' का तरीका निकाला। गज-भर लम्बी, गज-भर चौड़ी, हाथ-भर ऊँची चौकी 'कुर्सी' है, जिसके ऊपर चौकी से दो-दो हाथ बाहर निकली मोटी रजाई रख दी जाती है। चौकी के नीचे अँगीठी में कोयले की आग

रहती है, जिससे कुर्सी गरम हो जाती है। लोग उसी चौकी के चारों ओर मसनद के सहारे बैठकर छाती तक शरीर को रजाई के नीचे डुबा देते हैं। बहुत कम खर्च में गरम रखने का यह सुन्दर तरीका है। कुर्सी के नीचे बैठे-बैठे पढ़ना या गप्पें मारना, यही काम था। मेरे लिए तो इन गप्पों से भी बहुत लाभ था, क्योंकि वहाँ केवल फारसी में ही बात हो सकती थी। एक बजे रसाईदारिन भोजन तैयार करके लाती थी, जिसमें तन्दूर की मोटी रोटियाँ, चावल या पुलाव, गोश्त या भाजी, कुछ हरी पत्तियाँ, सिरका या सिरकावाली प्याज मुख्य तौर से रहते थे। यदि बाहर जाना नहीं होता, तो मध्यान्ह भोजन के बाद, फिर वहीं पढ़ना, लेटना या बातें करना; तीन-चार बजे फिर दो-तीन गिलास मीठी चाय पीने को मिलती। शाम सात-आठ बजे रात्रि-भोजन होता था, जिसमें चावल, मांस, सब्जी, सिरका, रोटी, कलवासा (सौसेज) मुख्य होता। भोजन के बाद पोर्तगाल (मुसंबी) या कोई दूसरा फल भी रहता। फिर ग्यारह-बारह बजे रात तक संगीत या गप छिड़ी रहती। महमूद के साथ मेरा और मेरे साथ महमूद का दिल-बहलाव ही नहीं होता था, बल्कि हम एक-दूसरे की चिन्ता में सहायक होते थे। ब्याह का सौदा कभी-कभी कड़ा रुख ले लेता, उस वक्त महमूद बहुत घबड़ा उठते।

जनवरी के अन्त में भी सरदी काफी थी। ईरानी बच्चे सूर्य देवी से प्रार्थना करते थे–

खुर्शीदखानम् आफताब कुन्। यक्सेर बिरंज तूये–आब कुन्।
(सूर्य देवी धूप कर। एक सेर चावल पानी में डाल।)
मा बच्चहये-गुर्ग एम्। अज़्–सरमाय मी-मुरेम।
(हम बेच्चे भेड़िया के हैं। सरदी से मर रहे हैं।)

लेकिन खुर्शीद खानम् में अभी इतनी शक्ति नहीं थी, कि बच्चों को आफताब (धूप) दे सकें। 25 मार्च को भी चिनार, सफेदे, अंगूर आदि में कहीं पत्तों का चिन्ह नहीं था। 6 अप्रेल को सफेदे के वृक्षों में अभी पत्ते कलियों की शक्ल में फूट रहे थे। हाँ, कुछ दूसरे वृक्षों में हरे पत्ते निकल आए थे।

एक दिन इस्मत खानम् महमूद के नमाज न पढ़ने की शिकायत कर रही थी–"गुनाह अस्त, बराय हर मुसल्मान नमाज़ लाज़िम अस्त" (पाप है, हर एक मुसल्मान के लिए नमाज़ पढ़ना कर्त्तव्य है)। मेरे मुँह से निकल गया–"हर कसे कि शराब न मीखुरद, बराय उन नमाज़ माफ अस्त।" (जो कोई शराब नहीं पीता, उसके लिए नमाज़ माफ है)। मुझे नहीं मालूम था कि खानम् के किसी मर्म-स्थान पर चोट पहुँचाई। उन्होंने बड़े उत्तेजित स्वर में कहा–"तू पैगम्बर हस्ती ?" (तुम पैगम्बर हो ?) उस वक्त 34-35 वर्षीया सुन्दरी का तमतमाता चेहरा देखने लायक था। अभी सबेरे की चाय का वक्त था, ओठों पर अधम राग नहीं चढ़ा था, न गालों पर पौडर और रूज़ ने अपना रंग जमाया था। गरम लोहे से घुँघराले किए बालों में कंघी नहीं फिरी थी और न मोती की दुलड़ी तथा हीरे की गुच्छेदार सेफ्टीपिन सीने पर रखी गई थी। चेहरा फीका होना ही था, क्योंकि उसे चमकाने के लिए अपेक्षित बनाव-शृंगार चाय पीने के बाद की चीज थी। खानम् की जलाप्लुत् बड़ी-बड़ी आँखों में सुर्खी उतर आई थी। उनके उत्तेजित स्वर में कुछ क्रोध का भी भास हो रहा था। उनको कहना चाहिए था, "शुभा (आप)"। और मैं खुदा नहीं था, क्योंकि नमाज़ माफ करने का काम खुदा का ही है। फिर वह सँभलकर नरमी से कहने लगीं–"दुनिया में इस्लाम सबसे अच्छा और अन्तिम मजहब है।" फिर खुदा और इस्लाम पर उपदेश देने लगीं। महमूद और आगा दीमियाद जानते थे, कि मैं वज्र नास्तिक हूँ, किन्तु खानम् को यह बात नहीं मालूम थी। वह जानती थी, कि मैं शराब नहीं पीता, बुद्ध मजहब का माननेवाला हूँ। बुद्ध मजहब क्या है, इसका भी उन्हें पता नहीं था। मुझे तो अपनी असावधानी पर अफसोस हो रहा था। छैल-छबीली इस्मत खानम् शराब की बहुत शौकीन थीं, किन्तु नमाज प्रायः रोज एक-दो बार पढ़ लेती थीं। नमाज पढ़नेवाले के लिए शराब पीना माफ है, यदि यह कहता तो वह पसन्द करतीं। वैसे वह बड़े कोमल हृदय की महिला थीं। इमाम हुसैन के सम्बन्ध में मर्सिया सुनते वह रोया करती थीं। जब मैंने अन्त में किसी दूसरी ही जगह जाकर रहने का निश्चय कर लिया–पाँच महीने रहने के बाद भी अभी वीसा का कहीं ठौर-ठिकाना नहीं था–तो वह बड़ी चिन्तित हो गईं और जरा-सा ज्वर आ जाने पर अपनी नौकरानी को सेवा के लिए भेजा।

दो दोस्त

दो दोस्त से मतलब यह नहीं कि वह आपस में दोस्त थे। शायद मेरे मिलने से पहिले दोनों ने एक-दूसरे को देखा भी नहीं था। दोनों का जन्म बंगाल में हुआ था, एक का कलकत्ता में और दूसरे की तीन-चार पीढ़ियों की कब्रें हुगली में कहीं पर हैं। सोलह-सत्रह साल से फोटो केमरा मेरा अभिन्न सहचर हो गया था, किन्तु 1944 के अक्तूबर में जब हिन्दुस्तान की सीमा पार करने लगा, तो केमरे को क्वेटा में ही छोड़ जाना पड़ा। इस प्रकार मैं तीसरी बार ईरान में अबके बिना केमरे ही के दाखिल हुआ था। और अपने इन तीनों दोस्तों का चित्र नहीं ले सका।

(1) **दीमियाद**–दोनों में एक सत्तर के करीब पहुँच रहा था, और दूसरा तीस साल से कुछ ही ऊपर। बूढ़े आगा अमीर अली दीमियाद सौजन्य और सरलता की साक्षात् मूर्ति थे, किन्तु साथ ही कुछ आदर्शवादी टाइप के आदमी थे, जिसके कारण बुढ़ापे में हिन्दुस्तान को छोड़कर उन्हें ईरान जाना पड़ा। माना कि वह मूलतः ईरानी थे, यही नहीं अपने ईरानीपन को जागृत रखने की उनके खानदान में कोशिश की गई थी। कह नहीं सकता, उनके घर में हिन्दुस्तान में भी फारसी बोली जाती थी या नहीं। स्वयं दीमियाद साहेब तो फारसी ऐसे बोलते थे, जैसे कि वह उनकी मातृभाषा हो। उनकी पत्नी बेगम दीमियाद उम्र में उनसे बीस-बाईस बरस कम मालूम होती थीं। हो सकता है दोनों की आयु में इतना अन्तर न हो, और अपनी काठी के कारण खानम् दीमियाद कम उम्र की लगती हों। वह भी हिन्दुस्तान में पैदा हुई थीं। मैं अब उनके यहाँ जाता, तो वह कोशिश करतीं कि कोई हिन्दुस्तानी खाना खिलाएँ। एक दिन हँसी-हँसी में कह रहीं थीं–मेरा तो अवध के एक ताल्लुकदार से विवाह होनेवाला था। तरुणाई में निश्चय ही वह सुन्दरी होंगी। दीमियाद-दम्पती की सतानें एक लड़का और एक लड़की थीं, जिनकी नसों में माता-पिता से अधिक ईरानी खून जोश मार रहा था। जब उन्होंने सुना और पढ़ा कि रज़ाशाह पहलवी नवीन ईरान का निर्माण कर रहा है, सासानियों और अखामियों का ईरान फिर से प्रकट हो रहा है, तो उन्हें भारत में रहना पसन्द नहीं आया। संतान के आग्रह के कारण दीमियाद साहेब अपनी सम्पत्ति को बेच-बाचकर तेहरान चले गए। वह व्यवहार-कुशल थे, इस पर मेरा कम विश्वास है, किन्तु उन्होंने यह अच्छा किया, जो तेहरान में अपने लिए एक घर बनवा लिया। अपनी पहिली ईरान-यात्रा (1935) में जब मैं उनसे मिला, तो अभी घर पूरा नहीं बन सका था : उस समय घर के आसपास उजाड़ भूमि पड़ी हुई थी। लेकिन नौ बरस बाद अब तेहरान बहुत बढ़ चुका था और यहाँ एक अच्छा-खासा मोहल्ला आबाद हो गया था। अब इस दुनिया में आगा दीमियाद के होने की आशा नहीं है, और यदि उनका खुदा ठीक है, तो वह उसके बहिश्त में कहीं अच्छे घर में होंगे, जो उनके तेहरानवाले घर से बुरा तो नहीं होगा। मेरा उनके साथ बहुत घनिष्ट सम्बन्ध हो गया था। आश्चर्य तो यह, कि हम दोनों के विचारों में जमीन-आसमान का अन्तर था। उन्हें कट्टर मुसल्मान तो नहीं कहना चाहिए, क्योंकि उनमें असहिष्णुता छू नहीं गई थी, लेकिन पक्के खुदा के बन्दे थे। बुढ़ापे में उनके लिए चलना-फिरना आसान काम नहीं था, तो भी शायद ही कभी नमाज़ नागा होती हो। उधर मैं खुदा को सीधे फटकारता था। वह जानते थे कि यदि खुदा मुझे मिल जाता, तो मैं उसके मुँह पर भी चार सुनाए बिना नहीं रहता। तब भी वह मुझे अपना सगा-सा समझते थे। जब सात महीने की प्रतीक्षा के बाद मैं रूस जाने लगा था, तो उन्होंने एक लिफाफा मेरे हाथ में चुपके से रख दिया, उसमें अंग्रेजी में लिखी एक कविता थी, जिसे दीमियाद साहेब ने स्वयं रचा था, उसमें मेरे बारे में कसीदाख्वानी की गई थी।

दीमियाद साहेब सुगठित और सुसंस्कृत पुरुष थे। उनके पिता एक अच्छे डाक्टर थे, अच्छी सकारी नौकरी में थे। पुत्र को विलायत भेजा था कि वहाँ से बैरिस्टर होकर आएँगे, लेकिन पिता की मृत्यु के बाद लड़के को पढ़ाई बीच में ही छोड़कर चला आना पड़ा। अधिकतर उनका सम्बन्ध कलकत्ता से था, किन्तु अन्त में वह लखनऊ में चले आए थे। फारसी तो उनके घर की भाषा थी। लखनऊ शिया कालेज में रहने का ख्याल आया, कि उर्दू में एम. ए. कर लें। लखनऊ या आगरा यूनिवर्सिटी से एम. ए. करना मुश्किल था। दीमियाद

साहेब कह रहे थे–मैंने सोचा कि कलकत्ता अच्छा रहेगा। पढ़ा तो था तेरह-बाईस ही, लेकिन परीक्षार्थी कम थे, अध्यापक को उनका उत्साह बढ़ाना था, अन्यथा परीक्षार्थियों के अभाव में कहीं उनके अपने सिर पर आफत न आवे। खैर, दीमियाद साहेब पास हो गए और कॉलेज छोड़ने के शायद बीस बरस बाद। एक दिन कह रहे थे–कम्बख्त ट्रेन ने धोखा दे दिया, नहीं तो बैरिस्टर न सही, पी-एच्. डी. तो बन ही जाता। जर्मनी या हालैंड के किसी शहर का नाम बतला रहे थे, जहाँ पी-एच्. डी. की डिग्री डाकखाने के टिकट की तरह सुलभ थी।

नौ साल पहले मिलने पर दीमियाद साहेब में अभी पूरी क्रिया-शक्ति थी। उस वक्त मैं उनके घर से दो मील पर ठहरा हुआ था, और वह वहाँ मेरे पास संस्कृत पढ़ने आते थे। बंगला बहुत अच्छी बोलते थे, संस्कृत भी कभी स्कूल में थोड़ी-सी सीखी थी। तेहरान विश्वविद्यालय को ख्याल हुआ था, कि संस्कृत को भी पाठ्य विषय बनाया जाए, उसी सिलसिले में दीमियाद साहेब को शौक हुआ कि संस्कृत थोड़ी-सी सीख लें। लेकिन अब वह अशक्त हो गए थे। आँखों पर भी बुढ़ापे का असर था, स्मृति भी जवाब देती जा रही थी, इंद्रियाँ शिथिल थीं; यहाँ तक कि लघुशंका का रोकना भी अपने हाथ में नहीं था। तेहरान युद्ध के दिनों में दुनियाँ के बहुत महँगे स्थानों में था। वहाँ वह किस तरह गुजर कर रहे थे, यह समझना भी मुश्किल था। बेटे का विवाह हो गया था। अंग्रेजी पढ़ने के कारण उसे एंग्लो-ईरानियन पेट्रोल कम्पनी में नौकरी मिल गई थी, जिससे वह मुश्किल से अपना गुजारा कर पाता था, और पिता से दूर कहीं रहता था। लड़की ताहिरा ने लखनऊ विश्वविद्यालय से बी. ए. कर लिया था, किन्तु तेहरान में जाकर, उसे फिर से पढ़ना पड़ा, क्योंकि यहाँ सब कुछ फारसी में पढ़ा जाता था। पिता ने यदि नास्तिक राहुल के लिए कविता की थी, तो पुत्री ने अपने बचपन की सुपरिचता 'रुदगोमती' (गोमती नदी) पर फारसी में एक कविता की थी, जिसे मैंने वहाँ के एक ईरानी पत्र में पढ़ा था। पिता को खींचकर ईरान पहुँचाने में बेटा-बेटी का बहुत हाथ था। खैर, बेटा तो अब वहीं विवाह करके ईरान का बन गया था, क़िन्तु ताहिरा ईरान में दस बरस के करीब रहकर इसी निश्चय पर पहुँची थीं–मैं ईरान में शादी नहीं करूँगी। मेरे रहते समय ही हैदराबाद के एक केप्टेन से उसकी शादी हो गई। रह-रहकर मेरा ध्यान आगा दीमियाद की ओर जाता था। उसका जीवन बचपन से प्रौढ़ावस्था तक कितना सुखमय रहा, यद्यपि उसका यह अर्थ नहीं, कि वह विलासमय भी था। आज जीवन की संध्या में वह अपने को निस्सहाय पा रहे थे। पत्नी को उपेक्षा करने का दोष नहीं दिया जा सकता, किन्तु जब अमीरी जीवन में पली एक महिला को पीर-बावर्ची भिश्ती-खर सब का काम करना पड़े, तो कुछ नीरसता तो आ ही जाती है। दीमियाद साहेब के कपड़े कुछ अच्छे नहीं थे, वह जीवन-भर बड़े आत्मसम्मानवाले व्यक्ति थे, इस वक्त अब वह ऐसे ही मित्रों से मिलना चाहते थे, जो कपड़ों को नहीं, बल्कि हृदय को देखें।

(2) अब्बासी–वह हमारे दूसरे दोस्त थे, जिनका परिचय तेहरान पहुँचने के दूसरे ही दिन (9 नवम्बर 1944) को हो गया था। अंग्रेजी दूतावास में रिज़्वी महाशय ने अब्बासी का परिचय कराया। वहाँ से हम दोनों साथ बाहर निकले। न उनको कोई काम था, न मुझे, इसलिए बात करते कुछ दूर गए और इतने ही में अब्बासी मेरे गहरे दोस्त हो गए। मेरे पूछने पर उन्होंने कहा, कि पत्नी अपनी माँ के साथ रहती हैं, और आजकल मैं भी वहीं रहता हूँ। वह कमरा खाली पड़ा हुआ है, जिसका किराया तीस रुपया मासिक है। होटलवाले को रात-भर रहने के लिए 13) रु. (उस समय ईरानी तुमान और रुपया एक ही भाव था) किराये दे टेक्सी पर सामान रख खायाबान फरिश्ता के उस मकान में चला आया। कमरा बुरा नहीं कहा जा सकता। मैंने इतमीनान की साँस ली। तीसरे दिन से मैंने अपना खर्च घटा दिया, और सूखी रोटी, पनीर और थोड़े-से मक्खन से काम चलाना चाहा, लेकिन उसी दिन बैंक से भुनाकर आए 128 तुमान में से 50 तुमान उधार और 15 तुमान अपना कर्ज ले लिया। मेरे पास रह गए 63 तुमान। उस वक्त यह नहीं जानता था, कि जेब में 63 तुमान और सामने 7 महीने खड़े हैं। एक ही दो दिन बाद मालूम हुआ अब्बासी ने किराया भी बाकी रखा है। मुझे हँसी भी आने लगी और साथ ही मीठी-मीठी टीस भी–रोजा बख़्शवाने गए और नमाज़ गले पड़ी। अब्बासी पर कुछ झुँझलाया, लेकिन कुछ ही, क्योंकि यदि अब्बासी ने 50 तुमान नहीं भी लिया होता, तब भी सामने का अँधेरा

उजाला नहीं हो जाता।

अब्बासी का यह रूप उस समय कुछ अच्छा तो नहीं लगा।

अब्बासी को कभी आदमी ईमानदारी से पूरा शैतान कह सकता था, क्योंकि वह अँधेरे में छलाँग मारनेवाला तरुण था। जिस वक्त छलाँग मारने की धुन में रहता, उस वक्त उसको परवाह नहीं होती, कि उसके धक्के से कोई दूसरा भी अँधेरी खंदक में ढकेला जा रहा है। अभी उसकी आयु 30-32 से अधिक नहीं होगी, किन्तु इतने ही दिनों की अपनी जीवनी को अगर वह लिख डाले, तो वह बहुत रोमांचक होगी। हाँ, अब्बासी की बातों में से कितनी सच्ची हैं, कितनी झूठी, इसका पता लगाना किसी आदमी के लिए मुश्किल था, तो भी यदि 6-7 महीने तक सम्पर्क रहा हो, तो झूठ-सच की परख आदमी कर सकता था। उसका शैतान होना तस्वीर का एक ही पहलू था, दूसरे पहलू में वह पूरा देवता भी था। पैसे-कौड़ी का लोभ उसे छू नहीं गया था। यदि वह 'परद्रव्येषु लोष्ठवत्' था, तो अपने धन को भी डले से बढ़कर नहीं समझता था। और तकलीफ या बीमारी में पड़े अपने परिचित या मित्र की सेवा में वह एक पैर पर खड़ा रह सकता था। अब्बासी, यह उसका अपना नाम नहीं था। वह बोस (बंगाली) था। फौज में भरती होकर अस्पताली सेना के साथ जमादार हो तेहरान चला गया। उस समय लड़ाई के जमाने में माया बही जा रही थी, बस हाथ डालकर बटोरने की युक्ति आनी चाहिए थी। अस्पताली दवाएँ चोर बाजार में सोने के मोल बिक रही थीं, चीजों के खरीदने में बनियों से मोटी रकम मिल सकती थी। अब्बासी ने इस प्रथा को चलाया हो, यह बात नहीं थी। वह तो उस सारी मशीन में व्याप्त हो गई थी, जिसका कि वह पुर्जा था। अब्बासी ने कुछ हजार पैदा किए। उसकी बात पर विश्वास करें, तो वह रकम लाख से कुछ ही कम होगी। किन्तु 10-20 हजार तो जरूर ही उसने पैदा किए और उसको उसी तरह उदारतापूर्वक तेहरान में खर्च किया। उसी समय तेहरान की किसी तरुणी से उसका प्रेम हो गया। अब्बासी ने उसके नाम एक मकान भी खरीदवा दिया कुछ और रुपए भी दे दिए। लेकिन इस तरह ज्यादा दिन तक चल न सका। खैरियत यही हुई, कि पल्टन से उसका नाम काट दिया गया, और वह खुशी-खुशी कलकत्ता चला आया। कलकत्ता बैठे-बैठे फिर सिर-दर्द पैदा हुआ, क्योंकि उसको एक लड़की हुई थी, और पत्नी भी प्रेम की सौगन्ध खाती थी। अब्बासी ने ईरान जाकर पत्नी और पुत्री को लाने का निश्चय किया, लेकिन बोस के रहते वह अपने विवाह को वैध मनवा नहीं सकता था। कलकत्ता में वह मुसल्मान बना, मुसल्मान होने की सूचना गजट में छपवाई। नाम पड़ा अब्बासी। इसी नाम से उसने फिर पासपोर्ट बनवाया और पाँच-सात सौ रुपए, कुछ कपड़े-लत्ते और दूसरे सामान के साथ तेहरान पहुँच गया। ईरानी पत्नी कभी जाने के लिए तैयार बतलाती, और कभी मुकर जाती। इसी धूप-छाँह में उसके तीन-चार महीने गुजर गए थे। पास का पैसा खर्च हो चुका था। कपड़े-लत्ते में से बेच-बेचकर किसी तरह काम चलाता था। बेचारा मकान का किराया कहाँ से देता ? यह समय था, जब मैं किस्मत का मारा तेहरान में आ फँसा।

अब अब्बासी के जीवन को और पीछे देखिए। जैसा कि मैंने कहा, अब्बासी की बातों में से झूठ से सच को अलग करना असम्भव नहीं तो कठिन अवश्य था, इसलिए यह नहीं कह सकता, कि सत्य समझकर जिसे मैंने लिखा, उसमें झूठ का कुछ भी अंश नहीं होगा। बोस मैट्रिक पास कर कलकत्ता के किसी कालेज में पढ़ रहा था, लेकिन उसकी सैलानी तबियत ने पुस्तकों में मन नहीं लगने दिया। खाते-पीते घर का लड़का था। घर से कुछ रुपये उड़ाए और सिंगापुर जा पहुँचा। शारीरिक परिश्रम के काम के लिए तो अब्बासी उतना तैयार नहीं था, किन्तु कोई काम कर लेना उसके लिए कठिन नहीं था। अब्बासी को चुप्पा नहीं कह सकते, किन्तु वह बहुत बातूनी भी नहीं था। उसके चेहरे पर एक सहज भोलापन छाया रहता। उदारता के विराट प्रदर्शन में उसके लिए यदि कोई रुकावट हो सकती थी, तो हाथ का खाली होना। सिंगापुर में कुछ महीने रहने के बाद उसने आगे का रास्ता लिया और सिंदबाद जहाजी की तरह दक्षिण-पूर्वी एशिया में चक्कर मारने लगा। जावा भी गया, फिलिपाइन भी; हांगकांग भी गया, शांघै भी और शायद हिंदचीन और स्याम भी। कभी किसी दूकान में सेल्समेन रहा, कभी फेरीवाला बना, कभी कहीं क्लर्की कर ली। जब हाथ खुला हो और अच्छे-बुरे दोस्तों की संख्या काफी हो, तो खर्च करने के लिए वैध तरीके से ही पैसा कमाने से कैसे काम चल सकता

था ? सेल्समेन रहते वक्त उसने दो जगह गहरी रकम उड़ाई और कुछ दिनों में उसे खर्च भी कर डाला। लड़ाई से पहिले के पाँच-सात सालों में जब वह सिंदबाद जहाजी बना हुआ था, कितनी ही बार हजारों उसके हाथ में आए और खर्च होते रहे। दुनिया का कड़वा-मीठा काफी अनुभव उसको हो गया था। लड़ाई शुरू होते प्रायः खाली हाथ वह कलकत्ता लौटा। लेकिन वह एक जगह कहाँ ठहरनेवाला था ? फौज में आदमियों की बड़ी माँग थी। वह भरती होकर लखनऊ चला आया, जहाँ कुछ दिनों तक कवायद-परेड सीखने के बाद तेहरान भेज दिया गया।

मैंने जब अब्बासी का किस्सा सुना, तो सोचने लगा–इस मजनू की लैला कोई साधारण नारी नहीं होगी, वह अवश्य कोई कोहकाफ की परी होगी। लेकिन अब्बासी से परिचय के हफ्ते के भीतर ही एक दिन खानम् अब्बासी सड़क पर मिलीं। अब्बासी ने परिचय कराया। मैं दंग रह गया–ऐसी बदसूरत औरत पर भी मरनेवाला मजनू जो पचीसों घाट का पानी पी चुका है ! खानम् का मुँह शरीर की अपेक्षा अधिक बड़ा और कुप्पे की तरह फूला हुआ था, ऊपर से चेचक के दाग ने उसे सिलबट्टा बना दिया था। रंग गोरा था, इसमें कोई सन्देह नहीं।

किराया बाकी रहने की बात सुनकर अब्बासी की कृपा द्वारा मिले घर को छोड़ने के लिए मैं उतावला हो गया और सौभाग्य समझिये, जो दो-तीन दिन ही बाद मैं अपने नए मिले अकारण बन्धु महमूद के यहाँ चला गया। अब्बासी से मुझे शिकायत नहीं हुई, वह बराबर जब-तब मिलते रहते थे, मुझे यह समझने में कठिनाई होती थी, कि मेरे तेहरान छोड़ने के समय सात महीने बाद भी वह उसी अनिश्चित अवस्था में कैसे गुजारा कर रहे थे ? अब भी उनको आशा थी, कि शायद पत्नी चलने के लिए तैयार हो जाय, लेकिन मुझे विश्वास नहीं था। अब्बासी कलमपेशा बंगाली परिवार के पुत्र थे, इसलिए खरीद-बेच का काम उनकी प्रकृति के अनुकूल नहीं था, नहीं तो तेहरान में भूखे मरने की आवश्यकता नहीं थी। तेहरान-प्रवास के अन्तिम सप्ताहों में मैं अपने मित्र की ससुराल के पास एक होटल में जाकर रहने लगा–अब भारत से मेरे पास पैसा आ चुका था। वहाँ कुछ ज्वर आ गया। देखभाल का इन्तिजाम न होने से अब्बासी मुझे अपनी ससुराल में ले गए। एक कमरा था, जिसमें ही उनकी बीवी, सास और एक साली रहती थी। मेरे नहीं-नहीं कहने पर भी वह मुझे वहाँ ले ही गए और उस वक्त रोगी की सुश्रूषा करने में उनका रूप देखने लायक था। मुझे भी एक अत्यन्त गरीब निम्न-मध्यवर्गीय परिवार को नजदीक से देखने का मौका मिला। उनकी एक साली की शादी कुछ ही हफ्ते पहिले हुई थी, जिसमें मैं भी निमन्त्रित हुआ था। अब्बासी ने अपनी सास को बहुत मना किया था, कि ऐसे अफीमची से विवाह मत करो। लेकिन सास बेचारी भी क्या करती ? कम से कम एक लड़की का बोझ तो सिर से उतर रहा था। मेहरी खानम् (अब्बासी की साली) का विवाह हुए दो महीने भी नहीं हुए थे, कि अफीमची पति ने गाली-मार शुरू कर दी। 3 जून 1945 को, जब मैंने तेहरान छोड़ा, मेहरी खानम् को तलाक देने की नौबत आ चुकी थी। अब्बासी ने 50 तुमान जिस समय मेरी फाकामस्ती की हालत में लिये थे, उस समय तो कुछ अच्छा नहीं लगा था, लेकिन मैं मानता हूँ, अब्बासी का सौहार्द्र और सेवा-भाव उससे कहीं अधिक मूल्य रखता था।

ईरानी ब्याह

1944-45 के जाड़ों में मुझे सात महीने ईरान की राजधानी तेहरान में रहना पड़ा। वहाँ अपने देशभाई किन्तु ईरानजातीय मिर्ज़ा महमूद अकारण बन्धु में मिल गए, जिनके उपकार को किसी तरह मैं चुका नहीं सकता। इस सारे समय में अधिकतर मैं एक ईरानी मध्यवित्त परिवार में रहता था, जिसकी स्वामिनी महमूद की सौतेली माँ थीं, जिनकी बहन महमूद की भावी पत्नी होने जा रही थी। महमूद के सम्बन्ध से उस परिवार का भी मैं एक व्यक्ति-सा बन गया। खानम् तरुणाई में तेहरान की सुन्दरियों में रही होंगी। चालीस बरस के पास पहुँचते हुए भी अभी उनका सौंदर्य बहुत धूमिल नहीं हुआ था। उनकी बड़ी इच्छा थी कि छोटी बहन इज़्ज़त का ब्याह महमूद से हो जाए। शर्तें बड़ी कड़ी थीं, कभी ब्याह बिल्कुल निश्चित हो जाता और फिर कोई शर्त

रास्ते में आकर सारे निश्चय को तोड़ देती। 9 मार्च (1945) को ब्याह निश्चित हो गया, निमन्त्रण-पत्र भी छपाकर भेज दिए गए, लेकिन 4 बजे शाम को जब मैं घूमकर लौटा, तो मालूम हुआ ब्याह टूट गया। शर्तों में दो थीं–इज्ज़त को दूसरे मुल्क (हिंदुस्तान) न ले जाया जाय, और छै महीने तक खर्च-वर्च न देने पर स्वतः विवाह-विच्छेद का अधिकार हो। महमूद के पिता अस्पहान किसी सौदागर वंश के थे, जो कि कुछ पीढ़ियों से भारत में बस गए थे, तो भी उनका सम्बन्ध ईरान से बिल्कुल टूटा नहीं था। महमूद भारत में पैदा हुए, भारतीय माँ की सन्तान थे, और अपनी मातृभूमि को छोड़ने के लिए तैयार नहीं थे, इसलिए कबाला (विवाह-पत्र) में ऐसी शर्तें लिखने के लिए राजी नहीं थे। अगले दिन महमूद के आग्रह को देखकर खानम् को और नीचे उतारना, पड़ा, और महमूद ने यह शर्त मंजूर कर ली, कि बिना इज्ज़त की मर्जी के हिन्दुस्तान नहीं ले जाएँगे। 13 मार्च विवाह का दिन निश्चित हुआ।

भारत के मध्यवित्त परिवारों की तरह ईरान में भी ब्याह घर-फूँक होली का तमाशा है। बड़ी शान-शौकत से ब्याह हो, इस पर बड़ा जोर दिया जा रहा था। महमूद कंजूस हरगिज नहीं थे, किन्तु साथ ही वह फजूलखर्च होना भी पसन्द नहीं करते थे, लेकिन अब तो ओंखल में सिर पड़ चुका था।

शादी का कमरा–इसमें एक ओर वर-वधू के लिए दो मामूली कुर्सियाँ रखी थीं, एक मेज पर सुगन्धित द्रव्य, ब्रुश, दर्पण तथा ड्रायर में जेवर की पेटी रखी हुई थी। कुर्सी के सामने मेज पर कुरान की एक पुस्तक, तस्बीह (माला), नमाज पढ़ने की मुहर और बाईं ओर वहीं प्याले में पानी, शमशाद के हरे पत्ते और फूल रखे थे। दाहिनी ओर प्लेट में शीरीनी (बिस्कुट) थी। यहीं एक काठ की लम्बी कश्ती (तश्तरी) थी, जिसको विशेष तौर से सजाया गया था। इसके चारों कोनों पर मोमबत्ती जलाने के लिए चार फानूसी दीवटें रखी थीं और साथ ही उनकी पास में शीशे के गुलदस्तों में शमशाद हरी पत्तियाँ थीं। ब्याह के वक्त शमशाद की पत्तियों का ईरान में उतना ही महत्त्व है, जितना कि हमारे यहाँ आम की पत्तियों का। शादी में दर्पण-दान भी बड़ा शुभ माना जाता है। कुर्सी के सामने मेज पर चाँदी के चौखटे में मढ़ा एक बड़ा शीश रखा था, जिसके दोनों ओर मोमबत्ती-जैसे दिखाई देनेवाले बिजली के शमादान रखे थे। यहीं दाहिनी ओर मुसल्मान होने से पहिले के ईरान की विवाह-प्रथा के अवशेष-स्वरूप काठ की नाव में खड़गाकार डेढ़ हाथ लम्बी रोटी रखी थी। रोटी पर अच्छी नक्काशी की हुई थी। बेल-बूटे और अक्षर हरे रंग के थे और जमीन लाल। हरियाली जीवन का मूल (माया-जिंदगी) समझा जाता है। रोटी के नीचे और ऊपरी भाग में शमशाद के वृक्ष को अंकित करने की कोशिश की गई थी, जिसके बीच में तीन पंक्तियों में निम्न मंगल शब्द लिखे हुए थे–

> शुक्र ईज़द कि बख्त-यार आमद। (धन्य भगवान्, मित्र का भाग्य आया)
> मुबारक बाशद (मंगल अस्तु)
> जोहा बा-मुश्तरी कनार आमद। (शुक्र देवी वृहस्पति के पास आई।)

दूसरा कमरा वर-वधू और उनके चुने हुए मित्रों की दावत का था। यहाँ मेज पर दस आदमियों के लिए चमचे, काँटे, प्लेट आदि के साथ शराब की प्यालियाँ भी सजाकर रखी हुई थीं। तीसरा कमरा सोहाग-सेज (जलवा) का था। दरवाजों पर सुन्दर रेशमी पर्दे टँगे हुए थे। नई चारपाई को तोशक-तकिए, रेशमी लिहाफ आदि से खूब सजाया गया था।

चौथे कमरे में मेहमानों के स्वागत के लिए कुर्सियाँ रखी थीं।

13 मार्च को अभी सर्दी समाप्त नहीं हुई थी। इस साल कई बार हिमवर्षा हुई थी, जिससे ठण्डक काफी थी।

हमारे यहाँ की तरह ईरान में भी शादी के नाच-गाने कई दिन पहिले से ही शुरू हो जाते हैं। यह अधिकतर स्त्रियों का काम है, यद्यपि अब ईरान में पर्दा न रह जाने से पुरुषों को भी आनन्द लेने में बाधा नहीं है। बाजों में डफ और घड़ों के मुँह-जैसी एक ओर खुली चमड़े-मढ़ी ढोल को इस्तेमाल किया जाता है। ईरानी

स्त्रियों का कंठ कोकिल-कंठ नहीं है, यह तो नहीं कहा जा सकता, किन्तु उनका संगीत भारतीय कानों के लिए कुछ कर्कश जरूर मालूम होता है। गीतों की तुकबन्दी हमारे यहाँ ऐसी ही सरल थी, जो कभी-कभी दो दल होकर गाई जाती थी। एक गाने की पहली कड़ी थी–

खानम् अरुसे। मग ना मीदूनीं की ए ?
(श्रीमती दुल्हन, मैं नहीं जानती कौन है ?)

आगे की पंक्तिया थीं–

जूज़ा खरुसे। मग ना मिदूनीं की ए ? (मुर्गी की बच्ची०)
आगा दामादे। मग ना मिदूनीं की ए ? (श्रीमान वर०)
शाखे शमशादे। मग ना मिदूनीं की ए ? (शमशाद की शाखा)
आगा सरहंगे। मग ना मिदूनीं की ए ? (श्रीमान मेजर०)
रईसे हंगे। मग ना मिदूनीं की ए ? (युद्ध के सरदार०)
आगा सरगुर्दे। मग ना मिदूनीं की ए ? (श्रीमान कर्नल०)
दिले-मा बुर्दे। मग ना मिदूनीं की ए ? (मेरा मन चुरा ले गए०)।

सरहंग दुल्हन के बहनोई और सरगुर्द भी सम्बन्धी थे। कहने की आवश्यकता नहीं, कि इसी तरह वर-वधू के जितने भी सगे-सम्बन्धी थे, उन सबको जोड़-जोड़कर गीत बढ़ती जाती थी। थोड़ी देर गीत होकर, फिर केवल साज बजता और दस-बारह बरस की लड़कियाँ अपना नाच दिखाती थीं, जिसमें वर की छोटी बहन शमशी का नाच काफी अच्छा होता था। गाना समाप्त करते वक्त मुँह पर हाथ मारते स्त्रियाँ तिली-ली-ली की आवाज करती थीं। बंगाल में भी ब्याह के वक्त उलू-ध्वनि की जाती है। इस ध्वनि का प्रयोजन है शुभअवसर पर भूत-प्रेतों को घर के पास आने न देना।

विवाह के दिन का मुख्य कार्यकलाप स्नान से होता है। दुल्हन के लिए स्नानागार (हम्माम) में विशेष तैयार हुई थी। ईरानी आमतौर से अधिक गोरे होते हैं, जिसमें 18 वर्षीया दुल्हन का रंग तो सचमुच ही गुलाबी था, जो सद्यःस्नाता का और भी खिल गया था। विवाह के कमरे में ले जाने के लिए आज भी उसे सजाया गया था, किन्तु शय्यागार में ले जाकर सजाने का काम अगले दिन के लिए रख छोड़ा गया था, जब कि बड़ी दावत और विवाह-महोत्सव मनाया जानेवाला था। आज विवाह के समय दुल्हन (अरुस) ने सफेद रेशमी लम्बा चोगा पहिना था, और सिर पर सफेद फूलों का अर्धचन्द्राकार ताज। दामाद (वर) काले सूट में थे, सिर नंगा रखने के कारण गंजेपन को ढाँकने का कोई उपाय नहीं था। दोनों को कुर्सी पर लाकर बैठाने के पहिले अस्पन्द (धूप) को वधू के सिर पर न्यौछावर कर आग में डाल दिया गया। यह भी भूत-प्रेत भगाने के लिए आवश्यक था। दोनों के कुर्सी पर बैठ जाने पर लड़कियों ने नाचना-गाना शुरू किया, और औरतें ताली बजाती रहीं। 'आगा दामाद'वाले गीत का कई बार दोहराना तो मामूली बात थी। आज कुछ और भी जनगीत सुनने को मिले–

चिरा तु तर्के–आशनाई कर दी ? बंमन बगो चिरा-जुदाई कर दी ?
(क्यों तू ने मित्रता छोड़ दी ? मुझे बता क्यों जुदाई कर दी ?
नमूदी ख्वारे तु ऐ दिल्दारम्। बरो कि तर्क तू सितमगर करदम्।
(तूने बरबाद किया, मेरे प्रिय ! चला जा, तुझ जालिम को मैंने छोड़ दिया।)
बरो कि फिक्रे–यारे-दीगर करदम्। बिया कनारम् तु ऐ दिल्दारम्।
(चला जा, मैंने दूसरे मित्र का खयाल कर लिया। आ गोद में ऐ मेरे दिलदार)
चि रोज़हा कि मन ब-याद-तू बूदम्। अनीसे मन बूदी न तन्हा बूदम्।
(कैसे दिनों तक मैं तेरे याद में रही। तू मेरा मित्र था, मैं अकेली नहीं थी)
अज़ीज़त दारम् तु ऐ दिल्दारम्। बदामें-इश्क-तू आंचिनां दरबंदम्।
(मेरे प्रेमी, तुझे प्रिय मानती हूँ। तेरे प्रेम के फाँस ने कितना बाँधा है)

बले अज़ीं शिकंजे मन् खुर्सन्दम्। नमूदी खार अम् तु ऐ दिल्दारम्।
(लेकिन इस बन्धन से मैं खुश हूँ। तूने तबाह कर दिया, किन्तु मैं प्रेम करती हूँ)
बादा बादा बादा। इन्शा अल्ला मुबारकबादा।
(होवे होवे होवे। भगवान चाहे मंगल होवे)
विया वेरवीम् अज़ीं वलायत मन् व तू। तु दस्ते मरा वगीर व मन् दामने तू।
(आ, इस देश से मैं और तुम चलें। तू मेरा हाथ पकड़ और मैं तेरा अंचल)
विया बखुरीम् शराबे-अंगूरे-सियाह। ऐ यार मुबारकबादा। बादा इंशा···
(आ, काले अंगूरों की शराब पिएँ। हे मित्र, मंगल होवे, होवे भगवान चाहे···)
इन् हयातो उन हयात्। बे पाचीम् नुक्लो नवात्।
(यह जीवन और वह जीवन। आनन्द लें···)
वरसरे अरुसो दूमाद। ऐ यार···
(दुल्हा-दुल्हन के सिर पर, ऐ मित्र मंगल हो···)
गुल दर् आमद अज़ हमाम। सुंबुल दरआमद अज हमूम।
(फूल स्नानागार से आया। सुंबुल उन सबसे आया)
चाहे दामादरा बेबीं अरुसदर आमद अज़ हमाम। ऐ यार···
(दुल्हा राजा को देख, दुल्हन हमाम से आई। ऐ मित्र, मंगल हो···)
अरुसेमा बच्चा-साले सरेशब ख्वाबश मियायद। ऐ यार···
(मेरी दुल्हन अल्पवयस्का है, रात को उसे नींद आती है। ऐ मित्र मंगल हो)

गानों में एक था–

दुख़्तरे शीराज़ी जानम् जानम् शीराज़ी। अब्रू-तू बमा बेनूमा ताशवम् राज़ी।
(शीराज़ की लड़की, मेरी प्यारी शीराज़ी, अपने भौंहों को दिखला, कि मैं खुश होऊँ)
अब्रूम् मीख़्वाही, चि कुनी बेहया पिसर। कमां दरबाज़ार न दीदी।
(मेरी भौंहों को क्यों चाहता है, निर्लज्ज लड़के ! धनुष बाज़ार में नहीं देखा क्या ?)
इन्हम् मिश्ल-उं ऐ, वलेकिन् निर्ख़श गिरान् ऐ।
(यह भी वैसा ही है, लेकिन इसका मूल्य अधिक है)
शब् क्या नेस्तम् ख़ाना रोज़ बया तूय-बालाख़ाना।
(रात आवे, मैं घर में नहीं, दिन में आवे अटारी पर)
दुख़्तरे शीराज़ी जानम् जानम् शीराज़ी। चश्मतू बमा बेनुमा ताशवम् राज़ी।
(शीराज़ की लड़की मेरी प्यारी शीराज़ी, अपनी आँखों को दिखला, कि मैं खुश होऊँ)
चश्मम् मीख़्वाही, चि कुनी बेहया पिसर। नर्गिस दरबाज़ार न दीदी।
(मेरी आँखों को क्यों चाहता है, निर्लज्ज लड़के ! नर्गिस को बाज़ार में नहीं देखा क्या ?)

इसी तरह इस दोगाने में आगे वाक्य जोड़े गए हैं–

दुख़्तर शीराज़ी ० सूरतत् बमा बेनुमा ० मख़मल दरबाज़ार ०।
० मूयत्, बमा बेनूमा ० हल्का दरबाज़ार ०,
० दमत् ० कलम दरबाज़ार ०।
० लबत् ० गुंचा दरबाजार ०। (ओठ तेरा०, बाज़ार में कली०)
० दनदानत् ०। सदफ़ दरबाज़ार०। (दाँत तेरे०, मोती बाज़ार में०)

आगे सारा नखशिख इसी तरह उपमा देकर गाया गया है।

ब्याह-विधि–साढ़े चार बजे सायंकाल पुरोहित (अखुन) अपने सहायक के साथ पधारे। यद्यपि ईरान के नर-नारी अब यूरोपीय पोशाक पहनते हैं, किन्तु मुल्ला-पुरोहित पुरानी पोशाक को कायम रखे हुए हैं। अखुन

के शरीर पर काला चोगा और काली पगड़ी थी। दाढ़ी मुँडी तो नहीं थी, किन्तु तराशकर काफी छोटी कर दी गई थी। कुर्सी पर बैठते ही उन्होंने पहिले वर-वधू के पासपोर्ट (जावाज़) को देखा, फिर छपे हुए दो ब्याह रजिस्टरों में लिखना शुरू किया। अखुन ने विवाह की शर्तों को पढ़ा–"एक सौ चालीस हजार रियाल मेहर है, जिसमें तीस हजार रियाल (तीन हजार रुपया) का गर्दन-बन्द (हार) और दस हजार रियाल शीशे के शमादान का दाम और पचास रियाल कलाम्मज़ीद (कुरान की पुस्तक) का है। ईरान से बाहर बराबर रहना वधू की मर्जी से हो सकेगा।" जिया इमामी, नकी एज़दी और सरहंग अली अकबर जहाँगीरी गवाह बने। वर की स्वीकृति हो जाने पर पुरोहित ने दरवाजे से बाहर रहते ही तीन बार वधू से पूछा–"अरुसखानम्, कबूल दारी" (दुल्हन देवी, कबूल करती है)। वधू ने धीमे से "बाले" (हाँ) कह दिया। हाफिज़ की जन्मभूमि शीराज़ में यदि ब्याह हुआ होता, तो मुल्ला पूछता–"अरुसखानम्, कबूल केरी" (दुल्हन देवी, कबूल करती हो)?

मुल्ला अपनी दक्षिणा ले मुँह मीठा करके चला गया, और स्त्रियों ने फिर ढोल और डफ लेकर 'मुबारकबादा' और 'मगनामिदूनी' गाना शुरू किया। कुर्सी पर वर-वधू बैठे। लाल-पीले कागज की कटी गोल-गोल पत्तियों की वर्षा वर-वधू पर की गई। वर-वधू दोनों ने एक-दूसरे को मिठाई खिलाई, इस प्रकार विवाहविधि समाप्त हुई।

फिर एक कमरे में महफिल गरम हुई। दो बूढ़ियाँ–वधू की माँ खानम्-बुजुर्ग (बड़ी महिला) और खानम् जमशेदी का हुक्का चलने लगा। तीनों जमशेदी कुमारियाँ फैशन में बिल्कुल अपटूडेट थीं, और साथ ही गाने-नाचने में भी। उनके कारण महफिल चमक उठी। तेहरान के प्रसिद्ध गायक अलीरज़ा का गाना और तारची शाहबाज़ी का सितार छिड़ गया। उस्तादी संगीत में आलाप का होना अनिवार्य है। एक तो ईरानी कर्कश आलाप और उस पर से पुरुष-कंठ से निकला, मेरे लिए तो असह्य मालूम होता था। लेकिन हाफिज़ खय्याम के गीत बड़ी अच्छी तरह गाए जा रहे थे। कमरे में जितने आदमी बैठ सकते थे, उससे तिगुने बैठे थे, ऊपर से अस्पन्द की धूप बराबर दी जा रही थी, जिससे दम घुटने लगा था। गाने के बाद वहीं खानपान हुआ और अब की नाच में वर-वधू भी शामिल हुए।

आज ईरानी वर्ष का अन्तिम बुधवार था। शाम के वक्त लड़के प्राचीन ईरान की होली मना रहे थे। आग जलाकर उस पर से फाँदते हुए बच्चे कह रहे थे–

"ज़र्दिए मन् अज़ तू। सुर्खिए तू अज़नम्। (मेरी पीतिमा तुझसे। तेरी लालिमा मुझसे)

विवाह की अन्तिम रस्म थी 'दस्त-बदस्त' (पाणिग्रहण)। रात को सोहाग-कक्ष में ले जाकर सरहंग सादू ने वर-वधू का हाथ एक-दूसरे के हाथ में दे दिया। हमारे देश की तरह ईरान में भी नई रोशनीवालों ने बहुत-से रीति-रिवाजों को छोड़ दिया। पहिले हिनाबन्दी (मेहँदी) आदि कितनी ही और भी रस्में अदा की जाती थीं।

अगले दिन (14 मार्च) बड़ी दावत हुई। काज़ार-राजवंश का पुराना बगीचा, जिसे वर के पिता हाशिम अस्पहानी ने खरीद लिया था, और जिसने कितनी ही रंगीन महफिलें देखी थीं, बरसों की उदासी के बाद आज फिर जगमगा उठा था। चित्रों, फूलों के गमले, बिजली के झाड़-फानूस और सुन्दर ईरानी कालीन से सजावट की गई थी। आज साज़-संगीत का विशेष प्रबन्ध था। तेहरान रेडियो की मशहूर गायिका रूहंगीज़ विशेष तौर से बुलाई गई थी। एक प्रसिद्ध नर्तकी भी मौजूद थी। निमन्त्रित सौ मेहमान स्त्री-पुरुष दावत में शामिल हुए थे। यद्यपि तीन बजे से मजलिस शुरू हो गई, किन्तु वर-वधू को सिंगारहाट से लौटने में साढ़े छै बज गए। खाना-पीना और नाच-रंग सात बजे तक रहा। वधू (इज्ज़त खानम्) सभी स्त्रियों में अधिक खूबसूरत मालूम होती थीं, जिसमें सजावट का भी काफी हाथ था। वधू का नाचना लोगों ने बहुत पसन्द किया। वर-वधू को भेंट-सौगात देकर लोग अपने-अपने घरों को जाने लगे। इन पंक्तियों का लेखक तो वर का नर्म-सचिव था, जिसकी सम्मति की कदर दोनों घरों में थी।

2
रूस में प्रवेश

तीसरी बार रूस जाने का निश्चय मैंने 1943 में ही कर लिया था, किन्तु अंग्रेज सरकार ने पासपोर्ट देने में हीला-हवाला करके एक साल बिता दिया। उसके बाद फिर ईरान के वीसा मिलने में कई महीने लगे। अन्त में किसी तरह भारत छोड़कर 8 नवम्बर 1944 को मैं ईरान की राजधानी तेहरान पहुँचा था। तेहरान पहुँचते-पहुँचते पास का पैसा करीब-करीब खतम हो चुका था। युद्ध के समय में चीजों का दाम ऐसे ही बहुत महँगा था और मैं ईरान की राजधानी में एक तरह खाली हाथ पहुँचा, यह बतला चुका हूँ। लेकिन मानवता हर जगह आदमी को सहायता देने के लिए तैयार देखी जाती है। मिर्ज़ा महमूद अस्पहानी से वहाँ परिचय हो गया और फिर मुझे कोई तकलीफ नहीं रही। कुछ ही समय बाद भारत से पैसे भी आ गए, लेकिन तो भी जो अकारण बन्धुता मिर्ज़ा महमूद ने दिखलाई और जिस तरह का सद्व्यवहार उनकी सौतेली माँ खानम् इस्मत नाज़िमी ने किया, वह सदा स्मरणीय रहेगा। एक घुमक्कड़ अपने ऊपर किये गए उपकार का प्रतिशोध कैसे कर सकता है ? किन्तु कृतज्ञता की मधुर स्मृति तो जीवन-भर रख सकता है। 8 नवम्बर 1944 से 3 जून 1945 ई. तक सात महीने मुझे जिस स्थिति में रहकर काटने पड़े, उसे असह्य प्रतीक्षा ही कह सकते हैं। कभी-कभी भारत लौट आने का मन करता था, तो हमारे भारतीय मित्र अपनी चिट्ठियों में और ठहरने को कहते। और वहाँ सोवियत-दूतावास की चौखट अगोरते-अगोरते मन उकता गया था। यह भी पता नहीं लगता था, कि वीसा मिलेगा भी। लड़ाई के दिनों में चिट्ठियों की यह हालत थी कि मेरे मित्र सरदार पृथ्वीसिंह की 22 फरवरी 1945 की चिट्ठी मुझे 24 मई को मिली अर्थात–बम्बई से तेहरान 3 महीने के रास्ते पर था। हाँ, तार आसानी से मिल जाते थे, लेकिन तार में अधिक बातें नहीं लिखी जा सकती थीं।

3 मई (1945) को हिटलर और गोयबल की आत्महत्या की भी खबर आ गई। 8 मई को जर्मनी ने बिना शर्त हथियार डालने के कागज पर हस्ताक्षर भी कर दिया, किन्तु मैं अभी अनिश्चित अवस्था में ही था। हाँ, इसके बाद दूतावास के लोगों के कहने के अनुसार आशा कुछ ज्यादा बलवती हुई। तेहरान में भी रहना आसान नहीं था। खर्च के अलावा वहाँ सरकार से अनुमति लेते रहना पड़ता था। 26 मई को सोवियत कौंसल में गया। पता लगा वीसा आ गया। आज ही मेरे पासपोर्ट पर मुहर भी लग गई। इन्तूरिस्त (सोवियत यात्रा एजेन्सी) से पूछा तो उसने बताया कि मास्को तक हवाई जहाज का किराया 660 तुमान (1 रु.=1 तुमान था) लगेगा और 16 किलोग्राम (20 सेर) के बाद हर किलोग्रम पर 6 तुमान सामान का लगेगा। अन्दाज से मालूम हुआ कि नौ सौ तुमान खर्च आएगा। हम तो अब समझते थे, कि मैदान मार लिया। अब 29 मई को ईरानी दफ्तर में निर्यात का वीसा लेने गए, तो कहा गया–माल-विभाग का प्रमाण-पत्र लाइए कि आपने यहाँ इतने दिनों रहकर जो कुछ कमाया, उसका टैक्स अदा कर दिया। माल-विभाग में जाने पर कहा गया–दरख्वास्त

दीजिए, जाँच की जाएगी। मैं तो सोवियत यात्रा एजेन्सी (इंतूरिस्त) से टिकट भी खरीद चुका था, 31 मई को यहाँ से जाने के लिए तैयार था। वैसे सब जगह नौकरशाही की मशीन बहुत धीमी गति से चलती है, जिसमें ईरानी मशीन तो अपना सानी नहीं रखती। उधर मेरे रहने के वीसे की मियाद केवल तेरह दिन और रह गई थी। यदि उसके बाद रहना पड़ा तो, फिर वीसा लेने की दिक्कत उठानी पड़ती। ब्रिटिश दूतावास में जाने पर रिज़्वी साहब ने कोन्सल की ओर से प्रमाणपत्र दे दिया, कि मैंने यहाँ कोई कारबार नहीं किया। लेकिन, अभी तो उसे फारसी में तर्जुमा कर के देना था। अगले दिन अनुवाद लेकर फिर ईरानी दफ्तर में गया। बहुत दौड़-धूप करनी पड़ी और अकेले ही। सात महीने तेहरान में रहने से भाषा की दिक्कत खतम हो गई थी। तीन-तीन ऑफिसों में चक्कर लगाना पड़ा और जब 1 बजे दिन को सही-सलामत कागज पर हस्ताक्षर हो गए, तो ऑफिसवालों ने कहा–"कोन्सल की मुहर काफी नहीं है। इस पर हस्ताक्षर भी करवा लाइए।" खैर, उस दिन चार बजे तक सभी आफतों से छुट्टी पा जाने पर बड़ा संतोष हुआ। किराए से बचे हुए पैसे को रूस ले जाना बेकार था। रूस में खर्च करने के लिए सौ पौंड का चैक अलग था ही, इसलिए बाकी बचे रुपयों में चमड़े का ओवरकोट और दूसरी चीजें खरीदीं। अगले दिन (31 मई) फिर कुछ और भी दफ्तरों की खाक छाननी पड़ी, जिनका काम दोपहर तक खतम हो गया।

हवाई जहाज अतवार (3 जून) को जानेवाला था, लेकिन सामान तुलवाना और दूसरे कामों को दो दिन पहले (1 जून को) ही खतम करवाना था। 16 किलोग्राम छोड़कर 51 किलोग्राम सामान और मेरे पास था, जिसका 321 तुमान देना पड़ा। सामान में आधी ऐसी चीजें थीं, जिनको यदि मैं जानता होता, तो साथ न लिये होता। विमान दो जून को ही जानेवाला था, लेकिन पहिली जून को चार बजे बतलाया गया कि मौसम खराब होने से कल विमान नहीं जा सकेगा। पचास-पचपन तुमान अब पास में रह गए थे, और एक दिन रहने का मतलब था उसमें से और खर्च करना, लेकिन मैंने तो घटा देखकर घड़ा फोड़ लिया था। 2 तारीख को पूछने पर मालूम हुआ कि कल का जाना नक्की (पक्का) है। भारतीय संगीत के परिचय के लिए मैं अपने साथ कुछ रिकार्ड लेकर चला था, लेकिन उसे क्वेटा में रोक दिया गया। तेहरान में युद्ध के समय बहुत-से भारतीय थे, जिनमें कुछ का मुझसे परिचय हो गया था, इसलिए दो रिकार्ड भी मिल गए।

प्रयाण–3 जून का भिनसार आया। अभी अँधेरा ही था कि पौने-चार बजे इंतूरिस्त की मोटर मेरे पास आई। घर से सामान उठाकर अब्बासी महाशय ने मोटर तक पहुँचाया। अब्वासी से सात महीने का परिचय था, और बोस उपनाम अब्बासी नामक साहसी तरुण के गुण और अवगुण सभी मुझे मालूम हो गए थे। मुझे अवगुणों से अधिक उनमें गुण दिखाई पड़े, इसलिए बिछुड़ते वक्त दोनों को अफसोस हुआ। वैमानिक अड्डा शहर से दूर था, जहाँ हम चार-साढ़े चार बजे पहुँचे। एजेन्सी की ओर से चाय पीने को मिली। फिर सामान विमान पर रखा गया। वह यात्रा का विमान नहीं था। फौजी विमान ऐसे बनाए जाते हैं, जिसमें वह आदमी और सामान दोनों को आसानी से ढो सकें। यह मेरी पहली विमान-यात्रा थी, जिसके बारे में बहुत-सी अच्छी-बुरी बातें सुन रखी थीं। विमान में दोनों ओर दीवार के सहारे लकड़ी के बेंच रखे हुए थे, जिन पर हम पन्द्रह मुसाफिर जा बैठे। घरघराहट की क्या बात है ? कान फटा जा रहा था। हमारी बगल में शीशे लगी खिड़की थी, जिससे भूतल को देखा जा सकता था। यद्यपि विमान में तीस आदमियों की जगह थी, लेकिन जब यात्री को इतनी तपस्या के बाद वीसा मिले, तो जगह कैसे भरती ! अधिकतर मुसाफिर मास्को के विदेशी दूतावासों के कर्मचारी थे। उनके पास सामान भी काफी था, इसलिए मैं समझता हूँ विमान ने अपना पूरा बोझा ले लिया था। गोलाकार छत बीच में मेरे सिर के एक हाथ ऊँची थी। मुझे तो विमान सोवियत की सादगी का प्रतीक मालूम हुआ, सीटों और पैरों के नीचे बिछी कालीन भी न होती तो कोई बात नहीं। लेकिन जो विदेशी यात्री चल रहे थे, वह इस बेसरो-सामानी पर नाक-भौं सिकोड़ रहे थे। चढ़ाने से पहले इंतूरिस्त के आदमी ने हमारा पासपोर्ट देख लिया–कहीं कोई उसे भूल न आया हो। सबेरे पाँच बजकर दस मिनट पर विमान अपने तीनों पहियों पर खिसकते गनगनाहट के साथ धरती छोड़ने लगा। पहिले तो वैसे ही मालूम हुआ, जैसे तरंगित समुद्र पर जहाज का चढ़ना-उतरना। हिमालय से जेसे नीचे दूर के खेत दीखते हैं, वैसे ही यहाँ भी नीचे कहीं-कहीं

खेत थे। लेकिन हिमालय तो हरा-भरा है, ईरानी पहाड़ नंगे हैं, भूमि भी नंगी है। मनुष्यों ने कहीं-कहीं परिश्रम से नहर लाकर खेतों को हरा-भरा किया है। उन्हीं के पास घरौंदों जैसे छोटे-छोटे गाँव दिखाई पड़ते थे। शायद यह विमान अमेरिका का बना था, क्योंकि इसमें सारे संकेत अंग्रेजी में थे। लड़ाई के वक्त सामान और सैनिक की ढुलाई करता रहा होगा।

विमान उड़ रहा था। अब वह काकेशश की पर्वत-शृंखला की ओर अग्रसर हो रहा था, इसलिए ऊपर चढ़ने लगा, यद्यपि रुक-रुककर ही। कहीं-कहीं नदियाँ मिलीं, जो छोटी-छोटी नालियों-सी मालूम होती थीं। पर्वत तो तालाबों के भिंडे-जैसे दिखाई देते थे। कानों में इंजन की घोर घरघराहट सुनाई दे रही थी। और कोई दिक्कत नहीं थी। हमारी सहयात्रिणी एक महिला के कानों से खून भी निकला, दूसरी के पेट में दर्द हुआ। पता लगा समुद्र-रोग की भाँति आकाश-रोग नाम की भी कोई चीज है, किन्तु अधिकांश यात्री ऊँघ रहे थे। उसी तरह एक-दूसरे के कंधे और शरीर की परवाह किए बिना, जैसे भारत की रेलों के तीसरे दरजे के यात्री। मौत का ख्याल क्यों आने लगा ? विमान से मौत तो योगियों की मौत होती है–विमान के बारे में सोचने-भर का भी तो समय नहीं मिलता।

विमान बहुत ऊपर उठ चुका था। जमीन से सटे कहीं-कहीं घरौंदों के गाँव आ जाते थे। हमसे काफी नीचे उलटी गति से कुछ बादल तैर रहे थे। विमान की पूँछ की ओर मूत्रस्थान बनाया गया था। यात्रियों में अंग्रेज, अमेरिकन और रूसी ही अधिक थे, एशिया या भारत का प्रतिनिधित्व मैं अकेला कर रहा था।

बादल कम थे। कहीं-कहीं तो वह हिमक्षेत्र से मालूम होते थे। मैं मानव की शक्ति पर कभी आश्चर्य करता और कभी शीशे की ओर से बाहर देखने की कोशिश करता। जब विमान ऊपर-नीचे की ओर अधिक गति से चढ़ता-उतरता, तो पेट ही नहीं कलेजा भी हिलता-सा मालूम होता। जून का आरम्भ उत्तरी गोलार्द्ध में सरदी का समय तो नहीं है, लेकिन हम दस हजार फुट की ऊँचाई पर उड़ रहे थे, इसलिए सरदी क्यों न जोर करती। वैसे हमने गरम कपड़े पहन रखे थे। कहीं-कहीं बादलों के भीतर से पहाड़ों का दृश्य बहुत ही सुन्दर मालूम होता था। वही स्थान देर तक हमारे सामने रहता था, जिससे मालूम होता था, कि विमान बहुत धीमी गति से चल रहा या ठहरा हुआ है।

6 बज रहा था, जबकि हम कास्पियन समुद्र के ऊपर पहुँचे। कास्पियन ग्रीक ऐतिहासिकों के काल से इसी नाम से मशहूर है, यद्यपि इस्लामिक देशों में इसे खिज्र समुद्र कहा जाता है। ईसा की सातवीं-आठवीं शताब्दी में इसके पश्चिमी तट के स्वामी हूणवंशी ख़ाज़ार (काज़ार) लोग थे, जिन्हीं के कारण अरबों ने इस समुद्र का नाम बहरे-ख़ाज़ार रखा, जिसको लालबुझक्कड़ों ने ख़ाज़ार जाति से हटाकर खिज्र देवदूत के साथ जोड़ दिया। समुद्र के नीले जल पर हमारे नीचे जहाँ-तहाँ बादल की फुटकियाँ दिखाई पड़ीं। बाईं ओर हिमाच्छादित काकेशश पर्वतमाला दूर तक चली गई थी। दाहिनी ओर दूर तक समुद्र ही समुद्र दिखलाई पड़ रहा था। विमान तट के पास से चल रहा था। समुद्रतल समतल-सा था, जिस पर लहरें गज-चर्म की रेखा जैसी दीख पड़ रही थीं। पौने आठ बजे बाकूनगर और उसके पास मीलों तक तेलकूपों के ढाँचों का जंगल दिखलाई पड़ रहा था। आठ बजने में दस मिनट रह गया था, जब हम बाकू के बाहर विमान-भूमि में पहुँचे। विमान-भूमि बिल्कुल कच्ची थी। सोवियतवाले जानते हैं कि जब तक बिना श्रम और पैसे के खर्च किए काम चल सकता है, तब तक, विशेषकर लड़ाई के समय, अड्डे पर लाखों मन सीमेन्ट डालने से क्या फायदा ? विमान जमीन पर उतरा। यहाँ विमान बदलनेवाला था। हमारा सब सामान कस्टम-कार्यालय में गया। सामान की बहुत छानबीन नहीं की गई। फिर चार रूबल में एक प्याला चाय और दो टुकड़े रोटी के खाने को मिले।

दस बजकर पाँच मिनट पर हम फिर जहाज से उड़े। बाकू के घरौंदों और तेलकूप की झाड़ियों को पीछे छोड़ा। पहिले कितनी ही दूर तक कास्पियन के पश्चिमी किनारे पर ही उड़ते रहे, फिर वोल्गा के दाहिने तट पर आ गए। यहाँ भी भूमि बहुत जगह गैर-आबाद थी। यह वही भूमि थी, जिसने जर्मन सेनाओं की विनाश-लीला को थोड़े ही समय पहिले देखा था। अब कहीं-कहीं हरे-हरे पंचायती खेत और उनके सुविशाल चक दिखाई पड़ने लगे। ढाई बजे हम स्तालिनग्राद पहुँचे।

स्तालिनग्राद–स्तालिनग्राद सारे विश्व के लिए एक पुनीत ऐतिहासिक स्थान है। सारे विश्व पर जर्मन जाति के विजयी झंडे के साथ दासता के झंडे भी गाड़ने के लिए आगे बढ़े अपराजेय समझे जानेवाले जर्मन फासिस्तों को यहीं पर सबसे पहिले करारी हार खानी पड़ी थी। ऐसी जबर्दस्त हार कि उसके बाद फिर जो वह पीछे की ओर भागने लगे, तो कहीं भी सुस्ताने के लिए उन्हें मौका नहीं मिला। स्तालिनग्राद में देखने को क्या था ? उसकी तो ईंट से ईंट बज गई थी। जर्मनों को पराजित हुए एक महीना भी नहीं बीता था। अभी वस्तुतः नगर के आबाद करने का काम नहीं हो रहा था। हाँ, नगर-निर्माताओं के आबाद करने की तैयारी हो चुकी थी। अधिकांश घर धराशायी थे, किसी-किसी के कंकाल कुछ-कुछ दिखाई पड़ते थे। दूर तक हजारों ध्वस्त मोटरों और विमानों का ढेर लगा हुआ था। प्रायः सभी जर्मन विमान थे। एक विमान की दुम कटकर अलग पड़ी हुई थी, जिसे देखकर वह दृश्य सामने आ खड़ा हुआ, जबकि वह विमान अपने और बहुत-से साथियों के साथ स्तालिनग्राद पर मृत्यु-वर्षा कर रहा था। उसी वक्त किसी साहसी सोवियत वैमानिक ने उनमें से एक की दुम तराशकर उसे नीचे गिरने के लिए मजबूर किया। स्तालिनग्राद में भी हमारे विमान के उतरने की भूमि कच्ची थी। आस-पास खूब घास की हरियाली अतः भूमि सरस थी, यह उसका वानस्पतिक वैभव बतला रहा था। यहाँ कहीं पर्वत नहीं थे। कहीं-कहीं एकाध कारखाने आहत और सुप्त-से पड़े थे, उनकी चिमनियाँ मृत थीं। केवल एक बड़ी फैक्टरी की चिमनी धुवाँ दे रही थी, जो आंशिक तौर से चालू हो गई थी। पास में दूसरा बड़ा कारखाना निष्क्रिय पड़ा था। नगर बसानेवालों ने छोटे घरों में थोड़ी-सी मरम्मत करके आश्रय ग्रहण किया था। हम यात्रियों ने भोजन किया, कुछ इधर-उधर घूम-फिरकर देख भी आए। अभी सैलानियों के सैर करने का बाकायदा इन्तिजाम कहाँ हो सकता था ? लेकिन स्तालिनग्राद की अजेय भूमि पर पैर रख के यह कैसे हो सकता था, कि मैं कल्पना-जगत में न चला जाऊँ। सोवियत भूमि एक ऐसी भूमि है, जिसके बारे में दुनिया में दो ही पक्ष हैं–या तो उसके समर्थक या प्रशंसक होवें, या उसके कट्टर शत्रु। मध्य का रास्ता कोई अत्यन्त मूढ़ ही पकड़ सकता है। मैं सदा सोवियत का प्रशंसक रहा हूँ, बल्कि कह सकता हूँ, कि जिस वक्त घोर निद्रा के बाद अभी मुझे जरा ही जरा अपनी राजनैतिक आँख खोलने का अवसर मिला, उसी समय मुझे विरोधियों के घनघोर प्रचार के भीतर से रूसी क्रान्ति की खबरें सुनाई पड़ीं, जिन्होंने मेरे दिल में नये प्रकाश को देकर इस भूमि के प्रति इतना आकर्षण पैदा कर दिया, या कहिए दिल को इतना छीन लिया, कि मुझे इस जबर्दस्ती का कभी अफसोस नहीं हुआ। मैं वर्षों उस भूमि में रहा हूँ, वहाँ के लोगों और सरकार को बहुत नजदीक से देखा है। कड़वे-मीठे सभी तरह के अनुभव लिये हैं। गुणों को जानता हूँ, साथ-साथ उनके दोषों से भी अपरिचित नहीं हूँ। लेकिन मैंने उन दोषों का पाया कभी इतना भारी नहीं पाया। सोवियत भूमि के प्रति जो अनुराग या आशाएँ मानवता के लिए मैंने बाँधी, उसमें किसी तरह की बाधा नहीं हुई। इतिहास मानता है और सदा माना जाएगा, कि मानवता की प्रगति में एक सबसे बड़ी बाधक शक्ति हिटलरी फासिज़्म के रूप में पैदा हुई थी, उसको नष्ट करने का सबसे अधिक श्रेय सोवियत की जनता को है। आज (1951) छै वर्ष बाद भी मानवता की प्रगति के रास्ते में फिर जबर्दस्त बाधाएँ डाली जा रही हैं, लेकिन साथ ही मानवता बहुत आगे बढ़ चुकी है, बहुत सबल हो चुकी है। उस समय जर्मन पराजय के बाद स्तालिनग्राद में घूमते हुए मेरे मन में तरह-तरह कल्पनाएँ आई थीं। इस महान् विजय के बाद साम्यवाद के क्षेत्र के बढ़ने की पूरी सम्भावना थी। आज हम स्वतन्त्र चीन का नवनिर्माण देख रहे हैं और उसकी प्रगति के वेग को देखकर दाँतों तले उँगली दबानी पड़ती है। लेकिन क्या स्तालिनग्राद ने अगर अपने कृतित्व को न दिखलाया होता, तो ऐसा हो सकता था ?

मास्को को–पन्द्रह बजकर बीस मिनट पर हम फिर उड़े। कास्पियन के किनारे से यहाँ तक प्रायः वोल्गा को हम अपना मार्ग-प्रदर्शक बनाकर आए थे, लेकिन अब हमारा पुष्पक विमान बाईं ओर मुड़ा। नीचे गाँवों के विशाल खेत शतरंज जैसे फैले हुए थे। कहीं-कहीं रास्ते में बादल आ जाते, तो विमान उसके ऊपर से होकर चलने की कोशिश करता और कुछ समय के लिए भूमि का सुन्दर दृश्य आँखों से ओझल हो जाता। पाँच बजे के बाद अब हम ऐसी भूमि में आए, जहाँ देवदार के जंगल दिखाई पड़ते थे। मालूम होता था, धान के हरे-हरे

खेत हैं। काकेशश की बड़ी-बड़ी पहाड़ियाँ यदि छोटे भिंडों-जैसी मालूम होती थीं, तो यहाँ की छोटी-छोटी पहाड़ियों के बारे में तो कहना ही क्या है। गाँवों के घर अब लम्बे राजपथ के किनारे पाँती से बसे दिखाई पड़ रहे थे। राजपथ काफी चौड़े भी होंगे, किन्तु हमें ऊपर से सरल रेखा जैसे मालूम होते थे। बड़े-बड़े जलाशय छोटे-छोटे डबरों-जैसे दीख पड़ रहे थे। हाल ही में जुते और फसलवाले खेत रंग से साफ मालूम होते थे। नदियाँ सर्पाकार दीख पड़ रही थीं। नीचे रेल की चलती ट्रेन मालूम होती थी, कोई बड़ा साँप जा रहा है। एक जगह कुछ दूर तक बादल में चलना पड़ा। हमारे विमान के पंख पर कुछ छीटें भी पड़ीं। जगह-जगह बड़े-बड़े कसबे आए। देवदार के जंगल और घने हुए। सात बजकर पाँच मिनट पर शाम के वक्त हमको मास्को के विशाल प्रासाद भी पहिले घरोंदे-जैसे ही मालूम हुए, किन्तु जैसे-जैसे विमान नीचे उतरा वैसे-वैसे उनकी सुन्दरता और विशालता बढ़ती गई।

आज की उड़ान तेहरान से बाकू 2-40 घंटे, बाकू से स्तालिनग्राद 4-55 घंटे, स्तालिनग्राद से मास्को 3-45 घंटे अर्थात कुल 10-45 घंटे हुई। विमान बाकू में 2-15 घंटा और स्तालिनग्राद में 50 मिनट ठहरा।

विमान के अड्डे पर उतरते वक्त आशा थी, कि तेहरान से इंतूरिस्त ने लिख दिया होगा, इसलिए मास्को में उसका आदमी लेने के लिए आया रहेगा, किन्तु यहाँ किसी का कोई पता नहीं था। भाषा की दिक्कत थी, क्योंकि दूसरी यात्रा में जो कुछ सीखा था, वह भी करीब-करीब भूला जा चुका था। तेहरान के निवास का उपयोग रूसी सीखने के लिए कर सकते थे, किन्तु वहाँ दुविधा में पड़े थे। किसी तरह सामान विश्रामगृह में पहुँचाया। इंतूरिस्त के पास फोन करना चाहा, तो किसी को उसका पता नहीं था। वस्तुतः युद्ध के कारण सैलानियों के लिए यात्रा की व्यवस्था करने का काम रह नहीं गया था, इसलिए पिछली दो यात्राओं में इंतूरिस्त के जिस चुस्त प्रबन्ध को हमने देखा था, उसको इस वक्त नहीं पाया। बहुत पूछ-ताछ करने पर वहाँ किसी आदमी की प्राइवेट कार मिल गई, जिसके ड्राइवर ने दो सौ रूबल (प्रायः सवा सौ रुपये) में होटल तक पहुँचा देने का जिम्मा लिया। दो-एक जगह पूछ-ताछ करने पर अन्त में इन्तूरिस्त के होटल में पहुँच गए। कमरा खाली नहीं है–अंग्रेजी दूतावास में चले जाइए–कहा गया। उस समय भारतीय दूतावास नहीं था, अंग्रेजी दूतावास में किस परिचय के बल पर मैं जा सकता था। खैर, जरा ठहरने पर एक कमरा मिल गया। चीजें बहुत महँगी थीं, किन्तु वही जो राशन में नहीं थीं। मैंने सोचा था, राजधानी के नर-नारियों पर युद्ध का बड़ा प्रभाव पड़ा होगा। लेकिन सड़कों पर भीड़ में मैंने किसी के शरीर पर फटे कपड़े नहीं देखे, और न ही चेहरों पर चिन्ता की छाप थी। अपने बारे में सोचने लगा–सौ पौंड का चैक लेकर मैं आया हूँ, जिसमें आठ पौंड तो मीटर के ही निकल गए। चीज़ें जितनी महँगी थीं, अगर अपने पौंडों के भरोसे रहना होता, तो उनका क्या बनता ? रात को रहने के लिए जो कमरा मिला, वह बहुत साफ-सुथरा था। उसमें तीन बत्तियाँ थीं, शीशेदार अलमारी, दो चारपाइयाँ, तीन कुर्सियाँ, दो मेज, नीचे अच्छी कालीन बिछी हुई थी। हाँ, एक लिहाफ कुछ पुराना जरूर था। दीवार पर एक सुन्दर तस्वीर भी टँगी हुई थी। संक्षेप में, स्वच्छता और आराम की कोई कमी नहीं थी। मैं अगले दिन (4 जून) स्त्रेला (शर) डाक से जाने का निश्चय करके आराम से सो गया।

3
लेनिनग्राद में

मास्को से लेनिनग्राद की एक बहुत सीधी रेलवे है, जिसके ऊपर चलनेवाली तेज डाकगाड़ी का नाम स्त्रेला है। यह ट्रेन 651 किलोमीटर की यात्रा 17 घण्टे में पूरी करती है। 301 रूबल (प्रायः 200 रु.) में दूसरे दरजे का टिकट मिला था। तार हमने लेनिनग्राद नहीं दिया, किन्तु इन्तुरिस्तवालों ने विश्वास दिलाया, कि वह अपने आफिस को फोन कर देंगे। पिछली यात्रा में मैं जाड़े के दिनों में इस रास्ते से गुजरा था। उस समय सब जगह बरफ ही बरफ थी और देवदारों के दरख्त हरे दिखाई पड़ते थे। अब हम गरमी में चल रहे थे, लेकिन इस गरमी का हमारी गरमी से कोई वास्ता नहीं। यह गरमी हिमालय के बदरीनाथ-केदारनाथ जैसे स्थानों की गरमी थी। बरफ कहीं नहीं थी। चारों ओर हरियाली-ही-हरियाली दिखाई पड़ती थी। बिना देखे विश्वास करना मुश्किल होता कि उत्तरी रूस इतना हरा-भरा देश है। ग्यारह बजे रात तक रात का कहीं पता नहीं था। लेनिनग्राद में तीन महीनेवाली सफेद रात आजकल चल रही थी। मास्को पर जर्मनों ने बम-वर्षा की थी, किन्तु वह उनके अधिकार में नहीं जा सका। मास्को से कुछ ही मील दूर चलने पर युद्ध की ध्वंस-लीला दिखाई पड़ने लगी। कालिनिन (त्वेर) नगर के मकान ध्वस्त और कारखाने पस्त पड़े हुए थे। उनके निर्माण का काम अभी तेजी से नहीं हो रहा था। त्वेर का नाम आते ही मुझे यहाँ का प्राचीन नागरिक निकितिन याद आ गया, जो कि पहिला यूरोपीय था, जिसने भारत को देखा, वहाँ छै साल (1466-82 ई.) रहा और उस पर एक पुस्तक लिखी। सोवियत की रेल–विशेषकर दूर जानेवाली ट्रेनें बड़े आराम की होती हैं। यहाँ की सभी रेलवे लाइनें बहुत चौड़ी हैं और डब्बे कुछ अधिक ऊँचे। श्रेणियाँ–प्रथम, द्वितीय, तृतीय नरम, तृतीय कड़ा। प्रथम श्रेणी में यात्रा करनेवाले बहुत ही कम होते हैं। तृतीय श्रेणी का नरम हमारे यहाँ के ड्योढ़े की जगह है, किन्तु आराम देने में वह हमारे यहाँ की द्वितीय श्रेणी से भी अच्छा है। वैसे तो कठोर तृतीय श्रेणी हमारे यहाँ के ड्योढ़े दर्जे से अच्छी है, उसमें गद्दा बाहर से मिलता है, रात के लिए तकिया और ओढ़ना भी मिल जाता है। सबसे बड़ी बात यह है कि यात्री को लम्बी यात्रा में भीड़ के मारे परेशान होना नहीं पड़ता। हर कम्पार्टमेन्ट में दो नीचे और दो ऊपर सीटें होती हैं। एक सीट एक आदमी के लिए टिकट लेते ही रिजर्व हो जाती है, क्योंकि रेलवे टिकटों में ट्रेन-नम्बर, गाड़ी-नम्बर, कम्पार्टमेन्ट-नम्बर और सीट-नम्बर दर्ज रहता है। आपने जिस सीट का टिकट ले लिया, उस पर कोई और नहीं आ सकता। हरेक डब्बे में एक-एक कन्डक्टर होता है, जो टिकट लेकर आपकी जगह ही नहीं बतला देता, बल्कि डब्बे की सफाई और चाय बनाकर भी पिला देता है। हमारे कम्पार्ट में मुझे लेकर चार आदमी थे, जिसमें एक साइबेरिया की रूसी लड़की छुट्टियों में अपनी सखी से मिलने लेनिनग्राद जा रही थी। वह मेडिकल कालेज की छात्रा थी। अभी भाषा के कुछ दर्जन शब्द ही मालूम थे, इसलिए साथियों से अधिक बात क्या कर सकता था ? वैसे रूसी लोग बहुत मिलनसार होते हैं, वह अंग्रेजों की तरह अपरिचित

के साथ मुँह फुलाकर यात्रा नहीं करते। अभी बाजार-दर का भाव नहीं मालूम हुआ था, न यही पता था कि राशन-कार्ड और बिना कार्ड से मिलनेवाली चीजों के भाव में अन्तर है। एक लेमीनाद की बोतल के लिए जब सोलह रूबल (दस रुपया) देना पड़ा, तो न जाने कैसा मालूम हुआ।

रात को सो गए। सबेरे चार बजे उठे तो मालूम हुआ न जाने कब से सबेरा हुआ है। अब लेनिनग्राद 6 घण्टे का रास्ता और रह गया था। युद्ध का भीषण दृश्य वर्षों बाद भी दिखाई पड़ रहा था। गाँव उजड़े हुए थे। जहाँ-तहाँ मोर्चेबन्दियाँ अब भी खड़ी थीं। जहाँ कभी देवदार के जंगल रहे होंगे, वहाँ आज छिन्न-मस्तक कितने ही ठूँठ दिखाई पड़ रहे थे। इन देवदार वनों को अपने स्वाभाविक रूप में आने में वर्षों लगेंगे। ट्रेन लेनिनग्राद के उपनगर में पहुँची। युद्ध के पहिले लेनिनग्राद तीन लाख से अधिक आबादी का एक विशाल नगर था, उसका उपनगर दूर तक फैला हुआ था। लेनिनग्राद पर भीषण बम-वर्षा हुई थी। प्रायः नौ सौ दिन तक जर्मन सेनाओं ने इस नगर को घेरे रक्खा और ऐसी बमबारी तथा नाकेबन्दी कर रक्खी थी, कि यदि दूसरा नगर होता, तो उसने कब का आत्मसमर्पण कर दिया होता। उपनगर में सचमुच ही ईंट-से-ईंट बज गई थी। दीवारें भी शायद ही कुछ हाथ खड़ी थीं। अगर दीवारें कहीं दिखाई भी पड़तीं, तो उन पर छतों का पता नहीं था, अधिकांश घर तो भूमिसात् हो गए थे। रेलवे लाइन के आस-पास उल्टी मालगाड़ियाँ, या उनके डब्बे पड़े हुए थे। जगह-जगह कितने हथियारों के लोहे भी मौजूद थे।

आखिर दस बजे ट्रेन लेनिनग्राद नगर में पहुँची। उस समय आसमान में बादल घिरा हुआ था, कुछ हल्की-सी बूँदें भी पड़ रही थीं। मुझे डर लग रहा था, कि कहीं यहाँ भी इन्तूरिस्त का आदमी नहीं आया, तो परेशान होना पड़ेगा। किन्तु ट्रेन के प्लेटफार्म पर खड़े होने के साथ ही इन्तूरिस्त का आदमी हमारे डब्बे के पास मौजूद था। उसने अपनी टैक्सी में हमारा सामान रखवाया और सीधे अस्तोरिया होटल के 110 नम्बरवाले कमरे में पहुँचा दिया। जारशाही के जमाने में यह बहुत ऊँचे दरजे का होटल था, जहाँ सामन्त और शाही मेहमान ठहरा करते थे। अब भी साज-सजावट का सामान काफी था। पिछली बार जब मैं लेनिनग्राद आया था, तो इन्तूरिस्त का दफ्तर यूरोपी होटल में था। शारीरिक और मानसिक श्रम की आमदनी को छोड़कर और किसी भी आय को वैध नहीं मानने से यह कहने की आवश्यकता नहीं, कि यहाँ दूकानें ही नहीं होटल भी किसी व्यक्ति या व्यापारिक कम्पनी की सम्पत्ति नहीं है। इन्तूरिस्त एक बहुत ही मालदार सरकारी एजेन्सी है, जिसके पास शहरों में बड़े-बड़े होटल, सैकड़ों बसें और कारें तथा हजारों कर्मचारी मौजूद हैं। होटल में अपने कमरे में पहुँचकर अब अनिश्चित अवस्था से निश्चित अवस्था में तो मैं पहुँच गया था। लोला मौजूद थी। लेकिन मैंने इतनी-भर खबर तेहरान से दी थी कि मैं अब आ सकता हूँ। तारीख जब निश्चित मालूम हुई, तो तार नहीं दे सका। होटल से लेनिनग्राद विश्वविद्यालय के रेक्तर (चान्सलर) के पास अपने आने की सूचना फोन से दिलवा दी। फिर सोचा, प्रतीक्षा करने से अच्छा यही है, कि लोला के घर ही हो आएँ। भोजनोपरान्त इन्तूरिस्त की कार ली और त्काचेई मुहल्ले में ढूँढ़ते-ढूँढ़ते उस घर में पहुँच गए। यह डर था कि मंगल का दिन होने से लोला विश्वविद्यालय में काम करने गई होगी। उसके गृह-नियंत्रण कार्यालय में पता लगाया। मालूम हुआ, ईगर बालोद्यान में है। इन्तूरिस्त की दुभाषिया महिला ने पूछा–तुम ईगर को पहचानती हो ? उसने हँसते हुए मजाक के स्वर में कहा–उसे कौन नहीं पहिचानेगा, ऐसा ही काला जैसा बाप। सचमुच हमारे भारत में जिनको गोरा कहते हैं, वे भी गोरों के समुद्र में जाकर काले मालूम होते हैं। हमने बालोद्यान देखने की जरूरत नहीं समझी और तीन बजे होटल लौट आए। तब तक लोला को पता लग गया था और वह होटल में आकर मेरी प्रतीक्षा कर रही थी। हमने अपना सामान वहीं छोड़ दिया और त्राम्वाय पकड़कर त्काचेई का रास्ता लिया। घण्टे-भर का रास्ता था। त्रामों के अलग-अलग नम्बर रहते हैं, यदि अपनी त्राम न पकड़ते, तो कई जगह बदलना पड़ता। पहिले हम दोनों बालोद्यान गए। ईगर अपने समवयस्क लड़कों में खेल रहा था। रूस में लड़के हों या सयाने, उनमें वर्ण-भेद की भावना नहीं पाई जाती। एक एंग्लोइन्डियन महिला एक दिन बतला रही थी–एक यूरोपियन स्कूल में शिक्षिका रहते समय उनको कैसे कड़वे अनुभव हुए। लड़के काली औरत कह के मजाक करते थे। एक छोटा-सा बच्चा समझ नहीं पाता था कि हमारी शिक्षिका जब हमारी तरह अंग्रेजी बोलती हैं, तो इनका

रंग दूसरा कैसे है। वह उनके हाथ पर उँगली रगड़कर देख रहा था, कि कहीं रंग ऊपर से पोता तो नहीं है। यही नहीं, अंग्रेज बच्चे उसे काली कहकर आपस में परिहास करते थे। सोवियत में इस तरह की हीन भावना की गुंजाइश न बड़ों में है, न छोटों में। ईगर के बालोद्यान के सौ-सवा सौ लड़कों में वही एक था, जिसके बाल काले थे, जिसका रंग दूसरों के रंग से फरक रखता था। रोमनी (जिप्सी) लोग शताब्दियों पहिले भारत से गए, तो भी उनके बाल काले और रंग प्रायः हमारे यहाँ के गोरे रंग के आदमियों जैसा होता है। लड़के ईगर को सिगान (रोमनी) कहते, तो वह इन्कार करते हुए अपने को 'इन्दुस' (हिन्दू) कहता। ईगर अपने समवयस्क लड़कों में सबसे अधिक लम्बा था, यद्यपि उतना मोटा-ताजा नहीं था। हम बात क्या कर सकते थे, अभी तो भाषा की पूँजी बहुत कम थी, किन्तु स्नेह प्रकट करने के लिए भाषा की आवश्यकता नहीं होती।

लोला अब वही लोला नहीं थी, जिसे सात बरस पहिले हमने देखा था। लेनिनग्राद के नौ सौ दिनों के घिरावे का प्रभाव पुराने परिचत प्रायः सभी चेहरों पर दिखाई पड़ता था। लोला बूढ़ी मालूम होती थी। सौंदर्य और स्वास्थ्य में फूल की जैसी खिली दत्तभाई की बीवी ल्यूबा की भी यही हालत थी। नगर का दीर्घकाल-व्यापी घिरावा क्या होता है, इसका अनुमान दूसरा आदमी मुश्किल से कर सकता था। 1941-42 के जाड़ों में घिरावे ने बड़ा भीषण रूप लिया था, उस समय का राशनकार्ड-चार्ट बतला रहा था, कि सितम्बर में प्रति व्यक्ति 300 ग्राम रोटी मिली, अक्तूबर में 200 ग्राम, नवम्बर में 150 और फिर 125 ग्राम। जहाँ आदमी के लिए और अन्नों के साथ हजार-बारह सौ ग्राम रोटी की आवश्यकता होती है, वहाँ सवा सौ ग्राम में कैसे गुजारा हो सकता है ? लेकिन किसी तरह जीवन-रक्षा करनी थी। लोला बतला रही थी–राशन में मिले रोटी के खण्ड को लाकर मैंने मेज पर चाकू से काटा। बड़ा टुकड़ा ईगर को दिया और छोटा भी रख छोड़ा। काटते वक्त रोटी के कुछ कनके मेज पर गिर गए। ईगर ने जीभ से अँगुली तर करके उसको भी चुन-चुनकर खा लिया। लोग जूतों के तल्लों को उबालकर खाते थे। सरेस भी नहीं बचता था। एक महिला ने कितने ही दिनों तक वार्निश उबालकर खाया, जिसके कारण उसकी अंतड़ी हमेशा के लिए खराब हो गई। लेनिनग्राद का कोई घर नहीं था, जिसके अनेक आदमी उस समय न मरे हों। लोला की बहन भूखों मर गई। उसका बहनोई भी भूखो मर गया।

यद्यपि उपनगर में जितनी प्रलयलीला देखी थी, उतनी नगर के भीतर नहीं थी, किन्तु तो भी घने बसे मुहल्लों में भी कितने ही मकान गिरे, जले या छतों के बिना खड़े थे। त्काचेई की अट्ठाईसवीं गृहश्रेणी में हम रहते थे। हमारे पीछे कई एकड़ जमीन खाली पड़ी थी, जहाँ किसी वक्त दुमंजिले लकड़ी की दीवारोंवाले घर खड़े थे। बम-वर्षा में सब जल गए। लंदन में होता, तो यह भूमि खाली पड़ी रहती। लेकिन रूस में यह सम्भव नहीं है। सारी जमीन को क्यारी-क्यारी बना के लोगों ने बाँट लिया था। कहने को त्काचेई अपने नाम से जुलाहों (त्काच) का मुहल्ला जान पड़ता है, लेकिन यहाँ केवल जुलाहे ही नहीं रहते। मजदूर काफी संख्या में रहते हैं, लेकिन उन्हीं के पड़ौस में प्रोफेसर, डाक्टर, इंजीनियर, क्लर्क सभी तरह के लोग रहते हैं। जो पहिले नगर में पहुँचे, उन्होंने एक-एक टुकड़ा जमीन का ले लिया। लोला के पास भी एक छोटी-सी क्यारी थी, जिसमें कुछ प्याज और गाजर लगा था। डेढ़ मन आलू की आशा विफल नहीं हुई। रोज घण्टा-भर अपने खेत में दे देना किसी के लिए मुश्किल नहीं था।

मुझे अब भाषा सीखने की चिन्ता थी। युनिवर्सिटी तथा दूसरे शिक्षणालय अब बन्द थे या हो रहे थे। सभी शिक्षण-संस्थाएँ एक सितम्बर को खुलनेवाली थीं। तीन महीने का समय मेरे पास था, जिसमें मैं रूसी भाषा का ज्ञान बढ़ा लेना चाहता था, क्योंकि मालूम था, छात्रों को पढ़ाने के लिए रूसी छोड़ दूसरा कोई माध्यम नहीं है। 9 जून को युनिवर्सिटी के रेक्तर के पास आवेदनपत्र दे दिया। सब अच्छा था, लेकिन युनिवर्सिटी हमारे रहने की जगह से पाँच-छै मील से कम दूर नहीं थी। रोज आने-जाने में ढाई-तीन घंटे त्रामवाय में लगने जा रहे थे, सबेरे और शाम को उसमें इतनी भीड़ होती थी, कि भीतर घुस जाने पर भी बैठने की जगह मुश्किल से मिलती। बीस घंटे की रात और चार घंटे का दिन तो हम अपनी पिछली यात्रा में भी देख गए थे, लेकिन इस वक्त तो बीस घंटे का दिन और चार घंटे की रात भी नहीं कह सकते थे, क्योंकि चार घंटे की रात को

भी गोधूलि और उषा ने आपस में बाँट लिया था। लम्बा दिन होने पर भी गरमी और पसीने का पता नहीं था। इतना लम्बा दिन होने पर भी मुझे तो वह छोटा ही मालूम होता था। अधिकतर समय मेरा घर पर ही बीतता था, और कभी-कभी बाहर निकलता था। युद्ध का प्रभाव घरों पर ही नहीं दिखाई पड़ता था, बल्कि उसी के कारण पुरुषों से स्त्रियों की संख्या अधिक थी। युनिवर्सिटी अभी बन्द नहीं हुई थी। वहाँ तो इस समय बीस सैकड़ा भी लड़के नहीं थे। ट्राम चलानेवाली स्त्रियाँ थीं। टिकट बाँटनेवाली स्त्रियाँ थीं। दुकान और दफ्तर का काम स्त्रियाँ कर रही थीं। यहाँ तक कि चौरस्तों पर रास्ता दिखानेवाली पुलिस में भी मुश्किल से ही कहीं पुरुष दिखाई पड़ता। काले चमड़े नहीं, काले बालों का भी अब पता मुश्किल से मिलता था। रूसी लोगों के बाल पीले, या भूरे होते हैं। उनके चेहरे का रूप-रंग भी अपना होता है–नाक छोटी और नोक पर कुछ उठी, चेहरा चौड़ा और गोल।

लेनिनग्राद विश्वविद्यालय ने ही मुझे पढ़ाने के लिए बुलाया था, लेकिन नियुक्ति के लिए कितनी ही कागजी कार्यवाही करनी थी, जिसमें स्वस्थ होने के लिए डाक्टरी सर्टीफिकेट भी देना पड़ा–छूत की बीमारी कहीं न हो।

27 जून को लेनिनग्राद पहुँचे मुझे 23 दिन हो गए थे। अब मैं उसे अपना नगर-सा मानने लगा था। एक दिन पता लगा, कि डाक्टर मेघनाथ साहा आए हुए हैं और मुझे ढूँढ़ रहे हैं। मुझे चार बजे यह भी पता लगा कि वह पाँच बजे ही लेनिनग्राद छोड़नेवाले हैं। दौड़ा-दौड़ा अस्तोरिया होटल पहुँचा, जहाँ उनसे भेंट हुई। बहुत लम्बी बात करने का अवसर नहीं था। डा. साहा दो सप्ताह के लिए रूस आये थे, और देखने के लिए इतना समय अपर्याप्त था। सोवियत साइन्स अकादमी की 220 वीं जयन्ती थी, इसी महोत्सव के लिए साहा दुनिया के और बड़े-बड़े साइंस-वेत्ताओं की तरह सोवियत द्वारा निमंत्रित होकर आए थे।

मेरे पास अभी रेडियो नहीं था, भारत की खबरों के पाने का कोई साधन नहीं था, रूसी पत्रों में शायद ही कभी दो-चार पंक्तियाँ देखने में आतीं। वैसे चौबीस घंटे में 20-21 घंटे बराबर बोलते रहनेवाला रेडियो लेनिनग्राद के हजारों घरों की तरह हमारे घर में भी लगा था, लेकिन भारत की खबर जानने की उत्सुकता पूरी नहीं होती थी। डा. साहा ने बतलाया–कि "कांग्रेस नेता जेलों से छोड़ दिए गए हैं। जिस वक्त मैं भारत से चला, उस वक्त कांग्रेसी नेता शिमला में वाइसराय से बातचीत करने में व्यस्त थे।" अंग्रेजों ने जिस चाल के साथ समझौता करने के लिए बातचीत शुरू की थी, और जो शर्तें रक्खी थीं, उनको बतलाते हुए डा. साहा ने कहा–"पूँजीवादी ढाँचे में इससे और अधिक क्या उम्मीद की जा सकती है।" भिन्न-भिन्न देशों के जो विद्वान् अकादमी की जुबली में शरीक होने के लिए आए थे, वह अपना संदेश लाए थे। डा. साहा को पहिले ख्याल नहीं आया। यहाँ आने पर जब उन्हें संदेश देने के लिए कहा गया तो उन्होंने एक संदेश तैयार किया। भारत की उन खूसट खोपड़ियों में डा. मेघनाथ साहा नहीं हैं, जो दूसरे देशों में जाकर अंग्रेजी को सर्वे-सर्वा मानने में जातीय अपमान का ख्याल नहीं करते। उन्होंने अपने संदेश की अंग्रेजी कापी मुझे देकर कहा–मैं नहीं चाहता, कि मेरा संदेश अंग्रेजी में जाय। इसे हमारी भारतीय भाषा में होना चाहिए–चाहे हिन्दी में हो या बंगला में, किन्तु मैं पसन्द करूँगा कि वह संस्कृत में हो। उन्होंने कहा, कि इसे संस्कृत में अनुवादित कर यहीं अच्छी तरह छपवाकर दे दें। मैंने अनुवाद तो कर दिया, किन्तु नागरी अक्षरों की उतनी सुन्दर छपाई का वहाँ प्रबन्ध नहीं हो सकता था, इसलिए उसे डाक्टर साहा के पास भेज दिया। उनका संदेश निम्न प्रकार था–

भारत का अभिनन्दन

"भारत की जनता, एक सौ इकसठ बरस पहिले स्थापित बंगाल-रायल-एसियाटिक सोसायटी और भारतीय वैज्ञानिक परिषदों और सभाओं के संघ के रूप में स्थित राष्ट्रीय विज्ञान प्रतिष्ठिान की ओर से सोवियत समाजवादी गणराज्य संघ की विज्ञान अकादमी का अपने अस्तित्त्व के दो सौ बीस बरस पूरा करने के उपलक्ष में अभिनन्दन करता हूँ। क्रान्ति के पहिले भी विज्ञान और साहित्य के क्षेत्र में अकादमी ने जो सफलताएँ प्राप्त की थीं, उन्हें विज्ञान के इतिहास में सुनहले अक्षरों में लिखा गया है। भारतीय विद्या के क्षेत्र में रूसी प्रतिभाओं की अद्वितीय

देन, राथ और बोथलिंक के महान् वैदिक कोश को–जो कि लेनिनग्राद में करीब सत्तर बरस पहिले प्रकाशित हुआ–भारत बड़ी कृतज्ञतापूर्वक याद करता है। बौद्ध शास्त्र के महान् विद्वान् अकदमिक श्चेर्वात्स्की–जिन्होंने दो साल पूर्व निर्वाण प्राप्त किया–की गंभीर देनों को भी भारत बड़ी कृतज्ञतापूर्वक याद करता है।

"क्रान्ति के बाद अकदमी को जो बल और उत्तरदायित्व प्रदान किया गया, उससे उसने रूस में महान् टेक्नोलाजिकल क्रान्ति लाने में बड़ा ही महत्त्वूपूर्ण हिस्सा लिया। पिछले पच्चीस बरसों में सोवियत रूस ने जो महत्त्वपूर्ण सफलताएँ प्राप्त की हैं, वह भारत के लिए एक ही महती प्रेरणा का काम देती है। हमारे हृदयों में वह इस बात की नई आशा और प्रेरणा देती हैं, कि हम अपने त्रिविध शत्रुओं–दरिद्रता, रोग और निरन्तर खाद्याभाव–से संयुक्त बल से लड़ें। भारत सोवियत समाजवादी गणराज्य संघ की गौरवशाली और सफलतापूर्वक सिद्धियों तथा राजनीतिक, आर्थिक, टेक्नालोजिकल और धार्मिक–इन चार प्रकार की क्रान्तियों में सोवियत समाजवादी गणराज्य संघ की गौरवशाली साधनाओं के लिए साधुवाद देने में दुनिया के दूसरे देशों के साथ है।"

अपने सात महीने की तपस्या के बाद लेनिनग्राद में पहुँचकर पुराने मित्रों कलियानोफ, विस्क्रोव्नी, सुलेकिन आदि से मिलकर खुशी होनी ही चाहिए थी; किन्तु इस बात का खेद होता था, कि अकदमिक श्चेर्वात्स्की का वह प्रसन्न मुख और वह गम्भीर संलाप अब प्राप्त नहीं होगा। अपनी सोवियत भूमि की द्वितीय यात्रा मैंने उन्हीं के निमंत्रण पर की थी। उस समय मैं कुछ ही महीनों रह सका था, लेकिन उतने ही में हमारी घनिष्टता इतनी बढ़ गई थी, कि मालूम होता था, हम युगों से एक दूसरे के साथ अत्यन्त घनिष्ट सम्बन्ध रखते आये थे। मेरे भारत लौटने के बाद भी उसका बार-बार आग्रह था, कि मैं अब की दीर्घकाल के लिए लेनिनग्राद आऊँ। वह इसकी कोशिश भी कर रहे थे, कि इसी में महायुद्ध छिड़ गया। रूस पर भी हिटलर ने आक्रमण कर दिया। लेनिनग्राद घिर गया। उस समय सोवियत सरकार ने अपनी दूसरी बहुत-सी कला तथा विद्या सम्बन्धी निधियों के साथ डाक्टर श्चेर्वात्स्की-जैसी प्रतिभा-निधियों को भी हवाई जहाज से दूर हटाया और साल ही भर बाद उत्तरी कजाकस्तान के रम्य स्थान वरोवा में उन्होंने अपनी जीवन-लीला समाप्त की।

मैं युनिवर्सिटी का प्रोफेसर नियुक्त हो गया था। अब पहिली सितम्बर तक के समय को मुझे भाषा की तैयारी तथा दूसरे कामों में बिताना था। प्रोफेसर से आशा की जाती है, कि वह अपने अनुसन्धान का काम भी करेगा, जिसके लिए उसको समय मिलना चाहिए, इसीलिए समय देने में इसका ख्याल रखा जाता है। मुझे हफ्ते में बारह घंटे पढ़ाना था, जिसको भी इस तरह से रखा गया था, कि तीन दिन ही युनिवर्सिटी जाने की जरूरत पड़े। रविवार का दिन तो साधारण छुट्टी का था ही।

डा. श्चेर्वात्सकी से मेरा जो सम्बन्ध था, उसके कारण डाक्टर वरान्निकोफ का भाव मेरे प्रति पहिले कुछ अच्छा नहीं था। उनकी और डा. श्चेर्वात्स्की की कुछ खटपट-सी थी। उनको यह मालूम नहीं था, कि मैं उनके काम को बड़े महत्त्व की दृष्टि से देखता हूँ। वरान्निकोफ यद्यपि संस्कृत और पश्चिम की दूसरी पुरानी भाषाओं के भी अच्छे पंडित हैं, लेकिन उन्होंने अपने अनुसन्धान का काम अधिकतर आधुनिक भारतीय भाषाओं–रोमनी, हिन्दी आदि के बारे में किया है। पश्चिमी देशों में संस्कृत-जैसी प्राचीन और मृत भाषाओं के अनुसंधान को ही उच्चश्रेणी का समझा जाता है। इसलिए डा. वरान्निकोफ के अनुसंधानों को पुराने ढंग के विद्वान् उतना महत्त्व नहीं देते थे। किन्तु यह ठीक नहीं था। आजकल जीवित भाषाओं का भी भाषातत्त्व, इतिहास और समाजशास्त्र के अनुसंधानों में बहुत महत्त्व है। मैं स्वयं हिन्दी साहित्य का एक लेखक ठहरा, फिर कैसे हो सकता था, कि मैं डा. वरान्निकोफ के काम को महत्त्व न देता। लेकिन वह समझते थे, कि डा. श्चेर्वात्स्की की तरह दोस्त, संस्कृति का पंडित और संस्कृत-सम्बन्धी अनुसंधान से सम्बन्ध रखनेवाले तिब्बती और पाली साहित्य का विशेषज्ञ होने से मेरे भाव भी उनके काम के प्रति वैसे ही होंगे। डा. वरान्निकोफ बड़े प्रतिभाशाली विद्वान् हैं और साथ ही बड़े परिश्रमी भी। तरुणाई में जब उन्हें रोमनी भाषा के अध्ययन का शौक हुआ, तो कितने ही दिन रोमनियों के डेरों में बिताए। लेकिन वह बड़े लज्जालु प्रकृति के हैं। बाज वक्त तो मालूम होता, कि उनके मुँह में जबान ही नहीं है। मैं पहिले भी उनकी कुछ कृतियों को पढ़ चुका था और अब की तो

और पढ़ने तथा साथ काम करने का मौका मिला था, इसलिए मैं उनका प्रशंसक रहा।

पौने तीन महीने की इस छुट्टी में रूसी भाषा और दूसरी पुस्तकों के अध्ययन के अतिरिक्त कुछ इधर-उधर घूमना, लेनिनग्राद के भिन्न-भिन्न स्थानों को देखना तथा मित्रों से मिलना, यही काम था। जुलाई-अगस्त में यद्यपि विश्वविद्यालय बन्द हो गया था, किन्तु अध्यापकों और विद्यार्थियों को पुस्तकों की आवश्यकता छुट्टी के दिनों में भी हो सकती है, इसलिए युनिवर्सिटी के प्राच्य और दूसरे विभागों के पुस्तकालय बराबर खुले रहते थे। इससे पुस्तकों का बड़ा सुभीता था। युनिवर्सिटी का एक केन्द्रीय पुस्तकालय था, फिर उसके विभागों के अलग-अलग पुस्तकालय भी थे। जिनमें से हमारे प्राच्य विभाग के पुस्तकालय में चार लाख से भी ऊपर पुस्तकें थीं। तुलना कीजिए इससे इलाहाबाद विश्वविद्यालय के पुस्तकालय से, जिसमें पुस्तकों की संख्या मुश्किल से आधे लाख हैं। पुस्तकों के सिलसिले में मैं अकसर प्राच्य पुस्तकालय में जाता था। सारे विश्वविद्यालय में स्त्री-राज्य था। जब छात्रों में लड़कों की संख्या पन्द्रह और बीस सैकड़ा हो, तो पुस्तकालय के बारे में क्या कहना है—पुस्तकालय तो खास तौर से स्त्रियों का विभाग समझा जाता है। 30 जुलाई को मैं पुस्तकालय में था, वहाँ की महिलाएँ पत्र में छपी एक कहानी को बड़े गौर से पढ़ रही थीं। उन्होंने आग्रहपूर्वक लोला को भी उसे पढ़ने के लिए कहा। मैं भी दो महीने में कुछ-कुछ टो-टाकर पढ़ने लगा था और कुछ दूसरों ने भी सहायता की, इसलिए कहानी का सारांश मालूम हो गया। कहानी का नायक एक सैनिक अफसर युद्ध-क्षेत्र में था। वहाँ किसी तरुणी से उसका प्रेम हो गया। लड़ाई के समय तक तो दोनों प्रेमी मिलते रहे। लड़ाई खतम हो गई, सैनिक घर लौटने लगे। अफसर घर आया। तरुणी आशा करती थी कि उसका प्रेमी अवश्य उसके पास आएगा, किन्तु देर तक प्रतीक्षा करने पर भी जब नहीं आया, तो तरुणी अपने प्रेमी के घर पहुँची। देखती है, वहाँ एक 45 वर्षीया प्रौढ़ा अफसर की पत्नी मौजूद है। वह बहुत निराश हुई और अपने प्रेम का स्मरण दिलाते हुए अनुनय-विनय करने लगी, मगर अफ़सर अपनी प्रौढ़ा पत्नी को छोड़ने के लिए तैयार नहीं था। उसकी एक लड़की बच गई थी, दो बच्चे लेनिनग्राद के घेरे के समय मर चुके थे। अफसर अपनी पत्नी को छोड़कर उसे असहाय बनाने के लिए तैयार नहीं था। तरुणी को सावधान रहने की शिक्षा मिली और पुरुषों की निष्ठुरता के लिए गाली देते वह घर लौट गई।

सारी महिलाएँ इतने चाव से उस कहानी को क्यों पढ़ रही थीं ? चार साल के खूनी युद्ध में स्त्री कहीं और पुरुष कहीं बिखर गए थे। बहुत-से सैनिकों के परिवार गाँव छोड़कर दूसरी जगह चले गए थे, जहाँ से भेंट-मुलाकात की तो बात ही क्या, चिट्ठी-पत्री भी मुश्किल से आती थी। कितनी ही स्त्रियों ने समझ लिया, कि हमारा घरवाला अब जीवित नहीं होगा। उक्त कहानी-जैसी घटनाएँ हर जगह पाई जाती थीं। बेर्था के सैनिक पति ने लाम पर जा दूसरी तरुणी से प्रेम कर लिया और बेचारी मुँह ताकती रह गई। जेनिया का पति भी नये प्रेम में फँसकर न जाने कहाँ चला गया। अन्ना का पति महीनों से पत्र नहीं भेज रहा था, इसलिए वह भी चिन्तित थी। इस कहानी में ऐसी अभागी पत्नियों के पक्ष का समर्थन किया गया था, इसीलिए कहानी इतने ध्यान से पढ़ी जा रही थी।

अगस्त के पहिले हफ्ते में हमारे मकान के पीछे की क्यारियाँ बड़ी हरी-भरी थीं। यद्यपि खेतिहरों में से कुछ ने परिश्रम ही नहीं अधिक किया था, बल्कि अच्छी खाद के साथ दिमाग भी लगाया था। किन्तु लोला ने तो किसी तरह से फावड़े से जमीन को खुरोचकर उसी तरह आलू काटकर ढाँक दिए थे, जैसे बाढ़ के हटने पर बढ़ैया टाल (मुंगेर-जिला) के किसान साल में एक ही बार हल-बैल ले जाकर बीज डाल आते हैं और फिर काटने के ही समय उसका ध्यान रखते हैं। यद्यपि मकानों के सीमेन्ट के चूरन तथा दूसरी चीजें भी हमारी क्यारियों में पड़ी थीं, लेकिन जमीन स्वभावतः उर्वर थी, इसलिए आलू अभी ही दो-दो तीन-तीन तोले के हो गए थे।

8 अगस्त को शाम के वक्त 11 बजे रेडियो ने कहा—अभी हम मास्को से एक महत्त्वपूर्ण खबर देनेवाले हैं। लोला ने पूछा—क्या महत्त्वपूर्ण खबर होगी ? मैंने जरा भी विलम्ब बिना किये कह दिया—जापान के साथ युद्ध-घोषणा। दो मिनट बाद ही मास्को रेडियो को युद्ध-घोषणा करते सुनकर लोला को बहुत आश्चर्य

हुआ। पूछा–कैसे तुमने बतलाया ? मैंने कहा–"इंदुस् (हिन्दू) होने का फायदा क्या, यदि मैं इतना भी न बतला सकूँ ?"

–नहीं-नहीं, सच बताओ।

मैंने कहा–यह कोई जोतिस का चमत्कार नहीं है। अन्तर्राष्ट्रीय परिस्थिति ऐसी ही है, बर्लिन में मित्र-शक्तियों के प्रतिनिधियों ने स्तालिन की माँगों का समर्थन किया है। इंग्लैंड की अन्तर्राष्ट्रीय नीति में भी परिवर्तन हुआ है। चीन के प्रधानमंत्री और विदेशमंत्री दो-दो बार मास्को पधार चुके हैं। मंगोलिया के प्रधानमंत्री का अभी-अभी मास्को में आगमन हुआ। हिटलर के पराजय के बाद जापान की पराजय निश्चय है। पूर्वी यूरोप में जिस तरह रूस ने अपना प्रभाव बढ़ाया, यदि पूर्वी एशिया में भी वह अपना प्रभाव उसी तरह बढ़ाना चाहता है, तो चीन से भगाकर जापान से घुटना टिकवाने के लिए रूस को उसके विरुद्ध युद्ध-घोषणा करनी आवश्यक है।

बाहरी दुनिया की खबर जानने का साधन इस वक्त मेरे पास केवल स्थानीय रेडियो और रूसी दैनिक थे। भाषा की कठिनाई के कारण बहुत माथापच्ची करने पर भी पचास प्रतिशत से अधिक मैं नहीं समझ पाता था।

4
नून-तेल-लकड़ी

नून-तेल-लकड़ी मानव की सबसे बड़ी समस्या है। देवता इसीलिए मनुष्य से बड़े हैं, कि उनको नून-तेल-लकड़ी की चिन्ता नहीं है। भारत में तो आज (1951 के अन्त में) युद्ध के छै वर्षों बाद भी यह सबसे बड़ी समस्या है। राशन में पर्याप्त चीजें नहीं मिलतीं, जान पड़ता है अब अतिथि सेवा धर्म इस देश से उठ जाएगा। चीजें सभी मिल सकती हैं, यदि आप दुगुना-तिगुना दान देने के लिए तैयार हों। खाने-पीने की चीजों में शुद्धता का सवाल ही नहीं है। मैं अपनी दूसरी रूस-यात्रा से लौटते समय अफगानिस्तान और रूस की सीमा पर अवस्थित वक्षु नदी के दाहिने किनारे पर अवस्थित तेरमिज नगर में ठहरा हुआ था। व्यापार के सिलसिले में कुछ अफगानी भी उसी सराय में ठहरे थे। बेचारे हलाल-हराम का विचार करके मांस तथा बहुत-सी खाने की चीजें अपने साथ लाए थे, क्योंकि वह जानते थे कि सोवियत मध्यएशिया में यद्यपि अब भी अब्दुल्ला, रहीम और करीम जैसे ही नाम सुनने में आते हैं, किन्तु वहाँ अब हलाल किए हुए जानवर का गोश्त मिलना मुश्किल है। लेकिन घर का लाया गोश्त कितने दिन ठहरता। जब वह खतम हो गया, तो उन्हें चिन्ता पड़ी। वह ऐसे देश के रहनेवाले थे, जहाँ आदमी अभी पूरी तौर से घासखोर नहीं बना है। सराय के चौकीदार से मिन्नत करने पर उसने बड़े तपाक से कहा–हो, हम कलखोज से ताजा गोश्त ल्या देते हैं। मैंने चौकीदार से हँसकर पूछा–दोस्त, तुम कलखोज से हलाल गोश्त ल्या दोगे ?

उसने हँसते हुए कहा–बेवकूफ हैं, जानवर को तकलीफ दे-देकर मार के जो गोश्त तैयार हो, उसको हलाल कहते हैं। अब ऐसे मारनेवाले हमारे देश में शायद ही कोई मुलंटा हो। इसी तरह हमारे यहाँ भी अभी शहरों के कुछ लोग शुद्ध घी की बात करते हैं और शुद्ध घी के नाम पर उनको मिलता है अशुद्ध वनस्पति। हिमालय के जौनसार और जौनपुर-जैसे सीधे-सादे पहाड़ी भी जब टिन के टिन दलदा इस अभिप्राय से ढोए लिये जाते हैं, कि दूध में इसे मिलाकर मक्खन निकाल के घी बना लेंगे और शुद्ध घी के नाम पर दुगुने दाम पर बाबू लोगों को बेच देंगे; तो हमारे नीचे के अधिक होशियार नागरिकों और ग्रामीणों की बात ही क्या करनी है। मैं तो मानता हूँ–यदि दलदा ही खाना है, तो बेवकूफ बनकर घी के नाम से क्यों खाया जाए।

मैं रूस में, जर्मनी की लड़ाई के समाप्त होने के थोड़ी ही देर बाद पहुँचा था। रूस की अन्नदायिका भूमि का बहुत बड़ा भाग जर्मनों के हाथ में चला गया था। अब उनके हाथ से मुक्त हो जाने के बाद भी वह युद्ध की ध्वंसलीला के कारण अभी इस अवस्था में नहीं थी, कि पहिले का आधा भी अन्न दे। लेकिन रूसियों ने 'अधिक अन्न उपजाओ' का मजाक करके 'प्रोपेगेंडा' पर करोड़ों रुपया बेकारी खर्च नहीं किया, बल्कि उन्होंने अन्न उपजाने के लिए नहरों के पानी और खाद की आवश्यकता होती है, इसे समझकर, उस ओर

पूरा ध्यान दिया। बाबर की जन्मभूमि फरगाना के इलाके के किसानों ने कहा–हम अपना जांगर (शारीरिक परिश्रम) देने के लिए तैयार हैं, हमें इंजिनियर, और सिमेन्ट-लोहा आदि सामग्री सरकार दे, तो हम यहाँ एक बड़ी नहर खोद डालें। सरकार ने इंजिनियर और सीमेन्ट-लोहा-लकड़ी का ही इन्तजाम नहीं कर दिया, बल्कि देश के जन्म और मृत्यु के बीच में लटकते रहने के समय भी अपनी आँखों के सामने से विद्या और कला के महत्त्व को हटने नहीं दिया। उन्होंने कुछ इतिहासज्ञ और पुरातत्वज्ञ भी वहाँ भेज दिए, किसानों को समझाने के लिए उनकी मातृभाषाओं में छोटे-छोटे पम्पलेट छापकर बाँटे, जिसमें कहा गया था–साथियो, ध्यान रखना, यह नहर उस भूमि पर से जा रही है, जहाँ से कि चीन से यूरोप जानेवाला रेशमी-पथ डेढ़ हजार वर्षों तक चलता रहा। उस समय यहाँ अच्छे-अच्छे नगर थे, जो पीछे की लड़ाइयों में ध्वस्त हो गए। यहाँ पर ऐसी ऐतिहासिक पुरातात्विक महत्व की चीजें मिलेंगी, जिनसे हमारे इतिहास के ऊपर नया प्रकाश पड़ेगा, इसलिए खुदाई करते समय ध्यान रखना, जिसमें यहाँ से निकली कोई ईंट मृत्पात्र, मूर्ति या और कोई चीज फावड़े-कुदाल से टूटने न पाए। इतना ही नहीं, बल्कि सरकार ने पुरातात्विक सामग्री इकट्ठा करने के लिए वहाँ बाईस लारियाँ रख दीं, जो सामग्री को सुरक्षित स्थान पर पहुँचाती थीं। फरगाना जैसी और भी कितनी नहरें लड़ाई के समय में सोवियत राष्ट्र में बनाई गईं, जिनके कारण वहाँ अन्न की उपज बढ़ाने में खूब सफलता मिली। राशन का प्रबन्ध इतना अच्छा था, कि आदमी के लिए आवश्यक चीजें सस्ते दामों में मिल जाती थीं। जुलाई का जो राशनकार्ड हमें मिला था, उसमें महीने-भर के लिए निम्न परिमाण में चीजें मिलती थीं–

चीनी 900 ग्राम : 50 (ग्राम के 18 टुकड़े)
क्रुपा (खिचड़ी के लिए गेहूँ या चना) 1960 ग्राम
मांस-मछली 1800 ग्राम
मक्खन 800 ग्राम
रोटी (काली) 12400 (400 ग्राम के इकतीस टुकड़े)
रोटी (सफेद) 6200 ग्राम।

यह हमारे-जैसे वयस्कों के लिए थे। ईगर-जैसे पाँच-छै साल के बच्चों के लिए चीजें निम्न प्रकार मिलती थीं–

क्रुपा 1200 ग्राम
मक्खन 400 ग्राम
रोटी (काली) 6200 ग्राम
रोटी (सफेद) 6200 ग्राम
चीनी 500 ग्राम।

बड़ों को प्रतिमास 22-1 किलोग्राम रोटी मिलती थी, और बच्चों को 24 किलोग्राम–किलोग्राम हजार ग्राम या प्रायः सवा सेर के बराबर होता है।

चोर-बाजारी का वहाँ नाम-निशान नहीं था, क्योंकि अपनी उपजाई चीजों के अतिरिक्त दूसरे की चीजों को खरीदकर अधिक नफे के साथ बेचनेवाला (बनिया) अपराधी समझा जाता था। राशन से चीजें सस्ती मिलती थीं, लेकिन यदि कोई राशन से अतिरिक्त खरीदना चाहता था, तो उसके लिए सरकार ने राशनवाली दूकानों के अतिरिक्त बहुत-सी बिना राशन की दूकानें खोल रखी थीं, जहाँ आदमी दस-गुनी बीस-गुनी कीमत पर चाहे जितनी मात्रा में चीजों को ले सकता था। इसी तरह अगर कोई अपने राशन की चीज को बेचकर बदले में दूसरी चीज खरीदना चाहता, तो उसमें कोई रुकावट नहीं थी। आप सिगरेट के शौकीन हैं और दूसरा चीनी का शौकीन है। आप अपनी सिगरेट को हाट में जाकर किसी आदमी को बीस गुने दाम पर दे दीजिए, और स्वयं भी चीनी की इच्छा न रखनेवाले आदमी से बीस-पच्चीस गुने दाम पर चीनी खरीद लीजिए। चीजों में मिलावट करना वहाँ संभव नहीं था, क्योंकि जनता के खाद्य में मिलावट करना भारी अपराध समझा जाता था, जिसके दंड से आदमी अपने को किसी तरह भी बचा नहीं सकता था। राशन की दूकानों और हाट की

(रीनक) अथवा कलखोज (पंचायती खेती)वाली चीजों के दामों में कितना अन्तर था, यह मैं अपनी बीस जुलाई 1945 की डायरी से देता हूँ (दाम रूबल में हैं)–

चीज		राशन	रीनक या कलखोज
मांस	1 किलो	12	250
मछली	1 किलो	12	...
मक्खन	1 किलो	27	400
पनीर (अमेरिकन)	1 किलो	35	...
(देशी)	1 किलो	31	...
चीनी	1 किलो	5	200
अंडा (दर्जन)		6.50	96
रोटी (सफेद)	1 किलो	2.12	50
रोटी (काली)	1 किलो	1.10	25
क्रुपा	1 किलो	2	
चावल	1 किलो	6.50	100
आलू	1 किलो	2	60
कपुस्ता (खट्टी गोभी)	1 किलो	1.50	30
चबीन (सोया)	1 किलो	4.60	50
मन्ना (जौ-चूर्ण)	1 किलो	4.40	80

इसी प्रकार वस्त्र भी राशन और बेराशन का था–

	राशन	बेराशन
स्त्री-पोशाक (रेशम)	300	1000
स्त्री-पोशाक (सूती)	60	
गोलोस (बूट)	25	100
मोजा (रेशमी)	10	150
मोजा (सूती)	5	50

वहाँ कम से कम वेतनवाला ढाई-तीन सौ रूबल महीने में पाता था, और प्रत्येक घर में कम से कम दो कमानेवाले तथा साथ ही तीसरी या चौथी संतान के बाद का खर्च सरकार बर्दाश्त करती थी। लड़ाई के समय की असाधारण अवस्था में राशन के कार्ड को देखने से मालूम होगा, कि मनुष्य की अत्यावश्यक खाने-कपड़े जैसी चीजों को बहुत सस्ता रक्खा गया था। वहाँ के शासक अच्छी तरह जानते थे, कि राशन में जो चीजें मिलती हैं, उतने ही से कितने ही लोग संतुष्ट नहीं हो सकते। जिनके पास अधिक पैसा है, वह और भी चीजें खरीदना चाहेंगे। यदि सरकार उनकी अतिरिक्त इच्छा और अतिरिक्त पैसे का कोई ठीक प्रबन्ध नहीं करती है, तो चोर-बाजारी का रास्ता खुल जायेगा, इसलिए सरकार ने अपनी बिना राशन की दूकानें भी खोल दी थीं। यदि आप अतिरिक्त पैसा खर्च करना चाहते हैं, तो आइए इन बिना राशन की दूकानों में दस-बीस गुना दाम चुकाइए और अपनी मनचाही चीज ले जाइए। शायद कुछ लोग इन बिना राशनवाली दूकानों की बात सुनकर झट कह उठेंगे–यह तो सरकार स्वयं चोर-बाजारी करने लगी। लेकिन सरकार न आपको पैसा खर्च करने के लिए मजबूर करती है और न दस-गुना बीस-गुना दाम किसी चोर-बाजारी सेठ के पाकेट में जाता है। यह अरबों रुपया जमा होकर सरकार की बड़ी-बड़ी आर्थिक योजनाओं में खर्च होता है, जिससे सारे देश की सम्पत्ति बढ़ेगी, उपज की वृद्धि से चीजों का दाम घटेगा, और पूरा लाभ उठाने का आपको मौका मिलेगा।

भोजन का प्रबन्ध लोग अपने घर में करते हैं। विश्वविद्यालय की वाइस-चांसलर महिला को भी आप रोज अपने पाकशास्त्र का परिचय देते पाएँगे। तो भी ऐसा प्रबन्ध है, यदि आप किसी दिन या बराबर घर में खाना न बनाना चाहें, तो आपको अपना कार्ड देकर सस्ता और पुष्टिकारक भोजन मिल सकता है। इसके

लिए हरेक मुहल्ले में सामूहिक भोजनालय है। कारखानों और विश्वविद्यालयों-जैसी संस्थाओं में भी अपनी-अपनी सामूहिक भोजनशालाएँ तथा बूफेत (उपाहारगृह) है। जून (1945) को हमने विश्वविद्यालय के भोजनालय के खटरस को चखने का विचार किया। सवा रूबल (बारह आना) में सूप और कासा (मक्खन सहित चीनी की खिचड़ी) तृप्त होने-भर के लिए मिली। जहाँ एक ओर हम राशन-टिकट पर बारह आने में पेट-भर भोजन कर सकते थे, वहाँ राशन बिना सवा सेर मांस के लिए 250 रूबल, सवा सेर मक्खन के लिए 400 रूबल, सवा सेर चरबी के लिए 300 रूबल, सवा सेर चीनी के लिए 200 रूबल देना पड़ता। इन दोनों तरह के भावों को देखकर मेरी भी अकल पहिले चकराई थी, लेकिन जब मैंने देखा कि राशनकार्ड पर आदमी ढाई रूबल में दो वक्त पेट-भर खा सकता है अर्थात् 38-40 रुपये में महीने-भर भोजन कर सकता है, तो सारा संदेह दूर हो गया। वहाँ कोई बेकार नहीं था। यही नहीं बल्कि काम के लिए जितने आदमियों की आवश्यकता थी, उतने मिलते नहीं थे।

1946 की बात है। पूरब-पच्छिम दोनों तरफ की लड़ाइयाँ खतम हो चुकी थीं और सोवियत जनता अपने पुनर्निर्माण के कार्य में बड़े जोर से लगी हुई थी। हिसाब लगाने से मालूम हुआ, कि कई लाख ऐसी स्त्रियाँ हैं, जो स्वयं काम न कर अपने पति या दूसरों की कमाई पर जीती हैं। यदि उन चालीस-पचास लाख कामचोर औरतों को काम में लगाया जा सके, तो हलके कामों से हटाकर चालीस-पचास लाख पुरुषों को अधिक मेहनत के कामों पर लगाया जा सकता है, यह सोच सरकार ने नियम बना दिया कि अब से उन्हीं लोगों को राशन-कार्ड मिलेगा, जो कि किसी राष्ट्रनिर्माण के कार्य में लगे हुए हैं, अथवा स्वास्थ्य, वार्धक्य आदि के कारण काम नहीं कर सकते। मेरे पड़ोस में एक जारशाही युग के मध्यवित्त कुल की प्रौढ़ा स्त्री थीं। पुराना संस्कार था, इसलिए काम करने की जगह सिंगार-पटार करके उपन्यास पढ़ना उन्हें अधिक पसन्द था। इस नियम के लागू होते ही उन्हें काम करने के लिए मजबूर होना पड़ा, क्योंकि अब पति की कमाई से पन्द्रह-बीस गुना दाम देकर रोटी-मक्खन खरीदना बस की बात नहीं थी। हजार गाली देते हुए बेचारी को काम करने के लिए जाना पड़ा। काम भी कोई भारी नहीं था। किसी दफ्तर में लिखने-पढ़ने अथवा किसी राशन या बेराशन की दूकान में बेचने के लिए कुछ घंटे दे देना काफी था।

5
प्रोफेसरी

अबकी बार लेनिनग्राद विश्वविद्यालय में मुझे संस्कृत पढ़ाने के लिए निमंत्रित किया गया था। पहली बार मैं 1935 में जापान से लौटते वक्त यों ही रूस की यात्रा खड़े-खड़े कर आया था। उस समय मेरा वहाँ के विद्वानों से कोई संपर्क नहीं हो पाया, क्योंकि मास्को में एक-दो दिन से अधिक मैं ठहर नहीं सका था। फ्रान्स में रहते समय (1932 में) प्रो. सेलवन लेबी ने डा. सर्ज ओल्दनबुर्ग के नाम एक परिचय-पत्र दे दिया था, किन्तु मैं उस समय रूस नहीं जा सका। डा. श्चेर्वात्स्की की पुस्तकों से मैं परिचित था और मेरे ग्रन्थों तथा तिब्बत की खोजों से वह भी परिचित थे, इसलिए हम लोगों का पत्र-व्यवहार द्वारा परिचय ही नहीं घनिष्ठता स्थापित हो चुकी थी। जब 1935 में मैं मास्को से लेनिनग्राद नहीं जा सका, तो उनको बहुत अफसोस हुआ था। उन्होंने 1937 में विशेष आग्रह से अकादमी की ओर से निमंत्रित करके मुझे बुलवाया था, किन्तु कई कारणों से मैं वहाँ कुछ ही महीने ठहर सका। अब युद्ध के समय तीसरी बार फिर मेरा जाने का इरादा हुआ और डाक्टर श्चेर्वात्स्की के पूर्व प्रयत्नों के कारण लेनिनग्राद युनिवर्सिटी ने मुझे संस्कृत पढ़ाने के लिए बुलाया था।

अध्यापन का काम मैंने थोड़ा ही किया था। भारत में जहाँ-तहाँ एकाध साल संस्कृत पढ़ाने के सिवा लंका में अवश्य डेढ़ वर्ष से ऊपर संस्कृत पढ़ाता रहा। लेकिन यहाँ मैं यूरोप की एक बहुत प्रतिष्ठित युनिवर्सिटी में आधुनिक ढंग से संस्कृत पढ़नेवाले छात्रों का अध्यापक बना था। उसमें भी माध्मय न मैं संस्कृत को बना सकता था, क्योंकि विद्यार्थी अभी संस्कृत द्वारा पढ़ाने पर समझ नहीं सकते थे और न अंग्रेजी ही को। यद्यपि अंग्रेजी सभी कुछ पढ़े थे, किन्तु उनका ज्ञान अत्यन्त अल्प था। मैं साधारण विद्यार्थियों के अतिरिक्त वहाँ के अध्यापकों को भी दर्शन या काव्य के ऊँचे ग्रन्थों को पढ़ाता था, जिसमें संस्कृत अवश्य सहायक होती थी। माध्यम की कठिनाई पहिले साल अवश्य रही, किन्तु वह ऐसी नहीं थी, जिसके कारण, छात्रों को नुकसान होता। मेरी भाषा शुद्ध नहीं थी, कहीं-कहीं वह खिचड़ी भी होती थी, जिसमें कुछ अंग्रेजी या साधारण संस्कृत के शब्दों को डालकर बोलता, किन्तु जहाँ तक छात्रों के समझने का सवाल था, उसमें कोई दिक्कत नहीं हुई। पहिले साल मैंने प्रायः प्रथम वर्ष को नहीं लिया। अगले साल उन छात्रों को भी पढ़ाने लगा। छात्र कहना गलत होगा, क्योंकि सारी युनिवर्सिटी में दो सैकड़ा लड़के होने का उल्लेख मेरी डायरी में है, संभव है 20 की एक बिन्दी छूट गई हो, तो भी पाँच छात्रों में चार का लड़की होना बतलाता है, कि लड़ाई की वजह से विद्यालय के छात्रों के ऊपर क्या प्रभाव पड़ा था। पहिले साल तो पंचम वर्ष में कोई छात्र नहीं था। चतुर्थ वर्ष में दो लड़कियाँ थीं। तृतीय में भी लड़कियों की संख्या अधिक थी।

सोवियत शिक्षा-प्रणाली में सात वर्ष की पढ़ाई अपनी मातृभाषा में सोवियत के हरेक लड़के और लड़की के लिए अनिवार्य है। अनिवार्य शिक्षा चौदहवें वर्ष के साथ समाप्त होती है। फिर तीन वर्ष शिक्षा के बाद

हाईस्कूल की पढ़ाई समाप्त होती है। यद्यपि हमारे यहाँ की तरह दस साल में वहाँ भी माध्यमिक शिक्षा समाप्त होती है, किन्तु दोनों के ज्ञान में बहुत अन्तर है। सोवियत के सात सालों की पढ़ाई में विद्यार्थी का विषय-ज्ञान हमारे यहाँ के हाईस्कूल के बराबर होता है और हाईस्कूल की दस साल की पढ़ाई तो हमारे यहाँ के कालेज के तृतीय-चतुर्थ वर्ष के करीब। इसका कारण यही है कि वहाँ सारी शिक्षा अपनी मातृभाषा में होती है। अपनी मातृभाषा अर्थात् जिस भाषा को लड़का बचपन से बोलता चला आया है। इसलिए विदेशी भाषा के माध्यम से पढ़ने में विद्यार्थी का जो समय उस भाषा पर अधिकार प्राप्त करने में लगता है, वह बच जाता है। इसका यह मतलब नही, कि विदेशी भाषा वहाँ पढ़ाई नहीं जाती। हरेक रूसी बालक को अपनी मातृभाषा के अतिरिक्त यूरोप की आधुनिक तीन भाषाओं (जर्मन, फ्रेंच, और इंगलिश) में से एक को लेना पड़ता है। सोवियत शिक्षा-प्रणाली में शिक्षा का अर्थ घोखना नहीं है। वहाँ घोखने या रटने की ओर परीक्षा में अधिक ध्यान नहीं दिया जाता। हमारे यहाँ की तरह वहाँ परीक्षा संग्राम-क्षेत्र का रूप नहीं लेती, जिसमें आधे और दो तिहाई विद्यार्थी कतल किए जाते हों। वहाँ परीक्षा के लिए न प्रश्नपत्र छपते हैं, और न हजारों मन उत्तर की कापियाँ खर्च होती हैं। चाहे प्रारम्भिक कक्षाएँ हों, हाईस्कूल हो या विश्वविद्यालय, सभी की परीक्षाएँ अपने ही अध्यापक लेते हैं, प्रश्न भी जबानी होते हैं। उत्तर देने के लिए विद्यार्थी अपनी सारी पुस्तकें अपने साथ रख सकते हैं। असल में जो विद्यार्थी बहुत ज्यादा अनुपस्थित नहीं रहा है, उसका फेल होना वहाँ संभव ही नहीं है।

हाईस्कूल (दशम कक्षा) पास करने के बाद विद्यार्थी युनिवर्सिटी में या मेडिकल, इंजिनियरी या टेक्निकल कालेजों में जा सकता है। हर जगह पाँच साल का कोर्स है। हमारी कक्षा में जो विद्यार्थी पढ़ने के लिए आए थे, वह सब हाईस्कूल पास करके आए थे। संस्कृत किसी हाईस्कूल में द्वितीय भाषा नहीं है, लेकिन आज की जीवित भाषाओं में व्याकरण की दृष्टि से संस्कृत से सबसे नजदीक रूसी भाषा है, इसलिए रूसी छात्र-छात्राओं को संस्कृत पढ़ने में कुछ सुभीता जरूर होता है। जब छात्र पहिले-पहिल देखते, कि उनकी भाषा के चश (प्याला), व्रात (भ्राता), मात (माता) आदि शब्द संस्कृत में भी हैं, तो उनको आश्चर्य और कौतूहल होता था। लेकिन हाईस्कूल पास करने के बाद किसी छात्र को आगे की पढ़ाई के लिए कौन-सा विषय लेना चाहिए, यह उसकी इच्छा पर निर्भर करता है। हमारे यहाँ हाईस्कूल तक गरीबों के लड़कों का पहुँचना मुश्किल है, आगे तो असम्भव है, लेकिन वहाँ के छात्र को इसकी कोई चिन्ता ही नहीं है। युनिवर्सिटी या कालेज के छात्रों में नब्बे प्रतिशत सरकारी छात्रवृत्ति से पढ़ते हैं। दस प्रतिशत वही लड़के हैं, जिनके माँ-बाप अच्छा वेतन पाते हैं। इस प्रकार जिसकी इच्छा आगे पढ़ने की है, उसके रास्ते में कोई आर्थिक कठिनाई नहीं है। इसका परिणाम यह भी होता है कि न चल सकनेवाले लड़के भी आकर विश्वविद्यालय में दाखिल हो जाते हैं। मैंने पहिली सितम्बर (1946) को विश्वविद्यालय खुलते समय प्रथम वर्ष में बाईस-तेईस लड़के-लड़कियों को देखा, तो बड़ी प्रसन्नता हुई। किन्तु थोड़े ही दिनों बाद मालूम हुआ, कि उनमें से कितने ही व्यर्थ पढ़ने आए हैं। उनको संस्कृत-जैसे रूखे विषय की तरफ कोई रुचि नहीं थी, न भाषा सीखने का कोई शौक था। पहिले की कोई तैयारी तो थी ही नहीं। मैं सोचता था—सरकार क्यों इतने पैसे इन छात्रों के ऊपर बर्बाद कर रही है। मैं अपने साथी अध्यापकों से बल्कि पूछता भी था। लेकिन, कुछ महीनों बाद मैंने देखा, कि कक्षा के सात-आठ छात्र वहाँ से छोड़कर दूसरे विषय में चले गए। यद्यपि कुछ रुपयों का अपव्यय जरूर होता है, लेकिन अनुभव द्वारा परीक्षा लिये बिना, पता ही कैसे लगेगा, कि कौन छात्र भारतीय विद्या या भाषातत्त्व की ओर आगे बढ़ सकता है।

भिन्न-भिन्न विषयों के अनुसार रूसी विश्वविद्यालय में भी अलग-अलग विभाग (फाकुलतात, फेकल्टी) हैं, जिनमें एक फेकल्टी प्राच्य विद्याओं की है। इस फेकल्टी में मिश्र से जापान तक की भाषाओं, उनके साहित्य, इतिहास आदि के पढ़ने का प्रबन्ध है। रूसी विद्वान् पहिले-पहिल तिब्बती साहित्य द्वारा भारत से परिचित हुए। सोलहवीं सदी में ही रूसी राज्य बढ़ते हुए साइबेरिया के भीतर पहुँच गया था। सत्रहवीं-अठारहवीं शताब्दियों में रूसियों का बौद्धधर्मी मंगोलों से परिचय हुआ, जिनकी धार्मिक पुस्तकें प्रायः तिब्बती भाषा में होती हैं। इस प्रकार तिब्बती भाषा से रूसी विद्वानों का परिचय हुआ और पीछे उन्हें मालूम हुआ, कि तिब्बती भाषा के विशाल

साहित्य का बहुत बड़ा भाग संस्कृत से अनुवाद होकर आया है। फिर उनका ध्यान संस्कृत की तरफ गया। अठारहवीं शताब्दी के अन्त में पश्चिमी यूरोप के विद्वानों को पता लगा, कि भारत की एक प्राचीन भाषा संस्कृत है, जो उसी वंश की भाषा है, जिसके वंशज आजकल के यूरोपीय लोग हैं। बॉप और दूसरे भाषातत्व-वेत्ताओं ने अपनी खोजों से असंदिग्ध रूप में इस बात का निश्चय करा दिया, कि संस्कृत और भारत की और भी संस्कृत-वंशी आधुनिक भाषाओं का मूल स्रोत वही है, जो कि ग्रीक, लातिन और आधुनिक यूरोपीय भाषाओं का। इस आविष्कार के कारण यूरोप में एक भारी हलचल-सी मच गई और वहाँ के विश्वविद्यालय अपने-अपने यहाँ संस्कृत पढ़ाने का प्रबन्ध करने लगे। यह बात जब रूसियों को मालूम हुई, तो उन्होंने भी अपने विश्वविद्यालयों में संस्कृत के पठन-पाठन का प्रबन्ध करना चाहा। उस समय लेनिनग्राद का नाम पितरबुर्ग था और यही रूस की राजधानी थी। तिब्बती और मंगोल भाषाओं का परिचय रूसियों को बहुत पहिले से था और उन्हीं के साहित्यों द्वारा बौद्धधर्म से परिचय करके उन्होंने बौद्धधर्म पर पुस्तकें भी लिखीं। ये भी उन्हें मालूम हो चुका था कि बौद्ध धर्म भारत से आया है और वहाँ का पुराना साहित्य संस्कृत में है। पहिले-पहिल त्वेर (आधुनिक कलिनिन) नगर-निवासी अथानिउन निकितिन ईरान हो समुद्री मार्ग से दिव (काटियावाड़) में उतरकर 1466 ई. में बिदर (बहमनी राजधानी) में पहुँचा और वहाँ छः साल तक रहा। निकितिन ने यद्यपि अपनी यात्रा के सम्बन्ध में एक पुस्तक भी लिखी, किन्तु वह कोई भाषा-तत्वज्ञ नहीं था, इसलिए उसने भाषा के बारे में अधिक परिचय कराने में सफलता नहीं पाई। लेकिन ग़ेरासीम लेवेदोफ नामक एक रूसी गायक अठारहवीं सदी के अंत में लंदन के रूसी दूतावास में नौकर हो गया था। उसे अंग्रेजों से पता लगा कि हिन्दुस्तान में पगोदा का वृक्ष होता है, जिसको जरा-सा हिला देने पर सोने की अशर्फियाँ झर पड़ती हैं। कितने ही और अंग्रेज तरुणों की तरह गेरासीम भी ईस्ट इंडिया कम्पनी का क्लर्क बन 1785 ई. में फोर्ट विलियम (कलकत्ता) पहुँचा। पगोड़ा वृक्ष उसे कहाँ मिलता, लेकिन उसने अपनी जीविका के लिए कलकत्ता में एक नाट्यशाला स्थापित की। वहाँ नाट्यशाला में शायद अंग्रेजों के मनोरंजन के लिए अंग्रेजी नाटक भी खेले जाते हों, जिनमें निकिता भाग लेता था, किन्तु उसने इतने से संतोष नहीं किया। कलकत्ता में रहकर उसने बंगला भाषा और संस्कृत भी पढ़ी, विदेशी नाटकों को बंगला में अनुवाद करके खेलने की कोशिश की। निकिता पन्द्रह-सोलह वर्ष भारत में रहा। वह अपने साथ अशर्फियाँ तो नहीं लेकिन बंगला और संस्कृत का ज्ञान अवश्य ले गया। लंदन में लौटकर 1801 ई. में उसने भारतीय भाषा का एक व्याकरण लिखकर छपवाया। अब पीतरबुर्ग में उसकी माँग थी, इसलिए वह अपनी जन्मभूमि को लौट गया। आज से 143 वर्ष पहिले उसने जार अलेक्सान्द्र की आज्ञा से 1805 ई. में नागरी का टाइप ढाला। आज भी गेरासीम के बनाये वही टाइप रूस में इस्तेमाल किए जाते हैं, यद्यपि वह आज के टाइपों की दृष्टि से भद्दे मालूम होते हैं। गेरासीम ने हिंदूधर्म पर भी रूसी में पुस्तकें लिखकर प्रकाशित कीं।

रूसी सरकार संस्कृत की महिमा को सुनकर इतने से संतोष करने के लिए तैयार नहीं थी। यूरोप के विश्वविद्यालय धड़ाधड़ संस्कृत की गद्दियाँ स्थापित करते जा रहे थे, फिर पितरबुर्ग कैसे पीछे रह सकता था ? रूसी सरकार ने भी रावर्त लेंज (1808-36 ई.) को संस्कृत पढ़ने के लिए छात्रवृत्ति देकर बाहर भेजा, उसने प्रसिद्ध भाषातत्वज्ञ बॉप से बर्लिन में संस्कृत पढ़ी। स्वदेश लौटने पर पितरबुर्ग (लेनिनग्राद) विश्वविद्यालय में संस्कृत की गद्दी उसे तैयार मिली। 1835 में वह संस्कृत का प्रथम प्रोफेसर नियुक्त हुआ। यद्यपि तरुण लेंज 28 वर्ष की उमर में ही मर गया, लेकिन उसकी परम्परा टूटी नहीं। पेत्रोफ (मृत्यु 1876 ई.), कोलोविस्क (1872), शिफ्नर (1817-79 ई.), बोथलिंक (1815-1905 ई.), मिर्नियेफ (1840-90), ओल्देनबुर्ग (1863-1934), श्चेर्वात्स्की (1866-1943) से लेकर आज बरन्निकोफ तक संस्कृत-प्रोफेसरों की परम्परा चली आती है। प्रथम संस्कृत प्रोफेसर लेंज के 110 वर्ष बाद में वहाँ एक भारतीय संस्कृत प्रोफेसर नियुक्त हुआ था। लेंज मेरी अपेक्षा अपने छात्रों को अच्छी तरह समझा सकता था, किन्तु मेरे छात्र-छात्राएँ अपने प्रोफेसर की बातों को कम ध्यान और रुचि से सुनते थे।

आजकल भारत में सभी स्कूलों और विश्वविद्यालयों के अध्यापक विद्यार्थियों से तंग आये हुए हैं। उस दिन एक तरुण विद्वान् से बात हो रही थी। अध्यापकी करने की बात कहने पर उन्होंने कान पकड़कर कहा—नहीं,

छात्रों के सामने टिकना मेरे लिए मुश्किल है। वस्तुतः हमारे छात्रों की बुद्धि मारी गई है, या वह स्वभावतः उच्छृंखल हैं, यह बात मैं नहीं मानता। दस साल तक हाईस्कूल में पढ़कर आया छात्र अपने को निरा बुद्धू नहीं समझ सकता। हमारे यहाँ छः वर्ष में ही पढ़ाई शुरू कर दी जाती है, इसलिए शायद ही कोई छात्र सोलह वर्ष से कम का कालेज में पढ़ने जाता है। ऐसे छात्रों को दुधमुँहा बच्चा समझकर उनके साथ व्यवहार करना वस्तुतः इस सारे झगड़े की जड़ है। पुराने भारतीय इस तथ्य को समझते थे, तभी तो उन्होंने कहा–"प्राप्तेतु षोडशे वर्षे पुत्रे मित्रत्वमाचरेत्।" अपने छात्रों को यदि अध्यापक बच्चा न समझ अपना मित्र माने, तो बहुत-सी बातें दूर हो सकती हैं। लेकिन रूसी विश्वविद्यालय में तो अनुशासन कायम करने के लिए सबसे बड़ा साधन है, छात्रों की अपनी संस्था छात्र संघ (तरुण कम्युनिस्ट संघ), जो अपने सदस्यों पर भीतर से नियंत्रण रखती है। छात्र अपने स्वतन्त्र विचारों को प्रगट करने में जरा भी नहीं हिचकिचाते। हर वार्षिक या त्रैमासिक परीक्षा के समाप्त होने के बाद अध्यापकों और छात्र-प्रतिनिधियों की बैठक होती है, जिसमें पिछली तिमाही या वार्षिक पढ़ाई के गुण-दोषों पर खुली आलोचना होती है। उस वक्त छात्रों के प्रतिनिधि भी अपने अध्यापकों की कमियों को खोलकर कहते हैं।

प्राच्य-विभाग (फेकल्टी) में देश और भाषा के अनुसार अलग-अलग उपविभाग थे। अरबी उपविभाग था, जापानी और चीनी उपविभाग भी। इसी तरह का एक उपविभाग (काफेद्रल) इंदो-तिब्बती भी था, जिसमें संस्कृत, भारत की आधुनिक भाषाओं तथा तिब्बती भाषा के पठन-पाठन का प्रबन्ध था। तिब्बती भाषा और बौद्धधर्म के द्वारा रूसियों को भारत का ज्ञान हुआ था, इसलिए अलग-अलग वंश की होने पर भी संस्कृत और तिब्बती को एक साथ जोड़ दिया गया। विद्यार्थियों को एक उप-विभाग में दाखिल होकर केवल भाषा ही पढ़ना नहीं पढ़ता, बल्कि साथ ही उस देश की पूरी जानकारी के लिए और भी आवश्यक विषयों का अच्छा परिचय प्राप्त करना पड़ता है। उदाहरणार्थ हमारे उपविभाग के छात्रों को जहाँ पाँच वर्षों तक संस्कृत-हिंदी पढ़ना अनिवार्य था, वहाँ साथ ही तथा भिन्न-भिन्न वर्षों में एक-दो भारत की प्रादेशिक भाषाओं को भी पढ़ना पड़ता है। भारतीय इतिहास, भारतीय साहित्य, भारतीय धर्मों का ही नहीं बल्कि भारतीय नृतत्त्व एवं भारतीय अर्थशास्त्र भी अनिवार्य था। विश्वविद्यालय के यही स्नातक सोवियत रूस और भारत के बीच राजनीतिक, सामाजिक, सांस्कृतिक, व्यापारिक आदि सम्बन्ध स्थापित करने में मुख्य तौर से भाग लेंगे, इसलिए उनके लिए भारत और भारतीयों का पूरा ज्ञान आवश्यक समझकर वैसी ही शिक्षा दी जाती है।

प्रोफेसर होने के कारण मुझे हफ्ते में बारह घंटे पढ़ाना पड़ता। मैं मंगल, वृहस्पति और शनैश्चर को पढ़ाने जाता। पहिले साल मुझे संस्कृत और हिन्दी पढ़ाना पड़ता था, दूसरे साल तिब्बती भी। हमारे विभाग में 1947 के आरम्भ में चालीस के करीब छात्र-छात्राएँ थे और अध्यापिकाओं की संख्या सात-आठ। अकदमिक बरान्निकोफ उपविभाग के अध्यक्ष और मैं प्रोफेसर, बाकी लेकचरर (दोत्सेन्त) थे–श्री कलियानोफ संस्कृत के, श्रीं बिस्क्रोवनी और श्रीमती दीना गोल्दमान हिन्दी के अध्यापक थे। इनके अतिरिक्त बंगला भाषा के भी अध्यापक थे। श्री सुलेकिन राजनीति और अर्थशास्त्र पढ़ाते थे।

सितम्बर-अक्तूबर तक कुछ नयापन अवश्य मालूम हुआ, उसके बाद तो जीवन सरल रहा। मेरी उच्च कक्षा (चतुर्थ वर्ष) में दो लड़कियाँ थीं, जिनमें से एक (बेर्था) साधारण शिक्षिता मध्यम-वर्ग की यहूदी लड़की थी और दूसरी (तान्या) पुराने सामन्त कुल की। छात्र-छात्राओं से निस्संकोच बातचीत करने और मिलने-जुलने से रूस के नागरिक जीवन की बहुत-सी बातें मालूम होती थीं। उस वक्त लड़ाई के कारण बहुत-से मकान गिर गए, यद्यपि मकानों के पुनर्निर्माण में बड़ी तत्परता थी, लेकिन छूमंतर से तो मकान खड़े नहीं हो सकते थे। लोगों को मकानों का कष्ट अवश्य था। कष्ट इस अर्थ में, कि सबको यथेच्छ कमरे नहीं मिल सकते थे। मैं प्रोफेसर था। मुझे कम-से-कम तीन कमरे तो मिलने ही चाहिए थे, लेकिन मेरे पास केवल दो थे। रेक्तर और दूसरे कोशिश कर रहे थे, लेकिन वह कठिनाई इतनी जल्दी दूर थोड़े ही हो सकती थी। मैं तो दो में भी सन्तुष्ट था। एक दिन मकानों की कठिनाई के बारे में बातचीत होने लगी। मैंने कहा–एक कमरा दो व्यक्तियों के परिवार के लिए काफी है। साधारण वर्ग की लड़की ने भी इसमें कोई आपत्ति नहीं की, लेकिन दूसरी तरुणी

कहने लगी–मुझे तो पाँच कमरे चाहिएँ। मैंने कहा–पाँच कमरे लेकर तो उनको साफ-सुथरा रखने में ही तुम मर जाओगी। उसने कहा–इसकी परवाह नहीं, मैं साफ कर लूँगी।

रूस साम्यवादी देश है। साम्यवादी अर्थनीति पर वहाँ चलना पड़ता है, और बरताव में भी समानता दिखलाना शिष्टाचार माना जाता है। जाड़ों में युनिवर्सिटी के कमरों को गरम करने के लिए आग जलाना पड़ता था। युनिवर्सिटी के हमारे विभाग की इमारत आज से सौ-डेढ़ सौ वर्ष पहले बनी थी। उस वक्त केन्द्रीय तापन का आविष्कार नहीं हुआ था, और लकड़ी जलाकर मकान गरम किया जाता था। हमारे कमरों को लकड़ी डालकर गरम करनेवाली स्त्री, हमारे देश की मजूरिन जैसी थी। किन्तु उसके साथ भी प्रोफेसर हो चाहे अकदमिक बरान्निकोफ, बराबर का बर्ताव करते हुए उससे हाथ मिलाना, उसके सामने टोप हटाकर शिष्टाचार प्रदर्शित करना कर्तव्य मानते थे। यही नहीं, मंत्री के बराबर वेतन पानेवाले प्रोफेसर के लिए भी घर में ईंधन के लिए लकड़ी फाड़ना, बर्तन मलना, झाड़-बुहारकर घर को साफ करना, तथा कितने ही कपड़ों को भी धोना करणीय था। लकड़ी चीरने का काम तो मुझे नहीं करना पड़ा, उसमें लोला निष्णात थी, मुझे डर लगता था, कि कहीं कुल्हाड़ी पैर पर न चल जाए। लेकिन बर्तन मलना तो मेरी ड्यूटी थी। जाड़ों में इससे बहुत तकलीफ होती थी, जबकि चालीस डिगरी (फार्न.) के तापमान के हाथ ठिठुरा देनेवाले पानी में बर्तनों को धोना पड़ता। लोला गरम पानी करके रख देती थी, लेकिन मुझे नलके के बहते पानी में बर्तन धोने में समय की बचत मालूम होती थी, इसलिए सुई की तरह चुभते पानी में बर्तन धोना चाहता था। घर के लिए नौकर रख सकते थे, और नौकर मिल भी जाते; लेकिन जिनको दूसरी जगह तीन सौ रूबल मिलता, वह छः सौ माँगता। पीछे हमने एक साल नौकर रखा भी, लेकिन राशन की चीजें पर्याप्त नहीं थीं, कि नौकर का भी गुजारा हो, और मेहमानों का भी इसलिए उसे हटा देना पड़ा। यह कहने की आवश्यकता नहीं कि वहाँ के नौकर और किसी भी पूँजीवादी देश के नौकर में बहुत अन्तर है। वैसे इंग्लैंड में भी घर के नौकर समय के अनुसार आते और काम करते हैं। हमारी नौकरानी मान्या समय के अनुसार आती थी। बड़ी भलीमानुस थी, आवश्यकता पड़ने पर और समय भी दे देती थी। अतवार को नौकर की छुट्टी रहती और मालिक-मालिकिन को घर का सारा काम अपने ही हाथों करना पड़ता। जहाँ तक खाने-पीने उठने-बैठने का सवाल था, प्रोफेसर और उसके नौकर में कोई अन्तर नहीं था।

बर्तन, भाँडे ही क्यों, राशन की दूकान से बीस-पच्चीस सेर सामान पीठ पर ढोकर लाना भी प्रोफेसर के लिए कोई हतक-इज्जत नहीं थी। असल में वहाँ बहुत कम घरों में नौकर थे। किसी आदमी से अगर अस्थाई तौर से काम लें, तो मजूरी बहुत देनी पड़ती। डेढ़-दो मन लकड़ी चीर देने के लिए जब पच्चीस-तीस रुपया देना हो, तो आप अपने हाथ से लकड़ी चीरना पसन्द करेंगे। इसी तरह बोझा ढोनेवाले को अगर दो घंटे के लिए पच्चीस-तीस रुपया देना पड़े, तो आप शारीरिक मेहनत का मूल्य समझने लगेंगे और खुद काम करना पसन्द करेंगे।

इस यात्रा में रूस के अपने देखे हुए जीवनों के बारे में और भी बातें आगे आएँगी। यहाँ यह कहकर समाप्त करना चाहता हूँ, कि रूसी विश्वविद्यालयों का वातावरण हमारे यहाँ के वातावरण से बिलकुल दूसरा ही होता है। वहाँ प्रथम श्रेणी के दिमागों को अधिक वेतन के लालच से दूसरी सरकारी नौकरियों की ओर भी दौड़ना नहीं पड़ता। जहाँ प्रोफेसर और मिनिस्टर की तनख्वाह एक हो, प्रोफेसर मिनिस्टरी के बड़े-बड़े अफसरों से भी ज्यादा वेतन और सम्मान के साथ रह सकता हो, तो प्रतिभाशाली विद्वान क्यों इधर-उधर भटकेगा ?

मेरे निवास-स्थान से विश्वविद्यालय जाने-आने में ट्राम पर तीन घंटे लगते थे। युनिवर्सिटीवाले मोटर देना चाहते थे, किन्तु लड़ाई के प्रभाव के कारण जीप ही मिल सकती थी। एक-दो दिन जीप लेने आई थी, किन्तु मैं समय पर क्लास में पहुँचना चाहता था और ड्राइवर को उसकी परवाह नहीं थी, इसलिए ट्राम द्वारा जाना ही मैंने पसन्द किया। कभी-कभी मैं किताबों की खोज में कबाड़ी दूकानों की धूल फाँकता सारी यात्रा पैदल भी करता था। सोवियत में पुस्तकों का अकाल, तो जान पड़ता है, अभी सालों दूर नहीं होगा। सभी लोगों के शिक्षित तथा हाथ खाली न होने के कारण पुस्तकों के खरीदार वहाँ बहुत हैं। 50 हजार और 1

लाख का संस्करण भी हाथों-हाथ बिक जाता है। महत्त्वपूर्ण नई पुस्तकों की सूचना पहले ही निकल जाती है। लेनिनग्राद जैसे बड़े-बड़े शहरों में नाम रजिस्टर्ड कराने के आफिस हैं। यदि आपने नाम दर्ज करा लिया–जिसमें बहुत जल्दी करनी पड़ती है, नहीं तो सूची बन्द हो जाती है–तो पुस्तक मिल जाएगी, लेकिन बरस-छः महीने बाद और उसमें मध्य-एशिया के इतिहास से सम्बन्ध रखनेवाली पुस्तकों के मिलने की सम्भावना नहीं। लेनिनग्राद की सबसे बड़ी सड़क नेव्स्की के पथ पर आधी दर्जन ऐसी दूकानें थीं, जिनमें पुरानी पुस्तकें बिका करती थीं। यह दूकानें किसी कबाड़ी की नहीं, बल्कि सरकारी या अर्ध-सरकारी संस्थाओं की थीं। दो-चार बार जाने पर जब काम की कुछ पुस्तकें मिल गईं, तो उनके देखने का मुझे चस्का लग गया। 'मध्य-एशिया का इतिहास' के लिए मैं अधिकांश पुस्तकें इन्हीं दूकानों से जमा कर भारत लाया।

18 सितम्बर को मैं पढ़ाने के लिए युनिवर्सिटी गया। एक बजे से पाँच बजे तक दो कक्षाओं को हिन्दी और उर्दू पढ़ाना पड़ा। पहले दो घंटे द्वितीय वर्ष के एक छात्र और पाँच छात्राओं के लिए देने पड़े। फिर दो घंटे चतुर्थ वर्ष की दो छात्राओं बेर्था और तान्या के लिए। कायदा था–पचास मिनट पढ़ाई, फिर दस मिनट विश्राम, फिर (समय से) दस मिनट पहिले ही छुट्टी।

स्कूल की पढ़ाई दस साल में खतम होती है, तब तक उम्र 17 साल या ऊपर हो जाती है। फिर पाँच साल युनिवर्सिटी को ग्रेज्यूयेट होने के लिए देने पड़ते हैं। फिर तीन साल एस्पेरान्त (के लिए)। इन दोनों परीक्षाओं में प्रमाण-पत्र मिलता है, डिगरी नहीं। एस्पेरान्त के बाद तीन या अधिक वर्षों में डाक्टर होने के लिए निबन्ध लिखना पड़ता है, तब डाक्टर की उपाधि (मिलती है)। 28 साल से पहले (कोई) डाक्टर नहीं हो सकता। स्कूल की पढ़ाई में एक विदेशी भाषा जर्मन, फ्रेंच या अंग्रेजी लेनी पड़ती है, जिसे बहुतेरे लड़के आगे भूल जाते हैं।··· युनिवर्सिटी में प्राच्य-विभाग की पढ़ाई के विषय हैं–पहिला साल संस्कृत, हिन्दी-उर्दू, फिर आगे के बरसों में उनके साथ ही बंगला, मराठी, फारसी आदि भी लेनी पड़ती है। मुझे भाषाओं की इतनी अधिक भरमार पसन्द नहीं आती थी। लेकिन युनिवर्सिटी का पाठयक्रम बहुत वर्षों में ऐसा ही चला आया है। द्वितीय वर्ष के छात्रों को देखने से मुझे मालूम हुआ, कि साल-भर में उन्होंने हिन्दी-उर्दू का पर्याप्त ज्ञान प्राप्त कर लिया है।

20 सितम्बर (1945) को मैंने अपनी डायरी में लिखा–"आज ग्यारह से तीन बजे तक पढ़ाई प्रथम और चतुर्थ वर्ष की रही। प्रथम वर्ष में (19 लड़कियाँ, 3 लड़के, कुल 22) छात्र हैं, जिनमें सिर्फ 3 लड़के हैं। अधिकतर छात्र लेनिनग्राद के हैं, किन्तु एक छात्र बाकू से और तीन छात्राएँ अल्माअता, बोरोनेज और रस्तोफ की हैं, सभी रूसी हैं। आज क-ख पढ़ाया। सब रूसी भाषा में बोलना पड़ता। एक बजे से तीन बजे तक चतुर्थ वर्ष को 'अभिज्ञानशाकुन्तल' पढ़ाना पड़ा।"

उस दिन 6 से 8 बजे रात तक अध्यापकों की बैठक हुई, जिसमें विश्वविद्यालय के रेक्तर ने भाषण दिया। उस समय विश्वविद्यालय में 5 हजार छात्र थे। साढ़े तीन हजार अध्यापकों में चालीस से ऊपर अकादमिया या उप-अकादमिक थे। पाँच हजार छात्रों के लिए साढ़े तीन हजार अध्यापक अधिक हैं, इसमें शक नहीं, किन्तु छात्रों की संख्या लड़ाई के कारण घटी थी और अब वह सालों-साल बढ़ रही थी। तो भी इसमें शक नहीं कि सात-आठ हजार छात्रों पर भी साढ़े तीन हजार अध्यापक बहुत होते हैं। लेकिन सोवियत की शिक्षा-प्रणाली में इस बात का ध्यान रखा जाता है, कि अध्यापक छात्रों के अधिक सम्पर्क में आवें और उनकी वैयक्तिक जिज्ञासाओं को पूर्ण कर सकें। इस सेमीनार-प्रणाली में अध्यापक का अधिक होना आवश्यक है। शिक्षण-संस्थाओं के लिए बजट में पैसे की कमी नहीं होती, हमारे यहाँ अभी सेमीनार-प्रथा को स्वीकार करना आसान नहीं है।

6
मध्यम वर्ग की मनोवृत्ति

पूँजीवादी पत्रों और लेखकों ने इतना जोर का प्रचार कर रखा है, कि कितने ही ईमानदार लोग भी बाज वक्त इस भ्रम में पड़ जाते हैं, कि सोवियत रूस में सचमुच ही विचार-स्वातंत्र्य नहीं है। वह समझते हैं कि वहाँ के लोगों का गला घोंट दिया गया है। विचार-स्वातंत्र्य का मतलब बोलने, लिखने की स्वतंत्रता मानी जाती है। इसमें सन्देह नहीं कि पुराने स्वार्थों के प्रतिनिधियों के लिए समाचार-पत्रों का दरवाजा वैसे ही खुला नहीं है, जैसे कि बिड़ला आदि के पत्रों में हमारे जैसे स्वतंत्रचेता लेखकों के लिए। इतना अन्तर जरूर है, कि जहाँ यहाँ के पत्रों को दस-पाँच करोड़पति-अरबपति अपने हाथ में करके स्वतंत्र विचारों का गला घोंटे हुए हैं, वहाँ रूस में विरोधी प्रोपेगंडा के लिए यदि स्थान नहीं दिया जाता, तो किसी करोड़पति मालिक के कारण नहीं। वहाँ के दैनिक, मासिक या साप्ताहिक पत्र, या तो 'इजवेस्तिया' की तरह सरकार के मुखपत्र हैं, या 'प्राव्दा' की तरह कम्युनिस्ट पार्टी के, अथवा वह किसी नगरपालिका, युनिवर्सिटी, मजदूर-संगठन, सैनिक-संगठन, छात्र-संगठन की ओर से निकलते हैं। पत्रों की तो इतनी भरमार है, कि कितने ही कलखोज (पंचायती खेती वाले गाँव) भी चार पन्ने की शीट निकालते हैं। यह निश्चय ही है, कि जिन संगठनों ने यह पत्र निकाले हैं, वह अपने विरुद्ध प्रचार करने में सहायता नहीं दे सकते। यही बात भाषण-मंचों की भी है। सभी भाषण-मंच किसी-न-किसी, ऐसी संस्था से सम्बन्धित हैं, जो कि पूँजीवाद के विरोधी हैं। लेकिन इसका यह मतलब नहीं, कि लोग अपने विचारों को यदि सैकड़ों और हजारों के बीच प्रकट नहीं कर सकते, तो दस-बीस तक भी उन्हें नहीं पहुँचा सकते। यह समझ लेना चाहिए, कि सोवियत-शासन को आर्थिक, और शिक्षा-सम्बन्धी क्षेत्रों में जो सफलातएँ मिली हैं, वह केवल अभूतपूर्व ही नहीं हैं, बल्कि मात्रा में इतनी अधिक हैं, कि उनसे जनता के निन्यानवे फीसदी लोगों ने लाभ उठाया है। उन्होंने अपनी आँखों के सामने उन लाभों को दिन-पर-दिन बढ़ते देखा है। द्वितीय विश्व-युद्ध में विजय प्राप्त करके सोवियत-शासन ने लोगों के हृदयों में अपने गौरव को और भी अधिक बैठा दिया है। इसीलिए सोवियत जनता में 99 फीसदी लोग सोवियत-शासन के अंधभक्त हैं। स्तालिन तो उनके लिए सजीव भगवान् हैं, जिसके विरुद्ध वह एक शब्द भी सुनने के लिए तैयार नहीं हैं। ऐसी अवस्था में भाषण-मंच पर खड़े होकर सोवियत-शासन या स्तालिन को गाली देने की हिम्मत ही किसको हो सकती है ? लेकिन इसका यह मतलब नहीं कि विरोधी मत रखनेवाले लोग वहाँ नहीं हैं, और वह अपने मतभेदों को प्रकट नहीं करते। अपनी मित्र-मंडली में सभी अपने विचारों को खुलकर प्रकट करते हैं। मतभेद रखनेवाले भी सोवियत-विरोधी होने तक बहुत कम जाते हैं। बहुतेरे तो केवल असंतोष तक प्रकट कर देना चाहते हैं। इस तरह के असंतोष रखनेवाले नर-नारी पुराने उच्च या मध्यम वर्ग में मिलते हैं जिनको स्वयं नहीं तो अपने माता-पिता के मुँह से सुनकर बराबर याद आता रहता है—"ते हि नो दिवसा गतः"। ऐसा उदाहरण मैं अपने

अनुभव से देता हूँ। एक पुराने मध्यवर्ग की शिक्षित महिला अपने लड़के को इसलिए बाहर किसी स्कूल में भेजने का विरोध करती थीं, कि उनके ख्याल में वहाँ सब गुण्डे लड़के भरे हुए हैं। मैंने कहा–तब तो घर में ही रख करके शिक्षा देनी चाहिए। दबी जबान में उत्तर मिला 'हाँ।' एक और महिला कह रही थीं–"कम्युनिस्ट झूठे और निम्न श्रेणी के मनुष्य होते हैं। सोवियत ने लोगों को भिखारी बना दिया। पहिले सभी मौज में रहते थे।" इसमें शक नहीं कि उक्त महिला का 'सभी' शब्द का अर्थ था–अमीर और उच्चवर्ग, नहीं तो सोवियत-शासन में अब कहीं गरीब भिखारी देखने में नहीं आता। उच्च और मध्यवर्ग की महिलाएँ पहिले कोई भी काम करना पाप समझती थीं। अब उन्हें मशक्कत करके रोटी कमानी पड़ती है, फिर वह इस जीवन को कैसे पसन्द करेंगी।

शिक्षा के नये ढंग को वहाँ बड़े व्यापक रूप में अपनाया गया है। स्कूल भेजने से पहिले के सात वर्षों के लिए शिशुशाला और बालोद्यान इतने अधिक स्थापित हैं, कि उनमें राष्ट्र के सभी लड़के-लड़कियों को रक्खा जा सकता है। यह भी माना जाता है, कि बच्चों को शारीरिक दंड देना अच्छा नहीं है। 24 जून को मैं बाबुश्किन नामक विशाल उद्यान में गया था। लड़ाई के चार सालों में उपेक्षित रहने के कारण वहाँ कुछ उदासी जरूर थी, फिर भी बाग बहुत सुन्दर था और पूर्व अवस्था में लाने के लिए उसमें मरम्मत का काम भी लगा हुआ था। हमारे मुहल्ले से यह उद्यान बहुत दूर नहीं था, इसलिए हम अक्सर चले जाया करते थे। हम लौट रहे थे। रास्ते में देखा कि एक माँ अपने पाँच वर्ष के लड़के को जोर-जारे से पीट रही है। आवाज जोर की आ रही थी और लड़का भी चिल्ला रहा था, किन्तु चोट लगने का वहाँ कोई सवाल नहीं था, क्योंकि लड़के ने रूईदार कोट पहन रखा था और माँ के हाथ में एक रास्ते से उखाड़ी नरम-सी हरी टहनी थी। कसूर यह था कि लड़का अपनी तीन बरस की बहन को भी लेकर सैर-सपट्टे पर चल पड़ा था और माँ खोजते-खोजते हैरान हो गई थी। वह जानती थी, कि यह जोड़ी साद-बाबुश्किन की ओर ही गई होगी, तो भी ढूँढ़ने में उसे काफी तकलीफ उठानी पड़ी। भाई का चेहरा बड़ा दयनीय मालूम होता था, किन्तु वह रोने को हो रहा था। दोनों के गुलाबी गाल स्वास्थ्य के परिचायक थे, हाँ, वह कुछ मैले जरूर थे, एक मध्यवर्गीय महिला ने झट टिप्पणी जड़ दी–वोल्शेविक ठोक-पीटकर गधे को घोड़ा थोड़े ही बना सकते हैं। दोनों बच्चे और उनकी माँ मजदूर वर्ग की थीं। उनकी पोशाक में भी मध्यवर्ग की सुरुचि का पता नहीं था, इसीलिए यह टिप्पणी जड़ी गई।

घर में पाखाने का फ्लश बिगड़ गया था। बहुत कहने पर पाखानों की देख-भाल करनेवाली महिला अपनी सखी के साथ आई। उसने गृहिणी से जवाब-तलब किया–पाखाना खराब हो गया, तो उसे क्यों इस्तेमाल किया ?

–इस्तेमाल नहीं करते, तो क्या सड़क पर जाते।

–खुद क्यों नहीं सुधार लिया ?

–औजार कहाँ था, और फिर क्या तुम वारिन (भद्रजन) होकर बैठने के लिए हो, बेकाम ही रहना चाहती हो ?

सुधारनेवाली ने बड़े अभिमान के साथ जोर से कहा–मैं वारिन नहीं हूँ, मैं मजूर वर्गीय हूँ।

दोनों वर्गों की महिलाओं के मनोभाव को यह वार्तालाप अच्छी तरह प्रकट करता है, पुराना मध्यवर्ग या उच्चवर्ग यद्यपि अब उत्पीड़ित-अपमानित नहीं है, किन्तु वह जानता है, कि रूस में अब सारी शक्ति मजदूर वर्ग के हाथ में केन्द्रित है, तब भी कभी-कभी उसके भीतरी भाव प्रकट हो उठते हैं।

यह मनोभाव यद्यपि अब भी पाया जाता है, लेकिन वह मूर्खतापूर्ण पुरानी आदत के सिवा और कोई महत्व नहीं रखता। इस मनोभाव का दिग्दर्शन एक सोवियत नाटक 'क्रेमलिन की घड़ी' में अच्छी तरह किया गया था, जिसे मैंने (15 जुलाई 1945) मास्को के गोर्की कला थियेटर में देखा था। नाटक 1942 में लिखा गया था; किन्तु उसमें 1920 के वर्गभेद का चित्र था। सारे दृश्य अत्यंत स्वाभाविक थे। परदों का खुलकर इस्तेमाल किया गया था, लेकिन उनसे भी अधिक पहियों के ऊपर रखे बड़े-बड़े प्राकृतिक तथा दूसरे दृश्यों वाले फलकों का उपयोग किया गया था, जिन्हें आसानी से हटाकर दृश्य-परिवर्तन किया जा सकता था। पहिले

दृश्य में नागरिक स्त्री-पुरुष अपनी-अपनी चीजें बेंच रहे थे, भिगमंगे भीख माँग रहे थे। इसी समय एक बेकार इंजीनियर किसी से कह रहा था–"क्रेमलिन की घड़ी बंद हो गई।" जिसका अर्थ था–सोवियत-शासन की गाड़ी रुक गई, या सोवियत-शासन समाप्त होना ही चाहता है। उस समय के धनिक और शिक्षित वर्ग या नए शासन के प्रति यही भाव था। दूसरे सीन में एक नौ-सैनिक रिवाकोफ और उसकी प्रेमिका मशिनका का प्रेमाभिनय था। मशिनका इंजीनियर की पुत्री थी। नौ-सैनिक रिवाकोफ नये शासन का पक्षपाती था। मशिनका मध्यवर्गीय इंजीनियर की पुत्री दो नावों पर थी। अगले दृश्य में लेनिन को दिखलाया गया था, जिसके लिए बड़ी श्रद्धा से शिकारी पहरा दे रहे थे। लेनिन और उन शिकारियों की वेष-भूषा या मेल-जोल से उनमें कोई भेद नहीं मालूम होता था। लेनिन एक शिकारी के घर में जाता है और लड़कों से छेड़खानी करके उनसे बिल्कुल हिलमिल जाता है। लड़की गौर से लेनिन की ओर देखती है। लड़का कुछ सयाना है। वह आगन्तुक शिकारी को एक फोटो से मिलाता है। तो भी संदेह में पड़ा रहता है। इस पर लेनिन अपने चंदुले सिर को नंगा कर देता है। लड़के को विश्वास हो जाता है, कि उसके साथ खेलनेवाला शिकारी महान् लेनिन है।

एक दृश्य में दिखलाया गया था–इंजीनियर के घर में ग्राफ (काउन्ट) ग्रफीना और दूसरे उच्चवर्गीय भद्र पुरुष और महिलाएँ सोवियत-शासन पर कड़ी टिप्पणियाँ करते जा रहे हैं और साथ ही भयभीत भी हैं। इसी समय मतरोश (दामाद) रिवाकोफ नौ-सैनिक भेस में भीतर आता है। सभी भद्र-पुरुष और भद्र-महिलाएँ आवभगत में होड़ करने लगती हैं। उनको डर होता है–यह सोवियत सरकार का सैनिक है, यदि नाराज हो गया तो हमारा सर्वनाश हो जायगा। यहाँ यह भी बतला दूँ, कि इस नाटक में मशिनका का पार्ट जिस स्त्री ने लिया था, वह उसी होटल की परिचारिका थी, जिसमें मैं ठहरा हुआ था। इसी समय सरकार की ओर से इंजीनियर की बुलाहट आती है। इंजीनियर एक छोटी-सी पोटली बाँधकर जीवन से निराश हो घर से निकलता है। उसकी बीवी रोती है, समझती है–वोल्शेविक उसे जेल भेज रहे हैं, अब वह जीता नहीं लौटने का।

इंजीनियर क्रेमलिन के भीतर पहुँचाया जाता है। लेनिन, स्तालिन और जैरजिन्स्की उससे बात करते हैं। इंजीनियर वोल्शेविकों के सोशलिज्म से घृणा प्रकट करता है। लेनिन उसे अनसुनी करके देश के विद्युतीकरण की बात आरम्भ करता है और उसके सामने योजना का एक नक्शा रखता है। इंजीनियर अपनी सारी घृणा को भूल जाता है। एक बार स्वतः उसकी अंगुलियाँ नक्शे पर चली जाती हैं, लेकिन वह फिर उन्हें समेट लेता है। स्तालिन पूछता है–तुम्हें राजनीति से क्या मतलब ? तुम तो इंजीनियर हो, अपनी करामात दिखलाओ।

वृद्ध इंजीनियर की तरुणाई की उमंगें उमड़ आती हैं। वह भी बिजली का बड़ा इंजीनियर है। एक बार उसने बड़े-बड़े पन-बिजली कारखानों को बनाने का स्वप्न देखा था, लेकिन जार की सरकार में उसकी बात को सुननेवाला कौन था ? उसकी सारी उच्चाकांक्षाएँ मन में ही दबी रह गईं और अब बुढ़ापे में राज्य का धर्त्ता-कर्ता खुद उसे बुलाकर उस स्वप्न को जाग्रत कर रहा है। इंजीनियर को विचार करके जवाब देने के लिए छुट्टी मिलती है और उसे कार पर उसके घर पहुँचा दिया जाता है। परिवार इस तरह इंजीनियर को देखकर हर्षाश्रु बहाता है। इंजीनियर की आँखें खुल जाती हैं। वह लेनिन की तारीफ करता है। फिर निकालकर तरुणाई में लिखी अपनी पुस्तक को दिखलाता है। वह मशिनका को ऊपरी मन से रोब दिखलाते हुए प्यार के शब्दों में कहता है–बेवकूफ लड़की, तूने किसी कप्तान से क्यों नहीं शादी की ?

मशिनका–जारशाही कप्तान से, तब तो तुम इस वक्त पेरिस में होते !

इसी तरह एक मशहूर घड़ीसाज भी क्रेमलिन पहुँचाया जाता है। जैरजिन्स्की का नाम सुनते ही वह डर के मारे काँपने लगता है। जैरजिन्स्की क्रान्ति के दिनों में सोवियत के गृहरक्षा विभाग का मंत्री था। कोई भी सोवियत के विरुद्ध षड्यंत्र करनेवाला उसकी पकड़ से बच नहीं पाता था। लेनिन ने बात करके घड़ीसाज का भी दिल खोल दिया, और उसके हुनर की प्रशंसा करने पर घड़ीसाज ने कहा–मैं इस घड़ी की मरम्मत कर सकता हूँ। लेनिन ने कहा–केवल मरम्मत काफी नहीं है। क्रेमलिन की घड़ी को इस तरह बना दो कि वह घंटा बजाते वक्त अंतर्राष्ट्रीय गान गाये। इसी बीच में चाय आती है। लेनिन के साथ चाय पीते घड़ीसाज खुल पड़ता है, और तुरन्त घड़ी देखने के लिए उतावला हो जाता है।

एक और दृश्य में रिवाकोफ के युद्धक्षेत्र में जाने को दिखलाया गया था। रिवाकोफ कमीसर (राजनीति-परामर्शदाता) के रूप में कोल्चक के विरुद्ध लड़नेवाली सेना के साथ जा रहा है। युद्ध पर जाते पति की पत्नी से विदाई का बहुत करुण दृश्य उपस्थित किया गया था। मशिनका पहिले रोकना चाहती है, फिर चूमकर उसे विदा करती है। पति बाहर जाता है। मशिनका की आँखों से आँसू गिरने लगते हैं। इसी समय सैनिक विभाग से टेलीफोन आता है। मशिनका आँखों में आँसू लिये स्वर गंभीर करके कहती है—कमीसर ऊयेखाल (कमीसर चला गया)। इंजीनियर अपनी योजना लिखकर लेनिन के सामने पेश करता है। लेनिन उसे स्वीकार करके कहता है—पैसे और सामान की परवाह मत करो, तुम अपने काम में लग जाओ। इंजीनियर फूला नहीं समाता। घड़ीसाज क्रेमलिन की घड़ी को चालू कर देता है और उसमें इंटरनेशनल गान सुनाई देता है। इस नाटक में मध्यवर्ग के पुराने मनोभाव को बदलने का प्रयत्न किया गया है। सोवियत के नेता नाटक और सिनेमा के महत्त्व को अच्छी तरह जानते हैं, वह समझते हैं, कि यह बड़ी शक्ति है, जिसके द्वारा करोड़ों आदमियों के मनोभाव थोड़े समय में बदले जा सकते हैं।

मनोभाव बदले अवश्य हैं, लेकिन आनुवंशिक मनोभावों के बदलने में भी काफी देर होती है। मेरे परिचितों में जारशाही जनरल की लड़की एक प्रौढ़ा महिला थी। उच्चवर्ग की सभ्यता और संस्कृति में पूर्णतया दीक्षित थी। बाप जनरल के जमाने में नौकरानियों के हाथों में खेला करती थीं, काम करने की आदत नहीं थी। रूसी के अतिरिक्त और भी यूरोप की भाषाएँ जानती थीं। उनका काम था दिन-भर सिंगार बदलते रहना, नाच-थियेटर की ओर दौड़ना या उपन्यास पढ़ना। पहिले चार ब्याह हो चुके थे, लड़ाई के दिनों में एक मोटर-मेकेनिक से ब्याह किया। वर्गों और श्रेणियों का भेद आर्थिक ढाँचे के बदलने से इतना जल्दी बदला है, कि भद्र महिला को मोटर-ड्राइवर से ब्याह करने में आनाकानी नहीं हुई। इस समय वह पति की नहीं, अपनी कमाई खा रही थीं। किसी कारखाने में लिखने-पढ़ने जैसा कोई काम करती थीं और महीने में चार सौ रूबल (250 रुपया) पाती थीं। उन्होंने अपने तीन कमरों को कम करना नहीं पसंद किया, इसीलिए सौ रूबल मासिक तो तीनों कमरों के चले जाते थे। बाकी तीन सौ में अपने और लड़के का खर्च चलाती थीं। जनरल-पुत्री भला इस जीवन से कैसे सन्तुष्ट रह सकती थीं, जहाँ बहुत संकोच के साथ खर्च करना पड़ता था और घर का सारा काम पहिले के मक्खन-जैसे मुलायम हाथों से।

एक और भद्र महिला चाँदी का चम्मच दिखलाकर कह रही थीं—देखिए न, इसका दाम चार सौ रूबल है, कहाँ से कोई खरीदेगा ?

मैंने कहा—यदि चार रूबल कर दिया जाय, तो सोवियत के पाँच करोड़ परिवारों में से कितने हैं, जो दस चम्मच से कम खरीदना चाहेंगे ? फिर इतनी चाँदी खरीदने के लिए क्या तुम पसन्द करोगी, कि यहाँ का गेहूँ, मांस, पोस्तीन अमेरिका और मेक्सिको भेजा जाय।

महिला ने कहा—क्या हमारे यहाँ चाँदी नहीं होती।

मैंने कहा—नहीं, उसके लिए जो सोना तुम्हारे पास है, उसे भेजना पड़ेगा। जर्मनी से हरजाने में सोना मिल रहा था, किन्तु सोवियत सरकार ने उसे लेने से इन्कार कर दिया।

—लेना चाहिए था।

मैंने कहा—जर्मनी से सोना लेने की जगह सोवियत सरकार वहाँ से मशीनें और दूसरे सामान लेगी, जिनको खरीदने के लिए अमेरिका और इंगलैंड को दुगना-तिगुना दाम चुकाना पड़ता। तुम्हें तो पसंद आता, यदि जर्मनी का सारा सोना चला आता और लेना की खानों का सोना भी जेवर बनकर तुम्हारे कंठ-कानों में लटकता।

पुराने सामन्त और उच्च-मध्यवर्ग की मनोवृत्ति में पहिले का असर अब भी देखने में आता है। जो 1917 की क्रान्ति के समय होश सँभाल चुके थे, उनकी तो बात ही क्या, जो क्रान्ति के बाद उस वर्ग में पैदा हुए, उनमें से भी कितने ही "ते हि नो दिवसा गताः" कहते अफसोस करते हैं। एक जारशाही जनरल की लड़की ने सर्गियेवा (आधुनिक चेकोस्पकी) सड़क पर एक तिमंजिला भव्य मकान दिखाकर कहा—हमारे पिता इसी में रहते थे, उनके लिए 11 कमरे थे। सर्गियेवा पहिले सामंतों और उच्च-मध्यवर्ग का मुहल्ला था। इसकी सड़क

बहुत सुन्दर है, जिसके दोनों तरफ वृक्ष और हरियाली लगी हुई है। पहिले इस सारे मुहल्ले में देवताओं का वास था, और अब सब धान बाईस पसेरी। जनरलों, ग्राफों तथा राजकुमारों के महलों में अब धूल-धूसरित भद्दे ढंग से कपड़े पहिने कितने ही मजदूर परिवार रहते हैं।

एक दिन (9 सितम्बर 1945) हमारी परिचिता की बुआ की बहू अपने पुत्र के साथ घूमने आयी थीं। पुत्र 15 वर्ष का था, और था शरीर तथा मस्तिष्क दोनों से दुर्बल। माँ कम सुनती थीं। पुत्र को छात्रवृत्ति मिलती है, वह फोटोग्राफी सीख रहा था। माँ को भी काम मिला था, जिससे खाने-पीने की तकलीफ नहीं थी। ऐसी सुविधाजनक स्थिति देखकर आदमी को संतोष होना चाहिए। यदि उच्च-मध्यवर्ग के किसी परिवार का दिवाला निकल गया होता, फजूलखर्ची में उसकी जायदाद बिक गई होती, तो उसके परिवार को यह सुविधा जारशाही युग में नहीं मिल सकती थी। लेकिन क्या उक्त महिला इसके लिए वर्तमान शासन के प्रति कृतज्ञता प्रकट करने के लिए तैयार थीं ? उनको तो याद आते थे, वह दिन जबकि उनके पिता के परिवार में आधे दर्जन नौकर हरेक काम को इशारा पाते ही करने के लिए तैयार थे और अब बेचारी को अपने आप सब काम करना पड़ता है, खाना बनाना पड़ता है, घर का बर्तन और झाड़ू अपने हाथ से करना होता है, पैसा बचाने के लिए कपड़ा धोना और राशन की दूकान से सामान भी उठा के लाना पड़ता है। उक्त महिला क्रान्ति के समय सयानी थीं, इसलिए अपने उन दिनों को भूल नहीं सकती थीं।

इस पुरानी मनोवृत्ति का एक और उदाहरण दूँ। हमारे विद्यार्थियों में यद्यपि अधिकांश मजदूर और किसान वर्ग के थे, क्योंकि देश में उनकी संख्या अधिक है, लेकिन पहिले के उच्चवर्ग की संतानें शिक्षण-संस्थानों से कम लाभ नहीं उठातीं। किसी समय उनके प्रति भेद-भाव भले ही रखा जाता हो, लेकिन अब वह वर्षों की पुरानी बात हो गई। पढ़ने की इच्छा होनी चाहिए, सभी के लड़के उच्च शिक्षा प्राप्त कर सकते हैं। हमारे द्वितीय वर्ष की कक्षा में 3 छात्र थे, जिनमें से एक मजदूर का पुत्र था। सोवियत के युद्धोपरान्त काल में जो चीजों का अभाव था, उसके लिए कभी-कभी लोग कुछ टिप्पणी कर बैठते, इस पर वह हरेक अभाव की व्याख्या करना चाहता था। वह कहता था–सोवियत सरकार बहुत कर रही है। लड़ाई से अभी-अभी देश बाहर निकला है। इसलिए सब चीजें एक ही दिन नहीं तैयार हो सकतीं। वह समझदार लड़का भली प्रकार जानता था, कि अगर सोवियत-शासन न होता, तो आज वह युनिवर्सिटी में पढ़ने का अवसर न पाता। इसलिए कुछ कमियों को देखकर वह दूसरे गुणों को भूलने के लिए तैयार नहीं था। हमारी एक क्लास में 2 छात्राएँ थीं जो कि मजदूर या किसान वर्ग की नहीं थीं। उनमें से एक मध्यवर्ग की लड़की थी और दूसरी किसी सामन्त की। पहली लड़की–जिसका पति भी विश्वविद्यालय का छात्र था–इस बात की शिकायत करती थी, कि उसके रहने के लिए सिर्फ एक कमरा मिला है, वह पर्याप्त नहीं है। वह कह रही थी–मुझे दो कमरे चाहिएँ। उसकी माँग अनुचित नहीं थी, लेकिन लेनिनग्राद नगर के मकान बहुत भारी संख्या में ध्वस्त हो गए थे, उन्हें फिर से बनाया या मरम्मत किया जा रहा था। लोग दूसरी जगहों से अपने परिवारों को जल्दी-जल्दी बुला रहे थे। ऐसी स्थिति में दो कमरे देना कहाँ संभव था ? दूसरी लड़की को दो कमरे मिले थे। उसका पति एक सैनिक अफसर था। वह कह रही थी–मुझे तो पाँच कमरे चाहिएँ। मैंने कहा–तब तो पाँचों कमरों को साफ-सुथरा रखने में तुम मर जाओगी।

–नौकर भी चाहिए।

लड़ाई के पहिले उसके घर में नौकर थे। सोवियत के विरुद्ध दुनिया में जो प्रचार हुआ है, उससे कुछ लोग समझते हैं, कि क्रान्ति के दूसरे ही दिन पहिले के उच्चवर्ग के सभी परिवारों के हाथ में झाड़ू, टोकरी या फावड़ा दे दिया गया। वस्तुतः यह बात मूर्ख ही कर सकता था, क्योंकि सोवियत भूमि का नवनिर्माण इंजीनियरों, शिक्षा-शास्त्रियों, वैज्ञानिकों, डाक्टरों आदि की सहायता के बिना नहीं हो सकता था। उन्हें यदि झाड़ू और फावड़ा दे दिया जाता, तो देश के नवनिर्माण के लिए विशेषज्ञ कहाँ से मिलते ? इसीलिए किसानों और मजदूरों को अधिक अवसर देने का यह मतलब नहीं था, कि पहिले के शिक्षितों और उनकी सन्तानों को पीछे ढकेल दिया जाय। एक भद्र महिला का कहना था–कुछ आदमी झाड़ू-बुहारू छोड़ और कामों के अयोग्य हैं,

उन्हें परिवारों में नौकरी करने देना चाहिए। मुझे यह बात सुनते वक्त उस बहरी भद्र महिला की याद आ रही थी, जिसका पुत्र वस्तुतः शरीर और मन से इतना अयोग्य था, कि वह फोटोग्राफी नहीं झाड़ू-बुहारू का काम ही अच्छी तरह से कर सकता था, लेकिन क्या यह कुल-पुत्री यह सुनकर उसे झाड़ू-बुहारू करने देना चाहती ?

मध्यवर्ग में अभी भी पुरानी मनोवृत्ति के लोगों का अभाव नहीं हुआ है और शायद उसमें और भी समय लगेगा। लोग अपने भावों को प्रकट नहीं करते, यह बात नहीं है। यह सच है कि पत्र-पत्रिकाएँ व्यक्तियों की नहीं संस्थाओं की हैं, जिनकी नीति के विरुद्ध लेख उनमें छप नहीं सकते। लेकिन अपनी निजी गोष्ठियों (मित्र-मंडली) में अपने विचारों को प्रकट करने में कोई नहीं हिचकता। अपरिचित आदमी के सामने भी भावों को खोलने में कितनी ही बार अवसर मिल जाता है। सोवियत का रंगमंच (तियात्र) जारशाही समय में भी बहुत उन्नत था, उसके बैले (मूक) नाट्य पहिले भी दुनिया में अद्वितीय माने जाते थे। जार की सरकार और उस समय का सामन्तवर्ग जितना पैसा अपनी नाट्यशालाओं पर खर्च कर सकता था, उतना दुनिया का कोई देश खर्च नहीं कर सकता था, इसलिए आज से सौ-सवा सौ वर्ष पहिले ही से रूस का रंगमंच बहुत उन्नत हो चुका था। सोवियत काल में वह उन्नति की चरम सीमा पर पहुँचा। पिछली डेढ़ शताब्दियों से प्रभावशाली नटों और नाट्यकारों ने जो-जो नाटक मास्को और पितरबुर्ग के रंगमंचों पर खेले, उन्हें आज भी बड़े सुन्दर रूप में खेला जाता है। पहिले की कमियों को दूर कर दिया गया है। यथार्थवाद हरेक क्षेत्र में वहाँ का मूल मंत्र है, इसलिए किसी नाटक के रंगमंच पर लाने के समय उसके देश, काल और पात्र का पूरा ध्यान रखा जाता है। जब किसी राजा या सम्राट् के दरबार, उसके विलासितापूर्ण जीवन का चित्र खींचना होता है, तो उसमें महार्ध वस्त्र, हीरा-मोती और सोने-चाँदी की चीजों को बड़ी उदारता से काम में लाया जाता है। एक दिन मैं नाटक देख रहा था। पुराने राजशाही दृश्य के सामने आते ही अपरिचिता भद्र महिला बोल उठी–सौंदर्य इसे कहते हैं ! उनका अभिप्राय यह था कि वोल्शेविकों ने जीवन से सौंदर्य को निकाल फेंका है, क्योंकि अब सौंदर्य के सर्वोच्च प्रतीक जार, जारीना, और उनके दरबारी सदा के लिए लुप्त कर दिए गए हैं।

7

मास्को में एक पखवारा

मुझे लेनिनग्राद आये अभी एक ही महीना हुआ था। इसी समय मास्को जाने का अवसर मिला। मैं आते वक्त जल्दी-जल्दी में था, इसलिए मास्को को ठीक से देख नहीं सका था, इसलिए इस अवसर से फायदा उठाना चाहता था, और 4 जुलाई (1945) को पाँच बजे शाम की स्त्रेला ट्रेन द्वारा रवाना हुआ। जुलाई का आरम्भ था। अभी पढ़ाने का काम दो महीने बाद शुरू होनेवाला था, और इस बीच में मुझे भाषा में कुछ और प्रगति करने की आवश्यकता थी। उसमें कोई बाधा नहीं हो सकती थी। भाषा सीखने का सबसे अच्छा अवसर तभी मिलता है, जबकि आदमी अपनी पूर्व परिचित भाषाओं में किसी का उपयोग न कर सके। यहाँ रूसी छोड़ दूसरी भाषा का प्रयोग नहीं होता था। होटलों में भी यदि इन्तूरिस्त का न हो, तो यह जरूरी नहीं है कि कोई अंग्रेजी या दूसरी यूरोपीय भाषा जाननेवाला मिल जाये।

लेनिनग्राद से रवाना होते समय बूँदाबाँदी थी, लेकिन नगर से आगे बढ़ने पर मौसम अच्छा हो गया। चारों ओर हरियाली थी। युद्ध की ध्वंस-लीला के अवशेषों पर भी हरियाली छाई हुई थी। रात को अँधेरा रहा, जब कि हम वोल्गा के सामने से गुजरे। वोल्गा का उद्‌गम यहीं आस-पास है, इसलिए वह यहाँ महानद नहीं दिखाई पड़ती।

अगले दिन 10 बजे हमारी ट्रेन मास्को पहुँची। मेरे साथ एक और भद्र जन भी थे, इसलिए कैसे जाना है, कहाँ ठहरना है, इसके लिए कोई कठिनाई नहीं हुई। रेलवे स्टेशन से उतरकर पास में ही भूगर्भी (मैत्रो) रेलवे का स्टेशन था, जहाँ गाड़ी पर सवार हो चौथे स्टेशन पर उतर गए। मास्को होटल लगा हुआ था। यह होटल केवल मास्को का ही नहीं, बल्कि सारे सोवियत देश का सबसे बड़ा होटल है–तेरह मंजिला है, जिनमें सात मंजिलें तो सारे होटल में हैं, और कुछ भाग में 6 मंजिलें और भी हैं। इमारत के निचले भाग में लाल संगमरमर जैसा चमकीला पत्थर लगा हुआ है। सोवियत समय की इमारत होने से, और वह भी पंचवार्षिक योजनाओं की सफलता के वक्त बनने से मास्को होटल को बहुत ही सुन्दर, स्वच्छ और भव्य बनाया गया है। इसमें हजारों कमरे हैं। लेकिन कमरा पाने में हमें ढाई घंटे की प्रतीक्षा करनी पड़ी। हमारे कमरे में दो मेजें, सात कुर्सियाँ, एक सोफा, एक टेलीफोन और एक रेडियो था। शयनकक्ष अलग था, जिसमें जोड़ी पलंग, दो कुर्सियाँ, एक मेज और दो कपबोर्ड रक्खे हुए थे। एक शीशेवाली बड़ी आलमारी के अतिरिक्त दीवारों में भी दो अलमारियाँ थीं। स्नानकोष्टक भी साथ में लगा हुआ था। कई लम्प थे। मास्को होटल के अधिकांश कमरे इसी ढंग के थे। मेरा कमरा सातवें मंजिल पर था, जिसके पीछे खुली विशाल छत थी। यहीं शाम के वक्त रेस्तोराँ (भोजनशाला) लगती, जिसमें वाद्य भी रहता–खाते-पीते हुए नर-नारी एक बजे रात तक मन-बहलाव करते। उस समय होटल बहुत खर्चीला था, यदि राशनकार्ड न हो तो, एक दिन के भोजन आदि पर 150 रूबल

खर्च आता, अर्थात् प्रायः 80 रुपये।

मित्रों के कहने से मालूम हुआ, कि मैं एक पखवारा यहाँ रह सकता हूँ और 17 जुलाई की ही शाम को मैं फिर लेनिनग्राद लौट सका। यहाँ रहते हुए मैंने मास्को के अधिक से अधिक दर्शनीय स्थानों को देखना चाहा। भाषा की दिक्कत अभी दूर नहीं हुई थी, यद्यपि पिछले एक महीने में मैंने रूसी सीखने में कम प्रगति नहीं की। विदेशों से सांस्कृतिक सम्बन्ध कायम करनेवाली सोवियत संस्था–बोक्स ने एक पथ-प्रदर्शिका का इंतजाम कर दिया था, लेकिन वह कुछ समय के ही लिए साथ रहती थी, बाकी पर्यटन स्वावलम्बी होकर ही मुझे करना था।

6 जुलाई को मैं लेनिन-म्युजियम देखने गया। लेनिन की जीवनी और व्यक्तित्व को समझने के लिए यहाँ सारे साधन एकत्रित किए हुए हैं। हर अवस्था के समय-समय पर खींचे हुए फोटो तथा कलाकारों द्वारा बनाये चित्रों से लेनिन के जीवन को साकार रूप दिया गया है। लेनिन की पुस्तकों और भिन्न-भिन्न भाषाओं में उनके अनुवादों का भी यहाँ सुन्दर संग्रह है। मैं ढूँढ़ने लगा–देखूँ भारतीय भाषा में लेनिन सम्बन्धी साहित्य की कौन-सी पुस्तकें हैं। उर्दू और गुरुमुखी की कुछ छोटी-छोटी किताबें रक्खीं मिलीं, जो कि मास्को में छपी थीं। भारत का रूस से कूटनीतिक सम्बन्ध टूट जाने के कारण हमारे यहाँ की चीजों के संग्रह करने में सोवियत वालों को दिक्कत रही, तो भी कुछ और पुस्तकें भारत में मिल सकती थीं। लेनिन का पालन-पोषण, शिक्षा-दीक्षा और क्रान्तिकारी जीवन कैसे गुजरा, इसको चित्रों ही द्वारा नहीं बल्कि घरों और घरौंदों द्वारा भी अंकित किया गया था। जिस घर में लेनिन का जन्म हुआ था, उसका नमूना, सामान के साथ यहाँ मौजूद था। कारागृह के जीवन को भी इसी तरह साकार दिखलाया गया था। फरवरी क्रान्ति (1917) के बाद लेनिन पेत्रोग्राद पहुँचने में सफल हुए। वोल्शेविकों के बढ़ते हुए प्रभाव को देखकर करेन्स्की की सरकार को डर लगने लगा। वह लेनिन की गुप्त हत्या कराने के लिए तुली हुई थी। उस समय लेनिन को अज्ञातवास के लिए जंगल में भेज दिया गया। जंगल में जैसी कुटिया में लेनिन रहते थे, उसका भी नमूना यहाँ मौजूद था। पूँजीवादी देशों ने लेनिन को अपने रास्ते का बड़ा रोड़ा समझा था। उन्हें मालूम होने लगा, कि यदि साम्यवादी क्रान्ति स्थिर हो गई, तो उनके देश में भी खैरियत नहीं। उन्होंने काप्लान नामक एक स्त्री को हत्या के लिए नियुक्त किया। आज स्तालिन के बराबर पर्दे में रहने का आरोप पूँजीवादी देशों में सुना जाता है, लेकिन क्या स्तालिन यदि इतनी सावधानी के साथ नहीं रक्खे जाते, तो उनके देशी और विदेशी शत्रु अभी तक उन्हें जिन्दा रहने देते ? काप्लान ने जिस पिस्तौल से लेनिन की छाती पर गोली चलाई थी, वह पिस्तौल भी यहाँ म्युजियम में रखी हुई है। गोली खाते वक्त जिस ओवरकोट को लेनिन पहिने हुए थे, जो कि उनके खून से सन गया था, वह भी यहाँ रक्खा हुआ है। लेनिन का व्यक्तित्व शोषित वर्ग के उत्थान और मानवता की प्रगति के लिए कितना महत्त्व रखता है, इसे कहने की आवश्यकता नहीं। यह म्युजियम लेनिन को समझने में बड़ा सहायक है। हर वक्त यहाँ लोगों की भीड़ लगी रहती है। लेनिन-समाधि में दर्शन के निश्चित घंटे हैं, और काफी दिक्कत होती है, लेकिन लेनिन-म्युजियम में सब चीजें आसानी से देखी जा सकती हैं। वस्तुतः दर्शक के लिए यह अच्छा है, कि पहिले वह लेनिन-म्युजियम देखे, तब लेनिन-समाधि के भीतर जाकर उस महापुरुष के शव को देखे। लेनिन-म्युजियम के पास ही लाल मैदान है, जो आस-पास की ऊँची इमारतों के कारण छोटा मालूम देता है, लेकिन महोत्सव के दिनों में उसमें लाखों आदमी खड़े हो सकते हैं। लेनिन-समाधि के पीछे क्रेमल (क्रेमलिन-दुर्ग) की दीवार है। अब वहाँ देवदार लगाए गए हैं, जो कुछ वर्षों बाद अपनी घनी छाया से इस मनुष्य-रचित वास्तु को अपना सौंदर्य प्रदान करेंगे। क्रेमलिन की दीवार में देश के सम्माननीय पुरुषों की अस्थियाँ छोटे-छोटे छिद्रों में रक्खी जाती हैं। यद्यपि कब्र का रिवाज अभी हटा नहीं है, तो भी मुर्दों के जलाने का प्रचार काफी बढ़ चला है, इसलिए चितावशेष अस्थियों का कुछ भाग थोड़ी-सी जगह में रखा जा सकता है।

तालस्त्वा की अमरकृति 'अन्ना करेनिना' को 25 बरस पहिले मैंने पढ़ा था। 7 जुलाई को उसे रंगमंच पर देखने का मौका मिला। नाटक साढ़े सात बजे रात तक होता रहा। वार्तालाप समझने-भर की शब्द-शक्ति नहीं थी, किन्तु हमने उसे बैले मान लिया। अभिनय बड़ा सुन्दर था, विशेषकर अन्ना करेनिना और अन्ना के

प्रेमी का पार्ट बड़े ही निर्दोष रूप में अदा किया गया था। दृश्य साधारण पर्दों द्वारा ही नहीं दिखलाए गए थे, बल्कि वहाँ सभी चीजों को वास्तविक रूप में दिखाने की कोशिश की गई थी। जब अन्ना रेल से नीचे दबकर आत्महत्या करने गई, तो उस वक्त इंजिन, लालटेन, आवाज सभी चीजों से पता लगता था, कि एक रेलवे ट्रेन आ रही है। वोक्स की कृपा से नाटक का टिकट आसानी से मिल गया था, और रंगमंच से चौथी पंक्ति में बैठा रहने के कारण मैं सभी चीजों को अच्छी तरह देख-सुन सकता था। शाला में भीड़ तो नहीं कह सकते, क्योंकि टिकट उतने ही काटे जाते हैं, जितनों की सीटें हैं, कोई जगह खाली रहने का सवाल ही नहीं था। सोवियत की नाट्यशालाओं के निकट का बन्दोबस्त दो-तीन हफ्ते पहिले यदि न करें, तो वह मिलते ही नहीं–विदेशी मेहमानों के लिए कुछ सीटें रख छोड़ी जाती हैं। अभिनय के बीच-बीच में विश्राम का समय था, जबकि दर्शक और दर्शिकाएँ बाहर के हाल में टहलने या नाट्यशाला की प्रदर्शनी देखने में लगे रहते थे। नाटक देखने के लिए नर-नारी अपने सबसे सुन्दर वेश-भूषा में आते हैं। महिलाएँ उस दिन केश-सज्जा (कोयफुर) कराना नहीं भूलतीं। नाट्यागार की प्रदर्शनी में पुराने और नये नाट्यकारों और अभिनेताओं के सैकड़ों फोटो रखे हुए थे।

दूसरी यात्रा में भाई प्रमथनाथ दत्त, (या दाऊद अली दत्त) लेनिनग्राद में ही रहते थे, अब वह लड़ाई के बाद मास्को चले आए थे। उनके साहसमय जीवन के बारे में आगे लिखूँगा। 8 जुलाई को साढ़े दस बजे मैं होटल से उनसे मिलने के लिए निकला। पता-ठिकाना, मोटर-बस, और दूसरे यानों के बारे में नोट कर लिया था। अपनी महीने-भर की जमा की हुई रूसी पूँजी के साथ चल पड़ा। एक मैदान के कोने पर बस का पता लगा, मगर वहाँ जाने पर बस नहीं, 25 नम्बर की त्रामवाय मिली, जो रोस्त्रोकिन्स्की पोयेज्द की ओर जा रही थी। आध घंटा जाने के बाद पूछा, तो मालूम हुआ, अभी स्थान बहुत दूर है। घंटे-भर की यात्रा के बाद उपनगर के उस स्थान में पहुँचे, जहाँ किसान स्त्री और मजदूर पुरुष की दो संयुक्त विशाल मूर्तियाँ स्थापित हैं। पूछते-पाछते उपनगर से भी बाहर आलू के खेतों में चले गए। इधर से उधर भटकते, चढ़ाव-उतारवाली जमीन को लाँघते, एक रेल की लाइन को पार करते मील-दो मील चले गए। जुलाई का महीना था। निरभ्र आकाश से मध्यान्ह के सूर्य की किरणें पड़कर अपना प्रभाव डाल रही थीं। मैं प्यास के मारे बहुत परेशान था। खैर, किसी तरह मास्को के प्राच्य-प्रतिष्ठान में पहुँचा। पाठकों को इससे यह तो मालूम होगा, कि रूसवाले हरेक विदेशी के पीछे अपना जासूस नहीं भेजते, अगर भेजते होते तो मुझे इस यात्रा में कृतज्ञ होना पड़ता। फाटक खोलते ही एक छोटा-सा लड़का खड़ा मिला। उसके भूरे बाल, पतले-दुबले शरीर को देखकर यह कैसे पता लग सकता था, कि यह दत्त भाई का पुत्र है। मैंने तवारिश दत्त के बारे में पूछा। ईगर ने साथ आने के लिए कहा और मुझे तितल्ले पर दत्त भाई के पास ले गया। इस वक्त हिन्दुस्तानी कक्षा की परीक्षा हो रही थी। रूस में हिन्दी और उर्दू दोनों के लिए सम्मिलित शब्द 'हिन्दुस्तानी' का प्रयोग किया जाता है, और विद्यार्थियों को दोनों भाषाएँ दोनों लिपियों में पढ़ाई जाती हैं। दत्त भाई अपनी हिन्दुस्तानी कक्षा की परीक्षा में लगे हुए थे। 15-16 में दो-तीन ही तरुण थे, बाकी सभी तरुणियाँ थीं। यहाँ वालों को भी यह भ्रान्ति है, कि उर्दू ही भारत की बहु-प्रचलित भाषा है। द्वितीय यात्रा के मेरे परिचित और डा. श्चेर्वात्स्की के शिष्य संस्कृत प्रोफेसर सिरायेफ भी आज-कल यहीं उर्दू पढ़ाते थे। परीक्षा-स्थान में कुछ मिनट बैठने तथा विद्यार्थियों और अध्यापकों के साथ शिष्टाचार प्रदर्शन करने के बाद दत्त भाई मुझे अपने कमरे में ले गए। एक टाँग बेकार होने से वह अपनी काँख की लकड़ी के सहारे चल रहे थे। सात ही वर्ष पहिले मैंने भाभी दत्ता को तरुण सुन्दरी के रूप में देखा था और अब वह बूढ़ी मालूम हो रही थीं, चेहरे पर कुछ झुर्रियाँ भी आ गई थीं। दत्त भाई बात में लगे और भाभी चाय तैयार करने में। वह भारत के बारे में पूछते रहे, मैं अपने पूर्व-परिचितों के बारे में। उन्होंने कहा–मास्को में ही क्यों न चले आएँ, यहाँ भी पढ़ाने का काम मिल सकता है।

साढ़े सात बजे अभी शाम आने में बहुत देर थी, लेकिन हमें तो न जाने कितने मील अपरिचित ट्राम के रास्तों से होते अपने होटल में पहुँचना था। भाभी ट्राम के अड्डे तक पहुँचाने आईं। उन्होंने बतलाया कि यहाँ से 4 नम्बर की ट्राम वहाँ जाती है। लेनिनग्राद या मास्को में त्रामवाय का टिकट 15 कोपेक (प्रायः पाँच

पैसा) है। टिकट लेकर बैठ जाइए, जहाँ तक वह गाड़ी जाएगी, वहाँ तक उसी टिकट से काम चल जाएगा। पाँच ठहरावों के बाद हम मेत्रो (भूगर्भी) स्टेशन पर पहुँचे। रास्ते में देवदारों के उपवनों और सरोवरों का बड़ा सुन्दर नजारा था। आजकल घास की हरियाली चारों ओर दिखलाई पड़ती थी। रविवार होने के कारण छुट्टी मनाने के लिए लोग बड़ी भारी संख्या में इन उपवनों और सरोवरों का आनन्द लेने आए थे। ट्राम से उतर कर स्कोल्न की मैत्रो स्टेशन पर अखोत्निकीर्याद का टिकट लिया। मैत्रो यहीं से शुरू होती थी, इसलिए जगह मिलने में कोई दिक्कत नहीं हुई, लेकिन आगे बड़ी भीड़ थी–लोग सैर करके शाम को लौट रहे थे। 5 बड़े स्टेशनों को छोड़ते अखोत्निकीर्याद के छोटे स्टेशन पर उतरे, जो कि मास्को होटल के नीचे है। यह पहिले नहीं मालूम था, नहीं तो बहुत आराम से चला गया होता। अब रास्ता आसान मालूम होता था। होटल में पहुँचते समय मुझे आलू के खेतों में मिली बुढ़िया याद आ रही थी। उसके कपड़े बिल्कुल मामूली थे। मैंने जब रास्ता पूछा तो वह फर-फर फ्रेंच बोलने लगी। कुलीनवर्ग की लड़की होगी, जिसके लिए जारशाही जमाने में संस्कृत-शिक्षित, और संभ्रान्त साबित करने के लिए फ्रेंच पर अधिकार प्राप्त करना आवश्यक था। इनकी संख्या शायद इतनी अधिक थी कि सबको विदेशी भाषा सिखाने का काम नहीं मिल सकता था।

9 जुलाई को सूर्यग्रहण था। आकाश में कहीं-कहीं बादल थे, इसलिए सूर्य कितनी ही बार बादल में छिप जाता था। हमारे यहाँ होता, तो पुराने ढंग के लोग स्नान की तैयार में रहते, बनारस के लिए ट्रेनों पर ट्रेनें छूटतीं। आज से आठ शताब्दी पहिले रूसी लोगों के पूर्वज सूर्य-पूजक थे–सूर्य ही उनका सबसे बड़ा देवता था। ईसाई धर्म ने इन्हें उस देवता के पंजे से छुड़ाया। न मालूम उस समय सूर्यग्रहण के समय लोग क्या करते रहे होंगे। कोई धार्मिक अनुष्ठान तो जरूर करते होंगे। लेकिन आज के रूसी भी सूर्य-ग्रहण को उपेक्षा की दृष्टि से नहीं देखते। चार बजे शाम को हाथ में काले किए शीशे या कोई और देखने के साधन के सहारे सूर्य को देख रहे थे।

देश छोड़े अब 10 महीने हो रहे थे। ईरान में रहते अंग्रेजी पत्र मिल जाते, और कभी-कभी सैनिकों या व्यापारियों के यहाँ भारत के समाचार-पत्र भी देखने को मिलते, लेकिन यहाँ समाचार जानने का कोई साधन नहीं था। कुछ अंग्रेजी पत्र अन्तर्राष्ट्रीय घटनाओं पर विचार व्यक्त करने के लिए निकलते जरूर हैं, यद्यपि उनमें भारत के बारे में शायद ही कभी कुछ होता। पत्रों और पुस्तकों का मिलना उतना आसान नहीं था। 'न्यू टाइम्स' के तीन अंक जब मिले, तो मुझे बड़ी प्रसन्नता हुई।

सूर्यग्रहण समाप्त होने के बाद उस दिन खूब वर्षा हुई। बिजली भी खूब कड़की। वर्षा का यह दृश्य देखते हुए मुझे भारत का वर्षाकाल याद आ रहा था–वहाँ का जुलाई, अगस्त, घनघोर वर्षा का समय। जिस कमरे में मैंने आकर डेरा लगाया था, वह ऐसी जगह था, जहाँ धूप ज्यादा आती थी, जिससे वह गरम हो जाया करता था, इसलिए आज मैंने 726 नं. के कमरे को ले लिया। यह कमरा अच्छा था। यहाँ नहाने का टब नहीं था, उसकी जगह 'वर्षास्नान' का प्रबन्ध था। कमरा कुछ अधिक बड़ा, तथा सोफा आदि सब एक ही कमरे में थे। टेलीफोन काम कर रहा था, लेकिन रेडियो बिगड़ा हुआ था। उसकी मुझे जरूरत भी नहीं थी, क्योंकि अभी भाषा का ज्ञान अपर्याप्त था। मास्को के रेडियो से हिन्दी-प्रोग्राम प्रसारित करनेवाले सज्जन भी आये। उनके पूछने पर मैंने बताया, कि हिन्दुस्तान में वह अच्छी तरह सुनाई नहीं देता, यद्यपि मास्को के और प्रोग्राम स्पष्ट सुनने में आते हैं। उन्होंने कहा–ताशकन्द से जोड़ने से शायद साफ हो जाय। फिर मैंने बतलाया कि जिस हिन्दी या हिन्दुस्तानी में मास्को से खबरें प्रसारित की जाती हैं, उसको भाषा बोलनेवाले नहीं बल्कि भाषा-तत्वज्ञ ही समझ सकते हैं। उन विचारों की एक दिक्कत यह भी थी, कि कोई हिन्दी या उर्दू भाषा-भाषी वहाँ मौजूद नहीं था। दत्त भाई बड़ी अच्छी हिन्दू-उर्दू-बंगला बोल सकते थे, लेकिन शायद पैर से मजबूर होने के कारण उनसे वह काम नहीं लिया जाता था। बोलनेवाले रूसी होते थे, जिनका उच्चारण गलत होता था और लिखनेवाले भी हिन्दुस्तानी भाषा के जानकार नहीं थे, जिससे उनकी भाषा कहीं-कहीं तो डिक्शनरी से लेकर बनाई मालूम होती थी। आजकल 1951 में भी मास्को के हिन्दुस्तानी प्रोग्राम की करीब वही हालत है। हाँ, अब रूसी मुँह की जगह भारतीय (बंगाली) मुँह इस्तेमाल किये जाते हैं, जिनको कि बंगला के रूप में ही

हिन्दुस्तानी बोलने का अभ्यास है। भाषा लिखनेवाले शायद कोई उसी देश के हैं, जिसके कारण वह बड़ी बेढंगी-सी मालूम होती है। भाषा भी हिन्दी और उर्दूवालों के लिए एक ही इस्तेमाल की जाती है, जिसमें भ्रष्ट उच्चारण के साथ अरबी-फारसी की भरमार होती है। चाहे कोई समझे या न समझे, ब्राडकास्ट कर देना–यही ध्येय मालूम होता है। (हाल में बिहार के एक बड़े कम्युनिस्ट नेता ने, मास्को के हिन्दुस्तानी ब्राडकास्ट की भाषा को सुनकर बड़ा असन्तोष प्रकट किया था।) मैंने उनसे कहा, कि भारत के श्रोताओं की दिलचस्पी ज्यादा होगी, यदि आप मध्य एशिया के लोगों के जीवन के बारे में अधिक बातें कहा करें।

विदेशी क्रान्तिकारियों को रूस में छिपकर रहने के समय नाम बदलना होता था, इसलिए बाज वक्त परिचित आदमी का भी पता लगाना मुश्किल हो जाता है। मास्को की एक तरुणी अपने भारतीय पिता के बारे में जानने के लिए बहुत उत्सुक थी, लेकिन वह जो नाम बता रही थी वह मलावारी था। पीछे मुझे मालूम हुआ कि वह हमारे परिचित चक्रवर्ती महाशय की कन्या थी। मैं साथी चक्रवर्ती को अच्छी तरह जानता था, लेकिन नाम बदला होने के कारण मैं उनकी कन्या को कोई हर्षप्रद समाचार नहीं दे सका। इसी तरह एक जावा के क्रांतिकारी बीसों वर्षों से नाम बदल सोवियत में रह रहे थे। उनसे मेरा परिचय तेहरान में हुआ था, जहाँ मैं उन्हें आदिल खाँ के नाम से जानता था। पीछे समऊन नाम मालूम हुआ, यद्यपि यह भी उनका जावा का नाम नहीं था। आदिल खाँ और मैं कुछ दिनों तेहरान में एक ही होटल में रहे थे। मालूम है कि मैं अधिकतर मिर्ज़ा महमूद के साथ रहा। आदिल खाँ से पहिले भी बराबर मुलाकात हो जाया करती थी, और जावा और भारत के बारे में दिल खोलकर बातें होती थीं। वह बड़े ही बहुज्ञ तथा दृढ़ क्रान्तिकारी पुरुष थे। वह छटपटाते थे, कि किसी तरह उनको जावा जाने दिया जाता। लेकिन कोई रास्ता हाथ नहीं आया और मेरे तेहरान से रवाना होने के कुछ समय पहिले ही वह मास्को लौट गये। उनकी एक चिट्ठी मिली थी, इसलिए 12 जुलाई को मैं सवा तीन बजे उनसे मिलने मास्को के पास एक गाँव उदेलूनया के लिए रवाना हो गया। यह गाँव 30 मील से कम नहीं होगा। पहिले चार स्टेशन मेत्रो से गया, फिर कजान्स्की स्टेशन में बिजली-ट्रेन पकड़ी। पूरे एक घंटे की यात्रा थी। मैं अकेला था, और टूटी-फूटी रूसी भाषा एकमात्र सहारा थी। यह यात्रा भी इस बात को झूठ बतलानेवाली थी, कि रूस में हरेक आदमी के पीछे खुफिया लगा दिया जाता है। ट्रेन मास्को से बिल्कुल बाहर चली आई। अब यहाँ ग्रामीण दृश्य थे, लेकिन बस्तियाँ कस्बों-जैसी थीं। यहाँ के ज्यादातर लोग मास्को में काम करते हैं। मैंने समझा था, रास्ते में देवदार के घने जंगल आएँगे, किन्तु वह नाममात्र को ही कहीं-कहीं दिखलाई पड़े। सड़क की दोनों तरफ के खेतों में आलू और सब्जी लगी हुई थी। मास्को में इन चीजों की बड़ी खपत थी। कहीं-कहीं जर्मन बमबारी के चिह्न थे, लेकिन बहुत कम। आखिर उदेलूनया स्टेशन आ गया। छोटा-सा स्टेशन। बस्ती भी बहुत बड़ी नहीं, घर अलग-अलग थे। मैं ढूँढ़ते-ढूँढ़ते लकड़ी की कुटिया में पहुँचा। मेरे काले रंग–हमारे यहाँ साफ रंगवाले भी उस सफेद-सागर में काले ही दिखाई पड़ते हैं–को देखते ही एक स्त्री ने कहा–मैं जानती हूँ। आदिल खाँ जावी होने के कारण मंगोली मुखमुद्रा रखते थे, किन्तु रंग उनका भी मेरे ही जैसा था। स्त्री ने अपने घर तक ले जाकर फिर अपनी कन्या मेरे साथ कर दी। कुटिया तो मिल गई, लेकिन आदिल-दम्पती में से कोई घर पर नहीं था। घर की एक महिला ने पूछने पर कहा–न मालूम कब तक लौटेंगे। गर्मियों के दिनों में मास्को के लोग अक्सर नगर के पास के गाँव-खेड़ों में चले जाते हैं। बिजली की रेल है ही, इसलिए आने-जाने में घंटे-डेढ़ घंटे को कोई दिक्कत की बात नहीं समझा जाता। अधिक प्रतीक्षा न करके कार्ड छोड़कर लौट पड़ा। यहाँ के मकान हाते की भीतर थे, जिनमें देवदार और दूसरे वृक्ष लगे हुए थे। इन्हीं उपवनों में काठ के एकतल्ले-दुतल्ले मकान बने हुए थे, जिनमें नागरिक लोग कुटीर का आनन्द लेने आते थे। घरों के दूर-दूर बसने से उदेलूनया की बस्ती दूर तक बसी हुई थी। लौटकर स्टेशन आया, थोड़ी देर प्रतीक्षा करने के बाद गाड़ी मिली और साढ़े सात बजे मास्को पहुँच गया।

मेरा कार्ड मिल गया था, इसलिए साथी आदिल मिलने आए। बड़े प्रेम से बहुत देर तक बातचीत होती रही। वह भी चाहते थे, कि अगर मैं मास्को में रहता, तो अच्छा होता। मुझे कोई विशेषता नहीं मालूम होती थी।

14 जुलाई को मास्को के महान बाग गोर्की-संस्कृति-उद्यान को देखने गया। पहिली यात्राओं में भी दो बार इसको देख चुका था; लेकिन इस समय तो यहाँ का एक और जबर्दस्त आकर्षण था। युद्ध की सौगातों की प्रदर्शनी। जर्मनी से युद्ध के समय जितने अस्त्र-शस्त्र मिले थे, उनके नमूने यहाँ रक्खे हुए थे। दूर तक नाना प्रकार की तोपें रखी हुई थीं, जिनमें से कुछ दूरमारक तोपें थीं, कुछ हल्की तोपें, मार्टर और फिर टैंक-विध्वंसक तोपें। फ्रांस, बेल्जियम, चेकोस्लोवाकिया, हंगरी, रूमानिया, इताली, सभी देशों की बनी तोपें जर्मनों ने काम में लाई थीं। तरह-तरह के टैंक भी रक्खे हुए थे। दो इंच मोटे पत्तरवाले 'चीता' टैंक थे, व्याघ्र, और राजव्याघ्र टैंक भी रखे थे, जो पानी में भी चल सकते थे। दो इंच मोटे फौलाद के पत्तर को तोप के गोले ने ऐसे तोड़ दिया था, जैसे किसी ने गीली मिट्टी के बर्तन को लकड़ी से बींध दिया हो। सोवियत तोपों की ऐसी करामात थी। रूस ने हमेशा से तोपों में कीर्ति हासिल की थी, जिसे सोवियत शासन ने विलुप्त नहीं होने दिया। हैंकल, मैसर्सस्मिथ, युन्कर, फोकउल्फ जैसे नाना प्रकार के बम-वर्षकों को भी देखा। एक जगह नाना प्रकार के योधक विमानों की पाँती थी। बड़े-बड़े युद्ध-यंत्र बाहर आसमान के नीचे रक्खे हुए थे। कितनी ही चीजें घर के भीतर भी सजाई हुई थीं। एक जगह तरह-तरह की दवाइयों के नमूने थे। दूसरी जगह छोटे-छोटे हथियार थे। एक जगह प्रेषक-रेडियो का प्रदर्शन था। प्रदर्शनागारों में तरह-तरह की जर्मन सैनिक पोशाकें भी थीं। एक जगह जर्मन तमगों का ढेर था। हिटलर ने समझा था, कि मास्को के विजय करने पर हजार नहीं, लाखों की संख्या में तमगे जरूरी होंगे। तमगे हिटलर के सिपाहियों के भाग्य में नहीं बदे थे, क्योंकि विजय हिटलर को नहीं उसके प्रतिद्वन्द्वियों को मिली। कपड़ों की कमी के कारण जर्मनी ने नकली कपड़े और दूसरी चीजें तैयार की थीं, जिन्हें जर्मन भाषा में 'एर्सात्ज' कहते थे। यहाँ ऐर्सात्ज की पोशाक और एर्सात्ज के बूट बहुत तरह के मौजूद थे। रूस में इनकी आवश्यकता नहीं पड़ी, और न यहाँ की सर्दी में वह काम दे सकते थे। राइफलों, मशीनगनों, और सब मशीनों का भी बहुत अच्छा संग्रह था।

आज हमारे साथ वोकस की महिला पथ-प्रदर्शिका थीं। वहाँ से निकलते ही हम लोग पास ही में 'दोम सुयूज' में मिश्रित संगीत देखने चले गए। वहाँ जन-नृत्य और जन-संगीत का सबसे अच्छा नमूना देखने में आया। मास्को से दक्षिण-पूर्व में अवस्थित रेजान जिले के दो जन-गीत गाए गए, जिन्हें लोगों ने आग्रह करके फिर-फिर सुना। मुझे आश्चर्य हो रहा था कि हमारे पूर्वी उत्तरप्रदेश के अहीरों का बिरहा कैसे यहाँ मास्को में आ गया। भाषा रूसी अवश्य थी, लेकिन राग बिल्कुल बिरहा-जैसा। अहीर भी तो शकों का ही एक कबीला था, जिन्हीं शकों की औलाद आज के रूसी हैं, इसलिए रेजान के जन-संगीत में बिरहा का आना कोई आश्चर्य की बात नहीं थी। लेकिन अहीरों को भारत गए दो हजार वर्ष हो गए। क्या जन-गीतों के सुर इतने चिरस्थायी होते हैं ? अवश्य जन-गीतों का स्वर भाषा से अधिक चिरजीवी होता है। इस नाट्य मंडली में सौ से कम कलाकार नहीं थे। सभी जनता की चीजें दिखलाई और सुनाई जा रही थीं। हाल खचाखच भरा था। बीच में पन्द्रह मिनट का विश्राम देकर 8 से 10 बजे तक प्रोग्राम जारी रहा। मुझे जहाँ नृत्य और संगीत का आनन्द आ रहा था, वहाँ यह भी सोच रहा था, कि यह वहीं संभव है, जहाँ पर काम करनेवालों के हाथ में राजशक्ति चली गई हो। कलाकारों के सम्मान को देखकर ईर्ष्या होती थी। वह किसी वैज्ञानिक या प्रोफेसर से कम सम्मानित नहीं माने जाते थे। मुझे ख्याल आया, मेरे अपने जिले के विश्राम ने भी बिरहे बनाए थे। करुणा-रस से सराबोर जन-कविता का उसने निर्माण किया था और जवानी में ही वह वियोगी मर गया। वह कविता करने के लिए कविता नहीं करता था, न उसके हृदय में उनके चिरस्थायी होने की आकांक्षा थी। जब मन में कोई व्यथा मालूम होती, भाव पैदा होते, तो वह एक बिरहा बना लेता और उसे गुनगुनाता रहता। कागज पर उतारने का सवाल नहीं था। विश्राम एक बिल्कुल ग्रामीण जन-कवि था। मैंने उसके कुछ बिरहों को पढ़ा था। मैं समझता था, विश्राम के बिरहों को कुछ लोग बड़े प्रेम के साथ जमा कर रहे होंगे। लौटने पर मालूम हुआ कि विश्राम अब इस दुनियाँ में नहीं है और उसके पन्द्रह-सोलह बिरहों से अधिक उतारे नहीं जा सके हैं। सोवियत में किसी विश्राम को इस तरह विलीन होने की संभावना नहीं है।

चित्रशाला—लेनिनग्राद में एक से अधिक चित्र-संग्रहालय हैं। मास्को की त्रेत्याकोफ चित्रशाला विश्व की

चित्रशालाओं में एक महत्त्वपूर्ण स्थान रखती है। 16 जुलाई को मैं उसे देखने गया। मास्को के एक धनी-मानी नागरिक त्रेत्याकोफ को चित्रों के संग्रह करने का शौक था। उसने काफी संग्रह के बाद चित्रशाला के घर के साथ उन्हें नगर-सभा को अर्पण कर दिया। यह जारशाही युग की बात है। नगर-सभा के हाथ में आने पर त्रेत्याकोफ चित्रशाला की उतनी उन्नति नहीं हुई, जितनी कि सोवियत शासन के समय। यद्यपि त्रेत्याकोफ शोषक वर्ग था, लेकिन उसके सत्यप्रयत्न को देखकर बोल्शेविकों ने भी इस चित्रशाला का नाम त्रेत्याकोफ ही रहने दिया। त्रेत्याकोफ के समय सारे चित्रों का संग्रह पाँच-छः कमरों में रहा होगा, लेकिन आज पचास से भी अधिक कमरे हैं। एक दिन में कोई उसे देख नहीं सकता। चित्र ग्यारहवीं सदी से 20वीं सदी तक के हैं, अर्थात् यहाँ रूसी चित्रकला के एक हजार वर्षों का इतिहास सामने रक्खा हुआ है। तेरहवीं सदी तक चित्रों में धार्मिक भावों की प्रधानता थी, उन पर अधिकतर विजंतीय और हल्का-सा मध्य-एसियाई चीनी प्रभाव था। सत्रहवीं सदी से यूरोपीय प्रभाव शुरू हो जाता है, जो कि 18वीं 19वीं सदी में पूर्णता को प्राप्त होता है। यूरोपीय प्रभाव के साथ ही व्यक्ति (पोर्तरेत) चित्रण शुरू होता है। पोर्तरेत-चित्रण का हमारे देश में भी सदा अभाव रहा है। ग्रीक चित्रकला द्वारा प्रेरित पश्चिमी यूरोप ने इस महान् कला का विकास किया। पुराने रूस में कियेफ, त्वेर (कालनिन), नवोग्राद आदि कला-केन्द्र थे। इवानोफ का एक विशाल चित्रफलक यहाँ रक्खा हुआ था, जो कि दुनिया के अद्भुत चित्रों में है। इवानोफ ने यह चित्र ईसा के जीवन के संबंध में बनाया है। इस अद्भुत चित्र को बनाने की सामग्री जुटाने के लिए इवानोफ ने कई साल ईसा की जन्मभूमि में बिताए थे, और वहाँ के नर-नारियों, भूमि-पहाड़ों, पशु-वनस्पतियों के बहुत-से चित्र उतारे, जिनके आधार पर फिर इस चित्र को बनाया। चित्रशाला में कुछ चित्र त्रिपार्श्वीय हैं, जिनमें खंभे, कुर्सी-आदमी तथा दूसरी चीजें एक-दूसरे से अलग खड़ी मालूम होती हैं। सोवियत-काल में उतने महान् चित्रकार नहीं पैदा हुए, जितने कि 19वीं सदी में थे। लेकिन पुश्किन और कालिदास प्रति-अर्धशताब्दी नहीं पैदा हुआ करते।

17 जुलाई को पाँच बजे फिर ट्रेन पकड़ी और लेनिनग्राद के लिए रवाना हो गया। रास्ते के स्टेशनों में स्ट्राबरी बिक रही थी। पाँच रूबल (तीन रुपये) में एक दोना स्ट्राबरी !

दत्त भाई–अप्रेल 1944 में मास्को दुबारा आने का मौका मिला। अबकी बार दत्त भाई से मिलने पर उनकी जीवनी के बारे में कुछ जानना चाहता था। 29 अप्रेल को जब मैं उनके यहाँ गया, तो वह अपने नगरवाले घर में थे, इसलिए आलू के खेतों में खाक छानने की जरूरत नहीं पड़ी। दत्तभाई का नाम प्रमथनाथ दत्त था। उनके पिता मन्मथानाथ दत्त टरनर मौरिसन कम्पनी के मुत्सुद्दी थे। उनकी माँ का नाम स्वर्णकुमारी था। वह अपने माता-पिता के कनिष्ठ पुत्र थे। दो बड़े भाई नरेन्द्रनाथ और सुरेन्द्रनाथ थे। सुकिया स्ट्रीट (कलकत्ता) में इनका पैतृक घर था। जन्म संवत् उन्हें अच्छी तरह मालूम नहीं, लेकिन वह 1888 के आसपास रहा होगा। आरम्भिक स्कूल की पढ़ाई समाप्त करके ट्रेनिंग एकडमी से 1906 के आसपास इन्होंने इंट्रेंस पास किया, फिर वह जनरल एसेम्बली में आइ. ए. में पढ़ने लगे। बंग-भंग का जमाना था। बंगाल के दो टुकड़े करने के कारण बंगालियों में उग्र भावनाएँ जाग उठी थीं। प्रमथनाथ उससे प्रभावित हुए बिना कैसे रह सकते थे ? फिर केवल असन्तोष करके दिल मसोस लेने से तो काम नहीं चलता। देश को गुलाम बनानेवालों, और प्रदेश को दो टुकड़ों में बाँटनेवालों को कुछ सबक भी तो सिखाना चाहिए था। बंगाल में क्रांतिकारियों के उस समय 'अनुशीलन' और 'युगान्तर' दो दल थे। दोनों का ध्येय था शस्त्र-बल से अंग्रेजों को भगा देश को स्वतन्त्र करना। तरुण प्रमथनाथ युगान्तर-दल में शामिल हो गए। आगे सिटी कालेज में वह आई. ए. के द्वितीय वर्ष में पढ़ते थे। तीन साल तक वह पार्टी में रहे। इसी समय मिर्जा अब्बास (हैदरावादी) और एक दास-कानूनगो ने पैरिस में सीखकर पहिले-पहिल बम बनाया। प्रमथनाथ की भी इच्छा हुई कि बम बनायें और सैनिक शिक्षाएँ प्राप्त करें। देश में वैसा सुभीता न देख उन्होंने विदेश जाने का निश्चय किया। डा. कार्तिक बोस के भाई श्री चारुचन्द्र बोस ने रुपयों से सहायता की। उस समय अभी पासपोर्ट की दिक्कत नहीं थी–प्रथम विश्वयुद्ध के बाद अंग्रेजों ने पासपोर्ट की कड़ाई कर दी, अब कोई सरकार से पासपोर्ट लिये बिना भारत की सीमा से बाहर नहीं जा सकता था। 1908 ई. में प्रमथनाथ लंदन पहुँचे। उनकी उमर 20 साल के आसपास रही होगी। प्रसिद्ध देश-भक्त

श्याम जी कृष्ण वर्मा ने भारतीय क्रांतिकारी तरुणों के लिए लंदन में 'इंडिया हौस' खोल रखा था। प्रमथनाथ उसमें शामिल हो वहाँ से छात्रवृत्ति पाकर बैरिस्टरी पढ़ने के लिए दाखिल हो गए। लेकिन यह तो लंदन में ठहरने का बहाना मात्र था। इस समय सावरकर, मदनलाल धींगड़ा, गौरीशंकर (अजमेरी) आदि से उनकी मित्रता हुई। प्रमथ महीने से अधिक वहाँ टिक नहीं पाए। यह मालूम ही है, कि मदनलाल धींगड़ा ने एक साम्राज्यवादी अंग्रेज (कर्जन वायली) को गोली का निशाना बनाया था, जिससे सारे इंगलैंड में सनसनी फैल गयी थी। प्रमथनाथ लंदन से भागकर न्यूयार्क पहुँचे। न्यूयार्क में उनकी जान-पहिचान बर्कतुल्ला और जोशी (बड़ौदा) जैसे क्रांतिकारियों से हुई और उन्होंने मिलकर वहाँ हिन्दुस्तानी एशोसियेशन स्थापित किया। अब प्रमथनाथ किसी कारखाने में मजदूरी करते और आयरलैंड की स्वतन्त्रता की हामी आयरिश लीग के साथ मिलकर काम करते। अंग्रेजों से लड़े एक बोयर (दक्षिण अफ्रीकीय) ने उन्हें बम बनाना सिखलाया। उसी की सहायता से प्रमथनाथ का फ्रीमान से परिचय हुआ। फ्रीमान अपने पत्र 'गैलिक अमेरिकन' में भारत की स्वतन्त्रता के बारे में भी लिखा करता था।

प्रायः साल-भर रहकर प्रमथनाथ पैरिस चले आए। उनको अब बाकायदा सेना में भरती होकर सैनिक शिक्षा प्राप्त करनी थी। बिना सैनिक शिक्षा के अंग्रेजों के साथ लड़ाई कैसे की जा सकती थी ? फ्रान्स में वह फ्रेंच विदेशी सेना (फारेन लिजियन) में भरती हो गये। इस सेना में जर्मन, अंग्रेज आदि सभी जातियों के लोग थे। मार्सेई में छः महीना रखकर उन्हें सैनिक शिक्षा दी गई, फिर वह फ्रांस के अधीन देश अल्जीयर के ओरान नगर में भेज दिये गये, जहाँ दो साल के करीब रहे। लेकिन भारत से दूर अफ्रीका में रहते हुए वह समय पड़ने पर देश में जल्दी कैसे पहुँच सकते थे, इसलिए भारत के नजदीक होने के लिए उनका ख्याल इंदो-चीन की ओर गया और लिजियन के एक छोटे अफसर बनकर हनोई चले आये। थोड़े ही दिनों बाद उन्हें फिर वापिस चला जाना पड़ा, जब यह मालूम हुआ कि फ्रांसीसियों के अधीन रहकर वह कोई काम नहीं कर सकते। फ्रांस लौटकर वहाँ मदाम कामा के पत्र 'वन्देमातरम्' में काम करते रहे। यहाँ उन्हें एक दूसरे भारतीय स्वतंत्रता-प्रेमी राना के सम्पर्क में आने का मौका मिला। प्रथम विश्वयुद्ध के आने के संकेत यूरोप में प्रकट होने लगे थे। प्रमथ भाई को फिर ख्याल हुआ कि भारत के नजदीक कहीं चलें, इसलिए 1913 ई. में वह तुर्की की राजधानी कस्तुन्तुनिया में आये। नौजवान तुर्क दल ने तुर्की में काफी सफलता प्राप्त की थी, उसके नेता अनवर पाशा अब सुल्तान के बागी नहीं, बल्कि रईसुल्वज़रा (प्रधानमंत्री) थे। प्रमथनाथ ने सेना में भरती होने की इच्छा प्रकट की। उनके भारतीयपने को ढाँकने के लिए नाम दाऊद अली पड़ गया। किन्तु जब भर्ती करने का मौका आया, तो अंग्रेजों का जासूस होने के संदेह में उन्हें भरती नहीं किया गया। हैदराबाद से अब्दुल कयूम बेग फैज़ (तुर्की) टोपी बनाने का काम सीखने गये हुए थे। हिन्दुस्तान में लम्बे फुँदनेवाली तुर्की टोपियों का काफी रिवाज हो गया। मूल स्थान फैज़ के नाम पर उन्हें फैज़ कहा जाता था। दाऊदअली ने भी बेग के सम्पर्क में आकर फैज़ बनाना सीखना शुरू किया। अबूसईद का 'जहाने-इस्लाम' (इस्लाम संसार) अखबार निकलता था। दाऊद अली उसके लिए अंग्रेजी से उर्दू में लेख अनुवाद कर देते थे। यह पत्र अरबी, फारसी और थोड़ा-सा उर्दू में रहता था। इसी समय दाऊद अली मुहब्बत अली के 'कामरेड' पत्र के विशेष संवाददाता थे।

1914 ई. में युद्ध आरम्भ होने के समय दाऊद अली अभी कस्तुन्तुनिया में ही थे। अब नौजवान तुर्क उन पर विश्वास करने लगे थे। धीरे-धीरे दाऊद अली भारत की ओर खिसकने लगे। बगदाद में आकर छः मास रहे। फिर अफगानिस्तान की ओर बढ़ने के ख्याल से ईरानिया के भीतर अंग्रेजों के विरुद्ध प्रचार करने के लिए नौजवान तुर्कों ने उन्हें 1916 में ईरान भेजा। बुशहर और शीराज़ होते यज़्द में पहुँचे। विदेशी भाषाओं में फ्रेंच और इंगलिश के बाद तुर्की का उनको अच्छा ज्ञान हो गया था और अब फारसी के क्षेत्र में चले आए थे। वहाँ खानखोजे और मुहम्मद कोकनी मिले। प्रसिद्ध देशभक्त सूफी अम्बाप्रसाद उस वक्त शारीज़ में डटे हुए थे। उन्होंने एक मदरसा खोल रखा था, जिसमें बृहत्तर-इस्लाम पर लेक्चर देते थे। जनतांत्रिक दल के प्रचारक लूला से भी प्रमथनाथ का परिचय हुआ। यह सारे भारतीय वहाँ इसलिए जमा हुए थे, कि ईरानियों को अंग्रेजों के विरुद्ध उभाड़ें और मौका पाते ही भारत में स्वतन्त्रता का झण्डा गाड़ने के लिए पहुँच जाएँ। 1917 के

मध्य में अंग्रेज कूटनीतिज्ञ साइक्स वहाँ पहुँच गया। ईरान का वजीर-आज़म कवामुस्सल्तनत (पिता) अंग्रेजों का पक्षपाती था। उसने हिन्दुस्तानियों को पकड़वाना शुरू किया। सूफी अम्बाप्रसाद को डर लगा, कि अगर मुझे पकड़ के अंग्रेजों के हाथ में दे दिया गया तो वह बुरी मौत मारेंगे, इसलिए उन्होंने जहर खाकर आत्महत्या कर ली। दाऊद अली, मुहम्मद अली, खानखोजे भागकर कशकाई कबीले में शरणार्थी हुए। किसी ने कबीले के सरदार से इन लोगों का परिचय करा दिया था। यह लोग तंबू में रहते और नमाज पढ़ते। सरदार ने कह दिया था–ये अपढ़ लोग हैं। संदेह न हो, इसके लिए तुम अपने को पक्का मुसलमान दिखलाओ। साल-भर के करीब वह कशकाइयों के पास रहे। युद्ध के बाद अंग्रेजी सेना 1919 में हटी, तो दाऊद अली तेहरान पहुँच गये। वहाँ दारुत्फनून नामक संस्था में अंग्रेजी पढ़ाने लगे। अंग्रेजी, फ्रेंच, जर्मन, तुर्की, फारसी अच्छी तरह जानते थे। अब दाऊद अली से बदलकर वह अब्दुल रहमान हो गये थे।

1922 ई. में तार पाकर दाऊद अली मास्को पहुँचे। उस समय मास्को में भारतीय क्रांतिकारियों का अड्डा-सा जमा हुआ था। चट्टोपाध्याय, आचार्य अवनी मुकर्जी आदि कितने ही भारतीय क्रांतिकारी मौजूद थे। इनमें से कोई कम्युनिस्ट शिक्षा-दीक्षा से होकर नहीं निकला था, इसलिए सबकी मनोवृत्ति मध्यवर्ग की थी, और सभी अपने-अपने नेतृत्व के लिए आपस में लड़ते रहते थे। भारत से हिजरत करके आये कितने ही लोग यहाँ मिले। पुराने परिचित बर्कतुल्ला भी अब यहीं थे। दाऊद अली की इच्छा हिन्दुस्तान के पास रहने के लिए इंदोचीन जाने की थी, लेकिन दूसरे ईरान भेजना चाहते थे। इधर भारतीयों की भीतरी कलह को देखकर दाऊद अली को दुःख होने लगा था। इसी समय प्रसिद्ध इंदोलॉजिस्त डाक्टर ओलदेनबुर्ग से उनकी भेंट हुई। उन्होंने कहा–छोड़ो इस झगड़े को, चलो शिक्षा का काम करो। ओलदेनबुर्ग ने 1922 में उन्हें लेनिनग्राद बुला लिया और प्राच्य प्रतिष्ठान में फारसी और बंगला, पीछे उर्दू के भी पढ़ाने का काम दिया। दो साल तक उनका शरीर स्वस्थ रहा। अब वे 36 के करीब थे, इसी समय 1924 में गिर जाने से पैर में कड़ी चोट आई। डाक्टर ने बाँध दिया, जिसके कारण उनका दाहिना पैर हमेशा के लिए बेकार हो गया। सेनीटोरियम में रहने पर शायद कुछ फायदा हो, इसलिए 1927-1928 में वह कालासागर के तट पर गये। वहीं उनका लुबोव अलेक्सेन्द्रोवना से परिचय और प्रेम हुआ। दोनों की शादी हो गयी। जिस समय (अप्रेल 1946) उनसे मैं बात-चीत कर रहा था, उस समय उन्हें शिक्षक का काम करते हुए 23 बरस हो गए थे। 1941 में युद्ध आरम्भ हुआ। कितने ही और महत्त्वपूर्ण आदमियों की तरह प्रमथनाथ दत्त को हवाई जहाज से कजान भेज दिया गया, जहाँ वह छः मास रहे। फिर अगस्त 1943 में मध्यएसिया में फरगाना की उपत्यका में चले गये। वहाँ मलेरिया ने पकड़ा। अभी युद्ध समाप्त नहीं हुआ था, तभी नवम्बर 1943 में वह मास्को प्राच्य विद्या प्रतिष्ठान में पढ़ाने चले आये, और तब से यहीं रह रहे हैं।

8
पहिले तीन मास

जून, जुलाई, अगस्त रूस के गर्मी और बरसात के दिन हैं। इसे गरमी तो शिष्टाचार ही के लिए कह सकते हैं, क्योंकि जहाँ तक लेनिनग्राद का सम्बन्ध है, इस समय कोई ही हफ्ता ऐसा होता, जिसमें अहोरात्र में किसी न किसी समय तापमान हिमबिन्दु से नीचे न जाता हो। तो भी इस वक्त हरियाली देखने में आती है। मास्को में तो पसीने की भी नौबत आई थी, किन्तु लेनिनग्राद में वर्षा होते समय, हवा तेज होने पर सर्दी बढ़ जाती। हमारे पिछवाड़े जर्मन हवाई आक्रमण के कारण गिर गए मकानों की जगह कई एकड़ खाली जमीन निकल आई थी, जिसको, जैसा कि मैंने पहिले कहा, लोगों ने क्यारी-क्यारी में बाँट लिया था। जुलाई के अन्तिम सप्ताह में वहाँ खूब हरियाली दिखाई पड़ती थी, आलू बढ़ गया था। सलाद और प्याज को खाया जाने लगा था। हमारी दिनचर्या अगस्त के अन्त तक अधिकतर घर में रहकर पुस्तकों को पढ़ना, कभी-कभी सिनेमा या नाटक देखने जाना। युनिवर्सिटी के प्राच्य पुस्तकालय से काम की पुस्तकें यथेच्छ मिल जाती थीं। यहाँ आते ही यह निश्चय हो गया था, कि सोवियत-मध्यएसिया के बारे में एक ऐसा ग्रन्थ लिखें, जिससे उसके अतीत और वर्तमान का अच्छी तरह परिज्ञान हो सके। वर्तमान के लिए बहुत दिक्कत नहीं थी, क्योंकि उसके सम्बन्ध की सामग्री सुलभ थी। भारत लौटने पर पहिले (1947) के अन्त में ही मैंने सोवियत-मध्यएसिया के नाम से उसे लिख भी डाला, किन्तु मध्यएसिया का इतिहास उतना आसान नहीं था। जब मैं उनके बारे में पुस्तकें पढ़ने लगा, तो मालूम हुआ कि यूरोप की समुन्नत भाषाओं—इंगलिश, फ्रेंच, जर्मन और रूसी में भी कोई सुसम्बद्ध इतिहास नहीं लिखा गया है।

डाक्टर बरान्निकोफ संस्कृत और भारतीय भाषाओं के ही पंडित नहीं हैं, बल्कि रोमनी (सिगान) भाषा का भी उन्होंने विशेषतौर से अध्ययन किया है। मैंने उनकी पुस्तकें देखीं तथा रोमनियों के उद्गम के बारे में उनसे बातचीत की। इसमें तो सन्देह नहीं, कि रोम वस्तुतः हमारे डोम शब्द का ही परिवर्तित रूप है। यह घुमन्तू डोम किसी समय भारत से पश्चिम की ओर चले गए। लोली के नाम से प्रसिद्ध यह लोग ईरान और मध्यएसिया में मिलते हैं, किन्तु यूरोप में उन्होंने अब तक अपने पृथक् अस्तित्व को कायम रखा है। इनकी भाषा में भोजपुरी, बुन्देलखण्डी, ब्रज और अवधी की विशेषताएँ मिलती हैं। मेरा ख्याल था कि अधिकांश रोम (डोम) लोगों का सम्बन्ध मुस्लिम सन् की सातवीं या आठवीं शताब्दियों (ईसा की तेरहवीं चौहदवीं सदी) में भारत से विच्छिन्न हुआ। घुमन्तू होने से उनकी विचरण-भूमि बहुत विस्तृत थी। वर्तमान काल में भारत में इतने निर्बन्ध होने के बाद भी हम पेशावर से रंगून और हरद्वार से मद्रास तक इन्हें अपनी सिरकी लिए हुए धूमते देखते हैं। जब राजनीतिक निर्बन्ध उतना नहीं था, उस समय तो यह भारत से मध्यएसिया, ईरान तक का चक्कर काटते रहते होंगे। किसी समय राजनीतिक उथल-पुथल के कारण उनका भारत लौटने का रास्ता

कट गया, जिसके कारण वह भारत से फिर सम्बन्ध जोड़ नहीं सके और पश्चिम से और पश्चिम की ओर बढ़ते चले गए। बन्दर, भालू नचाना, हाथ देखना आदि के साथ पश्चिम में जाकर उन्होंने घोड़ा पालने-बेचने का भी पेशा स्वीकार कर लिया। पश्चिम में वह भैंसों, गदहों या टट्टुओं पर घर लादे फिरने की जगह गाड़ियों का इस्तेमाल करने लगे।

स्वाध्याय और घरू काम के सँभालने में विरोध है, इसका 24 जुलाई (1945) को पता लगा। बिजली की केतली में पानी गरम करने के लिए रखकर मैं लिखने-पढ़ने के लिए चला गया। दो घंटे बाद होश आया, तो देखा पानी सारा सूख गया है, बर्तन का राँगा गल गया है, और तार भी जलने लगा है। केतली चौपट हुई, 300 सौ रूबल का चपत लगा !

लेनिनग्राद दो शताब्दियों तक रूस की राजधानी रहा—उस वक्त उसका नाम पितरबुर्ग था। इसलिए वहाँ राजधानी के अनुरूप बहुत-सी संस्थाएँ कायम हुईं, जिन्हें मास्को के राजधानी बनने के बाद भी हटाया नहीं जा सका। लेकिन इधर कुछ संस्थाएँ तो लड़ाई के कारण इतनी उजड़ गईं, कि उनके फिर से जमने में देर लगेगी। 29 जुलाई को हम प्राणिउद्यान (जूसद) देखने गए। किसी समय यहाँ पर हर तरह के जानवर रहे होंगे, लेकिन अब दो-तीन भालू, दो बानर, लोमड़ियाँ, उल्लू, बाज, गिद्ध,, खरगोश, नील गाय आदि रह गए हैं। जूसद के बहुत-से मकान बम-वर्षा में नष्ट हो गए, लेकिन तब भी लड़कों की भीड़ इतवार को जमा हो जाया करती है। वहाँ से हम पार्क-कुल्तूर (संस्कृति-उद्यान) में गए। भीतर प्रवेश के लिए दो रूबल देना पड़ता है। यह बहुत विशाल उपवन है, जिसमें देवदार और दूसरे वृक्षों की हरियाली है। घास से मखमली फर्श के साथ-साथ टेढ़ी-मेढ़ी जलधाराओं में नौका-विहार का आनन्द मिलता है। उद्यान में जहाँ-तहाँ सिनेमा, नाट्यगृह, नृत्य-अखाड़े मौजूद हैं। एक जगह बहुत-से नर-नारी नाच रहे थे। उद्यान का बैंड बज रहा था। नदी में नौका पर चार कुमारियाँ जोर से दौड़ लगा रही थीं। एक बड़ी नदी भी उद्यान के किनारे से जाती है, जिसके बालुकामय पुलिन पर तो लोगों का खासा मेला लगा हुआ था—तरुण-तरुणी, बच्चे-बूढ़े स्नान कर रहे थे। जुलाई के मध्याह्न में पानी अब इतना सर्द नहीं रह गया था। मैं भी उतरा और चाहा कि नदी पार कर जाऊँ, लोला को डर लगा कि मैं कहीं बीच में ही न रह जाऊँ, तो भी आधी से अधिक नदी मैं तैर गया था, जहाँ से लौटने का मतलब था पूरी नदी पार कर जाना। खाने-पीने की चीजें जगह-जगह मिल रही थीं। यदि आप राशन-टिकट दे सकें तो दो रुपये का माल आने-डेढ़ आने में मिलता, नहीं तो बिना राशन के भाव लेना पड़ता। एक गुल्ला आइसक्रीम का दाम 6 रूबल (प्रायः पौने चार रुपया) था। बिना राशन चीजें बहुत महँगी थीं। मशहूर नौ पीतर-पाल दुर्ग सामने दिखाई पड़ रहा था, यहाँ के सैनिकों का वोल्शेविक क्रांति में बहुत हाथ था। लौटते वक्त हम उद्यान के बाहर किन्तु पास में ही अवस्थित बौद्ध मन्दिर होते गए। यह पत्थर की बहुत मजबूत और सुन्दर इमारत तिब्बती मन्दिरों के ढंग की बनी हुई है। अब कोई यहाँ पुजारी नहीं रह गया था, इसलिए मूल्यवान् मूर्तियाँ और चित्रपट किसी संग्रहालय में रख दिये गए हैं। मन्दिर की कोठरियों का इस्तेमाल यदि ध्वस्त नगर के नागरिक अपने रहने के लिए करते हैं, तो कोई बुरी बात नहीं। मेरे सामने ही मंगोलीय जन प्रजातंत्र के प्रधानमन्त्री छोय-बल्सान् कुछ और मन्त्रियों के साथ मास्को होते लेनिनग्राद भी आए थे और मन्दिर को देखने गए थे। यह तो केवल पूँजीवादी देशों का प्रोपेगंडा है कि कम्युनिस्टों ने धर्म को अपने यहाँ से उठा दिया। रूस में रविवार को गिरजे और धर्म-स्थान जितने भरे रहते हैं, उनके चतुर्थांश भी भगत पश्चिमी यूरोप के गिरजों में नहीं देखे जाते। वस्तुतः संस्कृति, साहित्य और कला के क्षेत्र में किसी धर्म ने देश की जितनी सेवा की है, उसकी जड़ भी उस देश में उतनी ही मजबूत होती है। इसी कारण मंगोल लोग बौद्ध धर्म को वैसे ही अपना राष्ट्रीय धर्म समझते हैं, जैसे रूसी लोग ग्रीक चर्च को। मंगोल प्रधानमन्त्री ने इस मन्दिर को देखकर इच्छा प्रकट की थी कि फिर यहाँ कुछ भिक्षु रखकर इसे आबाद किया जाए।

30 जुलाई को बूँदा-बाँदी होने लगी, जिसके कारण सर्दी भी बढ़ गई। लोग कह रहे थे, अब शरद (पतझड़) शुरू हो गया, अब बराबर इसी तरह वर्षा-बूँदी और सर्दी रहेगी, और सूर्य के दर्शन कभी-कभी हुआ करेंगे। सितम्बर में वर्षा बन्द होती है, किन्तु साथ ही सर्दी बढ़ जाती है। लेनिनग्राद शहर में गैस लगाने की योजना

काम में लाई जा रही थी। पास के इलाके के पीत कोयले से बनाई गैस लाकर शहर में लगा देने पर ईंधन की बहुत बचत होती, इसलिए गैस-योजना बनी थी। एक मध्यम-वर्गीय महिला कह रही थी–यह योजना दस वर्ष में पूरी होगी। लेकिन अपने रहते-रहते ही मैंने कई मुहल्लों में म्युनिस्पैल्टी की ओर से गैस के चूल्हे भी लगे देख लिये। म्युनिस्पैल्टी को केवल गैस का पाइप ही नहीं, बल्कि हरेक घर में चूल्हा भी लगा देना था, जिसके लिए थोड़ा-सा किराया जरूर देना पड़ता। लेकिन 30 लाख की आबादी के शहर के लिए यह कितना बड़ा काम था, इसे कहने की आवश्यकता नहीं। बाहर के बहुत-से लोग समझते हैं, कि सोवियत के नागरिक तों अब होटल में खाना खाते हैं, उनके घरों में अब चूल्हे की आवश्यकता नहीं है। इसमें शक नहीं कि हर मुहल्ले में सामूहिक रसोईखाने भी हैं, लेकिन उनका उपयोग लोग समय-कुसमय पर करते हैं। मैं 25 महीने लेनिनग्राद में रहा; लेकिन मैंने अपने मुहल्ले के सामूहिक रसोईघर का मुँह केवल बाहर सड़क से ही देखा।

जितना समय बीतता गया, उतना ही मुझे भारत के समाचार जानने की उत्सुकता भी बढ़ती गई। चिट्ठियाँ संक्षिप्त होतीं, और वह भी बहुत दिनों बाद मिलतीं। हमारे कमरे में रेडियो लगा हुआ था, लेकिन वह स्थानीय रेडियो था। सोवियत के प्रायः छोटे-छोटे नगरों में भी बड़े रेडियो स्टेशनों के प्रोग्राम को सुनकर टेलीफोन की तरह से पुनः प्रसारित किया जाता है। इनके यंत्र दो-चार रुपये में मिल जाते हैं। ऐसे यंत्रों से शायद ही कोई घर खाली मिलेगा। किराया भी कम लगता है और अहोरात्र में बीस-इक्कीस घंटे वह बोलता रहता है। जापान में पाँच मिनट अंग्रेजी के लिए भी देते थे, किन्तु यहाँ वह भी नहीं था। संगीत की भरमार यद्यपि सोवियत के फिल्मों और नाटकों में नहीं होती, किन्तु इस रेडियो में उनके लिए काफी समय दिया जाता था। क्लासिकल (उस्तादी) संगीत सारी दुनिया में जान पड़ता है, एक ही साँचे में ढाला गया है। जैसे भारत के उस्तादों के संगीत को सुनने के लिए बड़े धैर्य की आवश्यकता होती है, वही बात यहाँ के बारे में भी है। गला फाड़ना ही उच्च संगीत है, यह मानने के लिए मैं तैयार नहीं हूँ। संस्कृत में कहते हैं "गद्यं कवीनां निकषं वदन्ति", उसी तरह पश्चिम के लोग ओपेरा अर्थात् पद्यमय नाटक को नाट्यकला की चरम सीमा बतलाते हैं। लेकिन उस्तादी संगीत की तरह ही ओपेरा को सुनते वक्त भी मेरा कान पकने लगता था। परम्परा किस तरह आदमी को बेवकूफ बनाती है, यह दोनों उदाहरण उसी के प्रमाण थे। पुरुषों को संगीत-विद्या में हाथ नहीं लगाना चाहिए, यह तो मैं नहीं कहता लेकिन यह जरूर कहूँगा, कि पुरुष संगीत के शिक्षक और संगीत-शास्त्री ही हो सकते हैं। उनके पास मधुर स्वर पैदा करनेवाला कंठ नहीं है। अधिकांश पुरुष गायक वस्तुतः स्त्रियों के क्षेत्र में अनधिकार चेष्टा करते हैं। लेकिन उस्तादी संगीत में स्त्रियाँ भी पुरुषों का कम कान नहीं काटतीं, विशेषकर जब वह बेसुरा क्रन्दन शुरू करतीं, अथवा कोयल या किसी दूसरे पक्षी के स्वर को अपने कंठ से निकालना चाहती हैं। मैं जबरदस्ती कभी-कभी स्थानीय प्रोग्राम सुनने के लिए मजबूर होता था, क्योंकि घर में गुणग्राहक मौजूद थे। उस समय इस तरह के ख्याल मेरे दिमाग में दौड़ा करते थे। मेरी सबसे ज्यादा बेकरारी थी भारत का समाचार जानने की। धीरे-धीरे मुझे निश्चय करना पड़ा कि विदेशी समाचारों को सुनानेवाला एक रेडियो लेना जरूरी है। अभी यह यंत्र कम ही तैयार किए जाते थे, इसलिए उनका दाम बहुत ज्यादा था। मेरे साथी बतला रहे थे, कुछ महीने और ठहर जाने पर वह सस्ते मिलने लगेंगे।

5 अगस्त को रविवार होने से छुट्टी का दिन था। मेरे लिए तो पहिली सितम्बर को ही काम का दिन शुरू होनेवाला था। आज धूप थी। शाम को थोड़ी-थोड़ी बूँदा-बाँदी भी हुई। लोला की पद्रुगा (सखी) सोफी वासिलियेवूना (वासिलीयेफ-पुत्री सोफी) हमारे ही मुहल्ले में पास ही रहती थी। वह जारशाही जमाने के एक जेकर जनरल की पुत्री, अतएव संस्कृत मध्यमवर्ग की संतान थी। उनके कई विवाह हो चुके थे, जिनमें सबसे पिछला लड़ाई के दिनों में एक शोफर से हुआ था। लेकिन शोफर (मोटर ड्राइवर) का यह मतलब नहीं, कि वह हमारे यहाँ के ड्राइवर जैसा था। वह साथ ही मोटर-इंजीनियर भी था, और बहुत सुसंस्कृत भी। शायद उसके माता-पिता रूस में बसे हुए जर्मन थे। सोफी को आजकल अपनी कमाई पर भरोसा करना पड़ता था, जिसके लिए वह एक कारखाने में काम करने जातीं, और चार सौ रूबल मासिक पातीं। उन्होंने तीन कमरे ले रखे थे, जिनके किराये में सौ रूबल चले जाते। तीन सौ रूबल में वह कैसे अपने दोनों लड़कों और अपना

खर्च चला लेती थीं, यह समझना कुछ मुश्किल जरूर था, किन्तु उनके पास तीन-तीन राशनकार्ड भी थे। सोफी का हमारे घर के साथ बड़ा घनिष्ट सम्बन्ध था, इसलिए किसी भी उत्सव या पर्वदिन में परस्पर बुलौआ जरूर होता। कभी-कभी जब पर्व के उपलक्ष में शराब का दौर चलता, तो मुझे बड़ी कठिनाई होती, लेकिन पीछे लोगों ने जान लिया था, कि शराब न पीने का मैं कड़ा नियम रखता हूँ। उनको इसका अर्थ नहीं मालूम होता था, क्योंकि उनके देश में शराब को पानी से अधिक महत्त्व नहीं दिया जाता, हाँ, दाम के महँगे होने की शिकायत जरूर की जाती थी। मैं किसी को शराब पीते देखकर घृणा नहीं करता, किन्तु जीवन में एक चीज को जब कभी नहीं छुआ, तो उस रिकार्ड को कायम रखने का लोभ जरूर रहता है।

6 अगस्त को हम यहाँ का एक रीनक (हाट) देखने गये। लकड़ी के बने हुए छोटे-छोटे स्टालों की यह हटिया हमारे यहाँ की हटिया का कुछ विकसित रूप थी। फरक इतना ही था, कि यहाँ पर पेशेवर दूकानदार नहीं थे, आसपास के गाँवों के लोग अपने घरों में पैदा की हुई चीजें–साग-सब्जी, फल, अंडे आदि लाते, उसी तरह जिसको अपनी कोई अधिक प्रिय चीज लेने की इच्छा होती, वह भी आता। राशनकार्ड की यहाँ माँग नहीं थी, इसलिए हरेक चीज दस-गुने दाम पर मिलती थी। कोई अपना मक्खन इसलिए बेचता था कि उसकी जगह सिगरेट ले, कोई सिगरेट भी किसी दूसरी चीज के लिए बेचना चाहता था–सीधा अदला-बदला नहीं होता था। जूते भी मिल रहे थे, कोट और कपड़े भी। मैं तो इस ख्याल से गया था, कि अगर कोई पुराना रेडियो मिल जाता, तो ले आता, लेकिन वहाँ उसका कोई पता नहीं था। लोला की एक रिश्तेदार महिला के यहाँ रेडियो था, लेकिन वह दीर्घ तरंग का था, जिस पर भारत या इंगलैंड को सुना नहीं जा सकता था।

सात अगस्त को खाते वक्त बड़ा आनन्द आया, जबकि अपने हाथ के उगाये आलू को सूप में पड़े देखा। अभी वह दो-तीन तोले के थे; मालूम हुआ कि यहाँ की भूमि आलू के लिए बहुत अनुकूल है।

9 अगस्त को जापान के विरुद्ध सोवियत का युद्ध आरम्भ हो गया था, अब रूसी खबरें भी मैं समझने लगा था, लेकिन भारत की एक भी खबर न सोवियत के रेडियो पर सुनने पाता, न यहाँ के अखबारों में ही।

13 अगस्त को सोमवार का दिन था। आज विश्राम-दिन का टिकट मिला था। संस्कृत-उद्यान तथा दूसरे विश्राम-स्थानों के लिए ऐसे टिकट सभी कार्यालयों में मिला करते हैं। युनिवर्सिटी, कॉलेज, दूकान, कारखाने, ऑफिस सभी जगह काम करनेवाले इससे फायदा उठाते हैं। टिकट का दाम 30 रूबल (प्रायः 20 रु.) था, जिसमें 9 रूबल ही अपने देना पड़ता, बाकी मजदूरसंघ देता। यह कहने की आवश्यकता नहीं, कि प्रोफेसर हो या चपरासी, दुकान पर बैठनेवाला हो या कारखाने का मैनेजर, सभी दिमागी या शारीरिक काम करनेवाले, स्त्री-पुरुष मजदूर-संघ के सदस्य होते हैं, और उनके वेतन से संघ का शुल्क कटता जाता है। संघ इस पैसे से अपने सदस्यों के मनोविनोद, स्वास्थ्य, बेकारी आदि के लिए प्रबन्ध करता है। यह एक दिन की छुट्टी का प्रबन्ध हमारे मजदूरसंघ की ओर से था। हम उसे बिताने के लिए किरोफ-पार्क-कुल्तूर में गये, जिसके बारे में हम पहिले भी कह चुके हैं। नाट्यशाला की आज छुट्टी थी, नहीं तो उसका भी टिकट हमारे टिकट में शामिल था। सिनेमा देर से शुरू होनेवाला था, और उद्यान से हमारा मकान डेढ़ घंटे के त्रामवाय के रास्ते पर था, इसलिए दोनों का ख्याल छोड़ना पड़ा। 9 बजे सबेरे ही हम रवाना हुए और साढ़े दस बजे उद्यान में पहुँचे। विश्राम लेनेवालों के लिए एक अगला कार्यालय है, जिसे 'बाजा अद्ना दिनेवूनी अत्दिखा' (एक दिन विश्राम-केन्द्र) कहते हैं। कार्यालय में टिकट का आधा लेकर हमारा नाम लिख लिया गया। कितने ही और स्त्री-पुरुष आए थे, जिनमें स्त्रियों की संख्या अधिक थी। आज इतवार नहीं था, इसलिए पहिले जितनी भीड़ नहीं दिखाई पड़ी। नीचे-ऊपर दुमंजिले मकान में आठ कमरे थे, जिनमें नाचने, गाने, पढ़ने, अंटा खेलने के घरों में मनोविनोद का प्रबन्ध था। लेकिन विश्राम लेनेवाले आदमी घरों में बैठने के लिए यहाँ नहीं आते, वह प्रकृति की सुन्दर गोद का आनन्द लेना चाहते हैं। 11 बजे नाश्ता तैयार हुआ। रोटी अपने राशन-टिकट से लेनी पड़ी, नहीं तो बाकी चीजें विश्राम-टिकट में सम्मिलित थीं। खाने की चीजों में लप्सा भी था, जिसका नाम हमारी लप्सी से मिलता-जुलता है, किन्तु थी वह नमकीन सेवैयाँ। मछली, और साथ में मीठी चाय का एक गिलास–बस यही प्रातराश था। रूसी लोग मीठी चाय, सो भी प्याले में नहीं शीशे के गिलास में पीते हैं। उसमें दूध डालना बेकार

समझते हैं; हाँ, यदि मिल सके तो कागजी नींबू का रुपए बराबर का टुकड़ा डालना बहुत पसन्द करते हैं : मध्याह्न भोजन 1 बजे के करीब हुआ। इसमें लोबिया और किसी साग का सूप (रसा) पहिले आया। इसके बाद टिन का मांस, उबली हुई बड़ी लोबिया के साथ, और अन्त में कम्पोत परोसा गया, जिसमें पतले मीठे शरबत में पड़ी हुई खूबानी थी। चीजें बहुत स्वादिष्ट नहीं थीं, किन्तु पुष्टिकारक अवश्य थीं। शाम के भोजन में रेजका (मूली के पतले टुकड़े), चावल भरी कचौड़ी (पेर्‌गस्रीसम) और मीठी चाय का गिलास था। यह शाम का भोजन नहीं, बल्कि शाम की चाय थी।

"सर्वे सत्वा आहारस्थिति का:" इस बुद्ध-वचन के अनुसार प्राणी-मात्र की सबसे जबर्दस्त और अनिवार्य आवश्यकता है आहार, जिसके बारे में पहिले कहना आवश्यक था। लेकिन 10-11 घंटे जो हमने उद्यान में बिताये वह केवल खाने-पीने में ही नहीं बीते। प्रातराश के बाद हम स्नान के लिए नदी-तट पर गए। वहाँ एक अच्छा-खासा मेला लगा हुआ था, जिसमें स्त्रियों की संख्या अधिक होना हमारे देश के लिए कोई नई बात नहीं थी। स्कूलों के छोटे लड़के-लड़कियाँ भी अपनी अध्यापिकाओं के साथ काफी संख्या में आए थे। पुरुष जाँघिया या स्नान-परिधान पहिने स्नान कर रहे थे, स्त्रियाँ स्नानपरिधान, स्तनबन्ध और जाँघिया में ज्यादा थीं। छोटे लड़के-लड़कियाँ नंगे नहा रहे थे। नहाना, तैराना, फिर बालू में आकर लेटे-लेटे धूप लेना, उसके बाद फिर नहाना और तैरना। दो बार मैं भी आधी नदी तक तैरने गया। धूप लेना यहाँ के लोग बहुत पसन्द करते हैं, और हफ्तों धूप लेते-लेते जब इनका रंग कुछ-कुछ ताम्रवर्ण हो जाता है, तो इसे बहुत पसन्द करते हैं, स्वस्थ शरीर का चिन्ह मानते हैं। स्त्री-पुरुषों के मिलने-जुलने में कोई भेदभाव न होने के कारण अर्धनग्न-सौन्दर्य की ओर भी लोग बिल्कुल साधारण-सी दृष्टि डालते हैं। नहा-धोकर घूमते-घामते 1 बजे हम फिर भोजनालय लौट आए। 2 बजे मध्याह्न भोजन हुआ। वहाँ कपड़ेवाली आरामकुर्सियाँ मिल गयीं, जिनको लेकर हम नदी के तट पर वृक्षों के नीचे जा बैठे। हमारे पैरों के नीचे भी हरी-हरी घास थी। कितने ही लोग यहाँ के पुस्तकालय से कोई उपन्यास या दूसरी पुस्तक भी लाकर पढ़ रहे थे। कुछ लोग कुर्सी पर पड़े-पड़े सो रहे थे, और कुछ नहर के नौका-विहार को देख रहे थे। नौका-विहार को देखकर मुझे कश्मीर याद आ रहा था। जारशाही जमाने में यह उद्यान राजप्रासाद से सम्बद्ध था, और राजवंशियों तथा उनके अनुचरों के सिवाय कोई दूसरा भीतर आने नहीं पाता था। लेकिन आज मजदूर अपने पैरों से इसे रौंद रहे थे। महल अब भी मौजूद है, जिसमें युद्ध के समय ग्राम-अर्थशास्त्रियों का स्कूल खुला था। थोड़ी देर हम भी चीनी अंटा खेल खेलते रहे, फिर गाना सुना, फिर टहलते रहे। लेनिनग्राद महानगर है, वहाँ हित-मित्र सगे-सम्बन्धी एक दूसरे से दूर रहते हैं, जिससे मिलना-जुलना आसान काम नहीं है। यहाँ कभी-कभी उनसे मुलाकात हो जाती है। लोला की सखी बलन्तिना अपनी माँ के साथ आई हुई थी। वह किसी पुस्तकालय में काम करती थी। लोला के कथनानुसार वह बड़ी अच्छी गायिका है। सुन्दरी भी थी। मैंने कहा—फिर नाट्यमंच पर क्यों नहीं गई ? वहाँ हमें गाना सुनने का मौका नहीं था।

ट्राम के अड्डे पर आए। भीड़ इतनी थी, कि आध घंटे तक ट्रामों में जगह ही नहीं मिल सकी। फिर किसी तरह चढ़कर साढ़े नौ बजे घर पहुँचे। लेकिन अगस्त के साढ़े नौ बजे क्या, साढ़े ग्यारह बजे तक गोधूली ही रहती है।

बाहर ही मनोरंजन और मनोविनोद की चीजें नहीं मिलती थीं, बल्कि घर के भीतर भी उसका काफी सामान एकत्रित था। लोला का अपने इकलौते पुत्र पर असाधारण प्रेम होना स्वाभाविक था, जिस पुत्र को उसने लेनिनग्राद के हजार दिनों के घिरावे में अपने प्राण देकर पाला था। जब राशन छटाँक-डेढ़ छटाँक रह गया था, तब वह अपना खाना उसे दे देती और स्वयं भूखी रह जाती। एक बार वह, इतनी निर्बल हो गई, कि खड़ी होते समय गिर पड़ी और सिर फूटने से उसके सूखे शरीर में से बहुत-सा खून निकला। तो भी कितनी ही बार मुझे उसके प्रेम में अन्धापन ज्यादा मालूम होता था। लड़का जानता था कि उसकी माँ किसी बात से इन्कार नहीं कर सकती, इसलिए जिद्द करना उसका स्वभाव हो गया था। सुबह उठते ही लोला अपने ईगर को बुलाती—"कपड़ा पहिन, ईगरुश्का, मोई किशिन्का" (कपड़ा पहिन ईगुरवा, मेरे ललुवा)। चाहे दो घंटा भी दिन चढ़ गया हो, लेकिन ईगर पड़ा सोता रहता। फिर थोड़ी देर में माँ का ध्यान उधर जाता, तो चिल्लाकर

उसी बात को दुहराती। ईगर को उसकी परवाह नहीं थी। वह अपने मन की करना जानता था। यद्यपि बालोद्यान में जाते ही अच्छा प्रातराश मिलता, फिर भोजन आदि का भी प्रबन्ध था। लेकिन लोला अपने किशिन्का को बिना कुछ खिलाये कैसे जाने देती ? एक गिलास दूध पीने में किशिन्का 15 मिनट लगा देता। बात न मानने पर बीच-बीच में लोला का चीखना-चिल्लाना जारी रहता। इस साल पहिली सितम्बर को ईगर स्कूल में जाने लायक हो गया था, क्योंकि उसके सात वर्ष में केवल चार दिन ही बाकी रहते थे, लेकिन लोला नहीं चाहती थी कि स्कूल में जाकर मजदूरों के लड़कों के साथ वह बिगड़ जाय। आखिर बालोद्यान में भी तो अधिकांश मजदूरों के ही लड़के-लड़कियाँ थे। लेकिन वहाँ बुद्धिवाद से क्या प्रयोजन था ! कह रही थीं–एक बजे स्कूल से छुट्टी हो जाएगी, हम घर पर नहीं रहेंगे, फिर सारे मुहल्ले के गुंडे लड़कों में पड़कर गुंडा बन जाएगा। इसलिए सात वर्ष में चार दिन कम होने का बहाना लेकर उसे साल-भर और स्कूल नहीं भेजा।

17 अगस्त को हम 'घिरे लेनिनग्राद की वीरता' नामक संग्रहालय देखने गये। यह नया संग्रहालय रीनेचना सड़क पर एक बड़े मकान में था। यह मुहल्ला पहिले रूसी अमीरों का था। इस संग्रहालय में 1941-1944 तक के घेरावे का प्रदर्शन था। युद्ध से पहिले सोवियत के सारे औद्योगिक उत्पादन का 10.5 प्रतिशत लेनिनग्राद में पैदा होता था, इससे राजधानी न रहने पर भी लेनिनग्राद का महत्व मालूम होगा। इसी मुहल्ले में पुश्किन, चेकोव्स्की जैसे कलाकार रहे थे। वहाँ रखी हुई चीजों में एक जगह एक छोटी लड़की के पैन्सिल से लिखी डायरी के कुछ पन्ने रखे हुए थे। एक दिन लिखा था–पिता मर गये, ··· माता··· फिर पन्ना खाली। लिखनेवाला अब निर्जीव था !

18 अगस्त को कई दिनों की धूप के बाद सबेरे थोड़ी-सी वर्षा हुई। खटमलों और पिस्सुओं के मारे हम पहिले से ही परेशान थे, अब मच्छरों (कमारोफ) ने भी धावा बोल दिया। हमारा मुहल्ला शहर के एक छोर पर होने के कारण उस पर सबसे पीछे प्रबन्धकों की नजर पहुँचती, इसीलिए लड़ाई के दिनों में पैदा हो गये खटमल और पिस्सु अब भी यहाँ से नहीं हटाये गए थे। हम चाहते थे, अगर कहीं युनिवर्सिटी के नजदीक मकान मिलता, तो अच्छा, लेकिन मकानों की इफरात तो नहीं थी। प्रोफेसर होने के कारण हमें चार-पाँच कमरे मिलने चाहिए थे, लेकिन हमें वहाँ दो कमरे भी मिल जाते, तो हम उससे संतुष्ट थे। युनिवर्सिटी के रेक्तर (चांसलर) ने मकानों के प्रबन्धक को खासतौर से चिट्ठी दी, लेकिन मकान की समस्या तो तभी हल होनेवाली थी, जबकि मकान बनाने की योजना पूरी हो। उस दिन 6 रूबल (चार रुपया) किलो (सवा सेर) खीरे बिना राशन-कार्ड के मिल रहे थे। लोला दस किलो खीरे खरीद लाई। कहा सलाद बनेगा, अचार बनेगा। खीरे के अचार का रूस में बड़ा शौक है। पानी में खीरे को नमक डालकर रख देते हैं, और पन्द्रह-बीस दिनों के बाद उसमें कुछ खट्टापन आ जाता है, अचार तैयार हो गया।

20 अगस्त को मेरा एक दाँत दर्द करने लगा, 21 को वह पीड़ा और बढ़ती गई। सोवियत शासन ने जो बड़े-बड़े काम किए हैं, उनमें मुफत चिकित्सा का प्रबन्ध भी एक है। हमारा ही उदाहरण लीजिए। हम अपने मुहल्ले के चिकित्सा-केन्द्र से मुफत चिकित्सा करा सकते थे, डाक्टरों को कुछ नहीं देना पड़ता था। हाँ, यदि बीमार रहने पर भी अस्पताल नहीं जाना चाहते तो दवाई का दाम देना पड़ता। तिरयोकी में युनिवर्सिटी का सैनीटोरियम था, वहाँ पर भी मुफत चिकित्सा का प्रबन्ध था। इन दो जगहों के अतिरिक्त युनिवर्सिटी के भीतर एक बहुत भारी चिकित्सालय था, जिसमें दर्जनों डाक्टर काम करते थे। मैं दाँत की पीड़ा से मजबूर हो युनिवर्सिटी के डाक्टर के पास गया। डाक्टर, एक महिला थी। उन्होंने देखकर बतलाया कि दाँत में छेद हो गया है, स्नायु सड़ गई है। दाँत को उन्होंने छील दिया, घाव को साफ कर दिया। बिजली से चलनेवाले दाँत-सम्बन्धी सभी आधुनिक यंत्र वहाँ पर मौजूद थे। मुझे दर्द इतना मालूम हो रहा था, कि चाहता था दाँत ही उखड़ जाए तो अच्छा। महिला डाक्टर ने कहा नहीं, आपके दाँत बहुत अच्छे हैं। बनावटी दाँत उतने अच्छे नहीं होंगे, और एक दाँत निकालने से दूसरे दाँत कमजोर पड़ने लगेंगे। फिर कहा–"मैं प्रोसलिन भरकर ठीक कर दूँगी, किन्तु पहले भीतर का घाव अच्छा हो जाना चाहिए।" उन्होंने दाँत को अच्छी तरह साफ करके अस्थायी तौर से प्रोसलिन भर दिया। 22 अगस्त को दिन-भर दाँत अच्छा रहा, किन्तु रात को फिर दर्द बढ़ना शुरू

हुआ। मैं बिलकुल नहीं सो सका। ख्याल आता था, कि हनुमानबाहुक की पुस्तक होती, तो मैं भी तुलसीदास के शब्दों में बाहुपीड़ की जगह दाँत-पीड़ बदलकर बजरंगबली की दुहाई देता। जान पड़ा, दाँत के भीतर अभी भी मवाद है। 23 अगस्त को 12 बजे फिर डाक्टर के पास गया। रास्ते-भर मार्मिक वेदना हो रही थी, दाँत के छिद्र को खोलने पर कुछ कम हुई। डाक्टर ने भीतर साफ करके दवा भर दी। मैंने कहा–छिद्र का मुँह न बन्द करें, क्योंकि उससे पीड़ा बढ़ जाती है। उस दिन शाम को बुखार भी आ गया। बीच-बीच में अब मुझे डाक्टर की सेवा में जाना जरूरी हो पड़ा। इधर कुछ पेट भी गड़बड़ हो गया था, दूसरे डाक्टर ने पेट की बीमारी के बारे में देखभाल की। खून का दबाव नार्मल मालूम हुआ।

पहली सितम्बर को युनिवर्सिटी खुली। मैंने पहले डाक्टर को दाँत दिखाया, तो उन्होंने उसको अस्थायी तौर से भरने से पहिले रोन्तेगिन (एक्सरे) फोटो और परीक्षा करने के लिए विशेषज्ञ के पास भेज दिया। इन्दुस (भारतीय) जानकर सभी की जिज्ञासाएँ बढ़ जाती थीं। एक्सरे-विशेषज्ञ ने दाँत का फोटो लिया और उसे डाक्टर के पास भेज देने का वादा किया।

जापान पर विजय–3 सितम्बर (सोमवार) को जापान-विजय के उपलक्ष्य में छुट्टी हुई। 2 सितम्बर को तोकियो के बन्दरगाह में अवस्थित अमेरिकन नौसैनिक जहाज मिसौरी पर मेकार्थर के सामने जापानी मैकादो के प्रतिनिधि विदेश-मंत्री और सेनापति ने अपनी हार पर हस्ताक्षर कर दिए। तोकियो रेदियो भी अमेरिकन हाथों में चला गया। मैंने तीन सितम्बर को अपनी डायरी में लिखा–इस समय दुनिया में अमेरिका का पलड़ा भारी है। सिर्फ सामग्री-सम्पन्नता के कारण ही नहीं, बल्कि सैनिक साइंस की शक्ति के कारण भी–अणु-बम का आविष्कार अमेरिका ने किया। अमेरिका पूँजीवादी जगत का प्रमुख अगुआ है। वह जर्मनी की भाँति जाति-सिद्धान्त को सामने नहीं ला सकता, मगर पूँजीवादी गुलामी को सारे संसार पर लादने के लिए वह वैसा ही प्रयत्न करेगा, जैसा जर्मनी ने कबीली सामन्तशाही को लादने के लिए (किया) ··· बात से काम न चलने पर सैनिक शक्ति का प्रयोग (भी करेगा)। दुनिया के सभी प्रतिगामी स्वार्थ का समर्थन पूँजीवादी दृष्टि से अमेरिका करेगा। यूनान में कर रहा है। बुल्गारिया में पासा खिलाफ पड़ने की आशंका से (उसने) पार्लियामेंट चुनाव रुकवा दिया। हालैण्ड और बेल्जियम में (उसके लिए) निष्कण्टक क्षेत्र है। फ्रान्स और इताली की जनता के रास्ते में अमेरिका भारी रुकावट साबित होगा, तो क्या तीसरा युद्ध आणवीय बमों और वामपक्षियों का होगा ?

5 सितम्बर को युनिवर्सिटी से लौटते वक्त मैं बालोद्यान में गया। पैदा होने से तीन बरस तक के लिए यह यसली (शिशु भवन) बने हुए हैं, चौथे से सातवें वर्ष के लिए अचाक (बालोद्यान) हैं। कमरों में बच्चों के लिए सोने के वास्ते चारपाइयाँ कतार से लगी हुई थीं, बिस्तरा साफ बिछा हुआ था। तीन वर्ष से सात ही वर्ष तक के बच्चे थे, किन्तु उनका पाखाना साफ था। हाथ-मुँह धोने के लिए छोटे-छोटे नल लगे हुए थे और कुत्ता, बिल्ली आदि पशुओं की तसवीरोंवाली उनकी टावलें अलग-अलग खूँटियों से लटक रही थीं। चीजों को रखने के लिए छोटी-छोटी आलमारियाँ भी उन्हें मिली थीं, जिन पर उनके जानवर की तस्वीर बनी हुई थी। कहानी सुनने, खेलने, खिलौने रखने के कमरे अलग-अलग थे। एक हाल भी था। घर से बाहर खेलने और मनोविनोद के लिए उद्यान था। मेरे आने से पहिले ईगर के लिए 70 रूबल मासिक देना पड़ता था, किंतु मेरे आने के बाद वह 140 हो गया। सभी लड़कों का खाना, रहना एक तरह का था, लेकिन फीस में इसका ध्यान रखा जाता था, कि कौन कितना बर्दाश्त कर सकता है। कम वेतनवाले माता-पिता को कम पैसा देना पड़ता, अधिक लड़के होने पर फीस माफ हो जाती थी। लड़के नौ बजे बालोद्यान जाते, और पाँच बजे घर लौट आते थे। इस बीच में खाने का सारा इंतिजाम बालोद्यान की ओर से होता था। बालोद्यान में लड़के-लड़कियाँ दोनों इकट्ठा रहतीं थीं। आयु के अनुसार उनके चार वर्ग थे। यहाँ पुस्तक की पढ़ाई नहीं होती थी, न अक्षर सिखाया जाता। उन्हें स्वावलम्बी बनाने की शिक्षा दी जाती। वह स्वयं अपना बिस्तरा ठीक करते। यद्यपि रसोई में मदद देना लड़कों का काम नहीं है, किन्तु बालोद्यान की वहनों (चाचियों) के साथ उनका इतना प्रेम हो जाता, कि वह बिना बुलाए भी सहायता करने के लिए चले जाते। ईगर खास तौर से अपनी चाची की रसोई में सहायता करने जाता था। बालोद्यान की चाचियों के साथ लड़कों का कितना मधुर सम्बन्ध हो जाता है, इसका

इसी से पता लगेगा, कि ईगर जब बालोद्यान से निकलकर स्कूल में भरती हो गया था, तब भी वह अपनी चाचियों से मिलने जाता था, और वहाँ खाने और चाय का समय होने पर खा-पीकर ही लौटता था। हम बहुत डाटकर कहते कि अगर खाना खाके आएगा तो फिर नहीं जाने देंगे; लेकिन वह कहाँ होनेवाला था। आकर कहता–क्या करूँ, चाची तान्या ने नहीं माना। बच्चों की शिक्षा और सेवा-सुश्रूषा पर सोवियत सरकार का सबसे अधिक ध्यान है, इसे कहने की आवश्यकता नहीं है। बालोद्यान का लक्ष्य क्या है, इसके बारे में एक सोवियत शिक्षाशास्त्री के निम्न वाक्य पठनीय हैं–"बालोद्यान तीन से सात वर्ष तक की चार श्रेणियों के बालक-बालिकाओं के लिए है। यहाँ बच्चे 10-12 घंटे रहते हैं। कुछ बालोद्यान में इतवार को छोड़कर बाकी हफ्ते-भर बच्चे रह सकते हैं। बालोद्यान स्थापित करने का उद्देश्य है बच्चों का अच्छी तरह लालन-पालन, और माँ को काम करने की छुट्टी। बालक की शारीरिक और मानसिक शक्तियों के विकास के लिए यहाँ खेल के मुख्य साधन रखे गए हैं। बालक अपने जीवन के चारों ओर की परिस्थितियों में सक्रिय भाग लेता है और इस प्रकार अपने शारीरिक विकास को बढ़ाता है। बच्चों से जो खेल खेलाए जाते हैं, जो सीधे-सादे मौखिक पाठ कराये जाते हैं, वह एक निश्चित व्यवस्था के अनुसार होते हैं, लेकिन उनमें सैद्धान्तिक शुष्कता का पता नहीं, जो कि फ्रेविल और मौन्तेसरी-प्रणाली में पाई जाती है। सोवियत शिक्षा-क्रम लड़के की भिन्न-भिन्न आयु की मनोवैज्ञानिक विशेषताओं को ध्यान में रखकर तैयार किया गया है। उसमें इस बात का ध्यान रखा जाता है–कि बच्चे की दिलचस्पी खेलने में जल्दी पैदा होती है, और वह हर एक चीज को साकार रूप में समझने की कोशिश करता है।''' खेलों के चुनने में लड़कों को स्वतन्त्रता रहती है। सोवियत बालोद्यान शिक्षा-प्रणाली से बच्चों में निम्न भावों को पैदा किया जाता है–स्वतन्त्रता-प्रेम, स्वास्थ्यकर आदत, परिश्रमशीलता, तथा चीजों को अच्छी तरह उपयोग में लाना, उनकी रक्षा करना, बड़ों के प्रति सम्मान, और सुन्दर वर्ताव। यह बालोद्यान के काम का मुख्य आधार है। हर 25 बालक पर एक शिक्षिका होती है, जो इससे कम पर भी हो सकती है। वह बालक की चाची है, जिसके प्रेम को बालोद्यान छोड़ने के बाद भी लड़के नहीं भूलते। सोवियत शिक्षा-प्रणाली ही नहीं, दूसरे भी इस तरह के आयोजनों में केवल प्रोपेगंडा की ओर ध्यान नहीं दिया जाता, ऐसा करने के लिए दस-बीस बालोद्यान और शिशु-भवन काफी होते, लेकिन ऐसे दिखावे में माताओं के लिए काम का समय नहीं मिल सकता था। लड़ाई को खतम हुए अभी एक महीना नहीं हुआ था कि 1 जून 1942 को 18 हजार बालोद्यान थे, जिनमें 20 लाख रूसी प्रजातन्त्र के बच्चे परवरिश पा रहे थे। 1945 में रूसी संघ प्रजातन्त्र के 14, 335 बालोद्यानों में 72,30,000 बच्चे रहते थे। इनके अतिरिक्त ग्रीष्मावासों में 20 लाख बच्चे अलग रखे गये थे।

मेरा ध्यान मध्य-एरिया की तरफ विशेष तौर से था। मैं समझता था, भारत की स्थिति वही है, जो कि वोल्शेविक क्रांति से पहिले मध्य-एसिया की थी। इसलिए वहाँ साम्यवादी तजुर्बे ने कितनी सफलता पाई, क्या परिवर्तन किए, इसको सावधानी से देखना बहुत लाभदायक होगा। मैं अब की बार मध्य-एसिया नहीं जा सका, तो भी पुस्तकों से मैंने जितना भी ज्ञान प्राप्त हो सकता था, उतना प्राप्त किया और मध्य-एसिया के विद्यार्थियों और दूसरों से भी मिलकर सूचना प्राप्त की। मुझे थोड़े ही अध्ययन के बाद पता लग गया कि उपन्यासकार सदरूद्दीन ऐनी के ग्रन्थ मेरे काम में बड़े सहायक होंगे। ऐनी का पुत्र कमाल हमारे ही विश्वविद्यालय में पढ़ता था, यद्यपि वह हमारे विभाग से सम्बन्ध नहीं रखता था। ऐनी के 'दाखुन्दा', 'गुलामन', 'अदीना', 'यतीम' और 'सूदखोर की मौत' का मैं हिन्दी में अनुवाद भी कर चुका हूँ। उनके दो बड़े उपन्यासों का अनुवाद तो वहीं उर्दू में कर डाला था। ऐनी अपनी भाषा का प्रथम उपन्यासकार है। ऐनी से पहिले ताजिक भाषा में कोई पुस्तक नहीं थी। ताजिक भाषा फारसी की एक बोली थी। लेकिन क्रांति ने उसे शिक्षा का माध्यम बनाकर साहित्यिक भाषा के रूप में परिणत कर दिया। किसी भाषा के पहिले मौलिक लेख के रास्ते में जो कठिनाइयाँ होती हैं और जिनके कारण जो दोष दिखाई पड़ते हैं, वह ऐनी में मिलते हैं। उसके दोष हैं, विशृंखलता, योजनाहीनता, पात्रों के अयोग्य संवाद। लेकिन गुण कहीं अधिक हैं। ऐनी दृश्यों का चित्रण बड़े ही सुन्दर और स्वाभाविक ढंग से करना जानता है। मनोवैज्ञानिक विश्लेषण करने में भी वह सिद्धहस्त है। वर्ग-प्रतिक्रिया का वर्णन करनेवाले तो वैसे लेखक बिरले ही मिलेंगे। ऐनी के अतिरिक्त गनी अब्दुला, जलाल इकरामी, लाहूती जैसे कितने ही

दूसरे ताजिक ग्रन्थकारों की पुस्तकों को भी मैं पढ़ता था। मुझे अफसोस इसी बात का था कि लेनिनग्राद के पुस्तकालयों में सभी पुस्तकें प्राप्त नहीं थीं। मैंने उनके लिए युनिवर्सिटी पुस्तकालय, प्राच्य-प्रतिष्ठान पुस्तकालय, लोक पुस्तकालय जैसे कई पुस्तकालयों की खाक छानी।

21 सितम्बर को लोला का भांजा सेरगी आया। लेनिनग्राद के घेरावे के दिनों में सेरगी के माता-पिता दोनों भूख से मर गए। वह जिस घर में रहा करते थे, उस पर बम गिर उसकी चारों छतों को बेधता नीचे तक चला गया। इस वक्त वह मकान खंडहर जैसा खड़ा था। सेरगी, जिसे रूसी प्रियालाव के अनुसार सिर्योजा बना दिया जाता है, फौज में रेडियो-आपरेटर का काम करता था। अब सेनाएँ विघटित हो रही थीं, इसीलिए वह वहाँ से छुट्टी पा गया था। वह बड़ा फक्कड़-सा नौजवान था। उसे न काम की चिन्ता थी, न खाने की। पैसा हाथ में आया, तो दो दिन में पी-पिलाकर खत्म कर दिया और फिर कभी मौसी के यहाँ, और कभी दूसरे मित्र के यहाँ। किसी काम पर स्थिर होकर रहना भी उसे पसन्द नहीं था। अगले साल उसने साइबेरिया की एक रेलवे लाइन में काम लिया था। लेकिन जाड़ा आरम्भ होते ही वहाँ से काम छोड़कर खाली हाथ लेनिनग्राद चला आया। आदमी वैसे बहुत अच्छा था। कोई भी काम होने पर बैठा नहीं रहना चाहता था। अगले साल उसने फिनलैण्ड की पुरानी भूमि में कोई काम स्वीकार कर लिया और जाड़े के आरम्भ होते-होते वहाँ से भी चला आया। साथ ही एक कारेलियन तरुणी को भी लेता आया। वह बेचारी अगर अपने गाँव में रहती, तो वहाँ खेती-बारी करती, यहाँ लेनिनग्राद नगर में उसके करने लायक कोई काम नहीं था, और सिर्योजा फिर सोवियत के किसी दूसरे कोने में अकेले ही जाने की तैयारी कर रहा था। वह एक तरह का सोवियत घुमक्कड़ था। सिर्योजा के उदाहरण से मालूम होगा कि यह प्रोपेगंडा कितना झूठा है कि रूस में हरेक आदमी से जबरदस्ती काम लिया जाता है। जहाँ तक सरकार का सम्बन्ध है, वह कोई जबरदस्ती नहीं करती। अपनी इच्छानुसार आदमी एक काम छोड़कर दूसरा काम पकड़ सकता है। हाँ, एक-दो महीने पहिले अवश्य काम छोड़ने की सूचना देनी पड़ेगी, ताकि प्रबन्धक दूसरे को नियुक्त कर सके। सिर्योजा के उदाहरण से यह भी पता लगेगा कि रूस में अभी पश्चिमी यूरोप की तरह बाप के खाने का बिल देना तो दूर, दूर के सम्बन्धी को भी लोग समेटकर रखना चाहते हैं, और एक-दूसरे की सहायता करना अपना कर्तव्य समझते हैं।

22 सितम्बर को अब थोड़ी-थोड़ी जाड़े की सर्दी आरंभ हो गई थी। जाड़े की टोपियों के सिवा लोग अब जाड़े के ओवरकोट और पोशाक पहनकर सड़कों पर दिखाई पड़ने लगे। जाड़ों की टोपी अक्सर वहाँ चमड़े की होती है।

रूसी नाट्यमंच अपने बैले (मूक नाट्य) के लिए विश्वविख्यात है। मुझे ओपेरा पसन्द नहीं आता था, किन्तु नाटक बहुत पसन्द था, और सबसे अधिक पसन्द थी बैले। 26 सितम्बर को किरोफ (पुराना मारिन्सकी) तियात्र में प्रसिद्ध नाट्यकार चेकोप्स्की बैले 'गुप्त सुन्दरी' (स्पेश्चया क्रसावित्सा) देखने गया। नृत्य सुन्दर, दृश्य मनोहर थे। शाला के पाँचों तल और सामने की सीटें खचाखच भरी हुई थीं। सौ के करीब अभिनेता और अभिनेत्री इस बैले में भाग ले रहे थे। बच्चों की कहानी (पेरोकी) को आधार बनाकर चेकोप्स्की ने इस बैले को पिछली शताब्दी में तैयार किया था। दो शताब्दी पहिले के समाज को लिया गया था, इसलिए वेश-भूषा और दृश्यों में इसका पूरा ध्यान रक्खा गया था। नाच में भालुओं, बिल्लियों और बन्दरों के भी नाच थे। सोवियत नाट्यमंच बहुत पुराना है, उसी तरह उसके दर्शकों की परम्परा भी पुरानी है। जारशाही जमाने में स्त्रियाँ अपने बढ़िया से बढ़िया आभूषण, वस्त्र और सज्जा के साथ आती थीं, आज भी नाटक देखने के समय सोवियत नारी अपने को अत्यन्त सुन्दर रूप में सजा-धजाकर वहाँ पहुँचती हैं। विश्राम के समय जब नर-नारी हाथ मिलाए बड़े हाल में मन्द गति से एक-दूसरे के पीछे टहलते हैं, उस वक्त नये से नया फैशन और बढ़िया से बढ़िया सौन्दर्य-राशि को आप देख सकते हैं। वहाँ दर्शकों से दर्शिकाओं की संख्या अधिक थी और दर्शकों में भी अधिकतर सैनिक थे। अभी-अभी लड़ाई से वह बाहर हुए थे, इसलिए सैनिक-वेष का अधिक दिखाई देना स्वाभाविक था। दूसरे देशों में अपने सैनिक-वेष या सैनिक-तमगों को दिखाने का उतना शौक नहीं है। और जगह तो तमगों की जगह पर केवल उनके फीतों को कोट पर टाँग लेना पर्याप्त समझते हैं, लेकिन सोवियत

सैनिक 15-20 तमगों को भी छाती पर लटकाना आवश्यक समझते हैं। कुछ इसके अपवाद भी हैं। लोला घिरावे के दिनों में लेनिनग्राद में रहकर काम करती रही, उसने अपने पुस्तकालय की बमों से रक्षा करने में काफी सावधानी से काम लिया, इस कारण उसे भी दो तमगे मिले हुए थे, लेकिन मैंने उसे कभी उन्हें लटकाए नहीं देखा।

27 सितम्बर से सर्दी काफी बढ़ गई। तापमान हिमबिन्दु के पास पहुँच रहा था। घर के भीतर भी सर्दी थी। मकान गरम होने की आशा भी कम मालूम होती थी। युद्ध के बाद नई व्यवस्था करने में समय लगता ही है, फिर घर अगर एकाध महीना गरम नहीं हुआ, तो उससे चीजों के उत्पादन में तो कमी नहीं हो सकती। लोग थोड़ी-सी तकलीफ महसूस करेंगे, लेकिन उसके तो वह लड़ाई के दिनों से आदी हो चुके थे, जबकि सारे जाड़े-भर मकान को गरम नहीं किया जा सकता था। घर के कार्यालय से मालूम हुआ कि इस साल शायद नवम्बर में मकान गरम किया जाए, क्योंकि कोयले के खर्च के लिए पहिले कारखानों को देखना पड़ता है। युनिवर्सिटी में भी लकड़ी तो काफी रखी हुई थी, लेकिन मकान गरम करने के लिए नौकर नहीं मिल रहा था। मजूरों की बहुत जगहों में माँग थी, फिर वह वहीं जाना चाहते थे, जहाँ वेतन अच्छा हो। युनिवर्सिटी के अधिकांश मकान सौ-डेढ़ सौ बरस पुराने थे, जिस वक्त केन्द्रीय-तापन का आविष्कार नहीं हुआ था और लकड़ी जलाकर मकान को गरम किया जाता था। केन्द्रीय-तापन में बहुत सुविधा होती है। सैकड़ों कमरों के लिए एक जगह पानी गरम होता और उसके द्वारा हरेक कमरे में पहुँचाकर चिपटे-चौड़े कल-पुर्जो द्वारा कमरे की हवा गरम कर दी जाती है। उसमें इतने आदमियों की आवश्यकता नहीं होती, न लकड़ी चीरकर तल्ले पर पहुँचाना पड़ता। हमारे पढ़ाने के कमरे न विषय के अनुकूल बँटे थे, और न क्लास के अनुसार ही। एक दर्जन से अधिक कमरों को तो मैंने देखा न होगा। अगर अध्यापक या क्लास के ख्याल से कमरे बाँट दिए जाते, तो मकान गरम रखने में सुभीता होता। छात्रों में लड़कियाँ अधिक थीं। सोवियत के नर-नारी शारीरिक श्रम को बुरी दृष्टि से नहीं देखते। वह नीचे जमा किये हुए टाल से लकड़ियाँ उठा लाते और कमरा गरम करने की कोशिश करते। कुछ समय बाद देखा, कि आँगन में एक लकड़ी चीरनेवाली बिजली की मशीन भी लग गई है, जिससे लकड़ी चीरने या टुकड़े करने का सुभीता हो गया था। तो भी जब विद्यार्थी एक कमरे को गरम करके दूसरे कमरे में चले जाते, तो वहाँ फिर से गरम करने की जरूरत पड़ती। ढाई सौ रूबल में काम करनेवाला कहाँ से मिलता ? हमारे विभाग में एक या दो स्त्रियाँ काम करने को मिली थीं, जो किसी-किसी कमरे को गरम रखतीं। सोवियत में मानव की समानता का उदाहरण यहाँ देखने को मिलता। साधारण अशिक्षित-सी स्त्री लकड़ी जलाने का काम कर रही है। उसे महीने में दो-ढाई सौ रूबल मिलते हैं। उसी जगह कोई अकदमिक प्रोफेसर पढ़ाने आता है। अकदमिक होने से उसको 6 हजार रूबल मासिक पेंशन सम्मानार्थ मिलती है, प्रोफेसर होने के कारण ऊपर से साढ़े चार हजार रूबल मासिक और वेतन मिलता है। दूसरे कामों की आय को मिलाने पर उसे महीने में चौदह-पन्द्रह या अधिक हजार रूबल मिल रहे हैं। लेकिन लकड़ी झोंकनेवाली स्त्री के सामने जाने पर अकदमिक प्रोफेसर अपनी टोपी उतारकर उसके सामने अभिवादन करता है, यदि उसका हाथ कालिख में सना नहीं है तो उससे हाथ मिलाता है, यदि वह उसे अपने घर पर निमंत्रित करता है, तो एक साथ बैठकर मेज पर चाय पीता है। इस प्रकार स्त्री अपनी शिक्षा और योग्यता की कमी को ही अपने वेतन की कमी का कारण समझती है, लेकिन जहाँ तक मनुष्य का मनुष्य के साथ सम्बन्ध है, वह भी अपने को अकदमिक के बराबर समझती है। यही नहीं, बल्कि यदि उस स्त्री के लड़के या लड़कियाँ हैं, तो उन्हें युनिवर्सिटी तक अपनी पढ़ाई करने में कोई बाधा नहीं है, क्योंकि पढ़ाई माँ की जेब पर निर्भर नहीं है, बल्कि लड़के-लड़की की इच्छा पर। जहाँ 90 फीसदी विद्यार्थी सरकारी छात्रवृत्ति पा रहे हों, वहाँ गरीबी के कारण उच्च शिक्षा से वंचित होने की किसी को सम्भावना नहीं है।

मैं अक्सर 11 बजे अपने यहाँ से युनिवर्सिटी जाता, और तीन बजे ही वहाँ से चल देने की कोशिश करता, यदि पढ़ाई के लिए रहने की मजबूरी न होती। सबेरे नौ बजे और शाम के 5 बजे के समय ट्रामों में बड़ी भीड़ होती। बाज वक्त तो चढ़ना मुश्किल हो जाता। मैंने पीछे एक युक्ति निकाली। मैंने देखा कि

नगर के केन्द्रीय स्थान की ओर जानेवाली ट्रामें जिस वक्त भरी रहती हैं, उसी वक्त दूसरी तरफ को जानेवाली ट्रामों में अधिकतर खाली रहती हैं। चार-पाँच पैसा (पन्द्रह कोपेक) और कुछ मिनटों का सवाल था। मैं खाली ट्राम से उल्टी ओर चला जाता, आगे, केन्द्र की ओर आनेवाली कम भरी ट्रामों पर सवार होकर केन्द्र में पहुँचने पर भीड़ तो होती, लेकिन बैठने की जगह पहिले मिल गई रहती। वस्तुतः लड़ाई के कारण लेनिनग्राद के लिए जितने ट्राम-डब्बों की आवश्यकता थी, उतने नहीं मौजूद थे, इसीलिए इतनी भीड़ रहती थी।

11 अक्तूबर को सर्दी अब अपने यौवन की ओर जा रही थी। रात को पानी जमने लगा था। बाहर जाने पर मेरे कान ठंडे होने लगते थे। अब वृक्ष कितने ही नंगे हो गए थे, और कितनों ही की पत्तियाँ पीली पड़ चुकी थीं। देवदार के झाड़ों को कभी पतझड़ का मुकाबिला नहीं करना था, और उन्हीं की तरह के कुछ हिम-जीवी पेड़ थे, जिनके पत्ते अब भी हरे रह गए थे।

स्नानगृह–अभी तक स्नान अपने घर में ही कर लेता था, किन्तु अब जाड़ों के आगमन से गरम स्नानगृह की आवश्यकता थी। लेनिनग्राद के मुहल्ले-मुहल्ले में ऐसे स्नानगृह हैं। 12 अक्तूबर को मैं पहिले-पहिल सार्वजनिक स्नानगृह में गया। 1 रूबल देकर टिकट खरीदना पड़ा। स्नानगृह के भीतर दो प्रबन्धिका स्त्रियाँ थीं। जिसको टिकट मिल गया था, वह उसे ले जाकर प्रबंधिका को देता, जो उसे एक धातु का टुकड़ा देकर आल्मारी का ताला खोल देती। आदमी अपने सारे कपड़ों को उस आल्मारी में बंद कर देता। हाँ, सारे कपड़ों का एक भी सूत उसके शरीर पर नहीं रह जाता। वहाँ सभी पुरुष ही पुरुष थे, स्त्रियाँ वही दो परिचारिकाएँ थीं। लोग निःसंकोच नंगे मादर-जाद थे, मुझे पछतावा हो रहा था, कि क्यों यहाँ फँसा। घर में ही गरम पानी करके नहा लेता, लेकिन अब तो आ चुका था। देखा-देखी कोट-पेंट निकाल भी चुका था। सब निकालने पर भी जाँघिया निकालने की हिम्मत नहीं हुई। परिचारिकाएँ बाबा आदम के खास पुत्रों के बीच में बड़ी बेतकल्लुफी से इधर से उधर घूम रही थीं और मैं था जो लाज के मारे धरती में गड़ा जा रहा था। आखिर जाँघिया पहिने ही मैं आल्मारियोंवाले कमरे से नहाने के कमरे में गया। वहाँ कई पंक्तियों में बेंचें रखी हुई थीं, ठंडे और गरम पानी के कई नल जगह-जगह पर लगे हुए थे। बहुत-से लोहे के गोल बर्तन (एक बाल्टी पानी आने लायक) रक्खे हुए थे। लोग दो बर्तनों में अपनी इच्छानुसार गरम पानी भरकर बेंचों पर बैठकर नहाते। कितने ही शरीर मलने में एक-दूसरे की सहायता करते थे। मैं अपनी नैया अकेले ही खे रहा था। जब मैंने वहाँ आध घंटा स्नान करते, पैर मल-मलकर धोते, आसपास के दूसरे आदमपुत्रों को देखा, तो मुझे अपनी बेवकूफी पर आश्चर्य होने लगा। मैंने सोचा शायद यह लोग समझें, कि इस आदमी को कोई बीमारी है, इसलिए यह जाँघिया पहिने हुए है। मैंने उसी वक्त कान पकड़ा और निश्चय कर लिया, कि अगली बार से फिर ऐसी बेवकूफी नहीं करूँगा। अब तो हर हफ्ते नहाने आना था। तब से देख लिया, कि सनीचर के रोज बड़ी भीड़ रहती है। इतवार के दिन उससे कम और सबसे कम सोमवार को होती है, इसलिए मैंने सोमवार को अपने नहाने का दिन निश्चित कर लिया। स्नानागार में वर्षा-स्नान (डूस) का भी प्रबंध था। लेकिन उसकी कल बिगड़ी हुई थी, जो कि मेरे पच्चीस मास के रहने तक न बनी। शायद नया स्नानागार बनने जा रहा था, जिसके कारण मरम्मत करने की आवश्यकता नहीं समझी जाती थी। स्नानगृह में स्नान करके लोग वैसे ही पानी चूते आल्मारियों के पास आते, और फिर अपने तौलिया से शरीर पोंछते। अगर कोई चाहता, तो उतने समय में अपने कपड़ों को परिचारिकाओं को देकर स्त्री भी करवा सकता था। एक-दो रूबल दे देने से काम चल जाता। बिना राशन के लेने पर हमारे यहाँ की चार-पाँच आने की साबुन की टिकिया का दाम पचास-साठ रूबल था। पामोलिव जैसे साबुन की टिकिया का दाम सौ रूबल (पैंसठ रुपये) होता, साबुन का डब्बा भी यहाँ साठ रूबल से कम का नहीं था। मैं अपना पैंसठ रुपए का साबुन और बीस रुपये का डब्बा वहीं भूल आया; वह फिर कहाँ मिलनेवाला था। मुझे सन्तोष हुआ कि डब्बा और साबुन मैं ईरान और हिन्दुस्तान से लाया था, जहाँ उसका दाम एक-सवा-रुपए से अधिक नहीं था।

13 अक्तूबर को असली जाड़े की ऋतु के आगमन का मुझे पता लगा, जबकि सबेरे 8 बजे जरा-जरा बरफ पड़ती देखी। अब वर्षा का भय नहीं था। पत्ते बहुत कम हरे रह गए थे। अगले दिन तो बरफ रुई

के बड़े-बड़े फाहों की तरह गिर रही थी। अभी सभी भूमि उससे ढकी नहीं थी। देवदारों के ऊपर-नीचे पड़ी ताजा बरफ कितनी सुन्दर मालूम होती है ! दोपहर के बाद ताजा गिरी बरफ पिघल गयी, और फिर कच्ची जगहों पर कीचड़ उछलने लगी। लोगों ने बताया, अभी तीन-चार सप्ताह तक कीचड़ की दुनिया में रहना होगा, फिर जमीन रुपहली फर्श बन जाएगी। यह समय सचमुच ही बहुत अच्छा नहीं मालूम होता था। ऊपर नरम बरफ पड़ी हुई है, लेकिन हो सकता है कि नीचे पानी-कीचड़ हो। मुझे तो अब सर्दी मालूम हो रही थी। चमड़े के कनटोप को पहिने बिना बाहर निकलता था, लेकिन अभी लोग नंगे हाथों काम कर रहे थे और बहुतेरे लोग तो सारे जाड़े-भर कान ढाँकने की आवश्यकता नहीं समझते थे, वह इतने सहिष्णु हो गए थे।

19 अक्तूबर को सबेरे धूप निकली थी। जहाँ साग-सब्जी के खेत लहरा रहे थे, वहाँ अब सफेद बरफ की चादर पड़ी हुई थी। सरदी खूब थी और मकान भी खूब ठंडा था। कपड़े सुखाने के लिए बाहर डाले थे। शाम तक कुछ सूख गए और जो गीले थे, वह बरफ के रूप में परिणत हो गए। एक दिन रस्सी पर कपड़े को टाँगा गया था, रस्सी इतनी बरफ बन गई थी, कि हम हाथ से उसे खोल नहीं सके। हाथों को नंगा करके खोलने पर वह खुद जवाब देने लगते, अन्त में खोलने की जगह रस्सी को काट लेना ही अच्छा समझा।

21 अक्तूबर को दो बजे दिन से बड़े जोर की बरफ पड़ने लगी। रुई के फाए आकाश से नाचते हुए जमीन की ओर आ रहे थे। अब सारी खुली जगहें बरफ से ढँक गई थीं। पाँच महीने तक शायद अब वह स्थान नहीं छोड़ेगी। लड़के बरफ से खेल खेलने लगे थे। कोई पैरों में बाँधनेवाली स्की पर दौड़ रहा था, कोई स्केटिंग के खेल में लगे हुए थे। छोटे-छोटे लड़के बिना पहिए की अपनी गाड़ियों (सानी) को लिये किसी साथी को ढूँढ़ने में लगे हुए थे, वह कोई ऊँची जगह देखकर सानी में लड़के को बैठा छोड़ देते, और सानी फिसलती हुई नीचे चली जाती।

24 अक्तूबर को घर के भीतर भी तापमान 5° सेन्टीग्रेड था। 25 को वह 7° हो गया–हिमबिन्दु शून्य बिन्दु पर होता है। अभी तक कई दिनों तापमान शून्य बिन्दु पर था, तभी तो बरफ जमकर बैठी हुई थी। सात डिगरी पर तापमान के जाते ही सारी बरफ गल गई, जहाँ-तहाँ पानी ही पानी दिखाई पड़ने लगा। 26 अक्तूबर को सबेरे बरफ की चादर सभी जगह पड़ी हुई थी, लेकिन सर्दी उतनी अधिक नहीं मालूम होती थी। बरफ जब अच्छी तरह पड़ती रहती है, और हवा न चलती हो, तो सर्दी सचमुच ही कम हो जाती है। 27 अक्तूबर को फिर बरफ पिघलती दिखाई पड़ी। अब मालूम हो गया कि बरफ और जल की आँख-मिचौनी शायद एकाध हफता इसी तरह रहे।

मुझे यह आँख-मिचौनी पसन्द नहीं थी, क्योंकि कीचड़ से बचना मुश्किल था। वैसे बरफ से ढँकी हुई पृथ्वी और देवदारों से भरे हुए बन दुनिया के सबसे सुन्दर प्राकृतिक दृश्य हैं। वह भी समय आ ही जाएगा, यह विश्वास था, लेकिन जब बड़ी सावधानी के बाद भी जाड़ों में दो-तीन बार विछलाकर धरती पकड़ना पड़ा, तो अच्छा नहीं लगा। यही नहीं कि लोगों के हँसने का ख्याल आता था, बल्कि अचानक गिरने से कुछ चोट भी लग जाती थी। उस वक्त मुझे मालूम हुआ, कि सर्द मुल्कों के लोगों के लिए स्केटिंग करना कितना जरूरी है।

30 अक्तूबर को फिर मैंने बैले देखने का टिकट लिया था। सारे लेनिनग्राद के लोगों को टिकट मिलने की दिक्कत हो सकती है, किन्तु मैं रोज ले सकता था। इन्तूरिस्त (सोवियत की यात्री-एजेन्सी) का काम विदेशी महमानों को हर तरह से सहायता पहुँचाना है। मैं विदेशी प्रोफेसर था, और पिछले तीन-चार महीनों से ऑफिस में मेरा काफी परिचय हो गया था। तो भी मैं नाटक बहुत ज्यादा देखने नहीं जाता था। उस दिन चेकोप्सकी का मूक नाट्य 'हंस सरोवर' (लेवेद्नोये ओजेरो) था, चेकोप्स्की की मुझ पर भी धाक थी, यद्यपि उसके उस्तादी संगीत को समझने की मेरे में शक्ति नहीं थी, लेकिन बैले को मैं बहुत पसन्द करता था। उसी मारिन्स्की-तियात्र में जाना था। नाटक साढ़े सात से ग्यारह बजे तक हुआ। दो टिकटों के लिए हमें छप्पन रूबल (प्रायः 36 रुपए) देने पड़े। इसे सस्ता ही कहना चाहिए। तियात्र की एक भी सीट खाली नहीं थी और लोगों ने दो-दो हफते पहिले से टिकट लेने के लिए मार की होगी। अभिनेत्रियों में ग. न. किरिल्लोवा

रूसी-संघ-प्रजातंत्र की जन-कलाकार की पदवी से विभूषित थी, दूसरी अभिनेत्री ब. क. इवानोवा भी उसी पदवी से विभूषित थी। अभिनेता अ. न. सोल्यान्निको भी प्रसिद्ध कलाकार थे। राजकुमार जिदफ्रिद का पार्ट कलाकार उखोफ ने किया था। पहिले दृश्य में एक बड़े भोज को दिखलाया गया था। राजकुमार ने दावत दी थी, जिसमें बहुत से नर-नारी शामिल हुए थे। बैले का मतलब ही है, जिसमें वाणी का पूर्णतया बायकाट हो, इसलिए गूँगे संकेतों से सारे काम चल रहे थे। गोया जिस भाषा में यहाँ अभिनय हो रहा था वह अन्तर्राष्ट्रीय भाषा थी। बैले की सफलता का एक ही प्रमाण है, कि आदमी को बिना वाणी के प्रयोग के सारी बातें साफ-साफ मालूम हों। बैले अपने नृत्य के कौशल के लिए भी प्रसिद्ध मानी जाती है। राजकुमार जिदफ्रिद ने बाण से उड़ते हुए हंस को मारा। उस वक्त सामने सरोवर का दृश्य जिस तरह का था, उसे देखकर कोई नहीं कह सकता, कि हम नाटक देख रहे हैं। सचमुच वहाँ सुन्दर पहाड़ों से घिरा एक विशाल सरोवर था, जिससे पानी की लहरें भी उठ रही थीं, और लहरों का क्षीण स्वर भी सुनाई दे रहा था। उसी सरोवर पर से हंस उड़ता जा रहा था, जिसे राजकुमार ने बाण से बेध दिया था। आगे 24 बलेरिना (नर्तकियाँ) और उतने ही नर्तकों ने बड़ा सुन्दर नृत्य किया। द्वितीय दृश्य में सरोवर तरंगित था, जिसके ऊपर हंस-पंक्तियाँ धीरे-धीरे तैर रही थीं। राजकुमार का पार्ट लेनेवाले उखोफ ने अपने नृत्य से लोगों को मुग्ध कर दिया। तृतीय दृश्य में राजा का दरबार था। राजा-रानी सिंहासन पर आसीन थे। यह राजकुमार के जन्मोत्सव के उपलक्ष्य में हो रहा था। राजकुमार वहीं एक नटी के ऊपर मुग्ध हो गया। फिर अपनी प्रियतमा को ढूँढ़ने के लिए राजकुमार को कितने ही देशों में भटकना पड़ा, जिन देशों की विशेषता वहाँ के नृत्यों द्वारा प्रकट की गई थी। इसमें स्पेन के भी नृत्य थे, पोलैंड के भी। चौथे दृश्य में भी कई सुन्दर नृत्य थे। मारीन्सिकी-तियात्र के दरवाजे पर ट्राम का अड्डा है। नाट्यशाला के भीतर से नर-नारियों की भीड़ जो निकली तो, ट्रामों में जगह पाने में काफी समय लगा। खैरियत यही थी, कि सभी लोग एक तरफ नहीं जा रहे थे। सब अपने-अपने नम्बर की ट्राम की खोज में थे। हम 12 बजे रात को उस दिन घर लौटे। चमड़े के ओवरकोट को पहनने में अब सरदी नहीं मालूम देती थी। वस्तुतः लेनिनग्राद की सरदी में मोटे से मोटा ऊनी कोट भी बहुत सहायक नहीं होता, यदि उसको चमड़े की सहायता न प्राप्त हो।

क्रान्ति महोत्सव–वोल्शेविक-क्रान्ति को अब भी रूस में अक्तूबर क्रान्ति कहा जाता है। पुराने पंचांग के अनुसार क्रान्ति अक्तूबर में हुई थी, यद्यपि आजकल महोत्सव प्रतिवर्ष 7 नवम्बर को मनाया जाता है। रूस का यह सबसे बड़ा महोत्सव-दिन (दिना प्राद्निक) है। हफ्ता-भर पहले से ही नगरों और गाँवों में तैयारियाँ होने लगती हैं। युनिवर्सिटी में 4 नवम्बर को ही देखने से मालूम होता था, कि महोत्सव नजदीक है। 7 नवम्बर के दिन को जलूसों का जन-महासागर उमड़ता, उसमें छोटी संस्थाओं को कौन पूछता, इसलिए वह अपने प्रोग्राम को पहिले ही से रखने लगती है। 5 नवम्बर को हमारे पास के बालोद्यान ने अपना महोत्सव मनाया था। जिनके बच्चे इस बालोद्यान में रहते थे, उनके माता-पिता निमंत्रित थे, और प्रायः सभी सम्मिलित भी हुए थे। लड़कों ने बाहर भी तैयारी की थी, लेकिन अधिकतर कार्यवाही बालोद्यान के शाल (हाल) में सम्पन्न हुई। बच्चे, मालूम ही है चार और सात बरस के बालोद्यान में रहते हैं। माता-पिता ने आज अच्छे-अच्छे कपड़े पहिनाकर अपने लड़कों को भेजा था। लाल झंडियाँ लिये हुए दो पाँती में जलूस निकालते, बालोद्यान के सभी लड़के-लड़कियाँ शाल में फिरे, फिर बाजे के साथ कुछ गाने हुए। गाने की समाप्ति के बाद 'उरा' (हुर्रा) नाद भी आवश्यक था, फिर नाच। इस प्रकार आज प्रायः 10 बजे से शाम के 4-5 बजे तक उनका कोई न कोई प्रोग्राम चलता रहा।

7 नवम्बर के दिन सड़कों पर चलना आसान नहीं था। त्रामवाय नगर के केन्द्र (पुराने हेमन्त-प्रासाद के मैदान) तक नहीं जाती थीं। नगर की मुख्य सड़क नेव्स्की से चलना भी मुश्किल था। रास्ते में न जाने कितने जलूस अपने झंडों-पताकों और नेताओं की तस्वीरों के साथ चले जा रहे थे। हम साढ़े आठ बजे घर से निकले थे। इस समय भी वहाँ भीड़ दिखाई पड़ती थी। होटल युरोपा के चौरस्ते तक ही जाया जा सकता था, दूसरे रास्ते में भी इसी तरह रोक थी। आगे वही लोग जा सकते थे, जिनके पास पास थे। हमें मालूम नहीं था,

नहीं तो पास मिलना कोई कठिन नहीं था, इसलिए चक्कर काटने के लिए मजबूर हुए। प्रासाद के ऊपर की ओर दूसरे पुल से नेवा नदी को पार किया। सारा नगर जलूसमय मालूम होता था। जहाँ-तहाँ सैनिकों के भी जलूस थे। तुषारकण बरफ के नाम पर जब-तब ही पड़ते थे, किन्तु आसमान बादलों से ढँका हुआ था, जिसके कारण सरदी भी कुछ बढ़ गई थी। महोत्सव का दिन था,फिर शराब पिए बिना कैसे गुजारा हो सकता था ? कितनों ने सोचा–शाम की जगह सवेरे से ही शुरू कर दो–'शुभस्य शीघ्रम्'। तो भी मीलों के सफर में एकाध ही शराबी मिले, यद्यपि वह मोरियों में लुढ़के नहीं थे। हम जलूस की समाप्ति के समय तक सड़क पर नहीं रह सके, तो भी साढ़े आठ से चार बजे तक पूरे साढ़े सात घंटे चलते ही रहे। जहाँ-तहाँ मिठाइयों और खाद्य-वस्तुओं की सजी हुई लारियाँ चलती-फिरती दूकान का काम दे रही थीं। सबके ऊपर अपनी अपनी फैक्टरियों का नाम था। लड़कों के लिए खिलौनों और मिठाइयों का पूरा हाट लगा हुआ था। चीजों का दाम साधारण राशन-विहीन दूकानों से कुछ कम अवश्य था, लेकिन तो भी इतना नहीं था, कि लोग टोकरी की टोकरी चीजें खरीद लाते। सारे शहर में बरफ का कहीं नाम नहीं था। प्रकृति ने अपना ऐसा नियम बना रखा है, कि जहाँ निश्चित बिन्दु पर तापमान पहुँचा कि बिना पहिले से तैयारी किए यकबयक पानी भाप बन जाता है, उसी तरह एक निश्चित बिन्दु तक तापमान के गिरने पर वह हिम बन जाता है। नवम्बर के आगे भी कभी-कभी इस तरह तापनान की आँख-मिचौनी देखी जाती थी। उस वक्त बरफ के पिघलने से चारों तरफ पानी ही पानी नजर आता था। हाँ, वृक्षों की या मकानों की छाया में सूर्य की किरणों के बहुत कम पहुँचने से बरफ नहीं गलती थी। इस साल बरफ कम पड़ने की बड़ी शिकायत थी।

9 नवम्बर को अभी भी मकान गरम नहीं हो रहा था। सरदी बहुत थी, जिसमें लिखना बहुत मुश्किल था। बिजली का चूल्हा जलाया, मगर उससे कोई काम नहीं बना। बारह नवम्बर से जब मकान केन्द्रीय-तापन द्वारा गरम किया जाने लगा, तो मकान के भीतर का तापमान 10° या 12° सेन्टीग्रेड हो गया और घर के भीतर आराम से काम किया जा सकता था। लेकिन अब एक दूसरी अड़चन आई। तपानेवाली मशीन दिन-रात घर-घर करती हुई चलती रहती, जो कानों को बुरा मालूम होता।

13 नवम्बर को जब 11 बजे पढ़ाने के लिए मैं विश्वविद्यालय गया, तो नेवा में सबेरे बरफ बहुत थी, मगर शाम को सब पिघल गयी थी। युनिवर्सिटी के अधिकांश मकान नेवा के दाहिने तट पर हैं, जहाँ से दुनिया के दो सबसे विशाल गिरजों में से एक ईसाइकी-सबोर सामने दिखाई पड़ता था। हम निश्चिन्त थे, कि अब बराबर के लिए मकान अहोरात्र गरम रहा करेगा। किन्तु 16 नवम्बर को मशीन खराब हो गई, और मकान फिर ठंडे पड़ गए। मशीनों के विरोधी कह सकते हैं, कि मशीन-युग का अर्थ ही तकलीफें और तरद्दुद है। लेकिन क्या किया जाय, मशीन-युग से बाहर जाया नहीं जा सकता। उस समय घर तपाना बहुत खर्चीला होगा, जिससे उसका उपयोग थोड़े ही आदमी ले सकेंगे। यह ठीक था, कि अभी सरकार और नागरिक संस्थाओं का सबसे अधिक ध्यान मकानों के बनवाने या मरम्मत कराने की ओर था। बहुत जगह तो उन्होंने जल्दी करने के ख्याल से, जिन दुतल्ले-तितल्ले मकानों को इंजीनियरों की सम्मति-अनुसार मजबूत देखा, उन्हीं के ऊपर एक-दो मंजिलें और खड़ा करना शुरू किया था। नींव से मकान बनाने और मकान के ऊपर एकाध मंजिल बढ़ाने में श्रम और सामग्री की बड़ी बचत थी, इसीलिए ऐसा किया जा रहा था। बहुत-से ऐसे मकान थे, जिनका लकड़ी का सारा सामान जल गया था, और तीन-तीन चार-चार मंजिला दीवारें मजबूत खड़ी थीं, ऐसे मकानों को पहिले हाथ में लिया गया था, क्योंकि उनके बनने में जल्दी हो सकती थी। मकानों की मरम्मत और बनाने का काम बड़ी तेजी से हो रहा था, क्योंकि नगरपालिका लोगों के कष्ट को जानती थी। सबसे ज्यादा आदमियों को उधर खींचा गया था। इसका एक प्रभाव मास्को, लेनिनग्राद जैसे नगरों की पुलिस पर पड़ा था। अब वहाँ सौ में नब्बे सिपाही स्त्रियाँ थीं। चौरस्तों पर रास्तों को स्त्रियों के ही हाथ दिखा रहे थे। त्रामवाय के कन्डक्टरों में तो शायद पहिले से ही स्त्रियाँ अधिक थीं; लेकिन अब ड्राइवरों में भी पुरुषों का पता नहीं था। दूकानों, आफिसों में पहिले से ही स्त्री-राज्य था। सोवियतवाले सोचते थे कि पुरुषों को भारी कामों में भेजना चाहिए, हल्के कामों को तो स्त्रियाँ कर सकती हैं। पीछे तो मकान बनाने का विभाग चौबीसों घंटे अखण्ड काम करता

था। हर आठ-आठ घंटे पर नये कमकर काम पर आ जाते थे। रात के अँधेरे को दूर करने के लिए रोशनी बिजली दे रही थी, लेकिन हिमबिन्दु से नीचे के तापमान में घोली हुई सीमेन्ट सेकेन्डों में बरफ बन जाती, इसका हल उन्होंने पाइपों में भरी भाप द्वारा कर लिया।

24 नवम्बर की भारत की खबर सुनने में आयी। पता लगा, विद्यार्थियों और जनता के प्रदर्शन पर कलकत्ता में पुलिस ने गोली चला दी। 21-22 नवम्बर दोनों दिन हड़ताल रही। 25 को कलकत्ता की हड़ताल की खबर रूसी पत्रों में छपी। मालूम हुआ, दो दिन गोलियाँ चलीं। हड़ताल में दूकानदारों ने भी साथ दिया। ऐसी बड़ी खबर को भी जब दो-तीन दिन बाद पढ़ने का मौका मिला, इससे आसानी से अन्दाजा लगाया जा सकता है, कि भारत की खबरें वहाँ कितनी दुर्लभ थीं, असल में खबरें तो पाठकों के लिए छापी जाती हैं। रूसी पाठकों में कितने होंगे, जो भारत की खबरों में दिलचस्पी रखते होंगे, इसलिए हमें कुढ़ने की आवश्यकता नहीं थी।

27 नवम्बर को हमारे एक घनिष्ट दोस्त तथा असहयोग के जमाने के सहकारी के पुत्र की चिट्ठी भारत से आयी। जब हम दोनों साथ काम करते थे, तो मित्र का यह छोटा-सा बच्चा था। बड़ी प्रसन्नता हुई। लेकिन उपाधि में कुमार लिखने से कुछ संदेह की गंध आने लगी, तो भी डाक्टर की उपाधि से विभूषित देखकर संतोष हुआ। बहुत सालों बाद पता लगा, कि वह ग्रेज्युएट तो हो गए हैं, लेकिन घर-फूँकू बिगड़े तरुण हैं। मैंने हाल ही में 'धरती की ओर' एक कन्नड़ उपन्यास के हिन्दी अनुवाद का संशोधन किया, उसमें एक पात्र इसी तरह का मिला। वह भी ग्रेज्युएट था, और उसने अपनी सारी सम्पत्ति और इज्जत को बेच खाया था। कभी-कभी औपन्यासिक कल्पनाओं का अस्तित्त्व एक व्यक्ति में भी बहुत आश्चर्यजनक रूप से देखा जाता है। हमारे 'कुमार' साहब पिता के मरने के बाद अकेले पुत्र होने से अकेला घर के चकेला मालिक बने। आदत पहिले ही बिगड़ चुकी थी। अधिक लाड़-प्यार और बुरी संगति से आदमियों के बिगड़ने की बहुत सम्भावना जरूर है, लेकिन कुछ के भीतर तो यह मर्ज आनुवंशिक-सा मालूम होता है, जिसका यह अर्थ नहीं कि आनुवंशिकता पिता-माता से ही आए, उसकी तो बड़ी लम्बी बाँह होती है। जो केवल संगत के कारण बिगड़ता है, उसके सुधरने की सम्भावना है, किसी समय भी वह पल्टा खा सकता है। मैं नहीं जानता कि 'कुमार साहब' किस तरह के मरीज हैं। उन्होंने अपने पिता की सम्पत्ति उड़ा डाली, पिता के सगे चचा भी निःसन्तान थे, उनके जीवित रहते तक तो 'कुमार साहब' कुछ संकोच में रहे, लेकिन उनके आँख मूँदते दो वर्ष भी नहीं हुए, कि वह सम्पत्ति भी हवा हो गई। गाँव के किसी आदमी ने मन्दिर में अपनी सम्पत्ति लगाकर ट्रस्ट बना दिया था, जिसमें दादा के मरने पर 'कुमार साहब' मान-न-मान मैं तेरा मेहमान बन गए, और उसमें से भी जो कुछ निकल सका, उसे फूँक-फाँक दिया। 'धरती की ओर' के नायक या उपनायक लच्चा ने अपनी सम्पत्ति समाप्त करने से पहिले ही गाँव छोड़ दिया था, इसलिए उनका बोझ बड़े-बड़े नगरों के ऊपर पड़ा। हमारे 'कुमार साहब' गाँव में ही डटे हुए हैं, और भले मानुषों की नाक में दम है। लोगों को लड़ाना ही एकमात्र उनकी जीविका का साधन रह गया है। जिस वक्त मुझे उनकी चिट्ठी मिली थी, उस वक्त यह सारे गुण मालूम नहीं हुए थे, वह घर से असन्तुष्ट थे, इसलिए रूस चला आना चाहते थे, लेकिन रूसवाले अगर इस तरह लोगों के आने की सुविधा कर दें, तब तो लाखों आदमी हिन्दुस्तान छोड़कर वहाँ जाने के लिए तैयार हो जाएँगे। असन्तुष्ट शिक्षितों को भारत से रूस बुलाने में साम्यवाद को उतना फायदा थोड़े ही हो सकता है, जितना कि उनके हिन्दुस्तान में रहने पर।

2 दिसम्बर का दिन आया। तापन-मशीन अब भी बिगड़ी पड़ी थी। घर के भीतर तापमान हिमबिन्दु से भी 12 सेन्टीग्रेड नीचे था।

4 दिसम्बर को बादल घिरा हुआ था, सर्दी भी काफी थी, जबकि मैं युनिवर्सिटी गया। सभी छात्र-छात्राएँ, अध्यापक-अध्यापिकाएँ और नागरिक जाड़ों की पूरी पोशाक में थे। स्त्रियों को अपनी पिंडली के सौन्दर्य को दिखाने के लिए रेशमी मोजा पहिने देखकर बड़ा आश्चर्य होता था। कैसे वे इतनी सर्दी उस पतले मोजे से बर्दाश्त कर लेती थीं। किसी ने यह बतलाकर समाधान कर दिया—आँख-मुँह पर कौन चमड़े की पोस्तीन पहिनता है ? आज युनिवर्सिटी में पढ़ाई नहीं थी, हमारे भारतीय-विभाग की मासिक बैठक थी। विभागाध्यक्ष बरान्निकोफ और दूसरे अध्यापकों के साथ विद्यार्थियों के भी कुछ प्रतिनिधि उपस्थित थे। विद्यार्थियों की पढ़ाई की आलोचना

हुई–जहाँ कुछ बातों के लिए प्रशंसा हुई, वहाँ कुछ बेपरवाही की शिकायत भी की गई। लेकिन प्रशंसा और निन्दा का अधिकार केवल अध्यापकों को ही नहीं था, विद्यार्थी भी अपने अध्यापकों की त्रुटियाँ बतला रहे थे। वस्तुतः लेनिनग्राद या सोवियत के दूसरे विश्वविद्यालयों में विद्यार्थियों की कोई समस्या ही नहीं है। हमारे यहाँ विद्यार्थियों की उच्छृंखलता और अनुशासनहीनता की शिकायत करते हुए अध्यापक थकते नहीं। पूछते हैं–कैसे इनको ठीक रखा जाए ? मेरा युनिवर्सिटी से सम्बन्ध था, इसीलिए उसी के बारे में मैं अपने अनुभव से कह सकता हूँ। छोटी-बड़ी दूसरी शिक्षण-संस्थाओं में भी वहाँ छात्र-छात्राओं की कोई समस्या नहीं है, इसका कारण वहाँ की सामाजिक व्यवस्था और शिक्षण-संस्थाओं का संगठन है। युनिवर्सिटी का प्रायः हरेक छात्र और छात्रा तरुण कम्युनिस्ट सभा का सदस्य होता है, जिसका अनुशासन सबसे कड़ा है। उसके अनुशासन का उल्लंघन छात्र किसी भी हालत में करने की हिम्मत नहीं करता, क्योंकि यह आत्मानुशासन है–अनुशासन को बाहर से लादा नहीं गया है, बल्कि भीतर से प्रकट किया गया है। कोई छात्र या छात्रा ऐसे काम को करने की हिम्मत कैसे कर सकती है, जिसे अपने देश, अपने समाज और संगठन की दृष्टि से बुरा समझा जाए। साथ ही अध्यापकों और उनके छात्रों का सम्बन्ध स्वामी और दास, बड़े और वामन का नहीं है। 17 वर्ष पूरा करके छात्र-छात्राएँ युनिवर्सिटी के चौखट के भीतर प्रविष्ट होते हैं, जिनके सम्बन्ध में वहाँ के अध्यापक हमारे पूर्वजों की नीति "प्राप्ते तु षोडशे वर्षे पुत्रे मित्रत्वमाचरेत्" का पालन करते हैं। यही वजह है कि न छात्रों को वहाँ तरुद्दुद उठाना पड़ता है न अध्यापको को।

जहाँ जून-जुलाई-अगस्त में दिन का पता ही नहीं था, गोधूलि और उषा में ही सिमटी हुई दो-तीन घंटों की रात खतम हो जाती थी, वहाँ 6 दिसम्बर को देखा 4 बजे से पहिले ही अँधेरा हो गया था। ताजी बरफ अच्छी होती है, जरा-सी कड़ी होने पर उस पर चलने में चुर-चुर की आवाज के साथ मानो अपने कोमल हाथों से वह पैरों को दबाती है। पुरानी हो जाने पर भी जब तक कि वह अछूती और सफेद दानेदार रहती है, तब तक कोई चिन्ता नहीं, लेकिन जब वह पत्थर होकर कुछ-कुछ स्फटिक जैसी वन जाती है, तो हमारे-जैसों की आफत आ जाती है। 6 दिसम्बर को बड़े इत्मीनान के साथ पैर बढ़ाते हेमन्त प्रासाद के पासवाली सड़क से जा रहे थे, यकायक पैर फिसला और धड़ाम से ईजानिब ने जमीन पकड़ ली। इधर-उधर झाँकने की आवश्यकता नहीं थी। वहाँ आदमियों की कमी नहीं थी, लेकिन उस देश के लिए यह नई बात नहीं थी, इसलिए किसी ने विशेष ध्यान नहीं दिया, अथवा लोगों का सांस्कृतिक तल इतना ऊँचा हो गया है, कि किसी को गिरता देखकर हँसना पसन्द नहीं करते। मुझे शिक्षा मिली, लेकिन कितनी ही सावधानी रखने पर भी पाँच महीने के जाड़ों में दो-तीन बार गिरना जरूरी था। ऐसी धोखेबाज बरफ से जहाँ मैं सँभल-सँभलकर चलता था, दूसरी तरफ देखता था तरुण-तरुणियाँ फिसलने का आनन्द लेने के लिए अच्छी-खासी बरफ को भी फिसलाऊ बनाते चलते थे। बचपन से उन्हें स्केटिंग का अभ्यास है, इसलिए वह अपने शरीर को तौल लेते हैं। मैं इस अवस्था में उसे सीखने की हिम्मत नहीं कर सकता था। 8 दिसम्बर को नेवा की धारा बीच में थोड़ी-सी बह रही थी, बाकी सारी जम चुकी थी। 9 दिसम्बर को तापन-मशीन के मरम्मत की अब भी बात नहीं हो रही थी। खैर, हमारे घर में एक बिजली की अँगीठी आ गई, जिससे कमरे के भीतर का तापमान 12 सेन्टीग्रेड रहने लगा, उसने एक कमरे को सुखद बना दिया।

10 दिसम्बर को हमें विश्वविद्यालय नहीं जाना था। सोमवार होने के कारण वह स्नान का दिन था। लोला काम पर गई थी। हम ईगर को घर में छोड़ स्नानगृह गए। लौटकर आए तो दरवाजा भीतर से बन्द था। बहुत खटखटाया, लेकिन कोई सुन नहीं रहा था। हार गए, तो खिड़की की ओर से जाकर आवाज दी। तब भी कोई सुगबुगाहट नहीं हुई। घंटे-भर कोशिश करते रहे। फिर तरह-तरह की चिन्ता मन में आने लगी। हरेक घर का एक कन्ट्रोल (नियामक) कार्यालय रहता है। हमारा कन्ट्रोल सीढ़ी पर खुलनेवाले हमारे दरवाजे की दूसरी तरफ था, जाकर हमने वहाँ की बुढ़िया से कहा। उसने आकर जोर-जोर से धक्का लगाया, तब हजरत की नींद खुली और आकर उन्होंने दरवाजा खोला। मैंने कहा–तुम्हारी माँ से कहता हूँ, यह बन्दर बहुत खराब है, इसे हाट में बेंचकर दो छोटे-छोटे बन्दर लाएँगे, जो इतनी तकलीफ नहीं देंगे। फिर क्या था, हाथ-पैर पड़ने

लगे। मैंने यह समझाने की कोशिश की थी, कि तुम्हारी माँ छुटपन में हाट से एक बन्दरिया के पास से तुम्हें खरीद लाई थी। जब वह कहता—नहीं, मैं तो मामा का पुत्र हूँ। तो मैं कहता—तुम्हें याद नहीं है। तुम्हारे भी पूँछ थी। अम्मा ने उसे चाकू से काट दिया, फिर दवाई लगाकर के बहुत दिनों तक जोर-जोर से मलती रही, तुम्हारे शरीर के बाल भी उड़ गए, फिर तुम आदमी के बच्चे की तरह रहने लगे, अब तुम्हारा शरीर आदमी के बच्चे जैसा है, लेकिन कान अब भी उसी तरह के हैं। ईगर का कान गाँधीनुमा है। लाड़-प्यार का लड़का था। तीन-तीन चार-चार बरस के लड़के बरफ में निधड़क फिसलते थे, किन्तु ईगर को जरा भी हिम्मत नहीं होती थी। किसी भी हिम्मत के खेल को खेलने के लिए वह तैयार नहीं था। मैंने नेवा के घाट पर देखा—एक माँ ने अपने चार-पाँच बरस के बच्चे को सानी (बेपहिये की गाड़ी) में बैठाकर ऊपर से 30 गज नीचे की ओर खिसका दिया और वह बड़ी तेजी से सरकता हुआ नीचे चला गया। हिम्मत मजबूत करने का रास्ता यह है, लेकिन काँगरू माँ क्या अभी अपने बच्चे के साथ ऐसा कर सकती है ?

दिसम्बर आधा बीतते-बीतते अब नेवा पूरी तरह जम गई थी, ऊपर दानादार चीनी-सी सफेद हिम की तह पड़ी थी। अब एक सुभीता हो गया था। पहिले हमें हेमन्त प्रासाद के नजदीक के पुल से नेवा को पार करने के लिए काफी चक्कर काटना पड़ता था और अब हम अपने प्राच्यविभाग के दरवाजे से निकलते ही नेवा में घुस जाते और नाक की सीध चलकर ईसाइकी-सवोर पहुँचते। वहीं ट्राम की टिकान थी। चौरस्ते और केन्द्रीय राजपथ से अलग होने के कारण यहाँ ट्राम खाली मिल जाती थी। हम मजे में उस पर चढ़कर घर को रवाना हो जाते। यदि इन्तूरिस्त से काम होता—अंग्रेजी अखबारों के लालच में काम रहता ही था—तो थोड़ा ही आगे इन्तूरिस्त का कार्यालय भी अस्तोरिया होटल में था। बरफ और जाड़े का प्रभाव ट्रामवे की गाड़ियों पर भी पड़ता था। जहाँ शून्य-बिन्दु के पास तापमान पहुँचता, कि आदमी श्वास की जगह भाप निकालने लगते। आदमियों से भरी ट्रामवे में भाप जमा हो जाती, जो शीशे में जमकर उस पर एक खासी मोटी बरफ की तह लेप देती। रात के वक्त विशेष करके ट्रामवे में चढ़ने में एक दिक्कत यह होती, कि उतरने की टिकान का पता नहीं लगता। लोग नाखून से खरोंच-खरोंचकर जंगले के शीशों में कुछ जगह बना लेते, जहाँ से बाहर देखते। तापमान के ऊपर उठते ही यह बरफ अपने आप पिघलकर गिर जाती। 22 दिसम्बर को ऐसा ही हुआ था।

क्रिसमस—25 दिसम्बर ईसाइयों का सबसे बड़ा पर्वदिन है, लेकिन सोवियत में किसी भी धार्मिक पर्वदिन की छुट्टी नहीं होती। वहाँ लोग राष्ट्र के तौर पर धर्म का प्रदर्शन नहीं करते। हमारे यहाँ तो इन धार्मिक पर्वदिनों ने नाक में दम कर रखा है। हिन्दुओं के तो 365 दिन ही धार्मिक पर्व के हैं। अलग-अलग सम्प्रदाय अपने-अपने पर्वदिनों की छुट्टी की माँग करते हैं। अंग्रेजों की चलाई परम्परा अब भी चली ही जा रही है। हाँ, नये-पुराने पर्वदिनों को आँख मूँदकर माननेवाली सरकार भारत के सबसे महान् ऐतिहासिक पुरुष बुद्ध के जन्म और निर्वाण-दिवस के लिए एक दिन भी छुट्टी करना नहीं पसन्द करती।

सरकारी छुट्टी न भी हो, सरकार चाहे बिल्कुल धर्मनिरपेक्ष हो, किन्तु वहाँ की जनता व्यक्तिगत तौर से धर्मनिरपेक्ष नहीं है। आज भी रूसी गिरजे इतवार के दिन भक्तों से भरे रहते हैं। क्रिसमस के लिए हरी देवदार की शाखा खूब बिकती है, और बहुत कम ही ऐसे घर होंगे, जिनमें क्रिसमस वृक्ष न लगा हो। बाप-दादा बचपन से क्रिसमस कल्पवृक्ष से सुपरिचित चले आए थे। सुन्दर हरी-हरी देवदार-शाखाओं में तरह-तरह खिलौने लटकते, बत्तियाँ जलतीं और असली फल या स्वादिष्ट मिठाइयों का फल लटकता। खिलौनों और मिठाई को लड़के कैसे भूल सकते हैं ? इसलिए क्रिसमस का महत्त्व लड़कों के लिए बहुत था। यद्यपि रूस के नेताओं ने क्रिसमस के उत्सव को कालान्तरित करके बच्चों के दिवस और नव वर्ष के दिवस में परिणत करने की कोशिश की, लेकिन इसका फल इतना ही हुआ कि अब 25 दिसम्बर की जगह लड़कों का उत्सव 25 से पहिली जनवरी तक का हो गया। हमारे घर में भी क्रिसमस-कल्पवृक्ष गाड़ दिया गया था। उसके लिए खाने की मेज को एक ओर करना पड़ा। रंगीन बिजली के लट्टूवाले तार को भी शाखाओं में लगा दिया गया। कई छोटे-छोटे खिलौने भी लटकाये गए। लड़के के लिए वैसे ही खिलौने की एक पूरी आलमारी भरी हुई थी, लेकिन फिर

भी 1 दर्जन नये खिलौनों की आवश्यकता जान पड़ी। अब तक ईगर को स्कोल्निक हो जाना चाहिए था, लेकिन जैसा कि पहिले कहा, चार दिन की कमी के कारण उसे अभी बालोद्यान में ही रखा गया था। यह लड़कों का सप्ताह था। सब अपने इष्ट-मित्रों को ले आकर अपने कल्पवृक्ष को दिखलाते और वह खिलौने, मिठाइयों और बिजली के लट्टुओं पर अपनी गम्भीर राय देते। 25 दिसम्बर 1945 का क्रिसमस बहुत सर्द था। तापमान हिमबिन्दु से 27° सेन्टीग्रेड (या पचास डिगरी फारनहाइट) नीचे था। तापमान के ऊँचे होने का हम भारतीयों को ज्ञान है। जब 100° फारनहाइट तापमान होता है, तो शरीर से पसीना चूने लगता है, 104° होने पर विकलता होने लगती है, लेकिन हमारे यहाँ ऐसे भी स्थान हैं, जहाँ तापमान 116° तक पहुँचता है; जबकि घर के भीतर भी गरमी असह्य हो जाती है, शरीर चिप-चिप करने लगता है, कोई काम करने का मन नहीं करता। ऐसे तापमान का अनुमान रूसवालों को नहीं हो सकता। उसकी जगह उनको अनुभव है हिमबिन्दु से 50°, 60° तक तापमान का नीचे जाना। सारी दुनिया में कितनी ही गणित सम्बन्धी बातें एक-सी मानी जाती हैं, लेकिन अंग्रेजों ने अपनी मथुरा को तीनों लोकों से न्यारी ही रखना चाहा है। इंग्लैंड और इंग्लैंड के साम्राज्य को छोड़कर सारी दुनिया में लोग सड़कों और रास्तों पर दाहिने चलते हैं, लेकिन अंग्रेज 'बाएँ चलो' की बात को मानते हैं। जिस वक्त भारत गणराज्य घोषित होने जा रहा था, उसके एक ही दो दिन पहिले मैंने नवनिर्वाचित राष्ट्रपति से कहा, कि अंग्रेजों के रख छोड़े कम-से-कम इस बड़े कलंक को तो दूर कर दीजिए और 26 जनवरी (1950) को गणराज्य की घोषणा के साथ-साथ यह भी घोषित कर दीजिए–आज से हमारे यहाँ चलना दाहिनी ओर होगा। ईरान, अफगानिस्तान, चीन जैसे छोटे-बड़े हमारे पड़ोसी राज्य दाहिने चलने को मानते हैं; अमेरिका, और यूरोप के सारे देश दाहिने चलने को स्वीकार करते हैं, फिर भारत क्यों अंग्रेजों के पीछी वाममार्गी बना रहे। राष्ट्रपति ने पसन्द किया, लेकिन वह अपने को असमर्थ पाते थे, कहा–नेहरूजी से कहिए। भला नेहरूजी की खोपड़ी में कभी यह बात धँसनेवाली थी।

माप में भी सारी दुनिया शतिक मान को मानती है। सेन्तीमीतर, देसी मीतर, मीतर, किलोमीतर, अफगानिस्तान और ईरान तक में चलते हैं। सारी दुनिया इस वैज्ञानिक मान को मानती है। दशोत्तर वृद्धि के होने से हिसाब में इससे बहुत आसानी होती है, लेकिन अंग्रेज 12 इंच का 1 फुट, 3 फुट का 1 गज और 1760 गज का 1 मील अभी भी मानते जा रहे हैं। थर्मामीटर में भी दुनिया शून्य डिगरी को हिमबिन्दु और सौ डिगरी को उबाल-बिन्दु मान सेन्तीग्रेद तापमान का व्यवहार करती है, लेकिन अंग्रेज उस थर्मामीतर को स्वीकार करते हैं, जिसमें 33 डिगरी पर हिमबिन्दु माना जाता है। विज्ञान सम्बन्धी कितनी ही बड़ी खोजें अंग्रेजों ने चाहे क्यों न की हों, लेकिन जाति के तौर पर वह महा-अवैज्ञानिक हैं। उसके साथ रहकर हम भी अपनी इस मूढ़ता का परिचय अंग्रेज-भिन्न दूसरे लोगों के सामने दिखलाते हैं।

हाँ, तो–27° (ऋण) तापमान कहने में जितना आसान मालूम होता है, उतना सहने में नहीं। हिमबिन्दु से 24° तक तापमान के नीचे जाने पर मुझे कोई खास तकलीफ नहीं मालूम होती थी। वैसे इतनी सर्दी में भी मैं लोगों को कान खोले देखता था, लेकिन मैं केवल आँख, नाक और मुँह को ही नंगा रखने का पक्षपाती था। जब–25° से नीचे तापमान जाता, तो उसका असर साँस लेते समय छाती में मालूम देता। इस वक्त नाक से निकली श्वास की भाप मुछन्दर आदमियों के ओठों के ऊपर जम जाती, भौहों पर भी सफेदी पुत जाती, और महिलाओं के आगे निकले बालों को भी रुपहला बना देती। इतना होने पर भी मैं उसे असह्य नहीं अनुभव करता था। वस्तुतः आदमी जितना निम्न तापमान पर नियंत्रण कर सकता है, उतना उच्च तापमान पर नहीं। यदि हिमबिन्दु से पचास डिगरी नीचे तापमान चला जाए, तो अधिक गरम कपड़ों की आवश्यकता होगी, जिनके नीचे चमड़ा या पोस्तीन रखना भी आवश्यक होगा। सारे शरीर को आम चमड़े के पतलून, चमड़े के कोट और ओवरकोट, चमड़े की टोपी तथा चमड़े के दस्ताने से गरम रख सकते हैं। अपनी द्वितीय यात्रा में मैं यह सारी चीजें ईरान से अपने साथ ले गया था, लेकिन अब की केवल टोपी और ओवरकोट चमड़े के ले गया था। चमड़े के ओवरकोट को पहनकर तो निश्चय ही कड़ी से कड़ी सर्दी पर विजय प्राप्त की जा सकती है, लेकिन 110°, 112° डिगरी की अपने यहाँ की गरमी पर आप कैसे नियंत्रण कर सकते हैं ? ठंडे तहखानों में बैठने

का रिवाज हमारे यहाँ बहुत पुराना है, छिड़काव के साथ खस की टट्टियाँ भी मदद करती हैं, और अब दिल्ली के देवताओं की कृपा से कम-से-कम उनकी कोठियों में वायु-नियंत्रित (एयर कंडीशन्ड) वातावरण रखने का प्रबन्ध हुआ है। लेकिन यह सभी साधन बहुत खर्चीले हैं और साथ ही ऐसे हैं, जो आपकी क्रियाशीलता और गति की रोक को हटा नहीं सकते। इसके विरुद्ध सर्द-से-सर्द मुल्क में आप अपने शरीर को अच्छी तरह ढाँक कर चल-फिर सकते हैं। सारा काम कर सकते हैं।

27° (सेन्तीग्रेद) हिमबिन्दु से नीचे तापमान था, किन्तु तापन-मशीन की मरम्मत का अभी कोई ठिकाना नहीं था। घर-घर में क्रिसमस की पारम्परिक मिठाई (पुडिंग) तैयार की गई थी। पनीर, अंडा, चीनी और क्या-क्या न्यामतें मिलाकर यह रूसी पुडिंग तैयार होती है। उसके चौकोर पिंड के चारों पार्श्वों में क्रास (सलेव) का चिह्न अंकित करने का साँचा प्रायः सभी घरों में होता है। यह मिठाई बड़ी स्वादष्टि होती है, और प्रभु मसीह का प्रसाद मानकर बड़े सम्मान के साथ खाई जाती है। क्रिसमस के दिन जो इष्ट, मित्र, सम्बन्धी घर पर मिलने आते हैं, वह इस प्रसाद में से थोड़ा अवश्य पाते हैं। पहिले क्रिसमस की बात तो मुझे याद नहीं, लेकिन 1946 के क्रिसमस का दिन अच्छी तरह याद है। घर में मिठाई बनाकर चुपचाप खा ली नहीं जाती, बल्कि उसे गिरजा में भेजना पड़ता है, जहाँ कुश की तरह की एक घास से गडुये में रखे पवित्र जल को छिड़ककर पुरोहित भोग लगा देता है, तब वह घर में लाकर खाई जाती है। हमारे यहाँ रथ-यात्राओं और दूसरी जगहों पर इसी तरह भक्त लोग भोग लगाने के लिए अपनी-अपनी चीज ले जाते हैं। रामलीला के चढ़ावे में आधा दोना खाली कर लेने पर भी हमारे यहाँ के पुजारियों का सन्तोष नहीं होता, लेकिन रूसी पुजारी केवल पवित्र जल छिड़क-भर देना ही अपना कर्तव्य समझते हैं। पास ही के गिरजे में ईगर नौकरानी के साथ भोग लगाने के लिए अपनी मिठाई ले गया था। उनके लौटने में दो घंटे से ऊपर लगे। पता लगा, गिरजा हॉल ही नहीं, बल्कि उसके बाहर पगडंडी पर भी बहुत दूर तक भक्तों की दुहरी पंक्ति खड़ी थी। सबके पास पहुँचने में पुरोहित को काफी समय लगा, इसीलिए यह देर हुई।

कम्युनिज्म का दर्शन भले ही ईश्वर और धर्म का विरोधी हो, लेकिन लोगों के लिए धर्म का छोड़ना उतना आसान नहीं है। सोवियत के तजर्बे से यह मालूम होता है। जिन लोगों को मसीह के भगवान् होने पर विश्वास नहीं वह भी जब अपनी कला, संस्कृति और इतिहास देखते हैं, तो पिछले सात-आठ सौ वर्षों से ईसाई धर्म के साथ उसका घनिष्ट सम्बन्ध पाते हैं। हरेक आदमी की सहानुभूति और रुचि सदा अपनी परम्परा के साथ होती है। बचपन के संस्कार मनुष्य के मन से सहज भूलनेवाले नहीं हैं। क्रिसमस को ही ले लीजिए, इसके साथ कितने पुराने सम्वन्ध याद आते हैं। आजकल पंचांग बदल गया है, किन्तु मुझे 1937 का क्रिसमस याद है। डा. श्चेर्वात्स्की ने अपना क्रिसमस पुराने पंचांग के अनुसार मनाया था।

आदमी जिस परिस्थिति में रहता है, उसी के अनुसार अपनी आत्मरक्षा और सुख का प्रबन्ध कर लेता है। रूस के लोग हजारों वर्षों से घुटने तक के लम्बे बूट पहनते आए हैं। आजकल वह ज्यादातर चमड़े का होता है, लेकिन पूर्वजों का नमदे का बूट भी लुप्त नहीं हुआ है। यह वही बूट है, जोकि शकों के साथ भारत आया और वहाँ की सूर्य-प्रतिमाओं के पैरों में आज भी दिखलाई पड़ता है। पुरुष को अपने कोट के ऊपर एक और कन्टोप जैसी जाड़ों की टोपी रखनी पड़ती है, जिसे खोलकर आवश्यकता पड़ने पर कान और गरदन को ढाँका जा सकता है, नहीं तो ऊपर करके उसे गोल टोपी-सा बना दिया जाता है। अधिकतर टोपियाँ पोस्तीन या समूर की होती हैं। स्त्रियाँ ऐसी कन्टोपदार टोपी नहीं पहिनतीं, उसकी जगह उनके ओवरकोट का कालर काफी बड़ा होता है, जिसमें चमड़ा या समूर भी मढ़ा रहता है, जिसको उठा देने से सारा सिर, कान और गरदन ढक जाते हैं।

27 दिसम्बर को हम विश्वविद्यालय गए, तो वहाँ मध्यएसिया के एक प्रोफेसर से मुलाकात हुई। वह तुर्कमानी भाषा के पंडित तथा अशकाबाद में 22 साल से अध्यापन करते थे। अब हमारे सिर पर मध्यएसिया जाने की धुन सवार हुई। पिछले छः महीनों में मध्यएसिया के इतिहास और आधुनिक मध्यएसिया को जानने के लिए काफी पुस्तकें पढ़ी थीं। इतने दिनों में यह तो मालूम हो गया था, कि यहाँ रहकर हम पुस्तक नहीं

लिख सकते। पुस्तक लिखें भी तो दुहरे सेंसरों के कारण उसका भारत में पहुँचना संदिग्ध है। फिर खो जाने के डर से दो-दो कापी करना हमारे बस की बात नहीं थी। मन यही कहता था, कि चलो सोवियत का दर्शन तीसरी बार भी कर लिया। यदि मध्यएसिया देखने का अवसर मिले, तो अब की गरमियों में वहाँ चला जाए, नहीं तो देश का रास्ता पकड़ना अच्छा है। भारत की कोई खबर नहीं मिलती थी। चिट्ठियों के भी आने में छः-छः महीने लग जाते थे। तुर्कमानिया के प्रोफेसर से मालूम हुआ, कि मास्को से अशकाबाद का वैमानिक किराया 700 रूबल है। अकेले के लिए राशनकार्ड पर 20 रूबल में होटल का इंतिजाम हो जाएगा। उनके कहने से मुझे मालूम हो गया कि अगर जाने की आज्ञा मिल जाए, तो मैं अपने पैसे के बल पर भी वहाँ चार महीने घूम आ सकता हूँ। प्रोफेसर ने बतलाया, कि चीजों का दाम यहीं जैसा है, सिर्फ मौसिम के समय मेवे कुछ सस्ते होते हैं। कह रहे थे–वहाँ गरमी बहुत पड़ती है, इसलिए ऐन गरमी के महीनों (मई, जून, जुलाई) में नहीं जाना चाहिए, लेकिन उनको क्या मालूम कि हिन्दुस्तान में कितनी गरमी पड़ती है। उन्होंने बतलाया कि तुर्कमानिया में भी अरबी भाषा-भाषी कहीं-कहीं मिल जाते हैं, उजबेकिस्तान में और भी मिलेंगे। उनके कहने से यह भी मालूम हुआ कि तुर्कमानिया में बलोची और अरबी बोलनेवालों के कुछ गाँव हैं। शाम को लौटकर जब घर आया, तो देखा मकान गरम है–मशीन की मरम्मत कर दी गई थी।

29 दिसम्बर को घर के भीतर तापमान–12° और 15° था, लेकिन सरदी बहुत मालूम नहीं होती थी। विद्यार्थी अर्धवार्षिक परीक्षा की तैयारी कर रहे थे, इसलिए नया पाठ नहीं चल रहा था। 30 दिसम्बर से नव वर्ष की तैयारी होने लगी। लाल झंडों और दूसरी चीजों से संस्थाओं के घरों को सजाया जाने लगा।

31 दिसम्बर भी आया। 1945 का सन् विदाई लेने लगा और 1946 आने को हुआ। आज अपने साल-भर के कामों का जब मैं लेखा-जोखा करने लगा, तो मालूम हुआ इस साल में कुछ नहीं लिख सका। 'मधुरस्वप्न' और 'मध्यएसिया' के सम्बन्ध में सामग्री अवश्य जमा की, लेकिन मालूम नहीं, उन्हें कब लिखने का मौका मिलेगा। अगला साल भी यदि इसी तरह बीता, तो बहुत बुरा होगा। आज सोफी के यहाँ दावत थी। उसका पति 3 साल बाद लौटा था। पान दावत का अनिवार्य अंग है, फिर उसके बाद नाच भी। मैं दोनों ही में अनारी था। सोफी ने बहुत चाहा कि यदि पीता नहीं तो थोड़ा नाच ही लूँ, लेकिन जिन्दगी में जब सीखा ही नहीं था, तो आज नाच कैसे सकता था। 2 बजे रात तक दावत चलती रही। मेहमान कुछ होश में और कुछ पैरों से लड़खड़ाते अपने घरों की तरफ चले। अगले वर्ष के लिए यही सोचा कि यदि मध्यएसिया को अच्छी तरह देखने का मौका मिल गया, तो अगले 365 दिनों को भी यहाँ अर्पण करने के लिए तैयार हूँ।

9
वसन्त की प्रतीक्षा

जाड़ों को दो सालों में बाटना बिल्कुल बेवकूफी मालूम होती है–नवम्बर-दिसम्बर को 1945 में और जनवरी-फरवरी को 1946 में। वसन्त के आरम्भ से सम्वत्सर का आरम्भ ठीक था, लेकिन दुनिया परम्परा के पीछे इतनी पड़ी हुई है कि वह अपने पंचांग में इस साधारण-से सुधार के लिए भी तैयार नहीं है, चाहे इसके कारण आय-व्यय पेश करते समय एक साल की जगह 1945-1946 भले ही लिखना पड़े। वसन्त की प्रतीक्षा जितनी उत्कंठा के साथ रूस जैसे ठंडे देशों में की जाती है, उतना हमारे देश में नहीं हो सकती। लड़कों की एक रूसी कविता में सुना था–

> आ-आ वसन्त, मेरी बहिनिया–
> खिड़की पर बैठी तेरी प्रतीक्षा कर रही है।

छोटी-सी बहिनिया (सेस्त्रुच्का) नहीं, बल्कि जवान-बूढ़े सभी वसन्त की प्रतीक्षा करते हैं, लेकिन लेनिनग्राद में उसके पहुँचने में अभी पूरे चार महीने की देरी थी। पहिली जनवरी को तापमान 12° से 15° था। 3 जनवरी को युनिवर्सिटी गए। प्रथम वर्ष के छात्रों को कुछ पढ़ाया, फिर अध्यापक तथा चतुर्थ वर्ष के छात्रों ने पाठ्य पुस्तक से 'मृच्छकटिक' नाटक शुरू किया। अर्धवार्षिक परीक्षा हो रही थी। परीक्षा समाप्त होते ही कुछ दिनों की छुट्टी थी, इसलिए 10 फरवरी तक के लिए मेरा युनिवर्सिटी में कोई काम नहीं था। मैं अब अधिकतर घर पर ही रह पुस्तकों को पढ़ता और उनसे नोट लेता।

8 जनवरी को पहिली बार देखा कि 50 के करीब जर्मन बन्दी मेरी खिड़की के बाहर से जा रहे हैं। इसके बाद तो रोज 10 बजे उन्हें काम की ओर जाते देखता और 4 बजे डेरे की ओर लौटते। उनकी देखभाल के लिए कभी-कभी तो बन्दूक लिये एक स्त्री-सिपाही होती। बन्दियों के चेहरे उदास और श्रीहीन हों तो आश्चर्य ही क्या ? हिटलर ने विश्व-विजय के लिए उनको दुनिया के देशों में भेजा था। हिटलर तो दूसरे लोक को विजय करने चला गया, लेकिन यह बेचारे अपने देश से दूर रूस की सख्त सर्दी में काम करने के लिए छोड़ दिए गए थे। उनके खाने-पीने का इंतिजाम अच्छा था, यह उनके स्वस्थ शरीर से मालूम होता था। हाँ, कपड़े उनके अपने पुराने फौज के थे, जो कुछ अधिक मैले थे।

14 जनवरी को युनिवर्सिटी गए। चतुर्थ वर्ष की दोनों छात्राएँ संस्कृत में उत्तीर्ण हुईं। 'मेघदूत' से कुछ प्रश्न पूछे गए। सोवियत के विद्यालयों और विश्वविद्यालयों में परीक्षा के लिए कागज़-स्याही बिल्कुल खर्च नहीं करनी पड़ती। परीक्षा मौखिक होती है, और परीक्षक होकर अपने ही अध्यापकों में से तीन कुर्सी पर आ डटते हैं। पूर्णांक 5 होते हैं। छात्राओं के उत्तर देकर बाहर जाने के बाद तान्या को मैंने दो नम्बर देने के लिए कहा, तो मेरे सहकर्मियों ने बतलाया–इसका अर्थ तो है फेल करना। जान पड़ता है फेल शब्द विद्यार्थिया में

ही नहीं वर्जित है, बल्कि अध्यापकों और परीक्षकों में भी। पर्याप्त दिनों तक जिस छात्र ने उपस्थिति दी है, उसे सोवियत की विद्या-संस्था में फेल होने की संभावना ही नहीं है। प्रश्न का उत्तर देते समय विद्यार्थी अपनी सारी पुस्तकों को साथ रख सकते हैं, क्योंकि परीक्षा स्मृति की नहीं, बल्कि समझ की ली जाती है।

हमारे घर में अभी कोई नौकर नहीं था। राशन के जमाने में एक नौकर और रखकर अ-राशन दुकान से दस गुने दाम पर चीजें खरीदकर खिलाना आसान काम नहीं था। बर्तन मलना और चारपाई ठीक-ठाक करना मेरे जिम्मे था। जाड़े के दिन थे। नल का पानी काटने को दौड़ता था। मैं गरम पानी से धोने का पक्षपाती नहीं था, क्योंकि उसमें समय अधिक लगता था। और घर के नल के ठंडे पानी से धोने पर एक मिनट में ही दर्द के मारे हाथ और मन तिलमिला उठते। हमारा तो यह सिद्धान्त था–शारीरिक परिश्रम से घृणा करने की आवश्यकता नहीं, लेकिन उसमें इतना समय नहीं लगाना चाहिए कि लिखने-पढ़ने के समय में कोताही हो। मालकिन का विचार कुछ दूसरा ही था। हम बैठे-बैठे रात के 1-2 बजे तक पढ़ते और नोट लेते रहते, जिसे वह बेकार समझती।

24 जनवरी को जर्मन बन्दी सड़कों की बरफ फेंक रहे थे। मकान के काम को इस समय बन्द रखा गया था, लेकिन अगले जाड़ों में वह 24 घंटे अखंड चलता रहा। शहर की सभी बरफ तो कहाँ फेंकी जा सकती थी ? छोटी-छोटी सड़कों और गलियों की बरफ वसन्त के आरम्भ होने पर ही गलकर साफ होती, लेकिन बड़ी सड़कों पर उसे बराबर हटाते रहना पड़ता, नहीं तो ट्रामों और मोटरों का आना-जाना रुक जाता, क्योंकि बरफ पर चलने से वह ऊँची-नीची हो जाती है, जिसके कारण उस पर यानों का चलना सरल काम नहीं होता।

अभी भी भारत में क्या हो रहा है, इसके जानने का कोई इंतिजाम नहीं हो सका था। स्थानीय रेडियो और रूसी समाचार-पत्रों से काम चलनेवाला नहीं था। उनमें महीनों बाद शायद कभी कोई दो-चार पंक्तियाँ देखने-सुनने को मिलतीं। मुझे सबसे जरूरी मालूम होता था–एक रेडियो खरीदना, जिसमें देश-विदेश की खबरें मालूम होती रहें, लेकिन यह इच्छा पूरी होने में अभी चार-साढ़े चार महीनों की देर थी। 23 जनवरी की रात के रेडियो से मालूम हुआ, कि दिल्ली की एसेम्बली ने राष्ट्रीय सरकार की माँग की है। जावा में वहाँ के स्वतंत्रता-प्रेमियों को दबाकर फिर से डचों का राज्य कायम करने से अंग्रेजी सेना ने जब इंकार कर दिया, तो अंग्रेजों ने वहाँ भारतीय सेना भेजी। कहने को अब विलायत में मजदूर दल का शासन था, जो अपने को समाजवादी कहने का अभिमान करता है, लेकिन विलायत की मजूर पार्टी भी साम्राज्यवाद के अन्धानुसरण में अपने टोरी भाइयों से पीछे नहीं है। अब उसने भारतीय सेना का जावा में उपयोग करना शुरू किया था। दिल्ली की एसेम्बली ने इसका भी विरोध किया था। 'प्राव्दा' सोवियत के सबसे अधिक छपनेवाले दो रूसी पत्रों में से एक है। कुछ स्थानीय खबरों के साथ मास्को की 'प्राव्दा' का लेनिनग्रादीय संस्करण भी निकलता था, जिसमें अन्तर्राष्ट्रीय खबरें और कुछ लेख भी रहा करते थे। चाहे खबरें दो-चार पंक्ति की कभी-कभी निकलती हों, लेकिन उनसे यह मालूम हो रहा था, कि युद्ध के बाद का भारत चुपचाप अंग्रेजों के जुए को नहीं ढो सकता। लेकिन मेरा वृद्ध नेताओं पर विश्वास नहीं था। मैंने 23 जनवरी (1946) की डायरी में लिखा था–वृद्ध नेता तो सभी कामों में रोड़ा अटकानेवाले हैं, राजनीति में और भी। नेता तरुणों को होना चाहिए। वृद्ध अपने ज्ञान और तजर्बे से परामर्श दे सकते हैं। भारतीय हिन्दू राजनीतिक बुड्ढों के ख्याल में ही नहीं आता, कि वह समय आनेवाला है जबकि हिन्दू-मुसल्मानों की सीमाएँ रोटी-बेटी से भी मिट जाएँगी। (हमारे वृद्ध नेता तो) अतीत पर नजर डालकर समझौता करना चाहते हैं।

द्वितीय विश्वयुद्ध समाप्त हो चुका था और ऐसे भीषण नरसंहार के साथ, जो कि "न भूतो न भविष्यति,"–सोवियत रूस को सत्तर लाख आदमियों की बलि चढ़ानी पड़ी। लेकिन 27 जनवरी को मैं देख रहा था कि अन्तर्राष्ट्रीय क्षेत्र में फिर तनातनी शुरू हो गई है। राष्ट्रसंघ की बैठक में सोवियत प्रतिनिधि ने जावा में अंग्रेजी तथा उसकी सहायक जापानी सेना के इस्तेमाल करने के विरोध में पत्र लिखा। उक्रइन के प्रतिनिधि ने ग्रीस में अंग्रेजी सेना की फासिज्म-पोषक नीति का विरोध किया। ईरानी प्रतिनिधि ने ईरान के भीतर हस्तक्षेप करने का इल्जाम रूस के ऊपर लगाया। कोरिया में सोवियत और अमेरिका रस्साकशी कर रहे

थे। अमेरिका अल्पसंख्यक धनिकों के पक्ष में था और वहाँ की बहुसंख्यक पीड़ित जनता सोवियत के पक्ष में।

2 फरवरी को लोला के भाई की लड़की माया आई। वह मास्को में कालेज के तीसरे वर्ष में पढ़ रही थी। अभी दो और वर्ष बाकी थे। माया के नाम पर, नाम से यह न समझें, कि उसके नाम पर बुद्धि की माया का कुछ असर था। रूस में अब हजारों की तादाद में माया नाम-धारिणी लड़कियाँ मिलेंगी। माया मई महीना है। मई का प्रथम दिवस दुनिया के मजदूरों का पवित्र दिवस है, इसलिए जो लड़की मई महीने में पैदा होती है, उसका नाम माया रखने की कोशिश की जाती है। माया अच्छी समझदार लड़की थी। बेचारी की माँ मर गई थी, और अत्यन्त प्रतिभाशाली पिता जेल में था। वह सबसे तरुण सोवियत जनरल था। उसका दादा भी जारशाही युग का एक योग्य जनरल तथा सैनिक कालेज में गणित का अध्यापक था। माया के पिता ने तोपों के ऊपर एक खोजपूर्ण निबन्ध लिखा था, जिसके सिद्धान्तों को पीछे पाठ्यक्रम में ले लिया गया। द्वितीय विश्वयुद्ध में वह जिस जेल में भी रहा होगा, अपने देश की ओर से लड़ने के लिए जरूर तड़फड़ाता होगा। कुछ लोग तो यहाँ तक अफवाह उड़ाते थे कि नाम बदलकर उसने फिनलैंड की लड़ाई में भाग लिया—कुछ लोग इसके लिए कसम खाने के लिए भी तैयार थे। लेकिन यदि वह युद्ध में सीधे भाग लेने का अवसर पाता, तो युद्ध की समाप्ति के बाद उसे जेल में रहने की आवश्यकता नहीं थी। हाँ, इसमें सन्देह नहीं कि सोवियतवाले अपने राज-बन्दियों की प्रतिभाओं का भी उपयोग करना भली-भाँति जानते हैं, इसलिए अपने इस प्रतिभाशाली जनरल की प्रतिभाओं का उपयोग उन्होंने जरूर किया होगा। जनरल जांकुल्या बिल्कुल निरपराध थे। जब 1937 में विदेशी साम्राज्यवादियों से मिलकर उस समय के सोवियत मार्शल तुखाचेप्स्की तथा दूसरे फौजी अफसरों ने षड्यंत्र करके सोवियत शासन को उलटाना चाहा, उसी वक्त जौ के साथ पिसनेवाले घुन की तरह जनरल जांकुल्या भी पकड़ लिए गए। तुखाचेप्स्की सबसे बड़ा सेनापति होने के कारण ऊँचे अफसरों पर प्रभाव रखता था। उसने उच्च अफसरों की बैठक बुलाई, जिसमें जनरल जांकुल्या भी चले गए। उपस्थिति-बही पर शायद हस्ताक्षर भी कर चुके थे। जैसे ही दो-चार मिनट बात सुनने को मिली, प्रयोजन का पता लग गया और वह बैठक से उठकर चले आए। लेकिन षड्यंत्रियों को पकड़े जाते समय जांकुल्या भी पकड़ लिए गए और अब वह सजा पा जेल में थे। माया ने बहुत जानने की कोशिश की, तो उसे बतलाया गया : तुम्हारे पिता स्वस्थ और प्रसन्न हैं, और वह साल-डेढ़ साल में बाहर चले जाएँगे।

जनरल जांकुल्या की तरह से हो सकता है, जौ के साथ और भी कुछ घुन पीसे गए हों, लेकिन इसमें तो सन्देह नहीं, कि सोवियत-शासन के विरुद्ध, दुनिया की प्रथम समाजवादी सरकार के विरुद्ध तथा शारीरिक-मानसिक कमकरों के भविष्य के विरुद्ध उस समय एक भीषण षड्यंत्र रचा गया था, जिसमें जापान और जर्मनी ने पूरी सहायता की थी। उन्होंने ऐसा इंतिजाम किया था कि सोवियत-शासन को खतम करके फिर वहाँ पूँजीपतियों की तानाशाही स्थापित कर दी जाए। जनरल जांकुल्या के पिता जारशाही जनरल थे, लेकिन उनका परिवार शुद्ध शिक्षित वर्ग से सम्बन्ध रखता था, इसलिए उनकी सहानुभूति जारशाही के साथ नहीं रह सकती थी। क्रान्ति के बाद उन्होंने वोल्शेविकों का साथ दिया। जांकुल्या तो होश सँभालते ही लेनिन के पक्के भक्त थे। किन्तु जहाँ इतना जबर्दस्त खतरा हो वहाँ जौ के साथ घुन के पिसने का डर सदा ही रहता है। लेकिन भयंकर-से-भयंकर अपराध करनेवालों को भी मृत्यु-दण्ड देने में सोवियत शासक बड़ा संकोच करते हैं, इसे उनके शत्रु भी मानते हैं। अच्छा होता यदि इस तरह की घटनाएँ बिल्कुल ही नहीं होतीं। लोला का भाई होने के कारण जांकुल्या के बारे में मैं जितना जान सकता था, उतना ऊपरवालों को कैसे मालूम होता ? माया पढ़ने के लिए मास्को में दाखिल हुई थी। बीच में अब पढ़ाई छोड़ना नहीं चाहती थी। हम लोगों की इच्छा यही थी, कि वह यहाँ रहती तो अच्छा होता। वह अपनी छुट्टियाँ बिताने के लिए फिनलैण्ड की खाड़ी के एक विश्रामालय में गई हुई थी, जहाँ से लौटते वक्त अपनी बुआ से मिलने आई थी।

जाड़े का दिन भी कितना नीरस होता है ? हफ्ते-दो-हफ्ते की बात होती, तो इसमें सन्देह नहीं कि रजत-राशि की तरह जहाँ-तहाँ फैली बरफ, तथा चारों ओर की निःशब्द शान्ति बड़ी मोहक मालूम होती, लेकिन जब अक्टूबर से अप्रेल के अन्त तक वही दृश्य सामने रहे, तो कहाँ से आकर्षण रहता। ऊपर से हरियाली के लिए आँखें

तरसती थीं। अगर कहीं कोई देवदार का दरख्त हुआ, तो आँखों को जरा-सा विश्राम मिला, नहीं तो हरे रंग का कहीं नाम नहीं था। और तो और, चिड़ियों का भी पता नहीं था। केवल घरों में रहनेवाली गौरैया सिकुड़ी-सिमटी कभी-कभी बरफ पर इधर-उधर फुदकती दिखाई देती। पचासों तरह की चिड़ियाँ, जो गरमियों में चहचहाया करती थीं, वे सब अब गरम इलाकों को ढूँढ़ते हुए दक्षिण की ओर चली गई थीं। जैसे-जैसे तापमान गिरने लगता, वैसे-वैसे यहाँ की चिड़ियाँ दक्षिण की ओर प्रयाण करती हैं। कहते सुना कि कौवे भी छमासी नींद लेकर सो जाते हैं, लेकिन मैंने किसी कौवे को सोता नहीं देखा।

संसद का चुनाव–महायुद्ध के बाद केन्द्रीय तथा प्रजातंत्रीय सोवियत संसदों (पार्लियामेन्टों) का चुनाव–होने जा रहा था। एक ही सूची में दिए हुए व्यक्तियों पर वोट देना था। कोई विरोधी उम्मेदवार खड़ा नहीं हुआ था, तो भी चुनाव के लिए जितना प्रचार और तत्परता रूस में देखी जाती थी, वह किसी देश के चुनाव से कम नहीं थी। शहर के बड़े-बड़े मकानों की दीवारों पर उम्मेदवारों के बड़े-बड़े फोटो लटक रहे थे। हजारों सिनेमाघरों में चुनाव की स्लाइड दिखलाई जाती थी। व्याख्यान भी उसी तरह जोर-शोर से हो रहे थे। कहीं-कहीं तो चलते-फिरते सिनेमा किसी दीवार को ही रजतपट बनाकर दिखलाए जा रहे थे। चुनाव ठीक तरह से हो, इसके लिए निरीक्षक समितियाँ चुनी जा चुकी थीं। हमारे चुनाव-क्षेत्र की निरीक्षण-समिति में लोला भी सम्मिलित थी।

10 फरवरी को चुनाव का दिन आया। अतवार होने से वैसे ही उस दिन छुट्टी थी। सुबह छः बजे से ही लोग वोट देने के लिए जाने लगे। प्रचारक समझते थे कि मैं भी वोटर हूँ। उन्हें निराशा हुई, जब मैंने कहा कि मैं सोवियत नागरिक नहीं हूँ। तब तक स्थानीय प्रचारक तीन बार हमारे घर में आ चुके थे, जब कि एक बजे लोला अपने वोट देने के लिए 14 नम्बर के चुनाव-स्थान में गई, जो पास के ही स्कूल में था। सड़कों पर रास्ता बतलाने के लिए रंगीन पट्टियाँ लगी हुई थीं। चुनाव-स्थान में और भी झंडे-पताके लगे थे। अकारादि-नाम-सूची लिये चार-पाँच मेजों पर लोग बैठे हुए थे। नाम बतलाया, रजिस्टर पर निशान किया गया, वोट का कागज लिफाफे के साथ दिया गया। चूँकि इस स्थान से कलिनिन और ज्यालोफ दो उम्मीदवार संसद की दोनों उच्च संस्थाओं के लिए खड़े हुए थे, इसलिए हरेक वोटर को दो रंग की पर्चियाँ मिलीं थीं। यदि कोई अपनी पर्ची में कुछ लिखना चाहता, तो लाल परदों के घेरे के भीतर अलग-अलग कुछ छोटे-छोटे डैक्स रखे हुए थे, जहाँ जाकर वह लिख सकता था। किसने किसको वोट दिया, इसके जानने का वहाँ कोई उपाय नहीं था। प्रबन्ध बड़ा अच्छा था, इसलिए अधिक भीड़ नहीं थी, यद्यपि वोटरों में से 95-96 फीसदी से भी ज्यादा वोट देने गए थे। चुनाव-महोत्सव में गाने-बजाने-नाचने को कैसे भूला जा सकता था ?

रेडियो और एक केमरा दो चीजों की आवश्यता मैं अपने लिए बहुत समझता था। केमरा मैं अपना भारत की सीमा से बाहर न ले आने पाया और उसे क्वेटा में छोड़ आया था। केमरे से पहिले भी मुझे रेडियो की जरूरत थी, किन्तु रेडियो का अभी डौल नहीं लग रहा था। अभी दाम बहुत ज्यादा था। लोग कह रहे थे–कारखाने अब रेडियो तैयार करने लगे हैं, कुछ ही महीनों में वह बाजार में बड़ी संख्या में आ जाएँगे, तब दाम कम हो जाएगा और मशीन भी अच्छी मिलेगी। अत्यावश्यक होने पर भी मैं रेडियो नहीं ले पा रहा था। सोवियत के शहरों में पुरानी चीजों के बेचने का बड़ा ही सुव्यवस्थित प्रबन्ध है। पुरानी किताबों की दूकानें 1 दर्जन के करीब तो मेरे रास्ते पर थीं, जिनका चक्कर काटना मैं अपने लिए अनिवार्य समझता था। उसी तरह दूसरी पुरानी चीजों की भी दूकानें थीं। 13 फरवरी को मैं एक ऐसी ही दूकान में गया, वहाँ लाइका के ढंग का सोवियत का बना 'फेद' केमरा देखा। लैंस 3.5 शक्ति का था और दाम 11 सौ रूबल। यद्यपि वहाँ असली लाइका केमरे भी थे, किन्तु दाम 3 हजार रूबल (2 हजार रुपया) था। रूबल का जो मूल्य हमारी दृष्टि में था, उसके लिहाज से दाम ज्यादा नहीं था, लेकिन तो भी हम यह नहीं चाहते थे, कि कोई हमें फजूलखर्च कहे, इसलिए हमने फेद को ले लिया और सोवियत में रहते उससे कितने ही फोटो भी लिये, यद्यपि उनका उपयोग लेखों के न लिखने के कारण नहीं हो सका।

14 फरवरी को नृतत्व-म्युजियम देखने गए। लेनिनग्राद में म्युजियमों की संख्या 4 दर्जन से भी ऊपर

है, और सब अपना-अपना महत्व रखते हैं। इस म्युजियम में हमने सिवेरिया की जातियों की खास प्रदर्शनी को देखा, जो कि उस वक्त हो रही थी। चुकची, तुंगुस, याकूत, कम्स्चत और सखालीन जैसी ज़न-जातियों की कला का यहाँ बहुत अच्छा संग्रह था। साइबेरिया की इन ज़ातियों को उनके आदिम जीवन से आधुनिक जीवन में लाने के लिए जब आवश्यकता पड़ी, तो सबसे पहिले जरूरी काम था, उनके भीतर से निरक्षरता का दूर करना। उनमें लिखने-पढ़ने का कोई रवाज नहीं था, इसलिए अध्यापक कहाँ से मिलते ? रूसी या दूसरे भाषा-भाषी अध्यापक मिल सकते थे, लेकिन सोवियत की नीति है–हरेक को उसकी मातृभाषा में शिक्षा देना। यहाँ केवल नीति का सवाल नहीं था, बल्कि व्यवहारतः भी यही लक्ष्य पर पहुँचने का सबसे छोटा रास्ता मालूम हो सकता था। उस वक्त यह जरूरी समझा गया, कि थोड़े-बहुत भी भाषा जाननेवाले रूसी या दूसरे लोगों को उनके भीतर भेजा जाय, लेकिन जब शिक्षा को और आगे बढ़ाने की जरूरत पड़ी, तो बाकायदा प्रशिक्षित अध्यापकों के तैयार करने के लिए लेनिनग्राद में स्कूल खोला गया। अत्यन्त शीत ध्रुवकक्षीय प्रदेश के रहनेवाले लोगों के लिए मास्को भी गरम था, जिसका प्रभाव उनके स्वास्थ्य पर बुरा पड़ता, इसके लिए लेनिनग्राद को उपयुक्त समझा गया। अब तो शायद स्कूल भी नहीं है। लेनिनग्राद युनिवर्सिटी में भी इन जातियों के कई लड़के-लड़कियाँ पढ़ रहे थे। उच्च शिक्षा में भी वह काफी दूर तक आगे बढ़ चुके थे। म्युजियम के डायरेक्टर ने भारतीय सामग्री को भी दिखलाने की बड़ी उत्सुकता प्रकट की, लेकिन अभी वह भाग खुला नहीं था। उन्होंने सिवेरिया की जातियों की प्रदर्शनी को स्वयं दिखलाया। वहाँ उनके हाथ की बनी हुई बहुत-सी कलापूर्ण चीजें रखी थीं–परिधान, खिलौने, घरेलू बर्तन, आखेट की चीजें आदि थीं। सोवियत-मध्यएसिया में मिली हुई सबसे पुरानी खोपड़ी (तेकिशताश मानव) का भी नमूना तथा उस खोपड़ी के आधार पर बना शरीर भी वहाँ देखने को मिला। गिरासिमोफ खोपड़ी देखकर असली मूर्ति बना देने में बड़ा सिद्धहस्त कलाकार माना जाता है। उसने तैमूर की खोपड़ी से जो आकृति बनाई, वह तैमूर के समकालीन चित्रों से बिल्कुल मिल जाती है। बात यह है कि जहाँ तक चेहरे का सम्बन्ध है, हड्डी निर्णायक होती है। खोपड़ी पर चमड़ा, थोड़े स्नायु और कुछ चरबी ही तो और लगती है। उतनी मोटी तह जमाकर हम खोपड़ी को असली चेहरे का रूप दे सकते हैं। यहाँ के पुस्तकालय में कई भाषाओं में काफी पुस्तकें हैं। मेरे सामने मध्यएशिया के इतिहास में शकों की समस्या थी। मैं कुछ निष्कर्ष पर पहुँच चुका था, लेकिन जब तक दूसरे विशेषज्ञ भी उससे सहमत न हों, तब तक अधिक आत्मविश्वास अच्छा नहीं है, इसे मैं मानता था। मैंने म्युजियम के डायरेक्टर से इस विषय पर बातचीत की। उन्होंने बतलाया कि डाक्टर बेर्नस्ताम इस विषय के विशेषज्ञ हैं। मैं इस निष्कर्ष पर पहुँचा था–छठी सदी ईसा-पूर्व में शक कास्पियन के उत्तर, उत्तर-पश्चिम में जहाँ देन्यूब के तट तक फैले हुए थे, वहाँ साथ ही वे दरबन्द (काकेकश) और सिर दरिया के उत्तर होते आगे तक चले गए थे। चौथी सदी ईसा-पूर्व में सिकन्दर के समय भी वह सिर से दन्यूब तक थे। द्वितीय सदी ईसा-पूर्व में सप्तनद के नीली आँखों तथा लाल बालोंवाले वूसुन भी शक थे। उस समय तरिम उपत्यका में भी यही जाति रहती थी। पीछे ईसा-पूर्व दूसरी शताब्दी में पूरब से हूणों के प्रहार के कारण उन्हें धीरे-धीरे दक्खिन और पश्चिम की ओर भागना पड़ा। 2 फरवरी के 'मास्को न्यूज' में शकों के बारे में एक लेख पढ़ने को मिला, जिससे मालूम हुआ कि काला सागर के उत्तर-पूरब में शक राज्य चौथी सदी ईस्वी तक थे। इस भूमि में आजकल सोवियत पुरातत्व विभाग बड़े भारी पैमाने पर खुदाई का काम कर रहा है। क्रिमिया में नियोपोलिस शकों की राजधानी थी, जिसका जिक्र पुराने लेखकों ने किया है। खुदाइयों से मालूम होता है कि इस जगह पर ईसा-पूर्व चौथी सदी में एक शक नगरी थी, जिसके चारों ओर मोटा प्राकार था। घरों में कमरे बड़े-बड़े थे। घर के आँगन में संगमरमर के प्याले मिले, कुछ ग्रीक मृत्पात्र भी प्राप्त हुए और दूसरी तरह से भी पता लगा कि इन शकों पर ग्रीक संस्कृति का बहुत प्रभाव पड़ा था। उनके घरों और बर्तनों के सजाने, अलंकरण करने का ढंग वही था, जिसका प्रभाव आजकल की उक्रइन के पुराने घरों में मिलता है। जेवरों को देखने से मालूम होता है कि उनका प्रभाव बहुत पीछे तक रहा है। छतों और खिलौनों को अलंकृत करने में रूसी हाल तक उसी ढंग का अनुसरण करते रहे हैं। यह सांस्कृतिक चिह्न जो शकों (सिथियन) के साथ सम्बन्ध बतलाते हैं, काला सागर के सारे उत्तरी तट से होते दन्यूब के किनारे

तक मिलते हैं।

उधर हमारा पठन-पाठन और नोट लेना भी चल रहा था। चौका-बर्तन करते वक्त सर्दी की शिकायत भी करनी पड़ती थी, जब-तब रेडियो दो-चार शब्दों में भारत की खबर देता, जिससे मन और कल्पना दूसरी ओर दौड़ पड़ती। 15 फरवरी को मालूम हुआ कि कलकत्ता में भारी हड़ताल हुई है। टैंक आदि के साथ गोरी पल्टनें बुला ली गई हैं, गोली से दर्जनों आदमी मारे गए हैं–एटली की सरकार चर्चिल से क्यों पीछे रहने लगी ? लेकिन यह तो निश्चय ही था, कि तोपों और टैंकों के सहारे अब हिन्दुस्तान पर राज्य नहीं किया जा सकता। रूसी कथाकली (बैले) तो कई देख चुके थे। अरमनी कथाकली 'गयाने' की चारों ओर बड़ी चर्चा सुनी। सोचा इसे भी देख लेना चाहिए। अरमनी देश कथाकली के लिए तो प्रसिद्ध नहीं है, लेकिन रूस की विश्वविख्यात बैले का पथ-प्रदर्शन जब उसे मिला, तो वह कैसे पीछे रह सकती थी ? मारिन्स्की नाट्यशाला में 17 फरवरी को उसे देखने गए। सचमुच ही बहुत सुन्दर नाट्य था। सोवियत के प्रथम श्रेणी के कलाकारों में एक अरमनी खचतुर्यान ने इस बैले को तैयार किया था। बैले में जब भाषा का पूर्ण तौर से बायकाट है, तो उसे रूसी कहें या अरमेनी, इसका सवाल ही नहीं उठता। जहाँ तक देश, काल, पात्र का संबंध है, उसके सजाने में तो आज के रूसी परम यथार्थवादी होते हैं। यदि वह शकुन्तला का बैले तैयार करें, तो उसमें कालिदास के भारत को अंकित करने की कोशिश करेंगे–शकुन्तला का बैले तो नहीं तैयार हुआ है, लेकिन नाटक के रूप में 'अभिज्ञान शाकुन्तल' सोवियत-काल में भी कई बार खेला जा चुका है। 'गयाने' के सारे नट-नटी रूसी थे। नृत्य बड़े सुन्दर थे, दृश्य बड़े ही मनोहर, वेश-भूषा भी आकर्षक, भावों की कोमलता के बारे में कहना ही क्या ? यवनिकाओं से तैयार किये दृश्य बहुत ही स्वाभाविक, विशद और विशाल थे। स्वर शायद अरमनी थे। वहाँ अरमनी अभिनय और नृत्य के भावों की अत्यन्त कोमलता देखी जाती थी, किन्तु उक्रइनी और रूसी नृत्य जो इस बैले में दिखाए गए थे, उनमें कबीलेशाही परुषता की स्पष्ट छाप मालूम होती थी ! जान पड़ता है, गजगामिता ऐसियायी नारियों पर ही ज्यादा लागू है, कूद-फाँदकर चलनेवाली यूरोपियन नारियाँ भला गजगमन करना क्या जानें ? लेकिन 'गयाने' में नट-नटियों के रूसी होने पर भी उन्होंने एसियायी कोमलता का निर्वाह बड़े सुन्दर तौर से किया था।

18 फरवरी को तापमान हिमबिन्दु से 15° सेन्टीग्रेड नीचे था, लेकिन मैं अब सर्दी का अभ्यस्त हो चुका था। नेवा जमी हुई थी, और हम विश्वविद्यालय से लौटते समय उसे सीधे पार कर ईसाइकी-सवोर में ट्राम पकड़ते।

लेनिनग्राद युनिवर्सिटी के प्राच्य-विभाग के देकन (डीन) प्रोफेसर स्ताइन अर्थशास्त्र और राजनीति के एक माने हुए पंडित हैं। चीन में एक बार वह परामर्शदाता बन करके रह चुके थे और भारत के बारे में भी तो उनका अध्ययन बड़ा गम्भीर था। उन्होंने चीनी राजनीति और कौटिल्य पर हाल ही में एक लेख लिखा था। उनसे चीन और भारत के राजनीतिक सिद्धान्तों के दानादान पर देर तक बातचीत होती रही। बौद्ध धर्म और दर्शन के दानादान के बारे में मैं भी कुछ जानता था, लेकिन भारत और चीन के दो हजार साल पहिले आरम्भ हुए सांस्कृतिक सम्बन्ध में राजनीतिक दानादान कितना हुआ था, इसका पता नहीं था। मैं जो कुछ भी जानता था उसे बतलाता रहा, लेकिन मेरा ज्ञान कौटिल्य के अर्थशास्त्र से अधिक नहीं था। उस दिन (20 फरवरी) जब मैं कबाड़ियों की दूकान में किताबों की खोज में निकला, तो मेरे साथ हिन्दी के लेक्चरर दोना मारकोव्ना गोल्दमान भी थीं। उन्होंने बतलाया कि हमारे रहने के स्थान के पास लितनी में अकदमी की एक बड़ी अच्छी दूकान है। मैंने उनके साथ जा वहाँ से 330 रूबल में पुरातत्व और मध्यएसिया सम्बन्धी कितनी ही पुस्तकें खरीदीं। जैसे और चीजें राशनहीन दुकानों पर महँगी मिलती हैं, किताबों की वैसी हालत नहीं थी, इसलिए ज्यादा लोगों को प्रिय पुस्तकें इन दुकानों में आकर भी टिकती नहीं थीं। यहाँ पर मुझे 1904-1905 की छपी पुरातत्व सम्बन्धी किताबें दीख पड़ीं।

23 फरवरी को छोटी लेकिन बहुत-सी महत्त्वपूर्ण खबर भारत के बारे में रेडियो से मिली। बम्बई में भारतीय नौसैनिकों ने अंग्रेजों के खिलाफ विद्रोह कर दिया। मार्क्स का कहना ठीक होने जा रहा है। आधुनिक सैनिक-

विद्या में शिक्षित-दीक्षित भारतीय अपनी बन्दूकों को सदा अंग्रेजों के लिए ही नहीं उठाते रहेंगे, बल्कि कभी उन्हें अपनी स्वतंत्रता के लिए भी उठाएँगे। आज वह उठने लगी हैं।

पश्चिम के समृद्ध और समुन्नत देशों में भी कितनी ही चीजें मिलती हैं, लेकिन उनका उपयोग हजार में एक आदमी से भी कम के लिए होता है। सोवियत में शारीरिक, बौद्धिक और सांस्कृतिक विकास के साधन इतने बड़े पैमाने पर हैं, कि उनसे सारी जनता फायदा उठाती है। यदि वहाँ शिशुशालाएँ हैं, तो उनमें डेढ़ महीने से तीन वर्ष के सोवियत के सभी बच्चों को रखकर लालन-पालन का प्रबन्ध है। यदि बालोद्यान हैं, तो वह इतने अधिक हैं, कि उनमें चौथे बरस से सातवें बरसत के अन्त तक के सोवियत भूमि के सारे लड़के रखे जा सकते हैं। वह बहुत खर्चीली चीज है। ईगर की तरह 140 रूबल मासिक देनेवाले माता-पिता नहीं देते, लेकिन सबके लिए वहाँ अलग-अलग चारपाइयाँ, गद्दे, तकिया, चादर-लिहाफ, तौलिया, बर्तन, कुर्सी, मेज, खेलने के सामान सभी जमा किये हुए हैं। बालोद्यानों में खेलते-खेलते अधिक-से-अधिक चीजों और उनके गुणों के बारे में ज्ञानवृद्धि के साधन के तौर पर कुत्ते, सूअर, भेड़ें, बकरियाँ, मुर्गे और पक्षी भी रखे जाते हैं। फूलों का तो एक अच्छा-खासा उद्यान हरेक बालोद्यान के साथ लगा होता है। इसके अतिरिक्त चाचियाँ अपने बच्चों की जमात को लेकर नगर के दर्शनीय कौतुकागारों (म्युजियम), उद्यानों, प्राणि-उद्यानों तथा कितने ही ऐतिहासिक स्थानों तथा प्राकृत सौन्दर्य की जगहों को दिखलाने के लिए ले जाती हैं। बालकों के लिए अपने सिनेमा भी होते हैं, जिनमें उनके समझने लायक विषय को ही प्रस्तुत किया जाता है। एक समय भूतों-प्रेतों की कहानियों को मिथ्याविश्वास फैलाने में सहायक समझकर ऐसी किताबों को छापना बन्द कर दिया गया था, लेकिन पीछे पता लगा कि मिथ्याविश्वास से आँख मींचने से काम नहीं चल सकता, उसके तो सामने जाकर मुकाबिला करने की आवश्यकता है, और वह मुकाबिला और परिज्ञान द्वारा ही हो सकता है। अब यहाँ पंचतंत्र की तरह की पशु-पक्षियों की कहानियों से बच्चों का मनोरंजन और ज्ञान-वर्धन कराया जाता है, वहाँ भूतों-प्रेतों की कहानियों के कहने में भी परहेज नहीं किया जाता। बच्चों के मनोरंजन और ज्ञान-वर्धन का एक और साधन है, सोवियत के पुतली नाटक (कुकल्यो तियात्र)।

24 फरवरी को ईगर के साथ हम पुतली नाटक देखने गए। तमाशा था अलादीन और चिराग। नाट्यशाला दर्शकों से भरी हुई थी, जिसमें 80 सैकड़ा बच्चे थे, और 20 सैकड़ा उनके साथ गये अभिभावक। हम लितनी के पीछे भी नाट्यशाला में गये थे–नेव्स्की पथ पर भी एक पुतली नाट्यशाला थी। अभिनय 6 बजे से 8 बजे के करीब तक हुआ। लड़के तो देखते-देखते लोट-पोट हो रहे थे। अलादीन के चिराग में कोई ऐसी बात नहीं रखी गई थी, जिसे कि 8-9 बरस तक की उमरवाले न समझ सकें। चाहे सिनेमा हो, चाहे नाटक, चाहे वयस्कों के मनोरंजन की वस्तु हो या शिशुओं की, हर जगह सोवियत के निर्माता और कलाकार अपनी सफलता अपनी नहीं, बल्कि अपने दर्शकों की मानसिक प्रतिक्रिया से नापते हैं। हरेक ऐसी प्रस्तुत की जानेवाली वस्तु को पहिले प्रेक्षकों के सामने परीक्षार्थ पेश किया जाता है, और उनके मनोभाव को देखकर काफी सुधार करने के बाद उसे जनता के सामने लाया जाता है। यह कहने की आवश्यकता नहीं कि 'अलादीन के चिराग' से बच्चों का बड़ा मनोरंजन हुआ, और वयस्कों का भी अच्छा मनोविनोद।

26 फरवरी को हमारे चौथे वर्ष की छात्रा वेर्था बड़ी प्रसन्न थी। बोली, आज चीनी का दाम बिना कार्ड के 120 रूबल (अस्सी रुपया) प्रति किलोग्राम (सवा सेर) हो गया। वह स्वयं और उसकी सखियाँ यह खबर सुनते ही बिना राशन की दूकानों पर टूट पड़ीं। कहती थीं–बहुत आदमी हो गये थे, इसलिए आधा किलोग्राम (ढाई पाव) चीनी ही मिल सकी। चौसठ रुपया सेर, या चार रुपया छटाँक चीनी हमारे लोगों के लिए तो बड़े आश्चर्य की बात होगी, और यहाँ किसी को टूट पड़ने की आवश्यकता नहीं पड़ेगी। लेकिन वहाँ उस दिन सचमुच ही बड़ा आनन्द मनाया जा रहा था। इसका यह मतलब नहीं कि उनको चीनी मिलती ही नहीं थी। राशन में चीनी सबको पर्याप्त मिलती थी, जिसमें रोज की चाय के अतिरिक्त हफ्ते में एकाध दिन मीठी पुडिंग भी बनाई जा सकती थी, लेकिन हमारे यहाँ की तरह रूसी भी मिठाई की चीजों के बड़े शौकीन हैं, अब तक खुलकर चीनी इस्तेमाल नहीं कर सकते थे, और अब उन्हें मौका मिला था। राशन में मिलनेवाली चीनी बहुत सस्ती

थी। और इससे पहिले बिना राशन की चीनी 160 रूबल किलो थी। प्रतिकिलो मूल्य में 40 रूबल की कमी जरूर ही खुशी की बात थी। पूँजीवादी अर्थशास्त्र के जाननेवाले या कम-से-कम वहाँ के साधारण शिक्षित बिना राशन की दूकानों को चोरबाजारी की दूकान कहने की गलती कर सकते हैं, लेकिन बिना राशन की दूकानों में जो अतिरिक्त चीजें 10 गुने, 20 गुने दाम पर बेची जाती थीं, उनका पैसा किसी चोरबाजारी सेठ के हाथ में नहीं जाता, बल्कि वह सरकारी खजाने में जाकर नवनिर्माण की योजना में लगता है। और जैसे ही जैसे टूटे हुए कारखानों का पुनर्वास और नये कारखानों का नवनिर्माण होता जाता था, वैसे ही उत्पादन बढ़ता, और उसके ही अनुसार दाम गिराया जाता था। इसका ही फल था 160 रूबल से चीनी भाव का 120 रूबल पर पहुँचना। हमें उसकी विशेषता इसलिए नहीं मालूम हो सकती थी, कि प्रोफेसर होने के कारण हमें विशेष राशनकार्ड मिला था जिससे चीनी, मक्खन, मांस, दूध, अंडा, बिस्कुट आदि चीजें राशन के दाम पर इतनी अधिक मिल जाती थीं, कि राशन की दूकानों को देखने की आवश्यकता नहीं थी, और न खर्च में संकोच करने की ही।

सोवियत के फिल्म देखने से मुझे उतना वैराग्य नहीं होता था, जितना भारत के फिल्मों को। यहाँ तो बरस में कभी एक बार गला दबाने पर यदि जाता भी हूँ, तो ऊबकर बीच में ही चले आने की इच्छा हो जाती है। सोवियत के फिल्म केवल यौन-आकर्षण को लेकर नहीं बनते, इसका यह मतलब नहीं कि उनमें स्त्री-पुरुषों के प्रेम-संबंध को छिपाने की कोशिश की जाती है। तो भी वह उतना ही रहता, जितना कि दाल में नमक। सोवियत फिल्मों में भी मैं ज्यादा देखता था एसियाई फिल्मों को–उजबेकिस्तान, कजाकस्तान, आजुर्बाइजान, मंगोल आदि देशों के फिल्मों को। नये एसियाई कलाकार तरुण अब अपनी मातृभाषा के अतिरिक्त रूसी भाषा भी अच्छी तरह बोल सकते हैं, इसलिए अच्छे एसियाई फिल्मों को रूसी भाषा के साथ भी बनाया जाता है। अब मुझे भाषा की उतनी दिक्कत भी नहीं रह गई थी।

2 मार्च को मैं उजबेक-फिल्म 'ताहिर और जोहरा' देखने गया। यह आजुर्बाइजानी फिल्म था। ताहिर और जोहरा उस समय हुए थे, जबकि अभी बारूद का आविर्भाव नहीं हुआ था और तीर और धनुष चलते थे; एक खान (राजा) अपने सेनापति से बहुत प्रसन्न है। जोहरा खान की पुत्री और ताहिर सेनापति का पुत्र है। खान ने ताहिर को पुत्रवत् मान रखा है। बचपन में ही ताहिर और जोहरा साथ खेलते हैं। आगे किसी समय निरंकुश खान सेनापति के ऊपर क्रुद्ध हो जाता है, और वह खान के इशारे पर जंगल में शिकार के समय में तीर का शिकार हो जाता है। ताहिर को अपने पिता की निर्मम हत्या का पता लग गया है–खान की निष्ठुरता और अन्याय से बाप ही नहीं मरा, बल्कि जनता भी त्राहिमां कर रही है। ताहिर के लिए अपने बाप के खून का बदला लेना अवश्य करणीय था, और उधर जोहरा का प्रेम भी यह छोड़ नहीं सकता था। खान को यह बात मालूम हो गई। वह ताहिर के मारने की फिक्र में पड़ा। एक समय ताहिर उसके पंजे में आ गया। खान ने उसे संदूक में बंद करके नदी में फिंकवा दिया। आगे किसी खानजादी ने संदूक को निकलवा लिया। वह इस सुन्दर तरुण पर मुग्ध हो गई। ताहिर की जान बचाकर उसने बड़ा उपकार किया था, लेकिन ताहिर अपनी प्रेयसी जोहरा को छोड़ने के लिए तैयार नहीं था। उसने असमर्थता प्रकट की। खानजादी कुपित हो गई। ऊँट के पीछे बाँधकर उसे भगा दिया। किसी दोस्त ने रास्ते में बेहोश पड़े ताहिर को उठाया। ताहिर फिर जोहरा के पास पहुँचा। फिर उसका अपने पिता के हत्यारे के साथ सामना हुआ। ताहिर उसे मारकर पिता के खून का बदला लेने गया, किन्तु पकड़ा गया। खान के हुक्म से उसे बाँध उस स्थान पर ले गए। छुड़ाने के लिए मित्र आये, किन्तु चारुदत्त की तरह समय पर नहीं, तब तक ताहिर का कलेजा भाले से छिद चुका था। उधर बाप ने जोहरा का गला भी घोंट दिया। दोनों एक अरथी पर कबरिस्तान गये। कथानक और अभिनय की दृष्टि से फिल्म बड़ा सुन्दर था, लेकिन सोवियत-फिल्मों में जो विशाल प्राकृतिक दृश्य देखने को मिलते हैं, वह इसमें नहीं थे–न वह अनन्त बयावान और पर्वतमाला, न नदी की विस्तृत उपत्यका, न नगर के ही हर अंग का प्रदर्शन।

एसियाई फिल्म अगर रोज-रोज भी नए-नए मिलते, तो मैं देखने के लिए तैयार था। अगले ही दिन (3 मार्च) को 'अवाय के गीत' (पीस्ने अबायेफ) कजाक-फिल्म दिखाया जा रहा था। मैं उसे देखने के लिए

चल पड़ा। कजाकस्तान मध्यएसिया का सबसे बड़ा और सबसे धनी प्रजातंत्र है। लेकिन यहाँ के लोगों में काफी संख्या 1917 ई. तक घुमन्तू या अर्धघुमन्तू पशु-पालकों की थी। इसकी अपार खनिज-सम्पत्ति पृथ्वी के गर्भ में अछूती पड़ी हुई थी और कजाक नर-नारी लिखने-पढ़ने से बिल्कुल अपरिचित थे। बहुत थोड़े-से मुल्ला और सरदार—उनमें भी पुरुष ही पढ़ना-लिखना जानते थे, सो भी अरबी-फारसी भाषा में। अबायेफ कोई कल्पित नाम नहीं है। वह कजाक भाषा का महान् साहित्यकार और साहित्य-पिता माना जाता है। वह पिछली शताब्दी के उत्तरार्द्ध में हुआ था। अबायेफ के विद्याप्रेम ने परम्परा से चली आती मुल्लों और सरदारों के शिक्षा-क्षेत्र तक ही उसे सीमित नहीं रखा, बल्कि कजाकस्तान के भिन्न-भिन्न स्थानों में बस गए रूसियों के संपर्क में आकर उसने रूसी भाषा और साहित्य का अध्ययन किया। इस प्रकार कजाक-साहित्य का आरम्भ करते ही उसने अपनी प्रौढ़ लेखनी से विनिःसृत परिपक्व ग्रन्थों को अपनी जाति के सामने रखा। जीवन में उसको उतना मान नहीं मिला था, क्योंकि न उसने फारसी-अरबी और न ही साहित्यिक तुर्की में अपनी पुस्तकें लिक्खी थीं। उसकी लेखनी अपनी मातृभाषा में चली थी, जो कि उस समय एक बोली समझी जाने से हीन दृष्टि से देखी जाती थी। यही कारण था जो अबायेफ के अपने जीवन में वह सम्मान न प्राप्त करने का, जो कि आज सोवियत काल में प्राप्त हो रहा है। आज वह कजाकस्तान का वाल्मीकि और अश्वघोष, कालिदास और बाण है। 'पीस्ने अबायेफ' इसी अमर साहित्यकार के जीवन-संगीत को लेकर बनाया गया था। प्राकृतिक दृश्य बड़े सुन्दर थे, जिनको देखकर घर बैठे कजाकस्थली की सैर हो सकती थी। कजाक घुमन्तू अपने तम्बुओं (किबितों) में रहते घोड़ों के अतिरिक्त भेड़ें भी बहुत पालते थे, उनका किबितों का गाँव उजड़ता-बसता रहता था और घोड़े नई चरागाहों में घूमते रहते थे। चरागाहों का बड़ा सुन्दर दृश्य दिखलाया गया था। कजाकस्तान के पहाड़, नदियों की उपत्यकाएँ भी मनोहारिणीं थीं। किसी विशाल जलाशय के नजदीक कजाकों का डेरा पड़ने लगा। लड़की के गोल ढाँचे खड़े किए गए, फिर नमदों और कपड़ों को तानकर तम्बू बना दिया गया। बाहरी खोल को जहाँ-तहाँ से हटाया जा सकता था। एक दृश्य कजाक-न्यायालय का था—न्यायालय क्या, घुमन्तू कजाकों के पास तो आलय ही नहीं होता। एक सिरे पर कुछ ऊँचे-से आसन पर कबीले का महापितर बैठा था, जिसके हाथ में न्याय का प्रतीक दण्ड था। उसके दाहिने-बायें कुछ और सरदार बैठे हुए थे। साधारण जनता इन अभिजात लोगों से कुछ दूर बैठी थी। पास में कितने ही घुड़सवार भी पाँती से खड़े थे। कवि अबायेफ और उसके एक मित्र का पुत्र वहाँ लाया गया। मित्र का पुत्र भी कवि था। वह किसी कजाक तरुणी पर मुग्ध था। बिना बड़ों की आज्ञा के उसको प्रेम करने का अधिकार नहीं था, इसलिए वह अदालत में लाया गया था। कवि अबायेफ ने उसके पक्ष में भाषण दिया, जिसके कारण विचारकों को राय पलटनी पड़ी। दोनों प्रेमियों का विवाह हो गया। कजाक-विवाह का वहाँ बड़ा सुन्दर दृश्य दिखाया गया था। घुमन्तू लोगों में उनके सरदार बड़ी मौज से रहते थे। लड़की के लिए बहुमूल्य वस्त्र-आभूषण प्रदान किये गए। जहाँ तक कजाक अमीरों का संबंध था, वह सामन्तशाही अवस्था में थे। इस समय कजाक-संगीत और नृत्य का भी आनन्द लेने का मौका मिला। गीतों में बहुत-से वही थे, जिनको अबायेफ ने बनाया था। लड़की का पिता इस विवाह को पसन्द नहीं करता था, लेकिन पंजों के फैसले के विरुद्ध कैसे जा सकता था ? उसने अपना क्रोध अबायेफ के ऊपर उतारना चाहा, और उसके पान-चषक में जहर मिला दिया। लेकिन गल्ती से विष के प्याले को उसने अपने ही पुत्र को दे दिया। पुत्र अपनी प्रेयसी की गोद में मर गया। प्रेयसी एक-एक गहने को उतारकर फेंकने लगी। अबायेफ के शत्रु हैदर ने धर्म के नाम पर अबायेफ के ऊपर मुकद्दमा चलाया। उसमें असफल होने पर दल बाँधकर वह अबायेफ के उपर आक्रमण करने लगा। इन हथियारबन्द खूँखार लोगों के भीतर अबायेफ निर्भय होकर चला गया। हैदर के साथ आये लोग उसकी बात मानने से आनाकानी करने लगे, इस पर हैदर ने एक कँटीली गदा अबायेफ के उपर चला दी। अबायेफ प्रहार से घायल हो गया। यह देखकर लोगों ने हैदर के दल को मार भगाया। फिल्म बड़ा ही सुन्दर और मेरे लिए बड़ा ही ज्ञानवर्द्धक था।

6 मार्च को युनिवर्सिटी जाते समय सड़क पर पानी-पानी दिखाई पड़ रहा था—तापमान गिर गया था। मैं तो समझने लगा कि वसन्त आ गया, लेकिन रूस में वसन्त अभी दो महीने बाद आनेवाला था, मई में जाकर

नंगे वृक्ष कलियों के रूप में अपनी पत्तियों को दिखलाने लगते हैं। ऋतुओं में परिवर्तन अवश्य होता है, लेकिन हमारे यहाँ की प्राचीन परिपाटी की न छः ऋतुएँ वहाँ हैं, और न जाड़ा, गर्मी, बरसात जैसी तीन ऋतुओं का ही स्पष्ट अन्तर। मई के आरम्भ से लेनिनग्राद में वसन्त का आरम्भ जरूर हो जाता है, लेकिन जो बात लेनिनग्राद में आज होती है, वह उससे दक्षिण मास्को में हफ्ता पहिले होती है। और दक्षिण जाने पर वह और भी पहिले होती है। वसन्त, ग्रीष्म तथा वर्षा की ऋतुएँ एक साथ मिली-जुली-सी हैं। नए फूलों और नए पत्तों के कारण मई-जून को हम वसन्त मान सकते हैं, लेकिन जुलाई से अगस्त के अन्त तक को यह कहना मुश्किल है, कि यह गर्मी है या वर्षा। दोनों का यह मिश्रित समय है। कभी-कभी दो-चार दिन जब वर्षा नहीं होती, आकाश निरभ्र दिखाई पड़ता है, तो उसे ग्रीष्म कह सकते हैं, लेकिन ग्रीष्म नाम से जो लू और गरमी हमारे यहाँ होती है, उसका वहाँ नाम नहीं। सितम्बर के आरम्भ से जब तक कि पानी अभी बरफ नहीं बूँदों के रूप में बरसता है, लेकिन कुछ सर्दी अधिक होने के कारण हरियाली पर असर होता जाता है, इसे वह शरद कहते हैं, उसके बाद चार-पाँच महीने का जाड़ा। इस प्रकार वसन्त, ग्रीष्म, वर्षा, शरद, और हेमन्त में वहाँ के साल को बाँट सकते हैं, अथवा वसन्त, ग्रीष्म और हेमन्त इन तीन ही ऋतुओं में विभाजन कर सकते हैं। वसन्त सबसे छोटी ऋतु है, वर्षा उससे बड़ी और हेमन्त सबसे बड़ी। लेकिन अभी मार्च में वसन्त के आने की कोई सम्भावना नहीं थी। तापमान की आँख-मिचौनी में हम कई बार सड़क पर पानी फैलते देख चुके थे।

8 मार्च को सोवियत-काल के बनाये हुए, नए पर्वों में एक अन्तर्राष्ट्रीय महिला-दिवस मनाया जा रहा था। सोवियत की हों, या दुनिया के किसी देश की, आज की हों या प्राचीन काल की, महिलाएँ सदा उत्सव-प्रिया होती हैं। हमारे प्राच्य-विभाग में भी दिवस मनाया गया। प्राच्य-विभाग के दोकानात (डीनशाला) में भोज की तैयारी थी। भाषण, भोज, गीत और नृत्य; उत्सव के यह चार अंग थे। विभाग के सारे ही अध्यापक नहीं आए थे। वहाँ 25 के करीब व्यक्ति मौजूद थे, जिनमें दो-तिहाई स्त्रियाँ थीं। मंगोल भाषा के विशेषज्ञ वृद्ध अकदमिक कोजिन (दोकनविभागाध्यक्ष) ने भाषण किया, फिर चीन भाषा के विशेषज्ञ अकदमिक अलेक्सियेफ और मिश्रतत्ववेत्ता अकदमिक स्त्रूवे ने भी पर्व के महत्त्व पर भाषण दिया। दो-तीन महिलाएँ भी बोलीं, फिर पान से भोजन का आरम्भ हुआ। बिस्मिल्ला ही गलत—मैं ही अकेला पान-विरत था। लोगों को समझाने के लिए व्याख्या करने की जगह अच्छा तो यही था, कि प्याले को मुँह में लगाकर जीभ की नोक को तर कर लेता, लेकिन मैं तो अपने जीवन के रिकार्ड को कायम करने की धुन में था। पीने का बहुत आग्रह हुआ, किन्तु मैं कच्चा गुइयाँ नहीं था। लोगों को कुछ अचरज-सा जरूर मालूम हुआ होगा, लेकिन किसी ने मेरे नियम के तोड़ने तक आग्रह नहीं किया। रोटी, मक्खन, पनीर, कलबासा (सौसेज), मछली का अंडा, बिस्कुट, केक, मिठाइयाँ, चाय और नारंगी के फल यह सब मेरे खाद्य थे, और वहाँ प्रचुर नहीं तो काफी परिमाण में जरूर थे। भोज के लिए लोगों ने पैसे दिए थे, शायद राशन से अधिकतर चीजें ली गई थीं। भोजनोपरान्त गाना शुरू हुआ। दो प्राध्यापक महिलाओं ने सुन्दर गीत सुनाए। लोगों ने तालियाँ बजाईं। फिर नृत्य आरम्भ हुआ। जहाँ बूढ़े-बूढ़े तक नाच के अखाड़े में उतरने से नहीं हिचकिचाते, वहाँ जवान-सा दिखाई देनेवाला उस कला से अनभिज्ञ मैं कड़े आग्रह के बाद चुपचाप बैठा टुक-टुक देखता रहा। नृत्य के लिए मन तो ललचाता था, लेकिन अब तो चिड़ियाँ खेत चुग गई थीं। और तो और, मैंने सोवियत-सीमा के भीतर पैर रखते ही सिगरेट को भी छोड़ दिया था। वहाँ पुरुषों में तो कोई भी सिगरेट-त्यागी नहीं था, और कुछ स्त्रियाँ भी उसका आनन्द ले रही थीं। महोत्सव से लौटकर डेढ़ बजे रात को हम घर पहुँचे।

10 मार्च को कमाल ऐनी शाम के वक्त हमारे घर आए। यह प्रसिद्ध ताजिक उपन्यासकार सदरुद्दीन ऐनी के सुपुत्र तथा द्वितीय वर्ष के छात्र थे। समरकन्द में पैदा होने के कारण मातृभाषा ताजिक (फारसी) होने के साथ उजबेक भाषा को भी मातृभाषावत् ही बोल सकते थे। उनके लिए अपने नगर में भी विश्वविद्यालय था, स्तालिनाबाद में ताजकिस्तान का विश्वविद्यालय था, जिसका माध्यम ताजिक भाषा थी। लेकिन वह समरकन्द से दूर लेनिनग्राद के विश्वविद्यालय में पढ़ने आये थे। शायद उनका लक्ष्य ताजिक भाषातत्त्व के अध्ययन की ओर था, तब तो संस्कृत पढ़ने की आवश्यकता थी। शायद वह चौथे-पाँचवें वर्ष में उसे पढ़ें। कमाल से उनके

पिता, परिवार और देश के बारे में बहुत देर तक बातें होती रहीं। कमाल का समरकन्द से लेनिनग्राद आना कोई अनहोनी बात नहीं थी। सोवियत के सभी कालेजों और विश्वविद्यालयों में 90 प्रतिशत लड़के सरकारी छात्रवृत्ति पाते हैं, जो इतनी काफी होती है, कि बिना माता-पिता की मदद के पढ़ सकते हैं। छात्रवृत्ति सखालीन से पोलैण्ड की सीमा तक, अफगानिस्तान से ध्रुवकक्षा तक फैले विस्तृत भूभाग के किसी भी विश्वविद्यालय या कालेज में जाने पर सुलभ थी, इसलिए कश्मीर के सीमान्त के छात्र के लिए भी मास्को या लेनिनग्राद में पढ़ना कोई बोझ का सवाल नहीं था। हाँ, अन्तर इतना अवश्य था, कि जब आने-जाने में रेल पर दो हफ्ता लगता हो, तो केवल ग्रीष्म के बड़े अवकाश में ही घर का मुँह देखा जा सकता था।

12 मार्च को मैं युनिवर्सिटी गया, तो द्वितीय वर्ष के एक दर्जन छात्रों में केवल दो मौजूद थे। मैंने उस दिन झुँझलाकर अपनी डायरी में लिखा–"ऐसी बेपरवाही से पढ़ना क्या अच्छा है ? सचमुच ही यह मजाक है। सभी अध्यापकों को यह शिकायत है। माध्यमिक स्कूल समाप्त करने के बाद काम में जाने की आवश्यकता पड़ती, इसलिए कितनी ही छात्राएँ, अपने पाँच वर्ष युनिवर्सिटी में आकर बिता देना चाहती हैं।" उस दिन तीन बजे प्राच्य-विभाग के मजदूर संघ की बैठक हुई। लेक्चरर (दोत्सेन्त), प्रोफेसर, और अकदमिक जिस सभा के सदस्य हों, उसे मजदूर सभा कहना उपहासास्पद मालूम होगा ? किन्तु मजदूर शब्द का मूल्य उस देश में बहुत बढ़ गया है, और वह अपमान नहीं सम्मान का परिचायक है। अध्यापकों ने पढ़ाने की कठिनाइयों पर भाषण दिए, फिर कुछ प्रश्नोत्तर हुए, पदाधिकारियों का चुनाव हुआ और सभा विसर्जित हो गई।

वर्ष के अन्त से ही मैं अब मध्यएसिया जाने की फिकर में पड़ा था। मेरे मास्को के मित्र इसके लिए कोशिश कर रहे थे। कभी उनकी चिट्ठी आशाजनक आती और कभी निराशाजनक। एक विदेशी को सोवियत के इस दूर भाग में जाने की इजाजत देना वैदेशिक मंत्रालय के हाथ में था। तुर्कमानिया के प्रोफेसर के कहने के अुनसार मैं चाहता था, कि गर्मियों से पहिले ही अपनी यात्रा खतम करने के लिए मार्च में ही चला जाऊँ, लेकिन 13 मार्च तक पता लगा, कि अप्रेल में भी शायद ही यात्रा हो सके।

17 मार्च को अखबारों में पढ़ा, कि अब से सोवियत के मंत्रियों का वोल्शेविक क्रान्ति के समय से चला आता पद-नाम 'जन-कमीसर' न रह, मंत्री (मिनिस्तर) होगा। मंत्री शब्द सारी दुनिया में चलता है, और जनकमीसर कहने से बाहरवालों को समझने में दिक्कत होती है, इसलिए सोवियत ने यह नई व्यवस्था की।

जल्दी कराने के लिए मैंने मास्को जाने का निश्चय कर लिया, और 25 मार्च को नरम दर्जे के लिए 250 रूबल इन्तूरिस्त को दे आया। पास ही में सोचा ईसाइकी-सबोर है, इसलिए उस पर चढ़ गया। सोवियत का यह सबसे बड़ा गिरजा म्युजियम के रूप में परिणत कर दिया गया है। पिछली यात्रा में इसके भीतर घुसकर देख चुका था। अभी वह दर्शकों के लिए खुला नहीं था, इसलिए ऊँची छत पर चढ़कर नगर-परिदर्शन करके ही संतोष किया। छत पर पहुँचकर आस-पास की चारतले की इमारतें भी बहुत नीची मालूम होती थीं। छतों और सड़कों पर सफेद बरफ की चादर पड़ी हुई थी, नेवा भी सफेद चादर से लिपटी टेढ़ी-मेढ़ी सोई थी। हमारे विभाग की सहाध्यापिका दीना मार्कोव्ना इस्तेरांत (एम. ए.) थीं, और चाहती थीं कि प्रेमचन्द के 'सप्त-सरोज' पर कन्दीदात (दाक्तर-उमेदवार) के लिए निबन्ध लिख डालें। लेकिन अपेक्षित पुस्तकें नहीं थीं। वस्तुतः पिछले 20 वर्षों में शायद ही कोई हिन्दी पुस्तक लेनिनग्राद पहुँची हो। उन्होंने 'सप्त-सरोज' का रूसी में अनुवाद कर डाला था। मुहावरेदार भाषा को केवल कोश की मदद से नहीं समझा जा सकता, इसके उदाहरण उनके अनुवादों में कई जगह मिले। तारीफ यही थी कि उसे वह डाक्टर बरान्निकोफ को भी दिखा चुकी थीं।

10
मास्को में सवा महीना

26 मार्च को युनिवर्सिटी से छुट्टी का कागज मिल गया। खर्च के लिए कुछ अग्रिम पैसा लेना चाहते थे, लेकिन कार्यालय में भीड़ थी, इसलिए बिना लिये ही चल पड़े। इंतूरिस्त ने लालतारा ट्रेन में सीट रिजर्व करा ली थी। हाँ, नरम सीट नहीं मिली थी। 175 रूबल में बिना गद्देवाली कड़ी सीट थी, जिस पर चादर और गद्दा ऊपर से उसी पैसे में मिल जाता था, इसलिए उसमें भी आराम गद्दीदार सीट जैसा ही था। सवा पाँच बजे घर से निकले। किसी भी काम को समय पर करना लोला ने नहीं सीखा था, हमें तो डर लग रहा था, कि कहीं ट्रेन न छुट जाय। घर के पास ट्राम पकड़ी। तीन टिकान तक जाते-जाते वह थौसकर बैठ गई। भाग्य से पास से एक मोटर ट्रक निकली, जिसके ड्राइवर ने मेहरबानी करके स्टेशन पर पहुँचा दिया। ट्रेन सात बजे छूटनेवाली थी, हम आधा घंटा पहिले ही पहुँचे थे, यह जानकर आराम की साँस ली। हमारे कम्पार्टमेंट में इंतूरिस्त के एक कर्मचारी भी जा रहे थे, जो अंग्रेजी जानते थे, लेकिन अब भाषा की वैसी दिक्कत नहीं थी। उनके पास कुछ अमेरिकन समाचार-पत्र थे। मैंने तो सारा समय उन पत्रों को चुनने में लगाया। यह कड़ा दर्जा भी नरम द्वितीय दर्जे ही जैसा था। गद्दी न होने पर भी उतने ही लम्प और दूसरी चीजें थीं। पूरी की पूरी सीट मिलने से सोवियत में दीर्घयात्रियों को भीड़ का डर नहीं रहता।

27 मार्च को सबेरे जब हमने गाड़ी के बाहर की ओर देखा, तो सफेद बरफ से ढँकी ऊँची-नीची भूमि में जहाँ-तहाँ सदा-हरित देवदार दिखाई पड़ रहे थे। रेल के हरेक डब्बे में एक कण्डक्टर होता है, जिसका काम बिस्तरा ठीक करना और डब्बे की सफाई करना भर-ही नहीं है, बल्कि वह गरम चाय भी दे देता है। चाय से हम निवृत्त हो चुके। ट्रेन ठीक 11 बजे मास्को पहुँची। इंतूरिस्त को भी खबर दे दी गई थी और वोकस तो हमारी यात्रा का प्रबन्ध करने ही वाली थी। दोनों के आदमी लिवाने के लिए स्टेशन पर आए थे, लेकिन विशाल स्टेशन में नहीं मिल सके। मेरे पास सामान बिल्कुल मामूली था, जिसके लिए भारवाहक की आवश्यकता नहीं थी, और भाषा की कठिनाई दूर हो चुकी थी, ऊपर से पहिले भी एक पखवारा मास्को रह गया था। मैंने मेत्रो (भूगर्भी रेल) पकड़ी और मास्को होटल के पास ही उतरकर पास के एक पुराने और अच्छे नेशनल होटल में पहुँच गया। नेशनल होटल जारशाही युग में भी बहुत प्रसिद्ध होटल था। क्रेमलिन उससे बिल्कुल नजदीक है। कमरा ठीक रखने के लिए इंतूरिस्तवालों को नहीं लिखा था, इसलिए 3 घंटे ऑफिस में बैठे रहना पड़ा, फिर 240 नम्बर का कमरा मिला। वोकस के आदमी भी आये, उन्होंने कहा कि यात्रा का सारा प्रबन्ध हम कर देंगे, केवल विदेश-मंत्री की आज्ञा-भर की आवश्यकता है। अगले दिन आवेदन-पत्र देने का निश्चय हुआ। उस दिन तो ऐसी आशा बँधी कि मालूम हुआ 15 अप्रेल तक हम अशकाबाद पहुँच जाएँगे।

इंतूरिस्त के दफ्तर से अंग्रेजी के अखबार मिले। पता लगा, लार्ड पैथिक लारेंस, स्टूफोर्ड क्रिप्स, और

अलेक्जेण्डर तीन ब्रिटिश मंत्री समझौता करने के लिए भारत गए हैं। बात चल रही है, समझौता हो जाने की आशा है। लेनिनग्राद में अधिकतर रूसी पत्रों और रेडियो पर ही विदेशी समाचारों के लिए निर्भर रहना पड़ता था, जिसमें भारत की खबरें तो शायद ही कभी निकलती थीं। समझौते की बात को वहाँवाले महत्व नहीं देते थे। उनके राजनीतिज्ञों का भी विश्वास था : भारत की स्थिति में परिवर्तन नहीं होने पायेगा, मजदूर पार्टी उतनी ही साम्राज्यवादी है, जितनी की टोरी पार्टी। उनकी तरह मैं भी मानता था कि अंग्रेज प्रसन्नतापूर्वक दान के तौर पर भारत को स्वतन्त्रता नहीं अर्पित करेंगे, लेकिन अँगुली पकड़ा देने पर वह पहुँचे को बचा नहीं सकेंगे। भारत में स्वतन्त्रता के लिए पागल जो शक्तियाँ पैदा हो गई हैं, वह अंग्रेजों के मन्सूबे को सफल नहीं होने देंगी।

पहली बातचीत से इतना तो मालूम हो गया था कि तीन हफ्ते मास्को में रहना ही पड़ेगा। इसमें शक नहीं कि यहाँ काम की वही पुस्तकें मिल सकती थीं, जिन्हें कि मैं अपने बल-बूते पर ढूँढ़कर जहाँ-तहाँ से खरीद सकता था, लेकिन समाचार-पत्र हर तरह के मिल सकते थे। ब्रिटिश-दूतावास से मैं विशेष सम्बन्ध नहीं रखना चाहता था। ब्रिटिश प्रजाजन होने के कारण उनका पत्र भी मेरे पास पहुँचता था, और मेरा नाम वहाँ दर्ज हुआ था। वहाँ से भी कुछ ताजा अखबार मिल सकते थे, किन्तु केवल एक बार दूतावास के एक कर्मचारी ने कुछ पाठ्य-सामग्री दी थी, वह कर्मचारी इसी होटल में रहता था।

28 मार्च को बैठे-ठाले रहने से मैंने सोचा, चलो मास्को की सैर भी हो जायगी, और माया से भेंट भी। माया बहुत दूर शहर के एक छोर पर रहती थी। उसके कॉलेज को ढूँढ़ने के लिए घंटों की आवश्यकता थी। सवेरे दत्त भाई का पता लगाने गये, किन्तु उनका स्थान नहीं मिल सका। ट्रामों और पैदल की यात्रा करते काफी समय बाद आखिर उस छात्रावास में पहुँचे, जिसमें माया रहती थी। वह पढ़ने गयी थी, इसलिए अपना कार्ड और पता रख आए। लेनिनग्राद से मास्को कम सर्द है, यह आज के सैर-सपट्टे से मालूम हुआ। लेनिनग्राद की नेवा जहाँ सफेद चादर ओढ़े हुए अभी उठने का नाम नहीं लेती थी, वहाँ मास्क्वा नदी मुक्त-प्रवाह बह रही थी। नगर में जहाँ-तहाँ अब भी बरफ थी, किन्तु ऐसी जगहों पर जहाँ दिन में छाया अधिक समय तक रहती थी।

उस दिन की बातचीत से तो मालूम होने लगा कि शायद पहली या दूसरी अप्रेल को ही अशकाबाद पहुँच जाएँ। हमारे पास वहाँ के लिए कपड़ों की कमी थी। वोकस ने कहा कि हम यहीं तैयार करा देंगे।

28 मार्च को कुछ बरफ पड़ी, लेकिन पड़ते ही गल गई। आधे अप्रेल तक सभी बरफ के गल जाने की संभावना थी।

अब की दत्त भाई के यहाँ कई बार जाता रहा। वह इस वक्त नगरोपान्त में नहीं थे, बल्कि नगर में ही हमारी जगह से चार-पाँच फर्लांग पर रहते थे।

30 मार्च को 'लाल सेना सामूहिक नाट्य मन्दिर' में गये। मास्को की यह सबसे बड़ी रंगशाला है। बड़ी भीड़ थी। लोग एक टिकट के लिए 30 रूबल (20 रुपया) देने के लिए खुशी से तैयार थे। आज प्रोग्राम था जन-संगीत का, लेकिन वह पड़ गया था उस्तादों के हाथ में, और वह उसे मलियामेट कर रहे थे। हाँ, रूसी और कसाक नृत्य बड़े सुन्दर थे।

अगले दिन (31 मार्च) लेनिन की समाधि देखने गये। सामने से तो न जाने कितनी बार गुजरे होंगे, लेकिन वक्त निश्चित, सो भी संक्षिप्त तथा दर्शनार्थियों की भीड़ देखकर क्यू में खड़े होने की हिम्मत नहीं होती थी। आज निश्चय कर लिया था कि दर्शन करके ही हटेंगे।

क्यू की दुहरी पंक्ति थी। मुझे काफी दूर खड़ा होना पड़ा, लेकिन द्वार खुला, तो लोग जल्दी-जल्दी आगे बढ़ने लगे, और दस ही मिनट बाद मैं भी समाधि के भीतर चला गया। समाधि लाल पत्थर की है, और पालिस के कारण चमकती है। वह लाल मैदान के एक ओर है। उसकी चौरस छत उत्सव के समय नेताओं के खड़े होने के मंच का काम देती है। वह बाहर से देखने पर बहुत छोटी मालूम देती है, लेकिन उतनी छोटी नहीं है। साथ ही जितनी जमीन के ऊपर है, उससे कम नीचे नहीं है। लेनिन का शरीर एक शीशे के खोल के

भीतर रखा हुआ है। शीशा इतना साफ है कि दृष्टि को जरा भी बाधा नहीं होती। मांस सूख जाने से शरीर छोटा हो गया है–वैसे लेनिन शरीर में नाटे थे भी। चेहरे का रंग यथापूर्व कायम रखा गया है, आँखें दब गई हैं, दाढ़ी वैसी ही छोटी-सी दिखलाई पड़ती है। सामने आते ही लोग टोपी उतार देते हैं। लेनिन अद्वितीय महापुरुष थे, इसमें क्या किसी को शक है। यदि दुनिया के परिवर्तन से महान् पुरुषों की शक्ति को नापा जाता है, तो लेनिन जैसा जग-परिवर्तन दुनिया में आज तक किसने किया ? यह ठीक है कि लेनिन अपने को मार्क्स का शिष्य-भर ही मानते थे, और यह भी निश्चित है कि रास्ता दिखलानेवाला, सिद्धान्त खोज निकालनेवाला कार्ल मार्क्स ही था। लेकिन क्रान्ति के सिद्धान्तों को व्यवहार में लाना और भी कठिन है, जिसे व्यवहार में लाकर लेनिन ने साम्यवाद को धरातल के ऊपर साकार खड़ा किया। लेनिन ने साम्यवाद को अपनी आँखों फूलते-फलते नहीं देखा, लेकिन वह उनके समय में ही दृढ़ मूलबद्ध हो चुका था। दुनिया की सारी बड़ी शक्तियाँ लगकर उखाड़ने की कोशिश 4 वर्ष तक करती ही रह गईं, लेकिन वह उच्छिन्न होने की जगह और मजबूत होता गया। लेनिन के बारे में कहा जाता है, क्रान्ति के दुरूह समस्या-प्रवाहों में वह उसी तरह आसानी से तैरता था, जैसे जल में मछली। मानवता के उत्कर्ष में जिस महापुरुष का इतना बड़ा हाथ है, उसके सामने खड़े होते समय मेरे दिल में कितने ही अद्‌भुत भाव क्यों न पैदा हों। वह मृत शरीर अब बोल नहीं सकता, अपने सिंहनाद से शत्रुओं के दिल को दहला नहीं सकता था, किन्तु उसने जो काम किया, और उसकी लेखनी ने मानवता के लिए जो पथ-प्रदर्शन दिया है, वह इतना मूल्यवान् है, कि एक कट्टर भौतिकवादी भी उसके सामने जाकर श्रद्धा से अत्यन्त द्रवित हो जाता है। एक रास्ते से घुसकर दूसरे द्वार से मैं भी लोगों के साथ निकल आया। सामने लाल मैदान सूना पड़ा था।

2 अप्रेल आया। मैंने आज मास्को युनिवर्सिटी के नृतत्वीय संग्रहालय को देखना चाहा। इसके भाई को लेनिनग्राद में देख चुका था। लड़ाई के कारण प्रदर्शनीय वस्तुएँ सुरक्षित स्थानों में भेज दी गई थीं और अब उन्हें लाकर धीरे-धीरे सजाया जा रहा था, अभी म्युजियम का एक ही कमरा खुला था। तब तक लड़ाई बीते 11 महीने ही हुए थे। मैंने तो लड़ाई बीतने के 27 महीने बाद लंदन के ब्रिटिश म्युजियम के एक ही हाल को सजा देखा था, और जिस गति से सजावट हो रही थी, उससे अभी वर्षों में सारे म्युजियम के खुलने की उम्मीद थी। यहाँ नक्शे टँगे हुए थे, जिनसे मनुष्य के वंश की क्रमिक उत्क्रान्ति को देखा जा सकता था। मनुष्य का मस्तिष्क ही वह चीज है, जिसके कारण वह प्राणियों में सबसे ऊँचा उठा। अपने शरीर के अनुपात से मनुष्य के पास जितना मस्तिष्क है, उतना किसी जन्तु में नहीं है, यह नक्शे में दिखाया गया था–मनुष्य के कपाल में कितना अवकाश है, उसके पैर और पंजों में दूसरे प्राणियों से क्या अन्तर है, नेअन्डर्थल, क्रोमयो, और आज के सपियन मानव के शारीरिक ढाँचों में क्या भेद है। मैंने वहाँ के प्रोफेसर से शकसिथियन जाति के बारे में बातचीत की और अपने विचारों को भी प्रकट किया। उन्होंने बड़ी उत्सुकता से सुना और बतलाया कि डाक्टर ताल्स्तोफ आजकल यहीं हैं, जोकि इस विषय के माने हुए विशेषज्ञ हैं।

शाम को 'रोमन तियात्र' में सिगानुच्का (रोमनियाँ) नाटक देखने गये। रोमनी हमारे यहाँ के उन्हीं घुमन्तुओं के भाई-बन्द हैं, जो आज भी अपनी सिरकी या डेरों को लादे भारत में एक जगह से दूसरी जगह घूमते फिरते हैं। इस प्रकार मैं अपने भाई-बन्धुओं की नाट्यशाला में गया था, इसके कारण यदि वहाँ जाते समय मेरे मन में विशेष भाव पैदा हुए, तो इसमें आश्चर्य की बात नहीं। यह एक छोटी-सी नाट्यशाला थी, जो 15 वर्ष पहिले ही स्थापित हुई थी। सदा की तरह आज भी वह नाट्यशाला दर्शकों से भरी हुई थी, इसलिए अभिनय बड़ा ही प्रभावशाली था, यह कहने से मुझे भाई-बन्धों के प्रति पक्षपाती होने का दोष नहीं दिया जा सकता। मेरी भी यह इच्छा थी, कि सिगान भाई-बहनों से मिलूँ, लेकिन पहले तो नाटक देखना था। जिस तरह की छोटी-सी दर्शकशाला थी, उसी के अनुसार रंगमंच भी छोटा-सा था, और नट-मंडली भी। लेकिन उसे हम उसके आकार-प्रकार से नहीं नाप सकते थे। कथानक था–एक स्पेन का सामन्त (ठाकुर) तरुण एक सिगान लड़की पर मुग्ध हो गया। सिगानों की जीविका में नाचना-गाना भी एक है, इसलिए यदि सिगानुच्का (सिगान-कन्या) अपनी कला में निपुण थी, तो कोई असाधारण बात नहीं थी। वह बड़ी सुन्दरी थी। सिगानुच्का भी ठाकुर तरुण को प्रेम

का प्रतिदान देने के लिए तैयार थी, लेकिन तब, जब कि वह भी सिगान बन जाय। तरुण तैयार हो गया। उसने अपनी पोशाक दूर फेंकी, सिगानों की मैली-कुचैली बेढंगी पोशाक धारण की, और वह तंबू का जीवन आरम्भ करके एक नगर से दूसरा नगर, एक देश से दूसरा देश घूमने लगा। धीरे-धीरे घुमक्कड़ी, नाच, घोड़े बेचने के व्यवसाय को भी सीख गया। वह इसी तरह घूमता फिर रहा था, फिर एक दूसरे सामन्त की कन्या उस तरुण पर मुग्ध हो गई। तरुण ने इन्कार किया। उसकी गठरी में चीज रखकर चोरी का इल्जाम लगा, जेल में भेजा जानेवाला था। इसी बीच में एक कप्तान आ गया। सिगान यूरोप के दलित-अछूत समझे जाते हैं, इसलिए अगर कहीं चार गाली भी खा जाएँ, तो भी वह सन्तोष करने को भला समझते हैं। कप्तान ने भी इस तरुण सिगान को वैसा ही समझा था। लेकिन उसने द्वन्द्व-युद्ध के लिए ललकारा। द्वन्द्व-युद्ध से इन्कार करना 19वीं सदी तक के यूरोप में भी सबसे अपमान की बात समझी जाती थी। इसे वीरता की शिक्षा का सुन्दर पाठ समझकर यूरोप के लोगों ने हाल तक कायम रखा था। द्वन्द्व-युद्ध में सिगान तरुण ने कप्तान को मार डाला। तरुण पर हत्या का मुकदमा चला। न्यायाधीश मृत्यु-दण्ड देने जा रहा था। सिगानुच्का अपने प्रेमी के लिए न्यायाधीश के सामने बहुत रोती रही, उसकी पत्नी के हाथ-पैर जोड़ती रही। पत्नी ने भी अनुनय-विनय किया, लेकिन सिगान तरुण ने अक्षम्य अपराध किया था, उसने भद्रवर्गीय सामन्त तरुण को मार डाला था। उसे कैसे साधारण दण्ड देकर छोड़ा जा सकता था ? इसी समय एक सिगान वृद्धा ने बच्ची का एक आभूषण सामने रखा। न्यायाधीश की पत्नी ने उसे तुरन्त पहिचान लिया : यह तो 12 वर्ष पहिले गुम हुई मेरी लड़की का आभूषण है। जज की पत्नी ने कहा–यदि तू इस लड़की को ला दे, तो मैं सिगान तरुण को मुक्त करा दूँगी। लड़की लाई गई, लेकिन उसने असली माँ को स्वीकार करने से इन्कार कर दिया। आभूषण ने तो बतला ही दिया था, इसलिए माँ-बाप अपनी लड़की को गले लगाकर अश्रुमोचन करने लगे। भला अपनी लड़की का जीवन-धन कैसे फाँसी पर चढ़ाया जा सकता था। तरुण मुक्त कर दिया गया, लेकिन माता-पिता इसके लिए तैयार नहीं थे, कि उनकी लड़की सिगानों का जीवन व्यतीत करे। वह इसके लिए भी तैयार नहीं थे, कि लड़की का ब्याह किसी सिगान से हो। अन्त में लड़की परदा खोल देती है–अन्द्रेइ सिगान नहीं है। उभयपक्षीय माँ-बाप अतिसन्तुष्ट। सिगान कुछ दिनों तक विवाह के आनन्द में सबकुछ भूल जाते हैं, लेकिन उसको तो किसी एक जगह में न रहने का शाप है। वह अपने डेरे को उखाड़ने लगते हैं और सिगानुच्का और उसका पति आँसू बहाने लगते, केवल अपने चिर-बन्धुओं के बिछोह पर ही नहीं बल्कि सिगानों के मुक्त जीवन के छूटने पर भी। नाट्यशाला के परदे पर भी सिगानों का विशेष चिन्ह रुपयों की माला जहाँ-तहाँ लगी हुई थी। नाटक की भाषा रूसी थी, लेकिन सज्जा सारी सिगानों जैसी थी। बीच-बीच में सिगानपन को दिखलाने के लिए कोई-कोई रोमनी शब्द भी आ जाते थे, और संगीत तो सारा का सारा रोमनी था। मैं अन्तराल में भी तियात्र के सेक्रेटेरी से मिला और उनसे कुछ बातें मालूम कीं। नाटक की समाप्ति के बाद तो सेक्रेटेरी ने अपने कई अभिनेता और अभिनेत्रियों से भी भेंट कराई। यद्यपि वह सभी सेक्रेटेरी की तरह शिक्षित थे, लेकिन उनमें से बहुत कम को मालूम था, कि वह हिंदू हैं। सेक्रेटरी ने कहा–हाँ, मैंने सुना है। सबने फिर मिलने के लिए आग्रह किया। मैंने कहा–दूसरे नाटक के खेले जाने के समय मैं फिर आऊँगा।

लेनिनग्राद में तो पुस्तकों में डूबा रहता था, यहाँ उसके लिए न उतना सुभीता था और न मैं चाहता था। मैं ज्यादा से ज्यादा सोवियत मध्यएसिया सम्बन्धी साहित्य के पढ़ने तथा जगहों और संस्थाओं के परिदर्शन में लगा रहता था। वोकस की ओर से कभी खबर आती कि जल्दी हो जायगा, और कभी सन्देह की बात होने लगती। वस्तुतः सोवियत-शासन में अगर कोई बड़ा दोष है, तो यही कि वहाँ सन्देह की मात्रा चरम सीमा तक पहुँच गई है। मुझे मध्य-एसिया जाने का अनुज्ञापत्र न मिले, इसका कोई कारण नहीं था। वहाँ के पार्टीवाले चाहते थे, वोकस संस्था हर तरह की सहायता देने के लिए तैयार थी, लेकिन विदेश-विभाग किसी निर्णय पर ही नहीं पहुँच रहा था।

हमारे होटल के पास में ही कई म्युजियम थे, जिनमें से एक इतिहास-म्युजियम था। यहाँ पुराण-पाषाण युग तथा नव-पाषाण युग की भी सामग्री थी, हस्तलेखों का बहुत अच्छा संग्रह था, शकों की भी कुछ चीजें

थीं। सबसे पुरानी पुस्तक ग्रीक भाषा की थी, जो नवीं सदी में चरम-पत्र पर लिखी गई थी। देखने में वह पीले-से पड़ गये सफेद कागज की तरह मालूम होती थी। रूसी भाषा की भी कितनी ही पुरानी पुस्तकें थीं, और सबसे पहिले छापे में छपी पुस्तकों का भी अच्छा संग्रह था, लेकिन मैं तो जप रहा था मध्य-एसिया की माला, लिखना हो तो उसका इतिहास, और देखना हो तो उसकी भूमि।

रात को (3 अप्रेल) वोल्शोइतियात्र (महानाटकशाला) में बैले देखने गये। मारिन्स्की तियात्र जैसी ही इसकी भी इमारत है; हाँ, यह उससे अधिक बड़ी है। बैले बड़ी आकर्षक थी। गृहस्वामिनी की लड़की और नौकरानी छोकरी में छोकरी अधिक सुन्दर और निपुण थी, जिसे देखकर गृहस्वामिनी को अपनी लड़की की हीनता का भान होता, और फिर वह चण्डिका हो नौकरानी के जीवन को दुर्भर करने पर उतारू हो जाती। तरुणी अपने भाग्य और जनम को कोसती दिन काट रही थी। एक दिन घर में एक भिखमंगिन आई। साधारण भिगमंगिन ने प्रसन्न होकर अपने असली रूप को प्रकट कर दिया। वह तो परियों के देश की अप्सरा थी। उसने छोकरी को ले जाकर भिन्न-भिन्न ऋतुओं के नाच को दिखलाया। देखकर तरुणी भी आवेश में आई, उसने भी सुन्दर नाच नाचे। कुछ समय बाद छोकरी पर एक राजपुत्र मुग्ध हो गया, लेकिन छोकरी राजपुत्रों के वर्ग से निराश हो चुकी थी, इसलिए वह घर से निकल भागी। राजकुमार उसे ढूँढ़ते देश-विदेश मारा-मारा फिरा। बैले का मतलब ही है मूक अभिनय, इसलिए रंगमंच पर भिन्न-भिन्न देशों की विशेषता दिखलाने के लिए वहाँ के वेश, वाद्य और नृत्य के सिवाय कोई उपाय नहीं था। राजकुमार इस भ्रमण में उजबेकों, अफरीका के बन्धुओं और न जाने किन-किन जातियों के देशों में गया। अन्त में छोकरी अपने पुरानी मालकिन के घर में मिली। नाटक सुखान्त था।

वोल्शोइतियात्र सोवियत रूस की सर्वश्रेष्ठ रंगशाला है। यह नाम वोल्शेविकों ने नहीं दिया, बल्कि रंगशाला के महान् होने के कारण ही उसे यह नाम मिला। इसका टिकट मिलना दुर्लभ है और मुझे तो स्थान भी मिला था पहली पंक्ति में, रंग के बिल्कुल पास। अभिनेता और अभिनेत्रियाँ दो सौ रही होंगी। उन्होंने अभिनय और नृत्य में कमाल किया था। दृश्य अंकित करने में और भी अधिक चमत्कार मालूम होता था। अँधेरी रात में तारों का छिटकना देखकर किसी को संदेह नहीं हो सकता था, कि यह वास्तविक रात्रि और तारे नहीं हैं। रंग के सीमित अवकाश में मीलों तक के जंगल, पर्वत, नदियों के दृश्य थे। लेकिन सोवियत रंगमंचों में पुराने साधनों के साथ-साथ अब आधुनिक साधन भी व्यवहार किये जाते हैं, जिनमें पता न देते हुए कुछ यन्त्रों का भी उपयोग होता है।

अगले दिन (4 अप्रेल) दत्त भाई के यहाँ गये। वहाँ उनकी चौथे वर्ष की छात्राओं से बात-चीत हुई। यह युनिवर्सिटी की पढ़ाई नहीं थी, जहाँ कि पुरानी चली आती परम्परा को पालन करते हुए संस्कृत का पढ़ना आवश्यक था। लड़कियाँ केवल उर्दू-हिन्दी पढ़ती थीं। वह काफी ज्ञान रखती थीं, और मुझे विश्वास है, यदि भारत में 6 महीने रहने का मौका मिले, तो वह शुद्ध भाषा बोलने लगेंगी। हिन्दी पुस्तकों और पत्रिकाओं के अकाल की शिकायत थी। वस्तुतः जो लोग इन विषयों में दिलचस्पी रखते हैं, वह तो लंदन जाते नहीं, नहीं तो वहाँ से भी कितनी ही पुस्तकें इकट्ठा कर सकते थे। भारत से दौत्य-सम्बन्ध स्थापित हो जाने के बाद तो अब वह अभाव नहीं होगा, यह मुझे विश्वास है।

शाम को केन्द्रीय लालसेना तियात्र में 'कतुजोफ' फिल्म देखने गये। यथार्थवाद में सोवियत का रंगमंच चरम सीमा तक पहुँचा हुआ है। कतुजोफ रूसी सेनापति था, जिसने नेपोलियन को बड़ी दुर्गति के साथ रूस के बाहर खदेड़ दिया। इस अभिनय में नेपालियन के समकालीन रूस का चित्रण था। सैनिकों और सेनापतियों, नागरिकों और ग्रामीणों को उसी समय की पोशाक, उसी समय के अस्त्र-शस्त्र थे। कहीं पर भी ऐतिहासिक या भौगोलिक अनौचित्य नहीं आने दिया गया था, यहाँ तक कि समकालीन चित्रों में नेपोलियन और कतुजोफ का चेहरा जैसा देखा जाता है, उनका पार्ट लेनेवाले अभिनेताओं का भी वैसा ही चेहरा-मोहरा बना दिया गया था। कुतजोफ एक आँख का काना था, इसलिए अभिनेता अपने सारे अभिनय में एक आँख बन्द कर काना बना रहा। इस फिल्म में एक भी स्त्री पात्र नहीं थी, शायद इसीलिए इस विशाल शाला में 10 सैकड़ा सीटें

खाली थीं। जाड़े की हिमाच्छादित भूमि, पर्वत में दूर-दूर तक बसे गाँव, देवदार और भुर्ज के वृक्ष ही नहीं, बल्कि बड़े-बड़े रुई के फाहों जैसी पड़ती बरफ, और सनसनाती झंझा को भी इस फिल्म में दिखलाया गया था। संवाद और भी कमाल का था। नेपोलियन की परेशानी और कष्ट को दिखलाया गया था, लेकिन कहीं भी उसके अभिमानपूर्ण चेहरे को दीन नहीं होने दिया गया। दर्शकों में लालसैनिकों की संख्या अधिक थी।

6 अप्रेल को फिर वोलशोइतियात्र में 'यूगे··· ओनेगिन' ओपेरा देखने गए। वोल्शोइतियात्र में अभिनय और महान् कलाकार चेकोप्स्की की कृति, फिर उसकी साज-सज्जा और तैयारी के बारे में क्या कहना ? लेकिन यह ओपेरा था, जिसमें सारे संवाद पद्यमय होते हैं और स्वर में तो अगर श्रोता पहिले से दीक्षित और अभ्यस्त न हों, तो वह हमारी तरह कान फाड़नेवाली चीख के सिवाय और कुछ न समझें। दृश्य अत्यन्त सुन्दर बने हुए थे। परिधान देश-काल-पात्रोचित थे। नृत्य या दूसरी बातें भी निर्दोष थीं, लेकिन उस अस्वाभाविक पद्यमय वार्तालाप ने मुझे मजबूर कर दिया, कि पहिला अंक समाप्त होते ही वहाँ से उठकर चल दूँ। आज कुछ हल्का-सा बुखार भी था, शायद यह भी इतनी असहिष्णुता का कारण हो। मुझे इस नाट्यशाला के दो टिकट मिले थे, इसे बड़ा सौभाग्य समझना चाहिए। एक टिकट को तो मैंने पहिले ही अपने होटल के किसी आदमी को दे दिया था, दूसरे टिकट को बाहर निकलते ही एक तरुण को दे दिया। बहुत से चूके हुए लोग आशा लगाए वोल्शोइतियात्र के बाहर मँडराते रहते हैं। तरुण कुछ पैसा देना चाहता था, मैंने कहा–नहीं, तुम जाकर देखो।

जान पड़ता है, शरीर में धीरे-धीरे कुछ विकार पैदा हो गया था, जो किसी बीमारी का रूप लेना चाहता था। हल्का बुखार, पेट में कब्ज, और सिर में भनभनाहट देखकर 10 अप्रेल को ख्याल आया, कि अस्पताल चलना चाहिए। एक पंथ दो काज–चिकित्सा भी हो जाएगी और सोवियत चिकित्सालय को भी देख लेंगे। 11 अप्रेल को एक वृद्ध डाक्टर ने आकर देखा। क्रान्ति के पहिले धनाढ्य और आभिजात्य कुलीन पुरुष थे, वोल्शेविकों के तेज को सहन करने के लिए आवश्यक आदर्शवाद की भारी घूँट भी नहीं पी थी, फिर वह कैसे संतुष्ट हो सकते थे। आज उनकी लिखी हुई दवाओं को सेवन किया, और अस्पताल नहीं जा सका।

12 अप्रेल को तापमान नहीं था, किन्तु पेट भी साफ नहीं था। बीमारी थी, लेकिन पढ़ने की चीजों को छोड़ भी नहीं सकता था। शाम को एक विख्यात डाक्टर आये, उन्होंने देखा, कुछ मैंने भी कहा, इसलिए अस्पताल जाना तै हो गया।

11
सोवियत अस्पताल में

अगले दिन मोटर एक बजे के करीब शहर से दूर हवाई अड्डे के पास बोत्किन अस्पताल में पहुँचा आई। अस्पताल क्या इसे एक पूरा मुहल्ला ही समझिये। बोत्किन नाम के कोई प्रसिद्ध डाक्टर थे, जिनका नाम इस संस्था के साथ जोड़ दिया गया है। डाक्टर के पूछने पर मैंने बतलाया था कि 1924-1925 ई. में मुझे साल-भर के करीब क्रानिक डिसेन्टरी रही, उसके बाद पिछले साल ईरान में संदेह हुआ। इसी संदेह पर मुझे छूतवाली बीमारियों के बक्स (कमरे) में रखा गया था। कमरा छोटा था, किन्तु चारों तरफ से पूरी तौर से प्रकाश आने के लिए शीशे ही शीशे लगे हुए थे। कमरा एक-तल्ला था, जिसके भीतर लोहे की एक छोटी चारपाई थी। हरेक रोगी का कमरा अलग-अलग था। डाक्टर तथा परिचारिका के अतिरिक्त कोई दूसरा भीतर नहीं आ सकता था। यात्रा के सम्बन्ध में बातचीत करने के लिए एक उच्च-पदस्थ सज्जन मुझसे मिलना चाहते थे। उन्होंने बहुत कोशिश की, लेकिन अस्पताल के अधिकारियों ने इजाजत नहीं दी–छूत के वार्ड में हैं, वहाँ कोई नहीं जा सकता। हालाँकि मुझे कोई छूत की बीमारी नहीं थी, डिसेन्टरी भी नहीं थी, केवल पुराने सम्बन्ध से उसका संदेह-भर था। अन्त में उक्त सज्जन को स्वास्थ्य-मंत्री का दरवाजा खटखटाना पड़ा। सोवियत में ऐरे-गैरे नत्थू-खैरे को मंत्री बनाकर तो कोई भी विभाग नहीं थमा दिया जाता। किसी विभाग का मंत्री ऐसा ही आदमी होता है, जो उस विषय में काफी जानकारी रखता हो। हिन्दुस्तान नहीं है, कि राजकुमारी अमृतकौर को स्वास्थ्य-मंत्री और मौलाना को शिक्षा-मंत्री की गद्दी पर बिठा दिया जाय। सोवियत का स्वास्थ्य-मंत्री वही हो सकता है, जो चिकित्सा-विज्ञान को जानता हो। यदि मंत्री ऐसा न होता तो शायद उसकी बात को भी अस्पतालवाले पर्वाह न करते। खैर, कुछ मिनटों के लिए उक्त सज्जन को अनुमति मिली। वह अस्पताली सफेद कपड़ा पहिनाकर पिछले द्वार से भीतर लाये गये, और बात करके चले गए। हमारा भी कपड़ा बदल दिया गया। कपड़े सादे थे, लेकिन बहुत साफ थे। यहाँ अब परीक्षाओं का ताँता शुरू हुआ।

13 अप्रेल की 9 बजे से पहिले ही नींद खुलने पर देखा, चारों ओर लोग अपने-अपने काम में लगे हुए हैं। गरम पानी से मेरा मुँह-हाथ धुलवाया गया। उससे पहिले ही तापमान ले लिया गया था। डाक्टर ने पेट, छाती, फेफड़े आदि की परीक्षा की। स्वास्थ्य-इतिहास लिखा जाने लगा–1924 में क्रॉनिक लाल-डिसेन्टरी थी। जापान, मंचूरिया, रूस हो भारत लौटने पर 1935 में मैं दो हफ्ते टाईफाइड का शिकार, जिसमें एक सप्ताह बेहोश, 1941 में कई महीने मलेरिया से पीड़ित, 1944 में फिर डिसेन्टरी।

मुँह-हाथ धो लेने तथा बिस्तरा ठीक हो जाने पर प्रातराश आया। टोस्ट, मक्खन, दो अंडा, दूध की लस्सी और काफी। यह प्रातराश क्या, भोजन ही हो गया। फिर एक प्रोफेसर-डाक्टर ने आकर परीक्षा की। डाक्टर से प्रोफेसर-डाक्टर का दर्जा ऊँचा है, वही किसी मेडिकल-कॉलेज का प्रोफेसर होता है। सबने अपना काम बहुत

सावधानी और शिष्टता के साथ किया। खाना 2 बजे और सात बजे फिर चाय की आवश्यकता होने पर वह भी मिल सकती थी। अब शाम-सबेरे तापमान लेकर लिखा जाने लगा, तापमान नार्मल था। दवाई भी दो बार पिलाई जाने लगी। उस दिन दो प्रोफेसर-डाक्टरों और दो डाक्टरों ने देखा। मेडिकल कॉलेज के विद्यार्थी भी इस वार्ड में आते थे, लेकिन मेरे पास नहीं आये।

14 अप्रेल को रविवार साधारण छुट्टी का दिन था, इसलिए केवल अपने डाक्टर मलेरिना आईं। खून के दबाव को देखने पर कहा—तरुणों जैसा है। दिन में दो इंजेक्शन कल ही से शुरू हो गये थे। एकान्त अवश्य था, यद्यपि उसके तोड़ने के लिए डाक्टर मलेरिना तथा उनकी तरुण-सहायिका दूसरी डाक्टर आकर कुछ देर बैठती थीं। मैं अपने साथ कुछ पुस्तकें भी लाया था। अस्पताल में प्रत्येक कमरे में दो आदमी रखे जाते हैं, मगर मेरे कमरे में मैं अकेला था। अस्पताल में बहुत भीड़ नहीं थी। मुख्य नर्स र्‌येष्ट श्वसा (स्ताङसेस्त्रा) परिमाण से अधिक स्थूल थीं। वह बराबर आकर पूछती रहतीं। कोई खास खाने-पीने की चीज चाहिए। मैं कहता—नहीं, धन्यवाद। डाक्टर मलेरिना से काफी बात होती। उन्होंने रवीन्द्र की कुछ किताबें पढ़ी थीं, इसलिए भारत के बारे में अधिक जिज्ञासा रखती थीं। मैं एक छोटी कोठरी में बन्द था, लेकिन मेरी बड़ी इच्छा होती थी, बोत्किन अस्पताल (बोल्नित्सा बोत्किना) के हरेक भाग को देखने की। 15 तारीख से अब कोई शिकायत भी नहीं थी। दस्त बाकायदा होता था। बुखार भी नहीं था।

16 अप्रेल को दोपहर तक धूप रही, फिर आस्मान घिर आया। सभी को शिकायत थी, कि अब की साल बादल बार-बार लौट रहा है, शायद मई तक भी बरफ न पिघले। मैं चूँकि मध्य-एसिया जानेवाला था, और दत्त भाई से फरेगाना की मलेरिया की बात सुन चुका था, इसलिए चाहता था, कि उसकी सुई ले लूँ। डाक्टर ने बताया, मलेरिया और इन्फलुयेन्जा की सुइयों की आवश्यकता नहीं, हैजा और टाइफाइड की ले लीजिये।

मुझे जगह-जगह परीक्षा के लिए जाना पड़ा। एक जगह रोन्तगिन (एक्सरे) के लिए, दूसरी जगह अंतड़ियों की परीक्षा के लिए जाना पड़ा। सभी परीक्षकों ने यही बतलाया—बहुत ठीक है, कोई विकार नहीं, फेफड़ा, छाती बिल्कुल स्वस्थ हैं। यहाँ के चिकित्सक घोर प्रत्यक्षवादी हैं। केवल आँख की देखी बात पर विश्वास करते हैं।

12 अप्रेल को अस्पताल आया था, और 20 अप्रेल को मैंने उसे छोड़ा। छोड़ते वक्त अस्पताल की ओर से एक पूरी रिपोर्ट तैयार करके दी गई और आगे के लिए क्या करना चाहिए, इसकी हिदायत भी। सोवियत-शासन की सफलता का एक बड़ा प्रमाण चिकित्सालयों की सुव्यवस्था है। नगर हो या ग्राम, सभी जगह हरेक नागरिक निःशुल्क चिकित्सा पाने का अधिकार रखता है। आरम्भ में डाक्टरों की कमी से चाहे कितने ही गाँव अस्पतालों से वंचित रहे हों, लेकिन अब तो शायद ही कोई गाँव होगा, जहाँ अस्पताल और डाक्टर न हों। किरगिजिस्तान और कजाकस्तान में क्रान्ति के समय तक बहुत भारी संख्या में लोग घुमन्तू या अर्धघुमन्तू जीवन बिताते थे। भेड़ों और घोड़ों का पालन उनका मुख्य व्यवसाय था। किरगिजिस्तान और कजाकस्तान के घोड़े तुखारी घोड़े के नाम से प्राचीन भारत में भी मशहूर थे। आज भी उन्होंने अपनी कीर्ति को खोया नहीं है। सोवियत-काल में तो बल्कि घोड़ों की परवरिश के लिए विशेष ध्यान दिया गया है, और अच्छी से अच्छी नसल के घोड़ों को जल्दी से व्यापक रूप में पैदा करने में कृत्रिम वीर्य-निक्षेप द्वारा भारी सफलता प्राप्त की गई है। आज वहाँ बड़े स्वस्थ, मजबूत और सुन्दर जाति के घोड़े देखे जाते हैं। वहाँ हजार-हजार दो-दो हजार घोड़ों के रेवड़ का एक जगह देखा जाना आश्चर्य की बात नहीं है। घोड़े रिसाले के लिए आवश्यक हैं, इसलिए भी सोवियत सरकार को उनकी ओर ज्यादा ध्यान देना पड़ा। अब तक किरगिज और कजाक लोग अपने स्वाभाविक जीवन में घूमते हुए अश्वपालन करते थे। सभी चरागाहें एक समय चरने लायक नहीं होतीं, त्यानशान और अल्ताई की पर्वतमालाओं में ऊँचाई के अनुसार आगे-पीछे बरफ पिघलती और हरियाली उगती है, इसलिए पुराने घुमन्तुओं ने किस चिरभूमि में किस समय जाना चाहिए, इसका एक नियम बना रखा था। आजकल भी उससे पूरा फायदा उठाने की कोशिश की जाती है।

कल के घुमन्तुओं के अब अच्छे-खासे गाँव बस गए हैं, जिनमें अधिकांश में मिट्टी के तेल की जगह बिजली जलती है। इन गाँवों में अब कोई निरक्षर नहीं मिलता। और गाँवों के आसपास कुछ साग-सब्जी, फल-फूल

भी उगाए जाते हैं, लेकिन अश्व-पालन को छोड़ नहीं चुके हैं, अब भी वह अपनी पुरानी चरागाहों में करीब-करीब उसी समय में पहुँचते हैं, लेकिन तब से अब भारी अन्तर है। अब रेवड़ों के जाने के रास्ते में हर मंजिल पर चारा-पानी, लोगों के रहने का इंतजाम नहीं होता, बल्कि उसके साथ खबर भेजने का रेडियो भी होता है, आदमियों और पशुओं के चिकित्सक साथ होते हैं, और साथ में चलती-फिरती पाठशाला भी रहती है। कई जगहों में स्थायी घर भी बन गए हैं, लेकिन अधिकतर चरागाहों में लोग तम्बुओं के भीतर ही रहते हैं। सोवियत के विशाल राज्य में कोई मनुष्य चिकित्सा से वंचित न हो, इसका अब पूरी तौर से इन्तिजाम हो चुका है। जैसा कि पहले कहा, पशुओं की चकित्सा का भी इसी तरह प्रबन्ध है। मुफ्त चिकित्सा से आदमियों को कितना सुभीता है, इसके महत्व को सोवियत के लोग नहीं समझते। हवा अनमोल चीज है, लेकिन अत्यन्त सुलभ होने के कारण हम उसके महत्व को नहीं समझते। पूँजीवादी देशों में मध्यम वर्ग के लोगों को बीमारी के पीछे बिकते देखा है, वह इसके महत्व को समझ सकते हैं। नगरों में हरेक आदमी के लिए एक-एक नहीं, तीन-तीन जगह निःशुल्क चिकित्सा का प्रबन्ध है। मेरा ही उदाहरण ले लीजिए। त्काचेई मुहल्ले में अलग डाक्टर थे, जो कि टेलीफोन पाते ही रोगी के पास पहुँचते थे, मैंने कभी उनके आने में पन्द्रह मिनट से अधिक समय बीतते नहीं देखा। यदि डाक्टर कहता है अस्पताल चलो, तो वहाँ सारी व्यवस्था मुफ्त है। यदि हम आग्रहवश घर रहना चाहते हैं, और बीमारी छूत की नहीं है, तो डाक्टर जबर्दस्ती नहीं करेगा; हाँ, घर रहने पर सरकारी दूकान पर सस्ते दाम पर मिलनेवाली दवाइयों-भर का दाम देना पड़ेगा। त्काचेई के अतिरिक्त विश्वविद्यालयों में भी निःशुल्क चिकित्सा का प्रबन्ध था और तीसरा वैसा ही प्रबन्ध था तिर्योकी में।

12
प्रतीक्षा और निराशा

20 अप्रेल को बोकस की कार आई और 4 बजे के करीब मैं फिर नेशनल होटल में उसी 240 नं. कमरे में चला आया। इतने दिनों तक अनुपस्थित था, लेकिन कमरा रख छोड़ा गया था। एक जगह पड़े रहने के कारण ही शायद कुछ कमजोरी मालूम होती थी। उस रात को कुछ बुखार-सा भी मालूम हुआ। चाहे कुछ भी हो, मैं पढ़ने को तो छोड़ नहीं सकता था। शाम को भूख नहीं लगी, कुछ संदेह होने लगा, लेकिन अब अस्पताल नहीं जानेवाला था।

21 अप्रेल को कल के हल्के बुखारे के डर से मैंने बाहर निकलने का संकल्प छोड़ दिया। शाम के वक्त अपनी पत्नी सहित साथी समउन आए। जिस जावी मित्र से मैं तेहरान में आदिल खान के नाम से परिचित था, उन्हीं का नाम साथी समउन था। उनके साथ शाम को रोमन-तियात्र में 'भट्टी की बहू' नाटक देखने गया। यूरोप के सिगानों का जहाँ भीख माँगना, हाथ देखना, घोड़ा फेरी करना व्यवसाय था, वहाँ नाचना-गाना भी, विशेषकर शराब के भट्टीखाने के सामने। शराब पीनेवालों को ऐसे सस्ते मनोरंजन का साधन सिगान ही दे सकते थे। नाटक में एक ऐसी बहू का वर्णन था, जो कि भट्टीखाने से लाई गई थी। सिगानों का घुमन्तू जीवन बड़ा ही आकर्षक होता है। रूस के कालिदास कवि पुष्किन भी इस जीवन पर मुग्ध हो गये थे, और उन्होंने इस पर एक सुन्दर कविता लिखी थी। शराबखाने पर नाचना-गाना दिखलाया गया। सिगान नर-नारी अपनी कला दिखाकर पैसा माँग रहे थे। एक सिगान तरुण दूसरी सिगान तरुणी पर मुग्ध हो गया। तरुण केवल कलाकार था। कन्या का हाथ माँगनेवाले दो दूसरे तरुण भी थे, जिन्होंने बड़ी-बड़ी भेंट माता-पिता के सामने रखीं। लेकिन जो नाच-गाना तथा सिगानों की दूसरी विद्याओं को नहीं जानता 'तस्मै कन्या न दीयते'। पिता-माता ने गुण नहीं देख गृह और भेंट-सौगात पर फैसला करते हुए, एक बूढ़े के हाथ में अपनी कन्या को सौंपना चाहा, लड़की के विरोध करने पर–पिता ने कोड़ों से मारा। प्रेमी तरुण ने फिर एक बार कोशिश की, लड़की भी रोई-कलपी, किन्तु पिता के सामने किसी की नहीं चली, जबरदस्ती विवाह कर दिया गया। सिगान धर्म के बारे में कट्टर नहीं रहे, जहाँ जिस धर्म की प्रधानता थी, वहाँ वही उनका धर्म हुआ। रूस में वह ग्रीक-चर्च के माननेवाले बने, लेकिन दिखावा मात्र था, नहीं तो सिगानों की अपनी प्रथा सर्वत्र एक-सी थी। उनका भोजन, गाना-नाचना भी एक ही जैसा था। लड़की का विवाह हुआ, जिसमें सारे नर-नारियों ने भाग लिया। नववधू भी प्रथा के अनुसार नाचने के लिए बाध्य थी, किन्तु उसने रोदन-नृत्य किया। घोड़े की चौपहिया गाड़ी पर तरुणी को चढ़ाए जाने के समय तरुण प्रेमी क्रिमिया के भूतपूर्व सुल्तान के रूप में जादूगर बनकर आ गया। उसने चादर के नीचे से एक अनुपम सुन्दरी (परी) को निकाला, जिसने कुछ भविष्यवाणी की। सुल्तान ने घोड़ागाड़ी में उसे लुप्त कर दिया। वर-वधू उस गाड़ी पर सवार हो विदा हुए। रास्ते में परी चुड़ैल का रूप लेकर चढ़ पड़ी।

सिगान बेचारे भूत-प्रेत के बड़े विश्वासी होते हैं। सभी डर गए—बराती कहीं भागे, वर कहीं भागा। सुल्तान का वेष छोड़कर तरुण अपनी प्रेयसी से मिला। बूढ़ा वर पागल हो गया, जब उसने दोनों को चुम्बन करते देखा। लोग फिर लौटकर आए। प्रेमी के साथी ने दोनों को गाड़ी में छिपा दिया, और लोगों को बहकाकर दूसरी ओर ढूँढ़ने के लिए भेज दिया। अन्त में दोनों प्रेमी पकड़े गए। बूढ़े वर ने अपने श्वसुर पर बड़ा रोष प्रकट किया। श्वसुर नाराज हो गया और उसकी बीवी ने सभी भेंटों को निकाल फेंका। अन्त में प्रेमी और प्रेमिका का मिलन हुआ। सारी सिगान मंडली ने उनका स्वागत किया। सिगानों के इतने सुन्दर नाट्य को देखकर मुझे अफसोस होता था, कि उन्हें घर का तहखाना देकर क्यों छोड़ दिया गया। उनके लिए तो एक खास इमारत होनी चाहिए। इनका तियात्र सदा भरा रहता था। ग्रीष्म के दिनों में इनकी मंडली दूसरे शहरों में भी जाती। लेनिनग्राद में कई बार तो उनका टिकट नहीं मिलता था। अगर यहाँ बड़ी नाट्यशाला होती; तब भी वह खाली न रहती।

यद्यपि अभिनेता सारे सिगान और सिगानियाँ थीं, लेकिन दर्शक प्रायः सारे ही सिगान-भिन्न थे, इसलिए रूसी भाषा अनिवार्य थी। प्रौढ़ा अभिनेत्री ने बतलाया कि अभी हम अपनी भाषा को भूले नहीं हैं। यह भी मालूम हुआ कि सिगानों को उनकी मातृभाषा द्वारा शिक्षा देने की भी कोशिश की गई थी, लेकिन सिगानों का न कोई प्रदेश और न कोई गाँव है। दूसरे लोगों के बीच में यह बिखरे होते, साथ ही सभी द्विभाषी हैं, इसलिए व्यवहारतः यह प्रयोग चल नहीं सका।

अब भी मास्को-यात्रा में नाटकों के देखने की मैंने छूट कर दी थी। 24 अप्रेल को भी यूरेई (यहूदी) नाट्यशाला में एक सामाजिक नाटक देखने गये। उसके संगीत को देखकर मुझे मालूम हुआ, कि भारतीय फिल्मों में जो संकर-संगीत की इतनी अधिकता है, उसका कारण यही यूरेई प्रभाव है। रोमन तियात्र की तरह यह नाट्यशाला भी अल्पसंख्यकों की नाट्यशाला थी। यूरोप में सबसे अधिक यहूदी रूस में शताब्दियों से रहते आए हैं, किन्तु जनसाधारण में हजम नहीं हो सके। इसमें यहूदियों की कठोर जात-पाँत की मर्यादा ही कारण नहीं रही; बल्कि ईसाइयों की—ईसा के प्राण हरनेवाले बन्धुओं के प्रति—घृणा भी कारण थी। क्रान्ति से पहिले तो वह एक तरह अछूत (छोटी) जाति के समझे जाते थे। शायद लहसुन का प्रयोग वह खाने में ज्यादा करते हैं, इसलिए लहसुनखोर कहकर रूसी उनके प्रति घृणा प्रकट करते थे। कोई आदमी अपनी लड़की को यहूदी को देने के लिए तैयार नहीं था, और न कोई रूसी यहूदी लड़की से ब्याह कर अपने वर्ग और परिवार में सम्मानित रह सकता था। जन्मभूमि से उजड़कर सूखे पत्तों की तरह दुनिया-भर में बिखरे यहूदी शायद उसे चाहते भी नहीं थे, या चाहने पर भी उनको अवसर नहीं मिला जो कि वह खेती में नहीं लगे। बनिया-महाजन का व्यवसाय ज्यादा लाभप्रद था, इसलिए वह उसी तरफ आकृष्ट हुए और यूरोप के देशों के मारवाड़ी बन गए। उनकी अपनी भाषा इबरानी अब केवल पढ़ने की भाषा रह गई, तो भी वह जर्मन-मिश्रित एक तरह की भाषा (यिद्दीश) आपस में बोलते हैं। शिक्षा का द्वार खुलने के साथ उन्होंने उस तरफ भी कदम बढ़ाया और अच्छे-अच्छे वकील, डॉक्टर, प्रोफेसर और इंजीनियर उनमें होने लगे। उनके व्यवसाय सीमित थे, विवाह-सम्बन्ध सीमित थे, इसलिए उनका सामाजिक क्षेत्र भी बहुत संकुचित था। वह जेन्तील (अ-यहूदी) को चूसना अपना धर्म समझते थे, और दूसरे उन्हें तुच्छ दृष्टि से देखकर आत्मसंतोष कर लेते थे।

लेकिन क्रान्ति के बाद युगों से चले आये पक्षपातों को हटाने का प्रयत्न किया गया। आज वही लोग पुराने दुर्भावों को अपने मन के भीतर रखे हुए हैं, जो सोवियत-शासन से भी प्रेम नहीं रखते। सोवियत-शासन ने यहूदियों के रास्ते की सभी रुकावटों को दूर कर दिया है, तो भी अभी 70 प्रतिशत विवाह-सम्बन्ध उनके अपने ही धर्म-भाइयों में होते हैं और वह अपने आस्पदों—स्ताइन, मान आदि को कायम रखे हुए हैं। यूरोपीय रूस में उनकी कोई विशेष भाषा न होने के कारण उसमें तो प्रयत्न नहीं किया गया, लेकिन मध्यएसिया के यहूदी एक तरह की विशेष फारसी बोलते हैं, उसमें छपी हुई स्कूली किताबों को लोक पुस्तकालय (लेनिनग्राद) में मैंने देखा था। लेकिन यह तजर्बा उसी तरह असफल रहा, जिस तरह सिगानों को उनकी भाषा में शिक्षा देने का। वस्तुतः जब सभी यहूदी अपने गणतन्त्र की भाषा को मातृभाषा की तरह बोलते हैं, तो वह क्यों

अपने क्षेत्र को सीमित रखते हुए थोड़े आदमियों की भाषा में पढ़ना पसन्द करेंगे। यूहदियों की शुक जैसी नासा का जातीय चिन्ह पश्चिमी यूरोप की तरह रूस में ज्यादा नहीं मिलता, लेकिन उनके बाल काले आमतौर से देखे जाते हैं।

यह नाट्यशाला छोटी नहीं थी। इसका हाल विशाल था, जिसमें ऊपर-नीचे 500 (पाँच सौ) से अधिक दर्शक बैठ सकते थे। यहाँ के गाने हमें ज्यादा पसन्द आ सकते थे, क्योंकि इनमें अरबी और भारतीय गानों के स्वर मिलते थे। पोशाक भी एसियायी-यूरोपीय मिली थी–वही शेरवानी थी, जिसका प्रचार मुसल्मानों ने तुर्की का समझकर भारत में किया और अब महापुरुष नेहरू द्वारा जिसको भारत की राष्ट्रीय पोशाक के पद पर प्रतिष्ठित करने का प्रयत्न हो रहा है। संक्षेप में वेष, वातावरण, सजावट आदि में यह तियात्र भारत के अधिक नजदीक था।

नाटक का कथानक था : एक पुरोहित सनातनी विचारों का था। उसकी इकलौती लड़की का प्रेम एक तरुण विद्यार्थी के साथ हो गया। लेकिन पिता नास्तिक विद्यार्थी के साथ अपनी कन्या का विवाह कैसे करता ? उसने वर के ढूँढ़ने के लिए घटक दौड़ाए। घटकों ने एक धनिक परिवार के तरुण को पसन्द किया, जो कि लँगड़ा, काना, और हकला भी था। लेकिन विद्यार्थी इतनी जल्दी अपने दावे को छोड़ने के लिए तैयार नहीं था। जब विवाह-पत्र लिखा जाने लगा, तो उसने पुरोहित को रिश्वत देकर अपना नाम लिखवा दिया, और जिसमें पिता को मालूम हो कि यह वही लँगड़ा-काना-हकला लड़का है, उसने भी वैसा ही अपने को बनाया। लोग उसके अभिनय को देखकर लोट-पोट हो जाते थे। उसके चलने, बोलने की सभी बातें धनिक पुत्र की तरह थीं। नाटक की भाषा यिद्दिश थी, लेकिन अभिनय इतना अच्छा था कि भाषा जाने बिना भी आदमी नाटक का आनन्द ले सकता था। दूसरों की तरह हँसते-हँसते मेरे पेट में भी दर्द होने लगा। जब तक असली लँगड़ा, किसी काम के लिए आने की तैयारी में होता, तब तक नकली लँगड़ा पहुँच जाता, और कोशिश यह करता कि दोनों एक समय सामने न आयें। यिद्दिश भाषा का उपयोग होने के कारण यहाँ बहुत-सी सीटें खाली थीं, शायद रोमन-तियात्र में भी सिगान भाषा का आग्रह किया जाता, तो वहाँ भी यही हालत होती।

25 अप्रेल को एक ओर मन मारकर अनुज्ञापत्र की प्रतीक्षा कर रहा था, और दूसरी तरफ शाम को पैर केन्द्रीय बाल-नाट्यशाला की ओर चले। यह नाट्यशाला 12 साल से ऊपर के बच्चों के लिए है। नाटक था 'नगर के दो कुबड़े'। लड़कों के लिए मनोरंजन की चीज थी, यह इस नाम से ही प्रकट होता है। झाड़ू देनेवाला कुबड़ा तरुण करकाल बड़ा सुन्दर गायक, नगर-भर के लोगों का प्रेमपात्र तथा ईमानदार था। नगर-वासी खान (राजा) के अत्याचार से पीड़ित थे। खान के अमीर का एक महामूर्ख लड़का था, जिससे नगर की सर्व सुन्दरी कन्या का उसके पिता ने विवाह करना चाहा। पता पाने के बाद खान ने स्वयं शादी करने का प्रस्ताव किया। उधर दुष्टों ने कुबड़े तरुण का काम-तमाम करने के लिए षडयन्त्र रचा, लेकिन नगर के प्रेम-पात्र कुबड़े के गड्ढे में न गिरने की जगह मूर्ख तरुण और खान दोनों उसमें गिरे। तरुण गायक कुबड़े ने उन्हें गड्ढे से बाहर निकाला। पहिले ही से उसके गान पर मुग्ध जंगल के भालू, सिंह, खरगोश देख रहे थे। लेकिन अपने प्राण बचानेवाले कुबड़े तरुण के उपकार के लिए कृतज्ञ होने की जगह, खान ने उस पर अपराध लगाया। नगर के मैदान में कचहरी लगी। उसी मूर्ख तरुण का पिता न्यायाधीश था। गवाहों की पुकार हुई, किन्तु एक भी गवाह कुबड़े के खिलाफ बोलने के लिए तैयार नहीं हुआ। इस पर न्यायाधीश ने कुछ बूढ़ों को न्यायाधीश चुना स्वयं मुद्दई और अपने मूर्ख पुत्र को गवाह बदकर अभियोग लगाया। तरुण अपराधी से गवाह के बारे में पूछने पर उसने जंगल के वासियों को गवाह के रूप में पेश करना चाहा। विरोधी इस पर हँस पड़े। गवाहों की पुकार का धोतू तीन बार बजा, और इसके बाद मृत्यु-दण्ड को कार्य-रूप में परिणत करने के लिए कुबड़े को ले ही जानेवाले थे, कि सिंह, भालू, खरगोश आ पहुँचे। लोग दंग रह गए। जंगल के वासियों की गवाही पर कुबड़े करकाल को मुक्त कर दिया गया। तब खान ने स्वयं मुकदमा देखना चाहा, किन्तु अब तक अपराधी वहाँ से लुप्त हो चुका था। उसे फिर पकड़कर लाने का हुक्म हुआ। स्वयं दूसरों का हाथ न उठने पर खान ने स्वयं उसे पकड़ना चाहा और छीना-झपटी में करताल के हाथ मारा गया। इस पर खान के एक सेनापति विलियम

ने जादू की तलवार से करकाल को मारना चाहा। जमकर लड़ाई हुई। खान के आदमी मारे गये, और विलियम भी बन्दी बना। अब जादू की तलवार करकाल के हाथ में थी, फिर उसे कौन जीत सकता था ? नगर की सर्वसुन्दरी कन्या ने उसी कुबड़े से विवाह किया—रूप से गुण को उसने अधिक पसन्द किया। नगर खान के अत्याचार से मुक्त था। किसी बुढ़िया की भविष्यवाणी के अनुसार करकाल का कूबड़ भी गल गया। इस नाटक में श्रमिक जनता की ईमानदारी और प्रभु वर्ग के अत्याचार का अच्छा चित्र खींचा गया था। 14 वर्ष तक के लड़कों के लिए ही यह अधिक मनोरंजक और शिक्षाप्रद नहीं था, वल्कि सयाने भी उसका आनन्द ले रहे थे। सभी अभिनेता कुशल थे। नाट्यशाला का मकान अच्छा था, कई कमरे थे। हॉल में 700 आदमियों के बैठने की जगह थी।

डाक्टर ताल्स्तोफ के बारे में मैं पहिले भी सुन चुका था। यह भी मालूम था कि कई वर्षों से उनके नेतृत्व में सोवियत पुरातात्विक अभियान मध्यएसिया के उजड़े नगरों के अनुसन्धान के लिए जा रहा है। 26 अप्रेल को ढाई बजे दिन को मैं उनसे मिलने गया। कराकल्पक और ख्वारेज़्म के अपने अनुभवों के बारे में 2 घंटे तक वह बात करते रहे। यूची और शक लोग मंगोल नहीं बल्कि हिन्दू-यूरोपीय जाति के थे, इस बात से वह भी सहमत थे और कह रहे थे कि उनका सम्बन्ध मेसागित (महाशक) जाति से था। वो-सुनों की भूमि (सप्तनद) तक ही नहीं बल्कि दन्यूब से लेकर तरिमउपत्यका तक शक-जाति का निवास था। शक और हिन्दू-ईरानी जाति का परस्पर बहुत नजदीक का सम्बन्ध था। ईसापूर्व तीसरी-चौथी सहस्राब्दी के अरंजित मृत्पात्र-काल में शायद शक और आर्य शाखाएँ अलग हुईं। फिनो-उइगुर और मुंडा-द्रविड़ जाति का भी उसी तरह का सम्बन्ध था। भाषा की समीपता से जो बात मालूम होती है, उसको पुरातात्विक खुदाई में प्राप्त सामग्रियों का भी समर्थन प्राप्त है। ख्वारेज़्म और भारत के नव-पाषाण युग के हथियारों में समानता है, किन्तु तत्काल मृतपात्रों में कैसी समानता है इसको ध्यान से देखने की आवश्यकता है। मैंने कहा : ओरेल स्टाइन को मकरान में जो मृतपात्र मिले थे, वह रंगीन हैं। उससे पहिले के आड़ी रेखाओं से अंकित पात्र मैंने नहीं देखे हैं। प्रोफेसर ने बतलाया कि ख्वारेज़्म में कुषाणों के सिक्कों का पूर्व रूप देखने को मिला है, नाम भी उनके उसी ओर संकेत करते हैं। ताल्स्तोफ का मत है कि अंतर्वेद (सिर और वक्षु दरिया के बीच के प्रदेश) में पहुँचने पर पहिले-पहिल यूचियों की राजधानी ख्वारेज़्म में थी। श्वेत-हूणों (हैफतालों) की राजधानी उनके मत से सम्भवतः वरक्षा में थी, जिसकी खुदाई 1938-1939 में ताशकंद के प्रोफेसर शिविशन ने कराई। वहाँ की खुदाई में ईसा की चौथी-पाँचवीं सदी की चीजें और भित्ति-चित्र मिले हैं।

मध्यएसिया से प्राप्त पुरातात्विक सामग्री के वारे में पूछने पर उन्होंने बतलाया : उनका कितना ही भाग मास्को में है, और कितना ही अशकाबाद, समरकन्द, ताशकन्द, तेरमिज, स्तालिनबाद, फ्रुन्जे आलमाअता के म्युजियमों में। खुदाइओं के समय और नेताओं के बारे में उनसे पता लगा—

खनक	खनन प्रदेश	सन्	संग्रहालय
फ्राइमान	पंजकेन्त (मुकगिरी)	1934	मास्को
बेर्नश्ताम	सप्तनद	1936-45	फ्रुन्जे
ताल्स्तोफ	ख्वारेज़्म	1927-44	मास्को कलासंग्रह
शिविशन	बरक्शा (बुखारा)	1938-48	ताशकन्द
तेरेतोश्किन	अफरासियाब	1945	ताशकन्द
मासीव	फरगाना नहर	1939	ताशकन्द
मासीव	मेर्व	1939	अशकाबाद

ताल्स्तोफ अपने विषय के डाक्टर श्चेर्वात्स्की जैसे ही गम्भीर विद्वान् हैं और उसी तरह की प्रबल जिज्ञासा रखते हैं। 2 घंटे की बातचीत के बाद भी मेरी ही तरह वह तृप्त नहीं थे, और फिर आने के लिए निमंत्रित किया। अभी संग्रहालय में चीजों को नहीं दिखा सके, लेकिन कितने ही फोटो उन्होंने दिखलाए, साथ ही यह जानने की इच्छा प्रकट की कि भारत में पुराण-पुरातत्व के विशेषज्ञ कौन-कौन हैं। मैं इसका क्या उत्तर

देता ? हमारे यहाँ तो सर्वज्ञता को सर्वश्रेष्ठ माना जाता है, पुरातत्व जाननेवाले ही पुराण-पुरातत्व पर भी हाथ साफ कर देते हैं।

27 अप्रेल को पता लगा, कि शायद विदेश-विभाग से स्वीकृति न मिल सकेगी, लेकिन आशा-तन्तु अभी बिल्कुल टूटा नहीं था। उस दिन हम मास्को के दूसरे सबसे बड़े माली-तियात्र में 'प्रतिभा से दुःख' (गरे अतुउमा) नाटक देखने गये, इसमें 19वीं सदी के आरम्भ के रूसी सामन्त वर्ग का जीवन दिखलाया गया था। वोल्शोयी-तियात्र की तरह माली-तियात्र भी अपना एक शताब्दी बहुत पहिले पूरा कर चुका, और उसके नाट्यमंच पर भी सैकड़ों प्रतिभाशाली अभिनेता और अभिनेत्रियों ने अपनी कला का प्रदर्शन किया है। इन पुरानी नाट्यशालाओं के अपने संग्रहालय, और शिक्षणालय हैं। यह केवल रूसी रंगमंच के लिए ही कलाकार नहीं तैयार करते, बल्कि सुदूर सिबेरिया और मध्यएसिया के बुरियत, उजबेक, कजाक आदि तरुण-तरुणियाँ यहाँ से नाट्य-कला सीखकर अपने देशों में उनका बड़ी सफलता के साथ प्रचार और प्रसार कर रहे हैं। संग्रहालय में भिन्न-भिन्न समय पर खेले गये नाटकों की ऐतिहासिक सामग्री देखी जा सकती है—नेपथ्य का खाका, वेश-भूषा के नमूने, कलाकारों के चित्र या फोटो।

नाटक का कथानक था : वृद्धग्राफ (काउण्ट) की इकलौती लड़की अत्यन्त सुन्दरी थी। ग्राफ विधुर था, वह अपनी तरुण नौकरानी—जोकि उसके रैय्यत की पुत्री थी—को फँसाना चाहता था। उस समय रूस में किसान अर्धदास (सर्फ) थे, भूमिपति के हाथ में किसानों की जान-माल, इज्जत सब कुछ था। ग्राफ लोग राजधानी और शहरों के अपने महल्लों में बड़े आराम से रहा करते, और कभी-कभी सैर-सपट्टे तथा मन-बहलाव के लिए अपनी ताल्लुकदारी के महल में चले जाते थे, उस समय किसान तरुणियों की इज्जत नहीं बच पाती थी। कितनी ही किसान कुमारियाँ इन विलासियों से गर्भवती होतीं, और पीछे उनको बड़ी बुरी अवस्था में अपने गाँव में रहना या नगर में जाकर वेश्या बनना पड़ता। वृद्ध ग्राफ की तरुण नौकरानी इस घोर परिणाम को जानती थी, इसलिए वह बूढ़े से घृणा करती थी। ग्राफ-पुत्री के तीन प्रेमी थे—एक पैंतालीस साल का कर्नल, जिसकी सैनिक हैकड़ी मूर्खता की चरम सीमा तक पहुँची गई थी, दूसरा चापलूस तरुण जो ग्राफ-पुत्री से भी अधिक तरुण नौकरानी पर लट्टू था, और तीसरा एक स्वतन्त्रता-प्रेमी नवयुवक चास्की, जिसका साहित्य और मानवता पर बहुत प्रेम था, और प्रेमिका के ऊपर दिलोजान से फिदा था। पिता कर्नल को दामाद बनाना चाहता था, पुत्री लम्पट तरुण को चाहती थी। साहित्य और स्वातन्त्र्य के प्रेम में पागल तरुण को न पिता चाहता था, न पुत्री।

पिता और पुत्री के साथ तीनों उम्मेदवारों ने कई वार बातचीत की थी। बूढ़े ने एक बड़ी दावत की, जिसमें बीसों क्न्याज (राजुल), ग्राफ (काउन्ट) अपनी पत्नियों और पुत्रियों के साथ आए थे। उनकी पोशाक बड़ी भड़कीली थी, जैसी कि 19वीं सदी के आरम्भ में होती थी। रत्नों और आभूषणों की प्रदर्शनी-सी खुल गई थी। पुरुष सम्मान प्रदर्शित करते हुए महिलाओं का हस्त-चुम्बन और किसी का मुख-चुम्बन भी करते थे। स्त्रियाँ घाघरे को कमर के पास से पकड़कर जरा-सा झुककर अभिवादन करती थीं। देश-काल-पात्र में किसी तरह का अनौचित्य न हो, इसका ध्यान सोवियत नाट्यशाला में बहुत किया जाता है और इसके लिए भिन्न-भिन्न विषयों के विशेषज्ञ परामर्श के लिए बुलाये जाते हैं। रूसी उच्च-वर्ग के हरेक व्यक्ति की अलग-अलग रुचि थी, जिसे अभिनय में बड़ी अच्छी तरह दिखलाया गया था। स्त्रियाँ वृद्धा हों, प्रौढ़ा या तरुणी, सभी का व्यवहार इतना स्वाभाविक था, कि जान पड़ता था मानव-शरीर नहीं बल्कि पुतलियाँ हिल-डोल रही हैं। चौथे और अन्तिम दृश्य में ग्राफ के दरवाजे का प्रदर्शन किया गया था। जाड़े का समय था। परिचारक अपने-अपने मालिक और मालकिनों के बहुमूल्य समूरी ओवरकोट और टोप लिये बाहर प्रतीक्षा कर रहे थे। मालिक और मालकिन एक-एक करके बाहर निकल नौकरों के हाथ से अपने कोट और परिधान लेकर सवारियों पर सवार हो जाने लगे। कर्नल भी विदा हुआ। चास्की में और गुण थे, लेकिन बोलने में वह सीमा पार कर जाता था, इसलिए उसका लम्बा भाषण अभी खतम नहीं हुआ था। वह आकर नौकरोंवाली कोठरी में रुक गया। दरवाजे पर कोई नहीं था। चिराग गुल हो चुके थे। ग्राफ-कुमारी ने अपने लम्पट प्रेमी को बुलाया। परिचारिका उसे लेने

गई, लेकिन प्रेमी परिचारिका से ही प्रेम का प्रस्ताव करते आगे बढ़ा। कुमारी ने देख लिया। उसने कुपित हो बक-झककर उसे त्याग दिया। इसी समय चास्की पहुँच गया। उसने स्मरण दिलाया, किन्तु कमारी मौन रही। पिता ने आकर दोनों को देखा, और उसने शक करके उन पर कोप प्रकट किया। तरुण ने पहले कुमारी को सम्बोधन कर खरी-खोटी सुनाई, उससे अन्तिम नाता तोड़ा, और अन्त में बूढ़े पिता को भी चार सुनाकर अपना रास्ता लिया।

सोवियत के नाटक केवल सुन्दर कला और सुरुचिपूर्ण मनोरंजन के ही उत्कृष्ट उदाहरण नहीं होते, बल्कि वह इतिहास, समाज-विज्ञान की सुन्दर पाठशाला का काम देते हैं। जिस समय का नाटक देखने का आपको अवसर मिला है, वहाँ उस समय का इतिहास आपके सामने बिल्कुल असली रूप में आ जाता है, और ऐसे रूप में जिसे आप जल्दी भूल नहीं सकते। हमारे यहाँ की तरह नहीं है कि अशोक के समय उस विक्रमशिला का भिक्षु पेश कर दिया जाय, जिस विक्रमशिला का अस्तित्व अशोक से 11 शताब्दियों बाद हुआ। रेडियो नाटकों में कलिंग-विजय के समय बारूद का धड़ाका दिखाया जाय, जिसको कि बाबर के आने से पहिले हिन्दुस्तान के लोग जानते नहीं थे। हमारा ही देश क्या, इस विषय में पश्चिमी यूरोप और अमेरिकावाले भी अभी सोवियत रूस से बहुत पीछे हैं। माली और वोल्शोई-तियात्र की नाटक-परम्पराएँ बहुत पुरानी हैं, और आज भी दोनों चोटी के तियात्र समझे जाते हैं। देश के सर्वोत्तम अभिनेता और अभिनेत्रियाँ यहीं हैं। बहुत-से उन नाटकों को आज भी खेला जाता है, जिन्हें कि आज से शताब्दी पहिले खेला गया था; हाँ, उनसे अनौचित्य के दोष को हटाकर और सामग्री और अभिनेताओं के परिमाण और गुण को बढ़ाकर। सामन्त-युग के सामाजिक के विलासमय जीवन को दिखलाने में आज के शासक कोई संकोच नहीं करते, उनसे उन्हें कोई खतरा नहीं है। हाँ, अब भी पुराने सामन्तवर्ग की सन्तानों में से कुछ हीरा, रत्न, रेशम और समूर के प्रदर्शनों को देखकर ठंडी साँस लेकर कह उठते हैं–"कला तो यह है। सौंदर्य तो यह है", जिसका अर्थ है–"ते हि नो दिवसा गतः।"

वोल्शोई की तरह माली-तियात्र का टिकट मिलना भी सौभाग्य की बात है। उसके तीनों तल और फर्श की सीटें बिल्कुल भरी हुई थीं। मैं फर्श पर तीसरी पंक्ति में रंगमंच के बिल्कुल नजदीक होने से सभी चीजों को साफ-साफ देख-सुन सकता था।

28 अप्रेल आया। मन नहीं लग रहा था। दुविधा में पड़ा हुआ था। यात्रा का प्रबन्ध करनेवाले देर होने से शंकित जरूर थे, किन्तु अब भी आशा छोड़ नहीं बैठे थे। उस दिन मैं मास्को के ओपरेता-तियात्र में डरते-डरते गया। मैंने समझा था, ओपरेता भी ओपेरा का ही छोटा भाई होगा और सिरदर्द मोल लेना होगा। लेकिन यहाँ ओपरेता का मतलब है नृत्य-संगीत सहित सुखान्त नाटक, अर्थात् ऐसा नाटक जिसे भारतीय रुचि ज्यादा पसन्द करती है। इसका ओपेरा से कोई सम्बन्ध नहीं। यहाँ के सभी गीत, नृत्य और संवाद स्वाभाविक थे। नृत्य में बैले का उच्च नृत्य भी शामिल था। नाटक में आधुनिक समाज को चित्रित करते हुए नौसैनिक के प्रेम को दिखलाया गया था। इसमें विनोद की मात्रा भी बहुत थी। अत्यंत स्थूला अभिनेत्री साविस्कया का अभिनय बड़ा विनोदकारी था। निकुलकीना अभिनय में और उजमिना नृत्य में परम दक्ष।

28 अप्रेल ही से चारों ओर मई-महोत्सव की जोरों से तैयारी होने लगी। कितने ही मकानों पर नेताओं के चित्र लगा दिए गए थे, दीपमालाएँ भी जग गई थीं। 7 नवम्बर के (क्रान्ति-दिवस) के बाद सोवियत का दूसरा सबसे बड़ा त्यौहार मई-दिवस है।

लेनिनग्राद छोड़े महीना-भर हो गया था, इसलिए वहाँ के बारे में क्या कह सकता था ? लेकिन मास्को में तो 29 अप्रेल को वसन्त का आगमन-सा मालूम हो रहा था। प्रथम मई त्यौहार के लिए वसन्तारम्भ से बढ़कर सुन्दर समय कौन-सा मिल सकता था ? उस दिन तीन-चार घंटा हम शहर में टहलते रहे। मास्क्वा नदी में कहीं बरफ का नाम नहीं था, वह मुक्त-प्रवाह बह रही थी। छत या जमीन पर भी बरफ का पता नहीं था, सिर्फ दत्त भाई की गली में एकाध घरों के निचले स्थानों में हिम नहीं, बरफ (यख) दिखाई पड़ती थी। मास्क्वा के उस पार बच्चों की हाट लगी हुई थी, जिसमें खिलौने, बिस्कुट, चाकलेट आदि की बेचनेवाली संस्थाओं ने अपनी-अपनी छोटी-छोटी दूकानें खोल रक्खी थीं। दूकानें लकड़ी की थीं, लेकिन सुचित्रित, सुसज्जित, और शीशे

के गोल केस के साथ। पानी का ख्याल रखना जरूरी था, इसलिए वर्षा का असर न पड़नेवाली छतें बनाई गई थीं। सारा बाजार चित्रशाला-सा मालूम होता था, और चित्र भी वैसे ही जिनकी ओर बालक बहुत खिंचते हों। यहाँ पर कई झूले और कठघोड़वा भी लगे हुए थे। मन्दिरनुमा छतदार स्थान बाजे के लिए सुरक्षित था। बरफ-मलाई बेचनेवाले कितने ही ठेले भी पहुँच गए थे, लेकिन अभी दूकानों में चीजें सजाई नहीं गई थीं। नगर के बड़े-बड़े घरों को भी सजाया गया था। जगह-जगह पर लेनिन और स्तालिन तथा दूसरे नेताओं के भी विशाल चित्र टँगे हुए थे। लेनिन पुस्तकालय के ऊपर लेनिन और स्तालिन का चित्र इतना ऊँचा था कि वह नीचे से चौतल्ले के ऊपर तक पहुँचता था। कोई जगह ऐसी नहीं थी, जिसमें स्तालिन का चित्र न हो। जहाँ-तहाँ 'ग्लावा बेलीकम स्तालिन' (महान् स्तालिन की जय) बड़े-बड़े अक्षरों में लगे हुए थे। एक जगह वर्तमान पंच वार्षिक योजना के आँकड़ों का रेखाचित्र भी लगा हुआ था।

इतने दिन रहे, तो बिना मई-महोत्सव देखे जाना अच्छा नहीं, इसलिए इंतूरिस्तवालों को 2 मई के लिए लेनिनग्राद की ट्रेनों में सीट रिजर्व कराने को कह दिया और लेनिनग्राद तार भी दे दिया। अब मेरा मन बिलकुल उकता गया था। मध्य एसिया की यात्रा को मैं बड़ी लालसा भरी दृष्टि से देख रहा था, जिसके लिए टका-सा जवाब मिल गया। उक्त खबर को सुनाने के लिए एक उच्चपदस्थ भद्र पुरुष आए, और संकोच करते हुए कहने में झिझक रहे थे। मैंने कहा–कोई परवाह नहीं। लेकिन प्रभाव तो पड़ा था। अब मेरी यही इच्छा थी, कि कब भारत लौट चलूँ। केवल पढ़ाना मुझे पसन्द नहीं आ सकता था। पुस्तक की सामग्री काफी जमा कर चुका था, लेकिन लिखने के लिए कलम नहीं उठती थी, क्योंकि कई सेन्सरों के भीतर होकर प्रेस-कापी भारत में प्रकाशक के पास पहुँच भी सकेगी, इसमें सन्देह था।

29 अप्रेल को फिर प्रोफेसर ताल्स्तोफ के पास जाकर दो घंटे तक बातचीत की। आज अधिकतर मध्य एसिया के मानवतत्व, पुरातात्विक सामग्री के प्राप्ति स्थान, पुरापाषाण-अस्त्र, तेशिकताश (नेअन्डर्थल-मूस्तेर) मानव आदि के बारे में बातें हुईं। उन्होंने बतलाया, कि पुरा-पाषाण युग का अवशेष तेशिकताश में मिला है।

मध्य-पाषाण और पश्चात्-पुरापाषाण युग के अवशेष तेशिकताशवाले बाइसुन इलाके में मिले हैं, जिनकी खोपड़ी हिन्दो-यूरोपीय, कपाल दीर्घ और मुँह पतला है।

आरम्भ नवपाषाण–इस काल के शिकार के चित्र दराउत्साई में मिले हैं, जिनमें मनुष्य, पशु, धनुष, चमड़ा-परिधान अंकित हैं। चित्र बनानेवाले ने पहिले रेखाओं को पाषाण में खोदा, फिर उस पर रंग लगाया। ओश (मध्य एसिया) के पास के पर्वतों में भी इस काल के चित्र मिले हैं, पाषाणास्त्र और मृतपात्र तो मध्य एशिया की और जगहों में भी प्राप्त हुए हैं।

दो संस्कृतियाँ–प्रोफेसर ने बतलाया कि मध्य एसिया में प्रागैतिहासिक काल में दो संस्कृतियाँ थीं, जिनमें दक्षिणी संस्कृति की दो शाखाएँ थीं–(1) अलाउ-तेरमिज-फरगाना में नव-पाषाण युग में हिन्दू-यूरोपीय संस्कृति थी। यहाँ के लोग कृषि जानते थे। इनके मृतपात्र रंगीन होते थे। (2) अराल-द्रोणी निम्न-वक्षु में उत्तरी नवपाषाण (4000 ई. पू.) संस्कृति थी। लोग शिकारी और पशुपालक थे। इनके मृतपात्र अरंजित और उत्कीर्ण होते थे।

आदिम पित्तल-युग–ईसा-पूर्व द्वितीय सहस्राब्द के इस काल में यहाँ के लोग पशुपालन के साथ कृषि भी किया करते थे। मृतपात्र पहिले लाल रंग के थे, फिर उनके ऊपर काली रेखाओं से चित्रण करने लगे। दोनों दक्षिणी और उत्तरी संस्कृतियाँ भेद रखती थीं। इनका संगम-स्थान ख्वारेज़्म था।

मानव–इसके बारे में उनका मत था कि तीसरी-दूसरी सहस्राब्द ईसा-पूर्व के आदिम पित्तल-युग में उत्तर (कजाकस्तान) में जो मानव रहता था, उसका चेहरा पतला था। उसी प्रदेश में ईसा-पूर्व दूसरी सहस्राब्दी में पित्तल-युग के समय क्रोमियो जाति से सम्बन्ध रखनेवाला दीर्घ कपाल, चौड़े मुँहवाला मानव रहता था। उत्तर हो या दक्षिण : सिर-चक्षु उभय-उपत्यकाओं में ईसा-पूर्व द्वितीय और प्रथम शताब्दियों में हूण के पहिले मंगोलायित मानव का कोई पता नहीं था। ईसा-पूर्व 1000-500 में दक्षिणी सिबेरिया (खकाशिया) ओइरोद, क्रास्नोयार्स्क में मंगोलायित मानव के अवशेष मिले हैं।

हूण–हूणों के आक्रमण-काल ई. पू. द्वितीय-प्रथम शताब्दियों में पहिले-पहिल मंगोलायित मानव अल्ताई

से पश्चिम दिखाई पड़ता है। उस समय अल्ताई-एनीसेई मंगोलायित और हिन्दी-यूरोपीय जातियों की सीमारेखा थी। शुद्ध हूण लक्षण आजकल याकूतों, और तुंगूतों में ही अधिकतर पाया जाता है।

श्वेत-हूण–मेरी राय का समर्थन करते हुए श्वेत-हूण या हैफ़तालों के बारे में उनका कहना था : ग्रीक लेखक भी इस शब्द को भ्रामक कहते हैं। श्वेत-हूण का चेहरा-मुहरा हिन्द-यूरोपीय जैसा है। श्वेत-हूण की भाषा में एकाध प्रत्यय हूणों के मिलते हैं, जैसे मिहिरकुल में कुल (कुल्ली, दास)।

पश्चिम में मंगोलायित–प्रोफेसर ताल्स्तोफ ने पश्चिम में मंगोलायितों के तीन लहरें आती बतलायीं।

(1) लाप–यह नवपाषाणयुग में ध्रुवकक्षीय भू-भाग से होते पश्चिम में फिन्लैंड और नार्वे तक पहुँचे, इन्हीं के वंशज आज के लाप हैं।

(2) हूण–ई. पू. द्वितीय-प्रथम शताब्दियों में हूण अपनी पुरानी भूमि (ह्वांग-हो से मंगोलिया) छोड़ पश्चिम की ओर चले। यह लहर अतिला के हूणों के रूप में चौथी सदी में मध्य-दन्यूब-उपत्यका (हुंगरी) तक पहुँची, जहाँ कि आजकल उनके यूरोपीय मिश्रित वंशज रहते हैं। इसी लहर के अवशेष वोल्गा के आसपास चुवाश, वोल्गार और कजार थे, चुवाश आज भी मौजूद हैं, लेकिन उनकी भाषा में मंगोलायित प्रभाव अधिक है, शरीर-लक्षण में वह हिन्दी-यूरोपीय मिश्रण से अधिक प्रभावित है।

(3) तुर्क–यह लहर छठवीं सदी में पश्चिमाभिमुख प्रयाण करने लगी और द्रियेपर के तट तक पहुँची। इसके दो भाग थे (क) किपचक (ख) आगूज। मंगोलायितों के भाषा-विकास के बारे में उन्होंने बतलाया कि तुर्क पहले दो भागों में बँटे, एक सप्तनद (इली-छू-परेस) में जो कि पहले आये थे। इन्हीं के वंशज वर्तमान कजाक और किरिगिज हैं, जिनमें कजाकों का लिखित साहित्य 19वीं सदी से पहिले का नहीं मिलता। तुर्कों की दूसरी शाखा सिरवक्षु उपत्यका में आई। इसका प्रथम लेखक 11वीं सदी का महमूद काशगरी है, जिसने अपने समय की भाषाओं और जातियों पर बहुत ज्ञातव्य बातें बतलाई हैं। यही उजबेक-भाषा का मूलरूप है। उजबेक भाषा पर ईरानी भाषा का बहुत प्रभाव पड़ा है, केवल उधार के शब्दों में ही नहीं, बल्कि भाषा के ढाँचे पर भी।

तुर्कों से भिन्न गूज़ (या आगूज़) हूण शाखा के ही वंशज वर्तमान तुर्कमान, आज़ुरबायजान और उस्मानी (तुर्कीवाले) तुर्क हैं।

तुर्कमानों के बारे में उन्होंने बतलाया कि इन पर हिन्दी-यूरोपीय प्रभाव ज्यादा, मंगोलायित कम है। इनकी भाषा मंगोलायित है और संस्कृति ईरानी। उजबेकों की भी यही बात है। कजाकों में जितना ही पश्चिम की ओर जाएँ, उतना ही हिन्दी-यूरोपीय अंश अधिक होता जाता है। यह छठी से दसवीं शताब्दी के तुर्कों के वंशधर हैं। किरगिज़ों में मंगोल रक्त अधिक है।

ई. पू. द्वितीय शताब्दी में सप्तनद के निवासी शक-वंशज बूसुन आयत-कपाल थे।

फिनिश और मुंडा-द्रविड़ भाषाओं का सादृश्य भाषा-तत्त्व की एक वही समस्या है। यह सादृश्य बतलाता है कि किसी समय ध्रुवकक्ष में रहनेवाले फिनों और भूमध्य-रेखा के पास रहनेवाले द्रविड़ों का एक वंश था। प्रोफेसर ताल्स्तोफ के अनुसार इस वंश का विभाजन शायद नवपाषाण युग में हुआ–ख्वारेज़्म और भारत के तत्कालीन पाषाणास्त्रों की समता भी इसी बात को बतलाती है, लेकिन मृतपात्रों को अभी देखना है। इस वंश की एक शाखा–फिनो-उइगुर और दूसरी द्रविड़। द्रविड़-शाखा भी दक्षिणी, (मलयालम, तमिल, तेलुगु, कन्नड़, तुलु) और मुंडा (कोल, गोंड़ी, मुंडा, कुबी, कुरुख, कुई, मल्तो) में विभक्त है।

ताल्स्तोफ का ज्ञान बहुत ही विशाल है, इसे कहने की आवश्यकता नहीं। मैंने चलते वक्त बहुत कृतज्ञता प्रकट की और उन्होंने फिर मिलने के लिए निमंत्रण दिया। उसी दिन मैंने दत्त भाई की जीवनी के लिए नोट भी लिए।

अब मैं भारत लौटने की सोच रहा था। किन्तु आए रास्ते से लौटना मेरी आदत के विरुद्ध है, इसलिए ईरान के रास्ते जाने का ख्याल नहीं होता था। अब दो रास्ते रह जाते थे। सबसे नजदीक का रास्ता अफगानिस्तान होकर था। मैं अफगानिस्तान की सीमा तक तो आसानी से पहुँच सकता था, आगे के लिए मेरे पास जो पौंड

में चेक थे, उनका यदि यहाँ पर पौंड मिल जाता तो मैं निश्चित रह सकता था, नहीं तो आमूदरिया-तट से काबुल तक के यात्राव्यय का प्रबन्ध किए बिना जाना ठीक नहीं था। मैं ब्रिटिश-कौंसिल के पास गया। उन्होंने कहा कि चेक के बारे में मैं कुछ नहीं कर सकता, लेकिन यदि तीस पौंड का रूबल जमा कर दें, तो हम अपने स्टाकहोम दूतावास में या काबुल में तार दे देंगे, जहाँ पैसा मिल जाएगा। उन्होंने सलाह दी, कि लेनिनग्राद से स्टाकहोम होते हुए लंदन जाना ही अच्छा है, खर्च 30 पौंड से अधिक नहीं पड़ेगा। हमारे पासपोर्ट पर स्वीडन और अफगानिस्तान का नाम भी लिख दिया गया। काबुल का रास्ता मुझे पसन्द था, लेकिन तेरमिज से काबुल पहुँचने का कोई उपाय नहीं सूझ रहा था। लंदन के रास्ते जाने में एक यह भी सुभीता था, कि हम रूबल में किराया चुकाकर सोवियत जहाज से जा सकते थे। उस वक्त बातचीत करने से तो यही मालूम होता था, कि दो-ही-तीन महीने में यहाँ से चल देना है, लेकिन जल्दी करते-करते भी पन्द्रह महीने और रह जाना पड़ा।

8 बजे रात को सरकस देखने गए। कोई खास विशेषता नहीं थी। कई सिंह अपना खेल दिखाते रहे। बाजीगर ने खाली अखबार से बहुत-सी कागज की चिटें निकालीं, जरा ही देर में उनका ढेर लग गया, फिर आग लगा के जला दिया। एक चीनी बाजीगर ने तीली से चीनी मिट्टी की तश्तरियाँ उछालकर दिखलाईं। फिर सरकस की कई कसरतें हुईं। आज भी शाम को शहर में दीपमालिका थी।

मई दिवस–लाल मैदान मई-महोत्सव का परिदर्शन देखने जाना था। पास के बिना कोई वहाँ पहुँच नहीं सकता था। बोकस ने पास का इंतिजाम कर दिया था। यद्यपि लाल मैदान हमारे होटल के सड़क पार करके कुछ ही कदम आगे शुरू होता था, लेकिन आज का रास्ता उतना सीधा नहीं था। चारों ओर जबरदस्त सैनिक प्रबन्ध था। कुछ जगहों पर तो जाने पर यही जवाब मिला–जाओ, यहाँ से नहीं जाने देंगे। फिर किसी ने कहा–"तीसरी धार से जाओ"। एक दर्जन से भी अधिक बार पास और पासपोर्ट दोनों दिखलाने पड़े। लाल मैदान में आज बहुत कीमती जानें आई हुई थीं, पूँजीपतियों का कोई गुण्डा पहुँचकर पिस्तौल न चला दे, इसीलिए इतना प्रबन्ध था। अन्त में आध घण्टा चक्कर काटते मैदान में पहुँचे। नेताओं के खड़े होने के स्थान की दाहिनी ओर सीमेंट की गैलरियाँ बनी हुई थीं, जिनमें 14 नं. की गैलरी में हमारा स्थान पिछली पंक्ति में था। सभी लोग खड़े थे, इसलिए हमें भी खड़ा होना पड़ा। मैदान के परले पार विशाल मकान पर सबसे ऊपर विशाल सोवियत लाँछन लगा हुआ था, जिसके नीचे मई का अभिनन्दन तथा दूसरे नारे अंकित थे। लेनिन और स्तालिन के विशाल चित्र भी वहीं लगे हुए थे। मकान के ऊपर संघ के 16 प्रजातंत्रों के अपने लाँछनों सहित झंडों की पंक्तियाँ फहरा रही थीं। इतिहास-म्युजियम के मकान के ऊपर भी नारा लगा हुआ था, जिसके बाएँ विशाल हँसिया, हथौड़ा और दाहिने तारा था।

9 बजे से ही जगह भरने लगी। मैदान में भिन्न-भिन्न वर्ग की सेनाएँ पंक्ति-बद्ध खड़ी थीं। 10 बजे नेता लोग आए। सबसे पहिले सैनिक वेश में स्तालिन, मार्शल रोकोसोवस्की, फिर मंत्रीगण, कितने ही मार्शल और जेनरल। मार्शल रोकोसोवस्की आज की परेड के प्रमुख थे। स्तालिन का वक्तव्य रोकोसोवस्की ने पढ़ा, फिर प्रदर्शन शुरू हुआ। पहिले पैदल, फिर नौसेना के जवान मार्च करते निकले, फिर सवार तथा दूसरी सेनाएँ, घोड़ोंवाला तोपखाना, मोटर और टैंकवाली सेनाएँ। आकाश में 6 गिरोह विमानों के इसी समय दिखलाई पड़े। डेढ़ घण्टा सेना-प्रदर्शन में बीता। दर्शकों के सामने से अपार सेना गुजरी। नाना भाँति की तोपें, एक ही साथ पाँच-पाँच, सात-सात गोलों की माला छोड़नेवाली कतूसा, विशाल तोपें, फिर पराशूटी जवानों से भरी लारियाँ निकलीं। मौसिम बड़ा अच्छा रहा। देशी-विदेशी सम्वाददाता, और फिल्मवाले चित्र लेने में लगे हुए थे। साढ़े ग्यारह बजे नागरिकों का प्रदर्शन शुरू हुआ। हम आखिर तक नहीं ठहर सके, प्रदर्शन को दो घंटे ही देखा। कितने ही दर्शक तो सेना के प्रदर्शन के बाद ही लौटने लगे थे।

यद्यपि हमारा होटल बिलकुल नजदीक था, किन्तु लौटना आसान नहीं था। लौटते वक्त भी कितनी ही सैनिक पंक्तियों में पास दिखाना पड़ा। 10 सैकड़े सैनिक रूखे भी मिले, नहीं तो वह बड़ी मुलायमियत से रास्ते बतला देते थे। नागरिक प्रदर्शन-पंक्तियों से सारी सड़क भरी हुई थी। इस चलायमान नर-समुद्र को पार करना आसान काम नहीं था। पता लगा कि नगर के केन्द्र का रास्ता बन्द है। नेशनल होटल नगर-केन्द्र में ही था।

तो क्या शाम तक होटल नहीं जा पाएँगे ? लेकिन आधा ही घंटे में हम अपने होटल में पहुँच गए। भोजन के लिए जावी मित्र सिमाउन के यहाँ निमंत्रित थे, साथी सिमाउन का पुत्र करीम लेने के लिए आया था। 9 बजे बाद दीपमाला देखने गए। लेकिन इस नगर के एक छोर पर थे, इसलिए अच्छी दीपमालिका नहीं देख सके, और आतिशबाजी से तो बिलकुल वंचित रह गए। भूगर्भ-रेल से आकर पुश्किन चौरस्ते पर लड़कों के बाजार को देखा। अपार भीड़ थी। पता लगा छः बजे ही सारे रास्ते खुल गए थे। जगह-जगह दीपमालिकाएँ थीं, किन्तु सभी घरों और निवी पर नहीं। केन्द्रीय तारघर पर चलती-फिरती रंग-बिरंगी रोशनी बड़ी सुन्दर मालूम होती थी। मोटे प्रकाशाक्षरों में "प्रथम माया" और बीच में घूमता हुआ भू-मंडल, लहरदार दीपपंक्तियाँ जल रही थीं। हमारे होटल के सामनेवाले मैदान में भी दाहिने छोर पर नागरिक नृत्य-गान और कसरत दिखाने में मग्न थे। मई का अपूर्व महोत्सव देखकर साढ़े ग्यारह बजे रात को हम अपने कमरे में लौटे। आज ही हरी-हरी पत्तियाँ भी देखीं, बसन्त आ गया।

13
फिर लेनिनग्राद में

2 मई को 7 बजे शाम की गाड़ी पकड़ी और अगले दिन लेनिनग्राद पहुँच गये। ब्रिटिश कौंसल ने बहुत-से समाचार-पत्र दे दिए थे, जिनको रेल में भी पढ़ते रहे, और यहाँ भी। लेनिनग्राद में भी अब वृक्षों के ऊपर कलियों जैसी पत्तियाँ निकल रही थीं, नेवा की धार मुक्त हो गई थी, लेकिन अब भी उसमें बरफ की शिलाएँ बह रही थीं। 6 मई को वनस्पति की हालत देखकर कहना पड़ा कि वृक्षों पर पत्तियाँ बहुत धीरे-धीरे निकल रही हैं। सरदी अभी गई नहीं थी। लदोगा झील अपनी बरफ की सौगात को नेवा द्वारा समुद्र में भेज रही थी, जो 6 मई को भी उसी तरह चली जा रही थी। 10 मई तक निश्चय कर लिया, कि साल-भर और यहीं रहा जाय। मध्यएसिया नहीं गए, मध्यएसिया के इतिहास की सामग्री इतने में और जमा हो जाएगी, लेकिन फिर एक साल बिना रेडियो के नहीं रहा जा सकता, इसलिए 10 मई को ही साढ़े तीन हजार रूबल में एक नया रेडियो खरीद लाए। हमारे पास राशन-जैसा एक कार्ड था, जिसके कारण 700 रूबल कम देने पड़े। हमारे साथी और विद्यार्थी कह रहे थे–यदि छः महीने रुक जाएँ, तो आधे ही दाम पर मिल जाएगा। (उनकी बात सच निकली। छः महीने बाद वही रेडियो 1600 रूबल में मिलने लगा था)। लेकिन हम दूना दाम देने के लिए तैयार थे, क्योंकि छः महीने और देश-विदेश की खबरों से वंचित नहीं रहना चाहते थे। रेडियो छोटा और बहुत सुन्दर था। उसी दिन दिल्ली सुना। लंदन तो खूब साफ सुनायी देता था, पीछे तार बाँध देने पर तो दिल्ली भी लंदन की तरह सुनाई देती थी। मद्रास कभी-कभी सुनने में आता था। यह कहने की आवश्यकता नहीं, कि दूर से लघु तरंग की ही बातें सुनने में आती थीं। अब हम निश्चिन्त हो गये थे। अपने यहाँ का नाटक भी सुन लेते थे, गाना भी सुन लेते थे, और समाचार भी। हमारे घर में इन चीजों का आनन्द लेनेवाला मुझे छोड़ और कोई नहीं था। कई हफ्ता सुनने के बाद स्टेशनों और समयों का पता लग गया। मन में सन्तोष प्रकट किया–चलो अब निश्चिन्त होकर एक साल और रहा जा सकेगा।

नियत समय के अनुसार अब फिर हम युनिवर्सिटी जाने लगे। विद्यार्थी तो पढ़ते ही थे, अध्यापक भी मेरी उपस्थिति से लाभ उठाना चाहते थे। उन्होंने कुछ दिनों व्याकरण महाभाष्य को भी पढ़ा। आरम्भ के आहिक उतने नीरस नहीं हैं, विशेषकर भाषातत्त्व में दिलचस्पी रखनेवालों के लिए वहाँ पद-पद पर दिलचस्प बातें निकल आती थीं। थोड़े-से उच्चारण में परिवर्तन करके कई शब्दों को रूसी-जैसा देखकर छात्र बहुत प्रसन्न थे।

12 मई को श्रीमती श्चेर्वात्स्की के यहाँ दावत हुई। डाक्टर श्चेर्वात्स्की का मेरे साथ असाधारण स्नेह-सम्बन्ध था। वह बड़े ही मधुर स्वभाव के थे। दूसरी यात्रा में मेरे जल्दी लौट आने का उन्हें बड़ा अफसोस था, और वह इस बात की कोशिश कर रहे थे, कि मैं अधिक समय के लिए रूस जाऊँ। इसी समय लड़ाई छिड़ गई और लड़ाई के दिनों में लेनिनग्राद से उत्तरी कजाकस्तान में जाकर उन्होंने अपनी शरीर-यात्रा समाप्त कर दी।

उसी घर में आज गए, जिसमें 1937 में न जाने कितनी बार घंटों हमारी बातचीत होती थी। पहिले ही दिन मिलते हुए उन्होंने कहा था–"स्वागतम् इदमासनं उपविश्यताम्।" अब भी वे शब्द मेरे कानों में गूँज रहे थे। भोज में संस्कृताध्यापक कलियानोफ भी सपत्नीक आए थे। 2 बजे ही चलने की बात थी, लेकिन श्रीमती की तैयारी में घर पर ही छः बज गए। श्चेर्बात्स्की के रिक्त-स्थान को देखकर मन में बहुत तरह के ख्याल आ रहे थे, जिन्हें वैराग्य का मधुर-सम्मिश्रण भी कह सकते हैं। श्रीमती श्चेर्बात्स्की जर्मन वृद्ध महिला हैं। जब वह श्यामा (तरुणी) थीं, तभी श्चेर्बात्स्की के ताल्लुकदारी वंश में परिचारिका बनकर आई थीं। वह पाकविद्या में निपुण थीं। आचार्य श्चेर्बात्स्की के मरने तक वह उनकी पाचिका रहीं। वोल्शेविक क्रांति ने श्चेर्बात्स्की की विशाल तालुकदारी को खतम कर दिया, लेकिन "विद्याधनं सर्वधनप्रधानम"। श्चेर्बात्स्की पहले ही अपनी विद्या के बल पर अकदमिक हो चुके थे। अपने राजा-बाबू-बन्धुओं की तरह वह पागल नहीं हुए। उन्होंने राजनीति को अपने से अलग रखा, और वोल्शेविकों के बर्ताव से जान लिया, कि उनके यहाँ विद्या की कदर पहिले से भी अधिक रहेगी, इसलिए बड़ी लगन के साथ अपने काम में जुट गये। पहिले उन्हें कुछ समय जमींदारी के काम में भी लगाना पड़ता था, लेकिन अब उनकी सारी चिन्ता को सरकार ने लिया था। जिस वक्त अन्न का भारी अकाल था, उस वक्त भी सबसे पहिले अकदमिक देवताओं की ओर सरकार का ध्यान जाता था। श्रीमती 1937 में मेरे यहाँ आने के समय भी अपने मालिक की पाचिका मात्र थीं। पीछे मालूम हुआ कि 70 वर्ष के दुलहे ने 55 वर्ष की दुलहिन से ब्याह किया है। आचार्य श्चेर्बात्स्की जीवन-भर अविवाहित रहे, पारिवारिक झंझट को केवल अपनी मातृभक्ति भर सीमित रखा–उनकी माता बहुत दिनों तक जीवित रहीं। मरने के समीप पहुँचने पर श्चेर्बात्स्की ने सोचा कि अपनी वृद्ध-पाचिका के साथ यदि विवाह कर लें, तो अकदमिक की पेंशन उसे जीवन-भर मिलती रहेगी, इसीलिए उन्होंने विवाह किया। अदकमी विद्या-सम्बन्धी सोवियत की सबसे बड़ी संस्था है। किसी विद्वान का सबसे अधिक सम्मान जो हो सकता है, वह है अकदमी का सदस्य बनना अर्थात् अकदमिक होना। अपने विषय का चोटी का विद्वान् तथा नए ज्ञान का देनेवाला व्यक्ति ही अकदमिक बनाया जाता है। सोवियत रूस में आजकल भी अकदमियों की संख्या 150 से ज्यादा नहीं है। अकदमिक बनते ही आदमी जीवन-भर 600 रूबल मासिक पाने का अधिकारी हो जाता है। श्रीमती श्चेर्बात्स्की उस वेतन को पा रही हैं, और जब तक जीवित रहेंगी, तब तक पायेंगी। इसके अतिरिक्त श्चेर्बात्स्की का बहुत-सा सामान : चित्र, बाजे, पुस्तकें, सोने-चाँदी के बर्तन आदि उनकी संपत्ति हैं। पुस्तकों का बहुत-सा भाग पचास हजार रूबल देकर युनिवर्सिटी खरीद भी चुकी है।

श्रीमती श्चेर्बात्स्की की पाकविद्या की मित्रमंडली में काफी ख्याति है, भोज और दावत देने का उन्हें बहुत शौक भी है। आखिर रुपया भी तो बहुत आता है, उसके खर्च का भी तो कोई इंतिजाम होना चाहिए। उन्होंने बड़े सुन्दर-सुन्दर भोजन तैयार किए थे। एक मांस हिन्दुस्तानी ढंग से भी बनाया था, और करी-पाउडर (मसाला चूर्ण) का डिब्बा दिखलाकर कहा–देखिए यह हिन्दुस्तान की चीज भी मेरे पास है। भोजन और बातें करते बहुत देर तक हम वहाँ बैठे रहे। बीच-बीच में मुझे ख्याल आता था–अगर डाक्टर श्चेर्बात्स्की इस वक्त होते ! 9 बजे तक उजाला रहा, 11 बजे हम घर लौटे। कहने को मई का मध्य था, लेकिन अभी भी हमारे यहाँ के माघ-पूस के जाड़े को ठोकर लगानेवाली सरदी वहाँ मौजूद थी। रास्ते में ट्राम से उतरकर घर जा रहे थे। इसी समय पुलिस एक लड़के को पकड़े लिये जा रही थी। आखिर सभी मकानों में शीशे की खिड़कियाँ हैं, शीशे पर पत्थर चलाने से उसके टूटने की आवाज बड़ी कर्णप्रिय मालूम होती है, इसलिए लड़के ने शीशा तोड़ दिया था, इसके लिए पुलिस पकड़े लिये जा रही थी। गलती यही थी, कि साधारण शीशे को न तोड़कर उसने आग बुझाऊ ब्रिगेड को बुलाने के लिए रखे यंत्र का शीशा तोड़ दिया था। लड़का बेचारा चिरौरी-मिनती कर रहा था, रो रहा था। पुलिसवाला उपहास करते हुए कह रहा था–नहीं बाबा, चलो। तुमने खेल का अच्छा ढंग सीखा है। अन्दाज से यही मालूम होता था, कि दो-चार घंटे डरा-धमकाकर लड़के को छोड़ दिया जायगा। लेकिन अभी तो उसके गालों पर आँसू की धार बह रही थी।

रेडियो लाने का चमत्कार और फल जल्दी ही मिला। पन्द्रह मई को दिल्ली-रेडियो ने खबर दी कि भारत

में नई राष्ट्रीय सरकार बनने जा रही है। प्रान्तों में भी नई सरकार बन गई है, जिनमें बंगाल को छोड़ प्रायः सारी ही कांग्रेस की हैं। प्रान्तों के मुख्यमंत्रियों के नाम भी सुने। 16 मई को ब्रिटिश मन्त्रियों का भारत में वक्तव्य निकला, जिसमें पाकिस्तान को अव्यवहारिक तथा राष्ट्रीय सरकार कायम करने के संबंध में कितनी ही बातें बतलाई गई थीं। उसी दिन पैंथिक लारेंस का भी भाषण रेडियो पर हुआ। ये सब खबरें भारत के लिए महत्त्व की थीं, लेकिन मास्को-रेडियो में महीने से चल रही इन गंभीर बातों का कोई उल्लेख नहीं होता था। युगों बाद 18 मई को 20 मार्च को कलकत्ता में डाला आनन्द जी का पत्र मिला, जिससे मालूम हुआ कि हमारे लंका के आचार्य श्री धर्मानन्द महास्थविर अब संसार में नहीं रहे। 80 के पास पहुँचकर मरे, इसलिए काल की तो शिकायत नहीं करनी चाहिए, लेकिन बिछुड़नेवाले अपने गुणों का स्मरण दिलाकर दुःख देते हैं। महास्थविर बड़े ही सरल और मधुर हृदय के आदमी थे। अपने शिष्यों पर और मुझ पर तो और भारी स्नेह रखते थे। मैं पहिली यात्रा में तिब्बत में था। नेपाल और तिब्बत में युद्ध ठनने लगा था, खबर मिलने पर उन्होंने तार पर तार दिये और पूछा कि ल्हासा हवाई जहाज जा सकता है या नहीं। उस झगड़े के खतम होने के बाद उन्हीं के आग्रह पर और उन्हीं के भिजवाए रुपये से 22 खच्चर पुस्तकों और दूसरी चीजों को लेकर मैं सवा वर्ष बाद तिब्बत से लौटकर लंका चला गया। जिस समय भारत में 1930-31 का सत्याग्रह चल रहा था, मैंने बहुत संकोच करते-करते कई दिनों के प्रयत्न के बाद जब उनसे भारत जाने की इजाजत माँगी, तो वह स्नेह-परवश हो एकदम फूट-फूटकर रोने लगे। मुझे उस समय अपना विचार छोड़ देना पड़ा। मेरे ही साथ उनका यह असाधारण स्नेह नहीं था, अपने सभी शिष्यों में वह अपना स्नेह बड़ी उदारता के साथ वितरण करते थे। वह अब संसार में न रहे। वह पालीभाषा और व्याकरण के महान् विद्वान् थे। उन्होंने कई पुस्तकों का संपादन और उद्धार किया था। हो सकता है, कुछ समय और उनका नाम लिया जाय, लेकिन काल के महासमुद्र में हजार-दो हजार वर्ष भी तो कोई हस्ती नहीं रखते। आदमी के हाथ से काल कितनी जल्दी निकलता चला जाता है। जिनको हमने बच्चा देखा था, वह हमारे सामने ही जवान हो बाल भी पका बैठे। हमारे बचपन के कितने ही तरुण और वृद्ध तो न जाने कब से अनन्त मौन की गोद में लीन हो गये। सबको एक दिन उसी रास्ते पर जाना है। मरने के बाद भी अमर होने की चाहे कितनी ही इच्छा हो, लेकिन सभी को रेत पर पड़े पद-चिन्ह की तरह आखिर में लुप्त हो जाना है। लेकिन इसका अर्थ यह नहीं कि शरीर और जीवन क्षण-निःसार है, तुच्छ है, घृणास्पद है, परित्याज्य है। आखिर इन्हीं क्षणों में जीवन-जैसा बहुमूल्य रत्न भी है। उसको तुच्छ नहीं कहा जा सकता। जीवन से संबंध रखनेवाला हरेक क्षण—जो कि वर्तमान क्षण ही हो सकता है—अनमोल है, सत्य है।

अगले दिनों में हमारा रेडियो भारत की बहुत-सी खबरें लाता रहा। त्काचेई के हमारे कमरे के वायुमंडल में हिन्दी और भारतीय संगीत का बराबर प्रसार होता रहा। दिल्ली-रेडियो के कमरे में बैठा गायक या वक्ता क्या जानता होगा, कि उसकी आवाज 6 हजार मील दूर इस अज्ञात नगर के अज्ञात घर के भीतर गूँज रही है।

22 मई को जिज्ञासावश हम सोबियत अदालत देखने गये। अदालत हो, चाहे सरकार, सभी के रोब को सोवियत-शासन-प्रणाली ने खतम कर दिया है। यह मुहल्ले की अदालत थी। आज प्रधान-जज के बीमार होने के कारण हम कार्यवाही नहीं देख पाए, यहाँ की हरेक अदालत में तीन जज बैठते हैं, जिनके लिए लाल कपड़े से ढकी मेज के पीछे तीन कुर्सियाँ इजलास के रूप में कुछ ऊपर रखी थीं। छोटा-सा कमरा था। जज अधिकतर निर्वाचित होते हैं, जो कुछ समय के लिए उस पद पर रहते हैं। वकीलों की संख्या कम हो गई है, क्योंकि पूँजीवादी वैयक्तिक संपत्ति की सीमा उस देश में बहुत संकुचित है, तो भी वकील हैं और वह प्रेक्टिस भी करते हैं, लेकिन अधिकतर सरकारी वेतनभोगी नौकर के तौर पर। हर मुकद्दमे में उन्हें तकलीफ करने की आवश्यकता भी नहीं पड़ती। उनके आफिसों पर साइनबोर्ड लगे रहते हैं। जिनको कानूनी सलाह लेनी होती है, वह नियत समय पर वहाँ जाकर ले सकते हैं। भला जहाँ जज को देखते ही लोग साँस न बन्द कर लें वह भी कोई अदालत है, जहाँ जिला-मजिस्ट्रेट का नाम सुनते ही आदमी की साँस ऊपर न टँग जाये, वह भी कोई जिला-शासक

है ? सोवियत में तो बस वही एक नमूना है। गाँव के 18 वर्ष के अधिक उमर के लोगों ने मिलकर वोट दे गाँव का शासन करने के लिए अपनी सोवियत (पंचायत) चुन ली, जिसका एक मुखिया सोवियत चुन लेती है। गाँव की तरह ही तहसील (रायेन) और जिले की भी सोवियतें चुनी हुई होती हैं। लेकिन जिले की सोवियत का सभापति–जिसको हमारे यहाँ का मजिस्ट्रेट कहना चाहिये–को देखकर किसी की साँस ऊपर नहीं टँगती, बल्कि कोई भी जाकर उसके साथ बेतकल्लुफी से बात कर सकता है। रोबदाब सचमुच ही उस देश से उठ गया है। लेनिनग्राद-जैसे उच्च विश्वविद्यालय की प्रोक्तर (वाइस-चांसलर) महिला को कमरे की झाड़ू देनेवाली अथवा टाइपिस्ट स्त्रियों के साथ बैठा देने पर आप पहिचान नहीं सकते, कि वह प्रोक्तर है। विद्यार्थियों, अध्यापकों ही नहीं, साधारण नौकर तक भी उसको संबोधन करने में न बहुत आदाब-उलझाव का प्रयोग करते हैं, न बहुत सम्मान ही। लेकिन इसका यह अर्थ नहीं, कि वहाँ सब धान बाईस पसेरी हैं। योग्य स्थान पर योग्य आदमी ही पहुँच पाता है।

26 मई को देखा, फिर शुक्ला रात्रि आ गई। 9 बजे शाम तक धूप थी। मालूम होता है, जब से दिन 18 घंटों को अपनी जेब में रख लेता है, तब से वह बाकी 6 घंटे को भी रात्रि के पेट में जाने नहीं देता। शुक्ला रात्रि में घर के बाहिर 12 बजे रात्रि को भी आप अखबार पढ़ सकते हैं। शुक्ला रात्रि दीर्घ दिन का पता देती थी। दीर्घ दिन का मतलब है सूर्य अधिक समय तक अपने प्रकाश और ताप को फैला रहा है। लेकिन सर्दी तो अब भी गई नहीं थी। हाँ, नेवा अब मुक्त-धार बह रही थी। यह समुद्री मछलियों के अंडा देने का समय था। लेनिनग्राद में ही नेवा समुद्र में मिलती है, इसलिए अंडा देने के ख्याल से करोड़ों मछलियाँ नेवा से ऊपर की ओर चढ़ आई थीं। मछुओं की पाँचों अँगुलियाँ घी में थीं, लोगों को भी सुभीता था। मछली 60 रूबल (20 रुपये) किलोग्राम (सवा सेर) लग गई थी।

मास्को में तो नाटकों के देखने में मैंने हद कर दी थी। लेनिनग्राद में उतनी जाने की इच्छा नहीं होती थी। मास्को का ओपेरा देख आये थे, पहिली जून (1946) को हम यहाँ के माली ओपेरा थियेटर में गए, जिसमें 'काल्पनिक वर' बैले खेला जा रहा था। ओपेरा होता तो मैं नहीं जाता, या गला दबाने पर ही जाता, किन्तु बैले को तो मैं पसन्द करता था। अभिनय और नृत्य बहुत सुन्दर था। यह नाट्यशाला भी मारिन्स्की ही जैसी, किन्तु छोटी है। इसमें 7-8 सौ आदमी बैठ सकते हैं। बाहर से देखने पर तो बिलकुल साधारण घर-सा मालूम होता, किन्तु भीतर काफी अवकाश है। दर्शकों की भीड़ थी। नाटक का कथानक था : पारिवारिक बाधा के कारण तरुण-तरुणी विवाह नहीं कर पाते और दोनों अलग-अलग घर से भागकर इताली के किसी शहर में अज्ञातवास करते हैं। तरुणी पुरुष-वेश में भगी थी। वह इस अज्ञातस्थान में दूसरी तरुणी के परिवार के सम्पर्क में आई। पिता उसे उपयुक्त वर समझकर अपनी पुत्री को विवाह के लिए मजबूर करने लगा। सूखने के लिए डाले कपड़े से भेद खुल गया। कुशल भृत्य प्रेमी को उसकी प्रियतमा के मरने की और नवविवाहिता को उसके नवीन वर के मरने की खबर दे देता है। दोनों छुरी लेकर आत्महत्या के लिए निकलते हैं, और एक-दूसरे को पाकर आनन्द-पारावार में डूब जाते हैं। चतुर भृत्य दूसरी लड़की का पति हो जाता है, और एक ही समय दोनों विवाह सम्पन्न होते हैं। भिन्न-भिन्न प्रकार के नृत्य नाटक की खास विशेषता थी। दोनों नायक-नायिका और उनके मित्र इस कला में बड़े निपुण थे। इतालियन नृत्य में गणनृत्य, बालनृत्य, तथा और कितने ही प्रकार के नृत्य थे। हमने तीन का टिकट लिया था, लेकिन तीसरे व्यक्ति न आने से 25 रूबल बरबाद गए।

3 जून 1946 को सोवियत भूमि में आए मुझे 1 साल हो गया। आज लेखा-जोखा का दिन था। मध्य एसिया न जा सकने के लिए दिल उदास अवश्य था। मैं चाहता था, कि मध्यएसिया जाकर अपनी आँखों देखी बातों पर एक पुस्तक लिखूँ, और अपने देशभाइयों को बतलाऊँ, कि पहिले हमारी-ऐसी परिस्थिति में रहा मध्यएसिया कितनी जल्दी आगे बढ़ा है, और आगे बढ़ता जा रहा है। लेकिन वह नहीं हो पाया। मध्य एसिया के इतिहास के सम्बन्ध में मैंने पिछले साल-भर में काफी अध्ययन किया, काफी नोट लिया और आशा है कि उनके बल पर विश्वास के साथ कोई पुस्तक लिख सकूँगा।

3 जून को दिन-भर वर्षा होती रही। 4 को भी वर्षा जारी रही। 3 को सोवियत के भूतपूर्व राष्ट्रपति

कालनिन का देहान्त हो गया। उसके उपलक्ष्य में 4 को सारे नगर की तरह युनिवर्सिटी ने भी शोक मनाया ! शोक-सभा हुई। कालनिन ने वृद्धपन के कारण कुछ ही समय पहिले हुए चुनाव के बाद राष्ट्रपति-पद नहीं सँभाला था। वह बहुत जनप्रिय थे। एक साधारण साईस और मजूर की स्थिति से बढ़ते-बढ़ते वह राष्ट्रपति बने थे। जून के प्रथम सप्ताह के बाद युनिवर्सिटी में मेरे पढ़ाने का काम खतम-सा हो गया था, इसलिए पुस्तकालय या और जगह कोई काम होने पर ही मैं वहाँ जाता था, नहीं तो अधिकतर घर पर रहकर ही पुस्तकें पढ़ता रहता।

मध्यएसिया-यात्रा का भूत उतर गया था, लेकिन मध्यएसिया-इतिहास का भूत सिर पर चढ़ा रहता ही था। ताल्स्तोफ से कितनी ही बातें मुझे मालूम हुईं, और कितनी ही अपनी कल्पनाओं की सत्यता का पता लगा। 13 जून को मैं मध्यएसिया के इतिहास के एक दूसरे विशेषज्ञ प्रो. बेर्नश्ताम के पास गया। पता कुछ ऐसा ही वैसा था, लेकिन मैंने कोशिश करके किसी तरह उनके घर को ढूँढ़ निकाला। यदि स्थान पहिले से ही निश्चित होता, तो ढूँढ़ते-ढाँढ़ते निश्चित समय से पौन घण्टा बाद उनके पास जाने का अपराधी न होता। डाक्टर बेर्नश्ताम और उनकी पत्नी दोनों ही पुरातत्त्व और इतिहास के विशेषज्ञ हैं। ढाई घण्टे तक किरगिजिया और कजाकस्तान के बारे में बातचीत होती रही। उन्होंने बतलाया कि सोवियत-काल में वहाँ बहुत जगह खुदाइयाँ हुई हैं, और बहुत-सी ऐतिहासिक चीजें मिली हैं।

पुरापाषाण युग–इस युग के हैडलवर्गीय (मूस्तेर) मानव के हथियार दक्षिणी उजबेकिस्तान (तेशिकताश) के अतिरिक्त समरकन्द और कुदाई (इर्तिश-उपत्यका) में भी मिले हैं। ऊपरी पुरापाषाण युग के सलातुर-मर्दालन मानव के भी हथियार कोपितदाग (तुर्कमानिया) और हिसारताग (उजबेकिस्तान) में प्राप्त हुए।

सूक्ष्मपाषाण (मैक्रोलिथ)–इस युग के यायावरों के हथियार दक्षिणी कजाकस्तान में तुर्किस्तान-शहर, अरालतट, सिर-उपत्यका, कराताउ, म्युनकम (जम्बुक के पास), वेत्पकदला (अल्माअता के पास) में मिले हैं।

नव-पाषाणयुग–इस काल के हिन्दू-यूरोपीय मानव के कपाल और हथियार एलातान (फरगाना), अनौ (तुर्कमानिया) और ख्वारेज़्म से मिले हैं। उन्होंने यह भी बतलाया कि ख्वारेज़्म-जैसे कपाल मध्य-पाषाण युग के घुमन्तुओं और नवपाषाण युग के कृषकों में भी पाये गए हैं।

सप्तसिन्धु में सप्त, जान पड़ता है, हिन्दू-यूरोपीय, या शकार्य-जाति के 'सप्त' शब्द और नदियों के प्रेम को बतलाता है। भारतीय आर्यों के देश को ईरानी लोग सप्त-सिन्धु कहा करते थे, जोकि सिन्धु और उसकी छः शाखा नदियों का पर्याय था। मुसल्मानों ने सप्तसिन्धु को 'पंजाब' नाम दिया, लेकिन उससे पहिले ही शायद ताजकिस्तान का पंजाब मौजूद था। उत्तरी मध्यएसिया में भी सप्तसिन्धु मौजूद है, जिसका पर्याय तुर्की में भी कुछ होगा, जिससे कि रूसियों ने उसका अनुवाद सेमीरके (सप्तनद) किया। हमने भी अपने इतिहास में सप्तसिन्धु को भारत के लिए छोड़कर इसके लिए सप्तनद इस्तेमाल किया है। डाक्टर बेर्नश्ताम के कथनानुसार यह सात नदियाँ हैं–अरिस, अतलस, चू, इली, कोकसु-कराताल, लेप्सा और यागूज। यह सभी नाम तुर्की हैं, जिसमें चू और सू जल और नदीवाचक शब्द हैं। कोकसु का अर्थ है नीलनद और कराताल का काला समुद्र।

छठी सदी से लेकर दसवीं-ग्यारहवीं-बारहवीं शताब्दी तक के बहुत-से बौद्ध-अवशेष सप्तनद में मिले हैं। चू-उपत्यका में फ्रुन्जे के पास अस्सिकअता में बारहवीं शताब्दी तक बौद्धों के निवास थे, यह वहाँ के पुरातात्विक अवशेषों से पता लगता है। सारिग (क्रासुनयारेचुकालोहित नदी) की उपत्यका में भी छठी सदी के बौद्ध भित्तिचित्र और मानी धर्म के भित्तिचित्र मिले हैं। बलाशागून में भी बुद्ध की मूर्तियाँ मिली हैं। तलस में छठी-सातवीं सदी के मानी धर्मी अवशेष मौजूद हैं। सप्तनद में नेस्तोरी ईसाइयों की बहुत-सी मुहरें तथा दूसरी चीजें प्राप्त हुई हैं। डाक्टर बेर्नश्ताम ने बहुत-से फोटो दिखलाये, जिनमें एक सातवीं-आठवीं सदी की एक पीतल की बौद्ध मूर्ति पर उत्कीर्ण था–"देयधर्मोयं श्री···" साफ पढ़ा जा रहा था। उन्होंने बतलाया कि और भी अभिलेख वहाँ से प्राप्त हुए हैं। बौद्ध सामग्री के परिचय में वह चाहते थे कि मैं सहायता करूँ। मैंने भी अपने मध्य-एसिया-सम्बन्धी अनुसन्धानों के बारे में कहा और आधुनिक जातियाँ किस तरह से प्राचीन जातियों के विकास और सम्मिश्रण से बनीं, इसे भी बतलाया। उन्होंने उसे युक्ति-युक्त बतलाया। डा. ताल्स्तोफ की तरह डा. बेर्नश्ताम भी बहुभाषाविद्,

बहुश्रुत, विद्याप्रेमी पंडित पुरुष हैं। रूसी विद्वानों में मुश्किल से कोई मिलता है, जो कि अंग्रेजी या दूसरी विदेशी भाषा में अपने विचारों को प्रकट कर सके। असल में बोलना अभ्यास से आता है लेकिन ये विद्वान अंग्रेजी, फ्रेंच और जर्मन का इतना काफी ज्ञान रखते हैं कि अपने विषय-सम्बन्धी शोध-पत्रिकाओं और ग्रंथों को पढ़ सकते हैं।

14 जून को पुश्किन-तियात्र में बनार्ड शा का नाटक 'पिगमेलियन' देखने गये। रूसी स्वदेशी का कोई भेदभाव किये बिना कला के साथ प्रेम दिखलाते हैं। इसके कहने की आवश्यकता नहीं कि यह शा के नाटक का रूसी अनुवाद था, जिसको रंगमंच पर खेला गया। हाल खचाखच भरा था। लोला-जैसी कितनी ही महिलाओं को वह उतना पसन्द नहीं आया। बूर्ज्वा समाज पर शा ने बड़ी तीखी बाण-वर्षा की थी, इसलिए भूतपूर्व मध्यमवर्गीय विचारधारा के पोषक उसे कैसे पसन्द करते ? भीख माँगने के लिए फूल बेचनेवाली लंदन की एक लड़की सिखा-पढ़ाकर लेडी बना दी जाती है। अब जैसा जीवन उसे बिताना पड़ता है, उसको अनुभव करने के बाद कहती है—"मैं फूल बेचा करती थी, लेकिन अपने को तो नहीं बेचती थी।" लेडी बन जाने के बाद वह बिना अपने को बेचे जीवन-नैया को खे नहीं सकती थी। मुझे नाटक और अभिनय दोनों बहुत पसन्द आये।

15 जून को अपने साढ़े चार सौ रूबल के विशेष राशनकार्ड से अपने लोगों की विशेष दूकान में चीज खरीदने गये। वहाँ से बहुत-सा सामान लिया। दूकान त्रामवाय तक सौ गज से ज्यादा नहीं रहा होगा, कुली करते तो नाहक 10-15 रूबल चले जाते, और फिर त्रामवाय छोड़ अपने घर आने में भी उतना ही पैसा देना पड़ता। शायद पैसे की उतनी परवाह नहीं थी, लेकिन दूसरे प्रोफेसरों और अध्यापकों को देख रहे थे, वह भी 20-25 किलोग्राम का बोझा उठाये आनन्द से चले जा रहे हैं, तो हमीं क्या घास-फूस के बने हुए थे ? रास्ते में मास्को के परिचित रोमन-तियात्र के एक अभिनेता मिल गये। उन्होंने बतलाया कि आजकल हमारी नाटक मंडली यहीं आई हुई है। उन्होंने आने के लिए बहुत आग्रह किया। वह लोग अस्तोरिमा होटल में ठहरे हुए थे।

16 जून के भारतीय रेडियो से वायसराय की घोषणा सुनी, जिसमें उनकी कार्यकारिणी (मंत्रिमंडल) का भार कांग्रेस, लीग, सिक्ख और ईसाई प्रतिनिधियों के हाथ में सौंपा जानेवाला था। कांग्रेस की ओर से थे—जवाहरलाल नेहरू (उत्तर प्रदेश), राजगोपालाचार्य (मद्रास), बल्लभ भाई पटेल (बम्बई), म. प. इंजीनियर (बम्बई), राजेन्द्रप्रसाद (बिहार), जगजीवनराम (बिहार), हरेकृष्ण महताब (उड़ीसा) और लीग के थे—मुहम्मद अली जिना, लियाकत अली (उ. प्र.), मुहम्मद इस्माइल (उ. प्र.), नजीमुद्दीन (बंगाल), अब्दुर्रव नश्तर (सी. प्रा.), सिक्ख प्रतिनिधि बलदेवसिंह (पंजाब) और ईसाई थे जान मथाई (मद्रास)।

मुस्लिम लीग पाकिस्तान के सवाल को लेकर तनी हुई थी, इसलिए वायसराय ने घोषित कर दिया था कि यदि कोई पार्टी इन्कार करेगी, तो उसके स्थान पर दूसरे आदमी नियुक्त कर दिये जाएँगे।

राष्ट्रीय मंत्रिमंडल भारत में समाजवाद स्थापित करेगा, या आर्थिक समस्याओं को हल करेगा, इसकी सम्भावना तो थी नहीं, किन्तु गोरे हाथों से काले हाथों में यदि शासन चला आए, तो क्रान्तिकारी शक्तियों को सीधे लड़ाई लड़ने में बहुत सुभीता हो जाता, इसलिए विदेशी काँटे को रास्ते से निकलना अच्छी बात थी, इसे मैं मानता था। 17 जून की सूचनाओं से मालूम हुआ, कि कांग्रेस और लीग ने अभी अपना निश्चय प्रकट नहीं किया। निश्चय करने में काफी समय लगा, लेकिन यह तो मालूम हो गया, कि अंग्रेज शासक युद्धपूर्व की स्थिति में लौट नहीं सकते।

20 जून को अस्तोरिया होटल गए। वहाँ से कुछ अंग्रेजी पत्रों को लेना था। कुछ चिट्ठियाँ हवाई डाक से भेजना चाहते थे, लेकिन अभी हवाई डाक का कोई इंतिजाम नहीं था। हवाई डाक से भी उसे लंदन होकर जाना पड़ता और दोहरे-तेहरे सेंसर भी काफी समय लेते। वहीं हमारी सिगान नाटक-मंडली के कलाकारों नीकोलाय नरोज़्नी, लीना इवानोव्ना चीजेन्को तथा दूसरों से बड़ी देर तक बातें होती रहीं। उस वक्त तक मैंने सिगान भाषा के सम्बन्ध में कुछ पुस्तकें पढ़ ली थीं, और हिन्दी तथा सिगान के सम्मिलित सौ के करीब शब्द मेरे

पास थे। पहिले उन लोगों का विश्वास नहीं था, कि उनका भारत से कोई सम्बन्ध है। अब वह देख रहे थे कि मैं और वह एक ही रंग-रूप के थे। जब मैंने उन शब्दों को पढ़कर सुनाया जो रूसी में नहीं हैं, और हिन्दी में जैसे के तैसे मिलते हैं, तो उन्हें विश्वास हो गया, कि वह भी इन्दुस (हिन्दू) हैं। फिर उन्होंने भारतीय सिगानों के बारे में पूछा। उनकी भाषा, संस्कृति, शिक्षा, पेशा, नृत्य-संगीत आदि के बारे में कितने ही प्रश्न किए, लेकिन मैं अपने देश में यहाँ के सिगानों के सम्पर्क में कभी-कभी जेल में आया था और वहाँ भी मैंने इन बातों के सम्बन्ध में विशेष पूछताछ नहीं की थी। लीना एक प्रौढ़ा अभिनेत्री थी। सिगान नाटक-मंडली की स्थापना में उनका विशेष हाथ रहा और आज भी वह मंडली की ज्येष्ठा समझी जाती थीं। वहाँ उनके साथ दो तरुण अभिनेत्रियाँ भी थीं, जिनमें से एक असाधारण सुन्दरी तथा भौंहों, बालों, चेहरे पर मधुर सौन्दर्य के साथ अधिक गोरी भारतीय लड़की-जैसी मालूम होती थी। उन्होंने यह विश्वास हो जाने पर कि भारत की मिट्टी से उनका बहुत घनिष्ठ सम्बन्ध है, भारतीय कला के बारे में पूछा और यह भी कि भारतीय कलाकार यहाँ क्यों नहीं आते ? मैंने कहा–अंग्रेजों का राज्य हटने दीजिए फिर भारतीय कलाकार भी यहाँ आएँगे, और आप लोगों को भी तो जाना चाहिए। लीना ने अपनी परम सुन्दरी लड़की की ओर देखकर विनोद करते हुए कहा–मैं तो चाहूँगी अपनी बेटी को किसी इन्दुस् से ब्याह दूँ। मैंने कहा–हमारे यहाँ तो अभी तक विवाह करने का अधिकार माता-पिता को ही है, यहाँ क्या यह तुम्हारी लड़की इस तरह के कन्यादान को पसन्द करेगी। इस पर लड़की ने कहा–हाँ, मैं इन्दुस् को पसन्द करूँगी। वस्तुतः सिगानों के रंग और मुखमुद्रा में भारतीयों से अब भी इतनी समानता है कि बाज वक्त लोग मुझे भी सिगान समझ लेते थे। ईगर को तो उसके साथी लड़के-लड़कियाँ जब सिगान नहीं कहते थे, तो यूरेई (यहूदी) कहते थे, जिसका वह सदा प्रतिवाद करते हुए अपने को इन्दुस् कहता था। एक दिन मैं सांस्कृतिक उद्यान में घूम रहा था। वहाँ दो सिगनियाँ मिलीं। उनमें से एक ने कहा–हाथ दिखा लीजिए। मैंने कहा–क्या रोमनियाँ रोम का भी हाथ देखा करती हैं ? उसकी सखी ने कहा–हाँ, देख नहीं रही है, हमारे रोम (डोम) तो हैं। फिर उन्होंने कितनी ही बातें पूछीं और उनकी बातों से मालूम हुआ कि अब भी हाथ दिखलानेवाले उन्हें कुछ मिल जाते हैं। पहिले सांस्कृतिक उद्यान के पास ही उनका एक छोटा-सा मुहल्ला बसता था, जिसमें इधर-उधर घूमकर वह आके रहा करते थे, लेकिन अब वह मुहल्ला उजड़ गया है। नवशिक्षित सिगान तरुण-तरुणियाँ अब सोवियत के साधारण जन-समुद्र में मिलते जा रहे हैं। यदि वह मुहल्ला रहता, तो मुझे तो अवश्य फायदा होता, मैं उनके यहाँ कुछ समय देकर बहुत-सी बातें जान सकता था।

23 जून को ईगर कहीं से एक छोटी बिल्ली पकड़ लाया। वह जल्दी ही घर की बन गई, लेकिन खाती थी केवल मांस, रोटी को तो छूती भी नहीं थी। भला ऐसी महँगी बिल्ली को कौन रखता। कुछ ही समय बाद वह जिसकी थी, उसके पास चली गई।

उस दिन इतवार था। हमारे साथी अध्यापक व्लादीमिर इवानोविच कलियानोफ के यहाँ दावत थी। ईगर और लोला के साथ हम वहाँ गए। भोजन के उपरान्त प्याले आए। ऐसे तो ईगर कह देता था : मेरे पापा नहीं पीते, इसलिए मैं भी नहीं पीता; लेकिन आज मंडली में वह भी शामिल हो गया और चषक के लिए आग्रह करने लगा। जब कुएँ में ही भाँग पड़ी हो, तो बच्चा कैसे अपने को रोक सकता था। लेकिन कलियानोफ ने लाल रंग के शरबत को शराब कहकर उसके हाथ में दे दिया। थोड़ी ही देर में लोग कहने लगे : ईगर तेरी आँखें लाल हो गई हैं। वह भी अनुभव करने लगा कि नशा चढ़ने लगा है।

रात के एक बजे हम घर लौटे। वस्तुतः अब वह रात थी ही कहाँ ? आधीरात को भी हम लाल रंग को पहिचान सकते थे। यह शुक्ला रात्रि का मौसम चल रहा था।

25 जून को एक दिन के विश्राम का टिकट लेकर हम किरोफ संस्कृति-उद्यान में गए। खाने में अभी कोई अन्तर नहीं आया था, वह फीका-फीका था। वही काली रोटी, वही काली खिचड़ी (कासा) और वही फीकी चाय। आजकल मास्को की रोम (सिगान) नाटक-मंडली उद्यान के थियेटर में अपना खेल दिखा रही थी। नाटक का नाम था 'गुरुसिंका'। हमारे टिकट में दर्ज स्थान रंगमंच से बहुत दूर था, लेकिन सिगान मंडली तो अपनी थी, इसलिए अभिनेताओं ने हम तीनों को पहिली पंक्ति में ले जाकर बैठा दिया। 3 घंटे नाटक देखते रहे।

11 बजने लगा, तो घर जाने का भी ख्याल आया, इसलिए बिना अन्त तक देखे ही वहाँ से चल पड़े। ईगर को तो तरुण सिगानुच्काओं ने इतना मोह लिया था, कि वहाँ से हटने का नाम नहीं लेता था। इस नाटक में भी सिगान जीवन को ही दिखलाया गया था। पुराने ढंग की सिगान स्त्रियों की पोशाक पश्चिमी उत्तर-प्रदेश की स्त्रियों के घाघरे और सलूके जैसी थी। चाँदी के सिक्कों की माला गले में ही नहीं, बल्कि सिर से भी लटकती थीं।

29 जून को इतनी वर्षा हुई, कि मालूम होता था भारत के वर्षा के दिन आ गए हैं। हमारे घर के पिछवाड़े की क्यारियों में लोग साग-सब्जी बोये हुए थे। शाम को सभी अपनी-अपनी बाल्टियों में पानी भरे, फावड़ा हाथ में लिये वहाँ पहुँच जाते थे। वर्षा हो जाने से अब पानी देने की आवश्यकता नहीं थी। चारों ओर साग-सब्जी की हरियाली दिखाई पड़ रही थी।

जून के अन्त में अब ग्रीष्म-कालीन दो महीने की छुट्टियाँ आ गई थीं। अब की गर्मी बिताने के लिए हमने युनिवर्सिटी के विश्रामोपवन तिरयोकी जाने का निश्चय किया था। अभी वहाँ इतना स्थान नहीं था, कि अधिक संख्या में लोगों को स्थान दिया जा सके। लेकिन सभी अध्यापक या विद्यार्थी तिरयोकी ही जाना भी नहीं चाहते थे। कितने ही काकेशस और क्रिमिया और कुछ बाल्तिक समुद्रतट पर जाने की फिकर में थे। विद्यार्थियों में भी कितने ही अपने घरों में जाकर छुट्टियाँ बिताना चाहते थे, विशेषकर कमाल की तरह के मध्यएसिया, साइबेरिया और सुदूर स्थानों के विद्यार्थी दो महीने की छुट्टियों को अपने लोगों में बिताना अधिक पसन्द करते थे। मुझे और लोला को तिरयोकी का टिकट मिलने में कोई कठिनाई नहीं थी, लेकिन बच्चों के लिए अभी तिरयोकी में स्थान नहीं था। अन्त में प्रबन्धक राजी हो गए कि हम अपने साथ उनको रख सकते हैं। लोला को हरेक काम ठीक चलने के समय याद आता था। पहिले से ईगर के लिए ओवरकोट नहीं सिलवाया था। पहिली जुलाई को रात-भर बैठकर वह ओवरकोट सिलवाती रही। रूस में जाड़ों के लिए ही नहीं, गरमियों के लिए ओवरकोट की जरूरत होती है, क्योंकि माघ-पूस का महीना तो वहाँ बराबर बना रहता है; हाँ, गरमियों का ओवरकोट पतला होता है। मैंने कहा था कि अपनी परिचिता सीनेवाली को दे दो, लेकिन वहाँ तो पेरिस के फैशन का ख्याल था। अन्त में वही करना पड़ा, खुद रात-भर जागी और बेचारी जीना कन्स्तन्तिनोवा को भी जगाकर कोट सिलवाया। हमें साढ़े आठ बजे की बस (2 जुलाई) को पकड़नी थी, जो सीधे तिरयोकी पहुँचाती, लेकिन इतनी जल्दी तैयारी कहाँ हो सकती थी ? बस का ख्याल छोड़ना पड़ा और हम लोग फिन्लैंड स्टेशन पर पहुँचे। मास्को और लेनिनग्राद में गन्तव्य स्थान की ट्रेनों के ठहरने के स्थान को उस नाम से पुकारते हैं। फिन्लैंड स्टेशन से पुराने जमाने में फिन्लैंड को रेल जाती थी। आजकल फिन्लैंड रूस से अलग है, शायद ही कोई सीधे ट्रेन लेनिनग्राद से फिन्लैंड जाती हो, लेकिन उसकी सीमा तक तो वह अवश्य जाती है। ग्रीष्मावकाश के दिन थे। विश्रामोपवनों में भारी संख्या में लोग जा रहे थे। बसें भी ढो रही थीं, और स्टेशन पर भी मेला लगा हुआ था, लेकिन टिकट कई जगह बिक रहे थे, इसलिए मिलने में ज्यादा दिक्कत नहीं हुई। हम अपनी गाड़ी में चढ़ गए। यह दूर जानेवाली गाड़ी नहीं थी, इसलिए सारी सीट के रिजर्व करने का सवाल नहीं था। गाड़ी का डब्बा बिना गद्दे का था। गाड़ी में बैठने के बाद कुछ समय तक इन्तिजार करना पड़ा, फिर 1 बजे वह रवाना हुई। हमारी यात्रा दो घंटे की थी।

14
तिरयोकी में

युद्ध से पहिले तिरयोकी फिन्लैंड की भूमि में था। 1940 में फिन्लैंड की सीमा लेनिनग्राद से 14-15 मील पर थी, जिसे हमारी ट्रेन आधा घंटे में ही पार हो गई। लेनिनग्राद शहर से इतनी नजदीक एक अमित्र सरकार की भूमि रहने से खतरा था, इसीलिए रूस ने चाहा था, भूमि के बदले ड्योढ़ी भूमि लेकर फिन्लैंड अपनी सीमा को कुछ दूर हटा ले, लेकिन फिन्लैंड ने इसे स्वीकार नहीं किया। जर्मनों का खतरा सामने देखते हुए, रूसियों को हथियार उठाना पड़ा। तिरयोकी और आगे बिपुरी तक युद्ध की ध्वंसलीला के चिह्न अब भी बहुत दिखाई पड़ रहे थे। स्टेशनों और बस्तियों की इमारतें ध्वस्त थीं। उस समय की भीषण गोलाबारी में प्रकृति को भी बहुत हानि उठानी पड़ी थी, लेकिन उसने अपने सौन्दर्य को फिर से स्थापित करने में बड़ी शीघ्रता से काम लिया। लेनिनग्राद के शहर से निकलते ही पहिले कुछ खेत और बस्तियाँ आईं। फिन्लैंड की पुरानी सीमा में घुसते ही वह दृश्य सामने आया, जिसके लिए फिन्लैंड विख्यात है। चारों ओर देवदार और भुर्ज के हरे जंगल थे, घास की हरियाली भी फैली हुई थी, नाना प्रकार के सुन्दर फूल खिले हुए थे। जहाँ-तहाँ जल और छोटी-छोटी नदियाँ दिखाई पड़ती थीं। यह सौन्दर्य लेनिनग्राद के बाहर से शुरू हुआ, और आगे बढ़ते हुए अपनी चरम अवस्था को पहुँचा। रेल का किराया 2 रूबल 20 कोपेक था, बच्चों का रिकाया केवल 55 कोपेक। प्रकृति के सौन्दर्य को देखते हुए हम अन्त में तिरयोकी स्टेशन पर पहुँचे। वहाँ पर युनिवर्सिटी की बस आई हुई थी—बस क्या खुली लारी थी, जिस पर बेंचें लगा दी गई थीं। अभी लड़ाई का प्रभाव था, लेकिन हमारे लौटते समय कुछ नई बसें भी काम में आने लगी थीं। थी तो युनिवर्सिटी की बस, लेकिन किराया तो देना ही था। 5-5 रूबल देकर हम आध घंटे में स्टेशन से अपने विश्रामोपवन में पहुँचे, जो वहाँ से सात-आठ किलोमीतर था। यह महावन आदिकाल से कभी उच्छिन्न नहीं हुआ था। स्टेशन के पास बाजार था, उसके बाद बस्तियों का अभाव था, और ऊँची-नीची पहाड़ी जैसी धरती पर घने जंगलों के बीच से सड़क चली गई थी। समुद्र के किनारे के घने देवदार-वनों को मीलों तक भिन्न-भिन्न संस्थाओं ने आपस में बाँटकर वहाँ अपने विश्रामोपवन स्थापित किये थे। युनिवर्सिटी ने भी दस हजार एकड़ के करीब जंगल घेरा था। हमारे पास ही इन्तूरिस्त ने भी अपना विश्रामोपवन कायम किया था और लड़कों-लड़कियों (प्योनीर, प्योनिर्काओं) के तो कई दर्जन सैनिटोरियम यहाँ मौजूद थे। लेनिनग्राद या बिपुरी की तरफ मीलों चले जाइये, जंगल के बीच में उसी तरह के कितने ही विश्रामोपवन मौजूद थे।

युनिवर्सिटी का विश्रामोपवन वस्तुतः प्राकृतिक जंगल था। प्रकृति की शोभा को बिगाड़ने की कम से कम कोशिश की गई थी। इसी वन में जहाँ-तहाँ कुछ छोटी-बड़ी इमारतें थीं, जिनमें अधिकांश काष्ठ की थीं, और सोवियतकाल से पहिले की अर्थात फिन् लोगों की बनाई हुई थीं। तिरयोकी जारशाही काल में भी अपने प्राकृतिक

सौंदर्य के लिए प्रसिद्ध थी, इसलिए धनी लोगों ने यहाँ अपने लिए बँगले बनवा रखे थे। विश्वविद्यालय के उपवन की इमारतें भी अधिकतर उसी समय की बनी हुई थीं। नई इमारतों के बनाने की योजना तो बन चुकी थी, लेकिन अभी नगर में काम अधिक होने के कारण यहाँ काम बहुत कम शुरू किया गया था। हम पहिले प्रबन्ध-कार्यालय में गए। पता लगा लोला बिना अनुमतिपत्र के ही ईगर को अपने साथ लाई थी। दीना गोल्दमान ने अपने लड़के का प्रबन्ध बालोद्यान में कर दिया था। बालोद्यानवाले ऐसे समयों में अहोरात्र के लिए लड़कों को ले लेते हैं, लेकिन लोला बेचारी अपने बच्चे को आँखों से दूर रखने के लिए तैयार नहीं थी, इसलिए अनुमति मिले या न मिले, वह अपने साथ उसे लेती आई थी। मैंने मन में कहा–कांगरू माता की जिम्मेवारियाँ वही जानती है। मुझे यह जानकर कुछ बुरा तो लगा, लेकिन चारा क्या था। प्रबन्धकों ने साथ रहने के लिए इजाजत दे दी, लेकिन कहा कि खाने का प्रबन्ध स्वयं करना पड़ेगा। लोला से यह भी नहीं हो सका था, कि शहर से चलते वक्त कुछ खाने की चीजें और रोटी लाई होती। नाम लिखा गया, फिर उपवन के छोटे-से चिकित्सालय में डाक्टर ने भी परीक्षा करके वजन आदि के साथ कितनी ही बातें अपने रजिस्टर में लिखीं।

हमें तो यहाँ गंगोत्री की जाड़गंगा के किनारे का वह रम्य देवदार वन याद आ रहा था, जिसे तीन वर्ष पहिले हमने देखा था। उसी तरह देवदार की घनी छाया थी, उसी तरह देवदार की भीनी-भीनी सुगंध आ रही थी, यद्यपि यहाँ 10 हजार फुट ऊँचा पहाड़ नहीं था, बल्कि हम फिन्लैंड खाड़ी समुद्र के तट पर थे। वृक्षों में यहाँ देवदार-जातीय केलू अधिक थे। भुर्ज भी नजदीक में नहीं थे। आफिस के कामों से छुट्टी पाते तक हमारा सामान, हमारे कमरे में पहुँचा दिया गया। कमरा कहना उस शब्द का अपमान करना होगा। वस्तुतः वह बड़ी-बड़ी दियासलाई के दोमंजिला डब्बों जैसा लकड़ी का दरबा था। सँभलकर न चलने पर सिर में टक्कर लगने का भी डर था। उद्यान में कुछ इमारतें अच्छी भी थीं। उनके कमरे बड़े-बड़े थे, लेकिन वह एक-एक आदमी को नहीं दिए जा सकते थे। उनमें से कुछ भोजनशाला के रूप में परिणत किए गए थे, और कितनों में एक-एक दर्जन चारपाइयाँ रखकर अधिक आदमियों के विश्राम का इंतिजाम किया गया था। हमें अलग कोठरी लेनी थी, सो कोठरी मिली। वह 5 हाथ लम्बी और 5 हाथ चौड़ी थी, जिसमें दो पतली-पतली लोहे की खाटें पड़ी थीं, सिरहाने एक छोटी-सी मेज और एक कुर्सी रख दी गई थी। इतनी छोटी होने पर भी जाड़े में गरम करने का इन्तिजाम था। तिरयोकी में जाड़ों में भी लोग आया-जाया करते हैं। हमारे छात्र-छात्राओं में से भी कुछ यहाँ दिसम्बर में चन्द दिनों के लिए आए थे। देवदार की लकड़ियों का मकान तो बुरा नहीं होता और यदि वारनिश न हो, तो एक तरह की उससे सुगन्ध आती है। हमें ऊपरी मंजिल पर कोठरी मिली थी। कोठरी की दो पतली चारपाइयाँ तीन प्राणियों के लिए थीं। कोठरियों का द्वार एक पतले-से बराण्डे की ओर खुलता था, जिसके एक सिरे पर नीचे उतरने की सीढ़ी थी। कोठरी में जँगला काफी बड़ा था, इसलिए हवा की कमी नहीं थी। कुछ वृक्षों के बीच से एक ओर समुद्र लहरें मार रहा था। यहाँ के समुद्र का जल उतना खारा नहीं था।

भोजन तीन बार मिलता था। आठ से दस बजे तक प्रातराश का समय था। भोजनशाला में सभी एक साथ नहीं बैठ सकते थे, इसलिए कई टोलियों में होकर अपनी निश्चित मेज पर बैठ जाते थे। मध्यान्होत्तर एक से तीन बजे तक मध्याह्न-भोजन और सात से नौ बजे तक रात्रि-भोजन। भोजन सुस्वादु नहीं था, इसकी सभी शिकायत कर रहे थे। लड़ाई के समय जो अभाव और अव्यवस्था हुई, वह अभी तक ठीक नहीं हो सकी थी। पाचिकाएँ कहती थीं : हमें उतनी और वैसी सामग्री नहीं मिल रही है। कुछ महिलाएँ कह रही थीं : यह स्वयं खा जाती हैं।

मनोरंजन का प्रबन्ध अच्छा था। समुद्र में तैरना और बालू पर धूप लेना, देवदार के जंगलों में मीलों घूमना तो था ही, इनके अतिरिक्त यहाँ क्लबघर की शाला में सौ कुर्सियाँ पड़ सकती थीं। वहाँ छात्र-छात्राएँ, अध्यापक-अध्यापिकाएँ दिन में जाकर अखबार और पुस्तकें पढ़ सकते थे, शतरंज खेल सकते थे। शाला शाम के बाद नृत्य और गीत के अखाड़े के रूप में परिणत हो जाती थी। हमारे पासपड़ौस में कितनी ही दूसरी संस्थाओं के भी उपवन थे। भारत में यदि पुरी के समुद्र और गंगोत्तरी की भैरवघाटी को इकट्ठा कर दिया जाय, तो

यह प्राकृतिक सुषमा मिल सकती है।

दिन में थोड़ा ही सोये, रात को खूब सोना ही था, लेकिन रात थी कहाँ ? यहाँ 10 बजे शाम तक तो सूर्य की पीली-पीली किरणें देवदार के शिखरों पर झलकती रहीं, फिर बेचारी गोधूलि आई, सूर्यास्त हुआ; लेकिन उसके बाद ही उषा आ पहुँची।

3 जुलाई को तिरयोकी आकर अब हम प्रकृतिस्थ हो गये थे। दो व्यक्तियों के भोजन का प्रबन्ध था, उसी पर तीनों का गुजारा करना मुश्किल था, इसलिए एक के भोजन का अन्वेष करना जरूरी था। किसी ने आशा दिलाई, कि शायद राशन की काली रोटी मिल जाए। काली रोटी कहने से पाठकों को एक प्रकार की दुस्वादु रोटी याद आएगी। हाँ, ऐसी भी रोटी है, लेकिन रूस में एक और भी कोयले जैसी काली रोटी होती है, जिसको एक बार खा लें तो मुँह से छूटेगी नहीं, वह इतनी सुमिष्ठ होती है। खैर, रोटी की चिन्ता तो थी और वह हमारी अपनी गलती से, क्योंकि अतिरिक्त राशनकार्ड में हमें बहुत रोटी-मक्खन, मांस-मछली तथा दूसरी चीजें मिलनी थीं, जिन्हें हम लेनिनग्राद से साथ ला सकते थे। यदि विश्वविद्यालय की लॉरी में आते, तो यहाँ उपवन के फाटक के भीतर तक वह पहुँचा देती। लेकिन अब तो फिर वहाँ से जाकर लाना था।

हमारे आगे पश्चिम की ओर समुद्र था–जिसके आगे कुछ कगार-सा था, जिसके बाद यह देवदारों का जंगल कुछ समतल भूमि पर था। क्लबघर करीब-करीब समुद्र-तट पर था। बालू उसके बिल्कुल पास तक चली आई थी। इसके बाद हजारों वर्ष के प्राकृतिक परिवर्तन से एक के बाद एक छोटी-छोटी पहाड़ियों की समतल सीढ़ियाँ-सी बन गई थीं, जिनके ऊपर देवदार के जंगल खड़े थे। हमारे फाटक के बाहर ही लेनिनग्राद जानेवाली सड़क थी। युनिवर्सिटी का उपवन सड़क की दोनों तरफ था। सड़क पर चलना मुश्किल था, क्योंकि अभी सड़क पक्की करके कोलतार नहीं किया गया था, जिसके कारण लॉरियाँ धूल उड़ाती चलती थीं। इसीलिए सड़क के किनारे से टहलना और धूल फाँकने का प्रयत्न करना एक ही था। टहलने को समुद्र के तट पर भी चल सकते थे, किन्तु वहाँ रास्ते में डले और पत्थर बहुत थे, भूमि भी ऊबड़-खाबड़ थी, इसलिए चलना सुखद नहीं था। हाँ, सड़क के ऊपर की कम चलती एक दूसरी सड़क टहलने के लिए बहुत अच्छी थी। वन में मलीना और जैम्ल्यान्का (स्ट्रा-बरी) के फूल फूल चुके थे, और जाने से पहिले यह खट-मीठे फल मिलनेवाले थे। खुम और गुच्छियों की फसल अगस्त में आनेवाली थी, जबकि हम यहाँ से चले गए रहेंगे।

हमारे बासे से समुद्र की ओर देखने पर उसके भीतर गंधर्व नगर की तरह दूर क्रोन्स्तात् का मशहूर सामुद्रिक अड्डा था। जर्मन चारों ओर प्रहार करते हार गए, लेकिन वह अजेय क्रोन्स्तात् को नहीं ले सके। खाड़ी बहुत उथली थी, बहुत दूर चले जाने पर भी पानी कमर-कमर तक ही मिलता था, जिससे तैरनेवालों को बहुत आगे जाना पड़ता। नीचे बालू अगर होती तो चलने में अच्छा रहता, किन्तु पानी में पत्थरों के ढेले ऊबड़-खाबड़ बिछे हुए थे। हमारा काम था दिन में एक या दो मर्तबे समुद्र-स्नान करना, कभी क्लब की छोटी लाइब्रेरी में जाकर अखबार पढ़ना या दूसरों को नाचते-गाते मनोविनोद करते देखना। हमने यह बहुत जानने की कोशिश की, कि फिन् लोगों ने इन इमारतों को किस अभिप्राय से बनाया था, लेकिन फिन्लैंड की लड़ाई के समय ही यहाँ के जितने फिन्–नौकर-चाकर या आस-पास की बस्तियों के किसान–थे, सभी अपने संकुचित होते हुए देश की ओर भाग गये। सौभाग्य से एक नौकरानी–जो बारहों महीना यहीं रहती थी, और हमारी कोठरी के नीचे रहती थी–उस युग को भी देख चुकी थी। उससे पता लगा, कि पहिले यहाँ फिन् लोगों का एक होटल और रेस्तराँ था। जिन दियासलाई के दरबों में हम लोग रह रहे थे, उनमें अतिथियों के लिए वेश्याएँ रखी जाती थीं। मेहमान अलग-अलग बँगलों में रहते थे, मैनरहाइम-राज्य में इस उपवन की यह स्थिति थी। यह भी प्रश्न होता था, कि यहाँ के मकान युद्ध में क्यों नहीं ध्वस्त हुए ? शायद यहाँ जमकर लड़ाई नहीं हुई, लेकिन आस-पास घूमने पर मालूम हुआ, कि ऐसी बात नहीं थी। अब भी कितनी ही जगहों पर नोटिसें लगी हुई थीं–"माइनों से खबरदार"–अर्थात् शत्रु को उड़ा देने के लिए धरती के नीचे बिछाई बारूद भरी माइनों को निकालने का पूरा प्रयत्न किया गया था, तो भी कहीं-कहीं उनके होने की संभावना थी। भूतपूर्व चकलेवाले होटल की कायापलट देखते हुए मेरे मन में तरह-तरह की कल्पनाएँ आती थीं। कुछ ही वर्षों बाद जब यहाँ के मकानों की योजना

कार्यरूप में परिणत हो जाएगी और भोजन की व्यवस्था भी ठीक हो जाएगी, तो यह स्थान कितना सुन्दर और सुखद होगा।

4 जुलाई को समुद्र-स्नान करने गए। पानी खारा नहीं था। वस्तुतः वह समुद्र भी तो नहीं था, समुद्र की एक पूँछ निकली हुई थी, जिसमें बहुत-से नदी-नाले मीठा पानी ला-लाकर डाल रहे थे। बहुत भीतर तक घुसे, किन्तु पानी पहिले घुटनों तक, फिर जाँघ तक आया। तैरने का आनन्द कहाँ था ! यदि बहुत भीतर तक दीवार खड़ी कर दी जाय, तो बहुत-सी सूखी धरती समुद्र के ऊपर से निकाली जा सकती है, किन्तु इस देश में धरती की कमी थोड़े ही है, यहाँ अगर कमी है तो लोगों की। शाम को 2 घंटे टहलने के लिए 'पहाड़ी' से गए। यह स्थान और भी रमणीय था। देवदार और केलू के वृक्ष ही ज्यादा थे, जो बतला रहे थे, कि जाड़ों में आने पर खाड़ी और भूमि सभी श्वेतहिम से ढँकी होने पर भी देवदार इसी तहर हरे-भरे रहेंगे, अर्थात् उस वक्त लेनिनग्राद की तरह यहाँ हरियाली के लिए तरसने की जरूर नहीं रहेगी। मकान की कमी अवश्य थी, स्थान जनाकीर्ण-सा मालूम होता था, पाखाना गन्दा था, फ्लश का इन्तिजाम नहीं था। इस समय सारी तिरयोकी के लिए सीवरेज के पाइप बैठाये जा रहे थे। अभी तो पाखाना जरूर बुरा लगता था। साफ करने का अच्छा इंतिजाम नहीं था। लकड़ियों को खड़ा करके जैसे-तैसे पाखाना खड़ा कर दिया गया था। तख्ते के ऊपर बैठकर पाखाना जाने को मन नहीं करता था। यद्यपि कुछ दवाइयाँ डाली जाती थीं, लेकिन बदबू नहीं हटती थी। हमारी कोठरी के ठीक सामने और नजदीक होने के कारण, हमें तो कभी-कभी बदबू अपनी कोठरी तक में मालूम होती थी, इसके लिए हमें बराण्डे की खिड़की और अपने दरवाजे को बन्द रखना पड़ता था। खैरियत यही थी, कि हम उस देश में नहीं थे, जहाँ पर लोग लोटे में पानी भरकर पाखाने जाते हैं, नहीं तो न जाने गन्दगी कहाँ तक पहुँचती। उपवन में बिजली की बत्तियाँ भी एकाध ही जगह पर थीं। पीने के पानी की भी दिक्कत थी, लेकिन पहाड़ी पर उसके लिए नलके भी बिछाए जा रहे थे। पानी और पाखाने की दिक्कत अगले साल तक खतम हो जाएगी, यह रंग-ढंग से मालूम हो रहा था।

पहाड़ी से मतलब हमारा है, ऊपर की ओर कुछ ऊँचाई पर दूर तक चली गई समतल भूमि और उसे ढाँके हुए देवदार-वन। पहाड़ी पर जहाँ-तहाँ छोटी-छोटी कुटियाँ थीं, जिनके पास साग-सब्जी के खेत थे। पहिले इन कुटियों में फिनू किसान रहते होंगे, अब उनमें रूसी भूतपूर्व सैनिक परिवार आ बसे थे। लेकिन वह अभी थोड़े ही खेतों को आबाद कर सके थे। इस अक्षांश में अच्छे सेबों की होने की सम्भावना नहीं है, लेकिन साग-सब्जी और आलू तो प्रचुर परिमाण में पैदा हो सकता है। पहाड़ों से घूमते समय मुझे याद आ रहा था, सिक्किम में तिब्बत जानेवाले रास्ते पर 10 हजार फुट की ऊँचाई पर बसा लाछेन गाँव, जहाँ फिनू-जातीय मिशनरी बुढ़िया डेरा लगाए हुए है। यदि मुझे यहाँ हिमालय याद आता था, तो उसे फिनलैंड की देवदारु वनाच्छादित भूमि याद आती होगी।

तिरयोकी में मेरी दिनचर्या थी—सबेरे साढ़े आढ़ बजे उठना, हजामत कर मुँह-हाथ धोना। लोला को अपने प्रसाधन और ईगर को खिलाने में काफी समय देना पड़ता था। प्रातराश का समय 8 से 10 बजे तक था, मगर 10 बजे से पूर्व हमारा वहाँ पहुँचना मुश्किल था। हम आखिरी बैच में भोजनशाला में जाते। तीन-चार बड़े-बड़े कमरे भोजनशाला का काम दे रहे थे, जिनमें से एक-एक में आठ-आठ नौ-नौ मेजें, और हरेक मेज पर चार-चार आदमियों के बैठने के स्थान थे। प्रातराश में मिलते टोस्ट, मक्खन और चाय या कॉफी। चाय-कॉफी में इतनी चीनी डाली जाती थी, जिसमें नाम हो जाय, लेकिन वह मीठी न होने पाए। भोजन सुस्वादु बनाने के लिए लोग अपने साथ लाई चीजें लाते थे। 2 बजे तक का समय लिखने-पढ़ने या पास की देवदारुवनी अथवा समुद्र की बालुका पर बिताते थे। फिर मध्यान्ह भोजन के लिए जाते। घास-पात का सूप, कुछ रोटी, शोकलात (चाकलात, चोकलेट) और कोई कम मीठी दूसरी चीज। एक तश्तरी मांस सहित होती थी। जहाँ तक मात्रा का सवाल था, वह पर्याप्त थी, लेकिन गुण के लिए अपनी सामग्री को इस्तेमाल करना पड़ता था। दुःस्वादु भोजन तैयार करने में यहाँ की सूपकारिणियाँ पारितोषिक पाने की अधिकारिणीं थीं, इसमें कोई सन्देह नहीं। भोजनोपरान्त फिर समुद्र की ओर जाते, जहाँ कुछ देर तक नहाना होता, फिर आकर लिखने-पढ़ने में लग जाते।

7 से 9 बजे तक ब्यारू का समय था, लेकिन सूर्यदेव का दर्शन 10 बजे तक होता रहता था–यह जुलाई का प्रथम सप्ताह था। कहने की आवश्यकता नहीं कि आजकल सर्वश्वेता रात्रि थी, इसलिए निद्रा के आवाहन के लिए अँधेरे का सहारा प्राप्त नहीं था। हम ब्यारू से साढ़े आठ बजे के करीब निवृत्त होते, फिर टहलने के लिए 'पहाड़ी' पर जाते। समुद्र-तट पर रोड़े दुःखदायक थे, और राजपथ पर लगातार आती-जाती मोटरें धूल उड़ाती थीं।

6 जुलाई–समुद्र आज भी कल की तरह शान्त था। हमारी फेकल्टी के डीन प्रोफेसर स्ताइन से भारत के सम्बन्ध में कितनी ही देर तक बातचीत होती रही। भारत में अंग्रेज नई नीति स्वीकार करने जा रहे हैं, जिसमें शासन और शोषण में वहाँ के मध्यवर्ग को शामिल करना चाहते हैं। लेकिन कितने ही और अध्यापकों की तरह इस बात पर उनका भी विश्वास नहीं था, इसलिए अभी वह भारत को विश्व-राजनीति में कोई महत्त्व नहीं देना चाहते थे।

स्टेशन के लिए सवारियाँ कभी-कभी मिलतीं, इसलिए लेनिनग्राद जानेवाले को पाँच-छः मील का रास्ता पैदल काटना पड़ता। वैसे लेनिनग्राद के लिए भी कभी-कभी बसें या लारियाँ मिल जाती थीं। माल ढोनेवाली लारियाँ तो लगातार चलती रहती थीं, किन्तु उनमें बैठने की जगह ड्राइवर के परिचय बिना मुश्किल से मिलती थी। आज लोला को रसद लाने के लिए लेनिनग्राद जाना था। पैदल गई, हम भी कुछ दूर तक धूल फाँकते हुए पहुँचाने गये।

मध्यान्ह-भोजन के समय आज मलाई-बरफ का ठेला भोजनशाला के बाहर खड़ा हो गया था। सौ-डेढ़ सौ मेहमान जहाँ खरीदने को तैयार हों, वहाँ क्यू की पाँति क्यों न लग जाती ? हमने भी 4.80 रूबल में ईगर के लिए बिस्कुट-मलाई ली। रुपए का हिसाब करने पर यह तीन रुपया होता, लेकिन विनिमय के इस हिसाब को हमें ख्याल में नहीं लाना था। चीजों के सस्तेपन का प्रमाण हम इस बात को मानते थे, कि उनके ऊपर खरीदार कितने टूट रहे हैं। बात की बात में ठेला खाली हो गया। ठेले का आना अच्छा सगुन था। राशन से भिन्न और भोजनशाला से अलग भी स्वादिष्ट खाद्य-वस्तुएँ तो खरीदी जा सकती थीं।

रेडियो से दूर होने के कारण मैं जैसे तिब्बत में आ गया था। दो-एक दिन बाद लेनिनग्राद की 'प्राव्दा' आ जाती थी। तिरयोकी से भी हमारे साप्ताहिकों के आकार के दो पृष्ठों का तिरयोकी पार्टी का पत्र निकलता था, लेकिन उसमें केवल स्थानीय कलखोजों (पंचायती खेतीवाले गाँवों) की बातें ही भरी रहती थीं, और विदेशी क्या, स्वदेशी समाचार भी नहीं आते थे। हाँ, खेतों में कैसी फसल है, क्या काम हो रहा है, कारखानों की क्या हालत है, पुनर्निर्माण के बारे में क्या हो रहा है, तथा स्थानीय पार्टी क्या कर रही है–यही सब बातें उसमें रहती थीं। ऐसे दो पृष्ठवाले अखबार सोवियत रूस में देहातों में आमतौर से निकला करते हैं, और स्वावलम्बी हैं, इसके कहने की आवश्यकता नहीं। आज रात को अमेरिकन फिल्म 'चोचका चार्ली' दिखलाया गया। रूस के गाँवों में भी चलते-फिरते फिल्म बराबर दिखलाए जाते हैं, कोई हफ्ता नहीं जाता कि गाँव में सिनेमा की लॉरी न आती हो। लॉरियों में बिजली का भी प्रबन्ध रहता है, इसलिए अगर गाँव बिजलीवाला न भी हो, तब भी फिल्म दिखलाने में कोई दिक्कत नहीं होती। हमारे यहाँ बाकायदा सिनेमावाली लॉरी नहीं आई थी। खबर सुनते ही लोग अपनी कुर्सियों पर आ डटे थे। ईगर को भी भनक लग गई थी, लेकिन मैंने किसी तरह समझा-बुझाकर उसे सुला दिया, 11 बजे गोधूलि थी, जबकि फिल्म आरम्भ हुआ।

7 जुलाई रविवार का दिन था। कल रात को थोड़ी वर्षा हो गई थी, जिससे वन की शोभा भी निखर आई थी। सागर उच्छ्वलित था, तिरयोकी का यह उपवन लेनिनग्राद से 54 किलोमीतर दूर था। उपवन में डाक्टर और कम्पौण्डर सहित चिकित्सालय था। क्लब के साथ छोटा पुस्तकालय था, जिसकी शाला में नाट्य, नृत्य और गीत हो जाया करते थे। रसोईशाला अलग थी। अभी तो किसी तरह ही गुज़ारा करना पड़ रहा था, क्योंकि पाँच हाथ लम्बी पाँच हाथ चौड़ी कोठरियों में दो-दो आदमी भरे हुए थे, लेकिन लोग आशा कर रहे थे उन दिनों की, जबकि उपवन की योजना कार्य रूप में परिणत हो जाएगी, फिर प्रत्येक विश्रामेच्छुक को एक-एक कमरा मिल जाएगा। आज एक छोटा-सा नाटक और उजबेक नृत्य हुआ, जिसके करनेवाले हमारे

छात्र थे। बचपन से ही नाट्य-नृत्य-संगीत का अभ्यास होने के कारण छात्रों को अपना पार्ट अदा करते जरा भी हिचकिचाहट नहीं होती थी, इसलिए इस मनोरंजन को निम्न कोटि का नहीं कह सकते थे। अगले दिन भी बूँदाबाँदी रही, रात को तो काफी वर्षा हुई। हरीतिमा और मोहक हो गई। सागर भी उच्छ्वास ले रहा था। उपवन में वोलीबाल, और टेनिस खेलने के क्षेत्र थे। हम कभी-कभी देखने के लिए चले जाते थे। खेलनेवालों में लड़कों की संख्या कम और लड़कियों की अधिक थी। वोलीबाल के कई क्रीड़ा-क्षेत्र थे। पास ही लक्ष्य गाड़कर एक बन्दूक रखी रहती थी। लोग वहाँ निशाने का अभ्यास करते थे। एक रूबल में 10 'गोलियाँ' मिल जाती थीं–वस्तुतः यह गोलियाँ नहीं बल्कि छोटा-सा बाण होता था। लोगों को लक्ष्यबेध की कोशिश करते देख मैंने भी दो-एक रूबल खर्च किए, लेकिन लक्ष्यबेध कभी नहीं कर सका। यह अभ्यास केवल मनोरंजन के लिए नहीं था, क्योंकि अभ्यास करनेवालों को समय पड़ने पर बन्दूक लेकर रण-क्षेत्र में उतरना होगा। वैसे यह मनोरंजन के सिवा उतनी आवश्यक चीज नहीं थी, क्योंकि सोवियत के हरेक नागरिक के लिए बरस-दो बरस की सैनिक शिक्षा अनिवार्य है, तथा स्कूलों से ही लड़के-लड़कियों को कवायद-परेड सिखाई जाने लगती है।

ईगर को अपने दोस्त मिल गए थे, समवयस्क नहीं बल्कि युनिवर्सिटी की छात्राएँ और प्रौढ़ाएँ, जिनसे वह कहानी सुनता, गाने याद करता। इन 'दोस्तों' का कहना था, यह लड़का गायक और अभिनेता होगा। गायक होने में संदेह है, लेकिन अभिनेता शायद अच्छा-बुरा हो जाय, यह मैं भी मानता था। उसके स्कूल का प्रथम वर्ष माँ के दुराग्रह के कारण बरबाद हो रहा था, लेकिन नए दोस्तों के संपर्क में आने के कारण उसको अंक लिखने का शौक हो गया था और कुछ ही दिनों में 100 से ऊपर पहुँच गया। अक्षर और नाम लिखने को उसका मन नहीं करता था। वह केवल अपने मन का काम करना पसन्द करता था। उस दिन लोला को लेनिनग्राद से लौटना था। 10-11 बजे रात तक प्रतीक्षा करके निराश हो गए थे, जबकि 12 बजे रात को वर्षा में भीगती, खाद्य-सामग्री से लदी-फदी चार-पाँच किलोमीतर की पैदल यात्रा करके लोला रानी पहुँचीं। समय की पाबन्द होती, तो इतनी देर करने की आवश्यकता नहीं थी, लेकिन 12 रात्रि का मतलब अँधेरा नहीं था।

टहलने के लिए एक-दो मील जाकर लौट आते थे। 2 जुलाई को हमने कदम कुछ आगे बढ़ाया। 9 बजे निकले। अँधेरे का डर नहीं था, इसलिए सारी रात घूम सकते थे। सड़क से तीन किलोमीतर से ऊपर समुद्र के पाल की सड़क से गए। किलोमा स्टेशन मिला। पानी बरस जाने से गर्द नहीं उड़ रही थी, इसलिए हमने सड़क पर टहलने की हिम्मत की थी। लॉरियों और मोटरों की दौड़ बराबर जारी थी। एक जगह आमने-सामने से आनेवाली दो लॉरियाँ लड़ गई थीं, जिससे एक ड्राइवर और उसकी सहायिका घायल हो गई थी। पुलिस बयान ले रही थी। आगे बाईं ओर से पहाड़ी की ओर मुड़े। 'पहाड़ी' के द्वार पर मचान बँधा था, जिस पर से लड़ाई के समय छिपे हुए बन्दूकची शत्रुओं पर निशाना लगाते रहे होंगे। जहाँ-तहाँ खाइयाँ अब भी वैसी ही पड़ी थीं। पहाड़ी चौरस मैदान जैसी थी। वहाँ बहुत सारे मकान खड़े थे। पहिले मकान का हाता बहुत विशाल था, उसके कोने पर छतरी-सी थी, जहाँ बैठकर फिन्-देवियाँ समुद्र की लहरें गिना करती थीं। आज यह लेनिनग्राद के लोगों की विश्राम-भूमि है, तो युद्ध से पहिले फिन् सामन्तों और धनिकों ने भी इसका उपयोग किया था। स्टेशन तक जाकर लौटे। एक विशाल प्रासाद के चारों तरफ लकड़ी और पत्थर की ऊँची चहारदीवारी खड़ी थी। पहिले यहाँ मैनरहाइम के भाई-बन्दों का विलास-भवन रहा होगा, किन्तु आजकल प्यूनीरों (बालचरों) का केन्द्र था। आज कागज की एक योजना को धरती पर उतरते देखा। मीलों तक भिन्न-भिन्न संस्थाओं के विश्रान्ति-निवास बन रहे थे। आदमी भी काम कर रहे थे और मशीनें भी। तिरयोकी, किलोमा जैसे नाम अब फिनों के अवशेष रह गए हैं। लेनिनग्राद भी पहिले फिनों का ही था। उसकी नदी नेवा का नाम फिनिश है। इस तरफ अब लेनिनग्राद से विपुरी के रास्ते मेंदूर तक की भूमि विश्रान्ति-उपवनों के लिए ही रख छोड़ी गई है। 12 बजे टहलकर लौटे तो केवल वृक्षों के नीचे जरा-जरा अँधेरा मालूम होता था।

मैनरहाइम दुर्गपंक्ति–फिन्लैंड देवदार की वनाली, ऊँची-नीची पहाड़ी जैसी भूमि और अपनी हजारों छोटी-बड़ी झीलों के लिए विख्यात है। 10 जुलाई को 11 बजे लॉरी करके हम मैनरहाइम दुर्गपंक्ति देखने गए। अखबारों में लड़ाई के समय मैनरहाइम पंक्ति को जर्मनी 'सिग्फ्रिद' और फ्रान्स के 'मगिनों पंक्ति' का छोटा भाई कहा

जाता था, इसलिए जब उसे देखने का प्रस्ताव साथियों ने किया, तो मैंने बड़ी उत्सुकता से उनका साथ दिया। लेनिनग्राद से 64वें किलोमीतर पर पहाड़ समुद्र से बहुत नजदीक आ गया है। यहीं से यह दुर्गपंक्ति शुरू होती है, और पूरब में लादोगा महासरोवर तक चली जाती है। टैंकों और दूसरे युद्धवाहनों को रोकने के लिए तीन-तीन टन की बगैर छिली चट्टानें चौड़ाई में 3-3, 4-4 रखी हुई थीं। इन चट्टानों को तोड़े बिना कोई युद्धवाहन आगे नहीं बढ़ सकता था। नीचे कहीं-कहीं, भू-गर्भी तोपखाने थे, जिनके ऊपर बहुत मोटी सीमेंट की तह थी। एक जगह तो इस मैली पहाड़ी में इतना मजबूत दुर्ग बना था, कि उसको उड़ाने पर वहाँ गहरी खड्ड बन गई, तब जाकर पर्वत-समुद्र द्वार को पार करने में सोवियत टैंक समर्थ हुए। यहाँ से हम दुर्ग-पंक्ति के साथ-साथ पहाड़ पर चढ़े। पहाड़ चढ़ने का मतलब कोई हिमालय या विन्ध्याचल जैसा पहाड़ चढ़ना नहीं था। हैं तो यह भीतर पत्थर के ही पहाड़, किन्तु ऊपर की मिट्टी इतनी धुल नहीं पाई कि वह पहाड़ का रूप लेते। हाँ, समुद्र की तरफ से जाने पर थोड़ी-सी चढ़ाई जरूर चढ़नी पड़ती है। इसी वजह से इन्हें पहाड़ कहने में संकोच होता है। धरती यहाँ चढ़ाव-उतार चली गई है, जिसके नीचे पत्थर की चट्टानें ढकी हुई हैं। मैनरहाइम दुर्गपंक्ति इस चढ़ाव-उतार पहाड़ी भूमि पर चलती चली गई है। पंक्ति के परले पार एक गाँव दिखाई पड़ा। कुछ लकड़ी और एक लाल खपरैल से छाया मकान भी था। गाँव में अब रूसी रहते हैं, घरों के बनानेवाले तो, कब के उन्हें छोड़कर चले गए। मलीना और जिम्ल्यांका (स्ट्राबरी) बहुत थीं, लेकिन अभी पकी नहीं थीं। याग्दी (एक जंगल मकोय) बहुत थी, जिसका स्वाद करौंदे जैसा मालूम होता था। इस गाँव में आलू के खेत ज्यादा थे, लेकिन सिंचाई का प्रबन्ध न होने से दैव-भरोसे ही खेती की जा सकती थी। लौटकर लॉरी से फिर दो फर्लांग आगे 66वें किलोमीटर तक गए। यह सड़क विपुरी (वीबुर्ग) जा रही थी। 66वें किलोमीतर पर एक टूटा हुआ गिरजाघर मिला, जिसकी दीवार पर अब भी क्रास (सलीब) लगा हुआ था। यहाँ युद्ध द्वारा ध्वस्त बहुत-से घर कंकाल-रूप में या जमीन टिमलाए पड़े हुए थे। शायद फिनों ने इस ऊँचे स्थान को दुर्ग के तौर पर इस्तेमाल किया, जिसके कारण गिरजा को बरबाद होना पड़ा। कितने ही लोग अपनी बहुज्ञता का परिचय देते कह रहे थे : यह 'माइनरगीम' का महल है। फिनों में माइनरहाइम का ही नाम जानते थे, इसलिए हर बड़ी इमारत उनके ख्याल में माइनरहाइम का महल था। इससे जरा नीचे एक छोटी-सी पर्याप्त पानीवाली नदिका बह रही थी, जिसका पानी काला था—उसे आसानी से काली नदी कहा जा सकता था। काली नदी ने भी उस समय रक्षा-पंक्ति का काम दिया होगा। यहाँ कुछ आलू के खेत थे। एक स्त्री केवल स्तनबन्द और घाघरा पहिने अपने आलू के खेतों में काम कर रही थी। कई दृश्यों के फोटो लिये थे, लेकिन हमारे परिचित वृद्ध फोटोग्राफर की असावधानी के कारण वह खराब हो गए। ढाई घंटे की यात्रा के बाद हम लौटे। सड़क पर उस वक्त बाईं ओर शिशु-उद्यान और प्यूनीरों के निवास-स्थान चले गए थे। जहाँ किसी समय फिनों के गाँव, कस्बे और मनोरंजनशालाएँ रही होंगी, वहाँ अब सोवियत-संस्थाओं ने अपना आधिपत्य जमाया था। भोजनशालाएँ, रेस्तराँ और खाद्यपण्यशालाएँ सभी जगह मौजूद थीं।

11 जुलाई को 11 बजे से फिर हमारी शाला गरम हुई। अभिनेता और गायक विश्वविद्यालय की छात्र और छात्राएँ थीं। आखिरी अभिनय था : तरुणी प्रेमिका का पत्र पाकर तरुण छात्र उससे मिलने की सोच रहा है, फिर कहता है : अभी समय बहुत है, थोड़ा और पीलें। फिर पीने बैठ जाता है। एक बोतल समाप्त होती है, फिर वही कहकर दूसरी बोतल उठाता है। इस प्रकार तीन, चार, पाँच, छै बोतलें समाप्त करता है। हरेक बोतल के अनुसार उसकी चेष्टा और चेहरे पर विकार आता जाता था। देखकर लोग लोट-पोट हो रहे थे। ईगर तो शराबी की बातें सुनकर इतना जोर से हँसने लगा कि उसको चुप कराना मुश्किल हो गया। अन्त में छठी बोतल समाप्त कर वह प्रेमिका के पास पहुँचता है। प्रेमिका उसको झिड़कती है। न कोई साज-सामान था, न रंगमंच पर सदा रहनेवाले पर्दे के सिवा और कोई पर्दे का प्रबन्ध था, न अभिनेता छात्र-छात्राओं ने विशेष पोशाक ही इस्तेमाल की थी, लेकिन अभिनय मनोरंजक था।

सरोवर की सैर—12 जुलाई को प्रोफेसर स्ताइन, उनकी पत्नी तथा एक दूसरे सपत्नीक प्रोफेसर के साथ हम सरोवर देखने गए। हमारे उपवन से वह तीन-चार किलोमीतर पर अवस्थित था, इसलिए पैदल ही चल

पड़े। रास्ते में लेनिनग्राद से त्रिपुरी जानेवाली रेल-सड़क मिली। कुछ आगे बढ़ने पर देवदारों का घना और सुन्दर जंगल आया। यहाँ केवल देवदार (योल्का) के वृक्ष थे। एक जगह बाईं ओर जमीन के कुछ ऊँची हो जाने के कारण दृश्य बिलकुल हिमालय-जैसा मालूम होता था। घने जंगल में दो किलोमीतर चले गए। फिर केलू (सरल) के वृक्षों की प्रधानता आई। यहाँ युद्ध के अवशेष–खाइयाँ और भूधरे बहुत-से मौजूद थे। सरोवर खुकड़ी के आकार का था। जान पड़ता था, युद्ध से पहिले सैलानियों की यह प्रिय भूमि थी, इसीलिए सरोवर के पास दो कमरों का एक अच्छा-खासा बँगला था, जिसको जाड़ों में गरम करने का भी प्रबन्ध था। शायद युद्ध के समय यहाँ अफसर रहे हों। सरोवर काफी लम्बा था। पानी नमकीन नहीं मीठा था, जिसमें मछलियाँ बहुत थीं, कुछ नावें भी थीं। पुराने निवासी फिन् लोग चले गए थे, और नए निवासियों से युद्ध के पहिले की अवस्था के बारे में जितना जाना जा सकता था, हम उसे अपनी कल्पना से जान सकते थे। रास्ते में कितने ही झोंपड़ों को हमने उजाड़ देखा था। कितने ही खेतों में, जान पड़ता था, 1940 के बाद फसलें नहीं बोई गई थीं, इसलिए घास उग रही थी। कुछ में गेहूँ भी लगे हुए थे, लेकिन आसपास आदमियों का पता तथा जुताई का चिह्न लुप्त होने के कारण यही कह सकते थे, कि कटे हुए गेहूँ झड़कर यहाँ स्वयं जंगली गेहूँ के रूप में फसल तैयार करने लगे। ऐसे लाखों एकड़ खेत और सैकड़ों-हजारों गाँव इस भूमि में परित्यक्त पड़े हैं, आबाद करने के लिए आदमी मिलने मुश्किल हैं। सोवियत रूस का क्षेत्रफल 7 भारत के बराबर है, आबादी भारत से आधी। मुझे कभी-कभी ख्याल आता था–यदि हमारे यहाँ की एक साल की जन-संख्या की वृद्धि यहाँ भेज दी जाती, तो यह सारी भूमि आबाद हो जाती। लेकिन हमारे मैदानी लोग यहाँ की सरदी आसानी से बर्दाश्त नहीं कर सकते थे। खैर, भारत के लिए अपनी आबादी को कहीं बाहर भेजकर अपनी समस्या हल करने का द्वार चारों ओर से बन्द है। रूस में नहीं जा सकते, यद्यपि वहाँ काले-गोरे का प्रश्न नहीं है। आस्ट्रेलिया के एक करोड़ गोरों ने एक महाद्वीप को दखल कर लिया है, जिसमें कालों का प्रवेश निषिद्ध है, इसलिए वहाँ भी नहीं जा सकते। दक्षिणी अफ्रीकावाले हमारे उन बन्धुओं को भी निकाल बाहर करने पर तुले हुए हैं, जिनके जाँगर से वह भूमि आदमियों का सुख-निवास बनी।

लेनिनग्राद से 66 किलोमीतर तक की भूमि को देखने से मालूम हो गया, कि कुछ ही वर्षों में यह भव्य ग्रीष्मनिवासियों की भूमि बन जायगी, लेकिन इस तरह की जो कितनी ही झीलें, कितने ही परित्यक्त ग्राम या रमणीक स्थान हैं, उनको कब तक बसाया जायगा ? सोवियत में तो हर जगह खाली जमीन पड़ी हुई है। युद्ध में 70-80 लाख आदमी मारे गये, जिनकी पूर्ति करना भी समयसाध्य है, तो भी इस भूमि के महत्त्व को यहाँ के शासक जानते हैं, इसलिए दूसरी जगहों से लाकर लोगों के बसाने के कोशिश कर रहे हैं। इनमें कितने ही भूतपूर्व सैनिक हैं। सरोवर के तट के काठमाण्डव में नया मछुवा-परिवार आकर बसा था। मछुवाही के अतिरिक्त उन्होंने खरगोश भी पाल रखे थे, कुछ साग-सब्जी भी लगा रखी थी। सामने उस पार एक 'दाचा' (ग्रामीण विश्रामगृह) दिखाई पड़ा, जहाँ नाव से पहुँचा जा सकता था। अतिहरित देवदारों के बीच में यह काला सरोवर बहुत ही सुन्दर मालूम होता था, लेकिन इस सौंदर्य का आनन्द लेने के लिए यहाँ कितने ही और घरों और मछुवे परिवारों की आवश्यकता होगी। जंगल में इन लकड़ी के घरों की खिड़कियों में भी शीशे लगे थे। उनके बिना जाड़े में घर को गरम कैसे रखा जा सकता था ? रूस में तो सरदी के मारे सभी दरवाजे और खिड़कियाँ दुहरे बनाए जाते हैं। आज पकी चोर्नीका (काली) याग्दी (मकोय) यहाँ बहुत थी। सारे विश्रामविहारी उसे जमा करने में लगे थे। यहाँ आनेवालों में हमीं सात आदमी नहीं थे, बल्कि भिन्न-भिन्न विश्रामोपवनों के सैकड़ों नर-नारी और बच्चे पहुँचे हुए थे। दो बच्चियों ने मकोय खा-खाकर अपने होंठों और दाँतों को काला कर लिया था। जहाँ पाव-भर मकोय का दाम दो-तीन रुपया हो, वहाँ जंगल में उन्हें मुफ्त जमा करने और खाने में कितना आनन्द आता होगा, इसके कहने की आवश्यकता नहीं। आस-पास की ग्रामीण स्त्रियाँ मकोय लेकर हमारे यहाँ पहुँचा करती थीं, और नाप-नापकर अपने फलों को बेचा करती थीं।

छात्र-छात्राओं को विश्राम का टिकट 15 दिनों का मिलता था। पन्द्रह तारीख को अब पहिले के आए छात्र-छात्राएँ लौट गए, जिससे उपवन में उदासी-सी छा गई। उनके रहने से कभी संगीत, कभी अभिनय और

खेल देखने का मनोरंजन रहता था। उनमें से बहुत-से परिचित हो गए थे। परिचित चेहरों के अभाव के कारण मनुष्य का हृदय एकान्त अनुभव करता ही है। लेकिन प्रोफेसर एक महीने के लिए आए थे, इसलिए हमारे सहकारी परिचित अभी रहनेवाले थे। समुद्र-स्नान प्रायः रोज ही और कभी-कभी दिन में दो बार होता था।

17 जुलाई तक नये आनेवाले आ पहुँचे। मकान तो फिर भर गये, किन्तु अभी पहिले-जैसी धूम नहीं थी। दो-तीन दिन तो परस्पर परिचय के लिए चाहिए। परिचय-स्थान क्रीड़ा-क्षेत्र और नृत्यशाला थी। विद्यालय में पाँच छात्राओं के पीछे एक छात्र का क्रम भी नहीं था, इसलिए छात्र दुष्प्राप्य थे, तो भी मुँहदब्बू तरुण सहभागिनी तरुणी पाने में समर्थ नहीं होते थे। मात्रा से अधिक मुँहजोर तरुण भी निराशा का मुँह देखते थे। छात्रों को यहाँ एक-एक कोठरी में सात-सात आठ-आठ की संख्या में रखा जाता था। यह कहने की आवश्यकता नहीं कि छात्र-छात्राओं की कोठरियाँ अलग-अलग होती थीं। स्नान के स्थान में, समुद्र में या रेत पर अर्धनग्न तरुण-तरुणियाँ नहाते या धूप में शरीर सेंकते, बिना संकोच अकृत्रिम भाव से घंटों पड़े रहते। 12 बजे रात तक उन्हें हाथ में हाथ मिलाए वनस्थली में घूमने की स्वतंत्रता थी। चुम्बन भी इन देशों में कोई महार्घ वस्तु नहीं है, उसे तो अधिक परिचित व्यक्तियों का परस्पर साधारण शिष्टाचार माना जाता है। लेकिन हाथ में हाथ डालकर घूमने, चुम्बन या पार्श्वालिंगन का यह अर्थ नहीं समझना चाहिए कि सम्बन्ध यौन-संसर्ग तक पहुँच गया है। वस्तुतः स्वच्छन्द नर-नारियों के इन जैसे देशों में भारतीय तर्कशास्त्र बेकार हो जाता है। यद्यपि इसका यह अर्थ नहीं, कि वहाँ सभी अखण्ड ब्रह्मचर्य पालन करते हैं।

हमारी कोठरी के नीचे रहनेवाली परिचारिका का छोटा-सा लड़का अलेक करीब-करीब उसी उम्र का था जितना कि ईगर। कद में वह छोटा था, उसके बाल बिलकुल पीले, और रंग अत्यन्त गोरा था। फिन् माता का पुत्र होने से नाक और चेहरा वैसा ही था, जैसा कि हमारे यहाँ के किसी शुद्ध द्रविड़ का। अलेक ने हाथ-मुँह धोने का एक नया आविष्कार किया था। अभी नल और बिजली का प्रबन्ध अच्छी तरह नहीं हुआ था, उसने अपने मुँह को नलका बना लिया था। टमलर में पानी ले बाहर आता, फिर मुँह में पानी भरकर उसकी कुल्ली से हाथ-मुँह धोता। अलेक का आविष्कार बहुत सुन्दर था और उसमें माता की ओर से भी कोई बाधा नहीं थी। लेकिन वहाँ शुद्धता और स्वास्थ्य का ख्याल लुप्त था। हम यह नहीं कहते, कि भारत के लोग बहुत शुद्धता रखते हैं। शुद्धता का मान हमारी सभी जातियों और सभी प्रदेशों में एक-सा नहीं है। जिनमें शुद्धता है, वह भी शुद्धता को वैयक्तिक शरीर तक सीमित रखते हैं। चाहे आँगन का नाबदान सड़ाँद फैला रहा हो, द्वार पर कूड़ा-कर्कट भरा हो, तो भी इसकी परवाह नहीं। यह तो कहना पड़ेगा कि जूठ-मीठ का जो विचार स्वाभाविक तौर से हमारे दिमाग में लड़कपन से ही घुसा दिया जाता है, वह दूसरे देशों में नहीं मिलता। स्वास्थ्य और साइंस सम्बन्धी अध्ययन के बाद यहाँ के लोग समझने लगे हैं, और उसका धीरे-धीरे प्रचार भी होने लगा है, लेकिन चिरप्रचलित प्रथा का स्थान वह उतनी जल्दी नहीं ले सकते।

18 जुलाई को समुद्र अत्यन्त तरंगित था, जिसके कारण पानी स्वच्छ नहीं था। नहाने से कपड़े गंदे होते थे, शरीर की भी सफाई नहीं होती थी, उधर सूर्य बादलों के कारण जब-तब ही झाँकी दे सकते थे, जिसके कारण पानी ठंडा हो गया था। आज नहानेवालों का समुद्र-तट पर पता नहीं था। इस हफ्ते शहर से एक चौपड़ लाकर माँ ने ईगर को दे दिया था, जिसमें पासा फेंककर अपने-अपने मोहरे चलाने होते थे। खेल के लिए ही ईगर ने बड़ी तत्परता से अंकों को सीखा था। लेकिन उसमें कुछ स्थल ऐसे थे, जिनके आ जाने पर मुहरे को चार-पाँच सीढ़ी नीचे गिर जाना पड़ता। बीच का स्थान दूर पड़ने के कारण ऐसे उतराव की जगह पर ईगर रोने और झगड़ा करने के लिए तैयार हो जाता। उसको कितना ही समझाया, कि इसमें किसी का कसूर नहीं है, पासे में ही ऐसी गिनती आ गई है, लेकिन वहाँ तर्क को सुननेवाला कौन था ? वह कहता—तुम्हारा मुहरा क्यों आगे बढ़ता जा रहा है ?

शाम के वक्त आज एक वक्ता ने अन्तर्राष्ट्रीय स्थिति पर भाषण दिया। वक्ता साधारण शिक्षित व्यक्ति था और श्रोताओं में थे युनिवर्सिटी प्रोफेसर, उच्च कक्षा के विद्यार्थी, किन्तु सबने बड़ी सावधानी से सुना। भाषण ज्ञानपूर्ण था। अमेरिकन पूँजीवाद युद्ध के बारूदखाने तैयार कर रहा है। चीन में खुलकर वह चाङ्काइशेक की

प्रतिगामी शक्ति को मदद देते, जनतांत्रिकता को ध्वस्त करने पर तुला हुआ है। बहुत काल तक सोवियत निष्पक्षता नहीं दिखला सकती। कोरिया और जापान में मैकार्थर प्रतिगामी शक्तियों को दृढ़ कर रहा है। इताली के उपनिवेशों को इंग्लैंड लेकर अफ्रीका में अपने को और बढ़ा रहा है। पोलैंद, चेकोस्लोवाकिया, फ्रान्स और इताली के हाल के निर्वाचनों ने बतला दिया, कि जनता का अधिक भाग प्रतिगामिता को पसन्द नहीं करता, लेकिन एंग्लो-अमेरिकन पूँजीशाही अपने मंसूबे पर दृढ़ है। दक्षिणी ईरान को इंग्लैंड हथियारबन्द कर रहा है और चाहता है, कि वहाँ से जनतांत्रिकता को खतम कर दे। लेकिन, अणुबम की नीति सफल नहीं हो सकती। जिस अणुबम के बल पर अमेरिका कूद रहा है, वह भी इतना अमोघास्त्र नहीं है। हाल में प्रशान्त महासागर में जो तजर्बा किया गया, उसमें लक्ष्य के तौर पर रखे हुए कितने ही जहाजों में बकरियाँ पगुराती रहीं, जब कि उनके पास ही में अणुबम गिराया गया था। अमेरिका के जापान पर किये गए अणुबम के तजर्बे से बाहर के लोग जितने भयभीत हो रहे हैं, वैसा प्रभाव रूसियों पर नहीं देखा जाता। वह पूरी तरह विश्वास रखते हैं, कि जर्मनी को पश्चिमी शक्तियाँ हरा नहीं सकती थीं, यदि रूस युद्ध में नहीं पड़ा होता। साथ ही रूसी अपने यहाँ भी अणुबम के आविष्कार में रत थे। वस्तुतः जहाँ तक अणुबम-सम्बन्धी मौलिक आविष्कार का सम्बन्ध है, उसका आरम्भ अमेरिका ने नहीं किया था, बल्कि रूस के दो वैज्ञाानिकों ने द्वितीय विश्वयुद्ध के पहिले ही अणु-सम्बन्धी अपने महत्त्वपूर्ण अनुसंधान को एक रूसी शोधपत्रिका में छपवाया था, जिसका अंग्रेजी अनुवाद एक अमेरिकन पत्रिका में निकला था। यह शायद 1938 के आस-पास की बात है। उसी को लेकर एक जर्मन विज्ञानवेत्ता ने आगे बढ़ाते अणु के गर्भ से ऐच्छिक विस्फोट पैदा किया। यह चीजें तब अँधेरे में नहीं की जा रही थीं। लेकिन युद्ध के छिड़ते ही जब हिटलर ने उन पर पर्दा डाल करके अपने यहाँ इस तरह के आविष्कार करने की कोशिश की, तो मित्र-शक्तियों का ध्यान भी उधर जाना जरूरी था। हिटलर के अत्याचारों से पीड़ित कुछ जर्मन विज्ञानवेत्ता भागकर पश्चिमी यूरोप और अमेरिका के देशों में चले गए थे, जिनकी सहायता और अपने अपार यान्त्रिक साधनों का प्रयोग करके अमेरिका सबसे पहिले अणुबम बनाने में समर्थ हुआ और ट्रूमन और चर्चिल जैसे महान् राक्षसों ने यह निर्णय करते जरा भी आनाकानी नहीं की, कि हारने के लिए तैयार जापान के दो नगरों के लाखों निरीह मनुष्यों पर अणुबम छोड़ा जाय। यद्यपि सोवियत में यह बड़ी गुप्त बात थी, तो भी यह पता लगता था, कि सोवियत विज्ञानवेत्ता अणुबम और अणुशक्ति के आविष्कार की तैयारी में लगे हुए हैं। जिन परिवारों के व्यक्ति इन अनुसन्धानों में भाग ले रहे थे, और अपने नगरों से दूर गये हुए थे, उनको किसी न किसी तरह अपने आदमियों का पता लगता था, जिससे लोग जानते थे कि सोवियत में इस दिशा में काम बड़ी तत्परता से हो रहा है।

19 जुलाई को भी समुद्र उत्तरंगित रहा। हम भी नहाने नहीं गये। तिरयोकी में अब मच्छरों की सेना आ पहुँची थी। खटमल और पिस्सू पहिले भी कुछ संख्या में मौजूद थे, लेकिन तब तो केवल रात को ही अपना प्रभुत्व दिखलाते थे। यह मच्छर (कमारोफ) देवता न तो दिन को दिन गिनते थे, न रात को रात। तीनों की मार में अब मन परेशान रहने लगा। पाखाने खुले हुए थे। पानी के निकलने का प्रबन्ध नहीं था, यही कारण मच्छरों की अधिकता का हो सकता था। मोरी के नल बैठाये जा रहे थे, उस समय शायद जल से बहाए जाने-वाले पाखाने के कारण मच्छरों की कमी हो जाय। लेकिन जहाँ-तहाँ दलदली भूमि थी, जिसमें सड़ती हुई घासों पर पानी उछलता दिखाई पड़ता था। मच्छर वहाँ अपना बसेरा कर सकते हैं।

20 जुलाई को अब कुछ निठल्लेपन की एकान्तता-सी मालूम होती थी। कोई ऐसा काम नहीं कर रहे थे, जिससे आत्मसन्तोष होता। 20 को नहाने गए। दो दिनों के उत्तरंगित समुद्र ने अपने भीतर की कितनी ही चीजें लाकर किनारे पर वमन कर दिया था और वहाँ हरी काई की मोटी तह पड़ी हुई थी, जिसमें कुछ घोंघों-जैसे सामुद्रिक प्राणियों के अवशेष भी मौजूद थे। उनसे बदबू बहुत आती थी। गन्दे पानी में नहाने से शरीर का कपड़ा भी गन्दा हो जाता। किनारे से काफी दूर भीतर घुसने पर पानी कुछ-कुछ साफ था। आज स्नान के शौकीन कम दिखाई पड़े। समुद्र के उथले पानी में छोटी-छोटी मछलियाँ अक्सर दिखाई पड़ती थीं। ईगर भी कुछ मछलियाँ पकड़ लाया था और उन्हें उसने पानी डालकर टीन में रखा था। तीन मछलियों में

एक गुम हो गई थी, एक मरणासन्न मालूम हो रही थी। हमने कहा—इन्हें समुद्र में डाल दो। लेकिन पालने का आग्रह था, किन्तु तो भी उसने इस बात को अनुभव किया, कि मछलियों को तड़पाकर मारना अच्छा नहीं है, इसलिए मछलियों को समुद्र में छोड़ आया।

खाने-पीने का प्रबन्ध अभी अच्छा नहीं था, यह हम कह आये हैं। साथ ही निजी तौर से पकी-पकाई चीजों को छोड़कर कोई इन्तिजाम करना भी मुश्किल था, तो भी लोगों ने कुछ कर ही लिया था। हमारे तो तीन व्यक्तियों पर दो टिकट थे, इसलिए एक के भोजन का पृथक प्रबन्ध करना आवश्यक था। लोला अब की बार एक पाकेट-चूल्हा लाई थी, जिस पर ईंधन की टिकिया जलती थी। वर्षों रहनेवाला चूल्हा चार रूबल का था, और टिक्की का दाम भी चार रूबल। टिक्की चार घंटे तक जलकर खतम हो जाती। चार रूबल का अर्थ था ढाई रुपया, चार घंटे तक जलनेवाला ईंधन ढाई रूपये का और सो भी जेबी चूल्हे में ! किन्तु सचमुच ही टिक्की देखने से पता नहीं लगता था, कि यह इतनी देर तक जलेगी। उसी पर हम अण्डे उबालते। प्याले-भर मकोय का दाम पाँच रूबल था अर्थात् ईंधन या चूल्हे से भी ज्यादा। यहाँ इस देश में आकर सारे अर्थशास्त्र को छोड़ना पड़ता है और यही देखकर सन्तोष करना पड़ता है—यहाँ कोई आदमी बेकार नहीं है, कोई आदमी ऐसा नहीं है, कि जिसको खाने-कपड़े, मकान तथा लड़कों की शिक्षा देने में कठिनाई हो और जब सस्ते दाम में राशन की चीजें पर्याप्त मिल जाती हैं, तो आप शिकायत करना क्यों चाहेंगे। प्रोफेसर, मंत्री या जनरल साढ़े चार हजार रूबल मासिक पाते हैं, वह तो रोज सौ रूबल से अधिक खर्च कर सकते है।

विपुरी की यात्रा—21 जुलाई के लिए लोगों ने विपुरी चलने का प्रबंध किया। 1940 से पहिले विपुरी (वीबुर्ग) फिन्लैंड के अच्छे शहरों में से था। यह तिरयोकी से प्रायः 100 किलोमीटर पर था। इतनी दूर के सैर-सपट्टे का अवसर मिला था, फिर मैं कैसे अपने को वंचित रखता ? लॉरी पौने ग्यारह बजे हम लोगों को लेकर चली। रास्ते मैं पौन घंटा विश्राम करना पड़ा, फिर तीन बजे हम वहाँ पहुँचे गये। जाते समय हमारा रास्ता समुद्र तट से दूर-दूर से था, लेकिन लौटते वक्त हम समुद्र की पासवाली सड़क से आये। दो-तीन जगह कुछ बस्तियाँ मिलीं, नहीं तो सारी भूमि जंगलों से ढँकी पर्वतस्थली थी, जिसमें जहाँ-तहाँ कितने ही छोटे-बड़े सरोवर थे। देवदार, केलू और भुर्ज के वृक्ष ही जंगलों में देखे जाते थे। रास्तें में एक जगह उसी जंगल में आग लगी हुई थी। यह जंगल लगातार हमारे उपवन तक चला आया था। आग बुझाने की चिन्ता छोड़ चुपचाप बैठे हुए आदमियों को देखकर हमें आश्चर्य होता था, आग बढ़ते-बढ़ते वह हमारे पास न चली आये। देवदार, केलू, भुर्ज के हरे-हरे वृक्षों को जलाने में अग्निदेवता को सूखे-गीले की परवाह नहीं थी। लेकिन जंगलों में जहाँ-तहाँ चौड़ी पट्टियाँ कटी थीं, इसलिए आशा थी कि शायद आग वहीं पहुँचकर रुक जाय। सड़कें वैसे सड़क का सारा रंग-रूप रखती थीं, लेकिन उनमें धूल की बहार थी। सत्तरवें किलोमीतर के पास ऊँची-ऊँची किन्तु कुछ खुली-सी भूमि आई, यहाँ अनेक गाँव और बहुत सारे खेत थे। खेतों को आबाद करना कितना मुश्किल था इसके बारे में कह चुके हैं, लेकिन तब भी कई जगह ट्रैक्टरों की हराई पड़ी थी, जिससे आशा होने लगी। पुराने बाशिन्दों के घरों में अब आकर रूसी नर-नारी बस गए थे, ज्यादातर स्त्रियों का होना आश्चर्य की बात नहीं थी। जिस मैनरहाइम दुर्ग-पंक्ति को हम पहिले देख आए थे, उसकी दो-तीन और सुरक्षा-पंक्तियाँ मिलीं। कई टैंक रास्ते में टूटे पड़े थे। स्वयं मैनरहाइम-पंक्ति पर 4 बड़े-बड़े टैंकों की लाश देखी। सीमेंट की कंकरीट के दुर्ग, भुँइघरे सभी जगह दिखाई पड़ते थे। फिनों ने विपुरी तक डटकर लड़ाई की थी। इधर की किलेबन्दी भी बहुत मजबूत थी। जहाँ-जहाँ सरोवर थे, वहाँ जरूर तीन-तीन टन की शिलाओं की रोधक-पंक्तियाँ तैयार की गई थीं। तैयार फसल ज्यादातर आलू की थी, उसके बाद जई और फिर गेहूँ का नम्बर था। घरों के पास बन्दगोभी के खेत भी दिखाई पड़ते थे। लोटान के रास्ते में चुकन्दर के खेत भी मिले। जान पड़ता था, सभी सोबखोज (सरकारी खेतीवाले गाँव) थे। खेती में मशीनों को बहुत इस्तेमाल किया गया था। उनके बिना इतनी भूमि को थोड़े-से आदमी आबाद भी नहीं कर सकते थे। दो घंटे के बाद जंगल में विश्राम करने के लिए हमारी लॉरी खड़ी हो गई। यहाँ याग्दी (मकोय) बहुत थी, मकोय जैसा स्वाद था, वैसे वह हमारी मकोय नहीं, कोई

दूसरा फल था, आज जिम्ल्यांका (स्ट्राबरी) भी खाने को मिली। लारी के खड़े होते ही लोग उतरकर फलों पर टूट पड़े। जहाँ घास ज्यादा थी वहाँ मच्छरों की सेना भी यात्रियों से भिड़ने के लिए फिन्-सेना से कम खूँखार नहीं थी।

पौन घंटे बाद फिर हमारा काफिला चला, वही नीची-ऊँची जंगलों की पर्वतस्थली, सरोवरों की भूमि। जहाँ-तहाँ दो साल पहिले युद्ध के चिन्ह दिखाई देते थे। तीन बजे हम विपुरी पहुँचे। पहिले एक चौमंजिला मकान आया, जिसकी दीवारें स्वस्थ खड़ी थीं, लेकिन खिड़कियाँ और दरवाजे नदारद–सभी लकड़ी की चीजें युद्धाग्नि में स्वाह हो गई, ईंटों का मुँह झुलसा हुआ था। नगर में घुसने से पहिले ही ईंटें पाथने का बहुत बड़ा यांत्रिक भट्ठा दिखाई पड़ा, जिससे पता लगा कि सोवियत शासक पुनर्निर्माण के सम्बन्ध में बड़ी गम्भीरता के साथ कदम उठा रहे हैं। रास्ते में हमने दो बार लेनिनग्राद से यहाँ आनेवाली रेल को पार किया था। नगर में घुसते ही ट्राम की लाइन बिछी मिली, लेकिन उसके खंभे निर्जीव खडे-खड़े झाँक रहे थे। ट्राम शायद 1940 के बाद फिर नहीं चली। नगर में आदमियों की कमी के कारण शायद अभी और कितने ही समय तक इसे चलने की तकलीफ नहीं करनी पड़ेगी। विपुरी बहुत भव्य और सुन्दर नगर रहा होगा, यह अब भी उसके खँडहर बता रहे थे। यहाँ से पहाड़ दूर-दूर हैं। मकानों में एक तो बारहमंजिला था, छ-सात मंजिलेवाले तो बहुत-से थे। नगर की सड़कें सीधी नहीं थीं। नगर के बीच में पार्क-लेनिन था, जिसका फिन् नाम कुछ दूसरा ही रहा होगा। इसी में 1924 में मन्ताइनिन द्वारा बनाई गई बारहसिंगा की सुन्दर मूर्ति है। दूसरी जगह एक और कुत्ता लिये हुए काले तरुण की मूर्ति फिन् कलाकार की सफल साधना का उदाहरण है। बड़ी प्यास लगी थी। प्यास से निवृत्त हो हमने नगर की सैर शुरू की। अभी मुश्किल से सौ में से दस मकानों को ही कामचलाऊ करके लोग रहने लगे थे। नगर के पुराने निवासी (फिन्) तो लड़ाई के समय ही भाग गये, अब सारे रूस से ढूँढ-ढाँढ़ कर लोग लाए जा रहे थे। युद्ध ने बड़ा ध्वंस किया था, तो भी 10 सैंकड़ा आबाद घरों के अतिरिक्त 50 सैंकड़ा और भी आसानी से आबाद किये जा सकते थे। उनकी खिड़कियों, दरवाजों और छतों की ही मरम्मत करनी पड़ेगी। छः ही बरस पहिले जहाँ सब जगह केवल फिन् भाषा सुनी जाती थी, अब उसका स्थान रूसी ने ले लिया है। केवल दीवारों पर लिखित पुराने विज्ञापनों में ही "कसल्लिस ओसके पांडकी यस्काच विस्की" जैसे विज्ञापन लैटिन अक्षरों में थे। फिन् लोगों को रोमन चर्च ने ईसाई बनाया था, पीछे वहाँ उसी चर्च की सुधारवादी शाखा प्रोटेस्टेण्ट की प्रधानता हुई, इसलिए फिन् भाषा ने रोमन लिपि को स्वीकार किया। प्रथम संस्कृति फैलानेवाले लोग इस तरह जातियों में अपना स्थायी चिन्ह छोड़ते हैं। मध्यएसिया में और दूसरी जगहों में भी जहाँ-जहाँ अरबी संस्कृति फैली, वहाँ अरबी लिपि ने चाहे तो पुरानी लिपि को मार करके अथवा भाषा के अलिखित होने पर अपनी लिपि को देकर अपने लिए चिर-स्थायी स्थान बनाया। रोमन चर्च प्रभावित यूरोप के देशों ने इसी तरह रोमन (लातिन) लिपि को अपनाया। ग्रीक चर्च ने जहाँ-जहाँ ईसाई धर्म फैलाया, वहाँ (रूस, बुल्गारिया आदि) देशों में ग्रीक लिपि अपनाई गई। भारतीय संस्कृति के प्रभाव से ही आज भी भारतीय लिपि से निकली लिपियाँ तिब्बत, बर्मा, स्याम, कम्बोज आदि में प्रचलित हैं।

विपुरी से समुद्र दूर है, लेकिन समुद्र की एक मूँछ यहाँ तक पहुँच गई है, जिसके कारण यह समुद्र तटवर्ती बन्दरगाह है। नगर के एक सिरे पर जल की खाई के बीच में पुराना 'जामुक' (गढ़) है, जिसकी बनावट स्वीडिश ढंग की है। अभी तक स्वीडिश वंश के लोगों का ही फिन्लैंड का आभिजात्य वर्ग रहा है, जिनमें से ही एक माइनरहाइम कई सालों तक फिन्लैंड का सर्वेसर्वा रहा। पहिले यह गढ़ सारा पत्थर का था, पीछे कितनी ही ईंटों की मीनारें जोड़ दी गईं। शताब्दियों पहिले यह गढ़ बनाया गया होगा। जो इमारतें तथा रक्षा-प्राकार आदि यहाँ बने हैं, वह शताब्दियों के मानव-श्रम के परिणाम हैं। लेकिन रक्षा-पंक्तियों में मानव का जितना श्रम लगा, कुछ ही समयों के भीतर लगाया गया, उसके सामने यह जामुक कुछ भी नहीं था। जामुक में अभी भी आदमी रह सकते हैं, जबकि उन रक्षा-पंक्तियों का अब कोई उपयोग नहीं रहा। नगर में रीनक (हाट) थी, जिसमें आस-पास के गाँव की चीजें बिक रही थीं। बेचनेवालों के देखने से ही पता लग जाता था, कि अब इस देहात में केवल रूसी रह गये हैं। रूसियों को उजड़े हुए विपुरी और आगे तक फैले इस विभाग को बसाने के लिए अपने

पुत्र-पुत्रियों को भेजना पड़ रहा है, इसी लड़ाई में क्रिमिया के तातार वहाँ से लुप्त हो गये और उस उजड़े हुए मनोरम प्रायद्वीप में भी अब रूसियों को ही जाकर बसना पड़ रहा है। पूर्वी प्रुशिया (जर्मनी) के भी एक भाग को रूसियों को बसाना पड़ रहा है, इस प्रकार इस युद्ध में रूसी जाति को उत्तर, दक्खिन और पश्चिम में बहुत दूर तक फैलना पड़ा। पहली फिन्लैंड की लड़ाई के बाद इस इलाके में मध्यएसिया के मंगोलायित जातियों में से भी कितने ही लोग लाकर बसाये गये थे, लेकिन अब तो उनके यहाँ भी विशाल मरुभूमि को उर्वर भूमि में परिणत किये जाने के कारण उन्हें यहाँ नहीं भेजा जा सकता। पार्क के एक कोने में लाल रंग का गिरजा था, जो लड़ाई में ध्वस्तप्राय हो गया। कुछ बड़ी इमारतों को मरम्मत करके उनमें सैनिकों को बसा दिया गया है। सैनिकों में कुछ तुर्क और मंगोल चेहरे भी दिखाई पड़ रहे थे। सोवियत में कितनी ही पल्टनें 'मिश्रित' होती हैं, अर्थात् एक ही रेजीमेंट में कई तरह की जातियों के नौजवान भर्ती रहते हैं। सात साल की अनिवार्य शिक्षा–जिसमें चार साल रूसी भी अनिवार्य है–के कारण भाषा की कोई दिक्कत नहीं। सैनिक जीवन में वह सोवियत भूमि के भ्रातृभाव का परिचय भी पाते हैं। रीनक (हाट) में सेब बिक रहे थे। कश्मीर की तरह मीठे सेब तो ईरान और मध्यएसिया छोड़ कहीं नहीं मिलते, तो भी यहाँ के सेब बुरे नहीं थे। हमने नौ रूबल में 2 सेब खरीदे, चार रूबल में कुलफी की बरफ खाई। चीजों के बहुत महँगे होने का एक बुरा प्रभाव तो यह जरूर देखने में आता है, कि आदमी मुक्तहस्त होकर अपने मित्रों का स्वागत नहीं कर सकता और मैं और मेरा के फेर में जल्दी पड़ जाता है।

4 बजे हमारी लॉरी तिरयोकी की ओर रवाना हुई। एक जगह विपुरी के पास ही यात्रियों के कागज–पत्र देखे गये, किन्तु मेरे पास अपना पासपोर्ट भी नहीं था। देखना शिष्टाचार ही जैसा मालूम होता था, नहीं तो एक विदेशी बिना पासपोर्ट के इतनी दूर की सैर आसानी से नहीं कर पाता। एक जगह हमें एक बड़ा सरोवर दिखाई पड़ा। जल में काई थी, लेकिन गर्मी होने से स्नान करने का मन कर रहा था। घंटा-भर ठहरकर हम लोगों ने स्नान किया। 80 वें किलोमीतर के पास दूर तक खेत थे, स्थान ऊँचा-नीचा था। यहाँ खेतों में बन्द गोभी, आलू जैसी फसलें खड़ी थीं और खेती करनेवाले जर्मन युद्धबन्दी थे। कोई जेलखाने की तरह बन्द करके वह रक्खे नहीं गये थे, बल्कि वह परित्यक्त घरों में रहते खेतों में काम करते थे। सोवियत-शासक निश्चित जानते थे–भागने पर यह कहीं दूर नहीं जा सकते, इनकी भाषा ही पकड़वाने में सहायक नहीं होगी, बल्कि सोवियत नागरिकों की तत्परता भी वैसा न होने देगी। लौटते वक्त हम समुद्र के किनारे-किनारे चलनेवाली सड़क से जा रहे थे। कितने परित्यक्त ग्राम, घर और खेत देखकर अपने यहाँ की जनाकीर्ण बस्तियाँ याद आती थीं। हम लोगों ने सौ-सौ रूबल पर लॉरी किराया की थी। लॉरी क्या खुला हुआ ठेला था, जिस पर देवदार की लकड़ी के बैंच रख दिये गए थे। पीछे उठँगनी भी नहीं थी। और यात्रियों की बात नहीं जानता, लेकिन मेरी तो गत बन गई थी। मुझे सबसे पिछली बैंच पर कोने में जगह मिली थी। रीढ़, घुटने और कमर में जो दर्द हो रहा था, उसके बारे में क्या पूछना ? रास्ते-भर खूब धूल फाँकना पड़ा था। कहीं-कहीं पर सोवियत सैनिकों को भी खेतों के काम में लगे देखा–अन्न-समस्या को अपने देश से दूर जो रखना था। विपुरी से चलने के 4 घंटे बाद हम अपने उपवन में आ पहुँचे।

हमारी शाला में आज एक कलाकार कहानीवाचक आया था। उसके कहानी पढ़ने में अभिनय का आनन्द आता था।

अब हमारे रहने के एक हफ्ते और रह गये थे। 22 जुलाई को दोपहर को भोज हुआ। भोज युनिवर्सिटी की तरफ से था, इसको कहने की आवश्यकता नहीं, अथवा जब अध्यापकों को खाने-पीने का पैसा देना पड़ता था, तो हमारी तरफ से ही भोज था, यह भी कह सकते हैं। युनिवर्सिटी के रेक्तर (चांसलर) वोज्नेसेन्सकी आज स्वयं मौजूद थे। वैसे हफ्ते में एक-दो बार अपनी कार पर वह तिरयोकी जरूर हो जाया करते थे। एक-एक मेज पर भोजन करनेवाले चार-चार व्यक्तियों के लिए एक-एक शराब की बोतल और दो-दो 'पीवा' (बियर) की बोतलें एक-एक लेमोनाद के साथ रखी हुई थीं। मैं तो लेमोनाद में से ही कुछ ले सकता था, इसलिए हमारी मेज के तीन साथियों को एक पूरी बोतल मिली। हमारे मेज की शराब जार्जिया की बनी हुई पुरानी अंगूरी

शराब थी। दूसरी मेजों पर भी अच्छी-अच्छी अंगूरी शराबें थीं। भोज में लेनिनग्राद के पाँच-छः प्रसिद्ध कलाकार आनेवाले थे, लेकिन समय की पाबन्दी हमारे देश की तरह रूस में भी तुच्छ समझी जाती है, फिर वह तो कलाकार थे। उनके लिए घंटा-पौन घंटा प्रतीक्षा की गई, फिर भोज शुरू हो गया। वोज्नेसेन्सकी ने भोज का व्याख्यान दिया। मातृभूमि के लिए मद्य-चषक उठाये जाने लगे। बीच-बीच में बराबर मनोरंजन वक्तृताएँ होती रहीं। शराब के साथ मछली, रोटी तथा दूसरी स्वादिष्ट चीजें थीं। दीन विक्तर मोरिसोविच स्ताइन ने भी भाषण दिया, दो-तीन और भी वक्ता बोले, रेक्तर ने हमारे कमरे की हरेक मेज के पास अपने मद्य-चषक को ले जाकर टुनटुनाते हुए स्वास्थ्य और स्वदेश के लिए पान किया, फिर इसी तरह दूसरे कमरों की भी प्रत्येक मेज पर गए। उस वक्त क्या, दूसरे समय में भी वोज्नेसेन्सकी को लोगों में खड़े-बैठे देखकर कोई नहीं कह सकता था, कि वह इतने बड़े विश्वविद्यालय के चांसलर हैं।

मेरे मद्य न पीने की असामाजिकता का प्रभाव मेरी मेज तक ही रहा–वहाँ के लोग मद्य को एक सुन्दर पानी से अधिक नहीं मानते और उसे अतिथि-सत्कार का सबसे अच्छा साधन समझते हैं। हमने किसी को यहाँ या और जगहों में भी नशे में गिरते-पड़ते नहीं देखा।

आज भोज के उपलक्ष्य में संगीत-मंडली (कंसर्त) भी होनेवाली थी। तब तक कलाकार लोग आ पहुँचे थे। साढ़े नौ बजे प्रोग्राम रूस की 70 वर्षीया प्रसिद्ध नीटो ग्रानोव्स्कया के कला-प्रदर्शन से आरम्भ किया गया। दूसरे कलाकारों में संगीतकार जर्जिन्स्की भी था, जिसने 'तीखी दीन' (शान्त दीन) ओपेरा तथा दूसरे बहुत-से नाट्य वस्तु तैयार किये थे। ग्रानोव्स्कया वोल्शेविक क्रांति के समय 40 साल की थी। उस समय भी वह जार की राजधानी की लाड़ली रही होगी। उजड़े वसन्त को देखने से ही मालूम होता था, कि वह तरुणाई में अत्यन्त सुन्दर थी। उसने चेखोफ् की कहानियों में एक का अभिनय-पूर्ण ढंग से पाठ किया। बहुत प्रभावशाली अभिनय था। कहानी के जितने पात्र थे, उनके कथन को वह उचित तथा भिन्न-भिन्न स्वरों में अदा करती थी। कहानी पढ़ना भी एक उच्च कला है, इसका वह प्रमाण दे रही थी, और वह कला रूस में चरम सीमा तक पहुँची थी। 11 बजे के बाद तक कंसर्त जारी रहा।

जान पड़ता है, समय बीतने के साथ मच्छरों, खटमलों और पिस्सुओं के बल में भी वृद्धि हुई थी। रात को उन्होंने नींद हराम कर दी थी। 3 हफ्ते बाद हमारे पीछे के पाखाने की बदबूदार हवा ही कह रही थी कि अब यहाँ से डंडा-कुंडा उठाओ।

23 जुलाई को भोजनोपरान्त 9 बजे हम 'पहाडी' पर घूमने निकले। साथ घूमनेवाली एक महिला कह रही थी–4-5 साल पहिले कफकाश (काकेशश) के श्री विश्रामोपवन में कुछ लोग ठहरे हुए थे, 10 जोड़ी नर-नारी जंगल में टहलने गए, वहाँ डाकुओं ने उन्हें पकड़कर सब-कुछ छीन नंगा करके छोड दिया; बेचारे वैसे ही नंगे अपने विश्रामस्थान को लौटे।

मैंने कहा–जिस तरह यहाँ तिरयोकी के वन में आधी रात को घूमते हुए हम इस कहानी को सुन रहे हैं, उसी तरह न जाने इस वक्त काकेशश के वन में घूमते हुए कुछ लोक तिरयोकी में फिन्-डाकुओं द्वारा 50 जोड़ों को लूटकर नंगे करके छोड़ देने की कथा सुनते होंगे।

सचमुच ही जो वर्ग अपने प्रभुत्व को खो चुका है, उसके अवशेष अपनी हरकतों को जल्दी छोड़ नहीं सकते। शायद इस शताब्दी के अन्त तक भी पुराने वर्ग-समाज की प्रतिक्रिया और प्रतिध्वनि यहाँ से पूर्णतया लुप्त नहीं होगी। आज के घूमने में हमें एक सीमेन्ट और लोहे का बना हुआ चबूतरा मिला, जिस पर युद्ध के समय 10 मील तक मार करनेवाली बड़ी जर्मनी तोप लगी हुई थी। वैसे कँटीले तारों की बाड़ें, मोटे तख्तों से पटी युद्ध की खाइयाँ, खाली टिन तथा दूसरी चीजें अब भी जगह-जगह मिलती थीं। यह तोप शायद कोन्स्तात के नौ सैनिक दुर्ग पर आक्रमण करती थी।

24 जुलाई को समुद्र उत्तरंगित और हवा-पानी ठंडे थे। स्नान करनेवाले बहुत कम दिखलाई पड़ रहे थे। प्राणि-शास्त्र का एक छात्र समुद्र के पास छोटा-सा गड्ढा खोद रहा था। पूछने पर उसने बतलाया कि इसमें मेंढ़क रखेंगे। ईगर ने भी एक मेंढ़क पाल रखा था। वह अपना मेंढ़क भी दौड़कर ले आया। उसने समझा,

वहाँ मेंढ़कों के लिए एक छोटा-सा सरोवर बनेगा। जिसमें विद्यार्थियों के मेंढ़क तैरेंगे, उसी में मेरा भी मेंढ़क तैर लेगा। वह मेंढ़क लेकर अपने परिचित विद्यार्थी के साथ वहाँ काम में लग गया। मैंने घर में जाकर घंटा-भर प्रतीक्षा की, लेकिन ईगर का कहीं पता नहीं था, वह वहीं डटा हुआ था। जाकर देखा तो विद्यार्थी कैंची से मेंढ़क के सिर को मूली की भाँति काट रहा है, बिल्कुल निश्चिंत हो। जरा भी संकोच न दिखलाते हुए वह एक के बाद दूसरे मेंढ़क को काटता जा रहा है, और शीशियों में से किसी में आँखें और किसी में उसके कोई दूसरी ग्रन्थि डालता जा रहा था। मेरे लिए वहाँ एक क्षण-भर भी ठहरना असह्य था, हृदय फूलने-पचकने लगा था; किन्तु ईगर उस तमाशे को विद्यार्थी की तरह ही वहाँ बैठा देख रहा था। अभी उसे दया के संस्कार प्राप्त नहीं थे कि किसी प्राणी का वध होते देख तिलमिलाता। माँ ने जब उसे उस दृश्य को देखते देखा, तो घबड़ा गई और डाट-डपटकर उसको अपने साथ लाई। फिर वह बड़ी गम्भीरता से लेक्चर दे रही थी–वहाँ फिर मत जाना, यह बहुत बुरा है। यदि कोई तुम्हारा सिर काटे ! मुझे भी उपदेश देने के लिए कह रही थी, लेकिन मैंने कहा–छोड़ दो, क्या जाने उसे आगे डाक्टर या प्राणिशास्त्री बनना हो, फिर हमारी यह शिक्षा उसके रास्ते में बाधक होगी। यह तो वहाँ साफ ही दिखाई पड़ रहा था कि दया भी अभ्यास और संस्कार का परिणाम है। आज भी विद्यार्थियों ने हल्ला कर रखा था–"कंसर्त होनेवाली है, और लेनिनग्राद के कई प्रसिद्ध कलाकार आ रहे हैं।" लोग 9 बजे से पहिले ही कुर्सियों पर डट गए। 9 बज गए, किन्तु कलाकार और कलाकारिनियों का कहीं पता नहीं था। फिर रियाल (पियानो) पर एक छात्र बैठ गया और उसने तानसेनी लय में कुछ उस्तादी संगीत के हाथ दिखलाने शुरू किए। आध घंटे तक पट्ठा पियानो पर डटा रहा। श्रोतृमंडली भी कलाकारों की प्रतीक्षा में बैठी रही। फिर अंतराल (विश्राम) की घोषणा हुई, लोग अब भी विश्वास किये हुए थे, कि कलाकार आ रहे हैं। फिर हमारी युनिवर्सिटी की एक छात्रा, लँगड़ी किन्तु सुमुखी और सुकण्ठी ने कई गाने सुनाए। लेनिनग्राद शहर की गैर-पेशेवर गायिकाओं की प्रतियोगिता में वह प्रथम आई थी, इसीलिए "घर की मुर्गी साग बराबर" कहकर भले ही कोई कदर न करे, लेकिन उसने गाया अच्छा था। अब श्रोतृमंडली भी समझ गई, कि संगीतशाला में जल्दी जमा करने के लिए छात्रों ने यह अफवाह उड़ाई थी। साढ़े दस बजे प्रोग्राम समाप्त हुआ। अभी पश्चिम की ओर गोधूलि की लालिमा छाई हुई थी और मध्य-रात्रि होने में केवल डेढ़ घंटा रह गया था।

हमारी ऊपर की कोठरियाँ कबूतरों के दरबे जैसी ही थीं, जिनमें एक-एक में एक-एक सपत्नीक प्रोफेसर ठहरे हुए थे। हमारी कोठरी आखिर में थी, उसकी बगल की कोठरी में युनिवर्सिटी के प्रोरेक्तर (वायस चांसलर) आक्रोख्वेख्खुवा अपनी पुत्री आसिया के साथ ठहरी हुई थीं। युद्ध के समय वह सरातोफ युनिवर्सिटी में रेक्तर थीं। इनकी योग्यता को देखकर रेक्तर वोज्नेसेन्स्की उन्हें यहाँ खींच लाये थे। शिक्षण, छात्रवृत्ति आदि का काम इनके जिम्मे था, साथ ही प्राणि-शास्त्र का अध्यापन भी करती थीं। लड़का सेना से अभी लौटा नहीं था। 12 साल की लड़की पाँचवीं क्लास पढ़ रही थी, जो यहाँ साथ आई थी। उन्हें युनिवर्सिटी के काम से बीच-बीच में जाना पड़ता था। उनकी माँ उक्रैन की और पिता जार्जिया का था, पिता के ही कारण शायद अत्यधिक ऊँची नाक उन्हें मिली थी। उनकी कोठरी के बाद की कोठरी में मध्यकालीन इतिहास के प्रमुख विद्वान् प्रोफेसर गुकोव्स्की उपनाम गोरिल्ला अपनी तरुणी भार्या के साथ रहते थे। गुकोव्स्की की यह चौथी पत्नी बहुत सुन्दर थी। लोग कह रहे थे, कि तृतीया बहुत ही सुन्दर थी। और उसके पहिलेवाली भी कम सुन्दर नहीं थी। प्रोफेसर की आयु 45 वर्ष के आस-पास थी। वह सिद्धहस्त प्रोफेसर समझे जाते हैं। उनके बाद युनिवर्सिटी के एक कार्यकर्ता कोर्सनोफ सपत्नीक ठहरे हुए थे। उसके बाद हमारे परिचित दोकन (डीन) स्ताइन सपत्नीक ठहरे हुए थे। प्रोफेसर स्ताइन 1926 में चीन की राष्ट्रीय सरकार के अर्थशास्त्रीय परामर्शदाता रह चुके थे। प्राचीन अर्थशास्त्र के भी वह मर्मज्ञ हैं, विशेषकर चीन और भारत के। उनके बाद प्रो. मावरोदिन रूसी इतिहास के अच्छे पंडित और 'प्राचीन रूस राज्य-निर्माण' ग्रन्थ के कर्ता तथा इतिहास-फेकल्टी के डीन सपत्नीक ठहरे हुए थे। मावरोदिन पैर से कुछ लँगड़े थे। उनकी तरुण पत्नी हर वक्त सजी-धजी रहती–आँखों में खूब काजल पुता, मुँह पर जरूरत से ज्यादा पौडर, ओठों पर मात्रा से अधिक अधर-राग और पोशाक अत्यन्त भड़कीली। इतना बनाव-सिंगार

तो रूस की स्त्रियों में क्या विदेशी, स्त्रियों में भी कम ही देखने को मिलेगा। उनका सारा समय शरीर रँगने और पोशाक बदलने में जाता था। प्रौढ़ पति तरुणी भार्या की हरेक नाज़बरदारी के लिए तैयार थे। कोर्सनोफ को छोड़कर इन दरबों में रहनेवाले सभी उच्च दर्जे के प्रोफेसर और उनमें से दो डीन थे। मैं इन दरबों के भाग्य पर सोच रहा था : कहाँ 6 वर्ष पहिले यहाँ फिनिश अभिजात्य वर्ग के अतिथियों के मनोरंजन के लिए वेश्याएँ रखी जाती थीं, और कहाँ अब उनका संभ्रान्त पुरुषों के अतिथि-विश्राम के रूप में परिवर्तन। स्ताइन, मावरोदिन, और गुकोव्स्की यहूदी थे, जिनमें दो अपनी फेकल्टी के डीन थे। इससे पता लगेगा, कि यहूदी कितने प्रतिभाशाली होते हैं। स्ताइन को छोड़कर बाकी की पत्नियाँ रूसी थीं। वस्तुतः शिक्षित यहूदी अब विशाल रूसी जाति में खप जाने के लिए तैयार हैं। योग्यता होने पर अब जाति किसी के रास्ते में रुकावट नहीं हो सकती, यह भी कारण है, जो कि वह इतने आगे बढ़ सके हैं। रूसी तरुणियाँ यहूदी प्रोफेसरों की पत्नी बनने में कोई हिचक नहीं दिखलातीं। वर्तमान शताब्दी के अन्त तक जान पड़ता है, अधिकांश यहूदी सन्तानें रूसी बन गई दीख पड़ेंगी। यह भी पता लगा कि फिज़िक्स-मैथमेटिक्स के डीन भी यहूदी ही हैं।

26 जुलाई को खटमलों, पिस्सुओं और मच्छरों के बाद अब मक्खियों ने भी दर्शन देना शुरू किया, लेकिन अभी कम संख्या में ही। चोर्नीका (मकोय) अब सब पक गई थी, और हमारे उपवन में क्या, बल्कि हमारे निवासस्थान के बगल ही में उनके काले फलों में लदे हुए पौधे थे, जिनसे लड़के चिमटे रहते थे। इस महीने के अन्त तक ही उन्हें खतम हो जाना था। मलीना (रास्पवरी) अभी अपनी कलियों में सकुचाकर छिपी हुई थी। हमारे रहने-भर तो वह मुँह खोलने के लिए तैयार नहीं थी। अगले महीने आनेवाले उसको पाएँ होंगे। उसके पौधे भी यहाँ बहुत ज्यादा थे। जेम्ल्यांका (स्ट्राबरी) के पौधे बहुत कम थे, लेकिन इस वक्त वह पकने लगी थी। लड़ाई के समय बहुत-से कलखोज जब उच्छिन्न हो गए और उसके बाद आदमियों का मिलना भारी समस्या हो गया, तो लेनिनग्राद जैसे नगरों के आसपास के खेतों को भिन्न-भिन्न फैक्टरियों और संस्थाओं ने सोवखोज (सरकारी खेती) बना लिया। इन खेतों में अधिकतर साग-सब्जी और स्ट्राबरी जैसे फलों की खेती होती थी। वैतनिक श्रमिक वहाँ काम करते थे, जो मालिक संस्थाओं के पास चीजों को भेजते रहते हैं। आज हमारे अपने सोवखोज की स्ट्राबरी भोजन के समय लोगों के सामने आई थी। लोग बड़े उत्साह के साथ कह रहे थे—हमारे सोवखोज की स्ट्राबरी है। हम समुद्र के किनारे दूसरी ओर टहलने गए, वहाँ एक अच्छा-खासा बँगला युद्धाग्नि में दग्ध देखा। लोहे की चारपाइयाँ और कितने ही धातु के टूटे-फूटे बर्तन वहाँ अब भी दिखलाई पड़ रहे थे। यह भी युद्ध के पहिले किसी फिन् तालुकदार का विलास-भवन रहा होगा।

27 जुलाई को अब 3 दिन ही रह गए थे। उपवन में पहिली-दूसरी या पन्द्रहवीं तारीख को लोग आया करते हैं, जानेवाले दो दिन पहिले ही स्थान खाली कर देते हैं, ताकि नये मेहमानों के लिए जगह ठीक-ठाक की जा सके। लोग चलाचलू से हो रहे थे, अध्यापकों को प्रति व्यक्ति प्रति मास साढ़े सात सौ रूबल देना पड़ता था। दीन मार्कोव्ना गोल्दमान जैसी महिला-अध्यापकों को—जिनके पति युद्ध में मर गए—आधा ही, और छात्रों को कुछ भी नहीं देना पड़ता। खाने की कुछ अव्यवस्था जरूर थी, जिसे अस्थायी कहना चाहिए, नहीं तो सैकड़ों-हजारों विद्यार्थियों को मुफ्त ग्रीष्म-निवासों में खाते रहने का स्थान तथा प्रोफेसरों को भी कम खर्च पर सुन्दर प्रकृति की गोद में बैठकर एक-दूसरे से मिलने और अपने भविष्य के काम के चिन्तन के लिए अवसर देना अन्यत्र सुलभ नहीं हो सकता था।

लोगों को यहाँ सबसे ज्यादा शौक था—समुद्र-स्नान करना, पुरुषों को केवल जाँघिया, और स्त्रियों को स्तनबन्द और जाँघिया पहिने धूप में लेटकर शरीर को साँवला बनाना। शरीर जितना ही साँवला बन जाए, उतनी ही प्रशंसा की बात मानी जाती थी। किसी ने हमारी सफलता के लिए प्रशंसा की, तो मैंने कहा : यह तो सैकड़ों-सहस्रों पीढ़ियों के आतप में तपने तथा तत्सम्बद्ध रुधिर सम्मिश्रण का परिणाम है। कितनों ने तो धूप लेते-लेते अपनी गरदन और पीठ के कितने ही हिस्सों के खाल की एक तह निकलवा डाली, कुछ लोग मेरे जैसे रंग में परिणत हो भी गए थे।

शाम को फिर घूमने गए। जहाँ तोप की सीमेन्ट-लोहेवाली पीठिका पड़ी थी, वहीं अब नये मकानों के

बनाने का काम शुरू हो रहा था। भारी-भारी टैंकों को देवदार के जंगलों में घुमा दिया गया था, जिससे बेचारे देवदार जड़-सहित धराशायी हो गए थे। उनको बिजली के आरों से काटकर लकड़ियाँ स्थानान्तरित कर दीवारें बनाने का काम होने जा रहा था। विशाल देवदारों को टैंकों ने कितनी ही आसानी से उखाड़ फेंका था, यह देखकर मनुष्य की शक्ति पर आश्चर्य होता था। अगर हाथ से काटना पड़ता, तो दो आदमी शायद एक दिन में दो दरख्त भी नहीं काट सकते थे, और टैंक ने एक दिन में हजारों को उखाड़ फेंका था। गिरे दरख्तों के नीचे निकल आई काली मिट्टी बतला रही थी, कि सहस्राब्दियों में पत्तियों के सड़ने से यह मोटी काली मिट्टी बनी होगी। यदि आज यहाँ खेत बनाए जाते, तो सैकड़ों वर्षों की फसल के लिए यहाँ खाद मौजूद थी।

और आगे जाने पर अकदमिकों का उपवन मिला। अकदमिक सोवियत रूस के देवता हैं। उन्हें देवत्व-प्राप्ति अपनी विद्या से हुई। जितना नाम-सम्मान तथा आराम उनको प्राप्त है, उतना रूस में किसी को प्राप्त नहीं है। उन्हें कुछ काम न करने पर भी 6 हजार रूबल मासिक पेन्शन मिलती है। हर जगह पर उनके बैठने, रहने, खाने का विशेष ध्यान रखा जाता है। देवदार के जंगलों की शोभा को कम-से-कम नुकसान पहुँचाते हुए उनके लिए यहाँ बँगलों का एक गाँव बन रहा था। मकान बहुत कुछ तैयार हो गए थे। एक-एक के लिए कई कमरेवाले मकान, बरामदे, स्नानागार आदि का प्रबन्ध था। इसी मुहल्ले में उनके लिए भोजन आदि की शालाओं और दूकानों आदि का प्रबन्ध था। इमारतों को जल्दी-से-जल्दी तैयार करने की ओर ध्यान था। आखिर अमेरिका के अणुबमों के मुकाबिले में अपने अणुबमों को तैयार करना इन्हीं का तो काम है, फिर क्यों न उनकी इतनी पूजा-प्रतिष्ठा की जाती।

28 जुलाई हमारे तिरयोकी-वास का अन्तिम दिन था। आज का भोजन अच्छा था। चलते वक्त ही क्यों ऐसा किया गया ?

15
"कालो न दुरतिक्रमः"

तिरयोकी से लेनिनग्राद लौटने के लिए रेल के अतिरिक्त युनिवर्सिटी की लॉरियों का भी प्रबन्ध था। एक के बाद एक लॉरियाँ छूटती रही थीं, लेकिन अभी लोला की तैयारी ही ठीक नहीं हो रही थी। ढाई बजे तक तो उनका समुद्र-स्नान होता रहा। हम सबसे पीछे भोजनशाला पहुँचे। जब लोग 4 बजे सामान लेकर लॉरी की जगह पर पहुँच रहे थे, तब हमारा सामान धीरे-धीरे बाँधा जा रहा था। दो लॉरियों के चले जाने पर डर लगने लगा, कि कहीं लॉरी हमें मिले ही नहीं। 5 बजे के करीब हम अड्डे पर गये। अड्डा उपवन के भीतर ऑफिस के पास था। पता लगा कि एक लॉरी यहाँ से सीधे लेनिनग्राद जानेवाली है। लोला लॉरी के इतने लम्बे सफर को कष्टप्रद कह रही थी, मैंने बतलाया, ट्रेन से जाने पर तीन-तीन बार बक्सों को उतारना, फिर ट्राम पर भी चढ़ाना-उतारना पड़ेगा। खैर, उसके दिमाग में बात समा गई। लॉरी आई, ड्राइवर की बगल में माँ-बेटे को बैठा दिया। लॉरी का किराया नहीं देना था, क्योंकि युनिवर्सिटी की थी। ड्राइवर को 20-20 रूबल दे देने पर उसने मुसाफिरों को उनके घर पर छोड़ना स्वीकार कर लिया।

सवा पाँच बजे लॉरी रवाना हुई। सड़क समुद्र के किनारे से जा रही थी। फिनूलैंड की पुरानी सीमा तक महावन चला गया था, जिसमें सभी जगह युद्ध की मोर्चाबंदियाँ थीं। हमारे उपवन से 15 किलोमीतर तक तो विश्रामोपवन ही चले गये थे, जिनमें से सबसे ज्यादा बालोद्यान के थे। 20 किलोमीतर जाने पर फिनूलैंड की पुरानी सीमा मिली। जंगल उच्छिन्न करके अब ग्राम और कस्बे बस गये। रास्ते में ही सेस्त्रोनेच (स्वसा नदी) का अच्छा-खासा कस्बा था। घंटे-भर की यात्रा करने के बाद हम लेनिनग्राद के बौद्ध-विहार के पास पहुँच गए। लेकिन लोगों को घर-घर उतारना था, इसलिए दो घंटे बाद 8 बजे से थोड़ा पहिले हम अपने घर पहुँचे। अच्छा हुआ जो रास्ते में वर्षा नहीं हुई, नहीं तो लॉरी खुली थी। घर पर सामान रख देने के बाद वर्षा शुरू हुई। हमारी सड़क अधिकतर गोल-मोल पत्थरों के डलों की थी, जहाँ लॉरी बहुत दचके खाती थी। खैर, शारीरिक कष्ट का कोई सवाल नहीं था।

महीने-भर बाद रेडियो अर्थात् बाहरी दुनिया के समीप पहुँचे थे। भारत का प्रोग्राम खतम हो चुका था, लंदन और मास्को ही सुन सके।

युनिवर्सिटी खुलने में एक महीने की देर थी। इसलिए फिर हम अपने पढ़ने और नोट लेने में लग गये।

31 जुलाई को सबेरे थोड़ी वर्षा हुई। आज अपने कोपरेटिव दूकान से सामान लाना था। राशन के लिए हमारे वास्ते दो दूकानें थीं, एक अपने मुहल्ले की, जहाँ कि हम अपने साधारण राशनकार्ड की चीजें लेते थे, और दूसरी युनिवर्सिटी से नातिदूर अध्यापकों की कोपरेटिव दूकान थी, जहाँ हम साढ़े चार सौ रूबलवाले विशेष राशन-कार्ड की चीजें लेते थे। इस दूकान में साधारण कार्ड की चीजें भी ले सकते थे, लेकिन विशेष कार्ड की

चीजें साधारण दूकान से नहीं ली जा सकती थीं। उस दिन चार बजे ट्राम से कजान-गिरजे के पास कोपरेटिव में गए। घंटे-भर प्रतीक्षा करने के बाद लोला भी आ गई। फिर चीजों के खरीदने में तीन घंटे लगे। एक दिन पहिले कार्ड देने से चीजें सब तैयार मिल सकती थीं। हाँ, हमारे यहाँ की तरह वहाँ की भी घड़ियाँ दो घंटे लेट रहती हैं, किन्तु, जब आदमी हरेक चीज अपनी आँखों से देखकर बँधवाना चाहे, तो वह कैसे हो सकता था ? आज महीने का आखिरी दिन था, इसलिए बचा हुआ राशन ले लेना जरूरी था, चाहे उसके लिए कितना ही समय लगे। शिक्षितवर्ग में अब भी पुराने मध्यवर्ग की संख्या काफी है, और कमकरवर्ग से आए हुए लोगों में से भी कितनों ने शादी-सम्बन्ध या दूसरी तरह पुराने मध्यमवर्ग के भावों को ग्रहण कर लिया है। महिलाओं को मालूम हुआ, कि अक्तूबर में राशनकार्ड उठ जाएगा। वह बहुत डरने लगीं। कह रही थीं–भारी क्यू की पाँती में घंटों खड़ा रहना पड़ेगा, जो हमारे बस की बात नहीं है। वहाँ तो जो ज्यादा खड़ा रह सके, वही ज्यादा खरीद सकेगा, और पीछे हाथ में ज्यादा दाम पर बेच भी सकता है। मैंने कहा–यदि दूकानें ज्यादा खुल जाएँ जैसी कि अब भी राशन की दूकानें हैं, तो उतनी देर नहीं क्यों होगी ?

टिनवाली मछली, मांस, मक्खन, अनाज, सभी चीजें एक मन से ज्यादा खरीदी थीं। इतनी चीजों को पीठ पर ढोना शक्ति के बाहर की बात थी, हालाँकि संकोच का वहाँ कोई ख्याल नहीं था, क्योंकि सभी प्रोफेसर और लेक्चरर, पुरुष और महिलाएँ 15-20 किलोग्राम सामान अपनी पीठ पर लादे चले जा रहे थे। मैंने कहा–अभी इन्तिजाम करता हूँ, और जाकर इंतूरिस्त से किराये पर एक टैक्सी माँग लाया। किराया 26 रूबल था, यद्यपि हमने 40 रूबल दिए। यदि भारवाहक लेना होता तो इससे कहीं ज्यादा मजदूरी देनी पड़ती।

शहर में घरों की मरम्मत और पुनर्निर्माण बड़े जोरों से जारी था। तितल्ले मकान चौतल्ले बनाये जा रहे थे। हमको आशा होने लगी कि शायद मकानों की अधिकता होने पर युनिवर्सिटी के पास कहीं तीन कमरे मिल जाएँ। युनिवर्सिटीवाले भी युनिवर्सिटी नगर बसाने की सोच रहे थे, और युनिवर्सिटी के आसपास के मुहल्लों को ले लेना चाहते थे। यह कोई मुश्किल नहीं था, क्योंकि "सभी भूमि गोपाल की" अर्थात् लेनिनग्राद के सारे मकान लेनिनग्राद नगरपालिका के थे।

पहली अगस्त का दिन आया। आज न बिजली काम कर रही थी, न पानी का नल ही। कल-कारखानों के उत्पादन के आँकड़े गला दबाने के लिए तैयार थे, इसलिए वहाँ हरेक काम घड़ी की सुई की तरह बड़ी तनदेही से होता था। जो पानी, बिजली का कष्ट नागरिकों को हो रहा था, उसका टन या मीटर में आँकड़ा नहीं बन सकता था, इसलिए उधर उतनी सावधानी नहीं रखी जा सकती थी।

कल की लाई खाद्य-सामग्री में टिन से बाहर का कलबासा और मछली जैसी चीजें काफी थीं, जिनको ज्यादा देर तक रखा नहीं जा सकता था, इसलिए मित्रों को दावत देना जरूरी था। लोला की सखी सोफी पास में ही थी, लेकिन उसको बुलाने में विशेष तैयारी की जरूरत थी, इसलिए उसे नहीं निमंत्रित किया; लेकिन और कई बन्धु-मित्र नर-नारियाँ पधारीं। अगस्त में अब सर्दी पड़ने लगी थी, इसलिए मैं जँगलों को बन्द रखना चाहता था, लेकिन लोला का आग्रह खिड़की खोल रखने का था, क्योंकि उससे 'वितामिन' का झोंका आ रहा था। मैं खिड़की इसलिए भी खुला रखना नहीं चाहता था, कि खाने के कमरे में काम करते समय खिड़की से कोई चीज न उठ जाय। नल बिगड़ने से पानी को हमें दूर से भरकर लाना पड़ा। बिजली खैर, देर से आ गई, उससे केवल इतना ही नुकसान हुआ कि मैं भारतीय रेडियो नहीं सुन सका।

4 अगस्त को गृहिणी के आग्रह पर अमेरिकन फिल्म 'बलेरिना' देखने गए। पुराने मध्यवर्ग की स्त्रियाँ ब्रिटिश या अमेरिकन फिल्मों को अधिक पसन्द करती थीं, क्योंकि वहाँ उनके वर्ग की जीवन की सुन्दर झाँकी मिलती थी। फिल्म बुरा नहीं था। वहाँ से हम फोटोग्राफ की दूकान पर गए–फोटोग्राफर न कहकर फोटोग्राफी की दूकान कहना चाहिये, क्योंकि इस दूकान का मालिक कोई व्यक्ति या व्यापारिक कम्पनी नहीं थी। सभी दूकानें यहाँ बिचवई के बिना हैं। लेकिन यदि कोई फोटोग्राफर अपनी दूकान रखना चाहे, तो उसमें बाधा नहीं है। उसे सरकारी फैक्टरियों से बने माल के मिलने में भी कोई दिक्कत नहीं, लेकिन वह नौकर नहीं रख सकता। हाँ, चार-छः फोटोग्राफर मिलकर अपनी कोपरेटिव दूकान खोल सकते हैं। घड़ीसाजों के बारे में भी यही बात

है। हम फोटोग्राफी-कार्यालय में गये। बड़ों के फोटो का दाम बहुत कम था, मगर लड़कों का पचास-पचास रूबल पड़ता था। लड़कों को फोटो के लिए ठीक बैठाने में दिक्कत थी, इसलिए उनके कई फोटो लेने पड़ते थे। हमने भी कुछ फोटो खिंचवाये। फिर 'उनीवर-मार्ग' (विश्व-पण्यशाला) में गये, जहाँ कई तल्लेवाले मकानों में हजारों तरह की चीजें बिक रही थीं। वहाँ ईगर के लायक कोई तैयार चीज नहीं मिली। कपड़ा था, लेकिन हमारे पास पहले से ही काफी कपड़ा रखा हुआ था, और दर्जियों की ढिलाई के कारण सिल नहीं रहा था। फिर आगे पोस्तीन की दूकान थी, जिसमें बहुमूल्य साइबेरियन समूर तथा मध्यएसिया की कराकुल भेड़ों के रेशम-जैसे चमकते छाले रखे हुए थे। छोटा कोट बनवाने में भी 8-10 हजार रूबल से कम नहीं लगता था, फिर ईगर तो जल्दी-जल्दी बढ़ रहा था, इसलिए छः महीने के बाद ही कोट उसके लिए बेकार हो जाता। पहली सितम्बर से ईगर को स्कूल में जाना था, इसलिए ओवरकोट और दूसरी पोशाक बनवानी ही थी। माँ का काम हमेशा धीरे-धीरे होता था। इसलिए यह कम सम्भव था, कि महीने-भर बाद भी उसके कपड़े बन सकेंगे।

5 अगस्त को फिर हम मुहल्ले की अदालत में गए। समय की पाबंदी न करने की तो मानो लोगों ने कसम खा रखी है। इसका यदि अपवाद था, तो उत्पादन-स्थान, क्योंकि वहाँ पंचवर्षीय योजना के आँकड़े गला दबाने के लिए तैयार थे। अदालत में एक जज और दो सहायक-जज बैठे हुए थे। सहायकों में एक स्त्री भी थी। एक प्रधान-सहायक कानून जानता था। कानून न जाननेवाले निर्वाचित जज कुछ समय के लिए होते थे, यह हम बतला आए हैं। लाल कपड़ा बिछी मेज की एक ओर तीनों जज बैठे हुए थे। मेज की बाईं ओर एक क्लर्क-स्त्री बैठी थी। सामने दर्शकों के बैठने के लिए पन्द्रह-बीस कुर्सियाँ पड़ी थीं। एक कठघरे में कारखाने का मजदूर खड़ा किया गया था। मालूम हुआ, वह रेल-इंजन बनानेवाले कारखाने का छः-सात सौ मासिक पानेवाला मिस्त्री है, जो चार साल सेना में भी काम कर चुका है, और सीनियर सर्जेंट होकर होकर पिछले सितम्बर में ही सेना से अलग हुआ। किसी मार-पीट में फँसकर आज कठघरे में आया था। शराब पीकर मार-पीट कर बैठा था। बयान लेकर उसे भेज दिया गया। बाकी मुकदमे ज्यादातर मकान से सम्बन्ध रखते थे। युद्ध के समय लोग घर छोड़कर सेना में या दूसरी जगह चले गए, तब तक उनके घरों को दूसरों ने आकर दखल कर दिया, अब लौटकर वह अपना घर माँग रहे थे। वर्षों से बस गए लोग घर छोड़कर जाएँ कहाँ, इसलिए उजुर-माजुर कर रहे थे। हमारे यहाँ की तरह मुकदमों को महीनों लटकाए रहने की प्रथा यहाँ नहीं थी। गवाही-साक्षी लेकर एक-दो पेशी में फैसला हो जाता। हमारे देश के कूप-मण्डूक यही जानते हैं, कि यूरोप में एक ही कानून-व्यवस्था चलती है, और वह वही है, जिसे कि अंग्रेज मानते हैं। अंग्रेजों की प्रथा के अनुसार कानून शब्द का अनुगमन करना सबसे आवश्यक है; लेकिन जर्मनी, रूस आदि देशों में शब्द की नहीं बल्कि भाव की प्रधानता है, इसलिए वहाँ वकीलों की इतनी ज्यादा नहीं चलती। सोवियत-व्यवस्था ने तो मुकदमों की संख्या को वैयक्तिक सम्पत्ति की सीमा को संकुचित करके बहुत ही कम कर दिया है। दीवानी मुकदमे एक तरह से नाम-मात्र के हैं, और संपत्ति तथा स्त्री-पुरुष के सम्बन्धवाले फौजदारी मुकदमों की संख्या भी बहुत कम हो गई है। अदालतों का यही ढाँचा नीचे से ऊपर तक चला गया है, एक जज न होकर तीन जज रहते हैं। हाँ, ऊपर की अदालत के जज कानून के विशेषज्ञ हुआ करते हैं।

6 अगस्त को, जान पड़ता है, तापमान उनके अनुकूल था, इसलिए मक्खियाँ बहुत हो गई थीं, दिन में बहुत हैरान कर रही थीं। शायद बगल की खाली जमीन में जो साग-सब्जी और दूसरी चीजें पड़ी हुई थीं, उनके कारण मक्खियों का जोर बढ़ा। मक्खियों के मारने के कागज बहुत सस्ते मिल रहे थे, और पेंदी की ओर से खुले शीशे के बर्तनों में भी मक्खियाँ फँसाई जाती थीं, किन्तु सौ-पचास के बलिदान से उनकी संख्या क्या घटती ? दिन के शत्रु मक्खियाँ और रात के खटमल-पिस्सू एवं दिन-रात दोनों में अखण्ड राज्य था मच्छरों का।

7 अगस्त को तीन बजे बाद गरम कपड़ों की जरूरत पड़ने लगी। वैसे तापमान तो यहाँ बराबर आँख-मिचौनी करता रहता है, लेकिन अब पता लग गया, कि अगस्त के प्रथम सप्ताह के बाद जाड़े का आगमन नहीं, तो

शरद का आगमन ज़रूर हो जाता है। बादल भी जब-तब दिखलाई पड़ने लगे, नलके का पानी भी ठंडा हो चला।

9 अगस्त से हमारे घर में मरम्मत का काम लगा था। घर के स्वामियों (नगरपालिका) की ओर से मरम्मत हो रही थी, लेकिन काम करनेवाली एक दिन का काम चार दिन में करना चाहती थी। अभी रसोई-घर और चौपालिका के घरों की ही मरम्मत होनी थी, जिनका हमें बराबर काम नहीं पड़ता था। दीवारों पर कागज लगाने की आवश्यकता थी। वह हम से कागज माँग रही थी किन्तु कार्यालय से पूछने पर मालूम हुआ, कि वह दिया जा चुका है। रहने की कोठरियों में भी थोड़ी मरम्मत की आवश्यकता थी, जिसके 250 रूबल माँग रही थी। हफ्ते में एक दिन तो घरों के लकड़ी के फर्श को धोना आवश्यक था, उसके लिए एक स्त्री 50 रूबल माँग रही थी–अर्थात् दो घंटे के काम के लिए 30-35 रुपया। लकिन, आपको मजबूर कौन कर रहा था, काम अपने हाथ से कर लीजिए। शारीरिक श्रम का मूल्य वहाँ कम नहीं था। लोला ने दूसरी स्त्री को 15 रूबल और एक किलो (सवा सेर) आटा पर राजी किया। 10 अगस्त को घर की मरम्मत खतम हो चुकी थी। सामान को ठीक जगह पर रख दिया गया था। सामान के बारे में क्या कहना है ? 'सर्व-संग्रहः कर्तव्य कः काले फलदायकः' के महामंत्र का लोला अक्षरशः अनुगमन करनेवाली महिला थी। दोनों कमरे और रसोई का घर भी सामान से भरा हुआ था। वह किसी चीज को फेंकने या देने के लिए तैयार नहीं थी : पतीलियाँ कब की टूट चुकी हैं, लेकिन वह भी आले में पड़ी हुई हैं, कितने बरतन फेंके जा चुके हैं, लेकिन उनके ढक्कन जमा करके रखे हुए हैं। बोतल और शीशियाँ इतनी, कि उनको सालों से भूला भी जा चुका है, किन्तु जगह खाली करने की आवश्यकता नहीं। ऐसी स्थिति में यदि खाने और सोने के कमरे भी मालगोदाम बन गए हों, तो आश्चर्य क्या ? हाँ, खैरियत यही थी, कि वह आलमारियों या खुले रैकों में रखे हुए थे।

अत्यन्त प्रेम करनेवाली माँ अपने लड़के के स्वास्थ्य की शत्रु होती है, इसका प्रमाण भी हमें घर से मिल रहा था। ईगर का पेट कभी नहीं ठीक होने पाता था, क्योंकि माँ उसे ठूँस-ठूँसकर खिलाना चाहती थी। आखिर पाचन-शक्ति की भी कोई हद होती है। हम तो समझते थे कि हमारे देश में ही घी-तेल-चर्बी की भरमार पसन्द की जाती है, किन्तु यहाँ भी यही हालत थी। 14 अगस्त को हमने नोट किया–"पेट में गड़बड़ी प्रायः ही हो जाती है, कारण लोला का चर्बीपूर्ण भोजन।"

16 अगस्त अर्थात् अगस्त के मध्य में पहुँचते-पहुँचते कितने ही अल्पजीवी तृण पीले हो पतझड़ के आने की सूचना दे रहे थे। आलू अभी तैयार नहीं थे। चीजें सस्ती और अधिक प्राप्य होने के कारण इस वर्ष लोगों ने साग-सब्जी के खेतों में उतनी तत्परता नहीं दिखलाई। लोला को एक नौकरानी की अत्यन्त आवश्यकता थी, घर के काम करने के लिए ही नहीं बल्कि इसलिए कि 1 सितम्बर से ईगर स्कूल जाने लगेगा और उसके लौटने के समय (एक बजे) हम दोनों युनिवर्सिटी रहेंगे। एक बुढ़िया काम करने के लिए मिल रही थी। राशन की कड़ाई और चीजों की महँगाई का लोगों के सदाचार पर भी प्रभाव पड़ रहा था। बुढ़िया ने कहा–"मैं भगवान-विश्वासिनी हूँ, कोई चीज नहीं छूती।" 200 रूबल मासिक और भोजन देने में राजी हो जाती। बुढ़िया के कोई नहीं था, पेन्सन पाती थी। न जाने किस कारण लोला की उससे नहीं पटी। नौकरानी की खोज जारी रखी गई।

18 अगस्त को हमारे मुहल्ले में भी एक रोमनी (सिगानिका) नंगे पैरों घूम रही थी। दो पुरुष उससे हाथ दिखला रहे थे। पाँच-पाँच रूबल तो देते ही, इस प्रकार 20 आदमियों का हाथ देखकर वह सौ रूबल रोज कमा सकती थी, फिर उसे काम करने की क्यों परवाह होने लगी ? सहस्राब्दियों का कोढ़ एक अवतार रखने से नहीं दूर होता। हाथ देखना, भाग्य भाखना, यह आज का मिथ्या विश्वास नहीं है, इसको दूर करने के लिए बुद्धिवाद के बड़े जबर्दस्त घूँट की आवश्यकता है।

युनिवर्सिटी बन्द थी, छात्र-छात्राएँ भी छुट्टी पर थे। सबसे ऊपरी वर्ग की छात्रा वर्था कभी-कभी हमारे परिदर्शन में सहायता करती थी। 19 अगस्त को वह हमें शहीदों की समाधि की ओर ले गई। अक्तूबर-क्रांति के समय जो लोग हेमन्त-प्रासाद और आसपास के स्थानों में बलिदान हुए, उन्हीं वीरों की यहाँ समाधियाँ थीं।

संगखारा की चमकती हुई चट्टानों की पाँच-छः हाथ ऊँची दीवारों से यह समाधियाँ घिरी हुई थीं। पास में वारी पुष्पोद्यान तैयार किया जा रहा था। समाधि-उद्यान के पास ही लैत्नीइसाद (ग्रीष्मोद्यान) था, जो कि जारशाही युग के धनीमानी लोगों के विहार का स्थान था। सचमुच ही ग्रीष्म में इसकी शोभा निराली थी। ग्रीष्म की धूप से बचने के लिए यहाँ वृक्षों की घनी छाया थी। यूरोप के प्रसिद्ध-प्रसिद्ध मूर्तिकारों की कृतियाँ–प्रतिमूर्तियों के रूप में–यहाँ रखी हुई थीं। अधिकांश मूर्तियाँ संगमरमर की थीं, जिनमें से कितनी ही अंग-भंग थीं। 18वीं सदी, प्रसिद्ध कथाकार क्रिलोफ की धातुमयी मूर्ति भी यहाँ स्थापित थी। क्रिलोफ ने पंचतंत्र की तरह पशु-पक्षियों के नाम से बहुत-सी कहानियाँ लिखीं, जिनसे तत्कालीन समाज के बड़ों पर गहरी चोट की गई थी, लेकिन सीधी चोट न होने के कारण वह तिलमिलाकर रह जाते थे, और क्रिलोफ का कुछ बिगड़ नहीं सकते थे। आखिर क्रिलोफ भी उच्च-वर्ग का पुरुष था। उसकी मूर्ति के साथ कहानियों के पशु, पक्षी पात्रों की भी मूर्तियाँ बनी हुई हैं। सोवियत-युग में भी क्रिलोफ की कहानियाँ लड़कों और बड़ों का बड़ा मनोरंजन करती हैं। लड़के तो यहाँ बड़े चाव से देखने आते हैं, और एक-एक जन्तु की मूर्ति को देखकर अपनी पढ़ी हुई कहानियों का स्मरण दिलाते हैं। मुझे इस बाग के सैलानियों में अधिकतर लड़के ही दिखाई पड़े। कला के अद्‌भुत नमूनों को देखने पर ख्याल आता था, कि कितनी भारी धनराशि इनके निर्माण में लगी होगी। लेकिन जन-शोषण से प्राप्त अपार सम्पत्ति में से कुछ को कला पर खर्च कर देना शोषक के लिए कोई भारी बात तो नहीं है।

21 अगस्त को वर्था के साथ हम रूस-म्युजियम और एरमिताज-म्युजियम देखने गए। रूस-म्युजियम 1895 ई. में स्थापित हुआ था। पहिले यह विशाल प्रासाद जार अलेक्सान्द्र प्रथम के छोटे भाई मिखाइल पावलिच के लिए 1819 ई. में आरंभ हो चार वर्ष बाद 1823 में तैयार हुआ। उसके बहुत दिनों बाद 1895 ई. में जार के विशेष फरमान के अनुसार इसे रूसी कला का म्युजियम बना दिया गया। यद्यपि इसका आरंभ आधी शताब्दी पहिले हुआ था, किन्तु इसमें सबसे अधिक चीजें 1917 की क्रांति के बाद आईं, जबकि धनियों और सामन्तों के घरों में कला की चीजें बाजारों में बिकने लगीं, और म्युजियमों ने ढूँढ़-ढूँढ़कर उन्हें खरीदना शुरू किया। युद्ध के समय और म्युजियमों की तरह यहाँ की भी सामग्री सुरक्षित स्थानों में भेज दी गई थी, अभी केवल 18वीं 19वीं सदी के चित्रकारों और कुछ मूर्तिकारों की ही कृतियाँ प्रदर्शित की गई थीं। वैसे यहाँ की 11वीं-12वीं सदी की दुर्लभ कृतियाँ खासतौर से दर्शनीय हैं, मगर, अभी वह नवम्बर तक यथास्थान रखी जानेवाली थीं। इवानोफ का प्रसिद्ध चित्र 'लोगों में मसीह' की यहाँ भी एक प्रति है, जिसे अपेक्षाकृत छोटे रूप में उस कलाकार ने पहिले तैयार किया था। यहाँ वह सब ड्राइंग तथा दूसरी वस्तुएँ सुरक्षित रखी हुई हैं, जिनको महान चित्रकार ने अपनी फिलिस्तीन की दीर्घ यात्रा में वस्तु से उतारा था और पीछे उन्हें जोड़कर इस मध्य चित्र को तैयार किया था। शिस्किन प्रकृति का महान चित्रकार था। वसन्त, हेमन्त, शरद, ग्रीष्म को वह सजीव करके दिखलाने में अद्वितीय था। उसके कितने ही चित्र देखे, जो बड़े ही गंभीर और सुन्दर हैं।

वहाँ से एरमीताज-म्युजियम गए। एरमीताज-म्युजियम पहिले जार के महान प्रासाद (हेमन्त-प्रासाद) के एक पास के राजमहल में खोला गया था, जो क्रांति के समय (1917) तक उसी महल तक सीमित रहा, लेकिन क्रांति के बाद जनता के युग के आरम्भ होते ही प्रदर्शनीय वस्तुओं की संख्या बड़ी तेजी से बढ़ी, इसलिए पास का हजार कमरोंवाला जार का हेमन्त-प्रासाद भी म्युजियम को दे दिया गया। युद्ध के समय नष्ट होने से बचाने के लिए सामग्री दूसरी जगह भेजी गई थी, अब चीजें आ रही थीं, उन्हें सजाया भी जा रहा था, लेकिन सारे म्युजियम को सजाकर तैयार करने में अभी काफी समय की देर थी। वहाँ जाने पर मध्यएसिया के इतिहास के विशेषज्ञ प्रोफेसर याकूबोव्सकी से भेंट हुई। वह युनिवर्सिटी में इतिहास के प्रोफेसर भी हैं, और उजबेकिस्तान तथा ताजकिस्तान में भेजे जानेवाले अभियानों के नेता भी होते रहे हैं। उन्होंने वरख्शा के बारे में बतलाया कि वह पाँचवीं-छठी सदी का ध्वंसावशेष है, और श्वेत हूणों की राजधानी हो सकता है, लेकिन भित्तिचित्र के हाथियों, अंकुश, महावतों की वेष-भूषा को वह भारत से ज्यादा सम्बन्धित नहीं कहते थे। उनका कहना था कि उन चित्रों पर सासानी-प्रभाव ज्यादा है। उनका ध्यान इस ओर नहीं था, कि श्वेत हूण आधे उत्तरी भारत के स्वामी थे, और उनके एक राजा तोरमान ने ग्वालियर में एक बहुत ही सुन्दर सूर्य-मन्दिर बनवाया था।

उनसे यह मालूम हुआ, कि वरख्शा के खनन के नेता शिश्किन का एक अच्छा लेख किसी पत्रिका में निकलने जा रहा है, कई चित्र भी होंगे। मैंने उसके लिए पीछे बहुत छान-बीन की, प्रेस तक दौड़ लगाई, लेकिन कहीं उस लेख का पता नहीं लगा।

एरमीताज-म्युजियम के एक विशेषज्ञ प्रोफेसर इस्सिन मिले। वह काकेशस और मध्यएसिया के धातुयुग के विशेषज्ञ हैं। उन्होंने बड़े प्रेम से कितनी ही बातें बतलाईं और फिर मुझे कई कमरों को दिखलाया। नव-पाषाण-युग, शकयुग, और उत्तरी कजाकस्तान की प्रागैतिहासिक सामग्री चुनी जा चुकी थी। ई. पू. दसवीं से सातवीं सदी में ऊपरी इर्तिश-उपत्यका पर जाइसन झील के उत्तर सोने की खानों में काम होता था। वहाँ सोने के पत्थरों को चूर्ण कर धुलाई के द्वारा सोना अलग किया जाता था। कोकचेतोफ में भी सोने की और भी बड़ी खाने थीं। यहाँ का ही सोना दक्षिण की ओर (भारत, ईरान) जाता था। लेना का सोना अभी सुलभ नहीं हुआ था। उत्तरी काकेशश में टिन की भी खान हैं। ताँबा तो वहाँ तथा बलकाश के उत्तरी तट तथा दूसरी जगहों में बहुत पाया जाता है। उत्तरी काकेशश के धातु के इतिहास पर पुस्तक लिखने के बाद अब वह कजाकस्तान-सिबेरिया के धातु-स्थानों पर कलम चला रहे हैं। उन्होंने ई. पू. तृतीय शताब्दी के शक-सरदार की कब्र से निकले एक लाल रंग के घोड़े के शव को भी दिखलाया। यह कब्र उत्तर-पूर्वी कजाकस्तान में अल्ताई के पास निकली थी। कब्र में सरदार के शव के साथ काफी सोने आदि की चीजें रखी गई थीं। लेकिन, उसी समय चोरों ने खोदकर उसे निकाल लिया। लकड़ी की शवाघानी, घोड़े, और घोड़ों की चीजें वहाँ बच गई थीं। जिस छेद से चोर भीतर घुसे थे, उसी छेद से उसी समय पानी भीतर चला गया, जो सर्दी के मारे चिरकाल के लिए बरफ बन गया; जिससे घोड़ों के रोम, चर्म आदि सभी 22 शताब्दियों के बाद भी सुरक्षित मिले। जिस स्थान पर कब्र थी, वह हूणों और शकों की सीमा पर थी। लेकिन वहाँ सिवाय कुछ अलंकरण के कहीं पर भी मंगोलायित शरीर-लक्षणों का प्रभाव नहीं था। चीन का भी प्रभाव इस कब्र की चीजों पर नहीं था। इस्सिन ने बतलाया, कि यहाँ के घोड़े और चारजामे तथा काकेशश के उत्तर की सिथियन समाधियोंवालों जैसे ही हैं, जिसका अर्थ है : दोनों जातियाँ–पश्चिमी सिथियन और पूर्वी शक–एक थीं। इनके घोड़े हूणों के जैसे नहीं, बल्कि दक्षिण और पश्चिम के घोड़ों जैसे बड़े-बड़े थे।

हमने साथ-साथ और कुछ चीजें देखीं, जिनमें पुराने रूसियों के आभूषणों में हँसली, बंगरी, केयूर, और कर्णफूल भारत जैसे थे। हो सकता है इनमें से कुछ आभूषण शकों द्वारा भारत पहुँचे हों।

24 अगस्त को खबर मिली कि भारत में राष्ट्रीय सरकार के नामों की घोषणा कर दी गई है। मुस्लिम लीग उसमें शामिल नहीं हुई।

रूस में देशों और व्यवसायों की सीमा-रेखा कितनी कम हो गई है, और मस्तिष्कजीवी भी शरीर जीवी बनने में कोई संकोच नहीं महसूस करते, इसका पता हमारे घर की दीवारों पर कागज चिपकाने के लिए आई महिला थी। वह इंजीनियर थी, लेकिन अपने काम से बाहर यदि कोई काम मिल जाता, तो उसे स्वीकार करने में आनाकानी नहीं करती थी। हमने अपनी छोटी-सी शयन-कोठरी की दीवार पर रंगीन कागज चिपकाने के लिए कहा। वह 150 रूबल पर राजी हो गई, और 25 अगस्त को अतवार के दिन उसने उस काम को कर दिया। उसे 14 घंटे लगाने पड़े। हजार रूबल से कम उसका वेतन नहीं होगा, तो भी यदि महीने में पाँच-सात दिन इस तरह काम करके हजार रूबल और मिल जाएँ, तो हरज क्या ?

29 अगस्त को यह सुनकर लोला और उसकी साथिनों ने संतोष की साँस ली, कि अभी साल-भर राशन हटनेवाला नहीं है। सरकारी दूकानें ऐसी भी थीं, जिनमें राशन-बिना चीजें मिलती थीं। वे राशन की चीजों के मिलने का एक और स्थान रीनक (हाट) था। वहाँ 120 रूबल किलोग्राम चीनी 70 या 80 रूबल में मिल जाती थी। इसी तरह दूसरी चीजें भी तिहाई कम दाम पर बिक रही थीं। हाँ, बिना राशन की दूकान की तरह यहाँ चीजें बराबर नहीं मिलती थीं, क्योंकि लोग अपनी राशन की चीजों को बेचकर दूसरी अपेक्षित चीजें खरीदते थे, कोई मध्यवर्गीय आदमी लोगों से चीजें जमा करके बेचने नहीं पाता था, इसीलिए बराबर चीजों का मिलना संभव नहीं था।

30 अगस्त आया। एक दिन छोड़ पहली सितम्बर से ईगर को स्कूल जाना था। आज पास के स्कूल में उसका नाम दर्ज हो गया। माँ को खिलाने की बहुत फिक्र थी। यद्यपि बालोद्यान में पूरा खाना मिलता था, किन्तु शाम-सबेरे अपने मिश्का (चूहे) को ठूस-ठूसकर खिलाये बिना माँ कैसे रहती ? पहिली तारीख को सभी माताएँ स्वयं और अपने लड़कों का अच्छी तरह बनाव-सिंगार करके स्कूल पहुँचीं। आज उनके बच्चे अक्षर आरम्भ करनेवाले थे। पिछले महीने का अन्तिम सप्ताह लड़कों और उनकी माताओं के भी बालोद्यान से छुट्टी लेने में बीते थे ! लड़कों के यह स्मरणीय दिन थे, बालोद्यान के बाद अब अगले दस वर्षों तक की स्कूली पढ़ाई, लड़कों और लड़कियों की अलग हुआ करेगी, और चार साल साथ बितानेवाले लड़के-लड़कियाँ अब घर पर ही एक-दूसरे से मिल सकेंगे। कई वर्षों के तजर्बे के बाद सोवियत के शिक्षा-शास्त्रियों को सह-शिक्षा उठा देने की जरूरत मालूम हुई। उन्होंने देखा कि 17 वर्ष की आयु के भीतर लड़कियों के विकास की गति कुछ अधिक होती है।

सितम्बर के साथ शरद अब पूरी तौर से प्रकट होने लगी। यही वर्षा के भी दिन थे, जो तापमान के गिरने के साथ हिम-वर्षा के दिन बन जाएँगे। लोगों ने अब अपने आलुओं को जल्दी-जल्दी खोदना शुरू किया, क्योंकि कुछ आलू चोरी चले गये थे। हमारी क्यारी में पिछले वर्ष से ज्यादा साठ किलोग्राम (प्रायः दो मन) आलू हुआ। 6 सौ रूबल का आलू पैदा करना कम सफलता की बात नहीं थी। हमारी पड़ोसिन को जब खेती करने की बात कही गई, तो उसने कहा—क्यों खेत खोदने जाऊँ, जबकि एक रात के जागने में मेरा काम बन सकता है। चाहे वेतन अधिक भी कर दिया जाए, लेकिन चीजों के महँगे होने से लोगों के सदाचार पर बुरा प्रभाव पड़ता है, यह यहाँ मालूम हो रहा था।

अभी तक लोला को कोई नौकरानी नहीं मिली थी। नौकरी ढूँढ़ती एक बुढ़िया 31 अगस्त को आयी। वह फ्रेंच, अंग्रेजी, इतालियन, और जर्मन भाषाएँ जानती थी। पुराने आभिजात्य वर्ग की लड़की थी, इसलिए यूरोप के भिन्न-भिन्न देशों की सैर करना और कई भाषाओं का पढ़ना उसके लिए आवश्यक था। बुढ़िया का बाप जार की पार्लियोमेण्ट का मेम्बर था। कितनी ही बार वह यूरोप की सैर कर चुकी थी। युद्ध के समय शहर छोड़कर चली गई थी, इसलिए उसके कमरे में कोई दूसरा बैठ गया था। अब झोली में अपना सारा घर लिये बेघर होकर घूम रही थी। वह भोजनशाला में रहने की जगह मिल जाने पर यहीं रहकर ईगर की देख-भाल करने के लिए तैयार थी, लेकिन हमें तो ऐसे आदमी की आवश्यकता थी, जो कि खाना भी बना सके।

कल-मशीन का काम ऐसा ही होता है, जब-तब वह बिगड़ जाती है, और फिर काम ठप्प हो जाता है, इसलिए मशीन-युग के हरेक नागरिक को कल-मशीन की बातें भी सीख लेनी आवश्यक हैं। बिजली और चूल्हे के मिस्त्री तो हम बन ही गये थे, पहिली सितम्बर को हमारा रेडियो भी बन्द हो गया। पीछे से खोलकर परीक्षा की, तो एक बल्ब बिगड़ा मालूम हुआ। पास-पड़ोस में ढूँढ़ने पर एक रेडियो-विशेषज्ञ मेजर निकल आए। उन्होंने आकर अपना बल्ब लगा दिया, और साथ कुछ बातें भी हमें बतला दीं। पारिश्रमिक देने पर लेने से इन्कार कर दिया।

पहिली सितम्बर रविवार को पड़ी थी, इसलिए शिक्षण-संस्थाओं के साल का आरम्भ 2 सितम्बर से हुआ। युनिवर्सिटी में पिछले साल की तरह लड़कों का नितान्त अभाव नहीं था, अब लड़के भी दिखाई देने लगे थे। पढ़ाने के घंटों आदि का निश्चय पहिले ही हो गया था, इसलिए अब फिर हमारी गाड़ी पहिले की तरह चलने लगी।

उसी दिन एक भारतीय छात्र की चिट्ठी अमेरिका से आई। वह योजना के सम्बन्ध में विशेष अध्ययन करने के लिए आना चाहते थे। भारत से उन्होंने कई पत्र रूस भेजे, लेकिन उन्हें कोई उत्तर नहीं मिला। हम से चाहते थे, कि उनके लिए कोई प्रयत्न करें। बेचारे जानते नहीं थे कि पूँजीवादी दुनिया के कटु अनुभवों के कारण सोवियतवाले विदेशी विद्यार्थियों को लेने के लिए तब तक तैयार नहीं होते, जब तक पूरी तौर से विश्वास न हो जाए कि वह किसी विदेशी सरकार के खुफिया नहीं हैं।

भारत से 24 जून को हवाई डाक से भेजा पत्र 7 सितम्बर को मिला, इससे मालूम होगा कि भारत के साथ सम्बन्ध रखना कितना मुश्किल था। कुछ पत्र तो चार महीने के भी बाद हमारे पास पहुँचे।

200 रूबल मासिक, भोजन, तथा रविवार की छुट्टी पर भी नौकरानी मिलना मुश्किल हो रहा था। यदि कोई काम करने के लिए तैयार था, तो उसे अपने काम से हटने के लिए जल्दी आज्ञा नहीं मिल रही थी। हमने दोनों कमरों की धुलाई के लिए प्रति रविवार 40 रूबल पर प्रबन्ध कर लिया था।

सितम्बर के प्रथम सप्ताह में भारत में जगह-जगह साम्प्रदायिक दंगों की खबरें आ रही थीं। कांग्रेस ने राष्ट्रीय मंत्रि-मण्डल को सँभाल लिया था। लीग अपने हठ पर डटी थी, और उसके कारण जगह-जगह झगड़े हो रहे थे। 8 सितम्बर को जवाहरलाल नेहरू की वक्तृता रेडियो पर सुनी : 'भाइयो और बहनो' से शुरू और 'जय हिन्द' के साथ समाप्त। 12 मिनिट की वक्तृता थी। अभी पहिले-पहिल सरकार की बागडोर हाथ में आई थी, इसलिए ऊपरी बातें ही ज्यादा थीं।

11 सितम्बर को युनिवर्सिटी जाते समय पहिले प्रोफेसर इस्सिन से एरमिताज में जाकर बातें कीं। उन्होंने बतलाया कि कजाकस्तान की ताँबें, टिन और सोने की खानें अधिकतर पित्तल-युग (प्रायः ई. पू. 13वीं सदी) की थीं। सोने की खानों में एकाध लोहे के हथियार भी मिले हैं। ताम्रयुग कजाकस्तान में ई. पू. द्वितीय शताब्दी तक रहा। इसके बाद खानों में काम बन्द हो गया। यह खानें उसके बाद 18वीं और 19वीं सदी में और अधिकतर तो 20वीं सदी में फिर से चालू हुईं। अकमोलिन्स्क में आधे भुईंघरेवाले घर मिले हैं, जिनमें खानों के कमकर रहा करते थे, और जो हिन्दू-यूरोपीय जाति के थे। उस समय अकमोलिन्स्क में और अधिक जंगल था। खानों के स्थानों के बारे में उन्होंने बतलाया–

ताम्र–अकमोलिन्स्क, बलखाश, अल्ताई (इर्तिश से दक्षिण)।

सुवर्ण–कोवचेतोफ प्रदेश में 30 स्थान, अल्ताई में (इर्तिश से दक्षिण)।

टिन–दक्षिणी अल्ताई, कल्वा पहाड़, इर्तिक का उभय तट।

उनसे यह भी मालूम हुआ कि क्रान्ति के पहिले कजाक-कमकर बहुत कम थे, लेकिन वह खानों और कारखानों में काफी हैं।

युनिवर्सिटी की पढ़ाई बाकायदा शुरू हो गई थी, किन्तु बाकायदा का मतलब था अध्यापकों का बाकयदा जाना। युद्ध के बाद विद्यार्थियों के मनोभावों के बारे में यह अक्सर शिकायत की जाती थी, कि वह पढ़ने की अधिक परवाह नहीं करते। मुझे संस्कृत, तिब्बती और हिन्दी पढ़ानी पड़ती थी। घर से युनिवर्सिटी पहुँचने में डेढ़ घण्टा और उतना ही लौटने में लगता था। जब वहाँ विद्यार्थियों को गुम देखता, तो समय की बर्बादी का अफसोस होता। लौटते समय त्राम में चलना आसान नहीं था। खड़े होने की जगह मिलती तो भी लोगों के मारे दबने-पिचने लगता। यदि बैठने की जगह मिल जाती, तो घुटनों से नीचे के पैरों की खैरियत नहीं थी।

मैंने प्रधानमंत्री को एक बधाई का तार भेज दिया था। सेंसरों की धाँधली जैसी चल रही थी, उससे यह आशा नहीं थी कि तार पहुँच ही जायगा; हालाँकि उसमें कोई वैसी बात नहीं थी। लेकिन 14 सितम्बर के दिल्ली-रेडियो से नेहरूजी के पास शुभेच्छा भेजनेवाले लोगों में लेनिनग्राद के प्रोफेसर राहुल सांकृत्यायन का नाम भी सुना। इससे यह तो मालूम हुआ कि रूस देश में भी नई सरकार के शुभेच्छु हैं, लेकिन जहाँ तक हमारे इष्ट-मित्रों का सम्बन्ध था, वह इस नई सरकार को कोई अहमियत नहीं देते थे।

लोला ने अपने सगे सम्बन्धियों को नौकरानी के लिए कह रखा था। एक महिला एक 70 वर्षीया वृद्धा को अपने साथ लेकर 15 सितम्बर को आई। फिर एक दूसरी भी सम्बन्धिनी अपने दो बच्चों के साथ आई। घर में चार-पाँच लड़के, और तीन-चार मेहमानों के आ जाने से कुछ चहल-पहल हो गई। लोला के चचेरे भाई की लड़की नताशा बड़ी भद्र महिला थी। उसके दो बच्चे थे, पति दूर चला गया और शायद छोड़ भी चुका था। दोनों बच्चों का पालन माँ स्वयं कमाकर कर रही थी। उसने अपने छोटे बच्चे को पितृकुल का नाम (वेर्नस्ताम) दे रखा था। लोला बहुत ज्यादा स्नेह प्रकट करनेवाली स्त्री नहीं थी, लेकिन नताशा के साथ उसका स्नेह था।

उसको इस बात का अफसोस था कि इस रक्तकेशी नें एक यहूदी से विवाह किया है। उसके लड़के का भी केश लाल था। वह यद्यपि ईगर से एक ही साल बड़ा था, लेकिन कहानियाँ खूब पढ़ लेता था, पढ़ने का शौक भी उसे बहुत था, और यह अनुभव करने लगा था कि माँ कितनी मेहनत करके हमारी परवरिश कर रही है। वृद्धा शायद काम नहीं कर सकती थीं, इसलिए उनको नहीं रखा गया।

16 सितम्बर सोमवार होने से हमारे स्नान का दिन था। हर हफ्ते की तरह आज भी स्नान करने गए। दोपहर बाद वर्षा-ही-वर्षा रही। गोया शरद धूम-धाम से आरम्भ हो गई थी। अब दिन में भी घर में बैठते वक्त गरम कोट की जरूरत पड़ने लगी थी। बिना राशन की दूकानों में दाम और कम हो गया। चीनी 120 रूबल की जगह 70 रूबल किलोग्राम हो गई, राशनकार्ड से चीनी पाँच रूबल किलोग्राम मिलती थी। चौकोर चीनी के डले, 5.70 रूबल से 15 रूबल किलोग्राम कर दिये गए थे, अर्थात् एक तरफ राशन की चीजों का दाम ऊपर उठाया गया था और दूसरी तरफ बिना राशन की चीजों का दाम नीचे किया जा रहा था। काली रोटी 1.10 रूबल से 3.40 रूबल किलोग्राम हो गई थी। मक्खन बिना राशन का साढ़े तीन सौ से 260 रूबल हो गया था। रोटी का इतना दाम बढ़ना कम वेतनवालों के लिए कष्टप्रद था, क्योंकि सबसे कम वेतन पानेवाले दो सौ से तीन सौ रूबल तक ही तनख्वाह पाते थे। हाँ, 800 रुपये तक, मासिक पानेवालों के वेतन में 20 सैकड़े की वृद्धि भी कर दी गई थी। वहाँ के अर्थशास्त्र को समझना मुश्किल मालूम होता था, किन्तु हम किसी को भूखा नहीं देखते थे।

हमारे ही मुहल्ले की एक प्रौढ़ा मान्या को लोला ने नौकरानी ठीक किया। उसका मकान पास ही में था। वह एक लड़के और लड़की की माँ थी। लड़ाई के बाद उसका घर बिखर गया था।

शिश्किन के वरख्शा सम्बन्धी लेख को ढूँढ़ने के लिए हम 19 सितम्बर को अकदमी प्रेस गये, किन्तु वह वहाँ नहीं मिला। अकदमी के प्राच्य-प्रतिष्ठान के पुस्तकालय में गये। बिना पासपोर्ट देखे भीतर जाने की इजाजत नहीं थी। इस तरह के अनुत्पादक श्रम में हर जगह काफी आदमियों को लगे देखकर ख्याल आता था : क्या इन्हें यहाँ से हटाकर किसी उत्पादन में और आवश्यक काम में नहीं लगाया जा सकता ? इसमें सन्देह नहीं कि ऐसे प्रबन्ध के खतरे की गुंजाइश बहुत कम रह जाती है, लेकिन ऐसे खयाली खतरों के भय से सभी क्षेत्रों में यांत्रिक प्रबन्ध को अपनाना अच्छा नहीं मालूम होता था। खैर, मेरे पास पासपोर्ट था, युनिवर्सिटी के प्रोफेसर होने का प्रमाण-पत्र था, इसलिए जाने में कोई दिक्कत नहीं हुई।

बरान्निकोफ बहुत कम बोलनेवाले विद्वान् हैं, जिसका अर्थ यह नहीं कि वह अपने विषय पर भाषण देने या लिखने में अक्षम हैं। उन्होंने बहुत-सी पुस्तकें लिखी हैं, और 'प्रेमसागर' का गद्यमय और तुलसीकृत रामायण का पद्यमय रूसी अनुवाद किया है, इसलिए हम उन्हें आलसी-संकोची नहीं समझ सकते। 21 सितम्बर को मैं उनके घर गया था। बरान्निकोफ अकदमिक हैं, इसलिए वह रूस के डेढ़-सौ जीवनमुक्त देवताओं में से हैं। उनकी पत्नी भी प्रोफेसर हैं। पुस्तकों के जमा करने का कितना शौक है, यह उनके घर का विशाल पुस्तकालय बतला रहा था। उक्रइन के एक दरिद्र बढ़ई के पुत्र ने अपने अध्यवसाय से इस स्थान को प्राप्त किया था। यदि सोवियत-शासन नहीं स्थापित हुआ होता, तो वह शायद ही इस पद पर पहुँच पाते। मुझे कई मर्तबे तुलसीकृत रामायण के अनुवाद के सम्बन्ध में परामर्श देने के लिए जाना पड़ा था। जहाँ तक अनुवाद का सम्बन्ध है, उसे उन्होंने पहिले ही पूरा कर लिया था, अब वह प्रेस में जा रहा था।

23 सितम्बर को हाथ और पैर ठिठुर रहे थे। जान पड़ता था, तापमान हिमबिन्दु से नीचे चला गया है। अब साढ़े पाँच बजे अँधेरा हो जाता था और दो दिनों से रेडियो खराब होने से 24 सितम्बर को तो हमें जग अँधेरा मालूम होता था।

26 सितम्बर को जब युनिवर्सिटी से घर लौटे, तो देखा हमारी नई नौकरानी मान्या ने घर को घर बना दिया है, अस्त-व्यस्त चीजों को एक जगह पर ठीक से रख दिया है, घर साफ है। लेकिन पूरी व्यवस्था कायम करने के लिए मान्या स्वतंत्र कहाँ थी।

27 सितम्बर को पेड़ों के पत्ते करीब-करीब सभी पीले पड़ गए थे। सर्दी बढ़ गई थी, लेकिन लोग अभी

कन्टोंप नहीं पहिन रहे थे। पौस्तीन का कोट कोई-कोई पहिने हुए थे।

नाटकों और फिल्मों के बारे में न कहने से यह न समझना चाहिए, कि हम अब उन्हें देखने नहीं जा रहे थे। 28 सितम्बर को मारिन्स्की-तियात्र में हम एक ऐतिहासिक ओपेरा 'क्न्याज ईगर' (राजुल ईगर) देखने गये। ओपेरा का लेखक महान् नाट्यकार अ. प. बोरोदिन (1874-87 ई.) था। आज से 70-75 साल पहिले यह ओपेरा अभिनीत हुआ था। ईगर रूस का ऐतिहासिक वीर है, जिसने तातारों से लड़कर रूस को स्वतंत्र रखने की कोशिश की। उसी वीरता के कारण रूसी लड़कों में ईगर नामवाले बहुत अधिक मिलते हैं। क्रिमिया और दक्षिणी रूस में उस वक्त तातारों का बड़ा जोर था। वह रूसियों का नाक में दम किये हुए थे। उस समय रूस का शासन-केन्द्र कियेफ था। साथ-साथ और भी छोटे-छोटे राजा जहाँ-तहाँ रहा करते थे। 1187 ई. में ईगर अपने पुत्र सहित तातार खान का बन्दी हो गया। इसी घटना को लकर यह ओपेरा लिखा गया था। नवोग्राद शिविस्की के रावल ईगर खयातो स्लविच ने पड़ोसी पलोवेत्स्की खान कोचक पर धावा किया। पिता-पुत्र पकड़कर जेल में डाल दिये गए। अभियान के लिए जाते वक्त ईगर पहले भगवान् से प्रार्थना करने के लिए गिरजे में गया, फिर अपनी पत्नी यारोस्लाना से विदाई लेने गया। जिस वक्त ईगर विदेश में बन्दी था, उस वक्त की विरह-वेदना को प्रकट करने के लिए किसी अज्ञात कवि ने 'स्लावा ओ पोल्कु ईगरारेवे' (ईगर के कटक की वाणी) के नाम से एक काव्य लिखा। काव्य बहुत बड़ा नहीं है, लेकिन रूसी भाषा का यह सबसे पुराना आदिकाव्य है, इसलिए इसका बड़ा महत्त्व है। बन्दी ईगर के साथ कोन्चक खान का बर्ताव अच्छा था। ईगर के पुत्र व्लादिमिर का खान की कुमारी से प्रेम हो गया था। खान भी धीरे-धीरे ईगर पर विश्वास करने लगा था, लेकिन उस विश्वास से फायदा उठाने की ईगर ने कोशिश नहीं की। खान ने इस पर प्रसन्न होकर कहा–यदि मैं तुम्हें छोड़ दूँ, तो तुम क्या करोगे ? ईगर ने उत्तर दिया–वही जो एक दुश्मन के साथ करना चाहिए। ईगर इस तरह बन्दी का जीवन व्यतीत कर रहा था, और उधर उसकी रानी का भाई व्लादिमिर व्लादिमि, तथा पुतिव्ल षड्यंत्र करके राज्य पर हाथ साफ करना चाहते थे। दरबारियों को मनमानी करने की छूट थी। यह खबर ईगर को मिली। वह वहाँ से भाग निकला। पत्नी और प्रजा ने वीर का स्वागत किया।

यह समय 1185 ई. करीब-करीब वही था, जबकि जयचन्द का राज्य समाप्ति पर था और दिल्ली पर तुर्क-मुसल्मानों का झंडा गड़नेवाला था। कथानक, संगीत और अभिनय की दृष्टि से ही यह नाटक सुन्दर नहीं था, बल्कि इसके रूप में उस समय की वेष-भूषा, रहन-सहन, नगर-ग्राम, राजा-राजनीति का एक बहुत सुन्दर पाठ दर्शकों के सामने उपस्थित किया जा रहा था। उसमें हथियार भी उसी समय के थे, और कवच भी। सामन्तों के उस समय जैसे काष्ठमय घर और काष्ठदुर्ग होते थे, घरों के भीतर जैसे चित्र बनाये जाते थे, यहाँ तक कि बर्तन और वाद्य तक भी उसी समय के इस्तेमाल किये गए थे। बजानेवाले स्वयं नाच और अभिनय कर के दर्शकों का मनोरंजन कर रहे थे। उस समय के बाजों में एक सारंगी से कुछ मिलता-जुलता था।

29 सितम्बर को शनिवार था। मैंने अपने एक विद्यार्थी से कह रखा था। आज कलखोज की सैर में वह मेरा पथ-प्रदर्शक हुआ। फिन्लैंड स्टेशन से जानेवाली लाइन के पास के किसी गाँव में हमें जाना था। दसवें नम्बर की ट्राम जहाँ खतम होती है, वहाँ तक ट्राम से जाकर फिर हमने रेल पकड़ी, और कितनी ही दूर जाकर उतर पड़े। हम उस भूमि में थे, जहाँ जर्मनों से घमासान लड़ाई हुई और जहाँ पर जर्मन नौ सौ दिनों से ज्यादा डटे रहे। कलखोज पहिले की तरह से अभी जम नहीं सके थे। रास्ते में एक जगह एक पूरी की पूरी कवचधारी ट्रेन खड़ी थी। मालूम होता था, लड़ाई अभी-अभी खतम हुई है। पुराने कलखोजों के खेतों को भिन्न-भिन्न कारखानों ने आपस में बाँटकर आलू-गोभी की खेती करनी शुरू की थी। पहले हम जिस फार्म पर गये, उसके बिग्रादीर ने बड़ी प्रसन्नता से हमें खेत दिखलाया। उसके पास 25 एकड़ खेत थे। एक कोठरी थी, जिसमें काम करनेवालों के लिए छः-सात खाटें पड़ी थीं। फैक्टरी के मजदूर, समय-समय पर आकर काम कर जाते थे। जाड़ों में वहाँ कोई नहीं रहता था। वहाँ से फिर हम 'खिमिचेस्की कम्बीनात' (रसायन समवाय) की खेती देखने गये। ढाई सौ एकड़ में साग-सब्जी की खेती थी। बाएँ हवाई अड्डे को छोड़ते हम वहाँ पहुँचे। यहाँ ट्रेक्टर

और दूसरी मशीनें भी खड़ी थीं। संयोग से कम्बिनात का डायरेक्टर भी अपनी मोटर से वहाँ आया था, उसने हमारे विशेष रूप-रंग को देखकर जन्म-भूमि का नाम पूछा। छात्र ने हमारे विदेशीपन को छिपाने के लिए मध्यएसिया कह दिया। ताजिक लोगों में हमारे जैसे भारतीय रूप-रंगवाले आदमी बहुत कम मिलते हैं। खैर, मैंने पासपोर्ट दिखला दिया। उन्हें मालूम हुआ कि मैं विश्वविद्यालय का प्रोफेसर हूँ। हमने खेत में जहाँ-तहाँ घूम-फिरकर खेती को देखा। पास ही में सैनिक हवाई अड्डा था, इसलिए वहाँ पर किसी विदेशी के लिए उतनी स्वतंत्रता तो नहीं होनी चाहिए थी। शायद इतनी स्वतंत्रता इंग्लैंड और अमेरिका के वह लोग भी अपने देशों में नहीं दे सकते, जो मौके-बे-मौके वैयक्तिक स्वतंत्रता की डींग मारा करते हैं और सोवियतों को लौह-परदे का देश बतलाते हैं। उस दिन हम शाम तक इधर-उधर घूमते रहे। कलखोजों को देखने की अभी यहाँ बहार नहीं थी, क्योंकि उजड़े गाँव बस नहीं पाये थे, और शहरवाले कारखानों ने केवल अपनी साग-सब्जी लायक जमीन को ही आबाद कर लिया था, अभी किसानों का गृह-जीवन देखा नहीं जा सकता था।

30 सितम्बर को आज एक सरकारी हुक्म की बड़ी चर्चा थी, जिसमें कहा गया था कि कारखानों और राष्ट्रीय संस्थाओं में जो काम नहीं करते या पैन्शनर नहीं हैं, उन्हें राशनकार्ड नहीं मिलेगा। वस्तुतः यह इसलिए किया जानेवाला था, कि देश के पुनर्निर्माण और नवनिर्माण का काम सोवियत सरकार जल्दी करना चाहती थी, जिसके लिए आदमियों की बहुत कमी थी। युद्ध की सेना से लौटकर लोग मजदूरों की सेना में भरती हो रहे थे, लेकिन तब भी हिसाब से मालूम हुआ, कि लाखों स्त्रियाँ ऐसी हैं, जो गृहिणी बनकर घर पर बैठी हैं, इसीलिए यह तिकड़म लगाया गया था, जिससे बेकार बैठी महिलाएँ कुछ काम करने लग जाएँ। असर जादू की तरह हुआ, क्योंकि राशनकार्ड छिन जाने पर अब 10 गुना 20 गुना दाम देकर रोटी-मक्खन खरीदकर घर में बैठे रहने के लिए कोई स्त्री तैयार नहीं थी और काम भी कोई मुश्किल नहीं था। सभी बैठी टाली स्त्रियों को वह हल्का से हल्का काम देने के लिए तैयार थे। वह समझते थे कि हल्के काम को यदि स्त्रियाँ सँभाल लें, तो भारी काम में पुरुषों को लगाया जा सकता है। वह इसका तजर्बा भी काफी कर चुके थे। नगर की पुलिस में सड़कों पर 90 फीसदी स्त्रियाँ थीं। ट्रामों की ड्राइवर भी प्रायः सभी वही थीं। अफवाह उड़ानेवाले रोटी का दाम बढ़ जाने से यह भी कह रहे थे, कि स्नानागार का शुल्क अब एक से साढ़े तीन रूबल हो जायगा, ट्राम का टिकट 15 से 45 कोपेक हो जायगा। कम वेतनवाले लोग परेशान थे, लेकिन ऐसी कोई बात नहीं हुई। अधिक से अधिक सरकार का यही उद्देश्य मालूम होता था, कि देश के हरेक काम कर सकनेवाले आदमी कुछ काम करें।

इधर रेडियो खराब हो गया था। यदि बल्ब बदलने की बात हम जानते, तो स्वयं कर सकते थे। उनिवर्-भाग में गए। 3 महीने से ज्यादा खरीदे हो गया था, इसलिए वह पुर्जे बदल नहीं सकते थे, लेकिन मरम्मत करने के लिए आदमी भेजने के लिए तैयार थे। वहाँ उसकी हाट में चीजें भरी हुई थीं। समूरी ओवरकोट का दाम 12 हजार रूबल था। उसके खरीदनेवाले तो अकदमिक बरान्निकोफ जैसे लोग ही हो सकते थे। साधारण गरम ओवरकोट का दाम 4 हजार रूबल था। यह विना राशन की कीमत थी। राशन या सीमित कार्ड हो, तो एक तिहाई दाम कम हो सकता था। 1700 रूबल में रेडियो मिल रहा था। हमारे साथियों की बात ठीक उतरी, अगर हम रुके होते तो 35 सौ की जगह 17 सौ देना पड़ता ! हिसाब बड़ा उलट-पुलट मालूम देता था। 17 सौ रूबल अर्थात् ढाई मन रोटी एक रेडियो का दाम, जो कि आजकल भारत में 50 रुपये से अधिक की नहीं होगी।

घर पहुँचने पर स्कूल के डाक्टर की सूचना आई : ईगर को स्कारलेट लाल ज्वर है, उसे अस्पताल भेजना चाहिए। स्कूली डाक्टर ने केवल हमको ही सूचना देकर ही सन्तोष नहीं कर लिया था, बल्कि सीधे अस्पताल में भी सूचित कर दिया था। अभी हम कुछ निश्चय नहीं कर पाये थे, कि शाम को अस्पताल की मोटर आ गई। अस्पताल के नाम से शिक्षित मध्यवर्गीया लोला उतना ही डरती, जितना कि एक गाँव की पैदा हुई स्त्री मरुस्या। उसने कोशिश की, कि मोटर खाली हाथ लौट जाय, लेकिन यह तो छूत की बीमारी थी, दूसरे लड़कों और मुहल्ले का भी ख्याल करना था। लोला-जैसी स्त्रियों को सामाजिक धर्म से कोई वास्ता नहीं होता। उस

दिन तो खैर, उसकी जिद काम कर गई।

2 अक्तूबर को हम युनिवर्सिटी गये। वहाँ से लौटकर आए, तो देखा घर के द्वार पर दो लाल-लाल कागज चिपके हुए हैं, जिन पर "सावधान स्कारलेट ज्वर" छपा हुआ था। लोला अब भी अस्पताल भेजने में हीला-हुज्जत कर रही थी। मैंने मना किया। अंत में डाक्टर ने अस्पताल को लिख भेजा। खबर आई, कल ले आएँगे। घर में देखा तो अस्पताल की मोटर निष्क्रमीकरण के साधनों के साथ पहुँच गई है, और सभी कोठरियों को सभी जगह भाप और दवा डालकर निष्कृमित किया जा रहा है। पहिले तो अस्पतालवालों ने अगले दिन ले जाने के लिए कहा था, लेकिन मोटर 10 बजे ही पहुँच गई। तैयारी में 1 घंटा लगा, फिर हम भी लड़के के साथ अस्पताल गए। एक घंटे में लिखा-पढ़ी समाप्त हुई, फिर एक बक्सावाले कमरे में उसे रक्खा गया, जिसमें कि संदिग्ध छूत के रोगी रखे जाते हैं। माँ चाहती थी, कि उस कमरे के भीतर भी घुसे। लेकिन मुझे तो मास्को के अस्पताल का तजर्बा था। वह हर जगह झगड़ती रही। घर पर डाक्टर से, अस्पताल में प्रवेशक डाक्टर से, यहाँ भी जब बुढ़िया ने मना किया, तो उससे भी लड़ पड़ी और चलते समय लेनिनग्राद के घिरावे में अपने प्राण देकर रक्षा किए गए पुत्र के वियोग के लिए रो भी पड़ी।

3 अक्तूबर को जब मैं युनिवर्सिटी गया, तो वहाँ स्थानापन्न रेक्तर का पत्र मौजूद पाया–क्लास लेने से छुट्टी है, क्योंकि घर में छूत की बीमारी होने की खबर आई है। दूसरे कामों में घड़ी की सुई दो घंटा पीछे रहा करती थी, मालूम होता है, खतरनाक बीमारी के समय वह अपनी सारी मन्द गति को भूल जाती है। अब हमें कुछ दिनों के लिए युनिवर्सिटी से छुट्टी मिल गई थी। उस दिन अस्पताल में ईगर को देखने गए। बक्सकोठरी का मतलब यह नहीं कि वह छोटी-मोटी कोठरी थी। हाँ, उसमें सिवाय डाक्टर और परिचारिका के कोई दूसरा नहीं जा सकता था। मिलने-जुलनेवाले पिछवाड़े खड़े होकर शीशे की खिड़की के पीछे खड़े लड़के को देख सकते थे। दो हरे शीशोंवाली खिड़की बन्द थी, इसलिए आवाज बहुत मुश्किल से सुनाई देती थी। परिचारिकाओं से पता लगा, कि वह लड़के की मधुर-भाषिता और सलीकेदारी से बहुत प्रभावित है। उसके लिए कुछ फल लाना जरूरी समझ हम नेवस्की सड़क पर गए। सेब, नाख, अंगूर जैसे फल 70-80 रूबल प्रति किलो मिल रहे थे। तरबूजा भी 10 रूबल किलो था। इतनी महँगी चीजों को खरीदने के लिए इतने अधिक खरीदार कैसे तैयार हो जाते हैं, मुझे तो यही देखकर आश्चर्य होता था। मैंने 80 रूबल का फल लिया।

4 अक्तूबर को अस्पताल जाने पर मालूम हुआ, कि थोड़ा-सा ज्वर आया था, लेकिन स्कारलेट ज्वर का अभी निश्चय नहीं है। आज उनके बर्ताव को देखकर लोला ने भी स्वीकार किया, कि डाक्टर और नर्स सभी भलेमानस हैं, उनके हाथ में ईगर बिलकुल सुरक्षित है। ईगर ने अभी एक ही महीना हुए पढ़ना-लिखना शुरू किया था, लेकिन उसने कागज पर चिट्ठी लिखने की कोशिश की थी। मामा, पापा कैसे हो ? वह अपनी बुढ़िया परिचारिका को क-ख सीखने के लिए बड़ा जोर दे रहा था। वह बेचारी कह रही थी–अब मैं 70 वर्ष की बुढ़िया, कब्र में पैर लटकाए हूँ, पढ़ने से क्या फायदा ? सरदी इतनी बढ़ गई थी कि पानी रात में जमने लगा था। पत्तियाँ तेजी से पीली पड़ रही थीं।

5 अक्तूबर को हम ईगर के लिए खाने के फल और दूध दे गये। कोपरेटिव में चीजों को लेने जाना था। मालूम हुआ चीजों का दाम वहाँ भी बढ़ गया है, और 450 रूबल की जगह अब हम नौ सौ रूबल की चीजें निम्न मात्रा में खरीद सकते थे–

मांस	7 किलोग्राम
चिड़िया का मांस	1 किलो.} 34 रूबल प्रति किलो.
कलवासा	आधा किलो.
भुनी मछली	1 किलो.
कच्ची मछली	2 किलो.
चरबी	ढाई किलो.
तेल	आधा किलो.

अंडे	35 किलो.
दूध	4 लितर
चीनी	2 किलो.
टिन खाद्य	2 टीन
आलू	26।। (साढ़े छब्बीस सेर), 26 टीन भाजी
साबुन	2 नहाने का
साबुन	2 धोने का
चाय	100 ग्राम (2 छटाँक)

यह विशेष राशन-कार्ड की चीजें थीं, इनके अतिरिक्त साधारण राशन-कार्ड की चीजें भी थीं। लोला को भी इस साल से सहायक-प्रोफेसर होने के कारण एक विशेष कार्ड मिला था, जिसमें इससे एक तिहाई चीजें मिलती थीं। इससे मालूम होगा, कि राशन की कठिनाई के दिनों में भी साधारण नागरिकों और शिक्षित कर्मियों को कितना खाने-पीने का सुभीता रहता था।

6 अक्तूबर को जब अस्पताल गये, तो ईगर को ज्वर आदि की कोई शिकायत नहीं थी। काँगरू माँ समझती थी, कि जैसे मैं अपने पुत्र के बिना एक क्षण नहीं रह सकती, वैसे ही मेरा बेटा भी होगा, किन्तु वह अकेले में घबड़ाता नहीं था। बड़े आदर के साथ अस्पतालवालों के साथ बात-चीत करता था, इसलिए डाक्टर, नर्स और परिचारिकाएँ सभी सन्तुष्ट थीं। ईगर की इस बेपरवाही को देखकर लोला ने चार साल पहिले के शिशुशाला के अनुभव को बतलाया : उस समय वह तीन-चार बरस का था। माँ किसी काम से एक महीने उसे देख न पाई थी। जब वह वहाँ मिलने गई, तो ईगर ने इतना ही कहा–"चोची (मौसी), तू बैठ, मैं जरा खेलने जाता हूँ।" और वह खेलने चला गया। माँ बेचारी रोती बैठी रही। उसका बेटा इतनी जल्दी उसे भूल गया, और मामा नहीं, चोची (मौसी) कह रहा है। उस दिन तिरयोकी से जब हम आ रहे थे, तो भी ईगर वहीं रह जाने को कह रहा था। मैंने कहा–अब अस्पताल छोड़ते वक्त भी शायद वही बात होगी, और चोची मामा को खाली हाथ ही लौटना पड़ेगा। आदमी का बच्चा स्वभावतः स्वावलम्बन का पाठ पढ़ना चाहता है।

7 अक्तूबर को देखा, रात को बर्फ बना हुआ पानी 11 बजे दिन तक वैसा ही पड़ा था। वृक्षों की पत्तियाँ अब बहुत गिरने लगी थीं। 8 अक्तूबर को अस्पताल गए, तो ईगर कलंडर बनाने में लगा हुआ था। खेलना, गाना, और बात करना बस यही उसका काम था। मिश्का को चोच्या-मामा की बहुत परवाह नहीं थी। घर लौटकर देखा, लॉरियों पर ढोकर कोयला लाया जा रहा है। आशा बाँधी कि अब के साल मकान जल्दी गरम होने लगेगा। लोगों ने भी कहा, अब के 15 अक्तूबर से ही गरम होगा।

10 अक्तूबर को समय से पहिले जाकर नेव्स्की महापथ पर किताबों और नये फिल्मों की तलाश में घूमता एक मंगोल फिल्म (मरुभूमि के सवार) देखने गया। फिल्म 1946 ई. में मंगोलिया की राजधानी उलान्बतुर (उर्गा) में तैयार किया गया था। इसके सारे अभिनेता और अभिनेत्रियाँ मंगोल थीं, केवल टैक्नीकल सहायक रूसी थे। फिल्म का कथानक 17वीं सदी के एक मंगोल विजेता का जीवन था। फिल्म में रूसी भाषा का प्रयोग यहाँ के लिए किया गया था। मंगोलिया का प्राकृतिक दृश्य बहुत सुन्दर था, जिसमें वहाँ के विस्तृत मैदान, रेगिस्तान, छोटे-छोटे पहाड़, नदियाँ, देवदारों से ढँके पर्वत, पशुपालों के तम्बू और चरागाहों में जानवर दिखलाए गएं थे। उस समय के हथियारों के साथ युद्ध के भी दृश्य थे। हथियार और पोशाक को ठीक देश-कालानुसार रखा गया था। लामा और गुम्बा (मठ) के भी कितने ही दृश्य थे। पुरानी मंगोल-प्रथा के अनुसार कथा के नायक को जब खान (राजा) बनाया गया, तो उसे नम्दे पर बैठाकर लोगों ने जलूस निकाला। मंगोल राजाओं का सिंहासनारोहण नहीं, नमदारोहण होता था। खान ने मंगोलों के लगातार होनेवाले घरू झगड़ों को हटाकर सारी मंगोल जाति को एकताबद्ध किया। फिर उसे जब पता लगा, कि हमारे धर्म के पोप दलाईलामा को बहुत कष्ट दिया जा रहा है, तो वह मंगोलों की एक बड़ी वाहिनी लेकर तिब्बत की ओर चल पड़ा। तत्कालीन दलाईलामा

एक दस-बारह साल का बालक था, जो बड़ा ही सुन्दर था। उसका अभिनय भी बड़ा प्रभावशाली था। फिल्म में पोतला और ल्हासा को भी चित्रित करने की कोशिश की गई थी। खान के दामाद ने विरोधी सेना को पूर्णतया पराजित किया। विरोधी तिब्बती सामन्त ने एक सुन्दरी (विषकन्या) भेजकर उसे फँसाने की कोशिश की, जिसकी खबर पाकर खान ने अपने इकलौते दामाद को प्राणदण्ड देने का पत्र भेजा। तरुण का सिर काटकर लाया गया। खान का हुक्म था, इसलिए कोई मंगोल उसमें ननुनच नहीं कर सकता था। ससुर आँसू बहाने लगा, लेकिन उसको सन्तोष था, कि उसने राजधर्म का पालन किया। उसकी लड़की मूर्च्छित हो गई, पिता अपने आँसुओं को पोंछ-पोंछकर उसे समझाता था। लड़की लड़ाई में लड़ती मारी गई। इस फिल्म से यह भी मालूम होता था, कि चिंगीज को कैसे लोग मिले थे, जिनके बल पर वह विश्व विजयी होने में सफल हुआ।

16
पुनः हिमकाल

13 अक्तूबर को सबेरे उठा, तो देखा बाहर सब जगह बरफ की चादर बिछी हुई है। रात को बरफ पड़ी थी, यद्यपि तापमान देखने से यह आशा नहीं थी कि वह ठहरेगी। शाम तक बहुत-सी पिघल भी गई। इस जाड़े में यद्यपि सरदी कम नहीं थी, किन्तु बरफ की कमी की बहुत शिकायत रही।

15 अक्तूबर को अब तो कुछ बरफ बाकी थी। 17 को सबेरे फिर तीन इंच मोटी सफेद बरफ से धरती ढँकी हुई थी, लेकिन शाम तक सड़कों की बरफ बहुत कुछ गल चुकी थी।

युनिवर्सिटी हमें रोज जाना नहीं पड़ता था। यदि वहाँ न जाते तो, घर में बैठे पढ़ा-लिखा करते। जाने पर हमारे यहाँ से युनिवर्सिटी 4-5 मील थी और नगर का सबसे बड़ा राजपथ नेव्स्की से होकर जाना पड़ता था। रास्ते में बहुत-से सिनेमाघर पड़ते थे। यदि कहीं ऐसा फिल्म देखते, जिससे अतीत या वर्तमान सोवियत भूमि के सम्बन्ध की कुछ विशेष बातें मालूम होतीं, तो जाते या लौटते उसे जरूर देखते। वयस्कों के सिनेमा घरों में बच्चों को ले जाने की इजाजत नहीं है, इसलिए ईगर के वंचित होने का सवाल नहीं था। सिनेमा से ज्यादा मुझे पुरानी किताबों की दूकानों में जाकर अपने विषय की किताबों को ढूँढ़ने का शौक था। कुछ ऐसी दूकानें नेव्स्की राजपथ से हटकर भी थीं। कभी-कभी वहाँ बड़े काम की पुस्तकें मिल जाती थीं। युनिवर्सिटी में भी पुरानी पुस्तकों की दूकान थी। यह कबाड़ी दूकानें संस्थाओं की थीं, किसी कबाड़ी व्यापारी की नहीं। नई पुस्तकों का मिलना दुर्लभ था, हमारे लिए तो यही दूकानें कामधेनु थीं।

18 अक्तूबर को काफिदरल (विभाग) के अध्यक्ष अकदमिक बरान्निकोफ के घर पर अध्यापकों की बैठक हुई, जिसमें अध्ययन-अध्यापन तथा विद्यार्थियों के परिश्रम आदि के विषय में सबने अपनी-अपनी रिपोर्ट दी। पहिले और दूसरे वर्ष में कितने ही अच्छे छात्र आए थे। तृतीय वर्ष की तान्या कतिनिना, और सारा मेल्नीकोफ की सभी तारीफ कर रहे थे। चौथा वर्ष युद्ध के कारण छात्रशून्य था। पाँचवें वर्ष की दोनों छात्राओं से अध्यापक उतने सन्तुष्ट नहीं थे, वह अक्सर फ्रेंच-लीव (मनमानी छुट्टी) ले लिया करती थीं। रात को 11 बजे लौटते समय बूँदें पड़ रही थीं। नीचे भूमि पर बरफ बिछी हुई थी और ऊपर से जल-वर्षण, अर्थात्–जमीन ज्यादा ठंडी, और आस्मान ज्यादा गर्म था। भूमि बरफ को छिनने नहीं देना चाहती थी।

सोवियत विश्वविद्यालयों के विदेशी भाषाओं के शिक्षण का तल पश्चिमी यूरोप के विश्वविद्यालयों से ऊँचा है, इसमें सन्देह नहीं। पाँचवें वर्ष में 'दशकुमार चरित' पढ़ाया जाता था। तानिया कतिनिना और सासा ने पहिले बड़े उत्साह में आकर तिब्बती भाषा शुरू कर दी, लेकिन सासा का उत्साह बहुत दिनों तक नहीं रहा। सासा का झुकाव अर्थशास्त्र और राजनीति की तरफ बहुत था, इसलिए वह उसी दृष्टि से भारत का अध्ययन करना चाहता था। तृतीय वर्ष में जाकर अब वह हिन्दी काफी समझता था, और चाहता था, कि भारत से इतिहास,

राजनीति, और अर्थशास्त्र पर लिखी नई-नई हिन्दी की पुस्तकें मिलें। मैंने कोशिश की। सासा ने एक भाषातत्व की दुर्लभ रूसी पुस्तक को भी भारत भेजा, लेकिन पुस्तकों का आदान-प्रदान भी पूँजीवादी दुनिया समाजवादी देश के साथ आसानी से करने देना नहीं चाहती। तिब्बती भाषा के आरम्भिक पाठों के बाद मैंने 'जातकमाला' को पाठ्य पुस्तक चुना, क्योंकि उसके संस्कृत और भोट (तिब्बती) अनुवाद दोनों प्राप्त थे। एक पुस्तक होने पर भी कोई दिक्कत नहीं थी, क्योंकि युनिवर्सिटी के पास अपना बहुत अच्छा फोटो और फिल्म स्टूडियो था, जहाँ अपेक्षित कापियाँ तैयार कराई जा सकती थीं। कतिनिना गम्भीर छात्रा थी, उसकी बुद्धि भी अच्छी थी, और परिश्रम तो इतना करती थी, कि पुस्तकों में मग्न होने पर हाथ-मुँह धोना तक भूल जाती थी, और उसके सहपाठी शिकायत करते थे कि नहाने में वह बहुत आलसी है। ऐसी लड़की भला अपने को सँवार-सिंगार करके कैसे रख सकती थी ? मुझे विश्वास था, कि यदि वह अपने रास्ते पर चली गई, तो रूसी संस्कृतज्ञ विद्वानों की परम्परा को आगे बढ़ाने में सफल होगी।

20 अक्तूबर को अभी भी ईगर अस्पताल में था। उसकी सबसे अधिक माँग थी खिलौनों की, यद्यपि छूत की बीमारीवाले अस्पताल में रहने के कारण वह खिलौने फिर लौटकर साथ नहीं आ सकते थे, तो भी उसकी माँग पूरी की जाती थी। वह अपने खेल और कागजों पर मनमानी लिखने में अब घर को भूल-सा गया था।

24 अक्तूबर तक सारे वृक्ष नंगे हो गये थे, केवल देवदार जैसे सदा हरित रहनेवाले वृक्ष ही आँखों को अपनी हरियाली से तृप्त करते थे। मैं सोचता था–क्यों न, सड़कों या बागीचों में इन्हीं के वृक्षों की भरमार की जाती। लेकिन पीछे मालूम हुआ, कि उनकी देखभाल अधिक परिश्रम-साध्य है। दूसरे वृक्ष तो अक्तूबर के अन्त तक अपने पत्तों को झाड़कर नंगे हो जाते हैं। उनके पत्तों को बर्फ ढाँक लेती है, इसलिए उनकी सफाई की आवश्यकता वसन्त में ही एक बार पड़ती है। देवदार के पत्तों के गिरने का कोई निश्चित काल नहीं है। वह हर समय अपनी सूइयों को बिखेरने-बिछाने के लिए तैयार रहता है, जिसके कारण रोज झाड़ू-बुहारू की आवश्यकता पड़ती है।

हमारी नौकरानी मान्या काम करने में बड़ी दक्ष थी और सफाई तथा व्यवस्था के साथ फुर्ती भी काफी रखती थी। वह 35-36 वर्ष की अधेड़ स्त्री देखने में अधिक बूढ़ी-सी मालूम होती थी। उसके एक पुत्री और एक पुत्र थे, जिन्हें लेकर वह लड़ाई के दिनों में लेनिनग्राद छोड़कर बाहर चली गई थी। उसका ड्राइवर पति यहीं रहा। तीन वर्ष तक बेचारा कहाँ तक संयम करता, और विशेषकर जबकि पुरुषों का इतना टाला था ? वह किसी दूसरी स्त्री के प्रेमपाश में बँध गया। मान्या लड़के-लड़कियों को लेकर लौटी और बाप अपने बच्चों को प्यार भी करता था, लेकिन डाइन बख्शने के लिए तैयार नहीं थी। मान्या को जब-तब वह पैसों की मदद भी करता था। मान्या बहुत रोती-धोती थी। पति कभी आ जाने का विश्वास भी दिलाता था, लेकिन ऐसे निश्चित किये न जाने कितने दिन बीत चुके थे, इसलिए लौट आने की आशा कम ही रह गई थी। हाँ, बच्चों को देखने वह जरूर आता था। मान्या कभी रोती और कभी कुपित होती। एक दिन ऐसे ही समय उसकी अष्टवर्षीया कन्या माँ को बड़ी गम्भीरतापूर्वक सलाह दे रही थी–मामा, बालों में स्थाई लहर करा ले, पाउडर तथा अधर-राग भी लगा लिया कर, शायद यह देखकर पापा आ जाय। आठ वर्ष की लड़की की इतनी ठोस सलाह दरअसल बतलाती थी, कि बाल्या ने भी अपनी माँ के स्वावलम्बी जीवन से कुछ लाभ उठाया था। दूसरे दिन बाल्या कह रही थी–मामा, पापा के आने पर उसे अच्छा-अच्छा खिला, शायद वह लौट आये। बाल्या के पापा ने अबकी पहिली नवम्बर को आकर रहने का वचन दिया था, किन्तु वह अपनी प्रेमिका के साथ अधिक आराम से रहता था। मान्या एक गँवार लड़की, 17-18 वर्ष की उमर में गाँव छोड़कर शहर की ओर आई थी। उसी समय उसका उससे प्रेम हुआ था, लेकिन पति अब अधिक नागरिका को पसन्द करने लगा था। मान्या जीवन-भर गँवार की गँवार ही रही। हमने सोचा था, मान्या के लिए भी राशनकार्ड मिल जाएगा और खाने की चिन्ता नहीं रहेगी, लेकिन नये नियम के अनुसार घरू नौकरों के काम को राष्ट्रीय महत्व का नहीं समझा गया। इसलिए मान्या को हमें बिना राशन की चीज लेकर खिलाना पड़ता। लोला ने चिन्ता

प्रकट की, तो मैंने कहा—आलू, गोभी ज्यादा खाएँगे। लेकिन वह भी तो 30-40 रूबल किलो थे।

29 अक्तूबर को अस्पताल गये, तो डाक्टर ने बतलाया कि स्कारलेट ज्वर नहीं था; हाँ, खून में डिप्थेरिया के कीटाणु पाये गये हैं। उसी दिन हम ईगर को अपने साथ घर लाए।

31 अक्तूबर को महीना के अन्तिम दिन तथा जाड़ों का भी एक महीना बीत चुका था, लेकिन सर्दी कम थी। रास्ते में कहीं कीचड़ थी। लोला को अब नौकरानी रखने का पश्चात्ताप हो रहा था। 200 रूबल की जगह अगर 500 रूबल देने से काम चलता और खाना न देना पड़ता, तो वह खुशी से तैयार थी, लेकिन अब तो राशन-कार्ड बन्द था। नौकरानी को हटाने की सोच रही थी, लेकिन उसको हटाने पर गृह-व्यवस्था में गड़बड़ी पैदा होती। हमारे युनिवर्सिटी के एक प्रोफेसर ने मोटर खरीद ली थी। मोटर खरीदना बहुत मुश्किल नहीं था, उसका दाम दो रेडियो के बराबर था। प्रोफेसर साहब ने ड्राइवर और नौकरानी भी रखी थी। दोनों नौकरों की बात ही क्या, अब तो स्वयं प्रोफेसर साहब की बीवी का भी राशनकार्ड छिन गया था, तीन-तीन व्यक्तियों को बिना राशन की चीजों पर खिलाना-पिलाना दीवालिया होने की तैयारी थी। सरकारी दूकानों से हाट में चीजें कुछ सस्ती मिलती थीं, लेकिन वहाँ अब भीड़ बहुत होने लगी थी। आलू 12 रूबल किलो मिल रहा था। मान्या बेचारी अकेले ही अच्छा-अच्छा खाना कैसे खा सकती थी, जबकि उसके दो बच्चे थे। रूसी नौकरों के बारे में यह समझ लेना चाहिए, कि काम के समय वह अवश्य नौकर थे, बाकी समय उनके साथ बिल्कुल समानता का बर्ताव करना पड़ता था। मालिक के साथ वह एक ही मेज पर बैठकर चाय पीते। मान्या अपना खाना घर ले जाकर खाती थी, और बच्चों का ख्याल करके कुछ अधिक ही ले जाती थी। लोला को अपने दिवालिया होने का डर लगने लगा।

2 नवम्बर को हमारे प्रबन्ध ऑफिस की बुढ़िया सरदी के मारे बिजली की अँगीठी पर आग तापने लगी। कहीं पर आग का सम्बन्ध लकड़ी से हो गया, और वह जलने लगी। बुढ़िया और ऑफिसवालों को पता नहीं लगा, लेकिन बगल में ही हमारी कोठरी धुएँ से भर चली। हमें जान पड़ा शायद नीचे के तहखाने में आग लगी है, जिसमें बढ़ई काम कर रहे थे। नीचे जाकर देखा तो ताला लगा हुआ था। धुआँ इतनी तेजी से भर रहा था, कि हमने खिड़की खोलकर जल्दी-जल्दी पुस्तकों को बाहर ले जाने की तैयारी शुरू कर दी। हमारी कोठरी के तहखाने से ऊपर होने से खिड़की बाहर की धरती से बहुत ऊँची नहीं थी। लोला अपनी आदत के मुताबिक एक घड़ी का काम चार घड़ी में करना चाहती थी। उससे फायर ब्रिगेड को बुलाने के लिए फोन करने को कहा, और अपना सामान समेटने लगे। फायर ब्रिगेड तुरन्त आ गया। उन्होंने तहखाने का ताला तोड़कर देखा, तो वहाँ कहीं आग नहीं थी। अन्त में असली बात का पता लगा। बुढ़िया ने सरदी का बहाना बनाया। लेकिन सरदी का बहाना करके घर में आग लगाने का किसी को कैसे अधिकार मिल सकता था ? शायद फायर ब्रिगेडवालों ने बुढ़िया के खिलाफ रिपोर्ट नहीं दी, नहीं तो बेचारी की मुश्किल हो जाती। इससे एक फायदा हुआ : आज ही शाम से घर गरम करनेवाला इंजिन काम करने लगा। इंजिन का काम था, उबलते हुए पानी को चौमंजिले मकानों के हर कमरे में फैले हुए मोटे नलों के जाल में पहुँचाना। नल स्वयं गरम हो कमरे की हवा को भी गरम कर देते थे, इस प्रकार तापमान हिम-बिन्दु से 10°–15° सेन्टीग्रेड उपर उठ जाता था। लेकिन 4 नवम्बर को देखा कि इंजिन की घरघराहट से हमारे कान बहरे हो रहे हैं, और दूसरी ओर कमरे ठंडे के ठंडे हैं। शायद कुछ टन कोयलों की बचत दिखलाने के लिए इंजिन को भूखा रखा जा रहा था, अथवा इंजिन की मरम्मत ठीक से नहीं हुई थी। उत्पादन के आँकड़ों का राज्य जहाँ न हो, वहाँ ऐसा होना अभी अस्वाभाविक नहीं था। लेनिनग्राद का सबसे प्रभावशाली नेता अर्थात् पार्टी-मंत्री को इसकी ओर देखना चाहिए था, लेकिन उनको लोगों ने गदहे का खिताब दे रखा था। न जाने कैसे वह ऐसी जिम्मेवारी के पद पर पहुँचा था। जैसा बड़ा नेता होगा, वैसे ही छोटे नेता भी हो जाएँगे, इसलिए पपोफ के कारण बड़ी अव्यवस्था थी। सोवियत रूस में ऐसे अयोग्य व्यक्तियों का भी कभी-कभी दायित्व के पद पर पहुँच जाना संभव है, लेकिन "उघरे अन्त न होई निबाहू" के अनुसार पता लग जाने पर फिर वह उस पद पर टिक भी नहीं सकते। पपोफ का पतन हमारे वहाँ से चले आने के बाद हुआ। इंजिन की यह अवस्था कुछ ही दिनों रही। 8 नवम्बर से

घर के भीतर तापमान 14°–15° सेन्टीग्रेट रहने लगा।

क्रान्ति महोत्सव–क्रांति का दिन 7 नवम्बर आ पहुँचा। 4 तारीख ही से उसकी तैयारियाँ होने लगीं। झण्डियाँ, तस्वीरें, तथा रंग-बिरंगे बड़े-बड़े विज्ञापन जगह-जगह चिपकाये जाने लगे। हमारे स्नानागार के सामने एक बड़ा रंगीन चित्र चिपका हुआ था, जिसमें मशीन के सामने खड़ी जुलाहिन कपड़ों को दिखला रही थी। उसके आगे दुमंजिले के बराबर का एक और विज्ञापन-चित्र था, जिसमें स्तालिन बच्चों के बीच में खड़े थे। एक जगह सड़क की दोनों बगल में लेनिन और स्तालिन के द्विपार्श्वीय चित्र खड़े किये गये थे, जिनके बीच में रात्रि को बिजली जलकर उन्हें प्रकाशित करती थी। लेकिन चीजों के दाम बढ़ जाने से लोगों को आज के उत्सव में उतना आनन्द नहीं आ रहा था। राशन की चीजों का दाम बढ़ना और बे-राशन की चीजों के दाम को घटाना इस प्रकार दोनों को एक तल पर लाकर राशनिंग को हटा देने का जो विचार किया गया था, वह अच्छा हो सकता था, यदि राशन की चीजों का दाम उतना ही बढ़ाया गया होता, जितनी तनख्वाहों में वृद्धि हुई थी। ऐसा न करने के कारण कम वेतनवालों को तकलीफ थी, ज्यादा वेतनवाले नौकरों को रखकर परेशान थे। सौभाग्य से बड़ी तनख्वाह पानेवाले भी अपना काम अपने हाथ से करने के आदी थे।

7 नवम्बर को क्रांति-महोत्सव के बड़े-बड़े जुलूस निकले। नगर सब तरह से अलंकृत किया गया था। मास्को की खबरों से मालूम हुआ, कि आज के महोत्सव में लाल मैदान में स्तालिन उपस्थित नहीं थे, और वार्षिक वक्तव्य को उनके सबसे प्रिय और प्रभावशाली शिष्य ज्दानोफ ने दिया था। रात को दीपमाला हुई।

11 नवम्बर को हमें बरान्निकोफ के घर जाना था, आज वहाँ अगली छमाही का प्रोग्राम बनाना था। कल तक बादल, बूँदों और कीचड़ से लोग परेशान थे, रात को बरफ पड़ गई थी, जिससे जमीन डेढ़-दो इंच ढँक ही नहीं गई थी, बल्कि कीचड़ से भी जान छूट गई थी। बरान्निकोफ उन अकदमिकों में से हैं, जो सोवियत के सबसे अधिक सम्मानित, संभ्रान्त और धनी व्यक्ति हैं। बरान्निकोफ की आमदनी सब मिलाकर 30 हजार रूबल प्रतिमास से कम नहीं थी। अकदमिक होने से छः हजार रूबल मासिक पेंशन तो मिलती ही थी, उसके बाद प्रोफेसर, शिक्षा-परामर्शदाता, पुस्तकों की रायल्टी आदि की भारी आमदनी थी। लोग ऐसे अकदमिकों की तनख्वाह को देखकर कह बैठते हैं : सोवियत में कम-से-कम ढाई सौ रूबल वेतन जहाँ है, वहाँ अधिक से अधिक है 30-35 हजार। लेकिन इसे हम नियम नहीं कह सकते। महान् विज्ञानवेत्ताओं, और साहित्यकारों को हम साधारण कोटि में नहीं रख सकते, और उनकी संख्या भी कुछ सौ से अधिक नहीं है। यदि अपने विज्ञानवेत्ताओं और आविष्कर्ताओं को इस तरह का पारितोषिक न दिया जाय, तो आखिर सभी तो आदर्शवादी कम्युनिस्ट नहीं हैं। उनमें से कुछ को इंग्लैंड और अमेरिका बड़ी-बड़ी तनख्वाहों का प्रलोभन देकर अपनी ओर खींचने की कोशिश करेगा। वैसे लघुतम और महत्तम वेतन का अन्तर 18-20 गुने से अधिक नहीं है। यह भी याद रखना चाहिए कि वहाँ एक युनिवर्सिटी के प्रोफेसर, सेना के जनरल, और सरकार के मन्त्री के वेतन एक जैसे हैं, इसलिए हमारे यहाँ की तरह युनिवर्सिटी छोड़कर प्रतिभाशाली तरुणों को सिविल सर्विस की ओर भागने की जरूरत नहीं पड़ती।

बरान्निकोफ खाने-खिलाने के बारे में बड़े ही उदार थे। जब भी अध्यापकों और छात्रों की बैठक उनके घर पर होती–और वह अक्सर होती रहती–तो खान-पान की अच्छी तैयारी होती थी। वह अपने पुराने मकान में ही थे, इसलिए लेनिनग्राद के मकानों की किल्लत का सामना उन्हें नहीं करना पड़ा। उनके पास चार-पाँच बहुत अच्छे-अच्छे कमरे थे, जिनमें पुस्तकोलयवाला कमरा अतिथि-सत्कार का भी स्थान था। अच्छी-अच्छी शराबें, तरह-तरह की स्वादिष्ट मिठाइयाँ और बहुत तरह के फल वहाँ सजाकर रखे रहते। बरान्निकोफ डायबेटीज़ के मरीज होने से मिठाई से अपने को वंचित रखते, लेकिन अतिथियों को खिलाने-पिलाने में बहुत आनन्द अनुभव करते थे। वस्तुतः वह जितने अल्पभाषी थे, उतने ही अधिक सहृदय थे। वह चाह रहे थे कि मैं हिन्दी और संस्कृत की पाठ्य-पुस्तक लिखूँ, लेकिन अब तो अगले साल भारत जाने का मैंने निश्चय कर लिया था।

14 नवम्बर को डेढ़ मास बाद ईगर स्कूल गया। गणित को मैंने ठीक करा दिया था और माँ ने पुस्तक-पाठ को भी; इसलिए स्कूल में जाकर सहपाठियों से पीछे नहीं रहा। पहिले मुझे भय था, कि वह मन्द-बुद्धि

होगा, लेकिन वह ख्याल जल्दी ही हट गया। स्कूल के प्रथम वर्ष के लड़कों के पास भी एक छोटी-सी नोटबुक रहती है, जिस पर अध्यापिका रोज नम्बर दे दिया करती है। पाठ्य विषय में जहाँ पूर्णांक 5-5 थे, वहाँ आचरण के भी चार अंक थे। बराबर 5-5 अंक मिलने से ही मालूम हो जाता था, कि वह सभी विषयों में अच्छा है। एक दिन आचरण के सामने शून्य लगा हुआ था। हमने पूछा तो बात खुल गई : वहाँ किसी सहपाठी से हजरत झगड़ पड़े थे। स्कूल में बच्चों को किसी तरह का शारीरिक दण्ड नहीं दिया जाता। कसूर करने पर बेंच पर खड़ा कर दिया जाता है, और कुछ करने पर क्लास से बाहर कर दिया जाता है, जिससे वह अपने सहपाठी लड़कों की संगति से वंचित हो जाता है। यह दण्ड पर्याप्त है।

युनिवर्सिटी में वसन्तारम्भ के समय प्रथम वर्ष में 22 के करीब छात्र-छात्राएँ दाखिल हुए थे। लेकिन उनमें से कई पीछे अपने-आप दूसरे विषय को लेकर चले गये, हिन्दी और संस्कृत का उच्चारण हमारे विद्यार्थियों के लिए एक समस्या थी। जहाँ तक संस्कृत के संयुक्ताक्षरों का सम्बन्ध है, रूसी उसमें हमसे भी अच्छे होते हैं, और तीन-तीन, चार-चार संयुक्त व्यंजनों का उच्चारण कर लेते हैं, लेकिन टवर्ग उनके बस की बात नहीं है, टवर्ग की जगह तवर्ग ही चलता है। दरअसल टवर्ग का दुनिया में प्रचार भी बहुत कम है। अंग्रेजों की नकल करते हुए हम लोग विदेशी नामों और शब्दों में ट की भरमार करते रहते हैं, हम यह समझ लें तो अच्छा है, कि दुनिया में टवर्ग का क्षेत्र बहुत संकुचित है इसलिए यदि टवर्ग के स्थान पर तवर्ग का इस्तेमाल करें तो बहुत गल्ती नहीं करेंगें। जापान और चीन में टवर्ग नहीं है। बीच में तिब्बत टवर्ग का देश आ जाता है। उसके बाद मध्य-एसिया की तुर्की-फारसी तथा रूस की सारी भाषाएँ, पूर्वी यूरोप की भाषाएँ, इसी तरह ग्रीस, इताली, पुर्तगाल, स्पेन और फ्रांस ही नहीं, बल्कि आधी जर्मनी की भाषा भी टवर्ग-शून्य है। अंग्रेजी में टवर्ग अवश्य है। जर्मन भाषा से सम्बन्ध रखनेवाली भाषाएँ भी टवर्ग-बहुल हैं। भारत में आर्यों की भाषाएँ अपने कुलधर्म के विरुद्ध जाकर टवर्ग-बहुल हो गईं। टवर्ग द्रविड़ भाषाओं की विशेषता है। मुझे याद है : बम्बई में भारत के भिन्न-भिन्न भाषा-भाषी लोगों का समागम था, जिसमें उन्होंने अपने यहाँ के गीत गाकर सुनाये। वहाँ हिन्दी भाषा-भाषी काफी थे। लोग दूसरे प्रदेशों के गीतों को बड़े प्रेम से सुन रहे थे, लेकिन जब एक तैलगू तरुण ने अपनी भाषा में गाना शुरू किया, तो जल्दी ही लोगों ने अनिच्छा प्रकट करनी शुरू की। मैंने उनसे कारण पूछा, तो बतलाया–हम समझते नहीं हैं। मैंने कहा–अभी आसामी गीत जो आपने बड़े चाव से सुना, उसे क्या आपने समझा था ? वस्तुतः टवर्ग की बहुलता ही उनकी इस अनिच्छा का कारण थी। एक दक्षिणी तरुण बनारस में रवीन्द्र-जयन्ती के समय तैलगू भाषा में अपनी नवनिर्मित कविता सुनाने की बात कह रहे थे। मैंने कहा–आपने लोगों की अनिच्छा को कैसे रोका। उन्होंने बतलाया कि मैंने तैलगू के उन्हीं शब्दों को चुनकर रखा जो अधिकतर संस्कृत के थे और जिनमें टवर्ग नहीं था।

रूसी यदि टवर्ग का उच्चारण नहीं कर पाते, तो कोई बात नहीं है, लेकिन मुश्किल यह है कि वह ह्रस्व-दीर्घ का विस्तार नहीं रखते। बहुत-सी वर्णमालाओं की तरह रूसी वर्णमाला में दीर्घ स्वर के लिए अलग संकेत नहीं है, और ह्रस्व स्वर को भी इच्छानुसार दीर्घ भी पढ़ा जा सकता है, इसीलिए गंगा को वह "गांग" पढ़ते हैं। प्रथम वर्ष के विद्यार्थियों को उच्चारण सिखाने के लिए मुझे कभी-कभी जाना पड़ता था। ह्रस्व-दीर्घ का विचार नहीं करते देख मैं उन्हें बतलाता था, कि नागरी-वर्णमाला में दीर्घ के लिए अलग संकेत है, फिर क्यों गलती करते हो ?

देखा, सिवेरिया की सबसे बड़ी जाति (स्किमो जातियों में से एक) नेनेत्स्क जाति की दो लड़कियाँ युनिवर्सिटी में तृतीय वर्ष में पढ़ रही थीं। मैंने समझा मंगोल या कजाक होंगी। असली बात मालूम होने पर आश्चर्य की बात नहीं थी, सोवियत ने कितनी जल्दी अक्षर-ज्ञान-शून्य सबसे पिछड़ी जातियों को इतना आगे बढ़ा दिया, यह प्रशंसा की बात अवश्य थी। क्रांति के बाद नेनेत्स्क और दूसरी अलिखित भाषाओं को ही शिक्षण का माध्यम बनाया गया। तब इन जातियों में कोई पढ़ा-लिखा नहीं था, और न कोई लिपि ही थी। उस समय यह काम कठिन जरूर मालूम हुआ होगा, लेकिन आज तो युनिवर्सिटी से पढ़कर निकले कितने ही लड़के-लड़कियाँ वहाँ पहुँच गए हैं। यह जातियाँ शुद्ध मंगोलायित हैं, क्योंकि इनके देश में अन्य जातियों का आना-जाना ज्यादा

नहीं हुआ, इससे यह रक्त-सम्मिश्रण से बची रहीं। शुद्ध मंगोलायित जाति का चेहरा अपेक्षाकृत शरीर से अधिक भारी और चौड़ा होता है, आँखें और भौंहें कुछ तिरछी और गाल की हड्डियाँ अधिक उठी होती हैं। पुरुषों को दाढ़ी-मूँछ बहुत कम आती हैं।

20 नवम्बर को नेवा को जमी देखकर बड़ा आनन्द हुआ, क्योंकि अब हम घूमकर पुल से पार होने की जगह सामने ही नदी पार कर ट्राम पकड़ सकते थे। लेकिन, यह आनन्द चिरस्थायी नहीं रहा। नेवा बहुत दिनों तक आँख-मिचौनी करती रही। अभी अकाल में ही उसको यह नींद आई थी।

मेरे पसन्द के फिल्मों में आधुनिक मंगोलिया के फिल्म भी थे। 21 तारीख को 'मंगोलिया-पुत्र' फिल्म देखने को मिला। फिल्म-निर्माताओं में सोवियत विशेषज्ञ भी थे, लेकिन अभिनेता और अभिनेत्रियाँ सारे ही मंगोल थे। कथानक था–उलान बातुर का एक तरुण ड्राइवर किसी तरुणी से प्रेम करता था, लेकिन उससे प्रेम करनेवाले दो और तरुण भी थे। बेचारा ड्राइवर असफल रहा। वह वहाँ से भागकर अन्तरमंगोलिया चला गया, जहाँ पर कि उस समय जापानियों का शासन था–अन्तरमंगोलिया, मंचूरिया का भाग माना जाता था। जापानियों के जुल्म और स्वेच्छाचार के विरुद्ध तरुण ने वैयक्तिक बहादुरी भी दिखलाई, किन्तु इतने से जापानियों का जुआ थोड़े ही हटाया जा सकता था। अन्त में उसे उनके हाथ से बचने के लिए फिर उलान बातुर चला आना पड़ा। चिंगीज़खान और पहले से भी बीरता और बहादुरी के टूर्नामेंट मंगोलों में हुआ करते थे। तरुण ने उसमें भाग लिया और मंगोलिया के सर्वश्रेष्ठ पहलवान को पछाड़ दिया। कुश्ती, दर्शकों आदि के दृश्य बड़े ही सुन्दर थे। देश के सर्वश्रेष्ठ पहलवान को उसकी प्रेमिका अब कैसे तिरस्कृत कर सकती थी ? दोनों फिर मिले और जनता ने उनका स्वागत किया। पहिले मंगोल फिल्मों की तरह इस फिल्म का संवाद रूसी में नहीं, बल्कि मंगोल भाषा में ही था, इसलिए वार्तालाप समझ में नहीं आया।

भारत में एसियाई सम्मेलन होनेवाला था, जिसके लिए रूस से भी कुछ लोग निमन्त्रित किये गए थे। आशा की जा रही थी कि अकदमिक बरान्निकोफ जाएँगे। उनकी इच्छा भी थी। जिस देश के अतीत और वर्तमान के साहित्य के अध्ययन-अध्यापन में ही उनका सारा जीवन बीता था, उस देश को उन्होंने अभी एक बार भी नहीं देखा था। लेकिन स्वास्थ्य के कारण डाक्टरों ने मना कर दिया और वह नहीं जा सके।

26 नवम्बर को एक मिश्र-प्रवासी रूसी विद्वान् का पत्र आया। उनके पिता क्रांति से पहिले क्याख्ता (बुरियत, साइबेरिया) में शराब के कारखानेदार और धनी आदमी थे। पुत्र को काहिरा में रहते 16 साल हो गए थे और उन्होंने इस्लाम स्वीकार कर लिया था, तथा सूदान की राजकुमारी से विवाह भी किया था, जिसके बारे में उनका कहना था : शायद पूर्वजन्म में भी वह मेरी सहयात्रिणी थी। पूर्वजन्म के कहने से ही मालूम हो गया, कि उनकी इस्लाम में कोई अनुरक्ति नहीं रह गई थी, यद्यपि वह काफी समय से एक मुस्लिम देश में मुसल्मान बनकर रह रहे थे। उन्हें किसी से मेरे बारे में मालूम हो गया था, इसलिए पत्र में पूछ रहे थे कि मैं अनुवादों से अलग पाली और बौद्ध-धर्म को कैसे पढ़ सकता हूँ। मैंने उन्हें स्वयं पाली पढ़ने का ढंग लिख दिया तथा बौद्ध-धर्म के परिचय के लिए कुछ आवश्यक अंग्रेजी की पुस्तकों के नाम भी दे दिए।

सोवियत में जब साधारण लोगों के सुख और निश्चिंतता के तल को देखते हैं, तो कहना पड़ता है कि दुनिया में अमेरिका जैसे अत्यन्त धनी देश में भी इतनी अच्छी हालत में लोग नहीं हो सकते, आखिर अमेरिका में हर वक्त लाखों की तादाद में लोग बेकार रहते हैं। बेकार का मतलब है, दाने-दाने के लिए तरसना। रूस में कोई बेकार नहीं है, और न किसी को दाने-दाने के लिए तरसने की आवश्यकता है। गरीबी का वहाँ अत्यंताभाव है; हाँ, वेतन और आमदनी सबकी एक-सी नहीं है; लेकिन कम-से-कम वेतन पानेवाले को भी खाना-कपड़ा और रहने आदि की चिन्ता करने की जरूरत नहीं है। आदमी तो अपने वर्तमान से सन्तुष्ट नहीं रहता–और न उसे सन्तुष्ट रहना चाहिए, न अपनी पूर्व स्थिति से मुकाबला करना चाहता, विशेषकर यदि वह दुःख और दारिद्र्य की हो। जो लोग अपने आप बेबकूफी कर बैठते हैं, उन्हें तो कष्ट सहना ही पड़ता है। हमारे ऊपर की कोठरी में बच्चों की माँ एक प्रौढ़ा स्त्री थीं। राशन-कार्ड बन्द होना ही था, जबकि उसने किसी काम को करना नहीं स्वीकार किया। अन्त में 27 नवम्बर की रात को फाँसी लगाकर वह मर गई।

मान्या उस दिन सुना रही थी : मैंने आज स्वप्न में बड़ी सींगोंवाला चोर्त (शैतान) देखा। मैंने लोला से पूछा–मान्या ने तो चोर्त देखा और तुमने ?

लोला–मैंने कुछ नहीं देखा।

मैंने कहा–न भगवान् को ही देखा, न चोर्त को ही, फिर ईसाई धर्म की इतनी भक्ति से क्या फायदा ?

लोला अपने ईगर को पूरा धार्मिक (ईसाई) बनाने की कोशिश कर रही थी। उसे त्रिमूर्ति (पिता-पुत्र-पवित्रात्मा) का नाम लेकर क्रास बनाना भी सिखला दिया था। भगवान् के प्रति ईगर का कुछ विश्वास हो चला था। कभी-कभी तो वह अपनी प्रार्थना में कहता था–"हे बोजिन्का (भगवान्), ऐसा कर कि मेरी मामा चीखना-चिल्लाना छोड़ दे।" लेकिन भगवान् उसकी प्रार्थना नहीं सुन रहा था। अब मैं भारत जाने का निश्चय कर चुका था, इसलिए कभी-कभी वह बोजिन्का की प्रार्थना में मेरे भारत न जाने का वरदान भी शामिल करता था। इस भगवान्-भक्ति का एक प्रभाव तो तुरन्त दिखाई पड़ा–वह अब अँधेरे कमरे में पैर नहीं रखता था। जब भगवान् जैसी महान् चीज बिना देखी रह सकती है, तो शायद चोर्त (शैतान) कहीं उस अँधेरे में न छिपा हो ! विश्वास की पराकाष्ठा तब पहुँची, जब पड़ोसिन तोस्या के छः महीने के बच्चे (कोल्या) के हाथ को वह आलपीन से कुरदने की कोशिश करने लगा। वह उस बच्चे को बहुत प्यार करता था, अपने हाथ से खिलाता था, इसलिए समझ में नहीं आया कि आलपीन से उसकी हथेली क्यों कुरेदना चाहता था। पीछे मालूम हुआ : हमारे शयन-कक्ष के कोने में ईसा मसीह की मूर्ति रखी हुई थी, जिसकी हथेली में खून लगा था। मालूम नहीं उसे असली कथा मालूम थी या नहीं कि ईसा मसीह को सिर-पैर, और दोनों हाथों को फैलाकर उन्हें कीलों से लकड़ी की सलेव पर गाड़ दिया गया था, इसलिए उससे उतरने पर हाथ में खून के दाग थे। ईगर के दिमाग में यह बात आ गई–कि उस छोटे मिश्का को भी ईसा मसीह का रूप दे दिया जाय। इसी सदिच्छा से प्रेरित होकर उसने मिश्का की हथेली में आलपीन चुभोनी चाही। मैंने लोला से कहा–लो और धर्म की बातें बच्चे को सिखलाओ। उन्होंने भी कहा–हाँ, इसने तो अभी हाथ में ही आलपीन चुभोनी चाही थी, यदि कहीं सरे मर्मस्थान में चुभा देता ! लेकिन इसका यह अर्थ नहीं कि ईगर की धर्म-शिक्षा को कुछ कम कर दिया गया।

पहिली दिसम्बर को सबेरे तापमान हिम-बिन्दु से नीचे चला गया था और दिन में बरफ भी पड़ गई। हमारी तरह और भी बहुत-से लोग कहने लगे–चलो कीचड़ से जान छूटी। लेकिन अगले ही दिन बर्फ गलने भी लगी थी, छत से बूँदें टप-टप चूने लगीं।

वैसे गरीबी और बेकारी के न होने के कारण रूस में भिखमंगों को नहीं होना चाहिए, लेकिन भिखमंगी को पैदा करनेवाली केवल गरीबी और बेकारी नहीं है; कामचोर भी भीख माँग सकते हैं। कानून का डर होने के कारण वह लुक-छिपकर अपने पेशे को करते हैं। कितनों के लिए यह अच्छा-खासा पेशा है। एक दिसम्बर को एक बहुत बुढ़िया भिमंगिन हमारी खिड़की की तरफ आई। उसकी आँखें भीतर घुसी हुई थीं, कमर दुहरी थी, ऐसी मूर्ति को देखकर किसको दया नहीं आएगी ? लोला ने एक टुकड़ा रोटी और मछली दी। बुढ़िया निहाल हो गई। आजकल के राशन की कड़ाई के दिनों में इतने दयालु कहाँ मिलने लगे ? उसने बहुत-बहुत आशीर्वाद दिया–भगवान् की माता तुम्हारी रक्षा करे, तुम फूलो-फलो। मान्या ने बतलाया, उसका पति जिस स्त्री के पास रहता है, उसकी माँ भी भिखमंगिन है, और दिन में इतना रोटी, आलू आदि माँग लाती है, कि तीनों प्राणियों को खाने की चिन्ता नहीं।

4 दिसम्बर को अभी बरफ और कीचड़ बारी से आते-जाते रहते थे। उस दिन रात को बरफ पड़ गई, सबेरे भी पड़ती रही। तापमान हिम-बिन्दु के पास था। शाम तक बहुत-सी बरफ गल गई, फिर कच्चे रास्ते में कीचड़ उछलने लगी। कई दिनों से सूर्य के दर्शन नहीं हुए थे, फिर दिसम्बर के प्रथम सप्ताह में इतना ऊँचा तापमान क्यों ? इस गरमी का कारण सूर्य से अन्यत्र ढूँढ़ना पड़ेगा।

यदि लिखी-पढ़ी चीजों को तुरन्त भारत भेजने और छपने का प्रबन्ध होता तो, शायद मेरा दिल इतनी जल्दी नहीं उचटता, लेकिन चिट्ठियों की यह हालत थी कि आधी भी यदि पहुँच जाए, तो मैं उसके लिए धन्यवाद

देता। निराला, रवीन्द्र और प्रेमचन्द पर तीन लेख लिखकर मैंने वहाँ से भेज दिए; और एक ही के छपने का पता लगा। ऐसी अवस्था में महीनों-वर्षों लगाकर लिखी गई पुस्तकों को मैं डाक के हवाले कैसे कर सकता था ?

पहले रात्रि छोटी होकर शून्य तक पहुँची थी। अब दिसम्बर के प्रथम सप्ताह में दिन छोटा होते-होते 6 घंटे का रह गया था, यद्यपि संधिवेला कुछ समय तक लाल किरणों, लाल आभा को दिखलाती थी। नेवा का अभी सोने का कोई ठिकाना नहीं था। पहले सूर्य के न दिखलाई देने पर भी तापमान ने ऊँचे उठकर कीचड़ फैलाया। 8 तारीख को सूर्य का खूब दर्शन हो रहा था, लेकिन तापमान ने नीचे उतरकर कीचड़ को बरफ बना दिया। 9 दिसम्बर को भी सूर्य दिन-भर निरभ्र आकाश में उगा हुआ था, किन्तु तापमान हिमबिन्दु से काफी नीचे था। 10 को सरदी खूब थी, लेकिन बरफ का नाम नहीं था, नेवा भी अपनी मस्तानी चाल से चल रही थी। आज युनिवर्सिटी में रवीन्द्र-दिवस मनाया गया। प्रेमचन्द-दिवस और रवीन्द्र-दिवस मनाने की लेनिनग्राद युनिवर्सिटी में परिपाटी-सी चल गई है। यद्यपि प्राच्य-विभाग के अध्यापक और छात्र ही इसे अधिक मनाते हैं, लेकिन उत्सव में भाग लेनेवाले सभी विभागों से आते हैं। हॉल की सारी कुर्सियाँ उस दिन श्रोताओं से भरी हुई थीं, लोग चार घंटे तक भाषण सुनते रहे। बरान्निकोफ ने कवि के जीवन पर प्रकाश डाला। हमारे अर्थशास्त्र और राजनीति के अध्यापक साथी सुलेकिन ने रवीन्द्र के समय के सामाजिक और आर्थिक ढाँचे का सिंहावलोकन कराया और रवीन्द्र के मानवता-प्रेम तथा प्रगतिशीलता की प्रशंसा की। बेरा नावीकोवा ने 'रूसी भाषा में रवीन्द्र साहित्य' के ऊपर एक सुन्दर लेख पढ़ा। फिर रवीन्द्र-महिमा पर मैंने अपना लेख हिन्दी में पढ़ा, जिसका रूसी अनुवाद दीना मार्कोव्ना ने पढ़ सुनाया। यह मालूम ही है, कि अंग्रेजी में अपना लेख पढ़ने पर भी उसे रूसी अनुवाद ही द्वारा श्रोताओं तक पहुँचाया जा सकता था, इसलिए ऐसे द्रविड़-प्राणायाम की क्या आवश्यकता थी। एक रेडियो-कलाकारिणी ने रवीन्द्र की एक कहानी को नाटकीय ढंग से रूसी में पढ़ा, जिससे लोगों का बड़ा मनोरंजन हुआ। सारी कार्यवाही का फिल्म लिया जा रहा था—युनिवर्सिटी का अपना फिल्म-स्टूडियो है। जयन्ती बहुत अच्छी तरह मनाई गई। लेकिन भारत में जो नया राजनीतिक परिवर्तन हाल में हुआ था, उसके महत्व को मानने के लिए वहाँ के लोग तैयार नहीं थे; हाँ, भारत के महत्व को वह अच्छी तरह मानते थे, जिसका ही प्रमाण तो यह उत्सव था।

13 दिसम्बर को तापमान हिमबिन्दु से 14° और 14 दिसम्बर को 16° सेन्टीग्रेड नीचे चला गया था। नेवा अब तक बहुत इठलाती थी, लेकिन आज उसे जबरदस्ती सो जाना पड़ा। 18 को मोटी बरफ देखकर मालूम हुआ, कि अब साधारण हिमकाल शुरू हो गया, लेकिन अगले ही दिन तापमान ऊपर उठ गया और नेव्स्की राजपथ की बरफ गल गई। नेवा भी फिर जाग उठी, उसका पानी बहता दिखाई पड़ा। घर पर हमारे कंट्रोल-ऑफिस की शाला में ही लड़कों को दिखलाने के लिए फिल्म आया था। मुहल्ले-भर के लड़के जमा हुए थे, ईगर भी देखने के लिए गया, लेकिन उसकी माँ हाय-तोबा कर रही थी; क्योंकि लड़का साधारण लड़कों में चला गया, कहीं वह उनके साथ गुंडा न बन जाय।

20 दिसम्बर आ गया। 5 ही दिन बाद क्रिसमस (वड़ा दिन) होगा। इस साल बरफ का जिस तरह अभाव देखा गया, उससे लोगों को डर मालूम हो रहा था, कि कहीं इस साल काला क्रिसमस और काला नववर्ष न देखना पड़े। 22 को काले क्रिसमस की संभावना और अधिक हो गई। बरफ शायद ही कहीं दिखलाई पड़ती थी। शहर के भीतर तो उसका बिलकुल अभाव था। साढ़े तीन बजे तक सूर्य की किरणें दिखलाई पड़ती थीं। 24 को क्रिसमस की संध्या आई। लोला ने त्यौहार की विशेष तैयारी की। देवदार-शाखा भोजनगृह में सजा दी गई। बन्धुओं के पास क्रिसमस की भेंटें भी भेजी गईं। 25 का सबेरा भी आ गया। सरदी काफी लेकिन बर्फ का अभाव, इसलिए काला क्रिसमस ही अबके देखना पड़ा। सरकारी त्यौहार न होने से आज काम से छुट्टी नहीं थी, लेकिन लोगों ने अपने पर्व को अच्छी तरह से मनाया। गिरजा में प्रसाद के लिए खाद्य को तैयार करके भोग लगवाने के लिए जो लोग गए थे, उन्हें दो-दो घंटा क्यू में खड़े रहकर इन्तिजार करना पड़ा। कौन कहता है कि वोलशेविकों ने रूस से धर्म को उठा दिया ? लेनिनग्राद के गिरजों में क्रिसमस को ही नहीं, अतवार

को भी इतनी भीड़ रहा करती थी, जो और देशों में देखना मुश्किल है।

26 दिसम्बर को 17वीं सदी के उक्रइनी नेता 'बगदान ख्मेलित्स्की' फिल्म देखने को मिला। ऐतिहासिक फिल्म या नाटक इतिहास-प्रेमियों के लिए स्वयं एक ज्ञान-वर्द्धक पाठशाला का काम देते हैं। बगदान का अर्थ है भगवानदत्त। बग भगवान और दान भी दत्त या दीन का रूसी पर्याय है। लेकिन उक्रइनी नेता अपने नामानुसार कोई भगवान का भक्त नहीं, बल्कि एक दूरदर्शी राजनीतिज्ञ था। बेलोरूसी, और उक्रइनी वस्तुतः रूसी भाषा की ही बोलियाँ हैं, किन्तु अब तीनों स्वतंत्र साहित्यिक भाषा मानी जाती हैं। रूसी शासक जाति थी, इसलिए क्रांति से पहले उक्रइनी और बेलोरूसी अपने स्वतंत्र अस्तित्व की माँग कर रहे थे। क्रांति के बाद उसकी आवश्यकता खतम हो गई। जहाँ जारशाही अदूरदर्शिता के कारण 20वीं सदी के आरम्भ तक उक्रइनी स्वतंत्र होना चाहते थे, वहाँ आज से प्रायः तीन सदी पहले के इस उक्रइनी दूरदर्शी-नेता ने समझ लिया था, कि उक्रेन का हित रूस के साथ रहने में है। उस समय उक्रेन रूस के अधीन नहीं था। उसके पड़ौस में एक ओर पोलैंड के पोल शासक उसे दबाने के लिए तैयार थे, और दूसरी तरफ क्रिमिया के तातार उन्हें "कमजोर की बहू सारे गाँव की भाभी" बनाए हुए थे।

उस समय के उक्रेन के लोग सिर में हिन्दुओं की तरह ही लम्बी चोटी रखते थे। प्रथम रूसी राजा (जो 10वीं शताब्दी में बिजन्तीन राजधानी कंस्तन्तिनोपोल में पहुँचा था) का भी सिर घुटा और बीच में हिन्दुओं जैसी चुटिया थी। न जाने कैसे यह हिन्दुओं की चोटी उक्रेन में पहुँची, या उनकी चोटी हिन्दुओं के पास आई। अथवा हिन्दुओं में भी तो पहले सारे केश रखने की प्रथा थी, जिसे पूजा आदि के समय न बिखरने देने के लिए बाँधना पड़ता था और इस प्रकार शिखा-बन्धन धर्म का एक अंग हो गया था। जब शिखा से लोगों को अरुचि हो गई अर्थात् फैशन बदल गया, तो धर्म की माँग शिखा-बन्धन को पूरा करने के लिए केश का कुछ भाग रख छोड़ा गया, यह शिखा के क्रम-विकास का इतिहास हमारे देश में और उक्रेन में एक तरह का ही रहा है। लेकिन ईसाई हो जाने के बाद भी शिखा को रखना क्यों आवश्यक समझा गया ? शायद इसमें ईसाइयों का मुसल्मानों जैसा असहिष्णु न होना ही कारण था। बगदान को अगर अकबर, जहाँगीर के समय किसी ने देखा होता, तो रंग के कारण चाहे संदेह पैदा होता, लेकिन चुटिया तो जरूर उसे हिन्दू बतला देती। पोल, तातार और उक्रेनी कैसी वेश-भूषा और रीति-रिवाज रखते थे, इसका इस फिल्म से प्रत्यक्ष ज्ञान होता था। सभी दृश्यों और चीजों को बड़े व्यापक पैमाने पर दिखलाया गया था। बगदान पोलों को भगाकर अपने देश को स्वतंत्र करने में सफल हुआ। कई लड़ाइयों में अपने सफल वीर नेता को दरबारियों ने स्वतंत्र राजा बनाना चाहा और उसे खिलअत लाकर पहनाई। बगदान ने उस खिलअत को वहीं फाड़ फेंका और कहा, कि उक्रेन की स्वतंत्रता की रक्षा की गारण्टी अपने भाई रूसियों के साथ रहने में है।

29 दिसम्बर को एक बैले 'बखशी का सराय फौवारा' देखा। यह भी 16वीं-17वीं सदी की ऐतिहासिक घटना को लेकर लिखी गई थी। उस वक्त पोल सामन्त दक्षिणी रूस पर मनमानी कर रहे थे, क्रिमिया का तातार खान दक्षिण से चोट कर रहा था। लेकिन उक्रेन के स्वतंत्रता-प्रेमी लोग अपनी तलवार रख देने के लिए तैयार नहीं थे। तातारों के आक्रमण में नायक तरुण मारा गया और उसकी प्रेमिका को खान पकड़ ले गया। तरुणी के सामने खान के हरम की सारी सुन्दरियाँ फीकी पड़ गईं। ईर्ष्या के मारे खान की पटरानी (शाहबेगम) ने उसे मरवा दिया। खान शाहबेगम को पानी में डुबा अपनी किस्मत को झँखने लगा। बैले का सौन्दर्य है देश-कालानुकूल परदे, वेश-भूषा और उत्कृष्ट नृत्य, यह सभी चीजें इस बैले में मौजूद थीं। नाट्यशाला में हजार से कम दर्शक नहीं रहे होंगे, और टिकट पच्चीस-तीस रूबल (18-20 रुपया)। इतनी महँगी चीजों को सामन्तवाद या साम्यवाद ही प्रस्तुत कर सकता है, वह पूँजीवाद के वस की बात नहीं है। पूँजीवादी देशों में तो सिनेमा के आते ही नाट्यशालाओं पर वज्र पड़ गया।

31 दिसम्बर को सोवियत में बच्चों का त्यौहार मनाया जाता है और उससे अगले दिन पहिली जनवरी का नव-वर्ष का त्यौहार सभी लोगों के लिए है। हमारे घर में दो देवदार-शाखाएँ पहिले ही लाकर खड़ी कर दी गई थीं। लोला को कहीं एक और अच्छी शाखा बाजार में बिकती दिखाई पड़ी, वह उसे भी खरीद लाई।

अब छोटी-सी भोजनशाला देवदार-वन का रूप ले चुकी थी। ईगर के स्कूल और बालोद्यान के मित्र लड़के-लड़कियाँ भी आकर देवदार-शाखा की बहार देख मिठाई भी खा गए थे। उनके गान और नृत्य का कुछ आनन्द हमें भी मिला।

आज फिर एक वर्ष समाप्त हो रहा था। हमने काम क्या किया था ? मध्य एसिया के लिए कुछ पुस्तकें पढ़कर सामग्री जरूर जमा की थी, अपने साथ ले जाने के लिए कुछ पुस्तकें भी इकट्ठा कर ली थीं, लेकिन जहाँ तक लिखने का सवाल था, वह नहीं के बराबर था।

17
1947 का आरम्भ

पहिली जनवरी, बुधवार का दिन आया। आज थोड़ी-सी बरफ दिखाई पड़ी, सर्दी भी थी। मेहमानों की आशा से भोजन तैयार किया गया, लेकिन मेहमान निमंत्रित नहीं थे। त्यौहार के दिन मिलने-जुलनेवाले आते ही रहते हैं, इसी ख्याल से तैयारी की गई थी। किन्तु हमारे अधिकांश मिलने-जुलनेवाले तो युनिवर्सिटी के आसपास रहते थे। 5 मील ट्राम में धक्के खाते आना सबके बस की बात नहीं थी। देवदारों का प्रदर्शन केवल घरों में ही नहीं था, बल्कि बालोद्यानों और स्कूलों में उसको और भी ज्यादा धूमधाम से सजाया गया था। ईगर के स्कूल में भी बड़ी देवदार-शाखा खड़ी की गई थी। 2 जनवरी को ईगर अपनी माँ के साथ उसे देखने गया। उसे 2 सेब 1 नारंगी मिली, जिसका अर्थ है, सारे स्कूल के लड़कों को दो-दो सेब और एक-एक नारंगी मिली होगी। यही नहीं, ईगर का स्कूल क्यों, लेनिनग्राद नगर ही क्यों, सारे सोवियत के स्कूलों के बच्चों को दो-दो सेब और एक-एक नारंगी जैसी कोई चीज अवश्य मिली होगी।

ईगर अब बराबर स्कूल जाते थे। चाहे अपने सहपाठियों से आठ ही दस महीने बड़े हों, किन्तु वह अपने को लड़का नहीं पुरुष समझते थे। व्यवहार, बातचीत का ढंग अच्छा था, इसलिए सभी सन्तुष्ट रहते थे। अपने क्लास की चाची (अध्यापिका) के तो स्नेह-पात्र थे ही, लेकिन लड़कों के खेल के समय वह अक्सर दूसरी अध्यापिका के साथ टहला करते थे। उनकी अपनी अध्यापिका ने मज़ाक करते हुए कहा–यदि वही पसन्द है, तो कहो उसी को क्लास में भेज दें।

ईगर ने बड़ी गम्भीरता से जवाब दिया–"नहीं इसकी जरूरत नहीं, तरुणी अधिक मनोहर है, इसलिए उसके साथ टहलने चला जाता हूँ।"

2 जनवरी को तापमान हिमबिन्दु से 80° नीचे चला गया था अर्थात् फार्नहाइट से लेने पर हिमबिन्दु से 30°-32° नीचे था। मुझे कोई उतनी सर्दी नहीं मालूम होती थी। शरीर तो गरम कपड़े से ढँका ही रखना पड़ता था। सर्दी का पता लगता था कान से। जब मैं कान खोले ही बाहर जा सकता था, तो इसका मतलब था, कि अभी सर्दी अधिक नहीं है। अगले दिन तापमान 20° (हिमबिन्दु 35°-36° फार्नहाइट) नीचे चला गया था। कश्मीर 9° ही नीचे गया था, जबकि वहाँ 60 इंच बरफ पड़ी थी, यह रेडियो बतला रहा था। लेनिनग्राद की इतनी सर्दी में बरफ मुश्किल से कहीं दिखाई पड़ती थी। उस दिन भारत के एक प्रकाशक की चिट्ठी आई। मालूम हुआ बड़े-बड़े करोड़पति सेठों ने 50 लाख की पूँजी से एक कम्पनी कायम की है, जिसके उद्देश्यों में हिन्दी के भी अच्छे-अच्छे ग्रन्थों का प्रकाशन करना है। उनकी ओर से मेरे पास पत्र आया था–हम 15 प्रति सैकड़ा रायल्टी देंगे। मैंने डाइरेक्टरों के नामों को देखा। उनमें कुछ करोड़पति सेठ थे और कुछ बड़े-बड़े राजनीतिक नेता तथा मंत्री। परामर्श देनेवाले बोर्ड में 38 आदमी थे, जिनमें मुश्किल से 11 को ही कहा जा सकता था,

कि वह साहित्य और लेखन-व्यवसाय से संबंध रखते हैं। पाँच प्रान्तों के मंत्री भी इन परामर्शदाताओं में थे। क्या यही लोग हमारी पुस्तकों का मूल्यांकन करेंगे ! खैर, झूठी हो या सच्ची यह तो आशा बँधने लगी, कि अब करोड़पतियों के रुपये साहित्य के प्रकाशन में भी आगे आने लगे हैं। भारतीय मंत्रिमंडल की स्थापना का एक फल तो यह जरूर था।

6 जनवरी को अब भी बरफ के अभाव की शिकायत की जा रही थी। अब चार दिनों के लिए स्कोल्निकों की छुट्टियाँ थीं, इसलिए ईगर भी घर पर था। आज उसे अन्तर्राष्ट्रीय प्रतियोगिता में पारितोषिक प्राप्त सोवियत-फिल्म 'पाषाण-पुष्प' दिखाने ले गए। हमारे मुहल्ले के सिनेमाघर में ही फिल्म आया था, टिकट था 1 रूबल। शाला खचाखच भरी हुई थी। सभी माताएँ अपने लड़कों के साथ वहाँ पहुँचती थीं। फिल्म उरालपर्वत की एक जन-कथा को लेकर बनाया गया था। सामन्त द्वारा सताया वृद्ध पाषाण-शिल्पी (शंगतराश) रंग-बिरंगे पत्थरों की कलाकृतियाँ निर्माण कर रहा था। उसका दत्तक पुत्र और भी प्रभावशाली था और मुरली बजाने में भी अद्वितीय था। तरुण का मन उराल की एक तरुणी ने मोह लिया। दोनों का विवाह हुआ। पुराने समय के वेष, पुराने समय के नृत्य और पुराने समय के वैवाहिक रीति-रिवाज दिखलाये गये थे, जो कि एसिया से ज्यादा समीपता रखते थे। शिल्पी तरुण को वनदेवी पाषाण-पुष्पों का लोभ दिलाती पहाड़ों के भीतर ले गई। वहाँ रंग-बिरंगे चमकले पत्थरों के तरह-तरह के पुष्प बने हुए थे। शिल्पी स्वयं छेनी और हथौड़ा लेकर वहीं एक ऐसा विशाल पुष्प बनाता है, जो अपने सौन्दर्य में वनदेवी के दिखलाए पुष्पों से कम नहीं है। अन्त में दोनों प्रेमियों का मिलाप हो गया–यह फिल्म भारत में भी आ चुका है।

8 जनवरी को विश्वविद्यालय में निबंधों का पखवारा चल रहा था। अध्यापक लोग अपने-अपने विषय पर ज्ञानपूर्ण निबन्ध पढ़ रहे थे, जिनके सुनने के लिए काफी श्रोता–प्रोफेसर और विद्यार्थी–इकट्ठा होते थे। अकदमिक बरान्निकोफ ने तुलसी की कविता पर एक निबन्ध पढ़ा, जिसे लोगों ने बहुत पसन्द किया। प्रोफेसर फ्राइमान और दूसरे विद्वानों ने भी अपने निबंध पढ़े। साढ़े तीन हजार जहाँ अध्यापक हों, वहाँ निबन्ध सुनने के लिए सबका इकट्ठा होना सम्भव नहीं है। तो भी सबके पास निबन्धमाला की सूचना पहुँचाने का पूरा प्रबन्ध किया गया था। युनिवर्सिटी की अपनी एक पत्रिका थी, जिसमें सूचना निकलती थी, इसके अतिरिक्त पखवारे के निबन्धों के सम्बन्ध में संक्षिप्त विवरण के साथ एक छोटी-सी पुस्तिका निकाल दी गई थी।

12 जनवरी को बम्बई का डाक्टर सूफी ने किसी से मेरा पता पाकर लिखा कि हमदानी सन्त की कब्र का हमें फोटे भिजवाइए। उन्होंने सोवियत की भिन्न-भिन्न संस्थाओं को कई पत्र भेजे, किन्तु जवाब नहीं पाया। हमदानी की कब्र ताजकिस्तान के खुत्तल प्रदेश में है, लेकिन फोटो मिलना मुझे भी उतना आसान नहीं जान पड़ा, तो भी मैंने स्तालिनाबाद की युनिवर्सिटी को पत्र लिख दिया। पत्रों का उत्तर न देना, यहाँ के लोगों का स्वभाव-सा है। खासकर अपरिचित आदमी से पत्रोत्तर के मिलने की आशा कम ही रखनी चाहिए। जो लोग पुस्तक या फोटो मँगाना चाहते हैं, उनके लिए तो और भी दिक्कत है, क्योंकि इन चीजों को दो-दो राज्यों के सेन्सरों के भीतर से गुजरना पड़ता है।

18 जनवरी को भी तापमान ऊपर उठा हुआ था; इसलिए सड़कों पर जहाँ-तहाँ पानी ही पानी दिखाई पड़ता था। रात को अपने मुहल्ले की क्लब (बोलोदार्सकी क्लब) के हाल में 'च्यू-च्यू-सान्' दुःखान्त ओपेरा-नाटक देखने गए। यह किसी स्थाई नाट्य संस्था की ओर से नहीं खेला जा रहा था बल्कि नगर की ही एक नाटक-मंडली ने अभिनय करने का आयोजन किया था। थी तो यह मुहल्ले के क्लब की शाला, लेकिन दूसरे देशों की बड़ी-बड़ी नाट्यशालाओं का मुकाबिला कर सकती थी। हर तरह के मनोरंजन और कलाप्रदर्शन में चूँकि अब जन-साधारण बहुत भाग लेने लगा है, इसलिए ऐसी शालाओं और मकानों पर पैसा खर्च करने में सरकार संकोच नहीं करती। लोग भी मंचों को भरकर काफी पैसा जमा कर देते हैं। ओपेरा अर्थात् पद्यमय नाटक मुझे पसन्द नहीं हैं, यह मैं पहिले कह चुका हूँ, लेकिन इष्ट-मित्रों के आग्रह को भी देखना पड़ता है, इसलिए मैं भी चला गया। कथानक था–एक अमेरिकन अधिकारी जापान की गैसा (नर्तकी) से जापानी रीति से विवाह करता है। कुछ दिनों के दाम्पत्य जीवन के बाद पुरुष अपने देश चला जाता है। तरुण पत्नी च्यू-च्यू-सान् अपने पति के जाने के बाद

पैदा हुए पुत्र को लिये आशा लगाये बाट जोहती रहती है। आर्थिक संकट का पहाड़ उसके ऊपर टूटता है। अमेरिकन कौन्सल से जाकर पूछती है, तो वह कहता है–तरुण ने दूसरी शादी कर ली है। बच्चे को देखकर उसने कहा–चाहो तो इसे दे सकती हो। लेकिन माँ बच्चे को छोड़ने के लिए तैयार नहीं। आशा-निराशा में पाँच-छः साल और बीत जाते हैं। पीछे पति के आने की खबर सुनकर अपने घर को फूलों से सजा सारी रात प्रतीक्षा करती है। वह सबेरे अपनी अमेरिकन पत्नी के साथ आता है।

अमेरिकन पत्नी अपनी निर्दोषता को प्रकट करते हुए च्यू-च्यू-सान् से सहानुभूति दिखलाते बच्चे के साथ प्रेम करने का वादा करके उसे माँगती है, लेकिन माँ अब पुत्र को भी कैसे दे दे। अन्त में आर्थिक संकटों से मजबूर होकर बुद्ध की मूर्ति के सामने प्रार्थना करके वह हराकिरी (आत्महत्या) करना चाहती है, इसी समय पुत्र आ जाता है। उसे किसी तरह बहलाकर फिर वह पेट में छुरी मार लेती है। पिता अमेरिकन कौन्सल के साथ आता है और बच्चे को उठा लेता है। अभिनय बहुत सुन्दर था। पुरुषों के वेष अच्छे नहीं थे, और बुद्ध की मूर्ति भी भद्दी थी, लेकिन यह तो एक व्यवसाई मंडली द्वारा किया गया अभिनय नहीं था।

लेनिनग्राद की सबसे पुरानी और बड़ी लाइब्रेरी 'लोक-पुस्तकालय' (पब्लिक लाइब्रेरी) है। मैं उसमें भी जब-तब जाने लगा था। मुझे ज्यादातर काम था मध्य एसियायी विभाग के ताजिक उपविभाग से। यहाँ मैंने बहुत-सी नई-नई पुस्तकें भी देखीं, जोकि न युनिवर्सिटी के प्राच्य पुस्तकालय में थीं न अकदमी के प्राच्य-प्रतिष्ठान में। पुस्तकालयाध्यक्षा बड़े स्नेह से हरेक चीज को दिखलाती थीं। यह पुस्तकालय जारशाही जमाने में भी बहुत प्रसिद्धि रखता था और हर साल हजारों पुस्तकें दूसरे देशों से भी मँगाई जाती थीं। सोवियत क्रान्ति के बाद भी उसमें किसी तरह की कमी न करके बजट को और बढ़ाया गया था। जाड़े के दिनों में रूस की और संस्थाओं की तरह यहाँ भी घर के भीतर जाने के बाद एक जगह अपने ओवरकोट, हैट, और हाथ के बैग को रखना पड़ता था। मकान गरम है, और आदमी के शरीर पर गरम सूट भी है, फिर भीतर सरदी का डर क्या ? कपड़े लेकर नम्बर लगाकर रखने के लिए आदमी वहाँ तैनात रहते हैं। एक लेनिनग्राद ही में 5-7 हजार से कम आदमी ओवरकोटों की रखवाली के लिए नहीं होंगे। इसे आप अपव्यय कह सकते हैं, लेकिन यह आदमी के आराम के लिए ही किया जाता है। मोटे ओवरकोट के साथ कुर्सी पर बैठना भी मुश्किल है, और जहाँ बहुमूल्य पुस्तकें पड़ी हों, वहाँ थैलों को ले जाने देना भी बुद्धिसंगत नहीं है, इसलिए यह प्रबन्ध करना ही पड़ता है। वाचनालय में मेज-कुर्सियों का जंगल-सा लगा हुआ था, जहाँ सैकड़ों आदमी चुपचाप बैठे अध्ययन कर रहे थे। पुस्तकों का अंक और नाम दे देने से आपकी मेज पर उनके आने में देर नहीं लगती। अनुसंधान करनेवाले विद्वानों और विद्यार्थियों को इस तरह का सुभीता लंदन-म्युजियम के पुस्तकालय में भी है।

जर्मनी के साथ युद्ध समाप्त होते ही सोवियत और उसके पश्चिमी मित्रों की अनबन प्रकट होने लगी। जापान के मुकाबिले में सोवियत सेना जिस तेजी के साथ मंचूरिया और कोरिया को दखल करती जा रही थी, और इंग्लैंड और अमेरिका की सेनाएँ अपनी कमजोरी को जिस प्रकार पश्चिमी युद्धक्षेत्र में दिखला चुकी थीं, उसे देखते हुए पश्चिमी साम्राज्यवादियों को डर लगने लगा कि कहीं ऐसा न हो कि हमारे पहुँचने के पहिले ही सोवियत सेनाएँ जापान पर भी काबू कर लें; इसलिए बिना सोवियत से पूछे ही चर्चिल की राय से ट्रूमन ने जापान के हिरोसिमा और नागासाकी नगरों पर दो परमाणु बम गिरा दिए। अब युद्ध बन्द हुए दूसरा साल हो रहा था, इसलिए वैमनस्य भी बहुत आगे तक बढ़ चुका था। सोवियत ने भी अपनी जनता को सजग रखने के लिए युद्ध सम्बन्धी फिल्मों का उत्पादन बन्द नहीं किया। वोल्शेविक क्रान्ति के बाद रूस को कमजोर देखकर अरमेनिया और जार्जिया के कुछ भाग तुर्की ने हड़प लिये थे, और सो भी हजारों अरमेनियन नर-नारियों, बूढ़े-बच्चों की बड़ी निर्मम हत्या के बाद। इस हत्या को सुनकर इस वक्त सारे पश्चिमी देश बौखला उठे थे। अब सोवियत अरमेनिया अपने खोए हुए भू-भाग को लौटाने की माँग कर रही थी। तुर्की उसे देने के लिए कैसे तैयार हो जाता, जबकि अमेरिका उसकी पीठ ठोंकने के लिए तैयार था। अरमेनिया के हाथ से छिने, ये जिले सोवियत और तुर्की के वैमनस्य के मुख्य कारण हैं। तुर्की को चेतावनी देने के लिए ही मानों 'अदमिरल नखिमोफ' फिल्म बनाया गया था। 1853 की घटना है, जबकि क्रिमिया के लिए तुर्की और रूस में झगड़ा हुआ। इंग्लैण्ड और

फ्रांस ने पीठ ठोकी और तुर्की ने सारे कालासागर को अपने हाथ में करने की कोशिश की। दोनों पश्चिमी साम्राज्य पहिले गुप्त सहायता देते रहे, लेकिन जब तुर्की को पिटते देखा, तो वे भी युद्ध में कूद पड़े। इंग्लैण्ड फिर भी चालाकी करता रहा। वह चाहता था कि बलिदान अधिकतर तुर्की और उससे भी ज्यादा फ्रान्स को देना पड़े। उस समय रूसी नौसेना का महा सेनापति नखिमोफ था। अपने निकम्मे दरबारियों की सलाह से जार ने नखिमोफ को अपना बेड़ा डुबा देने का हुक्म दिया, जिससे कि वह दुश्मनों के हाथ में न पड़े। लाचार होकर नखिमोफ को वैसा करना पड़ा। सेवेस्तापोल की रक्षा के लिए नखिमोफ ने बड़ी बहादुरी से लड़ते हुए अपने प्राण दिए। तुर्की को अन्त में फायदा नहीं हुआ। नखिमोफ ने भी तुर्की को अन्तिम उपदेश दिया था–"तुर्की ने जब-जब बाहरवालों की बात सुनी, तब-तब उसे मुँह की खानी पड़ी।"

फरवरी का महीना आया। 4 फरवरी को तापमान 25°, 7 को 27°, 8 को 24°, इस प्रकार सरदी बढ़ती ही गई। 10 फरवरी को सरदी भी खूब थी और बरफ भी खूब पड़ रही थी। बरफ गिरानेवाले बादलों के बीच से निखरकर आता सौर-प्रकाश वृक्षों की शाखाओं और टहनियों में लिपटे हुए बरफ को बड़ी सुन्दर रीति से चमका रहा था। टहनियाँ तो मालूम होती थीं, जैसे सफेद मूँगे की बेलें हों। अधिक टैम्परेचर गिरने से श्वास से निकलनेवाली भाप की मात्रा ज्यादा थी। इसके अतिरिक्त काम-काज में मुझे कोई कष्ट नहीं मालूम होता था। 23 फरवरी को ब्लीनी (चीले) का सप्ताह समाप्त हुआ। चीला मीठा और नमकीन दोनों तरह का उत्तरी भारत में बहुत पसन्द किया जाता है। मुझे तो मीठे चीले खास तौर से पसन्द हैं। चीले को रूसी भी हमसे कम पसन्द नहीं करते। पुराने समय में जब उनके यहाँ चीनी नहीं होती थी, तो सादे चीले को पकाकर ऊपर से मधु लगा लेते थे। अपने चीले-प्रेम के कारण ही रूसियों ने इस ब्लीनी-सप्ताह को अब भी कायम रखा है। आज से 8 शताब्दी पहिले, जब रूसी ईसाई नहीं हुए थे, तो वह सूर्य-देवता के पूजक थे। मक्खन को चुपड़कर या पूड़े की तरह मक्खन में डालकर पकाया चीला रूसी भाषा में ब्लीनी कहा जाता है। गोल आकार तथा आटे के रंग के कारण पकने पर लाल रंग और उस पर भी मधु चुपड़ने से रंग और लाल होना–सूर्योदय के समय के सूर्य का अनुकरण है। वसन्त के सूर्य के उपलक्ष्य में यह त्यौहार प्राचीन रूसी लोग मनाते थे। उस वक्त खूब ब्लीनी खाई जाती थी, उसी तरह जैसे कि पूर्वी उत्तरप्रदेश और बिहार में कार्तिक की छठ को ठकुआ। कार्तिक की छठ भी सूर्य-पूजा का ही त्यौहार है। हमारे घर में ब्लीनी अक्सर बन जाया करती थी और ब्लीनी-सप्ताह में तो आने-जानेवालों को भी खिलाई जाती थी।

जान पड़ता है, ब्लीनी-सप्ताह के लिए ही सूर्य भगवान् ने बरफ को रोक रखा था। देर ही से सही, किन्तु 6 फरवरी को 6 इंच बरफ पड़ गई। वह दिन-भर पड़ती रही। हवा बरफ की धूल उड़ा रही थी, सरदी बहुत थी। वह स्नान का दिन था, लेकिन स्नानागार में सरदी को घुसने की आज्ञा नहीं थी। हम स्नानागार से लौटकर स्कूल में ईगर को लाने गए। देखा पहिली बारी के लड़के स्कूल से निकल रहे हैं, और दूसरी बारी के अन्दर जा रहे हैं। साढ़े बारह बजे का समय था। लड़ाई के कारण मकानों की जो क्षति हुई थी, उसके कारण स्कूलीय इमारतों की भी कमी थी, उसी के लिए एक ही स्कूल की इमारत में बारी-बारी से दो बार स्कूल लगता था।

अकदमिक बरान्निकोफ ने बड़े परिश्रम और अनुराग के साथ तुलसीदास के अमरकाव्य रामायण का रूसी में पद्यानुवाद किया था। अकदमी ने भी उसे बढ़िया से बढ़िया रूप में छापने का निश्चय किया था। मेरे भारत आ जाने पर पुस्तक छपी और साल ही भर के भीतर बिक भी गई, जिससे मालूम होता है, कि विद्वान् और साधारण पाठक दोनों ने बरान्निकोफ के अनुवाद को पसन्द किया। पुस्तक को सजाने, चित्रित करने आदि में जहाँ अनुवादक ने मुझसे परामर्श लिया था, वहाँ तुलसी-काव्य कितना उत्कृष्ट है, इसको जतलाने के लिए रेडियो ने भी उन्हें तुलसीदास पर बोलने के लिए निमंत्रित किया था। मुझे बरान्निकोफ ने मूल चौपाइयों को दोहरा देने के लिए कहा। 28 फरवरी को हम दोनों रेडियो-कार्यालय में गए। मैंने साधारण लय में मूल को पढ़ा और बरान्निकोफ ने अपनी भूमिका के बाद उसका पद्यानुवाद रूसी में पढ़ा। रेडियो स्टूडियो वाले अंगुल-भर चौड़े रबर जैसे फीते पर शब्दों को उतरवाकर समय अनुकूल करने के लिए फीते को काट-छाँट रहे थे। मैंने

देखा, दो-तीन हाथ फीता कैंची से काटकर उन्होंने फेंक दिया और जोड़कर भाषण को फिर से सुनवाया। पहली बार मुझे अपना स्वर सुनने का मौका मिला था। मुझे विश्वास नहीं हो रहा था, कि यह मेरा ही स्वर है। हरेक आदमी समझता है, कि मैं अपने ही स्वर को सुन रहा हूँ, लेकिन वस्तुतः कोई अपने स्वर को नहीं बल्कि अपनी प्रति-ध्वनि को सुनता है, जो प्रति-ध्वनि उतनी साफ नहीं होती, जो अच्छे रेडियो या फोनोग्राफ के रिकार्ड से निकलती है। फिल्म को काटकर फेंक देने के बारे में रेडियोवाले कहते थे–कोई परवाह नहीं, हमें क्या दूसरे देश से मँगवाना है। हाँ, रूस सभी चीजें अपनी तैयार करता है, वह परमुखापेक्षी नहीं है, और न चीजों को दूसरे देशों से मँगाने के लिए उसे विदेशी विनिमय की भारी रकम भेजनी पड़ती है।

आज सात बजे से ईरानी-सम्मेलन भी हो रहा था। मैं वहाँ गया। अकदमिक फ्राइमान का ईरानी संस्कृति के किसी पहलू पर भाषण हुआ। ऐनी के भी आने की आशा थी, लेकिन स्वास्थ्य के कारण वह नहीं आये। ताजिक (फारसी) के महान् कवि लाहूती आये थे। लाहूती की कविताओं को मैं पढ़ चुका था और मेरे पास उनकी कुछ पुस्तकों का संग्रह भी था। श्वेतकेश, रूसियों जैसे गोरे, चमकीली आँखोंवाले इस महान् कवि को अपने क्रान्तिकारी विचारों के कारण ईरान छोड़ना पड़ा, किन्तु 25 साल से उसकी मातृ-भूमि ताजकिस्तान है, जहाँ का वह महान् नागरिक और महान् कवि है।

पहली मार्च (1947) को सरदी हिमबिन्दु से 23° नीचे थी। पिछले साल तापमान 28° तक पहुँचा था और इस साल–29° तक पहिले ही सप्ताह पहुँचा था। लेकिन लन्दन की तरह यहाँ कोई नहीं कहता था–ऐसी सरदी तो पहिले सौ साल में कभी नहीं पड़ी थी। खेत में शरद में बोये गेहूँ जमकर बरफ के नीचे दबे रहते हैं, जो बरफ पिघलने के बाद ही बड़ी तेजी से बढ़कर वसन्त के बोए गेहूँ से जल्दी पक जाते हैं। जाड़े के गेहूँ को तभी हानि पहुँचती है, जबकि बरफ पतली या नहीं हो, और सरदी ज्यादा पड़े। ऐसी सरदी गेहूँ के पौधों को मार देती है। लेकिन बोये गेहूँ के ठंडे होने का डर नहीं था, क्योंकि जहाँ उसकी बोआई ज्यादा हुई थी, वहाँ बरफ की मोटी तह पड़ी हुई थी। अब तो बरफ काफी पड़ गई थी।

मुहल्ले की क्लब की रंगशाला में वैसे वयस्कों के लिए अक्सर फिल्म और दूसरे परिदर्शन हुआ करते थे, कभी-कभी वहाँ बच्चों का भी तमाशा होता था। 2 मार्च को लड़कों का प्रोग्राम था और इतना मनोरंजक था, कि शाला में बैठने की जगह नहीं रह गई थी। बन्दरों का तमाशा होनेवाला था। मुहल्ले के सैकड़ों बन्दर भी आकर तमाशा देखने के लिए अपनी सीटों पर जम गये थे। उनको हल्ला-गुल्ला और मार-पीट से रोकना आसान नहीं था। थोड़ी ही देर में सारा हॉल उनके शोर से भर गया। लेकिन बालकों के लिए तमाशा करने वाले उनके मनोविज्ञान से भी परिचित होते हैं। तुरन्त हारमोनियम लिये एक पुरुष और उसके साथ प्रश्नोत्तर करनेवाली स्त्री रंग-मंच पर आ गई। उसने कुछ प्रश्न किए, कुछ पहेलियाँ कहीं और कुछ गाने गाये, इस तरह मिनट भी नहीं बीता, कि लड़कों के ऊपर पूरी तौर से नियंत्रण कायम हो गया। खेल के साथ सरकस भी था, जिसमें एक बन्दर, 4 भालू, 4 कुत्ते, 1 भेड़िया, 1 बकरी, 1 गिलहरी पार्ट ले रहे थे। कुत्ते, भालू नाच भी करते थे, उनका 'गाना' भी बड़ा मनोरंजक था। लड़के खेल खतम हो जाने के बाद भी और की प्रतीक्षा में उठना नहीं चाहते थे, लेकिन आखिर उठना ही पड़ा और सब अपने मित्रों से आज के खेल की चर्चा करते खुश-खुश घर लौटे।

3 मार्च को स्नान का दिन था। सरदी कम रही, लेकिन बरफ फिर पड़ी थी। स्नानागार जाते समय भी अपने चमड़े के ओवरकोट और चमड़े की टोपी को छोड़ा नहीं जा सकता था। उस दिन स्नानागार में बड़ी भीड़ रही, क्योंकि भगेड़ू लड़कों की 50-50 की दो पाँतियाँ आ रही थीं। ये लड़के युद्ध की उपज थे। युद्ध में माँ-बाप के मरने या आश्रय-हीन रहने के कारण भाग खड़े हुए, और जगह-जगह भीख या दूसरी तरह खाते-पीते दुनिया की सैर करते ऊधम मचा रहे थे। युद्ध में बे माँ-बाप के लड़कों को लाखों की संख्या में लोगों ने दत्तक पुत्र बनाया था। मध्य-एसिया के तुर्कों और ताजिकों के परिवारों में भी यूरोपीय दत्तक पुत्र पल रहे थे। इस प्रकार अनाथ बच्चों को उतना अधिक कष्ट नहीं हुआ, जितना कि ऐसी स्थिति में किसी पूँजीवादी देश में होता, तो भी कुछ मनचले लड़के किसी के दत्तक पुत्र न हो मनमाना घूमना और मनमाना करना पसन्द करते थे।

उन्हें वैसी अवस्था में छोड़ देने पर जहाँ उनके बिगड़ने का डर था, वहाँ उनकी शिक्षा का समय भी चला जाता, इसलिए सोवियत ने जगह-जगह बच्चों के घर स्थापित किए थे, जिनमें उनके पालन-पोषण और शिक्षा-दीक्षा का प्रबन्ध था, लेकिन बिगड़े लड़के जरा-सा मौका पाते ही भागने के लिए तैयार हो जाते हैं, इसलिए उन्हें कड़े शासन में रखना पड़ता था। वह हर हफ्ते पाँती बाँधकर स्नानागार में जाते थे। सारे देश में पुलिस को ताकीद थी, कि भगेडू लड़कों को पकड़कर नजदीक के बालगृह में भेज दें। इनके अतिरिक्त युद्ध में मृत सैनिकों के होनहार लड़कों के लिए सुवारोफ सैनिक स्कूल स्थापित थे, जिनमें उन्हें शिक्षा के साथ भविष्य के सैनिक अफसर बनने का अवसर दिया जाता था। क्रान्ति-दिवस या मई-दिवस में जब सुवारोफ स्कूल के लड़के अपनी सुन्दर वर्दी में बड़ी शान के साथ परेड करते लाल मैदान में निकलते, तो कितनी ही देर तक तालियों की गूँज होती रहती।

भारत की आई चिट्ठियों की विचित्र हालत थी। अमृतराय की चिट्ठी बनारस से एक महीने में पहुँच गई और मेरी चिट्ठी भी उन्हें एक महीने में मिल गई, किंतु आनंदजी के पास मेरी हवाई चिट्ठी 7 महीने में पहुँची ! हवाई डाक पर क्या भरोसा हो सकता था ? जिस दिन (9 मार्च) को यह चिट्ठियाँ मिलीं, उसी दिन मैंने दाखुन्दा (ताजिक भाषा) का उर्दू में अनुवाद समाप्त किया था। समय काटने के लिए मैंने सोचा, भारत जाकर अनुवाद करने की जगह यहीं अनुवाद कर लूँ, तो अच्छा। उर्दू में ताजिक (फारसी) के मूल शब्द बहुत रखे जा सकते थे, इसलिए मैंने पहिले उर्दू में ही तर्जुमा किया। सोवियत में रहते ही मध्य-एसिया के महान् उपन्यासकार ऐनी के 'दाखुन्दा' और 'गुलामान' दो उपन्यासों का उर्दू में अनुवाद कर लिया था। दो-दो कापी करने के लिए समय नहीं था और उसी एक कापी को डाक और सेन्सर की गड़बड़ी में भारत भेजना बुद्धिमानी की बात नहीं थी।

17 मार्च को सरदी हिमबिन्दु से 10° नीचे थी, जिसे हम गरमी मानने लगे थे। अब सूर्य के दर्शन भी अक्सर हो जाते थे, लेकिन वसन्त में अभी डेढ़ महीने की देर थी, हमारे यहाँ और लेनिनग्राद के वसन्त में इतना अन्तर होता है। हमारे यहाँ पतझड़ और वसन्त एक साथ आते हैं, किन्तु रूस में पतझड़ सितम्बर में और वसन्त मई में आता है। मद्रास की तरफ जाने पर तो वसन्त और पतझड़ का ही नहीं, बल्कि सारी ऋतुओं का आगम एक ही साथ होता है, अन्तर केवल वर्षा और अवर्षा का है।

समय बीतता जा रहा था। वह दिन भी आनेवाला था, जब युनिवर्सिटी की पढ़ाई का वर्ष खतम हो जाएगा और मैं यहाँ से चल पडूँगा। सबसे ज्यादा फिकर इस बात की थी, कि कौन रास्ता पकड़ा जाए ? लंदन का रास्ता बहुत चक्कर का था। अदेस्सा (काला सागर) से जहाज पर समुद्र द्वारा बम्बई पहुँचने का रास्ता था। तीसरा रास्ता ईरान से था, किन्तु आए रास्ते से लौटना मुझे पसन्द नहीं है। चौथा रास्ता स्थल-मार्ग का अफगानिस्तान होकर था, जो सबसे समीप का भी था। लेकिन दिक्कत यह थी कि मेरे पास विदेशी विनिमय का जो चेक था, वह सोवियत या भारत में ही भुनाया जा सकता था। सोवियत रूबलों की कमी नहीं थी, किन्तु वह तेरमिज़ (आमूदरिया तट) तक ही काम आ सकते थे। तेरमिज़ से दरिया पार होते ही अफगानिस्तान आ जाता, जहाँ सोवियत के सिक्के बेकार हो जाते, और वैधानिक तौर से हम अपने साथ उन्हें ले भी नहीं जा सकते थे। आमू के घाट पर उतरकर मज़ारशरीफ तक का किराया कहाँ से आता और मज़ारशरीफ से काबुल जाने का भी सवाल था। भाग्य-भरोसे यात्रा करना मेरे लिए कोई नई बात नहीं थी, शायद मानवता वहाँ भी कोई रास्ता निकाल देती या पास की एकाध चीज बेंचकर किराये का पैसा जमा कर लेता, किन्तु मेरे पास जो ढाई वर्षों में काम की बड़ी दुर्लभ पुस्तकें जमा हो गई थीं, और प्रायः सभी रूसी भाषा में थीं, उनके लिए खतरा हो सकता था। कम्युनिज़्म से सभी देशों के शासक पनाह माँगते हैं, यदि उन्होंने कुछ किताबों को रख लिया तो ?

13 मार्च को एक और दुःखद घटना सुनी। लिथुवानिया में उत्पन्न बहुत-सी भाषाओं के पण्डित डाक्टर सिल्वोचिकस मर गए। सिल्वोचिकस लंदन में भी रहे थे, लंदन युनिवर्सिटी के पी-एच. डी. थे। यूरोप की नई-पुरानी तथा इवरानी और उससे सम्बन्ध रखनेवाली कितनी ही भाषाओं के अच्छे पण्डित थे। लिथुवानिया पर जब

जर्मनों का हमला हुआ, तो वह वहाँ से सोवियत की ओर भाग आए। सारी लड़ाई-भर कोई-न-कोई काम करके गुजारा करते रहे। यहूदी होने से उनको जर्मनों से जितना डर था, उससे वह सोवियत विरोधी हो नहीं सकते थे। 4-5 साल तक सोवियत में शरणार्थी होकर घूमते अब युनिवर्सिटी में आए थे। नौकरी के लिए युनिवर्सिटी में बहुत-सी जगहें खाली थीं। उन्हें आशा थी, कि कोई काम मिल जाएगा। वह प्राच्य-विभाग के पुस्तकालय में रोज आते, और धीरे-धीरे बहुत-से लोग उनके परिचित और मित्र बन गए थे। राष्ट्रीय महत्व के काम न करनेवाले के लिए राशन-टिकट बन्द हो गया था, इसलिए बेचारे सिल्वोचिकस पर भारी विपता आई। उनकी पत्नी और एक छोटा बच्चा था। तीनों को राशनविहीन खाद्य से गुजारा करना बहुत मुश्किल था। बड़ी दौड़-धूप लगाई, सब तैयार थे, पर हमारे विभाग का दल-सेक्रेटरी ऐसा मूर्ख मिला था, कि उसने इन्कार कर दिया। कहा–लंदन का पी-एच. डी. है, क्या जाने अंग्रेजों का गुप्तचर हो। उसकी इस राय के विरुद्ध किसी को जाने की हिम्मत नहीं थी। प्रो. स्टाइन हमारे डीन यहूदी थे, इसलिए वह भी कोई कदम उठाना नहीं चाहते थे। मालूम हुआ, थोड़ा-बहुत जो खाना सिल्वोचिकस जमा कर पाते, वह अपने शिशु-बच्चेवाली पत्नी को दे देते, और खुद कोई बहाना करके भूखे रह जाते। सिल्वोचिकस का स्वास्थ्य बहुत अच्छा नहीं था। इस अनाहार से वह धीरे-धीरे घुलने लगे। अन्त में एक दिन प्राणों ने उस शरीर को छोड़ दिया और एक प्रतिभाशाली भाषातत्वज्ञ से देश को वंचित हो जाना पड़ा। सिल्वोचिकस का खून किसी के सिर पर तो जरूर पड़ना चाहिए। लेकिन उसका दोषी हम साम्यवाद या रूस की कम्युनिस्ट पार्टी को नहीं कह सकते। लेनिनग्राद में कुछ मूर्ख उस समय पार्टी के सर्वेसर्वा हो गए थे, जिन्हें दो साल बाद दण्ड अवश्य मिला, लेकिन उस वक्त तो वह अपनी हरकतों से अनर्थ कर डालने में समर्थ थे। इसी तरह एक मंगोल विद्वान् भी उस समय अध्यापक का काम ढूँढ़ने लेनिनग्राद आया था। वह पिछले षड्यंत्रों में जौ के साथ घुन की तरह पिस गया था और कुछ साल जेल में रहकर अभी-अभी छूटा था। वैसे उसने युनिवर्सिटी में साइंस की शिक्षा पाई थी, लेकिन मंगोल बौद्ध होने के कारण पहिले अपनी धर्मभाषा तिब्बती को पढ़े हुए था, और जेल में उसे और पढ़ने का मौका मिला। 9 साल में उसने तिब्बती भाषा का बहुत अच्छा अध्ययन कर लिया था। आजकल प्राच्य-विभाग में तिब्बती भाषा के अध्यापक की आवश्यकता भी थी। विभागीय पुस्तकालय में ही एक ऐसे व्यक्ति की जरूरत थी। वह भी समय-समय पर पुस्तकालय में बैठकर अध्ययन करता और प्रबन्धिकाओं की मदद करता था। उसे भी अध्यापक नियुक्त करना लोग चाहते थे, किन्तु सिल्वोचिकस के साथ अन्याय करनेवाला वही मूर्ख फिर बाधक हुआ। कहा–राजद्रोह में जिसको सजा हुई है, उसे कैसे नौकर रखा जा सकता है ? लेकिन मंगोल विद्वान् को सिल्वोचिकस की हालत में पहुँचने की आवश्यकता नहीं पड़ी। कुछ मंगोल (बुरियत) लेनिनग्राद में रहते थे, जिनकी सहायता से रेल पर बैठकर वह फिर अपने देश को लौट गया। यह काले दाग हैं, जिनका कि अत्यन्त उज्ज्वल वस्त्र पर रहना बहुत खटकता है। इसमें शक नहीं कि सोवियत के शासक इसके लिए जागरूक भी रहते हैं, और पता लगते ही बिना रू-रियायत के अपराधी को दण्ड भी देते हैं।

पूर्वी भाषाओं के पढ़ाने में सबसे अधिक कठिनाई उच्चारण की थी। मैं अपने विद्यार्थियों के उच्चारण को ठीक करने का काफी प्रयत्न करता था। हमारे अध्यापकों ने जब सुना, कि मैं भारत लौट रहा हूँ–यद्यपि उस वक्त मैंने दो वर्ष के लिए ही जाने की बात कही थी–तो उन्होंने कहा, कि मैं उच्चारण के लिए कुछ ग्रामोफोन रिकार्ड में बोल दूँ। युनिवर्सिटी के साथ बड़ा-सा फोटोग्राफी का विभाग भी है। किनों-फिल्म और ग्रामोफोन जैसे विभागों को सुनकर हमारे यहाँ शायद आश्चर्य किया जाए, लेकिन रूस में साधन-सम्पन्न हुए बिना शिक्षण-संस्थाओं के कार्य में बाधा होती है, ख्याल रखा जाता है। ग्रामोफोन रिकार्ड करने का विभाग हमारे प्राच्य-विभाग की इमारत के पास में ही था। मैंने वहाँ संस्कृत, प्राकृत, अपभ्रंश, हिन्दी, उर्दू, और तिब्बती भाषा के ग्रन्थों के पाठ रिकार्ड कराये।

24 मार्च को दिल्ली-रेडियो से भारत में हुई अन्तर-एसिया-कान्फ्रेंस की रिपोर्ट सुनी। बक्ताओं ने अपनी भाषा में कितने ही भाषण दिए थे। सोवियत के प्रतिनिधियों में गुर्जी (स्तालिन की जाति), कजाक, और उजबेक प्रतिनिधि भी थे। एसिया का इतना बड़ा सम्मेलन बहुत दिनों बाद भारत की भूमि पर हुआ था। मुझे नालंदा

का ख्याल आता था, जहाँ पर कि मध्य-एसिया तथा सारे पूर्वी एसिया के छात्र पढ़ने के लिए आया करते थे। भारत को फिर एक बार अपने पुराने सम्बन्धों को जाग्रत करने का अवसर मिला। यद्यपि उस समय भी बौद्धधर्म ने आक्रमणकारी संस्कृति का प्रचार नहीं किया था, बल्कि जिस देश में भी वह गया, वहाँ की संस्कृति की रक्षा करते हुए अपनी देन से उसे आगे बढ़ाने का प्रयत्न किया, तो भी आज के युग में तो भिन्न-भिन्न संस्कृतियों के संघर्ष का कोई कारण नहीं है। संघर्ष का कारण तो वस्तुतः आर्थिक शोषण होता है। आर्थिक शोषण हटा दीजिए, तो संस्कृतियों का समन्वय बड़ी मधुरता के साथ हो जाता है। सोवियत रूस इसका उदाहरण है। मध्य-एसिया इस्लामिक संस्कृति में पला है, रूसी अपने इतिहास के आरम्भ ही से ईसाई संस्कृति को अपनी मानते आये हैं, मंगोल बौद्ध-संस्कृति को अपनी जाति से अलग करके देख नहीं सकते। इनके अतिरिक्त यहूदी धर्म के अनुयायी सारे रूस में बिखरे हुए हैं, और जिनकी एक भौगोलिक इकाई स्थापित करने के लिए सुदूर-पूर्व में बोरोबिजान का एक स्वायत्त शासित भू-भाग स्थापित किया गया है। इन संस्कृतियों में काफी भेद है, और पिछले इतिहास को देखने पर मालूम होता है, कि उनका पारस्परिक संबंध कितना कटु था। धर्म-निर्भर संस्कृति के अतिरिक्त रक्त में भी परस्पर भेद था, जोकि ऊँच-नीच के भावों को उठाकर झगड़े का कारण बन जाता था। लेकिन आज सारी संस्कृतियाँ परस्पर नीर-क्षीर हो गई हैं। एक-दूसरे के भावों को लोग आदर की दृष्टि से देखते हैं और एक-दूसरे के वीरों का सम्मान करने में पीछे नहीं रहते। संस्कृतियों का सुन्दर समन्वय कैसे हो सकता है, इसका रास्ता सोवियत रूस ने दिखलाया है, लेकिन उसके लिए आर्थिक शोषण का अन्त होना आवश्यक है।

तिरयोकी में एक वृद्ध आरमेनियन संगीतकार से मेरा परिचय हुआ था। यह लेनिनग्राद के गिने-चुने उस्तादों में से थे। 4 मास वह लेनिनग्राद की प्राचीन और प्रतिष्ठित कन्सवेंतरी (संगीत-विद्यालय) में प्रोफेसर का काम करते, और 8 महीने अपनी जन्मभूमि की राजधानी येवरान नगरी में। उनके निमंत्रण पर 26 मार्च को हम उनके घर गए, जहाँ एक और 70 वर्षीया वृद्धा संगीताचार्य निमंत्रित थीं। वृद्धा के साथ उनका तरुण नाती (बेटी का लड़का) भी आया था। 20 वर्षीय तरुण वैसे साइंस का विद्यार्थी था, लेकिन संगीत तो उसके खून में था, इसलिए उसमें भी उसकी काफी गति थी। जन-संगीत को वह बहुत पसन्द करता था और इसके लिए अपनी छुट्टियों को एसिया और दूसरी जगहों की जातियों के जन-संगीतों के अभ्यास और संग्रह में बिताता था। भारतीय संगीत के बारे में मैं क्या बतला सकता था ? मैंने पहिले ही कह दिया, कि संगीत और काव्य यह मेरे लिए दो सर्वथा अपरिचित-से विषय हैं, उनकी ओर न मेरी कोई विशेष रुचि है न गति। मैं तो शायद अपने को उनके संबंध में शून्य समझ सकता था, किन्तु कुछ संगीत–विशेषकर जन-संगीत और कुछ कविताओं–विशेषकर जन-कविताएँ और दूसरी कविताओं से मेरा हृदय आप्लावित हो जाता है, इसलिए अपने को सर्वथा शून्य नहीं कह सकता। भारतीय संगीत के बारे में कुछ न कह सकने की जगह मैंने अपने साथ लाये दो ग्रामोफोन रिकोर्डों को रख दिया। उनमें से एक में मामूली चलता सिनेमा का गाना था, जिसे बड़ी अरुचिपूर्वक दोनों वृद्ध-वृद्धाओं ने सुना और अलग रखवा दिया। सौभाग्य से 'तानसेन' फिल्म में गाए दो गाने के भी रिकार्ड थे, जिनमें भारतीय संगीत का ज्यादा शुद्ध रूप था, जिसे बहुत पसन्द किया गया। मैंने दोनों संगीत-विशेषज्ञों से पूछा : भारतीय संगीत को अन्तर्राष्ट्रीय नोटेशन में लिखा जा सकता है ? वृद्धा ने इसके जवाब में किसी अंग्रेजी शोधपत्रिका के पुराने दो-तीन अंक निकालकर कर रख दिए। वहाँ हमारे रागों को यूरोपीय नोटेशन में बद्ध किया गया था। लेकिन छपे हुए नोटेशन तो मेरे लिए भैंस के आगे बीन बजाना था। इस पर वृद्धा के नाती ने कहा–मैं नोटेशन में बाँधकर सुनाता हूँ। रिकार्ड फिर लगाया गया। उसने जल्दी-जल्दी कागज पर नोटेशन लिख लिया। फिर "बरसो रे बरसो रे" के राग को पियानो पर बजाकर दिखा दिया। उन्होंने कहा : किसी भी वास्तविकता को रेखाओं में बाँधना संभव नहीं है, यह बात संगीत पर भी घटती है। नोटेशन का काम है स्वर और लय में वास्तविकता के समीप तक पहुँचने में सहायता करना। मैंने देखा, वह काम यहाँ हो गया था। फिर मुझे ख्याल आया–हमें भारतीय संगीत के लिए अन्तर्राष्ट्रीय नोटेशन को अपनाना चाहिए। न अपनाकर हम अपना ही नुकसान करेंगे। नोटेशन-बद्ध भारतीय संगीत की महिमा को दुनिया के वे लोग

समझने लगेंगे, जिनके लिए यह बन्द हुई पुस्तक-सा है। अन्तर्राष्ट्रीय नोटेशन का उद्‌गम चाहे यूरोप रहा हो, किन्तु आज वह जापान तक एसिया के सारे देशों में प्रचलित है। संकीर्ण राष्ट्रीयता के फेर में पड़कर उसका बायकाट करना हमारे लिए न श्रेयस्कर है, न वांछनीय ही। तरुण ने कई एसियायी जनगीतों को गाकर सुनाया। संगीत के लिए शुष्क-सा मेरा हृदय भी उस मंडली में सरस हो उठा था।

27 मार्च को युनिवर्सिटी जाते समय रास्ते में पानी ही पानी दिखाई पड़ा। नेवा में भी बरफ के ऊपर पानी तैर रहा था। अब के साल हमारे लिए नेवा ने रास्ते का काम बहुत कम कर दिया। अब तो लोग उसकी जमी धार पर भी विश्वास नहीं करते थे–क्या जाने कहीं बरफ पतली हो और बोझ सह न सके, फिर गड़ाप से गिरकर समुद्र में पहुँचने की किसको इच्छा होती ? आज हिन्दी-उर्दू की कविताएँ, तथा यजुर्वेद के कुछ सस्वर मंत्रों का रिकार्ड करवाया।

28 मार्च को मानवतत्व-संग्रहालय में फिर गए और वहाँ के पुरातत्व-विशेषज्ञ से देर तक बातें करते रहे। अर्थार्जन की कठिनाई से निश्चिंत होने के कारण सोवियत विद्वानों को शास्त्रचर्चा करने के लिए काफी समय मिलता है और उसकी तरफ उनकी रुचि भी होती है। अपने विषय में जिसकी रुचि नहीं वह उस विषय के अध्ययन और अध्यापन की ओर पैर ही नहीं बढ़ाता–यह सभी लोगों को काम मिलने की गारण्टी का परिणाम है। उक्त विद्वान् से मैं मध्यएसिया के प्रागैतिहासिक काल पर बातें कर रहा था। उन्होंने निम्न बातें बतलाईं–

उजबेकिस्तान–यहाँ मूस्तर (नियंडर्थल) मानव के शरीरावशेष तेशिकताश की गुफा में मिले हैं। पास में ही अमीर तैमूर गुफा में हड्डियाँ तो नहीं किन्तु उनके पाषाणास्त्र मिले हैं। तेरमिज के पास मचई गुफा में मूस्तर और मध्य पाषाणयुगीन हथियार मिले हैं। समरकन्द इलाके में ऊपरी पुरा-पाषाणयुग के हथियार प्राप्त हुए हैं।

ताजकिस्तान–यहाँ पर पाषाणयुग के अवशेषोंवाली बहुत-सी गुफाएँ हैं, मगर अभी खुदाई का काम नहीं हुआ है।

तुर्कमानिस्तान–में वक्षु नदी की पुरानी धार उजबोई के कास्पियन समुद्र से मिलन के स्थान पर मनकिश्लक में ऊपरी पुरापाषाण और मध्य-पुरापाषाणयुगों के हथियार प्राप्त हुए हैं। यह स्मरण रखना चाहिए कि किसी समय वक्षु (आमूदरिया) आज की तरह अराल समुद्र में न गिरकर कापिस्पयन में गिरती थी, पीछे वह अराल समुद्र में गिरने लगी। 12-13वीं शताब्दी के भीषण युद्धों में नहरों के लिए बने बाँध टूट गए, तो एक बार फिर उजबोई ने वक्षु का रूप लिया था। शताब्दियों से उजबोई सूखी पड़ी थी। वर्षा के अत्यन्त कम होने से आस-पास की धरती वक्षु के पानी से वंचित रहकर कितने दिनों तक हरी-भरी रहती ? वहाँ की भूमि कराकुम के विशाल रेगिस्तान के रूप में परिणत हो गई। लेकिन अब फिर उसका समय लौटनेवाला है। इसी साल से दुनिया की सबसे बड़ी नहर–मुख्य तुर्कमान नहर–आधुनिकतम यांत्रिक साधन द्वारा खुदने लगी है। चंद ही सालों बाद आमू फिर कास्पियन में गिरने लगेगी। उसकी नहरों के जालों से कराकुम की भूमि फिर हरी-भरी हो उठेगी। नहरों के खोदने के समय इस भूमि के भी पुराने मानव-अवशेषों का पता लगेगा, जिनसे बीते युग की सभ्यताओं पर अच्छा प्रभाव पड़ेगा।

कजाकस्तान–इर्तिश नदी के तट पर अल्ताई के पास यहाँ ऊपरी पुरा-पाषाणयुग के जो हथियार मिले हैं, उनका सम्बन्ध साइबेरिया से प्राप्त सामग्रियों के साथ है। कुसतनइ जिले में केरिनकुल झील के किनारे अणु-पाषाणयुग के हथियार मिले हैं, किन्तु उनके साथ मृतपात्र नहीं है।

किर्गिजिस्तान–त्यान-शान पर्वतमाला में अवस्थित इस गणराज्य में भी ऊपरी पुरा-पाषाणयुग के अवशेष प्राप्त हुए हैं।

जिस तरह मध्य-एसिया के इतिहास की सामग्री के लिए हमें पुस्तकों का अध्ययन करना आवश्यक था, उसी तरह पुरातत्व-सामग्री के बारे में विद्वानों का सत्संग भी जरूरी था। मध्य-एसिया की पुरातत्विक ऐतिहासिक सामग्री कई संग्रहालयों में रखी हुई है, जिनमें से कुछ तो मध्य-एसिया के गणतंत्रों में थे, जहाँ हमारे जाने की अब संभावना नहीं रह गई थी। लेनिनग्राद और मास्को के संग्रहालयों के कमरों को धीरे-धीरे सजाया जा रहा

था, इसलिए विद्वान् ही इस बारे में ज्यादा सहायक हो सकते थे।

29 मार्च को पता लगा, कि भारत सोवियत भूमि के साथ दौत्य-संबंध स्थापित करने जा रहा है। श्रीमती विजयलक्ष्मी पंडित भारत-दूत बनकर आ रही हैं और यहाँ से जूकोफ दिल्ली जा रहे हैं। हमारे रहने तक विजयलक्ष्मी जी नहीं आईं और पीछे जूकोफ नहीं, दूसरे दूत सोवियत की तरफ से दिल्ली भेजे गए। अप्रेल के पहिले हफ्ते से अब भारतीय अखबार भिन्न-भिन्न भाषाओं में काफी संख्या में मेरे पास पहुँचने लगे। यद्यपि सभी 3-3 महीने के पुराने थे, किन्तु उनसे देश की बहुत-सी बातें मालूम होती थीं। ताजी खबरों के लिए रेडियो पास था ही। हाँ, किसी अखबार के सारे अंक नहीं मिल रहे थे। मालूम होता था, कुछ को समाचारपत्र-प्रेमी रास्ते ही में झटक लेते हैं। लेकिन जो भी मिल जाते थे, हम तो उन्हें ही गनीमत समझते थे। काश, यदि यही बात डेढ़ वर्ष पहिले से हुई होती ! 15 अप्रेल को एक और भी काम हमारे पास आया। वह था रूसी फिल्मों का हिन्दी भाषान्तर करना। 'शपथ' फिल्म के सिनारियो को हमारे पास रूसी से हिन्दी में तर्जुमा करने के लिए भेजा गया था। इसमें जितना अभिनय था, उतना वार्तालाप नहीं था। कुल 74 पृष्ठ की सामग्री रही होगी। फिल्म-विभाग ने इसके अनुवाद करने के लिए साढ़े चार हजार रूबल पारिश्रमिक देने के लिए लिखा था। खैर, रूबल बुरे तो नहीं थे, किन्तु मुझे उनकी उतनी परवाह नहीं थी। उन्होंने यह भी लिखा था, कि हम ऐसे बहुत-से फिल्मों का अनुवाद-कार्य आपको देंगे। उधर पत्र-पत्रिकाओं ने भी लेख लिख देने का आग्रह किया था और मैंने एक लेख लिखा भी था। अब भी आय के बारे में अकदमिक बरान्निकोफ का रास्ता कुछ छोटे आकार में सामने दिखाई पड़ने लगा था। रेडियो की भी माँग शुरू हो गई थी। भारतीय इतिहास से संबंध रखनेवाली सामग्री एर्मीताज और मानवतत्व-म्युजियमों में थी, वहाँ पर विशेषज्ञ परामर्शदाता होने की बात चलने लगी। सोवियत में किसी विद्वान् से कोई काम मुफ्त नहीं लिया जाता। हर जगह काम करने के लिए पारिश्रमिक नियत था। इसलिए जहाँ तक पैसे का सवाल था, उसकी बाढ़-सी आनेवाली थी। युनिवर्सिटी की ओर से तीन-चार कमरों वाले अच्छे मकान की भी पूछताछ अब ज्यादा गंभीरता से होने लगी थी। हमारे सामने अब प्रश्न था–क्या यहाँ रहकर आराम का जीवन बिताएँ, या भारत लौटकर अपने साहित्यिक काम को जारी करें। पहिला रास्ता मुझे जीवन-मृत्यु जैसा मालूम होता था। ऐसी आराम की जिन्दगी लेकर क्या करना था, जब कि वास्तविक काम को मैं यहाँ रहकर ठीक तरह से कर नहीं सकता था। भारत से आये ढाई वर्ष से अधिक हो गए थे। भारत में रहते इतने समय में दो-ढाई हजार पृष्ठ तो जरूर लिखा होता। इन ढाई वर्षों में मेरा दिमाग खाली बैठा नहीं था, कितनी ही पुस्तकों की कल्पना मन में तैयार हो रही थी, जिनको यहाँ रहकर कागज पर उतारना बेकार था, क्योंकि इसमें बहुत संदेह था, कि सेंसरों की मार से बचकर वह प्रेस में पहुँचने में सफल होतीं। मुझे यह निश्चय करने में जरा भी कठिनाई नहीं हुई, कि मैं जीवन-मृत्यु को कभी पसन्द नहीं कर सकता। दिल में जो इसके कारण कसक होती थी, उसी को मिटाने के लिए ही मैंने 'दाखुन्दा' 'गुलामान' का अनुवाद करना शुरू किया था। 'दाखुन्दा' समाप्त होकर 6 अप्रेल को 'गुलामान' (जो दास थे) में भी 394 पृष्ठ तक पहुँच गया था। प्रति सप्ताह 200 पृष्ठ की गति थी। लेकिन जब उनके प्रकाशित होने का ख्याल आता, तो रास्ता नहीं दिखलाई पड़ता।

6 अप्रेल को ईसाइयों का ईस्टर-रविवार बहुत बड़ा त्यौहार आया। कैथलिक उसे आज मना रहे थे, लेकिन रूस में ग्रीकचर्च की प्रधानता है, जिसका त्यौहार अगले (13 अप्रेल) रविवार को होनेवाला था। लोला के पितामह फ्रेंच कैथलिक थे, जिसके कारण पिता और लोला भी कैथलिक रहे। आज वह ईगर को लेकर कैथलिक चर्च में पूजा-प्रार्थना करने गई। घर में तो ईगर रोज ही ईसा मसीह की प्रार्थना कर लिया करता था, लेकिन चर्च के भीतर जाने का उसे यह पहिली ही बार मौका मिला था। बोजिन्का (भगवान्) के दर्शन के लिए बड़ा उतावला हो रहा था। समझता था, कि गिरजे में जरूर भगवान विराज रहे होंगे। वहाँ मैं तो नहीं गया था, लेकिन उसकी माँ के मुँह से सारी बातें सुनीं। वह सामने बैठा रो रहा था। एक भक्तिन बुढ़िया ने देखकर कहा–"कैसा सुन्दर-हृदय लड़का है, भगवान् की भक्ति में गद्‌गद् होकर रो रहा है।" ईगर बहुत चाहता था कि भगवान् के पास पहुँचे, लेकिन त्यौहार के कारण भीड़ बड़ी थी, वहाँ तक पहुँचने का मौका नहीं मिला। फिर वह जल्दी करने लगा–"मामा,

किनो (सिनेमा) खतम हो जाएगा। जल्दी करो।" यहाँ ईगर की भक्ति नंगी हो गई थी, उसे बोजिन्का के दर्शन से ज्यादा फिल्म अपनी ओर खींच रहा था। मालूम नहीं बुढ़िया ने इस भक्त-हृदय शिशु के इस रूप को देखा या नहीं। रात के वक्त कभी-कभी मैं भी बोजिन्का की बात करता, और दुनिया के सारे दुःख-सुख अन्याय-पक्षपात का जिम्मेवार उस सर्वशक्तिमान को बतलाकर ऐसा चित्रित करता, कि वह बोजिन्का (भगवान्) नहीं बल्कि चोर्त (शैतान) दीखने लगता। लोला को यह बात बहुत बुरी लगती, वह खीझकर कहती–बच्चों के सामने ऐसा नहीं कहना चाहिए। मैं कहता–बच्चों के हृदय को कोरी स्लेट की तरह रहने देना चाहिए। वह ईश्वरविश्वासी हों या नास्तिक, इस बात को उन्हीं के ऊपर छोड़ देना चाहिए।

यह बतला चुके हैं, कि रूस में भीख माँगना कानूनन नहीं व्यवहारतः भी उठ गया है, लेकिन कुछ कामचोर इसे अच्छे लाभ का पेशा समझकर मौका पा करने से बाज नहीं आते। गिरजों के पास ऐसे भिखमंगे कभी-कभी मिल जाते हैं। किसी बुढ़िया को लोला ने उस दिन पैसा दिया था, जिस पर क्रिस्तुस् के लिए कहकर बुढ़िया ने अपने दाहिने हाथ की अँगुलियों से सिर, छाती और दोनों कंधों को छूकर क्रास बनाया। उस दिन घर लौटकर ईगर को जब माँ ने मिठाई दी, तो उसने ठीक बुढ़िया की तरह ही 'क्रिसतुस्' के लिए कहकर क्रास बनाया। क्रिसतुस् की भक्ति में आकर पड़ौसी तोस्या के 7-8 महीने के बच्चे कोल्या की हथेली में सुई चुभोने की कोशिश करते हुए ईगर पकड़ा गया था और वह बच्चे को क्रिसतुस् नहीं बना सका। उसका स्मरण दिलाकर मैंने लोला से बहुत कहा कि अभी होश सँभालने दो, इसे अभी से धर्म की गहरी घुट्टी मत दो, लेकिन वह कहाँ होनेवाला था।

10 अप्रेल को मास्को की खबर से मालूम हुआ कि वहाँ नदी मुक्तधार होकर बह रही है, यहाँ नेवा की नींद अभी भी नहीं खुली थी; हाँ, कभी-कभी पतली धार निकलकर टेढ़ी-मेढ़ी चाल से दूर तक जा बरफ में गुम हो जाती थी।

हमारे विभाग में हिन्दी पुस्तकों की कमी थी, नई पुस्तकें तो आती ही नहीं थीं। 11 अप्रेल को मेरी अपनी लिखी 11 पुस्तकें पहुँचीं, जिनमें 'जीवनयात्रा', 'मानवसमाज', 'दिमागी गुलामी', 'सतमी के बच्चे', 'नई समस्याएँ', 'इस्लाम की रूपरेखा', 'विस्मृति के गर्भ में', 'शैतान की आँख', 'साम्यवाद ही क्यों', 'बाईसवीं सदी' थीं। मैंने एक-एक प्रति युनिवर्सिटी को दे दी। प्रकाशक ने यह देखने के लिए थोड़ी ही और हल्की-हल्की पुस्तकें भेजी थीं, कि वह वहाँ पहुँचती हैं या नहीं, लेकिन अब दूसरी पुस्तकें मँगाने का अवसर नहीं रह गया था। मैंने कुछ हिन्दी संस्थाओं को कुछ नई पुस्तकें मुफ्त भेजने के लिए लिख दिया। दाम भेजने में विदेशी विनिमय का झगड़ा इतना था, जिसके फेर में पड़कर काम होना मुश्किल था। हाँ, सोवियत के राजदूत के दिल्ली में पहुँच जाने पर यह कठिनाई दूर होने की संभावना थी।

13 अप्रेल रविवार को ग्रीक-चर्च का पासख (ईस्टर) दिन था। ग्रीक चर्च के अनुयायियों की संख्या अधिक होने से आज सभी घरों में उत्सव मनाया जा रहा था। ईगर ने पूछा–मामा, उत्सव का दिन है तो झण्डा-पताका क्यों नहीं ?

लोला–यह सरकारी महोत्सव नहीं है, बेटा !

लड़के को बात समझ में नहीं आ रही थी : सरकारी महोत्सव क्या गैर-सरकारी महोत्सव क्या। आज कई मेहमान घर में निमंत्रित थे, जिनमें तीन लोलाएँ और दो सिरियोज़ा थे। एक लोला, लोला की भतीजी थी और दूसरी लोला उसके बहिन के लड़के सिरियोज़ा की बीवी। सिरियोज़ा के बहनोई का नाम भी सिरियोज़ा था। भोज में पान की छूट थी। भोज भी अच्छा था। दो सप्ताह के बछड़े के मांस का सूप, उसके बाद भेड़ का मांस, बैकन, केक थीं। पनीर और दूसरी चीजों को मिलाकर बहुत स्वादिष्ट पासख बना था। सब लोग चषक उठा रहे थे, तो ईगर कैसे चुप बैठता। उसे शरबत में नीबू का रस डाल दिया गया। पहिले ही चषक में वह मतवाला होने लगा। जान पड़ता है, लड़के में अभिनेता बनने के कुछ गुण अवश्य हैं, शायद दूसरे ही चषक पीते-पीते वह लोट-पोट हो जाता, किन्तु शरबत देते उसने देख लिया, इसलिए नशा बहुत नहीं चढ़ा। मान्या आज काफी पी गई थे, उस पर नशे का असर ज्यादा था। वैसे सभी की आँखें लाल थीं। पीवा वहाँ

साधारण पान को कहते हैं, जिसमें नशा नाममात्र होता है, लेकिन वोद्का बहुत मशहूर और कड़ी शराब है, जो आजकल अधिकतर आलू से बनाई जाती है। शब्दार्थ को लीजिए तो पीवा संस्कृत का पेय है, और वोद्का संस्कृत का उदक। रूसी में वदा (उदा) पानी को कहते हैं, लेकिन क और जोड़ देने से वदका (वोद्का) कड़ी शराब का वाचक हो जाती है। हमारी पड़ोसिन ने अपने सात मास के बच्चे को पीवा नहीं, वदका का प्याला चखाया। आखिर उसे बचपन ही से तो आदत लगाना था। पासख त्यौहार ठहरा। त्यौहार में अगर इतनी चीजें न पकाई जाएँ, जो कि दो-तीन दिन चलें, तो वह त्यौहार ही क्या ?

19 अप्रेल से हफ्ते-भर ईगर को बराबर बुखार पकड़े रहा। खैरियत यही थी, कि छूत की बीमारी नहीं थी, इसलिए वह घर पर ही रहा। दूसरे ही दिन डाक्टर बुलाया गया और फिर वह प्रतिदिन आता रहा। यदि फीस देनी होती, तो सारी बीमारी में हजारों रूबल खर्च होते। चिकित्सा के लिए सोवियत में किसी को एक पैसा भी खर्च करने की आवश्यकता नहीं है। बीमारी का कोई साफ पता नहीं लगता था, इसलिए हम डाक्टर की सलाह से ईगर को मुहल्ले के अस्पताल में ले गए, जो कि समीप में ही था। उसकी तिमंजिला विशाल और भव्य इमारत और कर्मचारियों की सेना को देखकर विश्वास नहीं होता था, कि यह मुहल्ले का अस्पताल है, वहाँ चिकित्सा का इन्तिजाम सरकार ने मुफ्त कर रखा था। चाहे शिशुशाला हो या बालोद्यान, पाठशाला हो या चिकित्सा-स्थान, जितने बड़े पैमाने पर उनका इन्तिजाम है, और उनका जो सालाना खर्च है, उसे देखकर तो हम भारत से तुलना करते वक्त निराश हो जाते थे। सोवियत सरकार जितना लेनिनग्राद के अस्पतालों पर खर्च करती है, उतना तो हमारे उत्तर प्रदेश का सारा बजट होगा। फिर उसका अनुसरण हमारे यहाँ कैसे हो सकता है ? रोन्तेगेन (एक्सरे) के कमरे में ले जाकर डाक्टर ने ईगर के फेफड़े आदि की अच्छी तरह परीक्षा की–हमारे यहाँ जिसे एक्सरे कहते हैं, उसके आविष्कारक जर्मन वैज्ञानिक रोन्तेगेन के नाम से उसे रूस और दूसरे देशों में पुकारा जाता है। एक्सरे के डा. ने कहा : टी. बी. का असर नहीं है। दूसरे डाक्टर ने कहा : लगातार ज्वर है, इसलिए अस्पताल में रखें। लेकिन लोला की खोपड़ी में यह बात जल्दी आनेवाली नहीं थी, उसे डाक्टर और दवा से ज्यादा अपने हाथ के भोजन पर भरोसा था। फिर हम एक बड़े हॉल में गए, जहाँ बीसों स्त्रियाँ काम कर रही थीं। चिट के देने पर एक महिला ने कई ट्यूबों और स्लाइडों पर ईगर का खून लिया। यह स्पष्ट ही है, कि यहाँ के डाक्टर अत्युग्र भौतिकवादी हैं और पूछ-ताछ पर उतना विश्वास नहीं रखते, जितना कि अपने यांत्रिक साधनों पर। लड़की ने एक दर्जन ट्यूबों में ईगर का खून ले ईगर का नम्बर चिपका दिया। अब वह कहीं दूसरे अपरिचित व्यक्ति के पास जाँच करने के लिए जाएगा, जहाँ से वह अपने-अपने विषय की बीमारियों की कीटाणुओं के होने या न होने की सूचना देगा। खून लेने में महिला बड़ी दक्ष थी और उसका औजार भी यंत्र-चालित था, जिसमें शायद सेकेण्ड के सैकड़े हिस्से में घाव होकर खून निकलने लगता था। दिमाग में घाव की सूचना पहुँचने से पहिले ही काम हो जाता था, फिर कष्ट मालूम क्यों होता ? इस विशाल कार्यालय को देखते समय हमारे दिल में यह भी ख्याल आ रहा था, कि यह लेनिनग्राद के एक मुहल्ले का चिकित्सालय है।

24 अप्रेल को युर्निवर्सिटी जाते वक्त देखा, नेवा अब पूरी तौर से जागकर मुक्तप्रवाह है। शायद दो-एक दिन पहिले ही वह हिममुक्त हुई थी। अब बरफ का कहीं पता नहीं था। आज गरमी भी मालूम होती थी। चमड़े के ओवरकोट और टोपी को घर पर रखकर गए थे,. लेकिन जब शाम के वक्त लौटने लगे, तो सरदी भी लौट आई थी, इसलिए अपनी बेवकूफी पर हँसी आती थी।

पहिली मई को फिर मई का महोत्सव आया, फिर झण्डे-पताके और नेताओं के फोटो, योजनाओं के रेखाचित्र जगह-जगह चिपकाये गए। मुझे मई-दिवस देखने की आवश्यकता नहीं थी, इसलिए घर में रेडियो से ही उत्सव की सारी बातें सुनता रहा। हाँ, उस दिन तीन लड़के लिये एक स्त्री भीख माँगती फिर रही थी। हमारा मुहल्ला एक कोने में था, पुलिस आसपास में नहीं थी, इसीलिए वह निडर हो अपने व्यवसाय को कर सकती थी, केवल एक लज्जा छोड़ देने की जरूरत थी, फिर ऐसा लज्जा-हीन कौन होगा, जो एक टुकड़ा रोटी या एक रूबल देने से इन्कार करे।

नेवा लदोगा नाम की एक बड़ी झील से निकलकर आती है, जिसकी बरफ जल्दी खतम नहीं होती, इसलिए मुक्तप्रवाह नेवा की धारा में अब लदोगा से बहकर आते बरफ के बड़े-बड़े खण्ड आ रहे थे। लोग कह रहे थे कि उन्हीं के कारण आजकल सरदी बढ़ी हुई है, वैसे सूर्य का दर्शन बराबर हो रहा था। बहते हुए हिमखण्डों के साथ हवा ने भी कुछ सहायता कर दी थी, इसलिए हम वसन्त को पूरी तौर से अपने पास नहीं पा रहे थे। 10 मई को एक जगह कुछ छोटी-छोटी पत्तियाँ मैंने देखीं, एक-दो जगह हरी घास भी निकली हुई थी। नगर में वैसे बालोद्यानों के सिवाय हरियाली की कमी थी। पाँच-पाँच महीने तक हरियाली के लिए तरसती आँखें क्यों न हरी पत्तियों और घासों की ओर एकटक लग जाएँ ? वसन्त का मूल्य यहीं के लोग समझ सकते हैं।

लोला की बहन का लड़का सिरियोज़ा था मस्त-मौला, घर-फूँक तापनेवाला, शराब पीने-पिलाने में बिल्कुल खुले हाथ। लेकिन, आदमी बहुत अच्छा था, कामचोर नहीं था। हाँ, किसी एक काम पर उसका मन नहीं लगता था। सेना से हटे काफी दिन हो गए थे, अब तक चाहता तो अच्छी स्थायी नौकरी मिल जाती, लेकिन उसे तो बराबर काम बदलते रहना पसन्द था। लोग समझते हैं, सोवियत रूस में लोगों से जबर्दस्ती काम लिया जाता है, यह ख्याल कितना गलत है, इसका उदाहरण सिरियोज़ा था। वस्तुतः वहाँ भूखे मरने के लिए तैयार लोगों को कोई रुकावट नहीं थी, सरकार किसी को जबर्दस्ती काम पर नहीं लगाती। अब की बार वह फिन्लैंड की सीमा की ओर काम पर गया था, जहाँ से एक सीधी-सादी ग्रामीण लड़की को ब्याह लाया। उनके पास न राशनकार्ड था और न पैसा ही। लेकिन सिरियोज़ा को कोई परवाह नहीं थी। वह हमारे यहाँ कुछ दिन रह जाते और कुछ दिन कहीं दूसरी जगह। लड़की बेचारी काम ढूँढ़ रही थी, लोला भी कोशिश कर रही थी।

यात्रा के रास्ते की फिर चिन्ता होनी जरूरी थी, क्योंकि अप्रेल का आधा महीना बीत रहा था और शायद जून में ही यहाँ से जाना हो। लंदन के एक मित्र को लिखा, तो मालूम हुआ वहाँ से बम्बई तक का जहाज का किराया 72 पौंड है। जहाजों की कमी और यात्रियों की अधिकता के कारण कभी-कभी महीना-भर इन्तिजार करना पड़ता है। उन्होंने यह भी लिखा, कि लंदन में महीने-भर के लिए 40 पौंड खर्च चाहिए। 112 पौंड का सीधा हिसाब बन रहा था, और यहाँ अपने पास 60 ही पौंड का चैक रह गया था, इसलिए वहाँ होकर जाने का ख्याल छोड़ने का मन हो रहा था। कालासागर के रास्ते की ओर कभी-कभी मन जाता था। पता लगाने पर मालूम हुआ कि अदेस्सा बन्दर से सोवियत के जहाज बराबर जाया करते हैं। सोवियत जहाजों में सबसे बड़ा फायदा यह था, कि हम सोवियत के सिक्के को इस्तेमाल कर सकते थे, लेकिन और पूछने पर मालूम हुआ, कि सोवियत जहाज बम्बई की ओर नहीं जाता, वह फिलस्तीन के बन्दरगाह पर उतारकर अमेरिका की ओर चला जाएगा। फिलस्तीन से पोर्तसईद तक का पैसा कहाँ से आएगा और पोर्तसईद से बम्बई के लिए भी तो किराया चाहिए। अगर लड़ाई नहीं होती, तो हमारे साठ पौंड के चैक पर रूस का नाम दर्ज होने की आवश्यकता नहीं थी, फिर तो हम आसानी से फिलस्तीन या पोर्तसईद में अपने चैक को भुना सकते थे, लेकिन वह तो होनेवाली बात नहीं थी। अभी हम यात्रा-मार्ग के बारे में किसी निश्चय पर नहीं पहुँच पाए, यही कह सकते थे, कि अब भारत जाना निश्चित है। ईगर इस साल दो-दो बार बीमार पड़ा, जिससे उसकी पढ़ाई में हर्ज हुआ। आखिर में परीक्षा के समय भी बीमार हो घर में पड़ा रहा। लेकिन सोवियत के शिक्षा-विभाग को सिर्फ पढ़ाने की ही नहीं, बल्कि बच्चों को आगे बढ़ाने की भी फिकर रहती है, इसलिए ईगर की अध्यापिका ने घर आकर उसकी परीक्षा ली। गणित और रूसी भाषा की परीक्षा में उसे 5-5 अंक मिले, यानी शत-प्रतिशत। लिखना उतना अच्छा नहीं था, इसलिए 4 अंक मिले, चित्रण में भी 4 अंक। सबसे कम अंक उसे शारीरिक व्यायाम में मिले अर्थात् 3 जो कि पास-मार्क है। आज सभी माँ-बाप अपने बच्चों की सफलता के बारे में जानने के लिए स्कूल में इकट्ठा हुए थे। अध्यापिकाओं ने साल-भर का हिसाब दिया। ईगर अपनी क्लास में प्रायः सभी विषयों में प्रथम रहता रहा, यह जानकर खुशी हुई।

18
अन्तिम महीने

सिनेमा कोई दुर्लभ नहीं था, मेरे लिए ही नहीं, बल्कि दूसरे नागरिकों के लिए भी यही बात थी। वह तो गाँवों तक में सुलभ था, लेकिन नाटक दुर्लभ चीज थे, उसमें भी बैले (कथाकली) मेरी सबसे प्रिय चीज थी। अब चलते-चलाते उसके देखने के किसी अवसर को मैं हाथ से छोड़ने के लिए तैयार नहीं था, तो भी प्रति सप्ताह एक से ज्यादा देखना पसन्द नहीं करता था। उस वक्त 'जोलुश्का' नामक बैले हो रही थी। रूस अपने बैले के लिए अद्वितीय है, सर्वोत्कृष्ट नृत्य और अभिनय देखना हो तो रूसी बैले को देखें। मैं सोच रहा था, सोवियत के अभिनेता यूरोप तक अपनी कला का प्रदर्शन करने जाते हैं, फिर क्या इन्हें भारत नहीं भेजा जा सकता। यहाँ भाषा का भी सवाल नहीं, उसके लिए जैसा लेनिनग्राद, वैसा ही लंदन और वैसा ही दिल्ली। लेकिन फिर ख्याल आता : अभिनय के सामान और कलाकारों के सम्बन्ध में जो शाखर्ची यहाँ बरती जाती है, उसे ले जाना मुश्किल होगा। आधे हजार नटों और नटियों, वादकों और वादिकाओं को यहाँ से हिन्दुस्तान भेजना कितना व्यय-साध्य होगा। यदि उन्हें कम कर दिया जाय, जिसके लिए बैले में काट-छाँट करनी पड़ेगी, तो शायद भेजा जा सके। इसे देखकर भारतीय नागरिकों और कलाकारों की आँख खुल जाएगी और वह समझेंगे कि यह उन्हीं वोल्शेविकों के देश की चीज है, जिनको कला और संस्कृति का शत्रु समझा जाता है।

20 अप्रेल को लोला की बालसखी वेरा निकोलायेव्ना की खबर आई : उसको कारवन्कल (ज़हरबाद) हो गया था। बेचारी बड़ी मुश्किल से बची थी। इधर कई महीनों से वह लेनिनग्राद और किविशियेफ को एक कर रही थी। अपने पिता की इकलौती बेटी थी। लोला और उसके पिता एक ही वर्ग के तथा मित्र थे, इसलिए उनकी पुत्रियों में भी बड़ी दोस्ती थी। वेरा का पिता एक मशहूर इंजीनियर तथा बहुत धनी आदमी था। उसके पास एक डब्बे-भर चाँदी-सोने और कीमती चीनी-मिट्टी के बर्तन तथा अन्य चीजें थीं जिन्हें साथ लिये बिना वह युद्ध के समय लेनिनग्राद छोड़ने के लिए तैयार नहीं था। जर्मन लेनिनग्राद के नजदीक पहुँच गये थे इसलिए ऐसे दक्ष इंजीनियर को खोने के लिए सरकार तैयार नहीं थी। आखिर सोवियत सरकार अपने विशेषज्ञों की नाज़बरदारी के लिए तैयार तो रहती ही है, इसलिए वेरा के पिता को एक माल का डब्बा दिया गया, जिसमें बूढ़ा अपने सामान को लादकर किविशियेफ पहुँचा, जहाँ उस समय सोवियत की अस्थायी राजधानी थी। वेरा का पति लड़ाई के बाद लेनिनग्राद चला आया, इसलिए वेरा बराबर पिता के साथ नहीं रह सकती थी। पिता की कोई परिचारिका थी, जो मरने के समय उसके साथ रही। लड़की को खबर आई। पहुँचते-पहुँचते दो-चार दिन लग ही गये, तब तक कितनी ही चीजें परिचारिका हटा चुकी थी। उसने यह भी दावा किया था कि वह बूढ़े की पत्नी है, इसलिए बची-खुची सम्पत्ति–जो भी पचासों हजार की होगी–में उसका हिस्सा है। वेरा बेचारी को अब दीवानी अदालत का मुँह देखना पड़ा। यह ठीक था, विवाह की रजिस्ट्री नहीं हुई थी, इसलिए

परिचारिका के पास विवाह का कोई प्रमाण-पत्र नहीं था, किन्तु सोवियत कानून विवाह के लिए रजिस्ट्री को अनिवार्य नहीं मानता। अब मामला गवाहों पर था। गवाह वेरा के पक्ष में ही मिल रहे थे, इसलिए उसे उम्मीद थी, कि सारी सम्पत्ति उसे मिल जाएगी, उसे एक-कपबोर्ड (अलमारी) की बड़ी चिन्ता थी। कह रही थी, उसकी दराज के एक कोने में मेरे पिता ने अपने घर के पुराने रत्नों को छिपा रखा है, जिसका पता पिता और पुत्री के सिवा और किसी को नहीं है। वह किसी तरह से उस कपबोर्ड को अपने हाथ में करना चाहती थी, लेकिन अभी तक उसमें सफल नहीं हुई थी, बीच में बेचारी दो-तीन महीने से इस बुरी बीमारी में फँस गई थी और संकोच के मारे उसने अपनी बालसखी को भी अभी-अभी सूचित किया। वेरा के इस उदाहरण से सोवियत के दीवानी मुकदमे की भी थोड़ी-सी बानगी मिल जाती है। सोवियत में वैयक्तिक सम्पत्ति है, यद्यपि धरती और कल-कारखाने आदि उत्पादन के साधन किसी की वैयक्तिक सम्पत्ति नहीं हो सकते। दूसरे रूप में आदमी लाखों की सम्पत्ति रख सकता है। वस्त्राभूषण, बहुमूल्य रत्न, बरतन, चित्रपट, घरू सामान आदि-आदि बहुत-सी चीजें यहाँ वैयक्तिक हैं, जिन पर सोवियत सरकार स्त्री और बच्चों का उत्तराधिकार मानती है, और उस पर लालचभरी नजर नहीं डालती।

22 अप्रेल को ईगर को लिये प्राणी-संग्रहालय में गए। अब की एक सिंह आ गया था, बाकी करीब-करीब वही जन्तु थे, जिन्हें हमने पिछले साल देखा था। हाँ, एक ऊँट और एक सफेद भालू भी शायद नये थे। ऊँट पर लड़कों को चढ़ाकर घुमाया जाता था। ईगर को देखने में बड़ी दिलचस्पी थी, किन्तु चढ़ने के लिए न वह ऊँट पर तैयार था न कठघोड़े पर।

इधर-उधर घूमते रहे, इस ख्याल से कि अब चला-चलू की बेला है; लेकिन 15-20 पौंडों के बिना काम बिगड़ रहा था। सोचते थे यदि काबुल तक विमान जाता, तो कितना अच्छा रहता, किन्तु अच्छा कहने से थोड़े ही ऐसा हो सकता था। तेहरान तक विमान जाता था, लेकिन भरसक हम ईरान के रास्ते लौटने के लिए तैयार नहीं थे। हम अपनी खिड़की पर बैठे इसी तरह की बातें सोच रहे थे, और लोग बाहर की पड़ी जमीन में आलू और दूसरी तरकारियाँ बो रहे थे। 25 अप्रेल को वर्षा हो गई थी, लोग अपने काम में जुट गये थे। यहाँ साग-भाजी और गाँवों में गेहूँ आदि खेतों में बोये जा रहे थे, उसी समय तुर्कमानिया में अभी-अभी फसल काटी गई थी। तुर्कमानिया यद्यपि सोवियत का सबसे गरम प्रदेश माना जाता है, लेकिन वहाँ भी ऐसा स्थान नहीं है, जहाँ पर साल में एक बार बरफ न पड़ती हो।

25 अप्रेल की दिल्ली रेडियो की खबरों को सुनकर मैं कहने लगा : क्या हो गया, जो अब हिन्दी शब्द भी आने लगे। दिल्ली रेडियो तो हिन्दुस्तानी के नाम से उर्दू का पृष्ठपोषक था। कभी-कभी सिरदर्द पैदा करनेवाला प्रोग्राम भी हमारे रेडियो पर चला आता था। 27 अप्रेल को अशोक के कलिंग-विजय का नाटक प्रसारित किया गया, जिसमें लेखक ने बारूद का धमाका भी करवाया था। इन्हें दैव-राजा का भी डर नहीं। ऐतिहासिक कहानी और नाटक खेलते वक्त तत्कालीन समाज के ज्ञान की बिल्कुल आवश्यकता ही नहीं समझी जाती। दुनिया में कहाँ-कहाँ और कैसे-कैसे लोग ऐसे नाटकों को सुनते होंगे, वह हमारे उथलेपन पर कितना हँसते होंगे ?

29 अप्रेल आया। अब विदेशी विनिमय और सोवियत से बाहर जाने का (निर्यात) वीसा लेने की चिन्ता हुई। पढ़ाई का काम बस दो ही तीन दिन रह गया था, जिसके बाद वार्षिक छुट्टी हो जानेवाली थी। सरकारी बैंक में गये। कहा गया–विदेशी चैक का विदेशी सिक्का नहीं मिल सकता, वह रूबल देने के लिए तैयार थे, लेकिन हमारे पास तो हजारों रूबल थे। यही दिखलाई पड़ने लगा कि और रास्ता न निकलने पर लंदन का रास्ता ही लेना पड़ेगा। लंदन और काबुल बस दो ही तरफ नजर थी। जल्दी जाने और कुछ नई चीजों को देखने के लिए तो काबुल का रास्ता अच्छा था, लेकिन निश्चिंततापूर्वक जाना लंदन के रास्ते ही हो सकता था। इन्तूरिस्तवाले हमारी विशेष सहायता नहीं कर सकते थे। वह मास्को जाने की सलाह दे रहे थे। मैं सोच रहा था, अगर मास्को जाना हो तो फिर उधर-से-उधर ही जाना अच्छा होगा। तेहरान जाने में कोई दिक्कत नहीं थी, वहाँ इतने परिचित थे, कि भारत लौटने के लिए रुपया मिल सकता था, अथवा दो-चार दिन रह

कर तार से रुपया मँगा सकता था, लेकिन चार मन किताबें जो साथ थीं।

जून का महीना शुरू हो गया। 3 तारीख को लंदन में 92 डिग्री फारेनहाइट तापमान था, लोग गरमी के मारे तड़फड़ा रहे थे। और यहाँ आज बादल नहीं था, तो भी सरदी साथ छोड़ने के लिए तैयार नहीं थी। मई के अंतिम सप्ताह से ही सर्व-शुक्ला रात्रि शुरू हो गई थी, जिससे अब अखण्ड प्रकाश देखने को मिल रहा था। इस साल ज्यादा तैयारी मालूम होती थी। लड़ाई के दिनों में उदास हो गए लेनिनग्राद का एक विशाल उद्यान बाबुश्किन अब काफी सजा हुआ था। पान, भोजन आदि की दुकानें खुल गई थीं, लड़कों के झूलने का कठघोड़ा भी लग गया था। रँगाई और सफाई का काम भी हो चुका था। एक तरफ बाबुश्किन पर हिटलरी आक्रमण का चिन्ह नहीं रह गया था, जो घर से बहुत दूर नहीं था, इसलिए चाहते तो रोज बाबुश्किन उद्यान जा सकते थे, लेकिन हमको टहलने का और ईगर को परिश्रमवाला खेल खेलने का कम शौक था। 5 जून को जब हम वहाँ गए, तो ईगर की समवयस्का लड़कियाँ जितनी अच्छी तरह खेल रही थीं, वह उतना भी खेल नहीं सकता था। चार साल का बच्चा भी यदि झिड़क दे, तो वह डर जाता था। मैं सोचता था–इतना डरपोक क्यों ? क्या यह स्वाभाविक भीरुता है, या काँगरू माँ के लालन-पालन का परिणाम ? शायद दोनों का। पढ़ने में वह अच्छा रहेगा, इसमें शक नहीं। तीसरे दर्जे में पढ़ाई जानेवाली साहित्यिक पुस्तकों को वह घंटों अकेले में पढ़ता रहता था, कविताओं को भी समझता और रस लेता था; लेकिन जान पड़ता है, शारीरिक साहस के कामों में वह पीछे रहेगा। शायद पीछे बुद्धि के ताले जब पूरी तौर से खुल जाएँ, तो वह अपने आप ही कुछ सोचकर इतना डरना पसन्द न करे।

7 जून को वस्तुतः गरमी मालूम हुई। लेकिन गरमी का मतलब हमारे यहाँ का गरमी का मौसम नहीं। किसी वक्त अपनी स्कूली पाठ्य-पुस्तक में पढ़ा था–

"मई का आन पहुँचा है महीना। बहा चोटी से एड़ी तक पसीना।"

लेकिन यहाँ मई में तो अभी ऊनी कपड़ों को छोड़ने की हिम्मत नहीं थी, लेकिन आज तापमान 30° सेन्टीग्रेड से नीचे ही आता था। यह तो यहाँ का सर्वोच्च तापमान समझा जाता है। लेकिन प्रतिमास वही तापमान दुहराया जाए, यह कोई आवश्यक नहीं है। 9 तारीख को हम सांस्कृतिक उद्यान में गए। पिछले साल जून में नदी में तैरा था, लेकिन अब के पानी ठंडा था, इसलिए लोग पिछले साल की तरह नहाने की हिम्मत कैसे कर सकते थे ?

इन्तूरिस्त ने बतलाया कि आज (7 जून) यहाँ से लंदन का जहाज छूट रहा है और अब से हर पखवारे एक जहाज जायेगा। अगले महीने में 5 जुलाई के आसपास उसके जाने की बात सुनकर मैंने उसी दिन को प्रस्थान-दिन मित्रों को बतलाया। जाने का समय निश्चित-सा हो रहा था। मन में विचित्र-सा भाव पैदा हो रहा था। 25 महीने लेनिनग्राद में रहकर उस स्थान को छोड़ना था। वहाँ के अनुभव अधिकतर मधुर थे, कटु अनुभवों की मात्रा बहुत कम थी, और उसमें भी जो बात दिल को खटकती थी, वह थी लेखनी का रुका रहना। अदेस्सा चिट्ठी भेजकर इन्तूरिस्त ने खबर मँगवाई थी, इतना ही मालूम हुआ कि वहाँ से अमेरिका जानेवाला जहाज जुलाई के प्रथम सप्ताह में जाएगा और हैफा (फिलस्तीन) में मुझे छोड़ देगा। आगे की समस्या का कोई हल नहीं था।

15 जून (रविवार) को संस्कृति उद्यान में एक दिन की छुट्टी बिताने गये। सचमुच ही इस साल उसकी कायापलट हो गई थी। उद्यान बहुत साफ-सुथरा और सुव्यवस्थित था। इमारतों की भी मरम्मत हो गई थी और उन पर रंग भी पुत गया था। भोजन की अब कोई शिकायत नहीं थी, और न मेज पर बैठे देर तक प्रतीक्षा करने की आवश्यकता थी। पिछले साल से भारी उन्नति हुई थी, इसमें शक नहीं। उतनी गरमी नहीं थी, इसलिए आज नदी में नहानेवाले कम थे। एक जगह मैदान में अमेरिकन साज़ बज रहा था, वहाँ और दूसरी जगह वाद्य, गान और नृत्य हो रहे थे। आज यह देखकर प्रसन्नता हुई कि पिछले दो सालों में लोगों को जिन बातों की शिकायत थी; वह दूर हो गई। वस्तुतः सोवियतवाले प्रथम काम को प्रथम करना जानते हैं। पहले मकानों और कारखानों को रहने और उत्पादन के लायक बनाने की आवश्यकता थी, इसलिए उनका

सारा ध्यान उधर लगा था; अब वह बाकी चीजों पर भी ध्यान दे रहे थे। नेव्स्की राजपथ और दूसरी सड़कों पर गिरे-पड़े, या टूटे-फूटे मकान बिल्कुल तैयार हो गए थे—मुख्य नगर में एक तरह से युद्ध का कोई चिन्ह बच नहीं रहा था। मकानों के निर्माण और मरम्मत की ओर ही ध्यान नहीं दिया गया था, बल्कि उन पर सुन्दर रंग भी पोता गया था। रंग के काम में छात्र-छात्राओं के संगठनों ने बड़ी सहायता की थी और इस तरह उन्होंने दूसरे मजदूरों को अन्य कामों के लिए मुक्त कर दिया था।

मैं पता लगा रहा था, कि कोई सुदूर-पूर्व की ओर जानेवाला जहाज जाता मिले। सोचा था शायद भारत समुद्र से व्लादीवोस्तोक का जहाज जाता हो, जिससे हम कोलम्बो में जाकर उतर सकते। बहुत ढूँढ़-ढाँढ़ करने पर भी ऐसा् कोई जहाज नहीं मिला। अदेस्सा से 5 जुलाई को अमेरिका जानेवाला जहाज हैफा में छोड़ देगा, इतना मालूम हुआ। एक सहृदया महिला ने अपने पास देर से रखे 12 डालर मुझे दे दिये, लेकिन तीन-साढ़े तीन पौंड से क्या हो सकता था ? हाँ, इतने से वक्षु-तट से मज़ार शरीफ तो मैं पहुँच सकता था। लेकिन 19 जून को मेरे मित्र डा. बाँकेबिहारी मिश्र का पत्र लंदन से आया, जिससे फिर विचार बदलना पड़ा। उन्होंने कहा, यहाँ से दूसरे दर्जे का बम्बई तक का किराया 52 पौंड है और लन्दन में रहने के लिए 4 पौंड सप्ताह से काम चल जाएगा। 60 पौंड का चैक मेरे पास था, इसलिए बिना किसी की ओर मुँह ताके यह बात होने लायक थी। बाँकेजी मेरे पुराने सहयोगी मित्र थे। बिहार में किसान-सत्याग्रह करके मैं जेल चला गया, तो उन्होंने एक हाईस्कूल की प्रधानाध्यापकी छोड़कर किसान-सत्याग्रह को सँभाला और बड़ी लगन से काम किया। इधर वह इतिहास में पी-एच. डी. करने के लिए लन्दन आए थे। उनकी सलाह थी, साथ ही भारत चलने की। मैंने उनको लिख दिया, कि पाँच जुलाई के जहाज से यहाँ से चलूँगा और 19 जुलाई को लन्दन पहुँच जाऊँगा।

खिड़की से देख रहा था 20 जून को, लोग खेतों से आलू निकाल रहे थे। निराई करके पानी देना भी शुरू कर दिया था, लेकिन हमारे आलू राम-भरोसे चल रहे थे।

21 जून से यात्रा की तैयारी की कुछ चीजें भी खरीदी जाने लगीं। कपड़ा-लत्ता हमें लेना नहीं था। 15 रूबल की एक टूथपेस्ट खरीद लाये। पोर्टफेल का दाम 110 रूबल था। हमने सोचा, बाहर और सस्ता मिल सकता है, इसलिए खरीदने की क्या आवश्यकता ? हमारे पड़ोसी इंजीनियर-महिला से जब साग-सब्जी के बारे में पूछा, तो उसने कहा—हम में से कुछ ने लेनिनग्राद से 30 किलोमीतर पर अपनी तरकारी की खेती कर रखी है। छुट्टी के दिन हर सप्ताह चले जाते हैं। जब बीस-तीस रूबल किलोग्राम आलू खरीदना हो, तो लोग क्यों न 20 मील तक का धावा बोलें। हाँ, ये खेत रेलवे स्टेशन के पास थे। युद्ध के कारण बहुत-से गाँव उजड़ गए, इसलिए खेतों के मिलने में कोई दिक्कत नहीं थी। पूँजीवादी देश में यह नहीं हो सकता था, चाहे खेत परती रहती किन्तु मालिक को बेदखल कैसे करते ?

तिलाक के कानून के कड़ा करने से कैसी अवस्था हो सकती है, इसके उदाहरण हमारी पड़ोसन महिला तोस्या थी। वह बिजली-मिस्तिरी थी। उसने पहिला पति छोड़ दिया था, शराब-खोरी और मार-पीट शायद कारण था, अब दूसरे पुरुष की पत्नी थी, जिसके साथ वह कई सालों से रह रही थी। पति लड़ाई के बाद सेना से मुक्त होकर घर आया था। दोनों का 7-8 महीने का बच्चा कोल्या था। चूँकि तिलाक लेना मुश्किल था, इसलिए पहिले पति से विवाह-विच्छेद नहीं हुआ था और अब कोल्या कागज-पत्र में अपने बाप का नहीं बल्कि अपनी माँ के पहिले पति का पुत्र था। ईगर की मौसेरी बहिन लोला ने भी विवाह कर लिया था, लेकिन उसके पति की भी पहिली पत्नी मौजूद थी। तिलाक लेने के लिए दो हजार रूबल दण्ड देने पड़ते, इसलिए दोनों ने बिना रजिस्ट्री के ही विवाह करके साथ रहना शुरू किया था। यह विचित्र-सी बात मालूम होती थी : एक स्वच्छन्द समाज में इतने कठोर वैवाहिक नियम क्यों रखे जाएँ और क्यों पुत्र को अपने बाप को छोड़कर दूसरे का नाम रखने के लिए मजबूर किया जाए ? लेकिन इसके समाधान में कहा जाता था : "तिलाक को सुलभ करना अच्छा नहीं है। स्त्री-पुरूष के संबंध का प्रभाव केवल उन्हीं तक सीमित नहीं है, बल्कि वह उनकी सन्तान पर भी लागू होता है। तिलाक को सुलभ कर देने पर कितने ही परिवार जल्दी-जल्दी बनते-बिगड़ते रहेंगे, जो कि संतान के लिए अच्छा नहीं होगा, यद्यपि तोस्या और कोल्या की स्थिति को हम अच्छा नहीं समझते; तो

भी पारिवारिक स्थायित्व को अधिक लाभदायक समझकर हमें तिलाक के लिए कड़ा नियम बनाना ही पड़ा।"

25 जून को हम निर्गम वीसा (देश के बाहर जाने का आज्ञापत्र) के लिए आवेदन-पत्र देने गए। अधिकारी ने कहा : यदि दक्षिणी सीमान्त (अफगानिस्तान के रास्ते) से जाते, तो हम दो दिन में वीसा दे देते, लंदन के रास्ते जाने के लिए वीसा मास्को की स्वीकृति से देना पड़ता है, जिसमें काफी दिन लग सकता है। जुलाई 5 का जाना फिर संदिग्ध होने लगा। फिर लंदन के रास्ते को छोड़ने का विचार मन में आने लगा। सोचने लगे, क्यों न अफगानिस्तान के रास्ते ही चलें।

अब बोरिया-बिस्तरा बँधना और देखने-सुनने की बातें रह गई थीं। 27 जून को मैं फिर रूस-म्युजियम देखने गया। अभी सारे कमरे तो नहीं सजाये जा चुके थे, किन्तु काफी चित्र और दूसरी चीजें देखने को मिलीं। चित्रों को देखने से मालूम हुआ, कि ग्यारहवीं से चौदहवीं सदी तक यहाँ भी पुराने ढंग के अधिकतर काल्पनिक और धार्मिक चित्र बनाये जाते थे। हमारे यहाँ की तरह वास्तविकता से उनका नजदीक का सम्बन्ध नहीं था। इसीलिए पोर्तरेत (व्यक्ति) चित्र नहीं बन सके थे। भारतीय कला गुप्तकाल में उन्नति के शिखर पर पहुँची थी। उस समय चित्र और मूर्तियाँ दोनों ही बड़ी सुन्दर और भावपूर्ण बनती थीं; लेकिन जहाँ तक पोर्तरेत का सम्बन्ध है, हमारे कलाकार बिल्कुल बच्चों जैसे थे, यह गुप्तकाल के सिक्कों को ग्रीको-बाख्तरी सिक्कों से मिलाने से साफ मालूम हो जाता है। 14वीं सदी तक यही हालत रूस की भी थी। यह कहने की आवश्यकता नहीं, कि ईसाई होने से पहले के चित्र और देवमूर्तियाँ रूस में प्राप्य नहीं हैं। हाल में पुराने शकों के कुछ पुराने नगरों की खुदाइयाँ हुई हैं, जिनमें कुछ मूर्तियाँ मिली हैं। उन पर ग्रीक प्रभाव साफ है। विशाल शक-जाति–जो ईस्वी सन् के आरम्भ के समय चीन की सीमा से दन्यूब के तट तक फैली हुई थी–के पूर्वांचल पर जहाँ भारतीय संस्कृति अपना प्रभाव डाल रही थी, वहाँ पश्चिमांचल पर ग्रीक प्रभाव पड़ रहा था। 16वीं शताब्दी में रूस की चित्रकला का जरा-जरा वास्तविकता की ओर खिंचाव होने लगा, लेकिन अभी तक भूतकाल के भूत ने पीछा नहीं छोड़ा था। 17वीं सदी में वह कुछ-कुछ छूटा, 18वीं सदी में प्रथम पीतर ने रूस को पश्चिमी यूरोप से मिलाना चाहा, जिसके कारण नये प्रकार के वस्तुवादी चित्र बनने लगे, पोर्तरेत भी अच्छे-खासे तैयार होने लगे, जिसमें पश्चिमी कला-गुरुओं की सहायता बहुत लाभदायक हुई। लेकिन अभी भी बहुत-सी तस्वीरों में प्रत्येक मुख का पृथक व्यक्तित्व रेखाओं में अंकित करना बहुत कम हुआ था। यह काम 19वीं सदी के शुरू से होने लगा। इवानोफ, रेपिन, सुरिवोफ जैसे महान् चित्रकारों के तूलिका पकड़ने पर रूसी चित्रकला विश्व की चित्रकला में सिर उठाकर खड़ी होने लायक हो गई।

उसी दिन 'स्तारिन्नी वोदोविल' नामक सोवियत रंगीन फिल्म देखने गये। 1946 में बनने से, यह बिल्कुल नई चीज थी। इसमें, 1914 ई. के आस-पास के रूसी समाज और मास्को का बड़ा ही वस्तुवादी चित्रण किया गया था। अभी तक सोवियत फिल्मों में युद्ध और वीरता अथवा आर्थिक योजनाओं की प्रधानता रहती थी, जिसके कारण जो अमेरिकन या ब्रिटिश फैशन और प्रेम के फिल्म आते थे, उनमें भीड़ लग जाती थी। 'लेडी हेमिल्टन' चित्र को लोगों ने न जाने कितनी बार देखा, क्योंकि उसमें अंग्रेज सेनापति नेल्सन और उसकी प्रेमिका का रंगीला जीवन चित्रित किया गया था। शायद सोवियत-फिल्म-उत्पादक भी अपनी त्रुटि को समझने लगे थे–केवल रूखे-सूखे ज्ञानवर्द्धक चित्रों के प्रति लोगों के मन में आकर्षण नहीं पैदा किया जा सकता, अतएव ऐतिहासिक पृष्ठभूमि पर बिलकुल वस्तुवाद के आधार पर बने इस फिल्म में प्रेम की मात्रा ज्यादा थी, इसलिए दर्शकों की भीड़ बहुत होती थी। क्रान्ति के पहिले कितने ही वर्षों तक या पिछली पंचवर्षीय योजना के समय भी मुखचूर्ण, अधरराग जैसी विलास-सामग्रियों का उत्पादन और व्यवहार सोवियत में अच्छा नहीं समझा जाता था, लेकिन उन्होंने देखा, कि स्त्रियों के इस स्वाभाविक आकर्षण को इस तरह हटाया नहीं जा सकता, इसका परिणाम यही होता है, कि घटिया और स्वास्थ्य के लिए हानिकारक वस्तुओं का उपयोग बढ़ जाता है। इसीलिए उन्होंने कितनी ही विलास-सामग्रियों के उत्पादन के लिए कारखाने खोल दिए।

29 जून को अब हम साथ ले चलने की पुस्तकें छाँट रहे थे। दो साल में 6-7 मन पुस्तकें जमा हो गई थीं–वैसे जहाज द्वारा चलने के कारण सभी को ले चलने में किराये के अधिक होने का डर नहीं था, लेकिन

डर लग रहा था : कहीं सोवियत कस्टमवाले कहने न लगें–"यह सारा पुस्तकालय यहाँ से उठाए लिए जा रहा है।" यह डर पीछे गलत साबित हुआ, लेकिन उस समय कितनी ही पुस्तकों को छोड़ देना पड़ा। हमारे बड़े चमड़े के सूट-केस और दूसरे बक्सों में भी सारी पुस्तकें नहीं आ सकती थीं। एक लकड़ी का पुराना मामूली बक्स हमने मान्या से खरीदा। लोला की भागिनेयी लोला कुज़्मिना के पति ने जब सुना, तो वह एक बहुत बड़ा बक्स बना के ले आए। उनका पेशा बढ़ई का नहीं था, लेकिन सभी तरह के कामों का अभ्यास करना यहाँवालों की शिक्षा और रुचि में सम्मिलित हो गया है। हमें पुस्तकों के रखने की चिन्ता नहीं रही।

30 जून को वीसा के लिए एक और झगड़ा पैदा हो गया। वीसा देनेवाले ने कहा : युनिवर्सिटी से छुट्टी-पत्र लाइए। मैंने सोचा था, साधारण ग्रीष्म की छुट्टियाँ दो महीना चलेंगी ही, चलते वक्त और आगे के लिए छुट्टी की दरख्वास्त दे दूँगा। छुट्टी-पत्र में मुश्किल यह थी, कि उस पर रेक्तर का हस्ताक्षर होना चाहिए। दिन 5 रह गए थे, और रेक्तर बहुधंधी थे, भय था, शायद फिर मास्को का ही रास्ता लेना पड़े, क्योंकि सारी तैयारी करके दूसरे जहाज के लिए पन्द्रह दिन और प्रतीक्षा करना मेरे बस की बात नहीं थी। लोला को मेरी यात्रा पसन्द नहीं थी, यह स्वाभाविक था।

पहिली जुलाई को इसी अनिश्चित अवस्था में छुट्टी-पत्र के फेर में पड़े, युनिवर्सिटी गए। लोला के कहने से पता लगा, कि शायद अब वह इतनी जल्दी न मिल सकेगा। दीना मार्कोव्ना ने रूसी में आवेदन-पत्र लिख दिया। मैंने रेक्तर के सेक्रेतरी को दे दिया। उन्होंने कहा–शायद कल तैयार मिले। कुछ आशा बढ़ी, लेकिन अगले दिन तिरयोकी भी जाना था, ईगर से अन्तिम भेंट करने।

उस दिन हमारे विभाग की वार्षिक बैठक हुई। यह जानकर हमें और छात्राओं को भी प्रसन्नता हुई, कि पाँचवें वर्ष की दोनों तरुणियाँ–वेर्था बल्चुक और तानिया शोगलोवा उत्तीर्ण हो गईं और पाँच वर्ष की पढ़ाई के बाद, विश्वविद्यालय की स्नातिका बनीं। लड़ाई के समय उनका एक-दो वर्ष खराब हो गया था, नहीं तो पहले ही पढ़ाई समाप्त कर किसी काम में लगी होतीं।

वार्षिक बैठक और मेरी विदाई थी, इसलिए अकदमिक बरान्निकोफ के यहाँ विशेष तैयारी थी। कितनी ही मिठाइयों और फलों के साथ उत्कृष्ट जाति का मद्य भी मौजूद था। हमारे सहकारियों में विस्क्रोव्नी की तबियत ठीक नहीं थी, इसलिए वह नहीं आ सके, नहीं तो सभी यहाँ मौजूद थे। प्रो. कालियानोफ संस्कृत महाभारत के रूसी अनुवादक डा. श्चेर्वात्स्की के प्रिय शिष्यों में थे, जिसके कारण उनके साथ मेरी अधिक घनिष्ठता होनी ही चाहिए थी। वह संस्कृत के विशेषज्ञ तथा उसमें विशेष रुचि रखते थे। वह मुझसे बहुत मिलते और संस्कृत की अपठित पुस्तकों को पढ़ते रहते थे। दीना मार्कोव्ना गोल्दमान हिन्दी पढ़ाती थीं। 'सप्तसरोज' का उन्होंने रूसी में अनुवाद किया था। सुलेकिन, अब्रामोफ भी आज की पान-गोष्ठी में सम्मिलित थे। अकदमिक वरान्निकोफ ने विदाई के समय अपने हार्दिक भाव प्रकट किए। अंगूरी शराब से मैं आज भी वंचित रहा, शायद जीवन-भर वंचित रहूँ।

2 जुलाई की रेल से तिरयोकी गए। लोला ने देर कर दी, ट्रेन छूट गई, और डेढ़ घण्टा फिन्लैंड स्टेशन पर प्रतीक्षा करनी पड़ी। दो घण्टे में उन्हीं परिचित दृश्यों के बीच से गुजरते ट्रेन ने हमें तिरयोकी पहुँचाया। साल-भर में देश कितना आगे बढ़ा, इसकी नाप के लिए आज स्टेशन से उपवन में ले जाने के लिए लॉरी नहीं बल्कि युनिवर्सिटी की बस खड़ी थी–खूब रँगी-पुती आरामदेह, नई बस। उपवन में देखा, वहाँ बहुत-से नये घर बन गए थे, कमरे भी साफ थे, सभी घरों में बिजली लग गई थी। क्लब में रेडियो भी था। किनारे से समुद्र के जल तक लकड़ी के तख्तों का रास्ता तैयार हो गया था। भोजन भी पहिले से बहुत अच्छा था। कितना जल्दी युद्ध का प्रभाव लुप्त हो गया था ? पिछले साल दावाग्नि स्वच्छन्दतापूर्वक कुछ ही मील पर जल रही थी, और कोई उसकी खोज-खबर लेनेवाला नहीं था; इस साल जगह-जगह दावाग्नि से सावधान रहने के लिए नोटिसें टँगी थीं। हमारे पिछले परिचित चेहरे बहुत कम दिखाई पड़ रहे थे। पेरिस में शिक्षा-प्राप्त एक महिला अपनी दूसरी सखी के साथ समुद्र-तट पर घूप और हवा लेने आई थी। वह अपने साथ स्वास्थ्य-लाभ के लिए अपनी बिल्ली भी लाई थी, जो एक बड़ी समस्या बन गई थी। अपरिचित नई जगह थी, बेचारी को

वह पसन्द नहीं आती थी, और वह रात-भर चिल्लाती रहती थी। शाम को टहलते वक्त अकदमिकों की नगरी में गए। अब वह अपने मेहमानों के स्वागत करने के लिए बहुत कुछ तैयार थी। घर सारे काठ के थे, लेकिन बहुत ही सुरुचिपूर्ण और सुखकर थे। उस रात तिरयोकी में ही रह गए। अगले दिन भी चार बजे तक वहीं रहना था, इसलिए कितनी ही दूर तक घूमने गए। सभी जगह साल-भर बेकार न रहनेवाले हाथों की करामात का परिचय मिल रहा था। यह निश्चय था कि अब की साल आनेवाले अतिथियों को बहुत-सी बातों की शिकायत नहीं रह जायगी।

4 बजे चलने के लिए तैयार हुए। ईगर थोड़ी दूर तक आया। 9 वर्ष का हो रहा था, उसी के अनुसार उसकी समझ भी बढ़ी थी। विदाई लेते वक्त वह फूट-फूटकर रोने लगा। मैंने बहुत समझाया–लेकिन वह धैर्य धरने के लिए तैयार नहीं था। कहता था–तुम नहीं आओगे। क्या जाने उसकी भविष्यवाणी ठीक निकले, यह ख्याल मेरे मन में भी आया, लेकिन जीवन-कर्तव्य किसी माया-मोह के फन्दे को मानने के लिए तैयार नहीं था। द्रवित हृदय को कुछ कड़ा करके उससे छुट्टी ली। लोला वहीं रह गई, और मैं पाँच बजे शाम की गाड़ी पकड़कर लेनिनग्राद की ओर चल पड़ा–किराया 4 रूबल था। ट्रेन शायद तिरयोकी से भी पीछे से आ रही थी। उस वक्त उसमें खाली जगह बहुत थी, लेकिन नगर के पास के स्टेशनों से तरकारीवाले खेतों के नर नारी शाम को लौट रहे थे, इसलिए भीड़ बहुत थी।

4 जुलाई को सवेरे उठने पर भी चिन्ता का बोझ हमारा बढ़ता ही जा रहा था। पुलिस में जाने पर वीसा-सहित पासपोर्ट मिल गया। जहाज में बड़ी भीड़ नहीं थी, इसलिए एक दिन पहले टिकट मिलने में कोई दिक्कत नहीं हो सकती थी। मैंने पासपोर्ट और लंदन तक का 451 रूबल किराया इंतूरिस्त को दे दिया। लोला उस दिन दोपहर को तिरयोकी से आई। उसने बतलाया, कि कल मोहर लगवानी है, नहीं तो मेरे दो महीने के वेतन के पैसे नहीं मिलेंगे। वेतन साढ़े चार हजार रूबल मासिक था, लेकिन उसमें चन्दे, मजूर-सभा की मेम्बरी का शुल्क, इंश्योरेन्स तथा पंचवार्षिक योजना के ऋण आदि के लिए डेढ़ हजार के करीब निकला जाता था। खैर, पैसे न मिलने की दिक्कत से मैं कल की यात्रा को स्थगित करनेवाला नहीं था, तो भी यह जरूर चाहता था कि रुपये उसे मिल जाएँ।

5 जुलाई का दिन भी आ गया। आज मुझे लेनिनग्राद से प्रस्थान करना था। युनिवर्सिटी में जा यह देखकर प्रसन्नता हुई, कि दो महीने के वेतन के रूबल लोला को मिल गये। हमारे खर्च के लिए 451 रूबल जहाज का किराया और भोजन तथा मोटर, कुली आदि के लिए 110 रूबल खर्च हुए। लोला के पास कई हजार रूबल रह गये। मासिक दो हजार रूबल उसको मिलते ही रहेंगे, यदि मंगोल-भाषा की अध्यापकी पाकर उसने पुस्तकालय का काम नहीं छोड़ दिया। लंदन में पैसों की कमी होगी, इसलिए अपने प्रकाशक के पास रुपया भेजने के लिए तार दे दिया, बाँकेजी को भी लंदन आने की सूचना तार द्वारा दे दी, कितने ही मित्रों को चिट्ठियाँ लिख दीं। युनिवर्सिटी में दोस्तों से भी मुलाकात हो गई। सभी अफसोस प्रकट कर रहे थे, लेकिन मैं कहता था–दो वर्ष में मेरा लिखने का काम खतम हो जाएगा, फिर मैं यहाँ आ जाऊँगा, लोला मेरी बात पर विश्वास नहीं करती थी। हम दोनों की प्रकृति में सामंजस्य नहीं था। मैं पुस्तकों का एकान्त प्रेमी था और वह उसे उतनी आवश्यक बात नहीं समझती थी। कितनी ही बार हमारा मन-मुटाव भी हो जाता था, यद्यपि झगड़ा करने का स्वभाव न मेरा था न उसका ही; इसलिए बात दूर तक नहीं बढ़ती थी। मुझे कविरत्न सत्यनारायण की पंक्तियाँ याद आती थीं–"भयो क्यों अनचाहत को संग।" तो भी मैं उसका कृतज्ञ अवश्य था, क्योंकि कुछ स्वभाव-सी बन गई बातों को छोड़ देने पर उसमें गुण भी अनेक थे।

उस दिन रेक्तर के कार्यालय में मालूम हुआ, कि अभी भी छुट्टी-पत्र तैयार नहीं हुआ। इन्तूरिस्तवालों ने 47 दिन के मेरे विश्राम-पत्र को पाकर कह दिया, कि इससे काम चल जाएगा। मेरे सहकारी मित्र जहाज पर पहुँचाने आना चाहते थे, लेकिन इन्तूरिस्तवालों ने बतलाया, कि पास बिना बन्दर के फाटक के भीतर जाने की इजाजत नहीं है। इन्तूरिस्त की कार सामान लेकर हमारे घर पर आयी। सवा दस बजे निकलकर हम पहिले इंतूरिस्त के आफिस में गये। सामान भेजने का काम उनका था। जहाज पाँच बजे जानेवाला था, इसलिए अभी

हमारे पास दो-तीन घण्टे थे, जिन्हें हमने जाकर युनिवर्सिटी में अपने मित्रों के साथ बिताया। फिर काम पर लोला के साथ बन्दरगाह के फाटक पर पहुँचे। फाटकवाले ने रोका; इसलिए फाटक पर से ही लोला को विदा करना पड़ा। बेचारी निराश और विकल थी। हमने शोकातिरेक को अधिक दिखलाने की कोशिश नहीं की। वह वहाँ से चली गई। कार हमें समुद्र के तट पर पहुँचाने गई। मेरे साथ इन्तूरिस्त के एजेन्ट थे। जहाज में चले जाने के बाद पानी बरसने लगा। मैंने समझा था, अब सबसे विदाई ले चुका, लेकिन कलियानोफ नहीं माने। भीगते हुए पास की दिक्कतों को न जाने कैसे दूर करते जहाज तक पहुँचे।

जहाज में कस्टमवालों ने आकर चीजों की देखभाल की, लेकिन उसमें बहुत दिक्कत नहीं हुई। एक पुरानी छपी हुई पुस्तक को उन्होंने निकाल लिया। इंतूरिस्त के आदमी ने जब मेरा परिचय दिया, तो उन्होंने उसे भी दे दिया और दो एक बक्सों को तो खुलवाया भी नहीं। "कैमरे में फिल्म तो नहीं है ?" पूछने पर मैंने समझा था, नहीं है, लेकिन 36 एक्सपोज़रवाला सोवियत लाइका (फेद) फिल्म इतनी जल्दी थोड़े ही खतम होने वाला था। फिल्म वहाँ मौजूद था। खैर, उसको निकाल दिया। अब मालूम हुआ, जैसे हृदय के ऊपर से भारी भार उतर गया। कलियानोफ से बहुत अभिवादन और अनुनय-विनय के साथ विदाई ली, जरूर श्चेर्वात्स्की के बाद उनके साथ ही मेरा बहुत घनिष्ठ स्नेह था।

19
लंदन के लिए प्रस्थान

निश्चय और अनिश्चय के झूले में झूलते आखिर महीने-भर पहिले निश्चय किये दिन (5 जुलाई) को मैं लेनिनग्राद से विदा हुआ। 3 जून 1945 को मैं सोवियत-सीमा में दाखिल हुआ था। 4 को लेनिनग्राद पहुँचा था। गोया 25 महीने तीन दिन रहने के बाद मैं सोवियत-भूमि छोड़ रहा था।

हमारे जहाज का नाम 'वेलोस्त्रोफ' अर्थात् 'श्वेतद्वीप' था। पाँच बजे वह रवाना हुआ। 'श्वेतद्वीप' बहुत सुन्दर नया पोत था। केबिन और शाला की सफाई और सजावट आदि में कमाल किया गया था। बिजली के लैंप भी कलापूर्ण थे, और वही बात कुर्सियों और मेजों की थी। 12 नम्बर का केबिन मुझे मिला था, जिसमें एक ही आदमी के लिए स्थान था। चार-बिछौना आदि और केबिन की भीतरी स्थिति बहुत साफ-सुथरी थी, भीतर ही गरम-ठण्डे पानी के नलों के साथ चीनी का प्रक्षालनपात्र भी चमक रहा था, छोटे-से काष्ठ-फलक से ढाँक देने पर वह छोटी-सी मेज का काम देता था। केबिन में दो बत्तियाँ भी थीं। गवाक्ष समुद्र की तरफ खुलता था, जिससे दूर तक का दृश्य हम चारपाई पर बैठे-बैठे देख सकते थे। सभ्यता और स्वच्छता की कसौटी, रहने का कमरा नहीं, बल्कि पाखाना होता है। हमारा शौचालय भी बहुत साफ था, शांक का कमोद चमचम चमक रहा था। पालिश की हुई लकड़ी की दीवारों में चेहरा देखा जा सकता था। सादगी को हाथ से न देते हुए भी काफी सजावट और सफाई हर जगह पाई जाती थी। मैं इसकी तुलना उस हवाई जहाज से कर रहा था, जिस पर चढ़कर तेहरान से सोवियत-भूमि में आया था। शायद अगर दो वर्ष पहिले सामुद्रिक यात्रा करनी पड़ती, तो उस समय 'श्वेतद्वीप' जैसा जहाज न मिलता। लड़ाई बन्द होने के दो वर्षों को सोवियत-राष्ट्र ने हर काम में बड़ी तत्परता के साथ इस्तेमाल किया। उसका ही हमारे सामने यह फल था। लेनिनग्राद का बन्दरगाह सीधे समुद्र के तट पर न होकर जरा भीतर की ओर है, लेकिन वह बहुत बड़ा है, उसमें दुनिया के बड़े से बड़े जहाज सैकड़ों की संख्या में लंगर डाल सकते हैं। जहाज के चलते वक्त किनारे पर हम देख रहे थे–मालगोदामों की पंक्तियाँ दूर तक चली गईं। यहाँ लड़ाई का प्रभाव अब भी था। बहुत-सी पेट्रोल की टंकियाँ टूटी-फूटी पड़ी थीं। युद्ध के समय पेट्रोल की टंकियों को सबसे पहिले लक्ष्य बनाया जाता है। उनके तेल को ही नष्ट करना आवश्यक नहीं समझा जाता, बल्कि भीषण आग की लपट पैदा करके शत्रु के नगर को भी तबाह करने की कोशिश की जाती है; यद्यपि तेल-टंकियों को नगर से दूर रखा जाता है।

कुछ ही समय में हमारा 'श्वेतद्वीप' अब फिन्लैंड-खाड़ी के खुले समुद्र में आ गया। समुद्र चंचल नहीं था। 7 बजे रात्रि भोजन हुआ–कटलेट, मकरोनी, कोई मिठाई, रोटी-मक्खन और सेब। भोजन सुस्वादु था। हमारा जहाज उत्तर की ओर जा रहा था। साढ़े ग्यारह बजे रात्रि को अभी गोधूली थी, रात केवल रूढ़िवश ही कह सकते थे। समुद्र हिलोरें लेने लगा था, किन्तु हमें तो प्रकुपित समुद्र भी विचलित नहीं कर सकता था।

हेलसिंकी–6 बजे सबेरे जब खिड़की से बाहर की तरफ देखा, तो सामने फिन्लैंड की हरित-भूमि दिखलाई पड़ रही थी। देवदार-वृक्षों से ढँकी पहाड़ियाँ मानो समुद्र में डुबकी खेल रही थीं। बहुत-से छोटे-झोटे द्वीप थे, जिनमें से अधिकांश आदमियों के वास लायक नहीं थे। 9 बजे 'श्वेतद्वीप' किनारे से जा लगा। मालूम हुआ, कि अब 24 घंटे जहाज को यहीं रहना है। हमारे जहाज में 40 से ज्यादा मुसाफिर नहीं थे। 16 घंटे में हम लेनिनग्राद से हेलसिंकी पहुँचे थे। अब अगले 24 घंटों में अठारह-बीस घंटे तो हम घूमने-फिरने में लगा सकते थे।

फिन्लैंड के एक भूतपूर्व नगर–विपुरी–को एक साल पहिले मैं देख चुका था, लेकिन विपुरी युद्ध-ध्वस्त और पुराने निवासियों से परित्यक्त था, उससे हम किसी फिन्-नगरी का अच्छी तरह अन्दाजा नहीं लगा सकते थे। यहाँ हमारे सामने फिन्लैंड की राजधानी थी–किला, विशाल घर और गिरजे दूर तक दिखाई पड़ रहे थे। जहाजों के ठहरने के डॉक एक नहीं, अनेक थे। समुद्र इतना गहरा था, कि जहाज किनारे जाकर लग सकता था। बन्दर पर कोई युद्ध-चिन्ह नहीं दिखाई पड़ा। पास-पोर्ट देखते समय नगर देखने का आज्ञा-पत्र भी मिल गया, लेकिन बादल और वर्षा का डर था। मक्खन, गोभी, जाम, आमलेट, कोको का प्रातराश हुआ। 1 बजे मध्यान्ह भोजन भी किया, फिर अपराह्न चाय तक हमारा घूमना-फिरना अधिकतर बन्दरगाह के पास ही रहा। वस्तुतः यात्रा में दो सैलानियों की बहुत आवश्यकता होती है, नहीं तो आदमी आलस्यवश या अरुचिवश देखने-भालने में अपने समय का पूरा उपयोग नहीं कर सकता। हमारे लिए हेलसिंकी नई नगरी थी, लेकिन वह यूरोप के दूसरे ही नगरों जैसी होने से कोई अधिक आकर्षण नहीं रखती थी। प्राकृतिक सौन्दर्य को हमने 6 बजे से ही देखना और आनन्द लेना शुरू किया था। खैर, पाँच बजे शहर देखने के लिए निकले। यहाँ हमें कलकत्ते के धर्मतल्ला जैसा मालूम होता था–मकान चौमंजिले-पचमंजिले ज्यादा थे, और उसमें भी अधिकांश 1917 के बाद के बने थे। कितनों ही की छतें सीमेंट की थीं, और कुछ पर लाल टाईल भी दिखाई पड़ती थी–खासकर पास के द्वीपों में जो मकान थे, उनकी लाल टाईलवाली छतें, हरियाली के बीच में सुन्दर मालूम होती थीं। चौड़ी सड़कों के ऊपर छायादार वृक्ष लगे हुए थे। लेनिनग्राद से यहाँ की ट्राम और मोटर बसें अधिक साफ-सुथरी थीं, लेकिन हेलसिंकी को लेनिनग्राद जैसी युद्ध की भयंकर भट्ठी में से गुजरना नहीं पड़ा था। यहाँ वर्ग-भेद का रूप स्पष्ट दिखाई पड़ता था। लेनिनग्राद में मजदूरिनें भी बाजार या विनोदोद्यान में जाते समय भद्र वर्ग की महिलाओं जैसा कपड़ा पहिनकर निकलती थीं, वहाँ फटे-बुरे कपड़े पहिने नर-नारी मिलते नहीं थे, किन्तु यहाँ मजूरों के ऊपर दरिद्रता की झलक स्पष्ट दिखाई पड़ रही थी, और उसके विरुद्ध उच्च और मध्यम वर्ग की फैशन से भरी नारियाँ सौन्दर्य-प्रदर्शन करती देखने में आती थीं। जरा ही आगे बढ़ने पर एक और बात ने दोनों संसारों के अन्तर को स्पष्ट कर दिया। एक आदमी ने आकर अंग्रेजी में कहा–"बहुत सुन्दर लड़कियाँ और बढ़िया अंगूरी शराब तैयार है, चलिए, रात की मेहमानी कीजिए।" मैंने कहा–"धन्यवाद, मुझे दोनों नहीं चाहिए।" सोवियत भूमि में यह कभी सोचने की भी बात नहीं थी। रविवार के कारण आज दूकानें बन्द थीं, खुली रहने पर भी खरीदने के लिए हमारे पास पैसा कहाँ था ? 12 डालर जो किसी सहृदयजन ने दिए थे, उन्हें इतनी जल्दी खतम कर देना अच्छी बात नहीं थी। नगर के घरों, कारखानों, सम्पत्ति तथा नागरिकों की पोशाक और जीवनतल को देखकर मैं सोचता था–फिन्लैंड हमारे एक गोरखपुर जिले के बराबर भी नहीं है, लेकिन क्या गोरखपुर जिले में हेलसिंकी और विपुरी जैसे नगरों की कल्पना की जा सकती है ? क्या कारण है जो गोरखपुर इतना दरिद्र है और यह इतना धनी ? इसका उत्तर कोई मुश्किल नहीं था। यह तो साफ था कि गाँधीवाद गोरखपुर को हेलसिंकी के बराबर नहीं बना सकता। यहाँ के लोग अपने हाथ और मस्तिष्क का उपयोग करते हैं, साइंस के नये-नये आविष्कारों को तुरन्त बर्तने के लिए तैयार रहते हैं। पूँजीवादी बाधा के बाद भी यह इतनी सम्पत्ति पैदा कर सके हैं। फिन्लैंड के जंगल कागज की खान हैं : यहाँ कितनी खानें भी हैं। इनके कारण इसके उद्योगीकरण में बहुत सुभीता हुआ, लेकिन हमारे यहाँ भी तो गढ़वाल और कुमाऊँ में इससे भी ज्यादा खनिज और वानस्पतिक सम्पत्ति है, फिर वहाँ दरिद्रता का क्यों अखण्ड राज्य है ? यदि फिन्लैंड कागज की भूमि है, तो गोरखपुर चीनी की भूमि है। वह अपनी चीनी से देश-भर की आवश्यकता को पूरा

कर सकता है, फिर पैसा पैदा करने के लिए तम्बाकू, सिगरेट के कारखाने, कपास और सूती मिलें जैसे बहुत-से उद्योग-धंधे वहाँ चल सकते हैं, धन से उस भूमि को पाट सकते हैं। यही सोचते हुए स्थावर-जंगम वस्तुओं पर दृष्टि डाले हेलसिंकी की सड़कों पर पैरों को आगे बढ़ाता जा रहा था। किताब की दूकानें आईं। शीशे के भीतर पचासों बहुत ही सुन्दर छपी नई-नई पुस्तकें सजी हुई दिखाई पड़ रही थीं। एक नहीं, कई किताबों की दूकानें थीं ? क्या गोरखपुर शहर में इस तरह की किताबों की दूकानें देखी जा सकती थीं ? क्या जिस भाषा के 35 लाख बोलनेवाले हों, उस भाषा में इतनी पुस्तकें भारतवर्ष में छप सकती हैं ? 35 लाख क्या, 15-16 करोड़ नर-नारियों की भाषा होने पर भी हिन्दी को इतनी संख्या में ऐसी पुस्तकों के छापने का सौभाग्य प्राप्त नहीं है। इसके लिए शिक्षा-प्रचार इतना होना चाहिए, कि देश में कोई स्त्री-पुरुष अनपढ़ न रहे, साथ ही धन पैदा करने के आधुनिक साधनों के उपयोग से लोगों की जेबों में पैसे भर देने चाहिएँ। राजधानी के दो-तीन उद्यानों को भी हमने देखा। आज छुट्टी का दिन था इसलिए नर-नारी वहाँ मनोविनोद के लिए आए थे। दो रेस्तोराँ खूब सजे हुए थे, जिनमें नर-नारी खचाखच भरे हुए थे। उनकी सजावट को देखकर पहिले मालूम हुआ, कि फूलों का बाजार है। 'किनो सवाय' मिला। उसके सामने टिकट खरीदनेवालों की इतनी लम्बी पाँती थी, जिससे मालूम होता था, शायद इनमें से कितने ही आज तमाशा देखने से वंचित रह जाएँगे। लेनिनग्राद में सिनेमाघरों की संख्या बहुत अधिक है, वहाँ दर्शकों से सीटें सदा भरी रहती हैं। लेकिन वहाँ सिनेमाघरों की अधिकता के कारण भीड़ नहीं होती, हरेक सिनेमाघर में एक और भी विशाल शाला दर्शकों के प्रतीक्षा-गृह के तौर पर अवश्य होती है। टिकट न पानेवाले वहाँ जाकर बैठ जाते हैं। टिकट लेकर भी लोग प्रतीक्षा करने के लिए वहाँ चले जाते हैं। किन्हीं-किन्हीं प्रतीक्षा-गृहों में तो गान-वाद्य का भी इन्तिजाम है। इसे हरेक पूँजीवादी देश फिजूलखर्ची समझेगा। सिनेमा का टिकट आप 1 रूबल में खरीदें, और मुफ्त में गान-वाद्य का आनन्द भी मिले। सोवियत के इन प्रतीक्षा-गृहों के साथ खाने-पीने की चीजों की दुकानें होती हैं। प्रतीक्षकों के वहाँ रहने से चीजों की बिक्री भी होती है। शायद इस बिक्री से प्रतीक्षा-गृह का खर्च निकल आता हो। फिन्लैंड के लोग उसी वंश से सम्बन्ध रखते हैं, जिससे हमारे देश के द्रविड़-मुंडा लोग। भाषातत्वज्ञों का विचार है कि नव-पाषाण युग में द्रविड़ों की पूर्वज जाति की एक शाखा उत्तर की ओर फेंक दी गई। उसी की संतानें कोमी, इस्तोनिया और फिन्लैंड में आजकल रह रही हैं। हमारे यहाँ शुद्ध द्रविड़ की पहिचान शरीर का काला होना है, लेकिन हेलसिंकी में काले बालवाले नर-नारी भी मिलने बहुत मुश्किल थे। क्या 6-7 हजार वर्षों तक अतिशीतल प्रदेश में रहने के कारण इतना अन्तर हो गया ? हाँ, हेलसिंकी की गलियों में भी ऐसे नर-नारी बहुत थे, जिनका फोटो लेकर यदि किसी शुद्ध द्रविड़ पुरुष-स्त्री के फोटो से मिलाया जाता तो समानता साफ दिखलाई पड़ती—फरक रंग का ही था, नहीं तो नाक, चेहरे की हड्डी और बनावट तथा शरीर की खर्दकायता एक ही जैसी थी।

हेलसिंकी को 'श्वेतद्वीप' ने 7 जुलाई के सबेरे छोड़ा। रास्ते में कई जगह उसने थोड़ी-थोड़ी देर तक रुककर, कहीं कोयला लिया और कहीं यात्री। अब जहाज में खाली स्थान नहीं रह गया था। मेरे दिमाग में अब भी फिन्लैंड हलचल मचाए हुए था। 35 लाख की आबादीवाले देश में हेलसिंकी जैसे नगर, ट्राम, रेल, जहाज, विभान, युद्ध के बहुव्ययसाध्य यंत्र और आदमियों का सारा लिफाफा। फिर वहाँ के सैकड़ों यात्री मनोविनोद या किसी और काम के लिए स्वीडन और इंग्लैंड की यात्रा कर रहे थे। हमारे देश के लिए तो यह स्वप्न की-सी बात थी। पुराने रूस के पितरबुर्ग जैसे नगरों में भी अभिजात्यवर्ग की सुख-सम्पत्ति बहुत रही होगी, लेकिन जन-साधारण रूसी तथा पराधीन एसियाई दरिद्रता की क्रूर चक्की में पिस रहे थे। सोवियत शासन का बहुत बड़ा काम यह है—समाजवाद के आधार पर अपने उद्योग-धंधों को बहुत तेजी से अत्यन्त विशाल रूप में प्रस्तुत करना। समाजवाद ने इतनी शक्ति और साधन पैदा किए, जिसके कारण रूस ने युद्ध में अपने को अजेय साबित कर दिया। संस्कृति और शिक्षा का जितना सार्वजनिक प्रसार वहाँ पर है, उतना कहीं पर भी देखने को नहीं मिलेगा। अभी भी उसको करने को बहुत काम है। अपनी कितनी ही त्रुटियों को दूर करने की आवश्यकता है, लेकिन जो काम सोवियत शासन ने किया, उसके लिए हम उसके सात खून नहीं, हजार खून माफ करने के लिए तैयार हैं। समय के साथ सोवियत की नौकरशाही यांत्रिकता से अवश्य हटेगी, और उसके कार्यों में ज्यादा विकेन्द्रीकरण

होगा। नगण्य-से लोग जिनकी संख्या शायद हजार क्या, लाख में एक हो, यदि चाहते हैं, कि सोवियत तंत्र और उसके नायकों के खिलाफ कुछ कहें, तो उन्हें भी पूरा मौका दिया जाएगा, क्योंकि इससे कोई हानि नहीं हो सकती। ऐसी कुछ त्रुटियाँ–जिनका असर बहुत ही नगण्य-सी संख्या पर पड़ता है, वही हैं, जिनको लेकर सोवियत और समाजवाद के शत्रु दुनिया में तरह-तरह का प्रोपेगण्डा करते हैं। केवल इस ख्याल से भी उन्हें हटाना होगा।

8 बजकर 10 मिनट पर 'श्वेतद्वीप' ने हेलसिंकी छोड़ा। यहाँ से हमने हवाई डाक से कई चिट्ठियाँ भेजीं।

स्टाकहोम–8 जुलाई को सबेरे समुद्र कुछ तरंगित था। 5 बजे शाम को देवदारों से आच्छादित स्वीडन की पथरीली भूमि दिखाई पड़ी। 6 बजे 'श्वेतद्वीप' फ्योर्ड में घुसा। स्वीडन और नार्वे अपने इन फ्योर्डों के लिए मशहूर हैं–समुद्र की मूँछें फ्योर्ड के रूप में स्थल के भीतर घुसी चली गई हैं। इनके किनारे बालुकाहीन तथा पथरीले हैं, किन्तु मिट्टी अवश्य है, तभी तो इन पथरीली पहाड़ियों और द्वीपों पर सब जगह हरे-भरे देवदार-जातीय वृक्ष दिखाई पड़ते हैं। एक-एक फ्योर्ड से निकलकर हजारों टेढ़े-मेढ़े सोते वे दूर तक चले गए हैं। एक घूम-घुमौवे फ्योर्ड के भीतर हमारा जहाज चला जा रहा था। किनारे की पहाड़ियों पर जगह-जगह लाल टाईल के लाल-गृह बने हुए थे, जिनमें यातायात का साधन नौकाएँ थीं, जोकि अधिकतर मोटर-परिचालित थीं। हम राजधानी की ओर बढ़ रहे थे, इसलिए एकाध किला-बन्दी न हो, तो कैसे काम चलाता ? लेकिन स्वीडन अपनी किला-बन्दी पर नहीं, बल्कि तटस्थता पर ज्यादा विश्वास रखता है। दो-दो महायुद्धों में वह तटस्थ बना रहा और हमारे देश के दो-तीन जिलों के बराबर के देश ने धन से अपने देश को मालामाल कर दिया। कभी यह छोटा-सा देश इतना शक्तिशाली था, कि इसके विजेता रूस तक धावा मारते थे। उन्होंने ही वहाँ के रोइरिक राजवंश को जन्म दिया। 25 घंटे की यात्रा के बाद 9 बजे सबेरे 'श्वेतद्वीप' स्टाकहोम के तट पर जा लगा। शहर यहीं से शुरू हो जाता था। पास-पोर्ट देखने-दूखने में काफी देर लगी, शायद वोल्शेविकों के देश का जहाज था, इसलिए पूँजीवादी स्वीडन को बहुत भय था। मालूम हुआ, अब परसों शाम तक जहाज यहीं रहेगा। देखने के लिए बहुत समय था। काश, अगर पन्द्रह ही पौंड और हमारी जेब में होते, तो हम आधे स्वीडन को देख आते। केवल 12 डालरों पर क्या भरोसा कर सकते थे, जबकि लंदन में कुली और टैक्सी का पैसा भी इन्हीं में से चुकाना था। स्वीडन के अधिकारी ने पास-पोर्ट देख-दाखकर वहीं राशन का कार्ड भी दे दिया। लेकिन हम राशनकार्ड लेकर क्या करते, हमें तो 'श्वेतद्वीप' के भोजन पर ही संतोष करना था। नगर भी सामुद्रिक धाराओं के किनारे ही बसा हुआ है। जन-संख्या में स्वीडन फिन्लैंड से दूना बड़ा है, इसलिए उसकी राजधानी भी हेलसिंकी से अधिक विशाल और भव्य होनी चाहिए। कितने ही मकान पास की पहाड़ियों पर बने होने से और भी अधिक बड़े मालूम होते हैं। लोग प्रायः सभी पिंगल या पांडु-केश थे। खोपड़ियाँ उनकी लम्बी तथा कद ऊँचे थे। इन्हें असली हिन्दी-यूरोपीय (आर्य) जाति का नमूना माना जाता है। अपेक्षाकृत यहाँ के लोगों में सौन्दर्य भी अधिक है, यह मानना पड़ेगा।

9 जुलाई को सारे दिन स्टाकहोम में रहना था। खर्च करने के लिए पैसे तो नहीं थे, भूखे रहने का भी डर नहीं था, इसलिए चाय और भोजन के समय को छोड़कर बाकी समय हमने अपने पैरों चलने में लगाया। टामस कूक की यहाँ शाखा थी, हमारा यात्री-चैक भी उसी का दिया हुआ था, किन्तु उसने उसे भुनाने में अपनी असमर्थता प्रकट की, क्योंकि चैकों पर स्वीडन का नाम नहीं था। 12 डालरों में से 7 डालरों को 3.6 क्रोनर प्रति डालर से भुना लिया, क्रोनर करीब-करीब एक रुपए के बराबर था। चीजें देखने में सस्ती मालूम हो रही थीं। 43 क्रोनर की अच्छी बरसाती मिल रही थी। सौ-सवा सौ क्रोनर का गरम सूट अवश्य सस्ता था। किताबें उतनी सस्ती नहीं थीं। स्टाकहोम गाइड (अंग्रेजी) को 5 क्रोनर में खरीदना पड़ा। अन्न-इफरात का पता इसी से मालूम होता था, कि एक बाग में चिड़ियों के लिए रोटी के टुकड़े नहीं बल्कि तीन-चार छोटी-छोटी रोटियाँ फेंकी हुई थीं। कई डिपार्टमेंट स्टोर (महा दूकानें) थीं। फैशन भी खूब देखने में आता था। राजा का प्रासाद विशाल और बहुत दूर तक फैला हुआ था। पार्लियामेंट का भवन भी बहुत ही भव्य था। नगर के पास में ही कई विशाल गृह थे। मजूरों की वेश-भूषा देखने पर मालूम होता था, कि नगर और देश का सारा वैभव

उनके लिए नहीं है, हालाँकि सबसे कठोर काम उनसे ही लिया जाता है। यहाँ की ट्रामवे और बसें अधिक साफ थीं और भीड़ भी कम थी। लंदन के अखबार हवाई जहाज से यहाँ आते थे, हमने 'टाइम्स' और दूसरे दो-एक पत्र लिये। मालूम हुआ, कलकत्ता में फिर हिन्दु-मुसलमानों में झगड़ा हो गया, खून की नदी बह रही है। पाकिस्तान ने अनाज देना रोक दिया है। अब तक पाकिस्तान बन चुका था, यद्यपि अभी सीमा-कमीशन ने अपना कार्य नहीं खतम किया था।

10 जुलाई को फिर मेरे पैर स्टाकहोम की सड़कों पर थे। शहर पहाड़ी जगह में बसा हुआ है, लेकिन पहाड़ शिमले या मसूरी की तरह ऊँचे नहीं हैं, घरों और सड़कों के बनाने में अच्छी योजना से काम लिया है। नगर में जगह-जगह कितने ही उद्यान हैं। मैं एक बड़े उद्यान में गया। यह पता लगा, लोग विलासोपवनों में देवदारों को क्यों नहीं रखते। इनके पतझड़ का समय नियत न होने के कारण वह बराबर सूखे पत्ते गिराते रहते हैं। यदि नीचे घास भी हो, तब तो इन पत्तों का झाड़ना आसान नहीं है। उद्यान बड़ा मनोरम था।

95 क्रोनर अर्थात् प्रायः एक रूपए में बाल बनाने का साबुन सस्ता नहीं कहा जा सकता। पोशाक जरूर सस्ती थी, यदि सिलाई के मँहगे दाम को भी उसमें शामिल कर लिया जाय। उस दिन घूमते हुए मैंने लिखा था–"स्वीडिश नर-नारी कद में ही बड़े नहीं होते, बल्कि अपेक्षाकृत ज्यादा सुन्दर भी होते हैं। सभी दीर्घकपाल हैं।" स्वीडन हमारे दो बड़े जिलों के बराबर है और उसका यह वैभव ! वह अपने लिए ही नहीं, सोवियत के लिए भी दर्जनों जहाज बना रहा है, जिसके लिए सारी सामग्री इसके कारखानों में तैयार होती है। हाँ, मोटर और विमान यहाँ भी अधिकतर बाहर से आते हैं। बाजार में दूसरी चीजें भी काफी विदेशी हैं। भारत की चीजों की एक दुकान थी, जिसमें हाथी दाँत की चीजें रखी थीं।

6 बजे शाम को 'श्वेतद्वीप' ने फिर लंगर उठाया। 11.40 बजे रात को अभी गोधूलि ही थी, फिर रात की क्या आशा की जा सकती थी। 11 जुलाई को हमने समुद्र में बिताया। आज समुद्र तरंगित था, किन्तु बहुत अधिक नहीं, तो भी लोगों ने खाना छोड़ दिया था, मुझे झूला झूलने का आनन्द आ रहा था। हमारा पोत समुद्र-तट से नातिदूर चल रहा था। उसका मुँह दक्षिण और कभी-कभी दक्षिण-पश्चिम की ओर होता था। मैं कभी शाला में जाकर वहाँ रखी सोवियत सम्बन्धी अंग्रेजी पुस्तकें पढ़ता और कभी बाहर की ओर समुद्र और तट-भूमि का दृश्य देखता। कुछ अंग्रेजी भाषा-भाषी लोग भी हमारे जहाज में थे, लेकिन मेरा किसी से अधिक परिचय नहीं हुआ।

12 जुलाई को सबेरे ही तटभूमि दिखाई देने लगी। पहिले दाहिनी ओर डेनमार्क की भूमि और बाईं तरफ जर्मनी की। सवा दो बजे दिन को 'श्वेतद्वीप' कील नहर के मुख पर पहुँचा। इस नहर में हमें 6 घंटे चलना था। अगर नहर न होती, तो डेनमार्क और नार्वे के बीच से होते दो दिन से अधिक का चक्कर काटना पड़ता। तीन बजे से साढ़े नौ बजे तक 'श्वेतद्वीप' चलता रहा। गति 15 किलोमीतर प्रति घंटा रही होगी। नहर के दोनों तरफ पहिला नगर आया। घरों की छतें अधिकतर लाल टाईल की थीं। कारखानों की चिमनियाँ निर्धूम थीं। नहर में दो उल्टे पड़े जहाज विगत महायुद्ध का परिचय दे रहे थे। कारखाने भी जख्मी थे और तेल की टंकियाँ विदीर्ण पड़ी हुई थीं। वैसे युद्ध की ध्वंसलीला लेनिनग्राद की तुलना में बहुत ही कम थी। एक सहयात्रिणी अंग्रेज महिला कह रही थीं–"प्रदेश समृद्ध है।" इधर तो युद्ध केवल वैमानिक बम-वर्षा तक ही सीमित था। कील नहर स्वेज से दुगनी से अधिक चौड़ी है, इसमें एक साथ दो नहीं, तीन जहाज चल सकते हैं। कुछ दूर तक नहर आसपास की भूमि से ऊपर थी। नहर के आसपास कुछ कारखानेवाले कस्बे भी थे। बहुत-सी खेती लायक भूमि गोचर छोड़ दी गई थी, आखिर दूध और मांस की भी तो इस देश में अधिक जरूरत होती है। सारा प्रदेश हरा-भरा था। देवदार वन भी जहाँ-तहाँ थे। जर्मनी का यह भाग अंग्रेजों के हाथ में था, इसलिए कहीं-कहीं अंग्रेजी सेना की छावनियाँ भी दिखलाई पड़ती थीं। यह वह जर्मनी थी, जो संसार-विजय के लिए उठकर अब पराजित पड़ी हुई थी। यदि युद्ध का मद हिटलर के सिर पर सवार न हुआ होता, तो आज उसकी यह दशा क्यों होती ? लेकिन पूँजीवाद का तो मतलब ही है युद्ध। शांति के वक्त में वह अपनों का खून पीता है, और युद्ध के समय परायों का। यदि शोषण संभव न होता, तो देश के अधिकांश लोगों को दरिद्रता

की मार न खानी पड़ती; यदि शोषण का लोभ न होता, तो दूसरे देशों से युद्ध करने की इच्छा न होती।

नहर के दूसरे छोर पर पहुँचकर घंटे से ज्यादा जहाज खड़ा रहा, और पौने दस बजे (लेनिनग्राद समय) वह फिर अतलांतिक-समुद्र की ओर बढ़ा।

बाहरी समाचार हमें जो कुछ मिला था, वह स्टाकहोम में खरीदे अंग्रेजी पत्रों द्वारा ही। अब फिर सन्नाटा था। रेडियो बहुत कम काम देता था। खेलों में शतरंज की दो जोड़ी के सिवाय और कुछ नहीं था। शतरंज के मोहरे को मैंने देवलो की नजरबन्दी के समय हाथ लगाया तो था, लेकिन उसके लिए जितने समय की आवश्यकता है, उसे देने के लिए मैं कभी तैयार नहीं हुआ; इसलिए पुस्तकों और प्रकृति-निरीक्षण के सिवाय मन-बहलाव का कोई साधन नहीं था। हाँ, इस समय मैं अपने ताजिक भाषा के अनुवाद किए 'दाखुंदा' और 'गुलामान' की आवृत्ति जरूर कर लेता था।

13 जुलाई (रविवार) को दिन-भर तटभूमि दिखाई नहीं पडी। 'श्वेतद्वीप' इतनी तेजी दिखला रहा था, कि परसों शाम की जगह कल ही लंदन पहुँचने की उम्मीद थी। आज जहाज हिल-डुल ज्यादा रहा था। रेडियो की खबरों में पता लगा कि सिलहट ने 50 हजार के मताधिक्य से पाकिस्तान में जाने का निश्चय किया है।

14 जुलाई (सोमवार) को सबेरे 8 बजे ही 'श्वेतद्वीप' टेम्स के भीतर चल रहा था। लंदन की धुन्ध ने आगे बढ़कर हमारा स्वागत किया, लेकिन लंदन डॉक पर पहुँचते-पहुँचते वह छँट गई। साढ़े दस बजे हम तट पर पहुँचे। पास-पोर्ट मामूली तौर से देखा गया। यात्रियों की सुख-सुविधा का ख्याल अंग्रेज बहुत ज्यादा रखते हैं। जो देश ऐसा करेगा, वही अपने यहाँ पाकेट खाली कराने के लिए अधिक यात्रियों को बुला भी सकेगा। मेरे बड़े बक्स का कस्टमवालों ने मुँह-भर खोला, बाकी हमारे यह कह देने पर, कि सभी पुस्तकें हैं, उन्होंने देखने की भी जरूरत नहीं समझी। यद्यपि वहीं मालूम हुआ, कि भारत से चेकोस्लोवाकिया जाने के लिए आई एक भारतीय महिला के साथ की सब पुस्तकों को रखवा लिया गया था। उन पुस्तकों में शायद साम्यवाद के प्रचार की सामग्री हो, लेकिन मैं तो साम्यवाद की जन्म-भूमि से आ रहा था। जहाज समय से 30 घंटा पहिले आया था। मैंने समझा, शायद बाँके जी इसी कारण नहीं आ सके। अब भारत का जहाज मिलने तक के लिए लन्दन में कहीं ठौर-ठिकाना ढूँढ़ने की जरूरत थी।

20
इंग्लैंड में

जहाज घाट से टैक्सी करके मैं टामस कूक के मुख्य कार्यालय में गया, क्योंकि पहिले अपने चैक के बारे में पूछना था। वहाँ तक पहुँचने में घंटा-भर लगा। सोचा था, सामान रखने की जगह मिल जाएगी, किन्तु वहाँ उसके लिए कोई स्थान नहीं था। शायद होटल का इन्तिजाम हो सकता था, किन्तु उसमें अपने पाकेट को देखना था। टैक्सी ड्राइवर ने सलाह दी कि सामान को स्टेशन में रख देना अच्छा होगा। मैंने वहाँ असबाब-घर में सामान रखा और भले मानुस टैक्सी ड्राइवर ने साढ़े तीन शिलिंग से 16 हिलग्रोव रोड में पहुँचा दिया, जहाँ पर बाँकेजी का रहना होता था। पता लगा, बाँकेजी तीन सप्ताह से एडिम्बरा की ओर चले गए हैं। हमारा तार आया था, जिसे वहाँ भेज दिया गया है। नहीं मालूम हो सका, वह भारत चलने के लिए तैयार है या नहीं, लेकिन अभी सबसे पहले तो ठहरने का कोई सस्ता प्रबन्ध करना था। इस बोर्डिंग-हौस में बिहार के एक-दो विद्यार्थी थे। उन्होंने 35 लौंगरिज रोड पर वेयरली होटल का नाम दिया। मैं उक्त होटल में पहुँचा। वहाँ बहुत-से भारतीय थे। तीन गिन्नी, 3 पौंड 3 शिलिंग या 40 रुपये के करीब प्रति सप्ताह में एक कमरे में जगह मिली, जिसमें पहिले से ही एक भारतीय छात्र रह रहे थे। इसी में दो वक्त का भोजन भी शामिल था। 7 शिलिंग खर्च पड़ा, स्टेशन से टैक्सी पर सामान लाने में। अब हाथ में 55 पौंड रह गए थे। यह कहने की आवश्यकता नहीं, कि रूस के लिए दिये गए चैक को टामस कूक यहाँ भुनाने को तैयार था। अब पैर जमीन पर था, इसलिए बहुत भय नहीं लग रहा था। अभी यह नहीं मालूम था, कि कितने दिनों बाद जहाज मिलेगा। पहिली चिट्ठी से मैं एक महीना प्रतीक्षा करने के लिए तैयार था।

लंदन में जहाँ-तहाँ अब भी गिरे हुए मकान पड़े थे। लेनिनग्राद में ऐसा दृश्य देखने के लिए नगर के छोर पर जाने की आवश्यकता होती। लेनिनग्राद उस तरह भी लंदन से बहुत सुन्दर था, उसकी सड़कें बड़ी प्रशस्त थीं। दोनों ओर के मकान भी बड़े भव्य थे। सफाई यहाँ भी कम नहीं थी। हरेक चौरस्ते पर बड़ी भीड़ दिखाई पड़ती थी, जो लेनिनग्राद में दिन के किसी-किसी समय ही देखने को मिलती थी। लेनिनग्राद की सड़कें भी अधिक चौड़ी थीं, और यहाँ की सँकरी, कुछ तो टेढ़ी-मेढ़ी थीं। आज पता लगा, पाकिस्तान डोमीनियन के गवर्नर-जनरल मुहम्मद अली जिन्ना हुए।

दूसरे दिन बाँकेजी के एक मित्र से मालूम हुआ, कि वह आपरेशन कराकर ग्लासको में पड़े हुए हैं। यह भी मालूम हुआ, कि वहाँ उनके एक डाक्टर मित्र हैं। खैर, यह तो निश्चिंतता हुई कि वह अपरिचित स्थान में नहीं पड़े हैं। टामस कूक और इंडिया आफिस में जाकर भारत की यात्रा के लिए कुछ करना था, सोचा उसके बाद ग्लासको चलेंगे। मेरे पास के 55 पौंड काफी नहीं थे।

शायद मैं अच्छी तरह सैर कर सकता था, लेकिन कुछ ऐसा बानक बना, कि दो हफ्ते और रहना पड़ा,

लेकिन सैर उतनी नहीं हो सकी। इंडिया हाउस में अब भारत के उच्च आयुक्त मिस्टर मेनन का दरबार था। अंग्रजों की तरह ही अब भी बेदर्दी से नौकर-चाकरों पर पैसा खर्च किया जा रहा था। नौकरशाही मशीन भी उसी तरह चल रही थी, लेकिन वहाँ के अंग्रेज कर्मचारी मिस्टर हार्डिंग ने बहुत सहृदयता दिखलाई। पी. ओ. कम्पनी के दफ्तर में फोन करके बी. दर्जे के टिकट का प्रबन्ध कराके चिट्ठी लिख दी। मैंने सोचा था, बाँकेजी भी जाएँगे, इसलिए दो टिकटों का इन्तिजाम करवाया। किराया 54 पौंड देना था, अर्थात् किराया चुका देने के बाद हाथ खाली हो जाता था। इंडिया आफिस से कुछ लेने के लिए प्रान्तीय सरकार से इजाजत मँगवाने की जरूरत थी। खैर, इतना हो जाने से यह तो मालूम हुआ कि चिट्ठियों में जिस तरह जहाज के न मिलने का डर दिखलाया गया था, वह बात नहीं थी।

अभी देखना-सुनना था, प्रस्थान-तिथि आदि के बारे में अभी कुछ तय नहीं हो पाया था। कम्युनिस्ट-पत्र 'डेली वर्कर' से कुछ पता लगेगा। इस ख्याल से मैं ढूँढ़ते-ढूँढ़ते वहाँ पहुँचा। मालूम हुआ कि मुरादाबाद के साथी शरफ अतहर यहीं पर हैं। मजूरों और किसानों की अवस्था देखने के लिए बतलाया गया, कि लंदन पार्टी-आफिस से उसका इन्तिजाम हो जाएगा। लंदन कोई छोटा शहर थोड़ा ही है। 70-75 लाख की आबादी के शहर को एक जिला ही समिझए, इसलिए एक जगह से दूसरी जगह जाने में समय काफी लगता था। पैसे खर्च कम करने का इन्तिजाम लोगों ने कर रखा था। और भूगर्भी रेलों तथा बसों के द्वारा वह बहुत सस्ता पड़ता था। पार्टी आफिस ने परसों (18 जुलाई) मजूरों की बस्तियों को दिखलाने का वचन दिया। साथी शरफ को भी टेलीफोन कर दिया था। वह मेरे पुराने परिचित थे। शाम को वह मेरे स्थान पर आ गए और कहा कि किसानों और खेतीहर मजदूरों की अवस्था को भी देखिए, उसका भी प्रबन्ध कर दिया जाएगा। 17 जुलाई को आसमान पर बादल घिरा हुआ था, जब-तब बूँदें पड़ती रहीं, शाम को तो अच्छी-खासी वर्षा हो गई। उस दिन रीजेन्ट पार्क, लंदन के बड़े उद्यान को देखने गए। दूसरी जगह के चिड़ियाघरों को युद्ध ने उजाड़ दिया था। कलकत्ता के चिड़ियाघर में साँपों का बहुत ही विशाल संग्रह था, लेकिन जापानी बम पड़ने से मुक्त हजारों साँप कहीं नगर में न घुस जाएँ, इसलिए उनमें से बहुत को नष्ट और कितनों को स्थानान्तरित कर देना पड़ा। लंदन का चिड़ियाघर अब भी अच्छी हालत में था। वानर, चिड़िया, चिम्पांजी, ऊँट, भालू, बाघ, सिंह सभी थे–सिंह-बाघ काफी संख्या में थे। लेनिनग्राद का चिड़ियाघर अच्छी हालत में रहते समय भी इससे छोटा ही था, अब तो वह उजड़-सा गया था। जार की सामन्तशाही सरकार चिड़ियाघर का महत्त्व केवल तमाशे के लिए समझती थी, लेकिन पूँजीवादी इंग्लैंड में उसको विज्ञान की प्रयोगशाला माना जाता था, इसलिए उसे समृद्ध रखने की पूरी कोशिश की गई थी। तभी अत्यन्त घने बसे हुए लंदन के गर्भ में इतनी पड़ी हुई जमीन कुछ जरूरत से अधिक मालूम होती थी। पर जब कि एक बार जगह प्राणी-उद्यान के लिए छोड़ दी गई, तो फिर आबादी के लिए उसमें से काटा कैसे जा सकता था ? आज कोई रविवार या छुट्टी का दिन नहीं था, लेकिन दर्शकों की संख्या भारी थी।

रीजेन्ट पार्क के पास ही में कहीं पर ग्लौसिस्टर रोड था, जिसके एक मकान में पन्द्रह वर्ष पहिले मैं तीन महीना रह गया था। सोचा, चलो उसे भी देख लें, ढूँढ़ते-ढूँढ़ते वहाँ पहुँचा, किन्तु अब ग्लौसिस्टर-रोड की जगह उसका नाम ग्लौस्टर एवेन्यु हो गया था। उसके 41 नं. वाले मकान में अब कोई महाबोधि सभा नहीं थी। पुराने आदमी ने एक दूसरा घर बतलाया, जहाँ काम करते मजदूर से पूछने पर मालूम हुआ कि अब लोग हैम्पटन रोड के पास 29 इम्फेल्ड स्क्वायर में चले गए हैं। खैर, आदमी तो मेरे परिचित नहीं होंगे, ऊपर से बूँदें भी पड़ने लगी थीं, इसलिए वहाँ जाने का ख्याल मैंने छोड़ दिया। आधुनिक युग के महान् बौद्ध मिशनरी अनागरिक धर्मपाल ने जिस मकान को खरीदा था, वह इसलिए कि इंग्लैंड में बौद्ध धर्म का एक अच्छा मंदिर और प्रचार-केन्द्र बने, अब वहाँ उसका कोई पता नहीं था। मकान लड़ाई की बम-वर्षा से बच गया था। लेकिन मालूम नहीं अब भी वह महाबोधि सोसायटी का है। मेरे पहुँचने से कुछ ही समय पहिले भारत-स्वतंत्रता कानून को इंग्लैंड की कामन-सभा ने पास कर दिया था। आज लार्ड-सभा ने भी उसे पास कर दिया। भारत ने स्वतंत्रता अपने बलिदानों से प्राप्त नहीं की, बल्कि अंग्रेजों की सदिच्छा से–यही इसका अभिप्राय था।

मजदूरों की बस्ती–पूर्व निश्चयानुसार 18 जुलाई को एक कम्युनिस्ट तरुण हैरी वाट्सन मुझे मजदूरों की बस्ती की ओर ले चले। 9 बजे से 3 बजे तक मैंने वेस्ट इंडिया डॉक, ईस्ट इंडिया डॉक, विक्टोरिया डॉक आदि का चक्कर काटा। डॉक अर्थात् जहाज-घाट इंग्लैंड के लिए बड़े महत्त्व रखते थे। एक गुमनाम-सा छोटा टापू अपने व्यापार के बल पर ही विश्व की एक महान् शक्ति बना और वह व्यापार इन्हीं डॉकों से होता था। ईस्ट इंडिया से मतलब भारत और पूर्व के देश थे, जहाँ आने-जानेवाले जहाज इस घाट पर खड़े होते थे। गोया यह तीन शताब्दियों की इंग्लैंड की स्मृद्धि का कीर्ति-स्तंभ था। वेस्ट इंडिया डॉक से अमेरिका की ओर जहाज जाते रहे होंगे। डॉक में जहाज से माल की उतराई-चढ़ाई का काम होता था, जिसमें मजदूरों के हाथ ही काम आ सकते थे। वहाँ के मजदूर यद्यपि अधिकतर अंग्रेज थे, लेकिन ब्रिटिश साम्राज्य और दूसरे देशों के कितने ही आदमी भी यहाँ दिखाई देते थे। चीनी और भारतीय रेस्तोराँ भी थे। युद्ध के समय यहाँ बड़े जोर की बम-वर्षा हुई, इसलिए अधिकतर मकान ध्वस्त हो गए थे। कुछ घरों को अस्थायी तौर से रहने लायक बना दिया गया था। वैसे जिस गति से लेनिनग्राद में पुनर्निर्माण का काम हुआ, उसकी आधी गति से भी काम किया गया होता, तो यहाँ बहुत-से मकान तैयार हो गए होते। सैकड़ों घर ऐसे थे, जिनकी छतें-खिड़कियाँ-दरवाजे नष्ट थे। उन्हें आसानी से मरम्मत करके आदमियों के रहने लायक बनाया जा सकता था, लेकिन लेनिनग्राद और लंदन में बहुत अन्तर है। कहने को लंदन में मजदूरों की सोशलिस्ट गर्वनमेन्ट शासन कर रही थी, लेकिन अब भी वैयक्तिक संपत्ति बहुत पवित्र समझी जाती थी। मकानवाले इन दीवारों को न स्वयं रहने लायक बना सकते थे, न नगरपालिका को ही इसके लिए अधिकार देते थे। खरीदने पर जो पैसा देना पड़ता, वह नगरपालिका की शक्ति के बाहर था। यह भी मालूम हुआ, कि यहाँ के सारे मकानों के बनाने का काम ठेकेदार ही करते हैं। वह ऐसा ठेका लेने के लिए क्यों तैयार होंगे, जिसमें नफा कम हो। नये मकानों के बनाने के लिए वह तैयार थे, किन्तु इन मजबूत दीवारों पर छत रखने के लिए नहीं। हैरी ने बतलाया, कि यहाँ पर सीधे बमों से मकानों को उतना नुकसान नहीं पहुँचा, जितना कि आग और हवा के धक्के से। एक पंचतल्ले मकान को दिखलाकर हैरी ने बतलाया : इस पर बम गिरते समय मैं पास में था। एक चटियल-सी पड़ी जगह को दिखलाकर कहा : यहीं उड़न गोला (राकेट) गिरा था। पास में एक बड़ा जूट का गोदाम था, जो हफ्ते-भर जलता रहा। स्कूल की एक चौमंजिला इमारत का अब ढाँचा-भर खड़ा था। वैयक्तिक स्वार्थ और काम-चोरों के कारण, न जाने, कितने समय बाद का यह उजड़ा नगरोपान्त फिर आबाद हो सकेगा। और यह देश भी अभिमान कर रहा था कि उसके यहाँ समाजवादी मजदूर-पार्टी का राज्य है। ऐसे समाजवाद से भगवान् बचाये, जिसको देखने के लिए बहुत शक्तिशाली अणुवीक्षण की जरूरत पड़ेगी। लेनिनग्राद और रूस से निश्चय ही अभी लंदन और इंग्लैंड बहुत दूर है। लंदन नगरपालिका चाहती है : मालगोदामों ने यहाँ भारी जगह घेर रखी है, उन्हें हटा कर नगर का विस्तार किया जाय, लोगों के लिए अच्छे-अच्छे घर बनाए जाएँ, किन्तु भूमि के मालिक इतना दाम माँग रहे हैं, कि जिसे दिया नहीं जा सकता।

एक जगह पर चीनी नाविकों के संघ का ऑफिस देखा। मुहल्ले में चीनियों की काफी संख्या थी। यद्यपि वह सारे शुद्ध चीनी न होकर अंग्रेज माताओं की संतान थे। चीनी मुखमुद्रा इतनी जबरदस्त होती है, कि एक पीढ़ी में जरा-सा सम्पर्क हो जाने पर कई पीढ़ियों के लिए वह स्थिर हो जाती है, इसलिए चीनी मुखमुद्रा वाले किसी पुरुष के जानने के लिए अंग्रेज माता के बारे में पूछना पड़ेगा। इस मुहल्ले में भयंकर ध्वंस-लीला हुई थी। जो भी आदमी रह गए थे, उनके घर-द्वार बहुत ही मैले-कुचैले थे। 1 बजे वाटसन मुझे डॉक-मजदूरों की सभा में ले गए। व्याख्यान मुझे नहीं देना था। वाटसन के खड़े होते ही दो सौ मजदूर आसपास जमा हो गए। छोटा-सा व्याख्यान था, कोयलावाले मजदूर कम से कम 6 पौंड प्रति सप्ताह मजूरी की माँग कर रहे हैं, उसका समर्थन करना चाहिए। अर्जन्तीन के तानाशाही की बीवी ईवा पेरोन यदि लंदन आवे, तो उसके खिलाफ आम हड़ताल और प्रदर्शन होना चाहिए। ईस्ट इंडिया डॉक के फाटक पर सभा हुई, फिर घूमते हुए हम विक्टोरिया डॉक की तरफ गए। यहाँ भी ध्वंसलीला उसी तरह थी। इंग्लैंड का आहार इन्हीं डॉकों पर उतरता था, इसलिए हिटलर ने चाहा, कि इनको नष्ट कर अंग्रेजों को भूखों मारा जाय। हम नगरपालिका के बनाये घरों की ओर

गए। किराया 25 से 30 शिलिंग था, जो घरौंदे-जैसे घरों के लिए जरूर अधिक था। निचले तले के घरों का किराया 10-11 शिलिंग था। सप्ताह में एक आदमी के भोजन पर 24 शिलिंग से कम खर्च नहीं होता था, यदि स्त्री-पुरुष और दो बच्चे हों, तो 38 शिलिंग अपना तथा 3 शिलिंग प्रति बच्चा स्कूल में देने पर उन्हें एक समय का भोजन मिलता। 4 व्यक्तियों के परिवार के लिए प्रति सप्ताह 5 पौंड की आवश्यकता थी। पुस्तकों का दाम भी ज्यादा था। वह इतनी दुर्लभ हो गई थीं; कि लड़कों को पढ़ाने के लिए पुरानी पुस्तकों को काम में लाया जाता था। सबसे सस्ते (युटिलिटी) सूट का दाम 4 पौंड 10 शिलिंग अर्थात् 60 रुपये से अधिक था। ओवर कोट 20 पौंड, जूता ढाई से तीन पौंड, मजूरों का जूता (वर्किंग बूट) 25 से अट्ठाईस शिलिंग अर्थात् 18 रुपया, जूते की मरम्मत पर 10 शिलिंग (6 रुपये से ऊपर), एक सूट के धुलवाने में 30 शिलिंग, सिनेमा का टिकट 1 से साढ़े चार शिलिंग तक, मामूली शराब एक पिन्ट का 1 शिलिंग, 20 सिगरेट का ढाई शिलिंग। जीवन इतना मँहगा था, जब कि हरेक आदमी के लिए काम का मिलना निश्चित नहीं था। घर में बीमार होने पर अस्पताल सेविंग ऐसोसियेशन की मेम्बरी का चन्दा देनेवालों की ही मुफ्त चिकित्सा होती, नहीं तो साधारण डाक्टर के लिए भी 3-4 गिन्नी प्रति सप्ताह देना पड़ता। पिता के बेकार होने पर बच्चे को मुफत दूध नहीं तो पौन शिलिंग पर 1 छटाँक दूध-चूर्ण मिलता। वाटसन अपने एक परिचित घर में ले गए। ज्येष्ठ अविवाहित पुत्र माँ के साथ रहता था, और राज का काम करता था, जिससे उसे 4 पौंड 5 शिलिंग प्रति सप्ताह मिलता। दियासलाई के डब्बों की तरह के छोटे-छोटे चार कमरे थे, जिसमें 3 शयन-कोष्ठक और एक भोजन-कोष्ठक, रसोई की कोठी 5वीं थी। मकान का किराया 10 शिलिंग प्रति सप्ताह था–यदि ऊपरी मंजिल पर होता तो साढ़े ग्यारह शिलिंग देना पड़ता। बिजली का चार शिलिंग। चूल्हे की गैस का 5 या 6 शिलिंग प्रति सप्ताह अलग लगता। और कमानेवाला केवल साढ़े चार पौंड, यानी (85 शिलिंग) प्रति सप्ताह पाता था। हम कह चुके हैं, 2 बच्चे और 2 मियाँ-बीवी के भोजन का खर्च 100 शिलिंग होता था। अंग्रेज-मजदूर परिवारों की क्या अवस्था होती होगी, इसका अनुमान आप आसानी से कर सकते हैं। सोने की कोठरियों में लोहे की चारपाई पर ओढ़ने-बिछौने और मेज तथा बिजली-बत्ती थी। इन मजूरों के सीने पर बैठे जमीन का मालिक, मकान का मालिक और किराया उगाहनेवाला एजेन्ट तीन-तीन काम-चोर मौज कर रहे थे। इनका नाम लेने पर लेनिनग्रादवाले हँस पड़ते। मजदूर सरकार इसमें कोई दखल देने के लिए तैयार नहीं थी। कभी तो लड़ाई और कभी कम्युनिज़्म के हौवे के नाम पर अमरीका से रोटी-मक्खन आ रहा था। मजदूर नेता समझते थे, इसी तरह उनकी नैया पार हो जायगी। लेकिन पहले से आज की स्थिति में इतना कम परिवर्तन होने के कारण लोग कहाँ तक मजदूर साम्राज्यवादियों की लम्बी-लम्बी बातों पर विश्वास करते ? एक दिन जरूर वह उनहें निकाल बाहर करके ही रहते। प्रश्न यही था–मजदूर साम्राज्यवादियों को हटाकर टोरी साम्राज्यवादियों के निकृष्टतम शासन में जाएँगे, या ऐसे शासन-तंत्र में जो यहाँ से सारी दरिद्रताओं और दुःखों को सदा के लिए नष्ट कर दे।

लंदन में अब खबरों का कोई घाटा नहीं था। दुनिया-भर की मोटी-मोटी खबरें बात की बात में यहाँ के अखबारों में छप जातीं, और अंग्रेजों की गुलामी के कारण हमें सुभीता था अंग्रेजी अखबारों को पढ़-सुन लेने का। 20 जुलाई को पता लगा, बर्मा में ओंग-सांग और पाँच दूसरे मंत्रियों को गोली का शिकार बनाया गया। विरोधी पार्टी को तलवार से कुचलना अच्छा नहीं है, क्योंकि तलवार के बदले फिर तलवार उठने लगती है। भारत की अस्थायी सरकार बन गई, और सारे विभाग दो-दो में बाँटकर नये मंत्रियों को सुपुर्द कर दिये गए। लंदन में अब भी भारतीय छात्रों का आगमन कम नहीं हुआ था, बल्कि जान पड़ता था इधर छात्रवृत्तियों के देने में अधिक उदारता दिखलाई जा रही थी। पौंड-पावना बहुत-सा इकट्ठा हो गया था, इसलिए उसे बड़ी बेदर्दी से खर्च किया जा रहा था–आखिर बैरिस्टरों या संस्कृत की पी-एच. डी. कर आने के लिए पौंड को बराबर करने की क्या आवश्यकता थी ? यदि छात्रवृत्ति देनी थी, तो वह साइंस और टेक्नीकल शिक्षा के लिए होनी चाहिए।

21 जुलाई को बहुत सवेरे मैं घूमने निकला। सोचा पैसा कहीं खर्च न हो जाए, इसलिए पहले जहाज का टिकट ले आऊँ। पी. ओ. कम्पनी का जहाज स्ट्रेथमोर पहली अगस्त को यहाँ से चलकर 17 तारीख को

बम्बई पहुँचनेवाला था। मैंने 54 पौंड देकर बम्बई का टिकट ले लिया। 21 जुलाई और 1 अगस्त में 10 दिनों का अन्तर था, जिसके लिए अब पास में पैसा नहीं रह गया था। 20 पौंड कर्ज लेने से काम चल सकता था। लेकिन इंडिया हाउस में तो प्रान्तीय सरकार से पूछकर ही रुपया मिलता, जो कि नौ मन तेल पर राधा के नाचने की शर्त थी। किसी ने हाई कमिश्नर को लिखने को कहा। टामस कूक के पास इधर कई दिनों न जाकर मैंने गलती की थी। वहाँ जाने पर मालूम हुआ कि 50-50 पौंड के दो बार दो ड्राफ्ट इम्पीरियल बैंक के नाम मेरे लिए आ चुके हैं। इम्पीरियल बैंक ब्राक-स्ट्रीट में था , जहाँ सारे बैंक ही बैंक थे। लक्ष्मी का प्रताप जहाँ रात-दिन विराज रहा हो, वहाँ की सड़कें, बनारस की कचौड़ी गली जैसी हों, यह कोई ठीक बात नहीं थी। सोचा, अब तो पैसा काफी आ गया, और इसको पौंड के रूप में भारत लौटाना अच्छा नहीं है।

अब निश्चिंत होकर सैर-सपट्टे की बात सोचने लगा। 22 तारीख को ब्रिटिश म्युजियम गया। सिर्फ एक शाला खुली थी, जिसमें थोड़ा-थोड़ा सभी चीजों का संग्रह था। उनके देखने में 30 मिनट भी नहीं लगे। बाकी के बारे में जो पता मालूम हुआ, उससे तो शायद सालों लगेंगे, ब्रिटिश म्युजियम को फिर से सजाने में। इसकी तुलना लेनिनग्राद के एर्मिताज म्युजियम से करने पर अंग्रेजों के सांस्कृतिक प्रेम की गति की मंदता साफ मालूम होती थी। एर्मिताज में पिछले ही साल पच्चीसों हॉल खुल गये थे और अब की साल तो सौ के करीब हॉल सजाये जा चुके थे। मैंने वहाँ सिर्फ अपने काम की चीजों को देखा, फिर भी 6-7 घंटे पर्याप्त नहीं हुए। आज मैंने एक सफरी रेडियो खरीदा। यद्यपि अभी यह निश्चित नहीं था, कि मुझे भारत में बिजलीवाले नगर में रहना पड़ेगा। कोशिश की, कि कोई बैटरी और बिजली–दोनोंवाला मिल जाता, किन्तु वैसा नहीं मिल सका। उस दिन 5-6 घंटे का चक्कर कहीं पैदल, कहीं बस या भू-गर्भी ट्रेन से रहा। शाम को बिहार के परिचित अध्यापक-छात्र डाक्टर ब्रह्मचारी, प्रो. दिवाकर विद्यार्थी आदि के साथ कई घंटों बातचीत होती रही। उन्होंने अपने आने से पहिले की भारत की स्थिति को बतलाया।

23 जुलाई को कई म्युजियमों को देखा, जिसमें विक्टोरिया अल्बर्ट म्युजियम, भूतत्व म्युजियम, और साइंस म्युजियम भी थे। भूतत्व और साइंस म्युजियमों को करीब-करीब पूरी तौर से सजा दिया गया था, लेकिन ऐतिहासिक सामग्री तथा कला की चीजों के संग्रहालय विक्टोरिया अल्बर्ट म्युजियम के सूक्ष्म चित्रोंवाले कुछ ही कमरे तैयार हो पाये थे। एसियायी चीजों के संग्रह को अभी बिलकुल ही नहीं रखा गया था। मैं मध्य-एसिया से सम्बन्ध रखनेवाली चीजों को देखने के लिए बड़ा उत्सुक था, लेकिन ब्रिटिश म्युजियम की तरह इस म्युजियम से भी हताश होना पड़ा। भूतत्व और साइंस के म्युजियमों को इतनी जल्दी सजा देने से मालूम हो गया कि अंग्रेज कितने यथार्थवादी हैं। इंग्लैंड की भूमि में क्या-क्या सम्पत्ति है, और उसकी भूमि का निर्माण कैसे हुआ, इसे बतलाने के लिए एक-एक इलाके को भूतत्व म्युजियम में अच्छी तरह दिखलाया गया था। वहाँ से निकलनेवाली चीजों का जहाँ संग्रह करके रखा गया था, वहाँ साथ ही नक्शे और रेखाचित्र बनाकर उन्हें अच्छी तरह समझा दिया गया था। लेक्चर का भी प्रबन्ध था। उस समय भीतर बहुत-सी छात्राएँ घूम रही थीं। अणुबम के युग में अब उरानियम (उरान) धातु का महत्व ज्यादा था, इसलिए उसके डले भी वहाँ रखे हुए थे। मुझे ख्याल आ रहा था, भारत की भूमि भी रत्न-गर्भा है, कब वहाँ के भू-गर्भ की सामग्री इस तरह दिल्ली आदि में इकट्ठी की जाएगी और उसे छात्रों और लोगों को जानने का मौका मिलेगा। साइंस म्युजियम में रेल, मोटर, विमान, जहाज, प्रेस, सिलाई आदि सैकड़ों प्रकार की मशीनों के विकास का इतिहास दिखलाया गया था। कुछ मशीनें तो वहाँ ऐसी रखी हुई थीं, जिन्हें आविष्कारक ने पहिले-पहिल निर्माण किया था। अल्बर्ट म्युजियम की चित्रशाला में देखने से मालूम होता था, कि इंग्लैंड पन्द्रहवीं सदी में ही वस्तुवादी हो गया था, जबकि रूस को वहाँ पहुँचने में 18वीं सदी तक इंतिजार करना पड़ा। पार्त्रेतों में एक-दो भारतीयों के भी चित्र थे।

अभी तो भारत की डोमिनियन-स्वतंत्रता का आरम्भ हुए समय ही कितना बीता था, तो भी दीख पड़ता था कि स्वतन्त्रता के कारण देश की मनोवृत्ति में जो परिवर्तन होना चाहिए, उसका अभाव काफी समय तक रहेगा। भारतीय विद्यार्थियों की लंदन में भरमार थी, संख्या शायद पहिले से भी अधिक थी। आश्चर्य तो यह था कि अभी कानून और कला की डिगरियों के लिए लोग दौड़े आ रहे थे। इंडिया हाउस में अब भी अंग्रेज

कर्मचारियों की अधिकता थी और भारतीय कर्मचारियों के मनोभाव को देखकर काले साहब से अधिक नहीं कहा जा सकता था। इसी मुहल्ले में भारत विद्यार्थी संघ (इंडिया स्टुडेंट्स ब्यूरो) था, जहाँ भारतीय खाना मिल जाता था। हमारे होटल में दिल्ली के एक व्यवसायी जैन सज्जन ठहरे हुए थे। यद्यपि अब जैन होना असाधारण नहीं था, किन्तु उक्त सज्जन इस बात में ईमानदार थे। दिल्ली में उन्होंने स्टेशनरी का कारबार बीस वर्ष से अधिक हुए आरम्भ किया था। वह उन व्यवसायियों में नहीं थे, जिनको थोड़ा-सा लाभ हो जाने पर तेली के कोल्हू के बैल की तरह उतनी ही सीमा में घूमने और अधिक लाभ उठाने का ख्याल रहता है। उन्होंने स्टेशनरी तैयार करने में काफी तरक्की की थी, जो कि उनके पास की छपी हुई सूचियों से मालूम होता था। वह महीने-भर से अधिक समय से लंदन में उसी सम्बन्ध में धूनी रमाये थे, और इंग्लैंड की कई जगहों में घूम-घूमकर वहाँ से सीखने और लेने की चीजें ले रहे थे। पीछे वह इसी सिलसिले में जर्मनी और अमेरिका में भी घूमे। दिल्ली निवासी होने से दिल्ली की वह खिचड़ी मुसल्मानी पोशाक उनके लिए अपरिचित नहीं थी, जिसे कि नेहरू जी ने भारत की राष्ट्रीय पोशाक बनाने का बीड़ा उठाया है। पैर से सटा हुआ पतला पाजामा, शेरवानी और ऊपर किश्तीनुमा टोपी–दुबले-पतले नहीं थे, नहीं तो 'शंकर' कारटून बनाने के लिए कलाकार को अधिक पैसा देने की आवश्यकता नहीं होती और फोटो से ही काम चल जाता। खैर, जैन भाई से पता लगा कि यहाँ पर भारतीय खाना भी मिलता है। इसी लालच से वह दसों मील का चक्कर काटकर ब्यूरो की भोजनशाला में जाते थे। यद्यपि यहाँ होटल में उनको निरामिष भोजन मिलने में कोई दिक्कत नहीं थी–यूरोप के किसी देश में, रूस में भी–निरामिष भोजन मिलने में कोई कठिनाई नहीं होती, क्योंकि रोटी, मक्खन, दूध, फल वहाँ काफी मिलते हैं, उबले आलू, गोभी के खाने का तो वहाँ रिवाज है। हाँ, निरामिषाहारियों को तली हुई चीजों से परहेज करना चाहिए, क्योंकि वहाँ तली हुई चीजों में चरबी इस्तेमाल की जाती है। पाव रोटी में कोई अंडा डालनेवाला बेवकूफ वहाँ नहीं मिलेगा, क्योंकि अंडा बहुत महँगी चीज है। पर अच्छे बिस्कुट और केक में उसके होने का डर अवश्य है। जैन भाई भारतीय भोजनशाला में जाया करते थे। 25 को हम भी गए। वहाँ घास-मांस दोनों तरह का प्रबन्ध था। मिर्च बहुत तेज मालूम हुई। मैं ऐसे देश से 25 महीने बाद आया था, जहाँ के आदमी मिर्च का नाम भी मुँह से निकलने पर तीखापन अनुभव करते हैं, जहाँ मसाले देखने को भी नहीं मिलते। मेरे पास कुछ काली मिर्च थी। एक दिन मैंने कपड़े की पोटली में चार-पाँच मिर्चें डालकर मांस-सूप में रख दिया। ईगर और लोला दोनों ही शिकायत कर रहे थे, कि उनका हलक जल गया। आखिर मेरा हलक भी दो वर्ष से मिर्च की मार से मुक्त था। वैसे मैं मिर्च का बायकाट तो नहीं करता, लेकिन बहुत कम मिर्च खाता हूँ। बहुत दिनों से परित्यक्त होने से उस दिन मेरा भी हलक भारतीय भोजनालय के भोजन से जलने लगा और मैं फिर वहाँ नहीं गया। भारत में आने के बाद छः महीने तक मिर्च से अभ्यस्त होने के लिए गलननाली को तैयार करना पड़ा। विद्यार्थियों और व्यापारियों की इतनी भीड़ रहती थी, कि लोगों को इन्तिजार करना पड़ता था। उस रेस्तराँ के लिए जगह भी छोटी थी। दूसरी जगह बड़ा घर किराये का मिल सकता था, लेकिन वह इंडिया-हौस से दूर नहीं जाना चाहते थे, क्योंकि इंडिया के कर्मचारी, भारतीय व्यापारी, विद्यार्थी इधर आसपास अधिक रहते थे। व्यापारी काफी संख्या में लंदन में रहते हैं। हमने देखा, स्यालकोट के बने खेल का सामान बेचनेवाले व्यापारी अपनी मजबूत, सुन्दर, और सस्ती खेल की चीजों से अपने और देश को काफी लाभ पहुँचा रहे हैं। विद्यार्थियों की यह बाढ़ तो बन्द होनी चाहिए। लेकिन वह बन्द कैसे हो सकती है, जबकि हरेक मंत्री और उच्च भारतीय कर्मचारी अपने भाई-भतीजों को यहाँ की डिगरी दिलाकर बाजी मारना चाहता है, और उच्च नौकरियों के देने में अभी भी अंग्रेजी भाषा का अंग्रेजों जैसा परिचय आवश्यक समझा जाता है। अंग्रेजों की टकसाल में ढली खोपड़ी अभी भी अंग्रेजी को उसके स्थान से पदच्युत् करने के लिए तैयार नहीं है। इंडिया-हौस को पढ़ने से भी इसी का प्रमाण मिलता था। वहाँ पत्र-पत्रिकाएँ बहुत थीं। किन्तु सरकारी पत्र 'आजकल' और 'फौजी अखबार' के अतिरिक्त सभी अंग्रेजी के थे। भारतीय खबरों के देने के लिए भी मेनन साहब और उनके अनुचरों को कोई परवाह नहीं थी। रूटर की मशीन से जो स्वयं मुद्रित खबरें निकलती रहती थीं, उन्हें वहाँ खड़े होकर आप पढ़ लीजिए। सप्ताह में एक बार बुलेटिन निकलता, उसमें

भी मंत्रियों की कीर्ति और सरकार के कामों की ही बातें भरी रहतीं।

उस दिन मन में आया : इंग्लैंड में आए हैं, तो यहाँ की चीजों को भी खाना चाहिए, इसके लिए फल से शुरू किया। फलों की दूकानों से सेब और काले अंगूर खरीद लाए। अंगूर अच्छे नहीं तो बुरे भी नहीं थे, लेकिन सेब तो इतने खट्टे थे कि उनकी चटनी ही खाई जा सकती थी, सो भी चीनी डालकर। इंग्लैड के लोग जब अपने कारखानों की उपज और साम्राज्य की लूट से मक्खन, रोटी, मांस और अच्छे-अच्छे फल बाहर से सस्ते मँगाकर खा सकते हैं, तो उन्हें क्या आवश्यकता है, अच्छी जाति के फलों के उत्पादन की।

26 जुलाई को अब पाँच ही दिन रह गये थे। इसमें शक नहीं, कि इतने दिनों को हमने लंदन में बेकार नहीं खोया था, लेकिन स्काटलैंड तक के घूमने की जो आकांक्षा थी, वह पूरी होती दिखाई नहीं पड़ी। मैं तो कहूँगा सैलानियों के लिए एक से दो रहना आवश्यक है, क्योंकि दोनों की रुचि के समन्वय के लिए यात्रा ज्यादा अच्छी होती है। यदि मेरे साथ कोई और सैलानी होता, तो इतने दिनों में मैं इंग्लैंड, स्काटलैंड ही नहीं आयरलैंड की भी सैर कर आता। उत्तरी स्काटलैंड और वेल्श के बारे में मैंने जो पढ़ा था, उसके कारण वहाँ जाने की बड़ी इच्छा थी। खैर, भाई अतहर की कृपा से लंदन के बाहर जाकर दो-तीन दिन बिताने का अवसर मुझे मिल गया। मैं 26 जुलाई को 9 बजे अपने स्थान से चला। अर्लकोर्ट स्टेशन हमारे पास था, वहाँ से विक्टोरिया स्टेशन तक भू-गर्भी रेल से गया। लंदन की भू-गर्भी रेल बहुत पुरानी और बहुत कार्यक्षम भी है। यदि यह रेल न होती तो लंदन में यातायात करना मुश्किल हो जाता। हर पाँच-पाँच मिनट पर ट्रेनें छूटती रहती हैं, और रास्ते में कोई डर न होने के कारण हवा से बातें करती चलती हैं। लंदन की भू-गर्भी रेल और उसके स्टेशन मास्को का कभी मुकाबिला नहीं कर सकते, क्योंकि मास्को में वहाँ के शासकों ने कार्योपयोगी ट्रेन नहीं बनाई है, बल्कि हर स्टेशन को ताजमहल का रूप देने की कोशिश की है, बहुत रंग के संगमरमर के पत्थर बड़ी कलापूर्ण रीति से लगाए गए हैं। प्रकाश-दीपों को भी बड़े कमनीय रूप से रखा गया है। भला पूँजीवादी लंदन अपनी भू-गर्भी रेल पर इतना श्रम और धन क्यों खर्च करने लगा। विक्टोरिया स्टेशन पर हमने भू-गर्भी रेल छोड़ी और ऊपरवाली रेल पकड़ी। बीच में क्लैपहैम में ट्रेन बदलकर टेम्सडिक्टन पहुँचे।

इंग्लैंड का ग्राम–टेम्सडिक्टन लंदन के बाहर है, लेकिन उसके घरों और सड़कों, बिजली और पानी के इन्तिजाम को देखकर उसे गाँव नहीं कह सकते। निवासी भी खेती का काम नहीं, बल्कि अधिकतर लंदन या आसपास के कारखानों और कार्यालयों में काम करते हैं। अतहर भाई ने शायद सूचना दे दी थी, लेकिन समय नहीं बतलाया था। मुझे मिस्टर जान कोमर के घर का पता लगाने में दिक्कत नहीं हुई। वहाँ तक पहुँचने में एक घंटा लगा होगा। यहाँ अधिकतर निम्न-मध्यम-वर्ग के लोग रहते थे। उच्च-मध्यम-वर्ग के लोगों के घर सरी में थे, जहाँ बहुत-से पेन्शनर भारतीय आई. एस. परिवार भी रहा करते थे। जान कोमर और उसकी पत्नी मार्ग्रेट कोमर ने स्वागत किया। वहीं कम्बरले (कार्लाइल) के एक साथी मिले। उन्होंने कैम्बरलैंड के बारे में बहुत-सी बातें बतलाईं। इस द्वीप के उत्तरी अंचल में यह बहुत पिछड़ा हुआ प्रदेश है। लोग ज्यादातर भेड़ पालते हैं। अधिकतर किसानों के अपने खेत हैं जो अच्छी हालत में हैं। उनके नौकर खेत-मजदूरों की हालत बड़ी बुरी है। वह अपने मालिक के साथ रहते हैं। उनके पास न अपनी जमीन होती है, न अपना मकान। हमारे यहाँ के खेत-मजदूर कम-से-कम अपनी झोंपड़ी तो रखते हैं। किसान अपने मजूरों के लिए चाहे बाहर झोंपड़े बना देता है, या अपने साथ रखता है। झोंपड़ों में बँधे हुए यह दास-से हैं, इसीलिए इस प्रथा को वहाँ 'टाइट काटेज' (बँधा झोंपड़ा) कहते हैं। सचमुच खेत-मजदूर घर के बँधुए हैं। वह काम छोड़ने की हिम्मत नहीं कर सकते, क्योंकि उसका अर्थ है, परिवार सहित बेकाम ही नहीं, बेघर हो पथ का बटोही बनना। मजदूर सरकार ने कानून बनाया है, जिससे उन्हें 4 पौंड 10 शिलिंग (60 रुपया) प्रति सप्ताह मजूरी देनी पड़ेगी। लेकिन बेघर तथा जगह-जगह बिखरे हुए लोग अपने अधिकार को पूरी तरह इस्तेमाल कैसे कर सकेंगे। उक्त मित्र ने बतलाया कि कैम्बरलैंड में 'टाइट काटेज' प्रथा बहुत ही सख्त है। इस इलाके में सात हजार खेत-मजदूर होंगे। अब भी वहाँ पर मजदूर-हाट लगती है, जहाँ पर मजूर अपना श्रम बेचने, और किसान उन्हें खरीदने के लिए आते हैं। यह दास-हाट का अवशेष है। पुराने काल की तरह ही मालिक मजूर को खरीदते वक्त उनके

हाथ-पैर टटोलकर देखते हैं : वह काम करने की कितनी शक्ति रखता है। पहिले इंग्लैंड की बहुत-सी देहातों से यह हाट (हायरिंग मार्केट) लगती थी। अब उसके अवशेष कैम्बरलैंड जैसे पिछड़े इलाकों में ही हैं। इस पर भी अंग्रेज दुनिया को सभ्यता सिखलाने का दम भरते हैं। वस्तुतः अंग्रेज पूँजीपतियों, साम्राज्यवादियों की लूट से इंग्लैंड की साधारण जनता को बहुत फायदा नहीं हुआ है। कुछ फायदा न होता, तो वहाँ पर कब का वोल्शेविज़्म आ गया होता और एटली की साम्राज्यशाही मजदूर पार्टी राज्य नहीं करने पाती। कम्बरले का वर्णन सुन करके मेरे मुँह में पानी भर आता था, लेकिन अब दिन कहाँ था। जब दिन था, तो हाथ में पैसा नहीं था, और जब हाथ में पैसा है, तो दिन नहीं। रिचार्ड लेम्प एक किसान था। किसान कहने से भारतीय किसान नहीं कहना चाहिए। इंग्लैंड का किसान (फार्मर) अब छोटा किसान नहीं है। छोटे किसान पीढ़ियों पहिले अपना सब कुछ बेचकर या तो कारखानों के मजदूर बन गए या 'टाइट काटेज' वाले खेत-मजूर। लेम्प ने 25 जुलाई के टाइम्स में लिखा था–"खेत-मजदूरों की मजदूरी को बढ़ाया जाएगा, तो गजब हो जाएगा, यदि मूजरी की वृद्धि के अनुसार खेत की उपज के दाम में वृद्धि न की गई।" इंग्लैंड की खेती में विज्ञान का भी बहुत उपयोग नहीं किया जाता, इसलिए वहाँ उत्पादित चीजें महँगी होती हैं। इससे भी और महँगा करने पर बाहर से मँगाई चीजें बहुत सस्ती हो जाएंगी। देश की चीजों को कौन खरीदेगा, यदि विदेशी मुकाबले को दबाने के लिए भारी कर की दीवार नहीं खड़ी की गई। पिछली शताब्दी में दीवार खड़ी की गई थी, जिसका परिणाम अच्छा नहीं निकला था, क्योंकि इंग्लैंड स्वयं अपनी चीजों को दुनिया के बाजारों में निर्बाध रूप से बेचने का हिमायती था।

उक्त मित्र बतला रहे थे कि वहाँ 12-14 साल के विद्यार्थी भी खेतों में आलू चुनने के लिए जाते हैं। किसान खाने-पीने का प्रबन्ध करता है और कुछ पैसे दे देता है। बेचारे लड़के चाहते हैं, कि कुछ पैसा कमा कर परिवार के खर्च में मदद करें। खेत-मजदूरों में इधर संगठन हुआ है, उनके लिए पत्र भी निकाले गए हैं, लेकिन वह कारखानों की तरह एक जगह नहीं रहते, कि कारखाने के फाटक पर खड़े होकर आप उन्हें व्याख्यान दे संगठित कर सकें। उस पर से किसान अपनी झोंपड़ी में बसाये मजदूरों पर काफी निगाह रखता है, जिसमें उस पर बाहरी प्रभाव न पड़े। कम्युनिस्ट सारी दुनिया की तरह इंग्लैड में भी सबसे अधिक मेहनती और स्वार्थ-त्यागी हैं। वे इन खेतिहर मजूरों को संगठित करने की कोशिश कर रहे हैं, लेकिन इंग्लैंड की सारी संख्या में यह इतने कम हैं, कि अपने संगठन और वोट द्वारा यह गवर्नमेंट पर प्रभाव नहीं डाल सकते। मजूरों पर अभी मजूर-पार्टी का प्रभाव है। खेतिहर-मजदूरों के ऊपर हर वक्त भूख और विपत्ति की तलवार लटकती रहती है। बीमार होने पर मालिक घर छोड़ने को मजबूर करता है। किसानों का संगठन–नेशनल फार्मर्स यूनियन (राष्ट्रीय किसान संघ) बहुत मजबूत है, कृषि खेतिहर मजूर राष्ट्रीय-संघ उतना मजबूत नहीं है, तब भी वह इस बात पर जोर दे रहा है कि सरकार अपनी ओर से खेतिहर मजदूरों के लिए जगह-जगह मकान बनवा दे, सस्ते किराये पर उन्हें दे दे। लेकिन फार्मर इसका कड़ा विरोध कर रहे हैं, अगर उनकी झोंपड़ी से वह निकल गए, तो अपनी मजूरी के लिए उसी तरह लड़ेंगे, जिस तरह कारखानों के मजदूर। यह किसान टोरियों के सबसे अधिक समर्थक हैं। 1951 के ब्रिटिश चुनाव में चर्चिल को जितानेवालों में सबसे बड़ा हाथ इन्हीं देहाती फार्मर किसानों का रहा।

मिस्टर कोमर ने बतलाया–पश्चिमी इलाकों में यहाँ छोटे-छोटे किसान हैं, और पूर्व में बड़े-बड़े। नार्फोक में कोमर की अपनी 150 एकड़ की खेती है, जिनमें एक हजार एकड़ एक जगह और बीस एकड़ दूसरी जगह है। 20 एकड़ बेकार और 25 एकड़ घास की जमीन छोड़कर काफी में गेहूँ, जौ, बकला, गोभी, चुकन्दर, तरकारी बोई जाती है। उन्होंने अपने खेत को ह्वाट नाम के एक किसान को दे रखा है। 1955 ई. में हजार पौंड में यह खेती उन्होंने खरीदी, 500 पौंड और लगाया, फिर 95 पौंड मालगुजारी पर दे दिया, जिसमें 25 पौंड सरकार को आयकर, 30 पौंड टाई (टिथे, धर्म-कर) सरकार के पास देना पड़ता है। जिस किसान ने ठेके पर खेती सँभाली है, उसके स्त्री-पुरुष और बेटा-बहू चार प्राणी खेत में काम करते हैं। कानून के मुताबिक खेत का मालिक तभी अपने असामी को हटा सकता है, जबकि वह खुद खेती करना चाहे। यदि कोमर स्वयं खेती करना चाहे, तो भी उन्हें एक साल पहिले नोटिस देना होगा और दो साल की मालगुजारी अर्थात् 190 पौंड

खेती करनेवाले को क्षति-पूर्ति के तौर पर लौटाना पड़ेगा। उस वक्त जो कानून पार्लियामेंट में पेश होनेवाला था, उसके पास हो जाने पर जोतदार का हटाना और भी मुश्किल हो जाएगा। कोमर बतला रहे थे कि हमारे ठेकेदार के पास 12 गायें, 2 छोटे-बड़े ट्रेक्टर, एक दुहने की मशीन, एक मोटर, एक लॉरी, दो घोड़े, दो सूअर, बाहर सूअरियाँ और बहुत-सी मुर्गियाँ हैं। उसे अपनी गायों का दूध बेचने के लिए चिन्ता करने की आवश्यकता नहीं, दुग्धशाला की लॉरी घर पर आकर दूध ले जाती है।

उस खेतिहर की प्रगति के इतिहास को बतलाते हुए कोमर ने कहा–पहिले-पहिल वह 1920 में एक आटा मिल का मजूर था। 1920 से 1945 तक वह एक छोटी दूकान के साथ पोस्टमास्टर भी था, जिसको तीन पौंड सप्ताह वेतन मिलता था। पहिले उसने एक एकड़ भूमि लेकर तरकारी की खेती शुरू की, तरकारियाँ काफी महँगी बिक रही थीं, उसके लाभ को देखकर उसने 50 एकड़ जमीन में खेती शुरू की। 1945 में कोमर की 150 एकड़ की खेती ठेके पर ले ली और उसी साल उसने पोस्टमास्टरी छोड़ दी। कोमर को हजार पौंड (13 हजार रुपया) खरीद पर खर्च करने के अतिरिक्त 100 पौंड लगाकर पानी का रास्ता ठीक करना पड़ा, जिसमें से आधा सरकार ने लौटा दिया। सीमेंट कराई, एक कमरा और रसोईघर तैयार कराने में 500 पौंड और लगे। सबसे अच्छी जमीन चचेरे भाई को 20 पौंड प्रति एकड़ पर बेच दी, जिससे बाकी जमीन 12 पौंड प्रति एकड़ पड़ी। जमीन में खलियानशाला, डेरी, अश्वशाला, पशुशाला के अतिरिक्त नीचे 3 और ऊपर 3 कमरे तथा एक रसोईघर है। भूमि बहुत उपजाऊ नहीं है। यदि 1930 का सन् होता तो 95 की जगह 25 पौंड की मालगुजारी मिलती। डेढ़ हजार पौंड पर पचास पौंड का लाभ। कोमर दम्पत्ति अपनी खेती को इस तरह दूसरे के हाथ में देकर अपने आप अब यहाँ नौकरी कर रहे थे। शायद यह अधिक शिक्षा का परिणाम हो। हमारे यहाँ भी यह बला फैल रही है। लेकिन दोनों पति-पत्नी कम्युनिज़्म के समर्थक हैं, इसलिए यह नहीं कहा जा सकता, कि वह जीवन से भागना चाहते हैं।

फलवाला इलाका इग्लैंड में दक्षिण की ओर है। हिमालय में भी सात हजार फुट से ऊपर की जगहों में सरदी की अधिकता के कारण सेब और दूसरे फल खट्टे होते हैं और उनको फलों की भूमि में परिणत नहीं किया जा सकता। उत्तरी इंग्लैंड की यही हालत है। दक्षिणी इंग्लैंड कार्नवाल में इस बार पहिली बार बरफ पड़ी। वह बतला रहे थे, कि नार्थ रोड से पूरब में उपजाऊ भूमि है। मालूम नहीं दक्षिणी इंग्लैंड के सेब भी वैसे ही होते हैं, जैसे कि मैंने उस दिन खरीदे।

इंग्लैंड और वेल्श के दुग्ध का व्यवसाय एक बड़ी डेरी संस्था के हाथ में है, जिसका हैडक्वारटर टेम्सडिट्टन में है। केवल उसके ऑफिस में 850 कर्मचारी हैं। कोमर वहीं अफसर हैं। हिसाब करना व लिखना आदि सभी मशीनों से होता है, नहीं तो कर्मचारियों की संख्या और भी अधिक होती। कार्यालय की इमारत देखने गए। वह बहुत विशाल थी। दूध का रोजगार ज्यादातर वेल्शवालों के हाथ में है। उप-डाइरेक्टर भी इस संस्था का एक वेल्श जन था। कार्यालय का मकान बहुत साफ और हवादार था। कोमर हमें शाम के वक्त रायल अर्सनल कोपरेटिव डेरी के कारखाने को दिखलाने के लिए ले गये। यहाँ सौ-सौ मील दूर से लॉरियों पर ढोकर हजारों मन दूध प्रतिदिन आता है। दूध एक सौ साठ डिगरी की भारी गरमी में तपाकर निष्कृमित बनाया जाता है, फिर मशीनों में ठंडा करके बिना हाथ लगाए ही बोतलों में भर दिया जाता है, भरी हुई बोतलें छोटे-छोटे खुले ढाँचों में रखकर लॉरियों में पहुँच जाती हैं, जहाँ से वह ग्राहकों के दरवाजों की ओर जाती हैं। सबेरे के वक्त हरेक ग्राहक के दरवाजे पर दूध से भरी बोतलें मौजूद रहती हैं। दूध में मिलावट का वहाँ कोई सवाल नहीं है। कारखाने के कर्मचारी ने एक-एक चीज को घुमाकर दिखलाया और हम रात को 12 बजे घर लौटे।

कोमर परिवार को देखकर हम साधारण अंग्रेजी परिवार का अनुमान नहीं कर सकते थे। कम से कम स्वभाव में तो भारी अन्तर था। कोमर दम्पति कम्युनिज़्म के भक्त होने से बनियापन को भूल चुके थे। उनके यहाँ मैं ही नहीं, बल्कि एक और भी उत्तरी इंग्लैंड में काम करनेवाले पुरुष मेहमान थे, साथ ही एक महिला भी परिवार में रहती थीं। हम दोनों मेहमानों को पैसा देने का मौका देने के लिए वह तैयार नहीं थे, वैसे मैं

प्राचीन भारतीय प्रथा को पसन्द करता हूँ कि मेहमानी में जाने पर आदमी को खाली हाथ नहीं जाना चाहिए, आज के भारत में तो उस प्रथा की और भी आवश्यकता है। भरसक ऐसा करना चाहिए, जिसमें गृहपति को मेहमान का बोझ हल्के से हल्का मालूम हो। हरी मटर की फलियों को उबाल या तलकर खाना वहाँ भी अच्छा समझा जाता है। श्रीमती कोमर छिलकों को फेंक रही थीं। मैंने उन्हें बतलाया कि इन छिलकों का भी उपयोग हो सकता है, केवल उनके भीतर के कड़े-चमड़े को निकाल देना चाहिए। मैंने उनको दबाकर निकालकर दिखला भी दिया। उन्हें मेरे इस आविष्कार पर बड़ा आश्चर्य हुआ। मैंने कहा–यह मेरा आविष्कार नहीं है, तिब्बत में मैंने नरम फलियों के छिलकों को इसी तरह छीलकर कच्चा खाते देखा था, और इसकी तरकारी बनाकर स्वयं इसके स्वाद की परीक्षा की है। महँगी सब्जी में छिलकों का भी उपयोग लाभदायक है, यह गृहिणी को मालूम था, क्या जाने देखा-देखी पीछे और गृहिणियों ने भी छिलकों को फेंकना छोड़ दिया हो।

टेम्सडिट्टन एक नदी के किनारे बसा हुआ है, जिसके परले पार हैम्प्टन कोर्ट का प्रसिद्ध ऐतिहासिक प्रासाद है। 1732 ई. में कर्डिनल (रोमन कैथलिक पादरी) बोल्जेली ने इस प्रासाद को बनवाया था। सामने एक छोटा-सा सरोवर, वाटिका, हरे-भरे विशाल उपवन और मैदान हैं। 27 को रविवार का दिन था, इसलिए हजारों लोग उस वक्त हैम्प्टन-कोर्ट में मनोविनोद के लिए आये थे। इसके बनाने में फ्रान्स के मशहूर प्रासाद वर्साई की नकल करने की कोशिश की गई है। आजकल यह प्रासाद विनोद-वाटिका का रूप ले चुका है, लेकिन पहिले यहाँ भुक्खड़ लार्ड-परिवार के लोग रहा करते थे। पूर्वान्ह में हमने जाकर हैम्प्टन-कोर्ट को देखा।

अपराह्न में 30 मील दूर की एक खेती (फार्म) को दिखलाने के लिए लॉरी से हमें मि. कोमर ले गए। यह फार्म जंगल के बीच में है। इंग्लैंड की शस्य-श्यामला भूमि का सौन्दर्य यहाँ दिखलाई पड़ रहा था। प्रकृति ने इंग्लैंड को दरिद्र नहीं बनाया, यदि वह दुनिया का शोषण नहीं करता, तो भी समृद्ध जीवन बिता सकता था। हाँ, भूमि सारी नीची-ऊँची है। यह फार्म किसी लार्ड का था, लेकिन उसके पास लंदन में बहुत-सी जमीन और मकान हैं, शायद कम्पनियों में भागीदार भी था, इसलिए उसे फार्म की क्यों चिन्ता होने लगी ? किसी खेतिहर परिवार को यहाँ बसा दिया था जो कि कोमर के भूतपूर्व पोस्टमास्टर की तरह अपनी खेती समझ कर काम नहीं करता–शायद उसके पास उतने शक्तिशाली हाथ भी नहीं थे। खेती शायद डेढ़-दो सौ एकड़ की होगी, लेकिन एक तिहाई के करीब खेतों में बोये आलू को छोड़कर सारी खेती बेकार थी। मशीनें उपेक्षित पड़ी थीं, जई , गेहूँ और गोभी के खेती को देखकर यह कहना मुश्किल था, कि वह घास के खेत हैं, या फसल के। जहाँ अन्न का इतना कष्ट हो, राशनिंग इतनी कड़ी रखनी पड़ती हो, वहाँ सौ-दो-सौ एकड़ जमीन की इस तरह की बरबादी ! सोवियत रूस में तो इसे भारी अपराध समझा जाता। फार्म के आस-पास दूर तक जंगल था, जिसमें लोमड़ी जैसे जानवर थे। इंग्लैंड के लार्डों को लोमड़ी के शिकार का बहुत शौक है, और जगह-जगह हजारों एकड़ जंगल केवल इस शिकार की शौक मिटाने के लिए छोड़ रखे गये हैं। इंग्लैंड वस्तुतः खाद्य में स्वावलम्बी हो सकता है, यदि इन शिकार के शौकीनों को खत्म करके बहुत-से जंगलों को खेत के रूप में परिणत कर दिया जाय, और विज्ञान के आधुनिकतम साधनों को व्यापक पैमाने पर इस्तेमाल किया जाय। हम भी जंगल में दूर तक घूमते रहे। अतबार के दिन के सैलानी नर-नारी हजारों की संख्या में आए हुए थे। यातायात का हर जगह सुभीता होने के कारण लोग लंदन की गलियों और उदासीन वातावरण को छोड़कर दिल-बहलाव के लिए ऐसी जगहों में आ जाते हैं। एफिंग्हैम में हमने लौटते वक्त रेल पकड़ी। लंदन के आस-पास दूर तक रेलों का बिजलीकरण हुआ है, लेकिन बम्बई या दूसरे देशों की तरह बिजली के तार आदमियों के पहुँच से दूर खम्भों पर नहीं टाँगे गए हैं, बल्कि दो रेलों के बीच में एक और रेल लगा दी गई है, जिसमें बिजली भरी रहती है। यदि प्राणी का पर जरा-सा उसे छू जाय, तो एक सैकेण्ड में मौत अपना काम कर सकती है। मैंने पूछा–तब तो पशुओं और जंगली जानवरों में बहुत मरते होंगे। कोमर ने कहा–पहिले-पहिल बहुत मरे, लेकिन अब वह भी जानते हैं कि यहाँ पर मौत खड़ी है। पालतू पशुओं के रोकने के लिए तो किनारे तार भी लगे ही हुए थे।

दो दिन पूरा बिता, इंग्लैंड के ग्रामीण जीवन का थोड़ा-सा परिचय प्राप्त कर 28 जुलाई को मैं कोमर-दम्पति

को बहुत-बहुत धन्यवाद दे साढ़े दस बजे लंदन लौट आया।

मालूम हुआ था कि उत्तरी इंग्लैंड में घूमने के लिए मासिक टिकट मिल सकता है, जिससे कहीं पर भी उतरकर हम देख-भाल कर सकते हैं। लेकिन अब समय कहाँ था ? आकर्षण तो बहुत हुआ, किन्तु मजबूरी। उस दिन अधिकतर अखबार और साथ लाई चीजें पढ़ते रहे। रेडियो को कम्पनी ने घर पर भेज दिया था। देखा उसमें सुदूर देशों की खबरें नहीं आ रही हैं। भारत के बारे में इतना मालूम हुआ कि मजदूर साम्राज्यवादियों ने भारत छोड़ते वक्त जो षड्यंत्र किया था, वह अब फल लानेवाला है। भारत को हिन्दुस्तान और पाकिस्तान में बाँटकर ही अंग्रेजों को सन्तोष नहीं हुआ, बल्कि उन्होंने पुराने संधिपत्रों का बहाना करके हमारे यहाँ के छत्रधारियों को बिल्कुल स्वतंत्र कर दिया था। ट्रावनकोर, हैदराबाद, भोपाल आदि कितने ही रजुल्लों ने अब अपने को सर्वतंत्र स्वतंत्र घोषित करने का संकल्प किया था और नवस्थापित राष्ट्रीय सरकार परेशान थी। लेकिन इन रजुल्लों को पता नहीं था, कि अब भारतीय जनता सामन्तशाही युग से दूर हो चुकी है। अब वह अंग्रेजों की संरक्षित गुड़ियों को अधिक दिनों तक छाती पर कोदों दलने नहीं देगी।

लंदन में राशन की कड़ाई थी। किसी भोजनालय में जाने पर तीन चीजें ही खाने को मिलती थीं। लेकिन अगर पास में पैसा हो, तो आपको भूखे रहने की आवश्यकता नहीं। आप एक रेस्तराँ से उठकर दूसरे रेस्तराँ में जाकर खा सकते थे, क्योंकि रूस की तरह राशन-कार्ड का कड़ा नियम नहीं था। हाँ, गरीबों व कम वेतन पानेवालों के लिए जरूर आफत थी। मजदूर सरकार का कैसा अच्छा समाजवाद चल रहा था ! वहाँ की सारी व्यवस्था देखने से ही पता लग जाता था, कि मजदूर-दल से गरीबों का हित नहीं हो सकता। वह लम्बी-लम्बी बातों में लोगों को फँसाना चाहती है, और निराश जनता को टोरियों की गोद में जाने के लिए तैयार कर रही है। वह इस बात में भाग्यवादी हैं कि शासक पार्टियाँ बारी-बारी से शासन की बागडोर अपने हाथ में सँभालती रहें। पाँच साल मजूर पार्टी राज्य करे, फिर पाँच साल टोरी। यह निश्चय है कि, जब तक इंग्लैंड के आर्थिक ढाँचे को आमूल बदलकर शोषण को नहीं खतम किया जाता, तब तक जनता कभी मजदूर दल को अपना स्थाई शासक नहीं बना सकती। झूठे वादों की कलई खुलते ही नये निर्वाचन में वह विरोधी पार्टी को अपना वोट देगी। यह आँख-मिचौनी वहाँ के राजनीतिज्ञों के लिए विनोद की चीज हो सकती है, लेकिन साधारण जनता तो उससे बराबर पिसती रहेगी। हमारे देश के समाजवादी दोस्त भी इसी आदर्श को भारत में कायम करना चाहते हैं और चाहते हैं कि एटली और चर्चिल की तरह यहाँ भी जयप्रकाश और नेहरू की अदला-बदली होती रहे। लेकिन हिन्दुस्तान इंग्लैंड से बहुत अन्तर रखता है। उद्योग-प्रधान होने से इंग्लैंड दरिद्र देश नहीं है, भारत की दरिद्रता और भुखमरी के बारे में कुछ कहने की आवश्यकता नहीं है। हमारे यहाँ ऐसी आँख-मिचौनी से करोड़ों आदमी मृत्यु की बलि पर चढ़ जाएँगे।

29 तारीख को मैं नहाने के साबुन की खोज में निकला। कई दूकानों में ढूँढ़ने के बाद एक जगह स्थानीय साबुन था, लेकिन दूकानदार ने कहा कि इसके लिए राशनबुक की जरूरत है। मेरे पास वह नहीं थी। धोने के साबुन के बारे में भी ऐसी ही दिक्कत थी। मैंने सोचा था, कि कुछ कपड़ों को धो लें, तो अच्छा, लेकिन वह नहीं हो सका। इसी तरह किताबों का भी अकाल-सा था। हाँ, अखबारों की कमी नहीं थी।

अब एक ही दिन हमारे लंदन के निवास का रह गया था। मुझे एक दोस्त के लिए प्लाट की हिन्दी-अंग्रेजी डिक्शनरी की आवश्यकता थी। 3 पौंड 3 शिलिंग में वह मिल गई और मैंने 5 पौंड के बीमा के साथ उसे लेनिनग्राद भेज दिया। भारत में पीछे देखा कि यहाँ से सोवियत रूस में पुस्तकों को भेजना जितना मुश्किल है उतना लंदन में नहीं था। यहाँ तो उसके लिए विशेष अनुमति लेने की आवश्यकता पड़ती है, इसी कारण मैं अपनी पुस्तकों को रूस नहीं भेज सका। लंदन में कुछ विशेष प्रकार के बहुत सस्ते रेस्तोराँ हैं। ए. बी. सी. की भोजनालय की सैकड़ों शाखाएँ नगर के भिन्न-भिन्न भागों में फैली हुई हैं। भोजनशाला में मेज-कुर्सियाँ पड़ी रहती हैं, परसनेवाले नौकरों की आवश्यकता नहीं होती, भोजन करनेवाले स्वयं प्लेटें उठाकर परोसनेवालों के पास जा खाने की चीजों को लेकर अपनी मेज पर बैठते हैं। दूसरी भोजनशालाओं से इनका भोजन बुरा नहीं होता, और कम पैसा रखनेवाला आदमी भी मजे से खा लेता है। भोजनशाला की संचालिका

कम्पनी हरेक वस्तु को थोक दाम पर खरीदती है, इसलिए वह रुपया-डेढ़ रुपया में आदमी को भोजन करा सकती है।

31 जुलाई का आखिरी दिन आया। अपने तीन बक्सों को पहिले वाटरलू स्टेशन पर सौथम्प्टन के लिए दे आया। अपनी चीजों को रेलवे कम्पनियों या दूसरी यात्रा एजेंसियों को दे आइए, फिर चिन्ता करने की जरूरत नहीं, वह आपके गन्तव्य स्थान पर पहुँचती रहेंगी। डिपार्टमेंट स्टोर (महा दूकान) की तरह रेलवे एजेन्सियाँ भी सामान को घर पहुँचा दिया करती हैं।

प्रथम श्रेणी का टिकट लेकर सामान को सौथम्प्टन के लिए बुक कराने का किराया 6 शिलिंग के करीब पड़ा। टैक्सीवाले को सवा चार शिलिंग देना था, 5 शिलिंग देने पर भी उसने इनाम माँगा। मालूम हुआ कि अब इनाम और बखसीस का सार्वजनिक व्यवहार इंग्लैंड में भी होने लगा। मध्याह्न-भोजन के लिए मैं एक रेस्तराँ में गया, जहाँ 3 रुपए में आधपेट भोजन मिला। 28 आना सेर नासपाती, 12-12 आने का एक-एक आड़ू खरीदते वक्त पता लगा कि फल भी यहाँ कितने महँगे हैं। आज पार्लियामेन्ट-भवन को देखा और पास में वेस्टमिन्स्टर एबे को भी। पार्लियामेन्ट-भवन को युद्ध के समय कुछ क्षति पहुँची थी, किन्तु अब उसकी मरम्मत हो चुकी थी। वेस्टमिन्स्टर एबे इंग्लैंड के सम्माननीय मुर्दों के कब्रिस्तान का भी काम देती है। पहिले यह एक मठ था, और आज भी इंग्लैंड के राजा का अभिषेक इसी में होता है। वीर-पूजा सभी देशों और कालों में पाई जाती है। वेस्टमिन्स्टर एबे में शरीर या शरीरावशेष का गाड़ा जाना, अथना नाम की तख्ती का लग जाना बड़े सम्मान की बात है।

21
भारत के लिए प्रस्थान

लंदन से नजदीक के समुद्री बन्दरगाह सौथम्प्टन में पहिली अगस्त को 'स्ट्रेमथोर' जहाज को पकड़ना था। चाय पीकर तैयार हो गया, लेकिन टैक्सी मिलने में देर हुआ। 6 शिलिंग (4 रुपया) पर वाटरलू स्टेशन के लिए टैक्सी मिली, जहाँ मैं सवा ग्यारह बजे पहुँचा, लेकिन जहाज सौथम्प्टन के लिए सवा बजे रवाना हुई। 2 घंटे का रास्ता था। यह कहने की आवश्यकता नहीं, कि इस ट्रेन में सभी सामुद्रिक यात्री थे, जिनमें बहुत-से भारतीय भी थे। ट्रेन बहुत बड़ी थी। 5 शिलिंग में हमें मध्यान्ह-भोजन मिल गया और दो घंटे की यात्रा के बाद ट्रेन जहाज के पास लगी। टिकट, पासपोर्ट देखा गया। स्टीमर में गए। बी. क्लास में काफी भीड़ थी, बल्कि 'श्वेतद्वीप' से मुकाबिला करने पर दोनों में स्वर्ग और नरक का अन्तर था। कहाँ 'श्वेतद्वीप' की सफाई, बढ़िया सजावट, सुख-सुविधा का हर तरह का ध्यान और कहाँ यह जानवरों का पिंजड़ा, ए. क्लास में केबिन (कोठरी) था, किन्तु बी. क्लास तो नीचे-ऊपर मचान-बँधा नील का गोदाम था। मुझे 39 वर्ष पहिले की बात याद आई। अपर प्राइमरी स्कूल पास कर मैं मिडिल स्कूल में पढ़ने के लिए निजामाबाद, आजमगढ़ गया था। निजामाबाद से प्लेग होने के कारण स्कूल उठकर टौंस नदी के परले पार एक परित्यक्त नील-गोदाम में हो रहा था। नील का व्यवसाय तब तक जर्मनी के कृत्रिम-रंग (ऐनी लाइट) द्वारा खत्म हो चुका था, लेकिन अभी भी लोग आशा लगाए थे, इसलिए गोदाम ध्वस्त नहीं हो पाया था। नील की टिकियों को सुखाने के लिए नीचे-ऊपर कई तरह के मचान बँधे हुए थे। यही विद्यार्थियों का बोर्डिंग था। लेकिन वह इतना महँगा नहीं था। यही मचान अब 17 दिन के लिए हमारा घर था। भीड़ भी काफी थी। यदि केबिन का इंतिजाम नहीं कर सकते थे, तो किराया कम करना चाहिए था, लेकिन युद्ध ने हरेक चीज की दर बढ़ा दी थी। युद्ध के समय अधिक से अधिक सैनिकों को भरकर एक जगह से दूसरी जगह ले जाना पड़ता था, इसलिए केबिन तोड़कर मचान स्थापित हुए। कह रहे थे, मचान तोड़कर फिर केबिन बनेगा, लेकिन तब किराया 70-72 पौंड हो जाएगा। युद्ध ने केवल मुसाफिरों के किराए को ही नहीं बढ़ाया था, बल्कि मजदूरों की मजदूरी भी बढ़ा दी थी। सबसे कम वेतन कोयलावाले का था, युद्ध के पहिले 23 रुपया मासिक था, अब वह 90 रुपया हो गया था, 50 रुपया पानेवाला सारंग अब 200 पा रहा था। 'स्ट्रेथमोर' में दूसरे जहाजों की तरह हिन्दुस्तानी मल्लाहों को रखा जाता था। अंग्रेज मजदूर इतने वेतन पर नहीं मिलते, इसलिए अंग्रेज सेठ हिन्दुस्तानियों को भरती कर चौगुना नफा कमाने की फिकर में थे।

1940 से 1942 तक के ढाई वर्षों के जेल-जीवन में मैंने सिगरेट पीना सीख लिया था। बाहर निकलने पर भी वह जारी रहा। ईरान के सात महीने में भी वह दिल-बहाव का साधन था। लेकिन मुझे सिगरेट में कभी रस नहीं आया। मेरे सिगरेटची-दोस्त कहते थे, कि 50 सिगरेट रोज पीने पर किसी-किसी समय रस आता

है। मेरी वहाँ तक पहुँचने की सामर्थ्य नहीं थी। मुझे तो ऐसा ही मालूम होता था, मानो आदत पड़ जाने से कोई लकड़ी मुँह में दे ली हो, इसलिए जिस दिन तेहरान से सोवियत जाने के लिए विमान पर पैर रखा, उसी दिन (3 जून 1945) सिगरेट पीना छोड़ दिया। सारे सोवियत और लंदन-प्रवास में सिगरेट नहीं पिया। वैसे बढ़िया सिगरेट कौन होती है और घटिया कौन, नरम कौन होती है, और कड़ी कौन, इसकी परख मालूम हो गई थी। कर का कोई झगड़ा न होने के कारण 'स्ट्रेथमोर' पर बहुत बढ़िया सिगरेट सस्ते दाम पर बिक रही थी। 17 दिन के जहाजी सफर में अब मुझे कोई गंभीर काम करने का मौका मिलनेवाला नहीं था। भला मचानों में एक-दूसरे के साथ लेटे लोग क्या पढ़-लिख सकते थे ? बाहर डैक पर कपड़े की कुर्सियाँ पड़ी थीं, जिनकी संख्या इतनी नहीं थी, कि हरेक मुसाफिर बैठ सके। बैठने पर फिर गप-शप शुरू हो जाती थी। एक तो बहुत सालों बाद भारतीयों से भेंट हुई थी, इसलिए मुझे भी बहुत-सी बातें जानने की उत्सुकता थी, दूसरे रूस में 25 महीने रहकर मैं लौट रहा था, इससे हमारे भारतीय बन्धु भी उस रहस्यमय देश के बारे में बहुत-सी बातें जानना चाहते थे। यह कह सकता हूँ कि 17 दिनों में प्रायः प्रतिदिन 6-7 घंटों के लिए कहने की बातों का मेरे पास टोटा नहीं था। वैसे श्रोता बदलते रहते थे और उनकी जिज्ञासाएँ भी बदलती रहती थीं। बात करने में सिगरेट का कश अगर बीच-बीच में लिया जाय, तो रस जरूर कुछ अधिक आने लगता है, चाहे यह कारण समझिए, या सस्ते बढ़िया सिगरेटों का सुलभ होना समझिए, जिस दिन मैंने 'स्ट्रेथमोर' पर पैर रखा, उसी दिन से सिगरेट को फिर शुरू कर दिया, जिसका अन्त गाँधीजी की अस्थियों के प्रयाग में प्रवाह के दिन ही हुआ।

ए. और बी. क्लास का निवास अलग-अलग था। ए. क्लास के केबिन अच्छे थे, लेकिन खाना दोनों क्लासों का एक ही जैसा था। स्नानागार, पाखाना भी ए. का बेहतर था। बी. क्लास में सारे भारतीय थे जिनमें अधिकांश विद्यार्थी थे, जो बैरिस्टर, डाक्टर या और कोई डिगरी प्राप्त कर लंदन से भारत लौट रहे थे। ग्वालियर के शंकरराव पिसाल दर्जी का डिप्लोमा लेने आए थे, और दो मास रहकर सफल लौट रहे थे। उनके ग्राहकों पर लंदन से डिप्लोमा प्राप्त दर्जी का रोब जरूर पड़ेगा। लेकिन सीवन-कला पर उनकी पुस्तकें पहिले से ही चलती थीं। कितने ही समय से वह सीवन-कला पर अपना पत्र भी निकाल रहे थे। क्या यह पर्याप्त नहीं था ? खैर, लंदन में उन्हें बहुत अधिक सीखना नहीं था। डिप्लोमा देनेवाले भी उनकी योग्यता को जानते थे, इसलिए दो महीने से अधिक ठहरने की जरूरत नहीं पड़ी। हमारे साथियों में एक भारतीय मेजर थे, जो बलिया की हैलटशाही में सैनिक अफसर रह चुके थे। वह बलिया के लोगों पर सैनिकों के अत्याचार से बिलकुल इन्कार करते थे। कहते थे–"वह सब काम पुलिस का था, जिसे सैनिकों के मत्थे मढ़ा गया।" 'स्ट्रेथमोर' का खाना बुरा नहीं था, और कभी-कभी भारतीय भोजन भी मिल जाता था।

'स्ट्रेथमोर' कल शाम को किसी वक्त चला था। 2 अगस्त को साढ़े तेईस हजार टन का यह भारी जहाज अब तट से इतना दूर चल रहा था, कि हमें किनारा दिखलाई नहीं पड़ता था। जहाज की गति काफी तेज थी। 24 घंटा मचान में रहने के बाद तो हम कहने लगे, कि यह तीसरे दरजे से भी बुरा है। वहाँ सबसे असह्य चीज थी गन्दा पाखाना। पीछे कुछ परिचय प्राप्त हो जाने पर स्नान का प्रबन्ध हमने ए. क्लास में कर लिया। उस वक्त सभी भारतीयों में 15 अगस्त (1947) की चर्चा थी। हमारे लिए क्यों, यह हमारे देश के लिए सबसे बड़ी घटना थी, क्योंकि उस दिन तलवार के जोर पर दखल करनेवाली अंग्रेजों की सेनाएँ भारत को छोड़ जाने वाली थीं। हमारा देश अपने भाग्य का विधाता होनेवाला था। मैंने हमेशा इसको इस रूप में लिया, यद्यपि इसका यह मतलब नहीं कि अपनी स्वतन्त्रता को मैं परिसीमित नहीं समझता था। लेकिन यह परिसीमित अंग्रेजों के हाथों से नहीं हो रहा था, बल्कि उनके चेले-चाँटे जो भारत में पैदा हुए, अमेरिका के मुक्त हब्शी गुलाम की तरह अपने बैरा को मालिक के अस्तबल में ही रखना चाहते थे, और अब भी चाह रहे हैं। देश में स्वतन्त्रता के लिए कितनी बार बड़े-बड़े बलिदान सामूहिक और वैयक्तिक रूप में हुए, उन्हीं बलिदानों और राष्ट्र की नवजागृति के कारण अंग्रेजों ने समझा, कि अब देश पर शासन करना बहुत महँगा पड़ेगा, जिसके लिए हमारे पास साधन और शक्ति दोनों नहीं हैं। भारतीय नौ-सैनिकों के विद्रोह ने खतरे की घंटी बजा दी और दिवालिया ब्रिटिश सरकार को जल्दी-जल्दी अपना बोरिया-बँधना बाँधकर भारत छोड़ने के लिए मजबूर होना पड़ा।

यह कैसे हो सकता था कि 'स्ट्रेथमोर' के भारतीय 15 अगस्त मनाने के लिए लालायित न होते ? हम 17 अगस्त से पहिले बम्बई नहीं पहुँच सकते थे, इसलिए उस महोत्सव को देश में नहीं बल्कि जहाज में मना सकते थे। लेकिन जहाज में भारतीय और पाकिस्तान दोनों के नागरिक थे और जिस मनोवृत्ति के कारण एक देश के दो देश बने, वह वहाँ पर मौजूद थी, इसलिए महोत्सव को इस तरह मानना था, जिसमें भारतीय और पाकिस्तानी दोनों सम्मिलित हो सकें। तै हुआ कि दोनों देशों के झण्डें फहराए जाएँ। भारत और पाकिस्तान के महामन्त्रियों के पास शुभ सन्देश भेजे जाएँ, बच्चों को मिठाइयाँ खिलाई जाएँ, और इसके साथ ही कुछ मनोविनोद और मनोरंजन के प्रोग्राम रखे जाएँ।

महोत्सव-कमीटी जहाज पर चढ़ने के दूसरे ही दिन बना ली गई थी। चौबीस घंटे ही में भारतीयों में मेरा कुछ अधिक परिचय शायद रूस से आने के कारण हो गया, उसका परिणाम यह हुआ कि मैं भी कमीटी का मेम्बर बना दिया गया–राजनीतिक जीवन के बाहर इस तरह के सार्वजनिक परिदर्शन के पदों पर रहना मैं कभी पसन्द नहीं करता था।

3 अगस्त को परिचय बढ़ने का और परिणाम यह हुआ, कि अब मैं कुछ पढ़ नहीं सकता था और जिन अनुवादों (गुलामान) की मैं आवृत्ति करना चाहता था, वह भी नहीं हो सकता था। अधिकतर समय बात-चीत में लगता था। पाकिस्तान के हिन्दू घबड़ाए हुए थे, यह हमारे साथ के यात्रियों की बातों से मालूम हो रहा था। एक सिन्धी व्यापारी कह रहे थे : हमारी पूँजी तो द्रव होती है, इसलिए हम अपने हैड-क्वार्टर को भारत में परिवर्तित कर देंगे। देश के भीतर पराक्रम और अध्यवसाय का बहुत-से लोगों को परिचय है, लेकिन सिन्धियों के बारे में बहुत कम लोग जानते हैं। दुनिया का कोई देश नहीं जहाँ सिन्धी दूकानदार न पहुँचे हों। क्रांति के पहले वह रूस के बहुत-से नगरों में भी थे, और बाकू के सिन्धी व्यापारियों ने तो वहाँ की बड़ी ज्वालामाई को अपनी श्रद्धा-भक्ति से खूब जागृत कर रखा था। ज्वालामाई के मठ में हमेशा भारतीय साधु रहा करते थे। दूसरे देशों में, चाहे जापान को ले लीजिए, या कोरिया को, मंचूरिया को ले लीजिए या मिश्र को, अफ्रीका और उत्तर-दक्षिण-पश्चिम के भिन्न-भिन्न देशों को ले लीजिए या दक्षिणी अमेरिका को; कहीं भी रेशमी तथा दूसरे बढ़िया कपड़े के व्यापारी सिन्धियों को अवश्य पाएँगे। इन व्यापारियों के घर कराँची, हैदराबाद, शिकारपुर में हैं, लेकिन वह घर कभी दो-तीन वर्ष बाद ही आते हैं। वह अपने गुमाश्तों और मुनीमों को अपने देश ले जाते हैं, जिन्हें देश की अपेक्षा काफी अधिक वेतन मिलता है, और दुनिया की सैर करने का सुभीता भी, यद्यपि सभी नौकर सैलानी तबियत के नहीं होते। पाकिस्तान के कारखानों में जिनकी पूँजी लगी है, उन हिन्दुओं के लिए भारी दिक्कत थी, और वह बहुत परेशान थे।

अभी जहाज के हिन्दू-मुसल्मानों को आगे आनेवाले संकट का पता नहीं था। वे समझते थे, जैसे कागज पर आसानी से देश का बँटवारा हो गया, वैसे ही आदमियों के मनों का भी परिवर्तन हो जाएगा। एक लाहौर के सरदार साहब हमारे सहयात्री थे। अभी सीमा कमीटी ने अपनी रिपोर्ट नहीं दी थी। लेकिन उनका पूरा विश्वास था, कि लाहौर पाकिस्तान को नहीं भारत को मिलकर रहेगा, क्योंकि लाहौर में मुसल्मानों की नहीं गैर-मुसल्मानों की संख्या अधिक है। मैंने कहा–"कोई बहुत भू-भाग किसी देश में द्वीप की तरह दूसरे देश के अधीन नहीं रह सकता और आप यह जानते हैं कि लाहौर के आस-पास के गाँवों में मुसल्मान ही सबसे अधिक हैं।" इस पर उन्होंने कितने ही सिक्खों के मनोभावों को प्रकट करते हुए कहा–"खून की नदियाँ बह जाएँगी, यदि लाहौर को पाकिस्तान के हाथ में दिया गया।" मेरा कहना था–"खून की नदियाँ बह सकती हैं, लेकिन उसका परिणाम जो आप चाहते हैं वह नहीं होगा।" असल में पिछले 25 सालों में जब हिन्दुओं और सिक्खों के लिए मुसल्मान-प्रधान पंजाबी इलाकों में अपनी सूद-सवाई और दूकानदारी का उतना सुभीता गाँवों में नहीं रहा, न गाँववालों की जमीन ही तिकड़म से अपने हाथ में करके उससे खूब फायदा उठाया जा सकता था, तब वे भाग-भागकर शहरों की ओर आने लगे। लाहौर का आकर्षण उनके लिए बहुत अधिक था। मैं पहिले-पहिल 1916 में लाहौर गया था। उस समय मैंने जो लाहौर देखा था, उससे 1943-1944 के लाहौर में बहुत अन्तर पाया। सिक्ख-हिन्दुओं की बदौलत शहर बहुत बढ़ गया था, और रामनगर, कृष्णनगर, सन्तनगर जैसे कितने

ही लाहौर के शाखानगर आबाद हो गए थे। वहाँ लोगों ने अपनी कमाई लगाकर पक्के प्रासाद और मकान खड़े कर दिए थे। उन्हें अपने इस धन और श्रम का मोह था, जिससे उनको पूरी आशा थी कि लाहौर को अंग्रेज पाकिस्तान के हाथ में नहीं देंगे। वह भूल जाते थे, कि अंग्रेज किसी सदिच्छा से प्रेरित होकर हिन्दुस्तान का परित्याग या बँटवारा नहीं कर रहे हैं। यदि बँटवारे के परिणामस्वरूप देश में खून की नदियाँ बहें, तो उन्हें बड़ी प्रसनता होगी और वे कहेंगे–देखा, हमारे रहने से देश की क्या हालत थी और अब निकलने से क्या हालत हुई। जितना अधिक-से-अधिक झगड़े के कारण हिन्दुस्तान में रहें, उतनी ही अंग्रेजों को प्रसन्नता होगी और उतना ही हिन्दुस्तान के दोनों देश अपने पुराने प्रभुओं की खुशामद के लिए तैयार रहेंगे। रियासतों को वे ऐसी अवस्था में रख गए थे, जिसके कारण तरह-तरह का भय होने लगा था। हमारे साथियों में से कुछ का विश्वास था कि छोटी-छोटी रियासतें न सही, हैदराबाद, मैसूर, ट्रावनकोर, बड़ौदा, कश्मीर जैसी 15-20 बड़ी रियासतें अवश्य स्वतंत्र राज्य का रूप धारण करेंगी। मैं कहता था–वे तभी, जबकि हमारे वर्तमान शासक नेताओं की अक्ल मारी जाएगी। अभी ये गुड़िया राजा अंग्रेजों के साथ की गुलामी की संधियों पर कूद-फाँद रहे हैं ! वे समझते हैं, जैसे किसी अदालत में विजय के लिए कागजी सबूत काफी होता है, वैसे ही जातियों का भाग भी कागज के पुरजों पर सदा के लिए बेचा-खरीदा जा सकता है। वह नहीं जानते, कि तोपें जब रक्षा के लिए नहीं रह गईं, तो निपटारा कागज नहीं करेगा, बल्कि अब फैसला उनकी मूक बहुसंख्यक प्रजा के हाथों में होगा। अभी इसी छिपी हुई शक्ति को वह देख नहीं रहे हैं, लेकिन जब गुड़िया राजा महान् मुगल का अनुकरण करने चलेंगे, तब यह नंगे पंजे चारों ओर से नोचने के लिए उठेंगे और इन्हें लेने के देने पड़ जाएँगे।

हमारे साथियों में हैदराबाद (सिन्ध) के शर्माजी भी थे, जो साहसी और उदार आदमी थे, अफ्रीका के किसी कोने में उनकी या उनके मालिक की दूकान थी, व्यापारियों के सम्बन्ध में ही वह लंदन आए थे, और अब भारत लौट रहे थे। व्यापार में कर उगाहनेवालों को धोखा देना, चोरबाजारी करना, सट्टे-बाजी की तरह कोई अधर्म की बात नहीं समझी जाती, इसलिए जो आदमी इस तरह काम करता हो, उसे हम जन्म-सिद्ध अपराधी नहीं मान सकते। उनमें अच्छे भी हो सकते हैं। बाजार में देखते हैं, कि अगर दूसरों का रास्ता हम नहीं स्वीकार करते, तो टाट उलटना पड़ेगा। और अपने ही नहीं बल्कि अपने परिवार को भूखों मारना पड़ेगा। इसलिए वह भी गतानुगतिक हो जाते हैं। शर्माजी के पास कई ट्रंकों में कीमती रेशम के कपड़े थे। कस्टमवाले उस पर भारी टैक्स लेते, इसलिए उनको बड़ी फिक्र थी कि कैसे कस्टम को चकमा देकर अपने सामान को उतारा जा सके। हो सकता है सोना भी उनके पास हो। हमारे देश में सोने को आयात पर भारी कर लगाकर उसे आवश्यकता से अधिक महँगा बना दिया गया था, इसलिए चोरी-छुपे सोने को लाना भी एक बड़े नफे का व्यवसाय था। शर्माजी से बहुत बातें हुआ करती थीं। हैदराबाद में उनका घर-भर था, जिसकी उन्हें बहुत परवाह नहीं थी।

तीसरे दिन दोपहर के करीब हमारा जहाज जिबराल्टर के पास से गुजरा। उस समय अफ्रीका और यूरोप दोनों के तट हमारे दाहिने-बाएँ थे। शर्माजी ने बतलाया : जिबराल्टर में हमारे सिन्धियों की एक दर्जन से अधिक दूकानें हैं। मुझे ख्याल आ रहा था जिबराल्टर के असली नाम जबरुत-तारिक अर्थात् तारिक-पर्वत का। जिबराल्टर एक पहाड़ के किनारे बसा हुआ है, इसलिए अरबी में इसका जब्र नाम होना ही चाहिए, लेकिन तारिक कौन था ? उमैय्या खलीफों का मशहूर सेनापति तारिक, जो इस्लाम के प्रचार तथा साम्राज्य के विस्तार के लिए अपनी अरब सेना के साथ आज से 13 सदी पहिले इसी जगह अफ्रीका से यूरोप की भूमि पर पैर रखकर उसने अपनी नावों को तोड़ते हुए सैनिकों से कहा था–"जीतो या मरो, अब तुम्हारे लिए तीसरा रास्ता नहीं है।" उसके बाद की 5-6 शताब्दियों में स्पेन मुसल्मानी देश हो गया था, और खतरे के मारे सारा ईसाई यूरोप अपनी खैरियत मना रहा था। उत्तरी स्पेन की एक बड़ी लड़ाई में ईसाई सेना ने मुसल्मानी सेना पर भारी विजय प्राप्त की, इससे इस्लाम फ्रांस के भीतर घुसकर आगे नहीं बढ़ सका। उसी जबरुत-तारिक को अपने वाणिज्य सम्बन्धी महाअभियानों में अंग्रेजों ने स्पेन से छीन लिया और अपने व्यापारी मार्ग की रक्षा के लिए उसे एक

सुदृढ़ दुर्ग और व्यापारिक नगर का रूप दे दिया। सदियाँ बीत गईं। 20वीं सदी में भी दो-दो विश्व-युद्ध हो गए, लेकिन अंग्रेजों का पंजा जबरुत-तारिक से नहीं उठा। उन्होंने दूसरे देशों के शब्दों और नामों की तरह इसका भी नाम बिगाड़कर जिबराल्टर बना दिया। पूरब में स्वेज और पश्चिम में जिबराल्टर को अपने हाथों में रखकर अंग्रेज भूमध्य-सागर को अपनी झील बनाये हुए हैं। भूमध्य-सागर के तट के यूरोपीय देश–स्पेन, फ्रांस, इताली, ग्रीस, तुर्की मुँह ताकते ही रह गए, और वहाँ तूती बोल रही है अंग्रेजी नौ-सेना की। मैं सोच रहा था, द्वितीय महायुद्ध ने इंग्लैंड का दिवाला निकाल दिया है। वह अमेरिका के दिए टुकड़ों पर पेट पाल रहा है। उसकी सारी किलेबन्दियाँ अब अमेरिका की किलाबन्दियाँ हैं। अब तो ऐंठ की बात भी नहीं है, जबकि एटली के बाद फिर इंग्लैंड का प्रधानमंत्री बननेवाला चर्चिल ब्रिटेन को अमरीका की 49वीं रियासत बनाने के लिए तैयार है। जब तक पराई भूमि पर इस तरह जबरदस्ती कब्जा रहेगा, तब तक कैसे विश्व में शान्ति रह सकती है।

हमें जहाज में अब रेडियो से टाइप की हुई खबरें पढ़ने को मिलती थीं। उस दिन मालूम हुआ गाँधीजी इसके लिए नाराज हैं, कि भारत के डोमिनियन रहते तक राष्ट्रीय झंडे के साथ यूनियन जैक (अंग्रेजी झंडे) के रखने के उनके सुझाव को लोगों ने ठुकरा दिया, अब भारत की सरकारी इमारतों पर यूनियन जैक नहीं फहराएगा। मैंने उस दिन लिखा था–"बूढ़ा सठिया गया है, इसमें तो सन्देह नहीं।" क्या 60 वर्ष की अवस्था को पार कर जाने पर शरीर की तरह आदमियों की बुद्धि भी क्षीण हो जाती है ? हो सकता है, कितनी ही बार यह बात सच्ची हो, लेकिन सठियाने का एक और कारण है : आदमी समय के साथ आगे नहीं बढ़ता। हमने 25 साल पहिले बच्चे को नंगा देखा था, 25 साल बाद भी उसे वही समझना चाहते हैं। नहीं समझते, कि अब वह शिशु नहीं बल्कि शरीर और मस्तिष्क दोनों से प्रौढ़ मानव है। तरुण होने से हरेक नवीन ग्राहक चीज को ग्रहण करने के लिए तैयार है, इसलिए उसको 60 वर्ष के बूढ़े से अधिक सक्षम मानना चाहिए। साइंस के बड़े-बड़े आविष्कारों के बारे में हम इसी बात की सच्चाई को अच्छी तरह जानते हैं। आविष्कारकों में सबसे अधिक संख्या तरुणों की मिलेगी। यदि 60 की ओर तेजी से बढ़ते दिमाग तरुणों की क्षमता पर विश्वास करने के लिए तैयार हो जाएँ और सदा अपने ही पथ-प्रदर्शक बनने की लालसा को छोड़कर उन्हें भी पथ-प्रदर्शन करने की आज्ञा दें, उस पर चलने के लिए तैयार हों, तो किसी को सठियाने की आवश्यकता नहीं पड़ेगी।

महोत्सव के लिए चन्दा जमा हो रहा था। 5 अगस्त तक वह 80 पौंड के करीब पहुँच गया था। पंजाब के एक पेन्शनर पोस्टमास्टर जनरल अंग्रेज भारत लौट रहे थे–"इंग्लैंड में हमारी पेन्शन खर्च के लिए अपर्याप्त है, क्योंकि वहाँ जीवनोपयोगी चीजें बहुत महँगी हैं। साथ ही हमें भारत में नौकर-चाकर रखने की आदत थी, और इंग्लैंड में वे बहुत महँगे हैं। टैक्स भी यहाँ अधिक है, जब भारत से आनेवाली पेन्शन पर ही जीना है, तो क्यों न भारत में ही चलकर आराम से रहें।" बूढ़ा 70 वर्ष का था। बहुत स्वस्थ भी नहीं मालूम होता था। उसके ऊपर बोझ भी नहीं था, इसलिए हिन्दुओं के काशीवास की तरह वह भारतवास के लिए आ रहा था। पाकिस्तानवास पर उसका विश्वास नहीं था। अंग्रेजों ने यद्यपि हिन्दुओं के मुकाबले में मुसल्मानों को हमेशा प्रोत्साहन दिया, लेकिन अपने मन के भीतर वह इस्लाम पर विश्वास नहीं करते थे। शायद इसके पीछे शताब्दियों पीछे गुजरे सलम्बी जंगों (धार्मिक युद्धों) के युग का अनुभव काम कर रहा था, जब कि इस्लाम के गाज़ी और ईसाइयत के क्रुसेडर धर्म के नाम पर एक-दूसरे के ऊपर हर तरह के अत्याचारों को उचित समझते थे। उक्त वृद्ध अंग्रेज ने जब सुना कि स्वतंत्रता-महोत्सव के लिए चन्दा जमा हो रहा है, तो उसने शिकायत की–"हमसे क्यों नहीं चन्दा माँगा गया, हमने भारत का नमक खाया है और जीवन की अन्तिम घड़ियाँ हम वहीं बिताने की इच्छा रखते हैं।" खैर, वृद्ध ने एक पौंड चन्दा दिया। हमारे जहाज में वह अकेले ऐसे पेन्शनर अंग्रेज नहीं थे, जो भारत में अपना शेष जीवन बिताने के लिए लौट रहे थे।

कमीटी को प्रोग्राम ठीक करना था। वहाँ दो तरह के विचार के लोग थे। कुछ हमारे परिचित शर्माजी की तरह बहुत कुछ पुराने विचारों का प्रतिनिधित्व करते थे, जिसे वह शुद्ध भारतीयता का नाम देते थे, और

कुछ अल्ट्रा मोडर्न (चरम आधुनिक पंथी) थे, जो चाहते थे कि उत्सव ऐसी शान से मनाया जाय, जिसमें यूरोपियन यात्रियों पर अच्छा प्रभाव पड़ सके। ए. क्लास में यूरोपियन यात्रियों की संख्या अधिक थी, जहाँ पर कि हमारे अल्ट्रा मोडर्न भद्र पुरुष और भद्र महिलाएँ रहती थीं, और जिनसे उनका सम्भाषण और नृत्य आदि से घनिष्ठ सम्बन्ध स्थापित हो गया था। वह समझते थे, कि जब तक पान और नृत्य न हो, तब तक उसे सभ्य दुनिया में महोत्सव नहीं माना जा सकता। कमीटी के कुछ लोग अपने यूरोपीय मित्रों को शराब पिलाना चाहते थे–पैसे का सवाल नहीं था, वह शायद अपनी जेब से शराब खरीदकर भी पिला सकते थे; लेकिन कुछ लोग सिद्धान्ततः इसके विरोधी थे। उनका कहना था–गाँधीजी के नेतृत्व में हमने स्वतन्त्रता को प्राप्त किया, हमारे गाँधीवादी शासक धर्मेण शराबबन्दी के पक्षपाती हैं, इसलिए इस महोत्सव में शराब पीना महान् पाप है। मैंने जीवन में कभी शराब नहीं पी, लेकिन शराब को कोई महापाप की बात वैसे ही नहीं समझता, जैसे कि अपने मांस-भक्षण को। असंयम सभी जगह बुरा होता है, यह नियम शराब पर भी लागू हो सकता है। हमारे शर्माजी को अन्धा पुराणपंथी नहीं माना जा सकता था। अपनी तरुणाई से अब 50-60 के बीच में पहुँचते समय तक एसिया, यूरोप, अफ्रीका के भिन्न-भिन्न जगहों की खाक छानते उन्होंने भी शराब पी थी, लेकिन वह समझते थे, इस पवित्र महोत्सव के समय कमीटी की ओर से पान का प्रबन्ध उचित नहीं है। 5 अगस्त को इस पर बहुत गरमागरम बहस हुई, लेकिन उसका निर्णय उस दिन नहीं हो सका।

6 अगस्त को हम भूमध्य-सागर में चल रहे थे। गरमी बहुत बढ़ गई थी, या शायद मुझे ही अधिक मालूम होती थी। बी. क्लास के केबिनों को तोड़कर मचान बनाते समय कुप्पियों को उखाड़ नहीं फेंका गया था, यही खैरियत थी, इसलिए हमें कुप्पियाँ हवा की पिचकारी छोड़ते प्राण-दान कर रही थीं। दिन में वैसे डेक पर बैठने से खुली हवा मिल जाती थी, लेकिन रात के वक्त तो ये वायु-कुप्पियाँ ही प्राणाधार थीं। भोजन के लिए जहाज का नियम था–सबेरे बिस्तर पर चाय, आठ बजे प्रातराश, 1 बजे मध्याह्न-भोजन (लंच), साढ़े चार बजे ब्यारू। भोजन को अच्छा ही कहना चाहिए और वह पेट-भर मिलता था। ता. 6 को उत्सव के लिए 90 पौंड चन्दा हो गया था। उस दिन बहुमत में भोजन में शराब शामिल करने के प्रस्ताव को ठुकरा दिया गया। यह भी निश्चय हुआ, कि भारतीय नाविकों को भोजन दिया जाय और बच्चों को मिठाइयाँ।

6 को कुछ टापू जब-तब दिखाई भी पड़ रहे थे। किन्तु 7 अगस्त को कोई स्थल-चिह्न नहीं दिखाई पड़ा। हाँ, जब-तब एकाध जहाज उल्टी दिशा की ओर जाते हमें देखकर भोंपू बजा देते थे। अपने सामने तो विस्तृत नील सागर और अनन्त नील नभ ही दिखाई पड़ते थे। हाँ, हमारी जहाज की भी एक दुनिया थी, जिसे हम ए. बी. क्लास के अधिकांश यात्रियों के लिए हँसी-खुशी की दुनिया कह सकते थे। अस्सी भारतीय यात्रियों में बड़ी-बड़ी उमंगें लेकर कोई डाक्टरी या दूसरी डिगरी प्राप्त कर देश लौट रहा था, कोई व्यापार के धन्धे को करके और कुछ सैलानी भी अपना मौजी जीवन बिता देश को जा रहे थे।

8 अगस्त को भी पहिले की तरह मौसम अच्छा था, लेकिन भूमि का कहीं दर्शन नहीं होता था। अगले दिन 6 बजे सबेरे ही हमारा जहाज पोर्तसईद में पहुँचकर मिश्र की भूमि से लग गया। कमीटी ने तै किया था, कि भोज की सामग्री पोर्तसईद में खरीदी जाय। उससे आगे जहाज के खड़े होने का कोई ऐसा स्थान नहीं था, जहाँ सभी चीज़ें सस्ती और आसानी से मिल सकें। 'स्ट्रेथमोर' ने नहर के मुँह के पास लंगर डाला। आस-पास बहुत-से देशों के जहाज पड़े थे, जिनमें तुर्की और अमेरिका के काफी थे। कुछ उतरनेवाले यहाँ उतर गए। सैर करनेवालों के पासपोर्टों पर मिश्री अफसर ने मुहर लगा दी और हमारी तरह वे भी पोर्तसईद की सैर करने के लिए निकले। पोर्तसईद अन्तर्राष्ट्रीय नगर है। यह अफ्रीका के उत्तर-पूर्वी छोर पर बसा, लेकिन इसके उत्तर की तरफ भूमध्य-सागर के परले तट पर यूरोप है, एसिया तो यहाँ अफ्रीका से मिल गया है। इसको ही बाधा समझकर स्वेज नहर बनाई गई, जिसमें भारतीय महासागर या अबर समुद्र लाल सागर से भूमध्य-सागर को मिलाया जा सके। तीन महाद्वीपों का सम्मिलन-स्थान होने से तीनों महाद्वीपों की जातियों के समागम का यह

स्थान है, वहाँ तीनों महाद्वीपों के गुंडे, गिरहकट और वेश्याओं का भी यह भारी अड्डा है। दिन में भी गली-कूचे में अकेले निकलना खतरे से खाली नहीं है। हमारे एक सहयात्री किसी गली में जा रहे थे। एक बदमाश ने उन्हें 'हीरे' की अँगूठी खरीदने के लिए कहा। उनको संदेह हो गया, लेकिन 'हीरा' बेचनेवाले ने छुरा दिखलाकर एक पौंड में अँगूठी उनके मत्थे मढ़ दी। दूसरे जोशी महाशय को भी छुरा दिखलाया गया था। बात यह है कि जहाज कुछ घंटों के लिए ठहरनेवाला था, यदि कोई दुर्घटना हो गई, तो भी जहाज किसी यात्री के लिए निश्चित समय से अधिक ठहर नहीं सकता। यात्री भी अपने गन्तव्य स्थान पर पहुँचने की धुन में रहता है, इसलिए वह छुरे का जवाब न छुरे से दे सकता है, और न पुलिस तथा अदालत की शरण लेने के लिए तैयार हो सकता है। इस कमजोरी को पोर्तसईद के गुंडे अच्छी तरह जानते हैं। हम चार आदमी एक साथ शहर घूमने गए। ढाई घंटे तक घूमते रहे। रमजान का महीना होने से रोज़े का दिन था, लेकिन इस्लामिक देश में किसी को उसकी परवाह नहीं थी–सारे रेस्तोराँ खुले हुए थे। गरमागरम तंदूरी रोटियाँ बिक रही थीं। शासक तो मुसल्मान गाज़ी होने पर भी किसी देश और किसी काल में इस्लाम के साधारण नियमों की भी पाबन्दी करना अपने लिए आवश्यक नहीं समझते थे। इस्लाम के नाम पर भारत के लाखों लोगों का खून बहानेवाला, मंदिरों और नगरों को ध्वस्त करनेवाला महमूद गज़नवी, रात-रात-भर अपनी शराब की महफिलें लगाता था। भला शासकों को रोज़ा, नमाज की उतनी पाबन्दी की क्या आवश्यकता थी। यदि उनकी देखादेखी अब पोर्तसईद या कहीं की मुसलिम जनता रमजान को धता बतलाए, तो इसमें आश्चर्य करने की क्या आवश्यकता ? यहाँ पर नंगी और बहुत ही अश्लील तस्वीरों का तो, जान पड़ता था, बाकायदा रोजगार होता है। कितने ही आदमी इन तस्वीरों को हाथ में रखे चुपके से दिखाकर बेच रहे थे। इससे कभी-कभी लोग बुरी तौर से फँस जाते हैं। सीलोन के एक भिक्षु यूरोप से लौट रहे थे, उन्होंने ये तस्वीरें खरीद ली थीं, जब कोलम्बो में जहाज पर से उतरे और उनकी चीजों की देखभाल हुई, तो वे तस्वीरें निकल आईं। उनकी बड़ी भद्द हुई। पिछली यूरोप-यात्रा से, जब मैं लौट रहा था, तो एक चीनी छात्र ने इस तरह की बहुत-सी तस्वीरें यहाँ खरीद ली थीं। जब मैंने उसे कोलम्बोवाली घटना सुनाई, तो कोई परवाह न करते वह कह रहा था–हमारे बन्दरगाहों में कोई नहीं पूछता। वेश्या-नगरी के दलालों का निमंत्रण तो पग-पग पर था–"बड़ी सुन्दर ग्रीक-तरुणी है," या और कुछ कहकर उस रास्ते के लिए पथ-प्रदर्शन करनेवाले दर्जनों आदमी घाट पर मौजूद थे। मैंने डेढ़ पौंड में एक चमड़े का थैला बक्स खरीदा। शर्माजी हैदराबादी हमारे साथ थे, इसलिए दाम कम करने में कोई दिक्कत नहीं हुई। दो-तीन पौंड के कपड़े और कागज उत्सव के लिए खरीदे गए, और 19 पौंड की मिठाइयाँ भी। इसी तरह कुछ और चीजें खरीदी गईं। लौटकर जहाज की ओर जाते समय कस्टमवालों ने रोका। खरीदी हुई चीजों पर भारी टैक्स माँग रहा था, पर शायद 10-15 पौंड और खर्च करना पड़ता। शर्माजी साथ थे। उन्होंने समझाने की कोशिश की कि हम भारतीय स्वतंत्रता-दिवस के उत्सव के दिन के लिए ये चीजें खरीदकर ले जा रहे हैं। लेकिन भावुकतापूर्ण अपील करने में सफलता नहीं हुई, फिर उन्होंने रोकनेवाले के हाथ में 2 पौंड थमा दिए और सारा किस्सा मिट गया। उसने इकट्ठी की हुई चीजों के अलग-अलग भाग कर दिए और कह दिया, थोड़ा-थोड़ा हाथ में लेकर जाओ। थोड़ा-थोड़ा ले आने के लिए हमारी संख्या कम नहीं थी, लेकिन इस बाधा को हमने पहिले समझा नहीं था, इसलिए बहुत-से लोग पहिले ही चले आए थे। खैर, दो पौंड में काम चल गया। पोर्तसईद और आगे स्वेजनहर के पास आनेवाले स्थानों में हमने देखा, मिश्री लोग अंग्रेजों को बड़ी भद्दी-भद्दी गालियाँ दे रहे थे। यह 1951 का अन्त नहीं, बल्कि 1947 का अगस्त था। उस समय भी मिश्री अंग्रेजों को अपना भारी शत्रु समझते थे और अपने गुस्से को गन्दी गालियों द्वारा उतारना चाहते थे। स्वेज नहर में रात को भी जहाँ-तहाँ ये गालियाँ दुहराई जा रही थीं–घृणा-प्रदर्शन का उन्होंने यह अच्छा तरीका निकाला था। मिश्री मुसल्मान औरतें पर्दा रखती हैं। लेकिन मुँह पर नाक को ढाँके, आँखें खुली रखने के लिए जाली रखती हैं। इन जालियों के भीतर से उनके ओठ और कपोल भी दिखलाई पड़ते हैं। इंग्लैंड की अपेक्षा पोर्तसईद में चीजें बहुत सस्ती थीं। जिस बैग को हमने डेढ़ पौंड में लिया था, वह इंग्लैंड में चार-पाँच पौंड से कम में नहीं मिलता।

10 अगस्त को 'स्ट्रेथमोर' लाल सागर में चल रहा था। लाल सागर, जान पड़ता है, हर समय ही गुस्से में लाल रहता है। अपने यात्रियों को परेशान करना वह अपना काम समझता है। पिछली यात्रा का भी मेरा ऐसा ही अनुभव था। अब की बार भी जब हवा चल पड़ती, तो जान में जान आती, नहीं तो बड़ी परेशानी होती। उस दिन पता लगा, कि जहाज के कप्तान ने 15 अगस्त के महोत्सव मनाने के प्रोग्राम में स्वतन्त्रता के शहीदों के लिए 2 मिनट मौन रखने पर एतराज किया। फिर क्या था, लाल सागर का प्रभाव हमारे लोगों पर भी पड़ा, लोग लाल-पीले होने लगे।

11 अगस्त को भी हम लाल सागर ही में थे। घंटों शरीर से पसीना चूता रहा। हवा बन्द-सी दीख पड़ रही थी। यात्री हवा की तलाश में एक डेक से दूसरे डेक की ओर डोल रहे थे, यह जानकर सन्तोष हुआ कि कप्तान ने सारे प्रोग्राम को मान लिया। सारे अंग्रेजों पर शीतल जल पड़ गया। लोग विरोध-प्रदर्शन के तरह-तरह के तरीके सोच रहे थे। डेक पर बैठे पसीना बहाते किसी तरह दिन का समय तो कट गया, लेकिन रात को पसीने में तर शरीर के कारण अब सर्वशीतला रूस-भूमि की याद आ रही थी।

13 अगस्त को अरब-सागर में दाखिल होते ही, तरंगित समुद्र आ गया। हवा के बिना समुद्र तरंगित नहीं हो सका है, उसी ने अब गरमी को कम कर दिया–भूमध्य रेखा के समीप तथा गरमी के मौसम के कारण हवा भी गरमी से बिल्कुल छुट्टी देने के लिए समर्थ नहीं थी।

14 अगस्त को समुद्र अति तरंगित था। कितने ही लोग लुढ़क पड़े थे, जिनमें महोत्सव के दिन खेले जानेवाले 'विलायत से लौटा' नाटक के अभिनेता भी शामिल थे। जल्दी-जल्दी उत्सव-कमीटी में परिवर्तन कर लिया गया। कमीटी की अध्यक्षा महोदया के विचार में सभ्यता का स्वरूप वही ठीक है, जो कि यूरोप में देखा जाता है। ऐसे विचारों से सहमत होना ऐसे भारतीयों के लिए मुश्किल था, जो कि वर्षों इंग्लैंड में बिताकर लौट रहे थे। मेहमानों को शराब पिलाने की बात तो खैर समाप्त कर दी गई थी, लेकिन प्रोग्राम में कमीटी से बगैर पूछे ही नृत्य रख दिया गया था। विरोध का कोई उचित कारण नहीं था–भारतीय नृत्यों पर कोई उज्र नहीं और यूरोपीय नृत्यों पर विरोध, इसमें क्या तत्व था ? समुद्र के उद्वेग के कारण बहुत-से लोग आज खाने पर नहीं आये, कुछ लोगों को कै भी हुई। हम अचल-अटल रहे। साढ़े तेईस हजार टन का भारी-भरकम 'स्ट्रेथमोर' उत्ताल तरंगों पर कागज की नाव की तरह ऊँचे-नीचे उछल रहा था, लेकिन मुझे झूले का आनन्द आ रहा था। यही नहीं, मैंने तरंगों के बल को नापने के लिए डेक के किनारे की रेलिंग का इस्तेमाल शुरू किया।

15 अगस्त–आखिर पन्द्रह अगस्त का दिन आया, लेकिन आज तो क्षितिज आठवीं रेलिंग तक उठ जाता था। उत्सव का काम अच्छी तरह नहीं हो सकता था। खड़ा होना भी लोगों के लिए मुश्किल था, क्योंकि जब जहाज एक तरफ खड़ा होने लगता, तो आदमी दूसरी तरफ लुढ़कने लगते। खैर, उत्सव तो करना ही था। 10 ब्रजे झंडा फहराया गया। चारों तरफ भारतीय और अभारतीय यात्री खड़े थे। अध्यक्षा महोदया बम्बई की एक गुमनाम-से अंग्रेजी पत्र की सम्पादिका भी थीं, उन्होंने वाही-तबाही जो भी मन में आया, कह डाला। भाषण की गम्भीरता तो उसमें थी नहीं, पूरा छछूँदरी भाषण था। खैरियत यही थी, कि हवा के मारे भाषण पाँच-सात आदमियों से आगे जा नहीं सकता था। पाकिस्तान और हिन्दुस्तान के झंडों को दो बहिन-भाई बच्चों ने ऊपर उठाया था। भारत के लिए राष्ट्रीय गान 'जन-गण-मन' और पाकिस्तान के लिए 'पाकिस्तान हमारा।' शहीदों की स्मृति में दो मिनट का मौन भी रहा। इक़बाल के बनाये पाकिस्तानी राष्ट्रगीत में–"चीनी-अरब हमारा, सारा जहाँ हमारा," "तलवार की साया में हम पले हैं।" अन्त में नारा-ए-तकबीर कहकर 'अल्लाहो अकबर' जैसा पुराने इस्लामिक गाज़ियों का नारा बुलन्द किया गया–कितनी खोखली-सी बात थी ! एक युग में अगर जहाद के नाम पर इस्लामी गाज़ियों ने विश्रृंखलित काफिरों के भीतर सफलता प्राप्त कर ली, तो सदियों से एक इस्लामिक देश पश्चिमी काफिरों के पैरों के नीचे रौंदे भी जा रहे हैं, यह भी बात सत्य है। जहाद का युग बीत गया, अब साइन्स का युग है, लेकिन पाकिस्तानी मुसलमान समझते थे, कि उन्होंने इस्लामी छुरेबाजों के बल पर पाकिस्तान कायम किया, और जिन्ना ने अपनी अक्ल का चमत्कार दिखलाकर पाकिस्तान बनाने

में सफलता पाई। वे यह मानने के लिए तैयार नहीं थे, कि अंग्रेजों ने अपना नाक कटाकर अशगुन पैदा करने के लिए पाकिस्तान को बनाया। खैर, उत्सव सानन्द समाप्त हुआ।

लड़कों में मिठाई बाँटी गई। लश्कर के आदमियों ने पताकोत्तोलन में न बुलाये जाने के कारण मिठाई लेने से इन्कार कर दिया। लश्कर एक पारिभाषिक शब्द है, जो कि यूरोपीय जहाजों के हिन्दुस्तानी मल्लाहों के लिए उपयुक्त होता है। किसी जहाज से नौकरी छोड़कर वे इस जहाज द्वारा देश भेजे जा रहे थे, उनमें से अधिकांश चटगाँव, अतः पाकिस्तान के थे। जान-बूझकर उन्हें न बुलाने की बात नहीं की गई थी। सभी लोग जानते थे, कि अमुक समय अमुक स्थान पर पताकोत्तोलन होगा। लोग अपने-आप चले आये थे। लश्कर को मालूम हुआ, कि औरों को निमंत्रित किया गया था, और हमें नहीं। उनको समझाने की कोशिश की गई, किन्तु वे न माने।

साढ़े चार बजे बच्चों का 'फैन्सी ड्रेस' हुआ। दो लड़के गाँधी और जिन्ना की शकल बनाकर आये : लोगों ने बहुत पसन्द किया। भोजन में विशेषता लाने के लिए जहाजवालों ने भी सहयोग दिया था और कुछ भारतीय भोजन भी तैयार हुआ था। रात के 9 बजे से मनोरंजन की दूसरी बातें हुईं। 'विलायत से लौटा' नाटक हुआ। किसी ने जादू का खेल भी दिखाया और किसी ने और कुछ। हम भारत-भूमि से दो दिन के रास्ते पर अरब समुद्र में थे, लेकिन हमने भी इस महान् दिवस को अच्छी तरह मनाया।

अगले दिन (16 अगस्त) जहाज में रहने का आखिरी अहोरात्र था।

17 अगस्त रविवार का दिन आया। प्रातः 10 बजे से भारतीय तट दिखलाई पड़ने लगा, 34-35 महीने बाद मैं फिर भारत-भूमि की झाँकी कर रहा था। रह-रहकर "जननी जन्मभूमिश्च स्वर्गादपि गरीयसी" याद आ रहा था और साथ ही यह भी कि अब हमारी मातृभूमि अंग्रेजों के हाथ से मुक्त है। 12 बजे के करीब जहाज समुद्र-तट से लगा। मानो मातृभूमि का स्पर्श हो गया, इसलिए हृदय और आह्लादित हो उठा। अफसर ने आकर जहाज ही पर पासपोर्ट पर मुहर लगा दी। पास के पौंडों में से कुछ भुनाये। जहाज का अन्तिम भोजन भी हो गया। जहाज के नीचे लाल झंडा लिये हुए कुछ कमकर नारे लगा रहे थे। मुझसे पूछने पर मैंने कहा–शायद आदिल साहिब के लिए। आदिल साहिब मजदूरों के नेता थे, शायद कांग्रेस या सोशलिस्ट पार्टी से सम्बन्ध रखते थे। मुझको यह ख्याल नहीं आया, कि यह मेरे स्वागत में हो सकता है। लेकिन जब साथ-साथ कामरेड राहुल का नाम सुनाई देने लगा, तो इन्कार करने से काम नहीं चलता। जो लोग 17 दिन तक मेरे साथ बातचीत करते रहते थे, उनको इतना ही मालूम था कि मैं लेनिनग्राद में संस्कृत का अध्यापक था। अब नारे ने बतला दिया, कि नहीं, यह तो कोई नेता है, जिसके लिए बम्बई के मजूर भी नारे लगा रहे हैं। फिर तो कितने ही सहयात्री 'गुस्ताखी माफ' की बात करने लगे। इसमें कोई आत्मगोपन की बात नहीं, यदि मैं कहूँ कि कम से कम अपने लिए प्रदर्शन मुझे पसन्द नहीं है। एकान्त में चुपचाप काम करने में जितना आनन्द मुझे आता है, प्रदर्शन में उतना ही चित्त को विक्षोभ होता है। हमारे सहयात्री न इंडोलोजी के विद्वान् थे, न भाषातत्त्व या इतिहास के। उनकी जो जिज्ञासाएँ सोवियत के बारे में थीं, उतने ही तक बोलने पर मैं सन्तोष करता था। मैं भड़ामशाही मार्क्सवादी प्रचारक नहीं था, कि हरेक को कन्वर्ट (मत-परिवर्तन) करने के नशे में 24 घंटे चूर रहूँ। अपने जीवन में मुझे ऐसा करने की आवश्यकता इसलिए भी नहीं थी, कि मौके-बेमौके बोलने से जो काम नहीं हो सकता था, उतना मेरी किताबें कर रही थीं।

कम्युनिस्ट नेता कामरेड मिरजकर, अधिकारी, रमेश, ओमप्रकाश संगल, महेन्द्र आचार्य आदि पुराने मित्र जहाज पर आ मिले। किसी ने डरा दिया, कि कस्टमवाले किताबों के लिए बहुत तंग करेंगे। उनका कहना गलत नहीं था, लेकिन मैं 15 अगस्त के दो ही दिन बाद आया था। 15 अगस्त के ऐतिहासिक दिन के सामने पुरानी नौकरशाही सहम गई थी। सचमुच ही उस समय यदि बुद्धिमानी से काम लिया जाता, तो उसका रुख बहुत कुछ बदल जाता, लेकिन जब पीछे उन्होंने अपने मालिकों के असली रूप-रंग को देखा, तो "वही रफ्तार बेढ़ंगी, जो पहिले थी सो अब भी है" को स्वीकार कर लिया। हमारे पास सबसे बड़ा धन रूस में संगृहीत पुस्तकें थीं, जिनमें कम्युनिज़्म के बारे में दो-चार ही होंगी, नहीं तो अधिकतर मध्य-एसिया के इतिहास से सम्बन्ध

रखनेवाली थीं–तो भी वह रूसी में थीं, इसलिए कस्टमवालों को क्या पता था। यदि अडंगा लगाना चाहते, तो वे वैसा कर सकते थे; लेकिन 15 अगस्त की आँधी के कारण बड़ी आसानी से छुटकारा मिल गया। मामूली तौर से देखा, एक-दो बक्सों को तो खोला ही नहीं; हाँ, रेडियो के ऊपर 150 रुपया टैक्स जरूर लग गया। शायद इससे कम में ही हमें वैसा रेडियो भारत में मिल सकता था। कस्टम से छुट्टी लेते-लेते चलकर अपने निवास-स्थान में पहुँचने में 4 बज गया। आज भी बम्बई की सड़कों पर 15 अगस्त की तैयारियाँ दिखलाई पड़ रही थीं। महोत्सव-सम्बन्धी दीपमाला हुई। तिरंगें झंडे और बन्दनवार-पताकाएँ फहरा रही थीं। मुझे भी नए भारत में लौट आने का बड़ा आनन्द हुआ।

मेरी जीवन-यात्रा
4

'बेड़े की तरह पार उतरने के लिए मैंने विचारों को स्वीकार किया, न कि सिर पर उठाये-उठाये फिरने के लिए।'

मेरी जीवन-यात्रा-4

दो शब्द

स्वर्गीय महापण्डित राहुलजी की बहुचर्चित 'मेरी जीवन-यात्रा' के शेष भाग का यह एक अंश है। 'मेरी जीवन-यात्रा' के पूर्व प्रकाशित भागों को पढ़नेवाले राहुलजी के पाठक इसके लिए भी व्यग्रता से प्रतीक्षा कर रहे थे, किंतु लेखक की लेखनी से वर्षों पहले लिखे जाने के बाद भी ये भाग किन्हीं कारणों से अप्रकाशित रहे। लेखक ने अपने जीवन-काल में इसे प्रकाशित करवाने की ओर उतनी तत्परता भी नहीं दिखलाई, क्योंकि वे अपने जीवन-काल में इसे प्रकाशित देखने के अधिक इच्छुक भी नहीं थे।

राहुलजी के देहावसान के बाद हिंदी-प्रेमियों तथा राहुल-साहित्य के पाठकों ने जीवनी के शेष भागों के लिए बहुत उत्कण्ठा व्यक्त की। अब यह आपके हाथों में आ रहा है। पाठक इसकी नरम और गरम दोनों प्रकार की शैली का रसास्वादन करेंगे, जो राहुलजी की चुस्त लेखनी की विशेषता रही है।

पाण्डुलिपि को आद्योपांत पढ़कर इसके प्रकाशन को सम्भव बनाने के लिए हम राहुलजी के अनन्य मित्र श्रद्धेय भदन्त आनन्द कौसल्यायनजी के कृतज्ञ हैं।

राहुल निवास,
21, कचहरी रोड,
दार्जिलिंग

कमला सांकृत्यायन

1
रूस से लौटा

बम्बई–17 अगस्त, 1947 को मैं 'स्टेथमोर' जहाज से बम्बई उतरा। दो सप्ताह से अधिक बम्बई में ही रहा। 15 अगस्त को अंग्रेज भारत छोड़कर चले गए। उस दिन भारत के और भागों की तरह बम्बई में भी स्वतन्त्रता का उत्सव मनाया गया। हमें इस बात का अफसोस था। कि हम उस पुण्य पर्व के दो दिन बाद बम्बई उतरे। ढाई साल के हुए परिवर्तन को ही हमें देखना नहीं था, बल्कि अंग्रेजों के शासन की कालरात्रि के अन्त के रूप में देश में जो ऐतिहासिक परिवर्तन हुआ था, उसे भी देखना था। बम्बई में पार्टी-केन्द्र में देश-भर के अखबार आते थे। हिन्दी में पत्र-पत्रिकाओं की बाढ़-सी आ गई थी, लेकिन सब जीने के लिए निकल रहे थे। भाग्य-भरोसे निस्तार कैसे हो सकता है ? जानकर दुःख हुआ कि जिस वामपक्ष के ऊपर देश का भविष्य निर्भर है, वह आपस में बुरी तरह से उलझ रहा है। कम्युनिस्ट चाहते थे कि सब में एकता स्थापित हो, लेकिन सोशलिस्ट, फारवर्ड ब्लाक, क्रांतिकारी समाजवादी पार्टिएँ इसके लिए तैयार नहीं थीं।

सबसे दिल हिलानेवाली बात यह थी कि 15 अगस्त के महोत्सव के साथ ही बँटे हुए भारत में आग लग गई। पंजाब में मानव मानव को घास-मूली की तरह काट रहा था–बच्चा, बूढ़ा, स्त्री किसी की जान सुरक्षित नहीं थी। सीमान्त कमीशन ने पूर्व और पश्चिम की सीमाओं के बारे में निर्णय दे दिया था। जहाज पर मेरे साथ आनेवाले सिक्ख भाई ने बड़े विश्वास के साथ कहा था–लाहौर जरूर भारत को मिलेगा, नहीं तो खून की नदियाँ बह जाएँगी। लाहौर हिन्दुस्तान को कैसे मिल सकता था, जबकि वह मुस्लिम बहुमत-समुद्र के बीच एक द्वीप-सा था ? हाँ, खून की नदियाँ इस वक्त बह रही थीं। सीमा-निधारिण के पहिले यदि दोनों ओर के अनिच्छुक निवासियों को बदलने का प्रबन्ध कर दिया गया होता, तो शायद इन दिनों को देखने की नौबत नहीं आती। राजनीतिज्ञों को यह पहिले ही से सोच लेना चाहिए था कि देश के बटवारे के समय ऐसी स्थिति का पैदा होना बिल्कुल सम्भव है। बम्बई में बैठा-बैठा इन खबरों को सुनकर मैं केवल चुपचाप मार्मिक वेदनाओं को सह सकता था।

अगस्त का महीना वर्षा का ही महीना है। लगातार वर्षा हो रही थी, अब के साल वह देर से शुरू हुई थी। वर्षा के होते भी पसीना तंग कर रहा था। सड़कें और गलियाँ कीचड़ से भरी थीं। तो भी जहाँ-तहाँ व्याख्यान देने के लिए जाना पड़ता था। 21 अगस्त को ही महादेव भाई (साहा) 28 सितम्बर तक साथ रहने के लिए आ गए। एकांगी तपस्या ही की जा सकती है, दूसरे कामों के लिए दो रहने से मन लगता है। 23 अगस्त को मुझे 'बहुजन विहार' में जाना पड़ा। आचार्य धर्मानन्द कोशाम्बी का बनवाया यह पुनीत विहार था। कितनी ही बार मैंने उनसे यहाँ पर मुलाकात की थी। सफेद दाढ़ी से ढका उनका सौम्य मुख कभी भूला नहीं जा सकता। उनकी किसी से पटती नहीं थी। क्यों, यह मुझे समझ में नहीं आता था। वह सरलता की साकार

मूर्ति थे, और व्यवहार में अति मधुर। जब कभी जाने पर चाय बनाकर पिलाने का उनका आग्रह होता, और पीये बिना पिंड नहीं छूटता था, जिन भावों के साथ बनती थी, उसके कारण वह सौगुनी मधुर हो जाती थी। लंका जाने पर मैंने उनकी जीवन-यात्रा गुजराती में पढ़ी थी। मराठी और गुजराती में बौद्ध-साहित्य के निर्माण का उन्होंने भारी काम किया। पाली का गम्भीर ज्ञान उनकी कृतियों में झलकता है। वह विद्वान् और साथ ही घुमक्कड़ भी थे। शायद यह घुमक्कड़ी-प्रवृत्ति ही उन्हें स्थान और व्यक्ति से रुष्ट कर देती थी। वह व्यवस्था के अत्यन्त प्रेमी थे, और जरा भी अव्यवस्था देखने पर अपने को सँभाल नहीं सकते थे। यही कारण था जो वह कहीं भी टिक नहीं सकते थे। लेकिन क्या इस एक दोष के कारण उनके सैकड़ों गुण भुलाए जा सकते हैं ? मुझे यह आशा नहीं थी कि मेरे प्रवास के समय वह सदा के लिए चल बसेंगे, और सो भी अपनी इच्छा से। शरीर व्याधि से जर्जर हो रहा था, जिसे देखकर उनके मन में भारी निराशा पैदा हो गई। वह अपने जीवन को भार समझने लगे। नहीं चाहते थे कि उस भार को दूसरे भी उठाने के लिए मजबूर हों। अनशन शुरू कर दिया, जिसका अन्त जीवन के साथ हुआ। यह आत्महत्या थी। आचार्य कोशाम्बी बौद्ध थे और जानते थे, आत्महत्या को बुद्ध ने बुरा बतलाया है। उस दिन उस स्थान में बोलते समय आचार्य का खयाल आना जरूरी था। हृदय विचलित हो गया, गला रुँध गया और बोलना समाप्त करना पड़ा था। लेकिन प्रिय हों या अप्रिय, सबका महाप्रस्थान एक दिन होना ही है।

25 अगस्त को चेक का पैसा भुनाने के लिए टामस कूक के ऑफिस हम जा रहे थे। भिंडी बाजार में ट्राम की प्रतीक्षा कर रहे थे। बहुत भीड़ नहीं थी, लेकिन वह इतनी जरूर थी कि पाकेटमार अपना काम बना सके। चुपके से मेरे पाकेट में से उसने कोई चीज निकाल ली। उसने समझा, जिस चमड़े की थैली को वह निकाल रहा है, उसमें नोट भरे होंगे। लेकिन उसे कितना निराश होना पड़ा होगा, जब उस थैली में नोट की जगह मेरा पासपोर्ट मिला होगा। पासपोर्ट के खो जाने की सूचना मैंने पुलिस को दे दी, भले मानुस पाकेटमार ने पासपोर्ट को किसी तरह पुलिस के पास पहुँचाने में जरूर सहायता की, तभी तो कुछ समय बाद वह मेरे पास चला आया। चोर के पास गया पासपोर्ट लौट सकता है, लेकिन पासपोर्ट के दूसरी प्रकार के भी चोर होते हैं, जिनके हाथ में पड़ा वह फिर लौट नहीं आता। मैं नहीं जानता कि पासपोर्ट की चोरी करना खुफिया पुलिस के कर्तव्यों में से है, लेकिन खुफिया के एक चर ने लड़ाई के दिनों में ऐसा किया था। पाकेटमार के पास से लौटा यह पासपोर्ट भी उसी तरह एक दिन कलिम्पोंग में गायब हो गया। पासपोर्ट न होने से कूक का यात्रा का चेक भुनने में दिक्कत हो सकती थी। लेकिन वहाँ के आदमी भलेमानुस निकले, उन्होंने विश्वास करके रुपये दे दिए।

व्याख्यान रोज ही कहीं न कहीं देने होते थे। कभी-कभी एक बार दादर में मराठीभाषी नर-नारियों के सामने भाषण देने में कुछ अड़चन-सी मालूम हुई। लेकिन मैं जानता था, ऐसे समय यदि संस्कृत शब्दों से लदी भाषा हिन्दी का उपयोग किया जाए, तो श्रोताओं के सुनने में आसानी होती है। बंगाल में भी यह तजर्बा सफल देखा। असल बात यह है कि उर्दू छोड़ हमारे देश की सभी साहित्यिक भाषाओं में संस्कृत के एक ही तरह के शब्द प्रयुक्त होते हैं, जिनके कारण हम एक-दूसरे की भाषा को बहुत कुछ समझ लेते हैं।

अंग्रेजों के शासन-काल में ही भारतीय करोड़पतियों ने अखबारों को हाथ में लेने का काम शुरू कर दिया था। वह ऐसा करके जोखम नहीं उठा रहे थे, क्योंकि अंग्रेजों के खिलाफ कलम की लड़ाई लड़ना उनका काम नहीं था। बहुत हुआ, तो दबी जबान से राष्ट्रीय आन्दोलन का समय-समय पर कुछ समर्थन कर दिया। जब अंग्रेज अपने पत्रों को बेचने लगे तो भारतीय पूँजीपति उन्हें सँभालने के लिए सामने आए। बिड़ला, डालमिया, गोयनका अब पत्रों के राजा बन गए थे। खैरियत यही है कि अभी पुस्तक-प्रकाशन के मैदान में वह खुलकर नहीं आए, नहीं तो लेखकों को भी आसानी से खरीद सकते थे। यह सब प्रेस की स्वतन्त्रता के लिए हो रहा था, इसे निरा भोला आदमी मान सकता है। मुद्रण पर आधिपत्य दूसरे पूँजीवादी देशों में भी है, जिसे लोकतन्त्रता कहकर ढोल पीटा जाता है।

29 अगस्त को दादर के वनमाली हॉल में 'बुद्ध और मार्क्स' पर मुझे बोलने के लिए कहा गया। मेरी

रुचि का विषय था। आर्य समाज के स्वतंत्र विचारों के बाद मैं बुद्ध के पास पहुँचा, और उनके अनीश्वरवाद, विचार-स्वातंत्र्यवाद, आर्थिक समतावाद से बहुत प्रभावित हुआ। उसके बाद मार्क्स के विचारों को अपनाना मुझे बिल्कुल स्वाभाविक-सा मालूम हुआ। बुद्ध का दर्शन इसमें और भी सहायक सिद्ध हुआ। बुद्ध विश्व की हरेक वस्तु को अनित्य मानते हैं। हरेक चीज क्षण-क्षण बदल रही है, बल्कि यह कहना चाहिए कि जो चीज क्षण-क्षण बदल नहीं रही है, वह दुनिया में है ही नहीं। वह केवल कल्पना-मात्र, मिथ्याभ्रम है। अनात्मवाद, अनीश्वरवाद, ग्रंथ-अप्रामाण्यवाद ये सभी आदमी के मानसिक बन्धन को खोल देते हैं। यह सब होते हुए भी बौद्ध-धर्म या दर्शन वह काम नहीं कर सकता था, जिसे मार्क्स की शिक्षा कर सकती है। मार्क्स को दुनिया और उसकी वस्तुओं की व्याख्या ही नहीं करनी थी, बल्कि उन्हें बदलना था। बदलना या क्षणिकवाद को बौद्ध भी मानते हैं, पर मनुष्य अपनी इच्छा से वस्तुस्थिति को अपने अनुकूल बदलने में समर्थ मार्क्स के बतलाए रास्ते से ही हो सका। कितने ही पैगम्बरों ने अपने को अन्तिम पैगम्बर होने का दावा किया। मार्क्स ने अपने को न पैगम्बर कहा, न अन्तिम पैगम्बर होने का दावा किया। पैगम्बर का सामान्य अर्थ है, संदेशवाहक। सन्देश से मतलब भगवान् के सन्देश से है। बुद्ध और मार्क्स ईश्वर को नहीं मानते थे, इसलिए वह भगवान् के सन्देशवाहक नहीं हो सकते थे। पर, उन्होंने दुनिया को महान् सन्देश दिया, इससे कौन इन्कार कर सकता है। बुद्ध ने अपने शांतिमय उपदेशों से मानवता के एक बहुत बड़े भाग को सहस्राब्दियों तक लाभान्वित किया, और मार्क्स तो अभी अधूरी यात्रा में ही मानवता के इतने बड़े भाग को अपने विचारों के सुफल से लाभान्वित कर चुके हैं, जितने कभी किसी एक महापुरुष ने नहीं किया।

बम्बई या कोई भी महानगर संघर्ष, अशान्ति, दौड़-धूप और भगदड़ का स्थान है। अधिक परिचितों के होने पर वहाँ अधिक समय बातचीत और शिष्टाचार दिखलाने में लग जाता है। ऐसी जगह रहकर लिखने-पढ़ने जैसा कोई काम करना संभव नहीं, पर अभी तो मैं वैसा करने भी नहीं जा रहा था। सबसे पहले देश के काफी भाग को देखना और नई परिस्थिति को समझना आवश्यक है। यह काम 1 सितम्बर को बम्बई से प्रस्थान कर हमने किया। उस समय रेलों की अवस्था बहुत अनिश्चित थी, टिकट मिलना आसान नहीं था। फिर मेरे साथ साढ़े तीन मन पुस्तकें भी चल रही थीं, जिन्हें मैं रूस से खास तौर से अपनी पुस्तकों के लिखने के लिए लाया था। उस दिन साढ़े 8 बजे रात को मैं प्रयाग के लिए रवाना हुआ। रात बीती। सबेरे के वक्त देखा, चारों तरफ धरती हरियाली से ढँकी हुई है। बम्बई नगर में मुक्त प्रकृति का देखना सम्भव नहीं था। यहाँ वह बड़ी मनोहर मालूम होती थी। खाने की चीजें दुर्लभ, और चौगुने दाम पर बिक रही थीं। दोपहर का खाना डेढ़ रुपये फी आदमी मिला। शाम को रेस्तराँ कार में यूरोपीय भोजन करने गये। चार्ज तीन रुपये दो आने, लेकिन, सभी चीजें नीरस और अस्त-व्यस्त मालूम होती थीं। बैरों को परोसने की न कोई पर्वाह थी और न सफाई की। वह अंग्रेजों को ही बड़ा आदमी समझते थे, जो अब भारत से चले गए थे। काले आदमियों के लिए उनके दिल में जो पहिले भाव था, वही अब भी काम कर रहा था।

प्रयाग–2 सितम्बर को 10 बजे हम प्रयाग पहुँचे। बहुत-से मित्र स्टेशन पर आये थे। डा. बदरीनाथ प्रसाद के साथ हम उनके बँगले पर गये। डा. बदरीनाथ प्रसाद प्रयाग में मेरे लिए वैसे ही थे, जैसे पटना में किसी समय डा. काशीप्रसाद जायसवाल। उनके यहाँ मैं बिल्कुल अकृत्रिम आत्मीयता अनुभव करता था। कितने ही समय तक घर और बाहरवालों से रूस की यात्रा पर बातें होती रहीं। शायद सर्द मुल्क से आना कारण हो, पसीने की चिपचिपाहट से तबीयत बड़ी परेशान रहती, जिसका निवारण पंखा ही कर सकता था, लेकिन उसे साथ लेकर तो घूमा नहीं जा सकता था।

प्रयाग में प्रगतिशील लेखक संघ का सम्मेलन होने जा रहा था, जिसका सभापति मुझे बनाया गया था। सम्मेलन 6 से 8 सितम्बर तक होता रहा। उद्घाटन डा. अमरनाथ झा ने किया था। भाषा और साहित्य के बारे में डा. झा के विचार बड़े सुधरे हुए थे। वह मातृभाषाओं के महत्व को समझते थे। उनकी अपनी मातृभाषा मैथिली उपेक्षित-सी थी, जिसका उन्हें दर्द था; इसीलिए वह अवधी, ब्रज आदि मातृभाषाओं की स्थिति के बारे में भी ठीक तरह विचार कर सकते थे। हिन्दी-उर्दू का प्रश्न भी उठ खड़ा हुआ। प्रश्न वस्तुतः युक्तप्रान्त और

पूर्वी पंजाब का ही था। मेरा विचार था, उर्दू को हिन्दी लिपि में लिखे जाने पर इस सवाल का बहुत कुछ हल हो सकता है। इसका यह अर्थ नहीं कि उर्दू को अरबी लिपि में प्रकाशित न किया जाये। हाँ, अरबी लिपि तक सीमित रखकर बहुसंख्यक पाठकों को वंचित नहीं करना चाहिए।

इधर सम्मेलन हो रहा था, उधर पंजाब की मार-काट के छींटे प्रयाग पर भी पड़ने लगे। 5 सितम्बर को छुरे से किसी आदमी के मारे जाने की खबर मिली। अगले दिन रात को कर्फ्यू लगा दिया गया—बिना पास के रात को आदमियों का आना-जाना निषिद्ध हो गया। पहली रात घर पहुँचने के लिए श्री श्रीनिवासजी अपनी मोटर में मुझे ले जा रहे थे। रास्ते में कार में खराबी हो गई। कर्फ्यू का समय था। खैरियत हुई, जगह रहने के स्थान से दूर नहीं थी। अगले दिन पंजाब में कत्लेआम की खबरें बड़े जोर से आने लगीं। रेल में चलना निरापद नहीं था। शान्ति कायम करने के लिए सेनाएँ बराबर इधर से उधर भेजी जा रही थीं, जिसके कारण ट्रेन में जगह भी आसानी से नहीं मिलती थी।

8 सितम्बर को कवि-सम्मेलन हुआ, सुमन और सरदार जाफरी की कविताओं को लोगों ने बहुत पसन्द किया। अगले दिन जनकवि-सम्मेलन हुआ। रामकेर और वंशीधर शुक्ल की सरल और चुभती हुई कविताएँ बहुत पसन्द की गईं। जन-लोक-कविता को जनप्रिय देखकर कितने ही लोग उसकी नकल कर रहे थे, पर यह नकल अधिकतर बहुत भद्दी थी, और आधा तीतर आधा बटेर देखकर सहृदयों को विरक्ति होती थी। शिक्षित कवि के लिए लोक-कवि बनना और भी मुश्किल था, क्योंकि अहम्मन्यता के कारण वह निरक्षर जनकवि के चरणों में बैठने के लिए तैयार नहीं हो सकता था।

बनारस—प्रयाग से बनारस जाने के लिए बड़ी लाइन और छोटी लाइन दोनों मौजूद हैं। दिल्ली में इसी समय भारी साम्प्रदायिक दंगा हो गया, जिसके कारण बड़ी लाइन से जाना संदिग्ध हो गया था। हमने छोटी लाइन से 11 सितम्बर को प्रस्थान किया। महादेव भाई और नागार्जुनजी साथ थे। बनारस में अमृतरायजी के निवास पर गये। पहले पितरकुंडा पर रहते उन्हें देखा था, अब वह गोदौलिया के एक मकान में आ गये थे। यहीं प्रेस भी था, अब वह यहीं रहेंगे। किन्तु व्यवसाय स्वयं अपना स्थान निश्चित करता है। पीछे अमृतराय को प्रयाग आने के लिए मजबूर होना पड़ा। उनकी माता शिवरानीदेवी गौदोलिया में काशीवास करने के लिए रह गई हैं।

बनारस में चार दिन रहना था। इसी से 12 सितम्बर को सारनाथ हो आये। बाढ़ आई हुई थी, बरना का पानी एक जगह सड़क पर चढ़ आया था। बनारस से सारनाथ जानेवाली सड़क इतनी खराब थी, जितनी कभी नहीं देखी। सड़कों को ठेकेदारी पर बनवाने से काम कैसा होता है, इसका तजर्बा मुझे पहले भी हो चुका था। बिहार में जब जिला-बोर्ड गैर-सरकारी हो गया, तो ठेका अपने-अपने आदमियों को दिया जाने लगा, जो पैसे में से अधिक से अधिक अपने पाकेट में रखना चाहते थे। कच्ची ईंट जैसी बेकार की सामग्री से सड़कों को पक्की बनाते, जो छः महीने भी ठीक से काम नहीं देती थीं। ठेकेदारों की लूट और भी बढ़ी हुई है। रिश्वत का बाजार गर्म, लूट में से कुछ दे देने पर इंजीनियर और ओवरसियर काम पास कर देते हैं। किसको पड़ी है काम को मजबूत बनाने की।

सारनाथ में सात-आठ भिक्षु मिले। बर्मी धर्मशाला में कित्तिमा बाबा को रोगी देखकर दुःख हुआ। अब वह तरुण से वृद्ध हो चुके थे। बर्मा की स्थिति अभी अनिश्चित थी, जिसके कारण आर्थिक कठिनाइयों का उत्पन्न होना स्वाभाविक था। महाबोधि हाई स्कूल में साढ़े तीन सौ विद्यार्थी पढ़ रहे थे। विद्यार्थियों के सामने भाषण देकर 4 बजे शाम को बनारस लौट आये।

13 सितम्बर को यह सुनकर दिल को भारी धक्का लगा कि विसराम अब इस दुनिया में नहीं रहे—विसराम आजमगढ़ के तरुण वियोगी लोक कवि। कभी ही कभी ऐसे कवि पैदा होते हैं। वह अपनी मातृभाषा भोजपुरी में कवि बनने के लिए कविता नहीं करते थे। स्वांतःसुखाय भी नहीं करते थे, क्योंकि उनकी कविता सुख के

लिए नहीं, दुःख के लिए होती थी। तरुणाई में ही उनकी प्राणप्रिया पत्नी मर गईं, वियोग ने उन्हें पागल बना दिया। वह दुनिया की किसी चीज को देखते ही अपनी प्रियतमा को याद करते थे। अपने सीधे-सादे बिरहों को जोड़कर स्वयं गुनगुनाया करते थे। उन्होंने कागज पर उतारने के लिए उन बिरहों को नहीं रचा, अपनी इष्ट देवी की पूजा के लिए शब्दों की माला बनाई। कानोंकान उनके बिरहे दूसरों के पास पहुँचे, लोगों ने इन अनमोल मोतियों को परख भी लिया। विसराम अपने सभी बिरहों को याद नहीं रख सकते थे, जो याद थे, उन्हें लिपिबद्ध करने की पूरी कोशिश नहीं की गई। समय-समय पर लिखकर बीस के करीब बिरहे एकत्रित किये जा सके, वही विसराम की कृति के रूप में बच रहे हैं, जिसका श्रेय श्री परमेश्वरीलाल गुप्त को देना चाहिए। हम सभी इसके लिए अपराधी हैं, जो विसराम के और बिरहे नहीं जमा कर सके। लेकिन किसको पता था, यह वियोगी कवि 25-26 वर्ष की उमर में ही चल बसेगा ? उनके बिरहे बतला रहे थे कि जो बड़वा उनके हृदय में धाँय-धाँय जल रही है, उसके कारण वह देर तक नहीं रह सकेंगे।

डा. मंगलदेव शास्त्री से बिना मिले बनारस का आना पूरा नहीं हो सकता था। वह मेरे बहुत पुराने कृपालु मित्र हैं। साल-भर ही बाद उन्हें पेंशन होनेवाली थी। राजकीय संस्कृत कालेज के प्रधानाचार्य होकर उन्होंने उसके लिए बहुत-से काम किये। रूढ़िवादियों के गढ़ को उन्होंने मुक्त होकर साँस लेने लायक बनाया। निश्चित ही है, गंगा को उलटी नहीं बहाया जा सकता। किसी संस्था को भी समय के प्रवाह के साथ ही आगे चलना होता है। कुछ साधु मित्रों ने मुझसे पूछा–हमारा क्या भविष्य है ? मैंने बतलाया था–"आपका और संस्कृत के गम्भीर पांडित्य का भाग्य एक साथ बँधा हुआ है। स्वतन्त्र भारत में, आज की आर्थिक स्थिति तथा भाषा की सुगमता के कारण वे विद्यार्थी संस्कृत पढ़ना छोड़ देंगे, जो और शिक्षा पाने से वंचित हो क्षेत्रों की रोटियाँ खाकर संस्कृत पढ़ा करते थे। पढ़नेवाले भी तीस-तीस वर्ष संस्कृत की साधना नहीं करेंगे। दूसरों की तरह वह भी बीस-पच्चीस वर्ष की उमर में पहुँच पढ़ाई समाप्त कर कोई काम सँभाल लेंगे। ऐसे समय संस्कृत का गम्भीर पांडित्य कैसे कायम रह सकेगा ? पर, निराश होने की आवश्यकता नहीं। साधु पच्चीस-तीस साल नहीं, अपने सारे जीवन को विद्याध्ययन में लगा सकते हैं। वही गम्भीर पांडित्य को अक्षुण्ण रख सकते हैं। संस्कृत विद्या 'वै साधुं आजगमगोपाय मा शेवधिष्टेऽहमस्मि' कहती अब आप लोगों के पास आयेगी। और इस निधि की रक्षा करने के कारण आपकी उपयोगिता को लोग मानेंगे।"

छपरा–बनारस से हम तीन दिन के लिए छपरा गए। 14 बजे रात को ट्रेन से हम चले थे, और 15 तारीख को सबेरे बलिया पहुँचे। बलिया को देखते हैलेटशाही जुलुम याद आने लगा। 1942 में अंग्रेजों ने बलिया जिले पर वैसे ही जुल्म ढाए थे, जैसे मार्शल-लॉ के दिनों में उन्होंने पंजाब में किया था। बलियावालों ने जुल्मों का बड़े साहस के साथ सामना किया था, और अपनी स्वतन्त्रता की भावना को दबने नहीं दिया। बलिया के वीर वक्ता चित्तू पांडे याद आ रहे थे। भोजपुरी ने ऐसा वक्ता शायद ही कभी पैदा किया हो। सन् 42 के आन्दोलन के तो वह बड़े सेनानी थे। जब आन्दोलन दब गया और धर-पकड़ होने लगी, तो चित्तू पांडे भैंसे के सौदागर बनकर दूसरे जिले में घूम रहे थे, जहाँ से पुलिस उन्हें पकड़ लाई।

आगे सुरेमनपुर के पहले एक जगह वर्षा के कारण रेल की सड़क दब गई थी। ट्रेन इधर ही रुक गई। एक फर्लांग पैदल चलना पड़ा। यद्यपि मरम्मत का काम एक-दो घंटे में हो सकता था, लेकिन रेलवाले ऐसा करके अपनी योग्यता का परिचय कैसे देते ? कई घंटों बाद दूसरी ट्रेन पर चढ़कर हम दो बजे छपरा पहुँचे। बलिया को बाढ़ से और छपरा में वर्षा की कमी से फसल को नुकसान हुआ। छपरा में सदा से मेरा निवास-स्थान पं. गोरखनाथ त्रिवेदी का मकान रहा। असहयोग के आन्दोलन में हम साथ-साथ काम करते थे, फिर वकील बनकर उन्होंने वकालत शुरू की। तब से मैं बराबर उन्हीं के यहाँ ठहरा करता। त्रिवेदीजी वैसे बहुत तेज दिमाग के हैं, पर किसी काम के बारे में निर्णय करने में जरूरत से अधिक समय लेते हैं। जब शहर के भीतर सस्ती जगह मिल रही थी, तब उन्होंने आज-कल कर दिया। जमीन ली, तो शहर से बाहर एक बगीचे में, जहाँ चोरों के लिए उनका घर हमेशा तैयार मिलता था। एक से अधिक बार चोरियाँ हो चुकी हैं। बागवाले मकान में हम ठहरे। पंजाब के दंगों की खबरें अखबारों द्वारा यहाँ भी पहुँच रही थीं, जिसके कारण सभी जगह

उत्तेजना फैली हुई थी। उस वक्त तो मालूम होता था कि भारत में कोई मुसल्मान नहीं रह पाएगा, सभी पाकिस्तान चले जाएँगे।

1913 में पहले-पहल छपरा से मेरा सम्बन्ध स्थापित हुआ। 34 वर्ष हो चुके। राजनीतिक जीवन को मैंने यहीं आकर आरम्भ किया। असहयोग के दिनों की स्मृतियाँ आज भी मुझे बहुत मधुर मालूम होती हैं। उस समय के सहकर्मियों के प्रति तो एक अद्भुत स्नेह, श्रद्धा और सद्भावना मन में पैदा होती है। मेरी हर यात्रा कुछ वर्षों के बाद हुआ करती है। इतने वर्षों में नये लोग भी आ जाते हैं, लेकिन शिशुओं से तो हमारा परिचय नहीं, और जो परिचित थे, उनमें से कितने ही अनंत पथ के पथिक हो गए। बाबू बच्चू बिहारी अब नहीं रहे। उनकी बातें बहुत याद आती थीं। घटनाओं को बड़े रोचक ढँग से कहते थे : कैसे एक कंजूस कायस्थ तरुण ने अपने ब्याह पर कुल मिलाकर आठ आना ही खर्च करने की प्रतिज्ञा को पूरा किया, किस तरह चैनपुर के बाबू की बारात में नौकरों-चाकरों की बेवकूफी से सारी बारात को आफत में पड़ जाना पड़ा। बच्चू बाबू वकील थे। इतना ही कमा पाते थे, जिससे रोज की नून-तेल-लकड़ी का प्रबन्ध हो जाए। बच्चे अब निराश्रय थे। बड़ी लड़की ने किसी तरह डाक्टरी पास कर लिया, वह घर का अवलम्ब साबित हुई। पं. भरत मिश्र जब सोहम् स्वामी थे, छोटे-छोटे बच्चे-बच्चियों के लिए उन्होंने 'सोहम् विद्यामन्दिर' स्थापित कर दिया था, जिसमें पढ़ाई का माध्यम संस्कृत थी। बच्चे संस्कृत में ही बातचीत करते थे। पाँच कक्षाएँ थीं, हर साल दस विद्यार्थी लेते थे। जानकर प्रसन्नता हुई कि विद्यालय स्वावलम्बी है। जो लड़के यहाँ से पाँच साल पढ़कर निकलते, वह अपनी सारी पढ़ाई में संस्कृत और हिन्दी में आगे रहते हैं, फिर माता-पिता ऐसे विद्यालय की उपयोगिता को क्यों न मानें।

राजेन्द्र कालेज काफी उन्नति कर चुका था। विद्यार्थियों के सामने बोलना पड़ा। सबसे दुःखद समाचार यह मिला कि गुह्य बाबू का एकमात्र पुत्र गंगा में डूबकर मर गया। गुह्य बाबू की दवाइयों की दूकान छपरा की सबसे बड़ी और पुरानी दूकान है। पर, वह उसके लिए विशेष स्थान नहीं रखते। राजनीतिक आन्दोलन में उन्होंने बराबर हर तरह से भाग लिया। छपरा के वह बड़े उदार नागरिक थे। कांग्रेस उस समय तपस्वियों की कांग्रेस थी। कर्मी अभावग्रस्त रहते थे, गुह्य बाबू हमेशा उनकी सहायता करने के लिए तैयार रहते थे। उनके अनुज डा. शिवदास सूर का एकमात्र पुत्र सुनील अब दोनों भाइयों के अवलम्ब रह गए हैं। सुनील कम्युनिस्ट पार्टी के मेम्बर हैं।

17 सितम्बर को तीज, हरितालिका के नाम से नहीं, बल्कि तीज के नाम से स्त्रियों का सबसे प्रिय त्यौहार था, तीज-त्यौहार कहा जाता है। नबीगंज मुहल्ले की महिलाओं ने भाषण करने के लिए बुलाया। मैं गया भी। शताब्दी के आरम्भ से अब तक स्त्रियों में बहुत अन्तर आया है, इसमें शक नहीं। किन्तु, उनके सामने मंजिल कितनी दूर है, उसे देखकर देखते सन्तोष नहीं हो सकता था। बिहार में स्त्रियों की प्रगति चींटी की चाल से हो रही है, शिक्षा में भी अपने पड़ोसी प्रदेशों की महिलाओं से वह बहुत पीछे हैं।

छपरा में सभी तरह के लोगों से मेरा घनिष्ठ परिचय था, यह देखकर आश्चर्य और खेद भी हुआ, कि सोशलिस्ट मित्रों ने मेरा पूर्णतया बायकाट किया। सन् 42 के आन्दोलन के वह सेनानी थे, जिसके कारण उनकी काफी इज्जत थी। समझते थे, हम सब कुछ कर सकते हैं। उनके नेता कांग्रेस को भी अपने सामने कुछ लगाते नहीं, पर साथ ही इतना आत्मविश्वास भी नहीं, कि कांग्रेस से अलग हो जाएँ। काफी पीछे समय आया, फिर पता लग गया कि पुरानी कमाई पर सफलता की आशा रखना बेकार है।

पटना–उस समय रेल की यात्रा करना आफत मोल लेना था। लेकिन उसके बिना यात्रा कैसे की जा सकती थी ? 18 सितम्बर को हम तीन दिन के लिए पटना को रवाना हुए। मसरख में माल और पसिंजर ट्रेनें लड़ गई थीं। ड्राइवर ने सिगनल की पर्वाह किए बिना गाड़ी स्टेशन की ओर हाँक दी। स्टेशन मास्टर ट्रेन के आने के समय कायदे के विरुद्ध शंटिंग करा रहा था। वस्तुतः देश का विभाजन भी रेलों की अव्यवस्था का कारण हुआ था। बहुत अधिक संख्या में मुसल्मान इंजन-ड्राइवर भारत छोड़कर पाकिस्तान चले गए थे। नये ड्राइवरों को तजर्बे की आवश्यकता थी। उस दिन हमने रास्ते में दो डब्बों को उलटे देखा। ट्रेनों को बेकार

जगह-जगह रोक देना आम बात थी। सोनपुर में दूसरी ट्रेन पकड़कर पलेजा घाट पहुँचे। एक ही ऐसा जहाज था, जो धार से ऊपरी ओर आ सकता था, इसलिए गमनागमन में दिक्कत हो रही थी। जानकर संतोष हुआ कि गंगा का पानी उतर रहा है। हम 1 बजे के करीब पटना के महेन्द्र घाट पर पहुँचे। जहाज समय से पहिले आ गया था, इसलिए स्वागत करनेवाले कितने ही पीछे से पहुँचे। सुयोग्य पिता के सुयोग्य पुत्र श्री देवेन्द्रनाथ शर्मा पटना कालेज में अध्यापक थे। पं. गोरखनाथ त्रिवेदी के दामाद होने से उनके साथ मेरी विशेष आत्मीयता थी। उन्हीं के यहाँ ठहरे। पटना का तीन दिन का व्यस्त कार्यक्रम शुरू हुआ। जब व्याख्यान देने या टहलने न जाता, तो घर पर ही गोष्ठी चलती रहती। आखिर साम्यवादी देश में वर्षों रहकर आया था, इसलिए लोगों की जिज्ञासाएँ बहुत थीं। यह जानकर प्रसन्नता हुई कि बिहार की कम्युनिस्ट पार्टी ने इस बीच काफी उन्नति की है, उसके 3600 सदस्य हैं। अपना बड़ा प्रेस लगा दिया है, जिससे पत्र निकलता है। 19 सितम्बर को म्युजियम देखने गए। म्युजियम के साथ मेरा वर्षों से सम्बन्ध रहा है, तिब्बत से लाई अपनी चीजें मैंने इसी को प्रदान की हैं। तिब्बत की चौथी और अन्तिम यात्रा में मैं बहुत-सी संस्कृत की ताल-पोथियों का फोटो उतरवाकर लाया था, जिनके प्रकाशित करने का कोई प्रबन्ध नहीं हुआ था। यह जानकर संतोष हुआ कि फोटो खराब नहीं हुए हैं। ज्ञानश्री के ग्रन्थ बड़ा महत्व रखते हैं, उनका किसी भाषा में अनुवाद नहीं हुआ है।

गाँधीजी के साथ काम करनेवाले दो तरुण आए, गाँधीवाद और साम्यवाद के समन्वय की बात कर रहे थे। कह रहे थे कि भेद तो केवल साधन या हिंसा और अहिंसा के सम्बन्ध में है। शोषणहीन समाज गाँधीजी भी कायम करना चाहते हैं। मैंने कहा–गाँधीजी ने देश की जो सेवा की है, वह अद्वितीय है। हमें स्वतन्त्रता जनजागरण और कुर्बानियों के कारण मिली, जनजागरण में सबसे बड़ा हाथ गाँधीजी का है। यह भी मानने में कोई आपत्ति नहीं है कि गाँधीजी जैसे प्रभावशाली महापुरुष यदि आर्थिक स्वतन्त्रता के ध्येय में लग जाएँ, तो बहुत काम हो सकता है। पर उसमें कई बाधाएँ हैं। उद्योग-धंधा और हस्त-शिल्प दोनों एक-दूसरे के पूरक हो सकते हैं। सोवियत भूमि में भी दस्तकारी की उपेक्षा नहीं की जाती, उसको कई गुना बढ़ा दिया गया है। हाँ, वह कल-कारखानों से होड़ नहीं लगाती, कलापूर्ण चीजों का उत्पादन करती है। इसके अतिरिक्त देश की आर्थिक स्वतन्त्रता में कितने ही स्वार्थ भारी बाधक हैं, जिनको दबाए बिना हम आगे नहीं बढ़ सकते। गाँधीजी उतने भारी परिवर्तन को, और सो भी शीघ्रता के साथ करने के लिए तैयार हो जाएँगे, इसमें सन्देह है।

तीन-चार सार्वजनिक भाषण रोज ही देने पड़ते थे। बीच-बीच में समय निकालकर मैं मित्रों से मिलने चला जाता था। सोशलिस्ट पार्टीवालों ने यहाँ भी बायकाट कर रखा था, लेकिन मैं अपने पुराने मित्रों से मिले बिना कैसे पटना जा सकता था ? सोशलिस्ट पार्टी के आफिस में गया, तो वहाँ सभी चेहरे नये मिले। फिर पता लगाकर साथी गंगाशरण के घर पर गया। उनसे देर तक साम्प्रदायिक दंगों के बारे में बातचीत की। बतला रहे थे, हिन्दुओं ने अबलाओं तक पर भीषण अत्याचार किए हैं। मेरी इच्छा थी, राजनीतिक विषयों पर, विशेषकर कम्युनिस्टों और सोशलिस्टों को नजदीक लाने के बारे में, कुछ कहूँ, पर उसका वह अवसर नहीं था। नेताओं को उसकी जरूरत नहीं महसूस हो रही थी। 20 तारीख को युनिवर्सिटी और मेडिकल कालेज के छात्रों की दो सभाओं में व्याख्यान देना पड़ा, उसी रात पौने 2 बजे मैं और महादेव जी कलकत्ता के लिए रवाना हुए।

2
देश का चक्कर

21 सितम्बर को सवा 12 बजे हमारी ट्रेन हावड़ा पहुँची। उसी ट्रेन में बरेली के एक इमाम साहब अपने परिवार के साथ चल रहे थे। भारत के भीतर और बाहर भी जो मार-काट हो रही थी, उससे भयभीत होना स्वाभाविक था। आखिर इन दंगों के समय हमारे समाज की वैसी स्थिति हो जाती है, जैसे भूकम्प के समय गुरुत्वाकर्षण की। आदमी की जान का कोई मूल्य नहीं रह जाता। धर्म के नाम पर हत्याएँ होती हैं, गवाही-साखी मिल नहीं सकता, इसलिए अदालत चाहने पर भी न्याय नहीं कर सकती। पुलिस भी एकतरफा सहानुभूति रखती, या कुछ करने में असमर्थ होती है। कलकत्ता में हम अलीपुर में बैरिस्टर स्नेहांशु कुमार आचार्य के अतिथि हुए। मुख्य शहर से दूर होने पर भी मिलने-जुलनेवाले आते रहे। 22 तारीख को डा. सुनीतिकुमार चटर्जी से मिले। उसी दिन जननाट्य समिति ने अपने कुछ गीत और अभिनय, कई तरह के लोक-गीत और लोक-नृत्य उपस्थित किए। लावनी अभी तक महाराष्ट्र और हिन्दी-भाषी लोगों की चीज समझी जाती थी, लेकिन यहाँ बंगाल में जिस सुन्दर रीति से उसे स्वीकार किया गया था, उससे मालूम हो रहा था कि हमारी जनकला किस खूबी के साथ एक जगह से दूसरी जगह अपनाई जा सकती है।

मिर्ज़ा महमूद ईरान में मेरे अकारण मित्र थे। तेहरान के सात महीने के निवास में उन्होंने जो सहायता की थी, उसका मैं सदा ऋणी रहूँगा। बेपैसे-कौड़ी के वहाँ पहुँचते ही मुझे चारों ओर अँधेरा ही अँधेरा दिखाई पड़ा था, उनके कारण तेहरान मेरा घर-सा बन गया था। मिर्ज़ा महमूद कलकत्ता ही के रहनेवाले थे। पाकिस्तान बस जाने पर सन्देह तो था कि वह अपने अस्पहानी बन्धुओं की तरह वहाँ चले गए हों, तो भी जो पते मुझे मालूम थे, उन पर मैंने उन्हें ढूँढ़ने की कोशिश की। घुमक्कड़ अपनी यात्राओं में पग-पग पर दूसरे सहृदय जनों की सहायता प्राप्त करता है। उसकी इच्छा रहती है कि इन उपकारों के लिए किसी प्रकार से कृतज्ञता प्रकट करे। मुश्किल है, कृपालु एक बार के बिछड़े फिर नहीं मिलते। अपने इस मित्र से मिलने की मेरे मन में बड़ी चाह थी। बहुत दौड़-धूप करने पर यही पता लगा कि वह फिर ईरान लौट गए। उसके बाद भी मैं बराबर कोशिश करता रहा, पत्र द्वारा उनके साथ सम्बन्ध स्थापित हो, पर वह नहीं हो सका।

23 सितम्बर को मैं पं. विधुशेखर भट्टाचार्य से मिलने गया। पुराने स्नेह-मूर्ति सरल संस्कृत-पंडितों के वह जीवित-जाग्रत प्रतिनिधि थे, जिनके लिए विद्या का सम्बन्ध सबसे बड़ा सम्बन्ध है। अपने आचार में वह पुराने दीख पड़ते हैं, किन्तु विचारों में बिल्कुल आधुनिक। शौक शोध और सत्य उनके लिए सर्वोपरि मान्य वस्तु है। महामहोपाध्याय उसी अकृत्रिम वातसल्य से मिले, जैसे वह सदा मिलते रहे। असंग का महान ग्रन्थ 'योगचर्याभूमि' मुझे तिब्बत में प्राप्त हुआ था। उसे महामहोपाध्याय सम्पादित कर रहे थे। प्रेस बड़ी धीमी गति से काम कर रहा था, और उनका शरीर बहुत जीर्ण हो चुका था। निराश-से होकर कह रहे थे : मैं तो इस काम को पूरा नहीं कर सकूँगा, इसे आपके लिए छोड़ जाऊँगा। मुझे इस बात का हर्ष है, कि सन् 47 में उनके शरीर की

अवस्था देखकर जो शंका हुई थी, वह ठीक नहीं घटी, 1956 में भी वह हमारे बीच में हैं। 'योगचर्याभूमि' में अब भी वह लगे हुए हैं, यद्यपि उनका शरीर केवल हाड़ और चमड़ा-भर रह गया है। वह सौहार्द-प्रदर्शन करने के लिए खड़े होने की कोशिश करते थे, मुझे दुःख होता था। महामहोपाध्याय विधुशेखर भट्टाचार्य विद्वानों और शोध-प्रेमियों के लिए आदर्श पुरुष हैं। खेद यही है कि उनके ज्ञान और शक्ति का पूरा उपयोग हमारा देश नहीं ले सका।

24 सितम्बर को हम पार्टी द्वारा स्थापित अस्पताल देखने गए। कलकत्ता के शिक्षित-वर्ग की सहानुभूति वामपक्षी विचारधारा की ओर है। वहाँ के तरुण डाक्टरों ने पार्टी के प्रभाव में आकर अस्पताल खोलने दिया। अस्पताल तीन ही चार साल पहले खुला था, इतने ही में उसने काफी उन्नति कर ली थी। चिकित्सा और सुश्रूषा का यहाँ अच्छा प्रबन्ध है। पार्टी के मेम्बरों की तो सेवा होती ही है, बाहर के रोगियों की देख-भाल की भी अच्छी व्यवस्था है। आजकल जबकि रुपये पैदा करने के लोभ में अस्पतालों और डाक्टरों का बर्ताव असहृदयपूर्ण देखा जाता है, यह अस्पताल एक आदर्श संस्था के रूप में मौजूद है। उसी दिन दोपहर को हम बंगाल के महाकवि नज़रुल इस्लाम को देखने गए। कवि की आयु उस समय 49 वर्ष की थी। छः वर्ष पहिले उनका मस्तिष्क सुन्न हो गया। तब से वह जीवन-मृत हैं। वह मस्तिष्क, जिसने कभी अग्निवीणा बजाई थी, अब इस तरह अकर्मण्य हो गया है। सुन्न हो जाने से उनको दुःख-सुख का क्या अनुभव हो सकता है ? आज के समाज के लिए क्या यह शोभा की बात है कि उनकी पुस्तकें प्रकाशित कर लोग लाभ उठा रहे हैं, और कवि आर्थिक कठिनाइयों में जीवन बिता रहे हैं। उनकी पत्नी प्रमीलादेवी भी एक ही दो साल पहले पक्षाघात से पीड़ित होकर चारपाई पकड़ चुकी हैं। दो पुत्र लेनिन और सुन-यात्-सेन पिता-माता के इस दुस्सह जीवन में सहभागी हैं। उस घर को सुखी, सजीव होना चाहिए था, लेकिन वहाँ चारों तरफ उदासी और निरीहता दिखाई पड़ती थी।

कटक–कलकत्ता के व्यस्त प्रोग्राम को समाप्त कर 25 सितम्बर को हम मद्रास मेल से कटक के लिए रवाना हुए। 3 बजे के करीब कटक पहुँचे। श्री शरद पटनायक और दूसरे साथी स्टेशन पर मौजूद मिले। मैं कटक स्टेशन से तो कई बार गुजर चुका था, लेकिन कटक में रहने का मौका यह पहली बार मिला था। वहाँ के वकील श्री हरिहर महापात्र का आतिथ्य प्राप्त हुआ। कटक वस्तुतः नगर-सा नहीं मालूम होता। वह एक बड़ा गाँव है। मकानों की अधिकांश छतें फूस की हैं। टेढ़ी-मेढ़ी सड़क गाँव की सड़क-सी मालूम होती है। इस ग्रामीण वातावरण के साथ लोगों के स्वभाव में भी ग्रामीण स्नेह और सरलता दिखलाई पड़ती है। एक प्रदेश की राजधानी है, जहाँ प्रादेशिक सरकार के बड़े-बड़े अधिकारी रहते हैं, किन्तु इस ग्रामीण वातावरण के साथ जनसाधारण से उनका उतना भेद नहीं मालूम होता, जितना दूसरी प्रादेशिक राजधानियों में। मैं यह ऊपर-ऊपर ही से देखकर कह रहा हूँ। भुवनेश्वर में उड़ीसा की नई राजधानी बनने लगी है। कटक सींग और चाँदी की अपनी कलापूर्ण चीजों के लिए बहुत प्रसिद्धि रखता है। इनकी बड़ी माँग हो सकती थी, पर हमारी जनता आज जिस आर्थिक स्तर पर है, उसके कारण कलाकार यदि किसी तरह अपना जीवन निर्वाह कर सके, तो भी बहुत है। चाँदी के कलाकारों ने मुझे सिगरेट रखने का एक डब्बा और एक लाल झंडा प्रदान किया। उस समय अभी सिगरेट छोड़ने में कुछ महीनों की देर थी, नहीं तो सिगरेट की जगह कोई दूसरी चीज प्राप्त हुई होती। उसकी जाली का बारीक काम देखकर मन मुग्ध हो गया।

उड़ीसा के शिक्षा-विभाग के डाइरेक्टर श्री त्रिपाठीजी से बातचीत होती रही। रूस की शिक्षा-प्रणाली श्रेष्ठ है, लेकिन हमारी स्थिति में उसे अपनाया कैसे जा सकता है ? भिखारी बाबू दस्तकारी की उन्नति के लिए बड़ा प्रयत्न कर रहे थे, पर उसकी पूरी उन्नति जिन कारणों पर निर्भर है, वह हमारे यहाँ मौजूद नहीं हैं। रेवेनशा कालेज उड़ीसा का सबसे बड़ा और पुराना कालेज था, उसमें 14 सौ छात्र-छात्राएँ पढ़ते थे। वहाँ भी बोलना पड़ा। साहित्य-समाज में उत्कल के विद्वानों के सामने सोवियत के बारे में भाषण दिया। मैं हिन्दी में भाषण दे रहा था, लेकिन उससे श्रोताओं के समझने में कठिनाई हुई हो, ऐसा नहीं मालूम होता था। वस्तुतः सुदूर दक्षिण की चार भाषाओं को छोड़कर बाकी हमारी सारी भाषाएँ हिन्दी के इतना नजदीक हैं, कि संस्कृतबहुल हिन्दी समझने में लोगों को दिक्कत नहीं होती। 8 बजे रात को मैं श्री कालीचरण पटनायक के नाट्य-मन्दिर

में 'रक्त-मिट्टी' नाटक देखने गया। वहाँ भाषा समझने में मुझे कोई दिक्कत नहीं हुई। यद्यपि वही लिपि मिलती, तो संभवतः उतनी आसान न होती। उड़िया अक्षर नागरी से मिलते-जुलते हैं, किन्तु आधी जगह घेरनेवाली ऊपर की अर्धवृत्त शिरोरेखा बड़ा भ्रम पैदा कर देती है। इस नाटक को देखते वक्त मेरे मन में ख्याल होता था, कटक आखिर एक बड़ा-सा गाँव ही है, और यहाँ पर नाट्य-मंच स्वावलम्बी होकर वर्षों से चल रहा है। इसका श्रेय कालीचरण बाबू को भी होना चाहिए, जिन्होंने रंगमंच के लिए अपने सारे परिवार को अर्पित कर दिया था। नाट्यशाला की कोई भारी इमारत नहीं थी। दर्शकों के बैठने के लिए फूस का छाया मंडप था, और रंगमंच भी उसी तरह फूस से छाया था। साज-सज्जा, दूसरे साधन भी अल्पव्ययसाध्य थे। इस नाट्यशाला को देखकर विश्वास होने लगा कि हिन्दी नाट्य के लिए 'नौ मन तेल' की शर्त लगाना बेकार है। पटना, बनारस, लखनऊ, कानपुर या दिल्ली में हिन्दी रंगमंच बनाने के लिए पहले लाखों रुपये की इमारत बनाने की योजना बनती है। यदि उसमें हम सफल भी हो जाएँ, तो भी क्या सिर्फ उससे रंगमंच चिरंजीवी हो सकता है ? वस्तुतः सच्चे कलाकार अपने सब कुछ को न्यौछावर करने के लिए यदि तैयार हों, तो बिना लाखों की इमारत और साज-सज्जा के भी रंगमंच स्थापित हो सकता है, यह इस उड़िया रंगमंच के देखने से मुझे विश्वास हो गया। पुरुष का रंगमंच पर उतरना उतना कठिन नहीं, किन्तु नाट्यकला के दीवाने ने अपने घर की स्त्रियों को भी अभिनय के लिए तैयार किया था, यह बड़े साहस का काम है। मैं कभी अभिनय, वार्तालाप और संगीत के कौशल, सौन्दर्य तथा माधुरी को देखकर मुग्ध होता, और कभी उड़िया भाषा के कितने ही प्राचीन क्रियारूपों को। जैसे, लिखन्ति का प्रयोग। उड़िया संगीत अपना खास महत्व रखता है। मुस्लिम काल से पहिले उत्तरी और दक्षिणी संगीत में अवश्य भेद रहा होगा। दक्षिणी संगीत बहुत कुछ अपने शुद्ध रूप में आज भी मौजूद है, जबकि उत्तरी संगीत ने मुस्लिम-काल में विदेशी प्रभाव में अपना सुन्दर विकास किया। उड़ीसा सदियों बाद मुस्लिम-शासन में आया, जिसके कारण वहाँ की कला और संगीत मुस्लिम-प्रभाव से बहुत कम प्रभावित हुए। यहाँ का संगीत उत्तरी संगीत था।

कटक में एक ही नहीं दो-दो नाट्यशालाएँ चलती थीं, और दोनों स्वावलम्बी थीं। दूसरी नाट्यशाला को कालीचरण बाबू के सहकारियों ने स्थापित किया है।

उस समय उड़ीसा के मुख्यमन्त्री श्री हरेकृष्ण महताब और दूसरे प्रभावशाली मन्त्री श्री नित्यानन्द कानूनगो थे। उनसे भी बातें हुईं। देश की आर्थिक समस्याएँ और उड़ीसा में आदिवासियों का प्रश्न लेकर खासतौर से विचार-विमर्श हुआ। आदिवासियों की शिक्षा के लिए सौ पाठशालाएँ खोलने की योजना थी, लेकिन उस समय तक दस खोली जा चुकी थीं। मैंने सोवियत का उदाहरण देते हुए कहा, लिपि देकर उनकी अपनी भाषा को ही शिक्षा का माध्यम बनाया जाए, तभी उसका स्थायी प्रभाव पड़ेगा। वैसे तो हमारा सारा देश ही दरिद्रता और अभाव का शिकार है, पर उड़ीसा की स्थिति सबसे अधिक दयनीय है। यहाँ के नेताओं का ध्यान उधर गया है, पर सफलता का मुँह देखने को नहीं मिल रहा था। मुख्यमन्त्री ने बतलाया, उपज को बढ़ाने के लिए हमने पंचायती खेती भी आरम्भ कराई, किन्तु उसके संचालन के लिए जिन अफसरों और दूसरों को रखा, वह पैसे को उड़ा-उड़ाकर बैठ गए। अब सोचते हैं, सरकारी नौकरों की अपेक्षा जन-निर्वाचित लोगों के ही हाथ में यह काम देना अच्छा है। अगर खाएँगे भी, तो जनता ही के लोग तो! मेहताब नाक की सीध तक सोचना नहीं जानते, यह इसी से मालूम है, कि उन्होंने प्रवाह के विरुद्ध जाकर विनोबा के भूदान की व्यर्थता को खुले तौर से घोषित किया। 27 सितम्बर को टाउन हॉल में अध्यापकों की सभा हुई, जहाँ मैं सोवियत-शिक्षा-प्रणाली पर बोला।

श्री आर्तवल्लभ महन्ती उड़ीसा के एक वृद्ध महापंडित हैं। संस्कृत और उत्कल दोनों साहित्य के विद्वान् और प्रेमी हैं। उन्होंने बहुत-सी तालपोथियों का संग्रह किया था। मुसलमानों के साथ कागज आने से पहिले हमारे देश में स्थायी अभिलेखों, पुस्तकों को तालपत्र पर लिखा जाता था और पुर्जों आदि को भोजपत्र पर। उत्तरवाले ताल पर पत्र स्याही से लिखते थे, और दक्षिणवाले सूर्य से ताल पत्र पर अक्षर कुरेदकर उस पर कजली डाल देते थे। उत्तर-दक्षिण की सीमा-रेखा वही नहीं, जो कि उत्तर-दक्षिण की भाषाओं की। उड़ीसा भाषा

के तौर पर यद्यपि उत्तर का अंग है, किन्तु यहाँ तालपत्र पर सूर्य से लिखा जाता था। सूर्य से तालपत्र लिखने की प्रथा आज भी दक्षिण और उड़ीसा में प्रचलित है, यद्यपि छापे के कारण उसमें कमी पड़ी है। उड़िया भाषा यद्यपि उत्तरी भाषा है, किन्तु उसके कुछ उच्चारण दक्षिणी भाषाओं से मिलते हैं। इसका कारण भी है। मराठी और उड़िया-भाषी लोग सबसे पीछे द्रविड़-भाषी से उत्तरी भाषा-भाषी बने।

कटक छोटा-सा नगर होने पर भी सभाओं की भरमार रही। उसी दिन ब्रह्म समाज में प्रातःस्मरणीय राममोहन राय की बरसी के उपलक्ष में बोलना पड़ा, और टाउन हॉल में श्री मेहताब की अध्यक्षता में हुई बड़ी सभा में सोवियत रूस के ऊपर।

बालासोर–उसी दिन रात को मैं महादेव भाई के साथ बालासोर के लिए रवाना हुआ, जहाँ गाड़ी अगले दिन छः बजे सबेरे पहुँची। यहाँ भी डिगरी कालेज है, जिसमें छात्र-छात्राओं के सामने 10 बजे ही भाषण हो गया। बालासोर के साथ क्रान्तिकारी-काल की कई भव्य स्मृतियाँ बँधी हुई हैं। यहीं कुछ वीर क्रान्तिकारियों ने अंग्रेजों की शक्ति से मुकाबिला किया था, और मरणासन्न आहत क्रान्तिकारी ने पुलिस के सवाल करने पर उत्तर दिया था : मुझे शान्ति से मरने दो। वह शान्ति से मर गया। कितने ही वीरों ने अपने तरुण जीवन का उत्सर्ग किया, किन्तु क्या वे कुर्बानियाँ निष्फल गईं ? आज हमें जो स्वतन्त्रता मिली है, उसके सबसे बड़े कारण यही हुतात्माएँ थीं। बालासोर समुद्र-तट से सात मील हटकर एक बहुत स्वास्थ्यकर जगह में बसा है। सितम्बर के अन्त में चारों तरफ हरियाली दिखाई देती थी। छः घंटे में हमने कुछ जगहें देखीं, और 12 बजे की ट्रेन पकड़कर खड़गपुर पहुँचे।

वर्धा–खड़गपुर से अब महादेव भाई कलकत्ता के लिए रवाना हुए, और मैंने वर्धा के लिए बम्बई मेल पकड़ा। भीड़ इतनी थी कि सेकंड क्लास–आजकल के फर्स्ट क्लास–में जगह नहीं मिली। रात की यात्रा थी, सोना भी था, इसलिए सवा पच्चीस रुपये और खर्च करके रात-भर के लिए फर्स्ट क्लास का आश्रय लिया। दिन में विलासपुर पहुँचते-पहुँचते सेकंड क्लास में फिर जगह मिल गई। 29 तारीख को अब मैं छत्तीसगढ़ के भीतर से चल रहा था। वर्षा का अन्त था, इसलिए उस समय की नयनाभिराम हरियाली को देखकर प्रकृति का क्या अंदाजा लगाया जा सकता था। पर हरे-हरे जंगलों से ढँकी पहाड़ियाँ बतला रही थीं कि भूमि उर्वरा है। जहाँ-तहाँ हरे-हरे धान के खेत लहरा रहे थे। हमारी ट्रेन नागपुर पहुँची। स्टेशन पर हजारों मुसलमान नर-नारी जमा थे। वह अपने को अरक्षित समझकर हैदराबाद जाने के लिए यहाँ आए थे। अभी हैदराबाद अपने को सर्वतन्त्र स्वतन्त्र मानता था। अंग्रेजों ने जाते वक्त उसे वैसा ही कर दिया था। लेकिन, भारत के उदर में यह स्थिति कब तक रह सकती थी। गुजराती सौराष्ट्र में जूनागढ़ के नवाब ने पाकिस्तान में मिलने की इच्छा प्रकट की थी, और पाकिस्तान ने उसे स्वीकार कर भारत को युद्ध का निमंत्रण दिया था। देश की यह स्थिति बड़ी खतरनाक थी। अंग्रेजों को गए अभी डेढ़ ही महीने तो हुए थे, हमारे लोग शासन और सेना के यंत्र को अच्छी तरह सँभाल भी नहीं सके थे। इसी समय चारों तरफ आग लग गई थी। अंग्रेज सैनिक अफसर अभी बड़े-बड़े पदों पर मौजूद थे। हिन्दू राष्ट्रवादियों ने उनके शासन को हिन्दुस्तान से भगाया, इसलिए उनकी सहानुभूति पाकिस्तान के साथ हो, तो क्या आश्चर्य ? तब से अब (फरवरी 1956) में जमीन-आसमान का अन्तर है। भारत उस समय के भीषण तूफान को सकुशल पार कर काफी आगे बढ़ा है। लेकिन, हमारे राष्ट्र-कर्णधार अब भी अंग्रेज साम्राज्यवादियों पर अविश्वास करने के लिए तैयार नहीं हैं, यद्यपि वह भारत-सम्बन्धी हर महत्वपूर्ण अन्तर्राष्ट्रीय प्रश्न के सम्बन्ध में अंग्रेजों को अपने विरुद्ध पाते हैं। हमारे उत्तरी सीमान्त के नक्शों को मैं या कोई भारतीय लेखक लेना चाहे, तो उसे सैनिक और राजनीतिक कारण बताकर सर्वे-डिपार्टमेण्ट देने से इन्कार करता है, किन्तु अंग्रेज अफसर उन्हें बिना रुकावट के पा जाते हैं।

शाम के 6 बजे मैं वर्धा राष्ट्रभाषा प्रचार समिति में पहुँचा। समिति ने आनन्दजी की देख-रेख में अपने कार्य का बहुत विस्तार कर लिया था। वर्धा से बाहर पाँच एकड़ जमीन लेकर उस पर एक लाख के करीब

की इमारत बन गई थी। हिन्दी की हमारे स्वतन्त्र देश को बड़ी आवश्यकता है, और आवश्यक कार्य के लिए किया गया प्रयत्न दुगुना फलदायक होता है। तभी तो कुछ ही वर्षों पहले मामूली-सी किराए की कोठरी में आरम्भ होकर समिति का काम इतना आगे बढ़ा। वर्धा में दो ही दिन मुझे रहना था। पहिला दिन तो समिति में ही मित्रों से बातचीत करने में गया। अगले दिन–30 सितम्बर–को यहाँ के दर्शनीय स्थानों को देखा। मगनबाड़ी गाँधीवादी उद्योग-धंधे का बड़ा केन्द्र है। दस्तकारी की चीजों का कला के तौर पर अपना बड़ा महत्व है, और शिक्षा तथा समृद्धि के अनुसार उसके बहुत बढ़ने की भी गुंजाइश है। पर, गाँधीवाद चाहता है, वह आधुनिक उद्योग-धंधों का स्थान ले। क्या यह पाषाण-युग का विद्युत्-युग से मुकाबिला नहीं है ? यहाँ के संग्रहालय में बहुत तरह के पुराने चरखे रखे हुए थे। मद्रास की प्रकाशममिनिस्ट्री ने एक अल्मुनियम का चरखा बनवाकर भेजा था, जो उस युग की चीजों में सजता नहीं था। मिल के कागज की रद्दी से बना हाथ का कागज विचित्र-सा मालूम होता था। गुड़, तेल, चावल, आटे के कोल्हू, ओखल और चक्कियाँ भी थीं। मगनबाड़ी पहले सेठ जमनालाल बजाज का घर था, जिसे उन्होंने गाँधी-उद्योगशाला बनाने के लिए दे दिया। सेठ खादी और दस्तकारी के यदि भक्त बनें, तो कोई बुरा नहीं था, किन्तु चीनी और कपड़े के मिलों के मालिकों का यह प्रेम कुछ विचित्र-सा ही मालूम होता था।

दोपहर बाद सेगाँव गए। वर्धा में एक्के नहीं ताँगे हैं, किन्तु घोड़े सारे मरियल थे। हमें जो ताँगा उस दिन मिला था, उसका घोड़ा इनाम पाने लायक था। बहुत साल पहले छपरा में राजापुर के महन्त की बैलगाड़ी और हाथी से पाला पड़ा था। मैंने सोचा था, वह समय मारने की मशीनें हैं। यह ताँगा भी वैसा ही था। तीन-चार मील पर अवस्थित गाँधीजी के आश्रम में पहुँचने में न जाने कितना समय लगा। गाँधीजी कितने ही समय से इसे छोड़ गए थे। आश्रम में सब जगह बड़ी उदासी दीख पड़ती थी। तालीमी संघ, चरखा संघ अगर न होते, तो और भी बुरी हालत होती। वहाँ की गोशाला ही अच्छी हालत में दीख पड़ी। आश्रम में अभी कुछ लोग रहते थे, लेकिन दरो-दीवार से हसरत बरस रही थी। लौटते वक्त सामने हनुमान टेकरी पर साधु के स्थान को देखा। मेरे मुँह से अनायास निकल गया–यह है रजिस्ट्री किए और बेरजिस्ट्री किए पंथ का भेद। इधर रामानन्द के पंथ की हजारों कुटियों में से एक यह मजे से सैकड़ों वर्षों से अपना झंडा फहरा रही है और इधर संस्थापक के जीवन में ही सेवाग्राम का आश्रम ढंड-मंड हो रहा है।

बेसिक शिक्षा का भी यहाँ केन्द्र था, जिसमें 14-15 विद्यार्थी पढ़ते थे। प्रान्तीय सरकार की छात्रवृत्ति मिल रही थी, जिसके कारण भिन्न-भिन्न प्रदेशों से ये तरुण आये हुए थे। अगले दिन राज्यपाल साहब इसका उद्घाटन करनेवाले थे। पूर्व-बंगाल के एक तरुण ने बतलाया–मुझे दो मास आए हुए, अब भोजनालय का सुपरिण्टेन्डेण्ट बना दिया गया है। बेसिक ट्रेनिंग के प्रयोग के लिए आस-पास के गाँवों में लड़के-लड़कियों के बेसिक विद्यालय हैं। बेसिक विद्यालय एक भारी पाखंड-भर होता, तो भी कोई बात नहीं, किन्तु वह तो स्वावलम्बी शिक्षा के नाम पर अधिक खर्चालू शिक्षा-प्रणाली है। काम के साथ विद्या पढ़ाना कितना महँगा है ? आये दिन लड़के-लड़कियों को अपने घर से कपड़ा, भोजन-सामग्री लाकर देना पड़ता है ! माँ-बाप मनाते हैं, यदि फीस देकर अबेसिक विद्यालय में पढ़ाना होता, तो शिक्षा कहीं सस्ती रहती। हर महीने डेढ़-डेढ़ रुपये का खर्च हरेक माँ-बाप बर्दास्त नहीं कर सकते। गाँधीजी के मुँह से जो निकल जाये, उस पर आँख मूँदकर चलना, इसी का यह परिणाम है। गाँधीजी के चेलों में कुमारप्पा जैसे अर्थशास्त्री, विनोबा जैसे भगत, मश्रू वाला जैसे दार्शनिक थे, जो सभी अपनी-अपनी दिशा में नये प्रयोग कर रहे थे, और सभी अब आश्रम से बाहर थे। आश्रमवासियों को देखकर तो पिंजड़ापोल की लँगड़ी-लूली गाएँ याद आती थीं। प्यास लगी हुई थी, मैंने कुएँ से पानी पीना चाहा, पर आश्रमवासी ने उसे न देकर क्लोरिन मिला जल दिया। स्वास्थ्य में कम से कम आश्रम अवश्य आधुनिक युग के नियमों का पालन करता था।

उस दिन दो भाषण देने पड़े, जिनमें से एक सोशलिस्ट पार्टी की ओर से नेहरू मैदान में हुआ। सोशलिस्ट पार्टी की यह सभा प्रो. रंजन के प्रभाव से हुई। तरुण रंजन की कर्मठता को देखकर मैं बड़ा प्रभावित हुआ था। कुछ ही समय में वह अपनी प्रतिभा का जौहर दिखलाने के लिए बड़े क्षेत्र में आ गए थे। उनकी लेखनी

बड़े अधिकारपूर्वक चल रही थी, उनका शिक्षा कौशल अब राष्ट्र के काम आने लगा था। उस समय क्या मालूम था, रंजन बहुत दिनों तक अपनी प्रतिभा से देश की सेवा नहीं कर पाएँगे, और उन्हें अकाल ही छोड़कर चला जाना पड़ेगा।

1 अक्तूबर को सबेरे हिन्दी नगर में ही वर्धा के सौ से अधिक शिक्षित पुरुष आए, दो घंटे तक उनके प्रश्नों का उत्तर देना पड़ा। 1 बजे सेक्सरिया व्यापारिक कार्यालय में भाषण देना पड़ा, और उसी दिन 3 बजकर 40 मिनट पर ट्रेन पकड़ी। जबलपुर इटारसी से भी होकर जाया जा सकता था, लेकिन हमने गोंदियावाली लाइन पकड़ी। गोंदिया से छोटी लाइन मिली। सारा रास्ता जंगलों और पहाड़ों का था। गाड़ी में बड़े हचकोले लग रहे थे। आनन्दजी भी साथ थे।

बुन्देलखण्ड–जबलपुर में हमारी ट्रेन समय से पहले ही पहुँच गई थी, इसलिए स्टेशन पर कोई नहीं मिला। नया परिचय प्राप्त हुआ, और हम ठेकेदार मलहोत्राजी के साथ उनके घर पर नेपियर टौन में ठहर गये। 2 तारीख का बाकी समय वहीं बीता। 3 तारीख को महाकौशल विद्यालय के छात्रों के सामने बोलना पड़ा। 110 वर्ष पहिले यह विद्यालय अंग्रेजों ने स्थापित किया था। सार्वजनिक सभा में भाषण देना था, पर वर्षा के कारण वह नहीं हो सकी। 4 तारीख को नर्मदा को देखने के लिए चले। साथ में अपनी पत्नी सहित साथी नक्वी, श्रीकृष्णदास और आनन्दजी भी थे। नर्मदा के किनारे भेड़ा घाट पर पहुँचकर संगमरमर-शिला देखना चाहते थे, किन्तु वर्षान्त में वहाँ नाव नहीं जाती थी, इसलिए वह ख्याल छोड़ना पड़ा। मोटर भी घाट से पहिले ही पुल के पास छोड़ देनी पड़ी। नर्मदा चट्टानों पर से बह रही थी। भारत की सभी नदियाँ विवाहिता हैं, केवल नर्मदा ही कुमारी है। एक जगह दिखलाकर श्रीकृष्णदासजी कहने लगे : कि यहाँ 400 फुट ऊँची चट्टान छिपी हुई है। भेड़ाघाट में कच्चे संगमरमर के बहुत तरह के खिलौने मिलते थे। लंगूर और शरीफे यहाँ के जंगलों में बहुत हैं। पकने के समय मीठे शरीफे मुफ्त खाने को मिल सकते थे। हम पास के चौंसठयोगिनी मन्दिर देखने गये। चारों तरफ गोल चहारदीवारी है, जिसके साथ कल्चुरी काल की बहुत-सी टूटी-फूटी मूर्तियाँ रखी हुई हैं। भोजकालीन तथा उससे पीछे की मूर्तियों से कल्चुरी मूर्तियाँ अधिक सुन्दर थीं। मन्दिर में नन्दी पर बैठे हरगौरी की मूर्ति थी। कल्चुरी पाशुपत धर्म के माननेवाले थे। उस समय उत्तर में भी शैव-धर्म अपने असली रूप में जीवित था, और आजकल की तरह भस्म और रुद्राक्ष धारण तक ही वह समाप्त नहीं हो जाता था। एक शिवलिंग को देखकर श्रीमती नक्वी ने उसके बारे में पूछा। हम इसी देश में पैदा होते हुए भी एक-दूसरे की संस्कृति से कितने अपरिचित हैं, इसका यह उदाहरण था। शायद उन्होंने शिव का नाम नहीं सुना था। हरगौरीवाले मन्दिर की दाहिनी बगल में घुटने तक बूट धारण किये द्विभुज सूर्य की मूर्ति थी। कल ही मैं अपने भाषण में बतला चुका था, कि शकों के साथ मूर्ति का प्रचार भारत में हुआ। इस तरह का बूट आज भी जाड़ों में रूस के लोग पहनते हैं। रूसी वस्तुतः उन्हीं शकों की सन्तान हैं, जिनकी पूर्वी शाखा शत्रुओं से मजबूर होकर मध्य एसिया छोड़कर भारत की ओर आई। लौटते वक्त रास्ते में तेवर गाँव मिला। यहीं प्रतापी कर्ण कल्चुरी की राजधानी त्रिपुरी थी।

शाम को जवलपुर में एक सार्वजनिक और एक कांग्रेसी सभा में भाषण देना पड़ा। आनन्दजी यहाँ से चले गए और मैं मलहोत्राजी के घर 10 बजे रात को लौटा।

जबलपुर में तड़के गाड़ी पकड़नी थी। ट्रेन से घंटे-भर पहले तैयार हो जाना मेरा सिद्धान्त है। 4 बजे ही उठकर सामान सँभाला, सवा 5 बजे झुटपुटा ही था, कि मलहोत्राजी के साथ स्टेशन पर पहुँचा। गाड़ी देर से आई और देर से खुली। अब गन्तव्य स्थान कोंच (जिला जालौन) था। सेकंड क्लास के टिकट का 25 रुपया से कुछ अधिक लगा। हमें कटनी और वीना में दो जगह गाड़ी बदलनी पड़ी। कटनी से जो गाड़ी मिली वह हरेक स्टेशन में खड़ी होनेवाली थी। पंजाब की मारकाट की खबरें सुनकर मुसल्मानों में आतंक छाया हुआ था। संघी और हिन्दूसभाई केवल इसका प्रचार-भर ही नहीं कर रहे थे, बल्कि वह नेहत्थों पर अपनी वीरता

दिखाने से भी बाज नहीं आए। कम्युनिस्टों ने जबलपुर में इसका विरोध किया था, जिस पर संघियों ने कइयों को आहत किया। पंजाब की खबरों को सुनकर हिन्दू-मुसल्मानों के विरुद्ध सभी तरह की बातें सुनने के लिए तैयार थे। कांग्रेसवाले इस समय मौन थे। इसी कारण नागपुर में उस दिन चार हजार शरणार्थी मुसल्मानों को स्टेशन पर हैदराबाद जाने की ट्रेन की प्रतीक्षा करते देखा। जबलपुर से भी अपनी चीजों को मिट्टी के मोल बेचकर बहुत-से मुसल्मान भाग खड़े हुए। दहा दमोह और सागर के स्टेशनों में हमारी ट्रेन पर कई सौ मुसल्मान नर-नारी अपने बच्चों सहित चढ़े। मालूम हुआ, इन शहरों के दो-तिहाई मुसल्मान भाग चुके हैं। संघी खबर उड़ा रहे थे, भूपाल के अमुक गाँव में मुसलमानों ने दो सौ हिन्दुओं को मार डाला। लोग विश्वास करने के लिए तैयार थे। उस दिन–5 अक्तूबर–को सागर में 8-9 मुसल्मान मारे गये थे। मालगुजार–जमींदार–अपने गाँवों से मुस्लिम किसानों को निकाल बाहर करके धर्मवीरता का परिचय दे रहे थे। मध्य-प्रदेश की सरकार को लकवा-सा मार गया था। अब उसकी नींद जरा-जरा खुली थी, और शान्ति-स्थापना के प्रयत्न कर रही थी।

वीना में हमारी साढ़े तीन घंटे लेट ट्रेन शाम को साढ़े 5 बजे पहुँची। दूसरी गाड़ी 10 बजे रात को मिली। झाँसी में आगे की ट्रेन तैयार थी। सेकंड क्लास का डिब्बा भीतर से खूब बन्द था, बहुत-बहुत मुश्किल से खुलवाया। बतलाया गया, आजकल ट्रेनों में छुरेबाजी हो रही है, धर्मवीर लोग आदमियों को मारकर या ऐसे ही चलती ट्रेन से फेंक देते हैं।

बुंदेलखण्ड के एक बड़े भाग का पुराना नाम दशार्ण कालिदास के समय भी मशहूर था, जो जबलपुर से कालपी तक फैला हुआ था। जमुना और नर्मदा यहीं बहती थीं। दशार्ण का नाम अब भी वहाँ की घसान नदी में मौजूद है। कृषि और खनिज दोनों से प्राचीन दशार्ण (बुंदेलखण्ड) की भूमि समृद्ध है। नये मध्य-प्रदेश में बुन्देलखण्ड के कितने ही टुकड़ों को मिला दिया गया, पर अब भी बाँदा, हमीरपुर, जालौन, झाँसी के जिले को उत्तर-प्रदेश में ही रखा गया है। आज भी इन चारों जिलों को मध्य-प्रदेश के साथ मिलाकर दशार्ण को एकताबद्ध किया जा सकता था, पर स्थानीय संस्कृतियों और भाषाओं की अभी पूछ कौन करता है ? यमल मानव-दशार्ण में मालव अपनी काली मिट्टी और अन्न के लिए प्रसिद्ध है। युगों से कहा जाता रहा, माल में कभी अकाल नहीं पड़ता। मेवाड़ और बुन्देलखण्ड के लोग अकाल पड़ने पर मालवा का रास्ता लेते थे, लेकिन कलयुग में किसी भी बात का ठिकाना नहीं, मालव में भी अकाल पड़े, तो क्या अचरज ?

झाँसी से एरच होते हमारी ट्रेन एट पहुँची। एरच एरकच्छ के नाम से बुद्धकाल में भी एक प्रसिद्ध नगर था। आज भी उसकी धरती के भीतर प्राचीन संस्कृति की बहुत-सी सामग्री छिपी पड़ी है। अपने बुन्देलखण्ड के निवास के समय में यहाँ आया था। एट में 6 बजे पहुँचकर दो घण्टे प्रतीक्षा करनी पड़ी, तब कोंच की गाड़ी आगे रवाना हुई। इस ट्रेन में क्लास या वर्ग का भेद नहीं है। पुराने जीवन की स्मृतियाँ जाग्रत हो रही थीं। इसी ट्रेन में प्रथम विश्व-युद्ध के समय यात्रा करते समय मेरा तरुण गर्म खून उबल पड़ा था, जबकि किसी अंग्रेज-अफसर के चपरासी ने जगह छोड़ने के लिए कहा था! आज वे अंग्रेज नहीं थे। कोंच में उतरकर अपने पुराने मित्र श्री पन्नालाल और श्यामलाल के घर पहुँचा। घुमक्कड़ी जीवन में अपना घर छोड़ने पर भी जगह-जगह बहुत-से अपने घर और परिवार मिले थे, जिनमें पन्नालाल-परिवार भी था। वस्तुतः उन्हीं पुरानी स्मृतियों को जाग्रत करने के लिए मैं यहाँ आया था। पन्नालालजी के पिता स्वामी ब्रह्मानन्द से मिलना था, अब वह 85 वर्ष के हो चुके थे।

कोंच–अगले दिन–7 अक्तूबर–स्कूल में व्याख्यान दिया, फिर साढ़े 5 बजे यहाँ के गण्यमान्य सज्जनों के साथ जलपान की दावत में शामिल हो 8 बजे रात तक गोष्ठी चलती रही। स्वामी ब्रह्मानन्द का गाँव महेशपुरा यहाँ से दस मील पर है। गाँव में अनुकूलता न देख करके उनके दोनों पुत्र महेशपुरा छोड़कर कोंच के कस्बे में आ गए। लेकिन, स्वामी ब्रह्मानन्द को महेशपुरा ने छोड़ा नहीं। वह वहीं रहते थे। शरीर अब अस्थि-पंजर मात्र रह गया है, चलना-डोलना मुश्किल है। महेशपुरा में अपनी छोटी-सी कुटिया थी, उसी में रहते अपना भोजन आप पका लेते थे। उन्होंने अपने दादा को देखा, और अब परपोतों को देख रहे थे, अर्थात् 6 पीढ़ी उनके

सामने से गुजरीं। उनके दोनों पुत्रों के परिवार में आज 10 व्यक्ति थे। गहोई वैश्य अग्रवालों की तरह पीढ़ियों से निरामिष भोजी थे, किन्तु समय ने सब बातों को उलट दिया। उनके पौत्र मेधातिथि अब आमिषाहारी थे। स्वामी ब्रह्मानन्द–तब श्री रामदीन पहाड़िया थोड़ी-सी हिन्दी जानते थे, और महेशपुरा में शान्तिपूर्वक कपड़े और लेन-देन का व्यापार करते थे। इतनी कम शिक्षा और शहर से इतने दूर पर भी विचार पहुँच गये। रामदीन पहाड़िया आर्यसमाजी हो, आर्यसमाज की शिक्षा को अपने जीवन में ढालने की कोशिश करने लगे। उन्होंने दूकान में दाम के बारे में एक बोली का नियम दृढ़ता से पालन किया। पहले कुछ कठिनाई हुई, लेकिन उसे पीछे लोगों ने जान लिया। जीवन सुखपूर्वक बीतने लगा। अपनी पत्नी और बहू को भी जनेउ पहनाया, और घर में स्त्रियाँ भी नियमपूर्वक हवन-संध्या करने लगीं। रामदीन पहाड़िया अपने समय के क्रान्तिकारी थे। पर जात-पाँत की सीमा से बाहर नहीं गये। छूतछात नहीं मानते थे। उन्होंने और उनके पुत्रों ने आर्यसमाज के लिए हजारों रुपये दान किये।

1916 में जब मैं महेशपुरा पहुँचा, तब वह संन्यासी बन चुके थे। संन्यासी बनने पर भी घुमक्कड़ी की प्रवृत्ति न होने के कारण वह महेशपुरा को नहीं छोड़ते थे। आज अपनी चौथी पीढ़ी में वह कितना परिवर्तन देख रहे थे ? पुत्रों-पौत्रों को अण्डा खाते देखकर क्षुब्ध हो जाते थे, लेकिन कौन दादा अपने पोते को अपने काबू में रख सकता है ? स्वामी ब्रह्मानन्द चाय को हानिकारक समझते थे, स्वास्थ्य के ख्याल से भी और पैसे के ख्याल से भी। पोतों के पास चाय का सेट था, और दिन में दो बार चाय पिये बिना उनका काम नहीं चलता था। खर्च के बारे में शिकायत करने पर एक पोते ने कहा–"यदि हम अधिक खर्च करते हैं, तो अधिक कमाते भी हैं। आपके युग में स्त्री के पास दो मोटी-झोटी साड़ी काफी समझी जाती थीं। हमारी स्त्रियों को देखें, हरेक के ट्रंक में एक दर्जन अच्छी-अच्छी साड़ियाँ हैं।" पुरानी पीढ़ी के पास इसका क्या जवाब था ? मैंने स्वामीजी से कहा–"कुढ़ने की जरूरत नहीं, हरेक पीढ़ी को अपना जिम्मा लेना चाहिए। नई पीढ़ियाँ हमेशा इसी तरह परिवर्तन करती आई हैं।" चार पीढ़ी को अपनी आँखों के सामने देखना जरूर कुढ़न पैदा करता है, लेकिन यह बुद्धिमानी नहीं है।

8 अक्तूबर को कोंच के प्राचीन इतिहास की ओर मेरा ध्यान गया। कोंच, जैसे हमारे देश में सैकड़ों नगर हैं, जो अपने समय में काफी महत्व रखते थे, लेकिन इनके इतिहास का कोई उल्लेख नहीं मिलता। कोंच का नाम ही बतला रहा था, कि यह मुस्लिम काल का नहीं है। संस्कृत में शायद यह क्रोंच नगर रहा हो, पर क्रोंच पक्षी के नाम पर किसी नगर के होने का पता नहीं लगता। पूछने पर बारहखम्बा स्थान का पता लगा। 8 अक्तूबर को एक काफी जमात मेरे साथ वहाँ पहुँची। बारहखम्वा के पास बड़ी माता का मन्दिर है, जिसमें गुप्तकालीन या तुरन्त बाद की छठी या सातवीं सदी की पाषाण मूर्तियाँ हैं। सुन्दर छाती और भुजमूल गुप्त और पश्चात् गुप्तकाल की मूर्तिकला की विशेषता है। वह यहाँ के प्रतिहारी की मूर्ति में दिखलाई पड़ी। एक छोटी वराह की मूर्ति भी, इसी काल को बतलाती है। खण्डित हर-गौरी बतला रहे थे कि यहाँ पाशुपतों का मन्दिर था। बारहखम्बा के किसी प्राचीन मन्दिर के खम्बों को लेकर बनाया गया जो शायद 11वीं सदी में पास का तालाब पुराने मन्दिर का ही है। गाँव की माता के पास की मूर्तियों में एक जैन मूर्ति थी। कोई बौद्ध मूर्ति देखने में नहीं आई, पर पिछले सौ वर्षों में मूर्तियों की लूट मची हुई है। न जाने कितनी मूर्तियाँ यहाँ से उठ गईं। कोंच नगर गुप्तकाल में बड़ा समृद्ध रहा होगा। यहाँ मुक्तिपति राज्यपाल नहीं, तो विषयपति (जिलाधीश कुमारामात्य) जरूर रहता रहा होगा। दक्षिणापथ की ओर जानेवाला वणिक मार्ग शायद यहीं से जाता रहा, इसके कारण यह धनधान्य-सम्पन्न बस्ती रही होगी।

आज कोंच की आबादी 20 हजार थी। नगरपालिका थी, जिसकी आदमनी एक लाख सालाना थी। पिछले तीन सालों से प्राइमरी शिक्षा निःशुल्क रही, और अब वह अनिवार्य भी कर दी गई थी। नगरपालिका के सचिव कह रहे थे : आर्थिक कठिनाइयों के कारण हम नगर के सुधार की कोई महत्वपूर्ण योजना अपने हाथ में नहीं ले सकते। उनके पूछने पर मैंने सोवियत की नगरपालिकाओं का वर्णन किया, तो उन्हें स्वप्न की बात मालूम हुई। हाँ, 20 हजार आबादीवाले सोवियत के किसी नगर की यह दशा थोड़े ही हो सकती थी। कर के बारे

में पूछने पर हमने बतलाया, वहाँ की नगरपालिका नगर के सारे घरों की स्वामिनी है। यहाँ भी यदि यही सारे घर आपकी नगरपालिका को मिल जाएँ, तो वह कितनी धनी हो जाएगी ?

कोंच में और उसके चौक में कितनी ही बार मैं व्याख्यान दे चुका था, पर जिनके सामने व्याख्यान दिये, उनमें अब बहुत कम रह गये थे। नई पीढ़ी में पुस्तकों से शौक रखनेवाले ही राहुलजी को जानते थे। हर पीढ़ी से नये परिचय प्राप्त करने की जरूर होती है।

9 अक्तूबर को कोंच से विदाई ली। विदा करते स्वामी ब्रह्मानन्द रो पड़े। अब फिर मिलने की आशा कैसे हो सकती थी, "जो बिछड़ गये सो बिछड़ गये।" हम दोनों का कितना घनिष्ट सम्बन्ध था। एक धुन में महीनों हम साथ घूमा करते थे, साथ स्वप्न देखा करते थे–आर्यसमाज का घर-घर में प्रचार करना है, देश-विदेश में उसके सन्देश को पहुँचाना है। स्वामी ब्रह्मानन्द अब भी आर्यसमाजी थे, अब भी वेद, ईश्वर और ऋषि दयानन्द की शिक्षा पर उनकी निष्ठा थी। इन 31 वर्षों में कहाँ से कहाँ पहुँच गया। हमारे विचारों में भारी भेद था, लेकिन स्नेह अब भी वैसा ही था। स्वामी ब्रह्मानन्दजी से विदा होते मेरा दिल भी भारी हो गया। जालौन जिला वर्षों मेरी कर्मभूमि रहा–"यहाँ नाथ मम पग-पग जोहा।" पग-पग जोही जगहों को देखने की तीव्र इच्छा होती है, पर समय कहाँ से लाएँ। अब समय की साखर्ची काम में नहीं लाई जा सकती। श्री बेनीमाधव तिवारी उसी समय के मेरे परिचित हुए थे। एक समय उन्होंने स्वराजी आल्हा बनाया था। वह छोटी पुस्तिका के रूप में छपा भी था। फिर उन्होंने कांग्रेस में काम किया, जेल गये, लेकिन यह सब उस समय हुआ, जब मेरा सम्बन्ध जालौन जिले से टूट चुका था। उन्हीं के साथ मोटर पर मैं उरई गया। घंटे-भर में 19 मील पहुँच गये। मेरे रहने के समय अभी मोटरों का प्रचार नहीं हुआ था। खेतों में हरी-भरी फसल खड़ी देख हृदय उल्लसित हो जाता, और खाली खेत देखकर अवसन्न। आजकल के जमाने में दुर्लभ हैं, इसलिए ऐसा होना ही चाहिए। उरई अब 10 हजार से बढ़कर 18 हजार का नगर हो गया था, पानीकल भी लग गई थी, किन्तु सभी घरों में उसका लगना तभी हो सकता था, जब कोई नागरिक दरिद्र न हो, वहाँ के दो हाई स्कूलों में एक इंटर तक था। जालौनवालों को जब मालूम हुआ, तो वह भी मुझे लेने के लिए पहुँचे। उनको निराश कर मैं बहुत दुःखी हुआ। सचमुच उनसे भी अधिक जालौन जाने की मेरी इच्छा थी। शाम को सार्वजनिक सभा हुई। पण्डित अलगूराय शास्त्री संयोग से उरई पहुँचे हुए थे। वह प्रान्तीय कांग्रेस के उप-प्रधान और प्रान्त के एक बड़े कांग्रेसी नेता थे। आजमगढ़ जिले के होने से उनके साथ एक विशेष आत्मीयता होनी स्वाभाविक थी। पहले उन्हें मैंने दुबला-पतला देखा था, अब मोटे हो गये थे। मैं कम्युनिस्ट था और वह कांग्रेसी, दोनों के विचारों में छत्तीस का सम्बन्ध था, लेकिन वैयक्तिक सम्बन्ध पर उसका क्या असर हो सकता था। ऐसे मधुर सम्बन्ध को आदमी को खोना नहीं चाहिए।

3
कलम-घिसाई

10 अक्तूबर को पौने 6 बजे सबेरे की गाड़ी घण्टे-भर देर से आई। जिस कम्पार्टमेन्ट में मैं था, उसी में गोरखपुर निवासी एक मुसलमान सैनिक अफसर भी थे। वह निट्शे के दर्शन से बड़े प्रभावित थे। आज की स्थिति में दूसरे मुसल्मानों की तरह वह भी बहुत खिन्न और निराश थे। कहते थे—"मनुष्यता कहाँ है ?" लेकिन वह रही कब ? कह रहे थे—"भारत फिर परतन्त्र होगा, पाकिस्तान से लड़ाई होगी, दोनों में से एक पराजित और अधीन होकर रहेगा।" उस समय की स्थिति देखकर वह इसी तरह सोच सकते थे। कह रहे थे—"युक्त प्रान्त की सरकार मुसल्मानों को नौकरियों से निकाल रही है, बायकाट के कारण मुसल्मान व्यापार भी नहीं कर सकते।" उनका यह भी कहना था कि हमें हिन्दू-मुसल्मान की वेष-भूषा हटाकर यूरोपियन पोशाक अपनानी चाहिए। वेष-भूषा के हटने से हिन्दू-मुसल्मान का बाहरी भेद मिट जाएगा, यह ठीक है, मैंने कहा—वह खर्चीली होगी। क्यों न हिन्दुस्तानी पोशाक एक-सी दोनों अपना लें। उस वातावरण में कोई किसी पर विश्वास कैसे कर सकता था ? चलती ट्रेनों में छुरा मारकर निरीह मुसाफिर को ट्रेन से बाहर गिरा दिया जाता था। महीने भर की यात्रा में मैंने इस भीषण साम्प्रदायिक स्थिति को देखा। बनारस, छपरा और पटना में हिन्दू-मुसलमानों में हल्का-सा तनाव था, यद्यपि संघी और हिन्दू सभाई अपनी कोशिश से बाज नहीं आ रहे थे। कलकत्ता में और भी हल्का तनाव था। कटक, बालासोर बिल्कुल शान्त थे, वर्धा में जरा-जरा और जबलपुर में ज्यादा तनाव देखा। दमोह और सागर में तूफान मचा हुआ था, और कोंच तथा उरई में हल्का-सा तनाव।

फीस बढ़ाने से विद्यार्थियों में क्षोभ मचा हुआ था। हमारे अधिकांश विद्यार्थियों की आर्थिक स्थिति वस्तुतः इतनी बुरी है कि वह पेट काटकर बड़ी मुश्किल से पढ़ते हैं। उस पर से जब फीस बढ़ा दी जाती है, तो वह क्यों न उत्तेजित हो जाएँ। इस समय उन्होंने जगह-जगह हड़तालें और प्रदर्शन किए थे, शिक्षामंत्री श्री सम्पूर्णानन्द के मकान के जँगलों को तोड़ दिया था। गिरफ्तारी शुरू हुई। इतना ही तक नहीं, लाठी बरसने लगी, विद्यार्थियों पर घोड़े दौड़ाये गए। यह सब अंग्रेजों के वक्त की सरकार का ही अनुकरण था। एक लड़का मारा गया, बहुत-से घायल हुए। जेल में बंद विद्यार्थियों के साथ वही निष्ठुर बर्ताव हुआ, जैसा कि अंग्रेजों के सामने होता था। विद्यार्थी-आन्दोलन उस समय सारे प्रदेश में जोर-शोर से फैला हुआ था।

प्रयाग—कानपुर में ट्रेन बदलकर 8 बजे रात को मैं प्रयाग पहुँचा। कर्फ्यू नहीं था, नहीं तो डा. बदरीनाथप्रसाद के बँगले में पहुँचने में दिक्कत होती।

अब प्रयाग में 46 दिन रहकर कलम का काम करना था। रूस में रहते मैंने मध्यएसिया के उपन्यासकार सदरुद्दीन ऐनी के कई ग्रन्थ पढ़े थे। वह मुझे बहुत पसन्द आए थे। उनमें वैसे ही समाज के महान् परिवर्तन की बातें बतलाई गई थीं, जैसा हमारे यहाँ अब भी था। इसलिए उपन्यासों का हमारे देश के लिए विशेष उपयोग

भी था। लेनिनग्राद में रहते ही मैंने ऐनी के दो बड़े-बड़े उपन्यासों–'दाखुंदा' और 'गुलामान' (जो दास थे)–का अनुवाद कर डाला था। ताज़िक-फारसी से उर्दू में करने में बहुत-से मूल शब्दों को रखा जा सकता था, इसलिए मैंने अनुवाद उर्दू में किए। यहाँ आने पर मालूम हुआ, उर्दू का प्रकाशक नहीं मिल सकेगा। उर्दू-पुस्तकें अब बहुत कम प्रकाशित होने लगी हैं। मेरे हिन्दी के प्रकाशक जोर देने लगे कि उन्हें हिन्दी में कर दूँ, तो वह तुरन्त छप जाएँगे। मैं सबसे पहले 'दाखुंदा' में लग गया, 12 अक्तूबर से, और 25 अक्तूबर को उसे समाप्त कर दिया। जब 31 को 'दाखुंदा' का पहला प्रूफ आया, तो और भी प्रसन्नता हुई।

डा. बदरीनाथप्रसाद के यहाँ मैं बहुत आराम से था, लेकिन बहुत-से लोग मिलने-जुलने आया करते थे, और काम का बहुत-सा समय बातचीत में चला जाता था। मुझे ऐसी जगह चाहिए थी, जहाँ मैं निर्विघ्न लिखने का काम कर सकूँ। यही सोचकर 15 अक्तूबर को मैं दारागंज में राय रामचरण के निवास में चला गया। दारागंज में परिचितों की कमी नहीं थी, पर रायसाहब केवल मेरे रहने-खाने-पीने का ही बहुत ध्यान नहीं रखते थे, बल्कि इसके लिए भी सतर्क थे, कि निश्चित समय के अतिरिक्त और समय कोई मिलने न आए। अपने हाथ से लिखने का अभ्यास छूटा तो नहीं था, पर दिन पर दिन मेरा हस्ताक्षर बिगड़ता गया था, स्वयं लिखने में बन्धन मालूम होता था। लिखने के लिए नागार्जुनजी ने अपनी सेवाएँ अपिर्त कीं, पर मुझे यह उचित नहीं मालूम होता था। नागार्जुन अब स्वयं साहित्य-सृजन कर रहे थे, उनकी लेखनी का लोग लोहा मानने लगे थे। उनसे लिपिक का काम लेना मुझे ठीक नहीं मालूम होता था, पर अभी तो मजबूरी थी। अक्तूबर का मध्य था, लेकिन पंखे के बिना काम नहीं चलता था। सन्तोष था, जाड़ा जल्दी ही आ जाएगा।

दारागंज में राय रामचरण ने मेरे लिए जो निवास निश्चित किया था, वह सचमुच तल्लीनता का स्थान था। कोई शिकायत नहीं हो सकती थी, और पाखाना कुछ ठीक नहीं था, लेकिन उसका कारण मेरा बहुत काल तक सोवियत में रहना था। दिन-भर बिजली का पंखा चला करता, सायं और प्रातः को तापमान अनुकूल हो जाता।

18 अक्तूबर को रामलीला की धूमधाम थी। इधर कितने ही सालों तक हिन्दू-मुसल्मान-वैमनस्य के कारण अंग्रेजी सरकार ने प्रतिबन्ध लगा दिए थे, जिसके कारण रामलीला बन्द रही। अंग्रेजों के जाने का यह शुभ फल तो मिला।

यहाँ आते काशी के आचार्य (द्वितीय खण्ड) के बौद्ध-दर्शन का प्रश्न-पत्र बनाना पड़ा। व्यस्त रहने के कारण यद्यपि समय निकालना मुश्किल था, लेकिन काशी की परीक्षाओं में बौद्ध-दर्शन को सम्मिलित कराने में मेरा भी हाथ था, इसलिए इन्कार कैसे कर सकता था। 20 अक्तूबर को डा. उदयनारायण तिवारी और राय रामचरण अग्रवाल कार से बनारस जा रहे थे, रास्ते में कार उलट गई। सौभाग्य से चोट कम आई। आदमी का जीवन दरअसल हर समय अपना अन्त लिये चलता है। न जाने किस समय भीषण दुर्घटना हो जाए। 21 तारीख को रामलीला की चौकियाँ निकलीं। गोस्वामी तुलसीदास के समय से पहले से रामलीला होती आई है, पर कालबली के कारण किसी चीज का रूप एक-सा नहीं रहने पाता। प्रयाग में रामलीला के जुलूस के साथ चौकियों की परम्परा चल पड़ी है। हरेक मुहल्ला अपनी-अपनी चौकियों को सजाने में होड़ लगाता है। चौकियों में केवल रामायण के दृश्य नहीं होते, बल्कि आधुनिक भावों को व्यक्त करनेवाली मूर्तियाँ सज्जित की जाती हैं। जुलूस बड़ी कोठी के सामने से निकला, जिसके सामने ही उस कोठी का फाटक था, जिसमें मैं रहता था। यह कहने की आवश्यकता नहीं, कि उसके दर्शन का लोभ मैं संवरण नहीं कर सका।

मेरे अनुज श्यामलाल के पुत्र उदयनारायण मेट्रिक पास करके दिल्ली में नौकरी करने लगे थे। 24 अक्तूबर को वह आए, बोले : मैंने नौकरी से इस्तीफा दे दिया, अब पढ़ना चाहता हूँ, प्रोफेसर बनना चाहता हूँ, लेखक होना चाहता हूँ। मैंने कहा : खर्च की चिन्ता मत करो, पढ़ो और साइन्स पढ़ो। अक्तूबर के अन्त में आशा तो नहीं थी, कि इस साल वह एफ. ए. की परीक्षा में बैठ सकेंगे, लेकिन उसके लिए कोशिश करने के लिए कह दिया। प्रसन्नता हुई, जब 1 नवम्बर को उनकी फीस जमा होकर फार्म स्वीकृत हो गया। यदि पढ़ाई न छोड़े होते, तो इस साल वह बी. ए. में बैठते, अर्थात् दो साल का नुकसान हुआ था।

25 अक्तूबर को 'दाखुंदा' समाप्त करने के बाद 'सोवियत भूमि' के दूसरे संस्करण में हाथ लगाना था। एक तरह सारी पुस्तक को फिर से लिखकर पहले से ड्योढ़ा करना था। रोज थोड़ा-सा समय मित्रों से मिलने-जुलने के लिए रखा था और कुछ समय बाद रविवार को छुट्टी रखने का नियम भी मान लिया। उस दिन मित्रों से मिलने मैं भी बाहर निकलता था। पं. श्रीनारायण चतुर्वेदी दारागंज मुहल्ले ही में रहते थे। 26 के रविवार को सबेरे उनके यहाँ पहुँचा। चतुर्वेदीजी साहित्यकार और साहित्य-प्रेमी ही नहीं हैं, बल्कि उनके यहाँ साहित्यकारों का दरबार लगा दिखाई पड़ता। साहित्य और साहित्यकारों की चर्चा ही वहाँ ज्यादा सुनाई देती। कितने ही तरुण और प्रौढ़ साहित्यकारों को चतुर्वेदीजी ने प्रोत्साहन और सहाय्य देकर आगे बढ़ाया। आठवीं-नवीं शताब्दी के एक चतुर्वेदी ने पूर्वी कम्बोज में जाकर बहुत सम्मान प्राप्त किया, राजा का दामाद बने। उन्होंने अपनी मथुरा को हजारों वेदपाठियों के स्वरों से गुंजित बतलाया है। अब माथुर चतुर्वेदियों में वेदपाठी शायद ही कोई मिले। वल्लभ सम्प्रदाय से आगे बढ़नेवाले चतुर्वेदियों में शायद पं. श्रीनारायण के पिता श्री द्वारकाप्रसाद चतुर्वेदी ही हैं, जो रामानुज सम्प्रदाय में दीक्षित हो उत्तर के रामानुजियों के नेताओं में से थे। पिता ने सरस्वती की सेवा की, योग्य पुत्र उनसे पीछे कैसे रहता ? चतुर्वेदीजी का साधना के लिए पूरा समय देना मुश्किल था। पर अपने सरकारी कर्तव्य को भी वह चुस्ती के साथ निर्वाह करते थे, और मित्रों के लिए भी समय देने में बड़े साखर्च रहते थे।

उसी दिन दोपहर बाद श्री महादेवीजी के पास भी गया। महादेवीजी नारी होने के नाते हिन्दी-काव्य में आगे नहीं गिनी जातीं, बल्कि उन्होंने अपना स्थान अपनी योग्यता से बनाया है। मैं निस्संकोच कह सकता हूँ कि पंत-प्रसाद-निराला के बाद उस पीढ़ी के सर्वोच्च कवियों में महादेवीजी प्रथम हैं। सावधानी के साथ रचना करने में तो प्रसाद के बाद ही उनका नम्बर आता है। बातचीत में निरालाजी का जिक्र छिड़ गया। निरालाजी को कितने लोग पागल समझते थे, और उनके विचार से उन्हें राँची ले जाना चाहिए। मैं ऐसा नहीं समझता। मैं उन्हें चौरासी सिद्धों की कोटि में समझता हूँ, जिनका जाग्रत और स्वप्न का भेद मिट गया है। निराला कवि के तौर पर ही नहीं, मानव के तौर पर भी बेजोड़ हैं। इस समय वह उन्नाव में थे, इसलिए मुलाकात नहीं हो सकी।

उसी दिन 'सरस्वती' के भूतपूर्व सम्पादक पं. देवीदत्त शुक्ल के दार्शनार्थ गया। दिसम्बर 1944 से ही उनकी आँखें जाती रहीं, तीन साल से वह इसी स्थिति में थे। जीवन-भर साहित्य की सेवा करते आज जिस तरह का जीवन उन्हें बिताना पड़ रहा था, उससे दुःख हो रहा था। मेरे दर्शन के लिए आने से उन्हें आत्म-संतोष हो सकता था, लेकिन इससे उनकी क्या सहायता हो सकती थी ? हमारे यहाँ मृतक-श्राद्ध की प्रथा है, शायद इसीलिए हम जीवित श्राद्ध करना नहीं जानते। जहाँ तक शुक्लजी का सम्बन्ध था, वह अपनी स्थिति से असन्तुष्ट नहीं मालूम होते थे। आखिर तीन साल से वह इसी का अभ्यास कर रहे थे। द्विवेदीजी के बाद सबसे अधिक समय तक 'सरस्वती' के कर्णधार पं. देवीदत्त शुक्ल रहे। मुझे तो उनका और भी अधिक कृतज्ञ होना था, क्योंकि देर से जब मैं हिन्दी पत्रिकाओं में लेख लिखने लगा, तो सबसे पहले सम्बन्ध 'सरस्वती' से हुआ। शुरू से ही शुक्लजी ने मेरे लेखों का स्वागत ही नहीं किया, बल्कि औरों के लिए माँग करते रहे। यह उस समय की बात है, जबकि मैं पहली बार लंका गया था।

रूस से लन्दन होकर मैं भारत लौटा था। लन्दन में ही एक छोटा-सा किन्तु शक्तिशाली रेडियो खरीद लिया था। शाम के वक्त नियमपूर्वक मैं भारत और पाकिस्तान से प्रसारित होनेवाले समाचारों को सुनता। उस वक्त कश्मीर को लेकर पाकिस्तान रेडियो जहाद बोले हुए था। जूनागढ़ के नवाब ने मंजूर कर लिया, इसलिए भारत के भीतर जूनागढ़ पाकिस्तान का है, कश्मीर के राजा के हस्ताक्षर करने से क्या होता है, वहाँ के अधिकांश लोग मुसल्मान हैं, इसलिए वह पाकिस्तान का है। रेडियो-प्रसार से सन्तोष न करके पाकिस्तान ने अपनी सेना और प्रजा को भी कश्मीर पर चढ़ दौड़ने के लिए छोड़ दिया, जब 27 अक्तूबर को कश्मीर के राजा ने भारत संघ में शामिल होने का निश्चय कर लिया।

अब के 29 अक्तूबर को शरद पूनो पड़ी। शारदी पूर्णिमा को हमारे यहाँ हमेशा नयनाभिराम माना जाता

था। राजा लोग इस समय कौमुदी-महोत्सव मनाते थे। शरद पूनो को उस समय कौमुदी कहा जाता था। कौमुदी महोत्सव का निषेध कर देने पर चाणक्य और चन्द्रगुप्त का जो क्षणिक वैमनस्य हुआ था, उसका वर्णन विशाख ने 'मुद्राराक्षस' नाटक में किया है। अयोध्या में शरद पूनो को लोग अब भी धूम-धाम से मनाते हैं, लेकिन वह अधिकतर पत्थर या हाड़-मांस के राम-लक्ष्मण-सीता की झाँकी दिखलाने तक ही सीमित रहती है। सारे देश में शरद पूनो को निरभ्र आकाश हो, यह आवश्यक नहीं है, लेकिन मुझे तो उत्तरी भारत की इस पूर्णिमा के जितने भी स्मरण हैं, उनमें आकाश निरभ्र ही मिला था। कौमुदी महोत्सव राजाओं का ही नहीं, जनता का भी, और उससे भी अधिक कलाकारों का उत्सव है। हिन्दी-क्षेत्र में उस दिन की फूल-सी छिटकी चाँदनी को ऐसे ही जाने देना अपराध है। कवियों का यह स्वाभाविक महोत्सव है, पर अभी उनका इस तरफ ध्यान नहीं गया है।

1 नवम्बर को देहरादून के एक मित्र के पत्र से मालूम हुआ, हिन्दी साहित्य सम्मेलन के सभापति के लिए मेरा भी नाम लिया गया है। यह भी पता लगा, कि मेरे मित्रों ने उसके लिए निवेदन-पत्र भी छापकर मतदाताओं के पास भेजा है। कई साल पहिले भी मेरा नाम सभापति के लिए लिया गया था। जब मुझे मालूम हुआ, तो बिहार के साहित्यकारों से मैंने बतला दिया–मैं नहीं चाहता। लेकिन, तब काफी देर हो चुकी थी, और मेरा अभिप्राय सिर्फ बिहार तक ही कार्यकारी हो सका। मतदान हुए और कुछ ही वोटों की अधिकता से श्री जमनालाल बजाज सभापति चुने गए। उनकी पीठ पर गाँधीजी का वरदहस्त था, तब भी यदि मैंने बिहार के मित्रों को न रोका होता तो परिणाम दूसरा ही निकलता। इस समय मेरे मित्रों ने इसीलिए चुपचाप निवेदन-पत्र निकाला था, कि मालूम होने पर मैं विरोध करता हूँ। उसका समय बीत चुका था। 3 नवम्बर को मैं सभापति चुन लिया गया। इस साल सेठ गोविनन्दास को 145 और मुझे 180 वोट मिले थे। उस बार भी एक सेठ से मुकाबिला हुआ था, और इस बार भी। अब अपने सम्मेलन को भी समय देना पड़ेगा, इस कठिनाई का सामना करना था और मैंने लिखने के लिए काफी बड़ी योजना बना ली थी। इसी बीच सभापति के भाषण लिखने का भी भार आ पड़ा। मैं चाहता था, कि 'सोवियत भूमि' के बाद 'मधुर स्वप्न' उपन्यास में हाथ लगाऊँ, किन्तु उसका समय दो वर्ष बाद आनेवाला था।

फिल्मों से मेरा द्वेष नहीं है, किन्तु भारतीय फिल्मों में बहुत-से ऐसे ही देखने को मिले, जिन्हें मैं कुछ ही मिनट देखने के बाद ऊब जाता, इसीलिए किसी फिल्म की जब तक जबर्दस्त सिफारिश न हो, तब तक मैं खामखाह सरदर्द लेने के लिए तैयार नहीं होता। 9 नवम्बर को मैं मित्रों के साथ 'मेघदूत' देखने गया। कालिदास की महान् कृति पर यह फिल्म बनाया गया था। सारी गुप्तकला इसकी पृष्ठभूमि में थी। इतिहास का वह अन्धकारावृत युग भी नहीं है। इस पर कितना सुन्दर फिल्म बन सकता था, लेकिन देखकर मुझे 'कुछ नहीं' लिखना पड़ा। इलाहाबाद में हर साल इन्हीं महीनों में स्वदेशी-प्रदर्शनी हुआ करती थी, जो अब स्वदेशी-मेला के रूप में परिणत हो गई थी। पहले सालों से उसकी अधिक उन्नति हुई थी।

'सोवियत भूमि' के अतिरिक्त सोवियत मध्य-एसिया पर एक छोटा-सा ग्रन्थ लिखना चाहा। ऐनी के उपन्यासों द्वारा सोवियत मध्य-एसिया के लोक-जीवन में जो महान् परिवर्तन आए, उनको जाना जा सकता था, पर उसको पूरी तरह से समझने के लिए सोवियत मध्य-एसिया के परिचय की आवश्यकता थी। इसी कमी को दूर करने के लिए 10 अक्तूबर को मैंने इस पुस्तक में हाथ लगाया। 22 अक्तूबर को मैंने पुस्तक को लिखकर समाप्त कर दिया। प्रकाशक ने बहुत आशा दिखाई थी कि मैं इसे तुरन्त छाप दूँगा, पर तुरन्त का समय इनका सबसे लम्बा निकला।

मेरी तन्दुरुस्ती आमतौर से अच्छी रहती रही, इससे काम करने में बड़ा सुभीता था, इसे कहने की आवश्यकता नहीं। लेकिन, किसी शरीरधारी का सदा निरोग रहना सम्भव कहाँ ? डिसेंट्री (पेचिश) 1924-25 ई. में मेरी जन्मसाथी होनेवाली थी, जिससे बाल-बाल बचा। उसके बाद जब कभी उसके आने का पता लगता, मैं सजग हो जाता। पेट में कुछ गड़बड़ी जान पड़ी। कारण ढूँढ़ने के लिए बहुत माथा-पच्ची की जरूरत नहीं थी। मैंने सबेरे से आधी रात तक बैठकी करते लिखने-पढ़ने का काम हाथ में ले लिया था, और इसका ख्याल भी नहीं किया

कि भोजन पचने के लिए कुछ शरीर के हिलाने-डुलाने की भी जरूरत है। 13 अक्तूबर को डिसेंट्री शुरू हो गई। काम छोड़कर दो दिन के लिए लेट जाना पड़ा। बैठे रहने का मतलब था, बार-बार शौच के लिए जाना। दवा ने डिसेंट्री को 15 अक्तूबर तक दबा दिया। अब सभापति के भाषण के लिखने की चिन्ता सिर पर आ गई। 15 अक्तूबर को पथ्य की खिचड़ी खाकर उसमें हाथ लगाया। अपने विषय में मैं जितना ही बेपर्वाह था, मेरे मेजबान उतना ही उस पर विशेष ध्यान देते थे। खाने में स्वादिष्ट और सुपुष्ट भोजन मिल रहा था। उसके लिए मुझे टहलने की जरूरत थी, लेकिन मैं उन घण्टों को बर्बाद होना समझता था। राय रामचरणजी कांग्रेसी थे, यद्यपि खूसट विचारोंवाले नहीं। उनका परिवार बहुत काल से सम्भ्रान्त धनी परिवार था। काफी बड़ी जमींदारी थी। बड़ी कोठी का सारे प्रयाग में बहुत सम्मान था। पर रायसाहब भवितव्यता के लिए तैयार थे। वह जानते थे, समय शीघ्र बदलनेवाला है, इसलिए पीछे की ओर न देखकर आगे की ओर देखना चाहिए। उनका साहित्य-प्रेम ही नहीं, बल्कि उदार विचार भी मुझे यहाँ खींच लाया था।

कृष्णचन्दर की कहानी और उस पर बने 'सराय के बाहर' फिल्म की बहुत तारीफ सुनकर मैं भी 16 अक्तूबर को देखने गया। फिल्म बुरा नहीं था, लेकिन मुझे यह ठीक नहीं लगा, कि सराय के बाहरवाली भिखारिन की लड़की सारी कुर्वानियाँ को करने के बाद भी न्याय को न पा सकी। खैर, न्याय दिलाना लेखक को अपनी कहानी में अभीष्ट भी नहीं था। वह चाहता था, लोग उसका प्रतिशोध लें।

डिसेंट्री से मुक्त होने के बाद शारीरिक सावधानी की ओर थोड़ा-सा ख्याल गया था, और 17 तारीख को गंगा पार तक शाम के वक्त एक घंटा टहलने गया। अब के पहिली बार मैंने गंगा को दारागंज के पास बहते देखा। लोग कह रहे थे, कुछ सालों से गंगा मैया इसी तरह दया दिखा रही हैं। टहलने में मैं बिल्कुल स्वतंत्र नहीं था। शाम के टहलने के समय जब कोई मिलने आ जाता, तो बैठ जाना पड़ता। इस सप्ताह कई मित्र मिलने आए, जिनमें श्री बेनीपुरी, नाटककार पं. लक्ष्मीनारायण मित्र, डा. बदरीनाथप्रसाद और बहुत सालों बाद मिले बाबू महेश्वर प्रसाद नारायण सिंह। महेश्वर बाबू परसा (छपरा) में पैदा हुए, किन्तु उनका जीवन मुजफ्फरपुर का हुआ। उनके छोटे भाई चन्द्रेश्वर प्रसाद नारायण सिंह अंग्रेजों के वक्त में उनकी नाक के बाल थे, और अब कांग्रेसी नेताओं के। इसमें आश्चर्य करने की जरूरत नहीं, जो हर उगते सूर्य के सामने दंडवत करने के लिए तैयार होता है, उससे दुनिया तोताचश्मी नहीं करती। या यह कह सकते हैं : अंग्रेजों के वक्त में कांग्रेसी नेता उच्च वर्ग से वंचित थे, और अब सम्पत्ति और सम्मान द्वारा वह उसी वर्ग में सम्मिलित हो गए, इसलिए चंद्रेश्वर बाबू अब उनके अपने वर्ग के थे। मैं उनके प्रति जितना ही अच्छा भाव रखने में असमर्थ था, उतना ही महेश्वर बाबू के प्रति मेरा सद्भाव था। उनके पिता बाबू बैजनाथ प्रसाद नारायण सिंह को मैंने परसा में देखा था। परसा पुराने कुलीन भूमिहार ब्राह्मण जमींदारों का गढ़ है। अपनी साखर्ची या फजूलखर्ची के कारण उन्हें राजा से रंक होने में देर नहीं लगती, लेकिन अतीत और भावी सम्बन्ध पुराने धनी कुलों में ही होने के कारण रंक को फिर राजा बनने में देरी नहीं लगती। बैजनाथ बाबू की स्थिति खराब हो गई थी। उनकी बहिन का ब्याह सुरसर के बड़े जमींदार परिवार में हुआ था, जिसमें चंद्रेश्वर प्रसाद गोद ले लिये गए। इस प्रकार उनका सितारा जग गया। उन्हें शिक्षा का भी अच्छा मौका मिला, बुद्धि भी अच्छी मिली। उनके भाइयों को भी अच्छी ससुरालें मिलीं। इस तरह सब अच्छी स्थिति में थे। पर महेश्वर बाबू जैसे उदार उनमें दूसरे नहीं थे। रविवार को महेश्वर बाबू ने अपने यहाँ चाय पीने की दावत दी। छुट्टी के दिन होने से मैंने स्वीकार किया। परसा के बाबुओं के यहाँ मुगल बेगमों से कम कड़ा पर्दा नहीं होता था, पर आज देख रहा था, बाबू बैजनाथ प्रसाद की पोती यह भी जानने लायक नहीं रह गई थी, कि उनके यहाँ कभी इतना कड़ा पर्दा होता था। बाबू महेश्वर प्रसाद की धर्मपत्नी भी आधुनिक महिला मालूम होती थीं। परिवर्तन क्यों न होता, जब सारे देश और दुनिया में उसकी बाढ़ आई हुई है। महेश्वर बाबू पहले ही से जान चुके थे कि जमींदारी के लिए बहुत दिनों तक खैर नहीं मनाई जा सकती, इसलिए जीविका के दूसरे साधन ढूँढ़ने चाहिए। प्रयाग में सिविल लाइन में किसी अंग्रेज का एक बहुत बड़ा बँगला था, जिसमें कई एकड़ की फुलवाड़ी और बगीचा थे। सुन्दर फर्नीचर इतना अधिक था, जिसे सजाने के लिए जगह नहीं थी। बँगले में हजारों अंग्रेजी पुस्तकों

का एक अच्छा संग्रह था। भारत छोड़ते समय अंग्रेज अपनी चीजों को मिट्टी के मोल बेच रहे थे, लेकिन उनके खरीदने के लिए लड़ाई के समय में चोरबाज़ारी से करोड़ों रुपया पैदा करनेवाले सेठ ही समर्थ थे। जमींदार के पास उतना रुपया कहाँ ? इस बँगले को महेश्वर बाबू ने खरीद लिया। वह कितने ही सालों तक इसमें आकर रहते भी थे। इस साल (1956) पूछने पर मालूम हुआ कि उन्होंने बँगले को बेच दिया। आज की परिस्थिति में मुजफ्फरपुर, पटना, प्रयाग तीन-तीन जगहों में निवास-स्थान रखना बुद्धिमानी की बात नहीं थी। देर तक हमारी बातचीत होती रही। किशोरी भाई भी साथ थे। साथी किशोरी प्रसन्नसिंह बिहार के उन देशभक्तों में हैं, जिन्होंने अपने सर्वस्व को देश की लड़ाई के लिए अर्पण किया, और कार्य और विचार दोनों में हमेशा सबसे अगली पंक्ति में रहे। कांग्रेसी से वह समाजवादी हुए और फिर कम्युनिस्ट। उनकी हिम्मत की दुश्मन भी दाद देते हैं। सरकार से लोहा लेना उतना मुश्किल नहीं था, जितना समाज से, और उन्होंने अपनी स्वर्गीय पत्नी को एक कर्मठ राष्ट्रसेविका बनाकर इस काम को पूरा किया। उसी दिन युनिवर्सिटी में विद्यार्थियों के सामने मुझे बोलना पड़ा।

नाधे हुए काम अब पूरे हो चुके थे, इसलिए बनारस तक थोड़ा घूम आने का विचार आया। 27 अक्तूबर को छोटी लाइन से चलकर सारनाथ पहुँचे। उस समय वार्षिकोत्सव हो रहा था। जाड़ों का समय विदेशी बौद्ध यात्रियों के लिए बहुत अनुकूल होता है। बौद्धों का सबसे बड़ा पर्व वैशाखी पूर्णिमा उस समय पड़ता है, जबकि उत्तरी भारत में असह्य गर्मी पड़ती है, लू लगने से कभी-कभी लोग मर जाते हैं। यहाँ महास्थविर बोधानन्द से मिलकर बड़ी प्रसन्नता हुई। बौद्ध धर्म की जिज्ञासा मेरे मन में जिस वक्त पैदा हुई, उस समय सबसे पहले इन्हीं ने ही मुझे दिशा दिखलाई थी। उनके शिष्य प्रज्ञानन्द को इसी समय भिक्षु बनाया गया। प्रज्ञानन्द सिंहल में पैदा हुए। बचपन से ही महास्थविर के साथ रहते रहे। हरेक तरुण को शिक्षा में आगे बढ़ना चाहिए, और दूसरों को भी उसके लिए प्रोत्साहित करना चाहिए। शिक्षा और परीक्षा का अटूट सम्बन्ध नहीं है, न परीक्षा शिक्षा की कसौटी है। हाँ, उसके लिए आदमी को मेहनत करने के लिए मजबूर होना पड़ता है। इसलिए भी मैं उसे पसन्द करता हूँ। महास्थविर का इस बात में मुझसे मतभेद था। उनका कहना था : तरुण को उच्च शिक्षा दिलाने पर उसे खूँटे से बाँधा नहीं जा सकता।

सारनाथ में ही किसी समय भिक्षु-संघ की स्थापना हुई थी, लेकिन इधर शताब्दियों तक वहाँ कोई भिक्षु नहीं बना। श्रामणेर बनना आसान है, क्योंकि एक भिक्षु भी वह कर सकता है, लेकिन भिक्षु बनने के लिए संघ की आवश्यकता है, जिसका कोरम मध्यमण्डल में दस का है। जिस स्थान या घर में भिक्षु-दीक्षा–उपसम्पदा–दी जाती है, उसका सीमा-बंधन पहले ही से बाकायदा भिक्षु-संघ द्वारा होना चाहिए। भारत में बौद्ध धर्म का पुनर्जागरण हुआ, फिर ऐसी स्थिति पैदा हो गई, जबकि सारनाथ में उपसम्पदा दी जा सके।

उसी दिन दोपहर को हम अमृत के पास बनारस चले आए। रात को प्रगतिशील लेखक संघ की बैठक हुई। सुमन ने अपनी कविता सुनाई, साथी गोपाल हालदार भी बोले। रात ही को 3 बजे की गाड़ी पकड़ी और 29 के 7 बजे सबेरे हम प्रयाग पहुँच गये। सम्मेलन के सभापति का भाषण करीब-करीब समाप्त हो गया था, लेकिन गोपालगंज (छपरा) में होनेवाले भोजपुरी सम्मेलन का सभापति होना भी स्वीकार कर लिया था। भोजपुरी मेरी मातृभाषा है, और हिन्दी मेरी अपनी भाषा, इसलिए मेरा स्नेह दोनों के प्रति एक-सा है।

1 दिसम्बर को रेडियो में सुना, कि कश्मीर में जो युद्ध छिड़ा है, उसमें भारतीय सेना को कोटली से पीछे हटना पड़ा। जम्मू का कोटली कस्बा पहाड़ों के भीतर बसा हुआ है। उसे मैंने 1926 में देखा था–1926 में उस समय भी हिन्दू केवल कस्बे के भीतर थे, आसपास के सारे गाँव मुसल्मानों के थे। आज की स्थिति में यही गनीमत थी, कि कोटली के हिन्दू सही-सलामत निकाले जा सके। 4 दिसम्बर को पता लगा, कि शत्रु जम्मू से 10 मील पर पहुँच गए हैं। घटनाएँ प्रयाग से बहुत दूर घट रही थीं, लेकिन चिंता हम सबको हो रही थी। चित्त वैसे भी सदा चंचल समुद्र है, वह एक-सा नहीं रह सकता, बिना पर्याप्त कारण के भी उसमें कभी-कभी अवसाद आ जाता है। इससे बचने का एक ही उपाय है, मन को सदा काम में लगाए रखा जाए।

6 दिसम्बर की चिट्ठी से मालूम हुआ कि हिन्दी-अंग्रेजी का जो कोश श्रीमती दीना गोल्दमान को मैंने लंदन से भेजा था, वह उनको मिल गया। मुझे इसकी बड़ी चिन्ता थी। मेरे पास लन्दन तक का जहाज का टिकट और वहीं भुन सकनेवाला चेक था। बिना विदेशी सिक्के के मैं लेनिनग्राद से रवाना हो रहा था। उस समय दीना ने अपने पास पड़े कुछ डालर मुझे दिये थे, जिन्होंने स्टाकहोम और हेलसिंकी में मेरी बड़ी सहायता की थी। उसी के बदले मैंने पुस्तक भेजी थी। सिर से एक भार उतर गया मालूम हुआ। दीना मेरी द्वितीय रूस-यात्रा में हिन्दी पढ़ रही थी, और अब लेनिनग्राद युनिवर्सिटी में अध्यापिका थी।

इस समय लोगों की आर्थिक स्थिति बहुत दयनीय हो गई थी। चीजों का दाम कई गुना बढ़ गया था, और वह दुर्लभ भी थी। कंट्रोल से मूल्य पर अंकुश था, उधर गाँधीजी और दूसरे हल्ला मचा रहे थे, कंट्रोल को हटा देना चाहिए। कंट्रोल से 21 रुपये मन चीनी मिल रही थी। हटाने के साथ ही उसका दाम 35 रुपया मन हो गया। 14 रुपया मन सीधा सेठों के पाकेट में गया। चोरबाजारी बड़े जोर से चल रही थी, जिसके लिए अफसरों को रिश्वत देना आवश्यक था। पुरानी परम्परा के कारण रिश्वत लेने-देने में बड़ा संकोच था, लेकिन, अब उसका बाँध तेजी से टूटने लगा था।

8 अक्तूबर को भोजपुरी भाषणों को समाप्त कर अगले दिन मैंने 'रोमनी' भाषा पर भी एक लेख लिखा। रोमनी लोगों को अंग्रेजी में जिप्सी कहते हैं। काबुल से लेकर सारे यूरोप और पीछे अमेरिका में भी काफी संख्या में यह घुमन्तू लोग फैले हुए हैं। यह भारत से ही एक समय गये थे, लेकिन यह बात वह सब भूल गए हैं। भाषा-सम्बन्धी अनुसन्धानों से ही इस तथ्य का पता लगा। इंग्लैण्ड के रोमनी घुमन्तू जीवन छोड़ चुके हैं, रूस में भी अब वह स्थायी निवास ग्रहण कर रहे हैं। उनकी भाषा का हमारी भाषा से कितना नजदीक का सम्बन्ध है, इसी को दिखलाने के लिए मैंने यह लेख लिखा।

10 को परिमल की गोष्ठी में गया। दूसरे कवियों के अतिरिक्त पंतजी और बच्चनजी ने भी अपनी कविताएँ सुनाईं। इन गोष्ठियों के रूप में हमारा सांस्कृतिक जीवन एक नई दिशा की ओर पग बढ़ा रहा है। इसकी बड़ी आवश्यकता है। उसी दिन 5000 से कुछ ही अधिक आमदनी पर मैंने इन्कम-टेक्स का हिसाब भेजा। अभी तक इसकी जरूरत नहीं पड़ी थी। आमदनी केवल पुस्तकों की रायलटी की थी, और वह इन्कम-टेक्स की सीमा के भीतर नहीं पहुँचती थी। हिसाब देते वक्त, यह भी दिखाई देने लगा, कि आमदनी का हिसाब रखना होगा, और उसको ठीक रखने के लिए पैसे को किसी बैंक में डालना होगा। मालूम हुआ, कि रूस में रहते जो आमदनी हुई है, उस पर भी टैक्स देना होगा। नागरिक होने का यह आवश्यक भार है।

18 दिसम्बर तक प्रयाग में रहते कलम चलाता रहा। 12 को पेट में फिर गड़बड़ी शुरू हुई। सात-आठ दिन बाद अब स्थान छोड़ना था, इसलिए इस गड़बड़ी को दूर करना आवश्यक था। 15 दिसम्बर को पेट में मीठा-मीठा दर्द होने लगा, वैसा ही जैसा 1943-44 में बम्बई में हुआ था। वहाँ सोड़ा को पानी में डालकर पीने से दर्द कम हो जाता था, उसी दवा को मैंने यहाँ भी इस्तेमाल करना शुरू किया। दर्द को न उस समय मैं ठीक से समझ सका था, और न अब। मैं इसे मामूली पेट-दर्द जानता था, जबकि वस्तुतः यह डायबेटीज़ की पूर्व सूचना थी। पंक्रिया ग्रंथि पेट के भीतर सक्रिय रहते भोजन की शर्करा को उपयुक्त बनाने में अपना रस (इन्सुलिन) प्रदान करती है। जब ग्रंथि काम करना छोड़ देती है, तो इन्सुलिन मिलना बन्द हो जाता है, और भोजन शर्करा-रूप में परिणत होकर बाहर जाने के लिए मजबूर होता है। पंक्रिया ग्रन्थि क्यों काम छोड़ती है, क्यों निष्प्राण हो जाती है ? शारीरिक श्रम न करने और अधिक पुष्टिकारक भोजन करने से ही। यह तत्त्व उस समय मुझे समझ में नहीं आया। समझ में आने पर भी इसमें सन्देह था, कि मैं उसे रोक सकता। शायद स्थिति अब हाथ से बाहर हो गई थी। मैंने कितने भोले-भाले तौर से 19 दिसम्बर को लिखा था–"पेट में जब-तब मीठा-मीठा दर्द रहता है, तो सोड़ा से दूर होता है।"

'रोमनी भाषा' के बाद रूसी भाषा के बारे में एक विस्तृत लेख लिखने का निश्चय किया, जिसकी पहले भूमिका मात्र लिखी। 17 दिसम्बर को प्रगतिशील लेखक संघ में अभिनन्दन लेने के लिए गया। पंत, बच्चन,

श्रीनाथ ठाकुर, निर्मल आदि सभी प्रयाग के साहित्यकारों के दर्शन हुए।

गोपालगंज–19 दिसम्बर को सबेरे साढ़े 7 बजे छोटी लाइन की गाड़ी पकड़ी। दोपहर को बनारस पहुँचे। गाड़ी में बड़ी भीड़ हो गई। लोग स्वराज का मतलब समझ रहे थे–रेल में वर्गभेद न रहने देना, लेकिन टिकट का पैसा वर्ग के अनुसार लिया जाता था। इसके लिए साधारण लोगों को दोष नहीं दिया जा सकता था। ऐसी हिम्मत करनेवाले शिक्षित और अर्धशिक्षित सभी थे। साढ़े 7 बजे शाम को हम छपरा कचहरी स्टेशन पर पहुँचे। कुछ देर बाद गोपालगंज जानेवाली गाड़ी मिली, जो डेढ़ बजे रात को हरखुवा स्टेशन पर पहुँची। छपरा में भी स्टेशन पर कोई नहीं मिला, लेकिन उससे कोई हर्ज नहीं था, क्योंकि हमें आगे की गाड़ी पकड़नी थी। डेढ़ बजे रात को हरखुवा में उतरकर अब क्या करें ? मुसाफिरखाने में बिस्तरा बिछाकर सोये रहने के सिवा और कोई चारा नहीं था। सबसे दिक्कत यह हुई कि, प्यास बुझाने के लिए पानी नहीं मिला। 20 तारीख का सबेरा आया। खबर भेजकर नगीना बाबू और महेन्द्र शास्त्री को बुलवाया। वस्तुतः दोष यहाँ के लोगों का नहीं था। वह समझते थे, कि रात को हम छपरा में रह जाएँगे, और सबेरे वहाँ से चलेंगे। रात को प्यासे ही नहीं रहे, बल्कि पेट में होते मीठे-मीठे दर्द को दबाने के लिए सोड़ा भी नहीं पी सके।

गोपालगंज मेरे लिए किसी समय घर-सा था। असहयोग के जमाने में न जाने कितनी बार यहाँ व्याख्यान देता सारे सब-डिवीजन में घूमता था। अब उस जमाने को बीते चौथाई शताब्दी हो गई। इसी बीच उस समय की पीढ़ी बूढ़ी हो गई या चल बसी। उसकी जगह नई पीढ़ी आ गई। यहाँ अपने पुराने बहुत-से सहकर्मियों से मिलने का सौभाग्य प्राप्त हुआ। एकमा के मेरे घनिष्ट सहयोगी बाबू लक्ष्मीनारायणसिंह, बाबू प्रभुनाथसिंह; कटिया के बाबू महादेव राय, छपरा के बाबू जलेश्वरप्रसाद, खुद गोपालगंज के बाबू झूलनसिंह और बाबा झाड़ुदास–जिन्हें हम महेन्द्रसिंह कहा करते थे–मिले। छपरा के सबसे प्रथम एसेम्बली के मेम्बर बननेवाले हरिजन-नेता बसावनराम भी थे, और छपरा के प्रथम हरिजन ग्रेजुएट और एम. ए. चन्द्रिकाप्रसाद राम भी। 3 बजे से सम्मेलन शुरू हुआ। सभापति का, और कुछ और भाषण हुए। इसके बाद भोजपुरी कविता-पाठ शुरू हुआ। बाबू मुखराम सिंह ने विसराम के बिरहे सुनाए। लोग अपने आँसुओं को रोक नहीं सकते थे। सम्मेलन में बड़ा उत्साह था, अपनी मातृभाषा के प्रति प्रेम कृत्रिम नहीं होता। अभी भोजपुरी को अपना स्थान पाने में काफी देर है, यह जरूर पता लग रहा था। अगले दिन भी सम्मेलन का अधिवेशन हुआ। उसी दिन परसा के मेरे गुरुभाई वीर राघवदासजी मिलने आए। उनके साथ जानकी नगर के बाबू सूरतसिंह भी थे। पता लगा कि महन्त लक्ष्मणदासजी ने अयोध्या में भी एक स्थान छान दिया है, और अब वह अधिकतर वहीं रहते हैं। मठ के कर्जे को कम करने की चिन्ता उनको कभी नहीं थी। सूरतसिंह ने जानकी नगर चलने के लिए कहा, और सिवान से भी मित्रों का भी आने के लिए आग्रह था। बसतपुर में भी आगे भोजपुरी जिला सम्मेलन होनेवाला था, जिसमें आने के लिए महेन्द्र शास्त्री का बहुत जोर था। पर अब समय की कमी की शिकायत हमेशा के लिए थी। इस यात्रा में नागार्जुन साथ रहे।

21 तारीख को चंद्रिकारामजी के यहाँ भोज था। चंद्रिकाराम अब शिक्षा और संस्कृति में दूसरे वर्ग के हो गए थे–एम. ए., बी. एल. और एसेम्बली के मेम्बर थे। फिर उनके भोज में बड़ी जाति के लोग भी दिल खोलकर शामिल हों, तो आश्चर्य क्या ? चंद्रिका बाबू ने शायद मेरी रुचि का ध्यान करके बहुत अच्छी मछली तैयार करवाई। भोजन के बाद हम स्टेशन पहुँचे, वहाँ से रात को छपरा पहुँचकर सबेरे के लिए स्टेशन के प्रतीक्षालय में ठहर गए। यहीं मेरे मित्र हुसेन मज़हर मिले–हुसेन मज़हर हमारे महान नेता मज़हरुल हक़ के एकमात्र जीवित पुत्र। अमवारी के किसान-सत्याग्रह में भाग लेकर वह मेरे साथ जेल गए। अपने पिता की तरह ही वह बड़े उदार विचारों के थे। मज़हरुल हक़ को तो मनुष्य नहीं, मैं देवता मानता था, उनकी मधुर स्मृति सदा बनी रहती है। मैंने बड़ी उत्सुकता के साथ हिन्दू-मुस्लिम दंगों के बारे में पूछा, यद्यपि उनको या उनके परिचितों को कोई हानि नहीं उठानी पड़ी, लेकिन वह अपनी स्थिति से निराश थे। तो भी यह सुनकर मुझे प्रसन्नता हुई, कि इस निराशा में पड़कर वह अपना घर छोड़ने के लिए तैयार नहीं हुए। वह कालरात्रि थी, लेकिन उसको भी एक दिन समाप्त होना ही था।

22 को सबेरे 6 बजे प्रयाग को ट्रेन मिली। वैसे रेलयात्रा हमारे देश में बहुत कम सुखद होती है, और इस समय तो वह पूरी आफत थी। धीरे-धीरे ट्रेन पश्चिम की ओर बढ़ी। रास्ते-भर धूल फाँकनी पड़ी, 7 बजे रात को हम दारागंज पहुँचे। सिर्फ एक दिन और ठहरकर हमें बम्बई के लिए रवाना होना था। अगले दिन बम्बई के लिए लिखा गया भाषण भी छपकर चला आया। उसी दिन रेल का टिकट भी ले लिया। लम्बी यात्रा थी, सेकंड क्लास में फिर उसी विपदा में न पड़ना हो, इसलिए फर्स्ट क्लास का टिकट लेना पड़ा, जिसके लिए 100 रु. 9 आ. देना पड़ा। 24 तारीख की शाम को हम बम्बई के लिए रवाना हुए।

4
बम्बई में सम्मेलन

बम्बई–अपने कम्पार्टमेंट में मैं अकेला था। अभी वह स्थिति नहीं थी, जबकि कम्पार्टमेंट में अकेले सफर करना खतरे की बात थी। इसी ट्रेन में दूसरे डब्बों में प्रयाग के बहुत-से साहित्यिक चल रहे थे। रात को चुपचाप सो जाना था। सबेरे ट्रेन जबलपुर पहुँची। दोपहर का भोजन इटारसी में हुआ। नागार्जुन साथ थे ही, दूसरे ही मित्रों से बातचीत करते हम आगे बढ़ रहे थे। इसी समय मैंने अपने पिछले साढ़े तीन महीने का लेखा-जोखा किया, तो मालूम हुआ, प्रतिमास हजार रुपया खर्च हुआ है। इतना खर्च करना मेरी शक्ति से बाहर था। रायल्टी से अभी बारह हजार रुपये वार्षिक मिलने के लिए आधी शताब्दी तक रहने की आवश्यकता थी। जब मेरे जैसे ख्यातिप्राप्त लेखक की यह आर्थिक अवस्था थी, तो दूसरों के बारे में क्या कहना ? लेखकों की इस स्थिति को दूर करने में बहुत देर थी।

26 के 6 बजे शाम को हमारी ट्रेन बम्बई के विक्टोरिया स्टेशन पर पहुँची। मैं सम्मेलन-सभापति था, इसलिए स्वागत के लिए काफी लोग आए थे। शायद अगले दिन जलूस भी निकाला जाता, लेकिन बम्बई में साम्प्रदायिक झगड़ा चल रहा था, छुरेबाजियाँ हो रही थीं। जलूस से बच जाने के लिए मुझे बड़ा संतोष हुआ। ठहरने के लिए मलाबार हिल पर श्री घनश्यामदास पोद्दार का निवास निश्चित किया गया था। यहाँ मेरे अतिरिक्त और भी बहुत-से साहित्यिक अतिथि ठहरे हुए थे। एक ही जगह सबका सामान, बैठना-उठना और सोना था। पोद्दारजी का भवन बम्बई जाने पर मेरे लिए सदा खुला रहा, और उसे मैं उन घरों में मानता हूँ, जहाँ रहते आदमी को बड़ी आत्मीयता मालूम होती है। घनश्यामदासजी सीधे-सादे मधुर स्वभाव के आदमी हैं। पर अधिक भोला होने से वह अपने करोड़ों के व्यवसाय को कैसे चला सकते। उसी दिन आनन्दजी भी आ गए। स्वतन्त्रता के बाद हिन्दी साहित्य सम्मेलन का यह पहला अधिवेशन था, इसलिए प्रतिनिधियों की संख्या पहले से बहुत अधिक थी। सभापति का पद मैंने स्वीकार कर लिया था, तो उसे हल्के दिल से उठाना नहीं चाहता था। मेरा ध्यान लिपि-सुधार और पारिभाषिक शब्दों के निर्माण की ओर विशेष तौर से था। लिपि-सुधार की योजना मैं पहले भी एक बार रख चुका था, जिसे इस भाषण द्वारा भी पेश किया। परिभाषा के काम को कड़ा मानते हुए भी मैं उसे असम्भव नहीं समझता था।

26 दिसम्बर को मैं पार्टी के केन्द्रीय आफिस में गया। वहाँ के मित्रों ने मेरे भाषण की कापी पढ़ ली थी। हिन्दी-उर्दू के बारे में जो मत मैंने उसमें प्रकट किया था, और मुसल्मानों को शताब्दियों की सांस्कृतिक बायकाट छोड़कर सांस्कृतिक एकता को स्थापित करने में आगे बढ़ने के लिए कहा था, उस पर मेरे साथियों को विरोध था। वह चाहते थे, मैं इस अंश को अपने भाषण में से निकाल दूँ। यदि छपने से पहले यह सुझाव मेरे सामने होता, तो मैं उसे हटा भी देता। मैं वैयक्तिक विचार से सांघिक विचार को बड़ा और अनुशासन

को एक बड़ा और आवश्यक गुण समझता हूँ। कम्युनिस्ट पार्टी के साथ मेरा सम्बन्ध यद्यपि आठ ही वर्ष पहिले हुआ था, लेकिन मैं उसे उस समय से ही अपना समझता रहा, जबकि मेरे हृदय में राजनीतिक चेतना का उदय होने लगा। 1917 के नवम्बर में रूस में वोल्शेविक-क्रान्ति हुई। उसके महीने-दो महीने बाद ही उसकी खबर भारत के अखबारों में मैंने पढ़ी। तभी से मेरे लिए वह क्रान्ति सबसे अधिक श्रद्धा का भाजन बन गई, तभी से साम्यवाद मेरा अपना वाद हो गया। संयोग नहीं मिला, इसलिए पार्टी के भीतर आने में मुझे बीस वर्ष लगे। भीतर न होते हुए भी मैं अपने को हमेशा पार्टी का समझता रहा। थोड़े-से वैयक्तिक विचारों के लिए मैं पार्टी को छोड़ना कैसे पसंद करता ? उस समय पूरा नहीं मालूम था, तो भी मेरे हृदय में बहुत उथल-पुथल मची हुई थी। भाषण से उस अंश को निकालना अब संभव नहीं था, और प्रतिवाद करना और भी बुरा था।

बम्बई में साम्प्रदायिक वातावरण बहुत उग्र था। कितने ही मुसल्मान जीवन को अरक्षित समझकर शहर छोड़कर चले गए थे। बम्बई के मुसल्मान सेठ बहुत कम पाकिस्तान गए थे, हाँ, गरीब जरूर अधिक संख्या में गए थे। पर, लाखों लोग कैसे जा सकते थे !

27 तारीख को स्थायी समिति (विषय-निर्वाचनी) की बैठक हुई। सम्मेलन के लिए कुछ प्रस्ताव स्वीकार हुए। उसी दिन पंडाल में संस्कृत सम्मेलन भी हुआ, जिसमें पण्डितों के भाषण से यही मालूम हो रहा था, कि उनके लिए पुरानी दुनिया वैसी ही बनी हुई है। साढ़े 11 बजे से मुद्रा-सम्मेलन हुआ, जिसमें महाराजा भरतपुर अपने यहाँ के मिले सिक्कों को विशेषतौर से दिखलाने के लिए आए थे। मुद्रा-सम्मेलन में दूसरी जगह से भी लोग आए थे। डा. अल्तेकर बियना में 1946 के फरवरी में मिले इन सिक्कों पर बोले। गुप्तकालीन 1800 सिक्के मिले थे, जिनमें से कुछ तो अद्वितीय थे। लेकिन, इन सिक्कों को साधारण सिक्का समझा गया अर्थात् उसका मूल्य उतना ही, जितना सोना उनमें मौजूद था। सिक्कों के साथ खूब मनमानी हुई। पहले तो गाँववालों ने ही उसमें से कुछ को खतम किया, फिर रियासत के अफसरों ने हाथ फेरा। जो सिक्के बचकर महाराज के पास आए, उनमें से कितनों को महाराज ने अपने कृपापात्रों को बख्श दिया, जिन्होंने उनके बटन बनवाए। बाहरी दुनिया के विद्वानों को खबर पहुँचने में देर लगी। तब उनका महत्व मालूम हुआ, और उनकी रक्षा के लिए कोशिश की गई। भरतपुर के महाराजा यदि सौ बरस पहले के महाराजा होते, तो यह कोई असाधारण बात नहीं थी। लेकिन हमारे आजकल के राजा आधुनिक ढँग से शिक्षा प्राप्त हैं, हर बात में अंग्रेजों के पदचिह्नों पर चलते हैं। उन्हें डेढ़ हजार वर्ष पहिले के इन सिक्कों का महत्व मालूम नहीं, यह यही बतलाता है, कि उनके ऊपर संस्कृति का पुचारा बहुत ऊपर-ऊपर लगा है।

उस दिन रात्रि का भोजन श्री क. मा. मुंशी के यहाँ हुआ। मुंशीजी सम्मेलन के सभापति रह चुके थे, और गुजराती के यशस्वी साहित्यकार थे।

28 को 3 बजे सम्मेलन का अधिवेशन शुरू हुआ। आठ-दस हजार लोग पंडाल में रहे होंगे। युक्त-प्रान्त के महामंत्री पं. गोविन्द बल्लभ पन्त ने 45 मिनट भाषण देकर अधिवेशन का उद्घाटन किया, जिसमें उन्होंने हिन्दी का जोरदार समर्थन किया। स्वागताध्यक्ष श्री खेतान ने अपना भाषण पढ़ा। इसके बाद वहाँ उपस्थित सम्मेलन के भूतपूर्व सभापतियों–श्री वियोगी हरि, श्री माखनलाल चतुर्वेदी और श्री कन्हैयालाल मुंशी–ने मेरा नाम सभापति के लिए औपचारिक तौर पर प्रस्तावित किया। मेरा भाषण लम्बा था, लेकिन उसके कुछ अंशों को ही पढ़कर मैंने 30 मिनट में समाप्त कर दिया। भाषण करने से पहिले साथी अधिकारी ने पार्टी की ओर से फिर जोर देकर लिखा था, कि मैं उर्दू-सम्बन्धी विचारों के बारे में कह दूँ, यह पार्टी के विचार नहीं हैं। मैंने उसी दिन साथी अधिकारी को लिखा, कि पार्टी की इस नीति के साथ न होने के कारण मैं अपने को पार्टी में रहने लायक नहीं समझता, पर मैं सदा पार्टी के साथ रहूँगा। एक तरह से इतने बड़े निर्णय को मैंने उतावलेपन से किया। लेकिन, अब उस निर्णय को बदलने में वर्षों की जरूरत थी। उस समय मैं समझता था, पार्टीवाले राष्ट्रीयता के बारे में हल्के दिल से सोचते हैं, और मतवाद की संकीर्णता को प्रश्रय देते, दूर भविष्य में होनेवाले प्रभावों को नहीं समझ पाते। पर, ऐसा समझने में यदि त्रुटियाँ थीं, तो वह एक नहीं, बहुत-से मस्तिष्कों के सोचने का परिणाम थीं। यदि गलती हो रही थी, तो पार्टी अपने तौर से उसे आगे सुधार लेगी।

उसी दिन सबेरे विषय-निर्वाचिनी समिति के सामने मैंने परिभाषाओं के निर्माण के बारे में प्रस्ताव रखा। श्री पुरुषोत्तमदास टंडनजी ने कहा : यह काम तभी हो सकता है, जब इसकी जिम्मेवारी मैं अपने ऊपर ले लूँ। मैंने उसे स्वीकार कर लिया, और आगे मैंने उसके लिए तत्परता से काम भी किया। दूसरी बाधाएँ न उपस्थित हो गई होतीं, तो इन पंक्तियों के लिखने से पहिले ही चार-पाँच लाख परिभाषाएँ बनकर हिन्दी और भारत की दूसरी भाषाएँ इस सम्बन्ध में स्वावलम्बी हो जातीं।

29 दिसम्बर को ढाई बजे से खुला अधिवेशन हुआ, जिसमें कई प्रस्ताव पास हुए, कई भाषण हुए। उसी दिन लोक-गीत सम्मेलन हुआ, लेकिन नकली लोक-गीत कभी अपना प्रभाव नहीं डाल सकता। असली लोक-गीतों का योग्य कलाकारों द्वारा पेश होना अभी दूर की बात थी।

30 तारीख को श्री कमलापति त्रिपाठी की अध्यक्षता में समाजशास्त्र-परिषद् हुई। त्रिपाठीजी शुद्ध साहित्यिक हिन्दी के सर्वश्रेष्ठ वक्ताओं में से हैं, और समाजशास्त्र तो उनका अपना विषय है। उसी दिन अपराह्न में पदाधिकारियों के चुनाव हुए। डा. उदयनारायण तिवारी सिर्फ दो वोटों के बहुमत से प्रधानमन्त्री चुने गए, यह शुभ लक्षण नहीं था। दूसरे पदाधिकारियों के चुनावों में भी तनातनी दिखाई पड़ी। उस समय प्रयागी और अप्रयागी का भेद माना जाता था। अप्रयागियों को यह शिकायत थी, कि अधिकांश पदाधिकारी प्रयाग के होते हैं। लेकिन तजर्बे ने बतला दिया था, कि बाहर रहनेवाले पदाधिकारी पर्याप्त समय देकर अपने कर्तव्य का पालन नहीं कर सकते। इसके अतिरिक्त युनिवर्सिटी और गैर-युनिवर्सिटी का भेद भी खड़ा हो रहा था। युनिवर्सिटी में न रहनेवाले साहित्यिक इसे पसन्द नहीं करते थे, कि सभी बातों में युनिवर्सिटी प्रोफेसर आगे रहें। बीज-रूप से ही सही, कुछ-कुछ दारागंजी और अदारागंजी का भेद-भाव भी था, पर अभी प्रकाशकों और अप्रकाशकों का भेद प्रकट नहीं हुआ था, जिसने ही, अन्त में सम्मेलन की नैया को भँवर में फँसा दिया।

31 दिसम्बर को सन् 47 समाप्त हो रहा था। उस दिन सबेरे के वक्त दर्शन-परिषद् हुई, और 4 बजे दोपहर से खुला अधिवेशन होकर 8 बजे के बाद सम्मेलन समाप्त हो गया।

सेठ घनश्यामदास पोद्दार का सुन्दर आतिथ्य हमें मिला था, और साथ ही उनके परिवार को नजदीक से देखने का मौका भी। पीढ़ी के बाद कैसे गुणात्मक परिवर्तन होता है, इसका उदाहरण यह परिवार था। घनश्यामदासजी मारवाड़ी से अधिक गुजराती सेठ-से मालूम होते थे। विशेष समय ही पर वह मारवाड़ी पगड़ी पहनने की जरूरत समझते थे। सेठानी हिन्दी पढ़ी हुई थीं, अब घाघरा छोड़ साड़ीधारिणी हो गई थीं। लड़के-लड़कियों की शिक्षा पर काफी ध्यान दिया जा रहा था, जिससे अगली पीढ़ी दो कदम और आगे जाएगी, इसमें सन्देह नहीं। यद्यपि अब भी वह निरामिषाहारी हैं, जिसकी आशा लड़कों पर नहीं की जा सकती, पर छुआछूत का उनके यहाँ कोई पता नहीं था। साहित्यिक अतिथियों की सेवा में इतनी अधिक तत्परता बतलाती थी कि सांस्कृतिक कर्तव्य के प्रति वह कितना बढ़े हुए हैं।

प्रयाग से ही पेट में मीठा-मीठा दर्द होने लगा था, वह यहाँ भी चल रहा था। बम्बई में दर्द होते समय मैंने एण्डूज़ साल्ट सेवन किया था; जिससे कुछ देर के लिए दर्द दब जाता था। अब भी मैं एण्डूज़ साल्ट ले रहा था, और यह जानकर सन्तुष्ट था, कि यह एक विशेष प्रकार का पेट-दर्द है। एक दिन किसी ने पेशाब के स्थान में चीटियों को देखकर पूछा–किसके पेशाब में चीनी जा रही है। मुझको इसका कुछ सन्देह ही नहीं था। पर कुछ समय बाद समझ पाया कि मैं उस मर्ज का मरीज हूँ।

1947 के अन्त के साथ डायबेटीज़ मेरी जीवनसंगिनी हो गई। वर्ष का लेखा-जोखा करने पर मालूम हुआ, 'सोवियत भूमि' (दूसरा संस्करण) 'सोवियत मध्य-एसिया' और 'दाखुन्दा' इन तीन पुस्तकों को लिख चुका हूँ।

इनके साथ कुछ लेख और लिखित भाषण भी तैयार हुए। आखिर यह तीन महीने की ही कमाई बुरी नहीं कही जा सकती। अगले साल पुस्तकें लिखने की भी योजना थी, पर उसके साथ ही अब परिभाषाओं के काम में भी हाथ लगाना था, इसलिए कितनी पुस्तकें लिख सकूँगा, इसका कैसे निश्चय कर सकता था। पर रूस से भारत लौटने का एक बड़ा कारण पुस्तकों के लिखने की आकांक्षा ही थी, उनमें भी 'मध्य-एसिया का इतिहास' खास था, जिसमें हाथ लगाने की अभी बात भी मैंने नहीं सोची थी।

5
साहित्य-यात्रा

1948 का प्रथम दिन बम्बई में ही आया। सम्मेलन का काम समाप्त हो गया था। नव वर्ष का दिन बड़े अमंगल रूप में आरम्भ हुआ, 31 को छात्रसंघ ने अपना सम्मेलन करना चाहा। सरकार ने निषेधाज्ञा लगा दी। न मानने पर आँसू लानेवाली गैस और गोलियाँ चलाई गईं। अहिंसा के सबसे ज्यादा ढोल पीटनेवाली सरकार के लिए गोली-वर्षा सबसे मामूली बात बन गई। हिन्दू-मुस्लिम-वैमनस्य को भड़कानेवाले लोगों की कमी नहीं थी। छात्रसंघ इसका विरोधी था। चाहिए तो यह था, कि उन्हें अपने प्रचार के लिए प्रोत्साहित किया जाता। कांग्रेस यदि साम्प्रदायिक वैमनस्य को रोकना चाहती थी, तो अपने सहायकों की शक्ति को निर्बल नहीं करना चाहिए था। गोली फिर अपने ही लड़के-लड़कियों पर बरसाई जा रही थी, कई छात्र-छात्राएँ घायल हुए। यह उस समय जब कि कश्मीर में युद्ध छिड़ा हुआ था, हैदराबाद कलेजे का काँटा बना हुआ था, देश में रियासतों के प्रतिक्रियावादी राजा और उनके पिट्‌ठू अपनी सर्वतन्त्र स्वतन्त्रता को छोड़ने के लिए तैयार नहीं थे, देश आर्थिक तौर से अत्यन्त निर्बल था, और उसकी सामरिक शक्ति की परीक्षा का यह समय था। किसान और मजूर, अर्थात् जनता का सबसे अधिक भाग इस समय प्रिय होना चाहिए था। उनके नेताओं में किसी कांग्रेसी नेता से कम देशभक्ति नहीं थी। अंग्रेजों के हथकण्डे जेल और गोली द्वारा स्वतन्त्र भारत को सबल नहीं बनाया जा सकता। सरकार एक ओर सबको एक होने के लिए कहती और दूसरी तरफ आचरण इस तरह करती थी।

अब तक पश्चिमी पाकिस्तान, विशेषकर पंजाब और पश्चिमोत्तर सीमान्त हिन्दुओं से खाली हो चुका था। घर-बार छोड़े लाखों लोग सूखे पत्ते की तरह जहाँ-तहाँ डोल रहे थे। लड़ाई के वक्त में अंग्रेज़ों ने बहुत-से सैनिक कैम्प बनवा दिये थे, जिन्होंने इस समय बड़ा काम दिया। बम्बई में ऐसे तीन बड़े-बड़े कैम्पों में दो में सिन्धी और एक में पंजाबी रहते थे। सिन्धी सभी नगरोंवाले आफिसों के क्लर्क, छोटे-मोटे दूकानदार और मिस्त्री का काम कर सकते थे। तीनों में मिलाकर 15 हजार नर-नारी रहे होंगे। अभी सहायता के बारे में सरकारी नीति साफ नहीं हुई थी, आशा रखी जाती थी, कि मारवाड़ी व्यापार मण्डल और दूसरे व्यापारी इस बोझ को अपने ऊपर उठाएँगे। वे सहायता कर भी रहे थे, लेकिन कितने दिनों तक ? खाने का प्रबन्ध बुरा नहीं था, लेकिन बहुत-से लोग पक्की या टिन की छतों के नीचे नहीं थे। यदि वर्षा हुई तो कहाँ जाएँगे ? शिक्षा और चिकित्सा का प्रबन्ध बहुत असन्तोषजनक था। नाना जगहों के एक-सी विपद् के मारे लोग जब चौबीस घंटा एक जगह रहने के लिए मजबूर हुए, तो आपस में झगड़ा भी होता था। शिक्षा के लिए अवैतनिक शिक्षिकाओं को नियुक्त किया गया था, लेकिन इस तरह की बेगार वह कितने समय तक मन लगाकर कर सकती थीं।

कश्मीर में पाकिस्तान सीधे लड़ रहा है, यह किसी से छिपा नहीं था, लेकिन पहले उसने इसे मानने से इन्कार किया। भारत सरकार ने संयुक्त राष्ट्रसंघ से इसकी शिकायत की, लेकिन संयुक्त राष्ट्रसंघ तो अमेरिका

और उसके पिट्ठू इंग्लैंड की दुम-भर रहा था। ये दोनों स्वयं चाहते थे, कि कश्मीर पाकिस्तान के हाथ में चला जाए, इस प्रकार उनको सोवियत रूस की सीमा पर ताल ठोंकने का मौका मिले।

रायपुर–2 तारीख को कलकत्ता मेल से हम रायपुर के लिए रवाना हुए। सबेरे 8 बजे वर्धा में आनन्दजी उतर गये। उनका टिकट भी रायपुर तक का था, लेकिन इसमें सन्देह नहीं था, कि वह वहाँ पहुँच सकेंगे। नागार्जुनजी के साथ में आगे चला। आगे गोंदिया तक गाड़ी में बहुत भीड़ नहीं थी। फिर लोग अधिकाधिक चढ़ने लगे। छत्तीसगढ़ पहाड़ी देश है, पर वहाँ साल में 50 इंच वर्षा होती है, इसलिए पहाड़ों का हरे जंगलों से ढँका रहना स्वाभाविक है। पहाड़ी जंगलों में बाँध डालकर समुद्र-सी जलनिधियों का बनाना आसान है। फिर सिंचाई ही नहीं, बिजली पैदा करना भी सहज हो सकता है। छत्तीसगढ़ में ये सुभीते हैं, और इनसे भी अधिक यहाँ खनिज पदार्थों का अखुट भण्डार है, जिसके ही लिए भिलाई का लौह कारखाना बनने जा रहा था। छत्तीसगढ़ में जिलों के अतिरिक्त 14 परमभट्टारक राजा भी थे, अतः जिनके अधिकारों को भारत सरकार ने ले लिया था–उनको वार्षिक पेंशन मिलेगी, और पदवी तथा सम्मान भी पूर्ववत् बना रहेगा। 1 जनवरी से इन रियासतों को मध्यप्रदेश के शासन में दे दिया गया। उसी तरह उड़ीसावाली रियासतें उड़ीसा में विलीन कर दी गईं। सरैकेला और खरसवाँ को उड़ीसा में मिलाने का बिहार की ओर से विरोध हो रहा था, पीछे उन्हें बिहार को दे दिया गया, जिस पर इसी साल उड़ीसा में विरोध की आग भड़क उठी। यदि इन दोनों रियासतों के लोगों की भाषा उड़िया है, तो उन्हें उड़ीसा को ही देना चाहिए था। लेकिन भाषा, किसी प्रदेश के लोगों की पारस्परिक सबसे जबर्दस्त कड़ी को हमारे राष्ट्र-कर्णधार बिल्कुल तुच्छ समझते हैं। वह गोलियों से भूनकर, लोगों के खून से हाथ रँगने के लिए तैयार हैं, पर भाषा पर आधारित प्रदेश को बनाने के लिए नहीं। छत्तीसगढ़ की जनसंख्या 45 लाख से ऊपर है। मध्यप्रदेश का यह पिछड़ा हुआ भाग है, यद्यपि वहाँ के मुख्यमंत्री यहीं के हैं। पिछड़े और उपेक्षित होने से लोगों में छत्तीसगढ़ के अलग प्रदेश होने की भावना स्वाभाविक है। भाषा के अनुसार यहाँ हिन्दी, बल्कि अवधी का एक रूप छत्तीसगढ़ी बोली जाती है। यहाँ के भाषा पर पड़ोस की भोजपुरी, बुन्देली, उड़िया का और मराठी का कुछ प्रभाव होना स्वाभाविक है।

रायपुर में हमें छत्तीसगढ़ के विद्यार्थी फेडरेशन ने बुलाया था। अगले दिन 4 जनवरी को शनिवार था। सबेरे ही से गोष्ठी शुरू हो गई, जो शाम को सभा में जाते समय ही टूटी। सोशलिस्ट भाइयों से खुलकर बातचीत हुई, विशेषकर सोवियत के बारे में। कितने ही किसान कार्यकर्ता भी गोष्ठी में आए। पता लगा, यहाँ की सरकार जमींदारों और मालगुजारों को हटाने की अभी बात भी नहीं सोच रही है। रात को 8 बजे के करीब सभा शुरू हुई। बम्बई में सरकार ने जिस तरह छात्रों के साथ खूनी होली खेली थी, उसके कारण यदि उनके नेता वर्धन ने कांग्रेस सरकार से लोहा लेने की बात की, तो कोई आश्चर्य नहीं। कश्मीर और हैदराबाद का झगड़ा सामने देखकर गृह-युद्ध को रोकने की बड़ी आवश्यकता थी, लेकिन ताली एक तरफ से थोड़े ही पिटती है। मैंने भी भाषण दिया।

रायपुर में हिन्दी के महान् कवि पद्माकर की सन्तानों से मिलकर बड़ी प्रसन्नता हुई। और इसने बतला दिया कि हिन्दी के निर्माण में छत्तीसगढ़–प्राचीन दक्षिण कोसल–किसी से पीछे नहीं रहा।

5 जनवरी को सबेरे 5 बजे हम अब प्रयाग की ओर रवाना हुए। बिलासपुर में गाड़ी बदलनी पड़ी। यहाँ से कटनी तक अखण्ड पहाड़ और जंगल चला गया है। जब तक न देखें तब तक आदमी को क्या पता लगता है ? यह सारा भूभाग हरा-भरा, और खनिज-सम्पत्ति से भी अति समृद्ध है। यहाँ के सभी लोग पिछड़े हुए हैं, जिनमें जनजातियों की संख्या काफी है। जंगलों के ठेके–जिसका अर्थ है अधिक आमदनी–दूसरी जगह के ठेकेदारों के हाथ में जाते हैं, और लोगों को कुलीगिरी करते पेट भरने और तन ढँकने की कोशिश करनी पड़ती है।

रास्ते में कटनी में भी वर्षा होती रही। तीन घंटे बाद यहाँ से प्रयाग की ट्रेन मिलनेवाली थी। स्टेशन से बाहर निकलकर देखा, सड़क के दोनों तरफ पंजाबी शरणार्थियों ने अपनी छोटी-मोटी दूकानें खोल रखी हैं। कुछ भोजनालय भी थे। स्थानीय दूकानदार उनसे होड़ लेने में असमर्थ थे, क्योंकि वह ज्यादा से ज्यादा नफा

उठाना चाहते हैं, जबकि शरणार्थी कम से कम नफे पर अपने सौदे को बेचने के लिए तैयार थे। इस साल प्रयाग में अधकुम्भी होनेवाली थी। देश में अनाज की बड़ी किल्लत थी। सरकार ने इसकी सूचना देकर, लोगों को न जाने की सलाह दी थी। पर कौन सुनने के लिए तैयार था ? पंडे यात्रियों को हाँके लिये जा रहे थे, ट्रेन में जगह मिलनी आसान नहीं थी। रात के 11 बजे एक्सप्रेस ट्रेन मिली, जो सबेरे 5 बजे प्रयाग पहुँची।

प्रयाग–6 तारीख को निवासस्थान पर ही रहे। लोला और ईगर की चिट्ठी मिली, जिसमें पैसों की आवश्यकता भी बताई गई थी। लेकिन, यहाँ के पैसों का वहाँ मूल्य ही क्या था ? बुलाने की तो बात भी नहीं कर सकता था, क्योंकि ईगर के पढ़ने का जितना अच्छा प्रबन्ध वहाँ हो सकता था, जितनी आसानी से वहाँ काम मिल सकता था, उसका अभी यहाँ सपना भी नहीं देखा जा सकता था। इस समय भारत और पाकिस्तान की तनातनी क्या, कश्मीर में गुत्थमगुत्था हो रही थी। पाकिस्तान बढ़-बढ़कर धमकी दे रहा था। पटेल ने साफ शब्दों में ललकारा–बन्दरघुड़की मत दो, यदि लड़ना हो, तो सामने आ जाओ। लेकिन, पाकिस्तान जिन मुरब्बियों के बल पर कूद रहा था, उन्हें मंजूर हो, तभी तो आगे कदम बढ़ा सकता था।

यहाँ आने पर पता लगा, नागार्जुन का लड़का शोभा बीमार है। नागार्जुन का स्वास्थ्य भी हमेशा ही से कमजोर है, जो शोभा को दाय भाग में मिला है। बिचारा वर्षों बीमारी में घुलता रहा है। 8 तारीख को नागार्जुन घर के लिए रवाना हुए।

लिखने का अभ्यास धीरे-धीरे छूट गया, अब बोलकर लिखने में बहुत सुभीता मालूम होता था। नागार्जुन लिपिक का काम करते, मुझे यह बहुत बुरा मालूम होता था। मैं और अधिक समय तक उनके श्रम और समय को बर्बाद करने के लिए तैयार नहीं था। साथ ही मुझे किसी लिपिक की जरूरत थी। श्री सत्यनारायण 1944 में इस काम को बड़ी अच्छी तरह कर चुके थे, लेकिन मालूम नहीं इस समय वह खाली थे या नहीं, ऊपर से उनकी छुआछूत के ख्याल से यात्रा करने में कठिनाई थी। साहित्य-सम्मेलन के सभापति होने से मुझे इस साल के काफी भाग को यात्रा में बिताना था।

सम्मेलन का अब तक सबसे अधिक काम परीक्षा-विभाग में रहा। सम्मेलन का मुख्य लक्ष्य जब तक प्रचार था, तब तक यह बुरा नहीं था। परीक्षाओं द्वारा हिन्दी के गम्भीर अध्ययन का बहुत व्यापक रूप में काम हुआ। पर, अब परीक्षाओं पर निर्भर रहना ठीक नहीं। आखिर हिन्दी-क्षेत्र के विश्वविद्यालय भी अपनी परीक्षाओं द्वारा उस काम को कर रहे हैं। प्रकाशन और साहित्य-सृजन को बढ़ाने की आवश्यकता थी, उसी पर ज्यादा ध्यान देने की जरूरत थी। लेकिन, परीक्षा-पुस्तकों से जिनको लाभ था, उनकी इस ओर दिलचस्पी नहीं थी।

6 जनवरी से 14 जनवरी तक के लिए मैं अब प्रयाग में बन्द था। आत्म-निरीक्षण करते मुझे मालूम हुआ कि जरा-जरा बात में चित्त विकल हो जाता है। 'काजीजी दुबले शहर के अंदेशे' के अनुसार विश्व में कहीं पर भी समान आदर्श और आदर्शवादियों के ऊपर प्रहार या खतरा पैदा होने पर मन चिंतित हो उठता। किसी भी अयुक्त कार्य या विचार को देखकर अन्तर उत्तेजित हो जाता–कार्य चाहे सामाजिक दबाव हो, रूढ़ि हो या और कोई बात।

प्रयाग के सामने झूसी में प्रभुदत्त ब्रह्मचारी एक बड़े सन्त हैं। धार्मिक प्रदर्शन उनके यहाँ चरम सीमा पर पहुँचा था। सन्त लोगों का मुझसे भी बहुत सम्पर्क रहा है, और मैंने अच्छे सन्तों को हमेशा कोमल स्वभाव का पाया। उस दिन उसकी बनाई–शायद 'भागवती कथा'–पुस्तक मिली, जिसके 2155वें पृष्ठ पर यह लिखा देखकर चकित हो गया–

"धर्महीन जो कुटिल करे निंदा हरिहर की।
गरम सँडासी पकरि जीभ खिंचै वा नर की।"

ब्रह्मचारीजी कैसे सुन्दर ढंग से सन्तों की परम्परा का निर्वाह कर रहे हैं ! बोलो, नये पैगम्बर प्रभुदत्तजी की जय ! सरस भक्ति से काम नहीं चलते देख ब्रह्मचारी ने गरम संडासी लेने की प्रतिज्ञा की ! उनके इष्ट इसी तरह पृथ्वी का बोझ उतारते थे, और अब वह स्वयं उसी पथ के पथिक हैं। पर लोग हाथ में गरम संडासी

देखकर ब्रह्मचारी के पीछे नहीं भागेंगे, बल्कि उस अखण्ड कीर्तन तथा पूजा-पाखण्ड से, जो कि उनके वेदान्त के अनुसार बिल्कुल मिथ्या चीज है।

अब मेरे पार्टी से अलग होने की सूचना अखबारों में प्रकाशित हो चुकी थी। बहुतों को बहुत दुःख हुआ, और मुझे भी, क्योंकि पार्टी से अलग रह करके भी मैं पार्टी को छोड़ दूसरे का नहीं हो सकता था। मैं यह भी जानता था, कि इसे विरोधी पार्टी के विरुद्ध प्रचार का साधन बनाएँगे। कुछ यह भी कह रहे थे, कि अब रूस जाना नहीं हो सकेगा। मैं 1917 में, उसके जन्म के समय से ही सोवियत रूस का मित्र और समर्थक रहा, और सदा रहूँगा। साम्यवाद सदा मेरा आदर्श रहा और आगे भी रहेगा। इसीलिए किसी पत्र में यह छपा देखकर मुझे आश्चर्य और क्षोभ नहीं हुआ–क्या जाने राहुलजी का पार्टी से अलग होना सच्चा नहीं, बाहरी दिखावा हो। मुझे उसके सच्चे न होने और बाहरी दिखावे में ही प्रसन्नता थी, क्योंकि पार्टी से अलग होकर मैं अपनी किसी महत्त्वाकांक्षा को पूरा करने के लिए तैयार नहीं था।

11 तारीख को रविवार था। उस दिन रात्रि-भोजन श्रीनिवासजी के एक मित्र मुसलमान सज्जन के घर हुआ। श्रीनिवासजी को निरामिष भोजन में परहेज नहीं था, मेरे लिए विशेष तौर से सामिष भोजन तैयार किया गया था। मध्यवित्त मुसलमान उस समय और भी चिंतित थे, कितने ही डरकर पाकिस्तान जा चुके थे। हमारे मेजबान का भविष्य के लिए चिंतित होना स्वाभाविक था। पूछ रहे थे–कैसे हम अपनी भारत-भक्ति का सबूत दें। हाँ, सचमुच ही यह बतलाना मुश्किल था। हरेक आदमी हनुमानजी की तरह छाती फाड़कर अपने हृदय में बिराजती भक्ति को कैसे दिखा सकता है ? मैंने कहा–और लोगों से जिसमें भिन्नता न दिखाई पड़े, वही रास्ता अच्छा होगा। आखिर कितने लाखों ईसाई भी हमारे यहाँ हैं, उनको तो इसकी चिन्ता नहीं है, क्योंकि वह भेस और रुचि में अपने दूसरे देशवासियों से भिन्न नहीं हैं। यद्यपि धर्म और अपना कुछ आचार-विचार भी है। उन्होंने ठीक ही कहा–इसमें तो समय लगेगा। इसमें क्या शक है। लेकिन, समय लगने का मतलब एक पीढ़ी की देर है और आरम्भ करने के लिए समय लगने की क्या बात है ? इसके सिवाय दूसरा रास्ता भी तो नहीं है। एक शिक्षित भद्र मुसलमान-हृदय आशंका से भरा हुआ था। वह सोचने लगे, भारत के जनसाधारण से अपने को अलग रखना हमारी भूल है। उधर गाँधीजी रेडियो पर बोल रहे थे–उर्दू और नागरी दोनों अक्षर रहें, दोनों भाषाएँ भी बर्करार रखी जायें, नहीं तो जनतन्त्रता खतम हो जाएगी। यह भाषा और लिपि का बिलगाव उसी बिलगाव का बाहरी प्रदर्शन था, जोकि हिन्दू-मुसलमान में पाया जाता है, और जिसके कारण आज इस दिन का मुँह देखना पड़ा।

इसी समय लखनऊ से निकलनेवाले दैनिक 'नवजीवन' के सम्पादक बनने का प्रस्ताव मेरे सामने रखा गया, लेकिन मैं उसके लिए कैसे तैयार हो सकता था ! लखनऊ में सारा क्या अधिक समय भी देना मेरे लिए सम्भव नहीं था। पुस्तकें लिखना, इधर-उधर घूमने जाना था। साथ ही परिभाषा के काम की जिम्मेवारी मैंने अपने ऊपर ले ली थी। फिर 'नवजीवन' से संघी और हिन्दू सभाई मनोवृत्ति रखनेवाले भी सम्बन्धित थे, जिनके साथ मेरी पटरी कैसे जमती ?

बम्बई में बहुमूत्रता को मैं देख चुका था। लोगों ने डायबेटीज़ (मधुमेह) की आशंका भी प्रकट की थी। लेकिन, मैं परीक्षा कराने में अभी हिचकिचाता रहा। सन्देह की निवृत्ति आखिर परीक्षा ही से हो सकती थी। यह तो मालूम होने लगा, कि अब स्वास्थ्य पूर्ववत् नहीं रहेगा, लेकिन वह स्थिति आठ वर्ष की सीमा पार करने के बाद ही उपस्थित हुई। शारीरिक स्वास्थ्य कुछ भी रहे, लेकिन मानसिक स्वास्थ्य तो जीवन-भर काम करने से ही बना रह सकता है। नई बीमारी थी, मन में तरह-तरह के भाव पैदा होते थे। मैंने ढूँढ़कर देखा, मन के किसी कोने में मृत्यु का भय नहीं है। जीवन की पर्वाह करनी चाहिए, मृत्यु–अभाव–के लिए चिन्ता करने की क्या जरूरत ?

13 तारीख को आरा के श्री अवधबिहारी सुमन आए। वह किसान-सभा के कर्मी रहे, जेल भी गए, लेकिन सबसे विशेष बात थी, कि उन्होंने भोजपुरी का मौखिक प्रचार न करके उसमें कहानियाँ और उपन्यास लिखे। उनकी पांडुलिपियाँ देखीं। भाषा बहुत सजी थी, लोकोक्तियाँ भी अच्छी तरह और काफी संख्या में इस्तेमाल

हुई थीं। कहीं-कहीं खड़ी बोली का हल्का-सा प्रभाव भाषा पर जरूर था। दोष था अनुप्रास और कवित्व-प्रदर्शन का बाहुल्य तथा चित्रण का पर्याप्त मात्रा में अभाव। मैं उनके प्रयत्न को प्रशसंनीय मानता था।

आज हिन्दू-मुस्लिम एकता के लिए गाँधीजी ने अनशन शुरू किया। अनशन से एकता इस समय स्थापित होनेवाली नहीं थी, पर इसका दबाव भारत सरकार पर इतना पड़ा, कि उसने गाँधीजी के जीवन के बदले पाकिस्तान को 55 करोड़ रुपया देना स्वीकार कर लिया। "बूढ़े की हठ भयंकर चीज है," यह मैंने 16 जनवरी को लिखा था, और यह भी, कि "क्या जान की बाजी लगाकर गाँधीवादी राजनीति पर चलने के लिए देश को मजबूर किया जाएगा ? अन्तर्राष्ट्रीय और राष्ट्रीय राजनीति में गाँधीवादी रास्ता देश से आत्मघात का रास्ता है।

14 जनवरी को मकर-संक्रांति का दिन था। उस दिन श्री विश्वम्भरनाथ पांडे अपने साथ मुझे भी मेला ले गए। सूचना-विभाग का प्रचार हो उठा था। मेले में बहुत भीड़ थी, किन्तु कुम्भ नहीं, और छः साल बाद प्रयाग का कुम्भ कितना भयंकर हुआ, इसे कहने की जरूरत नहीं। मेले में घूमा। वैरागियों का मैदान बहुत बड़ा था, लेकिन वह अधिकतर खाली था, जो कि अर्थहीनता और प्रभाव की कमी का सबूत था। उनमें पंचायती अखाड़ों में बहुत तैयारी थी। अखाड़ों के अलग-अलग कई घेरे थे। एक हाथी और आदमियों के कन्धों पर तीन जगद्गुरु चल रहे थे। आगे-पीछे नागा साधु थे। बाजे भी घोड़ों पर बज रहे थे। वैरागी साधुओं को दैनिक पत्र पढ़ते देख मुझे बड़ी प्रसन्नता हुई।

यात्रा (15-31 जनवरी)–नागार्जुन आ नहीं पाए, शायद लड़के की तबीयत और खराब हो गई। पर, साहित्याचार्य श्री बलभद्र ठाकुर साथ चलने के लिए तैयार रहे। ठाकुर मोशाय साहित्यिक घुमक्कड़ हैं, और अध्यवसाय के बारे में यही कहना पर्याप्त होगा, कि संस्कृत पंडित होते उन्होंने रूसी भाषा का मन लगाकर अध्ययन किया। पुश्किन की 'कप्तान की कन्या' का भी रूसी से सीधा हिन्दी में अनुवाद किया। एक प्रकाशक कुछ अग्रिम देकर उसे ले गए, लेकिन नौ वर्ष हो गए, और वह अब भी नहीं प्रकाशित हुई। यदि उस समय वह पुस्तक जल्दी निकल गई होती, तो ठाकुर मोशाय ने और भी कितने ही रूसी ग्रन्थरत्नों को हिन्दी में करके हिन्दी को समृद्ध किया होता। इस बारे में हिन्दी को हानि जरूर उठानी पड़ी, पर आगे उन्होंने अनेक रूसी उपन्यास हिन्दी को दिए, यह फायदा भी हुआ। उस दिन रात के साढ़े 11 बजे हम बम्बई एक्सप्रेस से रवाना हुए। रात को यात्रा में सोने के लिए जगह मिल जाए, इसे बहुत समझना चाहिए। पाकिस्तान के यात्री अब भी बराबर कुछ न कुछ जा रहे थे, कुछ की तलाशी भी हो रही थी। रात को 4 बजे के बाद ट्रेन खँडवा पहुँची। गाड़ी साढ़े 7 बजे रात को मिलनेवाली थी, इसलिए प्रतीक्षालय में डेरा डाल दिया। हमारे लिए निश्चिन्तता की बात यह भी थी, कि इन्दौर से श्री बैजनाथसिंह 'महागणक' लेने को आ गए थे। शाम को भोजन के लिए बाहर गए। स्टेशन के पास ही दो सिनेमा थे, भोजनालय भी थे पर सभी निरामिषाहारी थे। एक पंजाबी शरणार्थी ने चायखाने के साथ भोजनालय भी खोल रखा था। आमिष हो या निरामिष, इस समय शरणार्थी भोजनालय में खाना ही हम अच्छा समझते थे। जितनी बड़ी संख्या में पश्चिमी पंजाब से लोग बेघर होकर आए, यदि वास्तविक अर्थ में वह पुरुषार्थी न होते, तो देश और उनके ऊपर कितनी मुसीबत आती, इसे सोचने में भी चिन्ता होती है। रात को ही 2 बजे हम खँडवा से चलकर इन्दौर पहुँचे।

इन्दौर–17 तारीख को सबेरे छोटा-सा भाषण करके झंडा फहराने की रस्म अदा करनी पड़ी। दोपहर को कितने ही कम्युनिस्ट साथी आए, पार्टी से अलग होने के बारे में अफसोस करते रहे। डेढ़ बजे क्रिश्चियन कालेज में अन्तर्राष्ट्रीय राजनीति के विषय पर भाषण देना था। छात्र-छात्राओं के अतिरिक्त दूसरे लोग भी थे। हिन्दी के अपने समय के अद्वितीय वक्ता पं. माखनलाल चतुर्वेदी भी साथ थे। वहाँ से श्री बैजनाथ अपने एकाउन्टेंट कार्यालय को दिखलाने ले गए। वहाँ भी कर्मियों के सामने बोलना पड़ा। अभी हमारे अफसर और स्टाफ के लोग वस्तुतः बहुत कुछ निर्लिप्त हो देश को आगे बढ़ाने में अपनी शक्ति का उपयोग करना चाहते थे, लेकिन जैसे-जैसे ऊपर के वीभत्स नमूने को उन्होंने देखा, जैसे ही जैसे वह भी उसी रंग में रँग गए।

मैं वस्तुतः साहित्य-परिषद् के अधिवेशन के लिए यहाँ आया था, जो शाम को साढ़े 7 बजे से शुरू हुआ। आध घंटा देर से 'श्रीमान्' आये, यह कोई बहुत देर नहीं थी। दुबला-पतला मरियल-सा शरीर और चेहरे पर

किसी तरह भी विशेषता की छाप नहीं थी। यही होलकर के आधुनिक उत्तराधिकारी थे। सेठ हुकुमचन्द स्वागताध्यक्ष थे। उन्होंने स्वागत-भाषण पढ़ा, फिर महाराजा ने उद्घाटन-भाषण किया। इसके बाद मेरा सभापति का भाषण हुआ : राजा चलते वक्त मुलाकात करने की बात कहकर गए। स्वागत करनेवालों के कहने पर मैंने उनसे कह दिया–मुझे मिलने की कोई इच्छा नहीं है, और आप भी चिन्ता न करें, वह अपने कहे को भूल जाएँगे। जाते वक्त प्रतिहार ने उच्च स्वर से महाराजा के पधारने की जो सूचना दी थी, वह मुझे निरा परिहास मालूम हो रहा था। जब छत्रधारियों का सूर्य डूब रहा था, उस समय क्या यह बेवक्त की शहनाई नहीं थी ?

18 तारीख को दिन-भर भाषण ही भाषण हुए। सबेरे 9 बजे साहित्य-परिषद् में प्रगतिवाद के सम्बन्ध में भाषण दिया, 11 बजे होलकर कालेज में भारत की ऐतिहासिक और सांस्कृतिक एकता पर। वहाँ से भोजन करने के लिए सेठ हुकुमचन्द के घर पर गए। नवीन शिक्षा से वंचित होने पर भी सेठ जिन्दादिल मालूम हुए। उनके पुत्र-पौत्र तो आधुनिकता के साँचे में ढले हैं। इन्दौर को कपड़े मिलों का केन्द्र बनाने में सेठ हुकुमचन्द का बड़ा हाथ था। वहाँ निरामिष किन्तु बहुत नफीस भोजन था। भोजन करनेवालों की जमात भी काफी बड़ी थी। भोजन चाँदी के बड़े-बड़े थालों और कटोरियों में परोसा गया था। लक्ष्मी का चारों तरफ प्रकाश था।

4 बजे बाद शहर से बाहर महाराजा के निवास पर जाना ही पड़ा। पौन घंटे तक उनसे बातचीत होती रही। इन्दौर अभी विलीन नहीं हुआ था, लेकिन दबाव बहुत जोर का पड़ रहा था। आधुनिकता से परिचित और नवीन शिक्षा में दीक्षित महाराजा भवितव्यता को समझ रहे थे, लेकिन साथ-साथ अधिकार को छोड़ने के लिए मन भी नहीं था। यदि और राजाओं ने अपने सूर्यवंशी-चन्द्रवंशी झंडे को बर्करार रखने के लिए खड्ग का इस्तेमाल किया होता, तो वह भी हिम्मत करते। अकेले ऐसा साहस करना बेकार था। वह कहते रहे थे कि शासन को प्रजामण्डल के प्रतिनिधियों के हाथ में देकर क्या केवल वैधानिक प्रमुख रहना अच्छा नहीं होगा, या और कोई दूसरा रास्ता लेना चाहिए। मैं बेमन-सा ही बात कर रहा था, क्योंकि दूसरी तरफ कोई वैसी बौद्धिक विशेषता नहीं देख रहा था। मैंने कहा–जो करना है, उसे समय से पहले और खुशी से करना चाहिए। जान पड़ता था, राजा हर वक्त नशे में रहते थे। पत्नी अमेरिकन थीं, जिसके साथ उसकी माँ भी मौजूद थी।

मऊ छावनी में भी आज ही प्रोग्राम था। वहाँ से दौड़कर वहाँ की सभा में बोले, देर होने से लोग निराश हो गए थे। लौटकर साढ़े 8 बजे शिक्षा-परिषद में भाषण देने के बाद सवा नौ बजे निवास पर पहुँचने की छुट्टी मिली।

इन्दौर भी नया नगर नहीं है, क्योंकि इन्द्रपुर में पुर का उर प्रागमुस्लिम काल–प्राकृत-अपभ्रंश–के समय में होता था। पर इन्द्रपुर नगर न होकर कोई गाँव भी हो सकता था। जो भी हो, इसका ऐतिहासिक महत्व उतना नहीं है, जितना अवन्ती देश की पुरानी राजधानियों, माहिष्मति और उज्जयिनी का। 19 तारीख को रात के 4 बजे ही मोटर से हम माहिष्मति (महेश्वर) के लिए रवाना हुए। सीधी सड़क से जाने पर बीस मील पड़ता, पर वह कच्ची सड़क थी, इसलिए हम पचास मीलवाली पक्की सड़क से गए, जिसमें अधिक दूर तक आगरा-बम्बईवाली सड़क मिली। आसपास पहाड़ और बाघों-चीतों के जंगल थे, दो घाट भी पार करने पड़े। अभी अँधेरा ही था, जबकि हम माहिष्मति के दुर्ग में पहुँचे। सबेरा होते ही नाव ले नर्मदा में घूमने चले। धारा गहरी और प्रायः उतनी ही चौड़ी थी, जितनी लेनिनग्राद की नेवा। नीचे कुछ दूर पर सहस्रधार था, जहाँ जमीन की समतल-सी चट्टानों पर पड़कर नर्मदा हजारों धारावाली बन गई थी। बहुत ही सुन्दर दृश्य था। किसी समय समृद्ध अवन्ती की यह राजधानी अब दूर फैले अपने ध्वंसों के रूप में ही दिखाई पड़ती थी। एक शिवालय देखा। अकबर के समय संवत् 1622 (1565 ई.) में पोरवाड़ वंशज के किसी सेठ ने जिसका जीर्णोद्धार किया था। एक जगह खोह में ईसा-पूर्व की कितनी ईंटें दीख पड़ीं। माहिष्मति के खण्डहर अपने प्राचीन इतिहास को छिपाए हुए पड़े हैं, जिनके उद्घाटक अवश्य पैदा होंगे। दुर्ग के नीचे अहल्याबाई का बनवाया घाट और मन्दिर है। जिस कला का अब अवसान हो चुका है, उसके देखने की साध वहाँ पूरी हो सकती थी। महेश्वर की आवादी 9 हजार थी। अब भी वहाँ एक छोटा-सा बाजार है। नर्मदा के पार नीमाड़ जिला है, जो बुद्ध के समय अल्लक देश के नाम से प्रसिद्ध था। यहाँ पुराने पठानी सिक्के बहुत मिलते हैं, किन्तु हिन्दू काल के

सिक्के भी मिलेंगे, यदि नीचे तक खोदा जाए। बाजार में कुछ व्याख्यान देना पड़ा, फिर लौटकर 12 बजे इन्दौर पहुँच गए। भोजनोपरान्त शिवाजीराव स्कूल, मेडिकल स्कूल, मिशन कालेज की चन्द्रिका समिति में भाषण देकर 4 बजे उज्जैन के लिए रवाना हो गए। मालव-भूमि में हरी-हरी फसल लहरा रही थी। कालिदास की इस प्रिय भूमि को देखते मेघदूत की पंक्तियाँ याद आती थीं। मार्ग में ही देवास मिला, जहाँ के चमल राज्य भी अब विलीन होनेवाले थे। उज्जैन में साढ़े 5 बजे पहुँचे। महाकाल का दर्शन किया, यद्यपि उतनी भाव-भक्ति से नहीं, जितना कि वाण-वर्णित महाकाल का करता। डा. नागर का भी साक्षात्कार हुआ। उनकी पत्नी 1943 की गंगोत्री-यात्रा में कितने ही दिनों तक अपने हाथ का स्वादिष्ट भोजन प्रदान कर कृतज्ञ कर चुकी थीं। डा. नागर के कारण प्राकृतिक चिकित्सा का केन्द्र उज्जयिनी में स्थापित हो गया था। अँधेरा हो गया था, जबकि सार्वजनिक सभा में डेढ़ घंटा भाषण देना पड़ा। उसी दिन रात को साढ़े 10 बजे इन्दौर लौटे और तीन घंटे बाद रेलगाड़ी पकड़ी। बड़ी दौड़-धूप रही, और किसी चीज को अच्छी तरह देखने का मौका नहीं मिला।

20 तारीख को अँधेरा रहते ही रतलाम पहुँचे और कुछ समय सोने के लिए मिल गया। फिर चौक और हाई स्कूल में भाषण दिए। मंदसौर–प्राचीन दशपुर–देखने की मेरी अत्यन्त उत्कट इच्छा थी। कालिदास ने इस नगर की महिमा गांई थी, फिर झूठा या सच्चा–संस्कृति के पुत्र रंतिदेव की राजधानी भी इसे बतलाया गया था, जिसे रंतिदेव की कीर्ति चम्बल–(चामवाली, चर्मणवती) नदी है। रंतिदेव परम अतिथिसेवी थे। अतिथियों के भोजन के लिए उनके यहाँ रोज हजारों गाएँ मारी जाती थीं, जिनके ताजे चमड़े से गिरी बूँदों द्वारा इसी नदी का आरम्भ हुआ था। मंदसौर के लोग ले जाने के लिए आए थे। लेकिन, वहाँ जाना तभी संभव था, जबकि कार से जाकर वहाँ का काम भुगता, आनेवाली ट्रेन से आगे जा सकता था। कार नहीं मिल सकी। मालवा देखने की उत्कट इच्छा पूरी नहीं हुई, इसलिए संकल्प किया–"मालवा एक मास के लिए आना होगा, और खूब घूमना होगा।" लेकिन, यह संकल्प शायद कभी पूरा नहीं होगा।

रतलाम में ही हम उदयपुरवाले डब्बे में बैठ गए। उसी डब्बे में दो महिलाओं के साथ एक जैन डाक्टर केसरियाजी (मेवाड़) के दर्शनार्थ जा रहे थे। आधी रात को हम चित्तौड़ पहुँचे। कितने ही साहित्यप्रेमी फूलमाला और गुरुकुलवाले नारंगी लेकर आए। आग्रह बहुत था उतरने का, लेकिन 12 बजे रात को कहाँ भटकते फिरते। डब्बे ही में सो गए। आगे सबेरे माउली में पहुँचे। वहाँ तथा एक जगह और फूलमाला मिली। 21 तारीख को पौने 9 बजे हम उदयपुर पहुँच गए। डा. मोहनसिंह मेहता, श्री रामगोपाल मोहता, श्री जनार्दनराय नागर आदि ने स्वागत किया। ठहरने का इन्तजाम महाराणा के अतिथि-भवन–आनन्द-भवन–में था। 14 वर्ष पहिले भी उदयपुर आया था। उस समय की स्मृति फिर जागृत हो आई। कहाँ वह पुराने ढँग की सफाई में बहुत पिछड़ी हवेली और कहाँ यह स्वच्छ यूरोपीय ढंग का भवन। सबेरे जलपान करके मोटर से हम एकलिंग के लिए रवाना हुए। 13 मील का रास्ता पहाड़ों-पहाड़ चला गया था, जिसे पार करने में दो घंटे लगे। कई मन्दिर हैं, जिनमें से दो-एक अधिक कलापूर्ण हैं, यद्यपि 12वीं शताब्दी में हमारी मूर्तिकला को जो महापाप लगा, उससे अच्छे भास्कर्य की कहाँ सम्भावना हो सकती थी। एकलिंग के लिंग में एक मुख है, अर्थात् एक-मुखलिंग का ही यह संक्षेप है। यह पाशुपतों का किसी समय गढ़ रहा, लेकिन आज तो पाशुपत–सच्चे शक–उत्तर से लुप्त हो चुके हैं, उनकी भव्य कीर्ति वास्तु और मूर्तिकला में ही हमें खजुराहो और दूसरी जगहों में हमारे देश को समृद्ध कर रही है। 11 बजे तक मन्दिर का फाटक नहीं खुला। हम देर तक ठहर नहीं सकते थे। लौटते वक्त सड़क से कुछ हटकर अवस्थित सास-बहू के मन्दिर में गए, नागदा (नागह्रद) सरोवर के पास है। यहाँ जैन और विष्णु के ध्वस्तप्राय मन्दिर हैं। मुसल्मानों के अनेक बार इस भूमि पर प्रहार हुए थे, जिनकी साक्ष्य यहाँ की टूटी-फूटी मूर्तियाँ भी दे रही थीं। यह मन्दिर 13वीं शताब्दी के आसपास का है। साढ़े 12 बजे हम उदयपुर लौट आए।

भोजन के बाद ठाकुर मोशाय के साथ सिन्धी विद्यालय, हिन्दी विद्यापीठ, महिला मण्डल और बालिका विद्यालय देखने गए। हिन्दी विद्यापीठ बहुत अच्छा काम कर रहा था, और अब विश्व-विद्यापीठ के रूप में अपना कार्य कर रहा है।

रात को 7 बजे स्काउटों के हाते में सार्वजनिक सभा हुई। सभापति डा. मोहनसिंह थे। यह जानकर अनकुस लगता था कि एक ही संस्था के कितने ही अंगों के अलग-अलग अधिवेशन करके सभी जगह मेरे प्रोग्राम को रखा गया था। 22 तारीख को सबेरे संस्कृति शिक्षा-सम्बन्धी सम्मेलन हुआ, जिसमें प्रायः तीन घंटे मुझे ही बोलना पड़ा। मध्याह्न-भोजन श्री मेहताजी के यहाँ हुआ, फिर पत्रकार-सम्मेलन हुआ, उसके बाद विद्या-भवन में गए। डा. मोहनसिंह द्वारा 1931 में स्थापित यह संस्था अब बहुत विशाल हो चुकी थी, जिसके साथ शिशु विद्यालय, मैट्रिक तक का हाईस्कूल और एक ट्रेनिंग कालेज था। जलपान डा. शर्मा के यहाँ हुआ, जहाँ पचास से अधिक मेहमान थे। वहाँ से मोटर में जंगली सूअरों के निवास-स्थान को देखने गए। इन सूअरों को शाम के वक्त अन्न खिलाया जाता है, उस समय बड़ी संख्या में आकर वह जमा हो जाते हैं, और देखने में पालतू-से मालूम होते हैं।

7 बजे रात को स्काउट आश्रम में मनोरंजन का प्रोग्राम रहा। गीत गाये गए, नाटक भी हुआ। पुरुष या स्त्री पात्र बनना बड़ा भद्दा मालूम होता है, लेकिन अभी इसके सिवा और चारा क्या था ? 10 बजे रात को छुट्टी लेकर विश्राम-स्थान पर आए।

23 तारीख को विद्यापीठ के कर्मियों का सम्मेलन हुआ, जिसमें भाग लेने के बाद 10 बजे हम जावर के लिए रवाना हुए। 24 मील का पहाड़ी रास्ता था, जिसमें अन्तिम कितने ही मीलों की सड़क बहुत खराब थी। जावर प्राचीन काल में भी भारी महत्व रखता था, और अव भी उसके दिन लौटनेवाले थे। यहाँ सीसे की खानें हैं, जिनमें मुगलकाल और पीछे तक उनमें काम होता रहा। पुराने समय में पहाड़ के ऊपर से कुएँ की तरह खोदकर धूनवाली शिलाओं तक पहुँचा जाता था, अब नीचे से बारूद द्वारा तोड़कर रास्ता बनाया गया था। सीसे के साथ इन पत्थरों में जस्ता भी मिला है, किसी-किसी धून में ताँबा और चाँदी की भी मात्रा है। अंग्रेज और इतालियन कार्यकर्त्ता काम कर रहे थे। नलिनी रंजन सरकार और दूसरे सेठ इसके स्वामी थे। यहाँ से धूनों को लारी में और फिर रेल पर लादकर बंगाल भेजा जाता था। कारखाना बन रहा था, लेकिन वह धातु की सफाई का पूरा काम कर सकेगा, इसमें सन्देह था। खानों के भीतर भी हम घुसे। फिर वहाँ से उजड़े नगर में गए। दो मन्दिरों में लेख मिले, जिनमें से एक 15वीं सदी का था। उस समय इस नगरी में लक्ष्मी की वर्षा होती थी। फिर खानों में काम बन्द हो गया और लक्ष्मी का स्रोत सूख गया। आज यह नगर सुनसान खण्डहर-सा है। यहाँ के आसपास के पहाड़ सीसे-जस्ते से भरे हुए हैं। उनकी उपेक्षा और कितने दिनों तक की जा सकती है।

लौटकर बनवासी विद्यालय को देखते महाराणा कालेज में भाषण देना था। फिर प्रगतिशील लेखकों में, और अन्त में सौ के करीब अतिथियों के साथ मोहताजी के यहाँ भोज में शामिल हुआ। उदयपुर में कार्यशीलता दिखाई पड़ती थी, कार्यकर्त्ता भी काफी थे, किन्तु सबका विकास किस ओर होगा, इसका पता नहीं था। उदयपुर को भी विलीन होना था, और महाराणा सबसे पहले कदम उठाकर यश के भागी हुए थे।

जोधपुर–उसी दिन शाम के साढ़े 5 बजे जोधपुर की गाड़ी पकड़ी। पिछली बार आते वक्त यह लाइन नहीं बनी थी। मैं समझता था, पहले अजमेर जाना होगा, और फिर आगे के लिए दूसरी ट्रेन मिलेगी। सबेरा हो गया था, अब हमारी गाड़ी मारवाड़ में चल रही थी। मैं उत्सुकता से मरुभूमि का बालू देखने की कोशिश कर रहा था, लेकिन वह तो अभी बहुत दूर थी। 24 तारीख को सवेरे पौने 9 बजे हम दोनों जोधपुर पहुँचे। पहले ठहरने का कहीं प्रबन्ध करना था। प्रो. देवराज उपाध्याय का पत्र भी आ चुका था, लेकिन ट्रेन का पता न रहने से हमें ही उपाध्यायजी के घर को ढूँढ़ने के लिए निकलना पड़ा। एक घंटा ढूँढ़ने में लगा। उपाध्याय जी आरा के रहनेवाले, और मेरे घनिष्ट परिचित हैं। उनकी पहली पत्नी मेरे जेल के सहयोगी मित्र श्री पारसनाथ त्रिपाठी की पुत्री थीं, और वर्तमान पत्नी स्वनामधन्य पण्डित रामावतार शर्मा की पुत्री। देवराजजी स्वयं हिन्दी साहित्य के गम्भीर विद्वान् हैं, लेखनी में भी शक्ति है, किन्तु उनका आलस्य बहुत अखरता है। योग्य प्रतिभाएँ जब कार्यक्षेत्र में आने से हिचकिचाती हैं, तो अयोग्य लोगों के आगे बढ़ने में उनको शिकायत कैसे हो सकती है ? उपाध्यायजी कितने ही सालों से अब कानों से बहुत कम सुनते हैं, जिसके कारण अड़चन भी है।

लोग आज शाम को मेरे आने की प्रतीक्षा कर रहे थे, लेकिन मुझे तो जल्दी पड़ी हुई थी। परिभाषा की जिम्मेवारी लेकर उसके बारे में अभी मैं कुछ नहीं कर सका था। समिति की बैठक में देर थी, इसलिए बीच के समय को मैंने इस यात्रा में बिताना चाहा था। इसी कारण ही आधी रात के साढ़े 9 बजे जोधपुर को छोड़ देना था।

यशवन्तसिंह कालेज के अध्यापकों से बातचीत हुई, फिर यहाँ की एक सुन्दर संस्था बाल निकेतन देखने गया। निकेतन में तीन वर्ष तक के ही बच्चे रहते हैं। डेढ़ सौ के करीब बच्चों का होना ही बतलाता था कि इसकी उपयोगिता को लोग समझते हैं। बच्चों को किसी प्रकार की ताड़ना नहीं दी जाती, सभी शिक्षा खेलकूद द्वारा दी जाती है। व्यवहार करने की क्षमता होते ही बच्चे अपने हाथ से काम करने लगते हैं। मुझे वहाँ सोवियत की शिशुशालाओं के बारे में कहने के लिए कहा गया। कालेज के छात्र-छात्राओं के सामने बोलना पड़ा, जहाँ श्रोताओं की भारी संख्या उपस्थित थी। फिर यहाँ की दूसरी संस्था कुशलालय में गया, जहाँ छठी से दसवीं कक्षा तक के छात्र पढ़ते हैं। अधिकतर लड़के यहीं रहते हैं। जोधपुर पुरानी रियासत है, वहाँ इन नवीन संस्थाओं को देखकर भविष्य के लिए आशा पैदा होनी स्वाभाविक है। जोधपुर के तरुण महाराजा समय से शिक्षा लेने के लिए तैयार नहीं थे, और एक तरह जबर्दस्ती उन्हें विलयन के पक्ष में करना पड़ा। उसके बाद भी उन्हें होश नहीं आई थी, और तिकड़म् के लिए रास्ता ढूँढ़ रहे थे। वस्तुतः राजा में इतनी बुद्धि भी नहीं थी, उन्हें तो दरबारी जैसे नचाते थे, वैसे ही नाच रहे थे। पर सूर्य-चन्द्रवंश का जमाना लौटनेवाला नहीं था।

25 तारीख–अतवार–को भी हम काफी व्यस्त रहे। सबेरे साहित्य परिषद की गोष्ठी में गए। कुछ तरुणों ने अपनी कविताएँ सुनाईं। आजकल जोधपुर जैसे किसी भी शहर में सौ-पचास हिन्दी कवियों का मिलना आश्चर्य की बात नहीं है, पर उनमें बहुत कम ही कवि होने का अंकुर अपने भीतर रखते हैं। कुछ अपनी कमजोरी को समझनेवाले भी हैं, लेकिन ऐसों की संख्या भी काफी है, जो कभी यह मानने के लिए तैयार नहीं, कि मैं उच्च श्रेणी का कवि नहीं हूँ। ऐसा होने पर भी कुछ तरुणों की कविताओं को सुनकर निराश होने की जरूरत नहीं थी।

जोधपुर में आर्योपदेशक पं. रामसहाय शर्मा रहते हैं, यह जानकर मुझे मिलने की इच्छा हुई। पर इसी समय कहीं विवाह कराना था, जिसके लिए वह आकर चले गए थे। उनकी धर्मपत्नी और पुत्र और पुत्री ने पिता की ओर से स्वागत-सम्भार और भोजन कराया। वहाँ से उपाध्यायजी के स्थान पर लौट आया। तब से 2 बजे तक प्रश्नोत्तर-रूप में गोष्ठी चलती रही, फिर म्युनिसिपल हॉल में भाषण दिया। 4 बजे एक और जगह भी भाषण की बात थी, लेकिन तैयारी जल्दी-जल्दी में नहीं हो सकी और नियत समय से डेढ़ घंटे बाद मुस्लिम स्कूल में हिन्दी भाषा के ऊपर जाकर बोला।

जोधपुर भी अँगड़ाई ले रहा था। बाल निकेतन और कुशलाश्रम जैसी संस्थाएँ बतला रही थीं, कि वह अपने को आधुनिक युग के लिए तैयार कर रहा है। लगनवाले कार्यकर्ताओं को किसी साधन का अभाव नहीं रहता। साहित्यिक और राजनीतिक कार्यकर्ताओं की यहाँ कमी नहीं थी। एक दिन और रहने के लिए जोर दिया जा रहा था, लेकिन वैसा करने पर आगे के प्रोग्राम टूट जाते। इसी समय महाराजा को प्रथम पुत्र हुआ था, जिस पर दो करोड़ रुपया उड़ाए गए। उदयपुर कहीं अधिक प्रतिष्ठित संस्थान है, लेकिन सामन्तवाद की जितनी छाप जोधपुर में दीख पड़ी, वैसी वहाँ नहीं।

आगरा–रात के 9 बजे आनेवाली गाड़ी 11 बजे आई। 26 का सवेरा फुलेरा में हुआ। यहाँ गाड़ी बदली। दोपहर बाद बाँदीकूई पहुँचे। सेकंड क्लास में रिजर्व कर लेने के कारण फुलेरा तक सोने के लिए जगह मिल गई। आगे तो भीड़ के लिए कुछ पूछना ही नहीं। रास्ते में साँभर स्टेशन मिला। साँभर झील हिन्दुस्तान के बड़े भाग को नमक देती है। झील जयपुर और जोधपुर की शामिलात है, किन्तु नमक बनाने का सारा प्रबन्ध केन्द्रीय सरकार के हाथ में है। इस समय वहाँ तीन सौ श्रमिक काम करते थे, जो मौसिम के समय हजार तक हो जाते हैं। अकेला साँभर कैसे सारे देश को नमक दे सकता है, इसीलिए समुद्र को भी इस्तेमाल किया जा रहा है। साँभर की शाकम्भरी देवी बहुत प्रसिद्ध है। वह चौहानों की कुलदेवी थी। पृथ्वीराज का वंश शाकम्भरी

का चौहान कहा जाता था। शाकम्भरी पृथ्वीराज से भी पुरानी है, यह इस नाम से ही मालूम होता है–शाकम्भरी, शकों का भरण करनेवाली। अफसोस रहा, मैं उतरकर वहाँ देख-सुन नहीं सका।

बाँदीकूई में ट्रेन बहुत देर तक खड़ी रही, और 4 बजे बाद ही आगे की गाड़ी मिली। इससे अच्छा हुआ होता, यदि मारवाड़ जंकशन में इसी आगरा जानेवाली ट्रेन को पकड़ लिये होते, फिर वहाँ से सीधे आगरा पहुँचते। हमारी ट्रेन आगरा के पास पहुँच गई, उसी वक्त डब्बे में एक एंग्लो-इंडियन परिवार सवार हुआ। वह आगरा में ब्याह के लिए जा रहा था। अभी उनको वेष और भाषाओं में भारतीयता बिल्कुल पसन्द नहीं थी। लेकिन, स्त्रियाँ जो हिन्दी बोल रही थीं, वह बिल्कुल शुद्ध थी। पहला जमाना होता, तो इनका दिमाग भी अंग्रेजों से अधिक ही आसमान पर चढ़ा रहता, लेकिन अब उनके भाव बदल गए हैं, और अधिक भद्र मालूम होते हैं। एंग्लो-इंडियनों में जो अपने गोरेपन में अंग्रेजों के बहुत नजदीक थे, वह हजारों की संख्या में भारत छोड़कर आस्ट्रेलिया, न्यूजीलैण्ड या दूसरे गोरे उपनिवेशों में चले गए। बाकी अपनी वर्तमान स्थिति और भावी आशंका के कारण असंतुष्ट हैं, किन्तु कोई रास्ता नहीं दीख पड़ता।

सवा 9 बजे शाम को हमारी ट्रेन आगरा पहुँची। श्री रतनलाल मित्तल के यहाँ ठहरे। धनी-मानी होते हुए भी रतनलाल जी साहित्यिक रुचि रखनेवाले थे। इन्होंने दो पुस्तकालय खोले हैं, जिनमें एक मृतपुत्र राजेन्द्र के नाम पर है। राजेन्द्र कालेज के द्वितीय वर्ष का विद्यार्थी था, पानी में डूबकर उसकी असमय मृत्यु हो गई। उसी के नाम पर विश्व-साहित्य के उत्तम ग्रंथों के अनुवादों की माला वह प्रकाशित करना चाहते थे। आगरा में तीन दिन का समय रखा था। 27 के सबेरे गीता मन्दिर देखने का आग्रह किया। स्वामी आनंदघन को किसी ने सवा डेढ़ लाख रुपये दिए। उसी से उन्होंने नगर से बाहर यह मन्दिर स्थापित किया। गीता-प्रचार के साथ-साथ लोक-सेवा भी यहाँ सम्मिलित कर दी गई थी। फिर हम सिकन्दरा गए, जहाँ महान् अकबर अपने अधूरे स्वप्नों को लेकर सोया। सारे भारत को एक जाति बनाने का उसका स्वप्न अब पूरा होके रहेगा, इसमें क्या सन्देह ? आगरा के कैलाश को वर्षों आगरा में रहते भी मैं देख न पाया। नगर के बाहर जमुना के तट पर इस स्थान में हिन्दुओं के बहुत-से मन्दिर हैं। पहले भी यहाँ मन्दिर रहे होंगे। खण्डित मूर्तियों को जल्दी से जल्दी जमुना में डालने की आवश्यकता मानी जाती है, तो इतिहास की उन अनमोल सामग्रियों के मिलने की क्या संभावना ? बहुत-से धार्मिक स्थानों को इस शताब्दी के आरम्भ में मैंने देखा था। उस समय उनमें जीवन और चहल-पहल थी, जिसका अब अभाव-सा दीख पड़ता था। नूरजहाँ के माँ-बाप की कबर जमुना पार एतमादुद्दौला में है। इमारत छोटी, किन्तु बहुत सुन्दर है।

रात को रांगेय राघव के यहाँ साहित्यिक गोष्ठी हुई, जिसमें आगरा के बहुत-से साहित्यिक आए। मुझे यह जानकर बड़ी प्रसन्नता हुई कि पिछले पाँच सालों में रांगेयजी साहित्य-क्षेत्र में बहुत आगे बढ़े हैं। अच्छी-अच्छी कविताएँ लिखीं, कहानी-उपन्यास रचे। रांगेयजी के लिए यह तो कहना बिल्कुल उचित नहीं होगा, कि वह अहिन्दी-भाषी हैं। उनका खानदान भले ही तमिलभाषी रहा हो, लेकिन उनका जनम-करम आगरा में ही हुआ था, और शायद तमिल भाषा पर वह उतना अधिकार भी नहीं रखते, जितना हिन्दी परे।

श्री रतनलालजी ने अतिथि-सेवा पर ही अपने कार्य की इतिश्री नहीं समझी, बल्कि वह अधिकतर मेरे ही साथ रहे। पश्चिमी उत्तर-प्रदेश और हरियाना के शहरों और कस्बों में बहुत-से जैन गृहस्थ परिवार हैं। रतनलाल जी भी जैन हैं। मेरी धारणा है, सभी जैन बस्तियों में अनिवार्य रूप से रहनेवाले पुस्तक-भण्डारों के हस्तलिखित ग्रंथों में हिन्दी गद्य-पद्य की पुरानी रचनाओं के मिलने की संभावना है, अपभ्रंश के भी अज्ञात ग्रंथ वहाँ हो सकते हैं। यहाँ के लक्ष्मी पुस्तकालय के साढ़े चार हजार ग्रंथों में से अधिकांश हस्तलिखित हैं। मुझे उनके देखने की बड़ी इच्छा थी। मैं देखने गया, तो मालूम हुआ, कि पुस्तकालय की चाभी मौजूद नहीं है। सूचीपत्र देखने से काम भी नहीं चल सकता था, क्योंकि सूचीपत्र बनानेवाले अपभ्रंश ग्रंथों को भी प्राकृत का समझते हैं। खड़ी बोली के अपने क्षेत्र मेरठ और अम्बाला कमिश्नरी तथा बिजनौर जिले की जैन-बस्तियों के पुस्तक-भण्डारों से हिन्दी के प्राचीनतम गद्य-पद्य के मिलने की संभावना है। बहुत संभव है, वह खड़ी बोली के साहित्य को 13वीं-14वीं शताब्दी तक ले जाएँ। बौद्ध और जैन लोकभाषा को अपने धर्म के प्रचार का सबसे बड़ा साधन मानते

रहे। पालि, प्राकृत और अपभ्रंश की इतनी ग्रंथराशि जो मिली है, वह इसी प्रेम के कारण। अपभ्रंश के बाद जब खड़ी बोली कुरु और कुरुजांगल के जिलों में आ उपस्थित हुई, तो उन्होंने अवश्य उसमें भी धार्मिक ग्रंथ लिखे होंगे। यह काम मेरे लिए बड़ा आकर्षक है, लेकिन समय कहाँ से लाऊँ, यह तो मासों नहीं, वर्षों ठाँव-ठाँव खाक छानने की बात है।

उसी दिन–28 जनवरी–दयालबाग और पास में द्वितीय ताजमहल बननेवाले राधास्वामी मन्दिर को भी देख आए। 14 बजे आगरा के कालेजों की हिन्दी-छात्र समितियों ने अभिनन्दन किया, जिसमें मुझे भाषण देना पड़ा। फिर 'सैनिक' कार्यालय में स्वागत हुआ, जहाँ पं. श्रीराम शर्मा, पं. हरिशंकर शर्मा और दूसरों के दर्शन हुए। शाम को 7 बजे नागरी प्रचारिणी की ओर से अभिनन्दन-पत्र मिला। भाषण के बीच ही देवताओं को पसन्द नहीं आया और बूँदें तेज हो गईं, जिससे बीच में ही उसे बन्द कर देना पड़ा।

29 जनवरी को सबेरे पं. श्रीराम शर्मा और डा. सत्येन्द्र के यहाँ चायपान हुआ। फतेहपुर-सीकरी जाने का प्रोग्राम था, पहले तो जान पड़ा, कि मोटर बिना यात्रा स्थगित करनी पड़ेगी। पर 12 बजे वह आ ही गई, और 45 मिनट में 24 मील की यात्रा करके हम अकबर की पुरी में पहुँच गए। कमलेश जी साथ थे और ठाकुर मोशाय तो बराबर ही साथी थे। 3 घंटे हम सीकरी के महलों को घूम-घूमकर देखते रहे। कला के साथ मकानों को दृढ़ बनाने का भी पूरा ख्याल रखा गया है, और इसी वजह से साढ़े तीन सौ वर्षों बाद भी ये इमारतें अच्छी स्थिति में हैं। महलों की दीवारों पर पहले सुन्दर चित्र थे, जिनके अवशेष अब कहीं ही रह गए हैं। सीकरी का महल एक पहाड़ी के ऊपर बना है। पास की निम्नभूमि को बाँध बाँधकर किसी समय विशाल जलाशय में परिणत कर दिया गया था, जो कि बाँध के अभाव में अब फिर निम्न भूमि के खेतों के रूप में परिणत हो गया था। सोलह वर्ष तक सीकरी को अकबर की राजधानी बनने का सौभाग्य प्राप्त हुआ। खनुवा यहाँ से सात मील पर है, जहाँ बाबर ने राणा साँगा को हराया था। यह निर्णायक युद्ध था, और इसमें विजय प्राप्त कर भारत में मुगल वंश की स्थापना हुई। दीवानेआम और दीवानेखास यहाँ भी हैं, यद्यपि इनसे बड़े आगरा के किले में और उनसे भी बड़े दिल्ली के लालकिले में हैं, रानियों के रनिवास हैं, जिसमें कुछ हिन्दू रानियाँ भी थीं, और अकबर ने प्रोत्साहन दिया था, कि वह अपने धर्म में ही रहें।

पास ही विशाल जामा मस्जिद है, जिसका दरवाजा अतिविशाल (बुलंद दरवाजा) है। भीतर शेख सलीम चिश्ती की समाधि है। समाधि को संगमर्मर का जहाँगीर ने बनवाया। निस्सन्तान होने के कारण अकबर साधु-फकीरों की बड़ी सेवा करता था। अनेकों ने दुआ दी होगी, किन्तु शेख सलीम की लग गई। अकबर ने पुत्ररत्न प्राप्त किया, जिसका नाम शेख के नाम पर सलीम रखा। शेख सलीम की शीतल छाया के लिए ही अकबर ने दिल्ली छोड़कर सीकरी को राजधानी बनाया। पीछे उसे अनुकूल न पाकर आगरा को अपनी राजधानी बनाया।

4 बजे आगरा लौटे। यदि 4 घंटे पहले मोटर मिली होगी, तो 12 बजे ही हम लौट आते और भोजन करके उसी समय मथुरा के लिए प्रस्थान कर देते।

गाँधीजी की वीरगति–साढ़े 5 बजे आगरा से हमने प्रस्थान किया, और पौने 7 बजे मथुरा पहुँच गए। सुख-संचारक कम्पनी के स्वामी डा. विश्वपाल के घर पर ठहरे। रात के 9 बजे तक वहीं साहित्य-गोष्ठी होती रही। यह जानकर बड़ी प्रसन्नता हुई कि यहाँ के साहित्यिकों का तल काफी ऊँचा है। सुख-संचारक कम्पनी के संस्थापक पं. क्षेत्रपाल शर्मा थे, जिन्होंने देखादेखी अपना औषधालय और इस कम्पनी को शुरू किया। विज्ञापन की शक्ति को उस समय अभी अमृतधारा के मालिक जैसे कुछ ही लोग जानते थे। अमृतधारा की सफलता पर बहुतों को सन्देह था कि यह रास्ता पुराना हो गया है, इसमें आकर्षण नहीं, अतएव सफलता की आशा नहीं। पर पं. क्षेत्रपाल ने दिखला दिया, कि "अतिशय रगड़ करे जो कोई। अनल प्रकट चन्दन से होई।" सभी युगों में और आजकल तो विशेष तौर से विज्ञापन की महिमा अपरम्पार है। विज्ञापन के ढंग हर युग में भिन्न-भिन्न हों, यह कोई अचम्भे की बात नहीं है। प्राचीन सन्त-महात्माओं का विज्ञापन उनके शिष्य और अनुचर किया करते थे। आधुनिक सन्त-महात्माओं का भी प्रचार वह बड़े दत्त-चित्त से करते हैं, और उसके अतिरिक्त अपनी

पुस्तकों-पुस्तिकाओं से भी महात्मा लोग प्रचार करने में निरत रहते हैं। व्यवसाय में सफलता का अर्थ है लक्ष्मी की सिद्धि, अर्थात् द्रव्य की प्राप्ति। फिर "द्रव्येण सर्वे वशाः" द्रव्य के वश में सभी हैं। द्रव्य की प्रचुरता से यदि प्रथम पीढ़ी का नहीं, तो अगली पीढ़ी का शिक्षा-संस्कृति-संबंधी तल बहुत ऊँचा हो जाता, और फिर साधारण स्थिति के अर्ध-शिक्षित, अर्ध-ग्रामीण पिता-माता के यहाँ पैदा हुए व्यक्ति भी उच्च वर्ग में शामिल हो जाते हैं। सुख-संचारक कम्पनी के स्वामी ही नहीं, बल्कि उनके सम्बन्धी सिकन्दराबाद के मुरारीलाल शर्मा, और दूसरे बहुतों की सन्तानें इसके उदाहरण हैं।

30 तारीख का शुक्रवार का अविस्मरणीय दिन आया। सबेरे जलपान के बाद 9 बजे म्युजियम पहुँचे। मथुरा का म्युजियम अपना विशेष महत्व रखता है। इसकी स्थापना का श्रेय पं. राधाकृष्ण का सांस्कृतिक प्रेम है। कुषाण-काल में ही मथुरा समृद्धि के चरम उत्कर्ष पर पहुँचा। प्रायः साढ़े तीन शताब्दियों तक वह कुषाणों और उनके महाराज्यपालों की राजधानी रही। इससे पहले वह सूरसेन जनपद की एक मामूली-सी राजधानी भले ही रही, पर उस समय बहुत उन्नति करने का उसके लिए अवसर नहीं था, यद्यपि व्यापार के चतुष्पथ पर होने से आगे बढ़ने की बहुत-सी सम्भावनाएँ थीं। अकबर ने यदि आगरा का लोभ न किया होता, और जिस लोभ में सीकरी से उसका नजदीक होना भी एक कारण था, तो मथुरा फिर एक बार कुषाणों की अपनी समृद्धि को दोहराती। आज मथुरा का महातम कृष्ण की भूमि के कारण है। कुषाणों के समय उसे अपने बड़प्पन के लिए इस महत्व की आवश्यकता नहीं थी। कनिष्क और हुविष्क का साम्राज्य सारे उत्तरी भारत से मध्य-एसिया में अराल समुद्र तक फैला हुआ था। वाणिज्य अपने चरम उत्कर्ष पर था। कनिष्क की कई राजधानियाँ थीं, जिनमें कपिशा–काबुल, पुष्पपुर–पेशावर और मथुरा मुख्य थीं। अपनी राजधानियों को सुअलंकृत करने का कुषाणों का व्यसन था। कनिष्क की मथुरा कितनी भव्य और सुन्दर रही होगी, इसकी कल्पना की जा सकती है, पर कल्पना से कहीं अधिक ठोस प्रमाण वह म्युजियम है, जहाँ पर कुषाण-काल की सबसे अधिक और सुन्दर मूर्तियाँ संगृहीत की गई हैं। धरती के भीतर वह इससे भी अधिक हैं, इसे कहने की आवश्यकता नहीं। कितनी ही मूर्तियाँ तो मथुरा के भिन्न-भिन्न स्थानों में अभी भी भिन्न-भिन्न देवताओं के नाम से पूजी जा रही हैं। उनसे भी अधिक को जमुना-लाभ मिला है। सचमुच ही जमुना, गंगा, सरजू, गण्डक आदि में सैकड़ों वर्षों से खण्डित, किन्तु अद्भुत हजारों प्राचीन मूर्तियों को डाला जाता रहा है। क्या उनके मिलने की फिर कभी सम्भावना है ? मिलने पर दन्त-नख-केश की तरह स्थानभ्रष्ट हो वह अपने बहुत-से ऐतिहासिक महत्व को खो चुकी हैं। मुझे केदार की मुद्राओं के बारे में जानकारी प्राप्त करने की इच्छा थी। यहाँ केदार की सुवर्ण मुद्रा थी। केदार को कुछ इतिहासकार पीछे का कुषाण राजा मानते हैं, और कुछ उसे हेफ्ताल श्वेत हूण।

फिर वह वृन्दावन आए। गोविन्दराज का मन्दिर अकबर के समय में बना था, और शायद वह सदा अपूर्ण ही रहा। वृन्दावन जमुना के उसी तरफ नहीं था, जिस तरफ कि मथुरा। पर लाठी के हाथों अब मनवा दिया गया है कि यही वृन्दावन है। भागवत् से मालूम है कि वृन्दावन जाने में वसुदेव को जमुना पार करना पड़ा। परित्यक्त और विस्मृत वृन्दावन का आविष्कार गौड़िया (बंगाल के) वैष्णवों ने किया। अब वहाँ बंगालिन भिखमंगिनें भरी पड़ी थीं, जिसका कारण पूर्वी-बंगाल से भारी तादाद में शरणार्थियों का आना भी था। वृन्दावन गुरुकुल को देखा, डेढ़ सौ के करीब विद्यार्थी मेरी दृष्टि में पर्याप्त नहीं थे। अब तो गुरुकुल की शिक्षा बहुत बातों में युनिवर्सिटी की शिक्षा जैसी ही है, इसलिए अभिभावकों को कोई एतराज नहीं होना चाहिए। आजकल के जमाने में 16 रुपया मासिक से लड़कों को कैसे भरण-पोषण हो सकता है, इसलिए घी-दूध का 10 रुपया और कपड़े का भी कुछ बहुत ज्यादा नहीं है। यहाँ के स्नातकों को कई विषयों में सीधे आगरा युनिवर्सिटी के एम. ए. में बैठने का अधिकार है। पर केवल कला से देश का उद्धार नहीं हो सकता, उसके लिए साइन्स और टेकनालोजी की आवश्यकता है। गुरुकुल को ऐसी संस्था में परिणत करने के लिए बहुत भारी धन की आवश्यकता होगी।

रास्ते में बिड़लों का गीता मन्दिर देखा। सीमेंट और ईंट के अधिकतर कलाहीन ढाँचों को खड़ा करके हमारे सेठ अपनी सुरुचि परिचय देते हैं। यहाँ मन्दिर को चित्रों से भी अलकृत किया गया है और कुछ संगमरमर

का भी काम है। नगर से बाहर होने का यह मतलब नहीं कि विज्ञापन से दूर रहने की कोशिश की गई है। आखिर यह मथुरा से वृन्दावन जानेवाली सड़क पर है, जिस पर से होकर हरेक यात्री को गुजरना पड़ता है। यह अविज्ञापनयुक्त विज्ञापन का अच्छा नमूना है। दीवारों के चित्रों को देखने से यह तो मानना ही पड़ेगा, कि सौ-पचास वर्ष पहिले से इस विषय में हमारी रुचि आगे बढ़ी है। यदि देश के सर्वश्रेष्ठ चित्रकारों से सहायता ली गई होती, तो वह और भी सुन्दर होती, पर फिर खर्च का सवाल उठ खड़ा होता।

मध्याह्न भोजन करके फिर हम मथुरा के टीलों की खाक छानने निकले। इनमें कितनी ही चीजें मिली हैं, और अभी भी वह बहुत भारी संख्या में अन्तर्हित हैं। एक कालेज में भाषण देकर हम चाय पीने के लिए सुख-संचारक कम्पनी में गए। चाय समाप्त हो रही थी। हम मन्दोबाई हॉल में भाषण देने के लिए निकल रहे थे, उसी समय जो खबर सुनने में आई, उस पर कानों को विश्वास नहीं। बाजार में रेडियो के सामने खड़े हुए, फिर कानों को विश्वास करने के सिवा और कोई चारा नहीं था। कुछ-कुछ मिनट पर रेडियो बराबर दोहरा रहा है : गाँधीजी को किसी हिन्दू आततायी ने आज दिल्ली में मार डाला। भला यह विश्वास करने की बात थी। गाँधीजी अजातशत्रु थे, वह किसी का अनिष्ट नहीं चाहते थे। उनके भी शत्रु पैदा हो सकते हैं ? और सो भी हिन्दू सभ्यता और संस्कृति के अभिमान करनेवाले लोगों में ? पर महाराष्ट्र को कलंक लगानेवाले, ब्राह्मणों के मुख को काला करनेवाले, नाथूराम गोडसे ने यह काम किया था। बुद्ध के बाद क्या भारत में कोई इतना महान् व्यक्ति पैदा हुआ ? हमारे देश की परम्परा ने हमेशा विचार-सहिष्णुता को जगाकर रखा। बुद्ध अनीश्वरवादी थे, जात-पात और कितनी ही दूसरी रूढ़ियों के जबर्दस्त शत्रु थे, स्पष्टवक्ता थे, और गाँधी की तरह प्रियभाषी भी। ऐसे ही और भी कितने ही महापुरुष इस धरती में पैदा हुए। लोगों ने विचारों का विरोध विचार से किया, तलवार और गोली का सहारा कभी नहीं लिया। अधम गोडसे ने न जाने क्या समझकर ऐसा किया। लेकिन, गोडसे को बुरा-भला कहना ठीक भी नहीं है, जबकि हम जानते हैं, कि प्रभुता को हथियाने के लिए उतावले उच्च जाति के कितने ही लोग गोडसे के पीछे थे, जो फिर से पेशवाशाही स्थपित करने का स्वप्न देख रहे थे। लेकिन, यह स्वप्न कभी पूरा नहीं होगा। अंग्रेजों के पंजे से निकलकर कुछ उच्च जाति के तानाशाहों के हाथ में भारत अपने भविष्य को नहीं दे सकता। यदि यह सम्भव होता, तो अंग्रेजों के जाने के बाद भारत में दस-बीस सूर्यवंश-चन्द्रवंश राज्य जरूर स्थापित हो गए होते। भारतीय जनता यदि खुलकर अपने भावों को साफ-साफ नहीं बतला सकती, तो उसका यह मतलब नहीं कि उसके मन में कुछ है ही नहीं, और ऐरा-गैरा-नत्थू-खैरा जिधर चाहेगा, उधर उसे बहा ले जायेगा। बहुजन हित जिस ओर है, उसी ओर भारतीय जनता और उसका देश जाएगा। नदियों की धारा सरल रेखा में नहीं बहती, उसी तरह जनता की धारा भी सरल रेखा से अपने गंतव्य स्थान पर नहीं पहुँचती, पर उसकी एक दिशा होती है, जिस ही ओर उसे जाना है।

जिस सभा में मुझे भाषण देना था, अब वह शोक-सभा के रूप में परिणत हो गया। सभा में उपस्थित लोग ही नहीं, सारे मथुरावासी स्तब्ध हो गए। 78 साल की आयु को गाँधीजी ने अपने महान् कार्य में ही बिताया। देश की आजादी उनके जीवन का सर्वोपरि लक्ष्य था। उसे साढ़े पाँच ही महीने पहले पूरा होते उन्होंने अपनी आँखों देख लिया था। उनकी सबसे बड़ी साध पूरी हो गई थी। वृद्ध तो थे ही और शरीर से दुबले-पतले भी। आततायी और उसके पोषकों को दो-चार वर्ष और प्रतीक्षा करने में क्या हो जाता। जहाँ तक गाँधीजी का सम्बन्ध है उनका जीवन यशस्वी रहा, और मृत्यु भी। कायर आततायी के कर्म पर विचार करते हुए मुझे उसी समय एक हिन्दू नेता की बात याद आई–'ऐसे नहीं मानेंगे, तो हम जवाहरलाल को मारेंगे, मंत्रियों को मारेंगे।' हाँ, उन्होंने गाँधीजी के मारने की बात नहीं की थी।

6
सम्मेलन में कार्य

31 जनवरी को जलपान के बाद मोटर-अड्डे पर गए कि बस पकड़कर आगरा जाएँ। आगरा लौटने के ख्याल ही से हम यहाँ आए थे, इसलिए अपनी कुछ चीजें वहीं छोड़ आए थे। पर आज सारा भारत शोक मना रहा था, सभी जगहें हड़ताल थी, बसें बन्द थीं, एक्के और ताँगे भी नहीं मिल सकते थे। आगरा होकर लौटने का खयाल हमने छोड़ दिया। छोटी लाइन से हाथरस पहुँचे और वहाँ से बड़ी लाइन की गाड़ी पकड़ी। दिल्ली जानेवाली गाड़ियों में इस समय बड़ी भीड़ थी, लड़के भरे जा रहे थे। जान पड़ता था, रेल की सवारी उनके लिए मुफ्त कर दी गई है। हमें उधर जाना भी नहीं था। कलकत्ता मेल दो घंटा लेटा था, सेकंड क्लास भी भरा हुआ था। किसी तरह बैठने के लिए जगह मिली। आज गाँधीजी की दाहक्रिया दिल्ली में होनेवाली थी, जिसके उपलक्ष्य में इटावा के पास ट्रेन दस मिनट के लिए खड़ी हो गई। इस समय राजघाट में गाँधीजी के शरीर को भस्मान्त किया गया होगा। आगे जाने पर डब्बे में आग लग गई, किन्तु ड्राइवर उसे घसीटकर 12 मील फँफूद ले गया। लोग परेशान थे, ऊपर से खतरे की जंजीर काम नहीं कर रही थी। सौभाग्य से आग सुलगती-भर रही, उसने प्रचण्ड रूप धारण नहीं किया, नहीं तो कितनों की बलि होती। फँफूद में वृन्दावन-प्रवासी सेठ-सेठानी आकर ट्रेन में चढ़े। सेठ का हाथ बराबर गोमुखी में था, राधेश्याम के भक्त थे, अखण्ड माला फेर रहे थे, हरिकीर्तन के भी बड़े प्रेमी थे। अब कलकत्ता जा रहे थे। उनके भक्तिभाव से हमें कुछ लेना-देना नहीं था, लेकिन यह देखकर बुरा जरूर लगा कि मिट्टी से हाथ धो-धोकर उन्होंने सारा पाखाना खराब कर दिया। हमारे यहाँ वैयक्तिक शुद्धता सबसे ऊपर मानी जाती है, चाहे दूसरों का उससे कितना ही अनिष्ट हो। यदि मिट्टी से हाथ धोना ही था, तो नीचे पड़ी मिट्टी को भी धो देना चाहिए था, पर वह मिट्टी तो पाखाने में पड़ चुकी थी, उसको धोने से धर्मातमा सेठ अशुद्ध हो जाते।

कानुपर में कुछ आदमी उतरे, डब्बे में कुछ आराम हुआ। पौने 11 बजे ट्रेन प्रयाग पहुँची और हम भारद्वाज के पास श्रीनिवासजी के घर पर पहुँचे। पं. बलभद्र ठाकुर के साथ रहने से सारी यात्रा बड़े सुख के साथ बीती।

प्रयाग–सत्रह दिन की डाक प्रतीक्षा कर रही थी। सभी पत्रों का जवाब देना शक्ति से बाहर था। पर बहुतों को जवाब दिए। अगले दिन रविवार (1 फरवरी) सम्मेलन की स्थायी समिति की बैठक होनेवाली थी, इसीलिए मुझे जल्दी-जल्दी में प्रयाग आना पड़ा था। स्थायी समिति में उस दिन गाँधीजी की नृशंस हत्या के बारे में सिर्फ शोक-प्रस्ताव पास हुआ, और 8 फरवरी के लिए बैठक स्थगित कर दी गई। 'नवजीवन' के सम्पादक होने के लिए आग्रह किया जा रहा था। आज मैंने श्री सीताराम गुंठे को जवाब दे दिया–मैं उसे स्वीकार करने के लिए तैयार नहीं।

जगह-जगह से बुलावे आ रहे थे, पर मेरे सामने मुख्य काम था निर्माण में लगना। बहुमूत्र की परीक्षा

और चिकित्सा बाकायदा शुरू नहीं की थी, लेकिन दिन-रात में पन्द्रह-सोलह बार पेशाब जाना शंका की चीज थी। मित्र लोग और भी अधिक शंकित थे। मास के मध्य तक उसका प्रभाव तेजी से पड़ता दिखाई पड़ा। वजन घट जाने से तो प्रसन्नता हुई, क्योंकि प्रयत्न करके भी मैं उसमें सफल नहीं हुआ था, अब पेट अपने आप कम हो गया था। मालूम था कि शारीरिक श्रम का अभाव ही इसका कारण है। मैं समझता था, कि टहलना सबसे अच्छा व्यायाम है, और शायद पहाड़ों में जाकर घूमने में इससे लाभ होगा। यदि इस विषय में गम्भीर होता, तो इसी समय घूमना शुरू कर देता, लेकिन समय का लोभ था। घूमने की जगह कुछ काम कर लेना अच्छा। वस्तुतः अब उससे कुछ होनेवाला भी नहीं था, यह आगे के तजर्बे से मालूम हुआ कि "चिड़िया खेत चुग गई थी।" पंक्रिया ग्रन्थि अपने काम से विश्राम ले चुकी थी।

4 फरवरी को अब भी माघ मेला था। महादेव भाई के साथ हम भी संगम की ओर घूमने गए। गोरखपुर जिले की एक बुढ़िया अपने साथियों से छूट गई थी। उसे अपने जिले का भी नाम नहीं मालूम था, गाँव को भला प्रयाग में कौन जानता। लेकिन बोली से पता लग ही रहा था, कि वह किस जिले की है। मैंने उसके जिले के आदमियों के पास पहुँचा दिया। यह सौभाग्य ही था, नहीं तो भारत के किसी दूर स्थान से भटकने पर उसे कितना मुश्किल होता। साधुओं के डेरों में अब भी धर्म-ध्वनि हो रही थी। अब भी सैकड़ों की पंगत भोजन के लिए बैठी थी, अब भी श्रद्धालु भक्तों की कमी नहीं थी। स्वामी विद्वदानन्द अपने साथ गंगा पार झूसी में ले गए। वहाँ उन्होंने एक कब्रस्तान को आश्रम में बदल दिया था, दो-एक पक्की कोठरियाँ बनवा कर बड़े-बड़े स्वप्न देख रहे थे। कर्मठ जीव हैं। 1913 में बरेली जिले के रामनगर गाँव में पैदा हुए। पिता कर्ज छोड़ गए थे, जिसे हटाने के लिए दिल्ली में नौकरी करने लगे। फिर घूमने निकले, तब से घूमते ही रहे। स्त्री मर गई और लड़की का ब्याह कर दिया। सुभीता यह भी हुआ कि पहले आर्यसमाजी बने, फिर कांग्रेस की ओर खिंचे और 1942 में बरेली के रेकार्ड-घर जलाने में हाथ बँटाया। रेकार्ड जिसमें हमारे भी बहुत-से ऐतिहासिक रेकार्ड रखे हुए थे। इतिहास लिखने में इनकी अत्यन्त आवश्यकता थी। पर उस समय इतना विवेक किसको ? अंग्रेजों का रेकार्ड-घर है, उसमें आग लगा दो। गढ़मुक्तेश्वर में भी पहुँचे, और वहाँ हिन्दू-धर्म-रक्षा के लिए खड्ग धारण किया। झूसी में गंगा-तट पर भी उस व्रत का पालन किया। मन में बात बैठ जानी चाहिए, फिर काम करने के लिए वह थकना नहीं जानते। अनीश्वरवादी हैं, किन्तु आदर्शवादी हैं, रक्तपाणि हैं, किन्तु स्वार्थशून्य। सेवा करने की धुन है, लेकिन अनुशासन के फन्दे में शायद ही फँस सकें। पुराने समय में झूसी एक नगर था, जिसका नाम प्रतिष्ठान था, प्रयाग उस समय तपस्वियों का जंगल था। झूसी के टीलों में बहुत-सी ऐतिहासिक सामग्री छिपी हुई है। उनकी कुटिया के पास के टीले में गुप्तकालीन ईंटें देखीं। सैर करने में श्री महादेव साहा भी साथ थे।

गाँधीजी की हत्या के सम्बन्ध में पीछे और भी बातों का पता लगा। षड्यंत्र में शामिल होनेवालों में से एक ने बम्बई के प्रोफेसर डा. जगदीशचंद्र जैन से अपने मनसूबे को बतलाया था। डॉ. जैन ने बहुत व्यग्रता के साथ इस सूचना को बम्बई के मन्त्रियों तक पहुँचाने की कोशिश की, और चाहा कि अधिक सावधानी बरती जाए। लेकिन, मन्त्रियों को उसकी पर्वाह कहाँ ? या पर्वाह थी, तो सुस्ती को इतनी जल्दी त्याग कैसे सकते थे। अब राष्ट्रीय स्वयं सेवक संघ के नेताओं की गिरफ्तारियाँ हो रही थीं। संघ की अन्तिम चौकड़ी पेशवा राज्य का स्वप्न देख रही थी। जाट और राजपूत का झण्डा उठाए दूसरे नेता भी मैदान में उतरे हुए थे। सेठ लोग "लूट सकै तो लूट" के फेर में थे। अजब हालत थी। इस हत्या से नेताओं की आँखें खुलीं जरूर। 28 फरवरी को जवाहरलालजी 12 तारीख के गाँधीजी के अस्थि-विसर्जन की तैयारी देखने आए थे। आनन्द भवन की सड़क पर बहुत भीड़ थी, और चारों तरफ पुलिस-पल्टन का पहरा बैठा हुआ था।

6 फरवरी को श्री फणि मुखर्जी से भेंट हुई। दस साल पहिले वह मेरे साथ तिब्बत गए थे, उस समय अल्हड़ बेपर्वाह जवान थे, जिसके कारण मुझसे कुछ मनमुटाव भी हो गया था। अब वह विवाहित थे, एक बच्ची के बाप भी। जवाबदेही जीवन को गम्भीर बनाती है। अगले दिन उनके घर चाय पीने गया। उस मनमुटाव का कहीं पता भी नहीं था। समय भी भारी चिकित्सक होता है।

8 फरवरी को साहित्य सम्मेलन की स्थायी समिति की बैठक थी। भिन्न-भिन्न समितियों का चुनाव शान्तिपूर्ण हुआ, यह जानकर प्रसन्नता हुई, कुछ मतभेद अवश्य दिखाई पड़े। परिभाषा-निर्माण का भार मुझे दिया गया। दारागंज इण्टर कालेज के प्रिंसिपल श्री चौबेजी और यूनिवर्सिटी के डॉ. सत्यप्रकाश के साथ उप-समिति बनी। नागरी प्रचारिणी और नागपुर के विशेषज्ञों को भी सम्मिलित करने का निश्चय किया गया। डॉ. रघुवीर नागपुर में परिभाषाओं में निर्माण का काम कर रहे थे। उनका निर्माण का ढंग ऐसा था, जिससे सहमत होना भारत के किसी भी विज्ञ पुरुष के लिए सम्भव नहीं था। उनकी धारणा थी, कि संस्कृत में 22 उपसर्ग, 2000 धातु और 300 के करीब प्रत्यय हैं, इनके घटाव-बढ़ाव से हम अरबों अलग-अलग शब्द बना सकते हैं, और उन्हें एक-एक अंग्रेजी शब्द के लिए इस्तेमाल करके उन वस्तुओं के साथ चिपका सकते हैं। इस तरीके को हमारे यहाँ या कहीं भी इस्तेमाल नहीं किया गया। ऐसे शब्द सर्वथा अज्ञात होते, अज्ञात में अज्ञात का परिचय अति दुष्कर है, यह सभी जानते हैं। भारत में ढाई हजार वर्ष से परिभाषाएँ बनती आई हैं, उसके परिणामस्वरूप भिन्न-भिन्न विषयों के दस हजार से अधिक पारिभाषिक शब्द हमारे पास मौजूद हैं। उनसे अधिकतर ज्ञात से ही अज्ञात के परिचय कराने की कोशिश की गई है, और कभी-कभी बहुप्रचलित विदेशी शब्दों को लेने में भी आनाकानी नहीं की गई। उदाहरणार्थ केन्द्र, ग्रीक शब्द है। यह जिस अर्थ का प्रतिपादन करता है, वह मध्य-बिन्दु से प्रकट नहीं हो सकता था, इसलिए विदेशी शब्द को ही हमारे पूर्वजों ने ले लिया। केन्द्र, केन्द्रित, केन्द्रीकरण आदि इसके रूपों को देखकर कौन कह सकता है, कि यह संस्कृत का शब्द नहीं है। मेरी यही धारणा रही, कि हमें नए शब्दों को ज्ञात से अज्ञात की प्रक्रिया से गढ़ना चाहिए और बहुप्रचलित विदेशी शब्दों को भी स्वीकार करने से परहेज नहीं करना चाहिए।

10 फरवरी को चित्रकार संगलजी अपनी चित्रशाला दिखाने के लिए ले गए। संगीत, चित्र और कविता में मेरा अपना दृष्टिकोण है, कि उन्हें प्रकृति के अधिक से अधिक नजदीक रहना चाहिए। उड़ान भरने में कोई हर्ज नहीं, लेकिन बुनियाद धरती पर रहनी चाहिए। संगीत के नाम पर उस्तादों की गलाबाजी से मुझे बड़ी चिढ़ है। उसी तरह चित्र के नाम पर लिकारियाँ भी मुझे बिल्कुल पसन्द नहीं हैं, चाहे इन लिकारियों के साथ बड़े-बड़े लोगों का नाम जोड़कर रौब डालने की कोशिश की जाए। संगलजी के सुन्दर चित्र मुझे पसन्द आए, क्योंकि उनमें प्रकृति के साथ-साथ रहने की कोशिश की गई थी। गुप्तकाल की चित्रकला और मूर्तिकला इसीलिए महान् है, कि उसे कल्पना और यथार्थ के सम्मिश्रण से बनाया गया है। उर्दू में मर्सिया (शोक-प्रकाशक) कविता को बिगड़े शायरों की कृति बतलाया जाता है। मैं समझता हूँ, कि प्रकृति का सर्वथा उल्लंघन करने वाली चित्रमूर्ति-कविता-कला भी उसी तरह बिगड़े कलाकारों का काम है।

मेले पर जाने की मेरी उत्कंठा इसलिए भी हुआ करती थी, कि प्रयाग में नाना स्थानों से आए हुए घुमक्कड़ों में शायद कोई मेरा भी पुराना परिचित निकल आए। इसी विचार से 11 फरवरी को भोजनोपरान्त हम संगम पर गए। "जिन ढूँढ़ा तिन पाइयाँ" की बात सच्ची निकली। एक युग के बाद भागवताचार्य से मुलाकात हुई। तीस वर्ष तो जरूर बीते थे। उस समय वह तरुण थे, और अब वृद्ध। लेकिन कर्मठता अब भी उनमें वैसी ही थी। दिल खोलकर मिले। कितनी ही बातों में हम समानधर्मा थे, यद्यपि हमारे कार्यक्षेत्र अलग-अलग हैं, और एक दूसरे से भी इतने दूर जाकर रहने लगे, कि आज तीस वर्ष बाद मुलाकात हुई। रामानंदी–वैरागी–सन्तों में घुमक्कड़ी तथा दूसरे कितने ही गुण थे, परन्तु विद्या का उनमें अभाव था, शास्त्रीय तौर से उनकी नींव कमजोर थी। पं. भागवतदास ने इस कमी को दूर करने का बीड़ा उठाया, और रामानन्द को उनके उचित स्थान पर बैठाने का प्रयत्न किया। रामानन्द रामानुज या किसी भी दूसरे धार्मिक सुधारक और विचारक से कम नहीं थे, बल्कि कह सकते हैं, कि दूसरे लकीर के फकीर थे, जबकि रामानन्द ने समय की माँग देखते हुए नया रास्ता निकाला। इसी प्रयाग के एक ब्राह्मण-परिवार में वह पैदा हुए। फिर घुमक्कड़ी करते रामानुजियों के प्रभाव में आकर साधु हो गए। एक ओर कट्टरपंथियों के कारण दम घुटते वातावरण से बाहर निकलना चाहते थे, और वह साथ ही हिन्दू धर्म और संस्कृति को भी ताजी हवा में लाना चाहते थे। दूसरी ओर मुस्लिम शासकों के प्रभाव से जिस हीन अवस्था में हिन्दू पड़े हुए थे, उसकी भी चिकित्सा करना चाहते थे। उन्होंने सोचा–जात-पाँत

के बन्धनों को ढीला करना होगा, छुआछूत से बाहर निकलना होगा, कूपमंडूकता दूर करनी होगी और उद्धार के लिए पण्डितों और सामन्तों ही नहीं, बल्कि जनता और उसकी भाषा का सहारा लेना होगा। उन्होंने इन विचारों को कार्य-रूप में परिणत किया। रामानन्द के शिष्य ब्राह्मण से चमार तक सभी जातियों के थे। कबीर ने अपने गुरु का नाम उज्ज्वल किया। रविदास ने बतला दिया, कि जन्म कोई चीज नहीं है, शुद्ध विचारवाले महापुरुष चमार के घर में भी पैदा हो सकते हैं। छुआछूत को जितना दूर तक उन्होंने हटाया था, वह पीछे वहाँ नहीं रह सकी। तो भी बड़ी जातियों का सहभोज कम नहीं था, और सहपंक्ति में तो बल्कि प्रायः सभी जातियों के साधुओं को सम्मिलित किया गया। कहावत है, कि साधुओं की पंक्ति में पत्तलों का अभाव देखकर तुलसीदास किसी साधु की पनही लेकर पाँति में जा बैठे। उन्होंने समझा था, साधु की पनही से बढ़कर पवित्र कौन दूसरी चीज हो सकती है। कूपमंडूकता दूर करने में रामानन्द की शिक्षा ने कितना काम किया, यह इसी से मालूम होगा, कि तब से हजारों बैरागी देश और देश के बाहर भी कुछ दूर तक सदा घुमक्कड़ी करते रहे। इसके फलस्वरूप भारत के कोने-कोने में ही नहीं, बल्कि अफगानिस्तान में भी बैरागियों की कुटियाएँ बन गईं, जहाँ आने-जानेवाले घुमक्कड़ चार दिन अच्छी तरह, घर की तरह विश्राम कर सकते हैं। यद्यपि भोजन के छुआछूत में बैरागी उतने नहीं आगे बढ़े, जितने कि संन्यासी और उदासी, तो भी रामानुजी कोल्हू के बैल यहाँ पैदा नहीं हो पाए। जनता की भाषा को रामानन्द ने स्वयं अपनाकर कुछ लिखा जरूर था, लेकिन वह अधिकतर पद थे, जिनकी भाषा पुरानी थी, और वह अधिकतर कण्ठस्थ रखे गए थे। इसके कारण रामानन्द की यह अनमोल कृतियाँ पूरे रूप में हमारे सामने नहीं आ पाईं। लेकिन, रामानन्द ने ही हमें तुलसी को दिया, उन्हीं की परम्परा में अग्रदास और दूसरे सन्त थे। सचमुच रामानन्द का काम महान् था, इतना महान्, कि लोग उसका अभी ठीक से मूल्यांकन नहीं कर सके। पं. भगवानदास, (अब पं. भगवताचार्य) ने उसी रामानन्द के झण्डे को उठाया था। उस समय पहिले-पहिल स्वामी भगवताचार्य ने जब गेरुआ कपड़ा पहना, तो बैरागियों में खलबली मच गई। वह समझते थे कि गेरुआ कपड़ा तो संन्यासियों की चीज है। अब भी उसमें गेरुआ कपड़ा पहननेवाले कम नहीं हैं, लेकिन अब उससे उन्हें चिढ़ नहीं है। स्वामी भगवताचार्य का अब उनमें बहुत सम्मान है। एक दूसरे से दूर रहने पर भी पुस्तकों और कभी-कभी पत्रों द्वारा हम एक-दूसरे की गतिविधि का परिचय रखते थे। हमें प्रसन्नता होती थी, कि दोनों ही अपने कार्य में तत्पर रहें। पं. भगवताचार्य ने संस्कृत में तीन भागों में गाँधीजी की जीवनी लिखी है, और भी कितनी ही पुस्तकें लिखी हैं। उस समय वह सन्तों की मंडली में बैठे हुए थे। काले शरीर पर मोटे-झोटे भगवे कपड़े को देखकर कोई जान नहीं सकता था कि यह इतना तेजस्वी पुरुष है, यदि उसकी नजर उनकी चमकती आँखों पर न पड़ती। उन्होंने स्वागत करते हुए उपस्थित सन्तों से मेरा परिचय कराया, और कुछ कहने के लिए कहा। कोई घुमक्कड़ सहस्राब्दियों से बड़े-बड़े घुमक्कड़ों को पैदा करनेवाली इस मण्डली के प्रति सम्मान दिखाए बिना कैसे रह सकता था। उस समय की कुछ बातें याद आ गईं, जब कि मैं निर्द्वन्द्व उन्हीं के भीतर घूमता था, पहिले-पहिल घुमक्कड़ी के पाठ को उन्हीं के पास रहकर सीखा था। इन्हीं के साथ ने घने वनों और दुर्लंघ्य पर्वतों को भय की नहीं, प्रेम की चीज बना दिया। घंटा-भर वहाँ बिताने के बाद हम गंगा-पार स्वामी हंसदेव के स्थान पर गये। स्वामी सत्यस्वरूपजी और दूसरे सन्तों से विद्या और दूसरे विषयों पर बातचीत होती रहीं। कुछ तरुण साधु विद्वानों को देखकर बड़ी प्रसन्नता हुई, इस ख्याल से कि यह संस्कृत के गम्भीर पांडित्य को ये नष्ट न होने देंगे। मेले में घूमते हुए डॉ. मंगलदेव शास्त्री से भेंट हो गई। चौदह वर्ष से 'प्रमाणवार्तिकभाष्य' छपने की प्रतीक्षा कर रहा था। तिब्बत से कितने परिश्रम और प्रेम से उतारकर मैं लाया था। कई दरवाजों को देखा, आशा हो-हो करके भी वह प्रेस का मुँह नहीं देख सका। डा. मंगलदासजी देव ने काशी संस्कृत कालेज से छपाने की बात की, तो मुझे बहुत हर्ष हुआ, यद्यपि दूध के जले को जैसे छाछ भी फूँक-फूँककर पीना पड़ता है, मैं सहसा विश्वास करने के लिए तैयार नहीं हो सकता था, कि 'प्रमाणवार्तिकभाष्य' की नैया पार हो जाएगी। सचमुच ही अभी उसे और कई घर देखने थे, और अन्त में सात वर्ष बाद जायसवाल-संस्थान ने उसे प्रकाशित करने का पुण्य कार्य किया।

12 फरवरी को गाँधीजी का त्रिवेणी में अस्थि-विसर्जन होनेवाला था। त्रिवेणी में ही अस्थि-विसर्जन को

क्यों महत्व दिया गया ? न गाँधीजी की ऐसी धार्मिक मान्यता थी, न जवाहरलाल-जैसे कितने ही नेताओं की हो सकती थी। अस्थि-विसर्जन दिल्ली की जमुना में भी हो सकता था। शायद दिल्ली में इस कृत्य को सम्पादन करने में सम्मान को अपूर्ण रूप में दोहराना-भर होता और यहाँ उसके लिए एक नया स्थान मिल रहा था। गाँधीजी की अस्थियाँ देश की भिन्न-भिन्न भागों में बाँटकर विसर्जित की गईं, लेकिन उनके विसर्जन का विशेष समारोह जवाहरलाल की जन्मनगरी प्रयाग में ही हुआ। लोग जान गये थे, कि भीड़ अपार होगी। रास्ता निश्चित था। हम भी रिजेण्ट सिनेमा के पास की एक कोठी में 9 बजे ही जाकर डट गए। कितने ही लोग और भी पहले से सड़क के किनारे कटघरे के बाहर बिछावना बिछाकर बैठे हुए थे। अस्थि को विशेष ट्रेन से दिल्ली से लाया गया था। 9 बजे जलूस निकलनेवाला था, उसमें डेढ़ घंटे की देर थी। सड़क पर दस-दस हाथ के फासले पर सैनिक तैयार थे। सड़क के किनारे के मकानों की छतों पर भी लोगों की भीड़ थी। गाँधीजी का शव नहीं था। उसके लिए जो भाव पैदा होता, वह अस्थि के लिए नहीं हो सकता था। इसीलिए जलूस में जानेवाले, मालूम हो रहे थे, मेले में जा रहे हैं। वही बात दर्शकों में से भी अधिकांश में देखी जाती थी। जलूस में जवाहरलाल पैदल चल रहे थे। वल्लभभाई और पं. गोविन्दवल्लभ पन्त के लिए पैदल चलना संभव नहीं था। और भी कितने ही लोग गाड़ियों पर थे। एक लौरी पर अखण्ड गीता-पाठ हो रहा था, जिसमें बाबा राघवदासजी भी सम्मिलित थे। पौने 11 बजे जलूस हमारे सामने से गुजरा।

नजरबन्दी के दिनों में मैंने सिगरेट पीना सीखा था। 1940 से 1945 तक पीता रहा। क्यों पीता था ? देखादेखी ही कह सकता हूँ या समय काटने के लिए। लिखते वक्त तो मैं कभी सिगरेट नहीं पी सकता था। यह लाभ जरूर था कि इसके द्वारा मित्रों का स्वागत-सत्कार हो सकता था। मेरे मित्रों का कहना था कि इसमें रस आता है। मुझे वह रस कभी नहीं मिला, अच्छे से अच्छे सिगरेट को पीकर भी वही बात देखी। किसी-किसी का कहना था, पचास सिगरेट के एक पूरे डिब्बे को पीने पर किसी एक में रस आएगा। लेकिन वह मेरी शक्ति से बाहर की बात थी। ईरान में सिगरेट पीता रहा, रूस के अपने पच्चीस मास में उसे बिल्कुल छोड़ दिया, लन्दन से फिर यह बला पीछे पड़ गई, जहाज में श्रेष्ठ सिगरेटों को बहुत सस्ते दाम पर मिलते देखकर मित्रमण्डली का उससे सत्कार करने का ख्याल आया। अब वह मुझे दिल्ली का लड्डू मालूम हो रहा था–जो खाये वह भी पछताए, जो न खाए वह भी। मैं उसे छोड़ना चाहता था, और आज इस पुण्य दिन मैंने उसे छोड़ दिया।

लखनऊ–उसी दिन रात को लखनऊ के लिए रवाना हो गया। सीट पहले ही से रिजर्व थी, नहीं तो प्रयाग से लौटनेवाली भीड़ के कारण जगह नहीं मिलती। सबेरे साढ़े 7 बजे लखनऊ पहुँच रिसालदार बाग में श्री बोधानन्द महास्थविर के यहाँ ठहरा। काफी दिनों बाद मैं यहाँ आया था। महास्थविर का शरीर अब दुर्बल हो चला था। 75 वर्ष के हो गए थे, लेकिन बात करने में जब जोश आता, तो उनकी वही तेजस्विता देखने लायक होती। विहार की भूमि में अब मकान बन चुके थे। पिछले मकान से बीस रुपया मासिक किराया भी मिलता था। महास्थविर को इसकी चिन्ता थी, कि कैसे विहार का काम पीछे भी ठीक से चलता रहेगा। कुछ तो उनको पढ़ने का बहुत शौक था, और उतना ही संग्रह का भी। इस प्रकार विहार में एक काफी बड़ा पुस्तक-भण्डार जमा हो गया। महास्थविर जब भी मुझसे मिलते, भावोद्रेक में सजल-नेत्र हुए बिना नहीं रहते थे।

चायपान में बाद केसरबाग में म्युजियम देखने गये। उत्तरप्रदेश का यह सबसे बड़ा संग्रहालय है। मुझे 'मधुर स्वप्न' उपन्यास लिखने की धुन थी। उपन्यास उस काल का था, जब कि पाँचवी-छठी शताब्दी में हेफ्ताल (श्वेत हूण) उत्तरी भारत के बहुत-से भाग, अफगानिस्तान और मध्य-एसिया के शासक थे। मैं उनके इतिहास की कुछ गुत्थियों के सुलझाने में लगा हुआ था। म्युजियम में केदार के सिक्के थे, जिन्हें लघु कुषाण भी कहा जाता है। उधर कुछ लोग केदार को हेफ्तालों (श्वेत हूण) का नेता मानते हैं। हेफ्ताल हूण नहीं थे, इसमें तो कोई सन्देह नहीं।

14 फरवरी को यशपाल जी से मिलने गया। वह इस समय दुर्गा भाभी के यहाँ रहते थे। वहाँ से फिर

नरेन्द्रजी के यहाँ गये, तो मालूम हुआ कि वह बाहर चले गए हैं। तीन घंटा रिक्शा लेकर म्युजियम, गोमती, कम्पनी बाग आदि की सैर करते रहे। सवा 12 बजे नरेन्द्रजी के यहाँ पहुँचे और दो घंटे तक उनसे बातचीत होती रही। शास्त्रीय बातों के अतिरिक्त परिभाषाओं के बारे में विशेष तौर से हमने विचार-विनिमय किया। उन्हें आशा थी, कि मैं कुछ दिनों ठहरूँगा, किन्तु अब समय कम और काम ज्यादा थे।

बरेली–उसी दिन बरेली जाने का विचार था, लेकिन अगले दिन शनिवार को पंजाब एक्सप्रेस में मुश्किल से जगह मिली। डब्बों में पलटन और पुलिस के अफसर भरे थे। तीन सज्जन बात करने में होड़ लगाये हुए थे। अपने राम तो सारी यात्रा में ऐसे बैठे रहे, जिससे लोगों को भ्रम हो सकता था, कि यह आदमी गूँगा है। बात करने की कोई जरूरत भी नहीं थी। खिड़की से बाहर हरे-भरे खेतों को देखता, कहीं-कहीं ऊख भी खड़ी थी। इस लाइन में सफर करने पर संडीला की मिठाई हमेशा आकर्षण की चीज होती है। यद्यपि अब वही लड्डू नहीं होते, तो भी नाम का गुण कुछ जरूर दिखाई पड़ता है। बरेली ट्रेन लेट पहुँची। स्टेशन पर प्रो. रामाश्रय मिश्र, कितने और अध्यापकों तथा विद्यार्थियों के साथ जब फूलमाला गले में डालकर उतारने लगे, तो डब्बे के साथियों को आश्चर्य होना ही चाहिए। उन्हें क्या मालूम, यह गूँगे की तरह बैठा आदमी कौन है। मिश्रजी के साथ हम उनके निवास पर गए। परिवार में पाँच सन्तानें, दो स्त्री-पुरुष और अन्धी माता–आठ प्राणी थे, और कमानेवाला सिर्फ एक आदमी। शिक्षित परिवार का भार वहन करना हमारे यहाँ कितना मुश्किल है, इसका अन्त कब होगा ?

16 तारीख को सबेरे 9 बजे मैं रिक्शा लेकर अकेले ही चल पड़ा। बरेली में मेरे घुमक्कड़ी जीवन के बहुत-से परिचित स्थान थे। 1910 में पहिले-पहिल इस नगर में आया था, तभी से एक मधुर स्मृति बराबर मन में बनी रहती है। आज उन स्थानों को फिर देखने की इच्छा की। बरेली सिटी स्टेशन के सामने अम्बाप्रसाद शाह की धर्मशाला में गया, जिसमें 1910 के उत्तराखण्ड की यात्रा से लौटकर कुछ दिनों ठहरा था। अब भी वह वैसी ही थी। पीछे बाग भी वैसा ही था, आँगन कुछ कम साफ मालूम होता था। बगलवाली वह धर्मशाला भी मौजूद है, जिसमें काषाय वस्त्रधारी पं. खुन्नीलाल शास्त्री बोधि-प्राप्ति का प्रयत्न कर रहे थे।

वहाँ से निकलकर छोटी लाइन के साथ की सड़क से रिक्शा आगे बढ़ा। एक संन्यासी-मठ में गया। सोच रहा था, यहाँ कोई खण्डित मूर्ति मिली थी, जिससे बरेली के इतिहास पर कुछ प्रकाश पड़ेगा। पर कोई नहीं मिली। पूछने पर अलखनाथ, चम्पतराय की बगिया आदि स्थानों के नाम मालूम हुए। एक बैरागी स्थान में गये। वहाँ कोल्हू चल रहा था, जिसमें दो पैसे में एक गिलास गन्ने का रस मिल जाता था। मैंने तीन गिलास रस पिया, 6 पैसे दिये। महन्तजी का ही वह कोल्हू था, उन्होंने पैसा लेने से इन्कार कर दिया। घूमते हुए भैरवनाथ मन्दिर में गए। 1910 के फक्कड़ीपन और सजीवता का यहाँ कुछ-कुछ परिचय मिला। कंकड़ और गाँजे की चिलमें चल रही थीं, और भाँग छनने की बात हो रही थी। नाथों का मन्दिर होने के कारण मैंने पुस्तकों के बारे में पूछा, तो गोरखपंथ की कुछ छपी साधारण-सी पुस्तकें दिखलाईं। अपनी परम्परा का ज्ञान जब बड़े-बड़े नाथपंथियों को नहीं है, तो यहाँ उसकी क्या आशा हो सकती थी ? हाँ, यह जानकर प्रसन्नता हुई, कि घुमक्कड़ी का वातावरण यहाँ कुछ दिखाई दे रहा था। छोटे-से स्थान के आँगन में कई मूर्तियाँ मौजूद थीं।

मध्याह्न भोजन के समय मैं मिश्रजी के घर पर लौट आया। 4 बजे तक यहीं गोष्ठी चलती रही, फिर बरेली कालेज गया। इस कालेज की स्थापना 1837 में–महाविद्रोह से बीस साल पहले–हुई थी। इस समय इसमें 1300 के करीब छात्र थे। कालेज के अधिकारियों में दकियानूसी बूढ़ों का प्रभुत्व है। उत्तर पंचाल (रुहेलखण्ड) उत्तरप्रदेश के सबसे कम जाग्रत स्थानों में है। बूढ़ों में जान न हो, पर जवानों में क्यों नहीं, यह समझ में नहीं आता। हर जगह शिक्षित मध्य-वर्ग द्वारा राजनीतिक और सामाजिक जागृति आई है। यहाँ का वह वर्ग अधिकतर मुस्लिम भद्र-वर्ग था, और वह राष्ट्रीय भावना से दूर हटकर विदेशी शासकों की सुर्खरुई हासिल करने की कोशिश करता था। क्या यह कारण हो सकता है ? कालेज में पहले फोटो, और फिर चायपान हुआ। इसके बाद विद्यार्थियों और अध्यापकों के सामने कुछ कविताएँ पढ़ी गईं, कुछ भाषण हुए, और अन्त में मैंने साहित्य और हिन्दी के

भविष्य पर भाषण दिया।

17 को दोपहर तक निवासस्थान पर ही साहित्यिकों की गोष्ठी जमी रही। भोजनोपरान्त 2 बजे निकले।

केन्द्रीय जेल में 700 के करीब बन्दी थे। हाथ की कताई, हाथ की बुनाई पर ज्यादा जोर दिया गया था। बन्दियों को जब अपने परिश्रम का कोई बदला नहीं मिलता, तो उन्हें काम करने की क्यों प्रेरणा होने लगी ? हाँ, एक नई बात देखी, कि अब रसोईघर में पत्थर के कायेले के तन्दूर थे, जिन पर रोटियाँ पकाई जाती थीं। इतनी तेज आँच के तन्दूर में हाथ-मुँह झुलसने से बचाने का कोई बचाव नहीं था। जेल की रोटियाँ कच्ची होती थीं, ये वैसी नहीं थीं। वहाँ से पास ही लड़के बन्दियों का जेलखाना था, जिनमें सौ से ऊपर बन्दी थे। यहाँ हरेक को अपने काम का पारिश्रमिक मिलता था, इसलिए उनकी काम करने में रुचि थी। सारा काम हाथ से होता था, अर्थात् उपज बहुत निम्न तल पर हो रही थी, तो भी हरेक लड़का बीस-पच्चीस रुपया मासिक कमा लेता था, यहाँ कपड़ा बुनने-सीने का काम, जूता, खिलौना, कुर्सी-मेज आदि का काम कराया जाता था।

बरेली में केन्द्रीय भारत का सबसे बड़ा पशु-अनुसंधान प्रतिष्ठान है, जिसका प्रबन्ध सरकार के हाथ में है। शहर से बाहर यह विशाल संस्था बहुत दूर तक फैली है। यहाँ पशुओं के खाद्य का विश्लेषण होता है, और कैसे पुष्टिहीन तृणों को अधिक पुष्टिकारक बनाया जा सकता, इसका तजर्बा किया जाता है। कृत्रिम गर्भाधान का भी प्रयोग होता है। यंत्र द्वारा वीर्यनिक्षेप करने से एक साँड बीस गायों के लिए, और अधिक प्रबन्ध हो, तो दो सौ गायों के लिए पर्याप्त होता है। विशालकाय साँड छोटी जाति के गायों के उपयुक्त भी नहीं हो सकते, लेकिन इस विधि से कोई हानि नहीं है। एक छोटी पहाड़ी गाय और शाहीवाल साँड की आठ मास की सुन्दर बछिया को देखा, जिसके सामने उसकी माँ छोटी मालूम होती थी। कहते तो नहीं थे कि इस तरह से प्रसव के वक्त कोई दिक्कत होती है। पर पूर्वी बंगाल और आसाम के सीमान्त पर अर्ना भैंसों से ग्रामीण भैंसों की सन्तानों के प्रसव के समय बच्चे के बड़े होने से अधिक संख्या में भैंसों के मरने की बात सुनी जाती है। वहाँ जंगली अर्ना भैंसे स्वजातीय ग्रामीण भैंसों के झुण्ड में आ जाया करती हैं।

लौटकर शाम की चाय डा. श्यामसुन्दर सत्यव्रत के यहाँ पीनी थी। डाक्टर साहब पुराने आर्यसमाजी आदर्शवादी पुरुष हैं। अपने सारे परिवार को आर्यसमाज के साँचे में ढालने की कोशिश की है, यद्यपि उपहासास्पद रीति से नहीं। टौन हाल में पहुँचकर वहाँ भाषण देना पड़ा, जहाँ बरेली के गणमान्य नागरिक मौजूद थे। अगले दिन (18 फरवरी) सबेरे की चाय श्री रामजीशरण सक्सेना के यहाँ हुई। सक्सेनाजी कवि और अध्यापक रहे। कवि अब भी हैं, लेकिन अध्यापकी छोड़ वकालत करने लगे, और अच्छे चमके। लेकिन कविता का प्रेम उनके हृदय से नहीं गया। उनकी देखादेखी बरेली के तरुण कवि निरंकारदेव भी वकालत में चले गये। नून-तेल-लकड़ी का प्रबन्ध यदि स्वतंत्र रीति से हो सके, तो साहित्यकार के लिए इससे बढ़कर और कौन बात हो सकती है ? बरेली का मेरा जहाँ तक अनुभव रहा, बहुत अच्छा रहा। बहुत-से योग्य साहित्यकर्मी यहाँ मिले। प्रो. भोलानाथ शर्मा तो गुदड़ी के लाल निकले। उनकी एकाध कृतियों को पहले भी मैं देख चुका था। लेकिन, उनके बारे में इतना जानने का मौका इसी समय मिला। पं. भोलानाथजी बरेली कालेज में संस्कृत के प्रोफेसर हैं। गोयथे की प्रसिद्ध कविता 'फौस्ट' के एक भाग के जर्मन से सीधे हिन्दी में अनुवाद को मैं देख चुका था। लेकिन, यह जानकर मुझे प्रसन्नता, आश्चर्य और खेद भी हुआ, कि वह ग्रीक भाषा के भी विद्वान् हैं। प्रसन्नता इसलिए, कि ग्रीक के ग्रंथरत्नों को सीधे हिन्दी में करनेवाला एक विद्वान् मिल गया, जो ग्रीक के साथ संस्कृत का भी पण्डित है। आश्चर्य इसलिए, कि अब तक इनको लोगों ने पहचाना क्यों नहीं, और खेद इसलिए, कि उनके ज्ञान का कोई उपयोग नहीं लिया जा रहा है। शर्माजी ने प्लातोन (प्लेटो) के प्रसिद्ध ग्रंथ 'पोलितेइया' (रिपब्लिक) का हिन्दी में अनुवाद किया था, पर प्रकाशित करनेवाला कोई मिल नहीं रहा था। मैंने उनसे कहा कि इसे सम्मेलन द्वारा प्रकाशित कराऊँगा, और ग्रीक मनीषियों की महान् कृतियों को हिन्दी में ला देने को आप अपने जीवन का लक्ष्य बनाइये। यदि अरिस्तातिल (अरस्तू) के सभी ग्रंथों को आप हिन्दी में ला सकें, तो हमारे साहित्य पर यह इतना बड़ा उपकार होगा, जिसके लिए वह हमेशा आपका कृतज्ञ होगा। उन्होंने पुस्तकों के अभाव की शिकायत की। प्रयाग में आने पर मैंने यह बात आचार्य क्षेत्रेशचन्द्र चट्टोपाध्याय

से कही। उनके पास लातिन अनुवाद के साथ ग्रीक साहित्यकारों में अरिस्तातिल और प्लोतान के करीब-करीब सारे ग्रंथ लातिन अनुवाद के साथ दो शताब्दी पहले के छपे मौजूद थे। यह समाचार सुनकर वह भी मेरी तरह अत्यन्त प्रसन्न हुए, और कहा, इन ग्रंथों के मेरे पुस्तकालय में रहने का कोई फायदा नहीं, इनसे शर्माजी काम लें। मैंने उन ग्रंथों को सम्मेलन को प्रदान करवा वहाँ से अच्छी जिल्द बँधवाकर शर्माजी के पास भेज दिया। मेरे जोर देने पर सम्मेलन ने 'पोलितेइया' को 'आदर्श नगर' के नाम से काफी देर बाद छाप दिया। पं. भोलानाथ अपने काम में दिलोजान से जुट गये। उन्होंने अरिस्तातिल के महान् ग्रंथ 'राजनीति' का अनुवाद अगले ही साल समाप्त कर डाला। उतने से ही उनको संतोष नहीं हुआ, और इंगलैण्ड और अमेरिका में ग्रीक ग्रंथ-रत्नों के जो नवीनतम संस्करण निकल रहे थे, उनका भी उन्होंने उपयोग किया। 1950 के आरंभ में ग्रंथ छपने के लिए तैयार हो चुका था, और आज 6 वर्ष तक उसने प्रेस का मुँह नहीं देखा। छः साल हमने खो दिये। यदि उनके ग्रंथ तुरन्त छपने लगे होते, तो सम्भवतः अरिस्तातिल के अधिकांश ग्रंथों को वह हिन्दी में ला चुके होते। यह उपेक्षा अत्यन्त खेदजनक है। हिन्दी में वह गतिरोध कहाँ है, इसे देखना है, तो यहाँ देखिए। संस्कृत और ग्रीस का एक साथ विद्वान् और हिन्दी पर पूरा अधिकार रखनेवाला व्यक्ति हर रोज नहीं मिला करता, और हमने उसकी प्रतिभा से लाभ उठाने का यत्न ही नहीं किया।

लखनऊ–पंजाब मेल एक घंटा लेट रहा। उस वक्त की गाड़ियों के लिए यह कोई असाधारण बात नहीं थी। बेटिकटवालों की भरमार थी, इसलिए उन्हें दण्ड देने के लिए ट्रेनों में मजिस्ट्रेट सफर करते थे, जिसके कारण बेटिकटवालों की कमी हुई थी, और हमें आराम से बैठने की जगह मिल गई थी। आकाश में बादल छाये हुए थे, लेकिन फरवरी में वर्षा ऋतु तो नहीं होती, इसलिए बूँदें एकाध ही कभी गिरती थीं। 2 बजे के बाद लखनऊ पहुँचे, और रिक्शा लेकर राम-भवन गये। यहीं दुर्गा भाभी रहा करती थीं। यशपाल भी यहीं थे। भाभी ने बच्चों के लिए एक पाठशाला खोल रखी थी। हम कालविन तालुकदार स्कूल देखने गये। अवध तालुकदारों का प्रदेश है, लाखों की आमदनीवाले दर्जनों राजा-महाराजा-नवाब की उपाधियों से भूषित अंग्रेजों के अनन्य भक्त तालुकदारों के पुत्र यहाँ पढ़ते थे। यह स्कूल इतना बड़ा है, जिसके सामने युनिवर्सिटी भी छोटी मालूम होती है, जहाँ तक भूमि का सम्बन्ध है। किंडर गार्टन से लेकर 12वीं श्रेणी तक यहाँ पढ़ाई होती थी। 150 तालुकादार-पुत्र उस समय यहाँ पढ़ रहे थे। अंग्रेजों ने जनसाधारण से अलग रखकर उन्हें शिक्षा के साथ-साथ राजभक्ति का पाठ पढ़ाने का यहाँ प्रबन्ध किया था। राजकुमारों और नवाबज़ादों को जिस तरह रखना चाहिए, उसी तरह उन्हें रखा जाता था। इसे देखकर मेरा ख्याल तालुकादारी उठने की ओर गया। उसी समय पर एक तालुकादार तरुण ने कहा–"अभी उसके उठने में पाँच-छः साल लगेंगे।" शायद ऐसा कहने में वह गलती पर नहीं था, और उसके अभिभावकों ने उस समय का पूरा फायदा उठाया। तालुकादारी खरीदने के लिए अब कौन-सा बेवकूफ तैयार होता ? पर, जमीन, परती, जंगल की बन्दोबस्ती से उन्होंने खूब रुपया पैदा किया, कितनों ही ने ट्रेक्टर के साथ फार्म बनाने का प्रयत्न किया, शहरों में जायदादें लीं। इन सबके कारण तालुकादारों की स्थिति वैसी दयनीय नहीं होने पाई, जैसी कि छोटे जमींदारों की। तालुकादार स्कूल अब तालुकादारी के तौर पर नहीं रह सकता था, यह तो निश्चय था। लेकिन, उसे इंजीनियरिंग या टैक्नीकल कालेज के रूप में परिणत करने का ख्याल अभी तक किसी को नहीं था।

पता लगा, उदयशंकर का कलात्मक फिल्म 'कल्पना' आया हुआ है। हम भी देखने के लिए गए। देखकर निराश हो मैंने सोचा–सर्वज्ञता के भ्रम ने इसे समाप्त कर दिया। उदयशंकर ने कलाकार उदयन को फिल्म की कथा का आधार बनाया, और कलाकार के लम्बे जीवन को छोटी-छोटी झाँकियों से चित्रित करना चाहा। वह झाँकी इतनी कम थी, कि जब तक उससे आदमी कुछ निष्कर्ष निकाले, उससे पहले ही वह खत्म हो जाती। फिल्म साधारण जनता के लिए तो लिखा ही नहीं गया था, यदि मेरे जैसे दर्शक भी उसे नहीं पसन्द कर पाये, तो उसकी असफलता निश्चित थी। यदि उन्होंने नवीन उदयन की कथा का मोह छोड़ नृत्य तथा संगीत की छोटी-छोटी भूमिकाओं के साथ पेश किया होता, तो जरूर जनप्रिय होता और आर्थिक दृष्टि से भी बहुत सफल रहता। इस असफलता को देखकर मुझे बहुत खेद हुआ, क्योंकि मैं उदयशंकर की कला का प्रशंसक हूँ।

19 को डा. अहमद और हाजरा बेगम से मिलने गया। ये कितने भले और ईमानदार दम्पती हैं। आँधी आये या तूफान, वह अपने लक्ष्य पर अटल रहकर आगे बढ़ रहे हैं। हाजरा ने लन्दन में मांटेसरी की शिक्षा बहुत पहले जाकर ली थी, आजकल वह एक मांटेसरी स्कूल में पढ़ा रही हैं। भोजन के बाद श्रीमती दुर्गादेवी के मांटेसरी स्कूल को भी देखने गया। इन स्कूलों की अपनी उपयोगिता है, तभी तो लोग अधिक खर्च करके अपने बच्चों को इनमें पढ़ाने के लिए भेजते हैं, लेकिन, मुझे तो शीशमहल में पलते मध्य-वर्ग के इन राजकुमारों और राजकुमारियों की शिक्षा-दीक्षा का देश के लिए कोई महत्व नहीं मालूम होता। साधारण बालकों से अलग रखकर एक कृत्रिम वातावरण में बच्चों को पढ़ाना, उनमें साधारण नागरिक के भाव को नहीं पैदा कर सकता। वह अवश्य सतमंजिले महल की छत पर खड़े होकर नीचे रेंगती जनता को देखेंगे। लेकिन, इसका दोष हम हाजरा और दुर्गा भाभी को नहीं देते। ऐसी शिक्षा की मध्य-वर्ग को आवश्यकता है, जिसका उपयोग वह अपने तौर से करना चाहते हैं। उसी दिन ईसा बेला थावर्न कालेज की छात्राओं के बीच घंटा-भर रूसी शिक्षा के बारे में बोलना पड़ा। यह मिश्नरियों का कालेज है, और अब नये वातावरण से अपने को प्रभावित करने की कोशिश कर रहा है। छात्राएँ बीच-बीच में हँस भी रही थीं, जिससे मालूम होता था, उनका मनोरंजन भी हो रहा है। ज्ञानबुद्धि के बारे में तो सन्देह ही नहीं।

शाम के वक्त प्रगतिशील लेखकों की गोष्ठी हुई। कम्युनिस्ट मुझे अब अपने से अलग समझते थे, इसलिए उनके प्रश्नोत्तर भी उसी के अनुकूल होते थे। मुझे उनका कठमुल्लापन अच्छा नहीं लगता था, और यह और भी, कि वह खामखाह अपने को दूसरों द्वारा बहिष्कृत रहने का प्रयत्न करते हैं। मेरी धारणा है, क्रान्तिकारी को अपने भीतर अपने अस्तित्व को अक्षुण्ण बनाये रखते हुए भी दूसरों में घुल-मिल जाने की कोशिश करनी चाहिए, वैसे ही जैसे स्वस्थ शरीर में हड्डियाँ। यदि विरोधी उनको अलग-अलग कर पाएँगे तो असफल करने में कामयाब होंगे। हिन्दी के राजभाषा और राष्ट्रभाषा होने पर मुसल्मानों के ऊपर जुल्म होगा, उनकी संस्कृति का विनाश होगा, यही रटन्त लगाये थे। लेकिन हिन्दी भाषी प्रान्तों में हिन्दी के राजभाषा होने में अब कोई सन्देह नहीं रह गया था। उनका कहना था–सरकार के करने से उसे कुछ नहीं समझना चाहिए, लेकिन दस-पाँच साल में कांग्रेसी सरकार का स्थान दूसरा लेगा, यह सोचनेवाले दया के ही पात्र थे।

प्रयाग–उसी दिन रात के 11 बजे प्रयाग जानेवाली ट्रेन पकड़ी, और सोते-सोते अगले दिन सबेरे प्रयाग पहुँच गया। माघ-मेले के कारण हैजा फैल गया था, दो सौ आदमी मर चुके थे, बड़े जोर-शोर से हैजे का टीका लगाया जा रहा था। कुछ तो ध्यान इसका रखना ही चाहिए, स्वयं शिकार न होकर यदि हैजा फैलाने में सहायक बना जाए, तो यह और भी बुरा है। पर मुझे इसकी पर्वाह नहीं थी। उस दिन प्रेमचन्द, मन्मथनाथ गुप्त और कुछ और लेखकों की पुस्तकें पढ़ता रहा। खामखाह विश्वास कर लिया था, कि 'प्रमाणवार्तिकभाष्य' अब छप ही जाएगा, इसलिए उसे प्रेस के लिए तैयार करने लगा। गर्मियों में पहाड़ पर जाना होगा, यह निश्चय ही था, कभी-कभी कुल्लू का भी ख्याल आता। डा. जार्ज रोयरिक के पुत्र से मालूम हुआ, कि अभी भी सड़क टूटी हुई है, और कितनी ही जगह पर पैदल जाना पड़ता है। पुस्तकों के बक्सों को उठाए पैदल चलने के झगड़ों को कौन मोल लेगा, इसलिए किसी दूसरी जगह जाने का ख्याल करना होगा। रेल में पैर छिल गया था, जो अभी सूखा नहीं था। डायबेटीज़ तो इसी समय रोग बनती है, नहीं तो यदि जरूरत से अधिक वजन न घटे, तो उसकी पर्वाह नहीं करनी चाहिए। 22 फरवरी को अतवार था। उस दिन शाम को घूमते हुए रसूलाबाद साहित्यकार संसद भवन में पहुँचा। गंगा के किनारे ऊँची जगह पर बहुत सुन्दर स्थान है। पर, एकान्त-प्रेमी कवि या योगी के लिए यह उपयोगी हो सकती है। लेकिन, सभी तो गंगाजल और स्वच्छ हवा पर जी नहीं सकते। यदि पुस्तकों की आवश्यकता हुई, तो मीलों दूर शहर में जाइए, यदि जीवन की दूसरी चीजों की आवश्यकता पड़ी, तो उसके लिए भी कोसों दूर दौड़िये। पुराने युग और आज के युग में कितना अन्तर है ? आज किसी भी वर्धिष्णु संस्था को नगर से दूर ले जाना भ्रूण-हत्या करने के समान है। हाँ, यदि देश समृद्ध हो, हरेक व्यक्ति को जीवन-सामग्री पर्याप्त परिमाण में सुलभ हो और उसके बाद भी पैसा हाथ में रहे, तो ऐसे स्थान कुछ व्यक्तियों को कुछ दिनों के लिए उपयोगी हो सकते हैं, यहाँ वे वनभोज कर सकते हैं, वन-गोष्ठी भी रचा सकते हैं।

सोचने पर गर्मियों के लिए कनौर-किन्नर देश–ही पसन्द आया, जहाँ अप्रेल के अन्त में जाकर अगस्त के अन्त तक लौटा जा सकता। लेकिन, परिभाषा-निर्माण के काम का भी जिम्मा लिया था। अगले दो महीनों में उसके लिए काफी करना था। श्रीनिवासजी के घर में हम हैं, यह बात प्रकट हो गई थी, इसलिए मुझे कोई और एकान्त स्थान ढूँढ़ना था। चट्टोपाध्यायजी ने अपने घर में आने का निमन्त्रण दिया। वह अपने रसोइये के साथ अकेले उस बड़े घर में रहते थे। सब तरह से अनुकूल था, लेकिन बहुमूत्र के रोगी के लिए सबसे नजदीक पेशाबखाने की जरूरत पड़ती है, रात में एकाध ही बार तो उठना नहीं पड़ता। हमारे प्राचीनतापंथी घरों में पेशाब-पाखाने के सुभीते की ओर बहुत कम ध्यान दिया जाता है। तो भी वहाँ कुछ समय रहने का निश्चय कर लिया।

बनारस–26 फरवरी की दोपहर को छोटी लाइन से बनारस के लिए चले। माघ-मेला खतम हो गया था, इसलिए भीड़ नहीं थी। माधोसिंह स्टेशन पर गोपाल मन्दिर की गोसाइनजी चढ़ीं। वल्लभ पंथ के गोसाईं तैलंग हैं, उनके मूल स्थान में स्त्रियाँ जानती भी नहीं, कि पर्दा किस चिड़िया का नाम है। लेकिन, गोसाइनजी जबर्दस्त पर्दे में आई थीं। पर्दा डालकर एक ट्रेन से दूसरी ट्रेन में चढ़ाई गईं। सिर्फ बनारस तक जाने के लिए इतने तरद्दुद की क्या जरूरत थी, मजे में मोटर से जा सकती थीं। जब उनके सामान से सारा डब्बा भर गया, तो मालूम हुआ कि वह क्यों मोटर से नहीं गईं।

मध्याह्न भोजन डा. मंगलदेवीजी के यहाँ किया, फिर निरालाजी से मिलने गायलघाट गए। उन्निद्रता का इस वक्त आधिक्य था, जिसके साथ-साथ दिमाग भी गरम था। लेकिन कुछ भी हो, उनका सौजन्य सदा उनके पास रहता है। इस समय तुलसी रामायण को हिन्दी में करने की धुन सवार थी। कुछ देर तक बातचीत हुई। उन्होंने अपने इस नये प्रयत्न के कुछ नमूनों को दिखलाया। सम्मेलन ने हिन्दी के महान् कवियों के कविता संग्रह उन्हीं के द्वारा कराने का प्रयत्न किया था, और इस सम्बन्ध के कुछ ग्रन्थ निकले भी थे। निरालाजी के कहने पर उन्होंने भी एक संग्रह करीब-करीब तैयार कर दिया था। कुछ रुपया माँगने पर लोगों ने कायदे-कानून की बात करनी शुरू की, तो उन्होंने अपने संग्रह को देने से इन्कार कर दिया। भला ऐसे पुरुष के सामने कायदे-कानून की बात करनी चाहिए। एक बार इन्कार कर देने पर मेरे प्रयत्न का भी क्या जल्दी कोई असर हो सकता था ? यहाँ से नागरी प्रचारिणी, श्रीचन्द विद्यापीठ, दर्शनानन्द आयुर्वेद विद्यालय, कार्माइकल पुस्तकालय होते स्वामी सत्यस्वरूपजी के पास उदासी विद्यालय में गया। इसे मैं साधुओं का आदर्श विद्यापीठ कहता हूँ, जिसका अर्थ यह नहीं, कि उसकी स्थिति बराबर ही एक तरह की रह सकेगी। विद्यार्थी थोड़े से थे, पर सभी उच्च कक्षाओं के। कितने ही उनमें किसी विषय के आचार्य हो चुके थे। खाने-रहने का बहुत अच्छा प्रबन्ध था। डेढ़ घंटे तक उनसे बातचीत होती रही। भविष्य के बारे में वह चिन्तित थे, लेकिन मैंने बतला दिया, कि साधु विद्वानों को चिन्ता करने की बिल्कुल आवश्यकता नहीं। संस्कृत के गम्भीर पांडित्य के साथ-साथ आधुनिक अनुसंधान के ढंग को भी उन्हें कुछ अपनाना चाहिये। जिस जनतांत्रिकता और साम्यवाद के आदर्श की तरफ आज दुनिया का झुकाव है, उसको किसी न किसी रूप में भारत में यदि किसी ने कायम रखा, तो वह साधु ही हैं। आर्थिक कठिनाई की वह बात नहीं बतलाते थे, बल्कि कहते थे, कि कितने ही धनसम्पन्न मठों के लिए योग्य उत्तराधिकारी नहीं मिल रहे हैं, हमारे यहाँ बराबर माँग आती रहती है।

27 को हम फिर भोजनोपरान्त निकले। रास्ते में न्यायाचार्य पं. महेन्द्र शास्त्री से भेंट की, फिर पं. जयचन्दजी के यहाँ गये। सुमित्राजी रुग्ण थीं। उनका स्वास्थ्य सदा ही से अच्छा नहीं रहा है, और ऊपर से काम करने की आदत है। वहाँ से विश्वविद्यालय में अपने आदि पथ-प्रदर्शक गुरु मौलवी महेशप्रसाद के पास पहुँचे। आयु का प्रभाव शरीर पर पड़ना जरूरी है। ब्याह करने का फल चार भवानियाँ थीं। पत्नी कब की चल बसी थीं। चारों में सिर्फ एक कल्याणी का ब्याह हो पाया था, औरों की चिन्ता पिता को होनी ही चाहिए। कल्याणी ने वेद-मध्यमा में नाम लिखाया है। लेकिन, ब्राह्मण वेदपाठी स्वर-सहित वेद कायस्थ और सो भी स्त्री को कैसे पढ़ा सकता था। उसने पढ़ाने से इन्कार कर दिया। मालूम होता था, 20वीं शताब्दी के आधा बीतने पर भी अभी इन कूपमंडूकों को कुछ होश नहीं आया। आजकल इसका आंदोलन चल रहा था। अन्त में भवितव्यता

के सामने उन्हें सिर झुकाना ही पड़ेगा, अपनी जड़ता का प्रदर्शन चाहे वह कुछ दिन और कर लें। 28 को भी भिन्न-भिन्न जगहों पर घूमने और मिलने-जुलने में बिताया। परिभाषा के बारे में विश्वविद्यालय के अध्यापकों से इस समय कोई बातचीत नहीं कर सका। रास्ते में बाबू श्रीनिवास जी से मुलाकात हो गई। कितने सालों पहिले नालन्दा में उनका दर्शन हुआ था। डा. भगवानदास के भाई बाबू गोविन्ददास बहुत विद्याव्यसनी थे, और उनका पुस्तकों का संग्रह काशी में बहुत अच्छा माना जाता था। उन्हीं के यह सुपुत्र थे। वह नागरी लिपि-सुधार के प्रयत्न में लगे हुए थे। उनसे उसी विषय पर बातचीत होती रही। लेकिन, वर्तमान लिपि को छोड़कर किसी नवीन या प्राचीन रूप को अपनाने की योजना सफल होगी, इस पर मुझे विश्वास नहीं था। वह अशोक ब्राह्मी के क के ऊपर नागरी की तरह पाई लगाकर उसे क का रूप देना चाहते थे। बातचीत करते पं. जयचन्दजी के पास गए। पं. जयचन्दजी हमारे इतिहासज्ञों में गम्भीर चेतना और गवेषणा रखनेवाले पुरुष हैं। यदि वह केवल एक-सुरा होते, तो और भी अधिक काम कर पाए होते। लेकिन, दूसरी कल्पनाएँ उनको एक-सुरा रहने कैसे दे सकती थीं ? आजकल वह प्रकाशन और ग्रन्थ-प्रणयन के बड़े-बड़े स्वप्न देख रहे थे, समझ रहे थे। जल्दी ही इन पुस्तकों के बड़े-बड़े संस्करण निकलने लगेंगे, भारत की सारी भाषाओं में वह अनुवाद होकर कोने-कोने में फैल जाएँगे। लाखों नहीं तो हजारों का वारा-न्यारा होगा। स्वप्न देखना बुरा नहीं है, क्योंकि कितने ही स्वप्न सत्य निकलकर आगे बढ़ने का रास्ता खोलते हैं, पर इस समय मुझे तो ऐसी कोई संभावना नहीं मालूम होती थी।

सेवा-उपवन में जाने पर बाबू शिवप्रसाद गुप्त की सौम्य मूर्ति याद आने लगी। कितनी उदारता और सहानुभूति उनके हृदय में थी। उग्र राजनीतिज्ञों और कार्यकर्ताओं एवं साहित्यकारों के लिए वह कितनी प्रसन्नता के साथ सहायता करने के लिए तैयार रहते। तारीफ यह, कि उसके दिखावे की कोई कोशिश नहीं करते। तिब्बत के जाने के बाद से लौटने के बाद उनके साथ मेरा अधिक सम्पर्क बढ़ा था। जब वहाँ से पुस्तकों के लाने का सवाल पैदा हुआ, तो उन्होंने आचार्य नरेन्द्रदेवजी के कहने पर वहाँ मेरे रहने का प्रबन्ध किया था। पैसे लंका से आ गए, इसलिए मुझे उनकी आर्थिक सहायता लेने की जरूरत नहीं पड़ी। लंका में चीनी त्रिपिटक की जरूरत हुई। उस समय जापान में उसका बहुत उत्तम थैसो संस्करण प्रकाशित हुआ था। उसके लिए डेढ़ हजार रुपये उन्होंने भिजवा दिए। वह त्रिपिटक अब विद्यापीठ में था। लेकिन आर्थिक सहायता में उदारता उनके व्यक्तित्व की पूरी परिचायक नहीं है। वह बड़े प्रेम के साथ मेरे कार्यों की ओर देखा करते थे। 1938 में सारनाथ में रहकर मैं कुछ लिख रहा था। उस समय वह मिलने आए थे। लौटते वक्त हिन्दू-मुस्लिम झगड़े का शिकार हुए। किसी मुसलमान को रास्ते में पड़ा देखकर वह विह्वल हो गए, और उसके बचाने के प्रयत्न में लगे। उस पुरुष से शून्य उपवन को देखकर मेरे हृदय मे एक टीस होनी स्वाभाविक थी। अब सेवा-उपवन के स्वामी उनके दौहित्र श्री सत्येन्द्र और उनके अनुज थे। सत्येन्द्र 'आज' और ज्ञान-मण्डल को और उन्नत बनाने में तत्पर थे। लिनो और मोनो टाइप के बिना आजकल किसी देश की मुद्रण-कला आगे नहीं बढ़ सकती। हमारे नागरी को छापने में पाँच सौ के करीब टाइपों की आवश्यकता होती है। उन्होंने और पं. पराड़करजी ने सोचकर एक योजना निकाली थी, जिसके द्वारा 125 टाइपों की ही जरूरत पड़ती। इसमें सबसे अच्छी बात यह थी कि प्रचलित नागरी से बहुत कम छेड़खानी की गई थी और उसके सौंदर्य को घटने नहीं दिया था। मैं भी लिपि-सुधार का पक्षपाती था। इसके बारे में काफी देर तक बातचीत होती रही। पराड़करजी दुबले-पतले शायद पहिले से ही थे, लेकिन डायबेटीज़ के शिकार थे। मैं भी उसी पथ का पथिक था, और पुराने तजर्बेकारों से लाभ उठाने की कोशिश करना चाहता था। पर अन्त में मुझे पं. ब्रजमोहन व्यास की बात ही सच्ची जँची—इन्सुलिन को नियमपूर्वक लो और खाने-पीने में परहेज मत करो। मात्रा का परहेज तो मैंने जरूर आवश्यक समझा, किन्तु बाकी व्यास-सूत्र निरावाध साबित हुआ।

7
परिभाषा-निर्माण के काम में

प्रयाग–29 को मैं प्रयाग में था, और भोजनोपरान्त उसी दिन चट्टोपाध्यायजी के निवास पर चला गया। मेरे लिए एक अलग कोठरी थी। यहाँ अपने काम की पुस्तकों को सुरक्षित सजा सकता था, लेकिन पेशाब की दिक्कत जरूर थी। उसी दिन सम्मेलन की कई समितियों की बैठकों में शामिल होने सम्मेलन-भवन गया। पारिभाषिक शब्दों के निर्माण के सम्बन्ध में दो महीने हो गए और अभी तक कुछ नहीं हुआ था। मुझे सबसे बड़ा डर था बदनाम होने का। मैं किसी काम का जिम्मा लेकर फिसड्डी नहीं रहना चाहता हूँ। लेकिन क्या करता ? उप-समिति के सहकारियों को फुर्सत नहीं थी।

1 मार्च से मैंने ऐनी की कृति 'गुलामान' का 'जो दास थे' के नाम से हिन्दी अनुवाद करना शुरू किया। उर्दू अनुवाद रूस से ही करके लाया था, लेकिन उसका कोई प्रकाशक नहीं मिला। श्री तारिणीश झा श्रीगणेश का काम करने लगे। तो यह निश्चय ही था कि एकान्त-साधना निभ नहीं सकेगी; तो भी मिलने-जुलनेवालों से कम से कम बातचीत करने का नियम रखा। उसी दिन शाम को पटना से वीरेन्द्रकुमार सिंह आए, और वचन ले लिया कि 'जो दास थे' का प्रकाशन मैं करूँगा। परिभाषा-कार्य के कारण मैं बहुत चिन्तित था। डा. सत्यप्रकाश से मिला। उन्हें भय था कि सम्मेलन अपनी अलग टकसाल खोलना चाहता है। मैंने कहा, हमें अपने-अपने काम को बाँट लेना चाहिए, और एक-दूसरे के काम में सम्मति और सहयोग देना चाहिए। उस समय प्रयाग विश्वविद्यालय और काशी नागरी प्रचारिणी सभा में भी इस सम्बन्ध में सोचा जा रहा था। कल की बात व्यर्थ नहीं गई। आज डा. वीरेन्द्र वर्मा और डा. माताप्रसाद आए। उनसे उसी बारे में और भी बातचीत हुई। उनसे मालूम हुआ, कि विश्वविद्यालय परिषद् छः कोशों के बनाने का विचार रखती है, जिनमें विज्ञान का कोश कितना ही तैयार भी हो गया है। कला-सम्बन्धी परिभाषा को भी वह लेना चाहते थे, राजकीय कोश के लिए नागरी प्रचारिणी काम कर रही थी। बाकी तीन को साहित्य सम्मेलन ले सकता था। साहित्य सम्मेलन के लेने का यह मतलब तो था नहीं, कि उसमें विश्वविद्यालय के विद्वानों का काम नहीं रहता। आखिर मुख्य तौर से यह काम तो उनका ही था।

3 मार्च को राय रामचरण की पुत्री के ब्याह में गए। शताब्दियों पुराने बड़े रईस की लड़की की शादी हो रही थी, फिर पुरानी परम्परा एकबएक छोड़ी कैसे जा सकती थी ? तो भी बारात में सौ-सवा सौ आदमियों का ही आना शुभ लक्षण था। भोज में सैकड़ों आए।

अन्तर्राष्ट्रीय दुनिया में एंग्लो-अमेरिकन गुट पाकिस्तान को अपने पाकेट में रखने की कोशिश कर रही था, और कश्मीर के सम्बन्ध में छिपकर सहायता भी दे रहा था। मंचूरिया (चीन) में चीनी मुक्ति सेना सफलता प्राप्त कर रही थी। अमेरिका इसे फूटी आँखों भी देख नहीं सकता था। वह तटस्थ नहीं था, बल्कि अमेरिकन

सेना भेजना छोड़कर सब तरह से सहायता दे रहा था। भूगोल पर लाल रंग पश्चिम से पूर्व की ओर बढ़ रहा था, इसे देखकर बड़ी प्रसन्नता हो रही थी।

अभी ईगर और लोला के पत्र आ रहे थे। उन्हें आशा थी कि दो वर्ष बिताकर मैं फिर रूस लौट जाऊँगा। कितनी घोर निराशा होगी, जब उन्हें असली बात मालूम होगी। इसी समय मालूम हुआ कि बाबू मुरली मनोहर प्रसाद ने 'सर्चलाइट' से इस्तीफा दे दिया। 'सर्चलाइट' को पैदा करने और उसे जीवित रखने के लिए उन्होंने उसे अपने खून से सींचा था। जिस समय उसमें घाटा ही घाटा होता था, उस समय राष्ट्रीयता के पक्षपाती इस पत्र को मुरली बाबू ने अस्त होने नहीं दिया। फिर थैलीशाह पत्रों को हथियाने लगे और 'सर्चलाइट' उनके हाथ में चला गया। अब कलम नहीं, थैली का उस पर एकाधिपत्य था। थैली ने कलम को अपनी उँगली पर नचाना चाहा, मुरली बाबू इसके लिए तैयार नहीं हुए, और अब उनके खून का सींचा बड़ा पौधा दूसरे के हाथ में चला गया।

कभी-कभी ख्याल आता था, टहलने के रूप में थोड़ा शारीरिक व्यायाम करूँ, लेकिन मनसाराम कह रहे थे–हिमालय में चलना ही है, वहीं नियमपूर्वक टहला जाएगा। यह तो अब मालूम होने लगा था, कि मधुमेह–डायबेटीज़–शारीरिक श्रम न करके पुष्टिकारक भोजन करने का ही दण्ड है। पंक्रिया ग्रन्थि कुछ दिनों तक इन्सुलिन की कमी को पूरा करने के लिए जी तोड़कर कोशिश करती है, फिर स्वयं दम तोड़ देती है। बुद्ध क्यों चंक्रमण–टहलने–के पक्षपाती थे, अब इसका महत्व मालूम हो रहा था। पूर्व में लाल रंग मंचूरिया की तरफ बढ़ रहा था, तो उधर पश्चिम में चेकोस्लोवाकिया में वामपक्ष ने अपना प्रभुत्व स्थापित कर लिया था। इंगलैंड और अमेरिका परेशान थे, लेकिन यह भी नहीं हिम्मत होती थी, कि दखल देकर तीसरा विश्व-युद्ध छेड़ें।

विश्वविद्यालय की हिन्दी परिषद् के सुन्दर काम का और भी पता लगा। साइन्स की परिभाषाएँ वह छपवा रही थी। अर्थशास्त्र, व्यापार, इतिहास, राजनीति, भूगोल, दर्शन, कानून, भाषाविज्ञान, व्याकरण, शिक्षा, काव्य, गणित, ज्योतिष, रसायन, भौतिकी, वनस्पति, प्राणिशास्त्र, कृषि की ओर भी पग बढ़ा रही थी। मुझे अच्छा लगा कि सम्मेलन और हिन्दी परिषद् मिलकर काम करें। 7 मार्च को रविवार का विश्राम का दिन था। उस दिन महिला छात्रालय में व्याख्यान देना पड़ा। स्वयं लेखक और भुक्तभोगी होने से मैं लेखकों की कठिनाइयाँ जानता हूँ, और अपने समानधर्माओं को प्रोत्साहन और सहायता देना भी अपना कर्तव्य समझता हूँ। ऐसा करते कभी-कभी लेखक और प्रकाशक के पचड़े में भी फँस जाऊँ, तो कोई आश्चर्य नहीं, फिर वह सिरदर्द का कारण हो सकता है। आदमी अपने अविवेक से फँसता है, फिर दुनिया-भर को दोष देता फिरता है। मैंने मनसाराम को कहा–"यार, तुम ऐसे झगड़ों में न पड़ा करो। काज़ी को शहर के अंदेसे से दुबले होने की जरूरत नहीं।"

कई दिनों से संकल्प-विकल्प होते-होते 8 मार्च की शाम को श्री तारिणीशजी के साथ टहलने निकला। दारागंज की ओर के बाँध के नीचे फसल काटकर रखी जा रही थी। अबके फसल अच्छी थी। बिहार में अनाज के दाम के गिरने की खबर आई थी, सोच रहा था, यह फसल अच्छी होने ही के कारण होगा। अनाज की चोरबाजारी करनेवाले बहुत हाय-हाय कर रहे थे। जाड़े का अब लेश भी नहीं रह गया था। मार्च के पहले ही सप्ताह में इतना परिवर्तन ! सिर्फ रात को कुछ देर कम्बल लेने की जरूरत पड़ती थी। अब ध्यान था पहाड़ पर भागने की तैयारी करने की ओर। कनौर ही जाना ठीक मालूम देता था, लेकिन अपनी पहली कनौर-यात्रा में बोझा के लिए आदमी न मिलने का बड़ा तलख तजर्बा था। अगले दिन भी शाम को टहलने निकले। डा. बदरीनाथ प्रसाद के यहाँ गए। लक्ष्मीदेवी ने बतलाया, स्वास्थ्य अच्छा था। यह सुनकर प्रसन्नता होनी ही चाहिए। सोचता था, शायद सिगरेट छोड़ने का वरदान है, या भोजन में संयम करने का, लेकिन जब तक हर दो घंटे बाद पेशाब करने जाना आवश्यक था,. तब तक दिल को तसल्ली कैसे हो सकती थी ? चट्टोपाध्यायजी मेरा बहुत ध्यान रखते थे, इतना अधिक, कि बाज वक्त संकोच होने लगता था। वह अद्भुत पुरुष है। उनकी विद्या और विद्याप्रेम के प्रति मेरी भारी श्रद्धा है। किन्तु अपने इस ज्ञान का वह लेखनी द्वारा उपयोग नहीं करते, इसका मैं बराबर उलाहना देता था। वे धर्म के अनुष्ठानों में बिल्कुल पुराणपंथी पण्डित मालूम होते,

लेकिन अनुसन्धान में कट्टर आधुनिक दृष्टिवाले नास्तिक। सादगी उनकी प्रतिभा के लिए सोने में सुगन्ध का काम देती है, विद्या के वे प्रेम-विरागी हैं। माता के अनन्य भक्त हैं। ऐसी माता, जिसे उच्च श्रेणी के एक मित्र चुड़ैल कहने में भी परहेज नहीं करते, लेकिन चट्टोपाध्यायजी इसे सुनने के लिए तैयार नहीं। माता की कोई भी फर्माइश हो, उसे पूरा करना वे अपना कर्तव्य समझते हैं। माता की भक्ति पर ही उन्होंने एक युग तक अपनी पत्नी को छोड़े रखा। उनकी एकमात्र पुत्री का बड़ा दुःखद अन्त हुआ, और बेचारी पिता के दर्शन की लालसा लेकर ही चल बसी, तब उनकी आँख खुली। इस समय पंडिताइन अपने मायके गई हुई थीं। ब्राह्मण रसोइया कुछ दिनों के लिए घर गया था, एक ब्राह्मणी भोजन बनाने आती थी। कुछ ही सालों में नई आर्थिक समस्याओं ने एक नई प्रथा चलवा दी है। बर्तन माँझनेवाली कई घरों में समय बाँधकर बारी-बारी से बर्तन माँझती हैं। एक जगह माँझने पर पचीस-तीस रुपया देना पड़ता, जिसके लिए बहुत कम परिवार तैयार होते। वह पाँच-पाँच, सात-सात रुपये लेकर अब इस काम को करने लगी हैं। इसी तरह भोजन बनानेवाली भी कई घरों में भोजन बनाती हैं। उन्हें वेतन-भर देना पड़ता, भोजन नहीं। इससे मध्य-वित्त लोगों का बोझा कम था, और साथ ही काम करनेवाले भी घाटे में नहीं थे।

अब मन किन्नर-देश में दौड़ रहा था। उसके सदाहरित देवदारों के घने जंगल याद आते थे : वहीं एक कुटिया बनानी होगी और चिनी के ही पास वहाँ डाक मिलने का सुभीता रहेगा। रेल से सैकड़ों मील दूर तिब्बत की सीमा के पास का यह निवास पसन्द करने में हिचकिचाहट भी होती थी। फिर आदमी दूर कितना ही हो जाए, उसके असन्तोष के कारण बाहरी दुनिया के साथ सम्बन्ध भी होते हैं। कभी-कभी तो अलग-अलग रहने पर भी चित्त की स्थिति गाड़ी के पहिये की तरह ऊपर-नीचे होती रहती है। आदमी के जितने अधिक सम्बन्ध होते हैं, उतने ही उसके हर्ष-विषाद भी। हर्ष को आदमी स्वाभाविक समझ लेता है, और विषाद को अनभीष्ट समझ उसको कई गुना बढ़ाकर अनुभव करता है।

11 तारीख को मच्छरों के मारे मैं परेशान था, शाम से ही मसहरी के भीतर घुसना मुश्किल था। गर्मी बढ़ चली थी। भोजन पर संयम था, मिर्च छोड़ दी थी, घी-तेल का नाम मात्र ही इस्तेमाल था। कभी-कभी मट्ठा मिल जाता था। शाम को 6 बजे एक घंटा घूमने जाता था। गर्मी और मच्छरों के मारे रात को लिखाने का काम छोड़ दिया था। रात को स्नान करने पर भी गर्मी से त्राण कहाँ ?

पं. भोलानाथ ने 'पोलितेइया' का अनुवाद भेजा था, जो 15 मार्च को मुझे मिल गया। अगले दिन पं. बलदेव उपाध्याय आये। आचार-विचार में तो चट्टोपाध्यायजी के दूसरे संस्करण थे, और दोनों में पटती भी खूब थी। पूजारी तो हैं ही, साथ ही स्वयंपाकी भी, लेकिन चट्टोपाध्यायजी से इनमें बड़ा भेद है–यह अपने ज्ञान से दूसरों को लाभान्वित करने के लिए अपनी लेखनी को खूब चलाते हैं, और संस्कृत वाङ्मय की सुन्दर कृतियों को हिन्दीवालों के लिए सुलभ कर रहे हैं। उनका 'भारतीय दर्शन' का तीसरा संस्करण छप गया है, जो बतलाता है, कि गम्भीर विषयों के पढ़ने की ओर भी हिन्दीवालों की रुचि है।

17 मार्च को सर्दी लौट-सी आई, रात को कम्बल ओढ़ना पड़ा। उसे हटाकर रख दिया था।

यह रियासतों के विलयन और वहाँ की प्रजा के जबर्दस्त आन्दोलन का समय था। 17 तारीख को पता लगा, अलवर, भतरपुर, करौली को मिलाकर मत्स्य-राज्य की स्थापना कर दी गई है, विन्ध्य-प्रदेश में बुन्देलखण्ड की रियासतें और रीवाँ शामिल हो गईं। रीवाँ की नाज़बरदारी के लिए वहाँ की सरकार को अलग करके राजा को राजप्रमुख बनाया गया। थैलीशाहों के समर्थक सरदार पटेल मुकुटधारियों को एकदम लुप्त करने में अनिष्ट समझते, या सोचते थे, कि कुछ काम हम कर रहे हैं और आगे का काम समय करेगा। रामपुर-बुशहर रियासत के ही किन्नर-देश में हम गर्मियों में जानेवाले थे। वहाँ भी प्रजा में असन्तोष होने की खबर आई। पत्रों में पढ़ा, जनता ने पुलिस की बन्दूक छीन ली। अभी हमें दो महीने बाद जाना था, तब तक और बातें भी साफ हो जानेवाली थीं।

18 दिन की लिखाई के बाद 18 मार्च को 'जो दास थे' समाप्त कर दिया। ताजिक से उर्दू में अनुवाद करने में एक महीना लगा था। अपने मौलिक ऐतिहासिक उपन्यास 'मधुर स्वप्न' का ख्याल बार-बार आता

था, पर अभी हाथ लगाने में मन हिचकिचाता था। इस उपन्यास के लिखने के लिए ईरान और रूस में मैंने काफी सामग्री एकत्रित की थी। 'मध्य-एसिया का इतिहास' के लिए भारी परिमाण में नोट और मनों किताबें रूस से लाया था। इन दोनों किताबों में हाथ लगाने के लिए मैं बेकरार था। और इसे कनौर के प्रवास पर छोड़ रहा था। सोच रहा था—"वहीं गर्मियों में काम करने के लिए कुटिया रहे, भोट सम्बन्धी अनुसंधान हो, बौद्ध-ग्रंथों के सम्पादन आदि का भी काम चले। तिब्बत से जिन संस्कृत ग्रंथों के फोटो मैं लाया था उनमें ज्ञानश्री के तर्कशास्त्र-सम्बन्धी ग्रंथों का ख्याल मेरे मन में बारम्बार आता था, यद्यपि 'प्रमाणवार्तिकभाष्य' अभी प्रकाशक के बिना यों ही पड़ा था, तो भी ख्याल आता, पटना में दो सप्ताह रहकर यदि ज्ञानश्री के ग्रन्थों को उतार सकता, तो अच्छा होता।

18 मार्च को परिभाषा उप-समिति की बैठक हुई। सिर्फ डा. सत्यप्रकाश ही आ सके। हमने साल-भर में 60 हजार परिभाषाओं के बनाने पर विचार किया। 21 के रविवार को स्थाई समिति की बैठक हुई, लेकिन पारिभाषिक शब्दों की योजना आगे नहीं बढ़ी। टण्डनजी ने बतलाया, सबसे पहले राजकीय परिभाषाओं का काम लेना चाहिये। वह युक्तप्रदेश की एसेम्बली के स्पीकर थे, उन्हें परिभाषाओं के अभाव में अड़चन पड़ रही थी। परिभाषा-निर्माण के लिए तीन हजार रुपये भी मंजूर हुए। हमने सोचा था, कुछ हजार में काम चल जायेगा, लेकिन अन्त में 'शासन कोश' में 15 हजार शब्द लेने पड़े। पहाड़ पर जाने से पहले इस काम को खत्म करना था, अर्थात् हमारे पास मुश्किल से डेढ़ महीने थे। पर मुझे विश्वास था, हम इस काम को कर लेंगे। काम करने में सहायक की आवश्यकता थी। चट्टोपाध्यायजी से श्री विद्यानिवास मिश्र की प्रतिभा के बारे में सुन चुका था। विद्यानिवास के बुलाने के लिए पत्र लिखने को कहा। श्री प्रभाकर माचवे ने भी सहायता देने की इच्छा प्रकट की थी। इन दो तरुण पण्डितों और कितने ही और सहायकों की सहायता से यह काम आसानी से हो सकता था। मैं अब समझने लगा कि इस काम के लिए सम्मेलन-भवन की सत्यनारायण कुटीर में रहना ही अच्छा होगा।

19 मार्च को मालूम हुआ, हैदराबाद में संघर्ष जारी हो गया। इत्तिहाद मुस्लमीन उसे छोटा पाकिस्तान बनाना चाहती थी। निजाम उसके विरुद्ध जाने की हिम्मत कैसे कर सकता था, लेकिन जूनागढ़ का उदाहरण उसके सामने था। जूनागढ़-नवाब ने पाकिस्तान में मिलना चाहा, और अन्त में स्वयं देश छोड़कर पाकिस्तान भागना पड़ा। लोग निजाम के निरंकुश शासन को बर्दाश्त करते-करते तंग आ गए थे। लेकिन, हैदराबाद के सम्बन्ध में आखीरी निर्णय करने में भारत सरकार हिचकिचा रही थी। उसे अपनी और अपनी जनता की शक्ति का पता नहीं था, और अमेरिका तथा इंग्लैंड की लाल-लाल आँखें भय पैदा करने में समर्थ थीं।

20 तारीख को दाँतों की पीड़ा ने हटने का नाम नहीं लिया। दाँत के डाक्टर के पास गए। मालूम हुआ दाँतों में छेद नहीं है, उसका एनेमल खराब हो गया है, जिसी के कारण अधिक गरम या ठण्डा पानी पीने में पीड़ा होती थी। उन्होंने बतलाया कि दाँतों को साफ कराना है, और दाहिनी ओर की निचली अन्तिम दाढ़ को निकलवाना है। दाँत की पीड़ा को साथ लेकर सुदूर पहाड़ों में जाना अच्छा नहीं, इसलिए उन्हें ठीक कराने का निश्चय कर लिया। 30 मार्च को एक दाढ़ डाक्टर ने निकाल दिया। शून्य करने की सूई लगाई गई। उस समय दर्द नहीं हुआ, पर पीछे शाम तक होता रहा। डाक्टर ने बाकी दाँतों को भी साफ कर दिया।

21 मार्च को सम्मेलन में कार्य समिति और फिर स्थाई समिति की बैठक हुई। पारिभाषिक शब्दों की योजना की इतनी ढिलाई देखकर मैं व्यग्र था। किसी काम को लेकर उसके पूरा करने में सुस्ती दिखलाना मेरी दृष्टि में अक्षम्य अपराध है, और मैं एक तरह से अपने सारे कार्यों को समेटकर इसी में जुटने के लिए तैयार था। ऐनी के लघु उपन्यास 'यतीम' (अनाथ) के अनुवाद का काम तो यों ही ले रखा था। वह पाँच-छः दिन से अधिक का काम भी नहीं था। टण्डनजी उतने ही ढीलमढाल चलनेवाले थे, जितना कि मैं चुस्त। मैं दौड़ लगाना चाहता था और वह चींटी से भी सुस्त चाल से रेंगना चाहते थे। मैं झुँझला उठता था। लेकिन राजकाज की परिभाषाओं के निर्माण में जल्दी होने में वह भी सहमत थे।

25 और 26 मार्च को होली थी। होली का हुडदंग पहले ही से शुरू हो गया था। इतनी मँहगी होने पर

भी लकड़ियाँ कैसे जगह-जगह इतनी मात्रा में जमा कर ली गई थीं, यह सोचने की बात थी। कांग्रेसवालों ने गाँधीजी के शोक में इस साल होली न मनाने की आज्ञा निकाली थी, लेकिन हर तरह से दुःखी लोगों को दुःख भूलने के किसी क्षण को निषिद्ध करना ठीक नहीं, लोगों ने आज्ञा नहीं मानी।

25 मार्च से मैं परिभाषा के सम्बन्ध की सामग्री जमा करने में लगा। ग्वालियर राज्य में हिन्दी में बहुत-सी कानून की पुस्तकें छपवाई थीं। उन्हें मँगवाया। प्रयोग की कसौटी पर कसी तज्ज्ञ आदमी द्वारा गढ़ी परिभाषाएँ बहुत अच्छी होती हैं। पर ऐसे तजर्बे की गति भंयकर रूप से धीमी है, इसलिए हम केवल उसका आश्रय नहीं ले सकते थे।

25 मार्च को पता लगा, सोशलिस्ट कांग्रेस से अलग हो गये। कम्युनिस्ट बहुत पहले अलग किए गए थे, और अब सोशलिस्टों ने भी कांग्रेस को छोड़ा। कांग्रेस के नेताओं में नीचे से ऊपर तक इतनी गन्दगी आ गई थी, कि सोशलिस्टों को मालूम हुआ, यह डूबती नैया है, इससे कूद पड़ना ही अच्छा है। किन्तु, इससे वह कांग्रेस को स्थान-भ्रष्ट नहीं कर सकते। उसके लिए लोगों के भीतर यह विश्वास पैदा करना होगा कि कांग्रेस के कन्धे का भार दूसरे लोग उठाने के लिए तैयार हैं। यह तभी हो सकता था, जब कि सभी वामपक्षी दल अपना संयुक्त मोर्चा बनाएँ। कहने की आवश्यकता नहीं कि कांग्रेस के बाद जो दल अधिक शक्तिशाली हैं, उनमें कम्युनिस्ट पार्टी का नाम सबसे प्रथम आता है। और सोशलिस्ट तो कम्युनिस्ट नाम से भी वैसे ही भड़कते हैं, जैसे लाल रंग से गुस्सैल साँड। देश के ही कम्युनिस्टों को नहीं, बल्कि बाहर के भी कम्युनिस्ट या कम्युनिस्ट-प्रभावित देशों को वह फूटी आँखों देखना नहीं चाहते। कोई यह विश्वास नहीं करेगा, कि एक चना भाड़ फोड़ देगा। सोशलिस्टों के स्वर्ग के भूतल पर आने के लिए युगों प्रतीक्षा करने की आवश्यकता है, जिसके लिए जनता तैयार नहीं हो सकती। वह अपनी इस नीति से कांग्रेस के ही पक्ष का समर्थन करते हैं, क्योंकि दूसरे कार्यकारी नेतृत्व के अभाव में लोग कांग्रेस की अवहेलना कैसे करेंगे ? कांग्रेस के लिए यह भी जरूरी नहीं है कि सभी लोग उसका सक्रिय समर्थन करें। यदि बहुजन उदासीन रहे, तो अपने स्वार्थ के लिए कांग्रेस के साथ चिपके लोग उसे जिताने में सफल होंगे।

भाई रामगोपाल वर्षों मेरे साथ एक तरह का स्वप्न देखनेवाले थे। हमारा स्नेह और घनिष्ठता असाधारण थी। अफसोस, अकाल ही वह प्लेग के शिकार हुए। उनकी निशानी दयाशंकर रहे। वह 27 को मिले। बी. ए. पास करके महोबा में भूगोल के अस्थायी अध्यापक थे। एम. ए. या एल. टी. करके आगे बढ़ना चाहते थे। ऐसे तरुण को यदि सहायता न दी जाए, तो किसको दी जाए ? लेकिन, आजकल सिफारिश का जमाना है। सिफारिश भी वैसे ही आदमियों की लगती है, जो उच्च पदाधिकारी के किसी काम में साधक होनेवाला हो। मेरे भीतर वह योग्यता नहीं, जिसका अर्थ था जबान खाली जाती, जिससे मैं बचना चाहता था। तब भी कुछ तो करना ही था, लगा तो तीर नहीं तो तुक्का ही सही।

27 मार्च को पसीना आने लगा था, और पहाड़ पर जाना था मई में। कैसे दिन बीतेगा ? कुल्लू से श्री चन्द्रकान्तजी का पत्र आया, अब के साल वहाँ आएँ, किन्तु वहाँ जाने में सबसे बड़ी बाधा थी रास्ते की। अभी मोटर सड़क दुरुस्त नहीं हुई थी। एक आकर्षण था डा. जार्ज रोयरिक का, किन्तु वह भी विदेश चले जानेवाले थे। मैंने इस समय कुल्लू आने में असमर्थता प्रकट की।

राजापुर–28 के रविवार को दोपहर को साहित्यिकों की एक मंडली गोस्वामी तुलसीदास के जन्मस्थान राजापुर के लिए बस पर रवाना हुई। अभी सरकारी रोडवेज की बसें नहीं चल रही थीं। हमारी बस भरी हुई थी। डा. उदयनारयण तिवारी, पं. वाचस्पति पाठक, निर्मूलजी, श्री रामबहोरी शुक्ल साथ थे। ढाई घंटे में हम जमुना के किनारे पहुँचे। रास्ते के कुछ गाँवों में प्लेग फैला हुआ था, लोग घरों से बाहर झोंपड़ियों में थे। फसल कट चुकी थी। स्वतन्त्र भारत के देहात में भी पहिले की भाँति वही नंगी-भूखी मूर्तियाँ दीख पड़ रही थीं। दोपहर की तपती हुई गर्मी थी। जमुना के किनारे दो-मंजिला पक्की धर्मशाला थी। यहीं थोड़ा जलपान और विश्राम हुआ। फिर पैदल नाव की ओर बढ़े। बालू तपी थी, सिर भिन्ना रहा था। नाव से उस पार पहुँचे। तुलसीदास का मन्दिर इस शताब्दी के आरम्भ में कुछ उत्साही पुरुषों ने चन्दा करके बनवाया था। जमुना उसके नीचे

की जमीन को काट रही थी, गाँव भी कटता जा रहा था। रास्ते में एक ऐसे ही पत्थर को रँग-रुँगकर संकटमोचन हुनमान बना दिया गया था। पर राजापुर अर्वाचीन स्थान नहीं है। रास्ते में चार मुँहवाला मुखलिंग मिला, जो बतला रहा था कि मैं गुप्तकाल (चौथी-पाँचवीं ईसवी) के आसपास का हूँ। फिर एक जगह नृत्य करती बीस भुजावाली गणेश की मूर्ति मिली, उसने बतलाया, 11वीं-12वीं शताब्दी में मैं आज की स्थिति से बेहतर अवस्था में था। यह तो धरती के ऊपर-ऊपर दिखाई देनेवाली पुरातात्विक सामग्री थी, भीतर न जाने कितनी चीजें मिलेंगी। राजापुर जमुना का एक महत्वशाली घाट है, जो एक चलते वणिक-पथ पर अवस्थित है। घाट की आमदनी तुलसीदास के स्मारक को मिला करती थी, जो 1841 में 4200 रुपये वार्षिक थी। गाँव में मकान अधिकतर कच्चे हैं। पक्के मकानों का भी निचला भाग मिट्टी का है। राजापुर में मानस की एक पुरानी हस्तलिखित पोथी है, जिसे गोस्वामीजी के अपने हाथ की लिखी बतलाया जाता है। 'रामु, फलु' आदि के अन्त के उकार बतलाते थे कि पुरानी प्रति है, पर रामायण के श्लोकों में श के स्थान में तीन बार स का आना बतला रहा था कि यह गोस्वामीजी के हाथ की लिखी पुस्तक नहीं हो सकती। राजापुर में एक छोटा-सा बाजार है। स्मारक की रक्षा के और वृद्धि के सम्बन्ध में एक सभा हुई और फिर हम वहाँ से उसी दिन प्रयाग लौट आए।

गर्मी में कहीं बाहर जाने-आने का प्रोग्राम रखना भारी कबाहट की बात थी। पर श्री जगदीशचन्द माथुर ने जब 20-21 अप्रेल के वैशाली-उत्सव में सभापति बनने के लिए स्वयं आकर निमंत्रण दिया, तो मेरे लिए इन्कार करना मुश्किल हो गया। सभापति बनना ही नहीं था, बल्कि वैशाली पर एक भाषण भी तैयार करना था, और भारत के परम यशस्वी तथा ऐतिहासिक इस गणराज्य के ऊपर काफी प्रकाश डालना था। वैशाली चाहे आज के दो-ढाई जिलों का ही गणराज्य था, पर अथेस उससे भी छोटा था। गोस्वामीजी ने कहा है–"रविमंडल देखत लघु लागा। उदय तासु त्रिभुवन तम भागा।" स्वेच्छाचारिता के घनान्धकार में लिच्छवियों का यह गण प्रकाश-स्तम्भ था।

सत्यनारायण कुटीर–परिभाषा के काम में कई आदमियों से सहायता लेनी थी, और न जाने किस समय कौन-सी पुस्तक पुस्तकालय से मँगानी पड़े, इस ख्याल से 31 मार्च को मैं सम्मेलन-भवन की सत्यनारायण कुटीर में चला आया। टण्डनजी ने कुछ सामग्री देने के लिए कहा था। उनके पास लखनऊ आदमी जाकर खाली हाथ लौटा। मुझे क्षण-क्षण की फिकर थी, और उनके लिए दो हफ्ता प्रतीक्षा में खो देना कोई कम बात नहीं थी। मैंने तार और चिट्ठी भेजकर कह दिया कि यदि ऐसा हुआ तो मुझे काम से हट जाना पड़ेगा। पहले के नौ हजार शब्द जमा थे, उनमें बहुत-से बेकार के थे, तो भी पाँच हजार अपेक्षित शब्द मिल सकते थे। हमने संकल्प किया कि अप्रेल के अन्त तक दस हजार शब्दों का कोश तैयार करके टण्डनजी को दे दिया जाए। कुटीर में आने पर भोजन की समस्या सामने आई, जिसका प्रबन्ध श्री श्रीनिवासजी ने अपने यहाँ से कर दिया। गर्मी के लिए बिजली का पंखा रात-दिन चलने के लिए तैयार था। लेकिन उसमें भी जब-तब गरम हवा आती थी। इसी समय शिमला के रजनी की चिट्ठी 'झंकार' के बारे में सम्मति लिखने के लिए आई। मैंने उनसे रामपुर-बुशहर के बारे में पूछ-ताछ की। उन्होंने लिखा, रामपुर के रास्ते में दूर तक बस आती है। साथ जाने के लिए आदमी का भी प्रबन्ध हो जाएगा। 22 वर्ष पहिले के तजर्बे पर पूरा विश्वास नहीं किया जा सकता था। अब इस ताजी सूचना से कनौर का जाना पक्का हो गया।

2 अप्रेल को सूचना मिली कि लंका में मेरे मित्र भिक्षु प्रज्ञालोक का देहान्त हो गया। 18 वर्ष पहिले वह गम्भीर प्रकृति के आदमी जरूर मालूम होते थे, लेकिन उनकी प्रतिभा का पता उस समय नहीं लगा था। पीछे तो वह एक सिद्धहस्त लेखक साबित हुए और विद्यालंकार विहार के दृढ़स्तम्भ माने गए। इस प्रिय विहार को वामपक्षी विचारधारा का केन्द्र बनाने में उनका विशेष हाथ था। ऐसे पुरुष का इतना जल्दी उठ जाना बड़े अफसोस की बात थी।

बलिया–3 अप्रेल को डा. उदयनारायण तिवारी के साथ बलिया में साहित्य-सम्मेलन के लिए जाना पड़ा। गर्मी का दिन था, सो भी छोटी लाइन की यात्रा। हम साढ़े 7 बजे शाम को चले। गाड़ी चार घंटे लेट बनारस तक ही हो गई। इंजनों का पुराना होना भी कारण था, और कार्य-क्षमता भी कम थी। अक्षमता की शिकायत

सिर्फ रेल के बारे में क्यों की जाए, जबकि सरकार के एक-एक पुर्जे में वह देखी जाती है। सरकारी यंत्र चलाने के लिए तिगुने-चौगुने अफसर और क्लर्क रख लिए गए हैं, लेकिन काम कोई भी ठीक से नहीं होता। रेल के सेकन्ड क्लास के डब्बे को देखने से मालूम हो रहा था कि रंक हुए किसी खानदानी धनिक का कमरा है। फर्श उखड़ा हुआ, गद्दे गंदे और बुरी हालत में, पाखाने का कमोड टूटा हुआ, जिसे सिर्फ पेशाब के लिए ही मुश्किल से इस्तेमाल किया जा सकता था। हाथ धोने की बेसिन नदारद और नल में पानी नहीं। सभी जगह जीर्णता, सभी जगह अस्वच्छता।

4 अप्रेल को 3 घंटा लेट हो 11 बजे दिन को हम बलिया पहुँचे। काफी गर्मी थी। जिला-बोर्ड के सेक्रेटरी श्री श्यामसुन्दर उपाध्याय के घर पर ठहरे। पुराने ढंग का बँगला था, जिसकी छत काफी ऊँची और मोटी थी, जिससे गर्मी कुछ कम मालूम होती थी। 3 बजे से सम्मेलन शुरू होनेवाला था, लेकिन तब तो गर्मी बहुत होती। अच्छा ही हुआ, जो वह साढ़े 5 बजे शुरू हुआ। लिखित भाषण तैयार करने के लिए समय कहाँ था, मैंने मौखिक ही भाषण दिया।

आजकल जिला-बोर्ड के चुनाव की धुन थी। सभापति और सदस्य सभी चुने जानेवाले थे। जिले के सर्वप्रिय तरुण तारकेश्वर पांडे कांग्रेस की ओर से जिला-बोर्ड के लिए खड़े होनेवाले थे, प्रान्त ने भी इसे मान लिया था। लेकिन, जात-पांत तेरा बुरा हो। ऊपर पहुँचकर दूसरे को टिकट दिलवा दिया गया। तारकेश्वर कांग्रेस के विरुद्ध खड़े होने के लिए नहीं तैयार हो सकते थे, पर किसी सोशलिस्ट को कैसे रोका जा सकता था ?

बलिया वस्तुतः शहर नहीं, एक बड़ा-सा गाँव है। गंगा नातिदूर बहती है, और धार को कोई बाँध नहीं है, गाँव बिल्कुल गंगा पर निर्भर है। पानी और बिजली का भी कोई प्रबन्ध नहीं है। किसी समय भी पाखाने का इतना कुप्रबन्ध हमारे देश में नहीं रहा होगा। लेकिन यह सिर्फ बलिया की बात नहीं है। टौंस, जो यहाँ सरजू (छोटी) कही जाती है, बलिया के पास बहती है, वस्तुतः बलिया के कटने का डर सरजू से ही है। अगले दिन नार्मल स्कूल में व्याख्यान देने गए। यहाँ बलिया और गाजीपुर दोनों जिलों के अध्यापक प्रशिक्षण के लिए आए थे। शाम को चलता पुस्तकालय में गए। पुस्तकें तीन ही हजार थीं, जिनका उपयोग बहुत अच्छी तरह किया जाता था। वह बराबर घूमती रहती थीं। पुस्तकालय ने अपना मकान भी बना लिया, आशा है, वह तेजी से बढ़ेगा। 6 बजे से भोजपुरी सम्मेलन आरम्भ हुआ। डा. रामविचार पांडे की भोजपुरी कविताएँ बड़ी अच्छी लगीं। वह अष्टांग आयुर्वेद विद्यालय, कलकत्ता के स्नातक हैं। यद्यपि आयुर्वेद के लिए आवश्यकता नहीं थी, तो भी प्राइवेट पढ़ने की लगन के कारण उन्होंने बी. ए. और एम. ए. पास कर लिया। कुछ और तरुणों ने भी अपनी कविताएँ सुनाईं। इस समय बार-बार चितू पांडे की याद आती थी। सम्मेलन ने भोजपुरी प्रान्त-निर्माण का प्रस्ताव पास किया। तीन करोड़ भोजपुरी भाषी दो-दो प्रान्तों में बँटे रहें, और उनकी भाषा की कोई कदर न हो, यह दुःख की बात थी। लेकिन, आजकल जनता और उनकी भाषा की पूछ भला दिल्ली के देवताओं के दरबार में हो सकती थी ? पर, जनता का दिन लौटेगा जरूर।

9 बजे तक सम्मेलन में रहते हम प्रसन्न मन थे। उसी समय तार मिला, डा. उदयनारायण की लड़की कलावती का देहान्त हो गया। जब हम चले थे, तब ऐसी कोई सम्भावना नहीं थी। कलावती और लीलावती दोनों यमल कन्याएँ थीं। दोनों ही शरीर से दुर्बल जरूर थीं, पर इसकी शंका किसे हो सकती थी ?

रात को ही गाड़ी पकड़ी और अगले दिन 6 अप्रेल को सवा 8 बजे हम रामबाग (प्रयाग शहर) स्टेशन पर पहुँच गए। सत्यनारायण कुटीर में पहुँचे। त्रिपाठी और ठाकुर पहिले ही काम में लगे हुए थे। आज विद्यानिवास भी आ गये। यह मालूम होने में देर नहीं लगी, कि विद्यानिवास प्रतिभाशाली होने के साथ-साथ बहुत मेहनती तरुण हैं। वह यूनिवर्सिटी की हरेक परीक्षा में प्रथम श्रेणी और प्रथम नम्बर में आते रहे, सभी विषयों में अच्छे थे, संस्कृत में भी शास्त्री कर चुके थे। जहाँ तक हमारे काम का सम्बन्ध था, वह उसके लिए सबसे उपयुक्त व्यक्ति थे। उनकी तीक्ष्ण स्मरण-शक्ति और भी भारी सहायक थी। गोरखपुर जिले के सरजूपारियों के पंक्ती-कुल के थे। पंक्ती बिना मांस-मछली खाए भी हो सकता है, यह बात यदि उनको देखने से पहले कोई कहता, तो मैं विश्वास नहीं करता। सरजूपारियों में यह सबसे उच्चकुलीन माने जाते हैं। पंक्ती अपने बरतन-भाँड़े को भी

दूसरे को नहीं देते, और न दूसरे का छुआ कच्चा-पका खाते। पंक्ती ब्याह भी पंक्ती में ही कर सकते हैं। अपंक्ती (टुटहे) के साथ ब्याह करने से जाति से बहिष्कृत कर दिए जाते हैं। इस बहिष्कार के फलस्वरूप अब पंक्तियों के कुछ ही सौ परिवार रह गए हैं, जिनके भीतर ब्याह गोत्र छोड़कर बहुत नजदीक सम्बन्धियों में होता है। विद्यानिवासजी को अपने खाने-पीने का भी इन्तिजाम करना था, जिसके लिए वह किसी को साथ लाए थे। दूध-फल में छूत नहीं मानते, यह अच्छी बात थी। सरजूपारियों में पंक्ती का रवाज कोई अलग-अलग या आकस्मिक घटना नहीं थी। 10वीं-11वीं शताब्दी में इस तरह के प्रयत्न करीब-करीब सारे उत्तर-भारत में हुए। गहड़वार गोविन्दचन्द ने कनौजियों में षकुटले और सरजूपारियों में पंक्ती तैयार किए, उनके लिए बड़ी-बड़ी जागीरें इस शर्त पर दीं, कि वे अपने खान-पान और सम्बन्ध-व्यवहार में दूसरों से अलग रहकर जातिवाद को मजबूत करें। उस समय बहुत-से कुलीन बनाये गए होंगे, जो संख्या बढ़ने के साथ आर्थिक स्रोत के बँटवारे के कारण दरिद्र होते गए, और कुलीनता के आचार का पालन करना सम्भव नहीं हो सका, जिसके कारण उनमें बहुत-से पंक्ती से टूटकर साधारण ब्राह्मणों में सम्मिलित होते गए। इसी समय के आसपास मिथिला में श्रोत्रिय ब्राह्मणों और बंगाल में कुलीन ब्राह्मणों की सृष्टि हुई। धार्मिक रूढ़ियों और विचारों में विद्यानिवास जी अपने गुरु पं. चट्टोपाध्याय जैसे ही हैं, पर वैज्ञानिक अनुसन्धान में वह उन्हीं की तरह दृष्टिकोण रखेंगे, इसकी मुझे आशा थी। आठ वर्ष पहिले उनकी लेखनी ने अपना जौहर नहीं दिखलाया था, लेकिन सम्भावनाएँ उस समय भी थीं। अब तो विद्यानिवास हिन्दी के एक सुन्दर निबन्धकार हैं।

इस समय सरकार कम्युनिस्टों के दमन करने में लगी हुई थी। यद्यपि पार्टी को सिर्फ बंगाल में गैरकानूनी बनाया गया था, लेकिन गिरफ्तारियाँ अन्धाधुन्ध हो रही थीं। कोई भी रेलवे दुर्घटना या दूसरी वैसी बात हो, उसे झट कम्युनिस्टों का काम बतलाकर सीधे प्रहार कर दिया जाता था। समाजवादी नेहरू अब नाम-शेष रह गए थे, और शायद अमेरिका को खुश करने के लिए फासिस्टों का रास्ता अपनाया जा रहा था। नेहरू वस्तुतः उस समय केवल सरदार पटेल के भोंपू से बढ़कर कुछ नहीं थे। सारी शक्ति और कुंजी पटेल के हाथ में थी, जो प्रगतिशील विचारधारा को सुनने के लिए भी तैयार नहीं थे। देश के थैलीशाह उनको पाकर फूले नहीं समाते थे, और उस समय जो बुराइयाँ बड़ी तेजी से बढ़ीं, उनका मुख्य स्रोत ढूँढ़ने पर पटेल के पास ही पहुँचना पड़ेगा।

कांग्रेस के सूत्रधार इस वक्त सरदार वल्लभ भाई पटेल थे। चारों तरफ उन्हीं की तूती बोल रही थी। वह किसी भी प्रगतिशील कदम को उठाने के लिए तैयार नहीं थे। रियासतों के एकीकरण और हैदराबाद के बारे में जो काम उन्होंने दृढ़ता से किया है, उसकी अवश्य प्रशंसा करनी पड़ेगी। वह समझते थे कि देश की गरीबी दूर करने के लिए हमारे देशी पूँजीपति और अमेरिका सलामत रहें। अमेरिका मल्लू नहीं था, जो कि तटस्थ भारत के लिए अपनी थैली खोल देता। वह पाकिस्तान और हिन्दुस्तान दोनों को नचाने के लिए तैयार था, और सिर्फ नाच-भर के लिए कुछ ठीकरे फेंक सकता था।

सत्यनारायण कुटीर में काम धड़ल्ले से होने लगा। बहुत साल पहले पं. लक्ष्मीनारायण मिश्र ने अपने 'कर्णवध' के कुछ भागों को सुनाया था। अभी उन्होंने उसे आरम्भ ही किया था। 8 अप्रेल को उन्होंने उसके कितने ही और अंश सुनाए। मैं तो उतावला था, कि इतने सुन्दर और स्वतन्त्र काव्य को जल्दी से जल्दी पूर्ण होकर प्रकाशित होना चाहिए, लेकिन कवि तो सदा निरंकुश होते आए हैं। इन पंक्तियों के लिखने के समय भी अभी उसका थोड़ा-सा अंश बाकी ही है। प्रशंसा करते हुए मैंने उस दिन भी जोर देकर कहा : सब छोड़कर इसे समाप्त कर दीजिए।

10 अप्रेल को नौरात्रि का व्रत आरम्भ हुआ। श्री श्रीनिवासजी के यहाँ अन्नाहार और उनके बड़े भाई के यहाँ फलाहार चला। हम दोनों में शामिल थे। उस समय फल खाने का मन करता था, पर यहाँ के खरबूजे निरे फीके थे।

11 अप्रेल को मूत्र परीक्षा कराने पर मालूम हुआ, कि चीनी काफी है, लेकिन अभी इन्सुलिन के लेने के प्रतिबन्ध से में बँधना नहीं चाहता था।

सम्मेलन की नैया लस्टम-पटस्म चल रही थी, इसी समय नहीं, शायद कुछ समय पहले से ही। टण्डनजी ही उसको नई दिशा दे सकते थे, पर वह एक दिन की बात को एक साल से पहले निर्णय नहीं कर सकते थे। सम्मेलन की परीक्षा अब बहुत बड़ी परीक्षा थी, जिसमें आधे लाख के करीब विद्यार्थी बैठते थे। जहाँ गुड़ होता है, वहाँ चींटियाँ भी आ जाती हैं, और सम्मेलन की अवस्था कुछ वैसी-सी होती जा रही थी। मैं तो समझता था, सम्मेलन को प्रचार-युग समाप्त करके अब उच्च साहित्यिक अकदमी का रूप लेना चाहिए। सम्मानार्थ प्रतिवर्ष सभापति का चुनाव और अधिवेशन भी हो, पर पदाधिकारियों का चुनाव तीन वर्ष बाद हो, जिसमें एक बार के आए पदाधिकारी अपनी योजनाओं को कुछ पूरा कर सकें। उसे साहित्य-सृजन में अपनी शक्ति लगानी चाहिए, और महान् कवियों की पहिले ग्रन्थावलियाँ प्रकाशित कर देनी चाहिए, फिर विश्व-साहित्य के अनमोल ग्रन्थों को हिन्दी में लाना चाहिए।

स्वामी सत्यानन्द से 13 अप्रेल को भेंट हुई। बलदेव चौबे के नाम से वह मेरे घनिष्ठ मित्र और कितने ही स्वप्नों के साथी रहे। आजमगढ़ में उन्होंने हरिजन गुरुकुल खोला, और हरिजन-उत्थान के लिए उन्होंने अपना जीवन लगा दिया। इसके लिए उन्होंने अपने समाज की पर्वाह नहीं की। उनका आग्रह था, मैं कुछ दिनों आकर गुरुकुल में रहूँ, लेकिन किसको पता था, कि दिन इतने महँगे हो जाएँगे। अगले दिन गर्मी की वृद्धि चित्त को विकल कर रही थी, लेकिन संकल्प कर लिया था—"इस मास को तो यहाँ बिताना ही है।" शाम का भोजन विद्यावती और उनके पति दुबरी दूबे के यहाँ हुआ। विद्यावती बलदेव चौबे की पुत्री हैं। चौबेजी की चली होती, तो सभी बच्चे हिन्दी मिडिल से आगे न बढ़े होते। पर बच्चों को बूआ महादेवी का वरहस्त मिला था, इसलिए सभी एम. ए. होने में सफल हुए।

14 अप्रेल को गर्मी की वृद्धि चित्त को विकल कर रही थी, लेकिन संकल्प कर लिया था—"इस मास को तो यहीं बताना है।"

अगले दिन बिजली के रुकने के कारण कुछ घंटे के लिए पंखा बन्द हो गया। फिर क्या पूछना है ! मालूम हुआ, कि जीवन पंखे के सहारे चल रहा था।

विद्यानिवासजी बड़ी तत्परता से और बहुत अच्छा काम कर रहे थे। उनको वैतनिक काम करने में हिचकिचाहट थी। कभी कोई कह ही सकता था। पर उनकी आर्थिक स्थिति ऐसी नहीं थी, कि अवैतनिक काम कर सकते। 'शासन शब्दकोश' के तैयार होकर टाइप हो जाने के बाद भारत के और प्रान्तों के तज्ज्ञों के पास जाकर उसके बारे में परामर्श लेना था। श्री प्रभाकर माचवे ने सहयोग देने को लिखा था, यह बड़ी प्रसन्नता की बात थी।

कवि शील कानपुर के लिए वचन ले चुके थे, 16 को 3 बजे रात्रि की गाड़ी से हम कानपुर चले। गर्मी में चलना तो पसन्द नहीं था, लेकिन क्या करते ! रात को तीन बजे श्री ललितमोहन अवस्थी के निवास पर राम-मोहन कटरा में गए। शीलजी साथ थे, इसलिए रास्ता पूछने की जरूरत नहीं थी। सँकरी सड़क थी, जिस पर बीच-बीच में गाएँ लेटी थीं, लोग गर्मी से बचने के लिए आसमान के नीचे चारपाइयों पर पड़े थे। अगले दिन क्राइस्ट चर्च कालेज में सार्वजनिक सभा हुई। छुट्टी के कारण विद्यार्थी नहीं थे, इसलिए भीड़ जितनी होनी चाहिए थी उतनी नहीं हुई, लेकिन संख्या की कमी को श्रोताओं के वेग ने सन्तुष्ट कर दिया। मुझे कुछ असन्तोष तो हो सकता था, क्योंकि मेरे प्रिय तो तरुण हैं। प्रबन्धक कह रहे थे, कांग्रेस और 'प्रताप' वालों ने बाधा उपस्थित की। सभा से मैं श्री गणेशशंकर विद्यार्थी के घर पर गया। उनके ज्येष्ठ सुपुत्र श्री हरिशंकर विद्यार्थी मिले। आजकल वे कानपुर इन्प्रूवमेन्ट ट्रस्ट के अध्यक्ष थे। कानपुर में सचमुच ही बहुत इन्प्रूवमेन्ट—सुधार—करने की आवश्यकता थी। सौ ही वर्ष पहिले तो गंगा के किनारे इस गाँवड़े में लखनऊ के नवाब पर अंकुश रखने के लिए अंग्रेजों ने अपना फौजी कम्पू (केम्प) बनाया, जो कम्पू से कानपुर बन गया। उस समय किसको आशा थी, कि सौ वर्ष बाद यह 13-14 लाख आबादी का शहर हो जाएगा। इसीलिए अग्रसोची होकर शहर को बाकायदा बसाने की ओर ध्यान नहीं रखा गया, और खाली जमीन में जिसकी जहाँ इच्छा हुई, उसने वहाँ अपने लिए मकान बना लिया। ये सँकरी सड़कें सँकरी गलियाँ-जैसी हैं, जिनमें—मनीराम की बगिया-जैसी में—मोटर चलाने

में ड्राइवरों का क्या, चढ़नेवाले का भी दिल काँपता है। शहर से बाहर समझकर बँगलों को बनाया गया था, लेकिन अब वे भी शहर के भीतर आ गए। 50 हजार से ऊपर शरणार्थी भी यहाँ बस गए। नए मकान बराबर बनते जा रहे थे, तो भी उनकी कमी थी। व्यापार में शरणार्थियों से दूसरे बनिये जब होड़ नहीं लगा सकते, तो तरह-तरह से दोष निकालने लगते हैं–"वे नकली चीजें देते हैं, उनका आचार-विचार शिथिल है। स्त्रियाँ नंगी नहाती हैं आदि-आदि।" देश-काल के अनुसार आचार-विचार में अन्तर होता ही है। पश्चिमी उत्तर-प्रदेश वाले ब्राह्मण मछली-मांस का नाम सुनने के लिए भी तैयार नहीं हैं, और पूर्ववाले मूँछ पर ताव देकर उसका सेवन करते हैं। स्त्रियाँ पंजाब ही में नंगी नहीं नहातीं, हमारे यहाँ भी नहाती हैं। हाँ, इतना अन्तर जरूर है, कि यहाँ वे पुरुषों की नजर बचाकर नहाती हैं।

18 को दिन-भर कानपुर ही में रहना था। मुझे फोटो का शौक है। यात्री और यात्रा-सम्बन्धी लेखक होने से मुझे फोटो का महत्व मालूम हुआ, और एक बार इस खर्चीले शौक में जब आदमी पड़ गया, तो कितना ही हाथ रोकने पर भी खर्चना पड़ ही जाता है। मेरे पास सोवियत से लाया फेंद केमरा था, जिसका नेगेटिव बहुत छोटा, एक फिल्म में 26 होता था, और बिना इन्लार्ज किये उसका कोई महत्व नहीं था। यहाँ चित्रा स्टूडियो में एक रोलैफ्लेक्स केमरा (अर्गोफ्लेक्स) 335 रुपये साढ़े 10 आने में खरीद लिया। कुछ समझ तो रहा था, कि इससे काम नहीं चलेगा। मुझे और महँगा केमरा लेना पड़ेगा। पर सामने देखकर लोभ का संवरण नहीं कर सका। दोपहर का भोजन श्री पुरुषोत्तम कपूर के यहाँ हुआ, जहाँ प्रिंसिपल हीरालाल खन्नाजी भी मिले। और भी कई मित्र आए। इसी घर में कम्युनिस्ट संतोष कपूर का जन्म हुआ। सन्तोष ने अपनी सारी जवानी कानुपर के मजदूरों की सेवा और संगठन में लगा दी। आज तक भी उनका एक पैर बराबर जेल ही में रहता है। वह अपने उद्देश्य और स्वप्न में अदम्य हैं। शीलजी को इस बात का बहुत दुःख हुआ, कि म्युनिसिपल्टी ने मुझे मानपत्र नहीं दिया ? यह क्या समझते नहीं थे, कि मेरा रास्ता किस ओर का है, और म्युनिसिपल्टी का मानपत्र किस ओर ? भोजनोपरान्त बुद्धपुरी में श्री मेघार्थीजी के विद्यालय में गये। बहुत दिनों बाद श्री संतरामजी से भी वहीं भेंट हो गई। तरुण चेहरा अब बूढ़ा हो गया था। बीच के समय देखने का मौका नहीं मिला, नहीं तो परिवर्तन इतना हुआ नहीं मालूम होता। मेघार्थीजी पहले बुद्ध के नाम से आकृष्ट हुए थे, और अपने साथ बुद्ध को भी आर्यसमाजी बनाना चाहते थे, लेकिन अब वह काफी आगे बढ़े थे। नवाबपुरा में श्री छैलबिहारी कंटक ने शिक्षितों की एक छोटी-सी बैठक हिन्दी प्रचारिणी सभा में की। कंटकजी जलपान कराना चाहते थे, लेकिन इस वक्त तो एक-एक मिनट का बहुत मूल्य था। वहाँ से शरणार्थियों की बस्ती में एक सिनेमा में चायपान के लिए मित्र लोग ले गए, फिर नागरी प्रचारिणी सभा में। पं. लक्ष्मीधर वाजपेयी सभा के अध्यक्ष थे। वाजपेयीजी का सारा जीवन हिन्दी की सेवा में लग रहा था। उन्होंने पत्र-सम्पादन किये, पुस्तकें लिखीं, प्रकाशन किये। मेरे लिए तो सब से बड़ी बात यह थी, कि हिन्दी साहित्यकारों में सबसे पुराने और पहिले इन्हीं को आगरा में मैंने श्रद्धावनत दृष्टि से देखा। भाषण के बाद कानपुर के महासेठ श्री रामरतन गुप्त के यहाँ पत्रकारों से भेंट और भोजन दोनों काम करना था। इस प्रकार वह सारा दिन कानपुर में अत्यन्त व्यस्त रहा। कानपुर में मेरे लिए तो यह परम्परा-सी बन गई है, कितना ही बचने पर भी दिन में चार-पाँच सभाओं में जाकर बोलना मामूली बात थी। 10 बजे रात की गाड़ी पकड़कर 1 बजे प्रयाग पहुँच छोटी लाइन (ओ. टी. आर.) पकड़ी।

8
वैशाली में (1948 ई.)

छोटी लाइन की गाड़ी में चढ़ने पर दिल गरियार बैल बन जाता था। बनारस तक गाड़ी खूब जोर से चली, फिर छकड़ा बन गई। भीड़ थी पर सेकेंड क्लास में उतनी नहीं थी। बलिया और छपरा के आसपास श्रेणी-विभाग हट ही जाता है, लठियल लोगों की भूमि है, टिकट कलक्टर भी अपनी चाँद को सस्ती नहीं समझते। सोनपुर में पहुँचने पर मालूम हुआ, गाड़ी दो घंटा लेट है। अब डिब्बे में दो ही आदमी रह गये, और सोने का मौका मिला। 3 बजे रात को मुजफ्फरपुर पहुँचे। उस रात को कहीं जाना-आना मुश्किल होता लेकिन सेक्रेटरी मौजूद थे। नींद अभी पूरी नहीं हुई थी, जाकर सो गया। बिजली के पंखे के नीचे पड़ा था, लेकिन सामने मधुर खाद्य देखकर मच्छर कैसे धैर्य धरते। मालूम होता था गुच्छे-के-गुच्छे बनकर सिर पर धावा बोल रहे थे। आखिर सिर को भी ढाँकना पड़ा।

हमारे मेजबान श्री दिग्विजयसिंह थे। उनके दादा बाबू लंगटसिंह एक मामूली चपरासी थे। फिर अपने अध्यवसाय से लाखों रुपये कमाए, लेकिन गरीबी में पले होने पर भी रुपया उनको अपना सेवक नहीं बना सका। उन्होंने मुजफ्फरपुर में शिक्षा के प्रचार के लिए लाखों दिया, और उसी से ग्रियर्स भूमिहार कालेज बना। अंग्रेजों का नाम रखने पर कालेज की स्थापना और वृद्धि में सहायता होती है, इसलिए यह नाम रखा गया। (अब उसका नाम लंगटसिंह कालेज है)। किन्तु दादा के बचपन की गरीबी का नाम सुनकर उन्हें उनका क्या परिचय मिल सकता है। कालेज में नव संस्कृति केन्द्र में जाकर डेढ़ घंटा बोलना पड़ा। दोपहर को भोजन पर दिग्विजय बाबू के घर पर रह गये, और 4 बजे उन्हीं के साथ मोटर से वैशाली की पुनीत भूमि के लिए रवाना हुए। भारत के लिए उसका स्थान वैसा ही है, जैसा यूरोप के लिए अथेंस का। आखिर हमारा भी ध्येय गणराज्य ही है। श्री जगदीशचन्द्र माथुर (आई. सी. एस.) जब यहाँ सब डिवीजनल आफिसर थे, तो उनका ध्यान वैशाली की ओर आकृष्ट हुआ, और उन्होंने ही भूली वैशाली को लोगों के सामने लाने का प्रयत्न किया। वैशाली को आजकल बसाढ़ कहते हैं। पुरानी वैशाली के अवशेष कोल्हुआ बनिया, बसाढ़ आदि कितने ही गाँवों में फैले हुए हैं। सरकारी और गैर-सरकारी सभी लोग वैशाली-महोत्सव की तैयारी में लगे हुए थे। अप्रेल का गर्मियों का महीना सभाओं के लिए अनुकूल तो नहीं है, पर इसी ऋतु में वैशाली में श्रमण महावीर का जन्म हुआ था। कृषि-विभाग और सहयोग समिति की प्रदर्शनी हो रही थी, तम्बू पड़े हुए थे, दोपहर के वक्त इन तम्बुओं के भीतर रहनेवाले की कैसी गति बनती होगी ? पर मुझे यह ख्याल नहीं था, कि उनके लिए गर्मियों में पहाड़ का रहना अस्वाभाविक और यहाँ रहना स्वाभाविक था।

जरा धूप कम होने पर हम घूमने के लिए निकले। कोल्हुआ में अशोक स्तम्भ देखने गये। यद्यपि वह साधु की कुटिया के आँगन में पड़ गया है, लेकिन उसका ऊपरी भाग बहुत देर से दिखाई पड़ता है। अशोक

ने वैशाली के महत्व को दिखलाने के लिए इस स्तम्भ को स्थापित किया था। शायद यहीं महावन कूटागारशाला थे, जहाँ भगवान् बुद्ध अक्सर आकर रहा करते थे। बाहर 11वीं-12वीं शताब्दी की मुकुटधारी बुद्ध-प्रतिमा थी, जिसके दायक ने उस पर खुदवा दिया था–"देय धर्म्मोयं प्रवरमहायानियायिनः करणिकोच्छाट माणिक्य-सुतस्य।" जिससे मालूम हुआ, कि इस मूर्ति के बनवानेवाले कायस्थ उच्छाट थे, जिसके पिता का नाम माणिक था। करणिक या करनन कायस्थ आज भी तिरहुत में होते हैं, यद्यपि भोजपुरी भूभाग–जो वैशाली से कुछ ही मील पर बहती गण्डक के दूसरे पार से शुरू हो जाता है–में रहनेवाले कायस्थ श्रीवास्तव मुक्ति (प्रवेश) के निवासी हैं। वैशाली अपने बुद्ध भक्त कायस्थों के लिए मशहूर है। उसने संस्कृति के दिग्गज पंडित बौद्ध आचार्यों को भी पैदा किया। कायस्थ पं. गयाधर यहीं के थे, जिन्हें संस्कृत के ग्रंथों के अनुवाद के लिए तिब्बत बुलवाया गया।

कोल्हुआ से चकरामदास और बनिया गाँव में गये। ये गाँव पुराने ध्वंसावशेषों पर बसे हैं। बनिया के श्री बिजलीसिंह अधिक पढ़े-लिखे नहीं थे, लेकिन उनको पुरानी चीजों के जमा करने का शौक था। काफी चीजों के एकत्रित हो जाने पर गुणग्राहकों का, उनके दर्शन के लिए पहुँचाना स्वाभाविक है। बिजलीसिंह के घर पर बड़े-बड़े लोगों के आने से गाँववालों में से कुछ को ईर्ष्या होनी भी स्वाभाविक है। वह उस समय मौजूद नहीं थे। हमारी जीप लौट आई, और भोजन करके हम फिर वहाँ पहुँचे। उनके संग्रह में कितने ही मौर्यकालीन और कुषाणकालीन सिक्के थे। मिट्टी की पुरानी मूर्तियाँ तथा और भी कितनी ही चीजें उन्होंने अपने खपड़ैल के घर में सजा रखी हैं। उनका यह प्रेम सराहनीय था, किन्तु पुरानी सामग्री के लिए यह स्थान सुरक्षित नहीं समझा जा सकता। ऐसी महत्वपूर्ण सामग्री को व्यक्ति के हाथ में रहना भी मैं ठीक नहीं मानता। यह जरूरी नहीं, कि भक्त की सन्तान भी भक्त हो, इसलिए पीछे इन चीजों के तितर-बितर हो जाने का डर था। बिजलीसिंह अब भी अपने काम में लगे हुए थे। जनबरी (1956) में मुझे आया सुनकर वह पटना आए, और बराबर साथ रहते रहे। जब मैं कलकत्ता जाने लगा, तब भी वह स्टेशन पर मौजूद थे। मैं उनके चेहरे को भी भूल गया था, और नाम को भी। अक्सर ऐसा होता है, कि नाम और चेहरे दोनों को एक साथ मैं याद नहीं कर सकता, किन्तु अलग-अलग याद कर सकता हूँ। लेकिन, इस समय दोनों नहीं याद आ रहे थे। बिजलीसिंह समझते होंगे, मैं उन्हें पहचान रहा हूँ। चाहे पहचान भी न पाऊँ, तो भी थोड़े समय के परिचित पुरुष के सामने भी वैसा व्यवहार करना मेरा स्वभाव नहीं है, जिससे उसके हृदय पर ठेस पहुँचे। यदि बिजलीसिंह ने अपना परिचय दे दिया होता कि मैं वही आदमी हूँ, जिसने बनिया में पुरातात्विक वस्तुओं का संग्रह कर रखा है, तो मुझे बड़ी प्रसन्नता होती, और पिछले आठ वर्ष के उनके काम के बारे में पूछता और सुनता। मैं सारे समय उन्हें पहचान नहीं सका। मेरे दोस्त कहने लगे, यह आदमी खुफिया पुलिस का है। मैंने उनसे यह तो कह दिया–"पुलिस ऐसे सीधे-सादे आदमी से मेरे बारे में अपना काम नहीं ले सकती।" हाँ, पुलिस स्वतन्त्र भारत में भी मेरे पीछे वैसे ही परेशान है, जैसे अंग्रेजों के समय में। मुझे पीछे अफसोस हुआ, जब मालूम हुआ कि वह सीधे-सादे व्यक्ति बिजलीसिंह ही थे।

बनिया में और जगहों पर भी खेतों में कभी-कभी कुइयाँ निकल आती हैं। ये कुइयाँ वृत्ताकार एक ईंट से बनी होती हैं। आजकल ऐसी ईंटों के बनाने का यहाँ रवाज नहीं है। लेकिन छपरा, गोरखपुर, बस्ती के तीन जिलों को पार कर चौथे गोंडा जिले में यदि हम जायें, तो आज भी ऐसी ईंटें बना और पकाकर लोग कुइयाँ तैयार करते हैं। ये सस्ती पड़ती हैं। मामूली खर्च के पाने के लिए काफी भी होती हैं। एक जगह पास-पास तीन कुइयाँ थीं। लोगों को समझ में नहीं आ रहा था, कि इतने पास-पास कुइयाँ के बनाने की क्या जरूरत थी। लेकिन ये कुइयाँ तो थी नहीं, ये तो संडास की कुइयाँ अर्थात् गूथकूप थे। उस समय सामाजिक स्वास्थ्य और नागरिक सफाई की ओर लोगों का ध्यान था, इसलिए हर घर में गूथकूप के रहने की आवश्यकता थी। वहाँ के लोगों को यह समझाने में बहुत दिक्कत भी नहीं हुई, क्योंकि गूथकूप का ढक्कन तीन टुकड़ों में टूटा वहाँ मौजूद था। इसके बीच में एक बित्ते का गोल छेद था, पावदान भी बना था और आगे छोटा छेद पेशाव गिरने के लिए था। लोगों को यह विश्वास हो गया, लेकिन वह कुइयाँ समझकर उसका पानी पी रहे थे। मैंने कहा, इसकी पर्वाह न कीजिए। कुछ ही महीने में पाखाना गोभी के फूल का रूप ले लेगा, क्यों उसे अभक्ष्य

समझा जाता है ? और ये गूथकूप तो आज के सहस्राब्दी पहले इस्तेमाल किये जाते होंगे।

21 को भी सबेरे हम पुरानी वैशाली की परिक्रमा में निकले। बावन पोखर पर एक शिला में गणेश और सप्तमातृका की मूर्तियाँ खुदी हुई देखीं। पास ही में बुद्ध, फिर छठे तीर्थंकर पद्मप्रभु, सिंहनाद अवलोकितेश्वर, हरगौरी और विष्णु की मूर्तियाँ थीं। इनमें विष्णु की मूर्ति सबसे पुरानी थी, बाकी 11वीं-12वीं सदी की थीं। अवलोकितेश्वर की खण्डित मूर्ति बड़ी ही सुन्दर थी। वहाँ से दक्षिण भगवानपुर रत्ती गये। वैशाली के लिच्छवियों की एक शाखा ज्ञातृ थी, जिसे पालि में नाती, नात या नत्ती भी कहा जाता है। तीर्थंकर महावीर को वैशालिक और ज्ञातृपुत्र (पालि, नात-पुत्र) कहा गया है। उनके वैशाली में उत्पन्न और ज्ञातृ-संतान होने में कोई सन्देह नहीं, लेकिन अभी बहुत-से जैन इसे मानने में आना-काना कर रहे हैं। बीच में इस भूमि में जैनों के उच्छिन्न हो जाने और पीछे स्थानों को मनमाना प्राचीन नाम देकर तीर्थ बना लेने के बाद इनके लिए यह हिचकिचाहट स्वाभाविक है। भगवानपुर रत्ती का अर्थ है रत्ति पर्गने का भगवानपुर। भगवानपुर नाम के कितने ही गाँव हैं, इसलिए यह विशेषण लगाना पड़ा। रत्ति, नत्ति या ज्ञातृ का ही बिगड़ा हुआ रूप है। आजकल भी इस पर्गने में जथरिया भूमिहार बहुत बड़ी संख्या में रहते हैं। यह लिच्छवियों की उसी ज्ञातृ-शाखा की सन्तान हैं, ज्ञातृ से ही जथरिया शब्द बना। महावीर भी काश्यप-गोत्री थे, और यह भी काश्यप-गोत्री हैं। ज्ञातृ लोग क्षत्रिय थे, और यह अपने को भूमिहार ब्राह्मण कहते हैं, यह भेद जरूर है, जिसका समाधान मुश्किल नहीं है। यहाँ कोई विशेष चिन्ह नहीं मिला, होगा भी तो जमीन के बहुत नीचे होगा। बसाड़ के पास स्तूप देखा, जिसके ऊपर आजकल कब्र बनी हुई है। यह शायद उसी स्थान पर है, जहाँ वैशाली का पश्चिमी द्वार था, और जहाँ से ही बुद्ध अन्तिम बार कुसिनारा की ओर जाते वक्त निकले थे। जलपान के बाद महावीर जयन्ती के उपलक्ष्य में होती जैन सभा में भाषण दिया, फिर जीप पर जलती धूप में निकल पड़े। कम्मन छपरा की बाग में चार-पाँच हाथ नीचे अर्थात् 12-13 सौ साल पहिले (गुप्त काल) का एक चार मुखोंवाला विशाल मुखलिंग देखा। वह गुप्त काल से पहिले का होगा। शायद यही वैशाली के पूर्व द्वार के बाहर चैत्य रहा होगा। चैत्य उस समय पूज्य चौतरे को कहते थे और वह बौद्धों के ही नहीं, दूसरों के भी होते थे।

शाम के साढ़े 5 बजे बिहार के राज्यपाल अणे साहब आए। भीड़ थी, लाउडस्पीकर ठीक से काम नहीं कर रहा था, इसलिए सुनाई देना मुश्किल था। लाटसाहब भाषण देकर थोड़ी देर बाद चले गए। मैंने भी अपना वैशाली पर लिखा भाषण दिया। कितने ही प्रस्ताव पास हुए। उस समय बातचीत हो रही थी कि वैशाली में प्राकृत का एक शोधपीठ या इन्स्टीट्यूट कायम किया जाए। बिहार ने पीछे दरभंगा में संस्कृत इन्स्टीट्यूट, नालंदा में पालि इन्स्टीट्यूट और वैशाली में प्राकृत इन्स्टीट्यूट कायम किया। इन तीनों स्थानों में दरभंगा ही ऐसा है, जहाँ अनुसंधान के लिए काफी सामग्री मौजूद है। वहाँ शहर है। एक अच्छा-खासा डिग्री कालेज है, और महाराजा की बहुत बड़ी निजी लाइब्रेरी भी है। बाकी दोनों स्थानों में हरेक चीज का बन्दोबस्त स्वयं करना पड़ेगा। लाखों की इमारतें खड़ी करनी होंगी, फिर एक बड़े पुस्तकालय को तैयार करना पड़ेगा, और सबसे बड़ी दिक्कत यह कि सैकड़ों छात्रों और शोधकर्ताओं को वहाँ लाकर रखना आसान नहीं होगा। खैर, इन स्थानों का अपना महत्व है। नालन्दा को भुलवाया नहीं जा सकता, पर वहाँ केवल पालि इन्स्टीट्यूट कायम करना ठीक नहीं है। बौद्ध वाङ्मय और बौद्ध जगत् की भाषाओं के अध्ययन का वहाँ केन्द्र बनाना चाहिए। वैशाली में जैन वाङ्मय ही नहीं, राजनीति और गणराज्यों के इतिहास के अनुसंधान-केन्द्र बनाने चाहिएँ। दरभंगा में मिथिला इन्स्टीट्यूट रहे।

प्रयाग–वैशाली से 11 बजे रात को चलकर 1 बजे की ट्रेन पकड़ी। छपरा पहुँचते सबेरा हो गया। गर्मी बहुत मालूम हो रही थी, पंखे से लू की लपट निकल रही थी। इधर यह गर्मी थी, जो कह रही थी जल्दी भाग जाओ; उधर आमों में टिकोरे (केरियाँ) झूम-झूमकर कह रहे थे–"हम कुछ ही दिनों में बड़े, पीले और मीठे हो जाएँगे। पके आमों से वंचित क्यों होने जा रहे हो ?" एक ओर आम खींचकर नीचे रखना चाहता था, दूसरी ओर गर्मी भगाकर पहाड़ पर पहुँचाना चाहती थी। और पहाड़ पर भी हम अब के साल कनौर जा रहे थे, जहाँ पके आम किसी तरह भी सही-सलामत नहीं पहुँच सकते। दिग्विजय बाबू ने बहुत अच्छे आमों

का टोकरा रेल द्वारा शिमला भेजा। वह समझते थे, मैं शिमला ही के आसपास कहीं रहता हूँ। बिल्टी शिमला से आठवें-दसवें दिन डाक द्वारा चिनी पहुँची। उस वक्त मैं यही मनाने लगा था, अगर रेल से किसी ने चुराकर टोकरे को खा लिया होगा, तो बहुत अच्छा।

प्यास बहुत सता रही थी। भोजन करना मुश्किल था। साढ़े 7 बजे शाम को प्रयाग पहुँचकर सत्यनारायण कुटीर में चला आया। टाइप करने का काम कागज के लिए रुका हुआ है, यह जानकर बड़ी झुँझलाहट पैदा हुई। टण्डनजी पर भी क्रोध आ रहा था : बड़े दीर्घ सूत्री अनिश्चयात्मक वृत्ति के पुरुष हैं। लेकिन, काम को तो घाट पर पहुँचाना ही था। सुनीति बाबू ने सरकारी कामों में व्यवहार्य परिभाषाएँ बनाई थीं। इसमें पदाधिकारियों और कार्यालयों के नामों की ही सूची थी, किन्तु निर्माण का ढँग बड़ा अच्छा था। हमने उनमें से बहुतों को स्वीकार कर लिया। जो शब्द अकारादिक क्रम से लग गये थे, अब उन्हें अंग्रेजी और हिन्दी में टाइप कराना था। इसमें भी हमने कुछ आदमियों को लगा दिया। इसी समय सम्मेलन के कर्मचारियों ने वेतन-वृद्धि के लिए माँग की। आखिर वह जानते थे कि सरकार भी 50-55 हजार की सहायता देने जा रही है। फिर उनका ही वेतन क्यों कम रहे ? 23 तारीख को इसके लिए भी झुँझलाहट हुई कि चन्द्रग्रहण के कारण हमारे साथ काम करनेवाले लोग त्रिवेणी-स्नान करने चले गए। विद्यानिवासजी जान तोड़कर काम कर रहे थे। हमारी योजना के अनुसार उन्हें कोश के दिखलाने के लिए कलकत्ता, कटक और नागपुर जाना जरूरी था। मैं चाहता था, पहाड़ के लिए प्रस्थान करने से पहिले वे आ जाते, तो आगे का दिशा-निर्देश सामने ही कर दिया जाता। लेकिन अभी टाइपिस्टों का ही कोई ठीक-ठाक नहीं हो रहा था।

बीच में कुछ दिनों अनुपस्थित रहने के कारण कुछ कामों को दुबारा करना पड़ा। विद्यानिवासजी संस्कृत का मोह नहीं छोड़ सके, और उन्होंने बहुत-से संस्कृत शब्द दिए। हमारा काम लोगों को भाषा सिखलाना नहीं था, बल्कि जितने शब्दों का हिन्दी में प्रचार है, उन्हीं से नये शब्दों का गढ़ना था। तीन दिन का काम बढ़ गया। खैर, पहिले-पहिल ऐसा होना स्वाभाविक था। 25 तारीख को माचवेजी भी आ गए। वह भी विद्यानिवासजी की ही तरह मुस्तैद थे। यदि विद्यानिवासजी दाहिने हटना चाहते थे, तो यह उन्हें खींचकर बीच में रखने में समर्थ थे। उस दिन तापमान 110 डिग्री तक पहुँचा। पंखा गरम हवा देने लगा।

26 को बनारस से रायकृष्णदास पधारे। वह विशेष तौर से देखना चाहते थे, कि हम उसी काम को नहीं दोहरा रहे हैं, जिसे नागरी प्रचारिणी सभा कर रही है। सम्मेलन और नागरी प्रचारिणी सभा की प्रतिद्वंद्विता से मुझे कुछ लेना-देना नहीं था। मैंने उन्हें परिभाषा समिति का प्रस्ताव दिखलाकर बतलाया कि हमारे काम एक-दूसरे के पूरक होने चाहिएँ। रायसाहब ने मुझे इंसुलिन लेने की सलाह दी। दो-चार सूई लेने के लिए तो मैं तैयार था, लेकिन अभी प्रतिदिन सूई को चुभोने से भागता था। यह भी मन के किसी कोने में आशा थी—"शायद देवहिमालय कृपा करे, वहाँ प्रतिदिन दो घंटा टहलना ही है।" पंक्रिया-ग्रंथि के पेन्शन लेने से शरीर में क्या परिवर्तन होता है, यह कुछ-कुछ दिखाई देने लगा। प्यास और पेशाव दोनों एक साथ जोर करते, मुँह का स्वाद बुरा रहता, चमड़ा रूखा तथा मन में एक तरह की विकलता मालूम होती। डा. रवि वर्मा ने पेशाब देखकर बतलाया कि चीनी बहुत अधिक है। 8 बजे इन्सुलिन की सूई ली। 3 घंटे बाद 11 बजे रात को मुँह के स्वाद में अन्तर मालूम होने लगा। फिर भी सोच रहा था, इन्जेक्शन बड़ी बुरी बला है, सूई को गरम पानी में उबालकर साफ रखना होगा, फिर इन्जेक्शन का सारा सामान—इन्सुलिन, स्पिरिट, रूई, सूई, चिमटा आदि—सब पास रखना होगा। साफ दिखाई देने लगा, कि यह सारा तरद्दुद अकेले कन्धे पर उठाया नहीं जा सकता, पर अबकी बार तो हिमालय अकेले ही जाने का निश्चय किया।

28 तारीख को शाम-सवेरे दोनों समय इन्सुलिन का इन्जेक्शन लिया। शाम को सवेरे से दूने परिमाण में।

28 को तिब्बत की कुछ बातें मालूम हुईं। पता लगा, सरकार और सेरा विहार के भिक्षुओं में झगड़ा हो गया। सेरा में शिक्षित रेडिंग लामा तेरहवें दलाईलामा के मरने के बाद तिब्बत के रिजेन्ट हुए थे। मेरे मित्र गेशे-तन्-दर उनके अध्यापक रहे। तन्-दर अब सेरा के एक विभाग के खम्वो (डीन) थे। वह बड़े ही प्रतिभाशाली

विद्वान् थे। बाह्य मंगोलिया की अपनी भूमि को छोड़कर 25-30 वर्ष से सेरा में पहिले विद्यार्थी और फिर अध्यापक रहे। यह जानकर बड़ा दुःख हुआ कि इस झगड़े में मुश्टन्डे साधुओं ने गेशे-तन्-दर को मार डाला। उनकी सर्वतोमुखी विद्या का उपयोग अब होनेवाला था। इतना बहुमूल्य जीवन इतनी जल्दी समाप्त हो गया। मेरे दूसरे मित्र और साथी गेशे मेन्दुम् छोमूफेल (संघधर्मवर्धन) के बारे में पता लगा कि प्रगतिशील विचारोंवाली अपनी पुस्तक के छपवाने के लिए उन्हें जेल में बन्द कर दिया गया है, कितनी ही बार कोड़े लगाए गए। धर्मवर्धन बड़े कुशल चित्रकार थे, उत्तम कवि और साथ ही दर्शन के पंडित थे। मेरे साथ रहने का प्रभाव पड़ने से उनके विचार भी मार्क्सवादी हो गए। नवीन तिब्बत को उनसे बहुत आशा हो सकती थी, लेकिन वह भी समय से पहिले ही चल बसे। गेशे धर्मकीर्ति मेरे साथ दो बार भारत आ चुके थे। वह वैकाल के पास के मंगोल थे। वह आजकल तिब्बती कोश बना रहे थे। मैं प्रयाग में था, और ये शोकजनक घटनाएँ हिमालय पार सुदूर ल्हासा में घट रही थीं। पर मालूम होता था, वे मेरे सामने ही हो रही हैं। मेरा चित्त बहुत खिन्न था।

अब मैं डायबेटीज़ की ओर से अधिक उपेक्षा करने के लिए तैयार नहीं था। 60 यूनिट इन्सुलिन का इन्जेक्शन देने पर पेशाब की चीनी रुकती। 29 तारीख को दिन में दो बार इन्जेक्शन लिया। डा. रवि वर्मा ने इन्सुलिन, पेनिसिलिन, पिचकारी, गरम करने का चम्मच और दूसरी सारी चीजें जमा कर दीं। सब पर 109 रुपये खर्च आये। डाक्टर ने अपनी फीस लेने से इन्कार कर दिया। मैं ऐसी जगह जा रहा था, जहाँ इन्जेक्शन देनेवाला कोई नहीं मिलता, इसलिए 20 अप्रेल को अपने हाथ से इन्जेक्शन लिया।

उसी दिन कोश प्रायः समाप्त हो गया। टाइपिस्ट अंग्रेजी और हिन्दी में शब्दों को टाइप करने में लगे हुए थे। विद्यानिवासजी भी घर जाकर लौट आए। किस सिद्धान्त के अनुसार हम परिभाषाओं का निर्माण कर रहे हैं, इस पर एक लेख भी तैयार किया।

2 मई को रविवार था। आज सम्मेलन कार्य-समिति की बैठक हुई। 'शासन शब्दकोश' को देखकर विश्वास हो गया, और समिति ने विज्ञान की परिभाषाओं के लिए भी पाँच हजार रुपये मंजूर किए। अगले दिन मुझे हिमालय के लिए रवाना होना था। आनन्दजी का बहुत आग्रह था, कि मैं किसी को अपने साथ ले जाऊँ, किन्तु मुझे चिनी जाना था, वहाँ की यात्रा में कई कठिनाइयाँ आ सकती थीं, जिनका सामना करने के लिए हरेक आदमी तैयार नहीं हो सकता था। इसलिए मैंने प्रयाग से अपने साथ किसी को ले जाना पसन्द नहीं किया। इतना विश्वास हो ही गया था, कि शिमला से कोई आदमी मिल जाएगा। हाँ, यह बन्दोबस्त इसी यात्रा के लिए था। अब तो मालूम होने लगा था, कि किसी आदमी को साथ रखना होगा, जो लिख भी सके और इंजेक्शन भी दे सके।

9
किन्नर देश में

3 मई को साढ़े 8 बजे मैं कालका मेल से प्रयाग से रवाना हुआ। कितने ही मित्र मिलने आए। दवाइयों का एक पार्सल घर पर ही छोड़ गए। कई चीजों को साथ रखने में ऐसा होता ही है। उस पार्सल में मूत्र-परीक्षा की दवाई थी। हमारे डब्बे में दो बंगाली सज्जन थे, जिनमें एक दिल्ली और दूसरे कालका तक के साथी थे। थोड़ी ही देर में हम चिरपरिचित-से हो गये। साथ में एक अंग्रेज भी चल रहे थे। वह बीस साल से दार्जिलिंग के चायबागानों के प्रबन्धक थे। चायबागान भी तो अब अंग्रेजों के हाथ से निकल रहे थे। उत्तरी ईरान में चाय के बगीचे बनाए जा रहे थे। अब वह उन्हीं के लिए वहाँ बुलाए गए थे। वह चायबगान के कुलियों की सादगी की बड़ी प्रशंसा करते थे। क्यों न प्रशंसा करते, जबकि वह बिना कान-पोंछ हिलाये उनके इशारे पर हर वक्त काम करने के लिए तैयार रहते थे। 'बदमाश' कम्युनिस्टों से उनको जरूर शिकायत थी, क्योंकि वह कुलियों को भड़का रहे थे। दासों के युग में मनुष्य का पशु की तरह काम करना स्वामियों को स्वाभाविक मालूम होता था। आज भी करोड़ों का माल पैदा करनेवाले चायबागान के कुली आधे पेट रहकर काम करें, तभी वह भले मालूम होते हैं।

12 बजे से 6 बजे तक चलती हुई ट्रेन में भी बड़ी गर्मी रही, खाना खाने को मन नहीं किया। 8 बजे बाद हम दिल्ली पहुँचे। दो घंटे से अधिक गाड़ी रुकी रही। सीट रिवर्ज थी, चार सीटें थीं और चार ही आदमी थे, इसलिए रात को सोने का आराम रहा, और दिन में गप्-शप् में समय बीतते मालूम नहीं हुआ।

शिमला–4 मई को सवेरे हम कालका पहुँच गये थे। छोटी गाड़ी पकड़नी थी। दो सूटकेसों और बिस्तरे को लगेज में भेज दिया, बाकी सामान साथ रखा था। चंडीगढ़ आया। यहीं पूर्वी पंजाब की राजधानी बनने जा रही थी। यह प्रत्यन मुहम्मद तुगलक के दौलताबाद बसाने से भी बदतर था। आखिर दौलताबाद में पहिले ही से देवगिरि जैसा नगर मौजूद था, और यहाँ जंगल में राजधानी बसने जा रही थी। जालन्धर प्राचीन काल में भी एक बड़ी राजधानी थी। आज भी एक बड़ा शहर, और उससे कुछ ही मील पर कपुरथला के महल मौजूद थे। पंजाब की राजधानी होने के लिए वह सबसे उपयुक्त था, लेकिन समझावे कौन। मालूम हुआ, कि एक मंत्री की यहाँ बहुत सारी जमीन थी, वह राजधानी के नाम पर लाखों रुपये में बिक गई। (चंडीगढ़ की राजधानी अब सरकारी तौर से उद्घाटित हो गई है, लेकिन, पंजाबी भाषा के छोर पर बसे इस नगर के सौभाग्य को पंजाबी भाषा किसी समय भी छीन सकती है)।

छोटी लाइन का डब्बा और इंजन भी छोटा था। ट्रेन छोटे-छोटे पहियों से बालक की तरह धीरे-धीरे ऊपर साँप-सी टेढ़ी-मेढ़ी चढ़ रही थी। रास्ते में पहाड़ के भीतर कितनी ही सुरंगें मिलीं। चार हजार फुट की ऊँचाई पर पहुँचने के बाद गर्मी से छुट्टी मिली। यहाँ गेहूँ अब पक रहे थे। दोपहर के करीब शिमला पहुँच गये। स्टेशन

पर प्रो. लाजपतराय नय्यर अपनी बहिन रजनीजी के साथ मौजूद थे। जीप पर चढ़कर ऊपर पहुँचे, और थोड़ी-सी चढ़ाई को पैदल पार करना पड़ा। फरग्रोव बँगले पर पहुँचने में काफी थकावट हुई। मकान बड़े सुरम्य हरे-भरे स्थान में था। सफाई और शान्ति चारों ओर विराज रही थी। रेल के लम्बे सफर के बाद स्नान करना अनिवार्य है। स्नान किया, लेकिन पेट खराब था, दर्द भी था और कई पतले दस्त और एक कै भी हुई। 9 बजे रात को छुट्टी मिली। आज खाना नहीं खाया। प्रो. नय्यर पंजाब सरकार के प्रचार-विभाग के डायरेक्टर-जेनरल (महानिदेशक) थे। उन्होंने कुछ फिल्में दिखलाये, जिनमें लोक-कला के कुछ दृश्य थे, पर पेट के दर्द के मारे मन नहीं लग रहा था।

उस दिन शाम को शिमला की प्रधान सड़क–माल–पर टहलने गये थे। पंजाबी ललनाएँ सारे भारत में आधुनिकता में अव्वल रहती हैं। वे माल को पेरिस की फैशनवाली सड़क बना रही थीं। पेरिस और भारत के फैशनों का यहाँ बहुत विचित्र सम्मिश्रण था। एक तन्वी ने चित्रवर्ण-सी पतली साड़ी और ब्लाउज पहनते वक्त यह ध्यान रखा था कि उदर का सौंदर्य ढँकने न पाए। यदि स्वस्थ और सुन्दर होती, तो गुप्तकाल की मूर्ति-सी सुन्दर मालूम होती, लेकिन थी वह बिल्कुल चुड़ैल। शाम को माल पर तो मालूम होता था कि सौन्दर्य और वेषभूषा की प्रदर्शनी हो रही है। ये पहाड़ी नहीं, पंजाबी तरुणियाँ थीं। तरुण पीढ़ी पिछली पीढ़ी को बहुत पीछे छोड़ गई थी। एक लड़की अपने भाई से कह रही थी–"मैं अपने मित्र के पास जा रही हूँ।" भाई ने जवाब दिया–"तुम्हारा मित्र तरुण अमुक है ना ?" बीसवीं सदी के मध्य में ही यदि यह देखा जा रहा है, तो आगे कहाँ तक पहुँचेंगे, इसे कहना मुश्किल है।

किन्नर-देश की यात्रा का विस्तृत वर्णन मैं 'किन्नर देश में' कर चुका हूँ, जो कि 'हिमाचल प्रदेश' में भी लिखा गया है, इसलिए उन सब बातों को यहाँ दोहराना उचित नहीं। यहाँ संक्षेप में ही कुछ वर्णन करना होगा। शिमला में मैं 4 से 12 मई तक रहा, प्रो. लाजपतराय का मेहमान होकर। वह पंजाबी मुझे हमेशा ही खुले दिन के मेहमाननेवाज मालूम हुए। प्रो. नय्यर में ये गुण और भी अधिक थे। उनकी पत्नी भी हर तरह मुझे कोई तकलीफ न हो, इसका ध्यान रखती रहीं। यहाँ आकर इन्सुलिन को नियमपूर्वक लेना मैंने शुरू नहीं किया, भोजन में भी संयम नहीं कर पाया। आगे जाने की धुन थी। पैदल चलने की कभी-कभी हिम्मत करता था, लेकिन चढ़ाई में साँस फूलती देखकर घोड़े की आवश्यकता थी। स्वतन्त्र भारत में अब 22 रियासतों को मिलाकर हिमाचल प्रदेश बना दिया गया था, जिसके चीफ-कमिश्नर मेरे पुराने परिचित श्री एन. सी. मेहता थे। वैसे भी उनसे मिलता, किन्तु अब तो उनके प्रदेश में कई महीनों के लिए जा रहा था, इसलिए जरूरी था। टेलीफोन किया। मेहताजी अनुपस्थित थे, अपना नम्बर दे दिया, और सोचा यदि टेलीफोन आयेगा, तो मिलने चलेंगे। टेलीफोन आया, और 7 मई को हिमाचल सरकार के सचिवालय में उनसे मिलने गया। सचिवालय जिस इमारत में था, उसका नाम हिमालयधाम रखा गया था। मेहताजी मिले और व्यस्त होने पर भी उसका प्रदर्शन नहीं किया। कुछ बातें हुई, उन्होंने कहा, कि फल-उत्पादन और सड़कों का निर्माण यह सबसे पहले करना है। कन्नौर में अंगूर के बगीचे हैं, जिसमें जीप द्वारा वह आ सके, सड़कों का ऐसा बन्दोबस्त करना होगा। यह भी कहा, कि हम लोग लोक-कला की प्रदर्शनी में एक मण्डली बाहर भेजना चाहते हैं, उसके लिए ध्यान रखेंगे। मेरे लिए सबसे बड़ा काम यह हुआ, कि उन्होंने रामपुर के उच्चाधिकारी को पत्र लिख दिया, कि घोड़े, भारवाहक और डाक बँगला आदि का प्रबन्ध कर दें तथा ठाणादार में 13 तारीख को एक घोड़ा और दो कुली तैयार रहें।

8 तारीख को मेरे देवली के साथी ठाकुल गोविन्दसिंह मिले। उनके साथ कन्नौर (स्पिलो) के ठाकुर गोपालचन्द नेगी भी थे, जो इलाहाबाद में एल. एल. बी. के द्वितीय वर्ष के छात्र थे। तीसरे पुरुष शोंग निवासी नेगी ठाकुरसेन बी. एस. सी., एल. एल. बी. थे। नेगी ठाकुरसिंह कृषि के ग्रेजुयेट थे, नौसेना में चले गए थे, और अब हिमाचल के लिए कुछ करना चाहते थे। मालूम हुआ, कि चिनी का कमिश्नरी घर अब भी खाली पड़ा है, उसके एक भाग में अस्पताल है। नेगीजी ने अपने परिचितों को कई चिट्ठियाँ लिख दीं।

उसी दिन कालीबाड़ी में गये। इसकी स्थापना 1815 में उसी समय हुई थी, जब कि हिमालय के भारतीय

पहाड़ों को अंग्रेजों ने नेपालियों से छीना था। बंगाली सबसे पहिले पश्चिमी सभ्यता के सम्पर्क में आये। उनके भी कुछ लोग आधुनिकता में किसी समय सरपट दौड़े, लेकिन वह समय बहुत पहिले बीत चुका। अब उनमें आधुनिकता, आधुनिक सज्जा, वेष-भूषा भी है, पर गम्भीरता के साथ।

शिमला घूम-फिरकर देखा। उसके दूर के बँगलों में भी गए। कुफरी में वनभोज भी किया। 12 मई के सवा 5 बजे रेस्तराँ में पंजाब के मंत्रियों ने चाय-पार्टी दी, जिसमें डा. गोपीचन्द मुख्यमन्त्री तथा दूसरे मन्त्री भी आये। उसी दिन दोपहर को पं. भगवतदत्तजी मिले। अब भी वह उसी तरह स्वाध्यायशील हैं, और आर्य समाज के वैसे ही पक्षपाती भी। कालिदास और समुद्रगुप्त को वह ईसवी सन् के आरम्भ में ले जाना चाहते हैं और बुद्ध को ईसा-पूर्व 7 वीं सदी में। विचार-भेद कितना ही हो, किन्तु हमारा वैसा ही मधुर सम्बन्ध था, जैसा 1916 में। 42 वर्षों का उन पर कोई प्रभाव नहीं है, यह जरूर ईर्ष्या की बात थी। लाहौर में वह शांतिपूर्वक मौडल टौन में अपने घर में रहा करते थे। निश्चिन्त जीवन था, देश का बँटवारा हुआ। 9 अगस्त (1947) को परिवार-सहित चले आये। कष्ट का जीवन है। घर-बार नहीं। लड़का मध्य-एसिया म्युजियम में काम कर रहा है, पत्नी अमृतसर के एक विद्यालय में अध्यापिका हो गई थीं, यही सन्तोष की बात है।

13 मई को साढ़े 7 बजे बस से हम रवाना हुए। 29 मील पर नारकण्डा तक बस जाती थी, जो 9000 फुट की ऊँचाई पर है। यहाँ से रामपुर 32 मील था। लेकिन, हमारे लिए घोड़ा ठाणादार में आनेवाला था। संयोग से रामपुर हाई स्कूल के हेडमास्टर पं. दौलतरामजी भी इसी बस से आये थे। सामान के लिए पाँच रुपये में खच्चर किया और स्वयं 11 मील की यात्रा पैदल तय करने के लिए चल पड़ा। पहले घण्टे में रफ्तार चार मील रही, फिर कुछ सुस्त, नवें मील के पास पहुँचने पर एक घोड़ा मिल गया। ठाणादार में डाकबँगले में ठहरे। तिब्बत में भारतीय प्रतिनिधि श्री देवीदासजी स्टोक के पुत्र, श्री प्रीतमसिंह और पुराने परिचित डा. भगवानसिंह बोध मिले। बिल्कुल अपनों में आ गये। रामपुर से आये घोड़े-खच्चर मौजूद थे।

अगले दिन 6 बजे चलने से पहिले रायसाहब देवदासजी परौंठे और फल लेकर आये। रात को पेट ठीक नहीं था, इसलिए आज उपवास करने की सोची थी। फल ले लिये। नौला और निरत होते शाम होने से पहिले ही रामपुर पहुँच गये। डाकबँगला नगर से दूर था। हमने बड़ी प्रसन्नता से स्वीकार किया, जब यहाँ के उच्चाधिकारी सरदार साहब ने अपने बँगले में रहने के लिए कहा। वे क्वेटा में रेवेंन्यू अफसर थे। घर उजड़ने के बाद इधर चले आये, और अब इस काम पर थे। रास्ते में एक जगह घोड़े ने पत्थर पर गिरा दिया, चार जगह घाव हो गया। इन्सुलिन लेना जरूरी था। हमारे मेजबान सूई देने में दक्ष निकले। 15-16 को रामपुर में ही बिताया। रास्ते के लिए कुछ चीजें खरीदीं, चिनी के बारे में कुछ जानकारी प्राप्त की। रामपुर का राजा अभी लड़का था, राजमाता दुःखी थीं। इस दिन के लिए कभी सोचा नहीं था। अब उनकी कोई पूछ नहीं थी। राजा के घोड़े और खच्चरों को भी सरकारी बनाया जा रहा था। तोशाखाने में लाखों के आभूषण रहे होंगे, लेकिन सब पर लगाकर उड़ गए, जो दो-चार हजार के थे, उन्हें रानी को दे देने में क्या आपत्ति थी ? बेचारी अपने दुःखों का वर्णन करते अपने को रोक नहीं सकी, और उसकी आँखों में आँसू आ गये।

17 तारीख को सवेरे साढ़े 6 बजे आगे के लिए रवाना हुए। सामान के लिए दो सरकारी खच्चर मिले थे। सवारी के घोड़े की पीठ कटी थी, यह एक मील जाने पर मालूम हुआ, उसे लौटा दिया। नौ मील पर गोरा के डाकबँगले में दोपहर के लिए ठहर गये। मार्च में अखबारों में रामपुर-बुशहर में प्रजा के विद्रोह के बारे में पढ़ा था। गौरा का डाकबँगला भी उस समय विद्रोह का एक मुख्य स्थान था। मास्टर अनुलाल और पं. सत्यदेव प्रजा के नेता थे। रियासतवाले अपनी पुरानी चाल चलना चाहते थे। सराहन में अनुलाल को गिरफ्तार करके गौरा के डाकबँगले में लाया गया। गिरफ्तार करनेवाली पुलिस स्वयं गिरफ्तार हो गई। अगले रियासत के जज, पुलिस के अफसर तथा दर्जन से अधिक सिपाहियों ने गोली चलाकर काम बनाना चाहा, लेकिन उन्हें आत्मसमर्पण करना पड़ा। कितने ही दिनों तक रामपुर में प्रजा का राज्य रहा। मास्टर अनुलाल और पं. सत्यदेव के नेतृत्व ही के कारण लूट-पाट नहीं हुई। अन्त में भारत सरकार ने पुलिस भेजी और बिना गोली चलाये ही शान्ति स्थापित हो गई।

आज 21 मील चलकर शिमला से 19वें मील पर अवस्थित सराहन के डाकबँगले में पहुँचे। सारी यात्रा पैदल हुई थी, इसलिए थकावट थी और अन्त की तीन-चार मील की चढ़ाई तो बहुत ही कठिन मालूम हुई। बँगले पर पहुँचते-पहुँचते चूर-चूर हो गये थे। अध्यापक सोहनलालजी को पहिले ही नेगीजी की चिट्ठी मिल चुकी थी। उन्होंने आराम का सारा प्रबन्ध किया, और 20 रुपये पर अगले पड़ाव के लिए एक घोड़ा भी कर दिया।

साईस दौलतराम को पहिले ही रवाना कर दिया। घोड़ा देखने में बड़ा रौबदार और मजबूत था। हमने सोचा था, यह चलने में हवा से बातें करेगा, पर वह वैसा साबित नहीं हुआ। शोल्डिंग नाला पार कर मैं एक दूकान में बैठा था। पास के खेत में खम्बा लोगों का तम्बू पड़ा हुआ था। खम्बा तिब्बती खानाबदोश हैं, जो जाड़ों में मानसरोवर प्रदेश और गर्मियों में दिल्ली और दूसरे भारत के शहरों में घूमा करते हैं। तिब्बती में बात करने पर मेरी ओर उसका आकर्षण हुआ। उसने चाय पीने के लिए बुलाया। चाय पीने से भी बढ़कर मुझे तिब्बत और खम्बा लोगों के बारे में जानकारी प्राप्त करने की इच्छा थी। तरुण का बौद्ध-धर्म में अुनराग था, ब्राह्मण धर्म को वह झूठा धर्म समझता था। उसकी जानकारी काफी थी। उसने कम्युनिस्ट पार्टी का भी नाम सुना था, शायद यह मालूम नहीं था, कि दो साल बाद तिब्वत में कम्युनिस्ट पार्टी की दुन्दुभि बजने लगेगी। वह चाहता था, भोट में भी गरीबों का शोषण बन्द होना चाहिये। उस दिन 23 मील चलकर साढ़े 5 बजे नचार पहुँच गए। चारों ओर देवदारों के सघन वन की छटा थी। इधर के जंगलों के कंजर्वेटर का कार्यालय यहीं रहता है। कंजर्वेटर ढिलन साहब जालन्धर के रहनेवाले थे। चाय पिलाकर उन्होंने अपना साग-सब्जियों का बाग दिखलाया। अभी फल कोई नहीं तैयार था। नेगी ठाकुरसिंह ने चिट्ठी यहाँ भी लिख दी थी, और बाबू अमीचन्द ने वड़ी मदद की। सबेरे की चाय ढिलन साहब के यहाँ थी, फिर पंगी के बाबू अमीचन्द साथ-साथ चले। अगला डाकबँगला बंगपू में था, जिसके जरा ही नीचे सतलुज को पार करने के लिए लोहे का पुल था। रास्ता उतराई का था, इसलिए घोड़ा रहने पर भी उसका कोई काम नहीं था। डाकबँगले पर 9 बजे ही पहुँच गए। सड़क के इन्सपेक्टर श्री लक्ष्मीनंद बड़े प्रेम से मिले। चार घण्टा विश्राम करने के बाद अब वह साथी बन गए। उन्होंने अपना घोड़ा और एक आदमी रोगी तक के लिए दे दिया। बँगतू पुल सवा पाँच हजार फुट की ऊँचाई पर है। हम कितनी ही सर्द जगह में थे, वह आसानी से मालूम हो सकता है। आगे कुछ दूर सतलुज को सीधा रोक देनेवाला पहाड़ आ गया। इसको तोड़ने में सतलुज को लाखों वर्ष लगे होंगे। पानी का रास्ता तो निकल आया, लेकिन बादलों का रास्ता उतना खुला नहीं है। चार मील जाने पर बाबू लक्ष्मीनंद को छोड़ दिया। कुछ देर समतल-सी जगह में चलने के बाद तीन मील की कड़ी चढ़ाई आई। घोड़ी देखने में कमजोर मालूम होती थी, लेकिन उसने पार कर दिया। 125वें मील पर उड़नी के डाकबँगले में विश्राम किया। यहाँवालों को स्कूल का अभाव बहुत खटकता था। हमने उनकी ओर से एक दरखास्त लिख दी। अब हम ठेठ किन्नर देश में थे। आजकल यहाँ का जीवन कितना महँगा था, यह इसी से मालूम हो जाएगा, कि दोनों खच्चरों के रात को खाने के लिए 6 रुपये की घास खरीदनी पड़ी, आटा सवा रुपया सेर था, जो भी सुलभ नहीं था।

20 मई को जलपान करके सबेरे रवाना हुए। जहाँ-तहाँ चढ़ाई पर घोड़े की सवारी करते रहे, अधिकतर पैदल चलते रोगी पहुँचे। रोगी से चार मील पहले जाड़े में बरफ के सैलाब ने बुरी तरह से सड़क को तोड़ दिया था। बेरास्ते दीवार-सी खड़ी चढ़ाई पर चढ़ना पड़ा। यदि उतराई होती, तो मेरी तो हिम्मत नहीं होती, लुढ़क जाने का डर था। रोगी में नेगी सन्तोखदास से मुलाकात हुई। सैलाब ने डाकबँगले को तोड़-मरोड़कर बहुत दूर फेंक दिया था। जंगल-विभाग की मुस्तैदी के कारण यहाँ बहुत जगहों पर अच्छे देवदार-वन लग गए हैं, और वनों की रक्षा भी हुई है। रोगी गाँव में सेब, खूबानी, अखरोट, अंगूर के बहुत-से बाग हैं। यहाँ का काला छोटा अंगूर शताब्दियों से मशहूर रहा है। प्राचीनकाल में कन्नौज के राजाओं को भी यहाँ से लाल शराब जाती होगी। गुर्जर-प्रतिहारों के समय किन्नर देश अवश्य कान्यकुब्ज साम्राज्य के भीतर था।

चिनी–उसी दिन 5 बजे चिनी पहुँचकर जंगलात के डाकबँगले में ठहरे। कितने ही दिनों की इकट्ठा डाक

मिली। उसी के पारायण में बहुत-सा समय लग गया। अब 7 अगस्त तक के लिए चिनी घर हो गया। गाँव में 90 के करीब घर हैं। मिडिल स्कूल है, जिसके प्रधानाध्यापक पोस्टमास्टर भी हैं। यहाँ तहसील भी है, तहसीलदार और स्कूल के अध्यापक लोगों से परिचय हुआ। वे हर तरह से मेरी सहायता करने के लिए तैयार थे। अब मुझे मालूम हुआ, खान-पान का प्रबन्ध अपने जिम्मे लेना बड़े सिरदर्द का कारण होगा। यह चिन्ता दूर हो गई, जब अगले दिन पुण्यसागर साथ रहने के लिए अकस्मात् आ गए। वह किन्नर हैं। किन्नर लोगों में अधिकांश लोग बौद्ध हैं। वे साधु होकर सोनम् ग्येनूछे थे, जिसका ही अनुवाद मैंने पुण्यसागर किया। वह छठे दर्जे तक पढ़े थे, लेकिन पढ़ाई उर्दू में की थी। यदि हिन्दी में होती तो हम दोनों को ज्यादा फायदा रहता। फिर भी मेरे साथ रहते-रहते वे हिन्दी काफी पढ़ने लग गये। भोजन के बारे में अब मैं निश्चिन्त रह सकता था। उस समय साग-सब्जी का बड़ा अभाव था, लेकिन खाने की चीजें दूकान से मिल सकती थीं। कुछ चीजों की दिक्कत जरूर थी, लेकिन भूखे रहने की नौबत नहीं थी।

21 मई को दोपहर बाद स्कूल में गए। यह बस्ती में सबसे ऊँची जगह पर अवस्थित हैं, जहाँ किसी समय चीनी ठकरस (ठाकुर) का दुर्ग था। अनगढ़ पत्थरों की दीवारें बनी थीं। दीवारों का पता नहीं है, पत्थर जरूर मिलते हैं, और मिट्टी से ढँके हुए। पुराने अवशेष के भीतर क्या छिपा है, यह जानने की इच्छा प्रबल होना स्वाभाविक है। पर जिज्ञासा की पूर्ति इतनी आसान नहीं है। बहुत पीछे मैंने रहस्य जानने की कोशिश की, और जहाँ-तहाँ कुछ खुदवाया, पर उसमें पत्थर और जली लकड़ी मिली। यह दुर्ग वैसा ही रहा होगा, जैसा यहाँ लबरंग और कामरू में, अर्थात् बहुत कुछ वर्गाकार 20-25 हाथ लम्बी-चौड़ी तथा छः मंजिला-सत मंजिला इमारत, जिसमें लकड़ी का भी कुछ-कुछ उपयोग है। धातु में लोहे का सिर्फ एक बान का फल मिला। दुर्ग की एक तरफ चिनी गाँव है और दूसरी तरफ कुछ नीचे हटकर तहसील और दूसरी सरकारी इमारतें। दुर्ग की एक ओर पहाड़ के लिए असाधारण काफी लम्बा-चौड़ा एक खेत है, जो चिनी के देवता का है। स्कूल में डेढ़ सौ के करीब लड़के पढ़ते थे। दूर-दूर गाँवों के लड़के गरीबी के कारण तब तक यहाँ पढ़ने के लिए नहीं आ सकते, जब तक कि उन्हें आर्थिक सहायता न मिले। खुला और ऊँचा होने से यह स्थान सर्द है, इसलिए नीचे अपेक्षाकृत कुछ गरम जगह में जानेवाला था। डाकखाने में एक बार साढ़े सात सौ रुपये से अधिक जमा नहीं किया जा सकता, इसलिए दो बार में रुपयों को जमा किया।

जंगलात के डाकबँगले में हम रह सकते थे, किन्तु वह मुख्यतः जंगलात के अफसरों के लिए है, इसलिए हम किसी दूसरी जगह रहना चाहते थे। रेंजर श्री देवदत्त शर्मा अमृतसर के निवासी, तरुण और मिलनसार थे, वह अपनी नवपरिणीता पत्नी और बहिन के साथ बँगले के पास के क्वार्टर में रहते थे। हमारे यहाँ पैसा देनेवाले अतिथि के रखने का इन्तिजाम नहीं, स्वतन्त्र प्रबन्ध करना तो आवश्यक था। वहाँ से कुछ फर्लांग हटकर सड़क के ऊपर मिश्नरियों के मकान को देखने गए। सामने की इमारत अस्पताल के लिए थी, जिसमें वर्षों से कोई डाक्टर नहीं था, और कम्पोंडर ठाकुरसिंह ही डाक्टर का काम करते थे। सबसे पीछे की कोठरियों में ठाकुरसिंह का परिवार रहता था, और बीच में अच्छे-खासे तीन-चार कमरों की एक इमारत खाली पड़ी थी। इसी को हमने पसन्द किया। अगले दिन सामान लाने में आदमियों के मिलने में दिक्कत हुई, संयोग से वैशाख पूर्णिमा को बुद्ध-पूजा के लिए बहुत-सी साधुनियाँ जमा हुईं थीं, उन्होंने खुशी से हमारा सामान मिश्नरी बँगले में पहुँचा दिया। किसी समय वहाँ जर्मन मिश्नरी रहते थे, फिर साल्वेशन आर्मीवाले आये। उस समय यहाँ का फलों और फूलों का बाग बड़ी अच्छी हालत में था। माली अब भी था, किन्तु बाग को कोई देखनेवाला नहीं था। वृक्षों में गाला नहीं। 1926 में मैंने यहाँ गूजबरी खाई थी, जो अब उच्छिन्न हो गई थी। नासपाती हालेण्ड से मँगाकर लगाई गई थी, अब भी उसमें बड़े-बड़े फल आते हैं। कितने शौक से इस बगीचे को लगाया गया होगा, किन्तु अब यह बिल्कुल खतम हो रहा था।

22 मई को तहसीलदार मंगतराम दौरे पर से लौटे। पुराने सेब, खूबानी और अखरोटों के साथ कुछ साग भी ले आये। रियासत के नौकर थे, घबराये हुए थे, कि अब नई सरकार रखेगी या नहीं। चीफ-कमिश्नर की सिफारिशी चिट्ठी आ गई थी, इसलिए चाहते थे कि उनके बारे में मैं सिफारिश करूँ। मैंने कहा, कि सबसे बड़ी

सिफारिश यह होगी, कि यहाँ के फलों, खनिज-सम्पत्ति, दस्तकारी आदि के बारे में पूरी जानकारी पैदा करके चीफ-कमिश्नर साहब के पास भेजें।

पुण्यसागर के आने से मेरी तीन चौथाई चिन्ता दूर हो गई। यह बिल्कुल संयोग था जो वह आ गये। मेरा उनसे पहले का परिचय नहीं था, लेकिन नाम शायद वह जानते थे। स्वास्थ्य की ओर ख्याल पहले गया। 23 मई को मूत्र-परीक्षा की, तो मालूम हुआ, चीनी थोड़ी है। पानमेलिटेस की गोलियाँ खाते रहे, इन्सुलिन की सूई लेने को आगे पर छोड़ दिया। दूध और घी की पहाड़ में आशा की जा सकती थी, लेकिन वे भी यहाँ दुर्लभ थे। सर्दी एक कम्बल और एक अण्डी से अधिक की नहीं थी। 24 मई से हमने दो घंटा घूमना शुरू कर दिया।

चिनी में डाक हर दूसरे दिन आती थी, किन्तु रास्ता खराब होने तथा कुप्रबन्ध के कारण उसका समय निश्चित नहीं था।

अब चिनी में आशा रखते थे, 'मधुर स्वप्न' को लिख डालेंगे, लेकिन उसका समय साल-भर बाद आनेवाला था। हाँ, उसकी सामग्री पढ़ते रहे। कनौर के लोक-गीतों की ओर भी ध्यान गया। वे अधिकतर प्रेम, सौन्दर्य, सम्पत्ति, अद्भुत कार्य या देवता आदि के बारे में होते हैं, और हर जगह के लोक-गीतों की तरह इनकी आयु भी ज्यादा नहीं होती। एक बार तूफान की तरह वे निकलकर सारे किन्नर देश को गुँजा देते हैं, फिर दूर जाते शब्द की तरह क्षीण होते नष्ट हो जाते हैं। शायद देवताओं के गीतों की आयु ज्यादा होती है। मैंने वहाँ रहते कितने ही गीत जमा किए। जो 'किन्नर देश' में छपे हैं। यहाँ रहते भिन्न-भिन्न तरह के लोग मिलने आते थे। चम्बा निवासी नेपाली रामानन्द के शिष्य परमानन्द चेतन चार-पाँच वर्ष से किन्नर देश में डटे थे। फक्कड़, चट्टानों में खूब घूमे थे। घूमते-घामते यहाँ पहुँचे, और किन्नरियों के फेर में पड़ गए। अब सम्मान भी नहीं रहा है, लेकिन किन्नर में सुरा बहुत सुलभ, उन्हें तो बिना दाम के मिल जाती थी। इसलिए सुरा-सुन्दरी छोड़ें, तभी तो किन्नर देश से निकलें। परमानन्द चेतन कश्मीर से नेपाल तक के पहाड़ों को छाने हुए हैं। दस-बारह हजार फुट की ऊँचाई उनके लिए कुछ नहीं है। दूसरे घुमक्कड़ अम्दो के मिले। वह एक युग तिब्बत में बिता चुके थे। अब तिब्बत और भारत उनके पैरों के नीचे था। ऊपर की यात्रा में स्फू में एक और मंगोल भिक्षु मिले। तीस वर्ष पहिले शायद कम्युनिस्ट-क्रान्ति के कारण देश छोड़कर वह ल्हासा के डेपुंग मठ में आये। वहाँ कुछ दिन पढ़ने-लिखने के बाद फिर भारत और तिब्बत के चक्कर में लग गये थे। इस चक्कर से केवल घुमक्कड़ी की लालसा ही पूरी नहीं होती, बल्कि तीर्थयात्री होने से जीविका भी चलने लगती है। चौथे घुमक्कड़ नेपाली रंगाचार्य थे, जो तोतादि के रामानुजी जगद्गुरु के शिष्य थे। वह पूर्वी नेपाल के धनकुटा में पैदा हुए, फिर बर्मा जीविका की तलाश में पहुँचे। अन्त में घुमक्कड़ी ने पीछा किया, और घूमते हुए मद्रास की तरफ जाकर रामानुजी साधू बने। वहाँ के कितने ही परिचित स्थानों के बारे में बतलाते थे। वह आजकल अधिकतर मोने–कामरू–में रहा करते थे, और लोग उन्हें मोनेरोला कहा करते थे, जिसका अर्थ है मोने का फकीर। उनके पैर में हमेशा ही चक्कर बँधा रहता। बहुत बीहड़ मार्गों से वह एक दो नहीं, पाँच-पाँच बार कैलाश-मानसरोवर गये। 1953 में मैं काठमाण्डू गया, तो वहाँ भी किन्नर देश से पहाड़ों को कूदते-फाँदते पहुँचे थे। उनको पाठशालाओं की धुन है। अधिकारी भी प्रसन्नता से सहायता करते हैं।

खाने की दिक्कत बिल्कुल दूर नहीं हुई थी, और सबसे ज्यादा दिक्कत थी साग और तेमन की। 1 जून तहसीलदार साहब ने कुछ सूखा मांस भेज दिया, और पुण्यसागर ने होशियार गृहपत्नी की तरह थोड़ा-थोड़ा करके दस दिन तक उसे चलाया। अब कुछ हरा साग मिलने लगा, फलों के मिलने में अभी एक महीने से ज्यादा की देर थी। सड़क इन्सपेक्टर बाबू लक्ष्मीनन्द ने घी भेजा, लेकिन दाम लेने से इन्कार किया। यह भी आफत थी। वैसे घी का खर्च भी ज्यादा नहीं था, रोटी चुपड़ते नहीं थे, और तलने का काम तेल से भी चल जाता था। 3 जून की शाम को हल्का-सा ज्वर आया। पेट जब-तब गड़बड़ हो जाया करता था। मात्रा से भोजन करने की ओर बहुत ध्यान देने की जरूरत थी।

किसी जगह के पुराने स्थानों का पता लगाना हो, तो देश के जानकार आदमी से उन स्थानों के बारे

में पूछें, जिनका पौराणिक कथाओं से सम्बन्ध जोड़ा गया हो। इधर पहाड़ में सभी प्राचीन स्थानों को पाण्डवों का अज्ञात निवास माना जाता है। ब्रह्मचारी परमानन्द ने उनके बारे में बतलाया कि सतलुज़ के इस पार हैं कोठी, कश्मीर, रारंग, लबरंग, कनम्, स्पू, डुबलिंग, टशीगंग, सोमंग, नाको और सतलुज पार मोरंग, ठंगी, चारंग और वस्पा-उपत्यका में सांग्ला और कामरू।

किन्नर-देश के देवता न मिट्टी-पत्थर के हैं, और न निष्क्रिय निर्जीव। वे विमानों पर ही सोते और विमानों पर ही टहलने के लिए निकलते हैं। विमान छोटी-सी खुली पालकी जैसा होता है, जिसके भीतर से चार-पाँच हाथ लम्बी भुर्ज की सीधी बल्ली डाली जाती है, जो स्प्रिंग की तरह इशारे पर लचकती है। इसी विमान के बीच में लकड़ी की कमचियों से कुछ ऊँची-सी जगह बना दी जाती है, जिस पर रेशमी कपड़ा ढाँककर चाँदी या गंगा-जमुनी चेहरे चिपका दिये जाते हैं। यही देवता हैं। गाँव के दुःख-सुख और हरेक काम में देवता की राय लेना जरूरी है। देवता कभी किसी के सिर पर आ करके बातें करता है, कभी चिट्ठी डालने पर अपना निर्णय देता है; पर सबसे अधिक वाहनों के कन्धे पर चढ़कर विमान के हिलने के संकेत से बात करता है। यदि विमान पूछनेवाले के सामने की ओर झुका, तो उसका अर्थ हाँ है, यदि दूसरी ओर झुका तो नहीं। यदि ऊपर-नीचे उछला तो बहुत अच्छा, और अत्यधिक उछला तो देवता नाराज है। किसी के देवता का नाम नरेनस (नारायण) है। देवता काफी धनाढ्य होते हैं, गाँव का सबसे अच्छा खेत उनका होता है। इसके अलावा वह जब चाहता है, तब नये कर वसूल करता है। खुशी से दान-दक्षिणा जो मिलती है सो अलग। देवता के अपने समय-समय पर उत्सव हुआ करते हैं, जिनमें देवता की आमदनी पूड़े-पूड़ी और दूसरे पकवानों को बनाकर प्रसाद बाँटने में खर्च होती है। कभी-कभी देवता वनभोज के लिए भी जाता है, उस समय दो वाहनों के अतिरिक्त बाजेवालों और असिबन्धकों की पूरी पलटन साथ-साथ चलती है। चिनी में कोलियों (हरिजनों) का अपना अलग विष्णु मन्दिर है, जिसमें न्यम्-शू (तिब्बती देवता, बुद्ध-मूर्तियों) के होने की संभावना है, लेकिन वे कुछ सालों बाद भंडार से निकाले जाते हैं। ये धातु की मूर्तियाँ हैं, और पुरानी परिपाटी के अनुसार इन पर हस्तलेख भी होना चाहिए।

अंडा यद्यपि अति सुलभ नहीं था, तो भी मिल जाता था। 4 जून को पतले दस्त आए, पेचिश का सन्देह हो गया। दस्त को कम करने के लिए चारपाई पर पड़ जाना आवश्यक मालूम हुआ। इस समय पुस्तक न पढ़कर जीवन पर ही दृष्टि पड़ने लगी–"जीवन निस्सार तो नहीं है, यद्यपि उसको आसमान पर नहीं उठाना चाहिए। जीवन-पथ के प्रदर्शन के लिए उपयुक्त ग्रन्थों की आवश्यकता है, और समानधर्मा लेखक के होने पर वे बड़े सहायक हो सकते हैं। अतीत क्या सचमुच स्वप्न है ? नहीं, उसकी स्मृति सुखद होती है; हाँ, कभी-कभी दुःखद भी होती है। यह बात स्वप्न के बारे में नहीं है। और वर्तमान समय में तो भोगी जाती वस्तु ठोस चीज है। वैयक्तिक तौर से एक आदमी का मन कभी अवसाद में पड़ जाता है, निराशा छा जाती है, किन्तु उससे सबके जीवन का मूल्यांकन नहीं करना चाहिए। तरुणाई में आदमी के पास बहुत समय होता है, और बहुतायत के कारण आदमी उसके खर्च में मितव्ययिता भी नहीं कर पाता। यदि करता, तो उसे और भी अनुभव होता, और साहस-यात्राएँ कर सकता। पर क्या यदि अपने अनुभव से कोई एक जीवन प्रयोग बना दे, तो दूसरे उसका उपयोग करेंगे ही ? पूरी तौर से तो नहीं, तो भी उससे कुछ का कल्याण जरूर होगा। बाईस साल पहिले मैं यहाँ एक-दो दिन रहा था। आज पहिला आधा मास हो गया। मेरे भीतर क्या अन्तर है ? उस समय एक तरह साहस-यात्रा करने निकला था। कश्मीर के रास्ते लद्दाख गया था, फिर तिब्बत के पश्चिमी भाग में घुसकर यहाँ आ निकला। अपरिचित देश था, और भाषा भी अपरिचित थी। साधन एक तरह शरीर मात्र था। पर साथ ही तरुणाई की उमंगें थीं। आज भी उमंगें कभी-कभी उठती हैं, फिर तुरन्त ख्याल आता है–पूरा करने के समय पर भी ध्यान दो।"

अगले दिन (5 जून) भी लेटा रहा। मन लगाने के लिए बाइबल पढ़ने लगा। मूसा की पाँचों पुस्तकें (तौरेत) और योशुआ की पुस्तक समाप्त कर डाली। यह यहूदी जाति का एक तरह का इतिहास है। यहूदी मसोपोतामिया से निकले, पहिले फिलस्तीन गए, फिर फिलस्तीन के विजेता मिस्रियों के हाथ में पड़कर उनके

देश में चरवाही करते रहे। याकूब का ही नाम इसराइल था, जिसके कारण यहूदियों को बनीराइल कहते हैं। याकूब का ही पुत्र यूसुफ मिस्र गया था। फिर उसके परिवार के लोग भी वहाँ पहुँचे। न जाने कितनी पीढ़ियों तक वहाँ सुख-दुख भोगते रहे, लेकिन वे सदा फिलस्तीन का स्वप्न देखते रहे। मूसा और उसके भाई हारुन ने उन्हें निकालकर फिलस्तीन पहुँचाया। मूसा राजनीतिज्ञ था, योद्धा नहीं। योशुआ योद्धा था, जो यहूदियों का त्राणकर्ता बना। कबीलाशाही समाज था। युद्ध बराबर होते रहते थे। युद्ध में स्त्रियों-बच्चों को मारने से भी वे बाज नहीं आते थे, खासतौर से वयस्क स्त्रियों को जरा भी दया दिखलाने के लिए तैयार नहीं थे। यहूदी मूर्ति-पूजा के सख्त विरोधी थे। मूर्ति बनाने के लिए अधिक उन्नत संस्कृति की आवश्यकता है। उनको वयस्क स्त्रियों से सदा डर रहता था, कि वे यहोवा की पूजा छोड़कर मूर्तियों की पूजा करने लगेंगी। मूर्तियों और देवताओं को ध्वंस करना वे पुण्य का काम समझते थे। इस बात को इस्लाम ने उन्हीं से सीखा। मेरे लिए मूसा की पाँचों पुस्तकें पढ़ने में और भी दिलचस्प थीं, क्योंकि उनमें यहूवा और उसके बैठने की आर्क किन्नर के देवता और देव (विमान) जैसी ही मालूम होती थी। जब यहूवा यहूदी पैगम्बरों से बात करता, तो मुझे यहाँ के देवता का अपने ज्येष्ठ कर्मचारी से बात करने की बात याद आती थी।

9 जून को पहिले की तरह पाँच मील टहलने गए। बहुत थकावट और कमजोरी मालूम हुई। पेट अब भी साफ नहीं था। दिन में दही-सत्तू खाया, और शाम को सत्तू का निरामिष सूप पिया। प्यास अधिक लगती थी, यद्यपि पेशाब अधिक बार नहीं जाना पड़ता था, इसलिए पेशाब में चीनी के अधिक होने का सन्देह नहीं था। 55 से ऊपर का था, उसका प्रभाव होना ही चाहिए। यदि मधुमेह नहीं होता, तो किसी दूसरे रूप में निर्बलता आती। पाचन-शक्ति की कमी और पेट का साफ न होना भी शायद उसी का लक्षण हो। तो भी संयम रखना आवश्यक था, ताकि इस जीवन से अधिक से अधिक काम लिया जा सके। मैं अनुभव करने लगा, एक स्थायी सहयात्री अत्यावश्यक है, जो लिखने का काम करे। आदमी तो मिल सकता है, किन्तु स्थायी रहेगा, इसमें सन्देह है। साथ ही मधुमेह के लिए इन्सुलिन की सूई देनेवाला हो, तो और अच्छा। 9 जून को लिखा था–"प्रतिवर्ष दो हजार पृष्ठ लिखने की योजना रहनी चाहिए। काम न हो, तो जीने का फल क्या।

चिनी में रहते परिभाषा के काम की ओर ध्यान लगा रहता था। काफी दिनों बाद विद्यानिवास और माचवेजी की चिट्ठियाँ कलकत्ते से आईं। सुनीत बाबू ने हमारे कार्य की प्रशंसा की और काम में सहयोग देने के लिए चिट्ठी लिखी। 'शासन शब्दकोश' टाइप कर लिया गया था, लेकिन प्रेस में भेजने से पहिले उसे एक बार देख लेना जरूरी था। इतने दूर दोनों को बुलाना आसान नहीं था, इसलिए सोचा, कि जुलाई के अन्त में कोटगढ़ उतर चलें। अभी गर्मी बहुत होगी, इसलिए नीचे उतरना ठीक नहीं है, वहीं बुला एक मास रहकर प्रेस-कापी का संशोधन कर डालें।

10
तिब्बत के सीमांत पर

किन्नर देश में वर्षा के बहुत कम होने से यात्रा करने में कोई कठिनाई नहीं थी। हमने किन्नर के छोर पर अवस्थित भारत के अन्तिम गाँव नमूग्या तक की यात्रा को कर लेना अच्छा समझा। 12 जून को यात्रा के लिए आवश्यक सामान को पुण्यसागर बाँधने लगे। तहसीलदार के एक चपरासी ने साथ दिया, और उसके लिए ऐसे आदमी को चुना, जो रास्ते में आदमी और घोड़े का प्रबन्ध आसानी से कर सके। 13 तारीख को सबेरे अभी पेट में कुछ गड़बड़ी थी ही, इसलिए थोड़ा दही खाकर चल पड़े। यहाँ से घोड़ा नहीं लिया, क्योंकि अगला पड़ाव पंगी छः ही मील पर था, जो हमारे रोजाना के टहलने से एक ही मील दूर था। दो भारवाहक सामान लेकर चले। प्रायः समतल तिब्बत-हिन्दुस्तान सड़क थी जो शिमला से तिब्बत की सीमा तक जाती थी। अंग्रेजों ने इसे पश्चिमी तिब्बत पर हाथ साफ करने की नियत से बनवाया था, और इसीलिए इधर की सीमा को अपने नक्शों में अनिश्चित रखा था। सड़क हरे-भरे जंगलों से जा रही थी, जिनमें देवदार और नेवजा (चिलगोजा) के दरख्त थे। देवदार की बाहरी छाल सूखी पपड़ी-जैसी होती है, और नेवजा की हरी। पेड़, डालियाँ और पत्ते दोनों के सुन्दर होते हैं, पत्तियाँ बारहों महीने हरी रहती हैं। छाल के सौन्दर्य में नेवजा बढ़कर है। नेवजा के ही फलों में से चिलगोजा निकलता है, इस प्रकार वह यहाँ अधिक मूल्यवान समझा जाए, तो कोई आश्चर्य नहीं।

पंगी शिमला से 144 मील 6 फर्लांग पर है। अन्त में ही थोड़ी-सी चढ़ाई मिली। थोड़ा विश्राम करके फिर आदमी लिये।

आदमी की मजूरी दो आना प्रतिमील नियत है, अगले पड़ाव रारंग तक 12 आना देना चाहिए था, लेकिन मैंने एक-एक रुपया दिया। घोड़ेवाला 8 मील के लिए 4 रुपया माँगता था। और दया जतलाते एक रुपया छोड़ने को कहा। मैंने घोड़ा नहीं लिया। सिर्फ एक जगह अधिक चढ़ाई थी, नहीं तो समतल- सी ही जमीन थी। आज 14 मील पैदल चला था, इसलिए रारंग पहुँचते-पहुँचते थक गया। पंगी और रारंग दोनों गाँवों के लोग पानी-पानी पुकार रहे थे, और पास के खड्डों में बहुत-सा पानी बेकार बह रहा था। दूसरे से नहर द्वारा पानी लाना उनके बस की बात नहीं थी।

14 जून को गाँव के भीतर मन्दिरों को देखने गए।

वैसे चिनी में भी बौद्ध-धर्म का प्रभाव है, लेकिन रारंग तो बिल्कुल बौद्ध गाँव है। एक मन्दिर में चौरासी सिद्धों के चित्र दीवार पर हाल में अंकित चित्र थे। कुछ देर में घोड़ा भी आ गया और उस पर सवार होकर जंगी चले, जो यहाँ से 7 मील के करीब थी। जंगी बहुत पुरानी बस्ती है, गाँव भी बड़ा है। सामने सतलज पार मोरंग गाँव है। वहाँ का "पाण्डवों" का किला दिखलाई दे रहा था, जो एक छोटी टेकरी पर था। कनौर

में कई भाषाएँ बोली जाती हैं, यहाँ की भाषा भिन्न थी, लेकिन चिनी में बोली जानेवाली हमूकद् भाषा सब जगह चलती है।

लिप्पा (8,900 फुट)–लिप्पा सड़क से कुछ हटकर है, लेकिन हमने उसके बारे में जो बातें सुनी थीं, इसके कारण वहाँ जाना आवश्यक जान पड़ा। घोड़े और दो भारवाहक मिल गए। तीन मील हिन्दुस्तान-तिब्बत सड़क से चले, फिर बाईं ओर का रास्ता लिया। चढ़ाई पहले दो मील की आई, और मार्ग भी कठिन था। सबसे बुरी बात तब होती थी, जब तीखी ढलुआ धरती पर जाना पड़ता था, डर लगता था, कि पैर फिसला और न जाने कहाँ पहुँचे। पर्वत की यात्रा वही अच्छी तरह कर सकते हैं, जो पेड़ पर अच्छा चढ़ना जानते हैं और जिनका शरीर हल्का है। इन दोनों कमियों के साथ-साथ अब आयु का बोझ भी मेरे ऊपर था। खैर, जब चल पड़ा, तो पीछे लौटना नहीं हो सकता था। आखिर पहाड़ की एक बाहीं पर पहुँचे, जहाँ से सामने लिप्पा का बड़ा गाँव दिखलाई पड़ रहा था। जंगलात का क्वार्टर पीछे छूटा, लकड़ी के पुल से एक नदी पार की, जो अपेक्षाकृत बड़ी थी। फिर छोटी थार के पुल पर से गुजरे। यहाँ बहुत-सी पनचक्कियाँ लगी थीं। देवराम ज्योतिषी लिप्पा के रहनेवाले थे, जिनका पंचांग लदाख और तिब्बत तक चलता है। उनके लड़के सोनम् डुब्ग्ये अगवानी के लिए आए, और अपने साथ गुम्बा (विहार) में ले गए, जिसे कि उनके बाप ने बनवाया था। चढ़ाई कठिन थी, पर मैं घोड़े पर चढ़कर गया। गुम्बा गाँव के ऊपर बीच में है, जिसके ऊपर भी घर हैं। एक बड़ी शाला में आसन लगा, जिसमें मैत्रेय (भावी बुद्ध) की मूर्ति थी। पहिले बड़ी प्रसन्नता हुई, जो पछतावे में बदल गई, जब रात को पिस्सुओं ने नींद हराम कर दी।

सारनाथ मन्दिर की दीवारों पर जापानी चित्रकारों ने बुद्ध के जीवन-सम्बन्धी चित्र बनाये थे, जिनके कार्ड सुलभ थे। उन्हीं को देखकर लदाखी चित्रकार ने यहाँ की दीवारों को चित्रित किया था, जो बुरा नहीं था। ल्हासा का कंजूर ग्रंथ-संग्रह रखा हुआ था, और तेर्गी का वृहत्संग्रह तंजूर आजकल रास्ते में था। नीचे गाँव से बाहर एक और भी कंजूरशाला थी, जिसमें कंजूर की पोथियाँ रखी हुई थीं। उस दिन विशेष उत्सव था। पहिले पुस्तकों की पीठ पर रखे स्त्री-पुरुषों ने जलूस निकाला, और अन्त में कंजूरशाला के पास नर-नारी नृत्य करने लगे। मन्दिर से शराब की सदाव्रत बँट रही थी। नाचना क्या, हाथ में हाथ मिलाये टहलना था। एक ओर स्त्रियों की पाँती थी और दूसरी ओर पुरुषों की।

16 जून को भी मैं लिप्पा में रहा। कनौर के सबसे धनी वंशीलालजी लिप्पा के रहनेवाले यहाँ के जेलदार थे। कुछ पीढ़ियों से उनके घर में कनौर के बाहर की पहाड़ी स्त्रियों से ब्याह करने का रवाज था, क्योंकि वे उच्चकुलीना समझी जाती थीं, लोक-नृत्य में वे भी कल शामिल हुई थीं। उपत्यका के देखने से मालूम होता कि पहिले यहाँ बस्ती अधिक थी, बहुत पुराने खेतों के निशान मिलते थे, सामने पश्चिमवाली ढाल में देवदार के जड़ों के कुच्छे मिलते हैं, अव वह ढलान बिल्कुल नंगी है। ऊपर एक किला है, जिसमें ओखल के पत्थर पाये जाते हैं, ओखल चावल कूटने ही के काम नहीं आती, बल्कि किसी समय उसी से आटा पीसा जाता था। इसी तरफ से जाने पर चार दिन में आदमी स्पिती पहुँच सकता है। पुराने जमाने में स्पितीवाले और मौका पड़ने पर यहाँवाले भी लूटमार करने जाया करते थे–एक दिन के रास्ते पर असरँग में पनचक्की के पत्थर मिलते हैं। आक्रमणकारियों के आने की सूचना जगह-जगह आग जलाकर दी जाती थी। पूछने पर पता लगा, कि यहाँ पर भी ख-छ-रो-खङ्–(मुसल्मानी कब्रें) मिलती हैं। यहाँ के लोग यह भूल गये हैं, कि मुसल्मान ही नहीं, बल्कि कभी उनके पूर्वज भी मुर्दों को कब्रों में गाड़ा करते थे। पुराने मकानों की अनगढ़ पत्थरों की दीवारें भी कभी-कभी निकल आती थीं। गुम्बा बनाते वक्त तीन मिट्टी के बरतन निकले थे। आजकल लिप्पा में न मिट्टी के बरतन बनते हैं, न उनका व्यवहार होता है।

आठ साल पहले नम्बरदार के कोठे पर देवता की कोठरी में असावधानी से आग लग गई, फलस्वरूप सारा गाँव नष्ट हो गया। इन पुराने गाँवों में प्राचीन काल की कितनी वस्तुएँ मिल सकती थीं, लेकिन मकानों में लकड़ी की बहुतायत होने से ऐसी आग जब-तब लग ही जाती है। फिर से मकान बनाने के लिए पंजीराम ने खेत में नींव खोदनी शुरू की। वहाँ मृतकघर निकल आया। पहिले दीवार मालूम हुई। खजाने

के लोभ से खोदने पर घर निकल आया, जिसकी दीवार में नीचे उतरने के लिए पत्थर की खुड्डियाँ थीं। घर ऊपर से पत्थर से ढँका था। मेरी उत्सुकता बढ़ गई, जब मालूम हुआ कि हाल ही में पानी की कूप बनाते वक्त एक कब्र में नर-कंकाल निकला था। कंकाल पानी पड़ने से बहुत कुछ गल गया था, खोपड़ी भी टूटी हुई थी, लेकिन वह दीर्घकपाल थी, अर्थात् आज के लोगों की तरह आयत कपाल नहीं। क्या यहाँ खस लोग रहते थे ? कन्नौर लोग अपने को खोसिया भी कहते हैं, पर इनकी भाषा किरात वंश की है। उसी वंश की, जिसकी भाषा के अवशेष चम्बा से आसाम के नागाओं तक के सारे हिमालय में मिलते हैं, और जिसे विद्वान् मोन-ख्मेर कहते हैं। कब्र में कोई चीज नहीं मिली। मैं नए खड़े मकान की ओर चलने की सोचने लगा। उस समय मकान-मालिक एक काँसे का अर्धगोल कटोरा और एक मिट्टी का कुतुप ले आया, जो उसी कब्र में मिले थे। शायद कोई जेवर भी रहा हो, लेकिन पंजीराम उससे इन्कार करते थे। कटोरा जर्जर हो गया था, और कुतुप का मुँह इतना सँकरा था, कि मेरा अँगूठा भी उसमें नहीं जा सकता था। इसमें शराब रख और कटोरे में भोजन रखकर मुर्दे के साथ गाड़ा गया था, इसमें सन्देह नहीं।

17 जून को प्रातराश जेलदार वंशीलाल के यहाँ किया। चार भाइयों में एक भाई मर गया। वंशीलालजी स्वयं सातवें दर्जे तक पढ़े हुए हैं। मझला भाई आठवें दर्जे तक पढ़कर घर का काम कर रहा था, सबसे छोटा रामपुर के हाई स्कूल में नवें दर्जे में पढ़ रहा था। लक्ष्मी के साथ सरस्वती की भी आराधना करना यह घर चाहता है, यह इसी का प्रमाण था। माँ के कान-हाथ-गले सोने से पीले हो रहे थे। वह भी कोची (नीचे की पहाड़ी) और बहू भी कोची थीं। इनका घर बहुत पुराना है, लेकिन रात को ऐसे समय आग प्रचण्ड हुई, कि कागज-पत्र-मूर्तियाँ और पोथियाँ तक जल गईं, किसी तरह लोग अपना प्राण लेकर भागने में सफल हुए।

कनम्–लिप्पा से कनम् की ओर चले, जो आठ-नौ मील से अधिक दूर नहीं है, लेकिन चढ़ाई बहुत सख्त है। कहीं-कहीं सीढ़ियाँ हैं, जिन पर घोड़े पर चढ़कर नहीं चला जा सकता, इसलिए बहुत कुछ पैदल ही चलना पड़ा। उतराई भी इतनी कड़ी थी, कि घोड़े का इस्तेमाल नहीं हो सका। डाँडे पर पहुँचकर वहाँ से लबरंग और कनम् के गाँव दिखलाई दे रहे थे, लेकिन वह काफी दूर थे। उतराई ही उतराई थी। अभी देवदार थे, लेकिन उतने घने नहीं थे। लबरंग का अर्थ है गुरु या लामा का महल। सात मंजिला, 20 हाथ चौड़ा, 25 हाथ लम्बा यहाँ का दुर्ग तो किसी ठाकुर का महल बतलाया जाता है। दीवार में छिले पत्थरों और लकड़ी की सुन्दर जोड़ाई, भीतर बैठकर तीर मारने के लिए छेद बने हुए थे। ऊपर की मंजिल गिर रही थी। लोगों को यहाँ के ठाकुर की बहुत क्षीण स्मृति है। मध्य-काल में लूट-पाट करने के लिए तिब्बतियों और कन्नौरों में होड़ लगी रहती थी। उस समय आवश्यकता पड़ने पर लोग इस दुर्ग में शरण लेते थे।

दुर्ग के पास ही सक्कनशू देवमन्दिर है, जो पत्थर का बना है। ओपंग सिंह का खानदान बहुत पुराना है, लेकिन अब निस्सन्तान है। कनौर में पांडव-विवाह का रवाज है, जिसके कारण जनसंख्या बढ़ने नहीं पाती, और लड़ाई या निस्सन्तानता से उसके घटने की संभावना रहती है। लबरंग में 65 परिवार थे, पहिले इससे अधिक रहे होंगे।

प्रायः दो मील उतरकर हमें सड़क मिल गई, और फिर कुछ दूर चलकर कनम् का डाकबँगला मिला। कनम् 10,000 फुट से 9,470 फुट ऊँचाई पर तथा शिमला से 170 मील 3 फर्लांग पर अवस्थित है। यहाँ भी ख-छे-रो-खङ् (मुसल्मानी कब्रों) के होने का पता लगा। सड़क बनाने और खेत खोदने में कई कंकाल मिले थे, लेकिन लोगों ने उन्हें मुसल्मानों का समझा। उन्हें क्या मालूम था कि इन कंकालों से उनके और उनके पूर्वजों के इतिहास पर बड़ा प्रकाश पड़ सकता है। कंजूर देवालय में भारतीय ग्रंथों के दोनों वृहत् संग्रह–कंजूर और तंजूर–तिब्बती भाषा में रखे हुए थे। वृत्ति के लिए एक खेत भी है, जिसकी आमदनी से मकान की मरम्मत तथा साल-भर में एक बार पाठ करनेवाले भिक्षुओं को भोजन मिलता है। कनम् का देवता

डबला बहुत धनी और शक्तिशाली है। लौटी यात्रा में मैंने 26 जून को कनम् को अच्छी तरह देखा। उस समय नम्बरदार की अध्यक्षता में डबला से बातचीत हुई थी, जो काफी रोचक थी। देवताओं के अनाचार को देवताओं की ही मदद से हटाया जा सकता है। चिनी के नीचे कोठी की देवी सारे कनौर की महामहिम देवी है। वह सैकड़ों बकरों की बलि लिया करती है, बुद्ध के धर्म को नहीं मानती। चिरकुमारी होने से उसमें बहुत क्रोध है। मैंने उस दिन डबला देवता से इसी नियत से बात करनी चाही, कि डबला और देवी का ब्याह हो जाए, और बौद्ध पति का पत्नी पर प्रभाव पड़े। मैं हिन्दी में कहता था, और नम्बरदार अगरजीत उसे कनौर भाषा में डबला से कह रहे थे। नम्बरदार ने कहा कि हमारे देवता हिन्दी समझते हैं। मैं भी जानता था कि वह दुनिया की सभी भाषाओं को समझते हैं। लेकिन, देवता के सामने कोई ऐसा शब्द न निकल जाए, जिससे नाराज होने का डर हो, इसीलिए मैंने नम्बरदार को ही दुभाषिया बनाया। मेरे कहे अनुसार नम्बरदार ने पूछा–

–आप कोठी की देवी से ब्याह करेंगे ना ?

डबला ने सिर को दोनों तरफ जोर से हिलाया, जिसका अर्थ था–मुझे शादी नहीं करनी है।

नम्बरदार–शादी करने में हर्ज क्या है, मनुष्यों की तरह देवता भी ब्याह करते हैं। क्या आप बिल्कुल इन्कार करते हैं ?

फिर सिर हिला, अर्थात् नहीं।

नम्बरदार–तो किसके साथ कोठी की चण्डिका देवी की शादी हो ? वह बहुत बड़ी देवी है।उसके बराबर का कोई देवता नहीं है, न चिनी का, न ख्वांगी का, न पंगी का, न रारंग का, न जंगी का, न लिप्पा का और न लबरंग का ? क्या चिनी के नरेन से शादी करनी चाहिए ?

–नहीं, सगा-सम्बन्धी है, शादी नहीं हो सकती।

नम्बरदार–डम्बरसाहब, चिनी के देवता नारायण से नहीं, तो क्या सुंगरा के ग्रस मनसिर से होनी चाहिए ?

–नहीं, वह भी सम्बन्धी है।

नम्बरदार–और कामरू के बदरीनाथ से। वह भी राज का माफीदार है और देवी भी माफीदार है।

–हाँ, हो सकता है।–खुश होकर, उछलकर डबला ने प्रसन्नता प्रकट की।

नम्बरदार के और पूछने पर डबला ने चण्डिका के ब्याह की आशा दिखाई, पर जैसा कि पीछे देवी से पूछने पर मालूम हुआ, वह ऐसे बन्धन में पड़ने को तैयार नहीं है। नम्बरदार साथ ही डबला देवता के महामंत्री हैं। पूछने पर डबला ने आमदनी खर्च का हिसाब माँगा, और कहा कि दो साल से हिसाब नहीं हुआ है।

कनम् तिब्बत के एक प्रसिद्ध लामा लोचवा रिन-छेन्-जङ्पो–(रत्नभद्र, अनुवादक) का गद्दी-स्थान है। रत्नभद्र 11वीं शताब्दी में हुए थे, वे तिब्बत के सबसे बड़े पण्डितों में थे। संस्कृत के बहुत-से गम्भीर ग्रंथों का अनुवाद उन्होंने तिब्बती में किया था। तिब्बत में जब महापुरुषों के अवतार मानने की परिपाटी चल गई, और हरेक विहार की गद्दी पर अवतारी महंत स्वीकार किये गए लड़कों को बैठाया जाना लगा, तो इस लोचवा का भी अवतार पैदा हुआ। लोचवा की गुम्बा पिछली मर्तबे उपेक्षित-सी दिखाई पड़ती थी, किन्तु अबकी वह अच्छी हालत में थी। वहाँ कुछ भिक्षु भी मिले, जिनमें से कितने ही तिब्बत में पढ़कर आए थे।

स्पू (9,200 फुट)–18 जून को हम कनौर के दूसरे महाग्राम सुंग नम् को देखने की लालसा से चले। कनम् के आगे कुछ ही दूर पर अब वृक्षों का अभाव हो गया। तिब्बत जैसे नंगे पहाड़ थे। रास्ता अधिकतर समतल था। सिर्फ श्याशो खड्ड के पास दो मील उतराई आई। धूप बहुत थी और यहाँ सुखद मालूम भी नहीं होती थी। खड्ड पर लोहे का पुल था। यहाँ जो नदी बह रही थी, वह भी स्पिती के सीमान्ती पर्वतों से आ रही थी। पुल पार हो नदी के बाएँ किनारे ऊपर की तरफ बढ़ने लगे। यह सड़क गांई थी। लोग, और अधिकतर स्त्रियाँ सड़क की मरम्मत कर रहे थे। दो मील के करीब जाने पर श्योशा गाँव मिला। यहीं पर भारवाहक

और घोड़ा बदलना था। घोड़ा अच्छा नहीं मिला। सवार होने के समय उसको भड़कते देखकर चढ़ने का ख्याल छोड़ना पड़ा। एक मील पर जाने पर मालूम हुआ कि रास्ता बेमरम्मत और रोमांचकारी है। मैं शरीर से भी निर्बल था। सुंग-नम्वाले बड़ी प्रतीक्षा कर रहे थे, लेकिन वहाँ जाने का ख्याल छोड़ मैं लौटकर रात के लिए श्याशो के बिस्ट अमरनाथ के घर पर ठहर गया। वह पहले का बहुत धनी और प्रभावशाली घर था। सुंग-नम् से ऊपर ग्यापोंग में इनका और भी अच्छा घर था। अमरनाथ के पिता चरनदास, पितामह इन्दरदास और प्रपितामह नंताराम थे। नंताराम 1834 ई. में कनियम की लद्दाख सीमा में पथ-प्रदर्शक थे। इन्दरदास राजा के प्रभावशाली अमात्य थे। उनके समय ही इस घर की महती श्रीवृद्धि हुई। बीस साल पहिले तक हालत बुरी नहीं हुई थी, फिर घर में पागल होने लगे। दो भाई मर चुके थे। संसारचन्द ग्यापोंग में झल्ला (पागल) होकर पड़ा है और अमरनाथ यहाँ। अमरनाथ की आयु उस समय 48 साल की थी, घर में कोई सन्तान नहीं थी, पति-पत्नी-माता–तीन प्राणी थे। अब भी खाने-भर के लिए सम्पत्ति थी, लेकिन लोग जहाँ-तहाँ लूट खाते थे। अब यह वंश उच्छिन्न होनेवाला है। कई पीढ़ियों से पांडव-विवाह होने के कारण घर बढ़े नहीं, आगे के लिए श्याशो के बिस्ट का नाम लेनेवाला कोई नहीं रहेगा। उस घर के दरो-दीवार से हसरत बरस रही थी। अमरनाथ बड़े चाव से बातें करते थे। कभी अकल की और कभी बेअकल की। इस साल बरफ बहुत पड़ी थी, इसलिए बगल से जानेवाली छोटी खड्ड में काफी पानी था, नहीं तो यह सूख जाया करती है। बिस्ट का घर ही नहीं, बल्कि सारा गाँव श्रीहीन था।

19 जून को भारवाहकों की प्रतीक्षा किये बिना मैं चल पड़ा। चपरासी उनका प्रबन्ध करके साथ आ चलने के लिए था ही, पुण्यसागर भी साथ थे। रास्ता खड्ड के पुल तक पहला ही था, उसके बाद कुछ समतल भूमि से सड़क चली। एक डाँडा पार करने के लिए नदी की धार छोड़कर चढ़ाई चढ़नी पड़ी। फिर बँगले की ओर चढ़ाई रही।

स्पू बड़ा गाँव है। इसमें बहुत-से टोले हैं। शिमला से यह 1,886 मील पर अवस्थित है। इसका स्पू नाम क्यों पड़ा ? कुछ लोग बतला रहे थे, कि यह फुग का अपभ्रंश है, खुन्नू फुग का अर्थ है कनौर की गुहा। यहाँ के लोगों की बोली तिब्बती है। अब तक हिन्दी से ही मैं काम चलाता था, जिसके समझनेवाले कनौर-पुरुषों में सभी नहीं थे, और स्त्रियाँ तो कनौरी छोड़ दूसरी जानती ही नहीं। अब किसी के साथ बात करने में दुभाषिया की जरूरत नहीं थी, सबकी मातृभाषा तिब्बती थी। यद्यपि स्पू अन्तिम गाँव नहीं है, किन्तु इसके विशाल और हरे-भरे खेतों तथा बड़े गाँव को देखकर मोरावियन (जर्मन) मिशनरियों ने इसी को 1883 ई. में अपना प्रचार-केन्द्र चुना। रेस्लप्‌ दम्पती पहले आए, और यहीं मरे। इसके और भी कितने ही मिशनरियों ने लोगों की दृष्टि के अनुसार सेवा करते अपने प्राण छोड़े। यह देखकर दुःख हो रहा था, कि उनकी कब्रें अब लुप्त हो चुकी हैं, और उन पर के पत्थर बिखरे पड़े हैं।

उस समय श्याशो के इधर की सड़क नहीं बनी थी। वह 1907 ई. में बनी। डाकबँगला 1913 ई. में। मिशनरियों ने एक छोटा-सा गिर्जा बनाया था, जो अब लुप्त हो चुका है। मिश्नरी बढ़ई का काम जानते थे, उन्होंने बढ़ईगिरी के साथ-साथ मोजा-स्वेटर बुनना और शिक्षा-प्रचार का भी काम किया। आज गाँव की सभी स्त्रियाँ स्वेटर-मोजा बुन लेती हैं, यह उन्हीं की कृपा है। जर्मन पादरी मार्क्स ने–जो अच्छा बढ़ई भी था–यहाँ कई बड़े कमरों का एक बँगला बनाया, जो अब भी अच्छी हालत में था, यद्यपि उसके शीशे टूट रहे थे। उसके रहते मिडल स्कूल के लिए इमारत बनाने की जरूरत नहीं होगी, पर अभी तो यहाँ कोई स्कूल नहीं था। स्पू के लोग सभी बौद्ध हैं। यहाँ कई बौद्ध मन्दिर हैं। लोचा लाखड़ (अनुवादक–देवालय) में बुद्ध के साथ सारिपुत्र, मौद्गल्यायन की भी मूर्तियाँ हैं। एक मिट्टी के अवलोकितेश्वर, एक लकड़ी की बोधिसत्व-प्रतिमा भी है। लोगों को स्त्री-पुरुष का कोई ख्याल नहीं, और वे बोधिसत्व को श्वेत तारा मानते थे। मन्दिर शताब्दियों पुराना है। अष्टसाहस्रिका प्रज्ञापालिका की हाथ की लिखी पोथी के चित्र भारतीय कलम के मालूम होते हैं। गाँव का दूसरा मन्दिर दोगंजुर है, जिसमें करोड़ों 'ओं मणि पद्मे हुम्' मन्त्र लिखे कागजों से भरी बेलनाकार विशाल मानी है। श्रद्धालु समय-समय पर वहाँ जाकर मानी को घुमाते पुण्य लाभ करते हैं। कलिम्पोंग के पादरी थर्चिन् स्पू में

ही पैदा हुए। उनके नेत्रविहीन भाई उस समय मानी चला रहे थे, जब मैं मन्दिर को देखने गया था। मानी के पीछे दो पुरानी बोधिसत्व-मूर्तियाँ थीं, जिनकी बनावट भारतीय मालूम होती थी, अर्थात् वे सात-आठ सौ वर्ष पुरानी होंगी।

यहाँ पर भी खसों की समाधियाँ मिट्टी के बर्तनों के साथ मिलती हैं, लेकिन उनका कोई निश्चित स्थान नहीं, इसलिए फरमाइश पर खोद करके निकाला नहीं जा सकता। नम्बरदार देवीचन्द अब नम्बरदारी से मुअत्तल थे। वे तिब्बत में काफी घूमे हुए हैं। तूची के साथ पश्चिमी तिब्बत में गए थे। उनकी इस बात पर तो विश्वास हो सकता था, कि तूची ने वहाँ से बहुत-सी हस्तलिखित पुस्तकें उचित-अनुचित ढंग से प्राप्त कीं; लेकिन, यह विश्वास करने के लिए मन तैयार नहीं था, कि अधिक बोझ के कारण चित्रों को काटकर निकाल के पुरानी पोथियों को आग की भेंट कर दिया गया। कब्र से निकला हाथ का बना एक मिट्टी का कुतुष मिला, जिसको और लिप्पा की चीजों को भी मैंने चीफ-कमिश्नर साहब को किसी म्युजियम में रखने के लिए दे दिया।

स्पू के लोगों को अब भी विश्वास था कि देश पर अंग्रेजों का ही शासन है। जब नोट और डाकखानों के टिकट अंग्रेजों के चल रहे थे, तो ये सीधे-सादे लोग कैसे विश्वास करते, कि अंग्रेज अब नहीं रहे। पगी का देवता तक इतना मूढ़ था, कि वह इस बात को मानने के लिए तैयार नहीं था। संयोग से इसी समय स्वदेशी टिकट मेरे पास पहुँच गया था, उसको भेजकर देवता को मनवाने की मैंने कोशिश की थी। देवता के मानने ही पर तो भक्त मान सकते हैं।

21 तारीख को भी हम स्पू ही में रहे। मिश्नरियों के समय यहाँ डाकखाना भी था। स्कूल तो उसके बाद भी कितने ही सालों तक रहा, जिसे लड़कों की कमी के कारण तोड़ दिया गया। यहाँ के लोगों को मातृभाषा में पढ़ाया जाता, तो लड़कों की कमी नहीं हो सकती। हिन्दी में पढ़ाने की कोशिश की जाये, तो दो-तीन साल में उनके पल्ले क्या पड़ेगा ? पहिले दो साल तो यहाँ और इसके आसपास के तिब्बती भाषी इलाके में तिब्बती भाषा को ही माध्यम बनाना चाहिए। इस उपत्यका में स्पू, डबलिंग, नम्ग्या, खब, टशीगंग में तिब्बती बोली जाती है, और पास के पहाड़ के परले पार हंगरंग के चांगो, नाको, मंगलिंग, लियो, चुलिंग आदि गाँव भी तिब्बती-भाषी हैं।

नमूग्या (9,800 फुट)–स्पू से आठ मील पर सतलुज के बाएँ भारत का अन्तिम गाँव नमूग्या है। यहाँ से दो मील और आगे यानी शिमला से 196 मील पर एक सूखा-सा नाला है, जो तिब्बत और भारत की सीमा–अब चीन और भारत की सीमा–है। लेकिन नमूग्या से आगे तिब्बत के प्रथम गाँव शिपकी में सतलुज के किनारे-किनारे नहीं जाया जा सकता, उसके लिए शिपकी का डाँडा पार करना पड़ता है। 22 तारीख को हम स्पू से रवाना हुए और दोपहर के करीब नमूग्या पहुँच गए। रास्ता अच्छा था, सवारी के लिए घोड़ा भी था। तो उस सूखी-साखी पर्वतमाला में नमूग्या इन्द्रपुरी का एक टुकड़ा मालूम होता था। गाँव के आसपास की भूमि हरियाली से ढँकी थी, खेतों में हरे-हरे नंगे जौ लगे थे। खूबानी (चुली) अखरोट के दरख्त हरे पत्तों से ढँके थे। यहाँ भी कुछ अंगूर की बेलें थीं, जो और भी बढ़ाई जा सकती थीं, और वर्षा के अत्यंत कम होने से अंगूर बहुत मीठा होता है, इसे कहने की आवश्यकता नहीं। पूछने पर यहाँ भी खसों की समाधियों के होने की बात मालूम हुई। लोगों ने बतलाया, इन समाधियों में बरतन जरूर मिलते हैं। बरतन मिलने का मतलब ही है, ये मुसल्मानों की कब्रें नहीं हैं, हालाँकि लोग वैसा ही विश्वास रखते हैं। गाँव से बाहर एक स्थान पर खुदवाया, तो सड़ी हड्डी निकली। गाँव कुछ ही साल पहिले आग से जल गया था। उसके साथ कितनी ही ऐतिहासिक चीजें भी जली होंगी।

एक परिवार के देव-भवन में नेपाल की बनी धातु की तीन अच्छी मूर्तियाँ मिलीं। हस्तलिखित बौद्ध ग्रन्थ प्रायः प्रत्येक परिवार में मिल जाते हैं, और उनकी पुष्पिका में दाता और राजा का नाम भी लिखा होता है, जिससे यहाँ के इतिहास पर प्रकाश पड़ता है। नमूग्या तीस घरों का गाँव है। पाण्डव-विवाह ने जन-वृद्धि को निरोध किया, नहीं तो और भी परिवार होते।

नमृग्यावालों के दिल से कजाकों का भय अभी भूला नहीं था। मध्यवित्त और धनी कजाक वोल्शेविक-क्रान्ति से असन्तुष्ट हो अपनी जन्मभूमि छोड़कर सिंगक्यांग (चीनी तुर्किस्तान) में चले आए। वहाँ भी ठीक-ठीकाना न लगने पर लूटते-मारते तिब्बत में घुसे। पश्चिमी तिब्बत की कुछ गुम्बाओं को भी उन्होंने लूटा। उनके नमृग्या की तरफ बढ़ने की खबर आ चुकी थी। नमृग्या के तीस परिवार, अधिकतर निहत्थे या पलीतेवाली बन्दूकों के साथ कैसे उन हथियारबन्द खूँखारों का मुकाबिला कर सकते थे। कई दिन-रात तो लोगों की नींद हराम हो गई थी। अन्त में कजाक इधर न आकर लदाख की तरफ मुड़ गए, इस प्रकार संकट दूर हुआ। नमृग्या के लोगों को अभी क्या मालूम था, कि उनके आगे के गाँवों की जल्दी ही एक नया भविष्य होनेवाला है। शिपूकी के लोग भी वही बोली बोलते हैं, जो नमृग्या के, उसी धर्म को मानते हैं, जिसे नमृग्यावाले। उस समय दोनों के लिए "हनोज देहली दूर अस्त" की बात थी। उनको यह भी नहीं पता था, कि इस समय चीन में देवासुर-संग्राम मचा हुआ है, और साल ही भर में असुरराज चांग-काई-शेक को चीन से भागना पड़ेगा। माओ के नेतृत्व में नया चीन जनम रहा है, जो साल बीतते-बीतते तिब्बत का भी नेतृत्व करेगा। उस समय दो मील पर अवस्थित सूखा नाला चीन और भारत गणराज्य की सीमा बन जाएगा। फिर तिब्बत प्रगति में सरपट दौड़ने लगेगा और भारत का छकड़ा अपनी पुरानी गति से घिसटता रहेगा। कुछ ही समय बाद नमृग्यावाले आश्चर्य से सुनेंगे और आँख मल के देखेंगे, कि उस पार मोटरें दौड़ रही हैं, हवाई जहाज उड़ रहे हैं, हजारों एकड़ जमीन ट्रैक्टर से जुतकर तरह-तरह के अनाज और साग-तरकारी से लहलहा रही है। सदियों पिछड़ा देश कुछ ही सालों में बहुत आगे बढ़ जाएगा, निरक्षरता नष्ट हो जाएगी। मैले और गंदे रहनेवाले तिब्बती कपड़े और शरीर से साफ-सुथरे दिखाई पड़ने लगेंगे, और चाङ् थाङ् के उजड्ड मेषपाल सम्भ्रान्त पुरुष दीखने लगेंगे।

23 जून को सबेरे ही दूध-रोटी खाकर हम चल दिए। साढ़े 7 मील के रास्ते में पाँच मील पैदल चले। हल्की उतराई में सवारी की जरूरत नहीं थी। रास्ते में विश्राम करने की भी जरूरत नहीं पड़ी और 9 बजे स्पू पहुँच गए।

स्पू और दूसरे भी इधर के डाकबँगले सैर-सपाटा करने, प्रकृति का आनन्द लूटनेवाले अंग्रेज सैलानियों के लिए बने थे। इन बँगलों में अंग्रेजी की काफी पुस्तकें थीं। जो भी सैलानी नई पुस्तक पढ़कर खतम करता, वह उसे बँगले में रख जाता। सभी पुस्तकें सुरक्षित हैं, यह नहीं कहा जा सकता। मैं स्पू लौटकर फिर दो दिन ठहर गया, इसमें से कुछ समय पुस्तकों के पढ़ने में भी लगाया। डिकेन का उपन्यास 'मार्टिन चूजेल्वेट' को समाप्त किया, एकाध जगह कुछ चुभते वाक्य मिले, नहीं तो कोई चमत्कार नहीं था। इधर के लोगों को कनौरे लोग जाड़ या खइबा कहते हैं। जाड़ का मतलब जाट है। वह नाम क्यों दिया गया ? खइबा का अर्थ बर्फानी लोग है, जो यथार्थ ही है।

25 जून को सबेरे चले। श्याशो के पुल तक पैदल ही आए। फिर घोड़े पर चढ़कर सारा 16 मील का रास्ता पूरा करके दोपहर के कुछ बाद कनम् के डाकबँगले में पहुँचे। आने पर कुछ बूँदाबाँदी हुई, ठंडक बढ़ गई। रेंजर श्री देवदत्त शर्मा आज ही सुंगनम् से आए थे। वह लिप्पा से कंडे-कंडे सुंग-नम् गए थे, जिसका अर्थ है अजपथझे—बकरियों के रास्ते गए थे। मैदानी आदमियों के लिए यह बड़ी हिम्मत की बात थी। शर्माजी बड़े मुस्तैद आदमी, और हर तहर की तकलीफ उठाने के लिए तैयार थे। उनके पास से पाँच दिन पहले—20 जून का—'ट्रिब्यून' अखबार मिला। अगले दिन कनम् ही में रहे। उसी दिन डबला देवता से बातचीत हुई थी।

27 को सबेरे जलपान के बाद फिर नीचे की ओर बढ़े। नम्बरदार अगरजीत का घोड़ा कमजोर था। रिकाब भी टूट गई और जीन भी जवाब देनेवाली थी। दो ही मील चढ़कर गए, फिर लिप्पा खड्ड पर जाकर उसे लौटा दिया। दोपहर से पहिले जंगी पहुँचे। भारवाहक और घोड़ा तैयार था। भारवाहकों को भेजकर भोजन के बाद हम भी चल पड़े। घोड़ा बैठने लगा, दो मील की सवारी के बाद उसे भी लौटा दिया। रारंग में गाँव के बाहर की उसी मढ़ी में ठहरे, जिसमें पिछली बार ठहरे थे। प्रायः नौ हजार फुट की ऊँचाई पर भी मक्खियों

के मारे आफत थी। मैंने मेहता साहब को कनौर के बारे में कुछ सिफारिशें लिख भेजी थीं। उन्होंने अपने जवाब में लिखा, कि फलों की बागवानी को बढ़ाने की ओर हम ध्यान दे रहे हैं। चिनी के लिए डाक्टर भेजेंगे। तिब्बती पढ़ाई का भी शीघ्र प्रबन्ध करना चाहते हैं। मैंने उन्हें दूसरी चिट्ठी लिखी, जिसमें जंगी, अक्पा, रारंग के लोगों की पानी की तकलीफ की ओर ध्यान दिलाया, और यह भी, कि यहाँ पानी की नहरें आसानी से निकाली जा सकती हैं।

28 को सबेरे चले। पंगी में थोड़ी देर ठहरे। यहाँ भी किसी को घड़े में हड्डी मिली थी। यह जिज्ञासा की चीज थी। फिर चलकर 12 बजे चिनी पहुँच गए।

11
फिर चिनी में

हम सोलह दिन बाद चिनी लौटे थे। इसी बीच कितना परिवर्तन हो रहा था। खूबानी के दरख्त अब पीले फलों से लदे हुए थे। वह खूब खाई जाने लगी थी। खूबानी कनौर के गरीबों का सबसे बड़ा सहारा है। कच्ची और खट्टी खूबानी को चटनी बनाकर खाते हैं। पकने पर उससे पेट भरने की कोशिश करते हैं। छतों पर पीले फल सूखते हुए दूर से गाँवों को एक अजब रंग देते हैं। मैं ऊपर जाती सड़क से नीचे के गाँवों की इन पीली छतों का अर्थ नहीं जान पाया। पूछने पर पुण्यसागर ने रहस्य बतलाया। सूखी खूबानी को कोठलों में भरकर रख देते हैं। थोड़े-से अनाज के साथ यही गरीबों का प्रधान भोजन होता है। कनौर में खूबानी के पेड़ यदि बहुतायत से हों, तो अचरज क्या ? हाँ, अच्छी किसिम की खूबानी नहीं पैदा करते, और सदा से अपने यहाँ लगाई जाती जात को ही बढ़ाते हैं।

मेहताजी ने अपने एक पत्र में लिखा था कि अब रामपुर-बुशहर और आस-पास के कई इलाकों को मिलाकर उसका नाम महासू जिला पड़ गया है। तहसील से मालूम हुआ कि सरदार बलदेवसिंह रामपुर से चले गए। महासू जिले के डिप्टी कमिश्नर पण्डित करतारकृष्ण बनाये गए हैं। कई और पुराने रियासती नौकरों को पेन्शन दे दी गई है। इन परिवर्तनों से जनसाधारण को क्या दिलचस्पी हो सकती है, वह तो प्रत्यक्ष यदि कुछ भला देखें, तभी मान सकते हैं।

अब फलों में चूली (खूबानी) और आलूचा बहुत मिलने लगा था, हरे साग की भी इफरात थी। बादल आते थे। लोग बड़ी लालसा से टकटकी लगाये थे, लेकिन वे बूँदों की जगह अँगूठा दिखला रहे थे। जौ-मटर की फसल कट चुकी थी, गेहूँ की कहीं-कहीं खड़ी थी। कटे खेतों में फाफड़ा और ओगला, बोये गए थे। जाड़ों में यहाँ तिब्बत की ओर से उतरहिया हवा आती है, जिससे ठंडक बहुत बढ़ जाती है, और आजकल नीचे से हवा के आने के कारण सर्दी कम रहती है। पर्वत के अन्य स्थानों की तरह यहाँ भी रतिज रोग एक बड़ी समस्या है। इससे लोहा लेने के लिए पेनिसलिन सहायक हो सकती है, लेकिन बहुत बड़े पैमाने पर इन्जेक्शन देने पर ही लोगों को त्राण मिल सकता है।

आने के बाद एक अनभिलषित प्रयत्न यह देखा कि रात को पिस्सुओं का आक्रमण होता, दिन में मक्खियाँ नाकों दम करती हैं। पेट तो इस यात्रा में बार-बार हड़ताल करने के लिए तैयार रहता, पतले दस्त आते थे। यद्यपि स्वादिष्ट भोजन का लोभ नहीं था, लेकिन कभी दो कौर अन्न ज्यादा हो जाता, तो खट्टी डकार आने लगती। मैं इस सबको छप्पनसाला की बरक्कत समझता था। अभी तक लिखाई का काम बन्द-सा था। अब 'किन्नर देश' को नियम से लिखने लगा। कोशिश करता, कि रोज एक्साईज बुक के 16 पृष्ठ जरूर लिखे जाएँ। कनौर के बारे में जानकारी प्राप्त करने में मित्र सहायता करते थे। तहसीलदार मंगतरामजी मेरे कहने पर यहाँ

के खनिजों और फलों के नमूने जमा कर रहे थे। ताँबा, सुरमा, चाँदी, सीसा, जस्ता, सोना के होने की बातें बतलाई जाती थीं, लेकिन जब तक वह आँखों के सामने न आए, तब तक मैं विश्वास करने के लिए तैयार नहीं था।

पहाड़ में न धोबी होता, न तेली, न हजाम, न कुम्हार। ये और दूसरे कामों को लोग अपने ही कर लेते हैं। स्कूल के हेडमास्टर साहब ने 11 जुलाई को मेरे बाल काटे। मैंने रविवार को स्नान करने का नियम रखा था। शास्त्रों की बात मानी जाए, तो हिमालय के इस कोने की हवा ही जल का काम देती है, पर मैं अभी उतनी शक्ति नहीं रखता था। डा. ठाकुरसिंह बड़ी मनोरंजन बातें सुनाया करते थे। डाक्टर के अभाव में कम्पौंडर को ही डाक्टर की उपाधि मिल गई थी। बतला रहे थे : मैं अल्हड़ नौजवान था। मिश्नरियों की कृपा से दो अक्षर पढ़े थे। साल्वेशन आर्मी के मिस्टर मार्टिमोर के फेर में पड़ गया। उन्होंने ईसाई बनने के लिए कहा, तो इन्कार नहीं कर सका। मार्टिमोर साहब बपतिस्मा देने के लिए शिमला ले चले। ठाकुरसिंह समझते थे, कि परमेश्वर तो सबका एक है। रास्ते में आर्यसमाजी रेंजर से मुलाकात हो गई। उसने ऊँचा-नीचा दिखलाया। फिर होश आई, लेकिन साहेब के पंजे से निकलें कैसे। रेंजर ने उपाय बतलाया–ईसाई बनने के बाद न घरवालों से तुम्हारा सम्बन्ध रहेगा, न जातिवालों से, न तुम्हें घर का एक पैसा मिलेगा, और न कोई ब्याह करेगा। पादरी के सामने ब्याह और पैसे की, बस यही दो माँगें रखना। ठाकुरसिंह ने माँगें रखीं और ईसाई बनने से बच गए। आजकल वह कान से कुछ कम सुनते थे, लोगों का उनकी दवा पर पूरा विश्वास था। खर्च के कितना ही कम करने पर भी रियासत से दवाएँ कुछ आ ही जाती थीं। चोट-फैंट के लिए वह किसी डाक्टर से कम नहीं थे। पेनिसिलिन का अभी नाम सुन पाये थे और उसका मिलना नीचे भी मुश्किल था। मैं अपने लिए एक-दो शीशी ले आया था। उनके एक असाध्य बीमार को मैंने पेनिसिलिन का इन्जेक्शन देने के लिए कहा और उसके ऊपर दवा ने रामबाण की तरह असर किया। वह रामपुर से भी जीवन से निराश होकर अपने घर में मरने के लिए आया था। इस सफलता से यदि मेरी और ठाकुरसिंह की महिमा बढ़ गई, तो ताजुब क्या।

रोक्पा से ताँबे की मिट्टी आई थी। सौ वर्ष पहिले सराहन के पास का एक ठठेरा रोक्पा में काम करता था। उसने ताँबा बनाने के लिए झोंपड़े बनाए थे। उस समय के बने ताँबे के बरतन अब भी सुंग-नम् की तरफ लोगों के पास हैं। जेलदार मिट्टी लेने जब खान पर गए, तो लोग मना कर रहे थे–ऐसा मत करो, नीचे के आदमी आ जाएँगे और हम मारे जाएँगे। हम चूली से भी अपनी जिन्दगी नहीं काट सकेंगे, देवता भी नाराज होंगे। सचमुच ही लोग अपने अवचेतन में शोषकों और सांस्कृतिक तौर से आगे बढ़े लोगों से डरते रहते हैं। अंग्रेजों ने भी खान देखने की कोशिश की थी, लेकिन लोगों ने दूसरी जगह ले जाकर घटिया मिट्टी दिखा दी। खान के पास पदुम (शुक्पा) और कुछ हटकर नेवजे के वृक्ष हैं। सचमुच ही यदि इन्हीं के कोयले से ताँबे को गलाया जाता, तो जंगलों की खैरियत नहीं थी। मिट्टी हाथ में उठाने पर भारी मालूम होती थी, किन्तु इसमें कितना प्रतिशत ताँबा है, यह तो विशेषज्ञ ही बतला सकते थे।

जुलाई के मध्य में सेब का रंग भी अब लाल निखर आया था, पहिले मटमैला-सा था। बेमी (छोटी जात का आड़ू) यहाँ सबसे पीछे पकती है। खाने में उसका स्वाद खट्टा-मीठा था। कनौर के लोग बड़े पारखी, सुरा के अनन्य आराधक हैं। उन्होंने अर्क निकालकर शराब बनाने का तजर्बा सभी फलों पर किया। उनका विश्वास है कि सिवाय जहरीले फलों के जंगली हों या बगीचे के, सभी फलों से शराब निकाली जा सकती है। बेमी की शराब को तो लोग अंगूर से भी अच्छी बतलाते थे। जिस शराब में पूरा नशा न हो, उसका उनके लिए कोई महातम नहीं था।

नीचे की ओर ऊँचाई में कम जगहों में फल पहिले पकने लगते हैं। फिर फलों का यह समय धीरे-धीरे ऊपर की ओर बढ़ता है। कल्पा के बँगले के सेब 17 जुलाई को आए। कुछ खट्टे थे, पर उतने नहीं, जितने कि लन्दन में पिछले साल खाए थे। जाड़ों के तुरन्त बाद मांस दुर्लभ हो जाता है। पुराना मांस खत्म हो गया रहता है और संयोग से ही कभी कुछ सूखा मिल जाता है। इस समय नये मांस के लिए जानवर नहीं मारे

जाते, क्योंकि जाड़ों में खुराक की कमी के कारण वे दुबले हो गए रहते हैं। अब वे मोटे-ताजे हो गए थे। नेगी सन्तोखदास ने ताजा मांस भेज दिया था। अनाज की फसल तैयार हो जाने से अब आटे की कोई दिक्कत नहीं थी।

रामपुर के हैडमास्टर तथा इधर के स्कूल-इन्सपेक्टर पं. दौलतराम अपने पुत्र के साथ 17 जुलाई को आकर हमारे पास के कमरे में ही ठहरे। बतला रहे थे, सारे बुशहर में इस साल सिर्फ 9 स्कूल खोले जाएँगे। हिमाचल के प्रभुओं को तब तक स्कूल खोलना पसन्द नहीं है, जब तक कि ट्रेन्ड अध्यापक न तैयार हो जाएँ। वह साक्षरता को प्राथमिकता देना नहीं चाहते। औंधी खोपड़ी के लिए क्या कहा जाए ? दौलतरामजी मेरे साथ ही शिमला से रामपुर आए थे। वह बड़े ही सज्ज़न और मेहनती पुरुष थे। इस समय हंगरंग की ओर जा रहे थे, यह हिम्मत का काम था। 20 जुलाई को दिन-भर वर्षा रही। लोग बहुत प्रसन्न थे, क्योंकि इससे फाफड़ और ओगला की फसल को बहुत फायदा होनेवाला था।

डा. ठाकुरसिंह को रोज शाम को शराब चाहिए। अकेले शराब पीने में मजा क्या, खास करके जब वह टके सेर मिलती हो ? उन्होंने पिछले साल के सूखे सेब और नास्पाती के मनों सूखे टुकड़े गोदाम में भर रखे थे। अपने ही घर में अपने हाथ से शराब बना लेते थे। उनके हमप्यालों में बूढ़े धर्मानन्द भी थे। एक दिन शराब की खमीर को ठाकुरसिंह ने धर्मानन्द को चखाया, उन्होंने कहा–ठीक है। फिर भपके पर चढ़ाकर अर्क खींचा गया। पीकर देखने पर मालूम हुआ, उसमें नशा नहीं। कई दिनों तक ठाकुरसिंह धर्मानन्द को बुरा-भला कहते रहे। एक दिन धर्मानन्द ने खूब शराब पी थी। गिरकर कई जगह घाव लगे। मुँह भी फूट गया। इसी हालत में ठाकुरसिंह के पास आए। उन्होंने मरहम-पट्टी की।

हमारा रोज का प्रायः दो घंटे का टहलना चिनी में रहते बराबर जारी रहा। उसने फायदा किया, यह नहीं मालूम होता था।

27 जुलाई तक अंगूर भी आने लगे, लेकिन अभी रोगी के काले-मीठे अंगूर तैयार नहीं हुए थे। तहसीलदार साहब ने जो फलों के आँकड़े जमा किए थे, उनसे मालूम हुआ कि रोगी से जंगी तक और मोरंग से वारंग तक सतलुज के दोनों किनारे, और मोरंग से वारंग तक मेवों की खान है। अंगूर तो यहाँ का बेहया पौधा है। पं. देवदत्त शर्मा के यहाँ नाली में अंगूर के पौधे को देखकर मैंने पूछा–क्या आप यहाँ अंगूर लगा रहे हैं ? उन्हें मालूम भी नहीं था कि कब वहाँ कोई बीज गिरा और वालियान पौधा तैयार हो गया। 28 जुलाई को नेगी सन्तोखदास ने अपने यहाँ का काला छोटा अंगूर भेजा, जो बहुत मीठा था। चिनी से शिमला एक मन चीज भेजने पर 20 रुपया किराया लग जाता था, जाने में कई दिन भी लगते थे। इतनी महँगी चीज नीचे के बाजारों में बिक कैसे सकती ? चिनी के पास के कल्पा के मैदान को छोटे हवाई-जहाज के उतरने के लिए तैयार किया जाय तो इस समय भी कनौर से 10 हजार मन अंगूर दिल्ली पहुँचाया जा सकता था। इससे इस गरीब प्रदेश को आर्थिक सहायता मिलती, और वह उत्साहित हो और भी बगीचे लगा सकता। तब से 8 वर्ष बीत गए, अभी भी रामपुर से आगे मोटर नहीं गई।

श्री शिवयोगी तिवारी के 3 अगस्त के पत्र से मालूम हुआ कि उन्हें अमेरिका जाने के लिए वीजा मिल गया। बड़ी मुश्किलों से इस असाधारण प्रतिभाशाली तरुण ने अपनी पढ़ाई पूरी की थी। यदि उसे अनुकूल-परिस्थिति मिली होती, तो कई साल ठोकरें खानी न पड़तीं। मुझे यह जानकर प्रसन्नता हुई कि अब शायद उनका रास्ता खुल जाए।

कोठी चिनी से दो-तीन मील नीचे और समुद्रतल से 6-7 हजार फुट से अधिक ऊँची जगह नहीं है। 23 जुलाई को श्री देवदत्त शर्मा को लेकर मैं वहाँ गया। 2 मील की उतराई थी। नीचे चुलियाँ खत्म हो चुकी थीं, यहाँ सुखाई जा रही थीं। वहाँ के अवशेषों के देखने से मालूम होता था कि किसी समय कोठी चिनी से भी अधिक महत्व रखती थी। शायद ऊपर दुर्ग रहा हो, और नीचे राजधानी। कोठी की एक और विशेषता है, यहाँ के बौद्धों की ओर हिमाचल के इस भाग के जनयुगीन देवताओं की प्रधानता रही। यहाँ के देवता नीचे की तरह पत्थर और लकड़ी के थे। भैरव के मन्दिर में 20 पुरानी मूर्तियाँ थीं, जिनमें 4 छोड़कर सभी

पत्थर की थीं। मूर्तियाँ भी काफी अच्छी थीं। एक से अधिक वीणापाणी, एक हरगौरी और एक द्वादशभुज मूर्ति थी। नीचे कुंड के पश्चिमी तट पर पूर्वाभिमुख चतुर्मुख शिव की मूर्ति थी, जो प्रायः 2 फुट ऊँची थी। बनावट बड़ी सुन्दर थी। सिर के पीछे उत्फुल्ल अष्टदल कमल का प्रभामंडल था। कोठी के शासक तब पाशुपत धर्मवाले थे, मूर्तियाँ इसका प्रमाण हैं। पास के खेत के छोर पर रेखांकित पत्थर का शिवलिंग भी इसी बात को प्रमाणित कर रहा था। देवी ने चिट्ठी डालने पर ब्याह से इन्कार कर दिया। मैंने चाहा, कि देव-वाहन को भी छेड़कर देवी की राय पूछी जाए, लेकिन आदमी खिसक गया।

12
कनौर से वापस

8 अगस्त रविवार का दिन था। उसी दिन चिनी से प्रस्थान करना था। 10 बजे मित्रों से मिलकर हम रवाना हुए। मास्टर रामजीदास और मास्टर श्री नारायणसिंह साथ चले। मैंने कनौर की दूसरी महानदी वस्पा की उपत्यका को भी देख लेना चाहा। वस्पा सतुलज की शाखानदी है, जिसके और भागीरथी के बीच में सिर्फ एक पर्वतश्रेणी का अन्तर है। छितकल से भागीरथी के किनारे हर्सिल में पहुँचने का रास्ता भी है, यदि कोई हिम्मत करने के लिए तैयार हो। चिनी से पहले हम कोठी गए। रास्ते में देवदारों का जंगल था, जिसमें जगह-जगह चेतों की पत्थर की दीवारें बतला रही थीं कि कभी आज से अधिक खेती यहाँ हुआ करती थी। कुण्ड पर के खंडित शिव का दर्शन किया। यह गुर्जर-प्रतिहार साम्राज्य में रहा होगा। देवी का मन्दिर शायद उस स्थान पर था, जहाँ पहले राजमहल था। अब सूबा है, चिनी की जगह कोठी को ही तहसील के लिए उपयुक्त समझा गया है, और यहाँ तक मोटर-सड़क बनाने के लिए योजना बनी है। कोठी का दिन लौटनेवाला है। देवी के मन्दिर को देखने के बाद हम वहाँ से ख्वांगी पहुँचे। यहीं के श्यामचरणजी मरणासन्न हो घर आए थे, जिन्हें पेनिसिलिन से फायदा हुआ था। कोठी से उतराई ही उतराई ख्वांगी तक पड़ती है। मैं उनके घर गया, आशा थी, अब वह बच जाएँगे। नीचे उतर उस जगह पहुँचे, जहाँ सतलुज पार करने के लिए लोहे के मोटे तार पर पिंजड़ा गड़ारी के सहारे लटक रहा था। नदी के दोनों तटों पर दो आदमी नियुक्त थे, जो आदमी के पिंजड़े पर बैठ जाने पर रस्सी से उसे अपनी ओर खींच लेते थे। हम तीन-साढ़े तीन हजार फुट नीचे उतर आए थे, इसका प्रभाव साफ मालूम हो रहा था। यह स्थान ज्यादा गरम था। कोठी अधिक अनुकूल तापमान की जगह है। उसके पास बहुत-सी बस्ती के लायक जमीन भी है, लेकिन वहाँ तक मोटर-सड़क लाने में इंजीनियरों को कम दिक्कत का सामना नहीं करना पड़ेगा। उस दिन हम घाट से कुछ मील आगे चलकर शोंगठोंग (5,750 फुट) में रात के लिए ठहर गए। कंजर्वेटर ढिलन आजकल दौरे पर निकले यहीं ठहरे थे। हमें भी जंगलात के बँगले में जगह मिली। ढिलन साहब ने सीसे की घुन का नमूना दिखलाया। दिन था, पास में खेत में निकाई करती औरतों का स्वर सुनकर मैं उधर गया। उन्होंने खुरपा-कुदाल सामने फेंक दी। मेरे एक रुपया देने पर, चुन्नीलाल डाक्टर का प्रसिद्ध लोक-गीत सुना दिया।

शोंगठोंग से थोड़ी ही दूर ऊपर वारंग है। वारंग के रघुवर की याद मुझे बार-बार आती, कलेजे में टीस लगती थी। रघुवर प्राइमरी तक पढ़कर तिब्बत चले गए थे। वहाँ कई सालों तक तिब्बती भाषा में बौद्ध शास्त्र पढ़ते रहे। जब-जब मैं टशील्हुन्पो पहुँचता, वह मेरे कामों में सहायता देते। बड़े समझदार और होनहार तरुण थे। उनसे बहुत आशाएँ थीं। वह अपनी जन्मभूमि में आये, पर मरने के लिए। इस समय यदि कहीं वह जीवित होते, तो कितना अच्छा होता। चिनी तहसील में भाषा के तौर पर लोग मोनख्मेर (किरात) जाति के तौर पर

खश-किरात और धर्म के तौर पर बौद्ध हैं। तिब्बत के साथ व्यापार इनकी जीविका का मुख्य साधन है। प्रायः हरेक पुरुष तिब्बती बोल सकता है। यहाँ के पचीसों तरुण साधु शिक्षा पाने के लिए तिब्बत जाते हैं। चिनी या कोठी में संस्कृत-तिब्बत-सम्बन्धी अनुसन्धान की संस्था कायम की जा सकती है, यहाँ पर तिब्बती साहित्य से जानकारी पैदा करनेवाले भारतीय तरुणों को भेजा जा सकता है। एक समय सैकड़ों वर्षों तक कई सौ भारतीय-तिब्बती विद्वानों ने मिलकर जो साढ़े पाँच हजार हमारे ग्रन्थों का तिब्बती में अनुवाद किया है, उनमें से सैकड़ों अत्यावश्यक ग्रंथों का फिर से हमारी भाषा में अनुवाद करने का काम भी यहाँ से पूरा किया जा सकता है। मैंने यहाँ के सुपंडित नेगी लामा के सामने यह सुझाव रखा था। वह तिब्बती साहित्य के तिब्बत में भी माने हुए महापंडित थे। लेकिन, इस बात के महत्व को वे समझ नहीं सकते थे।

सांगला (8,500 फुट)–नाश्ते के बाद पुण्यसागर और हम 8 बजे चल पड़े। सतलुज के बाएँ किनारे कुछ दूर जाने पर दाहिने किनारे अंगूर की टट्टियाँ दिखाई पड़ीं। जितनी जगह उसके लायक थी, सबमें रोगीवालों ने अंगूर की लताएँ लगा रखी थीं। यहाँ के अंगूर क्यों इतने मीठे होते हैं ? अंगूर के लिए भारत में तीन चीजों की अत्यावश्यकता होती है–(1) उस भूभाग में बहुत कम वर्षा होनी चाहिए, 10 इंच से कम हो तो और अच्छा (2) अंगूरों को काफी धूप मिलनी चाहिए और (3) यदि पर्वतीय भूमि हो, तो उसकी ऊँचाई 6000 फुट से ज्यादा नहीं होनी चाहिए। विशेष खाद की तो आवश्यकता है ही। क्वेटा कुछ इसी तरह का स्थान है। वहाँ के अंगूर में 17 प्रतिशत चीनी होती है। विज्ञान प्रकृति के काम में दखल दे सकता है, इसे उसने पश्चिमी पंजाब के मंटगोमरी में 25 प्रतिशत चीनीवाला अंगूर तैयार करके दिखा दिया। कनौर में रोगी छोड़कर और जगहों के अंगूर उतने मीठे नहीं होते, पर नासिक की तरह खट्टे भी नहीं होते। इनकी जात सुधारने के लिए काफी गुंजाइश है।

ढाई घंटा चलने के बाद हम वासपा नदी के पुल पर पहुँचे, और पार से उसके बाएँ किनारे से ऊपर की ओर चले। सपिनी के नम्बरदार अमीनचन्द ने माला पहनाई। ब्रुए में कुछ देर आराम किया, फिर आठ मील चलकर सांगला पहुँच गए। सारी वासपा-उपत्यका अति मोहक हरे-भरे जंगलों से ढँके पहाड़ोंवाली है। घोड़ा मिला था, पर हम बहुत कम उस पर चढ़े। पौने पाँच बजे डाकबँगले में पहुँचे, जो नदी के बाईं तरफ है, गाँव उसके दाहिनी तरफ। बँगला बहुत आलीशान है। यहाँ की नयनाभिराम प्रकृति का आनन्द लूटने के लिए ही अंग्रेजों ने जंगल-विभाग का रुपया खर्च करके इस बँगले को बनवाया था। पहाड़ के बँगलों में भंगी नहीं होते, भंगी नाम की कोई जाति भी नहीं है। इसलिए अंग्रेजों के समय उसी आदमी को बँगले में ठहरने की इजाजत दी जाती थी, जो अपने साथ भंगी ले जाता था।

उपत्यका यहाँ बहुत चौड़ी, और कोसों लम्बी है। जान पड़ता है, भागीरथी गंगा की हर्शिलवाली उपत्यका यहाँ चली आई है। वह है भी तो इसके सामने पहाड़ के परले पार। लेकिन, यह उससे भी कहीं अधिक देवदारों से समृद्ध है।

10 और 11 अगस्त को हमें सांगला ही में रहना था। लोगों की मौज है, कभी वह बड़े स्नेही दिखाई पड़ते हैं और कभी बेमुरौवत। पास का लाया आटा खतम हो गया था, और यहाँ वह मिलना मुश्किल हो गया। सबेरे 8 बजे पुण्यसागर को लेकर हम नदी पार हुए। नगर में बस्ती में बेरिंग नागस् ग्रामदेवता का छोटा-सा मन्दिर है। और भी मन्दिर हैं। यह कनौर का सबसे बड़ा गाँव है, जिसमें 227 घर हैं। इनमें 63 कोली, 4 लोहार, 5 बढ़ई, बाकी सारे खोसिया हैं। बेरिंग नागस् के पास 14 बीघा जमीन है। उसके लिए एक नया आलीशान मन्दिर बन रहा था। वासपा के देखने से पहले हमें मोने (कामरू) को देखना था, वासपा तो ठहरने की जगह से नजदीक था। गाँव से बाहर एक मील आए थे कि मोने रौला आते मिले। फिर क्या था, यहाँ का प्रभावशाली आदमी मिल गया था। गाँव से बाहर एक गुफा को उन्होंने अच्छे घर का रूप दे दिया। उसे दिखला गाँव के भीतर बदरीनाथ के मन्दिर में ले गए। मन्दिर के भीतर कमर में कमरबन्द बाँधे बिना कोई जा नहीं सकता। वहाँ गाँव के गण्यमान्य लोग जमा थे। नेगी श्यामसुन्दरदास और नेगी बुजुकसेन मन्दिर के माथस (सहता) भी मौजूद थे। तीन ग्रोक्स (देववाहन), बूढ़ा पुरनजीत, पालूराम और इन्दरसेन से भी परिचय

हुआ। पुजारेस जवानदास, कैतस (कायथ), हरिमनदास, कारदार गंगाराम तथा गोकरनदास भी वहाँ मिले। कामरू में उसी तरह का एक दुर्ग है, जैसा लबरंग में हमने देखा था। रामपुर का राजा पहले कामरू का ही ठाकुर था, जिसने बहुत-से ठाकुरों को जीतकर सारे कनौर का एक राज्य बनाया, और फिर अपने लोगों को लेकर शिमला तक की सतलुज-उपत्यका और जमुना की ऊपरी शाखा पब्बर-उपत्यका में अपना राज्य फैलाया। यह कई सौ वर्ष पुरानी बात है। राज्य-विस्तार के साथ राजधानी कामरू (मोने) से हटाकर सराहन और पीछे रामपुर में ले जानी पड़ी। मोने में अब भी पुराने काल के बहुत-से रिवाज प्रचलित हैं। यहाँ के बदरीनाथ ही रामपुर-राजा के कुलदेवता थे, और वह बड़ी तड़क-भड़क से कभी-कभी गढ़वाल के बदरीनाथ के पास मुलाकात करने के लिए जाते हैं। उन्हें बड़े बदरीनाथ के साथ एक सिंहासन पर बैठाकर पूजा जाता है। संवत् 1932 (सन् 1875) में ऐसी ही एक यात्रा का जिक्र बदरीनाथ के रावल परसोतम को लिखे पत्र में था–"सोसती श्री महास्री बदरीस पर चरजा राओल परसोतम जी स्री महास्री परमभटारक श्री महारजदिरज स्री समसेरसिंघे पएलगणा पहुँचे। इहाँ के समाचार बले है। ताह के बले चाहिए। उप्रन्त इससे हमारे गदी का देवता क्रसनरूसी बद्रीनाथ जी मारफत नेगि रोणबद्र व चोबदारी नेगी हीरामन के बद्रीजी के बेजे गए। सो देवतेजी को संगार पहनाकर संगसन उप्र बठालके पुजा मनता हच्छी तरह करणा। बद उसके मरफत नेगी रोणबद्र की देवतेजी को बेज देणा। आइंदे सुब पत्र लिखते रेहेणा। सं. 1932 हड गते 27 सुब।" राजा शमशेर सम्बन्धित दूसरी चिट्ठी में लिखा था–

"स्री महास्री परमभटारक श्री महाराजदिरज श्री महाराज स्री समसेरसिंघे देवन वचने। कमरु देवते बद्रीनाथजी के करदारन नेगी रोणबद्र दीसे अच राम रम वचने बोल्या उप्रन्त जोकी बद्रीनाथजी अबके बद्री जाने का हुकम फरमावते होगा सो देवतेजी की मरजी हुकम माफिक देवताजी बद्री क्षेत्र में बेसक ले जाणा। बमूजब रकम के बद्री क्षेत्र में पूजा कर देणी और स्रकारी तरफ से देवतेजी का रकम खरच अज तक मिलाकर ती सो अवबी रखम मूजब देवतेजी खरच स्रकार से मिल जाएगी। तुमने रखम बमूजब खरचेलगा देणी। तुमको स्रकार से मुजरे मिलेंगे। सं. 1932 रे ह प्रबिस्टे 31 लिख्या हुकम परमण सुभ।"

किले के भीतर कुछ आदमियों को छोड़कर कोई नहीं जा सकता। वहाँ पुराने कागज-पत्र और कुछ दूसरी चीजों के होने का पता था। दुर्ग की प्रधानता के बारे में यहीं सभा का राजा जब तक गद्दी पर नहीं बैठ लेता, तब तक उसको राजा नहीं समझा जाता था। भीतर कई धातु-मूर्तियाँ हैं, जिनको थानापति कहते हैं। तिब्बत की सीमा यहाँ नजदीक है। सात दिन में पश्चिमी तिब्बत के प्राचीन और प्रसिद्ध मठ थोलिंग में पहुँचा जा सकता है। वासपा-उपत्यका के ऊपरी भाग में छितकुल आदि के लोगों की मुखमुद्रा तिब्बती है। परम्परा बतलाती है कि किसी समय सांगला में अलग ठाकुर था, और मोने में अलग। दोनों में संघर्ष हुआ। अन्त में वासपा के ठाकुर मुखोविस्नान की स्त्री ने धोखा दिया, और पतिकुल की जगह पितृकुल को सहायता पहुँचाई। इस प्रकार धोखे से सांगला परतन्त्र हुआ।

मोने के किले को मोनेगोरंग कहते हैं। यह नीचे पौने 24 हाथ लम्बा-चौड़ा है। इसमें पाँच तले हैं, सबसे नीचे पाँच घर-गोदाम, गुसलखाना, कोठा, रसोई और पानीघर के हैं। दूसरी मंजिल में तीन कोठरियाँ हैं–सबसे छोटा एक खाली कमरा है, पूजा-गृह बहुत बड़ा और तीसरा थानपति का कमरा है, जिसके बीच में राजा की गद्दी है। तीसरी मंजिल पर पाँच कमरे हैं–एक कभी नहीं खुलता, दूसरा भीमाकाली के आने पर बलिदान का, तीसरा बलि के पशु को प्रोक्षण करने का, चौथा सराहन की भीमाकाली के बैठने का और पाँचवाँ राजा के सामान–बख्तर, बारूद, हथियार, सिक्का आदि रखने का है। चौथी मंजिल पर तीन कमरे हैं–सबसे बड़े में राजा की बैठक, छोटे में रनिवास, तीसरे में गुसलखाना, चौथे में बड़ा रसोईघर। पाँचवीं मंजिल पर सिर्फ एक कोठरी है, जिसमें दुर्ग का देवता बटकुला रहता है।

वासपा–उपत्यका विशेषकर सांगला और नीचे के गाँव अब बौद्ध-धर्म से बहुत कम प्रभावित रह गए हैं, और ब्राह्मणों के न रहने पर भी उनका प्रभाव छाया हुआ है। टेहरी की भागीरथी-उपत्यका के ब्राह्मण आजकल यहाँ पूजा कराने तथा जन्मपत्री बनाने के लिए आए थे। मोने के बदरीनाथ मन्दिर के पास ही एक छोटा-सा बुद्ध-मन्दिर है, जिसमें लोगों के घरों से निकली बहुत-सी बौद्ध-प्रतिमाएँ रखी हुई हैं। इनमें एक धातु की बहुत

सुन्दर और प्राचीन है। यहाँ कुछ हस्तलिखित पुस्तकें भी हैं, जिनकी पुष्पिका से कुछ ऐतिहासिक बातें मालूम होती हैं।

उस दिन कितना ही समय मोने और सांगला में बिताकर हम बँगले पर चले आए। 11 तारीख को फिर देखासुनी में लगे। सांगला का बौद्धमन्दिर पुराना मालूम हुआ। उसमें शाक्यमुनि के साथ सारिपुत्र और मोद्गल्यायन की मिट्टी की मूर्तियाँ थीं। 'अष्टसाहस्रिकाप्रज्ञापारमिता' की 26 इंच लम्बी और 6 इंच चौड़ी हस्तलिखित पोथी बहुत पुरानी थी, जो उसके तालपत्र की नकल पर बने हर पत्र के दो गोल छिद्रों तथा कुछ उच्चारण-रीतियों से मालूम होता था। इनकी तीन पोथियाँ रही होंगी, जिनमें दूसरी ही यहाँ है। इसमें कितने ही चित्र भी बने हुए हैं। मृतक के लिए यहाँ गरुड़ पुराण और 'बर-दोस्-थोस्-ग्रोल्-छेन-मो' दोनों का पाठ किया जाता है। इस पुस्तक की पुष्पिका के लेख से मालूम होता है, कि खूनू (कनौर) को बुद्ध-शाक्यमुनि का उत्तम धर्मक्षेत्र माना जाता था। यहीं पर धार्मिक राजा समसेर सिंह के समय अमात्य (कलोन) को रोनमधर के समय यह पुस्तक लिखी गई थी। अर्थात् पुस्तक सौ वर्ष से अधिक पुरानी नहीं थी।

छोलटू–जो चपरासी मिला था, वह बड़ा ही बेपर्वाह निकला। 11 तारीख को वह लापता हुआ, तो 12 को भी वह दिखाई नहीं पड़ा। अपने ही तीन-तीन रुपए में 14 मील के लिए चार भारवाहकों को करके हम 12 अगस्त को रवाना हुए। ब्रूये तक पंगी ब्रह्मचारी परमानन्द भी साथ हो गये। 8 बजे से चलकर 6 घण्टे में किलवा पहुँचे। सतलुज के बाएँ किनारे यह अपेक्षाकृत गरम स्थान है। सफेद अंगूर यहाँ के पककर खतम हो गए थे, और काले अधपके मिले। आडू भी अच्छे और स्वादिष्ट थे। उस रात वहाँ ठहरकर सबेरे जलपान के बाद चल पड़े और पाँच मील का सफर डेढ़-दो घंटे में पूरा करके हम छोलटू पहुँच गए। सतलुज के बाएँ तट पर काफी समतल भूमि में जंगल महकमा ने अच्छा-खासा बाग लगा दिया है। बहुत-से फलों के दरख्त हैं, जिनके लगाने में यह ख्याल रखा गया था, कि लोगों में देखा-देखी बागवानी का शौक बढ़े। अंगूर ज्यादा थे, किन्तु खट्टे और अब वह खतम हो गए थे। सरदा लगाकर भी देखा गया था, यद्यपि वह उतना मीठा नहीं था, जितना काबुल का। नास्पाती बहुत अच्छी थी, खरबूजा भी स्वादिष्ट था। फलों के क्वेटा जितना मीठे न होने का कारण वर्षा की अधिकता है। यहीं सहसराम के एक वैरागी साधु मिल गए। वह पचीस साल से हिमालय में ही चक्कर काट रहे थे। ऐसी बेसरोसामानी से यात्रा करना इन्हीं के बूते की बात थी। और यात्रा सिर्फ यात्रा के लिए ही करते थे। घुमक्कड़ जैसा भी हो, मेरे लिए वह स्नेह का पात्र है–"ना जाने किस रूप में नारायण मिल जाए।" कौन जानता है, इन्हीं में गुदड़ी का लाल कोई महा घुमक्कड़ मिल जाए। उनके साथ बैठकर खाने में मुझे आनन्द आया।

सराहना–14 अगस्त को सबेरे चलकर दो मील पर टापरी में केगारु को बदलना था। चपरासी के जोर पर हमें आदमी मिलते थे, कोई मन से काम करने के लिए थोड़े ही आता। मन से काम करनेवाले आदमियों को रखना हो, तो उसे शिमला से ही खाना और मजूरी निश्चित करके ले जाना चाहिए। टापरी से आगे जाकर पुल पार हो फिर सतलुज के बाएँ किनारे 11 बजे बाँगतू डाकबँगले पर पहुँचे। सड़क-इन्सपेक्टर बाबू लक्ष्मीनन्द मिले। कुछ दिक्कत हुई, साथ आए भारवाहक विचार के लिए तैयार हो गए। बाबू लक्ष्मीनन्द की घोड़ी सवारी के लिए मिली, निचार में हम एक घंटा ठहरे। वहाँ डाकखाने से कुछ चिट्ठियाँ लीं, और फिर चलकर 7 बजे पौंडा पहुँचे। बाबू लक्ष्मीनन्दजी सराहन तक के लिए हमारे साथ थे, जहाँ 15 अगस्त के अतवार के दिन हम पहुँचे। आज स्वतंत्रता-दिवस था। आज ही के दिन पिछले साल अंग्रेजों ने भारत का पिण्ड छोड़ा था। लेकिन यहाँ कोई चहल-पहल नहीं थी। स्वतन्त्रता जब तक साकार न हो, तब तक लोग उसके महत्व को कैसे समझ सकते हैं ? पौंडा से 1 बजे चौरा डाकबँगले पर पहुँचे और वहाँ डेढ़ घंटा भोजन-विश्राम के लिए ठहरकर उसी दिन 6 बजे सराहन पहुँच गए। उस वक्त वर्षा हो रही थी।

16 अगस्त को हमें सराहन ही में रहना था। कामरू के बाद और रामपुर के पहले बहुत समय तक सराहन ही राजधानी रहा। यहाँ की भीमाकाली राज्य की इष्ट देवी हैं। भीमाकाली के मन्दिर में बहुत-से पुराने कागज-पत्रों, दूसरी ऐतिहासिक चीजों और सिक्कों की संभावना थी, इसीलिए मैं बड़ी लालसा के साथ यहाँ

आया था। बँगले से नीचे राँवी ब्राह्मणों का गाँव है, जिसमें 24 भारद्वाज, 16 वासिष्ठ, 20 कौसल गोत्री परिवार रहते हैं। रामपुर के राजा यद्यपि अपने को चन्द्रवंशी और प्रद्युम्न की संतान बतलाते हैं, और कनौर ठाकुरों के वंश से अपने सम्बन्ध को छिपाना चाहते हैं। पर, रावी के ब्राह्मणों की परम्परा बतलाती है, कि दो भाइयों में एक भाई राजा हुआ और दूसरे भाई की सन्तानें रावी के ब्राह्मण हैं। एक पोथी बहुत छन्द-बन्द में रखी हुई थी। देखने की उत्सुकता हुई, लेकिन जब मालूम हुआ, कि यह कागज की है, तो न देखने का पछतावा नहीं हुआ। ब्राह्मणों के पास की कितनी ही पुरानी पोथियाँ सतलुज में बहाई जा चुकी हैं, लेकिन अब भी कुछ पुस्तकें हैं। एकादश स्कन्द भागवत् पर दोहा-चौपाई में संवत् 1792 (1635 ई.) में चतुरदास की लिखी एक पोथी देखी। एक गीता की टीका भी पहाड़ी और हिन्दी मिली-जुली भाषा में थी।

देवी के मन्दिर में गए। उसके बिस्ट (मनेजर) सपनी के नेगी विद्यानन्द के मुँह से यह सुनकर सन्न रह गया, कि सरदार बलदेवसिंह ने यहाँ के पुराने कागजों की होली जला डाली। कागजों ने क्या अपराध किया था ? हाँ, अपराध कर सकते थे, क्योंकि उस वक्त रामपुर में राजा के और सराहन में देवी के खजानों की लूट हुई थी। आतंक के मारे कोई चीं नहीं कर सकता था। जिसकी चीं करने की हिम्मत थी, उसे भी लूट में शामिल कर लिया गया था। किसी भी संस्कृत व्यक्ति या समाज के लिए यह असल बात थी। शिमला लौटने पर चीफ-कमिश्नर का ध्यान इधर दिलाया था। अपनी पुस्तक 'किन्नर देश में' में मैंने भी लिखा, लेकिन किसी के कानों पर जूँ तक न रेंगी। इस महा अपराध को घोलकर सभी पी गए। बँगले के एक हिस्से में रामपुर के एस. डी. ओ. साहब अपनी पत्नी के साथ ठहरे हुए थे। शिष्टाचार के नाते मैंने नमस्ते किया, लेकिन उन्हें नमस्ते लेने की भी फुर्सत नहीं हुई। अपनी पत्नी के साथ बेचारे ताश के खेल में लीन थे। मुझे अपनी इस गुस्ताखी पर अफसोस हुआ। यहीं से पुण्यसागरजी अपने गाँव गये।

रामपुर–17 अगस्त को पाँच-पाँच रुपए में तीन कुली करके 9 बजे हम रामपुर के लिए रवाना हो गए, और पाँच बजे वहाँ पहुँच गए। रास्ते में एकाध बार मामूली बूँदें पड़ीं। रात को रेंज क्वाटर में ठहरे। मच्छरों और खटमलों ने नींद हराम कर दी, जिससे बचने के लिए उठ बैठे और सारी रात लिखने-पढ़ने में बिता दी। 18 अगस्त को भी रामपुर ही में रहना था। अपनी पुस्तक के लिए कुछ और सामग्री जमा की। उस दिन सबेरे ही उठकर स्कूल में चले गए। पं. दौलतरामजी ने मसहरी का प्रबन्ध कर दिया। रामपुर में भी पश्मीने की चादरें बनती हैं। ये अधिक शुद्ध और गरम होती हैं, पर कश्मीरी जैसी सफाई नहीं। पश्मीना कीड़े के लिए रसगुल्ले-जैसा ही स्वादिष्ट होता है। गर्मी में उसकी रक्षा करनी बहुत मुश्किल है, तो भी मैंने दो चादरें लीं। 19-20 तारीख को रामपुर में रहते पुस्तक के काम में अथवा मित्रों-परिचितों से मिलने-जुलने में व्यस्त रहा। श्री विद्याधर विद्यालंकार ने इस यात्रा में मेरी बड़ी सहायता की। रामपुर से किसी चीज की जरूरत होती, वह भेज दिया करते थे। वह गुरुकुल कांगड़ी से आयुर्वेद के स्नातक हैं, और यहाँ जंगलात में खजान्ची का काम कर रहे थे। उनकी विद्या का कोई उपयोग नहीं था, इसलिए असन्तुष्ट होना स्वाभाविक था। फ्रेजर की पुस्तक 'हिमाल' यहाँ पढ़ने को मिली। फ्रेजर 1814 के गोरखा-अंग्रेज-युद्ध में अंग्रेजी सेना के साथ बिसाहर और गढ़वाल में घूमा था। उसकी यह पुस्तक 1820 में लन्दन में छपी थी। इसमें बहुत-सी महत्त्वपूर्ण सूचनाएँ थीं।

20 को बिसाहर की प्रजा के आन्दोलन में प्रमुख भाग लेनेवाले पं. सत्यदेव और मास्टर अनुलाल मिलने आए। अब वह दूध की मक्खी बन गए हैं। नौकरशाही ढाँचे ने रियासत को जकड़ लिया है, जिसमें न प्रजा की कोई पूछ है न उसके नेताओं की। तिब्बती सीमान्त पर बसनेवाले लोगों को बारूदी हथियार रखने की कोई रुकावट नहीं थी। अब उसका लेखा-जोखा हो रहा था, और सरकार हथियार का कानून लगाने जा रही थी। अनुलाल और सत्यदेवजी ने रियासत के अत्याचारों का हिम्मत के साथ मुकाबिला ही नहीं किया था, बल्कि शक्ति हाथ में आ जाने पर भी उसका दुरुपयोग नहीं किया। कुछ दिनों के लिए यहाँ न राजा का राज्य था और न भारतीय सरकार का। उस समय लूट मच जानी आसान थी, लेकिन ये ही दोनों नेता थे, जिन्होंने शान्ति स्थापित की। राज्य और देवी के खजाने को लूटा गया, यह दिल्ली के देवताओं की ओर से भेजे गए नौकरशाहों का काम था। मास्टर अनुलाल और पं. सत्यदेव इसके खिलाफ आवाज नहीं उठा सकते थे, क्योंकि शिमला

से गोली-गट्ठा लेकर आए। सिपाही यहाँ के हर तरह के 'विद्रोह' को दबाने के लिए तैयार होकर आए थे।

नौगढ़ी–21 अगस्त को 9 बजे नाश्ता के बाद चले। आज 23 मील की मंजिल मार के कोटगढ़ पहुँच गए। लाला खुशीराम के बारे में सुनकर मुझको उनका कारखाना देखने की इच्छा हुई। लालजी भी साथ थे। खुशीराम के पिता जंगलात के ठेकेदार थे। काफी रुपया कमाया था, लेकिन अन्त में सब बरबाद करके बेटे को दरिद्रता में फँसा के छोड़ गए। खुशीराम में सपना देखने की शक्ति थी, और हाथ-पैर से काम करने के लिए भी तैयार थे। सतलुज और नौगढ़ी के खड्ड के कोने पर काफी पड़ी जमीन थी। वह पत्थरों से ढँकी थी। पन्द्रह साल पहले उन्होंने पत्थरों को साफ करना शुरू किया। नौगढ़ी के पानी से पनचक्की के लिए एक नहर निकाली और उस पर आटे की चक्की लगा दी। धीरे-धीरे चावल कूटने की चक्की, चावल फटकने की चक्की, तेल का कोल्हू और लकड़ी चीरने का काम भी इसी दलबल से करना शुरू किया। एक डिनामो लगा के बिजली भी पैदा करनी शुरू की, जिसका काम अभी राजा और अफसरों के रेडियो की बैटरियों में बिजली भरना, और घरों में बत्ती जलाना था। इस समय 25 और 10 मन आटा प्रतिदिन पीसनेवाली दो चक्कियाँ चल रही थीं। अधिकांश मशीनें भारत की बनी हुई थीं। तेल का कोल्हू प्रतिदिन दो कनस्तर सरसों और चार कनस्तर खूबानी का तेल पेलता था। चावल की चक्की 40 मन धान प्रतिदिन कूटती थी। डिनोमा 110 वोल्ट का था, जिसे तीन हजार में खरीदा था। डिनामो और तेल की मशीन को छोड़कर सारी चीजें स्वदेशी थीं। साथ में रहने का अच्छा-खासा दोमंजिला घर था। खेत में फल और साग-सब्जी काफी हो जाती थी। नहीं से शुरू करके उस वक्त 40-50 हजार की चीज उन्होंने खड़ी कर दी। सबसे बड़ी बात यह, कि अपने इस प्रयत्न से उन्होंने दिखला दिया, कि छोटे-छोटे उद्योग किस तरह सफलतापूर्वक चलाये जा सकते हैं।

मैंने उनसे पूछा, कि आपके और मनसूबे क्या हैं ? उन्होंने बतलाया, पहले तो नहर को बढ़ाकर उसे तिगुना पानी देने लायक बना देना है, जिस पर तीन हजार रुपया खर्च होगा। 220 वोल्ट के डिनामो के लिए 10 हजार रुपया और 220 वोल्ट की मोटर के लिए 5 हजार रुपया हो, और 2 हजार के दूसरे सामान। तब हम पानी से नहीं, बल्कि पानी से बनी बिजली से अपनी मशीनों को चलाने लगेंगे। 8 हजार लगाकर ऊन धोने, धुनने, रँगने और प्यौनी करने की मशीन लगा के लोगों को प्यौनी किया हुआ ऊन सस्ते में देने लगेंगे। 5 हजार और लगने पर ऊन कताई-बुनाई की मशीन भी लग जाएगी। यह निश्चय है, कि अगर ऊन धुला-धुना-रँगा प्यौनी के रूप में लागों को मिले, तो ऊनी कपड़े का व्यवसाय बहुत बढ़ जाएगा, और जरा-सा सुधरे हुए चरखे को लेकर लोग उससे काफी पैसा कमाने लगेंगे। सिर्फ 50 हजार रुपये का सवाल था। सरकार उस वक्त और अब भी करोड़ों रुपया व्यवसायियों को कर्ज दे रही है। मैंने यह बात चीफ-कमिश्नर तक पहुँचा दी थी। लेकिन, मालूम नहीं हिमाचल-प्रदेश सरकार के कानों पर जूँ रेंगी या नहीं। खुशीरामजी को मैंने कहा, अपने इसी काम से अपना और दूसरों का बहुत उपकार कर सकते हैं। राजनीति के चक्कर में न पड़ना, नहीं तो दोस्तों से अधिक दुश्मन पैदा कर लोगे। खुशीराम देखने में बड़े सीधे-सादे प्रौढ़ उमर के आदमी थे। रामपुर में राजा के दरबार में पहुँचना उनके लिए आसान था, लेकिन शिमला के दरबार में वह पहुँच सकेंगे, इसमें सन्देह है।

निरत–नौगढ़ी से चार मील जाने पर दत्तमन्दिर मिला। जान पड़ता है नौगढ़ी से नीचे काफी दूर तक सतलुज का यह बायाँ तट पुराने जमाने में भी बहुत महत्व रखता था। सम्भव है रामपुर की जमीन पर भी राजधानी बनने से पहले कोई पुरानी बस्ती रही हो। वहाँ सतलुज का पाट कम होने से वहीं लोहे का पुल बन गया। परले पार पंजाब का कुल्लू है, और इस पार हिमाचल-प्रदेश। हिमाचल-प्रदेश बनाते वक्त यह भी ख्याल नहीं आया, कि कांगड़ा-कुल्लू को भी मिलाकर एक चक बना दिया जाए। दत्तमन्दिर में कुछ दूकानें हैं, और पुराने मन्दिर का अवशेष भी। चार मील चलने पर निरत में पहुँचे। यह मन्दिर 9वीं-10वीं शताब्दी का मालूम होता है। बूटधारी द्विभुज सूर्य की मूर्ति इसकी प्राचीनता को बतला रही थी। बूटधारी मूर्ति शकों द्वारा प्रचारित हुई, लेकिन इस मूर्ति को ईसा की पहली तीन शताब्दियों का नहीं माना जा सकता। अक्षयवट के किनारे बहुत-सी खनिज, विष्णु और हरगौरी की मूर्तियाँ थीं। मन्दिर के भीतर धोती पहने बिना जाया नहीं जा सकता। 4 घर ब्राह्मण पुजारी हैं, जो अपने को आदि गौड़ और भारद्वाज गोत्री कहते–"उत्तरे मांस भोजनम्"

के शास्त्रवाक्य के माननेवाले हैं, लेकिन गरीबी के कारण छठे-छमाहे ही मांस-भोजन मिलता होगा। मन्दिर की भूमि आसपास की भूमि से ज्यादा नीची है, जो भी उसकी प्राचीनता को बतलाती है। मन्दिर के बाहर मण्डप (जगमोहन) है। सभी पत्थर का बना है और शिखरदार। बगल में देवी का मन्दिर है, जहाँ पशुबलि होती है। सतलुज के किनारे कई मील नीचे और ऊपर तो तिब्बत की सीमा के भीतर तक इतना प्राचीन मन्दिर कोई नहीं है। मछुओं ने मछली पकड़ रखी थी, लेकिन वह बनी-बनाई नहीं थी, और हम उसे ढोकर ले जाने के लिए तैयार नहीं थे, इसलिए शुतुद्रि माता के प्रसाद से वंचित हो गए।

अन्त में हम उस जगह पहुँचे, जहाँ से कोटगढ़ की चढ़ाई शुरू होती है। घोड़े पर सवार थे। वर्षा हो रही थी। ठाणादार और कोटगढ़ मिली-जुली बस्ती है, बाजार का नाम ठाणादार है। सत्यानन्द स्टोक के निवास के कारण मशहूर है। बाजार से कितनी ही दूर हटकर अस्पताल है, जहाँ पर डा. भगवानसिंह का निवास था। हम सामान लिए-दिए वहाँ पहुँचे। डा. भगवानसिंह मेरे पुराने मित्र हैं। 1933 में लाहुल में जब वह डाक्टर थे, तब कुल्लू में उनके दर्शन हुए थे। पंजाबी हैं, किन्तु बौद्ध-धर्म से प्रभावित होकर अब अपने लिए बौद्ध लिखते हैं। उनकी पत्नी लाज जन्मजात बौद्ध हैं। अब सारा परिवार ही तथागत के धर्म को मानता है। एक तो बहुत दूर से रास्ते का थका-माँदा आया था, और फिर रोगी के लिए डाक्टर की छाया बहुमूल्य होती है। अब पाँच दिन के लिए उन्हीं का अतिथि बन गया।

कोटगढ़ उस समय ईसाई मिश्नरियों का गढ़ था। चर्च मिशन ने यहाँ बहुत-सी इमारतें खड़ी की थीं, मिडल स्कूल बनाया था, कई धर्म-प्रचारक रहते थे। लेकिन, अंग्रेजी शासन के ऊपर सभी चीजें आधारित थीं। उनके जाने के बाद अवनति होनी आवश्यक थी। अब मिशन के इन्चार्ज पादरी धनसिंह थे। लाइब्रेरी अब भी अच्छी अवस्था में थी। शिक्षा की माँग है, इसलिए मिडल स्कूल अब हाई स्कूल में बदल गया। रंग-ढंग से मालूम होता था, कि यहाँ के मिशन की भी वही हालत होगी, जो स्पू, चिनी और केलंग की हुई। डाक्टर साहब के निवास की बगल की इमारत अभी ही गिरने लगी थी। जिस घर में डाक्टर बौध रहते थे, वह भी उनके ही कारण सुरक्षित था।

अगस्त में कोटगढ़ में उतनी ही सर्दी मालूम होती थी, जितनी चिनी में। यह स्थान सात हजार फुट ऊँचा है भी। आजकल कोटगढ़ अपने सेबों के लिए मशहूर है, जिसका सारा श्रेय स्वर्गीय सत्यानन्द स्टोक को है। सत्यानन्द पादरी स्टोक अपनी जन्म-भूमि अमेरिका से पहाड़ियों को ईसाई बनाने के लिए आए थे। वह धनी परिवार के पुत्र थे, इसलिए धर्म-प्रचार उनके लिए जीविका का साधन नहीं था। यहाँ आने पर कुछ प्राचीन ईसाई परम्परा और कुछ भारतीय सम्पर्क ने उन्हें एकान्तवासी योगी बना दिया। थोड़े दिनों के लिए नहीं, बल्कि सात वर्ष तक वह एक गुफा में रहते रहे। पीछे उन्हें यह बेकार मालूम हुआ, और प्रचार के काम में भी रस नहीं रहा। फिर वह एक पहाड़ी तरुणी से ब्याह करके गृहस्थ बन गए। शादी या यों ही भारतीय नारियों से सम्बन्ध स्थापित करके भारत में रह जानेवाले अनेकों यूरोपियन हुए हैं। होर्शिल के शिकारी विल्सन 1840 में आकर हिमालय के ही बन गए थे। उनकी पहाड़ी स्त्री की सन्तान पिता की संस्कृति में दीक्षित हो एंग्लो-इण्डियन बनी, और एकमात्र बच रही बहू के बाद उस पुरुष का नामोनिशान नहीं रहेगा। उसने गढ़वाल में पहिले-पहिल आलू का प्रचार किया। उसने नदियों द्वारा ऊपर के जंगलों की लकड़ी नीचे भेजने का पहिले-पहिल रास्ता निकाला था। स्टोक अधिक दूरदर्शी थे। उन्होंने देखा, बिना इस मिट्टी से अभिन्नता स्थापित किए काम नहीं चलेगा। वे हिन्दू बनकर स्टोक बन गए। प्रथम महायुद्ध के जमाने में जिसने अंग्रेजी सेना में भरती करने का काम किया था, तथा विजय के स्मारक को अपने बँगले के भीतर खड़ा किया था, वह भारत को अब भी परतन्त्र रखने की अंग्रेजों की मनोवृत्ति देखकर विद्रोही हो गया। खादी पहनी, प्रचार किया, जेल गए। अपने हाथ के बनाए विजय-स्मारक को हटाकर वहाँ छोटा-सा गीता-मन्दिर बना दिया। वह बढ़ई के काम में दक्ष थे। उन्होंने अपने हाथ से नागरी अक्षरों में काष्ठ पर गीता और उपनिषद् के वाक्य खोदकर उसमें लगाए। मन्दिर में कोई मूर्ति नहीं, केवल गीता के प्रतीक कृष्ण और अर्जुन का चित्र है। पीछे अपने पुत्र प्रीतमचन्द के आग्रह पर हवनकुण्ड भी बना दिया।

सत्यानन्द के तीन पुत्र और तीन पुत्रियाँ हैं। सबसे बड़े प्रीतमचन्द इधर से जाते वक्त पहले ही मुझे मिल चुके थे, और सबसे छोटे लालचन्द से 26 अगस्त को उनके घर पर घंटों तक बात होती रही। लालचन्द का ब्याह यहाँ के सेब के बागों के सबसे बड़े स्वामी तहसीलदार अमीचन्द की लड़की से हुआ। दो लड़कों का ब्याह रायसाहब देवीदास की लड़कियों से हुआ। लड़कियों में एक का ही ब्याह एंग्लो-इण्डियन से हुआ। एक दामाद क्वेटा का वकील है, जो विस्थापित होकर भारत चले आए।

कोटगढ़ में सत्यानन्द स्टोक को याद करने के लिए यही बात नहीं है। वे कोटगढ़वालों के पिता थे। जब वह मरे, तो सारे कोटगढ़ और आसपास के लोग उनके लिए ऐसे रो रहे थे, मानों अपना बाप मर गया। वे अपने बच्चों की जिम्मेवारी को समझते थे, लेकिन उससे भी बढ़कर कोटगढ़वालों की सेवा जीवन का आदर्श मानते थे। देश-विदेश से पचासों जाति के सेबों को मँगाकर उन्होंने अपने यहाँ लगाया, और उसकी पौध तैयार करके लोगों को लगाने की प्रेरणा दी। पहाड़ में देश के बनिए पहुँचकर बुरी तरह से लोगों को लूटते हैं। एक बार उनका चढ़ा कर्ज फिर घर-द्वार, खेत-खलिहान बिकवाकर भी नहीं उतरता। ऐसे कर्ज से स्टोक लोगों की रक्षा करते थे, स्वयं बिना सूद रुपया देते। इस प्रकार यहाँ के लोगों की जमीन बिकने नहीं दी। जब लोगों ने सेबों की फसल होती देखी और उसे अच्छे दाम पर शिमला जाकर बिकते भी, तो उन्होंने सेबों के बाग लगाने शुरू किए। आज यह सारा इलाका सेबों के बाग से भरा है। यहाँ के सेब दिल्ली और दूसरे शहरों में जाते हैं। सुनहला सेब तो यहाँ का बहुत ही स्वादिष्ट और मीठा होता है।

डा. बौध कुछ ही सालों में अब नौकरी से अवकाश लेनेवाले थे। डायबेटीज़ ने मुझे अब घुमक्कड़ होने लायक नहीं रखा था। जरा भी कहीं छिल जाए, तो लेकर महीनों बैठे रहो। यह क्या घुमक्कड़ी के लिए अनुकूल हो सकता है। डा. बौध ने शिमला से सीधे कुल्लू जानेवाली सड़क पर, प्रायः साढ़े 5 हजार फुट की ऊँचाई पर, अनी में आठ-दस एकड़ जमीन ले रखी थी। अभी यह सड़क मोटर लायक नहीं बनाई गई है, लेकिन उसके बनने में कोई दिक्कत नहीं है। यह दिल्ली से नाक के सीधे उत्तर जा कुल्लू पहुँच जाती है। सतलुज में लोहे का पुल है, और आगे-पीछे सड़क को चौड़ी-भर करने की देर है। उधर 15 मील तक मोटर सड़क बंजारत आई है। आजकल इसमें दो सरकारों का साझा है, सतलुज से दक्षिण हिमाचल-प्रदेश और सतलुज से उत्तर पंजाब सरकार का। सरकारों के साझे का काम और भी मुश्किल होता है। लेकिन किसी समय वह मोटर-सड़क बन के रहेगी, और फिर अनी और उसके आसपास के इलाके का भाग्य चमकेगा। कुल्लू का सेब भी इसी रास्ते आएगा। अनी में मिश्नरियों ने अपना अड्डा बनाया था, उनका बँगला बिक चुका है। मुझे भी अब कहीं ठण्डी जगह में रहकर काम करने का ख्याल आ रहा था। डा. बौध ने अनी में अपने साथ या अलग रहने का निमंत्रण दिया। चश्मे का पानी पास था, जंगल का मनोहर दृश्य, और डेढ़ मील पर ही डाकघर। पाँच-छः हजार में छोटा-सा लकड़ी का बँगला बन सकता था। दिल तो मचलने लगा था।

23 को भी वर्षा हो रही थी। शिमला जाने का रास्ता बन्द था। पैदल जाने में इस समय पहाड़ों से पत्थर गिरने का डर रहता था। इसलिए जब तक मौसम अनुकूल न हो जाए, तब तक यहाँ से चलने का इरादा नहीं किया जा सकता था। समय को जहाँ-तहाँ मिलने-जुलने में खर्च किया। 23 अगस्त को रायसाहब अमीचन्द से मिलने गए। रायसाहब अभी भी तहसीलदार थे, इस साल उनका सेबों का बाग 45 हजार रुपये में बिका था। यह तब जबकि 60-65 रुपयेवाली पेटी (35 सेर) अब के 45-50 रुपये में बिकी। रास्ता ठीक न होने से खच्चरों पर लादकर सेब नारकण्डा भेजा जाता। वैसे मौसिम में कोटगढ़ में रेलवे औट-एजेन्सी रहती है, जो भेजने का काम अपने जिम्मे ले लेती है। एजेन्सी के इन्चार्ज रमेशचन्द्र बड़े उत्साही तरुण थे। उन्होंने जिम्मा ले रखा था कि जैसे ही जीप आएगी, मैं इन्तिजाम करूँगा। रायसाहब को बगीचे के प्रबन्ध के लिए चिन्ता की जरूरत नहीं थी। उनकी पत्नी सुभद्रादेवी सब काम बड़ी दक्षता से कर लेती थीं। दम्पती का एक लड़का बी. ए. में पढ़ रहा था, अकाल ही उसका देहान्त हुआ। अब एक लड़का प्रकाशचन्द था, जो एम. एस-सी. कृषि में करके कुछ दिनों सरकारी नौकर रहा। लेकिन, घर छोड़ वहीं अकेले रहता। बड़ा होनहार तरुण था। कहते अफसोस होता है, अभी पिछले साल दिसम्बर 1955 में शिकम की तरफ किसी दुर्घटना में उनका देहान्त

हो गया। माता-पिता और तरुणी विधवा के ऊपर क्या बीती है, इसे शब्दों में कैसे कहा जा सकता है ? अभी उनकी माता की चिट्ठी आई थी, जिसमें अपनी विह्वलता और विवशता को प्रकट किया था। इससे पहले ही किसी ने मुझे इस दुर्घटना को बतलाया था, और बाद में डा. बौध की चिट्ठी से भी मालूम हुआ था। सब-कुछ रहते भी इस वृद्ध दम्पती का घर वीरान हो गया। काल कुछ मलहम का काम देगा, लेकिन घाव जीवन-भर नहीं भर सकेगा, इसमें सन्देह नहीं।

डा. बौध के निवास के पास से नीचे उतराई की ओर देखने पर दूर फिर उठते पहाड़ दिखाई पड़ रहे थे। इसी उतराई के सबसे निचले भाग में मानसरोवर के पानी को लेकर सतलुज नीचे की ओर जा रही थी। वह पानी, जो पहिले बहुत कुछ बेकार समुद्र में जाने के लिए छोड़ दिया जाता था, अब मनुष्य के हाथों भाखड़ा-नंगल के कृत्रिम समुद्र और विद्युत-उत्पादन के काम में लगनेवाला है। इसी उतराई के रास्ते जाने पर वह सड़क मिल जाएगी, जो कि कुल्लू को जाती है। एक बार आस्टिन को पटियाला के पहले राजा ने कुल्लू तक ले जाकर दिखला दिया था कि सड़क बनाना मुश्किल नहीं है।

पहाड़ की गरीबी बड़ी समस्या है, और यातायात भी। अंग्रेजी राज्य की एक और बड़ी देन है रतिज रोग। जहाँ-जहाँ गोरों की छावनियाँ रहीं, वहाँ-वहाँ सूजाक और आतशिक की बीमारी फैली। डा. भगवानसिंह से बढ़कर इसके बारे में कौन बतला सकता था ? उन्होंने बतलाया, लाहुल कोटगढ़ में 25 प्रतिशत लोग इसके मरीज हैं, कुल्लू, बांगी, निर्मण्ड, कोटन खाई में तो मुश्किल से 30 सैकड़े लोग रोगमुक्त होंगे। सूजाक स्त्री-पुरुष को निस्सन्तान बना देता है, जिसके फलस्वरूप हर गाँव में कितने ही घर उच्छिन्न हो गए या हो रहे हैं। पेनिसिलिन सूजाक की रामबाण दवाई है, लेकिन वह पूरी तौर में इस रोग को तभी उच्छिन्न कर सकती है, जबकि संदिग्ध कोई व्यक्ति बिना इन्जेक्शन का न रह जाए। आतशिक पर तो उसका प्रभाव नहीं पड़ता, यद्यपि उसका सम्बन्ध कुष्ठ से नहीं बतलाया जाता, किन्तु अंग-भंग तो लोग होते ही हैं।

डा. बौध का स्थान अनी नारकण्डे से 24 मील और लुरी के पुल से 13 मील है (सतलुज पार सिर्फ 11 मील)। लुरी सतलुज के इसी पार है। वहाँ तक जीप और मोटर जा सकती है। डा. भगवानसिंह का बड़ा लड़का कितने ही दिनों से घर से भाग गया था। चिन्ता होनी ही चाहिए, किन्तु घुमक्कड़ क्या बिना प्रसव-वेदना के पैदा होते हैं। जवान है, दुनिया की सैर करता होगा, यद्यपि इस तरह की स्पष्टवादिता मैं डाक्टर साहब के सामने नहीं कर सकता था।

देश के बटवारे के समय 1947 की अन्तिम तिमाही में हिन्दू-मुसलमानों का जो दंगा पंजाब में हुआ था, उसकी छीटें यहाँ भी पड़ी थीं। गूजर लोग अर्ध-घुमन्तू मुसलमान हैं। ये भैसें पालने, उनके बेचने तथा घी का रोजगार करते हैं। भैंसों के पीछे-पीछे बराबर एक जगह से दूसरी जगह घूमना उनका काम है। उस आँधी में इनके ऊपर भी प्रहार हुआ, और बहुतों ने हिन्दू बनकर अपनी जान बचाई। अब वह फिर अपने धर्म को मानते हैं। उनके लिए एक और समस्या खड़ी हो गई। पर्वतों की पीठों की सर्द जगहों में बड़ी अच्छी घास होती है। पहिले इन चरागाहों का पहाड़ियों के लिए कोई मूल्य नहीं था, अब वह भी अपने पशुओं के चरने के लिए गोचर-भूमि माँगते हैं, और गूजरों को उससे वंचित करना चाहते हैं। गूजर वर्षों से अपनी इस्तेमाल की जाती भूमि छोड़ नहीं सकते। यह बड़ा सिरदर्द है। गूजरों में चौआण, ढिंड, देदड़, गोरसी, चाड, पुसवाड, ठाकरिए, काडस लोदा, कसाणे, पटाणे आदि भेद मिलते हैं। गूजर उन्हीं कबीलों में से हैं, जो ईसवी-सन् के आरम्भ में मध्य-एसिया से शकों के साथ भारत आए थे। कोटगढ़ में एक घर बतलाया गया, जिसने उस आँधी के जमाने में हिन्दू बनकर अपनी जान बचाई थी। लालचन्द स्टोक के मौसा नसीब अली के ऊपर भी आँच आ रही थी, लेकिन उनका नाम ही मुसल्मान था, नहीं तो वह ईसाई थे। अब बूढ़े हैं, स्टोक की कृपा से थोड़ी-सी सम्पत्ति बाग-बगीचे के रूप में है, जिससे गुजारा करते हैं। नसीब अली जाति के दरद हैं, जिनकी भूमि गिलगित, आजकल पाकिस्तान में है। यह खाम और तिब्बत में बहुत दूर तक घूमे हुए हैं। मन तो करता था, दो-चार दिन पास में बैठकर उनकी यात्रा का विवरण तैयार कर लूँ। 19वीं सदी के उत्तरार्द्ध में हिमालय के पार के देशों का पता लगाने के लिए बहुत-से लोगों ने साहस-यात्राएँ की थीं। गिलगित से पूर्व में चीन

की सीमा के भीतर तक गये हुए घुमक्कड़ की यात्रा कम मनोरंजक नहीं होगी।

कोटगढ़ छोड़ते समय मालूम हुआ, अगले अप्रेल में अनी जरूर आना होगा। डा. भगवानसिंह से दो एकड़ जमीन ले लेंगे, और तीन-चार हजार में लकड़ी की कुटिया बन जाएगी। कोटगढ़ रहने के लिए अनुकूल स्थान नहीं है। मई-जून में यहाँ पानी दुर्लभ हो जाता, लकड़ी का दुःख, नौकर का दुःख तो है ही। अनी जरूर मोटर से 24 मील दूर है, जिसमें 9 मील चढ़ाई का भी पड़ता है लेकिन, यह दिक्कत कुछ सालों बाद नहीं रहेगी, जबकि कुल्लू की मोटर-सड़क बन जाएगी। लेकिन उस दिन की ये सब कल्पनाएँ मन के लड्डू थे। डा. भगवानसिंह ने भी पेन्शन लेने के बाद बच्चों की शिक्षा के लिए और अपने काम के लिए अनी से बेहतर कुल्लू को समझा।

नारकण्डा (9,160 फुट) जीप का इन्तिजार कितने दिन करते ? 27 के 9 बजे सबेरे सामान को कुली पर रखवाकर मैं चल दिया। नारकण्डा वस्तुतः नागकण्डा है। कण्डा पर उस नाग देवता की मढ़ी अब भी मौजूद है, जिसके कारण इस कण्डा (डांडा, जोत) का यह नाम पड़ा।

नारकण्डा जब 4 मील रह गया, तो बाईं ओर एक मोटर-सड़क 6 मील पर बागी को जाती दीख पड़ी। बागी नारकण्डा से भी ऊँचा स्थान है। अभी सड़क चालू नहीं हुई थी। वह आगे बढ़ती हुई रोड़ू तक चली जाएगी, जिसके कारण जमुना की शाखा पब्बर की विशाल उपत्यका भी आधुनिक यातायात के साधनों के लिए खुल जाएगी। 12 बज के 20 मिनट पर हम नारकण्डा पहुँचे। बतलाया गया था, वहाँ जीप आती है, लेकिन जीप-सीप का कहीं पता नहीं था। यहाँ का डाकबँगला बहुत विशाल और आदर्श बँगला है। अनुमति लेने की कोई जरूरत नहीं, जो भी आए ठहर जाए, और खानसामा निश्चित दाम पर चाय, भोजन दे देता है। इसी तरह के सारे बँगले हों तो सैलानियों को कितना आराम रहे। आज जन्माष्टमी थी। दूकानदार अपनी भक्ति और शक्ति के अनुसार उसको मना रहे थे। आज हमें यहीं रहना था, लेकिन कल की चिन्ता थी। इसी समय किसी को रामपुर ले जाकर लौटता रिक्शा मिल गया। 22 मील आगे ठियोग तक के लिए 18 रुपये में सामान के साथ मुझे ले चलना स्वीकार किया। वहाँ से तो मोटर-बसें शिमला को जाती ही रहती हैं।

ठियोग–28 को 7 बजे चल दिए। 22 मील में से साढ़े 17 मील मैं पैदल ही चला। वस्तुतः सामान के लिए रिक्शा की जरूरत थी, नहीं तो मैं पैदल चल सकता था। अन्त में भी जल्दी चलने के लिए ही रिक्शे पर चढ़ा, क्योंकि मालूम था, दो बजे मोटर चली जाती है। मोटर तैयार भी थी, लेकिन जब आदमी का किराया डेढ़ रुपया और आलू का फी मन 4 रुपया हो, तो कौन मोटरवाला आदमी को चढ़ाने की बेवकूफी करेगा। कैलाश मोटर सर्विस के ड्राइवर ने लेने से इन्कार कर दिया। रंग तो यह मालूम तो था कि शायद ही कोई भी मोटरवाला ले जाने के लिए तैयार न होगा। प्राइवेट मोटर सर्विसों की यही हालत होती है। खैर, चार घंटा बैठना पड़ा, और 6 बजे दूसरी गाड़ी में जगह मिली। उसमें भी 12-14 बोरे आलू लादे थे। रास्ते में काफी वर्षा पड़ी। रात के साढ़े 9 बजे हम मोटर से उतरकर फर्ट ग्रोव में नायर साहब के पास पहुँचे।

शिमला–अब पाँच दिन के लिए हम शिमलावासी हो गए। पता लगा, 5 सितम्बर को सम्मेलन कार्य समिति की बैठक है, इसलिए उस दिन वहाँ पहुँचना जरूरी था। इन पाँच दिनों को शिमला में घूमने, जहाँ-तहाँ लोगों से, विशेषकर श्री एन. सी. मेहता से मिलने में बिताया। मेहताजी से मैंने कहा, किन्नर देश का महत्त्व ऐसे मेवों के पैदा करने के लिए बहुत है, जिनकी भूमि क्वेटा पाकिस्तान में चली गई। वहाँ बहुत तरह की धातुएँ हैं, लेकिन इन दोनों कामों के लिए मोटर की सड़क बनाने की जरूरत होगी। चिनी के कल्पा स्थान में छोटे विमानों के लिए अवतरण-भूमि तैयार हो सकती है। चिनी के मिडिल स्कूल को हाई स्कूल बनाना चाहिए। तिब्बती भाषा-भाषी लोगों को शिक्षा तिब्बती में देना चाहिए। इनके अतिरिक्त मैंने वहाँ के पुरातत्त्व और कोठी की मूर्तियों के बारे में भी बतलाया, और कहा कि उनकी रक्षा का प्रबन्ध करना चाहिए। उनके कहने से मालूम होता था कि शायद इन बातों में किसी के भी होने की सम्भावना नहीं। हिमाचल-प्रदेश से कुल मिलाकर जो आदमनी होती थी, वह नौकरशाही के खर्च के लिए ही पर्याप्त नहीं थी। दूसरे काम सिर्फ दिल्ली के बल पर हो सकते थे। 30 अगस्त को मिलने पर ठाकुर गोविन्दसिंह का भी यही कहना था, कि सारे खुशामदी या दूसरे प्रान्त के अफसरों से दफ्तरों को भर दिया है। राजाओं के सामने जो खुशामदें चलती थीं, उससे भी ज्यादा

अब उनका रवाज है। एक मैट्रिक पास पुरुष रघुवीर जुब्बल के एस. डी. ओ. हैं, दूसरे उसी तरह के आदमी बुशहर में भेजे गए हैं। एक दिन का काम महीने-भर में भी नहीं होता। रोड़ू तहसील में अड़इल का पानी का हौज बिगड़ गया, जिसके कारण नल से पानी नहीं मिलता और लोगों को तकलीफ है, लेकिन कहीं कोई सुनवाई नहीं। मज्जी का अस्पताल तोड़ दिया गया। कोई अफसर शिमला छोड़ बाहर जाने के लिए तैयार नहीं। अगर कोई दौरे पर निकलता है, तो दस आने की जगह पाँच आना सेर दूध ले लेना चाहता है। ऐसा होने पर क्यों न बहुत-से लोग समझें कि इससे राजा का राज ही अच्छा था। जब मैंने हिमालय में कहीं रहने का विचार प्रकट किया, तो मेहताजी ने चम्बा के खजियार को बतलाया। यह तो मानता ही था, कि यदि अपना स्थायी निवास कहीं बनाना हो तो वह 6 हजार फुट के आसपास होना चाहिए। बाघी 10 हजार फुट से ऊपर है, पर 6 हजार फुट से ऊपर सेब खट्टे हो जाते हैं। कुल्लू के चन्द्रकान्तजी चिनी में आना चाहते थे, आते तो लिखने में जरूर मदद करते, लेकिन उन्हें तकलीफ भी होती। यहाँ शिमला में साथ घूमते रहे। बी. ए. पास करके अब कोई काम ढूँढ़ रहे थे। साहित्य का भी शौक है, लेकिन भूखे रहकर साहित्य-सेवा तो नहीं की जा सकती। उनके अपने खेत और बाग हैं, जिसमें जीविका चलाते हुए साहित्य-सेवा करनी मुश्किल नहीं थी, लेकिन आज के शिक्षित को ऐसा जीवन पसन्द कैसे आ सकता है ?

रियासतों के विलयन के समय राजकोश और राजाओं की चीजों पर किस तरह हाथ साफ किया गया, इसकी बहुत-सी बातें मालूम हुईं। रामपुर के खजाने के बारे में लिख ही चुका हूँ। और सराहन की देवी के खजाने के लूटने का कोई पता-निशान न रह जाए, इसके लिए पुराने कागजों की जो होली जलाई गई थी, वह भी बतला चुका हूँ। राजाओं के चाँदी के टी-सेट, पुराने चित्र और दूसरी कितनी ही चीजें सरकारी अफसरों ने अपनी बना लीं। कुछ महीनों के लिए तो "राम नाम की लूट है, लूट सके तो लूट" का नारा लगा हुआ था, लोगों ने लाखों से अपना घर भर दिया।

1 सितम्बर को मित्र लोग यहाँ के फैशनेबुल रेस्तराँ डेबिकों के बालरूम (नृत्यशाला) में ले गए। साढ़े 4 रुपये में सीटें रिजर्व थीं। खाने के साथ नृत्य और दूसरे तमाशे देखने थे। गोगिया पाशा और उसके दल ने नृत्य और दूसरे कर्तब दिखलाए। पाशा ने ताश और सिगरेट के कुछ मनोरंजक तमाशे दिखलाए, दूसरों ने सर्कस के खेल। चार आने का टिकट लेने पर मंडली की लड़की के साथ नाचने की छूट थी। एक सिक्ख छोकरा–जो नाच कुछ भी नहीं जानता था–चार-चार आने का टिकट लेता एक तरुणी के साथ बार-बार नाचने लगा। चार आना टिकट लेकर जो कोई पीठ पर हाथ रख देता, उसके साथ नाचने के लिए सुन्दरी बाध्य थी, और दूसरे नाचते आदमी को छोड़ देना होता। नर्तकियाँ एंग्लो-इंडियन थीं। सिक्ख छोकरे को इस तरह जल्द-जल्द टिकट लेकर हाथ रखते देख डर लगने लगा था कि कहीं यहाँ हिन्दू-सिक्ख झगड़ा न हो जाए। शिमला से हम प्रयाग चले आए।

13
परिभाषा के काम में

प्रयाग–गर्मियों में फिर शिमला आने का इरादा था, इसलिए कुछ सामान यहीं छोड़ दिया। लन्दन से लाया रेडियो यहीं छोड़कर चिनी गए थे, अब उसे भी बेकार समझ बेचकर छुट्टी ले ली। कालका से प्रयाग के लिए 49 रुपये 15 आने में द्वितीय श्रेणी की सीट रिजर्व करा ली थी, इसलिए रेल की चिन्ता नहीं थी। 3 सितम्बर को नय्यर दम्पती और उनकी बहिन रजनी को आतिथ्य के लिए धन्यवाद देकर ढाई बजे अड्डे पर पहुँचा। बतलाया गया, गाड़ी एक घंटे बाद जाएगी, लेकिन वह 4 बजे चली। नीचे उतरने के साथ एक ओर गर्मी बढ़ रही थी, और दूसरी ओर दाँत का दर्द था, नहीं कह सकता किसने अधिक परेशान किया। सोलन में सहयात्रियों ने चाय पीने में घंटा-भर लगा दिया। आगे यात्रा रात को करनी पड़ी और कार की बत्ती में अपना मुँह देखने-भर की शक्ति नहीं थी। डर लगता था कहीं नीचे की ओर न चली जाए। खैर, किसी तरह साढ़े 8 बजे कालका पहुँच गए। गाड़ी तैयार थी। ऊपर की बर्थ मिली थी, जिससे मैं बचना चाहता हूँ, क्योंकि रात में कई बार पेशाब के लिए उतरना पड़ता है। ट्रेन साढ़े 10 बजे रवाना हुई। सबेरे दिल्ली पहुँचे। घंटे-भर से अधिक ठहरे रहे। मैं दाँत के दर्द से बहुत परेशान था। दिन-भर ऊपर ही बर्थ पर लेटा रहा, कुछ नहीं खाया, पंखा जान थी। यही सोच रहा था कि मार्च के अन्त में पहाड़ पर चला जाना चाहिए, और नवम्बर के आरम्भ में ही वहाँ से नीचे उतरने का नाम लेना चाहिए। बस पाँच महीने से अधिक मैदान के लिए देना चाहिए, तभी कुछ काम किया जा सकता है, तभी शरीर को स्वस्थ रखा जा सकता है। मेरे कम्पार्टमेंट में चार आदमी थे। सुन्दरलाल गोसाईं लाहौर में वकील थे, छः हजार महीने की आमदनी, और हाईकोर्ट के जज बनने की आशा भी थी। पाकिस्तान ने सब पर पानी फेर दिया। दो हजार अब भी कमा लेते हैं। घर-मकान गया, लेकिन रहने का काम किसी तरह चल ही जाता है। पच्चीस हजार रुपये का पुस्तकालय था, जिसमें से तीन-चौथाई पुस्तकों को इसलिए मँगा पाए कि जफरुल्ला से उनकी दोस्ती थी। दूसरे थे शाहजादा मिजाज के कोई सेठ कुमार, जो सदा मोटर और मोटर के पुर्जों की बातें करते थे। तीसरे सज्जन कुछ हँसमुख थे, जो कानपुर में उतर गए। इस समय जमुना, गंगा, घाघरा की बाढ़ों से युक्त प्रान्त में हाहाकार मचा हुआ था। बाढ़ या सूखा, युक्त-प्रान्त के किसी न किसी हिस्से को हर साल घेरे रखता है। जान के नुकसान से बढ़कर मुसीबत है जीविका के नाश की। इसकी दवा तभी हो सकती है, यदि फसलों का अनिवार्य बीमा हो। अच्छी फसल के समय सरकार कुछ प्रतिशत ले ले, और फसल बिगड़ने पर बीमा की हुई मात्रा में अनाज को दे दे। 4 तारीख को प्रयाग पहुँचकर श्रीनिवासजी के यहाँ ठहरा।

5 को रविवार था। सरकारी कार्यालय में काम करनेवालों की सुविधा के लिए सम्मेलन की समितियों की बैठकें अक्सर रविवार को ही हुआ करती हैं। इस समय उस दिन 11 बजे से कार्य समिति की बैठक

हुई। सम्मेलन नियमावली के संशोधन का कार्य हो रहा था। नियमावली के संशोधन का काम और पहिले से चल रहा है। यदि टण्डनजी ने जरा कम दीर्घसूत्रता से काम लिया होता, तो शायद नियमावली काफी पहले स्वीकृत हो गई होती, और फिर गुड़ के चींटों से भुगतने की नौबत न आती, और न सम्मेलन दल-दल में पड़ा होता। संशोधन रखा गया, कि सम्मेलन के प्रधान और प्रधानमन्त्री तीन-तीन साल के लिए चुने जाएँ और वही मन्त्रिमण्डल बनाएँ। दिल्ली में सम्मेलन-भवन बनाने के लिए सरकार पाँच लाख रुपये इस शर्त पर दे रही थी, कि सम्मेलन भी पाँच लाख और जमा कर ले। यह कोई मुश्किल नहीं था, लेकिन उसमें भी आखिरी निर्णय टण्डनजी के हाथों में था। सब जगह कुछ ही दूर जाने पर रास्ता रुक जाता। टण्डनजी उच्च आदर्श पर चलनेवाले हैं, उनकी नीयत पर सन्देह नहीं किया जा सकता था। पर किसी-किसी काम को घड़ियों और मिनटों में निश्चय करने से ही काम चलता है, और वह सालों में भी निर्णय पर नहीं पहुँचना चाहते।

उसी दिन कुमारी केम्प से मुलाकात हुई। वह युगोस्लाविया की नागरिका और इस समय इलाहाबाद युनिवर्सिटी में रूसी पढ़ा रही थीं। युगोस्लाविया की भाषा और रूसी भाषा का बहुत नजदीक का सम्बन्ध है। अंग्रेजी भी उनकी मातृभाषा सदृश रही, इसलिए उनके जैसा अध्यापक आसानी से नहीं मिल सकता था। लेकिन, उनका अपना विषय था पुरातत्व और नृतत्व, जिसके लिए यहाँ काम का सुभीता नहीं था, यह उनके सामने बड़ी अड़चन थी।

इस समय बाढ़ आई हुई थी। 1916 की बाढ़ की तल से भी पानी ऊपर बढ़ गया था। जो मोरियाँ गंगा में पानी ले जाने के लिए बनी थीं, अब वे पानी लानेवाली हो गईं, यदि उन्हें खुला रखा जाता। लोग शंकित थे। 8 तारीख को तो बल्कि क्रास्थवेट महिला कालेज में छोटी-सी नदी बह रही थी, जमुना क्षुद्र नदी की तरह इतरा रही थी। 9 तारीख को दोनों बहिनें अब उतरने लगीं, तो लोगों की जान में जान आई।

'शासन शब्दकोश' को प्रेस में दे दिया गया था, और चौथाई कम्पोज भी हो गया था। जो कुछ घटाना-बढ़ाना था, वह प्रूफ में करना था। सबसे पहिले इसी काम को पूरा करना था। अभी 'किन्नर देश में' का कुछ हिस्सा लिखने को बाकी था, और 'आज की राजनीति' और 'घुमक्कड़ शास्त्र' तो दिमाग से कागज पर उतरे भी नहीं थे, उनके लिए भी प्रकाशकों की माँग थी। 9 सितम्बर को 'शासन शब्दकोश' के पहिले फार्म को छापने की आज्ञा दे दी। उस दिन पेशाब अधिक होती मालूम हुई। हिमालय के नियमपूर्वक चहलकदमी का कोई असर नहीं हुआ ? मैं निराश नहीं हुआ और अगले दिन से तो 6 मील रोज टहलने का नियम बना लिया, और इतना या कुछ कम कई महीनों तक नियमपूर्वक घूमता रहा। बनारस से दुःखद खबर मिलीः रायकृष्णदास का घर गिर गया। आजकल घर बनाना आसान नहीं है, और उनका खानदानी घर बड़ा भव्य था, पास में गंगा की धारा दिखाई पड़ती थी। उसी दिन मालूम हुआ, हैदराबाद के बारे में भारत सरकार कुछ करने के लिए तैयार है। 13 तारीख को पता लगा, कि भारतीय सेना शोलापुर, बेजवाड़ा, मनमाड और चाँदा–चार जगहों से हैदराबाद में घुसी है, जिनमें दक्षिण (बेजवाड़ा और पश्चिम शोलापुर) से मुख्य आक्रमण हो रहा है। शोलापुर से वह ढाई सौ मील आगे बढ़ चुकी है। संचालक जेनरल राजेन्द्रसिंह के एक कम्यूनिक से साफ था, कि भारत सरकार निजाम को बर्करार रखना चाहती है। यही क्यों, वह तो बहुत पीछे तक यह भी चाहती रही, कि हैदराबाद में पड़े महाराष्ट्र, कर्नाटक और आन्ध्र के हिस्से सदा अपने स्वाभाविक बन्धुओं से अलग रखे जाएँ। रिज़वी के इस्लामी रजाकारों (स्वयं-सेवकों) ने हैदराबाद में हद्द कर दी थी। वहाँ दूसरा पाकिस्तान कायम हो गया था। हजारों हिन्दू परिवार अपने को अरक्षित समझकर रियासत से बाहर चले गए थे। लेकिन, रज़ाकार आधुनिक सेना का मुकाबिला कैसे कर सकते थे ? अगले दिन की खबर से भी यही पता लगा, कि बहुत प्रतिरोध नहीं हो रहा है। 17 सितम्बर की शाम को 5 बजे निजाम ने अधीनता स्वीकार की और पाँच ही दिनों में हैदराबाद-काण्ड खत्म हो गया। हैदराबाद में कोई कार्रवाई की जाए, इसके लिए पटेल ने ही दृढ़ता दिखाई। नेहरू अपनी सर्वज्ञता में हमेशा हिचकिचाते रहे। यह भी कहा जाता है, कि सेनाओं को बढ़ने का हुक्म दिया जा चुका था, उसी दिन आधी रात को अंग्रेज प्रधान सेनापति ने सरकार को बतलाया, कि ऐसा करने पर पाकिस्तान हमला कर देगा, और दिल्ली, अहमदाबाद और बम्बई को पाकिस्तानी हवाई-जहाज ध्वस्त कर देंगे। दिल्ली के देवताओं

में घबराहट हो गई थी, लेकिन अब तो तीर हाथ से निकल चुका था।

प्रयाग में रहते विद्यार्थियों और तरुणों के संगठनों के किसी न किसी काम में भाग लेना आवश्यक ठहरा। 13 सितम्बर को कायस्थ पाठशाला के छात्र-संघ का उद्‌घाटन करने गए। अगले दिन शाम को इंडो-सोवियत सोसायटी का उद्‌घाटन और भाषण देना पड़ा।

बहुत दिनों से मैं जोर दे रहा था, कि उर्दू की अमूल्य निधियों को नागरी अक्षरों में लाना चाहिए। मेरे सभापति होने के समय सम्मेलन से ऐसी 16 पोथियों के निकालने का निश्चय भी हो गया था, लेकिन कोई उसके लिए आगे नहीं आया। गोयलजी ने उर्दू-कविता पर एक बहुत सुन्दर पुस्तक 'शेर-ओ-शायरी' लिखी, जिसकी भूमिका मुझे लिखने के लिए कहा। मुझे ऐसा करने में बड़ी प्रसन्नता हुई, क्योंकि गोयलजी का उर्दू-काव्य का गंभीर ज्ञान और लिखने की शक्ति ऐसी थी, जिसके द्वारा हिन्दी पाठकों को उर्दू-कविता के समझने में आसानी होती। काफी बड़ी पुस्तक ला-जर्नल प्रेस में बड़ी सुन्दर छपी। हिन्दीवाले उर्दू-कविता के प्रेमी हैं, यह इसी से मालूम होगा कि पुस्तक का प्रथम संस्करण एक साल में ही खत्म हो गया, और फिर उत्साहित होकर गोयलजी ने कई भागों में 'शेर-ओ-सुखन' को प्रकाशित करके उर्दू-कविता के बहुत बड़े भाग को हिन्दी पाठकों के लिए सुलभ कर दिया। यह सन्तोष की बात है, लेकिन मैं इसको पर्याप्त नहीं समझता। उर्दू का सारा मूल्यवान गद्य और पद्य साहित्य नागरी अक्षरों में छपना चाहिए। उर्दू भाषा के लिए नागरी लिपि भी अपनी लिपि हो जानी चाहिए। उर्दू हमारी भाषा है, उर्दू का साहित्य हमारा है, उर्दू के महान कवि और लेखक हमारे अपने हाड़-मांस हैं। उर्दू लिपि में पुस्तकों के प्रकाशन में अब बहुत कमी हो गई है, उस लिपि के पढ़नेवाले भी कम होते जा रहे हैं। ऐसी अवस्था में उर्दू-साहित्य नागरी में जल्दी आना और भी आवश्यक है। इसका यह मतलब नहीं, कि उर्दू-साहित्य को उर्दू लिपि का बायकाट करना चाहिए। हाँ, उर्दू के प्रचार में उर्दू लिपि को बाधा के रूप में सामने नहीं आना चाहिए।

पेशाब में चीनी के बढ़ने से अब उसकी तरफ उपेक्षा नहीं की जा सकती थी। उसकी चिकित्सा के लिए कई तजर्बे कर सका था, आयुर्वेदिक दवाइयाँ भी खाई थीं। 30 सितम्बर को एक सप्ताह के लिए मैंने निरन्न भोजन करने का निश्चय कर लिया, और अण्डा, मांस, मछली तथा फल–यही भोजन में रखे। मैं इसे फलाहार कहता था। और सचमुच ही यदि फल के अतिरिक्त दूध को भी फलाहार माना जा सकता है, तो इसको क्यों नहीं। सबेरे आध सेर दूध श्रीनिवासजी के यहाँ से आ जाता था। मांस या मछली बिना पानी के चढ़ा दिए जाते। पककर उनमें स्वयं काफी सूप पैदा हो जाता है। नमक के अतिरिक्त और कोई मसाला या तामसिक चीज साथ में लेना नहीं चाहता था, लेकिन मछली की गन्ध को दबाने के लिए प्याज और कुछ चीजों के डालने की जरूरत थी। टंडनजी वैसे बड़े भक्त राधा-स्वामी हैं, लेकिन उनका मेरे ऊपर विशेष स्नेह या अनुग्रह कहिए, वे भी चाहते थे, कि मेरा स्वास्थ्य अच्छा रहे, ताकि मैं अच्छी तरह काम कर सकूँ। एक दिन उन्होंने किसी दूसरे परिचित रोगी का उदाहरण देते हुए बतलाया भी था, कि वे मांस खाया करते थे। इस भोजन के नियम से कुछ ही समय लेने से लाभ मालूम हुआ, और पेशाब कम होने लगी। टहलना भी मैंने पूर्ववत् जारी रखा, तो भी 25 अक्तूबर को चिनी आने में कोई रुकावट न देखकर जान पड़ा–इन्सुलिन लेना ही चाहिए। लेकिन, नियमपूर्वक इन्सुलिन लेने में अभी दो वर्ष की देर थी, जब सब तरफ से भटककर और खतरे में पड़कर देख लिया, कि इन्सुलिन छोड़ "नानयाः पंथा विद्यतेऽयनाय"।

बहुत सालों बाद 29 की शाम को आर्यसमाज में हिन्दी-दिवस के सम्बन्ध में व्याख्यान देना पड़ा। मैंने सोचा था, इतने सालों में यहाँ भी परिवर्तन हुआ होगा, लेकिन वह धर्म क्या, यदि उस पर काल का प्रभाव पड़े ? सभा के बाद अब भी वही "हे दयामय हम सबों को शुद्धताई दीजिए" की तुकबन्दी गाई जा रही थी। सबसे बड़ा आश्चर्य यह हुआ कि अपने को आर्यसमाजी कहलानेवाले एक सज्जन ने फलित जोतिस पर छींटा कसने के लिए मुझसे विवाद करना चाहा।

इधर 'शासन शब्दकोश' की छपाई चल रही थी, उधर आगे के परिभाषाओं के काम के बारे में भी हम तैयार हो रहे थे। विद्यानिवासजी और माचवेजी कलकत्ता, कटक, नागपुर आदि में जाकर वहाँ के अधिकारी

विद्वानों से मिल आए थे। सबने हमारे कोश को बहुत पसन्द किया था। साइन्स की परिभाषाओं के बनाने के लिए एक साइन्स और भाषा दोनों के जानकार योग्य आदमी की तलाश थी। डा. महादेव साहा ने श्री सुरेशचन्द्र सेन गुप्त का पता दिया। वे साइन्स के एम. एस-सी. थे, संस्कृत और रूसी तथा यूरोप की और भी कितनी ही भाषाओं के अच्छे जानकार थे। वे इस काम के लिए उपयुक्त थे और वैसे ही साबित भी हुए। बहुत बातों में वे विद्यानिवास-जैसे ही थे। प्रयाग विश्वविद्यालय के दर्शन के अध्यापक डा. विश्वनाथ नरवणे दर्शन की परिभाषाओं की जिम्मेवारी लेने के लिए तैयार थे।

अपनी आर्थिक स्थिति की ओर ख्याल करना जरूरी था, क्योंकि सम्मेलन से पैसा लेकर मैं काम करना नहीं चाहता था। इस साल 4,100 रुपए के करीब किताब महल से रायल्टी मिली थी, जो अकेले रहने पर भी मेरे लिए अपर्याप्त थी। कभी इतनी रकम को मैं बहुत काफी समझता, लेकिन इस वक्त तो इससे काम चलना मुश्किल था।

अगली गर्मियों में फिर कहीं भागना था, और वहाँ भी खर्च की जरूरत थी। साथ में एक सहायक की आवश्यकता तो अनिवार्य मालूम होती थी। पुण्यसागर का ज्ञान इतना कम था, कि उनसे काम नहीं चल सकता था। चन्द्रकान्तजी शिमला में साथ रहे। उनका आग्रह था, कि मैं कुल्लू चलूँ। कुल्लू में नगर मुझे बहुत पसन्द था। डा. जार्ज रोयरिक का खंडला (पूना) से पत्र आया, जिसमें उन्होंने लिखा था, कि हम नगर के अपने निवास उरुस्वती को बेचना नहीं चाहते, किन्तु काम की सुभीते की दृष्टि से कलिम्पोंग या सिक्कम में रहना चाहते हैं। नगर का खर्च भी ज्यादा था। फिर विभाजन के समय मुसल्मानों की जो निर्मम हत्या हुई थी, उससे भी उनके परिवार को दुःख पहुँचा था। इस समय तो लद्दाख पर पाकिस्तान के आक्रमण से कुल्लू और लाहुलवाले भी चिन्तित हो गए थे।

26 सितम्बर की कार्यसमिति की बैठक में और बातों के साथ यह भी स्वीकृत हुआ, कि सम्मेलन के अवसर पर 'वन्दे मातरम्' को राष्ट्रगीत के तौर पर गाया जाए। भारत सरकार इसे तथा 'जन गण मन अधिनायक' दोनों को राष्ट्रगीत मानती है। 'जन गण मन' किसी नेता के लिए सम्बोधित गीत है, वह जनता या देश के लिए नहीं है, शायद नेताओं के अहं की उससे तुष्टि होती है, इसीलिए उसे राष्ट्रगीत बना दिया गया। दिल्ली में सम्मेलन-भवन बनाने के बारे में बैठक में बात भी नहीं हो सकी, और दो दलों के नेताओं में झपट हो पड़ी।

'किन्नर देश में' अब प्रेस में था। लिखी पुस्तक अगर तुरन्त छपने लग जाए, तो लेखकों को बड़ी प्रसन्नता होती है। दिन में गर्मी को तो पंखे से किसी तरह भगाते थे, लेकिन रात को कोई उपाय नहीं था। बिजली के दीपक पर हजारों शलभ टूट पड़ते थे, और काम करना मुश्किल हो जाता था।

इसी समय इलाहाबाद में अब्बास की कहानी 'सरदारजी' पर बावेला मचा था। प्रादेशिक सरकार मुकद्दमा चला रही थी। हिन्दू-मुस्लिम झगड़े में जो बर्बरता दिखलाई गई थी, उसका वर्णन करते हुए एक सरदार (सिक्ख) की मुसलमान के बचाने के लिए अद्भुत आत्माहुति का इसमें चित्रण था। पहले भाग में कुछ अप्रिय सत्य कहे गए थे, जिसको लेकर सिक्खों ने बावेला मचाया, और सरकार को यह मुकद्दमा चलाना पड़ा। अन्त में लेखक का छुटकारा हो गया, पर यह तो मालूम हो गया, कि लेखक का पथ कृपाण की धार है।

कुछ ही दिनों बाद मैं फिर सम्मेलन-भवन में सत्यानारायण कुटीर में रहने लगा। काम करने का सुभीता यहीं हो सकता था। नियमपूर्वक टहलता था। 3 अक्तूबर को साहित्य संसद्-भवन में रसूलाबाद गया। महादेवी जी की यह संस्था गंगा के किनारे बहुत अच्छे स्थान पर है, लेकिन आर्थिक चिन्ता से पीड़ित लेखक शहर से दूर इस संस्था का लाभ कैसे उठा सकता है ? आज से पचास वर्ष बाद इसका महत्व बहुत बड़ा हो सकता है, लेकिन आजकल तो वह सिर्फ तमाशे की चीज ही है।

कितनी ही पुस्तकें मैं केवल अपनी इच्छा पर ही लिखता हूँ। कभी-कभी ऐसी पुस्तक भी लिखनी पड़ती है, जिसमें मित्रों का बाध्य करना भी सहायक होता है। यद्यपि लिखता हूँ तब भी वैसी ही पुस्तक, जिसमें मेरी रुचि होती है। डा. धीरेन्द्र वर्मा ने इधर कई बार हिन्दुस्तानी एकेडमी के लिए एक भाषण तैयार करने के लिए कहा। मैंने 'बौद्ध-संस्कृति' पर वचन दे दिया। उस समय नहीं मालूम था, कि मुझे इतनी बड़ी पुस्तक

लिखनी पड़ेगी, और दुर्लभ समय में से भी कई महीने निकालकर उसे देने पड़ेंगे, फिर पुस्तक छपकर तैयार हो जाने पर भी फरवरी 1956 तक उसके पाठकों के हाथ में पहुँचने की नौबत आएगी।

टाइप के सुधार की ओर भी मेरा मन दौड़ रहा था। मैं सोच रहा था, यदि ऊपर-नीचे की पाइयों को बगल में रख दिया जाए, तो हिन्दी के छोटे आकार के टाइप भी देखने में काफी बड़े और मोटे मालूम होंगे। आजकल 10 प्वाइंट के शरीरवाले टाइप का आकार वस्तुतः 6 प्वाइंट के बराबर होता है। इसी दिक्कत के कारण 6 प्वाइंट के टाइप हिन्दी में ढाले नहीं जा सकते। मैंने यह बात प्रयाग के एक टाइप फौंड्री के स्वामी को बतलाई, और उन्होंने इस तरह का टाइप ढाल भी दिया। मैं चाहता था, अपनी एक-दो पुस्तक इस टाइप में छपवाऊँ। अक्षरों के आकार में तो कोई अन्तर था नहीं, इसलिए पढ़ने में दिक्कत नहीं हो सकती थी। सुधरे हुए टाइप में मेरी किसी पुस्तक को आनन्दजी छापनेवाले थे। पीछे सब तितर-बितर हो गया और टाइप बने के बने रह गए। 4 अक्तूबर की रात को भिनसारे तक पंखे की सहायता लेनी पड़ी। भोजन में अगले दिन की डायरी के अनुसार–"सबेरे आध सेर शुद्ध दूध श्रीनिवासजी के यहाँ से आ जाता है, और शाम को यहाँ मँगा लेते हैं। आध सेर मछली या मांस और सवा सेर सेब या दूसरे फल–जिनका किलोरी परिमाण है साढ़े 1600 जो अपर्याप्त है। यदि पाव-भर मांस और बढ़ाएँ, तो 800 किलोरी और बढ़कर 2200, 2300 किलोरी होकर पर्याप्त होगा।"

'शासन शब्दकोश' में तुरन्त हाथ लगाना टंडनजी के कारण हुआ था। इधर मैंने संविधान के मसौदे के हिन्दी अनुवाद को जब देखा, तो माथा ठनका। यह तो हिन्दी के किसी दुश्मन का ही काम हो सकता था। यह अनुवाद नहीं किया गया था, बल्कि नई भाषा लोगों के ऊपर थोपी गई थी। मैंने उसका थोड़ा अनुवाद करके दिखलाया, तो टंडनजी और दूसरे मित्रों का आग्रह हुआ, कि संविधान के अंग्रेजी मसौदे का पूरा अनुवाद कर दिया जाए और उसे छाप भी दिया जाए, ताकि संविधान-सभा की अगली महत्वपूर्ण बैठक में उसे लोगों में वितरण करके बतलाया जा सके, कि यह हिन्दी का कसूर नहीं है, जो कि उस तरह का अनुवाद सरकार की ओर से नियुक्त समिति ने किया है। डा. रघुवीर से कोई शिकायत नहीं हो सकती थी, वे अपने पल्लवग्राही पांडित्य के बल पर टाँग अड़ा सकते थे। श्री घनश्यामसिंह गुप्त हिन्दी के बड़े प्रेमी और सहृदय पुरुष थे। वे चाहते थे, कि हमारे स्वतन्त्र देश में अंग्रेजी का प्रभुत्व हटे और हिन्दी उसका स्थान ले। ऐसे कार्य में सहायता देने के लिए उन्हें किसी विशेषज्ञ की जरूरत थी, और भूले-भटके डा. रघुवीर किसी तरह नागपुर पहुँच गए। लेकिन आश्चर्य होता था, कि इस पर श्री हरिभाउ उपाध्याय, श्री कमलापति त्रिपाठी और डा. नगेन्द्र ने क्यों ध्यान नहीं दिया। 103 धाराओं के अनुवाद को देखने के बाद टंडनजी ने कहा, सबका अनुवाद कर डालना चाहिए। मैं और विद्यानिवासजी उसमें जुट गए। अनुवाद करते समय रघुवीरी प्रक्रिया को और नजदीक से देखने का मौका मिला, और उस पर मैंने एक व्यंग्यात्मक लेख भी लिख डाला।

दरभंगा–दरभंगा में ओरियेंटल कान्फ्रेन्स हो रही थी। प्रयाग से भी डा. बाबूराम सक्सेना, डा. उदयनारायण तिवारी जा रहे थे। उधर मुजफ्फरपुर में बिहार प्रान्तीय हिन्दी साहित्य सम्मेलन हो रहा था, उसका भी आग्रह था, इसलिए 15 अक्तूबर को साढ़े 7 बजे रामबाग स्टेशन से छोटी लाइन द्वारा मैं रवाना हुआ। सेकंड क्लास की अवस्था कम से कम इस ट्रेन में सुधरी मालूम होती थी। अच्छा डब्बा लगा हुआ था। बनारस, गाजीपुर, बलिया, छपरा में भीड़ जरूर रही, और छपरा-बलिया में देखने से मालूम हो रहा था, कि अब भी पुराने जमाने की तरह ही बड़ी संख्या में लोग मजूरी करने के लिए बंगाल की ओर जा रहे हैं। पहिले वे पूर्वी बंगाल के खेतों में जाकर काम किया करते थे, लेकिन, अब तो वे पाकिस्तान में हैं। श्रम मारा-मारा फिरा रहा है, और उससे समुचित काम लेने की व्यवस्था नहीं है। शारीरिक और मानसिक श्रम की यह बेकारी ही हमारी दरिद्रता का कारण है।

रात को 2 बजे ट्रेन मुजफ्फरपुर पहुँची। श्री रामधारी प्रसादजी, बाबू उमाशंकरजी और श्री देवदत्त शास्त्री से स्टेशन पर ही मुलाकात हुई। रात को सबसे पहिला काम सोने का था। सबेरे मित्रों से मुलाकात होती रही। असहयोग के दिनों में कांग्रेस की सरगर्मियों के समय मुजफ्फरपुर न जाने कितनी बार आता-जाता रहा। लेकिन,

20-25 वर्ष में तो नई पीढ़ी आ जाती है, और पुराने परिचित चेहरे विरल हो जाते हैं। अधिवेशन के समय मुजफ्फरपुर नगरपालिका ने मुझे अभिनन्दन-पत्र प्रदान किया। 3 बजे ही अधिवेशन में शामिल हुआ। अभिनन्दन के उत्तर में मुझे भी एक घंटा बोलना पड़ा। इस समय डायबेटीज़ का मन पर भी प्रभाव पड़ रहा था, मालूम होता था, जैसे कुछ नशे में बोल रहा हूँ। साथ ही अनकुस भी लगता था। दरअसल मुझे पहले ही समझना चाहिए था, कि डायबेटीज़ का एकमात्र उपचार है, नियमपूर्वक रोज इन्सुलिन लेना। फिर मानसिक-शारीरिक सारे क्षोभ मिट जाते हैं।

नागार्जुनजी और नलिनविलोचन शर्मा भी 7 बजे शाम को उसी ट्रेन में दरभंगा की ओर चल रहे थे। नलिनजी अपने डाक्टरेट के निबन्ध के बारे में बातचीत करते रहे। पीछे जब युनिवर्सिटियों के निबन्ध टके सेर हो गए, तो बहुतों ने उसका ख्याल छोड़ दिया, और नलिनजी भी शिथिल हो गए। उनसे भी ज्यादा मैं सोचा करता था, कि अपने काल के अद्भुत विद्वान् पं. रामावतार शर्मा की संस्कृत और हिन्दी कृतियों को पुस्तकाकार कैसे छापा जाए। उनका संस्कृत-कोश तो प्रकाश में बिल्कुल आया ही नहीं, और डर था, कहीं स्वदेहे जरा को प्राप्त न हो जाए। नलिनजी की वह मूर्ति भी मुझे याद है, जबकि दो-तीन वर्ष के बच्चे थे, और बनारस में शर्माजी आधी धोती नीचे और आधी धोती ऊपर किए उनको कंधे पर करके गंगा-स्नान को जाते समय लोगों की जिज्ञासाओं को तृप्त करने के लिए देर तक सड़क के किनारे खड़े थे। शर्माजी के निबन्ध और पुस्तकें अब प्रकाशित हो रहे हैं, यह बड़े हर्ष की बात है।

रात के 12 बजे दरभंगा पहुँचे। महाराजा दरभंगा के लालबाग के अतिथि-भवन में ठहराया गया। डा. बाबूराम सक्सेना और डा. तिवारी और बहुत-से विद्वानों के साथ खेमों में टिके हुए थे। डा. अमरनाथ झा एक तरह इस सम्मेलन के निमन्त्रणकर्ता थे, प्रबन्ध सारा डा. उमेश मिश्र के ऊपर था। अपनी मातृभाषा भोजपुरी का पक्षपाती होने से मैं भी चाहता था, कि उसको उचित स्थान मिले। भोजपुरी प्रारम्भिक शिक्षा की माध्यम हो, उसमें साहित्य का निर्माण हो। कुछ दूर तक वह न्यायालयों की भी भाषा हो। पर डा. उमेश मिश्र और कितने ही और मैथिली ब्राह्मण इतने से सन्तुष्ट नहीं हैं। वह हिन्दी के विरोध को मातृभाषा-भक्ति का एक अंग मानते थे। उनके ख्यालशरीफ में भारत की राष्ट्रभाषा हिन्दी नहीं, संस्कृत होनी चाहिए। कितनों के तर्क को सुनकर तो मुझे याद आता था "शास्त्राण्यधीत्यापि भवन्ति मूर्खाः"। कान्फ्रेंस के कागज-पत्रों में या तो अंग्रेजी का प्रयोग किया गया था या संस्कृत का। हिन्दी-विद्वेषमूलक मैथिली का समर्थन कुछ बूढ़े और बिगड़े दिमागों का ही स्वप्न है। मैथिल-प्रतिभा पिटारी में बन्द होने के लिए तैयार नहीं हो सकती। उसे सारे भारत के रंगमंच पर अपना जौहर दिखलाना है। संस्कृत में आज तक उसका स्थान अद्वितीय रहा है। कुछ ही दिनों में जब मैथिली तरुणों के दिमाग का ताला टूटा, तो वे आई. सी. एस. में भी अपनी सफलता दिखलाने लगे। हिन्दी में नागार्जुन ने गद्य-पद्य दोनों में अपना विशेष स्थान प्राप्त किया है, और दूसरे तरुण भी आगे बढ़ रहे हैं। तरुण पीढ़ी "पुनर्मूषकोभवः" मानने के लिए तैयार नहीं हो सकती, यह निश्चित है। मैथिली साहित्य में सुन्दर उपन्यास लिखे जा रहे हैं। हरिमोहन ठाकुर की व्यंगात्मक कृतियाँ मैथिली में ही नहीं, हिन्दी में भी बहुत आदर के साथ पढ़ी जा रही हैं। आगे के मैथिल विद्वान् अपनी मातृभाषा और हिन्दी दोनों की सेवा करके यश के भागी होंगे, इसमें सन्देह नहीं।

कान्फ्रेंस के साथ कई और सम्मेलन हुए। 17 अक्तूबर को हिन्दी कवि-सम्मेलन हुआ। पं. माखनलाल चतुर्वेदी का भाषण बड़ा ही सुन्दर था। चतुर्वेदीजी जैसा हिन्दी का सुवक्ता इस वक्त कोई नहीं है, वह हिन्दी के सर्वश्रेष्ठ वक्ता हैं। हरेक शब्द और वाक्य चुने हुए, गठे हुए बड़े लालित्य के साथ उनके मुँह से निकलते हैं। सचमुच मालूम होता है मोती झर रहे हैं, मालूम होता है अच्छी तरह लिखे हुए भाषण को कोई सुन्दर पढ़नेवाला पढ़ रहा है। मुझे जब-जब चतुर्वेदीजी के भाषण को सुनने का अवसर मिला, तब-तब ख्याल आया कि इनके भाषणों के कुछ रेकार्ड रहने चाहिएँ, ताकि आनेवाली पीढ़ियाँ भी देखें कि उनके पूर्वजों में एक इस तरह का अद्भुत वाग्मी पैदा हुआ था। कवियों को विशेष तौर से नहीं बुलाया गया था। हिन्दी को प्रोत्साहन देना कान्फ्रेंस के प्रबन्धकों का इष्ट भी नहीं था। तो भी नागार्जुनजी ने अपनी कुछ सुन्दर और चुभती हुई

कविताएँ सुनाईं।

अपने बिहार के राजनीतिक जीवन में हर जिले के कितने ही कर्मियों के घनिष्ठ सम्पर्क में मुझे आने का मौका मिला था। कभी प्रचार के लिए इधर-उधर जाने पर, कभी प्रादेशिक कांग्रेस कमेटी की बैठकों में और कभी वर्षों या महीनों जेलों में निरन्तर साथ रहते समय। इन्हीं परिचितों में से एक लहेरिया सराय में इस समय बीमार थे। उन्हें जब मालूम हुआ, तो मिलने के लिए बुलाया। मैं गया, अब वह वृद्ध हो चुके थे, और उस पर रुग्ण भी। कुछ देर तक बातें होती रहीं। पुराने परिचित से मिलकर बड़ी प्रसन्नता हुई। अफसोस है, उस समय नाम लिख नहीं सका, और अब याद नहीं आता।

दोपहर बाद पण्डाल खाली था। इस समय संस्कृत के पण्डितों ने अपनी सभा करनी शुरू की। कान्फ्रेंस के लिए समय नजदीक आ रहा था, तो भी पण्डितों की सभा खत्म होने का नाम नहीं लेती थी। डा. उमेश मिश्र को बहुत बेचैनी होनी ही चाहिए, लेकिन उन्होंने पालिसी से काम नहीं लिया। फिर क्या था। पण्डित उबल पड़े और उनकी अगुवाई करने के लिए आरा जिले के एक गेरुवाधारी लम्बी-चौड़ी मूर्ति मंच पर आकर संस्कृत में प्रबंधकों की धज्जियाँ उतारने लगी। मैं थोड़ी ही देर पहले पण्डाल से बाहर चला आया था। लोगों को कुछ सूझ नहीं रहा था, इसी समय किसी ने मेरा नाम लिया, मुझे वहाँ बुलाया गया। उत्तेजित पण्डित-मण्डली को शान्त करने में मैं समर्थ होऊँगा, इस पर सहसा मुझे भी विश्वास नहीं था। लेकिन, पण्डित-मण्डली मुझे अपना मानती थी, मेरी बात सुनने के लिए तैयार थी। मंच पर जाकर लम्बी-चौड़ी मूर्ति से मैंने भोजपुरी में कहा–"सारे देश के विद्वानों के सामने हम लोगों की भद्द हो जाएगी, इसलिए बात को आगे नहीं बढ़ाना चाहिए।" पण्डितों को भी उनकी बातों का कुछ जोरदार समर्थन करके और भद्द होने का डर दिखाकर शान्त किया। पण्डाल कांफ्रेंस के लिए खाली हो गया। इस बात का उल्लेख करते डा. अमरनाथ झा ने कहा था, कि उमेशजी में कुछ खानदानी स्वभाव है, जिसके कारण रात-दिन एक करके सेवा में लगे रहने पर भी ऐसी चूक हो गई। पं. उमेश मिश्र, पं. शिवकुमार शास्त्री के बाद उनके शिष्य तथा उन्हीं की तरह अपने समय के संस्कृत पण्डित-चक्रवर्ती पं. जयदेव मिश्र के सुपुत्र हैं। डा. गंगानाथ झा (पं. अमरनाथ झा के पिता) पं. जयदेव मिश्र के शिष्य थे, इसलिए अपने गुरुपुत्र पर बहुत स्नेह रखते थे। महामहोपाध्याय जयदेव मिश्र भी जल्दी उत्तेजित हो जाते थे, इसका मुझे पता नहीं। लेकिन कुछ कमियों के कारण डा. उमेश मिश्र के गुणों को नहीं भुलाया जा सकता। उनको संस्कृत भाषा और उसकी संस्कृति से घनिष्ठ प्रेम है। हाँ, वह सौ साल पहिले की दृष्टि से ही उसको देखते हैं।

डायबेटीज़ के लिए चिन्ता बनी रहती, मुँह का स्वाद और बार-बार पेशाब का होना ही कबाहत का कारण नहीं था, बल्कि मन भी प्रशान्त रहकर काम नहीं कर सकता था। कभी सोचता, शरीर का वजन भी इसमें कारण है। क्या ही अच्छा होता, यदि 15 पौण्ड घट जाता। डायबेटीज़वाले के लिए यह क्या मुश्किल है ? और आजकल (1956 में) तो वह दिन भी देखना पड़ रहा है, जबकि शरीर का वजन उतना (152 पौण्ड) ही हो गया है, जितना होना चाहिए था। कान्फ्रेंस में आने का एक यह भी प्रलोभन था, कि परिभाषाओं और हिन्दी के बारे में भिन्न-भिन्न प्रदेशों से आए हुए विद्वानों से बातचीत करेंगे। हिन्दी-विरोध तो केवल तमिलनाडु की चीज है, और उसकी जड़ में भी वस्तुतः ब्राह्मण और अब्राह्मण का सवाल है। अब्राह्मण 90 फीसदी से ऊपर हैं, तो भी वहाँ के धन-विद्या के सर्वेसर्वा ब्राह्मण शताब्दियों से होते आए हैं, उसी का बदला अब वहाँ का बहुजन ले रहा था। ब्राह्मण विद्वान् भी तमिल के पक्ष को अब्राह्मणों की तरह अपनाने के लिए मजबूर हैं। ट्रावनकोर और आन्ध्र के प्रतिनिधि हिन्दी और परिभाषाओं के बारे में हमारी ही तरह उत्साह दिखला रहे थे, यद्यपि अंग्रेजी का मोह अभी बहुतों के पीछे हाथ धोकर पड़ा हुआ था। मुझे तो समझ में नहीं आता था, कि कैसे कोई सोच-समझ रखनेवाला आदमी मान सकता है, कि अंग्रेजी हमारे देश में अनिश्चित काल तक अपने प्रभुत्व को बनाए रखेगी। हम देख ही रहे हैं, कि नई पीढ़ी अंग्रेजी की योग्यता में दिन-पर-दिन पिछड़ती जा रही है। आज (1956 में) तो नवयुवकों में वही शुद्ध अंग्रेजी बोल-समझ सकता है, जिसकी शिक्षा कन्वेन्टों और यूरोपियन स्कूलों में हुई है। यह निश्चय ही है, कि इस शताब्दी के अन्त तक ऐसे लोगों की भी संख्या

बहुत कम हो जाएगी। यदि अगली पीढ़ियाँ अंग्रेजी को अपने कन्धे पर उठाने के लिए तैयार नहीं है, तो सठियाए बूढ़ों का चिल्लाना क्या बेकार नहीं है !

18 अक्तूबर को ढाई बजे कान्फ्रेंस समाप्त हुई। मैंने इसमें परिभाषा-सम्बन्धी अपने लेख को पढ़ा था, और अन्तिम दिन नाटक-रूपक की बहस में भी कुछ बोला था। उस दिन शाम को हिन्दी-महारथियों के स्वागत के लिए टौनहाल में सभा हुई, जिसमें संस्कृत के राष्ट्रभाषा बनाने के प्रयत्न पर बोलते हुए मैंने कहा–हमारी भाषाओं के उपजीवक की तरह संस्कृत का स्थान सदा बना रहेगा। लेकिन, अब बेटी के समय में माता को सिंहासन का लोभ छोड़ना ही अच्छा होगा। मिथिला विश्वविद्यालय की स्थापना का भी मैंने समर्थन किया, और बतलाया, कि जमींदारी-प्रथा के हट जाने के बाद यहाँ की बहुत-सी इमारतें बेपैसे की मिल जाएँगी। दरभंगा में महाराजा का निजी पुस्तकालय है, जो पुस्तकों की संख्या में बहुत बड़ा नहीं कहा जा सकता, लेकिन उसमें भारी परिमाण में बहुत अच्छी-अच्छी पुस्तकें संग्रहीत हैं। छपी हुई पुस्तकों में ऐसी भी बहुत हैं, जो ईस्ट-इण्डिया कम्पनी के आरम्भिक दिनों में देश या विदेश में मुद्रित हुई थीं।

19 अक्तूबर को सबेरे हम लोगों को विद्यापति के पद सुनने का मौका मिला। हिन्दी और बंगाली कई विद्वान् मैथिल कंठ से मैथिल-कोकिल की कविताओं को सुनना चाहते थे। इसका प्रबन्ध महाराजा के अनुज राजाबहादुर विश्वेश्वर सिंह के यहाँ किया गया। दरबारी गुनियों ने उसे उस्तादी तरीके से सुनाया, जिसे हम कहीं भी सुन सकते थे। हम तो लोककंठ से उसे सुनना चाहते थे। फिर इन दरबारी गुनियों में इतना बेहूदापन हो सकता है, इसका हमें कभी ख्याल भी नहीं था। सुननेवालों में महिला विदुषी भी थीं, और वह गुनी विद्यापति के नाम से विपरीत रति का पद सुना रहे थे। किसी तरह जल्दी-जल्दी वहाँ से हम भागे।

शाम को 5 बजे स्टेशन पहुँचे। प्रयाग के लिए यहीं डब्बा लग गया था, इसलिए हम अब निश्चिन्त थे। अगले दिन (20 अक्तूबर को) हमारी गाड़ी चल रही थी। डा. उमेश मिश्र की अगली पीढ़ी उनके हाथ में नहीं रहेगी, और तीसरी पीढ़ी तो बिल्कुल विद्रोह करेगी, इसमें सन्देह नहीं। लेकिन, अभी वह अपने पुत्रों पर लाठी के हाथ अपने खान-पान के नियम को चला रहे थे। तीनों पुत्र भूखे चल रहे थे, रेल में छुआछूत और खान-पान का वही सनातन नियम पालन करना चाहिए, चाहे चौबीस घंटे का व्रत क्यों न रखना पड़े। और यह सब उस परम असंदग्धि परलोक के लिए, जिस पर उनका शायद ही पूरा विश्वास हो। मुझे समस्तीपुर में स्टेशन में सुन्दर स्वादिष्ट बनी हुई मछलियाँ प्लेटफार्म पर विकती दीख पड़ीं, तो मैंने समझा सचमुच ही मिथिला स्वर्ग का एक कोना है। किसी मैथिल ने इनके बारे में कहा था, कि अमृत कहीं दूसरी जगह नहीं, बल्कि "ब्रूमो वयं सकलशास्त्र-विचारदक्षाः जम्बीरनीरपरिपूरितमत्स्यखंडे।" नीबू के रस में बनी मछलियों का खण्ड कितना स्वादिष्ट होता है, इसे सौभाग्यवान ही जानते हैं। और सकलशास्त्र के महापण्डित होने के बाद भी ब्राह्मण ही ऐसे हैं, जो पुरानी आर्य-प्रथा को अपनाए हुए काशी हो या कहीं, मत्स्य और मांस के भोजन से परहेज नहीं करते। पश्चिम के म्लेच्छों में जाने पर कभी-कभी उन्हें अपने परमप्रिय खाद्य को छोड़ना पड़ता है, और उसके लिए देश लौटकर प्रायश्चित करने के बाद जब जम्बीर-नीर-परिपूरित मत्स्य-खण्ड मिलता है, तो वह अपने को कृतार्थ समझते हैं। मैथिलों के साहस की दाद क्यों न दी जाए। मत्स्य, कच्छप और वराह इन तीनों अवतारों को जब वह चट कर गए, "इति संचित्य भगवान नारसिंह वपुर्दधौ।" (तीन अवतारों के खा जाने से डरकर विष्णु ने नरसिंह का अवतार लिया।) यदि सिंहमात्र का अवतार लिया होता, तो भी खैरियत नहीं थी। मैं देख रहा था, तीनों तरुणों का मुँह चौबीस घंटे के व्रत के कारण सूखा हुआ था।

प्रयाग–20 तारीख को प्रयाग पहुँचकर 4 नवम्बर तक के लिए फिर मैं परिभाषा के काम में जुट गया, भोजन में फलाहारी हो गया, और जैसा कि मैंने कहा, मेरे फलाहार का मतलब था अन्न का सर्वथा त्याग। उसमें दूध, मांस, मछली और फल सम्मिलित थे। रोज 5-6 मील का टहलना भी होने लगा।

22 अक्तूबर को श्रीपतजी ने अपना विवाह जाति और धर्म के बन्धन को तोड़कर किया। उनकी पत्नी जोहरादेवी बनारस की सुशिक्षिता ग्रेजुएट महिला हैं। यह देखकर आश्चर्य हो रहा था कि पतिकुल में तो हर्ष और उल्लास था। शिवरानी देवी अपनी बहू को सिर-आँखों पर बैठा रही थीं, पर मातृकुल में शोक और संताप

छाया हुआ था–कैसे मुस्लिम कन्या काफिर बनने के लिए काफिर के घर जाएगी ! काल जब पहिले-पहिल प्रहार करता है, तो भले के लिए होने पर भी वह प्रिय नहीं मालूम होता। लेकिन, काल ही उसे सह्य और प्रिय भी बना देता है। सामाजिक बातों में पीछे रहनेवाले हिन्दू आगे बढ़ रहे हैं, इससे भले दिनों की आशा होती है। मैंने हँसते हुए कहा–बड़ी बहू को भी कौंसिल में अहिन्दू निर्वाचन-क्षेत्र से भेज देना चाहिए। आज प्रेमचन्दजी होते, तो वह भी शिवरानीजी की तरह ही पुत्र और बहू को बड़े हर्ष से आशीर्वाद देते।

23 अक्तूबर को श्री राजेन्द्र बाबू के पत्र से मालूम हुआ कि वह भी संविधान के रघुवीरी अनुवाद से संतुष्ट नहीं हैं।

25 अक्तूबर को प्यास और पेशाब बहुत ज्यादा हो गई, मालूम होने लगा, चंक्रमण और भोजन-नियंत्रण से डायबेटीज़ को नहीं भगाया जा सकता, इन्सुलिन लेना ही पड़ेगा। यद्यपि मैं डेढ़-दो घंटे रोज घूम आया करता था, लेकिन 16 घंटे की निरन्तर बैठकी होती थी। 8 बजे सवेरे से रात के 12 बजे तक बस खाने के लिए कुछ मिनट रुक, बैठा काम में ही लगा रहता था। मेरे पत्र को राजेन्द्र बाबू ने श्री घनश्यामसिंह गुप्त के पास भी भेज दिया था। उसमें कुछ कड़वी बातें भी थीं। लेकिन, गुप्तजी नम्रता की मूर्ति हैं। उनका अपना निजी आग्रह या स्वार्थ भी रघुवीरी प्रणाली से नहीं है। उन्होंने मिलकर काम करने के लिए कहा, और पीछे हम लोगों ने बहुत स्नेह के साथ मिलकर काम किया।

30 अक्तूबर को 'शासन शब्दकोश' छप गया, और अगले दिन सौ कापियों की जिल्द भी बँध गई। उसी दिन सम्मेलन के कार्यालय के नए भवन की नींव मुझे डालनी पड़ी, और टंडनजी ने सम्मेलन-प्रेस का उद्घाटन किया। प्रेस के लिए मैं बहुत उत्सुक था। परिभाषा का काम तभी ठीक से और तेजी से चल सकता था, जब प्रेस पूरा सहयोग देने के लिए तैयार हो।

बाहर के प्रेसों में काम संतोषजनक नहीं होता था। उस समय प्रेस के लिए जो दोमंजिला इमारत बनी थी, उसे लोग काफी लेकिन मैं नाकाफी समझता था। परिभाषा के कोशों को छापने के लिए नागरी और अंग्रेजी दोनों टाइप चाहिएँ, और छपाई भी अच्छी होनी चाहिए, तभी वह दूसरे प्रान्तों के विद्वानों पर प्रभाव डाल सकती थी। सभी प्रान्तों के भिन्न-भिन्न विषयों के पण्डितों से परिभाषा के काम में मुझे सहायता लेनी थी। यदि वह अपने काम को जल्दी और सुन्दर रूप से छपा देखेंगे, तो और भी उत्साह के साथ सहयोग देंगे। टंडनजी ने पटेल बाबू को मोनो टाइप मशीन खरीदने के लिए कह रखा था। छठे-छमाहे को याद आता, तो वह पूछ देते। पटेल बाबू कहते–"बाबूजी, बहुत कुछ हो गया है।" मैं इससे असंतुष्ट था। उस समय मोनोटाइप मशीन का मिलना आसान नहीं था, यह ठीक है, और यह भी कि चोरबाजारी से ही काम जल्दी बन सकता था। पर मैं समझता था, यदि कोशिश की जाए, तो सम्मेलन जैसी संस्था के लिए उसका मिलना मुश्किल नहीं होगा। ऐसा ही हुआ भी। मैंने कलकत्ता की अपनी एक यात्रा में बातचीत की। मेरे तरुण मित्र श्री परमानन्द पोद्दार ने कम्पनी के एजेन्ट से बातचीत की। किसी के लिए आई हुई मशीन को कुछ शर्तें पूरी नहीं हो रही थीं, एजेन्ट ने उस मशीन को देना स्वीकार कर लिया। मैंने सम्मेलन और राष्ट्रभाषा प्रचार समिति दोनों को लिखा, तुरन्त दाम देकर मशीन उठा लाएँ। दोनों ही तुरन्त तैयार हुए। मशीन सम्मेलन में चली आई। मैं समझने लगा, हमारे परिभाषा के काम में बहुत जल्दी होगी, लेकिन आपवीती बात सदा थोड़े ही हुआ करती है।

श्री विद्यानिवास मिश्र बड़ी तत्परता से काम कर रहे थे, उनका ज्ञान तथा स्मरणशक्ति हमारे काम के लिए बहुत ही उपयोगी सिद्ध हुई। लेकिन बीच-बीच में उनका मन उचट जाता था, वेतन लेकर काम करने पर जब कोई टीका-टिप्पणी कर देता, तो वह विरक्त हो जाते। फिर समझा-बुझाकर ठीक करता। इस समय संविधान-सभा में राष्ट्र-भाषा हिन्दी का सवाल पेश था। मौलाना आजाद उसके सख्त विरोधी थे, नेहरू भी उनके समर्थक थे। राजेन्द्र बाबू विधान-सभा के अध्यक्ष थे, और उनमें इतनी भारतीयता थी कि वह अंग्रेजी का कभी समर्थन नहीं कर सकते थे, और हिन्दी के तो वह सदा से पक्षपाती रहे। अपने बहुव्यस्त जीवन में समय निकालकर वह हिन्दी में लिखते भी थे, लेकिन खुलकर तो इस विवाद में भाग नहीं ले सकते थे। सरदार वल्लभभाई पटेल भी हिन्दी के पक्ष में होते, अगर हिन्दी और अंग्रेजी में एक को चुनना होता। लेकिन, संविधान-सभा में

हिन्दी-हिन्दुस्तानी का सवाल छेड़ दिया गया था, और हिन्दुस्तानी के द्वारा उर्दू भाषा-लिपि को भी राष्ट्रभाषा बनाने का प्रयत्न हो रहा था।

परिभाषा के काम के लिए 31 अक्तूबर की बैठक में 10 हजार रुपया खर्च करने का निश्चय हुआ, उपयुक्त आदमियों को रखने की बात थी। श्री भगवद्दत्त शर्मा पंजाब विश्वविद्यालय के शास्त्री और एम. ए. थे। विस्थापित होकर आजकल प्रयाग में थे। ऐसे आदमी को काम पहिले मिलना चाहिए। यह टंडनजी की और मेरी भी राय थी। उन्हें परीक्षार्थ रख मुस्तैदी और अभिज्ञता देखकर ढाई सौ रुपये मासिक देने का भी निश्चय कर लिया गया। माचवेजी भी समय देने के लिए कह रहे थे, लेकिन अभी निश्चय नहीं हो सका था, क्योंकि वह रेडियो की नौकरी में थे। सहकर्मियों को प्राप्त करना सबसे जरूरी था। इसी बीच दिल्ली जाने की जरूरत पड़ गई। संविधान-सभा के इसी अधिवेशन में राष्ट्रभाषा के बारे में निर्णय होनेवाला था।

दिल्ली–4 नवम्बर को 9 बजे रात की गाड़ी से श्री नर्मदेश्वर उपाध्याय के साथ मैं दिल्ली के लिए रवाना हुआ। अगले दिन सबेरे गाड़ी इटावा के पास जा रही थी। टुंडला में कम्पार्टमेन्ट के तीन सहयात्री उतर गए, और आगरा के वकील श्री बनवारीलाल चतुर्वेदी तथा दिल्ली के श्री गुरुदत्तजी नए सहयात्री बने। भोजन का समय था, और मैं था 'फलाहारी'। मुसल्मान मांस बेच रहा था, मैंने कुछ दोने ले लिये। एक तो मांस और दूसरे मुसल्मान का, चतुर्वेदीजी घबड़ाकर दूसरे कम्पार्ट में जाने के लिए तैयार हो गए। फिर न जाने क्यों रुक गए। मेरा नाम वह जानते थे। फिर तो घुल-घुलकर बातें होनी लगीं। मैंने कहा–चतुर्वेदीजी, मथुरा के चौबे तो शकों के पुरोहित थे, और स्वयं भी अधिकतर शक थे। उस समय तो यह मांस क्या, दूसरे मांस भी उनकी रसोई में रोज बना करते थे।

2 बजे गाड़ी दिल्ली पहुँची। पं. श्रीनारायण चतुर्वेदीजी स्टेशन पर आए थे। उनके साथ उनके निवास पर गए। पश्चिमी पाकिस्तान से उजड़कर आए लाखों शरणार्थी अब भी दिल्ली में बेसरोसामान पड़े थे। वस्तुतः यदि वे पुरुषार्थी न होते और अपनी मदद आप करने के लिए तैयार न होते, तो उन्हें और देश को बड़े बुरे दिन देखने पड़ते। मैं सोचता था, कि यदि कहीं इतनी बड़ी संख्या पूर्वी बंगाल से आती, तो क्या हालत होती।

उस दिन (5 नवम्बर) शाम को घूमते हुए मध्य-एसिया म्युजियम में गया। इस समय डा. वासुदेवशरण अग्रवाल यहीं थे। डा. अग्रवाल जैसे सुयोग्य पुरुष को दिल्ली अपने पास नहीं रख सकी, इसमें दिल्ली का ही दोष है। दिल्ली को खुशामदी दरबारी ही पसन्द आते हैं, वहाँ आत्मसम्मान रखनेवाले पण्डित का कैसे गुजारा हो सकता है ? अग्रवालजी भी वहाँ नहीं टिक सके। पीछे डा. मोतीचन्द को भी तलख-तजर्बा हुआ, और वह भी बम्बई लौट गए। संग्रहालय में उस समय श्री कृष्णदेवजी थे। कृष्णदेवजी बिहार-शरीफ के रहनेवाले थे, और पटना में विद्यार्थी रहते समय से ही मेरे परिचित थे। लेकिन, अब तो उसे 12-14 साल बीत चुके थे। पुरानी पीढ़ी को सालों का मूल्य समझना चाहिए, और "धरे पाछिलौ नाँव" की कभी कोशिश नहीं करनी चाहिए। मैं इसके लिए बहुत सावधान रहता हूँ। थोड़े दिन हुए एक प्रोफेसर से पटना में मैंने जब आप करके सम्बोधन किया, तो वह कहने लगे–"हमें आपका तुम ही अच्छा लगता है।" पर मैं जानता हूँ, कि तुम कहना काल की उपेक्षा करना है।

उसी हाते में कुछ तम्बू पड़े थे, जिनमें कितने ही पश्चिमी पंजाब से आए हमारे भाई एक बरसात बिता चुके थे। पं. भगवद्दत्तजी भी यहीं थे। उनके पुत्र सत्यश्रवा म्युजियम में काम कर रहे थे। कितनी ही देर तक उनसे बातचीत होती रही। परिभाषा के काम की आवश्यकता को वह समझते थे। वह एक अपने मित्र इंजीनियर के पास भी ले गए। इंजीनियर भाषा की विशेष योग्यता न रखते हुए भी इसको समझते थे, कि हमें अपनी भाषा में ही ज्ञान-विज्ञान को पढ़ना होगा। उन्होंने अपने महकमे के सम्बन्ध की कुछ परिभाषाएँ तैयार कराईं, और इस लालसा से पं. नेहरू को दिखलाना चाहा, कि वह उसके लिए साधुवाद देंगे, लेकिन उसकी उलटी झाड़ खानी पड़ी–तुम अपने काम को करो, अनधिकार चेष्टा न करो। हिन्दी को आगे बढ़ने में कितनी कठिनाइयों का सामना करना पड़ेगा, यह साफ मालूम हो रहा था।

6 नवम्बर को सबेरे और शाम दोनों वक्त श्री घनश्यामसिंह गुप्त से परिभाषाओं के बनाने के सम्बन्ध

में किन बातों का ख्याल रखना चाहिए, इसके बारे में बात हुई। हम दोनों ही एक राय थे : परिभाषाएँ परिचित शब्दों से बनाई जाएँ, और जनसाधारण तक पहुँचें। प्रसिद्ध शब्दों का बायकाट न किया जाए। लेकिन, गुप्तजी अपने रघुवीरी अनुवाद को कानूनी बारीकियों के ख्याल से अधिक उपयुक्त समझते थे। पर, जब फिर से अनुवाद करने का अवसर आया, तो उन्होंने उस आग्रह को छोड़ दिया।

उसी दिन बौद्ध-विहार में जाने पर एक भूतपर्वू इंजीनियर भिक्षु से भेंट हुई, जो दिल्ली के पास के एक गाँव में सहयोगी खेती में सहयोग दे रहे थे : वह सरकारी प्रबन्ध से सन्तुष्ट नहीं थे। पाँच सौ एकड़ साझे में रखकर हरेक परिवार को साढ़े सात एकड़ जमीन दे दी गई। भला दो नाव पर पैर रखकर यात्रा थोड़े ही की जा सकती है ? हर परिवार पहिले अपने साढ़े सात एकड़ में जुड़ेगा, फिर साझे के खेतों की खोज-खबर लेगा। योजना तो असफल होने ही को थी, फिर कहा जाएगा, कि यह तरीका भारत की प्रकृति के अनुकूल नहीं। लेकिन, अगर हमें अपनी भूमि से पूरी मात्रा में अन्न उपजाना है, तो साइन्स का सहारा लेकर ही हो सकता है, और साइन्स का सहारा तभी लिया जा सकता है, जब छोटे-छोटे कोलों को हटाकर विशाल खेत बनाए जाएँ और सब लोग मिलकर काम करें।

7 नवम्बर को रविवार के दिन श्री वियोगी हरि जी के साथ 10 बजे घूमने के लिए निकले। कुतुब गए। कुछ दूसरा-सा ही मालूम होता था। शायद इसका कारण देर से आना हो। कुतुब के पास के पुराने मन्दिरों के अवशेष देखे, लौह गरुड़स्तम्भ पर राजा चन्द्र के अभिलेख को पढ़ा, फिर पुरानी दिल्ली में सब्जी मण्डी होते लौटे। अब सब्जी मण्डी में एक भी मुसल्मान नहीं है। उनके घरों में शरणार्थी हिन्दू बस गए हैं। पर यह स्थान था, जहाँ पिछले साल मुसल्मानों ने डटकर सेना का मुकाबिला किया था। अगले दिन श्री हरभगवान्जी अपनी पुत्री गायत्री के साथ मिलने आए। लाहौर में बड़ी साध से उन्होंने कृष्णनगर में अपना घर बनाया था। तरुणाई के संघर्ष के बाद अब कुछ निश्चिन्त-सा जीवन बिताने लगे थे, इसी वक्त तूफान आया और नीड उजड़ गया। लड़की बौद्ध-धर्म में अनुराग रखती थी, और पालि पढ़ना चाहती थी। मैंने दो-चार दिन पढ़ा दिया, पर इतने से काम थोड़े ही हो सकता था। बौद्ध-विहार में भिक्षु पालि के पण्डित थे, उनसे सहायता लेने की बात कही।

7 नवम्बर को हिन्दी-दिवस की सभा हरिजन-निवास में हो रही थी। मैं भी गया। सभा में ठक्कर बापा भी आए। 80 वर्ष के तपे हुए तपस्वी के दर्शन से किसको प्रसन्नता न होती ? सबसे अधिक उत्पीड़ित और दलित लोगों को उठाने में ही इन्होंने अपना सारा जीवन लगा दिया। इन्जीनियर थे, दुनिया जिसको सफलता कहती है, उसका रास्ता लिये होते, तो उनका जीवन दूसरा ही होता। लेकिन, फिर वह ठक्कर बापा नहीं हो सकते थे। उनका समय समीप है, पर वह बालू की लकीर की तरह होंगे।

उसी दिन सवा 5 बजे शाम को दौड़ा-दौड़ी करते मोटर से मेरठ गए। व्याख्यान दिया, और उसी रात को साढ़े 12 बजे लौट आए। आजकल के नए यातायात के साधनों ने यात्राओं को कितना आसान कर दिया है। यह तो मोटर थी, विमान से तो और भी दूर जाया जा सकता है।

अगले दिन शहर में आर्यवीर दल द्वारा संगठित सभा में सभापति बनकर हमें बोलना पड़ा। सभा हिन्दी के सम्बन्ध में थी, नहीं तो मुझे वहाँ जाने की जरूरत नहीं रहती। सभा में आने का एक सबसे बड़ा लाभ यह हुआ, कि 18 वर्ष बाद डा. अनन्तराम भट्ट से मुलाकात हो गई। अखबार में पढ़कर वह वहाँ आए। डा. भट्ट से सबसे पीछे मुलाकात 1930 में लंका में हुई थी, जब कि मैंने उन्हें प्रोत्साहित करके जर्मनी भेजा था। तब से वह बराबर जर्मनी में रहे, और देश के स्वतन्त्र होने की बात सुनकर बड़े उत्साह के साथ अभी-अभी लौटे थे। उनके साहस और ज्ञान का मैं बहुत प्रशंसक हूँ, चाहता था, इसका उपयोग हो। उन्हें आशा थी, दिल्ली में उनके योग्य कोई काम मिल जाएगा, इसीलिए वह यहाँ पड़े हुए थे। उसी दिन डा. सत्यनारायणसिंह से भी भेंट हो गई। वह बर्लिन से लौटे थे। सोवियत और साम्यवाद से उनकी सहानुभूति बराबर रही, लेकिन इधर शायद अपने क्षेत्र में घूमने में बाधा उपस्थित करने के कारण वह सोवियत अधिकारियों से बहुत रुष्ट हो गए थे, वैसी ही बातें कर रहे थे। बुद्धिजीवी अपनी बौद्धिक तराजू से हरेक चीज को तौलता है, और बहुजनीय

लाभ की बातें भूल जाता है। अगले दिन डा. भट्ट से दो-तीन घंटे बात होती रही। इतने ही दिनों में वह ऊब गए थे; और भारत आने के लिए पछता रहे थे। वह संस्कृत के विद्वान् थे, वैसी ही मनोवृत्ति रखते थे, लेकिन यूरोप गए, तो सभी बातों में यूरोपियन हो गए। वहाँ की व्यवस्था और नियमित जीवन उन्हें बहुत पसन्द था, यहाँ वह अनियमित-अव्यवस्थित जीवन देख रहे थे। वहाँ हरेक चीज में सफाई और स्वच्छता थी, और यहाँ उसका अभाव था। पार्लियामेंट भवन की सीढ़ियों और कोनों में भी लोग पान की पीक थूकने और सिगरेट के टुकड़ों को फेंकने से बाज नहीं आते। भट्ट अपने को पानी से बाहर की मछली-सा अनुभव करते थे। लंका जाने की सोच रहे थे। मैंने कहा—परिभाषा का काम यदि पसन्द हो, तो उसका प्रबन्ध हो सकता है, पर वेतन योग्यतानुसार नहीं मिल सकता।

10 नवम्बर को हम दिल्ली से प्रयाग चले आए। ट्रेन में इन्दौर मेडिकल कालेज में अनाटोमी के अध्यापक डा. सिंह मिले। वह अपने विषय के शब्दों का संग्रह कर देने को तैयार थे, यद्यपि पीछे श्री सेनगुप्त ने इसे स्वयं किया, और डा. सिंह की सहायता की जरूरत नहीं पड़ी।

14
राष्ट्रभाषा की जद्दोजहद

प्रयाग–कृषि-विज्ञान-सम्बन्धी परिभाषाओं की हमें आवश्यकता थी। 11 नवम्बर को जब नैनी के कृषि कालेज में व्याख्यान देने का निमंत्रण आया, तो मैं वहाँ बड़ी खुशी से गया। यह अमेरिकन मिशनरियों की संस्था थी। अध्यापकों में कितने ही अमेरिकन थे। उन्होंने पारिभाषिक शब्दों के संग्रह में सहायता देने की इच्छा प्रकट की, और पीछे पशुपालन के शब्दों को दिया भी। लेकिन, हमारी प्रकाशन-सम्बन्धी व्यवस्था इतनी गड़बड़ थी कि उनसे लाभ नहीं उठा सके।

शृंगवेरपुर–12 नवम्बर को आनापुर जाना पड़ा। 21 मील मोटर से गए। साथ में कई साहित्यिक मित्र थे। सबसे अधिक यात्रा का प्रलोभन था शृंगवेरपुर (सिंगरौर) का देखना। 18वीं सदी के महावैयाकरण नागेश भट्ट को कुछ रुपल्लियों की सहायता करके शरण देनेवाले यहाँ के स्वामी राम का नाम उस विद्वान ने अमर कर दिया है–"शृंगवेरपुराधीशाद्रामतोलब्धजीवकः।" अब दो सौ वर्ष बाद उस राम के वंश का पता लगाने पर भी मालूम नहीं हुआ। आनापुर से 4 मील पर गंगा के किनारे सिंगरौर का विशाल ध्वंसावशेष है। वाल्मीकि रामायण में शृंगवेरपुर का नाम आया है। उससे नगर की प्राचीनता की तब तक पुष्टि नहीं हो सकती, जब तक कि यहाँ की वस्तुएँ वहाँ की साक्षी न दें, और साक्ष्य की यहाँ कमी नहीं थी। 4 इंच मोटी, 13 इंच चौड़ी और 18 इंच लम्बी ईंटें बतला रही थीं कि मौर्यकाल और उससे पहिले भी यहाँ पर नगर मौजूद था। शुंगकाल की एक पुरुष-मूर्ति कान्तादेवी के मन्दिर में सिंगीरिस के नाम से पूजी जाती है। शृंगवेरपुर को लालबुझक्कड़ों ने सिंगीरिसीपुर बनाने की कोशिश की है, और इसीलिए सिंगीरिस की पत्नी तथा राम की बहिन शान्ता का मंदिर खड़ा किया गया है। हो सकता है पास की स्त्री-मूर्ति भी शुंगकालीन हो। नीचे गढ़ में एक बूटधारी सूर्यमूर्ति और मुखलिंग (मुखयुक्त शिवलिंग) देखा। सूर्य चोगाधारी भी हैं। ये दोनों मूर्तियाँ चौथी सदी की हो सकती हैं। 11वीं-12वीं शताब्दी की तो यहाँ कई मूर्तियाँ हैं। जान पड़ता है, मुस्लिम शासनकाल के आरम्भ में यह नगर ध्वस्त किया गया। बहुत पीछे यहाँ राम नामक कोई जागीरदार था, जिसने नागेश भट्ट को आश्रय दिया। आजकल संस्कृत पाठशाला भी चल रही है। काल उसके अनुकूल होगा या नहीं, यह भविष्य बतलाएगा।

यहाँ प्रयाग जनपद साहित्य सम्मेलन का प्रथम अधिवेशन होनेवाला था, उसी का सभापति बनकर मुझे आना पड़ा। काफी आदमी मौजूद थे, और अधिवेशन समाप्त कर सवा 7 बजे चल हम रात को प्रयाग पहुँच गए।

सारनाथ–नवम्बर में सारनाथ का वार्षिक उत्सव हुआ करता है। आसपास रहने पर मैं वहाँ जरूर पहुँच जाया करता था, जिसमें एक लोभ यह भी था कि देश-विदेश के कितने मित्रों से मुलाकात हो जाती। इसीलिए 13 नवम्बर को सवेरे साढ़े 7 बजे मैं छोटी लाइन से सारनाथ के लिए रवाना हुआ। खेतों में रबी की फसल

उग रही थी। दो ही महीने पहिले बाढ़ के मारे हाहाकार मचा हुआ था, और अब उसका कोई प्रभाव नहीं मालूम होता था। बनारस में एकादशी मेले से लौटनेवाले यात्रियों की भीड़ बढ़ गई। सिकरौड़ में ही डब्बा भर गया था, और अलईपुर में तो सेकंड क्लास में भी तिल रखने की जगह नहीं रही। हम छावनी में ही फर्स्ट क्लास में बैठ गए, यह अच्छा किया। डब्बों की छतों पर भी लोग जा बैठे थे, लेकिन आगे बड़ी लाइन के पुल से सिर टकरा जाता, इसलिए जबर्दस्ती उन्हें उतरवाया गया। 1 बजे सारनाथ पहुँचे। स्टेशन से सारनाथ धाम बहुत दूर नहीं है, लेकिन सामान के लिए एक्का और कुली मिलने में बराबर दिक्कत का सामना उठाना पड़ता है। जाकर धर्मशाला में ठहरे। शाम को बर्मी धर्मशाला में कित्तिमा बाबा से मिलने गए। अब चेहरे पर बुढ़ापा छा चुका था। उनका तरुण चेहरा ही मैं कुछ सालों पहिले देख रहा था। कित्तिमा बाबा ने अपने गुरु महास्थविर चन्द्रमणि (कुशीनारा) की तरह भारत में ही बौद्ध-पुनर्जागरण में अपना सारा जीवन लगा दिया। आजकल बर्मी यात्री कम आ रहे हैं, जिसके कारण आर्थिक कठिनाइयाँ भी हो रही हैं।

सारनाथ में घूमते समय उस पुरुष की समृति आए बिना कैसे रह सकती थी, जिसने 'बहुजन हिताय' विचरण करने का उपदेश देते बहुजन का नारा बुलन्द किया था, और जिसे नागार्जुन ने अप्रतिम बुद्ध कहते हुए उसकी पैनी दृष्टि प्रतीत्यसमुत्पाद और मध्यमा-प्रतिपाद् (मध्यम-वर्ग) की महिमा गाई थी।

आनन्दजी भी यहाँ थे, और काश्यपजी भी। भिक्षु जगदीश काश्यप इस समय कुछ भिक्षुपन से उदासीन हो चले थे, और चीवर की जगह बगैर किनारी के कपड़े पहने थे। मैंने उन्हें समझाया–भिक्षु-वेष को न छोड़ें, इसके जरिए आप बहुत-सा सांस्कृतिक काम कर सकते हैं। क्षणिक आवेग था, पीछे वह ठीक हो गए।

14 नवम्बर को पं. गुरुसेवक सिंह उपाध्याय से भेंट हुई। शायद यह पहिली ही मुलाकात थी। वह 70 साल के थे। जब मैं उनके जन्म-कस्बे निजामाबाद में पढ़ता था, तब वह डिप्टी-कलेक्टर थे, और विद्या के बारे में निबन्ध लिखने पर मैं और मेरे साथी बरावर उनका उदाहरण दिया करते थे। उपाध्यायजी अरिऔधजी के अनुज हैं। सरकारी सेवा में रहकर इन्होंने बड़ी योग्यता से काम किया था, और कितने ही दिनों तक सहकार-विभाग का संचालन इनके हाथ में था। अवकाश प्राप्त करके अब वह निजामाबाद में नहीं रहते थे। फिर ऐसे ग्रामों या महाग्रामों के आगे बढ़ने की क्या आशा हो सकती है ? लेकिन, संस्कृत पुरुष को सांस्कृतिक जीवन के साथ-साथ अपने बच्चों की शिक्षा आदि का भी ख्याल रखना पड़ता है, और उसकी अनुकूलता बनारस जैसे शहर ही में हो सकती है।

एक शताब्दी से अधिक हो गए, जब से बोध गया मन्दिर को बौद्धों के हाथ में आने की जद्दोजहद शुरू हुई। अंग्रेजी शासनकाल में राजेन्द्र बाबू की अध्यक्षता में इसके लिए एक समिति भी बनी थी, जिसने सिफारिश की थी, कि मन्दिर का प्रबन्ध बौद्धों के हाथ होना चाहिए। दीवानी मामले से बचने के लिए समिति ने बोध गया के महन्त को भी प्रबन्ध समिति में रखने की बात कही थी। अंग्रेज नहीं चाहते थे, कि बोध गया मन्दिर जैसे एसिया के कई देशों के केन्द्रीभूत स्थान का इस तरह प्रबन्ध हो। स्वतन्त्र भारत में इस सवाल का फिर उठना स्वाभाविक था, लेकिन विहार सरकार ने जो कानून का मसौदा पेश किया था, उसमें इस बात का पूरा ध्यान रखा गया था, कि प्रबंध समिति में बौद्धों का प्रभाव अधिक न होने पाए। इसीलिए नौ सदस्यों में से चार को ही बौद्ध रखा, चार हिन्दू और एक गया जिले का कलक्टर, यदि वह हिन्दू हो तो। यह सरासर बौद्धों के ऊपर सन्देह प्रकट करने की बात थी। सारनाथ में इसके विरुद्ध प्रस्ताव पास हुआ और कहा गया, कि प्रबन्ध समिति में एक-दो से अधिक हिन्दू नहीं होने चाहिएँ, और उसे सिर्फ भारतीय बौद्धों के लिए नहीं, बल्कि विश्व-भर के बौद्धों के लिए खोल देना चाहिए। यह जानकर प्रसन्नता हुई, कि सारनाथ का महाबोधि स्कूल अब एफ. ए. तक मंजूर कर लिया गया था।

गोरखपुर–गोरखपुर आने के लिए श्री विद्यानिवासजी का बहुत आग्रह था। 15 नवम्बर को साढ़े 10 बजे मैंने उधर जानेवाली गाड़ी पकड़ी। अगले दिन दो घंटे लेट होकर ट्रेन नौ बजे गोरखपुर पहुँची। विद्यानिवासजी के पिता श्री प्रसिद्धनारायण मिश्र (वकील) के यहाँ ही ठहरे। नीचे लड़कियों का एक स्कूल था, जिसमें किसी को महसूस नहीं हुआ कि इसे झाड़ने की भी जरूरत है। गोरखुपर आने पर श्री महावीरप्रसाद पोद्दार से मिले

बिना कैसे रहा जा सकता था ? एक बड़ी दुःखद घटना हुई थी, जिसका प्रभाव मेरे हृदय पर भी पड़ा था। उनके ज्येष्ठ पुत्र आनन्द ने आत्महत्या कर ली थी। बड़ा ही होनहार तरुण था। पढ़ने में भी अच्छा रहता, और ऊँचे-ऊँचे सपने देखा करता था। एम. ए. कर लिया था। मैं रूस में था, मुझसे कुछ पुस्तकों के बारे में पूछा था। किसी तरुणी से प्रेम था, जो अपनी जाति और प्रान्त की नहीं थी। दोनों के मिलन में बाधा हुई, और दोनों ने आत्महत्या का निश्चय कर लिया। आनन्द कर बैठा, लेकिन तरुणी की हिम्मत नहीं हुई। माता-पिता पर कैसी बीती, इसे कहने की आवश्यकता नहीं।

इधर कितने ही सालों से बुद्ध-निर्वाण-स्थान कसया नहीं जा पाया था, इसलिए 18 को 9 बजे कसया के लिए रवाना हुआ। चन्दा बाबा अब 73 साल के हो गए थे। सबसे पहले 1919 में उनका दर्शन किया था। वृद्ध हो गए हैं, किन्तु अब भी स्वस्थ हैं। बुद्ध स्कूल अब उच्चतर माध्यमिक विद्यालय बन गया है। उसके लिए इमारत भी पक्की तैयार हो गई है। कुशीनारा में एक और धर्मशाला और मन्दिर की वृद्धि हुई, जिसे बिड़ला ने बनवाया। छोटी-सी प्राइमरी पाठशाला चन्द्रमणि बाबा के नाम से कायम हुई थी, वह भी अब पक्की हो गई है। बौद्ध मठ की दो और नई इमारतें तैयार हो गई थीं। पहिले से बहुत परिवर्तन मालूम हुआ। शताब्दियों तक विस्मृत रहकर बुद्ध अब फिर अपनी जन्मभूमि में लौट रहे हैं, नई पीढ़ी दिल खोलकर उनका स्वागत कर रही है।

17 और 18 को गोरखपुर के कई संस्थाओं में भाषण दिये। सेंटएँडरू कालेज की संस्कृत परिषद का उद्घाटन-भाषण भी देना पड़ा। पं. गौरीशंकर मिश्र–देश के पुराने राष्ट्रीय कर्मी–से मिलकर बड़ी प्रसन्नता हुई। अब जीवन की संध्या आ गई है। सबसे बड़ा स्वप्न–देश की स्वतन्त्रता–चरितार्थ हो गया, पर जनता के लिए कुछ नहीं हो रहा है, यह जानकर उन्हें खेद हो रहा था।

वाराणसी–16 की रात को 10 बजे की गाड़ी से चलकर अगले दिन साढ़े 8 बजे बनारस पहुँचा। अब के छः दिन रहकर यहाँ के प्रोफेसरों से परिभाषा-निर्माण में सहयोग देने की प्रेरणा के लिए आया था। स्टेशन से रिक्शा करके नवाबपुरा में पण्डित जयचन्द्र विद्यालंकार के यहाँ पहुँचा। पं. जयचन्द्र जी जैसे इतिहास के गम्भीर पण्डित की आर्थिक स्थिति हमेशा अनिश्चित रही, जिसको सबसे अधिक भोगना पड़ता, उनकी पत्नी सुमित्रादेवी शास्त्रिणी को। लेकिन, चाहे जिस स्थिति में भी हों, शास्त्रिणीजी को चिंतित मैंने कभी नहीं देखा, और अतिथि-सत्कार के लिए वह मुस्कुराते हुए हर वक्त तैयार रहीं। जलपान करने के बाद काम पर निकला। भारतीय ज्ञानपीठ में न्यायाचार्य पं. महेन्द्र शास्त्री नहीं हैं। सेठों की छाया बड़ी विरल होती है। रास्ते में वृद्ध पं. शिवविनायक मिश्र वैद्य मिल गये, और अपने साथ अपने दातव्य औषधालयों में ले गये, जिसे नगवा में उन्होंने देशभक्त बाबू शिवप्रसाद गुप्त के नाम से खोल रखा है। वृद्ध हैं, लेकिन अब भी उनकी कर्मठता नहीं गई है। कांग्रेस की गतिविधि से असंतुष्ट होना स्वाभाविक है। मैंने कहा–"निराश होने की जरूरत नहीं। इसे तरुणों पर छोड़ दीजिए।" वहाँ से अस्सी पर जगन्नाथ मन्दिर में गये। वहाँ मेरे बालमित्र दशरथ पाण्डे थे, जिनके साथ 1910 या 1911 में दो दिन-चार दिन की घुमक्कड़ी मैंने की थी। उस वक्त आयु 18 साल से ज्यादा नहीं थी, और अब मुँह में एक भी दाँत नहीं, सारे बाल सफेद हो गये। जगन्नाथ मन्दिर के भीतर नरसिंह का मन्दिर है, जिसके पुजारी उड़िया साधु भी उस समय तरुण थे। अब वह भी पके आम हो चुके थे, यद्यपि दशरथ जी जितने घिसे नहीं। दिल में आया, चलें अपने विद्यार्थी जीवन की एक स्मरणीय जगह मोतीराम के बगीचे को भी देख आएँ। उसकी अवस्था देखकर मन को बहुत खेद हुआ। इसका यह अर्थ नहीं कि मैं, मोतीराम के बगीचे में किसी तरह के परिवर्तन को देखना नहीं चाहता था, किन्तु जिस तरह का परिवर्तन हुआ था, वह बुरा था। बगीचे को खरीदकर सेठ गौरीशंकर गोयन्का अपने नाम से पाठशाला बनवाने की तैयारी कर रहे थे। किनारे की चहारदीवारियाँ प्रायः सभी टूट गई थीं। सबसे अफसोस की बात यह थी कि अपने समय के काशी के महान पण्डितों के भी गुरुतुल्य ब्रह्मचारी मँगनीराम के निवास का वहाँ कोई चिह्न बाकी नहीं रखा गया था। मँगनीराम विद्वान् थे, और वेदान्त की साक्षात् मूर्ति, त्याग के लिए क्या कहना ? इसीलिए पण्डित चक्रवर्ती शिवकुमार शास्त्री भी गुरुपूर्णिमा के दिन उनकी पूजा करने के लिए आते। उनको दिखावा छू नहीं

गया था। जिस कुटिया में रहते थे, वह पहिले ही से पक्की बनी हुई थी। दो तरफ कोठरियाँ, बीच में दालान और बाहर चौड़ा-सा पक्का चबूतरा–यह नक्शा अब भी मेरे मानस-पटल पर अंकित है। दो छोटे-छोटे गेरुए के टुकड़ों से शरीर ढँके चबूतरे पर टहलते मँगनीराम की मूर्ति मैं नहीं भूल सकता। भास्करानन्द बिल्कुल ढोंगी थे, उनमें विद्या भी वैसी नहीं थी किन्तु नग्न रहने के कारण उन्हें आसमान पर चढ़ाया गया, और थोड़ी ही दूर पर उनकी संगमर्मर की समाधि उसी समय बन चुकी थी। यदि किसी ब्रह्मनिष्ठ पुरुष का स्मारक काशी में होना चाहिए था, तो वह मँगनीराम ब्रह्मचारी थे। अगर उनकी कुटिया को मानव-हाथों ने गिराया नहीं था, तो सौ बरस और चल सकती थी। लेकिन, सेठ ने मँगनीराम की मधुर स्मृति को लुप्त करके स्वयं अमर बनना चाहा, यह अक्षमतव्य अपराध है। जहाँ तक मँगनीराम ब्रह्मचारी का सम्बन्ध है, उन्हें नाम की बिलकुल भूख नहीं थी। जीवन में भी जानकार लोग ही इस गुदड़ी के लाल को पहचानते थे। मरने के बाद वह किसी तरह की यादगार की आकांक्षा नहीं रख सकते थे। लेकिन, वेदान्त की दुहाई देनेवाले किस मर्ज की दवा हैं ?

मेरे रहते समय मोतीराम बगीचे में विद्यार्थियों और संन्यासियों के लिए तीन या चार क्षेत्र चलते थे, जिनमें 60-70 आदमियों को भोजन मिलता था। अब उन क्षेत्रों की इमारतें धराशायी हो चुकी थीं। कई दर्जन से अधिक विद्यार्थी रहते थे, अब किसी का पता नहीं। बगीचे में सैकड़ों नीबू के पेड़ और कुछ बड़े वृक्ष भी थे, जिनसे गर्मियों में भी ठण्डक रहती थी। बीचोंबीच टिन के नीचे ऊँचा पक्का चबूतरा था, वह भी अब नहीं रहा। शंकर तरुण थे। विरक्त होकर काशीवास करने के लिए चले गये थे। पुरानी निशानी के रूप में मिले। अब आँखों से सूझता नहीं था। बहुत याद दिलाने पर वह मुझे पहचान पाये। दो वृद्ध संन्यासी भी वहाँ थे। स्वामी अद्वैत आश्रम से मैं बातचीत करता रहा। उनको याद है, एक दण्डी स्वामी के भतीजे वनमाली को एक दूसरा विद्यार्थी बहकाकर कहीं ले गया था। वनमाली मेरे ही जिले के रहनेवाले थे और बहकाने का अवश जिस पर लगाया गया, वह मैं ही था। हम दोनों में स्नेह था। जब मैं काशी से वैरागी साधु बनने के लिए परसा चला गया, तो वनमाली का मन भी उचट गया, और वह भी परसा पहुँच गये। मैं उस समय दक्षिणी पक्ष की लम्बी यात्रा पर निकला हुआ था। मेरी अनुपस्थिति में वह वरदराज दास बन गये। कितने ही सालों तक वरदराज और मैं कभी साथ और कभी अलग-अलग, पर हृदय से एक दूसरे के नजदीक रहते रहे। असहयोग का जमाना आया, और उस समय पाँच-छः वर्षों के लिए मैं छपरा का स्थायी निवासी बन गया। लेकिन, अब वरदराज वहाँ से गायब हो चुके थे। उनसे मिलने की बहुत कोशिश की, और आज भी अपने बालमित्र के मिलने की बड़ी लालसा है। गौहाटी-कांग्रेस में बहुत पता लगाया। लेकिन असफल रहा। सुना था, वह आसाम में चले गये, और फिर साधु से गृहस्थ बन गये। जैसे भी हो, मित्र के मिलने की आकांक्षा थी।

बगीचे की दीवार के सहारे–जहाँ पहिले बगीचे का एक दरवाजा था, अब भी वह घरौंदे-सी पक्की कोठरियाँ मौजूद थीं, जिनमें चक्रपाणि ब्रह्मचारी और कुछ विद्यार्थी रहा करते थे। छत के ऊपर मैं कितनी ही बार पुस्तक घोखाई करता था। उस समय दीवारों के सहारे जगह-जगह छोटी-छोटी कुटियाँ बनी हुई थीं, जिनको देखने से प्राचीन आश्रम याद आते थे। लेकिन, आज सब लुप्त था। स्वामी अद्वैताश्रम और उनके साथी दण्डी उस पुराने संसार के लुटने से असंतुष्ट थे। पर इतना संतोष जरूर था, कि सेठ ने उनके खाने-पीने का प्रबन्ध कर दिया था। दोनों इतने वृद्ध थे, कि अधिक दिनों तक उनके रहने की आशा नहीं थी।

हिन्दू विश्वविद्यालय में गये। प्रो. ललित किशोर सिंह रघुवीरी शैली के पक्षपाती नहीं थे, पर साथ ही अन्तर्राष्ट्रीयता के नाम पर अंग्रेजी परिभाषाओं के भारी समर्थक थे। प्रो. फूलदेव सहाय और डा. ब्रजमोहन अपनी परिभाषाएँ चाहते थे, लेकिन डा. रघुवीर की शैली नये शब्दों के बनाने को आसान कर देती थी, इसलिए उसी तरफ झुके हुए थे। सचमुच ही उसमें आसानी थी–उपसर्गों, प्रत्ययों और धातुओं को गणित के अनुसार जोड़-घटाकर अरबों शब्दों को बनाना। लेकिन जिनके लिए ये शब्द बनाये जानेवाले थे, उनकी दिक्कतों का भी ख्याल करना जरूरी था, जिसे समझने के लिए डा. रघुवीर और उनके साथी तैयार नहीं थे। असली रास्ता दोनों के बीच से था।

20 नवम्बर को फिर निकले। बंगालीटोला, दशाश्वमेध, कचौड़ी गली, मणिकर्णिका, सिंधिया घाट, नन्दनसाहु

की गली, गोदौलिया सभी अपनी पुरानी जगहों को देखते फिरे। फिर विद्यानिवास जी के साथ हिन्दू विश्वविद्यालय की ओर चले। भिनगा की कोठी में पं. गुरुसेवक सिंह उपाध्याय को रहता जानकर उनसे भी थोड़ी देर मिल लिया। वृद्धों की सबसे बड़ी पूजा है उनसे मिलकर कुछ मीठी बातें और पुरानी स्मृतियाँ सुनना तथा सुना देना। विश्वविद्यालय में प्रो. फूलदेव सहाय ने रसायन-सम्बन्धी प्लास्तिक आदि की परिभाषाओं को लेना स्वीकार किया। डा. दयास्वरूप खनिज और धातु-सम्बन्धी परिभाषाओं का भार उठाने के लिए तैयार थे। डा. पन्त विमान-चालन-शस्त्र के लिए तैयार थे। डा. राजनाथ भूगर्भ और धातु-शास्त्र में सहायता देने को सन्नद्ध हुए, यह मालूम हुआ, पर उस समय वह मिल नहीं सके। इंजीनियरिंग कालेज के प्रिन्सिपल सेनगुप्त यंत्र-शास्त्र और बिजली-इंजीनियरिंग के लिए विश्वास दिला रहे थे। डा. गोडवोले के बहुत बातत्यायी होने से विश्वास तो नहीं पड़ता था, किन्तु आशा थी, अपने टेक्नोलोजी कालेज से परिभाषाओं का कुछ काम करा देंगे। डा. गोडवोले शिक्षा के लिए कितने ही समय तक जापान और जर्मनी में भी रहे थे, इसलिए भली प्रकार जानते थे, कि अंग्रेजी परिभाषाएँ अन्तर्राष्ट्रीय नहीं हैं, यदि अन्तर्राष्ट्रों में जापान और जर्मनी भी आ सकते हैं। प्रिन्सिपल सेनगुप्त ने बहुत उत्साह दिखलाया था। हिन्दू विश्वविद्यालय के विद्वानों से मिलने पर साफ मालूम होने लगा कि काम पहिले कठिन जरूर होगा, किन्तु अन्त में इसे पूरा होने में दिक्कत नहीं होगी। मैंने समझा दो मास में विद्वानों से शब्दों का संग्रह कराना, एक मास में सम्पादक-विभाग को देखकर अवशिष्ट शब्दों के प्रतिशब्द देना, एक मास सम्पादक-मंडल द्वारा संशोधन किया जाना, टाइप करके दो मास परामर्श के लिए संग्राहक विद्वान और भारत की दूसरी भाषाओं के तज्ज्ञ पण्डितों के पास राय के लिए भेजना, और अन्त में एक मास लगाकर अन्तिम संशोधन करके प्रेस के लिए पुस्तक तैयार कर देना। छपाई में एक मास लगने को रख देने पर कुल आठ मास का काम था। बहुत-से विषयों का काम एक साथ चल सकता था, इसलिए आठ मास के भीतर कई विषयों की परिभाषाएँ छपकर प्रकाशित हो सकती थीं। मेरे ख्याल से सारी चार-पाँच लाख की परिभाषाओं को बनाने में चार-पाँच वर्ष से अधिक नहीं लगते। यदि परिभाषा-निर्माण का काम रुक गया होता, 1952-53 तक हिन्दी और भारत की सभी भाषाएँ परिभाषाओं के अभाव से मुक्त हो जातीं। सम्मेलन का भीतरी झगड़ा उतनी बाधा नहीं पहुँचा सकता था, जितना परिभाषाओं के छापने में उबा देनेवाली सुस्ती। किस मुँह से मैं विद्वानों को समय और श्रम देकर शब्दों के संग्रह के लिए कहता, जबकि में देख रहा था, कि उनके छापने की कोई आशा नहीं है।

21 नवम्बर को डा. मंगलदेव शास्त्री से मिला। उन्होंने भी हमारी योजना को पसंद किया। उस समय काशी में संस्कृत विश्वविद्यालय बनाने की बात चल रही थी। डा. सम्पूर्णानन्द काशी में इस कृति और कीर्ति के समर्थक थे, जिसके लिए योजना बनाने के वास्ते डा. मंगलदेव को कहा गया था। मुझे तो यह बेकार का सफेद हाथी मालूम होता था। आखिर हिन्दू विश्वविद्यालय में संस्कृत विभाग है ही, उसी को और मजबूत करना चाहिए था, और राजकीय संस्कृत कालेज को उसी का अंग बना देना चाहिए था। संस्कृत के विद्यार्थियों की संख्या तो दिन-पर-दिन कम होती जा रही थी, फिर इस लम्बे-चौड़े नामवाली संस्था में पढ़नेवाले कहाँ से आएँगें ? यदि खामखाह सफेद हाथी को बाँधना ही है, और अब तो वह बँध-सा गया है, तो यहाँ संस्कृत की पढ़ाई में ऐसे परिवर्तन करने चाहिएँ कि विद्यार्थी 3 मास नहीं 9 मास पढ़े, और अपने-अपने विषयों की गम्भीरता रखते हुए कुछ ऐसे भी विषय ले, जिनसे यहाँ के स्नातकों को सरकारी नौकरियों में प्रवेश पाने की सहायता हो। आज संस्कृत के लिए सबसे बड़ी समस्या है–कैसे उसके गम्भीर पाण्डित्य की रक्षा की जाए। पुराने महाविद्वान महाप्रस्थान करते जा रहे हैं, और उनका स्थान लेनेवाले बहुत कम नये पैदा हो रहे हैं। क्या इस महान क्षति को संस्कृत विश्वविद्यालय रोक सकता है ? मेरी समझ में इसका दूसरा रास्ता ही है।

उस दिन विश्वविद्यालय में कृषि कालेज के प्रिंसिपल लूथरा से मिले। पुराने युग के नौकरशाह, लाल फीताशाही के अनन्य भक्त हैं। उन्होंने सलाह दी, उप-कुलपति एक परिपत्र निकाल करके हम लोगों के पास भेज दें, तो यह काम आसानी से हो सकता है। उप-कुलपति पं. गोविंद मालवीय से परिपत्र निकलवाना मुश्किल नहीं था, लेकिन परिपत्र निकालने पर फिर सवाल होगा, प्रोफेसर लोग इस काम के लिए अपनी ड्यूटी का समय

देंगे, और उनके अपने काम का हरज होगा। मैं चाहता था, इस काम को ड्यूटी से अतिरिक्त मानकर किया जाए।

उस दिन साढ़े 6 बजे शाम को हरिश्चन्द्र कालेज में व्याख्यान देना था। व्याख्यान का एक लाभ तो मुझे होता है, तरुणों से मिलने का मौका, जिन्हीं के ऊपर देश का भविष्य निर्भर है, और दूसरा यह था कि पत्रों में निकल जाने से हितमित्रों को पता लग जाता और उनसे मुलाकात हो जाती।

20 तारीख को दाँत के दर्द से होठ सूज गए थे, भोजन की भी रुचि थी। काम के लिए मैंने श्री भगवद्दत्त शर्मा और श्री विद्यानिवासजी को विश्वविद्यालय भेजा। प्रिंसिपल लूथरा से ही भेंट हो सकी, और उन्होंने फिर परिपत्र की बात की। कई सालों से तिब्बत से लाया 'प्रमाणवार्तिकभाष्य' कई दरवाजे घूमकर भी कीड़ों का भक्ष्य होने के लिए रखा हुआ था। आचार्य महेन्द्र शास्त्री को आशा थी, शायद ज्ञानपीठ उसे छाप दे। वे ले भी गए, लेकिन अभी प्रज्ञाकर की इस महान् कृति का प्रकाश में आना बदा नहीं था।

अगले दिन 23 नवम्बर तबीयत कुछ ठीक मालूम हुई और 1 बजे फिर हम विश्वविद्यालय पहुँचे। भौतिक विज्ञान में डा. आसुंडी विश्वविद्यालय के एकमात्र पुरुष थे, जो बड़े उत्साह के साथ अपने विषय के अनुसन्धान में लगे हुए थे। उन्होंने अपनी छोटी-सी प्रयोगशाला में पारे की किरणों के अनुसन्धान को दिखलाया। यहाँ वह काम हो रहा था, जिसके लिए पैसे और साधन की कमी नहीं होनी चाहिए, पर डा. आसुंडी अपने ऊपर ही निर्भर रहने के लिए मजबूर थे। अच्छे बड़े यंत्रों को वे कहाँ से ला सकते। डा. आसुंडी कन्नड़भाषी हैं, अर्थात् उस प्रदेश के रहनेवाले हैं, जिसके लिए कहा जाता है कि वह अंग्रेजी का बहुत पक्षपाती है। पर वह परिभाषा के काम में बहुत उत्साह दिखला रहे थे। सात-आठ अध्यापक उनके विभाग के जमा हो गए, और वहाँ मैंने परिभाषा-निर्माण के बारे में बतलाया। डा. सद्गोपाल ने प्रसाधन को और प्रो. रामचरण ने स्फटिक को लेना स्वीकार किया। एक तरुण विद्वान ने हिन्दी माध्यम होने से विस्तृत साहित्य से वंचित होने की आशंका प्रकट की। मैंने कहा–हिन्दी या किसी भाषा के माध्यम होने पर भी विश्व की दो-तीन उन भाषाओं को हरेक अनुसन्धानकर्ता को पढ़ना पड़ेगा, जिनमें रोज-रोज नये-नये वैज्ञानिक आविष्कार प्रकाशित होते रहते हैं। हिन्दी या कोई भी प्रादेशिक भाषा के उच्च शिक्षा का माध्यम होने का मतलब यह हर्गिज नहीं कि हमें जर्मन, फ्रेंच, अंग्रेजी और रूसी का कामचलाऊ ज्ञान नहीं प्राप्त करना होगा। आयुर्वेद-विभाग के डा. घाणेदार से बातचीत हुई। उन्होंने हिन्दी में कई पुस्तकें लिखी हैं। परिभाषाओं के लेने में वह भी रघुवीरी पंथ के पथिक हैं। वस्तुतः अंग्रेजी परिभाषाओं के अपनाने तथा रघुवीरी परिभाषाओं के बनाने में बहुत मेहनत नहीं करनी पड़ती। पहिली के लिए तो कुछ करना ही नहीं है, दूसरी के लिए यांत्रिक तौर से धातुओं और प्रत्ययों को जोड़-जाड़ देना है। इसलिए कितने ही विद्वान इनमें से एक को स्वीकार करना चाहते हैं। मध्य का मार्ग परिश्रम-साध्य है, जिसे हमारे देश ने परिभाषाओं के लिए दो हजार वर्ष से अपनाया है, और उस पर ही यूरोप की समुन्नत भाषाएँ भी चली हैं। अर्थात् परिभाषाओं को ज्ञात शब्दों द्वारा बनाना चाहिए।

24 नवम्बर को डी. ए. वी. उच्चतर माध्यमिक विद्यालय में व्याख्यान देने गया। यह विद्यालय जब अभी-अभी स्थापित हुआ था, तभी मैं तीन महीने तक इसका छात्र रहा, और किसी अंग्रेजी स्कूल में पढ़ने का बस यही मुझे मौका मिला। उस समय वह किराये के मकान में गोदौलिया के पास सिकरोड जानेवाली सड़क से कुछ हटकर गली में था। अब विद्यालय की अपनी विशाल इमारत है। छठी से बारहवीं कक्षा में ग्यारह सौ लड़के पढ़ रहे हैं। आर्यसमाज उस समय शिक्षा-प्रचार के लिए बहुत प्रयत्न कर रहा था, और इसके ही फल जगह-जगह के दयानन्द स्कूल और दयानन्द कालेज हैं। लड़कियों की शिक्षा के वह विरोधी तो नहीं थे, पर चाहते थे कि उन्हें हिन्दी और अधिक से अधिक संस्कृत तक ही सीमित रखा जाए, इसीलिए वे लड़कियों के स्कूलों को अधिक नहीं खोल सके। कालेज के प्रिंसिपल श्री कृष्णदेव प्रसाद गौड़ 'बेढब बनारसी' का मेरे साथ एक दूसरा भी नाता है। उनका ननिहाल आजमगढ़ जिले का निजामाबाद कस्बा है, जहाँ पर उनके बचपन के बहुत-से साल बीते थे। मैंने निजामाबाद से ही उर्दू-मिडिल पास किया था। उस समय बेढबजी से परिचय तो नहीं हुआ था, पर उनके नाना-मामा और ममेरे भाइयों को रोज देखता था। बादशाही जमाने में किसी समय गौड़ कायस्थ

लोग निजामाबाद में जाकर बस गये थे। अब भी उनकी पक्की-कच्ची हवेलियाँ बतला रही थीं, किसी समय उनकी स्थिति बहुत अच्छी थी। बेढबजी का ननिहाल निजामाबाद का सबसे बड़ा जमींदार घराना था। हवेलियाँ क्या, मुझे तो उस समय वह महल-जैसे मालूम होते थे। स्टेशन से दूर महाग्राम या पुराने कस्बे में रहते भी वहाँ देहाती वातावरण नहीं था। शिक्षा की तरफ भी उनका ध्यान था, यद्यपि निजामाबाद में मिडिल स्कूल से अधिक की पढ़ाई नहीं थी, और सो भी हिन्दी-उर्दू में। इस स्कूल के मुख्याध्यापक कुछ समय हरिऔधजी भी रह चुके थे। मेरे अध्यापक पं. सीताराम श्रोत्रिय उन्हीं के शिष्य थे। निजामाबाद में और भी शिक्षा बढ़ी, परन्तु उससे निजामाबाद को कोई फायदा नहीं हुआ। शिक्षा प्राप्त कर जीविका के लिए लोगों को बाहर जाना पड़ा और वह किसी बड़े शहर में जाकर बस गए।

विश्वविद्यालय में इंजीनियरिंग कालेज के प्रिंसिपल श्री सेनगुप्त ने बुलाया था। उनसे और बातचीत हुई, और बिजली तथा यांत्रिक इंजीनियरिंग की परिभाषाओं को उन्हें देना स्वीकार किया। भिक्षु जगदीश काश्यप उस समय विश्वविद्यालय में ही पालि पढ़ा रहे थे। उन्होंने परिभाषा का काम चुस्ती से हो, इसकी देखभाल का जिम्मा अपने ऊपर लिया। सब मिलाकर बनारस की यह यात्रा बढ़ी उत्साहवर्धक रही। यदि पीछे गाड़ी आगे नहीं बढ़ी, तो इसका दोष उनके ऊपर नहीं था।

विद्यानिवासजी को कल आने के लिए छोड़ पं. भगवद्दत्त शर्मा के साथ रात को मैं प्रयाग के लिए रवाना हो गया।

प्रयाग–आते ही इन्कम-टेक्स अफसर का हुकुम मिला। विदेश में रहते समय मेरी आय का ब्यौरा माँगा था। मुझे लेनिनग्राद के प्रोफेसर के तौर पर साढ़े चार हजार रूबल मासिक मिलता था। यदि सरकारी विनिमय को लिया जाता, तो दो हजार रुपये से यह अधिक होता था। पर वहाँ की चीजों के मूल्य को देखा जाए तो कितनी ही चीजें यहाँ से बीस-तीस गुनी मँहगी थीं। किस तरह हिसाब किया जाए ? विदेश में अपनी आमदनी के लिए यदि देश की दो-चार साल की आमदनी को इन्कम-टेक्स में दे दिया जाए तो इसका इर्थ है भूखे मरना। इन्कम-टेक्स का यह झगड़ा कई साल में तय हुआ।

हिन्दी के छोटे टाइपों के प्रयोग में सबसे बड़ी दिक्कत थी उसकी ऊपर-नीचे की पाइयाँ, जिसके कारण हमारे अक्षरों का आकार दूना होने पर भी मोटाई आधी होती है। मैंने उसके बारे में कुछ सोचा था, इसे मैं बतला आया हूँ। कैलाश टाइप फाउन्ड्री के मालिक ने अपने मिस्त्री सुल्तान से ऐसे टाइप को बनवाना स्वीकार किया, जिसमें मात्राएँ ऊपर-नीचे न होकर आगे-पीछें हों। अन्त में यह टाइप बनकर तैयार भी हुआ, लेकिन वह काम में नहीं आया।

28 नवम्बर को प्रयाग में सरदार वल्लभभाई पटेल के आगमन की धूम थी। वल्लभभाई कांग्रेस आन्दोलन में बड़े सेनानी थे, गाँधीजी का उन पर असीम विश्वास था। भारत के स्वतन्त्र होने पर रियासतों के झगड़े मिटाने में उन्होंने बड़ी दृढ़ता का परिचय दिया था, और हैदराबाद की समस्या का हल करना उन्हीं का काम था। लेकिन वह थैलीशाही के समर्थक और हर तरह के प्रगतिशील विचारों को कठोरता से दमन करने के पक्षपाती थे। वह आज के भारत की समस्याओं को न समझ पाते थे, न उसके सुलझाने की हिम्मत रखते थे। सारे भारत में प्रगतिशील विचारधारा का प्रभाव तो नहीं है, इसलिए कांग्रेसी नेता और थैलीशाह उनके स्वागत में अपनी पलकों को बिछाने के लिए तैयार थे। पटेल के रहते नेहरू सिर्फ उनके शब्दयंत्र थे। पटेल स्वयं वक्ता नहीं थे, इसलिए उन्हें ऐसे व्यक्ति की जरूरत थी।

मामूली-सी बात में कैसे बात का बतंगड़ बन जाता है, इसका उदाहरण 29 नवम्बर की एक घटना है। श्रीनिवासजी के छोटे लड़के नीलू को नौकर घुमाने ले गया। उस वक्त प्रयाग में हल्ला मचा हुआ था, कि शहर में लकड़सुँघवा घूम रहे हैं, जो लकड़ी सुँघाकर बेहोश करके बच्चों को उड़ा ले जाते हैं। किसी ने नौकर के साथ नीलू को जाते नहीं देखा था। हल्ला मच गया। लोग इधर-उधर बेतहासा दौड़ाने लगे। अन्त में जब नौकर के साथ नीलू सही-सलामत आया, तो लोगों की जान में जान आई।

कानपुर–मैं परिभाषा की धुन में था। बनारस के वाद कानपुर के विशेषज्ञों से मदद लेने के लिए 29

नवम्बर को कानपुर पहुँचा, और प्रो. बालमुकुन्द गुप्त के पास ठहरा। अगले दिन उनके और श्री ललितमोहन अवस्थी के साथ कृषि कालेज पहुँचा। प्रो. सरगा हिन्दी-परिभाषाओं के महत्व को समझने के लिए तैयार नहीं थे, और समझाने पर भी निराशावाद की बातें करते रहे। लेकिन, डा. उदयनारायण सिंह काम करने के लिए तैयार थे। चर्म स्कूल के प्रधानाध्यापक ने भी अपने विषय की परिभाषाओं को देना स्वीकार किया। परिभाषाओं को टाइप करके उसकी कई कापियों की आवश्यकता थी, ताकि भारत के भिन्न-भिन्न प्रान्तों के विशेषज्ञों के पास उनको भेजा जा सके। इसके लिए डुप्लिकेटर मशीन के लिए बातचीत चल रही थी। यहाँ वह तैयार मिली, और मैंने 2,900 रुपये में सम्मेलन के लिए उसे खरिदवा दिया।

1 दिसम्बर को टेक्सटाइल (वयन) इन्स्टीट्यूट में गया। वहाँ के तीन अध्यापकों–अग्निहोत्री, वल्ला और चक्रवर्ती ने वयन-सम्बन्धी परिभाषाओं को देने का जिम्मा लिया, और यह भी कहा, कि जनवरी के अन्त तक हम इस काम को पूरा कर देंगे। वस्तुतः जिस विद्वान् से हम मिलते, वह परिभाषा के महत्व को समझता, और हमें सहायता देने के लिए कटिबद्ध हो जाता। मैं जानता था, यह प्रेम की बेगार है। विद्वानों को अपने निजी समय को इसके लिए अर्पित करना पड़ेगा। हारकोर्ट बटलर टेक्नोलौजिकल इन्स्टीट्यूट में चीनी और तेल-सम्बन्धी परिभाषाओं का काम श्रीशचन्द्र कौशल के निरीक्षण में होने लगा। कौशलजी टेक्नोलौजी के बी. एस-सी. थे, यद्यपि उन्होंने जीविका के लिए इन्कम-टेक्स के मुकद्दमों की पैरवी का काम ले लिया, और उसमें सफलता प्राप्त करते-करते एल-एल. बी. होकर वकील भी बन गए। वह उन पुरुषों में थे, जो परिभाषाओं के बारे में सबसे अधिक तत्पर और उनकी तैयारी के लिए अधीर थे।

और दिन भी व्याख्यान देने पड़े थे, किन्तु 2 दिसम्बर को तो व्याख्यानों का ताँता लग गया। मारवाड़ी कन्या विद्यालय में 11 बजे व्याख्यान दिया, फिर संस्कृत महाविद्यालय, गुरुसहाय खमी स्कूल और क्राइस्ट चर्च स्कूल में भाषण देकर श्री कैलाशचन्द्र कपूर के यहाँ भोजन किया। श्रमजीवी पत्रकार संघ और प्रताप-कार्यालय में भी बोलना पड़ा। शाम को कैलाश बाबू के यहाँ भोजन करते ही एक गोष्ठी हो गई।

3 तारीख को ज्यादातर जहाँ-जहाँ घूमने का काम हुआ। गंगा के किनारे सतीघाट पर गए, जहाँ अंग्रेज स्त्री-बच्चों का हत्याकाण्ड हुआ था। मन्दिर 1857 में भी वहाँ मौजूद था। फिर कम्पनी बाग में उस कुएँ को देखा, जिसके भीरत सैकड़ों अंग्रेज नर-नारियों को मरा या अधमरा करके डाल दिया गया बतलाया जाता है, और जिसे पत्थर के अच्छे स्मारक का रूप दे दिया गया था। इस कुएँ को 16 अगस्त 1947 से पहिले भारतीयों को देखने के लिए नहीं खोला गया था। अब खुला था, और स्मारक की इमारत मौजूद थी

उस दिन का प्रातराश और मध्यान्ह-भोजन श्री पुरुषोत्तम कपूर के यहाँ हुआ। इधर मैंने विवाह-प्रथा और उसके गीतों को जमा करने के लिए कई महिलाओं से कहा था। पुरुषोत्तमजी की धर्मपत्नी विमलाजी से भी मैंने अर्ज कर देना चाहा–कहते रहो, दस में से एक कोई तो उसके लिए तैयार हो जाएगा। विमलाजी ने उत्तर-प्रदेश में पीढ़ियों से आ बसे 'पंजाबी' खत्रियों की विवाह-प्रथा और गीतों को जमा भी कर दिया, पर वह अधूरा रहने से प्रकाशित नहीं हो सका। एक दर्जन महिलाओं में से सिर्फ एक डा. किरणकुमारी गुप्ता ही ऐसी निकलीं, जिन्होंने 'कदीमी अग्रवाल' विवाह-प्रथा पर एक सुन्दर पुस्तक लिखकर प्रकाशित करवाई।

दिल्ली–उसी दिन साढ़े 12 बजे कलकत्ता मेल पकड़कर 9 बजे दिल्ली पहुँचा। अब कितने ही समय के लिए दिल्ली में मेरी टिकान श्री चन्द्रगुप्त विद्यालंकार के यहाँ होती थी। दिल्ली में विद्यालंकार की पत्नी श्रीमती स्वर्णलता और दूसरे तरुण-तरुणियों ने मिलकर एक नाट्य-मण्डली स्थापित की थी, यह स्तुत्य प्रयत्न था। कानपुर में मैं मित्रों से कहता रहा, कि 13-14 लाख आबादी की इस महानगरी में हिन्दी का रंगमंच न होना खटकता है।

4 दिसम्बर को इम्पीरियल कृषि अनुसन्धान देखने गया। पहिले यह संस्था पूशा (मुजफ्फरपुर) में थी। जब भूकम्प से वहाँ की इमारतें ध्वस्त हो गईं, तो उसे यहाँ लाया गया। डा. उषानाथ चटर्जी और श्री बाबूराम पालिवाल से परिभाषाओं के संग्रह के बारे में बातचीत हुई, और दोनों ने काम करने की रुचि प्रकट की। बहुत दिनों बाद 5 दिसम्बर को पं. ईश्वरचन्द्रजी से भेंट हुई। शायद 1916 था, जबकि ईश्वरचन्द्रजी बनारस में पढ़ते

थे, और कितने ही दिनों तक मैं उनका अतिथि था। वह संस्कृत के, विशेषकर मीमांसा आदि दर्शनों के गम्भीर विद्वान् हैं। आजकल अपने पुत्रों के साथ दिल्ली में रहते थे। मैंने चाहा, कि वह भी परिभाषा के काम में आ जाएँ, लेकिन पुत्रों को छोड़कर वह यहाँ से नहीं जा सकते थे। प्रयाग में कोई ऐसा प्रबन्ध नहीं किया जा सकता था। गंगादत्त शास्त्री मिले। उन्होंने काम करने और चलाने की इच्छा प्रकट की। डा. सत्यकाम भारद्वाज दिल्ली में कान, नाक और कंठ की बीमारियों के विशेषज्ञ, साथ ही हिन्दी के प्रेमी हैं। अपनी बढ़ी हुई प्रेक्टिस में से समय निकालना बड़ा मुश्किल था, लेकिन उन्होंने अपने विषय की परिभाषाओं पर सालों काम किया, पर उसका उपयोग नहीं लिया जा सका।

5 तारीख अतवार के दिन चंद्रगुप्तजी के यहाँ ही साहित्य-गोष्ठी हुई। यह चलती-फिरती गोष्ठी मुझे बहुत पसन्द आई। गोष्ठी में जैनेन्द्रजी, नवीन, श्री सियारामशरण गुप्त, अज्ञेय और उर्दू के महाकवि जोश आदि आए थे। कवियों ने अपनी कविता सुनाई, दूसरों ने भाषण दिये और कुछ वार्तालाप हुए। राजेन्द्र एक तरुण मद्रासी थे, जो अंग्रेजी में ही लिखते हैं। वह भी बोले। किसी भी तरुण का अपनी भाषा छोड़कर पराई भाषा में लिखने का प्रयत्न करना मैं अच्छा नहीं समझता। यदि प्रतिभा है, तो अपने साहित्य में उसे स्थान मिलेगा। अंग्रेजी में जब माइकल मधुसूदन दत्त, सरोजिनी नायडू, तारुदत्त को नहीं पूछा गया, तो दूसरों को कौन पूछता है ?

इधर कितने ही दिनों से दिमाग में खिचड़ी-सी पक रही थी, और 'आज की राजनीति' पुस्तक द्वारा देश की समस्याओं को रखना चाहता था। इसी समय उसकी भी सामग्री जमा करने और अगले साल गर्मियों में उसे लिखने की सोचने लगा। हमारी सरकार कितनी सुस्त और गतिशून्य है, इसे देखकर कुफ्त होती थी। पाकिस्तान भाग गए मुसलमानों की सैकड़ों मोटरें दिल्ली ही में एक जगह रखी हुई थीं। सारी बरसात और सारी गर्मी उन्होंने यहीं देखीं। उनके कौड़ी के तीन होने में क्या देर थी ? क्या उनको नीलाम कर रुपया जमा नहीं किया जा सकता था, इससे उनका उपयोग भी होता, और पीछे दावेदार को रुपया मिल जाता। क्या उनका नाश राष्ट्र की सम्पत्ति का नाश नहीं था ? नौकरशाही सचमुच काठ की मशीन है, उससे क्या आशा हो सकती है।

उस समय अपनी लिखी हुई पुस्तकों के प्रकाशित होने में देर देखकर मन में आने लगा, कि पुस्तकों को पत्रिका के रूप में प्रकाशित करें। पत्रिका के रूप में तो नहीं, पर तीन पुस्तकों को प्रकाशित करके प्रकाशन का भी कड़वा-मीठा तजर्बा पीछे कर लिया। मुझे तो यही लगा कि लेखक को इसमें नहीं पड़ना चाहिए। यह एक स्वतन्त्र व्यवसाय है, जो पूँजी के साथ-साथ आदमी का पूरा समय लेना चाहता है।

6 दिसम्बर को पुराने सेक्रेटेरियट में पब्लिकेशन डिवीजन देखने गए, जहाँ से 'आजकल', 'विश्व-दर्शन' तथा दूसरी और भी कितनी ही पत्र-पत्रिकाएँ निकला करती हैं। युद्ध के समय अंग्रेजों ने ही इस विभाग की स्थापना की थी, जिसका ध्येय था पत्रिकाओं-पुस्तिकाओं द्वारा प्रचार करना। उस समय भारतीय ही नहीं, रूसी और चीनी भाषाओं में भी पत्रिकाएँ निकला करती थीं। प्रेस में अब भी रूसी और चीनी टाइप थे। मेरे मित्रों ने रूसी स्वयं-शिक्षक लिखने के लिए कई बार कहा था, जिसके लिए बड़ी दिक्कत थी रूसी टाइप का न मिलना। यहाँ रूसी टाइप थे, पर उनका कोई उपयोग नहीं हो रहा था, और न कम्पोजिटर मिलनेवाला था। शायद ही वह बाहर की पुस्तक को छापना पसन्द करते।

वहाँ से हरिजन-निवास में राष्ट्रभाषा समिति की बैठक में पहुँचे। एक बार तो उलटी दिशा की बस पकड़ ली, और दो मील जाने पर जब पता लगा, तो उसे छोड़कर दूसरी बस पकड़ी, जो बिगड़कर कुछ देर के लिए खड़ी हो गई। चली भी तो उससे धुआँ निकलने लगा। आग का डर था। खैर, दूसरी बस पकड़कर हरिजन-निवास पहुँचे। राष्ट्रभाषा समिति का सालाना बजट अब पाँच लाख का था। डेढ़ लाख अब के साल मकानों पर और 35 हजार प्रेस पर खर्च करना था। प्रान्तीय समितियों को भी हजारों रुपये सहायता में देने थे। राष्ट्रभाषा हिन्दी की हमारे देश को आवश्यकता है, इसका ज्वलन्त प्रमाण यह बजट था। उसी दिन डा. मोतीचन्द ने पश्चिम भारत चित्रकला के विषय में मैजिक लालटेन पर सारगर्भित व्याख्यान सिंधिया-भवन के पास एक स्थान में दिया। मैं उसका सभापति था, जिसके कारण अन्त में मुझे बोलना पड़ा।

7 दिसम्बर को पं. भगवद्दत्तजी मुझे भारत सरकार के सिंचन-विभाग के प्रमुख इंजीनियर खोसला साहब के यहाँ ले गए। रास्ते में उनहोंने बतलाया, कि कल नेहरूजी इनके यहाँ आए थे, इन लोगों ने जब अपने हिन्दी परिभाषा-निर्माण के नमूनों को दिखलाया, तो इसे अनधिकार चेष्टा कहकर उन्होंने बहुत फटकारा, और अंग्रेजी रखने पर ही जोर दिया। बेचारों का उत्साह सारा ठण्डा हो गया। खोसलाजी मिले, पर अब कल ही घड़ों पड़े पानी का असर इतनी जल्दी कैसे दूर हो सकता है ?

मुझे दिल्ली का वायुमंडल दमघोटू-सा जान पड़ता था। वहाँ के इन्दो-आंग्लियनों की हर हरकत से नफरत होती थी। ईसाई न होते, साड़ी-धोती में भी एंग्लो-इंडियन मनोवृत्ति के लोग पैदा हो सकते हैं, यह इनके देखने से मालूम होता है। अधिकतर तो बल्कि धोती पर नाक-भौं सिकोड़ते, और कोट-पेन्ट, टाई-कालर लगाकर पूरे साहेब बनने का स्वाँग रचते हैं। लिफाफा अधिक रखना तरक्की के लिए और रोब-दाब के लिए भी आवश्यक था। इसी कारण आय से अधिक व्यय करना पड़ता था, जिसके लिए येन-केन-प्रकारेण धन कमाने की कोशिश करते हैं। फिर इस वर्ग में आचारिक पतन, धोखाधड़ी, व्यभिचार आदि क्यों न फैले ? इन इन्दो-आंग्लियनों की जड़ न जनता में है, न इतिहास में इनके लिए स्थान है। भारतीय संस्कृति का नाम समय-असमय ले लेना यह जरूरी समझते हैं। इन्हें अंग्रेजी चाहिए, हिन्दी या दूसरी प्रादेशिक भाषा नहीं। ये अंग्रेजी के कूपमंडूक हैं। इन्हें अंग्रेजी से बाहर की विशाल दुनिया का कोई पता नहीं। अंग्रेजी राज्य से इनका प्रेम है, अंग्रेजी रीति-रिवाज को ये सर्वोत्कृष्ट मानते हैं। ब्रिटिश-विरोधियों के ये विरोधी हैं, अंग्रेजों के जाने का इन्हें बहुत खेद है। अंग्रेजी पढ़ने में दस-पन्द्रह साल लगाने के लिए तैयार हैं, लेकिन हिन्दी साहित्य को बिना पढ़े ही जानना चाहते हैं। भारतीय जनता से ये उसी तरह भयभीत हैं, जैसे कि अंग्रेज थे। इन्हें भारतीय हित की कोई पर्वाह नहीं। इस सारे वर्ग को नेहरू का संरक्षण मिला हुआ है, इसलिए इन्हें दूसरे की क्या पर्वाह हो सकती है ?

उसी दिन डा. अनन्तराम भट्ट्ट से मुलाकात हुई। अभी तक सफल नहीं हुए। किसी सरकारी नौकरी की तलाश में थे। लेकिन, सरकार में योग्यता की थोड़े ही जरूरत है, वहाँ तो सिफारिश चाहिए। अब भी निराश नहीं हुए थे। मैं भी चाहता था कि यदि दिल्ली में उन्हें काम मिल जाय, तो यह उनके लिए अच्छा होगा। यहाँ रहते वह हमारे परिभाषा के कार्य में भी सहायता कर सकते थे। जिस होटल में रह रहे थे, उसका सात सौ कर्ज हो गया था, जिसके लिए चिन्तित थे।

कृषि प्रतिष्ठान में उस दिन फिर गए। इन्टोमोलोजिस्ट सत्यसाधन मुखोपाध्याय और मेकोलोजिस्ट श्री राय चौधरी ने बहुत अच्छी तरह बात-चीत की, किन्तु परिभाषा के निर्माण में उनकी विशेष रुचि नहीं थी। हाँ, उन्होंने बतलाया, कि अमेरिका में छपे परिभाषाओं के विशेष शब्दकोश मौजूद हैं। हमारा काम उससे कुछ हो सकता था, पर हम अपनी परिभाषाओं की कसौटी विशेषज्ञ विद्वानों को बनाना चाहते थे।

मेरठ–अब की साहित्य सम्मेलन मेरठ में हो रहा था, जिसके सभापति सेठ गोविन्द दास हुए थे। मेरा कार्य-काल बीत रहा था। 7 तारीख को मोटर से चलकर हम 6 बजे शाम को प्रो. धर्मेन्द्र शास्त्री के यहाँ पहुँचे, जहाँ हमें ठहरना था।

8 दिसम्बर को सबेरे गढ़मुक्तेश्वरवाली सड़क के ऊपर टहलने निकले। सड़क पर कण्डे बेचनेवाले शहर की ओर जा रहे थे। उनकी बातचीत मैं गौर से सुनने लगा। हिन्दी आखिर इन्हीं की भाषा है। जमुना के दोनों तरफ फैले कुरु और कुरुजांगल देश की वह जनभाषा है, इसलिए कौरवी भाषा की जिज्ञासा उठनी स्वाभाविक थी। कितने ही समय से मैं सोचता था, प्रेमचन्द को कुरु देश में पैदा होना चाहिए था, ताकि वह अपनी अनमोल कृतियों द्वारा बोल-चाल की हिन्दी कैसी होती है, इसके नमूने पेश करते। उपलेवाले एक दूसरे से बात कर रहे थे। मैंने पूछा–"घर से उपले ला रहे हो ?" जवाब मिला–"नहीं जी, मोल के लाते हैं।" पीछे रुड़की में भूमिया खेड़ा में बैठे एक दस वर्ष का लड़का 'क्या करते हो' पूछने पर बोला–"रखवाड़ी करूँ।" और दूसरा लड़का अपने बाप से बोल रहा था–"खाक्के जाना।"

कौरवी बोली बड़ी मधुर और लचकीली है। यह जानकर अफसोस होता था कि जहाँ और भाषाओं के हजारों गीत और कहानियाँ जमा करके प्रकाशित कर दी गई हैं, वहाँ कौरवी के बारे में कौरव भी

उदासीन हैं।

उस दिन कुमार आश्रम में भी गये। पहले वह किराये के बगीचे में था, जबकि मेरे मित्र श्री बलदेव चौबे ने उसे स्थापित किया था, अब वह अपनी भूमि में है, और उसमें कालेजों तथा स्कूलों में पढ़नेवाले 30-32 हरिजन विद्यार्थी रहते हैं।

3 बजे (8 दिसम्बर) स्थायी समिति की बैठक हुई। बहुत बुरा लगा, जब देखा कि सम्मेलन नियमावली के संशोधन के काम को टंडनजी ने फिर खटाई में डलवा दिया। अब अगले अधिवेशन तक संशोधन होता रहेगा। लेकिन 1949 में भी यही ढीलम-ढाल तरीका रहेगा, इसमें सन्देह नहीं। सभी कामों में ढील हो जाती है, अगर संस्था के किसी एक काम में ढील पड़ती है। परिभाषा के काम में दिलोजान से पड़ा था, लेकिन अब हिचकिचाने लगा था, कि इसे आगे बढ़ायें या नहीं। जिन विद्वानों से मैं परिभाषा-संग्रह का काम करने के लिए कह रहा था, आखिर उनका भी ख्याल होना मेरे लिए जरूरी था। सत्याग्रह के जमाने में टंडनजी का नाम लोगों ने कन्फूजनदास रख दिया था। सचमुच ही किसी बात के बारे में यह समय पर निर्णय नहीं कर सकते। स्थायी समिति विषय निर्वाचिनी समिति के रूप में बदलकर रात के साढ़े 8 बजे बैठी। पं. बालकृष्ण शर्मा 'नवीन' ने प्रस्ताव रखा कि हमारे विश्वविद्यालयों की शिक्षा का माध्यम हिन्दी होनी चाहिए। यह बड़ा अदूरदर्शितापूर्ण प्रस्ताव था। हिन्दीवाले अपने घर में बैठे नहीं समझ पाते कि दूसरे प्रदेशों की भाषावाले लोगों का अपनी भाषा के साथ वैसा ही घनिष्ट प्रेम है, जैसा हमारा हिन्दी के साथ। बेढबजी भी उसी बाढ़ में बह गए, टंडनजी बोले नहीं, लेकिन मन ही मन आशीर्वाद दे रहे थे। ये लोग समझते थे कि हिन्दी इस प्रकार देश के केन्द्रीकरण का भारी साधन हो जाएगा। लेकिन क्या कोई बंगाली कलकत्ता विश्वविद्यालय में बंगला निकालकर हिन्दी को बैठाने के लिए तैयार होगा ? उत्कल विश्वविद्यालय में उड़िया नहीं, हिन्दी के माध्यम बनने को क्या कोई उड़ियाभाषी पसन्द करेगा ? तमिल, तेलगू, मलयालम, कन्नड़, मराठी आदि के क्षेत्रों में भी ऐसे किसी काम का घोर विरोध होगा, अशान्ति मच जाएगी। इस सबसे हिन्दी का ही अनिष्ट होगा, लोग हिन्दी के शत्रु बन जाएँगे। मैंने यही बातें कहते हुए प्रस्ताव का भारी विरोध किया। किन्तु वहाँ से वह पास हो गया।

12 दिसम्बर तक सम्मेलन का अधिवेशन चलता रहा। टंडनजी सम्मेलन के संस्थापक और प्राण हैं, किन्तु उसके भीतर कमजोरियों के आने का कारण भी उनकी दीर्घसूत्रता ही रही है। यदि पहिले ही अनुकूल परिस्थिति में नई नियमावली बनकर सम्मेलन का नये तरह से संगठन हो गया होता, तो शायद उसे वह दिन देखने नहीं पड़ते, जो आज देखने पड़ रहे हैं। खुले अधिवेशन में जब विश्वविद्यालयों के हिन्दी माध्यम होने का प्रस्ताव आया, तो मैंने उसका कड़ा विरोध किया, और अन्त में प्रस्ताव को लौटा लिया गया। यदि प्रस्ताव पास हो गया, तो मुझे उसी समय परिभाषा के काम से हट जाना पड़ता, क्योंकि अहिन्दीभाषियों से मैं कैसे सहयोग के लिए कह सकता था ?

मेरठ-सम्मेलन में भोजन की बड़ी सुन्दर व्यवस्था थी। सारा काम स्त्रियों ने अपने हाथ में ले रखा था। भोजन के प्रबन्ध को देखकर तो अतिथि प्रशंसा करते नहीं थकते थे। सभी चीजें कायदे के साथ समय पर मिल जाती थीं। मेरठ कमिश्नरी युक्त-प्रान्त में आर्यसमाज का गढ़ थी। यहाँ सबसे पहिले और सबसे ज्यादा आर्यसमाज का प्रचार हुआ था, जिसके कारण स्त्रियों में शिक्षा बढ़ी। आर्य भाषा तक सीमित रहनेवाली महिलाओं की लड़कियाँ हाई स्कूल तक पहुँचीं, और पोतियाँ कालेजों में चली गईं। आज की तरुणियाँ अपनी दादियों से बहुत आगे हैं, आधुनिक रूप में दिखाई पड़ती हैं। उनकी माताओं ने कांग्रेस में भाग लिया, और जनता के नेतृत्व की शिक्षा प्राप्त की। सम्मेलन के मण्डप का तिहाई भाग स्त्रियों से भरा रहता था।

अब के प्रधानमन्त्री पं. बलभद्र मिश्र चुने गए, जिनके लिए मैंने भी अपना वोट दिया। उसी दिन (12 दिसम्बर) की रात को कवि-सम्मेलन हुआ। पिछली रात के कवि-सम्मेलन में कुछ गड़बड़ी हो गई थी, इसलिए मुझे आज का सभापति बनाया गया। मैंने बिना पहिले देखी कविता पढ़ने की इजाजत नहीं दी। शन्तिपूर्वक सम्मेलन होकर 11-12 बजे रात को समाप्त हो गया। 'अंचल' और 'मुकुल' की कविताएँ बहुत पसन्द की गईं।

सभापति को ही श्रेय नहीं मिलना चाहिए, बल्कि जनता का विवेक भी इसमें सहायक हुआ, जो अनधिकारी का दुःस्वागत करने के लिए तैयार थे।

रुड़की–परिभाषा की तलाश में फिर 13 दिसम्बर को मेरठ से रवाना हुए। बस पकड़ी। वह मुजफ्फरनगर में कुछ मिनटों के लिए खड़ी हुई। 1916 या 1917 में कुछ समय तक मैं मुजफ्फरनगर में रहा था। उस समय वह शहर नहीं, एक कस्बा-सा मालूम होता था। लेकिन, तब से अब 32 वर्ष बीत चुके हैं, जिसका असर उत्तर-प्रदेश के किसी शहर या कस्बे पर न पड़े, यह नहीं हो सकता था। पश्चिमी पंजाब से उजड़कर आए हमारे देश भाई पश्चिमी यू. पी. के सभी शहरों में बसने लगे हैं। मेरठ में वह कई हजार हैं, देहरादून में तो उनकी संख्या 50 हजार से भी ज्यादा है। मुजफ्फरनगर में भी हजारों की संख्या में बसे हैं, और इसके कारण नगरों की कायापलट हो गई है। इच्छा तो करती थी कि पुराने परिचित स्थानों की स्मृति फिर नई कर लें, लेकिन समय कहाँ था ? अपने समय के व्यक्तियों से मिलने की संभावना भी नहीं थी।

सवा 11 बजे रुड़की पहुँच गए, और 3 बजे वहाँ के इंजीनियरिंग कालेज के विद्वानों से मिलने गए। अब तो वह इंजीनियरिंग विश्वविद्यालय है। टामसन इंजीनियरिंग कालेज के रूप में इसकी स्थापना 1847 में–आज से 101 वर्ष पहिले हुई थी। यहाँ अध्यापकों में मेरा कोई परिचित नहीं था। विद्यार्थियों में वासुदेव पांडे मिल गए। वासुदेव की स्मृति बड़ी दुःखद है। वह पढ़ने में हमेशा तेज रहे, और अपनी कक्षा में प्रथम होते रहे। इलाहाबाद में एम. एस-सी. प्रीवियस शायद कर चुके थे, किन्तु उससे अधिक उपयोगिता इंजीनियर की थी, इसलिए वह यहाँ दाखिल हो गए। अपने पिता श्री गणेश पांडे से साहित्य-प्रेम उन्हें विरासत में मिला था। परिभाषा के काम में उन्होंने बड़ी तत्परता से भाग लेना शुरू किया था। इंजीनियर हो देश के लिए बड़ी-बड़ी उमंगें लेकर कार्यक्षेत्र में प्रविष्ट हुए, लेकिन, जीप की दुर्घटना में उनका देहान्त हो गया, और अपनी विद्या तथा योग्यता से देश का कोई उपकार नहीं कर सके। वह सामान्य इंजीनियर नहीं थे, न वैसा रहना चाहते थे। आज की स्थिति में योग्य व्यक्तियों को काम करने में कितनी अड़चन है, इसका तजर्बा उन्हें हो रहा था, लेकिन वह निराश नहीं थे।

वासुदेव ने हमारी बड़ी सहायता की। उनके द्वारा औरों से भी परिचय हुआ। प्रिंसिपल नृपेन्द्रनाथ चक्रवर्ती से बातचीत हुई। उन्होंने हमारे काम से सहमति प्रकट की। अध्यापकों में उतना उत्साह तो नहीं देखा, लेकिन उम्मीद थी, कि कुछ काम देख लेने पर वह भी हाथ बँटाने के लिए तैयार होंगे। 6 बजे विद्यार्थियों के सामने मुझे बोलना पड़ा। मैंने बतलाया, कि देश का आर्थिक उद्धार इंजीनियर, टेक्नीशियन और साइंसवेत्ता ही कर सकते हैं, जिनमें भी इंजीनियरों की जिम्मेवारी सबसे अधिक है। इस समय वहाँ दो-सौ विद्यार्थी पढ़ रहे थे। मैं समझता था, कि नव-निर्माण के लिए हमें हजारों नहीं लाखों इंजीनियरों की जरूरत होगी, जिनको पैदा करने में रुड़की को सबसे अधिक हाथ बँटाना चाहिए। रुड़की में दो सौ नहीं, हजार विद्यार्थी आसानी से पढ़ सकते हैं। उसकी प्रयोगशालाओं और यंत्रशालाओं का और भी अधिक उपयोग किया जा सकता है। क्यों नहीं यहाँ तीन शिफ्ट में पढ़ाई हो, इंजीनियरिंग कालेज में इमारत और प्रयोगशालाएँ सबसे अधिक व्ययसाध्य चीज हैं, जिनका तिगुना उपयोग उतने ही खर्च में हो सकता था। पर पीछे जब मुझे बतलाया गया, कि इनमें पास करनेवाले इंजीनियरों से भी कितनों को काम नहीं मिलता, तो बहुत धक्का लगा, और अपनी बेवक्त की शहनाई पर अफसोस हुआ। हमारे यहाँ जब तक सभी आयोजनों की एक-दूसरे से सम्बद्धता नहीं होगी, तब तक प्रगति की यही स्थिति रहेगी। कहीं विशेषज्ञों की जरूरत होगी और कहीं वह बेकार रहेंगे। जरूरत के अनुसार समय पर उनको तैयार नहीं किया जाएगा, और योजनाएँ ढीली पड़ जाएँगी। रुड़की कालेज बड़े ही उपयुक्त स्थान पर है, यहाँ चार हजार विद्यार्थियों के रहने का स्थान बनाया जा सकता है। पहिले किसी समय भारत का यह एकमात्र इंजीनियरिंग कालेज था; पर अब भारत में प्रायः हर बड़े प्रान्त में इंजीनियरिंग कालेज खुल गए हैं। यहाँ के विद्यार्थियों में सबसे अधिक हिन्दीभाषी थे, इसलिए हिन्दी के माध्यम द्वारा उनकी पढ़ाई आसानी से हो सकती थी।

अगले दिन (14 दिसम्बर) को टहलने के लिए हम गंगा की महानहर के किनारे-किनारे दूर तक गए।

उस पुल को भी देखा, जिसके नीचे सोलानी नदी और ऊपर नहर बहती है। आगे महिवड़ गाँव मिला। विचित्र नाम बतला रहा था, यह पुराने कुरुदेश का गाँव है—महिषवाट का महावाट अथवा महावट हो सकता है। नाम से आकृष्ट हो आशा हुई कि यहाँ कोई पुरानी चीज मिलेगी। लेकिन, जितनी अधिक पुरानी चीज है, वह उतनी ही अधिक पृथ्वी के नीचे होगी। गाँव में मुसल्मान भी हैं और हिन्दू भी। स्याने राजपूत थे। मुसल्मान मिठाई (भेली) बना रहे थे।

आज कालेज के संग्रहालय और प्रयोगशालाओं को अच्छी तरह देखने का मौका मिला। प्रो. गरदे ने बतलाया, कि अध्यापक चाहिए, जिनके मिलने में कोई दिक्कत नहीं। हम एक हजार विद्यार्थियों को यहाँ पढ़ा सकते हैं। हाँ, योग्य अध्यापकों के मिलने में सुभीता तभी होगा, जबकि वेतन का ग्रेड चार सौ से नौ सौ रुपया तक कर दिया जाय। वह और प्रो. जयकृष्णजी हमारी सहायता के लिए तैयार थे। उस दिन चाय-पार्टी हुई और विद्यार्थियों ने निबन्ध और कविताएँ पढ़ीं। सभी ग्रेजुएट थे, यहाँ की तीन साल की पढ़ाई में कितने ही अन्तिम कक्षा में थे। तरुणों में बहुत उत्साह देखा। शाम को डा. कुलश्रेष्ठ के यहाँ गए। उनसे कितनी ही देर तक बातचीत होती रही। उनकी सुशिक्षिता सुपुत्री ने कुलश्रेष्ठों की विवाह-प्रथा के बारे में कुछ करने का विश्वास दिलाया था, पर काम आगे नहीं बढ़ सका।

देहरादून—15 दिसम्बर को डाक की बस पकड़ी और देहरादून चले। रुड़की सहारनपुर जिले में है, जिसकी उत्तरी सीमा पर सिवालिक पहाड़ है। सिवालिक के उस पार देहरादून शहर और उसका जिला है। सिवालिक सवा लाख का अपभ्रंश है। यह सवा लाख पहाड़ हिमालय की जड़ में हैं, लेकिन आयु में उससे पुराने और प्रकृति में उससे भिन्न हैं। यहाँ वह हिमालय से काफी हटकर हैं, और दोनों पर्वत-श्रेणियाँ दून (द्रोणि) बनाती हैं, जिसको ही देहरा शहर से जोड़कर देहरादून कहा जाता है। सिवालिक की ऊँचाई बहुत ज्यादा नहीं है, लेकिन पर्वत पार तो करना ही पड़ता है। पहाड़ को जहाँ-तहाँ पार नहीं किया जा सकता। सहस्राब्दियों से देखते हुए आदमियों ने सुगम रास्ते निकाल लिये हैं, जिनसे होकर लोग आवा-जाही करते हैं। सिवालिक में भी ऐसे रास्ते हैं। यहाँ की तरह सभी जगह हिमालय और सिवालिक का फासला दून नहीं बनाता। गंगा और जमुना के बीच इस सिवालिक की कोई चोटी तीन हजार फुट से ऊँची नहीं है, और मसूरी से देखने पर तो यह बिल्कुल कीड़े-मकोड़े-सा मालूम होता है। शायद इसीलिए पुराने समय में इसे कीटागिरि कहते थे। रुड़की और सहारनपुर से आनेवाली सड़क मोहना डांडे से सिवालिक को पार करती है। रुड़की से देहरादून 25 मील है। पहाड़ी में राजाजी के नाम से एक रक्षित प्राणिखण्ड है, जिसमें जानवर का शिकार करना मना है। किसी समय जब सिवालिक दोनों तरफ घने जंगलों से ढँका था, तो यहाँ हाथी और बाघ रहा करते थे। पर अब तो बाघ ही कभी-कभी दिखाई पड़ते हैं।

देहरादून में सैनिक स्कूल है। यहाँ इस आशा से आए थे कि सैनिक परिभाषाओं के संग्रह करने के लिए लोगों को कहें। यह तो मालूम ही था कि यह काम तब तक कोई सैनिक अफसर अपने हाथ में ले नहीं सकता, जब तक सरकार की ओर से उसकी प्रेरणा न आए। और उसके लिए आजकल के दिल्ली के देवताओं से कोई आशा ही नहीं हो सकती थी। रामराय दरबार में गए। महन्त लक्ष्मणदास का नाम बहुत सुन रखा था। अब उनके उत्तराधिकारी महन्त श्री इन्द्रेशदास थे, जो इलाहाबाद विश्वविद्यालय के एम. ए. और श्री विद्यानिवास मिश्र के सहपाठी रह चुके थे। महन्तजी बड़े प्रेम से मिले। अपने साथ ले जाकर मिलिट्री अकदमी, फारेस्ट रिसर्च इन्स्टीट्यूट, सर्वे आफ इण्डिया के कार्यालयों को दिखलाया। अकदमी में आजकल छुट्टियाँ थीं, लेकिन मेजर ए. एम. चटर्जी ने सैनिक परिभाषाओं के बारे में कुछ आशा दिलाई। फारेस्ट रिसर्च इन्स्टीट्यूट में श्री जगदम्बाप्रसाद का नाम बतलाया गया, पर वह वहाँ मौजूद नहीं थे। सर्वे में इस बात से किसी को दिलचस्पी नहीं थी। ऊपर से हुकुम आए, तो चींटी की चाल से चलने के लिए तैयार थे। शाम को पं. गयाप्रसाद शुक्ल और सन्त निहालसिंह से मिलने गए, पर दोनों ही अनुपस्थित थे। देहरादून की यात्रा से कोई काम नहीं बना। हाँ, आगे देहरादून के साथ जो घनिष्ठता बढ़नेवाली थी, उसका श्रीगणेश इस समय जरूर हो गया। देहरादून में पहिले किसी समय 16 हजार मुसल्मान रहते थे, अब दो-तीन हजार भी मुश्किल से रह गए। कर्णपुरा सारा

मुसलमानों का मोहल्ला था, जिसमें एक या दो बूढ़े बच रहे थे। वह भाग नहीं सकते थे, और लोगों ने भी उन पर दया दिखलाई, इसलिए रह गए। अब कर्णपुरा पश्चिमोत्तर सीमा के हिन्दुओं का मोहल्ला है, वहाँ पश्चिमी पंजाबी बोली जाती है। शरणार्थियों की संख्या 50 हजार बतलाई जा रही थी। व्यापार और दूकानें उनके हाथ में थीं। पुराने व्यापारियों ने अपनी दूकानों का मुँह-माँगा दाम मिलते देख लालच में बेच दिया, और अब हसरत से देखते हैं। जो बहुत तरह की अच्छी और सस्ती चीजें देने के लिए तैयार हो, उस दूकान पर ग्राहक क्यों न जाएँगे ?

लखनऊ–16 दिसम्बर की सवा 5 बजे की गाड़ी से देहरादून से चले और अगले दिन सबेरे 7 बजे लखनऊ पहुँच गए। स्टेशन से सीधे महास्थविर बोधानन्द के पास रिसालदार बाग के विहार में पहुँचे। बहुत लट गए थे, लेकिन बोलते अब भी थे उसी तरह जीवट के साथ। ऊँत पर पहुँचकर क्यों निराशा हो ? मृत्यु से क्यों डरा जाए ? मृत्यु तो अभाव-रूप है, जीवन में प्रतिकूल परिस्थिति में डरने का कारण भी हो सकता है। लखनऊ में, विशेषकर चिकित्सा-सम्बन्धी परिभाषाओं के लिए मेडिकल कालेज के अध्यापकों से मिलना था। यहाँ के काम की जिम्मेवारी श्री पुत्तनलाल विद्यार्थी ने लेना स्वीकार किया। वह रिटायर हो चुके थे, और हिन्दी-प्रेम के कारण कुछ करना चाहते थे। उनके घर पर गये, लेकिन विद्यार्थीजी मौजूद नहीं थे। नातिदूर मेडिकल कालेज था। वहाँ डॉ. सुरेशचन्द्र कपूर से भेंट हुई। वह कानपुर के श्री कैलाश कपूर के सुपुत्र हैं। तरुण और उत्साही हैं, और परिभाषा के महत्व को भी समझते हैं। उनके साथ डॉ. मालवीय और डॉ. प्रकाशचन्द्र गुप्त से मिले। डॉ. सुरेन्द्रनाथ गुप्त ने सबसे अधिक उत्साह दिखलाया। पीछे मालवीयजी ने तो जीव-रसायन का कोश तैयार करके दिया और वह प्रकाशित भी हो गया। एक डाक्टर सुनने के लिए तैयार नहीं थे कि मेडिकल साइन्स की शिक्षा हिन्दी माध्यम से हो। वह झुँझलाकर बोले, कम-से-कम इस साइंस को बरबाद न कीजिये। उनके ख्याल से अंग्रेजी छोड़ दूसरी भाषा में मेडिकल साइन्स का पढ़ना उसे बरबाद करना है। लेकिन क्या किया जाए ? दुनिया के बहुत-से बड़े-बड़े देश इस बरबादी के काम में लगे हुए हैं। जापान में अंग्रेजी में मेडिकल साइन्स नहीं पढ़ाया जाता, रूस, जर्मनी, फ्रांस, इताली भी साइन्स को बरबाद करने को उतारू हैं। लखनऊ के मेडिकल कालेज के कई अध्यापक काम करने के लिए तैयार थे, यदि वह कर नहीं सके, तो उसमें सम्मेलन का दोष है, जो उनसे काम नहीं ले सका।

मेडिकल कालेज से फिर विद्यार्थीजी के यहाँ गए, और वह हमारी प्रतीक्षा हजरतगंज में कर रहे थे। उनसे मुलाकात हुई। अगले दिन 18 दिसम्बर को साढ़े 8 बजे ही उनके साथ निकले। डॉ. सुरेन्द्रनाथ गुप्त ने डायबेटीज़ की बात सुनकर मेरे खून की परीक्षा की, पर उसमें चीनी नहीं मिली। उस दिन डॉ. र. न. मिश्र, डॉ. याज्ञिक और डॉ. माथुर से भी मिले। याज्ञिक और माथुर साहब ने अपने विषयों की परिभाषाओं को फरवरी तक देना स्वीकार कर लिया, और तकाजा करने के लिए विद्यार्थीजी वहाँ मौजूद ही थे। लखनऊ के काम से बड़ी प्रसन्नता हुई।

उसी दिन रात को ट्रेन पकड़कर 19 को सबेरे ही प्रयाग पहुँच गए। डा. बदरीनाथ प्रसाद के यहाँ ठहरे। अभी उजाला नहीं हुआ था, इसलिए फाटक नहीं खुला था। मुझे बाहर ही कुछ देर प्रतीक्षा करनी पड़ी। प्रयाग में सम्मेलन-कार्यालय में जाकर कार्य को देख-सुन लेना था। अतवार की छुट्टी थी, लेकिन पं. भगवद्दत्त शर्मा अपने काम में लगे हुए थे। अगले दिन प्रधानमन्त्री पं. बलभद्र मिश्र से मिले, और उनसे काम के बारे में बातचीत हुई। अब कलकत्ता जाना था।

कलकत्ता–20 दिसम्बर को दिल्ली मेल को सवा 8 बजे पकड़ना था। सेकंड क्लास में वहाँ खड़े होने की भी जगह नहीं थी, और रात भी बितानी थी। प्रथम श्रेणी का टिकट बदलवाया। साथी मुसाफिर एक फौजी डाक्टर थे। उनकी बदली हुई थी, इसलिए सारे घर के सामान को लगेज के तौर पर कम्पार्टमेन्ट में भरे लिये जा रहे थे, पर उसके कारण हमारे सोने में कोई विघ्न नहीं हुआ। अगले दिन पौने 12 बजे दोपहर को हावड़ा स्टेशन पर पहुँचे। श्री मोहनसिंह सेंगर के साथ 50, विवेकानन्द स्ट्रीट के रामभवन में श्री रामेश्वर टांटिया के यहाँ जाकर ठहरे। उस दिन कुछ मित्रों से मिलना-जुलना-भर रहा। अब 30 दिसम्बर तक के लिए यहीं ठहरना

था। उस समय मोटर का पेट्रोल बहुत दुर्लभ था, लेकिन हमें रोज सबेरे किले के मैदान में टहलने के लिए ले जानेवाली कार मिल जाती थी। विक्टोरिया स्मारक और उसके आस-पास चहलकदमी करते थे। एक वर्ष से ऊपर अंग्रेजों को गए हो गए थे, लेकिन उनकी सारी विरासत को ढोने के लिए हमारे राष्ट्र-कर्णधार तैयार थे। फोर्ट विलियम का पलासी गेट, अब भी हमारी पलासी की पराजय को अक्षुण्ण रखे था। मैदान की मूर्तियाँ उसी तरह अपनी जगहों पर विराजमान थीं। दिल्ली के देवताओं को उनसे कोई ग्लानि नहीं थी, पर हमारी जनता पहिले ही से उनमें से कितनों का नामकरण कर चुकी थी। औटरम उनके लिए सन् 57 के विद्रोह के यशस्वी वीर कुँवरसिंह थे।

उस दिन 12 बजे सुनीति बाबू से जाकर मिले। हमारे परिभाषाओं के काम को उन्होंने देख लिया था। दो घंटे तक बातचीत होती रही। यद्यपि वह अंग्रेजी को कायम रखने के पक्ष में थे, पर तो भी अपनी भाषाओं के प्रति दया दिखाना चाहते। यही राय डा. सत्येन्द्र बोस की भी थी, जिनसे मैं अगले दिन मिला। वह हमारे देश के चोटी के साइन्सवेत्ताओं में से हैं, साइन्स के गम्भीर गवेषक भी हैं। लखनऊ के डॉ. चन्द्रशेखर तो साइन्स के लिए हिन्दी का नाम भी सुनना नहीं चाहते थे, डॉ. बोस मातृभाषाओं पर दया करने के लिए तैयार थे; क्योंकि उनके द्वारा विज्ञान का प्रचार साधारण लोगों में हो सकता है। इसके लिए बल्कि बंगला में 'ज्ञान-विज्ञान' पत्रिका निकाल रहे थे।

22 तारीख को श्री वीरेन्द्रदास गुप्त से मिले। वह अपने साथ एक वृद्ध-वृद्धा साहित्य-प्रेमी दम्पती से मिलाने के लिए ले गए, और फिर यादवपुर के इंजीनियरिंग कालेज में भी गये। 24 तारीख को फिर उनसे मिलने का मौका व्यापारियों के सम्मेलन में मिला। वीरेन्द्र बाबू ने बंगालियों की कलमघिसाई की मनोवृत्ति को छोड़कर उद्योग-धन्धे में कदम रखा और उसमें जम गए थे। सांस्कृतिक प्रेम बंगाली शिक्षित में होना आवश्यक है, इसलिए वह अपने को सिर्फ पैसा कमाने तक ही सीमित नहीं रखना चाहते थे। उन्होंने उसी समय बतलाया था कि जापान के एक बौद्ध-विहार में नेताजी की अस्थियाँ मैंने देखी हैं, और उनके निधन के बारे में मुझे सन्देह नहीं है।

श्री सुरेशचन्द्र सेनगुप्त से पहिले ही से पत्र द्वारा सम्बन्ध स्थापित हो गया था, और वह प्रत्यक्षशारीर (अनाटोमी) की परिभाषाओं के संग्रह में डट गए थे। उन्होंने यह भी बतलाया कि यहाँ के बंगाली विद्वानों से सहायता प्राप्त करने में हमें कोई दिक्कत नहीं होगी। दरअसल परिभाषा का जो काम हम कर रहे थे, वह केवल हिन्दी भाषा का नहीं था। असमिया, बंगला, उड़िया, तेलगू, तमिल, मलयालम, कन्नड़, मराठी, गुजराती, पंजाबी, नेपाली ही नहीं, बल्कि सिंहली, बर्मी, स्यामी और कम्बोजी के लिए भी यह काम हो रहा था। इसलिए मालूम होने पर सभी जगह से सहायता मिलेगी, इसमें सन्देह नहीं। मुझे विश्वास था, यदि हम आधे दर्जन अच्छे पारिभाषिक कोश प्रकाशित करके दिखला सकें, तो हमारे काम में सभी जगह से सहायता मिलने लगेगी।

कलकत्ता बंगाल की राजनीतिक ही नहीं, सांस्कृतिक राजधानी भी है। बंगभाषी सबसे पहिले यूरोप और आधुनिक युग के सम्पर्क में आए, उन्होंने सबसे पहिले जाना कि हमारे लिए मुक्ति और आगे बढ़ने का वही एक रास्ता है, जिसे यूरोप ने अपनाया है। यूरोपीय संस्कृति और ज्ञान-विज्ञान का गम्भीर अध्ययन पिछली शताब्दी के उत्तरार्ध में ही यहाँ के मनीषियों ने करना शुरू किया, और उससे बहुत-कुछ लिया, जबकि हिन्दीवाले पचास वर्ष से भी अधिक पिछड़े रह गए। इस बात का प्रभाव बंगभाषी समाज पर पड़ा है। साहित्य और संस्कृति के प्रति उनका अनुराग देखकर ईर्ष्या होती है। हमारे यहाँ आज भी अभी हिन्दी रंगमंच का कहीं पता नहीं है। बंगाल में वह दशाब्दियों से, बल्कि शताब्दी से अपनी जड़ जमा चुका है, और ऐसा कि सिनेमा भी उसे उखाड़ नहीं सका। इस यात्रा में मुझे श्रीरंगम और स्टार के दो रंगमंचों में जाने का मौका मिला। 23 को शिशिर भादुड़ी द्वारा अभिनीत 'माइकेल मधुसूदन' नाटक देखने गया। दर्शकों की संख्या बतला रही थी कि लोगों को नाटकों से प्रेम है। अभिनय भी अच्छा था। साधनों की कमी थी और आजकल तो उसकी कमी सभी देशों में देखी जाती है, सिवाय सोवियत रूस के, जहाँ सरकार सहायता देने में जरा भी संकोच नहीं करती, और जनता नाटकों के देखने के लिए टूट पड़ती है। अगले दिन स्टार में 'गोलकुण्डा' नाटक देखा। कल के नाटक

में गम्भीरता थी, किन्तु गति की कमी। आज के नाटक में गति अधिक थी, किन्तु गम्भीरता कम। इसीलिए इस नाटक में मनोरंजन का अंश भी अधिक था।

उस दिन बीकानेर के एक जोतिसी हस्त सामुद्रिक (हस्तरेखा) का चमत्कार दिखाने के लिए आये। बतला रहे थे कि आयुर्वेद से जो चीजें मालूम होती हैं, वह हस्तरेखा से भी देखी जा सकती हैं। मेरे पास ऐसी फजूल बातों के लिए समय नहीं था, नम्रता से किसी तरह पिंड छुड़ाया।

25 तारीख को श्री सुरेशचन्द्र सेनगुप्त के घर भोजन करने के लिए ढाकुरिया जाना पड़ा। इसकी एक अलग छोटी-सी नगरपालिका है। कलकत्ता के उपनगर में ऐसी और भी नगरपालिकाएँ हैं, जिनको कलकत्ता में ही सम्मिलित हो जाना चाहिए। सुरेश बाबू चार भाइयों में सबसे बड़े हैं, इसलिए घर के सरदार वही हैं। यद्यपि उन्होंने रसायन में एम. एस-सी. की, लेकिन वह असाधारण रुचि के पुरुष हैं। उनके विषय से संस्कृत, ग्रीक, लातिन, रूसी से क्या सम्बन्ध है, और फलित जोतिस में माथापच्ची करना क्यों पसन्द किया, जब उससे पैसा नहीं कमाना है ? पर असाधारण प्रतिभाओं में कुछ बेतुकी बातें हुआ करती हैं। उनको पुस्तकों का बहुत शौक है, और अपनी कमाई में से वह बराबर उन्हें खरीदते ही रहते हैं। रूसी की भी बहुत-सी पुस्तकें उनके यहाँ देखीं। पिता नहीं हैं, और माता के वह अनन्य भक्त हैं। अविवाहित रहते भी घर-भर की आर्थिक चिन्ता वह अपने सिर पर ढोते हैं।

शान्तिनिकेतन–'बौद्ध-संस्कृति' के लिखने के लिए कुछ समय शान्तिनिकेतन आकर रहना था, इसलिए 27 को हम वहाँ पहुँचे। पं. हजारीप्रसाद द्विवेदी और शान्ति भिक्षु के साथ हिन्दी-भवन में गये। भोजन के बाद चीना-भवन देखा, यहाँ काफी चीन-सम्बन्धी पुस्तकें थीं। फिर विश्वभारती के पुस्तकालय में गये, पौने दो लाख पुस्तकें हमारे कम ही विश्वविद्यालयों में हैं। बृहत्तर भारत तथा भारत के सम्बन्धों की पुस्तकों का भण्डार तो यहाँ बहुत विशाल है। बाईस साल पहिले प्रथम बार लंका जाते हुए मैं यहाँ आया था। उस समय से अब भारी परिवर्तन हो गया है। रात को छोटी-सी गोष्ठी में भाषण देना पड़ा। अगले दिन सबेरे 6 बजे सबेरे की गाड़ी पर पहुँचाने के लिए द्विवेदीजी, शान्ति भिक्षु श्री प्रह्लाद प्रधान और रामकिंकरजी स्टेशन तक आये। इन्टर में बैठे। डब्बों में बहुत जगह खाली पड़ी हुई थी।

11 बजे के बाद गाड़ी स्याल्दह पहुँची। गंगा का पुल उसे पार करना पड़ा, अर्थात् उस रास्ते दिल्ली की ट्रेन स्याल्दह पहुँच सकती है।

28 तारीख को युगान्तर-क्लब में मुरारकाजी और दूसरों के निमंत्रण पर गये। अंग्रेजों के समय में यह भव्य भवन किसी क्लब का था। उनके कल-कारखानों को लेनेवाले मारवाड़ी धन-कुबेरों को अब इसे भी सँभालना था। इमारत बहुत ही सुन्दर थी, और सफाई और व्यवस्था का क्या कहना ! इस क्लब के मेम्बर वही हो सकते हैं, जो पत्नी सहित आने के लिए तैयार हैं। मारवाड़ी सेठों के लिए इसमें एक पीढ़ी पहिले भले दिक्कत रहती, लेकिन अब तो वह मारवाड़ी ही मिटते जा रहे हैं। हाँ, भोजन सारा फलाहारी था, पर नफीस और अच्छे छुरे-काँटों तथा बर्तनों के साथ। एक पीढ़ी की देर है, फिर यहाँ वही वातावरण आ जायेगा, जिसका अभ्यास इस भवन को एक पीढ़ी पहिले था।

29 दिसम्बर को बंगाल एसियाटिक सोसायटी के हॉल में भारतीय संस्कृति पर भाषण देना था। आर्यावर्त संस्कृति-संघवालों ने इसका प्रबन्ध किया था। मेरे विचार सभी मीठे कैसे हो सकते हैं। लोगों ने कड़वी बातों को भी धैर्य से सुना।

वहाँ से युगांतर-क्लब की ओर से दिये भोज में शामिल होने के लिए आज भी साढ़े 7 बजे शाम को हिन्दुस्तान-क्लब में जाना पड़ा। आज वहाँ बहुत-से भद्रपुरुष अपनी पत्नियों के साथ आये थे। पर्दा तोड़ने में श्री मुरारकाजी मारवाड़ी समाज के नेता हुए थे। उस समय उन्हें बहुत-सी दिक्कतें उठानी पड़ी थीं, पर अब उन्हें चारों ओर सफलता दिखाई पड़ रही थी। भोज में आधी दर्जन महिलाएँ थीं।

30 दिसम्बर को सबेरे टहलने के लिए घुड़दौड़ के मैदान में जाकर फिर टालीगंज में पचीसियाजी के यहाँ जलपान करने गये। पचीसियाजी श्री घनश्यामदास बिड़ला के साढू हैं, उनकी पत्नी और सोमानी-दुहिता

सरस्वती बहनें हैं। किसी जोतिसी ने भाख दिया था, कि कन्या के भाग्य में सौभाग्य-विरोधी दुष्ट ग्रह है। उससे बचने के लिए पिता ने एक बिल्कुल साधारण-सी स्थिति के लड़के से अपनी पुत्री का ब्याह कर दिया, लेकिन करोड़पति ससुरकुल दामाद को ऐसी स्थिति में कैसे रख सकता था। सरस्वतीजी लक्ष्मी को साथ लिये पतिकुल में आईं। उनका सम्मान होना ही चाहिये। स्त्री जब आर्थिक तौर से स्वतन्त्र हो, तो उसकी पूछ सब जगह होती है। सरस्वतीजी के ब्याह के पंद्रह साल बाद तक सन्तान नहीं हुई, लेकिन यह बहाना दूसरा ब्याह करने की लिए पर्याप्त नहीं हो सका। अब उनका साढ़े तीन वर्ष का एक बहुत ही सुन्दर, स्वस्थ और समझदार पुत्र था। शहर से बाहर पचीसिया दम्पती का यह अपना बँगला था। कार होने पर दस-बारह मील की दूरी कोई चीज नहीं। बच्चे को एक अंग्रेज महिला डेढ़ घंटे तक सँभालती है। उसमें अपने दादा-परदादा के पिछड़ेपन की कहीं गंध भी नहीं रह गई है। पचीसियाजी के पड़ोस में एक रूसी इंजीनियर कार्निलोफ–कार्नेली–रहते थे, जो ज़ारशाही जेनरल कार्निलोफ के ही कोई सम्बन्धी थे, और वोल्शेविक क्रान्ति के समय भाग आये थे। जहाँ-तहाँ भटकते यहाँ अब जम गये थे, और आर्थिक तौर से बहुत अच्छी हालत में थे। पचीसियाजी हमें उनसे मिलाने के लिए ले गये। इंजीनियर साहब के लिए वोल्शेविक शैतान थे, उनके राज्य में कोई गुण नहीं थे–इन्होंने लाखों बच्चों को मार डाला। हाल में ही पोलैंड से भागकर आये एक दूसरे सज्जन भी वहाँ मौजूद थे, जो हर बात में कार्नेली के समर्थक थे। लोग सोवियत रूस को बदनाम करने के लिए सालों से दुनिया के कोने-कोने में प्रचार कर रहे हैं।

उस दिन रात के साढ़े 7 बजे बंगीय हिन्दी परिषद में गोष्ठी थी। मैं भी बोला, और उस्ताद अलाउद्दीन ने सितार सुनाकर मुग्ध किया। मुझे अफसोस था कि जल्दी-जल्दी हावड़ा पहुँचकर पंजाब मेल पकड़ना है।

1948 की अन्तिम तारीख लखनऊ में बीती। सेकंड क्लास में जगह काफी थी। और अब वही सेकंड क्लास फर्स्ट क्लास में बदलनेवाला था। फिर इंटर को सेकंड कहा जायेगा।

15
नये वर्ष का आरम्भ

लखनऊ–1 जनवरी को भी लखनऊ में रहे। उस दिन शाम को शहर में निकले, तो देखा पत्रों के विशेष संस्करण बिक रहे हैं। कश्मीर में पाकिस्तान के साथ छिपी हुई लड़ाई चल रही थी, और डर था कि वह किसी समय खुली लड़ाई में न बदल जाए। अचानक आक्रमण करके पाकिस्तान ने काम बनाना चाहा था। भारत को अभी उसकी आशा नहीं थी। लेकिन, जब भारतीय सेनाएँ कश्मीर में रक्षा के लिए पहुँच गईं, और जोजीला पार कर हमारे टैंकों ने असम्भव को सम्भव कर दिया, यही नहीं, बल्कि लद्दाख की तरफ से बढ़ती हुई हमारी सेना गिलगित की ओर धावा बोलने लगी, तो पाकिस्तान और उसके मुरब्बियों को सुलह-शरकत के लिए तैयार होने में ही खैरियत मालूम हुई। भारत और पाकिस्तान ने अब हथियार रोककर बात करना स्वीकार किया। यही बातें पत्रों के विशेष संस्करणों में छपी थीं, इसके अनुसार पुणाछ, मीरपुर, मुजफ्फराबाद और गिलगित पाकिस्तान के हाथ में रहेंगे। संक्षेप में, जो भूमि जिसके हाथ में है, वह उसके हाथ में रह जाएगी।

लखनऊ के मित्रों ने बतलाया कि पिछली बार जब मैं यहाँ से चला गया था, तो खुफिया पुलिस के इन्स्पेक्टर बड़ी सरगर्मी से मेरी खोज लगा रहे थे। भारत को स्वतन्त्र हुए एक साल से ऊपर हुए, पर सी. आई. डी. के पास मेरी फाइल तो वैसी ही मौजूद है, इसलिए उन्हें क्यों नहीं परेशानी होती। अब तो ये पुरानी फाइल नई रिपोर्टों से और मोटी होती जाएँगी, क्योंकि अंग्रेजों के जाने के बाद भी देश को जिस रास्ते ले जाया जा रहा है, उससे हमारी जनता को जो दुःख हो रहा है, उसे चुपचाप बर्दाश्त करना मेरी शक्ति के बाहर है।

सीतापुर–सीतापुर में हिन्दी साहित्य का एक सम्मेलन हो रहा था। मुझसे उसमें चलने का आग्रह हुआ, और लखनऊ के प्रसिद्ध वैद्य तथा राष्ट्रकर्मी पं. शिवरामजी अपनी मोटर में 2 जनवरी को ले चले। वैद्य जी में प्राचीनता और नवीनता का विचित्र मिश्रण है। सफल वैद्य हैं, स्वयं अपनी मोटर चलाते हैं। आज पचीसों वर्ष हो गए उन्होंने अपने शरीर को जल से अपवित्र नहीं किया। प्राकृतिक जीवन का उन्होंने अपने ऊपर तजर्बा किया। पसीने और बदबू को शरीर से अलग करने के लिए जल के अतिरिक्त और भी उपाय हैं, इसलिए उनके पास बैठने से यह नहीं मालूम होता था, कि उनका शरीर चिरकाल से जल-स्पर्श विरत है। लखनऊ से सीतापुर 52 मील है, और सड़क अधिकतर सीमेन्ट की है। रास्ते में कमालपुर मिला, वहाँ एक वृद्ध संस्कृत पण्डित से थोड़ी देर बातचीत होती रही। फिर चलकर पौने 2 बजे हम सीतापुर पहुँच गए। बादशाही जमाने में हमारे जिलों को सरकार कहा जाता था। बड़ी सरकारों में से किसी-किसी के अंग्रेजी काल में एक के दो जिले भी हो गए हैं। अकबर के प्रधानमन्त्री अबुल फ़ज़ल रचित 'आइने-अकबरी' में मुगल-साम्राज्य की सरकारों का नाम दिया हुआ है। सीतापुर उस समय खैराबाद सरकार में था। अंग्रेजी जमाने में सीतापुर को जिला बना

दिया गया, और रेल आदि के सुभीते के कारण सीतापुर खैराबाद को पीछे छोड़कर आगे बढ़ गया। शहर की आबादी 40 हजार के करीब है। लड़कियों का इन्टर कालेज अब डिग्री कालेज होनेवाला था। उसमें डेढ़ हजार लड़कियाँ (पाँचवें दर्जे तक एक हजार और आगे पाँच सौ) पढ़ रही थीं। यह बतला रहा था कि यहाँ के नागरिकों का स्त्री-शिक्षा की ओर विशेष ध्यान है। साहित्यिक रुचि भी यहाँ के लोगों में है।

मुझे जिले के डिप्टी-कलक्टर रा. न. चतुर्वेदी के पास ठहराया गया। चतुर्वेदी जी काव्य-प्रेमी और स्वयं भी कवि हैं, और कट्टरता के पक्षपाती नहीं हैं, यह तो इसी से मालूम है, कि पुराने आई. सी. एस. सर जगदीश प्रसाद की कन्या इनसे ब्याही है।

उसी दिन नगर में सभा के लिए जलूस निकला, जिसमें सभापति होने के कारण मुझे भी जाना पड़ा। 4 बजे सभा शुरू हुई। स्वागताध्यक्ष के भाषण के बाद मैं एक घंटा बोला। भाषण लिखकर लाने का अवसर नहीं था, क्योंकि उसी दिन मुझे सभापति होने के लिए कहा गया था। रात को कवि-सम्मेलन हुआ, जिसमें वंशीधर शुक्ल की चुभती और सुन्दर कविताओं का रसास्वादन बड़े प्रेम से लोगों ने किया। वंशीधर जी की अवधी कविताओं को दूसरे भाषा-क्षेत्रों में भी बहुत पसन्द किया जाता, और यहाँ तो अवधी का अपना क्षेत्र था। कहीं भी कवि-सम्मेलन में जाने पर उनकी कविताओं को बार-बार सुनाने का आग्रह होता है। वह बिल्कुल स्वाभाविक कवि हैं, और आज की विषमता से जैसी यातना लोग भोग रहे हैं, उसके भुक्तभोगी और प्रत्यक्षदर्शी हैं। उनके कोमल हृदय को यह सहा नहीं जाता और वही वेदना उनके मुँह से फूट निकलती है। शुक्ल जी की कविताएँ बहुत-सी बिखरी और लिखी पड़ी हैं, जिनका उनके सामने प्रकाशित हो जाना अत्यावश्यक है, पर इस अन्धेर नगरी में कौन पूछता है ? कवि-सम्मेलन में चतुर्वेदी जी ने भी अपनी कविता सुनाई।

यहीं मेरे फुफेरे भाई रमेश के पुत्र चन्द्रभूषण पांडेय से भेंट हुई। वह पुलिस में कान्सटेबल है। रमेश मेरी सगी बुआ के और मेरे प्रथम संस्कृत गुरु पं. महादेव पांडेय के पुत्र हैं। उनकी स्वर्गीया प्रथम पत्नी चन्द्रभूषण को छोड़कर मर गई थी। चन्द्रभूषण को अपने ननिहाल की जगह मिली थी, जो काफी थी। समझ में नहीं आया, कि उसे छोड़कर उन्हें नौकरी की क्यों फिकर पड़ी ? यह भी मालूम हुआ, कि बाप-बेटे में मेल नहीं है। समाज के बाहरी खोल के भीतर इस तरह की बातें आजकल अधिकाधिक मिलें, तो अचरज की बात नहीं है।

3 जनवरी को जलपान के बाद हरगाँव गए। हरगाँव में बिड़ला की चीनी मिल है, जिसमें चीनी के साथ स्पिरिट, स्टार्च भी बनाया जाता है। मिल बहुत विशाल है। मिल के प्रधान संचालक के यहाँ ही भोजन हुआ। बात के दौरान उन्होंने बतलाया, कि हमने ऊख की खोई को कागज बनाने के लिए सम्बलपुरवाली मिल में भेजा था, और कागज अच्छा बना था। पीछे बिड़ला के दूसरे अफसर ने बतलाया, कि कागज में थोड़ा-सा दोष रह जाता है, जिसके दूर करने का अभी कोई उपाय नहीं है। सबसे बड़ी बात तो यह है, कि सीतापुर से उड़ीसा के सम्बलपुर में कागज बनाने के लिए खोई भेजना बहुत व्ययसाध्य है। यदि यहाँ कागज बनाने की मिल खड़ी की जाए, तो एक मिल की खोई से क्या बननेवाला है ? फिर खोई को बहुत-से मिलवाले ईंधन की तरह झोंक देते हैं, यह भी एक दिक्कत है। अंग्रेजों के जमाने में सिर्फ अंग्रेजों की ही कुछ मिलों को अलकोहल मद्यसार बनाने की आज्ञा थी। अब उसके लिए छूट कर दी गई है। चीनी से निकल बहुत-सा सीरा बेकार जाता था, जो अलकोहल बनकर चौथाई मात्रा में पैट्रोल में मिलाकर मोटरों में इस्तेमाल किया जा सकता है। हमारा देश पैट्रोल में दरिद्र है, इसलिए इस तरह एक-चौथाई की बचत कम नहीं होती। मिल के स्वामी बिड़ला आनेवाले थे। यहाँ की सभी संस्थाएँ उनसे दान माँगने की तैयारी कर रही थीं।

हरगाँव में सातवीं से ग्यारहवीं शताब्दी की टूटी-फूटी मूर्तियाँ मिलीं, एक पाँच फण का नाग लाल पत्थर का था। क्या कुषाण-काल में भी यह स्थान विशेषता रखता था ? हरगाँव क्या मौखरी हरिवर्मा से कोई सम्बन्ध रखता है।

कानपुर के कम्युनिस्ट नेता और मजदूरों में जिन्दगी लगा देनेवाले कर्मी साथी संतसिंह यूसुफ यहीं पर नजरबन्द हैं, जब यह मालूम हुआ, तो मैं उनसे मिलने गया। बात-बात में नजरबन्द करके स्वतन्त्रता का अपहरण

करना आजकल के जमाने में अंग्रेजों के समय से भी आसान हो गया है। अंग्रेज अपने विरोधियों के साथ जो कड़ा बर्ताव करते थे, आज भी उसमें ढिलाई करने को सरकार बर्दाश्त नहीं करती। और बातों में चाहे चींटी की गति हो, लेकिन दमन में वह बड़ी चुस्त है।

नीमसार-मिसरिख–भारत का एक परम पुनीत तीर्थ नैमिखारण्य सीतापुर जिले में ही है। ऐसे स्थान पर पुरातात्विक अवशेष भी हो सकते हैं, यह सोचकर मेरी इच्छा वहाँ जाने की हुई। 4 जनवरी को पौने 10 बजे चतुर्वेदी जी अपने साथ ले चले। मिसरिख पहिले मिला। 39 वर्ष पहिले भी मैं नीमसार-मिसरिख होते उत्तराखण्ड गया था। उस समय की स्मृति बहुत क्षीण रह गई थी। तो भी इतना याद था कि मिसरिख में एक तालाब है, जिसे बहुत पुनीत माना जाता है। तालाब अब भी था, और सारे तीर्थ उसी के किनारे थे। पुरानी चीजों के ढूँढ़ने में ग्यारहवीं-बारहवीं सदी की मूर्तियाँ मिलीं, दो-एक उनसे पहिले की भी। और भी मूर्तियाँ मिलतीं, लेकिन पिछले सौ साल से मूर्तियों को ढो ले जाने में लोग व्यस्त हैं, ऐसी चीजों के व्यापारियों ने तो पिछले पचास साल से गजब ढाया है। दधीचि मन्दिर के संस्थापक ज्ञाननाथ गिरि शाहजहाँपुर से आए थे। और भी बातें मालूम हो सकती थीं, जो सभी ऐतिहासिक महत्व की नहीं हो सकतीं, पर कुछ काम की भी होती हैं। चार-पाँच मील और आगे बढ़ने पर नीमसार का चक्रतीर्थ मिला। चक्रतीर्थ गोल गहरा कूप है, जिसका थोड़ा-सा पानी ऊपर से बराबर निकलता रहता। ऐसे बहनेवाले कुओं की कमी नहीं है। सराइन नाम की छोटी-सी नदी इसी जिले के एक कुएँ से निकलती है। कथा है कि एक चमार तरुणी नरैनी जेठ के मजबूर करने पर तालाब में जल न पा, कुएँ पर गई। उसके पास रस्सी नहीं थी। सारे कपड़ों को जोड़कर उसने पानी निकालना चाहा, लेकिन वह पानी तक पहुँच नहीं रहा था। देर करते देख जेठ आया। लज्जा के मारे नरैनी कुएँ में कूद पड़ी। उसकी कुर्बानी से कुएँ का भी दिल पसीजा और उसके मुँह से पानी निकलकर बहने लगा। हिमालय की तराई में ऐसा बहुत जगहों पर देखा जाता है, बरसात के धरती में सोखे जल का कितना ही भाग कुओं के मुँह से बाहर निकलने लगता है।

लौटते समय रामकोट के बड़े डीह को देखा, खण्डित मूर्तियाँ इसकी प्राचीनता को बतलाती थीं। बड़ी-बड़ी ईंटें भी हैं, पर उस दिन देखने में नहीं आईं।

शाम को जिले के अधिकारियों के साथ चाय-पान और परिचय का मौका मिला, और रात को कला-प्रदर्शन 1 बजे तक चलता रहा। दर्शक 10 हजार रहे होंगे, अर्थात् नगर की जनता का चौथाई भाग इसमें दिलचस्पी ले रहा था।

6 जनवरी को सबेरे ओइल जाना था। ओइल पुराना स्थान और एक अच्छा कस्बा है। लेकिन, मोटर आने में देर हो रास्ते में बिगड़नेवाली हुई, इसलिए वहाँ जाने का ख्याल छोड़ना पड़ा। श्री रूपनारायण चतुर्वेदी अच्छे कवि और साहित्य-प्रेमी हैं। पत्नी भी शिक्षिता हैं। तीन लड़के और तीन लड़कियाँ हैं। आजकल के मध्यवित्त परिवार में आधे दर्जन सन्तान अपने और माता-पिता को कठिनाइयाँ पैदा करते हैं।

सीतापुर 13 लाख आबादी का जिला है, जिसमें चार तहसीलें हैं। खैराबाद कैसे उजड़ा और सीतापुर कैसे बसा, यह बतला चुके हैं। जिले में किसानों की आमदनी का नया रास्ता निकला। यहाँ मूँगफली बहुत पैदा होती है, जो निर्यात का एक बड़ा साधन है। गन्ने के सदुपयोग के लिए तो मिलें खड़ी हो गईं, लेकिन मूँगफली अभी प्राकृतिक रूप में ही बाहर जाती है, किसी ने तेल निकालने के उद्योग की ओर अभी ध्यान नहीं दिया है।

पौने 5 बजे रेल से चले। पुराना इन्टर क्लास सेकन्ड बन चुका है, और फर्स्ट क्लास को तोड़कर सेकन्ड क्लास को फर्स्ट क्लास बना दिया गया था। ट्रेन में बड़ी भीड़ थी, सैंकड़ों लोग पायदान पर लटक रहे थे। 8 बजे लखनऊ पहुँचे। उम्मीद तो कम थी, लेकिन प्रयागवाली गाड़ी में ऊपर की सीट (सेकन्ड क्लास) रिजर्व हो सकी, इसलिए सोते हुए रात की यात्रा हुई। नींद ऐसी आई, कि प्रयाग में जाकर ही खुली।

प्रयाग–पौ फटते ही मैं श्रीनिवासजी के घर पर पहुँचा और सबेरे घूमने के लिए त्रिवेणी तक गया। परिभाषा-निर्माण के कार्य को कैसे आगे बढ़ाया जाये, इसकी बड़ी चिन्ता थी। दिल्ली से आनेवाले तरुण न

आ सके, और न उनका पत्र ही आया। डा. भट्ट अभी द्विविधा में थे। एक तरह अभी सहायक के आने का कोई निश्चय नहीं था। इसी बीच मैंने 'बौद्ध-संस्कृति' पर हिन्दुस्तानी अकदमी में भाषण करना स्वीकार कर लिया था, जिसे पुस्तक के रूप में भी लिखना था। लिखने के लिए 15-16 साल का मेट्रिक पास एक यादव तरुण (लल्लन) मिला। उसका अभी पढ़ने का समय था, उसे इस तरह काम में लगाकर आगे का रास्ता रोकना मुझे खटकता था। पर उसे कोई काम नहीं मिल रहा था, इसलिए तब तक के लिए रख लेना ही मैंने पसन्द किया। इस साल और विशेषकर इन दिनों सर्दी बहुत बढ़ी हुई थी। दिल्ली में वह 30 डिग्री तक पहुँच गई थी। बर्फ जमने में चार ही डिग्री की तो कसर थी। मैं सोच रहा था यह सर्दी का तापमान भी कैसी बला है ! अगर हमारे यहाँ का औसत तापमान चार ही पाँच डिग्री कम हो जाये, तो सबेरे तालाब जमे मिलेंगे, नदियों के किनारे बर्फ की सफेद मगजी दिखाई पड़ेगी, सारे वृक्ष पत्तों को गिराकर नंगे हो जाएँगे, खड़ी फसल झुलस जाएगी, और जाड़ा रोकने के प्रबन्ध में असमर्थ लाखों आदमी मर जाएँगे, पशुओं और पक्षियों की तो बात ही क्या ? त्रिवेणी-तट पर माघमेला के यात्री थे। इस समय एक महीने के लिए यहाँ हर साल जंगल में मंगल हो जाता है। अगले दिन डा. उदयनारायण तिवारी और नागार्जुन जी के साथ फिर टहलने आए। मेले की तैयारी हो रही थी। अभी तक पेशाब-पाखाने की समस्या हमारे मेलों की हल नहीं हो सकी है। पहिले तो ऐसी जगहों का यथेष्ट संख्या में प्रबन्ध नहीं किया जाता, और फिर हमारे पवित्रता-प्रेमी देश के लोगों का सार्वजनिक सफाई की ओर ध्यान ही नहीं है।

यद्यपि हमारे पास दो-चार हजार रुपये से ज्यादा नहीं था, किन्तु बैंक में रक्खे रुपये के बारे में ख्याल आता था, कहीं रुपये का मूल्य बुरी तरह से न गिर जाये, और संख्या में हजार रुपये का चौथाई भी मूल्य न रह जाए। आखिर लड़ाई के पहिले का एक रुपया अब चवन्नी से भी कम का रह गया था।

सारनाथ–8 जनवरी को सबेरे 7 बजे छोटी लाइन की गाड़ी पकड़ी। छोटी लाइन में भी 1 जनवरी से पुराने फर्स्ट क्लास को खतम करके बाकी को पहिला, दूसरा और तीसरा दर्जा बना दिया गया था। ट्रेन में बहुत भीड़ नहीं थी। लल्लन इसी ट्रेन से चलनेवाला था, लेकिन किसी कारण गाड़ी छूट गई। इधर अपने हाथ से लिखने का अभ्यास कम हो गया था, और जो मैं लिखता था वह लोगों के पढ़ने लायक भी नहीं होता था, इसलिए लिपिक की जरूरत थी। सारनाथ में जाकर 'बौद्ध-संस्कृति' लिखना था, इसलिए लिपिक के छूट जाने से चिन्ता हुई। 12 बजे सारनाथ पहुँच गया। यहाँ के अधिकांश भिक्षु सारिपुत्त-मोग्गलान की धातुओं के स्वागत के लिए कलकत्ता चले गए थे। धर्मशाला के एक कमरे में ठहर गया। स्वामी सच्चिदानन्द भी आजकल तीन सप्ताह से यहीं ठहरे हुए थे। पहिले-पहिल 1923 ई. में उनसे मिला था, वह संस्कृत के गम्भीर विद्वान् और उदार विचारों के थे। जीवन को निश्चिन्त रूप से ले चलने के लिए आदमी को कुछ और कामों को भी हाथ में लेना होता है, नहीं तो खाली समय में चिन्ताएँ पछाड़ने लगती हैं, विशेषकर जीवन की सन्ध्या में तो उनका वेग और भी बढ़ जाता है। स्वामी सच्चिदानन्द ने न लिखने का काम सँभाला, न पढ़ने का ही। इस समय उन्हें निराशा-ही-निराशा दिखलाई पड़ती थी। कभी-कभी उत्तरकाशी में जाकर स्वामी रामतीर्थ का अनुकरण करने की बात करते थे।

9 तारीख को सबेरे कुहरा पड़ रहा था, जब कि रेल के साथ-साथ मैं टहलने गया। लौटकर देखा, लल्लन आ गया था। ट्रेन छूट गई थी, दूसरी ट्रेन पकड़कर 10 बजे रात को ही सारनाथ स्टेशन पहुँच गया था। खैर, आज से पुस्तक लिखवाना शुरू किया। उस समय निश्चय किया था कि दो सप्ताह यहीं रहकर लिखवाने का काम करूँ, और फिर एक मास के लिए शान्तिनिकेतन चला जाऊँ। अपेक्षित पुस्तकों की सुविधा वहाँ ज्यादा थी। लल्लन धीरे-धीरे लिखता था, तो सुपाठ्य रहता, जल्दी करने पर दुष्पाठ्य हो जाता।

10 तारीख को सबेरे टहलने लाट भैरव की तरफ गया। लाट भैरव बनारस के उत्तरी छोर पर आजकल मुसल्मानी कब्रों और दरगाहों के रूप में परिवर्तित होकर मौजूद है। महमूद गजनवी ने 11वीं शताब्दी में जब बनारस को लूटा था, तो उस समय नगरी का मुख्य भाग यहीं था, यह भैरव भी तभी के हैं। जमीन के ऊपर पुरानी चीजें क्या मिलतीं, किन्तु नीचे उनके मिलने की बहुत सम्भावना है। सारनाथ से सीधे लाट भैरव होकर

चौक आने का रास्ता है, जो उस समय अधिकतर कच्ची सड़क के रूप में था। वरणा के किनारे पैगम्बरपुर गाँव है। पुराने समय में कोई और नाम रहा होगा, जिसे बदलकर मुसल्मानी नाम दे दिया गया। यहाँ 7वीं-8वीं सदी की स्त्री और पुरुष-मूर्तियाँ एक सुन्दर प्रस्तर-स्तम्भ पर खुदी देखीं, जो शिवालय के सामने खड़ा है। आगे वरणा में अस्थायी पुल है, जिसके पास कभी स्थायी पुल था, यह उसके अवशेष से मालूम होता है। अब सारनाथ के साथ इस भू-भाग का भाग्य फिर जग रहा है। बुद्ध-जयन्ती की 25वीं शताब्दी मनाने के लिए जो तैयारी हुई, उसमें वरणा पर पुल भी बना। इस पर से शहर से सीधी पक्की सड़क सारनाथ जा रही है। रास्ता खुल जाने पर इधर नए मकान भी बनने लगेंगे। पर आजकल के जमाने में वही शहर दृढ़ता के साथ आगे बढ़ सकता है, जहाँ उद्योग-धन्धे बढ़ रहे हों। बनारस में ऐसी कोई बात नहीं देखी जाती। पुराने धनी नागरिक शहर से बाहर बगीचेवाले मकानों और बँगलों के शौकीन थे, लेकिन जमींदारी के उठ जाने तथा दूसरी कठिनाइयों—जैसे शहर से बाहर बँगलों में रहना अरक्षित होना—के कारण जिनके ऐसे बँगले हैं, वह भी उन्हें बेचकर पिण्ड छुड़ाने के लिए तैयार हैं। तो भी इस सड़क के कारण शहर और सारनाथ मकानों की पंक्ति से मिल जाएँगे, इसकी सम्भावना जरूर है। वरणा में नीचे की ओर थोड़ी दूर पर रेल के पुल को देखकर क्रूर कथा याद आई—उस समय ठेकेदारों ने सारनाथ में पत्थर की टूटी-फूटी मूर्तियों और खम्भों को सुलभ देखकर छकड़ों में उठवाकर पुल की नींव में फेंकवा दिया था, जो कितनी ही ऐतिहासिक बातों को अपने साथ लिये वहाँ पुल के पाँव के नीचे डूबी हुई हैं।

वरणा पार हो हम एक पुराने तालाब पर पहुँचे, जिसके किनारे एक मस्जिद के हाते में लाट भैरव हैं। हिन्दू अब भी जब-तब यहाँ पूजा के लिए आते हैं। पहिले यह झगड़े की जड़ रही। शायद इसीलिए उसके चारों तरफ लोहे का कटघरा बना दिया गया है। मस्जिद कब बनी, यह कहना मुश्किल है, पर मन्दिर तोड़कर बनाई गई थी, यह उसकी दीवारों में जहाँ-तहाँ लगे अलंकृत उत्कीर्ण पत्थर बतला रहे थे। दीवारों और आँगन में पड़े पत्थरों में कुछ मूर्तियाँ भी जरूर मिलेंगी। पैगम्बरपुर से अलईपुर तक मुसल्मानों की बस्तियाँ हैं और जुलाहे हैं। सारे देश के लिए कपड़ा मुहैया करना जिस जाति का काम था, उसकी संख्या बहुत अधिक हो, इसमें क्या सन्देह ? और बनारस अपने सुन्दर कपड़ों के लिए युगों से प्रसिद्ध रहा है। बुद्ध के समय यहाँ के बारीक सूती कपड़ों की देश-देशान्तर में ख्याति थी, और पीछे अपने रेशम और कमखाब के लिए भारत से बाहर-बाहर भी प्रसिद्ध हुआ। इन कपड़ों के बनानेवाले यही जुलाहे तो थे। मुसल्मानी आक्रमण की पहली अर्द्धशताब्दी में ही, जान पड़ता है, उत्तर भारत के सारे तन्तुवाय मुसल्मान बनकर जुलाहों के नाम से प्रसिद्ध हो गए। महमूद गज़नवी के आक्रमण के समय सारनाथ से लेकर यहाँ तक का यह भाग बहुत घना बसा हुआ था, और उस समय उजड़ने के बाद फिर इसके दिन नहीं लौटे। यह जानकर बड़ी खुशी हुई कि यहाँ मुसल्मानों के साथ पंजाब का-सा बर्ताव नहीं हुआ, नहीं तो एक भी मुसल्मान देखने के लिए आँखें तरसतीं।

11 तारीख को सबेरे की 6 मील की टहलाई गाजीपुर सड़क पर की। इस भूमि में प्राचीन इतिहास की परिचायक सामग्री जगह-जगह अन्तर्हित है, इसीलिए मैंने रास्ता बदल-बदलकर टहलना शुरू किया था। कुछ दूर जाने पर कई ईंटों के भट्टे और कितने ही उद्यानगृह थे। धनिक काशीवासियों के उपवन उपनगर में होने ही चाहिएँ। प्राचीनकाल में इसका और भी शौक था। मेरे विद्यार्थी जीवन के समय में लोग अक्सर उद्यान-भोज करने के लिए अपनी या दूसरे की बगीचियों में चले जाया करते थे। दूधिया भंग छनती, कंडे पर गेहूँ के आटे की बाटी पतली हंडिया में एक पानी से दाल पकती। पककर विदीर्ण हो गई बाटियों को घी में डुबा दिया जाता। फिर मित्र लोग बैठकर भोजन करते। अब भोजन उतना निश्चिन्त नहीं रहा, इसलिए यदि उद्यानगृह श्रीहीन थे, तो कोई ताज्जुब नहीं। हालाँकि तब से अब आने-जाने का और अधिक सुभीता है। मोटर में दस मील पहुँचना भी बीस-पचीस मिनट का काम है। और आगे सड़क से दाहिने थोड़ा हटकर एक ऊँची जगह देखी। यहाँ कोई स्तूप रहा होगा, लेकिन विशेष जानने के लिए उसकी खुदाई की जरूरत थी।

सारनाथ में जाड़ों में देश-देशान्तरों के बौद्ध-यात्री आया करते हैं। लंका और तिब्बत के यात्रियों से मिलने की मेरी आकांक्षा रहा करती थी। पुरानी मधुर स्मृतियों को इस तरह जागृत किया जा सकता था। हमारे यहाँ

की गर्मियाँ और बरसात भी दुस्सह होते हैं, इसलिए दूसरे देशों के यात्री वैशाख-पूर्णिमा के महापर्व का लालच होने पर भी नहीं आते।

आज चारों ओर जो स्थिति मैं देख रहा था, उसमें बुद्ध का उपदेश 'आदीप्त पर्याय' याद आ रहा था। सभी चीजें आदीप्त हैं, जल रही हैं। पुराना ढाँचा जलकर ढह रहा है, यह बुरा नहीं, पर नए की नींव पड़ती नहीं दिखलाई देती, यह चिन्ता की बात थी। 12 तारीख को मालूम हुआ, आज से पन्द्रह दिन के लिए महाबोधि हाईस्कूल बन्द कर दिया गया। ग्राम-पंचायतों के चुनाव कराने के लिए वोटरों की सूची पटवारियों ने जो तैयार की थी, उनके संशोधन का काम अध्यापकों को दिया गया है। 10 से 4 बजे तक रोज वह इस काम के लिए गाँवों में जाया करते थे। मुझे यह सुनकर अचरज होता था, 10 से 4 बजे का तो वह समय है, जब कि किसान घर से अनुपस्थित रह अपने खेतों में काम करते हैं। तो क्या संशोधन की रस्म ही पूरी होगी। आजकल रबी की सिंचाई का समय था, जिसमें जरा-सा चुप होने पर किसान को साल-भर पछताना पड़ता है। बनारस के पास होने से गाँव के बहुत-से लोग दूध-दही, कंडा या दूसरी चीजें बेंचने-खरीदने के लिए शहर चले जाते हैं। इसी समय यह भी पता लगा कि दालदा से घी बनाने का उद्योग यहाँ के गाँवों में बड़े जोर-शोर से चल रहा है। दालदा को वह भैंस के दूध में डाल देते हैं, फिर कुछ उससे घी और मक्खन तैयार होकर बनारस बिकने जाता है। दालदा खाने से परहेज करके दालदा को घी के नाम पर खानेवाले लोगों की बुद्धि पर मुझे तरस आता था। उनकी बुद्धि पर और भी, जो दालदा बन्द करवाने के लिए कानून बनवाना चाहते हैं। दालदा में विटामिन की कमी हो सकती है, लेकिन वह जहर नहीं है। आदमी के लिए स्निग्ध वस्तु की आवश्यकता होती है, जिसकी पूर्ति इससे होती है, विटामिन की कमी टमाटर या दूसरी चीजें खाकर पूरी की जा सकती है। यदि घी दालदा के भाव होता, तो कौन उसे नहीं खाता। घी से आधे दाम में मिलनेवाली यह वस्तु मध्यवर्ग के लोगों को बड़ी सहायता कर रही है। आज जिस तरह चाय अतिथि-सत्कार का एक सस्ता और सुन्दर साधन है, उसी तरह दालदा भी है।

पटवारियों ने जैसा मन में आया वैसी वोटर-सूची बनाकर तैयार कर दी थी। स्त्रियों के वोट का कोई महत्व नहीं था, इसलिए उनके नाम के दर्ज करने में बड़ी गड़बड़ी की गई थी। गड़बड़ी तो बड़ी जातवालों की धाँधली से भी हुई थी। शिक्षा उन्हीं में कुछ है, और वही पंचायत के महत्व को कुछ जानते भी हैं। वह जानते थे, कि गाँव में कहीं-कहीं दो-तिहाई तक छोटी जाति के लोग बसते हैं। पंचायतों में यदि वह अपनी संख्या के अनुसार चुनकर आए, तो बड़ी जातिवालों की युगों से स्थापित तानाशाही चली जाएगी। पटवारी भी बड़ी जाति–ब्राह्मण, क्षत्री, लाला–के थे। नाम क्यों लिखाया जा रहा है, इसका अर्थ ऐसा उलटा समझाया गया कि लोगों में आशंका उठ खड़ी हुई। कोई कहता, कण्ट्रोल में कपड़ा मिलने के लिए नाम लिखा जा रहा है तो बिचारे कहते–"बड़े लोग कंट्रोल का कपड़ा पाँएगे, हमें क्या मिलेगा।" यद्यपि मास्टर लोग पंचायत के कुछ गुणों को समझाने की कोशिश करते थे, लेकिन लोगों की उदासी हटती नहीं थी। अब कुछ छोटी जाति के पढ़े-लिखे पंचायत के महत्व को समझने लगे थे, वह भी घूमकर समझाने लगे। कुछ दिनों बाद हवा का रुख पलटा और छोटी जातवाले भी पंचायत के लिए खड़े होने लगे। उस समय पंचायत के निर्वाचन होने तक ऐसी हवा बदल गई थी, जैसी उससे पहिले कभी नहीं देखी गई। बड़ी और छोटी जातियों के सीधे दो दल हो गए थे। बड़ी जाति में ब्राह्मण, क्षत्री, लाला (बनिया या कायस्थ) और भूमिहार थे और छोटी जातियों में छूत-अछूत सारे लोग। शताब्दियों बाद पहिले-पहिल समाज में इस तरह की स्पष्ट दरार आँखों के सामने दिखाई पड़ने लगी। एक तरफ धन-अधिकार के स्वामी–शोषक–थे, और दूसरी तरफ उनसे वंचित शोषित। आज भी यह दरार मिटी नहीं है, लेकिन जिनके पास धन और प्रभुता है, वह भिन्न-भिन्न तरह से लोगों की आँखों में धूल झोंकते हैं और शोषितों के नेताओं को खरीदकर अपना काम बनाते हैं। आखिर बहुजन के अपने ही लोग तो शोषकों के सैनिक बनकर अपने भाइयों को हजारों वर्षों से गुलाम रखते आए हैं।

सागर–सागर विश्वविद्यालय से साहित्यिक समारोह में आने के लिए निमंत्रण आया। वैसे होता, तो काम छोड़कर एक सप्ताह का खून करने के लिए मैं तैयार न होता, पर विश्वविद्यालय के अध्यापकों से परिभाषा-निर्माण

में सहायता की आशा थी, इसलिए मैंने स्वीकार कर लिया। दोपहर बाद की छोटी लाइन से प्रयाग पहुँचा। फिर वहाँ से सोने के लालच से सागर के लिए प्रथम श्रेणी का टिकट कटवाया। ट्रेनों में मकर-संक्रांति के लिए लोगों की भीड़ थी। रात-भर चलकर 5 बजे सबेरे कटनी पहुँचा। आगे जानेवाली ट्रेनें दो ही थीं, पौने 11 बजे तक यहीं प्रतीक्षा करनी थी। स्टेशन से बाहर देखा, सड़क के दोनों तरफ शरणार्थियों ने चाय, मिठाई और दूसरी दूकानें खोल रखी हैं। लल्लन भी साथ था, लेकिन अभी वह माँ के आँचल से बँधा लड़का था। इधर-उधर गया नहीं था, यात्रा में कच्चा था। खैर, वीना की ट्रेन मिली और हम उससे रवाना होकर पौने 4 बजे सागर पहुँचे। सागर कस्बा है, विश्वविद्यालय स्टेशन से तीन मील पर है। युद्ध के समय अंग्रेजों ने सेना के लिए यहाँ बहुत-सी अस्थायी बैरकें बनवाईं थीं, उनके लोभ के कारण भी विश्वविद्यालय वहाँ स्थापित किया गया। लेकिन, ये मकान कितने दिनों तक ठहरेंगे, और यदि इसी लोभ के कारण और भी मकान यहाँ बनाने लगें, तो इसका अर्थ है, जगह पसन्द करने में बुद्धि से काम नहीं लिया गया। विश्वविद्यालय में उस समय सात सौ छात्र-छात्राएँ पढ़ रहे थे। छात्रावास का प्रबन्ध नहीं था, इसलिए बाहर से विद्यार्थी यहाँ कैसे आ सकते थे ? हम प्रो. नन्ददुलारे वाजपेयी जी के यहाँ ठहरे।

14 जनवरी के सबेरे तीन मील उस जगह तक जबलपुरवाली सड़क पर टहलने गए, जहाँ से कानपुर और दमोह की सड़कें अलग होती हैं। पहिले ही चालीस घरों का एक छोटा-सा गाँव बहेरिया मिला। बजरंग (महावीर) के स्थान पर 10वीं शताब्दी की एक छोटी-सी पत्थर की मूर्ति मिली। वहाँ छोटा-सा शिवलिंग और कुछ बड़ा-सा नादिया भी मौजूद था। पत्थर की मूर्ति द्विभुज थी, और उसका कटि से ऊपर का ही भाग बचा था। एक हथेली छाती पर और दूसरी खड्गधारी की तरह ऊपर उठी थी। शायद यह पुरुषमूर्ति नृत्य-मुद्रा में हो। लेख भी था, जिसमें केवल स पढ़ा जाता था। इसका अर्थ हुआ, बहेरिया गाँव कम से कम दसवीं सदी में मौजूद था।

ढाई बजे हिन्दी परिषद् का और रात को साढ़े 7 बजे छात्र-संघ का भी उद्घाटन करते हुए मुझे भाषण देना पड़ा।

उस दिन शाम को सागर की बस्ती की ओर गए। कचहरी के पास विशाल सरोवर है, जिसके ही नाम पर बस्ती का नाम सागर पड़ा। इस सागर को किसने खुदवाया, इसका पता नहीं। इसे अपौरुषेय मानना चाहिए। सरोवर काफी पुराना है, और किनारे पर मिट्टी पड़ने से पानी सूखता गया है। तोपखाना अफसरों के भोजनालय के बँगले के हाते में चार नये बने स्तूपों में चिपकाई गई पत्थर की मूर्तियाँ देखीं। इसमें शकों (ईसा पूर्व प्रथम शताब्दी) से बारहवीं शताब्दी तक की मूर्तियाँ थीं। सागर दशार्ण के केन्द्र में अवस्थित है। समुद्रतल से दो हजार फुट से भी ऊँचा होने के कारण यहाँ की गर्मी असह्य नहीं होती। यहाँ लू नहीं चलती। स्वास्थ्य की दृष्टि से यह स्थान बहुत अच्छा है। विश्वविद्यालय को यहाँ अभी अस्थायी तौर से ही रखा गया है। उसे पथरिया पहाड़ी पर ले जाना चाहते हैं, जहाँ प्राकृतिक सौन्दर्य भी अच्छा है, और पानी की चिन्ता भी नहीं है।

उस दिन विश्वविद्यालय के वनस्पति उद्यान, भूगर्भशास्त्रीय प्रयोगशाला और दूसरी चीजें देखीं। नया-नया विश्वविद्यालय खुला था, जिसके लिए श्री हरिसिंह गौड़ ने अपनी कई करोड़ की सम्पत्ति दी थी। अपनी कमाई का इससे अच्छा उपयोग और क्या हो सकता था ? हरिसिंह का जन्म यहीं हुआ था, इसलिए उनकी आकांक्षा थी कि वह विश्वविद्यालय उनकी जन्मभूमि में ही बने। सागर विश्वविद्यालय केवल शिक्षालय ही नहीं है, बल्कि मध्य-प्रदेश के हिन्दीभाषी भाग की शिक्षा-संस्थाओं का परीक्षालय भी है। 15 तारीख को समावर्तन-संस्कार हुआ, जिसमें भाषण के लिए केन्द्रीय मन्त्री श्री जयरामदास दौलतराम आए। बिल्कुल अंग्रेजी वातावरण था, लेकिन जयरामदास हिन्दी में बोले। अंग्रेजी को जरा भी नीचे उतारना बूढ़े हरिसिंह को बर्दाश्त नहीं हो सकता था, लेकिन, करें क्या ? विश्वविद्यालयवाले भी इतने बड़े दाता को नाराज करना नहीं चाहते थे। जयरामदास जी के भाषण में इस अंचल में जूट की (पाट) खेती के लिए प्रसन्नता और उनकी उन्नति के लिए सुझाव बतलाये गए। श्रोता इसे आश्चर्य से सुन रहे थे। सागर ऐसी जगह है, जहाँ न जूट की खेती होती है, और न उसके विकास की कोई गुंजाइश है। लेकिन, मन्त्री को इसका दोष क्यों दिया जाए ? बराबर ही उन्हें कहीं न कहीं

सभाओं में उद्घाटन, समावर्तन-संस्कार या किसी दूसरे समारोहों में बोलने के लिए कहा जाता है। वह अपने देह को वहाँ किसी तरह पहुँचा सकते हैं, लेकिन सभी जगह के लिए भाषण तैयार करने लगे, तब तो हो गया। किसी ने भाषण तैयार कर दे दिया होगा, और वह वहाँ पढ़ दिया गया। और भी मंत्रियों को ऐसा करते देखा गया है। उत्तर-प्रदेश के मुख्यमंत्री ने तो एक बार हमीरपुर के भाषण को झाँसी में और झाँसी के भाषण को हमीरपुर में पढ़ दिया, जिसे सुनकर लोगों को बड़ा आश्चर्य हुआ। उसी दिन शाम को नगर में एक सार्वजनिक सभा में बोलना पड़ा, और हिन्दी परिषद् ने मुझे और पं. रविशंकर शुक्ल को मान-पत्र दिए।

इधर से दो ही ट्रेनें जाती हैं, इसलिए बड़ी मुश्किल से भाग-दौड़कर रात साढ़े 11 बजे की ट्रेन पकड़ी। रास्ते में तीन घंटे लेट थी, इसलिए प्रयाग जानेवाली ट्रेन के मिलने से निराश हो गए। 16 तारीख को 9 बजे हम कटनी पहुँचे। सारे दिन के लिए कटनी में पड़े रहने के सिवा और कोई चारा नहीं था। कटनी हमारे देश के अद्भुत इतिहासवेत्ता और पुरातत्वज्ञ डा. हीरालाल की जन्मभूमि है। उन्होंने कितनी ही बार मुझे यहाँ आने के लिए निमंत्रित किया था। डा. जायसवाल और डा. हीरालाल समानधर्मा थे। संयोग था, जो दोनों एक ही बिरादारी के रत्न थे। उनके जीवन में मैं उनके घर पर नहीं जा सका। अब इस अवसर से लाभ उठाकर मैंने वहाँ जाना जरूरी समझा। कलचुरी इतिहास के वह अद्भुत मर्मज्ञ थे। अफसोस, कि वह अपनी ज्ञानराशि को कागज पर उतार नहीं सके। उनका पुस्तकालय देखा। हीरालाल जी के भतीजे अब उसके स्वामी हैं। वह भी सोच रहे थे, और मैंने भी जोर दिया, कि इन पुस्तकों को सागर विश्वविद्यालय में जाना चाहिए, जहाँ इनका सदुपयोग हो सकता है, और जहाँ ही इनकी और इनके संग्राहक के नाम की रक्षा हो सकती है। लोगों को मालूम हुआ, तो साहित्य-प्रेमियों की गोष्ठी जमा हो गई, जिसमें बोलना पड़ा। अन्त में रात को सार्वजनिक सभा में बोला। कितनी बार कटनी से गुजरा, लेकिन कटनी शहर को देखने का अबकी बार ही मौका मिला। यहाँ पास में सीमेंट के कारखाने थे, और भी औद्योगिक सम्भावनाएँ हैं। वीना, प्रयाग, जबलपुर, विलासपुर की रेलवे लाइनों का जंक्शन होने से इसे यातायात के बहुत सुभीते प्राप्त हैं।

17 जनवरी को सबेरे 6 बजे पहुँचकर श्रीनिवासजी के यहाँ गए। आज ही सारनाथ चला जाना था। कल स्थायी समिति की बैठक हुई। सम्मेलन में दल-वन्दी कुछ उग्र रूप ले रही थी, अधिकारारूढ़ दल पैसे से लाभ उठाना चाहता था। पं. बलभद्र मिश्र बड़े खरे और कड़े आदमी थे, बस उन पर ही आशा थी। परिभाषा कोश के काम में भी अड़चन की सम्भावना थी, लेकिन भावी का ख्याल करके अभी से हाथ-पैर छोड़ देना मैंने पसन्द नहीं किया, और निश्चय किया, कि जब तक काम चल सकता है, तब तक निभाएँगे।

शाम की 6 बजे की गाड़ी पकड़ी। नाटककार पं. लक्ष्मीनारायण मिश्र भी उसी ट्रेन से चल रहे थे। उनका महाकाव्य 'सेनापति कर्ण' और आगे बढ़ा था। ट्रेन में उसके कितने ही स्थल उन्होंने सुनाए। बहुत अच्छे लगे। शिकायत थी तो यही, कि इसे मिश्रजी जल्दी समाप्त क्यों नहीं कर देते। सारनाथ 11 बजे रात को पहुँचे। इस समय सामान ले जानेवाला आदमी कहाँ से मिलता ? अपने सामान को उठाकर धर्मशाला तक पहुँचाना आसान नहीं था। किसी तरह रास्ते की छावनी के दरवाजे तक पहुँचे, वहीं चबूतरे के बाहरँ सो गये। 18 की सबेरे लल्लन को भेजकर आदमी बुलवाया, तब सामान लेकर ठहरने के बासे पर पहुँचे। लल्लन को चिट्ठी मिली, माँ बीमार थी, वह चला गया। अब फिर लिपिक की समस्या उठ खड़ी हुई। श्री अवधबिहारीसिंह सुमन ने आने की इच्छा प्रकट की थी, उन्हीं को आने के लिए चिट्ठी लिख दी। इस बीच में महाबोधि सभा के पुस्तकालय से अपेक्षित पुस्तकें लेकर देखते रहे। स्वामी सच्चिदानन्दजी से भी बात होती रहती। उनके निराशावाद को जबानी हटाया नहीं जा सकता था, लेकिन तो भी कोशिश करता था। वह अपने से भी अधिक दुनिया से निराश थे। कह रहे थे–धर्म पर अब किसी को श्रद्धा नहीं है, सर्वत्र कोरी वंचना देखी जाती है। उन्हें फिकर थी, कैसे जल्दी जीवन समाप्त हो जाए। मैं तो समझता हूँ, फिक्र होनी चाहिए जीवन की, जीवन-समाप्ति की क्या फिक्र ? अबकि ग्राम-पंचायतों के चुनाव के बारे में जो बातें सुनने में आईं, उससे मालूम हुआ, कि हवा पलटी हुई है। कम से कम शहर के पासवाले इन गाँवों के पिछड़े लोगों में कुछ आत्म-चेतना आ गई है। एक गाँव के 11 पंचों में 4 अछूतों में से थे (अछूतों के लिए पहिले ही से सीट रिजर्व थी), बाकी सात में से भी छूत-अछूत

दोनों शोषित एक जैसी वाणी बोल रहे थे।

20 जनवरी को सबेरे सुमन जी आ गए। लिखने का काम फिर शुरू हो गया, और पहिले से भी अच्छी तरह।

बक्सर–बक्सर में जिला हिन्दी सम्मेलन हो रहा था, जिसका सभापति बनकर मुझे जाना था। 21 तारीख को एक्के से चलकर बनारस छावनी में 2 बजे दिन की ट्रेन पकड़ी, और हम दोनों साढ़े 4 बजे के करीब बक्सर पहुँच गए। सुमनजी इसी जिले के रहनेवाले थे। मैं बक्सर में दो बार अपनी जेल-यात्रा के सम्बन्ध में आया था, जिसको 26 वर्ष हो चुके थे। उस समय रेलों की यात्रा सुखद नहीं थी, खासकर तीसरे दर्जे की। पहिले दर्जे में भी एक पुराने सेठ सफर कर रहे थे, जो सारा घर लादकर चल रहे थे। सामान के मारे वहाँ हिलने-डोलने का अवकाश नहीं था। हम सम्मेलन से एक दिन पहिले पहुँचे थे। अभी पण्डाल भी तैयार नहीं हुआ था। 26 वर्ष पहिले हुई गया-कांग्रेस की याद आने लगी। वहाँ भी पण्डाल बनने में ऐसी ही ढिलाई हुई थी, और एक बार डर लगा था, शायद मंच का चबूतरा बन ही न पाए। महाराजकुमार दुर्गाशंकर सिंह सम्मेलन के कर्ता-धर्ता थे, उनका पता ही नहीं था। हमें उसी दिन आना चाहिए था। खैर, जाकर डाकबँगले में ठहर गये। बक्सर में भी एक गिरा पड़ा पुराना दुर्ग है, जिसके पास दूर तक पुरानी आबादी के अवशेष हैं। साथ में सुमन जी और दूसरे भी थे। पुराने अवशेष में जगह-जगह कुछ मन्दिर और कुछ ढहते-से मकान थे। चरित्रवन क्यों नाम पड़ा, लोग इसे चितरथवन (स्वर्गोद्यान) बतलाते हैं। इधर आचारियों के भी कुछ स्थान हैं। उत्तर को तो वैरागियों ने सँभाला था, फिर यह रामानुजी आचारी कहाँ से आ धमके ? सूर्यपुरा के राजा और डोमाराय के मन्दिर जमींदारी उठने के पहिले ही ढहने लगे थे, अभी न जाने किन-किन को ढहना होगा। गंगा के किनारे-किनारे नाव से चले। जगह-जगह एक मेखलावाली कुइयों को दिखलाकर हमारे साथी बतला रहे थे, विश्वामित्र ऋषि के जिस यज्ञ की रक्षा के लिए राम-लक्ष्मण आए थे, उस यज्ञ के यही कुण्ड हैं। मेरे लिए हँसी रोकना मुश्किल हो गया था। दर्जनों कुइयों की यज्ञ के लिए क्या आवश्यकता थी ? मैंने बतलाया कि यह यज्ञ-कूप नहीं, गूथकूप हैं। उस समय के लोग हमसे ज्यादा सफाईपसन्द थे, इसलिए पास-पड़ोस को गन्दा न कर अपने घर के भीतर इन्हीं संडासों में पाखाना फिरा करते थे। श्रोता बड़े हताश हुए। विश्वामित्र के यज्ञ की बड़ी मेहनत से तैयार की गई निशानी दूसरी ही साबित हुई।

22 तारीख को टहलते दो मील पूर्वोत्तर कतकौलिया गए। यहीं पर अंग्रेज कम्पनी ने पलासी के युद्ध के सात वर्ष बाद दूसरा निर्णायक युद्ध जीता था, जिसका स्मारक यहाँ खड़ा था। स्मारक पर लिखा था–"अवध नवाब वजीर शुज़ाउद्दौला के ऊपर मेजर हेक्टर मुनरो के बक्सर के युद्ध में विजय का स्मारक, जो कि इस मैदान में 23 अक्तूबर 1764 को लड़ी गई, और जिसके द्वारा अंग्रेजों ने अन्ततः, बंगाल, बिहार और उड़ीसा की दीवानी प्राप्त की।" (To commemorate the victory of Major Hector Munrow over Shuza-u-daulo Nawab-Wazir of Oudh in the battle of Buxar fought on this field on 23rd October 1764 A.D. by which the Diwani of Bengal, Bihar and Orissa was finally won for the British.)

स्मारक के चारों ओर अंग्रेजी, हिन्दी, उर्दू और बंगला में यह लेख लिखा हुआ है। इस स्मारक पर 15 अगस्त 1947 को अंग्रेजों के जाने, जनता के युद्धों और कुँवरसिंह के पराक्रम की बातें लिखी जा सकती हैं। हमारे ठहरने के बँगले के नातिदूर अंग्रेजों का पुराना कब्रस्तान था, जिसमें 1784 ई. तक की पुरानी कब्रें थीं। चौकीदार को 42 रुपया महीना मिलता था, मुर्दों की रखवाली के लिए कितने दिनों तक चौकीदार यहाँ रखा जाएगा ?

3 बजे से सम्मेलन आरम्भ हुआ। बाबू दुर्गाशंकर जी ने अध्यक्षीय भाषण दिया, और मैंने सभापति का मौखिक भाषण। रात को संगीत-मंडली का आयोजन था, बनारस के प्रख्यात तबलावादक कंठे महाराज का तबला सुनकर बड़ी प्रसन्नता हुई। उस्तादी कलाबाजियों से मुझे चिढ़ है, इसलिए उसका रस नहीं ले सका। बक्सर में वानरों के मारे लोगों का नाक में दम था। कई साल पहिले किसी सबडिवीज़नल अफसर ने कहा था, कि वानरों को यहाँ से हटाना चाहिए। उस समय धर्म-धुरन्धरों ने हनुमानजी की सेना के साथ ऐसे अत्याचार

के होने को पसन्द नहीं किया, और विरोध के डर से अफसर ने ख्याल छोड़ दिया। तब से सूद-दर-सूद के साथ वानरों की संख्या बढ़ी है। अब बक्सर शहर से उनकी आबादी कम नहीं है। खपड़ैलें सारी बन्दरों के मारे टूट चुकी हैं। पहिले रात को बन्दर पेड़ पर दुबक के सोए रहते थे, अब वह रात को भोजन की खोज में निकलते हैं। जरा-सी गफलत हुई, कि गूँधा आटा या जो भी हाथ लगा, उसे ले भागते हैं। कई छोटे बच्चों को उन्होंने काटा भी है। पास-पड़ोस के गाँववाले किसानों की फसल की खैरियत नहीं थी। कितने ही खेतों के बीज को ही वह चुनकर खा जाते, और जमने पर हनुमानजी की सारी पलटन वहाँ डेरा डाल देती। मैंने अपने भाषण में वानर-यज्ञ करने की बात की। इन्हें सिर्फ एक जगह से दूसरी जगह छोड़ने से काम नहीं चलेगा, बल्कि पूरा वानरमेध ही बचने का एकमात्र रास्ता है। जान पड़ता है, पुराने धर्म-धुरन्धरों का कोई नामलेवा भी नहीं रह गया है, नहीं तो वानर-यज्ञ के विरोध में आवाज तो उठती।

सबेरे के वक्त किरतपुरा की ओर टहलने गए। सुमनजी भी साथ थे। सुमनजी राजनीतिककर्मी और भोजपुरी के ग्रन्थकार हैं। किरतपुरा में सकरवार भूमिहार रहते हैं, वह अपने को फतेहाबाद से आया बतलाते हैं। भूमिहार एक ऐतिहासिक जाति है, इनकी परम्पराओं से इतिहास पर प्रकाश पड़ सकता है। लेकिन, वहाँ तो किसी के जीवन-भर का काम है। एक-एक गाँव में जाकर उनके उद्गम-स्थान, और पुरानी मौखिक परम्पराओं को जमा करना पड़ेगा, और हजारों पृष्ठ लिख जाने पर कुछ ऐतिहासिक तत्व निकलेंगे।

23 जनवरी अतवार का दिन सम्मेलनों की धूम का था। कहानी-सम्मेलन, राजनीति-इतिहास-सम्मेलन, शाहाबाद भोजपुरी-सम्मेलन, कवि-सम्मेलन–सभी होते रहे। भोजपुरी-सम्मेलन का उद्‌घाटन मुझे करना पड़ा, और सभापति परमहंसराय थे। डा. उदयनारायण तिवारी भी बोले। कवियों में बाहर से आनेवाले श्री बच्चनजी और बिस्मिल इलाहाबादी विशेष तौर से उल्लेखनीय थे। दूसरे कवियों ने अपनी कविताएँ पढ़ीं, चार घंटे तक सम्मेलन रहा। बच्चनजी की कविताओं का मैं बहुत प्रशंसक हूँ, सर्वग्राह्य भाषा में कविता करना जानते हैं। वह संस्कृत से लदी हुई भाषा के मोह में नहीं पड़े, यह बड़ी प्रसन्नता की बात है। संस्कृत लादने और तुक जोड़ने से अच्छी कविता नहीं होती। बिस्मिलजी के शेर बड़े फड़कते हुए थे, और उनके कहने का ढंग और भी अच्छा था। मुझे तो उसमें ईरानियों के अपने फारसी ग़ज़ल के पढ़ने का ढंग भासित होता था–बिस्मिल शायद कभी फारसी के मुशायरे में शामिल नहीं हुए होंगे, ईरान जाने की तो बात ही क्या। बिस्मिलजी का निमंत्रण अब भी इन्तजारी कर रहा है। निरालाजी ने अपने मांस-पाचन की कला का एक से अधिक बार प्रयोग मेरे लिए किया था। बिस्मिलजी जब तारीफ करते थे, तो मुँह में पानी भर आता था। सभी खानेवाले मांस की पहचान नहीं रखते। बकरे का मांस खास-खास जगह का विशेष महत्त्व रखता है, फिर उसके पकाने में भी विशेष विधान है। बिस्मिलजी ने कहा कि एक दिन आइए, मैं गोश्त बनाकर खिलाऊँगा। तब से इलाहाबाद पच्चीसों मर्तबे गया, महीनों रहा, लेकिन कभी नदिया-नाव संयोग नहीं बना, कि मैं बिस्मिल के हाथ का गोश्त खाता।

बक्सर के सम्मेलन पर कम पैसा नहीं खर्च किया गया था, लेकिन कहीं कोई व्यवस्था नहीं थी। भोजन समय पर नहीं मिलता था, जो मिलता था, वह भी ऐसा ही वैसा। अन्त में तो हद कर दी गई। 12 बजे तक कवि-सम्मेलन होता रहा। अतिथियों को स्टेशन पर जाकर गाड़ी पकड़नी थी, लेकिन कोई खोज-खबर लेनेवाला नहीं था। यह ऐसी उपेक्षा थी, कि उनमें से कोई फिर बक्सर आने का नाम नहीं ले रहा था। दिन में छुट्टी होती, तो एक्का भी खोजने पर मिल जाता, सामान ले जानेवाले आदमी भी मिल जाते; लेकिन आधी रात को क्या किया जा सकता था। मैं इसकी तुलना मेरठ से कर रहा था। भोजन का कितना सुन्दर प्रबन्ध महिलाओं ने किया था। बिस्मिल ने अपने गुरु **नूह नारवी** की बात दोहराते हुए कहा–कि सात आदमियों की अन्त में बुरी गति होती है, जिनमें कविता पढ़ चुके कवि और विदा हुए बराती भी शामिल हैं। लेकिन, मैं समझता हूँ, कि उस दिन के कारण बक्सर के प्रति यह भाव नहीं रखना चाहिए। आखिर, बक्सर की वही पीढ़ी सदा नहीं रहेगी। क्या हरेक पीढ़ी पहिली पीढ़ी के दुर्गुणों को ढोती है ?

सारनाथ–रात को सभी कवि और दूसरे अतिथि स्टेशन पर बैठे ट्रेन की प्रतीक्षा करते खट्टे-मिट्ठे शब्दों में बक्सर-सम्मेलन की आलोचना कर रहे थे। इसी समय रात ही को ट्रेन मिल गई। बनारस छावनी में रिक्शा

किया और सुमनजी के साथ मैं 6 बजे से पहिले ही सारनाथ पहुँच गया। पढ़ना और लिखना ही काम था। सुमनजी बड़े मुस्तैद थे। हर वक्त काम में जुटने के लिए तैयार थे, लिखते भी साफ थे और हिन्दी की योग्यता के कारण गलती करने के लिए बहुत गुंजाइश नहीं थी। मैं अब 'बौद्ध संस्कृति' के पूरा करने के लिए निश्चिन्त था।

इस समय चीन में जो घटनाएँ घट रही थीं, उसके बारे में सभी जगह भारी चर्चा थी। चीन में कम्युनिस्ट च्यांग काई देश को भगाने में सफल हो चुके थे। साफ मालूम हो रहा था, चीन भी रूस के रास्ते पर जानेवाला है। उस समय तक जनसंख्या 40-45 करोड़ बतलाई जाती थी, जो सुव्यवस्थित जनगणना के बाद 60 करोड़ सिद्ध हुई। इतनी विशाल जनता कम्युनिज़्म के पथ पर जाए, इससे दुनिया-भर के प्रतिगामियों की नींद हराम न हो, यह कैसे हो सकता था ? कितने ही समझते हैं–कि कम्युनिज़्म (साम्यवाद) को छोड़ मुक्ति का और कोई रास्ता नहीं है। वह मेरी तरह नवीन चीन का स्वागत करने के लिए तैयार थे। जो अपने स्वार्थों के कारण विरोधी थे, वे हर तरफ हाथ-पैर मारते प्रवाह को रोकना चाहते थे, लेकिन क्या टिड्डी गिरते आसमान को अपने पैरों पर रोक सकती है ? इन दोनों के बाद एक तीसरा वर्ग रहा था–इंडोचीन और बर्मा को भी अधिक दिनों तक कम्युनिस्ट बनने से नहीं रोका जा सकता। फिर भारत के भाग्य में भी वही है। भारत के कर्णधार अन्तर्राष्ट्रीय राजनीति की फिकर में दुबले हैं, और राष्ट्र के भीतर उनके पास सिर्फ दमन एकमात्र हथियार है। हैदराबाद में हजारों किसानों के लड़कों के खून से वे हाथ रँग रहे थे। देश की आर्थिक समस्याओं के सामने, मालूम होता है उन्हें लकवा मार गया था। हरेक नेता अपने और अपने बन्धु-मित्रों का घर भरने में लगा हुआ था। सेठ इस लूट में सबसे आगे हैं, जिनको हर तरह से खुश रखने की कोशिश हमारे नेता कर रहे थे। इस लूट का परिणाम आर्थिक संकट के भयंकर भँवर में जनता का पड़ना ही था। वह मूक रह अपने असंतोष के खून के आँसुओं को पी रही थी। अनाज की समस्या सबसे बड़ी थी, किसी जगह जाने पर पहिले इसकी ओर ध्यान जाता था, और किसी का मेहमान बनना रुचिकर नहीं मालूम होता था। क्या अन्न की समस्या को हल नहीं किया जा सकता ? आज सात वर्ष बाद भी वह समस्या हल हुई नहीं कही जा सकती। बाहर से अन्न अब नाममात्र को मँगाया जाता है, पर उसका मतलब यह नहीं है, कि सबको शरीर-यात्रा के लिए आवश्यक अन्न मिल रहा है। हमारे आधे लोग आधा पेट खाने और भूखा रहने के लिए तैयार हैं, इसीलिए यह झूठी "अन्न में स्वावलम्बन" की बात है।

26 जनवरी को 16-17 वर्ष बाद सिंहल-भिक्षु भदन्त देवानन्द स्थविर मिले। अब बहुत वृद्ध हो गए थे। वह मुझसे संस्कृत पढ़नेवाले उन विद्यार्थियों में थे, जो नियमपूर्वक समय देते थे, अपने पढ़ने में भी और मुझे पालि पढ़ाने में भी। भारत की तीर्थयात्रा के लिए अकेले निकले थे। अपनी मातृभाषा सिंहली, पालि और संस्कृत के अतिरिक्त बहुत थोड़े-से हिन्दी के शब्द जानते थे, उन्हीं के सहारे कलकत्ता से सारनाथ पहुँच गए। सिंहल में यद्यपि लाखों भारतीय रहते हैं, लेकिन सभी तमिल भाषा-भाषी हैं, इसलिए उनके सम्पर्क से हिन्दी जानने का सुभीता नहीं है। उत्तरी भारत के मजूर कलकत्ता-बम्बई तक छाए हुए हैं, द्वीपान्तरों में भी लाखों की संख्या में चले गए हैं, पर पड़ोस के मद्रास के सस्ते तमिलभाषी मजदूर सैकड़ों वर्षों से वहाँ आते रहे, इसलिए उत्तर भारतीयों की गति वहाँ नहीं हुई।

27 जनवरी की सबेरे टहलने के लिए हम लमही-ललाम की ओर गए, जो सारनाथ से दो-ढाई मील पश्चिम है। लालों (कायस्थों) की बस्ती होने से इसको लमह-ललान भी कहते हैं। अमर कथाकार प्रेमचन्द की यह जन्मभूमि है। यद्यपि काम के सुभीते के लिए वह बनारस में रहते थे, लेकिन अपनी लमही से उनको बड़ा प्रेम था। इसलिए दोमंजिला मकान बनवाया था। अब छठे-छमाहे कभी-कभी शिवरानी देवी आ जाती हैं। अमृत और श्रीपति के बारे में तो लोग शिकायत करते थे, कि वह कभी नहीं आते। गाँवों में पैदा हुए योग्य पुरुष इसी तरह अपने गाँवों को त्यागकर चले जाते हैं, लेकिन करें क्या। हमारे गाँवों में सांस्कृतिक जीवन बिताने का कोई साधन नहीं है, और नगरों में उस प्रकार का सुभीता है। प्रेमचन्द जी के दोनों सुपुत्रों का जब बनारस से भी काम नहीं चला, तो प्रकाशन की आसानी देखकर वे प्रयाग चले गए। शिवरानी जी अब भी बनारस ही में

रहती हैं। लमही पुराना गाँव मालूम होता है, यह उसके विचित्र नाम से भी पता चलता है, और वहाँ पर 10वीं-11वीं शताब्दी की एक छोटी-सी खण्डित स्त्री-मूर्ति का सिर भी इसी को बतला रहा था, जो कि अब पटना म्युजियम में है। लौटते वक्त बडहरवा बाबा के नाम से खड़ी एक गुप्तकालीन छोटी-सी बुद्ध-मूर्ति देखी। सारनाथ के आसपास सौ वर्ष पहिले सैकड़ों मूर्तियाँ रही होंगी। अब कहीं-कहीं उनमें से कुछ बच रही हैं। लमही के पास मढ़वा गाँव है, यह भी अपने नाम से प्राचीनता को बतलाता है।

उसी दिन ल्हासा के जेनरल शोगाङ् अपनी पत्नी, पुत्र, बहिन, भांजे और परिचारकों के साथ सारनाथ आए। चीन में चाङ्-काई-शेक का सफाया हो रहा था। यह निश्चित ही था, कि तिब्बत भी चीनी गणराज्य का अभिन्न अंग बनेगा। चाङ्-काई-शेक के रहते यदि चीन ऐसा करता, तो पश्चिमी साम्राज्यवादियों को कोई उज्र न होता। लेकिन, कम्युनिस्ट चीन आ जाए, इसे अमेरिका और इंग्लैंड बर्दाश्त करने के लिए तैयार नहीं थे। उन्होंने अपने आदमी अब भी वहाँ बैठा रखे थे, जो अब भारत के भीतर से ही होकर जा सकते थे। तिब्बत के भी जागीरदार और धनिक कम्युनिज़्म के साथ रहने के लिए तैयार नहीं थे, इसलिए वहाँ के कुछ प्रभावशाली लोगों का प्रतिनिधि-मण्डल अमेरिका और इंग्लैंड दोहाई देने के लिए गया था। जेनरल शोगाङ् इसी प्रतिनिधि-मण्डल के सदस्य थे। अमेरिका, इंग्लैंड, फ्रांस होकर जब वे बम्बई में उतरे, तो उनके स्वागत के लिए सारा घर गया हुआ था। शोगाङ्-परिवार तिब्बत का सबसे धनी और सबसे पुराना सामंत परिवार है। उनके पिता अब भी जीवित थे, यद्यपि स्वेच्छाचार को रखकर बाद में पत्नी ने घर से दूध की मक्खी की तरह निकाल दिया था। जेनरल शोगाङ् का बड़ा भाई ल्हासा सरकार के चार मंत्रियों में सबसे प्रभावशाली मंत्री था, सबसे छोटा भाई भिक्षु था। ल्हासा की यात्राओं में यह परिवार हमेशा मेरी सहायता के लिए तैयार रहता, यह कहने की जरूरत नहीं, कि इस परिवार से मेरी घनिष्टता थी। ल्हासा शहर के केन्द्र में उनका लम्बा-चौड़ा और बहुत ऊँचा प्रासाद है। ल्हासा-निवास में स्नान के लिए मैं प्रति सप्ताह उनके यहाँ जाया करता था। पन्द्रह वर्ष बाद मैं उनसे मिल रहा था, बहुत-सी बातें जाननी-सुननी थीं।

पश्चिमी साम्राज्यवादी बहुत चिन्तित थे, और चाहते थे, कि किसी तरह तिब्बत चीन में विलीन न हो। पर चाहने से क्या होता है ? चाहने मात्र से चीनी मुक्ति-सेना का तिब्बत में आना रुक थोड़े ही सकता था ? तिब्बत के पास न कोई शिक्षित सेना थी, न गिनने लायक हथियार और न पैसे ही। पश्चिमी साम्राज्यवादी पैसा और हथियार देने के लिए तैयार थे, लेकिन उनको इस्तेमाल कौन करता ? और यह सहायता भी तिब्बत तभी पहुँच सकती थी, जब भारत सहमत होता। पश्चिमी साम्राज्यवादी विशेषकर इंग्लैंड अब भी समझता था, कि भारत हमारे प्रभाव में है, वह हमारी बात मानेगा। इसलिए हमारे नेताओं को बहुत-ऊँचा-नीचा समझाता रहा—"तिब्बत में जो विशेषाधिकार हमने प्राप्त किए हैं, उन्हें हमने तुम्हें दे दिया है। यह दो सौ वर्षों की कमाई है, इसे आसानी से कम्युनिस्टों के हाथ में न जाने दो। तुम्हारे ऊपर कोई आर्थिक बोझा नहीं पड़ेगा। पैसे और हथियार हम देते हैं, आदमी तुम दो।" लेकिन भारतीय नेता क्या भाँग खाए हुए थे, कि आधे आसमान पर टँगे इस दुर्गम देश में अपने आदमियों को भेजकर कटवाते। जितनी सेना भेजते, उससे दूने-तिगुने मजदूरों को सामान ढोने में लगाना पड़ता। दस-बीस हजार सेना से वहाँ कुछ काम नहीं बनता। चाङ्-काई-शेक की लाखों की सेना जिसके सामने धूप में मक्खन की तरह बिला गई, वहाँ थोड़ी-सी भारतीय सेना क्या कर पाती ? इस बारे में भारत की बेरुखी से तिब्बती प्रतिनिधि-मण्डल को बहुत शिकायत थी, पर जेनरल शोगाङ् भारत की स्थिति को अच्छी तरह समझते थे।

मेरे मित्र गेशे धर्मवर्धन के बारे में मैं समझता था, कि वह अपने प्रगतिशील विचारों के लिए अब भी ल्हासा के जेल में पड़े हैं। जेनरल ने बतलाया—"वह अब जेल से बाहर हैं। हाँ, उन्हें ल्हासा से बाहर जाने की आज्ञा नहीं है। वह तिब्बत का इतिहास लिखने में लगे हुए हैं।" मैंने जेनरल को समझाया, कि वह साहित्यकार, चित्रकार और दार्शनिक अद्भुत विद्वान् हैं। ऐसा जैसा इस समय तिब्बत में दूसरा नहीं है। कम्युनिस्ट तिब्बत में आए बिना नहीं रहेंगे, और यह अपने विचारों के कारण मुखियों में होगा। इसलिए अपने स्वार्थ के ख्याल से भी इसके साथ आप लोगों को अच्छा बर्ताव करना चाहिए।

आज के चीन में कम्युनिस्टों के नानकिंग के चार मील पर पहुँचने की बात मालूम हुई, और यह भी कि चाङ्-काई-शेक के कोमिन्तांग के भगोड़े कान्तन में पहुँच रहे हैं। चीन की भूमि पर अब चाङ्-काई-शेक के दिन इनेगिने रह गए थे। अमेरिका ने पानी की तरह करोड़ों नहीं अरबों डालर बहाए, डालर ही नहीं, अपने जेनरल भी दिए। अब स्वयं मैदान में कूदने के सिवा चाङ्-काई-शेक को बचाने का कोई रास्ता नहीं था। और उसके लिए अमेरिका तैयार नहीं था। दुनिया की जोकों के यह सरताज यह कहकर अपने मन को समझाते थे–चीनी कम्युनिस्ट मास्को के हाथ में नहीं नाचेंगे, हो सकता है दोनों में भारी वैमनस्य पैदा हो जाय।

अगले दिन जेनरल शोगाङ् से कहने लगे–"चीन में कम्युनिस्टों की सफलता से न हमें चिन्ता है, न देपुङ् के भिक्षुओं को।" चिन्ता न हो, यह बात नहीं हो सकती, लेकिन वह भवितव्यता के सामने सिर झुकाने के लिए तैयार थे।

उसी दिन सिंहल के मेरे सुपरिचित डा. अधिकारम् आए। बड़े मेधावी पालि के तरुण विद्वान् थे। लन्दन युनिवर्सिटी से डाक्टर होकर सीलोन के किसी कालेज में प्रिन्सिपल थे। अच्छे विद्वान् थे, लेकिन बुद्धिवादी न होकर भावुकता में बह जानेवाले आदर्शवादी पुरुष थे। लन्दन में रहते एक बार हालैण्ड में एनी बेसेंट के बनाए जगद्गुरु कृष्णमूर्ति के सम्मेलन में गए और कृष्ण जी के उपदेशों से बड़े प्रभावित हुए थे। सत्रह वर्ष बाद आज भी कृष्ण में वैसी ही श्रद्धा देखकर मैं तो कहने लगा–"धन्य है यह श्रद्धा। क्या सोलह सालों में दोनों की वृद्धि एक ही समान हुई।" डा. अधिकारम् अब पढ़ाने का भी काम छोड़ चुके थे, उन्होंने अपनी भाषा (सिंहली) में साइन्स पर पुस्तकें लिखने का काम हाथ में लिया था। इससे मैं पूरी तौर से सहमत था। हम हिन्दी में सारे ज्ञान-विज्ञान को लाना चाहते हैं, ताकि हमारी जनता उससे आसानी से और जल्दी परिचित हो, उसी तरह सिंहल में सिंहली भाषा में भी काम करने की जरूरत है। मेरे समय में तो भारत से भी अधिक वहाँ अंग्रेजी का बोलबाला था, लेकिन जिस समय (21 फरवरी 1956) मैं इन पंक्तियों को लिख रहा हूँ, उस समय वहाँ का शासक-दल सिंहली को ही श्रीलंका में सर्वेसर्वा भाषा बनाने के लिए तुला हुआ है। डा. अधिकारम् को अपने काम के लिए अब अधिक सुभीता होगा, इसमें शक नहीं। सिंहल में रहते भी अधिकारम् से मेरी मुलाकात होती रहती थी, और लन्दन में 1932 में रहते वक्त तो हम एक ही मकान में रहते थे।

इसी दिन एक शिक्षित पागल आ गया। पहिले उसकी बातें प्रकृतिस्थ जैसी मालूम होती थीं। उसने एक रुपया माँगा, दे दिया, वह फिर ऐसी बातें करने लगा, जिससे मालूम हो गया कि दिमाग हाथ से बेहाथ हो गया है। हटने का नाम नहीं लेता था। सचमुच एक आदमी दिमाग के विकृत होने से कितना विद्रूप हो जाता है, उसका मूल्य कितना तुच्छ और वह लोगों पर कितना भार हो जाता है। बैलों-भैंसों की नाक में नाथ डालकर काबू करते हैं, घोड़े के मुँह में लगाम उसे काबू रखने में सहायक होती है। विशालकाय हाथी के लिए भी महावत के हाथ में अंकुश होता है, पर, आदमी के लिए अपनी बुद्धि छोड़कर नियंत्रण का कोई दूसरा साधन नहीं है।

31 जनवरी तक मैं सारनाथ में रहा। रोज सबेरे भिन्न-भिन्न दिशाओं में 6 मील टहलने के लिए चला जाता था। एक दिन पहाड़ियों की ओर घूमने गए। इसे ओडाझार भी कहते हैं, अर्थात् असुरों ने बड़े-बड़े टोकरों में किसी काम के लिए मिट्टी ढोई, एक ओडा (टोकरा) कहीं पर झाड़ दिया, जिससे इतना विशाल टीला बन गया। यहाँ नीचे के खेतों में कुषाण-काल की ईंटें दीख पड़ीं।

अन्तिम दिन महेशजी आए। उनसे पहिले ही से पत्र-व्यवहार था। और वह मेरे साथ रहकर लिखने के साथ कुछ सीखना चाहते थे। सुमनजी के आने से पहिले आए होते, तो रह जाते। जब तक वह स्वयं न हटें, तब तक मैं उन्हें हटाना पसन्द नहीं करता था। महेश घर न लौटने की कुछ प्रतिज्ञा-सी कर आए थे। क्या करना चाहिए, यह पूछने पर मैंने कहा, या तो कमा के खाते हुए अपना अध्ययन जारी रक्खो। यदि इससे बचना चाहते हो, तो साधु हो जाओ। कठिनाइयों की परीक्षाओं की भट्टी में जो नहीं तपा, वह पक्का नहीं हो सकता। महेश के लिए बनारसवाले मित्रों के पास कुछ परिचय-पत्र लिख दिए। उस समय तो वह साधु बनने के लिए भी कुछ-कुछ तैयार हो गए थे, लेकिन पीछे वह रास्ता उन्हें अच्छा नहीं मालूम हुआ।

द्वितीय विश्वयुद्ध में सारनाथ के आसपास के गाँव पक्के कोठों और ईंट के मकानोंवाले हो गए थे। यहाँ की रेशमी साड़ियाँ और जरी के काम की बड़ी माँग थी। देश में भी युद्ध के कारण आई पैसे की बाढ़ ने हमारी ललनाओं के लिए इनकी जरूरत पैदा की थी, और विदेशी भी कुतूहलवश उनकी माँग करते थे। काम करनेवालों को मुँह-माँगा दाम मिल रहा था। कोइरियों ने साग-सब्जी बोना छोड़ा और बुनाई स्वीकार की। जिसके पास थोड़ी भी पूँजी थी, उसने कुछ दिनों शहर में सीखकर अपने घर में करघे बैठा दिए। दस-बारह वर्ष के लड़के काम सीखने और डोरा उठाने के लिए बनारस के कारीगरों के पास चले जाते, जो उन्हें 14-15 रुपया मासिक दे दिया करते। अब यह रोजगार ठंडा पड़ गया था, और नये बने कोठों की खैरियत नहीं थी।

सारनाथ में रहते 'बौद्ध संस्कृति' का प्रायः दो-तिहाई मैंने लिख डाला, बाकी एक-तिहाई को शान्तिनिकेतन में लिखना था। उस समय यही मालूम था, लेकिन शान्तिनिकेतन जाने पर पुस्तक और बढ़ गई।

1 फरवरी की शाम को हम प्रयाग पहुँचे। तीसरे दिन वसन्त पंचमी थी, संगम-स्नान के लिए लोगों की भारी भीड़ थी। रेलों में बहुत-से बेटिकट यात्रा करनेवाले चढ़ जाते थे। अब टिकट-कलक्टरों की संख्या बढ़ा दी गई, और साथ में पकड़कर सज़ा देने के लिए मजिस्ट्रेट भी चलते थे। अगर यह प्रबन्ध नहीं हुआ होता तो पहले दर्जे में भी शायद जगह न मिलती। इधर एक और भी भार सिर पर आ गया था। जीवन-यात्रा का दूसरा भाग प्रेस में था, और उसके काफी पन्ने मुद्रक या प्रकाशक की कृपा से लुप्त हो गए थे। लुप्त ग्रन्थ को फिर से लिखना लेखक के लिए सबसे बड़ी मुसीबत की बात है। लेकिन, क्या करता ?

डा. बदरीनाथ प्रसाद के यहाँ सीवान डी. ए. वी. स्कूल के संस्थापक और हेडमास्टर दाढ़ी बाबा मिले। उनका जीवन सचमुच त्याग और तपस्या का जीवन रहा। उन्हीं के अदम्य उत्साह से सीवान (छपरा) में दयानन्द स्कूल खुला, और बढ़ते हुए डिग्री कालेज बन गया।

फोटोग्राफी काम की चीज भी है, और बड़ा खर्चीला शौक भी। 'आयको फ्लेक्स' हम खरीद चुके थे। रूस से लाया 'लायका' (फेद) खो गया था, इसलिए उसी तरह के केमरे का ख्याल दिमाग में चक्कर काटा करता था। श्री कृष्णप्रसाद दर से जब कहा, कि कौडक्का लायका हमारे पास है, यदि लेना चाहें, तो ले लीजिए, मैं और कीमती केमरा लेना चाहता हूँ। मैंने पाँच सौ रुपये में उसे खरीद लिया। सात वर्ष मेरे पास रहते हो गया, लेकिन उसका बहुत कम ही इस्तेमाल मैंने किया। खरीदने के बाद जब इलाहाबाद में ढूँढ़ने पर भी उसके लिए फिल्म नहीं मिली और यही बात पटने में हुई, तो मुझे अपनी गलती मालूम होने लगी।

3 फरवरी को डा. बदरीनाथ प्रसाद की बड़ी लड़की इन्दुप्रभा का ब्याह था। इसीलिए मैं विशेष तौर से प्रयाग में आकर ठहरा था। डा. बदरीनाथ प्रसाद आजमगढ़ जिले के कस्बा मुहमदाबाद के रहनेवाले हैं। मेरा भी पितृग्राम मुहमदाबाद तहसील ही में है, इसलिए हमारा घर का-सा सम्बन्ध था। बारात में 18 आदमी थे। वर मेरठ का रहनेवाला एक होनहार मेधावी साइन्स का विद्यार्थी था। उस समय भी वह एम. एस.-सी. हो चुका था, और आगे उसने नुक्लियर (नाभिकीय) भौतिकशास्त्र में डाक्टर की उपाधि ले अपने विषय में अनुसन्धान का काम किया। बरातियों से घरातियों का अधिक होना स्वाभाविक था, मुहमदाबाद के तो सारे परिवार के लोग चले आये थे। पहिली लड़की का ब्याह था, इसलिए उसे बड़े उत्साह के साथ किया गया। आँगन में मण्डप खड़ा कर उसे सजाया गया था। दोनों ओर के परिवार आर्यसमाज से प्रभावित थे, लेकिन सुधारक समाजों में कला-पक्ष की बड़ी अवहेलना होती है। उसी की पूर्ति के लिए कर्मकाण्ड में कुछ बातें बढ़ा दी गई थीं।

पटना–4 फरवरी को सम्मेलन-भवन में जाकर परिभाषा-निर्माण की गतिविधि देखी। डा. नरवणे दर्शन-परिभाषा का काम करीब-करीब समाप्त कर चुके थे, और अंग्रेजी शब्दों के कितने ही प्रतिशब्द भी बना लिये थे। उसी दिन प्रयाग से पटना के लिए रवाना हुए। सुमनजी साथ थे। पानी बरस रहा था। हमें भीगते-भीगते गाड़ी बदलनी पड़ी। 5 तारीख को 5 बजे सबेरे भी वर्षा हो रही थी। 10 बजे हम पटना पहुँचे। रिक्शा लेकर दोनों वीरेन्द्र बाबू को ढूँढ़ने निकले, लेकिन वह घर पर नहीं थे। संयोग से पास ही में प्रो. देवेन्द्रनाथ शर्मा

का घर निकल आया। सारे कपड़े करीब-करीब भीग चुके थे। देवेन्द्र जी के यहाँ हम ठहरे। देवेन्द्र छपरा के रहनेवाले, वहाँ के एक बहुत बड़े संस्कृत पण्डित के पुत्र तथा मेरे घनिष्ट मित्र पं. गोरखनाथ त्रिवेदी के दामाद थे। वह अपने पिता के योग्य पुत्र थे। संस्कृत के साहित्याचार्य तथा साहित्य में विशेष योग्यता रखनेवाले थे। सभी संस्कृत के पण्डित जानते थे कि आजकल इज्जत पैसे में है, और पैसा कमाना हो, तो लड़कों को अंग्रेजी पढ़ानी चाहिए। देवेन्द्रजी ने अपने कुछ रेडियो-नाटक सुनाए। कादम्बरी की 'पारिजात मंजरी' लेकर उन्होंने बहुत सुन्दर एकांकी लिखा था, जिसमें बाण के काव्य-सौंदर्य की बहुत अच्छी तरह रक्षा की गई थी। शाहजादा सलीम (जहाँगीर) द्वारा 'अबुल-फज़ल-वध' भी बहुत मार्मिक नाटक था। उनकी लेखनी में शक्ति है, शब्दों के मूल्यांकन में सूक्ष्म निर्णय की प्रतिभा असाधारण है। संस्कृत के विद्वान् होने से वह संस्कृत के शब्दों का अनुचित मूल्यांकन करने के लिए नहीं करते।

शाम के वक्त पटना के कवि और साहित्यकार केसरी, नवलकिशोर और नलिनजी से बातचीत होती रही। 6 तारीख को पटना शहर के गाँधी सरोवर पर बिहार हितैषी सभा की ओर से नगर-साहित्य-सम्मेलन का वार्षिकोत्सव हुआ। उत्सव का उद्घाटन मुझे करना पड़ा। इसमें कवियों ने कविता, कहानीकारों ने कहानियाँ पढ़ीं। पटना एकान्ततः हिन्दी की नगरी है, इसलिए यदि वहाँ के तरुणों में इतना उत्साह देखा जाए, तो स्वाभाविक ही है। नगर के धनी-धोरी भी इस बारे में चुस्त हैं। अभी अंग्रेजों को गए डेढ़ वर्ष भी नहीं हुए हैं, कि उन्होंने सड़कों के अंग्रेजी नाम हटाकर उनकी जगह भारतीय नाम रख दिए। पटना की प्रधान सड़क अब अशोक राजपथ है, जो गंगा के समानान्तर और समीप पटना शहर से बाँकीपुर के छोर तक चली गई है। मंगल रोड अब गुरु गोविन्द पथ है। सिक्खों के दशम गुरु गुरु गोविन्द पटना में ही पैदा हुए थे, इसलिए पटना को अपने सुपुत्र का सम्मान करना ही चाहिए। अगले दिन 10 बजे सीनेट हॉल में एम. ए. के छात्रों के सामने राजनीति पर भाषण दिया। विद्यार्थियों की स्वच्छन्दता से बूढ़े और सरकारें असन्तुष्ट हैं। पटना के कालेजों को तो इसके लिए बन्द कर दिया गया था और संरक्षकों से यह लिखकर देने के लिए कह रहे थे, कि लड़के अनुशासन को मानेंगे। अंग्रेजों के समय की बातें इतनी जल्दी दोहराई जाएँगी, इसकी आशा नहीं थी।

7 फरवरी को 6 बजे शाम को हमने दिल्ली-स्याल्दह एक्सप्रेस पकड़ी। हमारे पहिले दर्जे के कम्पार्टमेन्ट में मैं ही अकेला था। सुमनजी दूसरे डब्बे में बैठे थे। रात-भर की यात्रा थी। ट्रेन हावड़ा से स्याल्दह पहुँचती थी, और इसी लाइन पर शान्तिनिकेतन का स्टेशन बोलपुर पड़ता था, इसलिए हमारे लिए यह ट्रेन अनुकूल थी। अगले दिन साढ़े 7 बजे गाड़ी बोलपुर पहुँच गई।

16
शान्तिनिकेतन में

स्टेशन से हम सीधे शान्तिनिकेतन पहुँचे, और पहिले काम की फिकर में पड़े। शान्तिनिकेतन में बृहत्तर भारत के सम्बन्ध में जितनी पुस्तकें हैं, उतनी कलकत्ता युनिवर्सिटी को छोड़कर भारत में और कहीं नहीं मिलेंगी। तो भी इन पुस्तकों को पर्याप्त नहीं कहा जा सकता। अब हम 25 तारीख तक के लिए पं. हजारीप्रसाद द्विवेदी के अतिथि थे। द्विवेदीजी के साथ इतनी घनिष्टता के साथ रहने का यह पहिला अवसर था, लेकिन उसका यह अर्थ नहीं कि मेरी इससे पहिले उनके साथ कम घनिष्टता थी। मैं उनकी विद्या, लेखनी और निर्णय-शक्ति का भारी प्रशंसक हूँ। कहा करता था, हिन्दी के साहित्यकार जब ऐसी गम्भीरता प्राप्त करेंगे, तब हिन्दी तेजी से आगे बढ़ेगी। द्विवेदीजी के परिवार के सभी लड़के-लड़कियाँ मेरे मनोरंजन और सहायता के लिए तैयार रहते थे। द्विवेदी स्वयं सरजूपारी कुलकलंक हैं, बाँह उठा-उठाकर जिनके लिए ऋषियों ने कहा, "तुम्हें मछली-मांस खाना चाहिए," और वह आज ऋषि-वाक्य के विरुद्ध जाएँ, यह कोई अच्छी बात है ? पर अगली पीढ़ी फिर ऋषियों के रास्ते पर चली आई है, यह देखकर बड़ी प्रसन्नता हुई। "नामांसो मधुपर्को भवति" (बिना मांस के पूज्य अतिथि की सेवा नहीं की जा सकती)–ऋषियों की इस बात से द्विवेदीजी सहमत थे। बंगाल में मांस से ज्यादा बंगाली ढंग से बनाई मछली अच्छी लगती है। मैं वहाँ उसी को तर्जीह दे रहा था। ऐसे समानधर्मा बन्धुओं के साथ इतना कम रहने का मौका क्यों मिलता है, मुझे तो यही शिकायत थी।

गर्मियों के आने में अब बहुत देर नहीं थी। दिमाग में यही बात चक्कर काटती थी, कि अब के साल किधर जाएँ। डा. भगवानसिंह का निमंत्रण अनी के लिए था। बंगाल के एक अंचल में होने के कारण कलिम्पोंग भी अपनी ओर खींचने लगा था। 9 तारीख की डायरी में मैंने लिखा था–"गर्मियों में कलिम्पोंग जाया जाय···। कलिम्पोंग बिना पाकिस्तान जाए भी जा सकते हैं···। वहाँ···शायद नगरवासियों को भी समय देना पड़े, किन्तु लाभ होगा–घरबारी होने के पाप से बच जाएँगे। धर्मोदय सभा का मकान है।–अनी में रहने के पर मिट्टी के तेल, नौकर-चाकर तथा पुस्तकों की रक्षा की चिन्ता से भी मुक्त हो जाएँगे। तिब्बती-संस्कृत··· का भी कुछ काम होगा।" अनी में जा एक जगह घर बनाकर बसने को मैंने घरबारी होना कहा था, लेकिन असली अर्थ में यह बात कलिम्पोंग में ही हुई।

उस समय मिट्टी का तेल एक समस्या थी, वह दुर्लभ था। शान्तिनिकेतन में उसकी आवश्यकता नहीं थी, यदि 12 बजे रात के बाद पढ़ने-लिखने का काम न हो। अब टहलने का नियम रोज सबेरे पूरा होने लगा। हम पाँच-छः मील चले जाया करते थे। 10 तारीख को श्रीनिकेतन से एक मील और आगे तक गए। सुमनजी साथ रहते थे, कभी-कभी दूसरे विद्यार्थी भी साथ हो जाते थे। 16 फरवरी को अजय नदी की ओर गए। एक शताब्दी पहिले यह नदी बहुत गहरी थी, और बड़ी-बड़ी नावें इसमें होकर आती थीं। समुद्र के पास बालू-मिट्टी

के भर जाने से नदी का मुँह बन्द हो गया, और फिर सारी धार पट गई। नदी भी अन्तःसलिला हो गई, जिसके कारण जहाँ एक ओर यातायात का एक सस्ता साधन हाथ से जाता रहा, वहाँ मलेरिया का प्रकोप भी बढ़ गया।

सोचा था, कि दस घंटा लिखने और छः घंटा पुस्तकों को पढ़कर सामग्री एकत्रित करने का काम किया जाए। 10 तारीख को मालूम हुआ, गाँधीजी के हत्यारे गोडसे को फाँसी की सज़ा हुई, और दूसरे कितनों को कड़ी सज़ाएँ हुईं। गोडसे तो वस्तुतः दूसरों के हाथ का हथियार बना था। वह दूसरों की पेशवा बनने की आकांक्षा का बलिदान बना। पेशवा जब डेढ़-सौ साल पहिले भारत की समस्या को हल करने में सफल नहीं हुए और इसी के कारण रसातल गए, तो क्या अब पेशवा को पुनः स्थापित किया जा सकता है ? हिन्दीभाषी क्षेत्र में शहर के उच्च जाति के लोगों में बहुत जगह जो प्रसार हुआ है, उसका कारण पहिले तो मुस्लिम लीग के बढ़ते हुए प्रभाव के विरोध में था, और अब कांग्रेस के प्रति असंतोष ही उसका सम्बल रह गया है।

12 फरवरी की रात को भोजन प्रो. तान्यूशान के यहाँ हुआ। वह वर्षों से विश्वभारती में चीनी पढ़ाते हैं, और चीन तथा भारत के प्राचीन सम्बन्ध को दृढ़ करने का व्रत लिये हुए हैं। उनका परिवार इस समय चीन गया हुआ था, जिसे लाने के लिए वह जानेवाले थे। चीना-भवन में चीनी और चीन-सम्बन्धी दूसरी भाषाओं की पुस्तकों का बहुत अच्छा संग्रह है। प्रो. तान्यू के प्रयत्न से बहुत अधिक लोग चीनी साहित्य में प्रगति नहीं कर सके, इसका कारण चीनी अक्षरों की कठिनाई है। जिस भाषा की पुस्तकों के पढ़ने के लिए पाँच-छः हजार अक्षरों का जानना अत्यावश्यक हो, उसमें कैसे आदमी की रुचि और प्रगति हो सकती है ? मैंने स्वयं चार-पाँच सौ अक्षरों को सीखते-सीखते हिम्मत हार दी थी। सम्भव है, यदि चीन में रहता तो आगे बढ़ जाता। लेकिन, चीन की इस वर्णमाला से एक बड़ा लाभ यह है, कि यदि हम अक्षरों के अर्थ को संस्कृत में समझते हों, तो बहुत कुछ उसी तरह पढ़ सकते हैं, जैसे अंकों के संकेतों से श्री शान्ति भिक्षु ने तिब्बती और चीनी में काफी प्रगति की है। यह खुशी की बात थी। मैं अपने नियम के अनुसार अतवार को छुट्टी मनाया करता था, जो शान्तिनिकेतन में बुधवार को होती थी, इसलिए अब मुझे भी वहीं के नियम को पालन करना चाहिए था। गर्मी बढ़ गई, और उसके साथ-साथ मच्छरों की भरमार हो गई। मसहरी के भीतर लिखना-पढ़ना आसान काम नहीं है, पर किसी तरह गुजारा करना पड़ता था। एक दिन अपने और सुमनजी के लिए कुरते, चादर, तौलिया के कपड़े लिये। दर्जी ने कुर्तों को चार दिन में सीकर देने के लिए कह दिया। महँगा होने पर भी हमारा देश दूसरे देशों से अब भी सस्ता है।

15 फरवरी को पं. हजारीप्रसाद द्विवेदी के लखनऊ से डाक्टर उपाधि पाने के उपलक्ष में सभा हुई। शान्तिनिकेतन की इस सभा से मैं बहुत प्रभावित हुआ। उसे न आधुनिक कहना चाहिए, और न प्राचीन, अथवा वह दोनों की कितनी ही बेकार की रूढ़ियों से मुक्त थी। एक कलापूर्ण ढंग से सुन्दर चौक पूरा गया था, जिस पर आम्रमंजरी के साथ मिट्टी का सुन्दर कलश रक्खा गया था। उससे जरा-सा हटकर एक पतला लम्बा-सा तख्त पड़ा था, जिसके ऊपर पुरोधा (सभापति) और दो-एक और व्यक्ति बैठे थे। सभा का आरम्भ और समाप्ति शंखनाद से हुई। आचार्य क्षिति सेन पुरोधा थे। बीच-बीच में भाषण के साथ-साथ मधुर संगीत भी होता था। इस एक सभा से ही रवीन्द्र की महत्ता साफ दिखाई पड़ती थी। सर्वतोमुखीन सांस्कृतिक प्रगति कैसे की जा सकती है, इसका उदाहरण उन्होंने विश्वभारती के रूप में रक्खा था। मुझे इस बात का अफसोस रहा, कि निमंत्रित होने पर भी महाकवि के जीवन में मैं यहाँ नहीं आ सका। और न अवसर मिलने पर भी उनके दर्शन कर पाया।

शान्तिनिकेतन की चाँदनी मुझे बहुत प्रखर और सुन्दर मालूम होती थी। शायद वहाँ के वातावरण से बहुत प्रभावित होने के कारण, तथा महाकवि के सामने उपस्थित न होने के अपराध के ख्याल से यह बात थी। रात-भर पक्षियों के मनोहारी कलरव के बारे में क्या कहा जाए ? कोयलों ने तो अखण्ड व्रत ले रक्खा था। यह सर्द मुल्क की चिड़ियाँ यहाँ गर्मी में मरने क्यों आती हैं ? आम्रकानन में इस वक्त चारों ओर मंजरी ही मंजरी दिखाई देती थी, जिसक पास जाने से उसकी मधुर गंध सचमुच ही मन को मस्त कर देती थी।

मैं 'बौद्ध-संस्कृति' के लिखने में तन्मय था। पुस्तकाध्यक्ष तथा बृहत्तर भारत के गम्भीर विद्वान् श्री प्रभातकुमार मुखोपाध्याय मेरी हर तरह की सहायता करने के लिए तैयार थे। तो भी परिभाषा-निर्माण की ओर से मेरा ध्यान हटा नहीं था। बनारस युनिवर्सिटी के प्रोफेसर रामचरणजी ने जब अपने पत्र में बतलाया कि कार्य-सम्बन्धी (ग्लास टेक्नोलोजी के) पारिभाषिक शब्द जमा हो गए, तो बड़ी खुशी हुई।

प्रयाग और पटना में अभी जाड़ा खतम नहीं हुआ था, लेकिन यहाँ तो आने के साथ ही वह विदा हो चुका था। शान्तिनिकेतन के वातावरण में 'बौद्ध-संस्कृति' लिखने के समय मुझे ख्याल आया, अब हमारे दूसरे चार धाम बनने चाहिएँ, जिसमें उत्तर के तुंगह्वांग, पूर्व में अंकोरबाट, दक्षिण में वोरोबुदुर और पश्चिम में वामियान हों। फिर 68 तीर्थ भी बनाने होंगे, जो सभी भारतीय संस्कृति से प्रभावित देशों में बिखरे रहें। श्रद्धालु भारतीय इन तीर्थों और धामों के दरस-परस के लिए जाएँ।

हम मलेरिया की भूमि के नजदीक थे, मच्छरों का प्रहार चल ही रहा था, इसलिए 22 फरवरी को यदि बुखार झाँकने के लिए आया, तो अनहोनी बात नहीं थी। मैंने कुनैन की दो टिकियाँ उसे थमा दीं। सोचा, देखें, वह इतने से तृप्त हो जाता है, या कल फिर आता है। दरअसल उस वक्त बुखार या किसी चीज का स्वागत का समय नहीं था। 8 बजे सबेरे से लेकर 12 बजे रात तक, बीच के दो घंटे छोड़कर 16 घंटा जुता हुआ था। मुझे समुनजी को भी बहुत धन्यवाद देना चाहिए, जो कन्धे-से-कन्धा मिलाकर डटे हुए थे। बैल की जोड़ी में यदि एक गरियार निकल जाए, तो काम नहीं बनता। लिखी हुई कापियों को शान्तिजी दोहराते, भाषा के दुबारा माँजने और हैडिंग आदि का सुझाव देते जाते थे।

23 तारीख को कला-भवन के नए घर में बने भित्तिचित्रों को देखने गए। कविगुरु का आश्रम कविता और कला के लिए विशेष तौर से महत्व रखता है। कला का प्रेम मेरा शायद गम्भीर नहीं था, इसीलिए इस पवित्र स्थान के देवता रुष्ट हो गए थे। एक चित्र को देखने के लिए मैं मेज पर चढ़ा, उतरने लगा, तो देवताओं ने धीरे से स्टूल को टेढ़ा कर दिया और मैं लिये-दिये जमीन पर गिर पड़ा। पर, देवता अपने रोष को केवल मजाक से ही पूरा करना चाहते थे, इसलिए सिर्फ तीन-चार जगह चमड़ा छिला और दो जगह खून की बूँदें टपकीं। सचमुच वह स्थान इतना सँकरा था, और नीचे जैसी चीजें थीं, उसमें अचानक गिरने पर मेरा सिर फूट सकता था, हड्डी भी टूट सकती थी। कविगुरु के सम्पर्क में आकर यहाँ के देवता इतने क्रूर नहीं हो सकते थे। वर्षों से उनमें कवि ने मानवता का प्रचार किया था, फिर इसका फल क्यों न होता ? शान्तिनिकेतन में रहते जिस तरह मैं अपने कार्य में व्यस्त था, उसके कारण दिल खोलकर सभी चीजों को देखना मुश्किल था। पर मैंने उधर से अपनी आँखें मूँद नहीं रक्खी थीं। प्रभात बाबू के प्रति कृतज्ञता प्रकट करने के लिए मैंने कहा, यह पुस्तक आपको ही अर्पित करूँगा। प्रभात बाबू ने अपने अमुद्रित बहुत-से लेख मुझे इस्तेमाल करने के लिए दिए, जिन्होंने मध्य-एशिया के बारे में बहुत-सी जानकारी प्रदान की।

24 फरवरी को शाम को आद्यश्रेणी (12 वर्ष तक के बच्चों) की सभा देखी। इसमें भाषण, निबन्ध, कहानी, स्वरचित-पररचित कविता का पाठ हुआ। काफी बड़ी श्रोतृ-मण्डली थी। बच्चों ने गीत भी गाए, नृत्य भी किए। हर्ष प्रकट करने के लिए ताली पीटने की जगह शान्तिनिकेतन में 'साधु, साधु' कहा जाता। प्राचीनकाल में भी ऐसा ही किया जाता था, इसी से साधुवाद शब्द हमारे यहाँ चला। धन्यवाद भी प्राचीनकाल में हर्ष और कृतज्ञता प्रकट करने के लिए 'धन्य, धन्य' के भावोद्रेक का ही परिचायक था, जिसके अर्थ को हम पूरी तरह न समझकर 'धन्य, धन्य' कहने की जगह धन्यवाद कहते हैं। शान्तिनिकेतन में चतुरस मानवता की शिक्षा देने का प्रयत्न हो रहा है। यहाँ प्राचीनता है पर मूढ़ता नहीं, नवीनता है, किन्तु छिछलापन नहीं, कला है, किन्तु कामुकता नहीं, स्वतन्त्रता है, किन्तु उच्छृंखलता नहीं। इन्हीं भावों को लेकर मैं 25 फरवरी को वहाँ से विदा हुआ।

वर्धा–उस दिन सात बजे सबेरे बोलपुर स्टेशन गया। कवीन्द्र के एकमात्र पुत्र रथीन्द्र बाबू भी उसी ट्रेन से जानेवाले थे। वह देर से पहुँचे, और सामान न चढ़ पाया। रेलवे के एक साधारण नौकर ने कहा–"जिसके कारण सब कुछ है, उसका सामान छूट कैसे जाएगा ? सचमुच ही गाड़ी खड़ी रही। बोलपुर की महिमा रथीन्द्र के पिता ने ही तो स्थापित की थी, फिर उनके लिए क्या इतना भी नहीं किया जाता। उसी डिब्बे में रथीन्द्र

बाबू अपनी पत्नी प्रतिमादेवी के साथ चढ़े। शान्तिनिकेतन में रहते भी मैं उनसे मिलने नहीं जा सका था, इसके लिए खेद प्रकट करना ज़रूरी था। मैं कवीन्द्र के ही वृद्ध चित्रों के देखने का आदी था, अब उनके पुत्र और बधू को भी वृद्ध देख रहा था। कैसे एक पीढ़ी दूसरी पढ़ी का चुपचाप पदानुकरण करती है ? मुझे उस समय ख्याल आता था, विश्वभारती में रथीन्द्र, कलकत्ता विश्वविद्यालय में श्यामाप्रसाद मुखर्जी, हिन्दू विश्वविद्यालय में गोविन्द मालवीय–इस तरह पिता के स्थान पर पुत्र का स्थान ग्रहण करना क्यों हो रहा है ? क्या हमारे देश की अपनी यह कोई बीमारी है। साधुओं के यहाँ, विशेषकर प्राचीनकाल के नालन्दा, विक्रमशिला आदि के विद्यापीठों में योग्य गुरु के स्थान पर योग्य शिष्य बैठते थे, और यह संभव भी था। किन्तु योग्य पिता का पुत्र भी योग्य हो, यह कोई नियम नहीं है। मैं यह नहीं कहता, कि तीनों अपने पिता की योग्य सन्तान नहीं हैं, पर यह प्रथा मुझे खटकती थी। कलकत्ता पहुँचकर फिर हावड़ा से वर्धा के लिए ट्रेन पकड़नी थी। भीड़ बहुत थी। सुमनजी को भी जगह मिल गई, और 4 बजे शाम को हम वहाँ से रवाना हुए। 26 के सबेरे गाड़ी विलासपुर में खड़ी थी। और मैं समझ रहा था, कि विलासपुर से रायपुर पहले आएगा। खैर, छत्तीसगढ़ की हरी-भरी पहाड़ी भूमि से होते हम पश्चिम की ओर बढ़ने लगे। 4 बजे नागपुर और 6 बजे वर्धा पहुँच गए। राष्ट्रभाषा प्रचार-समिति का सम्मेलन हो रहा था, जिसके ही लिए आनंद जी के आग्रह पर मैं आया था। हिन्दी नगर में पहुँचने पर देखा, सभा चल रही है। विनोबा नागरी के पक्ष में बोले और संस्कृत के शब्दों को लेना भी वह अच्छा समझते थे। मश्रूवाला गाँधीवाद के दार्शनिक हैं। दार्शनिक की बात यदि स्पष्ट हो, तो वह दार्शनिक ही क्या ? हिन्दी-हिन्दुस्तानी, नागरी-उर्दू के सम्बन्ध में उनका कहना था : हम नेहरू को मध्यस्थ मान लें। मुझे भला कैसे पसन्द आता, जिस बात में नेहरू का ज्ञान नहीं के बराबर है, और जिस विषय में उनका निर्णय पहले ही से मालूम है, उसे यह काम कैसे सौंपा जाए ? हाल में नेहरू और राजेन्द्र बाबू के कुछ लेख प्रकाशित हुए थे, जिससे लिपि और भाषा-सम्बन्धी मतभेद के कम होने का संकेत मिल रहा था। वस्तुतः अब संविधान में हिन्दी को मान्यता देने की बात तय-सी हो गई थी, जिसके कारण भी कुछ विचारों में परिवर्तन होना ही चाहिए था। सम्मेलन में 250 प्रतिनिधि आए थे, जिनमें इम्फाल (मणिपुर) से भावनगर (सौराष्ट्र) तक के राष्ट्रभाषा के कार्यकर्ता भी थे। राष्ट्रभाषा प्रचार-समिति प्रतिवर्ष आगे बढ़ती जा रही है। देखा, और भी कितने ही नए मकान बन गए हैं। 13 एकड़ भूमि समिति के पास है, एक दोमंजिला और कितने ही एकमंजिला मकान तैयार हो गए हैं। प्रेस भी बढ़ा है, किन्तु उतने से मुझे संतोष नहीं था। मैं तो समझता था, आगे चलकर प्रकाशन और प्रचार को मुख्य स्थान देना होगा। समिति प्रान्तीय साहित्य और विश्व साहित्य के अनमोल ग्रन्थों को हिन्दी में लाकर बहुत बड़ा काम कर सकती है।

प्रयाग–28 को ही ट्रेन पकड़ी। अगले दिन 1 मार्च को सबेरे वह इटारसी में थी। हम उसी पसिंजर से साढ़े 11 बजे जबलपुर पहुँचे। कल कुछ हल्का-सा ज्वर था, किन्तु आज बिल्कुल नहीं था। दाँत में दर्द हो रहा था, शायद उसके कारण बुखार आया। बनारस से ली दाँत की दवा बड़ी उपयोगी सिद्ध हुई। दाँत के दर्द में भोजन के लिए मन क्यों करता ? रेस्तोराँ-कार में भारतीय भोजन केवल निरामिष मिलता था।

रात के 10 बजे कलकत्ता मेल प्रयाग पहुँचा, और साढ़े 10 बजे हम डा. बदरीनाथ प्रसाद के यहाँ पहुँच गए। प्रयाग में अब 2 अप्रेल तक के लिए अर्थात् एक महीना तक जमकर परिभाषा का काम देखना और 'बौद्ध-संस्कृति' को दोहराते उसके कितने ही अंशों को हिन्दुस्तानी अकदमी की सभाओं में पढ़ना था।

2 तारीख को टहलने गए, तो देखा किले का झंडा झुका हुआ है। मालूम हुआ सरोजिनी देवी का देहान्त हो गया। सरोजिनी ने देश की सेवा की, स्वतन्त्रता का स्वप्न देखा, और अब स्वतन्त्र भारत में मरीं।

इन्कम-टेक्स अफसर ने सिरदर्द पैदा कर दिया। हमारे जैसों की आमदनी ही कितनी थी, और उनको भी उतना ही परेशान किया जाता है, जितना चोरबाजारी करोड़पति सेठों को। सबसे बड़ी समस्या थी, रूस में अपने प्रवास के समय की आमदनी पर टेक्स देना।

डा. बदरीनाथ प्रसाद इधर कुछ दिनों से प्रयाग विश्वविद्यालय से असंतुष्ट थे। गणित में वह भारत के आधे दर्जन सर्वश्रेष्ठ विद्वानों में से हैं, जब योग्यता में उनसे कम लोग तिकड़म के बल पर आगे बढ़ा दिए

जाएँ, तो मन में विरक्ति आनी स्वाभाविक थी। पटना विश्वविद्यालय ने उन्हें बुलाया, और वह वहाँ जाने के लिए अब तैयार थे। यद्यपि वहाँ सर्वोच्च स्थान मिला था, लेकिन दरबारी वातावरण था। मंत्रियों और दूसरों के दरबार में हाजिरी देना बद्री बाबू के बस की बात नहीं थी, इसी कारण पीछे वह वहाँ ठहर नहीं सके, और फिर प्रयाग लौट आए।

कलिम्पोंग जाना ही निश्चय हुआ। अनी जाने के ख्याल से हम शिमला में अपनी कितनी ही चीजें छोड़ आए थे, उन्हें अब नागार्जुन जी को भेजकर मँगाना था।

पंचायतों का चुनाव–उत्तर-प्रदेश में बालिग मताधिकार के अनुसार ग्राम-पंचायतों का चुनाव हुआ था। पूर्वी जिलों में चहल-पहल नहीं, बल्कि कहना चाहिए, बड़ी जातिवाले बड़े संकट में पड़ गए। श्री रामनाथ त्रिवेदी अपने गाँव टुसौरी (गाजीपुर) के तीन गाँवों के चुनाव के बारे में कह रहे थे–36 मेम्बरों में 4 ब्राह्मण और 1 भूमिहार, केवल 5 ही बड़ी जाति के आ पाए, बाकी सभी नान्ह जाति के हैं। घोड़ा लादनेवाला कानू भुलई साहु सभापति बन गया, भूमिहार उनके नीचे उप-सभापति कैसे बने ? महीने-भर समझौता करने की कोशिश होती रही। वोटों की संख्या मालूम ही थी। वोट-दान का क्या परिणाम होगा, यह भी स्पष्ट था। बड़ी जातवालों के पास पैसा था, और नान्हों के पास उसका अभाव। हरेक पंच को जमानत जमा करनी थी, बेचारे कहाँ से लाएँ। कानून बनानेवाले जान-बूझकर इस तिकड़म को रक्खे हुए थे। भुलाई साहु ने 15 के लिए 60 रुपया जमा कर दिए। बड़ी जातवाले धमकी देने लगे–तुमसे हम खेत नहीं कटवाएँगे, हल नहीं जुतवाएँगे, तुम्हें खलिहान रखने के लिए जमीन नहीं देंगे। तुम किस रास्ते चलोगे, हम अपने रास्ते में चलने नहीं देंगे। उप-सभापति वासुदेव राय चुने गए, जो कि बहुजन के पक्ष में थे। अदालती पंचों में एक ब्राह्मण और एक भूमिहार, बाकी तीन नान्ह जाति के चुने गए। उनके पड़ोस के बेटाबर गाँव में बड़ी जातवालों ने गुस्से में आकर चुनाव का बायकाट कर दिया। पं. गणेश पांडे ने अपने बलिया जिले की बात बड़े करुण शब्दों में बतलाई–'नान्ह जाति', 'सोरह जतिया', 'बेजनेवहा' सब जगह उठ खड़े हुए थे। ग्राम-सभाओं के चुनाव में उन्हीं की जीत हुई। डा. उदयनारायण तिवारी अपने गाँव की खबर उतनी शोकपूर्ण नहीं बतला रहे थे। वहाँ उनके अनुज तथा हाईस्कूल के अध्यापक विश्वनाथ तिवारी ग्राम-सभा के सभापति बने, शायद अदालती सरपंच भी वही बने। गणेश पांडे को बड़ी मुश्किल से अपने यहाँ के राजपूत सूबेदार-मेजर को सभापति बनाने में सफलता मिली। बड़ी जातवालों को चार हजार वर्ष से भगवान् की ओर से अधिकार-पट्टा मिला था। मैंने कहा–अब वह अधिकार-पट्टा जाली साबित हो रहा है। इस तरह से असफल होने के बाद अब बड़ी जातवाले और तरह के तिकड़म रचने में लगे हुए थे। कभी कहते थे : सरकार पंचायती कानून को तोड़ डालनेवाली है। कभी कहते : कलक्टर और जिला-बोर्ड के सभापति सेक्रेटरी नियुक्त करेंगे, इसलिए अब भी हमारी बात रहेगी। यह भी मालूम हुआ, कि लोगों ने बूढ़ों को नहीं, बल्कि तरुणों को अधिक पंच चुना। मैंने गणेश पांडे जी से पूछा–बड़ी जाति की स्त्रियों ने तो पर्दे से निकलकर वोट नहीं दिया होगा। उन्होंने कहा–लाकर वोट न दिलवाते, तो क्या करते ? नान्ह जातवालों में तो पर्दा नहीं था, वह खुले मुँह आकर वोट दे देती, फिर तो रही-सही आशा भी चली जाती।

परिभाषा के काम में श्री सेनगुप्त का आना निश्चित-सा था। 9 मार्च को डा. भट्ट का भी पत्र आया। दिल्ली में उनका कोई प्रबन्ध नहीं हुआ, इसलिए वह आने को तैयार हैं।

10 मार्च को मेरे अनुज श्यामलाल अपने वृद्ध मित्र डीहा के बाबू पलकधारी सिंह के साथ आए। पलकधारी बाबू उस इलाके के 75 साल के एक सम्मानित पुरुष। पुराने जमाने को उन्होंने देखा था, अब नए जमाने को भी देख रहे थे। पोती की शादी करनी थी। लड़का यहीं युनिवर्सिटी में पढ़ रहा था, उसे ही देखने के लिए आए थे। श्यामलाल से आजमगढ़ जिले की पंचायतों के बारे में कुछ मालूम हुआ। वह बहुत वर्षों से सरपंच होते आए थे। पुराने युग के लिए वह योग्य व्यक्ति थे। मिडल पास थे और मुकदमेबाज़ी में नाम भी निकला हुआ था। अब नए चुनाव में सभापति गाँव का ही भर तरुण हुआ। मैंने उनसे एक बार कहा था–अपने मजदूरों को भूखा न रहने देने के लिए गर्मी में परती पड़े खेतों को मुफ्त चीना बोने के लिए दे दो। पर यह तो नातजर्बेकार आदर्शवादी की बात थी। सिंचाई के लिए उन्होंने लाकर लोहे का रहट लगवाया था–बाप ने

पहिले-पहिल गाँव में 'विदेशी' ऊख लगाई गई। पहिले-पहिल पत्थर कोल्हू की जगह पर लोहे का कोल्हू लाए, फिर बेटा अगर रहट-सी नई चीज लाए, तो अचरज की बात नहीं।··· पर कोई अब अकेले समृद्ध होने की आशा करे, तो उसका मार्ग अकंटक नहीं रह सकता। आखिर सिंचाई के लिए रहट गाँव से दूर के कुएँ पर लगाया गया था, जरा-सा वहाँ से हटने से लोग रहट को बिगाड़ देते। उनके यहाँ 35 पंचों में सिर्फ 7 बड़ी जात के चुने गए थे। बाबू पलकधारी सिंह कह रहे थे, नान्ह जाति के पास राज-काज चलाने के लिए बूझ कहाँ से आएगी ? श्यामलाल जी राय दे रहे थे–छोटी जातवाले शासन-यंत्र को खबर कर देंगे।

यह तो बेचारे गाँव के लोग थे। डा. अमरनाथ झा जैसे जानकार लोग भी जब वयस्क मताधिकार को खतरे की चीज बतला रहे थे, तो कहना पड़ेगा–"धिग् व्यापकं तमः" (वर्ग-स्वार्थ, तेरा बेड़ा गर्क हो)।

10, 20 और 21 तारीखों को तीन दिन 'बौद्ध-संस्कृति' पर मैंने भाषण दिए। उस समय एक तरह का दिमाग में खुमार-सा मालूम होता था, जो कि डायबेटीज़ के कारण ही था, पर मैं इसे अभी पूरी तौर से समझ नहीं पाया था। मतलब था रोज नियमपूर्वक इन्सुलिन लेना।

अबके साल की भी होली (15 मार्च) यहीं पड़ी। रंग डालने का काम लड़कों ने एक दिन पहिले ही से शुरू कर दिया था। सेनगुप्त की भी चिट्ठी आ गई कि मैं 18 तारीख को प्रयाग पहुँच रहा हूँ। सम्मेलन अभी इसके बारे में 20 तारीख को फैसला करनेवाला था। सुमनजी आगे काम करने में असमर्थ थे। महेशजी काशी में साधु बनने के बारे में सोच रहे थे, इसलिए उन्हें आने के लिए लिख दिया। 16 तारीख को शिमला से सामान लेने के लिए नागार्जुनजी चले गए। 20 की स्थाई समिति की बैठक में परिभाषा-कोश के सम्बन्ध में बातें हुईं, और मुख्य सहायकों को तीन सौ रुपया मासिक, सफर में सेकंड क्लास का टिकट और दस रुपया रोज भत्ता देने का निश्चय हुआ। डा. भट्ट का पत्र कहीं गुम हो गया, इसलिए उनका पता नहीं मालूम था, कि सूचित कर सकूँ। उनके पत्र आने की उत्सुकता में रहा।

22 को नागार्जुनजी शिमला से सामान ले आए। कलिम्पोंग में भिक्षु महानाम और श्री मणि हर्ष ज्योति को लिख दिया कि हम 3 अप्रेल को यहाँ से चल रहे हैं। कलिम्पोंग रवाना होने से कानपुर और लखनऊ में जो काम दे आए थे, उनके बारे में जानने के लिए सेनगुप्त जी को 25 को भेज दिया। श्री मणि हर्ष ज्योति के पत्र से मालूम हुआ, कि उनके पिता साहु भाजुरत्न और भिक्षु महानाम कलिम्पोंग में हैं, कटिहार से गाड़ी नकसलवारी तक ही जाती है। अभी आसाम को जोड़नेवाली लाइन तैयार नहीं है। लेकिन, नकसलवारी में सामान के लिए उनकी मोटर आई रहेगी। डा. भट्ट की भी चिट्ठी आ गई, वह आने के लिए तैयार थे।

28 तारीख को अनुज से भी बढ़कर मेरे प्रिय यागेशदत्त पांडे आए। छः ही वर्ष पहिले उन्हें मैंने अपनी जन्मभूमि में देखा था। मुझसे कुछ महीने छोटे थे, लेकिन अब बूढ़े और दुबले-पतले हो गए थे। कहाँ वह बचपन और तरुणाई का शरीर और कहाँ यह ढीला-ढाला ढाँचा। बहुत देर तक बातें होती रहीं। पंचायत के चुनाव में छोटी जातियों के आगे बढ़ने से वह भी निराश थे। उनके गाँव बछवल में भी 'नान्हों' का ही बोलबाला था। उनमें शिक्षा नहीं है, लूट-पाट की आदत है। कैसे बेड़ा पार होगा। उनके अपने घर में चचेरे भाई विभूति अपने सगे भाइयों से न पटने के कारण इनके साथ रहते थे। हमारे यहाँ हल में भैंसा जोतना बुरा समझा जाता था–"भैंसा जोते लोहिया खाय"–लक्ष्मी के नाश का सीधा उपाय माना जाता था, लेकिन अब बैल बड़े महँगे हो गए, इसलिए भैंसा जोता जाने लगा। कह रहे थे, अब ब्राह्मणों को हल भी जोतने के लिए मजबूर होना पड़ेगा।

29 को सेनगुप्त आए। सबसे अच्छा काम कानपुर में कौशल जी ने किया था। कौशलजी को उसकी लगन भी थी। लखनऊ में थोड़ा-सा काम हुआ था। उसी दिन महेशनारायण भी चले आए। 1 अप्रेल को डा. भट्ट भी पहुँच गए। अब हमारे तीनों साथी प्रयाग में थे। परिभाषा-संबंधी पुस्तकों को सम्मेलन-पुस्तकालय से और दूसरी जगहों से जमा किया जाने लगा। छोटे-बड़े 16 ट्रंक हमारे साथ थे। 2 अप्रेल को 6 बक्सों को बुक करा आए, 3 अप्रेल को हम कलिम्पोंग जाने के लिए तैयार थे। मुझे गर्मी परेशान कर रही थी, और डायबेटीज़ से मिलकर वह दिन में एक तरह का खुमार पैदा किए रहती थी।

17
कलिम्पोंग में

3 अप्रेल को श्री लक्ष्मीदेवी ने चारों मूर्तियों को जलपान कराया, और हम अपने सामान के साथ लदे-फदे रामबाग स्टेशन पर छोटी लाइन पकड़ने गए। सामान लद गया। सीटें रिजर्व थीं, इसलिए उनकी दिक्कत नहीं थी। बहुत-से मित्र मिलने आए। दारागंज स्टेशन पर डा. उदयनारायण तिवारी आ गए। गाड़ी चली। बनारस में भोजन कर लिया, बलिया से आगे बबुलहा स्टेशन में अँधेरा हो गया। पहिले ही से मालूम था, इसलिए छपरा स्टेशन पर धूपनाथ जी भोजन के साथ आए, कुछ देर तक बातचीत होती रही। कह रहे थे, अब सारे परिवार को साथ रखना मुश्किल हो गया। संयुक्त परिवार में गुण भी हैं और दोष भी। गुण यही है, कि जिसको काम न मिले उसका भी गुजारा हो जाता है, पर, यदि सभी पैर से पैर मिलाकर चलने के लिए तैयार न हों, तो अड़चन भी हो जाती है। उसका चलना मुश्किल भी है। वह साम्यवाद चाहता है, जबकि आधुनिक सामाजिक व्यवस्था हरेक व्यक्ति को दूसरे को छोड़कर आगे बढ़ने की प्रेरणा देती है। पुराने समय से चला आया कानून भी असल में संयुक्त परिवार का पक्षपाती नहीं है, अगर होता, तो उसे चाहिए था, कि एक परिवार में पैदा होनेवाले सभी बच्चों को, बापों के सम्बन्ध का ख्याल न करके, घर की सम्पत्ति में बराबर का हक दिलवाता। एक भाई के पाँच लड़के और दूसरे का एक होता है, एक की माँ समझने लगती है कि मेरा तो आधे का हक है, और यह पाँच उसमें से खा रहे हैं।

बहुत दिनों तक इनके परिवार में एक साथ काम चला आया था। धूपनाथ जी के चचेरे भाई और घर के मुखिया बाबू देवनारायण सिंह घर-भर के बच्चों पर एक-सी दृष्टि रखते थे, धूपनाथ जी का भी वैसा ही ख्याल था, और उनके और भाइयों का भी। पर अगली पीढ़ी का निभना मुश्किल था।

12 बजे के आसपास हमारी ट्रेन मुजफ्फरपुर पहुँची। यहाँ से धरम-हल्ला शुरू हो गया। शायद नेहरू जी आए थे। फिर क्या ? आसपास के कई मील के दर्शनार्थी मुफ्त में रेल में चढ़कर आए थे, अब वह लौट रहे थे। किराया नहीं देना है, सो जैसा ही पहिला दर्जा वैसा ही तीसरा दर्जा। हमारे डब्बे भी भर गए, और मुश्किल से अपने बैठने-भर की जगह हमारे पास रही। डर लग रहा था, सामान में से किसी चीज को उठाए कोई चल न पड़े। सचमुच ही एक आदमी चप्पल पहनकर चलने लगा। नजर पड़ गई, टोक दिया, नहीं तो वह चला ही गया था। सिर्फ डब्बे के भीतर ही लोग भरे नहीं थे, बल्कि छतों पर भी लदे हुए थे। आखिर स्प्रिंग इतने बोझे के लिए बना नहीं था। आगे जाकर उसने जवाब दे दिया, और गाड़ी बड़ी मुश्किल से समस्तीपुर पहुँच सकी। कम्बख्त हमारे ही डब्बे को ऐसा होना था, उसे काट दिया गया। सामान निकालकर प्लेटफार्म पर बैठ गए। सोचा था प्रयाग से बैठकर आराम से सीधे कटिहार पहुँच जाएँगे, लेकिन नैया मँझधार में फँस गई। 4 अप्रेल का सबेरा हुआ। जल्दी ही लोगों को पता लग गया, और कितने ही परिचित आ मिले। रेल

के दरोगा बाबू रामावतार नारायण ने घर चलने के लिए बहुत आग्रह किया, लेकिन हमारे कहने पर वहीं उन्होंने आतिथ्य किया। इसमें शक नहीं, कि अगर उन्होंने सहायता न की होती, तो गोरखपुर के एक्सप्रेस के पहिले दर्जे में भी जगह न मिलती, भीड़ बहुत ज्यादा थी। बरोनी में कुछ भीड़ कम हुई, बेगूसराय में वह छँट गई। यहीं कटिहार निवासी श्री महावीरप्रसाद मावंडिया और श्री विश्वनाथ शर्मा वकील हमारे डब्बे में आए। परिचय हुआ, कटिहार भी अज्ञात स्थान नहीं रह गया। मावंडियाजी अपने घर ले गए। आगे की गाड़ी 12 बजे रात को मिलनेवाली थी। मावंडिया जी के यहाँ भोजन हुआ, और कुछ देर तक गोष्ठी भी। उनकी तेल और आटे की जमना मिल है। मकान भी पास ही में है। मारवाड़ छोड़कर मनस्वी कार्यार्थी लोग कहाँ-कहाँ तक फैल गए हैं और वर्तमान पीढ़ी को तो मारवाड़ भी परदेश मालूम होता है।

रात को ट्रेन पकड़ने पहुँचे। कटिहार में तो मालूम होता है, बारहों महीने ही भीड़ रहा करती है। पहिले दर्जे में भी जगह मिल जाने पर हमें अपने भाग्य को सराहना पड़ा। रेलों की व्यवस्था अभी बहुत गड़बड़ थी। डब्बे पुराने हो गए थे, और लोग भी रेलवे की सम्पत्ति को बरबाद करने में आनन्द अनुभव करते हैं। बिजली के लट्टू और स्विच गायब कर देते हैं। हमारे डब्बे में अँधेरा-गुप्प था। किशनगंज में 3 बजे रात को हमारी ट्रेन पहुँची। किशनगंज अच्छा बड़ा व्यापारिक कस्बा, और पूर्णिया जिले के पूर्वी भाग का सदर मुकाम है। इसी को बंगाल में मिलाने पर लोगों में भारी उत्तेजना फैली थी। भीड़ कुछ कम हुई। रात को वर्षा हो रही थी, जिससे जमीन भीग गई थी। किशनगंज से नकसलवारी की लाइन वस्तुतः दार्जिलिंग हिमालयन रेलवे की थी, जिसको ही काम लायक बना दिया गया था। कटिहार से आसाम जानेवाली रेल पाकिस्तान में पड़ गई थी, इसलिए उधर से रेल का यातायात रुक गया था। आसाम से जोड़ने के लिए सिलिगुड़ी होकर रेल बन रही थी, जिसे कुछ महीने बाद हमने लौटते वक्त इस्तेमाल किया। गाड़ी भी धीमी-धीमी चल रही थी, 5 अप्रेल को हम वहाँ पौने 11 बजे पहुँचे।

भिक्षु अनिरुद्ध स्टेशन पर मोटर लिये मौजूद थे। कलिम्पोंग पहुँचने के लिए हम निश्चिन्त थे। ब्रेक में रखवाए छः बक्सों में एक बक्सा तोड़ दिया गया था। रेलवेवाले किसी चीज की क्यों पर्वाह करने लगे, और रेलवे कम्पनी कोई गारंटी देने के लिए तैयार नहीं। मोटर पर सामान रखवाया, हम चारों आदमी बैठ गए। रास्ते में रेलवे सड़क पर काम होते देखा। बागडोगरा का हवाई-अड्डा सड़क से दाहिनी ओर छूटा, जहाँ रोज कलकत्ता और आसाम से विमान आते-जाते रहते हैं। रेल की सड़क बनानेवालों में पंजाबी मिस्त्री काफी संख्या में थे। सिलिगुड़ी पहुँचते-पहुँचते अब चाय के बड़े-बड़े बगीचे आ गए। मैदान में भी चाय होती है, और परिमाण में प्रति एकड़ बहुत अधिक, पर मूल्य उसका उतना नहीं मिलता, जितना दार्जिलिंग के पहाड़ों की चाय का।

सिलिगुड़ी में पौने पाँच रुपए में चारों आदमियों का भोजन हुआ, जिनमें से एक ही निरामिष भोजी थे। इसे सस्ता ही कहना चाहिए। इस शहर को तिब्बत जाते-आते कई बार मैं देख चुका था। अब की 11 वर्ष बाद आया था। देश के विभाजन के कारण शरणार्थियों का रेला भी आ गया, फिर सिलिगुड़ी की जनसंख्या क्यों न बढ़ जाए ? कलिम्पोंग जानेवाली सड़क पर दूर-दूर तक दूकानें, मोटर-मरम्मत के मिस्त्रीखाने और छोटी-मोटी फैक्टरियाँ बन गई थीं। पहिले सिलिगुड़ी शाम को बैठते थे, और सोये-सोये सबेरे कलकत्ता पहुँच जाते थे। अब सिलिगुड़ी से कुछ ही मील पर पाकिस्तान की सीमा थी, इसलिए इस लाइन से जाना विदेश से होकर जाना था, तो भी अभी जाने-आने में रुकावट नहीं थी।

कलिम्पोंग–पौने 4 बजे हम कलिम्पोंग पहुँच गए। वही पहाड़ी पक्की सड़क थी, जिसे कई बार हमने देखा था, और उसमें कोई परिवर्तन नहीं था। बाजार से पहिले ही धर्मोदय विहार आया। यहाँ के श्रद्धालु बौद्धों–जिनमें श्री मणिहर्ष ज्योति का विशेष हाथ था–ने एक बँगले को खरीदकर उसे विहार का रूप दे दिया। यहीं हमारे रहने का प्रबन्ध था। तीन-चार भिक्षु पहिले से रहते थे, और अब हम चार और अभ्यागत आ गए। बक्से सँभाल लिये गए, किताबें उपयोग के लायक सजा दी गईं। अपने काम में अगले ही दिन से लग गए। अगले दिन से ही टहलने का भी हमने नियम पूरा करना शुरू किया, और उस दिन दूरबीन तक प्रायः पाँच मील की चहलकदमी हुई। सड़क पर मोटरों के आने का निषेध नहीं है, लेकिन आबादी के विरल होने के कारण

वे कम आती हैं। उस दिन हम तीनों ने रसायन की परिभाषाओं के निर्माण पर बातचीत की, और तत्वों तथा प्रत्ययों के बारे में कुछ निश्चय किए।

उसी दिन बुधवार को कलिम्पोंग की हाट थी। शनीचर को भी वह लगा करती है। दार्जिलिंग और कलिम्पोंग में हाटों का यह रिवाज किसानों और खरीदारों दोनों की दृष्टि से अच्छा है। जहाँ ऐसा नहीं है, वहाँ बिचवई किसानों से मिट्टी के मोल साग-सब्जी खरीदकर मनमाने दाम पर ग्राहकों को बेचते हैं। शाम को कुछ बूँदाबाँदी हुई। बंगाल की खाड़ी नजदीक है, डर लगा, वर्षा ने कहीं छेड़खानी तो नहीं की थी। दार्जिलिंग अंग्रेजों के हाथ में आने से पहिले सिक्किमवालों के हाथ से गोरखों के हाथ में चला गया था। गोरखों को हराकर ही नेपाल से पूर्व में यह इलाका और नेपाल से पश्चिम अल्मोड़ा जिले से लेकर सतलुज तक की हिमालय-भूमि को अंग्रेज़ों ने लिया। उस समय दार्जिलिंग जिले की आबादी बहुत कम थी। किरात जाति से सम्बन्ध रखनेवाले लेप्चा लोग यहाँ के निवासी थे। नेपाल में जनसंख्या का दबाव अधिक था, इसलिए वहाँ के मेहनती लोग पड़ोस के इन पहाड़ों की ओर बढ़ने लगे, जिसमें अंग्रेजों ने भी प्रोत्साहन दिया। ऐसा क्यों न करते, क्योंकि नेपालियों की वीरता को देखकर वह उनके सामरिक महत्व को समझने लगे थे, और समय बीतते-बीतते अंग्रेज़ों की भाड़े की सेना में नेपालियों की काफी संख्या हो गई। पिछली शताब्दी के अन्त में ही दार्जिलिंग नेपाली भाषी हो गया था, आज तो भाषा और जाति के तौर पर उसे नेपाल का एक टुकड़ा कहना चाहिए। पहिले सभी नेपाली अनपढ़ कुली या किसान थे, अब उनमें भी कुछ शिक्षित हो गए हैं। देर की निद्रा के बाद आँख मलकर अब वे देखते हैं, तो मालूम होता है, अपनी अर्जित भूमि में उन्हें कुली-किसान से आगे बढ़ने का रास्ता नहीं है। पहिले ही से शिक्षा में आगे बढ़े हुए बंगाली हैं, वह सभी नौकरियों को सँभाले हुए हैं, और चाय के बगीचे अंग्रेजों के हाथ में हैं। आर्थिक और सांस्कृतिक रूप से पिछड़ी हुई जातियाँ जब अपनी अवस्था से असंतुष्ट होकर उसे बेहतर बनाने के लिए जद्दोजहद करती हैं, तो इसे उनके प्रतिद्वन्द्वी नीचे दर्जे की प्रान्तीयता, भाषीयता, जातीयता, संकीर्णता, आदि नाम देकर बदनाम करते हैं। लेकिन, जिस भावना का आधार ठोस आर्थिक होता है, वह प्रचार के फूँक से नहीं उड़ाई जा सकती। विशेषकर आजकल, जब कि लोगों को कुछ जनतांत्रिक अधिकार प्राप्त हैं, और वह अपने असंतोष को दिखला सकते हैं। दार्जिलिंग की कांग्रेस कमेटी बंगाल प्रान्तीय कांग्रेस कमेटी की शाखा है, और वह उसी के इशारे पर चलती है। जब कुर्बानी करने का जमाना था, तब वैमनस्य होने की गुंजाइश नहीं थी, किन्तु अब कांग्रेस स्वतंत्र भारत के लाभ की भागीदार है, इसलिए अपने स्वार्थों के लिए लोगों में छीना-झपटी होनी स्वाभाविक थी। दार्जिलिंग की नेपाली जनता–जनसाधारण–का विश्वास कांग्रेस पर नहीं था, और अंग्रेजों ने पहिले ही से राष्ट्रीयता के विरुद्ध गोरखा-लीग को प्रोत्साहन देना शुरू किया था। अब गोरखा-लीग और कांग्रेस का यहाँ द्वन्द्व था। अभी-अभी एसेम्बली का चुनाव हुआ था, जिसमें कांग्रेसी उम्मीदवारों को हराकर गोरखा-लीग का आदमी चुन लिया गया।

कलिम्पांग में टहलना दूरबीन की ओर ही अच्छा मालूम होता था, क्योंकि उधर सड़क प्रायः सूनी रहती। साथ में कोई एक-दो आदमी जरूर रहते। कभी महेश होते, कभी अनिरुद्ध और कभी छपरा जिले का कोई तरुण या प्रौढ़। कलिम्पोंग अन्तर्राष्ट्रीय और अन्तर्प्रान्तीय नगर है। नगर की बुनियाद 1904 में पड़ी, जबकि ल्हासा भेजी गई अंग्रेजी सेना के लिए रसद भेजने का यह अड्डा बना। उसी समय रसद के लिए कम्सरियेट में काम करनेवाले ठेकेदार-दूकानदार यहाँ पहुँचे। उनका सम्बन्ध भारत की तत्कालीन राजधानी कलकत्ता से था, इसलिए मारवाड़ियों का पहले पहुँच जाना स्वाभाविक था। आज बड़ी-बड़ी दूकानें मारवाड़ियों के हाथ में हैं। उनके बाद के दूकानदार नेपाल से आए नेवार हैं, जिनमें से कुछ की शाखाएँ तिब्बत में भी हैं। उनके बाद दूसरे नेपाली दूकानदार आते हैं। कुछ तिब्बती और चीनी दूकानदार भी हैं, पर अधिकतर वह खाने-पीने की दूकानें करते हैं। उनके व्यापारी दो-तीन तिब्बती सेठ भी हैं। इनके अतिरिक्त काफी संख्या भोजपुरियों की है, जो छपरा, बलिया और आरा जिलों के रहनेवाले हैं। इनमें से कुछ छोटी-छोटी दूकानें करते हैं, पान-बीड़ीवाले भी इन्हीं में से हैं, दो-चार ने सस्ते जेवरों की दूकानें भी खोल रक्खी हैं, और एकाध ही ऐसे हैं, जो प्रथम श्रेणी के व्यापारियों की पंक्ति में पहुँच चुके हैं। मेरे लिए भोजपुरी अपने ही थे। उनमें से कोई न कोई सबेरे

की चहलकदमी में शामिल रहता।

प्रत्यक्ष-शारीर (अनाटोमी) के नौ हजार शब्द सेनगुप्त जमा कर लाए थे। दूसरे विषयों के भी बहुत-से शब्द जमा थे, या उनके कोश मौजूद थे। शब्दों को अकारादि क्रम से लगाने के लिए उन्हें कार्डों पर लिखना आवश्यक था, इसलिए हमें कितने ही लिपिकों की आवश्यकता थी। कलिम्पोंग हिमालय में ईसाई धर्म प्रचार करने का बड़ा अड्डा था, और मिश्नरियों ने इन्टर-कालेज, लड़कियों का हाईस्कूल, गोरे और अधगोरे लड़कों की शिक्षा के लिए छात्रालय सहित ग्रेहेम्स होम्स और कान्वेन्ट कायम कर रक्खे हैं। इनके कारण शिक्षा का यहाँ काफी प्रचार हुआ है। पर दर्जनों मेट्रिक पास लड़के-लड़कियाँ बेकार हैं, लड़के-लड़कियाँ प्रायः सभी नेपाली भाषा-भाषी थे, पर इससे हमें अड़चन नहीं थी। नेपाली भाषा हिन्दी से बहुत नजदीक है, वह नागरी अक्षरों में लिखी जाती है, और सभी शिक्षित नेपाली हिन्दी समझ लेते हैं। हमने कुछ लड़के-लड़कियों को इस काम में लगा दिया।

9 अप्रेल को हम दूरबीन की परिक्रमा करते जरा एक तरफ बढ़ गए। वहाँ एक सुन्दर छोटा-सा बँगला–'बुलनर विला'–मिला। पता लगा, किसी अंग्रेज ने इसे अपने लिए बनवाया था, और अब दार्जिलिंग के अधिकांश बँगलों की तरह यह बिककर किसी मारवाड़ी सेठ के हाथ में चला गया है। इस बँगले पर मैं तो मुग्ध हो गया। सीमेंट की छोटी छत के नीचे लम्बी पाँती में कई कमरे थे। पीछे की ओर भी कोठरियों की एक पाँती थी। कमरे बहुत साफ थे, और फर्नीचर भी साफ-सुथरे तथा बहुत अधिक नहीं थे। सचमुच आदमी में कितना अहं है। यहाँ भीतर जाकर आदमी खो नहीं जाता है, उसका अपना व्यक्तित्व बल्कि बड़ा मालूम होता है। शायद यह भी कारण था इस बँगले की मनोहारिता का। वैसे बना भी ऐसी जगह था, जहाँ से सुदूर हिमालय और उसके नीचे की हरी-भरी पर्वत-श्रेणियाँ दिखाई देती थीं। कहा जा रहा था, 30-35 हजार को बिका है। और उस समय अभी मालिक इस दाम से नीचे उतरनेवाले नहीं थे। इसलिए इसे लेकर मेरे यहाँ रहने का सवाल नहीं हो सकता था।

आज मेरा 56वाँ साल पूरा हुआ, 57 वें में मैंने कदम रक्खा। पिता और पितामह में कोई इस उमर तक नहीं पहुँचा था, इस विषय में मैं अपनी दो पीढ़ियों से आगे था। माता यद्यपि और भी कम उमर में मरीं, लेकिन उनका कुल दीर्घजीवियों का था।

10 तारीख को टहलते वक्त एक पूरी जमात साथ चल रही थी। बात सड़क के पास के अंग्रेजों के बँगलों पर हो रही थी। अंग्रेजों ने जाने से पहिले ही अपने बँगलों को बेच डाला, जिन्होंनें नहीं बेचा, पीछे मिट्टी के मोल बेचकर पछताए। बँगले के खरीदनेवाले अधिकतर मारवाड़ी सेठ हैं। किराये पर आजकल वह लग नहीं रहे थे, और मालिक साल में एक-दो महीने से अधिक यहाँ आकर नहीं रहते। एक बँगले को दिखलाकर बतलाया गया, कि पिछले साल साहेब इसका दाम तीन लाख माँगता था, और अब की साल डेढ़ लाख पाकर भी संतोष के साथ चला गया। अंग्रेजों में से अब बहुत कम ही रह गये थे।

उस दिन दोपहर का भोजन साहु भाजुरत्न के यहाँ था। पूरा भोज हो गया था, जिसमें तिब्बती सेठ, नेपाली व्यापारी और तिब्बती सरकार के विदेशों में भेजे गए कमीशन के सदस्य भी थे। कमीशन के मुखिया तिब्बती सरकार के अध्यक्ष–रिजेन्ट के भतीजे–शकापा भी थे। सबसे बड़े तिब्बती व्यापारी पनदा छाँग और भूटान की रानी दोर्जे अपने पुत्र-पुत्रियों और बंधुओं के साथ भोज में आई थीं। भोज के पहिले और भोज के बाद भी देर तक बातें होती रहीं, साहु भाजुरत्न ने इस कोठी को 30 हजार में खरीदा था। कोठी बहुत बड़ी है, उसके साथ नारंगियों का एक सुन्दर बगीचा भी है। फसल के वक्त केवल गृह और स्थान की सुषमा देखकर ही आँख और मन तृप्त होते हैं, बल्कि मधुर नारंगियाँ भी मुँह मीठा कराने के लिए तैयार रहती हैं।

अगले दिन दोपहर को शकापा हमारे निवास पर आए। यूरोप, अमेरिका और भारत की खाक छान आए थे। चीनी कम्युनिस्टों से घबराये हुए थे। आशा थी, अमेरिका, इंग्लैंड सहायता करेंगे, पर उन्होंने निराश किया। नेहरू ने भी आशा नहीं दिलाई। अब क्या करना चाहिए, यही प्रश्न था। मैंने कहा–तिब्बत में अब भी प्रचलित अर्धदासता वहाँ के लिए सबसे खतरे की चीज है। उससे चिपके रहन सबसे बड़ा अनिष्ट का हेतु है। चीन

का तिब्बत से पहिले भी सम्बन्ध रहा है। अंग्रेजों ने बीच में पड़कर उसमें बाधा डाली। क्या चीन फिर अपने पुराने सम्बन्ध को स्थापित करना चाहेगा। लेकिन, कम्युनिस्टों को तिब्बत में चीनी सैनिक भेजने की जरूरत नहीं है। आपके पड़ोस में अम्दो, खम और गोलोक के तिब्बती भाषा-भाषी लोग चीन की सीमा के भीतर हैं, वे नये रास्ते को अपनाकर अपने तिब्बती भाइयों को अर्धदासता के कोल्हू के नीचे पिसने नहीं देंगे। साधारण जनता अपने प्रभुओं के खिलाफ हो जाएगी, इसमें सन्देह नहीं। क्या आप गाँवों में तुरन्त स्कूल खुलवा सकते हैं, और तिब्बत को आगे बढ़ने में जो रुकावटें हैं, उनको दूर कर सकते हैं ? तिब्बत में आधुनिक ढंग की शिक्षा की जरूरत है, उसे खनिज विशेषज्ञों की, सड़क और नहर के इंजीनियरों की और सैनिक विशेषज्ञों की भी जरूरत है। यूरोप और अमेरिकावालों से सावधान रहें, वह बनी बात को भी बिगाड़ने ही के लिए हाथ डालेंगे। उस दिन थोड़े दिन के लिए जेनरल शोगाङ् भी आए, पर अधिकतर बात शकापा के साथ हुई। पहिले तिब्बत से लाई संस्कृत की पुस्तकों पर बात शुरू हुई, लेकिन फिर वह राजनीति की तरफ मुड़ गई।

13 तारीख को लदाखी हाजी व्यापारी का लड़का मिलने आया। वह पाँच-छ साल से ल्हासा में रहता है, और कलिम्पोंग में भी उसका दूकान है। लदाख से तिब्बत के भीतर-भीतर ल्हासा जाने का रास्ता है, किन्तु वह दो-तीन महीने का तथा चोरों और लूट-मार की कठिनाइयों से भरा है, इसलिए उधर जाने की अपेक्षा लदाखी व्यापारी कश्मीर (श्रीनगर) तक पैदल या घोड़े पर आकर फिर मोटर और रेल द्वारा कलिम्पोंग पहुँचते हैं, और यहाँ से तीन-चार हफ्ते में ल्हासा पहुँच जाते हैं। तरुण बतला रहा था, कि ल्हासावाले डर रहे हैं। सोच रहे हैं–यदि चीनी कम्युनिस्ट ल्हासा पहुँचे, तो हमारा क्या होगा ? अगर गड़बड़ी हुई, तो व्यापारी लुट जाएँगे। मैंने उन्हें बतलाया कि तिब्बत के बड़े व्यापारी और तुम एक ही नाव पर हो, और चीनी कम्युनिस्ट गड़बड़ी नहीं होने देंगे। हाँ, उनके आने से पहिले यदि गड़बड़ी हुई, तो दूसरी बात है। उनसे यह भी मालूम हुआ, कि अब शासन में लदाखियों को अधिकार मिला है। मेरे परिचित और सहायक नोनो छेरतन् फुन्-छोग् अब तहसीलदार हैं, ओर नायब-तहसीलदार भी लदाखी है। नोनो बड़े श्रद्धालु बौद्ध थे, पीछे ब्याह करके ईसाई बन गए। अंग्रेजों के जमाने में इसमें कुछ लाभ भी था, लेकिन अब तो वह घाटे का सौदा था, क्योंकि लदाख के बहुजन बुद्ध-भक्त हैं, और वह उनकी तरफ सन्देह की दृष्टि से देखते हैं।

12 अप्रेल को पता लगा, भारतीय संविधान के मसौदे के अनुवाद के लिए राष्ट्रपति ने एक समिति बना दी है, जिसमें मेरा भी नाम है। समिति के अध्यक्ष श्री घनश्यामसिंह गुप्त, और सदस्यों में सुनीति बाबू, श्री जयचन्द्र विद्यालंकार मेरे परिचित थे। इस काम के लिए अब दिल्ली जाने की जरूरत थी और मैं दिल्ली से सबसे दूर की पहाड़ी पर था।

कलिम्पोंग के अपने कुछ गुण हैं, जिनसे वह मुझे अच्छा लगा। यहाँ भी दूसरी पहाड़ी शीतल पुरियों की तरह ही पसीने की नौबत नहीं आती, बरफ पड़ने लायक सर्दी भी नहीं होती, और तिब्बत का प्रवेश-द्वार होने से यहाँ तिब्बती विद्वानों के समागम का भी सुभीता है।

प्रायः चार वर्षों से दिमाग में 'मधुर स्वप्न' चक्कर काट रहा था। उसकी सामग्री मैंने तेहरान और लेनिनग्राद में जमा की थी। अब मन कर रहा था, उसे कागज पर उतारा जाए। पिछले साल से ही दिमाग में यह बात समा गई कि अब कहीं एक जगह बैठकर काम किया जाए। यात्रा करना डायबेटीज़ के कारण सुखद नहीं है। रहने की जगह ऐसी होनी चाहिए, जहाँ बारहों महीनों काम किया जा सके। ऐसी जगह पहाड़ ही पर हो सकती थी। कई जगहों पर मैंने नजर दौड़ाई, और अब कलिम्पोंग पर भी मन जा रहा था। मेरे नये प्रकाशक अग्रिम रुपया देने के लिए तैयार थे, इसलिए उसकी कठिनाई नहीं थी। मित्रों ने कई जगहें दिखलाईं। महाप्रज्ञा प्रधानजी ने एक घर दिखलाया, जो बिजली के क्षेत्र से बाहर था। जगह भी गन्दी, हाँ, उसमें खेत अधिक थे। पर खेत लेकर हमें क्या करना था ? दाम 15 हजार बतलाया जाता था, जो उस पुराने मकान के लिए बहुत अधिक था। यह तो हम जानते थे कि इतने से कम में अनुकूल मकान नहीं मिल सकता। वहाँ से लौटते समय रोमन केथलिक कान्वेन्ट मिला। यूरोपियन मिश्नरी अपने कितने ही मकानों को बेचकर जा रहे थे। उस समय उनकी बड़ी संस्थाओं की भी हालत डाँवाडोल थी। लेकिन, केथलिक शायद ही कहीं अपनी इमारतों को

बेंचते या अपने मिशन को बन्द कर रहे थे। दूसरे ईसाई मिशनरियों से उनको सबसे बड़ा सुभीता यह है, कि उनके कार्यकर्ता परिवार-मुक्त आजन्म-सेवक साधु-साधुनियाँ थे।

अप्रेल के मध्य में पता लगा, मोहन शम्शेर भी अब दिन गिन रहे हैं। उनके अनुज बबर शम्शेर का कहना है : शम्शेर से हमने राज्य जीता है, और उसी शम्शेर के बल पर हम उसे रक्खेंगे। भारत सरकार भी अभी नेपाल के बारे में कोई निश्चय नहीं कर पाई थी, बल्कि राणाशाही ने यूनो की सदस्यता के लिए जब इच्छा की, तो भारत सरकार उसमें सहायता देने के लिए तैयार थी।

स्थायी निवास बनाने के ख्याल ने एक बार सिक्कम के अन्तिम गाँव लाछेन् की ओर भी मन खींचा। तिब्बत से लौटते वक्त दो बार मैं इस गाँव से गुजरा था। इधर सेबों के लिए वह कोटगढ़ और कुल्लू बन गया है। एक फिनिश मिंशनरी महिला ने इस शताब्दी के आरम्भ में वहाँ अपना अड्डा जमाया। सोचा, और मिश्नरियों की तरह शायद वह भी अपने बँगले को बेचे, उसे ही क्यों न ले लिया जाए। न बेचे, तब भी देवदारों की सुन्दर छाया में सोई इस भूमि में मकान बनाने के लिए जगह मिल सकती है।

22 अप्रेल को होम्स की ओर टहलने गये। उसके एक छोर पर एक एंग्लो-इंडियन का मकान था, जिसके साथ एक एकड़ से कुछ अधिक जमीन थी। खास महल से बाहर की भूमि सिर्फ नेपाली ही खरीद सकते थे। मकान बहुत पुराना था, और फर्नीचर भी बहुत घिसा-टूटा। दाम 28 हजार बतलाया गया। उसी दिन पता लगा, कि डॉ. जार्ज रोयरिक यहीं हैं। उनके यहाँ आने का पता पहिले भी पत्र से मालूम हो चुका था। शाम को उनके निवास 'कुकेटी' में गए। माँ अब अस्वस्थ थीं, इसलिए उनसे नहीं मिल सके। तीन घंटे तक हमारी बातचीत होती रही। 1947 में कुल्लू में जो खराबी हुई, उसके कारण उनके परिवार का मन उखड़ गया। वह अपने पिता और अनुज की तरह चित्रकार-कलाकार नहीं हैं, उनका विषय भारत-तिब्बत-मंगोलिया के इतिहास का अनुसंधान है। यूरोप में उनके इतना बड़ा तिब्बती और मंगोल भाषा का विद्वान् शायद ही कोई हो। कलिम्पोंग में रहने पर तिब्बत के विद्वानों के साथ सम्बन्ध स्थापित करने में सुभीता था, इसलिए भी उन्हें यह स्थान पसन्द आया। उन्होंने तिब्बती इतिहास के एक बहुत बड़े गंथ 'देब्तेर डोनपो' (नील पुस्तक) का अनुवाद अंग्रेजी में किया, जो आजकल बंगाल एशियाटिक सोसायटी से छप रहा था। पिछले ही साल कलिम्पोंग में उनकी माता का देहान्त हो गया। जार्ज अपनी साहित्यिक साधना में लगे हुए हैं।

20 अप्रेल को टहलते समय भिक्षु अनिरुद्ध साथ में थे। भिक्षु अनिरुद्ध श्रद्धालु नेवार बौद्ध पिता के पुत्र हैं, पिता भी धर्मालोक के नाम से भिक्षु बन गए, और चाहा अपने दोनों पुत्रों को भी भिक्षु बनाकर आगे की परम्परा ही तोड़ दें। लेकिन, छोटा लड़का इसके लिए तैयार नहीं हुआ। उसकी बात सुनकर हँसी आती थी। वह भिक्षु बनने के लिए ही सिंहल गया था। पर कहता था–मेरे दो ब्याह लिखे हैं, इसलिए मैं भिक्षु नहीं बनूँगा। वह भिक्षु न बनकर तिब्बत का व्यापारी बन गया। बड़े भाई ने सिंहल में श्रामणेर दीक्षा ली, और अब भिक्षु होकर भी अनिरुद्ध के नाम से ही प्रसिद्ध हैं। बर्मा में थे, उसी समय महायुद्ध छिड़ा और बर्मा जापान के हाथ में चला गया। सारे युद्ध-भर वहीं रहे। जापानी भाषा बोलने-भर के लिए तो सीख ली, लेकिन उनका मन किसी भाषा के पढ़ने में नहीं लगता। उनके भीतर अब भी बचपन अधिक था, लेकिन स्वभाव से अच्छे थे।

दिल्ली–संविधान के मसौदे का अनुवाद करना था, इसलिए उसकी परिभाषाओं के बारे में मैंने इधर कुछ तैयारी की। छोटी लाइन की गाड़ी से खूब परेशान हो चुके थे, इसलिए उसके द्वारा दिल्ली जाने की हिम्मत नहीं हुई। तै किया कि बागडोगरा से कलकत्ता और कलकत्ता से दिल्ली विमान से जाएँ। कलिम्पोंग के एक मारवाड़ी मित्र ने टिकट खरीदने का भी प्रबन्ध कर दिया। भोजन का प्रबन्ध महेशजी ने सँभाल लिया था, हमारे दोनों मित्र परिभाषा के काम में लग गये थे। 23 अप्रेल को मोटर से हम रवाना हुए। सिलिगुड़ी 42 और वहाँ से 8 मील चलकर 12 बजे बागडोगरा पहुँच गए। यात्रा में तीन घंटे लगे। हवाई अड्डा अस्थाई-सा था। खाली पड़ी ज़मीन पर लोहे की जालियाँ बिछा करके अवतरण-भूमि तैयार की गई थी, और आफिस के लिए लक़ड़ी के झोंपड़े थे। कोठयानराव (छपरा) के श्री रघुवंश प्रसाद भी साथ चल रहे थे। पहिले-पहिल विमान

में चढ़ना था, इसलिए बहुत डर रहे थे। हमने हिम्मत दिलाते हुए कहा–"रघुवंश बाबू, डरने की जरूरत नहीं। यदि कभी ऐसा होता भी है, तो विमानवाले को योगियों की मौत मिलती है। बस, कुछ ही मिनटों में आदमी इस पार से उस पार पहुँच जाता है।" लेकिन, योगियों की मौत मरने के लिए भी कितने तैयार होंगे ? आजकल तो जब से डाक्टरों ने इसे हृदय की गति बन्द होना (हार्टफेल) का रोग कहना शुरू किया है, तब से आकर्षण और भी कम हो गया है। खैर, मैं भी चल रहा था, इसलिए रघुवंश बाबू को कुछ ढारस आया। हम 3 बजकर 20 मिनट पर अड्डे पर पहुँचे थे, और एक घंटे बाद विमान उड़नेवाला था। सामान तोला गया और शरीर भी। सामान 20 सेर से अधिक होता, तो किराया देना पड़ता, लेकिन शरीर का वजन इस ख्याल से लिया जाता है, ताकि उतना ही बोझ रखा जाये, जितना कि लोहे का गरुड़ उठा सकता है।

विमान दौड़कर आसमान में उड़ चला। कान में जोर की आवाज आ रही थी, पर वह उतनी कष्टकर नहीं मालूम हुई, जितनी कि तेहरान से मास्को जानेवाले विमान पर। वह था भी बोझा ढोनेवाला विमान। वैसे सवारी न मिलने पर यह भी नारंगियाँ और दूसरी चीजें लादकर छकड़ा ही बन जाता था। पहाड़ पीछे छूटा, आगे नीचे सब मैदानी जमीन थी। विमान दक्षिण की ओर जा रहा था। भूमि में छोटी-छोटी बहुत-सी नदियाँ है, और ज्यादा वर्षा होने के कारण वह बिल्कुल सूखती नहीं। देखने में साँप-सी टेढ़ी-मेढ़ी मालूम होती थीं। गाँव मकानों के नहीं, घरौंदे के झुंड मालूम पड़ते थे, और वृक्ष घास। जगह-जगह चरते ढोर चीटियों-से दिखाई पड़ते थे। विमान पाँच और छः हजार फुट की ऊँचाई पर उड़ रहा था। कहीं-कहीं बादलों के कुछ टुकड़े उसके नीचे से भागते जान पड़ते थे। 5 बजे के करीब जो चिट मिली, उससे पता लगा कि हम हजार फुट ऊपर उड़ रहे हैं, और गति है 165 मील प्रतिघंटा। 4 बजकर 57 मिनट पर विमान इंगलिश बाजार के ऊपर उड़ रहा था। कोसी तो जान पड़ता था सहस्र धारा बन गई थी, और गंगा इतनी पतली थी कि हमें पार करते भी पता नहीं लगा। समझ ही नहीं पाए, किस वक्त बिहार की सीमा पार कर हम बंगाल में चले आए। विमान की सोलह सीटों में एक-तिहाई खाली थीं। भारत में यह पहिली बार विमान-यात्रा का मौका मिला था। पुष्पक विमान का ख्याल आता था। चाहे कल्पित ही हो, लेकिन कवियों ने आसमान से पृथ्वी कैसे दीखती है, इसकी ओर कल्पना दौड़ाई थी। वह कल्पना इतनी आकर्षक नहीं हो सकती थी, जैसी कि हमारे देश की यह पूर्वी भूमि दीख पड़ रही थी।

6 बजे शाम को दमदम हवाई-अड्डे पर उतरकर टेक्सी से हम मणिबाबू के घर 4 नम्बर रामजीदास जेटिया लेन पहुँचे। यात्रा के बाद और विशेषकर रात को स्नान करने की मेरी आदत-सी है। गर्द-गुबार के कारण रेल-यात्रा में तो यह आवश्यक भी है, पर विमान में कोई वैसी बात नहीं थी। पर अब गर्मी आ गई थी, इसलिए स्नान आनन्दकर था।

24 तारीख को सबेरे 6 बजे ही फिर हवाई अड्डे पर पहुँचा। बागडोगरा से कलकत्ता तक किराया 74 रुपया था, और दिल्ली तक का 203 रुपये था। इंडियन नेशनल एयरवेज़ का विमान 'सतलुज' हमें मिला, जिसमें 24 सीटें थीं, और सभी पर मुसाफिर बैठे हुए थे। यह विमान अधिक स्वच्छ और सजा मालूम होता था। था भी यह अन्तर्राष्ट्रीय विमान-पथ पर चलनेवाला। इसकी चाल दो सौ मील से अधिक थी, और उड़ रहा था छः हजार फुट पर। कलकत्ता से 7 बजकर 40 मिनट पर हम रवाना हुए, और दिल्ली पहुँचने में चार घंटा 20 मिनट लगे। यातायात के नवीन साधन दूरियों को कितना कम कर रहे हैं ? इस विमान में 44 पौंड पर किराया नहीं था, चार पौंड अधिक होने का चार रुपया और देना पड़ा। कलकत्ता से दिल्ली तक का सारा नक्शा हमारे पैरों के नीचे पड़ा था। कहीं-कहीं धुंध अधिक थी, जिससे साफ नहीं दिखाई देता था। अच्छी तरह देखने के लिए दूरबीन की आवश्यकता थी। हवाई-जहाज से फोटो लेना मना है। नदियाँ नीचे सर्प गति से चल रही थीं। जंगल, बाग, गाँव और शहर जगह-जगह छूटते जा रहे थे। मकानों की ऊँचाई किसी गिनती ही में नहीं थी। कितनी ही दूर तक गंगा, फिर सोन आई, फिर कुछ दूर चल गंगा को पार हो गोमती के सहारे चले। फिर रामगंगा और गंगा पार होते जमुना आई, और विमान दिल्ली में पालम के अड्डे पर 12 बजे उतर गया। अड्डे से टेक्सी ले कुछ ही मिनटों में 13, फिरोजशाह रोड पर श्री चन्द्रगुप्त विद्यालंकार के यहाँ पहुँच

गए। कलिम्पोंग से दिल्ली पहुँचने का यह रास्ता बहुत टेढ़ा-मेढ़ा था। यदि बागडोगरा से सीधे दिल्ली की विमान-व्यवस्था होती, तो कल ही हम कलिम्पोंग से दिल्ली पहुँचे गए होते।

कलिम्पोंग में टहलने पर भी डायबेटीज़ की शिकायत कम नहीं हुई। यहाँ वह कुछ कम हो गयी थी। शायद चावल और सर्द जगह के कारण हो, लेकिन यह दिल बहलाने का ही ख्याल था। वजन अब भी 172 पौंड अधिक मालूम होता था। दिल्ली में 103° गर्मी थी, परेशानी तो होनी ही चाहिए। 25 तारीख को शाम के समय पार्लियामेन्ट-भवन के उस कमरे में गए, जहाँ हमें काम करना था। सातों विशेषज्ञ–जयचन्द्रजी, सुनीति बाबू, दाते, घनश्यामसिंह गुप्त, प्रो. मुजीब, सत्यनारायण जी और मैं–वहाँ मौजूद थे। अभी पहिली बार मिले थे, इसलिए भाषा और परिभाषा के बारे में विचार-विनिमय हुए। प्रो. मुजीब को छोड़ सभी ने अपने विचार प्रकट किए। प्रो. मुजीब तो तभी बोल सकते थे, जब उर्दू परिभाषाओं के लिए भी कोई गुंजाइश हो। लेकिन परिभाषा के सम्बन्ध में भारत की बाकी सारी भाषाएँ एक तरफ थीं, क्योंकि सभी संस्कृत के शब्दों को लेने के लिए तैयार थीं, जबकि उर्दू की परम्परा उसे अरबी से जोड़े हुए थी। इस बात में सभी सहमत हुए, कि अनुवाद की भाषा सुगम होनी चाहिए, अज्ञात और कठिन शब्दों से बचना चाहिए। परिभाषाएँ भारत की दसों भाषाओं में एक-सी होनी चाहिएँ, और निर्माण में सबकी सहायता लेनी चाहिए। मुझे यह जानकर भी बड़ी प्रसन्नता हुई, कि हमारे सचिव बालकृष्ण भाषा और परिभाषा के सम्बन्ध में बड़े ही योग्य व्यक्ति थे। वहाँ से उठकर श्री गुप्तजी और बालकृष्णजी के साथ हम ठेकेदार नारायणदास के घर पर पहुँचे। हम तीनों को अनुवाद करके अगले दिन लाने का काम सौंपा गया था। बहुत रात तक हम काम करते रहे।

26 अप्रेल को फिर समिति की बैठक हुई, और कल जिन अनुच्छेदों का अनुवाद हमने किया था, वे स्वीकार कर लिए गए। यह भी निश्चय किया गया, कि मैं और प्रो. बालकृष्ण अनुवाद करें, और अगली बैठक में 10 मई को उसे पेश करें। उस दिन भी रात के 11 बजे तक हम दोनों अनुवाद करते रहे। हमने जो रास्ता अपनाया था, उसमें छः सदस्यों में किसी का भी मतभेद नहीं था, यह जानकर बहुत संतोष हुआ।

27 अप्रेल को डा. भारद्वाज से मिले। उनसे मेडिकल परिभाषाओं के काम के बारे में बात हुई। यह जानकर आश्चर्य होना ही चाहिए, कि इनके जैसे आधुनिक ढंग के सुशिक्षित दम्पती विधवा-विवाह के विरुद्ध थे। उस समय हिन्दू विवाह-व्यवस्था में स्त्रियों को तलाक के लिए भी अधिकार मिलनेवाला था। वह उन लोगों में से थे, जो समझते थे, कि तलाक की छूट होने पर स्त्रियाँ बेतहाशा अदालतों की ओर दौड़ पड़ेंगी। यह ख्याल नहीं था, कि पुरुष ने चाँदी के धागों से स्त्री को बाँध रक्खा है। जब तक स्त्री को आर्थिक स्वतन्त्रता नहीं है, तब तक वह पुरुष की सब तरह की गुलामी करने के लिए तैयार रहेगी। उस दिन 9 बजे रात तक का सारा समय बालकृष्ण जी के साथ मिलकर अनुवाद करने में लगा। रघुवीरशाही ने एक विचित्र क्लिष्ट तथा नई भाषा तैयार की थी, जिससे पिण्ड छुड़ाना जरूरी था। श्री सत्यनारायण जी हिन्दुस्तानी के पक्षपाती थे, लेकिन वह भी हमारे अनुवाद से संतुष्ट थे।

दिल्ली में रात तो अच्छी थी, पर दिन में पंखा ही जीवनाधार था।

28 तारीख को मध्यान्ह-भोजन श्री सत्यनारायण ज़ी के यहाँ किया, पुनः आने के ख्याल से गद्दे-मसहरी को यहीं छोड़ 12 बजे डालमिया की इंडियन नेशनल एयरवेज़ के आफिस में गये। लू चल रही थी, टिकट लिया, 1 बजे विमान उड़ा। कहाँ धरती पर गर्मी के मारे खोपड़ी भन्ना रही थी, और कहाँ 9,500 फुट पर दो सौ मील की चाल चलते विमान पर मौसम बड़ा सुहावना था। बनारस पर उड़ते समय वहाँ की गर्मियाँ याद आने लगीं, और उसी के 9,000 फुट ऊपर ऐसा सुखद मौसम। पौने पाँच बजे हम कलकत्ता के दमदम अड्डे पर पहुँचे, और 18 आना टैक्सी को दे 6 बजे मणिहर्ष जी के घर पर पहुँचे गये। उस समय कम्युनिस्टों को उच्छिन्न करने पर सरकार तुली हुई थी। उस दिन कम्युनिस्टों की भूख-हड़ताल के समर्थन में जुलूस निकाला था, जिस पर गोली चलाई गई।

कलिम्पोंग–29 अप्रेल को सवेरे दमदम के अडडे से पहुँचकर 6 बजकर 10 मिनट पर हम उड़े। रास्ते में बादल था, विमान उससे ऊपर उठा, और अधिक समय तक भूमि दिखलाई नहीं पड़ी। एक तरह आँख

मूँदकर अन्दाज से चलना था। विमान में मुसाफिर कम और माल अधिक भरा था। एक मारवाड़ी सहयात्री शंकित हृदय से बैठे थे और दूसरे वमन में व्यस्त । विमान अधिक हिलता-डोलता नहीं था, न पेट की चीजें हिल सकती थीं, फिर वमन क्यों ? मनोवैज्ञानिक कारणों से ही ? बादलों के कारण हिमालय को देख नहीं सके। दो घंटे उड़ान के बाद बागडोगरा पहुँचे। फिर विमान-कम्पनी की मोटर बस ने हमें सिलिगुड़ी स्टेशन पर पहुँचा दिया। मुस्लिम होटल का मालिक भोजन कराते बतला रहा था–यहाँ दोनों ओर की भूमि भारत की है, किन्तु रेलवे लाइन पाकिस्तान की है। बंगाल के गर्वनर डॉ. काट्जू आनेवाले थे, उनके स्वागत के लिए लोग जमा थे। 10 रुपए में मोटर की अगली सीट मिली और साढ़े 12 बजे धर्मोदय पहुँच गए। आनन्दजी मौजूद मिले। वैशाख पूर्णिमा की तैयारी हो रही थी। दिल्ली से लौटने के बाद घर लेने का उत्साह कुछ मन्द हो गया। सोचने लगे, सर्पवृत्ति से दूसरे के घर में रहना ही ठीक है, क्यों घर में बँधें और क्यों रुपयों के तरद्दुद में पड़ें ? दिल्ली फिर जाना था। और इस खबर को सुनकर प्रसन्नता हुई, कि दिल्ली से सीधे बागडोगरा आने का प्रबन्ध किया जा रहा है। लेकिन, मेरे समय यह नहीं हो सका। दिल्ली में वर्षा नहीं थी, अब दिन और रात झड़ी लग गई थी।

टहलने का नियम फिर पाला जाने लगा। बोलते समय बराबर बोलते रहना पड़ता था। सोचा एक घंटा मौन रखा जाए, ताकि 'मधुर स्वप्न' के बारे में खाका बनाया जा सके। उपन्यास मैं एक छोड़कर ऐतिहासिक ही लिखता आया हूँ, और आगे यदि लिखना होगा, तो ऐतिहासिक ही लिखूँगा। इसमें काफी मेहनत पड़ती है। देश-काल-पात्र सम्बन्धी कोई अनौचित्य न हो, इसके लिए सभी तरह की प्राप्य सामग्री को अध्ययन करके नोट कर लेना पड़ता है। अध्याय के अनुसार उपन्यास का ढाँचा तैयार करना, फिर उसमें सामग्री को यथास्थान रखना। इसके बाद बड़ी-बड़ी घटनाओं का भी सन्निवेश करना। फिर कहानी सामने आती है, जो कितनी ही जगह लेखक की इच्छा के न रहते भी दूर खींच ले जाती है। 'मधुर स्वप्न' का कुछ अंश लिखवा दिया गया था। महेश लिखने का काम कर रहे थे। 5 मई को आठवाँ अध्याय लिखवाया। उसी दिन शाम को दार्जिलिंग के डिप्टी-कमिश्नर श्री निर्मलजी आए। वह सेनगुप्त के सहपाठी भी थे। देर तक देश की स्थिति पर बातचीत होती रही। अगले दिन शाम को धर्मोदय के नीचे श्रीमती स्कॉट के अन्ध विद्यालय में गए, जिसमें 24 लड़के शिक्षा पा रहे थे। उनका सारा प्रबन्ध श्रीमती स्कॉट करती हैं, इस तरह के निरवलम्ब आदमियों को स्वावलम्बी बनाना बड़ा काम है। उनसे पता लगा, कि लछोन की मिश्नरी बुढ़िया मर गई है, लेकिन फिनलैण्ड मिशन ने वहाँ अपना काम छोड़ा नहीं है।

7 मई को मलेरिया रानी ने सूचना भेजी–'यह मेरी भूमि है, मैं आपसे मिलना चाहती हूँ।' भला यह उनके स्वागत का समय था। पैरों में सुरसुराहट हुई, पेट में कुछ गड़बड़ी मालूम हुई। मैंने कुनैन की दो गोलियाँ देकर छुट्टी लेनी चाही। अगले दिन टहलना रुक गया। भूख भी नहीं थी, पर ज्वर का अभी स्पष्ट पता नहीं था। उस दिन भी दो टिकियाँ थमाईं। मसहरी दिल्ली में छोड़ आने का पछतावा होने लगा, क्योंकि अब मच्छर बढ़ गए थे।

प्रत्यक्ष-शारीर की परिभाषाओं को अन्तिम रूप देने में हम लोग लगे हुए थे।

11 मई को अब की वैशाख पूर्णिमा पड़ी। कलिम्पोंग में काफी बौद्ध हैं, और उनके एक से अधिक मन्दिर भी हैं। धर्मोदय विहार में सबेरे बुद्ध-पूजा हुई, दोपहर को भिक्षुओं को भोजन कराया गया। काफी स्त्री-पुरुष आए। विहार को अच्छी तरह सजाया गया था। डेढ़ बजे आनन्दजी के सभापतित्व में सभा हुई। एस. डी. ओ. श्री प्रधान ने धर्मोदय सभा के पुस्तकालय का उद्घाटन किया। बादल उमड़-घुमड़कर आ रहे थे, लेकिन उन्होंने यज्ञ में बाधा नहीं डाली। मैं भी बोला। डा. भट्ट अपनी भाषा (कन्नड़) में बोल नहीं सकते थे, अंग्रेजी और जर्मन पर उनका पूरा अधिकार था, लेकिन वह संस्कृत में बोले। उनकी स्वाभाविक संस्कृत का मैं पहिले भी प्रशसंक था। अब इतने वर्षों बाद भी वह उसी तरह अधिकार रख सकते हैं, इसकी कम आशा थी। कलकत्ता युनिवर्सिटी में इस समय तिब्बती के अध्यापक एक बुर्यत-मंगोल भिक्षु भी वहाँ आए। उनसे बातचीत होती रही।

तिब्बत में पाँच विषयों–दर्शन, तर्कशास्त्र, विनय, महायानसूत्र और माध्यमिक शास्त्र–ये पाँच ग्रंथ पढ़ाए जाते हैं–अभिधर्मकोश, प्रमाणवार्तिक, विनयसूत्र, अभिसमयालंकार और मध्यमांकावतार। इनमें अन्तिम को छोड़कर सभी संस्कृत में प्राप्य हैं। पहिले दोनों को मैं सम्पादित करके प्रकाशित कर चुका हूँ, तीसरा सम्पादित होकर छप चुका है, लेकिन प्रकाशक अचार बनाने में लगे हुए हैं। चौथी पुस्तक रूस से छप चुकी है, और अन्तिम अभी तिब्बती भाषा में ही उपलब्ध है। मैं सोच रहा था, यदि संस्कृत और तिब्बती अनुवाद को आमने-सामने रखकर प्रकाशित किया जाए, तो इससे दोनों भाषाओं के जाननेवालों को लाभ होगा। पहिली पुस्तक के मुद्रण के खर्च का जिम्मा मेरे मित्र श्री त्रिरत्नमान ने ले भी लिया, लेकिन सबसे बड़ी दिक्कत तिब्बती टाइप की हुई। कलकत्ता में एक प्रेस का चार्ज चौगुना-पँचगुना था, दूसरा प्रेस फँसाकर रखनेवाला था, उसके ही कारण महामहोपाध्याय विधुशेखर भट्टाचार्य द्वारा सम्पादित असंग की 'योगचर्या-भूमि' अभी तक नहीं निकल सकी, और सम्पादक बिल्कुल निराश हो चुके हैं। कलिम्पोंग में श्री थर्चिन का प्रेस काम कर सकता था, लेकिन वह भी पर्वाह नहीं रखते। इन्हीं दिक्कतों से यह काम रह गया, नहीं तो दो-तीन पुस्तकें तो जरूर निकल गई होतीं।

अगले दिन (12 मई को) टाउन-हाल में बुद्ध-जयन्ती मेरे सभापतित्व में मनाई गई, जिसमें मंगोल, भारतीय, तिब्बती, नेपाली, स्विस और रूसी श्रद्धालु बोले थे। बौद्ध-धर्म का अन्तर्राष्ट्रीय रूप यहाँ आँखों के सामने था।

तिब्बत के भविष्य के बारे में मैं निश्चिन्त और प्रसन्न था। लेकिन, एक बात की चिन्ता मुझे जरूर होती थी, कि तिब्बत भाषा के प्रकाण्ड पंडित कहीं सुनी-सुनाई बातों को सुनकर देश से भागने के लिए तैयार न हो जाएँ, और उनकी विद्या का कोई मोल न रह जाए। 13 मई को एक ऐसे ही मंगोल पंडित आए। अपने देश से आकर मेरा बिहार में वर्षों रहकर पढ़ते रहे। अब 55 साल के हो गए थे। कुछ चित्रकला भी बनाना जानते थे। कलिम्पोंग में आए साल-भर हो गया, और चित्र ही से कुछ जीविका कमा लेते थे। बहुत कष्ट में थे। उनकी विद्या का यहाँ कोई उपयोग नहीं हुआ। मैं जानता था, पाँच रुपया देकर मैं अपनी पीड़ा दूर कर रहा हूँ, उनकी पीड़ा दूर करने का रास्ता तो यही था, कि वह तिब्बत लौट जाते। और कुछ दिनों बाद उन्हें पढ़ाने-लिखाने का काम जरूर मिल जाएगा।

तिब्बत में उत्तर ह्वांग-हो-उपत्यका में तुंगन (चीनी मुसलमान) लोगों की ओर कम्युनिस्ट मुक्ति-सेना बढ़ रही थी। वहाँ के मुस्लिम नेता अपने लोगों के सर्वेसर्वा होकर शाहाना ठाठ से रहते थे। वह क्यों कम्युनिस्टों के स्वागत के लिए तैयार होते ? पर हारकर उन्हें भागना जरूर था। मुझे इस बात की चिन्ता थी, कि कहीं वह भारत भागने का सीधा रास्ता न पकड़ें, और ल्हासा होते कलिम्पोंग न आएँ। ऐसा होने पर उनकी लूट-पाट में रेडिङ्, ल्हासा आदि के प्राचीन बौद्ध-विहार नष्ट हो जाते, जिनके साथ हमारी सहस्रों अनमोल सांस्कृतिक निधियाँ भी ध्वस्त हो जातीं। मैंने इस खतरे के बारे में राष्ट्रपति को लिखा, और 'विश्व-दर्शन' में एक लेख भी लिखा। राष्ट्रपति ने चीन स्थित अपने राजदूत को इसकी सूचना दी, और इन निधियों की ओर चीन सरकार का ध्यान दिलाने के लिए कहा। सौभाग्य से तुंगन हारकर इस रास्ते नहीं भागे, वे और पश्चिम की तरफ हटते गए, और अन्ततः उनके नेता सिङ्क्यांग से कश्मीर में चले आए।

कलिम्पोंग में और सब ठीक हो गया था, लेकिन अभी भोजन का अच्छा प्रबन्ध नहीं हुआ था। भोजन में भिन्न-भिन्न रुचि रखनेवाले लोग थे, तो भी ऐसे नहीं थे, कि वह उसमें हेर-फेर करना न पसन्द करते। पर कोई अच्छा रसोइया नहीं मिल रहा था। कई रसोइये बदलने पड़े थे।

धर्मोदय की ऊपरी मंजिल को करीब-करीब हमने दखल कर लिया था। बहुत अच्छी जगह थी–शहर से बाहर भी और समीप भी। नीचे से कलिम्पोंग जानेवाली सड़क जाती थी। यहाँ गर्मी का भय नहीं था, लेकिन परिचितों की संख्या कम नहीं थी, इसलिए मिलने-जुलने के कारण समय बहुत बरवाद होता था। पर यह अवस्था शुरू में ही रही, जब लोगों को मालूम हो गया, कि रविवार को आने में हमें सुभीता है, तो वह उस दिन आने लगे। उस समय मैं सबेरे साढ़े 5 बजे उठता, 15 मिनट में हाथ-मुँह धोकर छुट्टी लेता, डेढ़-दो घंटा टहलने के लिए निकल जाता। 8 बजे के बीच कभी नाश्ता करता, फिर लिखने या कोश के काम में लग जाता, साढ़े 8-साढ़े 9 के बीच कभी आध घंटे के लिए सो भी जाता, फिर काम में लगकर मध्याह्न-भोजन करके दैनिक

पत्र को कुछ मिनट देकर साढ़े 7 बजे रात तक कोश का काम करता। रात्रि-भोजन के बाद साथियों के साथ कुछ देर वार्तालाप होता, फिर दो घंटे 'मधुर स्वप्न' को लिखवाता। इसके वाद कोई हल्की चीज पढ़ता, और फिर डा. भट्ट के साथ काफी बात करके सो जाता।

डॉ. भट्ट का 18 वर्ष का जर्मनी का प्रवास बड़ी मनोरंजक आपबीतियों से भरा था। वह संस्कृत के पुराने पंडित थे, जब जर्मनी के लिए रवाना हुए, अण्डा खाना भी उनके लिए मुश्किल था। पण्डिताऊ दृष्टिकोण साथ गया था। जर्मनी में पहुँचने के बाद उनके पास मुश्किल से सौ रुपये रह गए होंगे। मेरे लिखने पर टुबिंगन विश्वविद्यालय के संस्कृत के प्रोफेसर ने काम के बदले उन्हें कुछ आर्थिक सहायता देने के लिए कहा, और दी भी। पर वह सहायता इतनी कम थी, कि बड़ी मुश्किल से काम चला सकते थे। मैंने मंत्र बतला दिया–आदमी को छलाँग मारना चाहिए। आखिर वह जहाँ भी छलाँग मारेगा, वहाँ मानव-समुद्र ही रहेगा, और मानवता हर जगह मनुष्य की रक्षा के लिए तैयार है। अज्ञात-अपरिचित स्थान में भी आदमी के मित्र बन जाते हैं, फिर गाड़ी चल पड़ती है। छलाँग मारनेवालों में हजार में एक ही डूबता है, और हमें 999 छोड़कर एक की श्रेणी में नाम लिखाने की क्या जरूरत ? डॉ. भट्ट ने संस्कृत के किसी विषय को लेकर तुबिंगन में पी-एच. डी. की। फिर उन्हें प्राचीन विद्या से संतोष नहीं हुआ, अर्थशास्त्र-राजनीति लेकर बर्लिन यूनिवर्सिटी के डॉ. बने। उनकी विद्या और प्रतिभा ने सहायता की, और बर्लिन यूनिवर्सिटी में वह प्रोफेसर बन गए। कलम के भी धनी होकर भारत के बारे में लिखते रहे। पीछे भारत-सम्बन्धी आँकड़ों के सहित उनका परिचय-ग्रंथ इतना अच्छा था, कि उसका लाखों का संस्करण निकला। पुस्तकों और लेखों की रायल्टी भी मिलने लगी।

द्वितीय महायुद्ध छिड़ा। डॉ. भट्ट अपने देश की आजादी के लिए अधीर थे, और उसके लिए काम कर रहे थे। जब नेताजी वहाँ पहुँचे और उन्होंने जर्मन-अंग्रेजी में पत्र निकालना चाहा–तो उसके मुख्य सम्पादक के लिए उनकी नजर डॉ. भट्ट के ऊपर पड़ी। फिर वह नेताजी के दाहिने हाथ के तौर पर तब तक काम करते रहे, जब तक कि नेताजी वहाँ से अलोप होकर पूर्व में पहुँच नहीं गए। उसके बाद भी भट्टजी अपने काम में डटे रहे।

जर्मनी की पराजय हुई। मित्र-शक्तियाँ उनका किस तरह स्वागत करतीं, यह उन्हें मालूम ही था। इसलिए दक्षिणी जर्मनी के एक देहात में चले गए, और किसी किसान के यहाँ खेती और सुअरों के पालन में सहायता देने लगे। जर्मन भाषा पर अधिकार था, पर अपने को जर्मन कैसे कह सकते थे, जब कि उनका रंग हमारे यहाँ के ख्याल से भी पूरा गोरा नहीं था। उन्होंने इस कमी को अपने को पूर्वी यूरोप का रोमनी (जिप्सी) कहकर पूरा किया। तीन वर्ष तक इसी तरह उन्होंने अपना समय काटा, यह बौद्धिक-मृत्यु का समय था। अभी वह जर्मनी जल्दी छोड़ने के लिए मजबूर नहीं थे। इसी बीच उन्हें हृदय का रोग हो गया। दवाइयाँ मिलनी मुश्किल थीं। इसके साथ जन्मभूमि और उसकी आजादी ने अपनी ओर खींचा। किसी तरह चुपचाप वह जर्मनी की सीमा पार कर स्विटजरलैण्ड में आने में सफल हुए। हमारा दूतावास मौजूद था, जिसकी सहायता से बड़ी-बड़ी उमंगें लेकर वह अपनी जन्मभूमि में आए। पर यहाँ अभी गुणों के ग्राहक कहाँ थे ?

डॉ. रोयरिक चाहते थे, कि भारतीय और तिब्बती भाषाओं और संस्कृति के अनुसन्धान के लिए एक प्रतिष्ठान कायम किया जाए। इसके लिए कलिम्पोंग सबसे उपयुक्त स्थान था, पर प्रतिष्ठान के लिए रुपयों की आवश्यकता होती। प्रकाशन के लिए ही नहीं, बल्कि तिब्बती, मंगोल या भारतीय विद्वानों के लिए भी खर्च की जरूरत थी। सिक्कम के महाराज से अव्वल तो आशा नहीं हो सकती थी, क्योंकि वह इसके वैज्ञानिक महत्व को समझने में असमर्थ थे। और सहायता देने पर गन्तोक में रखने का आग्रह करते। चन्दा और पैसा जमा करना मैंने सीखा नहीं, इसलिए उसके बारे में कोई भी सहायता नहीं कर सकता था। हाँ, प्रतिष्ठान में मैं अपनी लेखनी से योग देने के लिए तैयार था।

24 मई को हम टहलते-टहलते चीनी स्कूल की तरफ गए। कुछ सालों पहिले चीनी लड़कों के पढ़ाने के लिए यह स्कूल खोला गया था। उसके पास एक एकड़ जमीन में एक लकड़ी की झोंपड़ी थी। मैं उसको भी देखने गया था। वह पाँच हजार में मिल रही थी, लेकिन अभी खूँटे से बँधना मैं नहीं चाहता था। बड़े-बड़े

मकान मिट्टी के मोल बिक रहे थे, पर मैं तो उनके बारे में सोच भी नहीं सकता था। डा. रोयरिक जिस बँगले में रहते थे, उसके पास ही किसी अंग्रेज का बहुत विशाल बँगला था। लड़ाई के दिनों में उसके सात लाख मिल रहे थे, और अब सूरजमल-नागरमल ने पौने दो लाख में खरीद लिया।

प्रत्यक्ष-शारीर की परिभाषाओं का काम समाप्त हो गया था, और अब दूसरे कामों में हाथ लगा था।

दिल्ली–25 मई को फिर हम 10 बजे मोटर से बागडोगरा के हवाई-अड्डे पर पहुँचे। कलिम्पोंग में बतलाया गया था कि टिकट तैयार है, पर यहाँ आने पर मालूम हुआ, कोई टिकट नहीं लिया गया। खैर, जगह खाली थी, टिकट मिल गया और 1 बजे रवाना होकर ढाई बजे के कुछ बाद कलकत्ता पहुँच गया। मणिहर्षजी के यहाँ रात को ठहरा। तिब्बती-संस्कृत पुस्तक छापने की धुन थी, इसलिए प्रेसों से बात करने गए। ओरियेन्टल प्रेस छापने के लिए तैयार था, पर उसके पास साधन कम था। उसका टाइप भी बहुत बड़ा था, जिसके कारण 'अभिधर्म कोश' 16 फार्म में छप पाता। बाप्टिस्ट मिशन अपने छोटे टाइपों में सात फार्म छाप सकता था, किन्तु बहुत कड़े चार्ज पर भी उसके काम लेने में सन्देह था।

26 मई को साढ़े 7 बजे दमदम से विमान पर चढ़कर ठीक 12 बजे दिल्ली पहुँच गया। नीचे जमीन पर उतरते ही धूप से खोपड़ी भन्नाने लगी। आज पत्रों में यह हर्षदायक समाचार मिला कि शंघाई को बिना लड़े ही कम्युनिस्टों ने ले लिया। उस विशाल नगर का बहुत ध्वंस होता, यदि लड़ाई नगर के भीतर हुई होती।

श्री सत्यनारायणजी के घर में ताला बन्द था, इसलिए श्रीमती कमला चौधरी के मकान 13 फीरोजशाह रोड में श्री जयचन्द्रजी के पास ठहरे। आने पर पता लगा, कि बैठक 1 तारीख के लिए मुलतवी हो गई, अर्थात् मैं पाँच दिन पहिले आ गया। लेकिन, इस बीच में श्री बालकृष्ण के साथ मिलकर कुछ काम कर सकते थे, चाहे उसके लिए हमें पास से खाकर ही काम करना पड़ता। 27 मई को 9 बजे कौन्सिल-चेम्बर में 19 नम्बर के कमरे में बालकृष्णजी के साथ बैठे। कमरा वायु-नियंत्रित है, इसलिए इसमें न गर्मी का डर था न सर्दी का। संविधान-सभा ने अब तक संविधान के 92 अनुच्छेद पास कर दिए थे, उन्हें हमने देखा। अनुवाद का काम करने लगे। इस बीच बालकृष्णजी बहुत-सा अनुवाद कर चुके थे। मालूम हुआ, प्रोफेसर मुजीब ने इस्तीफा दे दिया। आखिर उर्दू की तो कोई बात यहाँ सुनी नहीं जा रही थी, इसलिए वह अपना रहना बेकार समझते थे। उर्दू की तरफ इस बेरुखाई के लिए अनुवाद-समिति की शिकायत नेहरूजी के पास पहुँची, और उन्होंने इसके खिलाफ एक पत्र राजेन्द्र बाबू को लिखा। लेकिन, यह समिति के सदस्यों का दोष नहीं था, जो कि वह परिभाषाओं के निर्माण और भाषा के प्रयोग में एक ही रास्ता ले रहे थे। हिन्दी की उर्दू से वैमनस्य की बात कही जा सकती है, लेकिन मराठी, कन्नड़, मलयालम, तेलुगू, बंगला के ऊपर तो यह लांछन नहीं लगाया जा सकता। अगर परिभाषाओं के निर्माण की दो हजार वर्ष की परम्परा सारे देश में एक-सी है, तो इसका दोष समिति के सदस्यों पर नहीं लगाया जा सकता। पर नेहरूजी और उनके जैसे लोगों को समझाया कैसे जाए ?

क्यों मुझे नगर से अधिक ग्राम, मैदान से अधिक पहाड़ पसन्द आता है ? यह तो नहीं कहता, कि नगर और मैदान काट खाने के लिए दौड़ते हैं। कलिम्पोंग ग्राम नहीं है, लेकिन वह मुझे पसन्द है। हाँ, उससे भी अधिक पसन्द होता भारत की सीमान्त का अन्तिम गाँव लाछेन्, क्योंकि वहाँ प्राकृतिक सौंदर्य बहुत है, विश्व के सर्वसुन्दर वृक्ष देवदार की बहुतायत है, और साथ ही मेरे लिए भारी आकर्षण तिब्बत की सीमा नजदीक है, वहाँ की भाषा बोलनेवाले लोग भी वहाँ मिलते हैं, जो मूलतः किरात जाति से सम्बन्ध रखते हैं। शायद दिल्ली के 108 डिग्री के ताप में झुलसते हुए मुझे ठण्डे स्थानों की ज्यादा याद आती थी।

1 जून से अनुवाद-समिति की बैठक होने लगी, और 2 बजे से साढ़े 5 बजे तक हम उसके काम में लगे रहते। संविधान-सभा संविधान के जितने अनुच्छेदों को पास करती जाती, उनका ही हमें अनुवाद करना था। गाड़ी चल निकली थी, इसलिए न कोई दिक्कत होती थी न देर। इतने दिनों बैठे-बैठे 'मधुर स्वप्न' की प्रेस-कापी तैयार करता रहा। यदाकदा गायत्रीजी अपने पिता श्री हरभगवानजी के साथ आतीं, उनको पालि पढ़ा देता। अनुवाद के काम में श्री घनश्यामसिंह जी सबसे अधिक मेहतन करते थे। वह वकील भी थे और

अंग्रेजी संविधान को अक्षरशः मिलाने का परिश्रम उठाने के लिए तैयार थे।

दिल्ली के लिए कहना चाहिए, तीन लोक से मथुरा न्यारी। वैसे सभी नगर देहात से अलग-अलग रहने का भाव रखते हैं, पर दिल्ली तो मालूम होता था, भारत की भूमि पर है ही नहीं। यहाँ के श्रेष्ठ लोग जो आचरण करते, उसी पर इतर लोग भी आँख मूँदकर चलने की कोशिश करते थे। दिल्ली कहने से वहाँ के गरीब आदमियों को नहीं लिया जा सकता। वह तो वहाँ के दरो-दीवारों, वहाँ की सड़कों और नालियों की तरह बहुत कुछ निर्जीव-से थे। उन्हें वहाँ का नागरिक नहीं कहा जा सकता था, और काफी तादाद का नाम मतदाताओं के रजिस्टर में भी नहीं था। दिल्ली भारत की सर्वोपरि विलासपुरी है। यहाँ की हरेक बात पर पाश्चात्य प्रभाव है—अचकन और चूड़ीदार पायजामा नाम के लिए ही भारतीय है। वेशभूषा और साज-सज्जा पर पेट काट करके भी लोग खर्च करने के लिए तैयार हैं। जब तक कार न हो, तब तक समाज में कोई पूछ नहीं हो सकती थी, और न दूर-दूर पर होनेवाले समारोहों में उपस्थित हुआ जा सकता था। इसलिए चाहे कर्ज करना हो या रिश्वत लेनी पड़े, इस सर्वावश्यक चीज को अपने पास रखना ही था। न रखने पर खतरा भी था। हरेक तरुणी सुन्दरी केवल पौडर और लिपिस्टक के बल पर सम्मानित नहीं हो सकती, और अपने घर में कार न हुई, तो दूसरे की सहायता लेने के लिए मजबूर है। पढ़ा-सुना करते थे, कि बसन्त में लन्दन में कुमारियों का जमावड़ा इसलिए होता था, कि वह वहाँ के नाच और पान-गोष्ठियों में सम्मिलित होकर अपने लिए वर तलाश करें। अब पेन्शन पानेवाले या दूसरे नगरों में बसनेवाले माता-पिता अपनी तरुण पुत्रियों को इसी के लिए दिल्ली में लाने लगे हैं। क्या दुनिया में हर जगह का गुजरा इतिहास हमारे यहाँ भी दोहराया जायेगा।

इसी समय श्री नवीनजी के ब्याह की चर्चा थी। बाल सफेद होने पर ब्याह करने की तमादी नहीं लग जाती, यह मैं मानता हूँ, फिर डॉ. प्राणनाथजी वधू के गुण और रूप की प्रशंसा करते नहीं थकते थे। नवीनजी भी कवि हैं, उनकी दृष्टि धोखा नहीं खा सकती।

6 जून तक हमारा अनुवाद का काम रहा, 7 को यहाँ से चलना निश्चित हो गया था। भारतीय संविधान में हिन्दी के राष्ट्रभाषा होने के प्रश्न पर विचार होनेवाला था, अहिन्दी भाषा-भाषियों को हिन्दी-विरोधियों ने पूरी तौर से भड़काने की कोशिश की थी, इसलिए उसके बारे में भी हिन्दीवालों को कुछ काम करना था। 5 तारीख को फीरोजशाह रोड पर अवस्थित दीवानचन्द हॉल में शाम को उसी सम्बन्ध में सभा हुई। प्रो. क्षेत्रेशचन्द्र चट्टोपाध्याय और पं. जयचन्द्र विद्यालंकार दो-दो घंटे बोले। मैंने भी आध घंटा हिन्दी का समर्थन किया। बाहर निकलने पर एक आन्ध्र तरुण मिला, जिसका जोर था कि संस्कृत को राष्ट्रभाषा बनाया जाए। गोया संस्कृत को राष्ट्रभाषा के आसन पर बैठाने में हिन्दी से कम दिक्कत का सामना करना पड़ता। फिर अप्रचलित भाषा को भारत की बड़ी जनता को सिखलाया कैसे जा सकता है ? कितने ही मिलनेवाले आए, डॉ. किरणकुमारी गुप्ता से यह जानकर बड़ी प्रसन्नता हुई कि वह अग्रवाल विवाह-प्रथा पर सामग्री जुटाने में लगी हुई हैं।

6 जून को शरणार्थियों की जगह देखने गया। डेढ़ वर्ष से ऊपर हो गया, लेकिन अभी भी वह उसी तरह की बेसरो-सामानी की जिन्दगी बिता रहे हैं। कपड़े फटे-मैले, झोंपड़ियाँ गन्दी, पेशाब-पाखाने का उचित प्रबन्ध नहीं, जिसके कारण उनकी बस्तियाँ भी गन्दी। जिस तरह वे रह रहे थे, उसमें यदि बच्चे मोटर के नीचे चले आएँ, तो क्या ताज्जुब। जिन्होंने अपने पैरों पर खड़े होने की कोशिश की, उनकी हालत कुछ बेहतर हो गई, पर शत-प्रतिशत लोगों से यह आशा नहीं की जा सकती थी। नई दिल्ली में कई जगह फुटपाथों पर से उन्हें हटा दिया गया। हटाकर किसी रहने लायक स्थान पर पहुँचाया होता। यह नहीं, खुले आसमान में वर्षा और धूप में मरने के लिए उन्हें छोड़ दिया गया। उसी दिल्ली में वायसराय (राष्ट्रपति) का इस्टेट है, सैकड़ों सजे हुए विशाल कमरे ही नहीं, बल्कि विस्तृत गौशालाएँ और भैंसशालाएँ हैं, साग-तरकारी के खेत और मेवों के बाग लगे हुए हैं। मंत्रियों और दूसरों के भवन-वैभव को देखकर इन्द्र को ईर्ष्या हो सकती है, लेकिन वहीं ये नंगे-भूखे लोग अपने घरों से निर्वासित नर्क की जिन्दगी बिता रहे थे।

18

कलिम्पोंग में शेष काम

7 जून को सवा 12 बजे पालम के हवाई अड्डे पर गया। घंटे बाद विमान से धरती छोड़ी। आज आधी सीटें खाली थीं। विमान साढ़े ग्यारह हजार फुट की ऊँचाई पर उड़ रहा था। गर्मी के यौवन का दिन था, और हम उत्तरप्रदेश के भिन्न-भिन्न शहरों–बनारस आदि के ऊपर से उड़ रहे थे। जब मैंने अपने साथियों को पैरों पर कम्बल रखते देखा, तो नीचे धरती पर झुलसते आदमियों का ख्याल आने लगा। मुझे इतनी सर्दी नहीं मालूम हो रही थी कि कम्बल लेता। यह वाइकिंग विमान था। शायद इतने ऊपर उठने के कारण ही धुन्ध ज्यादा थी, और चीजें बिल्कुल साफ नहीं दिखाई देती थीं। सोन पार कर लेने पर तूफान की सूचना मिली। रोशनी से संकेत हुआ और सब लोगों ने अपनी कमर में कुर्सी से बाँधनेवाली बेल्ट बाँध ली, जिससे तूफान में विमान के उछलने से आदमी लुढ़क न जाए। चार घंटे में सारी यात्रा पूरी करके हम सवा 5 बजे कलकत्ता के हवाई-अड्डे पर उतरे, और वैमानिक कम्पनी की टैक्सी पर मणि बाबू के घर पहुँच गए।

8 जून को भी कलकत्ता में रह जाना था। पत्रों में देखा, सिक्कम के शासन को प्रजा के प्रतिनिधियों से भारत सरकार ने ले लिया। राजा के निरंकुश शासन से तंग आकर प्रजा ने अपना प्रजामण्डल बना संघर्ष शुरू किया, जिससे मजबूर होकर राजा ने उसका मंत्रिमण्डल बना शासन के कितने ही कामों को मंत्रियों के हाथ में दे दिया था। राजा अब भी बाज नहीं आता था। जब मन्त्री काबू में नहीं आए तो उसने भारत सरकार पर प्रभाव डाला, और मंत्रिमण्डल भंग करके सरकार से प्रबन्ध के लिए एक दीवान माँग लिया। भारत सरकार ने राजा पर अनुग्रह दिखाया। यद्यपि सिक्कम भी भारत की दूसरी सैकड़ों रियासतों की तरह ही एक रियासत था, जो स्थिति बाकी रियासतों की हुई, वही सिक्कम की भी होनी चाहिए। ऐसी स्थिति में उसे दार्जिलिंग जिले के साथ मिला देना चाहिए था, जिसके ही निवासियों के भाई-बन्द सिक्कम भी रहते हैं। पर यह नहीं किया गया, सिक्कम को भारत-संघ से बाहर रक्खा गया। उसे भूटान और नेपाल की तरह अलग राज्य माना गया। इस प्रकार एक और राजा को अब प्रजा को अँगूठा दिखाने का मौका दिया गया, दूसरी तरफ भारतीय नौकरशाही का निरंकुश शासन वहाँ पर स्थापित कर दिया गया। किसी ने इधर ध्यान देने की जरूरत नहीं समझी, यदि भारत की भूमि से वह बाहर का राज्य है, तो उत्तर के पड़ोसी भी उससे स्वतन्त्र सम्बन्ध स्थापित करना चाहेंगे। वस्तुतः वर्तमान शताब्दी के आरम्भ होने तक सिक्कम और भूटान तिब्बत के अधीन माने भी जाते थे।

कलिम्पोंग–9 तारीख को सवा 10 बजे विमान उड़ा और 12 बजे से पहिले ही हम बागडोगरा पहुँचे। आसमान साफ था, इसलिए हिमालय का दृश्य बड़ा सुन्दर दिखाई पड़ रहा था। चामोलुंगमा (एवरेस्ट) की छटा निराली थी। पीछे श्वेत पर्वतमालाएँ और आगे की ओर हरे-भरे पहाड़ थे। बागडोगरा में मणि बाबू की मोटर मिली और थोड़ी देर सिलिगुड़ी में ठहरकर हम 3 बजे धर्मोदय पहुँच गए।

दोपहर के वक्त कुछ गर्मी भी मालूम हो रही थी। कलिम्पोंग 4000 फुट ऊँचा है। गर्मी से बिलकुल बचने के लिए 6000 फुट की ऊँचाई चाहिए, जहाँ जाड़ों में बर्फ भी पड़ जाती है। 'मधुर स्वप्न' समाप्त हो गया था। 11 जून से 'आज की राजनीति' लिखाना शुरू किया। जून के मध्य में वर्षा भी पूरी तौर से आरम्भ हो गई थी, और बाहर सबेरे घूमने जाना तभी हो सकता था, जब आसमान साफ हो।

कलिम्पोंग आए डेढ़ महीना हो गया था। आने के साथ जितने शब्दों को लिखवाना था, उन्हें तरुण-तरुणियाँ लिख चुके थे। हमें जब-तब जमा होनेवाले शब्दों के लिखाने के लिए एक ही की आवश्यकता थी। श्री परमहंस मिश्र 1930 से ही मेरे परिचित थे। वह यहाँ मिशन स्कूल में अध्यापक थे। लिखनेवाले लड़के-लड़कियों का प्रबन्ध उन्होंने ही किया था। मैंने उनसे कहा—कि कोई सबसे चतुर लिखने-समझनेवाले लड़के या लड़की को भेजें। काम किए हुए लड़कियों से कमला परियार भी थी। परमहंस जी ने उसकी ही सिफारिश की और वह 14 जून से आकर काम करने लगी। उसके अक्षर भी साफ थे। मैट्रिक पास होने से अंग्रेजी भी ठीक, और हिन्दी का भी ज्ञान अच्छा था। मेट्रिक पास लड़के-लड़कियों को काम मिलना आसान नहीं था। कमला शरीर से बहुत दुर्बल और बेकारी से चिन्तित थी, उसकी पढ़ने की इच्छा बहुत थी, लेकिन गरीबी की मार आगे कैसे बढ़ने देती ? वह हमारे यहाँ से पुस्तकें ले जाकर पढ़ा करती।

14 जून को शाम के वक्त टहलते हुए हम चन्द्रालोक में गए। आरा के श्री निर्मलकुमार जैन ने बड़ी साध से अपने लिए यह मकान ऐसे कोने पर बनवाया था, जहाँ दूरबीन से पहाड़ी की दोनों तरफ की भूमि दूर तक दिखाई पड़ती है। जब तक सम्पर्क में न आये, तब तक आदमी के बारे में क्या पता लगता है, विशेषकर उसका, जो लेखनी का धनी नहीं हो। हमारी कई पुस्तकें उन्होंने पढ़ी थीं, और सबसे पीछे निकली 'जो दास थे' को भी। इसलिए अपने बारे में परिचय देने की आवश्यकता नहीं थी। मुझे वह बड़े ही अध्ययनशील और सुसंस्कृत पुरुष मालूम हुए। सांस्कृतिक वातावरण उनके सारे परिवार में था। उद्योग-धंधे के लिए बड़े-बड़े स्वप्न देखे। चीनी की मिलें ही नहीं स्थापित कीं, बल्कि अल्मोनियम पैदा करने के लिए सबसे पहिला कारखाना उन्होंने ही स्थापित किया। पर आखिर में सभी चीजों पर सटोरी सेठों का अधिकार हो गया। वह आर्थिक क्रान्ति को शंका की दृष्टि से नहीं देखते थे। दोनों भाई आजकल यहीं थे। कितनी ही देर बातचीत करने के बाद रात को साढ़े 9 बजे हम धर्मोदय लौट आये।

15 तारीख से 'घुमक्कड़ शास्त्र' लिखना शुरू किया। महेशनारायण लिखने में चुस्त और अक्षर भी उनके साफ बनते थे। घुमक्कड़ होने से सैकड़ों तरुण मुझसे घुमक्कड़ी के बारे में पूछते रहते, और जानना चाहते कि उन्हें उस पथ पर कैसे आरूढ़ होना चाहिए। घुमक्कड़ होने की जिज्ञासा को इतनी बड़ी-चढ़ी देखकर मुझे प्रसन्नता भी हुई, और साथ-साथ मैं यह भी अनुभव करने लगा कि चिट्ठियों में उत्तर देने या ज्यादा से ज्यादा बात करने पर भी जिज्ञासा पूरी नहीं हो सकती, इसलिए इस पर एक पुस्तक लिखनी चाहिए। पुस्तक लिखते वक्त मुझे यह विश्वास नहीं था कि उसके कदरदान तरुणों से बाहर भी काफी मिलेंगे। सबसे पहिले श्री कन्हैयालाल मुन्शी के मुँह से इस सातवें शास्त्र की तारीफ सुनी। उसके बाद बिहार के दोनों विश्वविद्यालयों ने अपनी पाठ्य-पुस्तकों में उसके कुछ अंशों को स्थान दिया। मेरा तो बल्कि इससे माथा ठनका। यह तो "आ बैल, मुझे मार" जैसी बात थी। तरुण तो घर छोड़कर भागने के लिए तैयार बैठे रहते हैं। पाठ्य-पुस्तक में यदि उसी के लिए उत्तेजना दी गई, तो यह विद्यार्थियों के माता-पिताओं के भले की बात नहीं हो सकती।

इसी समय दक्षिणी कलकत्ता में पार्लियामेन्ट की एक सीट का पुनर्निर्वाचन हुआ। श्री शरतचन्द्र बोस चौगुने वोटों से कांग्रेस उम्मीदवार को हराकर चुन लिये गए। कांग्रेसवाले कभी आशा नहीं कर सकते थे कि नेता जी के अग्रज और स्वयं भी देश के एक बड़े राष्ट्रीय नेता को वह हरा सकेंगे। फिर भी अपनी भद कराने के लिए उन्होंने कांग्रेसी उम्मीदवार खड़ा करा ही दिया।

इस वक्त 'मधुर स्वप्न' और 'घुमक्कड़ शास्त्र' दोनों की साथ-साथ लिखाई हो रही थी, कभी-कभी 'आज की राजनीति' पर भी लिखा जाता था।

महेशजी अभी नवतरुण थे। पढ़ने की उनमें तीव्र इच्छा थी, और शक्ति भी रखते थे। वह सिर्फ हिन्दी

जानते थे। आगे चलकर संस्कृत या अंग्रेजी न जानने के लिए उन्हें अफसोस होता। यह सोचकर मैं उनसे कहता, आगे पढ़ो। वह भी इसे पसन्द करते थे, लेकिन साथ में रहते इतने काम थे कि इच्छा होने पर भी काफी समय नहीं दे सकते थे। पहिले भी मैंने कहा था, यदि निर्द्वन्द्व होकर पढ़ना चाहते हो, तो साधु बन जाओ। साधु बनने का अर्थ महेशजी के जैसे लोग यह लगाते हैं कि एक मर्तबे उस जाल में पड़ा, तो फिर निकला नहीं जा सकता। लेकिन, यदि जाल इतना पसन्द आ जाए, तो निकलने की जरूरत ही क्या ? मैं देखता था, साधु होकर आदमी विद्या के लिए आजीवन विद्यार्थी रह सकता है। बेपैसे-कौड़ी के घुमक्कड़ी करने का उससे बढ़कर कोई रास्ता नहीं। महेशजी को कभी-कभी बात पसन्द आती और कभी बिदक जाते। विवाहित भी थे, और पत्नी से प्रेम भी था। शायद यही मार्ग में बाधा थी। वह जब पाँच-छः वर्ष घर छोड़कर चले गए, तो पिता निराश होकर उनकी पत्नी को लिये एक दिन म्रदास पहुँच गए, और द्विपाद महाराज को चतुष्पाद बना दिया। खैर, उनमें हिचकिचाहट थी। मैंने इच्छा प्रकट करने पर एक बार अपने मित्र स्वामी सत्यस्वरूप जी को उनके बारे में लिख दिया। यह भी निश्चय हो गया, कि दो-तीन मास के खर्च का कोई प्रबन्ध हो जाएगा। 18 जून को यह निश्चय कर लिया कि जुलाई में महेशजी बनारस जाएँ।

पुस्तकों के लिखने का सवाल था। यह समस्या डेढ़ साल से सामने थी। कभी अनुकूल लिपिक नहीं मिलता। अनुकूल मिलता, तो वह अधिक दिनों तक साथ रहने के लिए तैयार नहीं होता, या हमें ही उसके भविष्य का ख्याल करके मामूली कलमघिसाई में उसके तरुण जीवन को बेकार करना पसन्द नहीं आता। महेशजी के जाने पर फिर वही परेशानी उपस्थित हुई। आखिर लिपिकों के बल पर ही भारत लौटने के बाद आधे दर्जन से ऊपर (कुछ काफी बड़ी-बड़ी) पुस्तकें मैंने लिखीं। लिपिक के अतिरिक्त डायबेटीज़ भी एक समस्या थी। यद्यपि अब उसके छूटने की आशा बहुत कम रह गई थी, और यह भी हो गया था कि इसकी परेशानी से बचने के लिए हमें रोज इन्सुलिन लेना चाहिए। पर अभी तक उससे मैं बचता आया था। बहुत दिनों तक बचा जाएगा, इसकी आशा नहीं थी। इसी समय हमारे यहाँ कमला भी काम कर रही थी। महेशजी के बाद लिखने का काम वह अच्छी तरह कर लेंगी, और टाइप करना भी सीख लेंगी, जिससे हरेक पुस्तक की दो-दो कापियाँ तैयार हो जाएँगी। इस तरफ से अब निश्चिन्तता हो गई।

धर्मोदय में जिस मकान में हम रहते थे, वह बहुत ही स्वच्छ और रहने के अनुकूल भी था। पर शहर के नजदीक होने से कितना ही करने पर भी लोगों का आना-जाना होता रहता था, जिसके कारण समय बरबाद होता था। वैसे रविवार को मैं सारा समय भेंट-मुलाकात के लिए देने को तैयार था। हम ढूँढ़ रहे थे कि कोई एकांत अनुकूल मकान मिले।

19 जून को रविवार था। सबेरे डा. रोयरिक के पास गया। किसी शायर का कहना ठीक ही है–"खूब निबहेगी जो मिल बैठेंगे दीवाने दो।" हम दोनों एक ही मर्ज के मरीज थे। तिब्बत के सम्बन्ध में हमारी न तृप्त होनेवाली जिज्ञासा थी, और उसी के लिए काम करना चाहते थे। डा. रोयरिक के साथ तै हुआ कि धर्मकीर्ति के महान ग्रन्थ 'प्रमाणवार्तिक' का अंग्रेजी में अनुवाद किया जाए। उस समय यह काम पूरा नहीं हो सका। निश्चय हुआ, डा. रोयरिक तिब्बती अनुवाद से अंग्रेजी में करें और पीछे मैं संस्कृत से उसको मिलाऊँ। एक परिच्छेद का कुछ अनुवाद कर भी चुके थे, और तीन परिच्छेद रह गए थे। किसी को भी इस महान ग्रन्थ का अनुवाद करना ही होगा।

शाम को श्रीमती ज्योत्स्ना चटर्जी आईं। वह विदुषी महिला कितनी ही बातों की जिज्ञासा रखती थीं। उनकी भाभी श्रीमती बुलबुल दे प्रयाग विश्वविद्यालय में अध्यापिका हैं, उनकी भी कितनी ही जिज्ञासाएँ थीं। आज की गोष्ठी में तो बल्कि ननद अधिकतर श्रोता रहीं। उस समय अभी यह मालूम नहीं था, कि हमें ज्योत्स्ना जी के बँगले को ही किराये पर लेना पड़ेगा।

उसी दिन स्वामी सत्यस्वरूप जी की चिट्ठी मिली, और उन्होंने महेशजी का प्रबन्ध कर देने के लिए लिखा था। महेश जी के जाने से हमें कुछ हिचकिचाहट भी होती थी, क्योंकि कमला मुस्तैद थीं, लेकिन बहुत अस्वस्थ-सी, दुबली-पतली। इतने काम को सँभाल भी सकेंगी, इसमें सन्देह था। महेशजी भोजनशाला की व्यवस्था और चीजों

के खरीद-फरोख्त का हिसाब भी रखते थे। इसी समय श्री रामेश्वरसिंह भी हमारे परिभाषा-निर्माण के काम में सहायता देने के लिए चले आए थे। जिसको आदमी बचपन से देखे रहता है, बड़े होने पर भी उसका बचपन का रूप ही सामने आता है। रामेश्वर जी छपरा जिले में स्टेशन से दूर पोखरपुर गाँव के एक बड़े भद्र और सुसंस्कृत परिवार में पैदा हुए हैं। यह केवल शिष्टाचार के लिए मैं नहीं कह रहा हूँ। उनके पहिले की पीढ़ी ने अपने जीवन, शिक्षा और खेतीबारी में इतना परिवर्तन किया था, जिसकी उस गाँव में आशा नहीं हो सकती थी। नागरिक-रुचि उनके परिवार में देखी जाती थी। परिवार ने लड़कों ही नहीं, लड़कियों तक को उच्च शिक्षा दिलाई। यद्यपि वह सामाजिक तौर से उतनी आगे नहीं बढ़ीं, लेकिन शिक्षित और संस्कृत बना देने पर अगली पीढ़ी अपने आप रास्ता निकाल लेती है। अगर पहिली पीढ़ी छूत-छात, श्राद्ध-मूर्तिपूजा से मुक्त हुई, तो अगली पीढ़ी जात-पाँत से भी मुक्त हो जाए, इसमें आश्चर्य या क्षोभ प्रकट करने की जरूरत क्या ? इस परिवार की एक लड़की ने पिछले ही साल अपनी राजपूत बिरादरी छोड़कर दोनों कुलों की पर्वाह न करके ब्याह किया। रामेश्वर जी बड़े ही योग्य तथा आदर्शवादी तरुण हैं। सबसे मुश्किल यह है कि वह बतासपंखी हैं, किसी एक जगह दो-चार महीने से अधिक रहना उनके लिए मुश्किल है। पर, अभी वह भारत से बाहर नहीं गए। महेश जी के जाने पर रामेश्वर जी और सेनगुप्त भी कुछ काम सँभाल लेंगे, इसका भरोसा था।

21 जून को पटना से वीरेन्द्रजी आए। अब और कामों के साथ हम नए घर की तलाश में भी थे। धर्मोदय में साल बिताने में कोई दिक्कत नहीं होती। उस समय तो मालूम होता था, कई साल यहीं रहकर काम करना पड़ेगा। वहीं रहे होते, तो काम के बारे में तो नहीं कह सकते, पर डा. भट्‌ट को बुरी तौर से रोग में फँसने की शायद नौबत न आती। 22 तारीख को हम घर की तलाश में उस तरफ गए, जहाँ कवीन्द्र रवीन्द्र का बँगला 'चित्रभानु' है। महाकवि नामों के चुनने में भी कितनी पैनी सूझ और सुरुचि रखते थे, वह इस बँगले के नाम से स्पष्ट है। उसके पास ही श्री अवनी मित्र का एक घर था। घर छोटा था, किन्तु बुरा नहीं था, और हम चार-पाँच आदमियों का गुजारा चल सकता था। लौटते समय किसी ने बतलाया, और हम श्रीमती ज्योत्स्ना चटर्जी के 'पार्वती' बँगले को देखने चले गए। किराया 150 रुपया मासिक था, जो उस समय अधिक नहीं मालूम होता था। यह शहर से दूर भी था और बहुत साफ-सुथरा भी। पड़ोस में भी अच्छे लोग थे, इसलिए यह मन में बस गया।

वीरेन्द्र जी से प्रकाशन के बारे में बात हुई। उसकी तरफ ज्यादा ध्यान देने की जरूरत थी, क्योंकि मुझे अपना सारा खर्च पुस्तकों की रायल्टी से ही चलाना था, और खर्च पाँच सौ रुपए महीने से कम था नहीं। साहित्य सम्मेलन में एक पैसा लेने का ख्याल भी नहीं कर सकता था। वैसा करना होता, तो काम से हाथ उठा लेता। यदि पहिले की पुस्तकों के नए संस्करण निकलते रहें और नई पुस्तकें छपती जाएँ, तो आर्थिक कठिनाइयों का सामना करने की जरूरत नहीं थी। हमारी पुस्तकों के पढ़नेवाले देश-भर में काफी थे, उन्हें यह पता लग जाना चाहिए कि कौन-सी नई पुस्तक निकली है, तो वह लेने के लिए तैयार थे। कहावत है 'नामी चोर मारा जाय, नामी बनिया कमा खाय।' निश्चित आमदनी होनी चाहिए। मैंने अब निश्चय किया कि सारे संस्करण की रायल्टी का आधा रुपया अग्रिम मिले। वीरेन्द्रजी ने मेरी कई पुस्तकें प्रकाशित कीं, लेकिन उनके साथ इस नियम का पालन दोनों ओर की ढिलाई के कारण नहीं हुआ। 25 तारीख को किताब महल की रायल्टी का हिसाब आया, जिससे मालूम हुआ कि पाँच हजार रुपया रायल्टी से मिलनेवाला है।

"सुबह होती है शाम होती है, उम्र यों ही तमाम होती है" यह बात तो मैं दोहरा नहीं सकता था, क्योंकि मेरी उमर यों ही खतम नहीं हो रही थी। हफ्ते के सातों दिन काम में जुटा रहता था, और इसके कारण ही पता नहीं लगता था कि कब सुबह हुई, कब शाम और कब हफ्ता समाप्त हो गया ? हाँ, जिन्दगी के आखिरी सालों में तो यह खर्च-खाते में जमा हो जाते थे। 27 जून को मैंने दार्शनिक उड़ान भरते हुए लिखा था—"आदमी को शक्ति की सीमा समझकर उसी के अनुसार कार्य अपने सामने रखना चाहिए, और उतनी ही की चिन्ता करनी चाहिए। लोग खींचना चाहते हैं, किन्तु खिंचाव में नहीं आना चाहिए।"

28 को 'आज की राजनीति' के प्रथम अध्याय को कमला ने टाइप कर दिया। दूसरे की लेखनी की

सहायता से लेखक को कितना सुभीता होता है, इसका अनुभव मेरा कई वर्षों का है। अब यह एक कदम और आगे था। यदि पुस्तक टाइप हो, तो उससे प्रेसवालों को भी आराम रहता है, और कार्बन से एक कापी कराकर अपने साथ भी रखी जा सकती है। 'मेरी जीवन-यात्रा' के पचास पृष्ठ खोकर प्रेसवालों ने सिखला दिया था कि प्रेस-कापी की एक नकल अपने पास जरूर रहनी चाहिए। मैं कभी रिकार्डर पर बोलकर डिक्टेट करने की बात सोचता था। पर जब देखा, रिकार्डर फिर उसी गति से ही दोहराता है, जिसका अर्थ है कि उसे द्रुतलिपि में ही लिखा जा सकता है, और इसके बाद टाइप करने की नौबत आती है। यह अपने बस की बात नहीं मालूम हुई। अभी लिखकर टाइप कराने की ही बात सोच रहा था, पर आगे तजर्बे ने बतला दिया कि टाइपराइटर पर बोल करके लिखाने में और भी सुभीता है। इसलिए पीछे उसी को अपनाया। 30 जून को 'घुमक्कड़ शास्त्र' समाप्त हो गया, फिर 'आज की राजनीति' नियमपूर्वक लिखना शुरू किया। 1 जुलाई को फिर 'पार्वती' देखने गए। उसी दिन से अब कमला को साहित्य-सहायिका के तौर पर रखने का निश्चय कर लिया। 2 तारीख को 'पार्वती' के देखने पर मालूम हुआ कि हम पाँचों आदमी यहाँ रह सकते हैं। फर्नीचर कम थे, और मकान भी उतना अच्छा नहीं है। श्री निर्मलकुमार जी का एक मकान इससे बेहतर मिल रहा था, लेकिन उसका किराया दो सौ रुपया मासिक था। हमने अन्त में छः महीने के लिए 'पार्वती' को ही लेने का निश्चय किया और उसके लिए लिखा-पढ़ी कर ली।

'पार्वती'–3 जुलाई को सामान बाँध-बूँधकर 12 बजे हम नए मकान में पहुँच गए। अब उसके दोष भी मालूम होने लगे। वस्तुतः एक ओर सोने के लिए एक वड़ा कमरा और एक कोठरिया थी। दूसरी तरफ दो कमरे भोजन और बैठक के लिए थे। इनके अतिरिक्त एक छोटी-सी बरांडेवाली कोठरी थी, दो छोटे-छोटे गुसलखाने भी। रसोईघर और भण्डारघर की कोठरियाँ एक साथ अलग थीं। बँगला कलिम्पोंग के क्षेत्र में पड़ता था, जहाँ हरेक मकान के लिए फ्लशवाला पाखाना होना अनिवार्य था। आसपास चारों तरफ छोटी-सी फुलवारी थी। खुली जगह थी। हमने बैठक के कमरे को काम करने का कमरा बना दिया। भोजन की मेज खुले बरांडे में लगा दी और उसके कमरे को शयनकक्ष में बदल दिया। बड़े कमरे में भट्ट और सेनगुप्त का आसन लगा, अद्धे कमरे में मैंने अपना आसन लगाया, उसकी बगल की बरांडेवाली कोठरी महेश ने दखल की। रामेश्वर जी अभी आए नहीं थे, पर उनका आना निश्चय हो गया था। उस समय उनको कहाँ रखा जाए, इसके लिए भी सोच लिया था–फोल्डिंग चारपाई कार्यशाला में बिछा देंगे। कुछ दिनों के लिए श्री विद्यानिवास जी आनेवाले थे, दूसरे भी आ सकते थे। उनके लिए भोजनशाला की कोठरी तैयार थी। पहिले दिन के तजर्बे से यह तो मालूम हो गया कि वहाँ स्थान हमारे लिए पर्याप्त नहीं है। मकान लेने पर अब अधिक अनुकूल बँगले भी मिलने लगे थे, लेकिन अब तो छः महीने के लिए 'पार्वती' में हम जम जाने के लिए मजबूर थे। 'पार्वती' से थोड़ा ही हटकर थोड़ी-सी चौरस कराई जमीन थी। सेठ जालान ने उसे सार्वजनिक उपयोग के लिए बना दिया था, इसीलिए मैंने उसका नामकरण 'जालान-स्थल' रख दिया। वह इतना छोटा था कि उसे मैदान नहीं कहा जा सकता था, और फूल इतने नगण्य कि उसे फुलवारी भी नहीं कह सकते थे। मेरे लिए वह बड़ा ही उपयुक्त स्थान था। बरसात के कारण दूर टहलने के लिए नहीं जा सकता था, यहाँ उतने ही में सौ-पचास फेरे करके टहलने का काम पूरा कर लेता था। वहाँ से आसमान साफ रहने पर दूर हिमालय की हिमशिखर-पंक्तियाँ दिखाई पड़ती थीं, रंगित और तिस्ता नदियों की हरी-भरी उपत्यका का नयनाभिराम दृश्य सामने पड़ता था।

रसोइया एक लेप्चा-ईसाई प्रौढ़ मिल गया, जिसे हमने बिना भोजन के 35 रुपए पर रख लिया। उसका काम इतना संतोषजनक रहा कि हम कलिम्पोंग छोड़ते समय उसे साथ लाना चाहते थे, लेकिन वह अपना घर छोड़ने के लिए तैयार नहीं था। खैर, भोजन की किच-किच हमारे लिए खतम हो गई। भट्ट जी हृदय की बीमारी से जर्मनी में ही पीड़ित थे। यहाँ हर वक्त दवाई खाते रहते। 4 जुलाई की रात को उनकी तबीयत बहुत खराब हो गई, हम लोग बड़ी चिन्ता में पड़ गए। शहर से दूर रहना हमेशा नफे का सौदा नहीं रहता। शहर के पास रहे होते, तो डाक्टर को आसानी से बुला सकते थे। अब यहाँ से मील-डेढ़ मील जा आधी रात को कैसे डाक्टर को बुलाया जाता। वर्षा जोर-शोर की होने लगी थी। क्या जाने उसका प्रभाव डा. भट्ट के

स्वास्थ्य पर पड़ा हो।

6 जुलाई को श्री विद्यानिवास जी अपने भाई के साथ दस-ग्यारह दिन के लिए आए। परिभाषा के काम करते हुए उन्हें सम्मेलन का वेतनभोगी कार्यकर्ता रहना पड़ता, जिसे उन्होंने पसन्द नहीं किया, क्योंकि वह सम्मेलन का सरगर्म सदस्य रहना ज्यादा अच्छा समझते थे। इसी समय रेडियो से शब्दकोश बनाने का काम मिल गया था। वह शायद ज्यादा स्थाई होता, इसलिए उन्होंने उसे स्वीकार कर लिया था। पुस्तकों के लिखने से इतना उत्साह बढ़ गया था कि मैं सोच रहा था, 'मेरी जीवन-यात्रा' की तीसरी पोथी भी लिख डालूँ। पर उसे लिखने का मौका अब सात वर्ष बाद मिला है। 'पार्वती' आने का यह लाभ तो अब जरूर मिल रहा था कि मिलने-जुलनेवालों के कारण समय अधिक बरबाद नहीं होता था। 10 जुलाई सोमवार को भी पाँच ही सात आदमी आ सके थे। 11 तारीख को रामेश्वर जी भी आ गए। उन्होंने फार्मेसी-विज्ञान लेकर हिन्दू युनिवर्सिटी से बी. एस.-सी. किया था। वह उसी की परिभाषाओं में लग गए। इसके लिए वह कितनी ही पुस्तकें भी साथ लेते आए थे। महेश जी को कुछ दिनों के लिए और रोक लिया, उनके जाने से काम की अड़चन मालूम होती थी। कमला लिखने का काम कर रही थी। टाइप पहिले तो बेकायदा ही काफी सीख लिया था, पीछे बाकायदा सीखकर उन्होंने अपनी गति भी बढ़ा ली। लेकिन स्वास्थ्य बहुत दुर्बल था, आँखों के सामने अँधेरा छा जाता था। वजन बिलकुल कम (92 पौंड) था, और जब तक वजन न बढ़े, तब तक शरीर में काम करने की पूरी शक्ति नहीं आ सकती थी। वैसे बुद्धि बहुत अच्छी थी। स्वास्थ्य पर सबसे अधिक ध्यान रखने की जरूरत थी, किन्तु उसकी तरफ से वह बेपर्वाह थीं। स्वभावतः वह अस्वस्थ नहीं थीं। घर की भीषण गरीबी ने बेचारी को ऐसा बना दिया था। ऐसी दरिद्रता की मार शायद ही किसी शिक्षिता तरुणी को खानी पड़ी होगी।

12 जुलाई को तिब्बत के सबसे बड़े व्यापारी पन्-ड्रा-छांग् आए। यह उनके परिवार और घर का नाम है। वैयक्तिक नाम याद रखने का और लोग अधिक ख्याल नहीं रखते। देर तक उनसे बात होती रही। उनकी कोठियाँ तिब्बत के कई शहरों और कलिम्पोंग ही में नहीं हैं, बल्कि पूर्वी तिब्बत (खम् प्रदेश) और चीन में भी कई शाखाएँ हैं। चांग-काई-शेक और कूमिन्तांग के शासन का उनको वैयक्तिक अनुभव था। वह नहीं चाहते थे, कि कुमिन्तांग चीन में और रहे। चीन से चांग-काई-शेक का पतंग कट ही गया था। पूछ रहे थे–तिब्बत को क्या करना चाहिए ? मैंने कहा–बाहर की सहायता की आशा रखना बेकार है, चीन ही तिब्बत का अपना है, और सदा से रहा है। चांग-काई-शेक का राहु अब सिर से उतर गया है। कम्युनिस्ट तिब्बत की भलाई के लिए सब कुछ करेंगे। पुरानी व्यवस्था अब चल नहीं सकती। बाहर भागने का भी ख्याल छोड़कर आप लोगों को अपने देश में रहना चाहिए। आपकी योग्यता देश की सेवा के लिए आवश्यक है, कम्युनिस्ट उसे उपेक्षित नहीं करेंगे। पीछे पन्-ड्रा-छांग् कलिम्पोंग में कम्युनिस्ट चीन की ओर से कौंसिल-जेनरल बने। इसी से मालूम होगा कि नवीन चीन गुणों का कितना कदरदान है। और तिब्बती व्यापार के लिए उनसे बढ़कर योग्य आदमी मिलना भी मुश्किल था। उस दिन पन्-ड्रा-छांग् ने कम्युनिस्ट चीन के प्रति सद्भाव दिखलाया था, वह केवल अपने हृदय के भावों को प्रकट करता था, क्योंकि मेरे सामने उन भावों के प्रकट करने से उन्हें कोई लाभ नहीं था।

17 तारीख को जेनरल सोमाङ् (सुर-खङ्=कोने का घर) से मुलाकात हुई। अफवाह उड़ी थी कि ल्हासा में चांग-काई-शेक के प्रतिनिधि को मार डाला गया। ल्हासा से डाक-तार का सम्बन्ध टूट गया था, इसी कारण यह अफवाह उड़ी थी। जेनरल ने बतलाया, कि चीन से सम्बन्ध विच्छिन्न करने के लिए तिब्बती सरकार चीनियों को ल्हासा से विदा कर रही है। अर्थात् अभी ल्हासा सरकार नवीन चीन से बात करने के लिए तैयार नहीं थी।

कलिम्पोंग में जिन परिवारों से हमारा हेलमेल हुआ, उनमें एक आयरिश महिला श्रीमती क्रिस्प भी थीं। वह आयरिश होने के कारण अपने अंग्रेज कर्नल पति के भावों के विरुद्ध भारतीयों के साथ सहानुभूति रखती थीं। अंग्रेज अपने मकानों को बेचकर चले गए थे, वह भी अपनी कोठी को बेचकर आयरलैंड चली जाना चाहती थीं, और उनका इकलौता बेटा आस्ट्रेलिया में जाकर बसना चाहता था। 13 जुलाई को हम घूमते हुए उनके

बँगले को देखने गए। दो मंजिला विशाल बँगला था, जिसमें आठ कमरे, दो भोजनशालाएँ और डायनिंग-रूम भी थे। किराया चार-सौ रुपया मासिक माँग रही थीं, और पास के बँगले को 160 हजार रुपए में बेचना चाहती थीं। अब विशेष आमदनी रह नहीं गई थी, कभी सीज़न में एक-दो अपने खर्च से रहनेवाले मेहमान आ जाते, उनसे क्या बनता ? हमारे रहते मकान नहीं बिक सका, पर पीछे प्रायः डेढ़ लाख में सरकार ने उसे खरीद लिया।

कमला को शाम को डेढ़ मील चलकर लौटना बहुत मुश्किल था, इसलिए उनके रहने का भी कोई इन्तिजाम करना था, सोच रहे थे कि महेश के जाने पर वही कोठरी उनको मिल जाएगी। कमला की चचेरी बहिन छाता (बलिया) के कलिम्पोंग में बस गए वकील बाबू राधा मोहन की पत्नी थीं। एक दिन वह अपने ननद के साथ आई। ननद हमारे छपरा के महमूदपुर में ब्याही हुई थी, जहाँ मैं कितनी ही बार गया था। डॉ. भट्ट और सेनगुप्त दोनों ही योग्य और दोनों ही मेरे प्रिय थे, लेकिन दोनों के स्वभाव में कुछ असाधारणता थी, इसलिए कभी-कभी खटपट हो जाती थी। 14 को दोनों में बहुत झगड़ा हो गया। यही अच्छा समझा कि उनकी चारपाइयाँ अलग-अलग कमरों में रख दी जाएँ।

16 तारीख को 'पार्वती' से सेनगुप्त के साथ महेश कलकत्ता के लिए और विद्यानिवास जी प्रयाग के लिए रवाना हो गए। इतने दिनों तक चहल-पहल रही, अब उनका अभाव कुछ दिनों तक खटकता रहा। उसी दिन कजाकों की बनाई मोमो आई, और इतनी अधिक कि हम लोग उसे खा नहीं सके। मोमो समोसे की तरह आटे के भीतर गोश्त का कीमा डालकर भाप में उबाला चीनी भोजन है। मुझे यह बहुत प्रिय है। चीनी तुर्किस्तान से भागे हुए कजाकों में से एक-दो परिवार यहाँ बस गए थे। वह भी मोमो के प्रेमी हैं। उन्होंने बड़े प्रेम से हमारे लिए भोजन भेजा था।

18 तारीख को वर्षा हो रही थी, उसी समय कहीं से होते भीगती हुई श्रीमती क्रिस्प अपने पुत्र और एक और अंग्रेज महिला श्रीमती आइरिन राय के साथ आईं। श्रीमती राय ने इंग्लैंड में पढ़ते एक भारतीय डाक्टर से ब्याह किया था। इस समय गर्मियों में यहाँ आकर क्रिश्चियन-परिवार में रह रही थीं। मालूम हुआ, वह बहुत अच्छा टाइप कर लेती हैं। पीछे उनकी गति असाधारण मालूम हुई। हमें अब कोश के अंग्रेजी शब्दों को पुस्तकाकार टाइप कराना था, जिसके लिए उनसे कहने में हिचकिचाहट मालूम होती थी, क्योंकि उनका पारिश्रमिक भी कम देना नहीं होता और शायद ही वह इसके लिए तैयार होतीं। मालूम हुआ, पति से कुछ अनबन है। (पीछे दोनों का प्रेम पूर्ववत् स्थापित हो गया) श्रीमती राय ने खुशी से काम को स्वीकार कर लिया, किन्तु पारिश्रमिक स्वीकार कराने में हमें काफी कठिनाई पड़ी। वह जब टाइप करतीं, तो खट्‌खट्‌ की आवाज इतनी जल्दी-जल्दी आती कि विश्वास नहीं होता था, इतनी तेज गति से टाइप पर अँगुलियाँ चल सकती हैं। उनके आने से कमला को भी एक बड़ा लाभ हुआ। कमला हिन्दी टाइप करने लगी थी, लेकिन उन्होंने टाइप करने की विधि को बाकायदा सीखा नहीं था। आइरिन-जैसा गुरु उन्हें दूसरा कहाँ से मिलता ? उन्होंने बड़े प्रेम से कमला को टाइप करना सिखाया, यद्यपि यह नागरी टाइपराइटर था, लेकिन टाइपराइटरों की कुंजियाँ और उन पर अँगुली रखने की विधि तो एक ही तरह की है। कुछ दिनों में कमला उसे सीख गई और उसकी टाइप करने की गति भी बढ़ गई।

24 जुलाई को कोमिन्तांग रेडियो से पता लगा, ल्हासा में कम्युनिस्टों का प्रभाव बढ़ गया है और हमारे प्रतिनिधि को निकाला जा रहा है। विरोधियों के नेता सुर-खङ्-चाङ् हैं। सुर-खङ्-चाङ् से परिचित हमारे परिचित जेनरल के बड़े भाई थे। उस दिन मध्याह्न का भोजन मैंने उनके ही साथ किया था। अब ल्हासा में यह सोचा जा रहा था कि कोमिन्तांग के आदमियों को उत्तर में तुंगनों के इलाके में या भारत में भेज दिया जाये।

तीसरी बार दिल्ली—25 को फिर अनुवाद-समिति के काम के लिए बागडोगरा जाकर 11 बजे का विमान पकड़ा। मालूम हुआ कि चश्मा भूल आए। चश्मे के बिना दिल्ली में जाकर कैसे क्या करता ? पढ़ने के लिए वर्षों से उसकी अनिवार्य आवश्यकता थी। दोपहर बाद कलकत्ता पहुँच पहिले ही चिंता हुई कि एक चश्मा लिया जाये। धर्मतल्ला में एक चश्मेवाली दूकान पर गए। पर वह विधि-विधान बतलाने लगे—पहिले आँख में दवाई

डालेंगे, फिर जाँच करके नम्बर का पता लगाया जायेगा, तब चश्मा देंगे। मैं 'नौ मन तेल' की शर्त मानने के लिए तैयार कैसे हो सकता था ? अगले ही दिन मुझे दिल्ली पहुँचना था। मैंने कहा, जो चश्मा मेरे आँख में लगता है, तड़ाक-फड़ाक उसे मुझे दे दीजिए। 50 रुपये पर चश्मा खरीद लिया। बड़ी दूकान थी, नहीं तो दूसरी जगह वह इससे चौथाई दाम पर भी मिल जाता। सेनगुप्त कुछ दिनों के लिए छुट्टी पर घर गये थे। वह भी मिले, और सेंगर जी भी। कलकत्ता पहुँचने पर सेंगर जी के साथ रहने का घंटों अवसर न मिले, यह हो नहीं सकता था। 26 जुलाई को 7 बजे सबेरे रवाना होनेवाला विमान जाकर पकड़ा। यह बिड़ला कम्पनी का था, जो पटना, बनारस, लखनऊ में रुकता साढ़े छः घंटे में दिल्ली पहुँचनेवाला था। डकोटा विमान पाँच हजार फुट ही तक ऊपर उड़ते हैं, धरती के नजदीक उड़ने के कारण विमान के भीतर गर्मी मालूम हो रही थी। डेढ़ बजे मैं दिल्ली पहुँचा। उसी दिन 3 बजे अनुवाद-समिति में उपस्थित हुआ, वह काम रोज चलता रहा।

29 जुलाई को मेरे सबसे छोटे अनुज श्रीनाथ अपने दोनों पुत्रों ओमप्रकाश और जयप्रकाश को साथ ले आये। अभी भी वह किसी मिठाई की दूकान से मिठाइयाँ लेकर फेरी करते थे। दस-बारह वर्ष दिल्ली में रहते हो गए, लेकिन वह फेरी में ही लगे रहे। यदि खानदानी बनिए होते, तो इतने समय में दूकान खड़ी कर लिये होते। कह रहे थे अगर रुपये होते, तो हम अपनी दूकान इस वक्त खड़ी कर सकते थे। मैंने 2100 रुपये उन्हें इसके लिए दिये भी, परन्तु व्यवसाय की बुद्धि कुछ दूसरी ही होती है। वह फिर फेरीवाले ही बने रहे। हाँ, शहर में रहने से उनके लड़कों को कुछ पढ़ने का सुभीता था, पर वह तो घर के दूसरे लड़कों को भी हो रहा था।

दिल्ली में चारों ओर अंग्रेजी का वातावरण है। 29 तारीख को एक महिला को अपने कुत्तों के साथ अंग्रेजी में बात करते सुना। सुना भी था, कुत्ते अंग्रेजी ही में बोलने पर समझते हैं। मेरा विश्वास ऐसा नहीं है। मसूरी आने पर मैंने चार हफ्ते के भूतनाथ को अपने पास रक्खा। वह पाँच बरस का हो गया है, लेकिन अंग्रेजी का एक अक्षर भी नहीं समझता। इस वक्त संविधान-सभा में अंग्रेजी का स्थान हिन्दी ले या न ले, इस पर विवाद छिड़ा हुआ था। जिन नौकरशाहों की रोटी अंग्रेजी पर चल रही थी, अपनी जिन्दगी-भर उससे महरूम न होने की गारंटी देने पर भी वह हिन्दी को आगे बढ़ने देना नहीं चाहते थे। दिल्ली के सभी कार्यालयों में केवल अंग्रेजी के बल पर जो लोग छाये हुए हैं, वह हिन्दी के सख्त विरोधी हैं, और अफसोस तो यह कि नेहरू का भी बल उनको प्राप्त था। आजकल अंग्रेजी और भाई-भतीजा-भाँजा या बहिन-भतीजी-भाँजी यह दो योग्यताएँ ही आदमी को ऊँचे दर्जों पर पहुँचा सकती हैं। यह पक्षपात अत्यन्त भयंकर है। लोग कड़ी आलोचनाएँ करते हैं, उनके दिलों में आग जल रही है। हमारे एक महापुरुष की बहिन के समधी की लड़की एक विभाग में ऊँची नौकरी पर थीं। ब्याह होने के बाद उसे नौकरी से अलग कर देना चाहिए था। लेकिन जब देवातिदेव के सम्बन्ध की बात हो, तो उसे हटाने की कौन हिम्मत कर सकता है ? ऊपर एक जगह यदि ऐसा अन्याय हो रहा हो, तो नीचेवालों को उससे क्यों न प्रोत्साहन मिले ?

'घुमक्कड़ शास्त्र' के लिए राजकमलवालों ने एक हजार रुपया अग्रिम भी दे दिया। अब के उसके तीन फार्म छपे भी मिले। शास्त्र 1949 में ही छप गया था, लेकिन उसकी तीन हजार कापियाँ 1956 में समाप्त हुईं। यह बतलाता है कि हिन्दी पुस्तकों की खपत कैसी है ? इसी यात्रा में हिन्दी के लिए अखिल भारतीय सम्मेलन बुलाया गया था, उसमें भी भाग लेना था। सेठ गोविन्ददास जी ने सुझाव दिया था–वही सम्मेलन के सभापति थे–कि भारत के सभी प्रान्तों के विद्वानों का सम्मेलन करके उसमें हिन्दी के पक्ष का समर्थन कराया जाए, तो उसका असर पार्लियामेन्ट के ऊपर बहुत पड़ेगा। सम्मेलन ने इसके लिए बीस-पच्चीस हजार रुपये खर्च किये, लेकिन वहाँ जैसी मूर्तियाँ आई थीं, उनमें से कितनों को देखकर निराशा होती थी। डा. नीलकंठ शास्त्री हिन्दी और उर्दू दोनों को राष्ट्र-भाषा बनाने के पक्षपाती थे, क्योंकि दोनों के काले अक्षर उनके लिए भैंस बराबर थे। इसके साथ ही वह यह भी जानते थे कि शिक्षा-विभाग के देव आज़ाद और भारत सरकार के महादेव उर्दू के समर्थक हैं। उर्दू-हिन्दी भाड़ में जाये, उन्हें तो देवों-महादेवों की कृपा-कटाक्ष की आकांक्षा थी। विश्वविद्यालयों और कार्यालयों में तो वह अनन्तकाल तक के लिए अंग्रेजी को चाहते हैं। सुनीति बाबू

हिन्दी भाषा और देवनागरी को स्वतन्त्र देश के लिए अलंकार की चीज रखना चाहते थे। दूसरें देशों के साथ दौत्य-सम्बन्ध स्थापित करने में इनका मर्यादित व्यवहार होना चाहिए, लेकिन सरकार और विश्वविद्यालयों का माध्यम अंग्रेजी ही रहे। डॉ. खांडे का विचार बहुत सुधरा हुआ था, और वह संस्कृत के विद्वान् होते हुए भी जानते थे कि हिन्दी ही हमारे देश की सम्मिलित भाषा हो सकती है। डॉ. कुन्हन राजा संस्कृत को राष्ट्रभाषा बनी देखना चाहते थे।

6 अगस्त को सबेरे 8 बजे इम्पीरियल होटल में भिन्न-भिन्न प्रदेशों से आये विद्वानों की एक बड़ी गोष्ठी हुई। 9 बजे से साढ़े 11 बजे तक लोगों ने अपने विचार प्रकट किए। अधिकतर लोग हिन्दी के पक्ष में थे और दस-पन्द्रह साल की अवधि के भीतर अंग्रेजी को पूरी तौर से हटा देने के पक्षपाती थे। लोगों ने अंग्रेजी में भाषण दिए। मैं देख रहा था, सभी प्रांतों से आये हुए विद्वान् संस्कृत जाननेवाले थे, इसलिए मैंने अपने विचारों को संस्कृत के माध्यम से रक्खा, जिसे लोगों ने पसन्द भी किया। खैर, इस गोष्ठी से हवा का क्या रुख है, इसका पता लग गया। दोपहर बाद कान्स्टिट्यूशन भवन में विद्वद्-परिषद् की बैठक हुई। डॉ. काणे आ नहीं सके थे, सुनीति बाबू अंग्रेजी की ओर ज्यादा खिसक गये थे, इसलिए डा. गोडबोल को सभापति चुना गया। डा. राघवन, डा. नीलकंठ शास्त्री तमिलनाडु के, मलाबार के महाकवि वल्लतोल और चन्द्रहासन, कन्नड़ के नागप्पा और इसी तरह दूसरे विद्वानों ने भी भाषण दिये। मुझे संस्कृत में बोलने का आग्रह किया गया, मैं उसमें ही बोला। फिर महामहोपाध्याय गिरधर शर्मा ने कहा, राहुलजी ने रास्ता दिखला दिया, इसलिए मैं भी संस्कृत में ही अपने विचारों को प्रकट करता हूँ। उस परिषद् में कितने ही ऐसे विद्वान् थे जो हिन्दी नहीं समझते थे। परिषद् 6 बजे तक रही। बहुत अधिक संख्या में लोगों ने हिन्दी का समर्थन किया। अगले दिन फिर परिषद् हुई, जिसमें प्रस्ताव पास हुए—भारत की राष्ट्रभाषा नागरी लिपि में हिन्दी होनी चाहिये, अन्तर्राष्ट्रीय कामों के लिए हिन्दी तुरन्त अपनाई जानी चाहिए, अन्तर्प्रान्तीय तथा केन्द्र के कामों में दस साल के भीतर हिन्दी को ही जाना चाहिए, सभी विद्यार्थियों को अपनी मातृभाषा के अतिरिक्त हिन्दी और हिन्दीभाषियों को कोई एक दूसरी भाषा अनिवार्य रूप से पढ़ाई जानी चाहिये। आदर्श वाक्यों के लिए संस्कृत भाषा को भी इस्तेमाल करना चाहिये। शाम को दो बजे से साढ़े 7 बजे तक की परिषद् में उक्त प्रस्ताव एक मत से पास किये गए।

उस दिन रात को श्री शिब्बनलाल सक्सेना से बहुत देर तक बात होती रही। उस समय रूस में देर तक रहकर लौटनेवाले भारतीय कम ही थे। सक्सेना जी ने मुझसे रूस के बारे में बहुत-सी बातें जाननी चाहीं। उसके बाद उन्हें कम्युनिस्ट चीन और कम्युनिस्ट रूस को अपनी आँखों अच्छी तरह देखने का मौका मिला, और समझ गये कि वहाँ कितनी शीघ्रता से परिवर्तन हुआ है, लोगों की हालत बेहतर होती जा रही है। उसी दिन श्री महेश प्रसाद श्रीवास्तव भी आ गए। उनके साथ तो आधी रात के बाद तक बात चलती रही। मैं श्रोता ज्यादा था और वक्ता महेश प्रसाद जी थे। वह कांग्रेस में भाग लेते कई बार जेल गये थे। उसी समय से विजय लक्ष्मी और दूसरे नेताओं के सम्पर्क में आये थे। रहनेवाले रीवाँ के किसी गाँव के हैं। जब विजयलक्ष्मी जी भारत की राजदूत बनकर रूस जाने लगीं, तो महेश प्रसाद जी के कहने पर उन्हें चपरासी बनाकर ले गईं। श्रीवास्तव साल-भर उनके साथ मास्को में रहे। हिन्दी अच्छी जानते थे, और हिन्दी टाइप करना भी जानते थे। वह चपरासी बनकर गए, लेकिन मास्को में जाने पर उनको अवसर मिला, जबकि सोवियत सरकार के रुख को देखकर भारतीय दूतावास को अपनी लिखा-पढ़ी में हिन्दी को अपनाने के लिए मजबूर होना पड़ा। वहाँ जो आई. सी. एस. और दूसरे महानौकरशाह गये थे, वह सभी अंग्रेजी का दूध बचपन से पिये हुए थे। हिन्दी से उनका कोई वास्ता नहीं था। एक रूसी सहायिका श्रीवास्तव से पूछ रही थी—अमुक महाशय अपने छोटे-छोटे बच्चों से अंग्रेजी में क्यों बोलते हैं ? यह शंका उस अल्पशिक्षित रूसी महिला के दिमाग में उठ सकती थी, लेकिन हमारे इन्दो-आंग्लियन लोगों की समझ में आने की यह बात नहीं थी। शर्म तो तब आये जब आदमी कुछ समझ पाये। श्रीवास्तव ने उनसे कहा—वह भाषा का अभ्यास करा रहे हैं। यह गलत बात थी। अभ्यास नहीं करा रहे थे, बल्कि अपने साहबजादे और साहबजादियों को आभिजात्य वर्ग में रखने के लिए यह जरूरी

है कि अपनी भाषा का तिरस्कार किया जाये और अंग्रेजी को अपनाया जाए। विजयलक्ष्मी जी के साथ एक हरिजन रसोइया भी प्रयाग से गया था। हमारे देशी साहेब-मेम यूरोपीय पकवानों को भी खा लेते हैं, लेकिन बचपन की मसालेदार चटपटी चीजें उनके मुँह से नहीं छूटतीं, इसलिए भारतीय रसोइये की भी जरूरत पड़ी। हमारे देश में काम करनेवाले नौकर-चाकरों के ऊपर यदि मालिक की बड़ी दया हुई तो वह कभी-कभी कुछ मीठी बातें बोल देते हैं। वह आदमी होने के नाते बराबर माने जाएँ, इसकी तो कल्पना भी नहीं हो सकती। वहाँ रूसी विदेश-विभाग का कोई बड़ा अफसर आता और यदि अवसर होता तो रसोइये के साथ मेज पर बैठ के चाय पीता, और दिल खोलकर बातें भी करता। रसोइया रूस से खुश क्यों न होता? एक बार तो किसी अभद्र बर्ताव से असंतुष्ट होकर वह सोचने लगा था कि वहीं का हो जाये। भारतीय दूतावास के सभी छोटे नौकर रूस से खुश थे, क्योंकि वहाँ के बड़े आदमी भी उनके साथ समानता का बर्ताव करते थे, पर घुटे नौकरशाह रूसियों की हरेक बात पर नाक-भौं सिकोड़ते थे। वह रूसियों से मिलते भी नहीं थे। भाषा की दिक्कत थी, लेकिन उसे वह काफी दूर कर सकते थे। उनका उठना-बैठना ज्यादातर इंग्लैण्ड और अमेरिका के दूतावासियों से होता था, जिसे रूसी बड़े सन्देह की दृष्टि से देखते थे। विजयलक्ष्मी अपने सारे काल में रूस को भारत के नजदीक नहीं ला सकीं, इसका यही कारण था।

प्रयाग–9 अगस्त को अनुवाद-समिति का काम करके उसी दिन रात को प्रयाग की ट्रेन पकड़ी। दिल्ली की इतनी दौड़-धूप गर्मियों में हो रही थी। यद्यपि हम अधिकतर कलिम्पोंग में रहते थे, लेकिन पहाड़ से नीचे उतरने में रोआँ गिर जाता था। अब सोचता था, अच्छा हो यदि फिर जाड़ों से पहिले दिल्ली आने की जरूरत न पड़े। 10 अगस्त को साढ़े 9 बजे प्रयाग पहुँच गए। स्टेशन पर सेनगुप्तजी मिले। श्रीनिवासजी के यहाँ भोजन करके सम्मेलन-कार्यालय में पहुँचे। 'प्रत्यक्ष-शारीर' और दूसरे भी कई कोश अब प्रेस के लिए तैयार थे। यहाँ देखा, छापने की गति अत्यन्त मन्द है। यह बड़ी निराशाजनक बात थी, क्योंकि कम-से-कम आधे दर्जन कोशों के प्रकाशित होने पर ही हमारी गाड़ी तेजी से चल सकती थी।

कलिम्पोंग–12 अगस्त को सबेरे रामबाग में कटिहार जानेवाली छोटी लाइन की ट्रेन पकड़ी। ट्रेन में पहिले दर्जे का डब्बा नहीं था, इसलिए दूसरे दर्जे का टिकट बदलवाना पड़ा। 13 तारीख के सबेरे गाड़ी बरौनी से आगे बढ़ी और साढ़े 11 बजे कटिहार पहुँची। समय नहीं था, इसलिए उतरकर मित्रों से नहीं मिल सका। आगे जाने की गाड़ी तुरन्त तैयार थी, धीमी-धीमी चलती 10 बजे रात को नकसलवारी पहुँची। वहाँ से एक रुपया दे बस पर चढ़ सिलिगुड़ी स्टेशन पहुँचा। एक टेक्सी से बात कर उसी में रात को सो गए। जल्दी थी, इसलिए मनमाना किराया देना मंजूर किया। 28 रुपया दो आदमियों का भी बहुत होता था, टेक्सी भी बहुत पुरानी थी और डर लगने लगा, रास्ते में ही कहीं बैठ न जाए। खैर, किसी तरह 8 बजे हम 'पार्वती' पहुँच गए।

कमला ने टाइप करने में बड़ी प्रगति कर ली थी। अपने मन से हिन्दी की पुस्तकें पढ़ भी रही थीं। हमने सोचा कि इसी साल सम्मेलन की विशारद परीक्षा दे दें, लेकिन कलिम्पोंग या पास में उसका केन्द्र नहीं था, इसलिए उस साल वह नहीं हो सका। श्री सेनगुप्त लखनऊ में डा. मालवीय और दूसरी जगह के विद्वानों से परिभाषाएँ लेने के लिए रह गए थे। 'पार्वती' में डा. भट्ट और रामेश्वरजी काम में लगे हुए थे। एक दिन बारिश में कमला बहुत भीग गईं, इसलिए 18 अगस्त से उन्हें भी यहीं रहने का इन्तिजाम करके परीक्षा की तैयारी करने के लिए कह दिया। कमला के पिता मर गए थे, और पाँच भाई-बहिनों के परिवार में बड़ा भाई मुश्किल से अपने खर्च-वर्च के लिए कमा पाता था। माँ दर्जी का काम करती थीं, लेकिन उनके पास किराये की मशीन थी। मैंने कमला से कहा, एक मशीन खरीदकर अपनी माँ को दे दो। वह दे आईं। बेटे ने जो नहीं किया, वह बेटी ने किया, इससे माँ को खुशी होनी ही चाहिए थी।

कमला अब बहुत नजदीक आ गई थीं। बतला चुका हूँ कि डायबेटीज़ में इन्जेक्शन और लिखने के काम में सहायता की। इधर कितने ही समय से मुझे बड़ी चिन्ता थी, कोई स्थायी व्यवस्था करनी आवश्यक थी। यह कमला कर सकती थीं। फिर उनके स्वभाव को देखा। पढ़ने की लगन तथा तीव्र बुद्धि थी, इसलिए और

घनिष्ठ होना स्वाभाविक था। श्रीमती राय ने अब टाइप करने में उन्हें पण्डित बना दिया था, और दो घंटे में एक लेख टाइप कर डालना उनके लिए आसान था।

चीन में कम्युनिस्ट मुक्ति सेना ने लंचाउ शहर को लेकर 4 सितम्बर तक तुंगन के नादिरशाह की राजधानी सिनिंग को भी ले लिया था। पेकिंग रेडियो ने घोषणा की, तिब्बती भाइयों को भी हम प्रतिगामियों के हाथ में नहीं छोड़ सकते। यह भी पता लगा कि 40 खच्चरों पर सामान लादकर दो अमेरिकन ल्हासा जा रहे हैं। यह किसलिए ? चीनी मुक्ति सेना का ल्हासा में आना वह कैसे पसन्द कर सकते थे ? वह चारों तरफ हाथ-पैर मार रहे थे। लेकिन, इसका अन्त में कोई फल होगा, इसकी संभावना उस वक्त भी नहीं मालूम होती थी। मैं तो एक तरह वैसे ही खुफिया पुलिस की दृष्टि में खतरनाक आदमी था। अब कलिम्पोंग में आकर तिब्बत की सीमा के पास बैठ गया था। इंग्लैंड के किसी पत्र ने इसका उल्लेख भी किया था, लेकिन, बातों के सिवा मेरा और किसी काम से कोई सम्बन्ध नहीं था। मेरी पूरी सहानुभूति चीन के साथ थी। मैं जानता था, तिब्बत की भलाई चीन के साथ रहने में ही है, और वह छोड़कर उसके लिए कोई रास्ता भी नहीं है। इस बात को छिप-छिपकर कहता या सोचता था, यह बात नहीं थी। मैंने इसके सम्बन्ध में 'नवीन चीन स्वागत' आदि लेख भी लिखे थे। जो आदमी अपनी सब बातों को साफ खोलकर रखता है, उसके ऊपर खुफिया को रखकर हजारों रुपये खर्च करने की क्या जरूरत ? इस प्रश्न का जवाब तो दिल्ली के देवता ही दे सकते हैं।

10 सितम्बर को श्री सेनगुप्त का जन्म-दिवस था। घर-भर की एक पार्टी हुई। आसपास के कई पड़ोसी भद्रपुरुष और महिलाएँ भी शामिल हुए। वर्ष के आरम्भ ही से सेनगुप्त जी अपने ज्योतिष के बल पर घोषित कर रहे थे कि इस साल तो मुझे मर जाना है। श्री विद्यानिवास जी भी फलित ज्योतिष के विद्वान् हैं। यह मैं मानूँगा कि सेनगुप्त इस विद्या में उनसे कम पारंगत नहीं थे। जब विद्यानिवासजी ने यह बात सुनी, तो कहने लगे–भारी बेवकूफी है, ज्योतिष के ग्रहों को अपने ऊपर थोड़े ही घटाया जाता है। मैंने सेनगुप्त से वर्ष के आरम्भ ही में कह दिया था; "इस साल ग्रहों से बचाने की जिम्मेवारी मैं ले रहा हूँ। लेकिन, अब फिर तुम अपने ज्योतिष के ज्ञान को अपने ऊपर मत लगाना।" और सेनगुप्त जी अब स्वस्थ और प्रसन्न हैं। उस साल तो बड़े ही निराशावादी थे, स्वास्थ्य भी उनका अच्छा नहीं था। पेनिसिलिन की दादी स्ट्रेप्टोमेसिन अभी दुर्लभ थी; लेकिन उसके भी इन्जेक्शन वह ले रहे थे। ऊपर से शंका का भूत सवार था।

रामेश्वरजी बड़े कर्मठ तरुण थे। काम में जुट जाना उनके स्वभाव में था। लेकिन, लकवा का असर उनकी एक आँख पर था, जिसके कारण देर तक पुस्तकें देखने पर उनकी आँखों से पानी बहने लगता और दर्द शुरू हो जाता। घंटा-भर भी पुस्तक देखना उनके लिए मुश्किल था। ऐसी अवस्था में काम में उनका मन नहीं लग रहा था। ऐसे तरुण को खोना हमारे लिए अफसोस की बात थी। धीरे-धीरे यह भी पता लग रहा था कि शायद परिभाषा का काम हम ज्यादा दिनों तक न कर सकेंगे। जब तक पं. बलभद्र मिश्र सम्मेलन के प्रधानमंत्री थे, तब तक हमें हर तरह की सहायता मिल सकती थी, तैयार परिभाषा-कोषों के छपाने के बारे में वह भी विशेष नहीं कर सके थे। अब तो सम्मेलन के अपने प्रेस में मोनो टाइप भी आ गया था, लेकिन तब भी श्री सीताराम गुंठे जैसा कोई प्रबन्धक नहीं मिला था, जिसके कारण सारे साधनों के रहते भी काम आगे नहीं बढ़ सकता था। सोचता हूँ, यदि प्रेस ने मुस्तैदी से काम करना शुरू किया होता, तो हम परिभाषा के काम को आगे बढ़ा सकते थे। सम्मेलन की भीतरी राजनीति से मेरा कोई सम्बन्ध नहीं था। मैं सभी दलों को साथ लेकर चल सकता था। पर परिस्थितियाँ बतला रही थीं, कि अब ज्यादा आशा नहीं रखनी चाहिए।

परिभाषा के काम के ही लिए अनुकूल ठण्डी जगह ढूँढ़कर हम कलिम्पोंग में आये थे। यहाँ से हटने पर मुझे किसी दूसरे स्थान की तलाश भी करनी थी। कोटगढ़ से डा. भगवानसिंह अब भी पत्र लिख रहे थे। उन्होंने एक अच्छा-सा बँगला भी ठीक किया था, पर वहाँ बिजली-पानी का करीब-करीब अकाल पड़ जाता था, नौकर मिलना और भी मुश्किल था।

18 सितम्बर के एक पत्र से मालूम हुआ, कि संविधान-सभा ने हिन्दी और देवनागरी लिपि को राष्ट्रभाषा और राष्ट्रलिपि स्वीकार कर लिया, हाँ, अंग्रेजी अंकों के साथ। आज़ाद खुलकर और उनके साथ नेहरू भी पहिले

जी-जान से कोशिश करते रहे कि हिन्दी को स्वीकृति मिले ही नहीं। पर लोग उनके साथ नहीं थे, इसलिए चलते-चलते खिसियानी बिल्ली की तरह उन्हें अंग्रेजी अंकों को मत्थे मढ़ने में सफलता हुई। हरेक लिपि के लिखने की अपनी विशेष कलम होती है। उसी से अक्षर भी लिखे जाते हैं और उसी से अंक भी। कोई सुलेखक हिन्दी लिखने की कलम से अंग्रेजी अंकों के लिखने में असमर्थता दिखा सकता है ? हिन्दी के मंजूर होने पर आज़ाद ने वह विलाप शुरू किया, जो मन्दोदरी ने भी रावण के मरने पर नहीं किया होगा। और लारी साहब ने तो मेम्बरी से इस्तीफा ही दे दिया और अन्त में पाकिस्तान हाई-कोर्ट की जजी सँभालने चले गए। संविधान ने पन्द्रह साल तक के लिए अंग्रेजी की नींव मजबूत कर दी, संविधान के निर्माताओं को उस समय भी विश्वास था कि पन्द्रह साल बीतने के बाद हमारी जिन्दगी बरकरार रहे, हम दूसरे पन्द्रह साल की अवधि बढ़वा लेंगे।

एक दिन हम सब कई और मित्रों के साथ पिकनिक के लिए दूरबीन डाँड़े पर गये। डाँड़े का यह सबसे ऊँचा स्थान ऐसी जगह पर है, जहाँ से नीचे दूर मैदानी भूमि भी दिखाई देती है, तिस्ता और उसके साथ मिलनेवाली दूसरी नदी की घाटी भी। डा. रोयरिक, श्रीमती क्रिस्प, श्रीमती आयरिन राय और दूसरी भी कितनी ही महिलाएँ और पुरुष साथ थे। यद्यपि हम कलिम्पोंग छोड़ने का विचार कर रहे थे, लेकिन यह तो मानना पड़ेगा, कि वहाँ कुछ व्यक्तियों से नहीं, बल्कि सैकड़ों परिवारों से ऐसी आत्मीयता मिली थी, जिससे उसका आकर्षण कम नहीं था।

कभी-कभी आदमी कैसी बुरी तरह फँस जाता है, ऐसी घटना सितम्बर में घटी। शहरों में कई तरह के लोग होते हैं, जो भिन्न-भिन्न तरह से अपनी जीवन-यात्रा करते हैं। अच्छे छपे हुए लेटर-पेपर पर किसी लम्बे-चौड़े नामवाली संस्था का निमंत्रण-पत्र आए, तो आदमी उस पर क्यों शंका की दृष्टि डाल सकता है। मैं आने-जाने से बहुत बचता था, और किसी सभा या अधिवेशन में मजबूरी होने पर ही जाता था। कलकत्ता के एक सज्जन ने अपनी जेबी संस्था के अधिवेशन के लिए निमंत्रणों का ताँता बाँध दिया। मुझे भी न जाने क्या ख्याल आया, कि अन्त में उसे स्वीकार कर लिया।

कलकत्ता–अब की मैंने रेल से ही कलकत्ता जाने का निश्चय कर लिया। पाकिस्तान बनने के बाद इस रास्ते मैं नहीं गया था। उस समय कलकत्ता से सिलिगुड़ी सीधी ट्रेन आया करती थी। 28 सितम्बर को 6 बजे मैं सिलिगुड़ी पहुँचा। दार्जिलिंग की ट्रेन के आने पर ही यह ट्रेन खुलती थी, इसके कारण ट्रेन दो घंटा लेट हुई। स्टेशन पर ही पाकिस्तान के कस्टम का आफिस था, जहाँ से एक सर्टिफिकेट ले लिया। उसके मिलने में कोई दिक्कत नहीं हुई। अभी पासपोर्ट आदि का झंझट नहीं था। सेकण्ड क्लास में सोने से काफी अधिक जगह मिल गई। हमारे साथ कलकत्ता जानेवाले श्री कर्पुरिया जी भी थे। वैसे तो वह लखनऊ के कश्मीरी पण्डित थे, लेकिन अब वर्षों से कलकत्ता में रह रहे थे। वृद्ध थे और उर्दू ही नहीं, हिन्दी की भी कविता करते थे। परिचय होते ही कण्ठ खुल गया। हमने गद्य में कुछ बातें कीं और उन्होंने अपने पद्य के नमूने सुनाए। कितने ही घंटे तक हमारा सत्संग चलता रहा। वह दार्जिलिंग से आ रहे थे। होती होगी कुछ सस्ती चाय, अच्छी किस्म की चाय वहाँ पैदा करने के बहुत-से बगीचे दार्जिलिंग में हैं। कर्पुरिया जी ने अपने सारे होलडाल को चाय के डब्बों से भर रखा था। पाकिस्तान के रास्ते जाना था, लेकिन वह पाकिस्तान की चीज तो नहीं थी, तो भी डर तो था ही। मैं तो कभी ऐसा खतरा मोल लेने के लिए तैयार नहीं हो सकता था। पाकिस्तान सरकार ने ऐसा नियम बना दिया था, कि कोई यात्री पचास रुपये से अधिक पैसा नहीं ले जा सकता था। यह नियम कहाँ तक पालन होता था, इसे मैं नहीं कह सकता। शायद मेरे पास भी पचास रुपये थे। रात-भर तो हमने नहीं देखा, पाकिस्तान के स्टेशन, लोग और भूमि कैसी है। सबेरे ट्रेन छोआडांगा स्टेशन में खड़ी थी, और तीन घंटे लेट थी। स्टेशनों पर अधिकांश मुसल्मान ही दिखाई पड़ते थे, यद्यपि हिन्दुओं का अभाव नहीं था। पूर्वी बंगाल के बड़े-बड़े जमींदार प्रायः सभी हिन्दू थे, और किसान मुसलमान। इसलिए जमींदारी के वास्ते कोई रोनेवाला नहीं था। हमारे डब्बे में चार हिन्दू चढ़े। उनसे वहाँ की बातें मालूम हुईं। बतला रहे थे : हिन्दू व्यापारी खूब मौज से अपना व्यापार कर रहे हैं, बस उन्हें इतना ही करना पड़ता है कि अपने नफे में पाकिस्तानी अफसरों को शामिल करना पड़ता है। घूसखोरी और चोरबाजारी का दौर-दौरा है, उससे कहीं अधिक जितना कि भारत

में हम देखते हैं। हिन्दू तरुणियों के अरक्षित रहने की भी बात बतलाई गई।

जिस समय पौंड-स्टर्लिंग के दाम गिरने पर हिन्दुस्तान ने अपने रुपयों का दाम गिरा दिया था, उस समय पाकिस्तान ने अपने रुपये के मूल्य को पहिले ही के बराबर रखा। लेकिन, वैसा करने से जूट के दाम को आधा गिरने से रोका नहीं जा सका। पाकिस्तान में बड़े-बड़े सैनिक या असैनिक अफसर अधिकतर पंजाबी थें, इसके कारण अब वहाँ पंजाबी और बंगाली का सवाल बड़े जोर से उठ खड़ा हुआ था। पलटन में 75 सैकड़े पंजाबी थे, जो मतखोर बंगालियों को बड़ी नीची दृष्टि से देखते थे। अबंगाली अफसर और केन्द्र-मंत्री लोग भी इस धुन में थे, कि जैसे पश्चिमी पाकिस्तान में उर्दू का बोलबाला है, वैसे ही बंगाल में भी कर दिया जाए। लेकिन, बंगाली मुसल्मानों को कभी उर्दू से पाला नहीं पड़ा था, और न उनके दिल में कभी ख्याल आया था, कि बंगला हिंदुओं की भाषा है। अपनी भाषा के साथ उनका अपार प्रेम था। बहुत-से मुसल्मान साहित्यकारों ने बंगला साहित्य को अपनी लेखनी से समृद्ध किया। वह कैसे बर्दाश्त कर सकते थे, कि उनकी भाषा को हटाकर उर्दू रखा जाए। लेकिन, ऊपर के अफसर यह करने के लिए तुले हुए थे। बंगाली मुसल्मानों को अपनी मातृभाषा का प्रेम साबित करने के लिए खून से नहाने में अभी चार-पाँच वर्षों की देर थी, जिसके बाद ब्रह्मा भी बंगाला को हटाने की हिम्मत नहीं कर सकते थे। लेकिन, उस वक्त तो अभी मुस्लिम लीग की तूती पूर्वी बंगाल में बोल रही थी। उसके नेता कह रहे थे–हमारे ही प्रयास से पाकिस्तान बना है, इसलिए कयामत तक तुम्हें हमारे नेतृत्व को मानना पड़ेगा। कयामत तक प्रतीक्षा करने की जरूरत नहीं पड़ी, और बंगाली मुसल्मानों ने दिखला दिया कि हमें मुस्लिम लीग की कोई आवश्यकता नहीं। चुनाव में साढ़े तीन सौ मेम्बरों में से एक दर्जन को भी कौंसिल में भेजना मुस्लिम लीग के लिए मुश्किल हो गया। लेकिन, अभी यह दिन बहुत दूर मालूम होता था। तो भी अपनी भाषा की अवहेलना मुस्लिम तरुण बर्दाश्त करने के लिए तैयार नहीं थे। हमारे डब्बे में एक कार्टून चिपका हुआ था, जिसमें बंगला वर्णमाला के कागज को फाड़कर जमीन पर फेंका दिखाया गया था, और कुल्हा-साफा बाँधे एक सण्डा-मुस्टंडा पंजाबी आदमी दबे जाते एक दुबले-पतले मुसलमान के मुँह में छर्पी हुई उर्दू वर्णमाला को ठूँसते कह रहा था, – "तूमी गिलिबे, गिलिबे !" (तुम्हें निगलना होगा, निगलना होगा)। लेकिन अन्त में बंगाली मुसल्मानों ने उर्दू को निगलने से इन्कार कर दिया।

पाकिस्तान से होते साढ़े 10 बजे हमारी ट्रेन स्यालदा पहुँची। सभा के प्रबन्ध करनेवालों ने ग्राण्ड होटल में ठहराया। श्री मणिहर्षजी के यहाँ ठहरना अधिक अनुकूल था, इसलिए 1 बजे सभापति का भाषण पढ़कर मैं उनके यहाँ चला आया।

आजकल दुर्गा-पूजा की धूम थी। नवरात्रि या दशहरा भारत के सभी भागों में पुण्य-पर्व माना जाता है, लेकिन बंगाल का वह एकमात्र राष्ट्रीय त्यौहार है। उत्तरी भारतीयों के लिए दशहरा, दीवाली और होली भी है, जिनमें हरेक आदमी बड़े उत्साह से भाग लेता है। हम भी उसका आन्नद लेते रहे। श्री भँवरलाल जी नाहटा से भेंट हुई। उनके कामों का मैं अदृष्ट प्रशंसक वर्षों से रहता आया था। जैन ग्रन्थों तथा राजस्थान की साहित्यिक निधियों का दोनों चचा-भतीजे (अगरचन्द नाहटा और भँवरलाल नाहटा) का असाधारण ज्ञान है। हस्तलेखों और दूसरी सामग्री का उनका संग्रह बीस हजार तक पहुँच गया है। साहित्य उनके लिए केवल साधना की चीज है, जीविका के लिए वह व्यापार करते हैं, जिसमें ही से निकालकर हजारों रुपया इस साधना में भी लगाते हैं। अभी समय अनुकूल नहीं है, इसलिए उनके कामों को बाहर से उतना प्रोत्साहन नहीं मिलता, जितना कि मिलना चाहिए। लेकिन, उससे जरा भी निरुत्साहित न होकर वह अपने काम को करते जा रहे हैं। कितनी ही पुस्तकें उन्होंने अपने खर्च से प्रकाशित कीं, लेकिन सभी आवश्यक सामग्री को प्रकाशित करने के लिए लाखों रुपये चाहिए। मैंने उससे कहा, कि इन्हें टाइप करके डुप्लिकेटर पर सौ-दो सौ कापियाँ निकलवा लें, ताकि उन्हें अधिकारी विद्वानों के पास भेजा जा सके।

जिस सम्मेलन का सभापति बनकर मैं गया था, उसके बारे में 1 अक्टूबर को मैंने लिखा था–"··· ने सम्मेलन का खेल किया। अज्ञात कुलशील पर विश्वास नहीं करना चाहिए।" अपने टिकट से आया था और अब अपने टिकट पर ही लौटना था। अगर पहिले बतला दिया होता, तो टिकट मिलने में आसानी होती। खैर, हमने विमान

से लौटने का टिकट मँगवा लिया, और 6 दिनों को लड़कों के खिलवाड़ में स्वाहा समझ लिया। जिन्होंने यह काम किया था, उन्हें कुछ लाभ जरूर हुआ होगा, क्योंकि इस बहाने ही से उन्हें चन्दा मिल सकता था। अखबारों में मेरे सभापति होने की बात सुनकर और भी कितने ही आ फँसे। झाँसी के कवि डा. आनंदजी बेचारे उतनी दूर से आए थे। उन्हें भी अब बैरंग लौटना था। उस दिन एक करोड़पति के यहाँ मध्याह्न भोजन करना पड़ा–"महल तो बन गया, किन्तु हाथ धोने का नलका नदारद, और थालियाँ तथा दूसरी चीजें मैली। 2 अक्टूबर को उच्चतर क्लब के वन-भोज में गए। इस क्लब के रूहेरवाँ साहसी पुरुष थे, जिन्होंने मारवाड़ी स्त्रियों में पर्दे के खिलाफ जहाद बोला था। वन-भोज में स्त्रियाँ भी थीं। भोज मारवाड़ी ढंग का था। चूरमा और रायता अच्छा बना था। मुझे भी वहाँ कुछ बोलना पड़ा।

कलिम्पोंग–3 को 8 बजे सबेरे विमान उड़ा और 9 बजकर 50 मिनट पर बागडोगरा में उतर गया। 11 बजे सिलिगुड़ी पहुँच गए। कभी-कभी सिलिगुड़ी स्टेशन पर टेक्सी बड़ी आसानी से मिल जाती है, और चार-पाँच रुपये से अधिक एक सीट का देना नहीं होता, लेकिन जब आदमी गरजू हो और टैक्सियाँ कम हों, तो वे मनमाना किराया वसूल करते हैं। एक और तिब्बती तरुण सहयात्री मिल गया। हम दोनों ने चौदह-चौदह रुपये पर ड्राइवर को राजी किया। दो बार तो उसने सामने से आती लारी से टकरा-सा दिया था। बड़ी बेपर्वाही से हाँक रहा था। 3 बजे हम 'पार्वती' पहुँच गए। 4 तारीख से श्रीमती आइरन राय का टाइप का काम जारी था। वह बहुत ही शुद्ध और बड़ी शीघ्रता से टाइप करती थीं। 180 रुपया पारिश्रमिक देते हुए हम बहुत हिचक रहे थे। यदि परिभाषा का काम वहीं रहकर करना पड़ता, तो वह हमें इस टाइप कराने की चिंता से मुक्त कर सकती थीं।

डायबेटीज़ तो बराबर के लिए साथ थी। कभी मुँह सूखता, पेशाब कभी कम हो जाता और कभी ज्यादा। पेशाब ज्यादा होने पर ध्यान उधर जाता। चावल को सिर्फ हफ्ते में दो दिन के लिए रखा, क्योंकि दो दिन हमारे यहाँ मांस बनता था, जिसके साथ चावल अच्छा लगता। केला भी छोड़ दिया, लेकिन आलू अभी विचाराधीन था। 6 अक्तूबर को हमारी पड़ोसिन श्रीमती मित्रा के यहाँ चायपार्टी थी। कितने ही मेहमान आए थे, जिनमें एक डाक्टर भी थे। उन्होंने बतलाया, चाय में चीनी बिल्कुल छोड़ने की आवश्यकता नहीं, उसे कुछ लेना चाहिए। उन्होंने बतलाया–आलू, चावल, मीठा, फल आदि नहीं खाना चाहिए, खीरा, टमाटर, प्याज और नींबू खूब खाने चाहिएँ। भोजन की मात्रा कम रखनी चाहिए। मुर्गी या चिड़िया का मांस ज्यादा लाभदायक है। हल्की चहल-कदमी भी करनी चाहिए, और पेट सदा साफ रखना चाहिए। लेकिन, हमारे इतने सालों के तजर्बे से तो यही मालूम हुआ कि बिना किसी से पूछे-ताछे रोज खाने से पहिले इन्सुलिन ले लेना चाहिए, खाने में किसी चीज का परहेज नहीं करना चाहिए, और मात्रा को काबू में रखने के लिए रात का भोजन छोड़ देना चाहिए।

आयरिश महिला श्रीमती क्रिस्प भी हमारे घनिष्ठ परिचितों में से थीं। डा० भट्ट को लेकर "काबुल गए मुगल होइ आए, बोले मुगली बानी। आब-आब कहि पुतऊ मरिगै, खटिया तर धरा पानी" यह लोकोक्ति मुझे बराबर याद आती थी। वह बिल्कुल ही यूरोपीय मनोवृत्ति के हो गए थे। भारतीय जीवन में वह पानी में मछली की तरह तैरते थे। उन्हें उदासी होती। हम हर तरह से उनको भुलवाने की कोशिश करते। स्वस्थ होते, तो सफलता मिलती, पर बेचारे हृदय के रोग में बुरी तौर से फँसे थे। पीने में अति तो नहीं करते थे, लेकिन मदिरा उन्हें चाहिए जरूर थी। हमारे यहाँ कोई उसमें हाथ लगानेवाला नहीं था, पर उनके पीने में कोई बाधा भी देना नहीं चाहता था। मुझे उन्हें देखकर अचरज आता था। उनके ऐसा अंग्रेजी, जर्मन, संस्कृत पर अपनी भाषा कन्नड़ के समान ही अधिकार रखनेवाला परिवार के बोझ से मुक्त प्रतिभाशाली व्यक्ति क्यों जीवन की चिन्ता करे ? लेकिन उनकी चिन्ता का कारण यही था कि इतने सालों बाद भारत में लौटने पर वह अपने को पानी से बाहर फेंकी मछली-सा समझते थे। अंग्रेजी लेख कभी-कभी वह पत्र-पत्रिकाओं में लिख भेजते थे। उन्हें मेरे कहने पर भी उत्साह नहीं होता था कि कन्नड़ लेख लिखें। यदि वह अपने जर्मनी के अनुभव को ही धारावाहिक रूप से किसी कन्नड़ पत्रिका में लिख डालते, तो कर्नाटक के लोग उन्हें हाथों-हाथ उठा लेते। इनके ऐसा योग्य विद्वान वहाँ कौन था ? श्रीमती क्रिस्प और उनके परिवार के साथ वह अधिक आत्मीयता अनुभव करते थे,

और कभी-कभी दो-चार दिन के लिए वहाँ चले भी जाते थे।

कलिम्पोंग के हमारे सहृदय भद्रजनों में वहाँ के सब-डिविजनल आफिसर श्री मोतीचन्द प्रधान भी थे। जब-तब उनसे मुलाकात हो जाती थी। वह हमारे परिभाषा के काम में भी दिलचस्पी रखते थे। 9 तारीख को दर्शन के अध्यापक श्रीमुख जी से 'अनामी' में मिलने गए। दर्शन के सम्बन्ध में बात होती रही। हम इस उद्देश्य से गए थे, कि मनोविज्ञान की परिभाषाओं के संग्रह का वह काम उससे लें। वह तैयार थे, पर थे अस्वस्थ। एक आपरेशन हो चुका था और दूसरा होनेवाला था, इसलिए निश्चयपूर्वक क्या कह सकते थे। बंगाली परिवार सांस्कृतिक परिवार होता है। हमारे यहाँ अभी संस्कृति ऊपर-ऊपर का पुचारा है और बहुत कम परिवारों में वह भीतरी स्तर तक घुस आई है। इसके निदर्शन मुखर्जी महाशय की तीनों पुत्रियाँ थीं, जो संगीत-कला में निपुण थीं। अंजली ने लखनऊ के मेरिस कालेज में संगीत की शिक्षा प्राप्त की थी और वहाँ रेडियो पर कभी-कभी गाया करती थी।

परिभाषा-निर्माण-विभाग के लिए कभी आशावान् होना पड़ता और कभी हताश। 10 अक्तूबर को पता लगा, कि सम्मेलन ने मार्च 1950 के लिए 13 हजार रुपया मंजूर किया है। 60 हजार शब्दकोश आगे बनने चाहिए। हम सोचने लगे, मार्च तक काम करके छोड़ देना चाहिए, पर डा. भट्ट के लिए सबसे अधिक चिन्ता थी।

कमला अब काम में बहुत आगे बढ़ चुकी थीं। टाइप कर लेती थीं, सारा प्रबन्ध का काम सँभाले हुई थीं, लेकिन उनके स्वास्थ्य में कोई सुधार नहीं हो रहा था, जिसके ही कारण बराबर सिरदर्द बना रहता था। मैंने 14 अक्तूबर को ही मान लिया था—"कमला बहुत समझदार हैं, साधारण बातों ही में नहीं, विद्या की बातों में भी। लेखन-साधनों का भी पूरा ध्यान रखती हैं।" ऐसी होनहार लड़की गरीबी के कारण आगे पढ़ न सके, न अपने आन्तरिक गुणों को विकसित कर सके, यह बड़े खेद की बात होती। खासकर जबकि मैं उनसे पूरी तौर से परिचित हो गया था। भीतर ही भीतर मैंने निश्चय कर लिया कि उन्हें आगे बढ़ाना होगा। टाइप करने में कितनी प्रगति हुई थी, यह इसी से मालूम होगा कि 18 अक्तूबर को उन्होंने फुलस्केप के 14 पृष्ठ टाइप किए। बहुत-सी तालिकाएँ भी टाइप करनी थीं। नहीं तो और भी कर सकती थीं। 19 को उनकी आँखें दुख रही थीं, तब भी वह टाइप करने में लगी थीं। मना करने पर भी नहीं मानती थीं, शायद समझती होंगी, चुप बैठे रहना अच्छा नहीं है।

देश-विदेश की खबरों की जानकारी के लिए श्री सेनगुप्त भी उतने ही व्यग्र थे, जितना मैं। उन्होंने 29 अक्तूबर को खबर दी कि तुंगन (चीनी मुसलमान) कम्युनिस्ट सेना के दबाव के कारण तिब्बत की सीमा पर पहुँच गए हैं, और तिब्बती सेना के साथ उनका युद्ध हो रहा है। मेरे लिए बड़ी चिन्ता की बात थी, क्योंकि तुंगनों के इधर बढ़ने पर तिब्बत की सांस्कृतिक निधियों का विनाश निश्चय था। यह बड़ी ही भयानक घटना होती। अगले दिन खबर मिली कि डा. राजेन्द्रप्रसाद भारत के प्रथम राष्ट्रपति होंगे। बड़ी प्रसन्नता की बात थी, विशेषकर यह ख्याल करके कि राजेन्द्र बाबू हमेशा जनता के आदमी रहे हैं, और उन्हें शहर की अपेक्षा किसानों की भीड़ में अधिक आत्मीयता मालूम होती है।

19
कलिम्पोंग के अन्तिम मास

अनुवाद-समिति के काम के लिए फिर मुझे दिल्ली जाने की जरूरत पड़ी। 24 अक्तूबर को ढाई बजे चलकर साढ़े 5 बजे सिलिगुड़ी पहुँच गया। कटिहार में तिलक पुस्तकालय के वार्षिकोत्सव में भी सम्मिलित होना था, इसलिए कलकत्ता का रास्ता नहीं ले सकता था। सिलिगुड़ी से लोगों से भरी बस में जगह मिली। 6 बजे नकसलबारी पहुँचे। बड़ी मुश्किल से पहले दर्जे में जगह मिली। कम्पार्टमेन्ट सैनिकों के लिए रिजर्व था। मैं और एक और सहयात्री उसमें डरते-डरते बैठ गये थे, और सचमुच ही मेरे साथी को कर्नल के आने पर जगह छोड़नी पड़ी। रेलों के लिए अभी यह कोई असाधारण बात नहीं थी, फिर यह लाइन तो बहुत ज्यादा चलती थी। पहाड़ के लोग नौकरी की तलाश में कलकत्ता जाते, और फिर वहाँ से लौटते। 25 अक्तूबर को पूर्वाह्न में ही कटिहार पहुँच गया। कटिहार जूट के कारखानों का केन्द्र है, आबादी भी 60 हजार है। पर यहाँ के दरो-दीवारों से गाँव की दरिद्रता बरस रही थी। म्युनिसिपैलिटी भी दरिद्र है। जो कर दे सकते हैं, वह न देने में समर्थ हैं, जो दरिद्र हैं, वह क्या देंगे ? मावंडिया जी के यहाँ ठहरे, जो मूलतः शेखावाटी में उदयपुर के रहनेवाले हैं। तिलक पुस्तकालय के अधिवेशन में शामिल होने पर सबसे बड़ी प्रसन्नता हुई बड़े सीधे-सादे किन्तु मेधावी पं. सूर्यनारायण चौधरी से मिलकर। अश्वघोष के काव्य-ग्रन्थों का सुन्दर अनुवाद करके उन्होंने हिन्दी की बड़ी सेवा की है। उनके 'हर्षचरित' के हिन्दी अनुवाद को भी देखकर मुझे बड़ी प्रसन्नता हुई।

वैसे तो उस समय रेल की यात्रा का नाम सुनकर भी तबीयत घबरा उठती थी, यह छोटी लाइन तो सासत देने में सबसे बढ़-चढ़कर थी। अब उसी से हमें प्रयाग तक जाना था। 26 अक्तूबर को प्रयागवाली ट्रेन पर बैठे। यहीं वह कुछ लेट हो गई। छपरा 27 के सबेरे पहुँचे। पहिले से खबर नहीं दे सके थे। दो-एक परिचित चेहरे स्टेशन पर दिखाई पड़े, पर पुराने चेहरे तो कम होते जा रहे थे और नए आ रहे थे, इसलिए परिचित चेहरे कहाँ से अधिक होते। श्री नर्मदाप्रसाद वकील का नौजवान क्लर्क दिखाई पड़ा। अब वह बूढ़ा हो गया था। कितनी जल्दी परिवर्तन हो गया। औढ़ियार पहुँचे, तो वहाँ बाबू गयाप्रसाद सिंह के भतीजे मिल गए। छोटी लाइन में उनके कई रेस्तराँ चलते हैं। उन्होंने आग्रह करके भोजन कराया। बनारस तक वह साथ चले। यहाँ तक छोटी लाइन में आते तंग आ गया था। यद्यपि छोटी लाइन का टिकट प्रयाग तक का था, किन्तु मैंने यहीं दिल्ली जानेवाली बड़ी लाइन की ट्रेन पकड़ी। प्रयाग जा करके भी इसी ट्रेन को पकड़ना था, इसलिए उसके लिए उतर गए। टिकट लिया, जब पहिले दर्जे के डब्बे में बैठा, तो सचमुच ही मालूम हुआ कि मैं नर्क से स्वर्ग में आ गया। कम्पार्टमेंट की चार सीटों में एक खाली थी। दो पर कप्तान भट्टाचार्य अपनी पत्नी के साथ थे, और एक पर मैं। जहाँ छोटी लाइन में न सोने का नाम था न गद्दे का, सब गंदगी और अस्त-व्यस्तता देखी जाती थी, वहाँ इस कम्पार्टमेंट में सभी चीजें स्वच्छ मौजूद थीं।

28 अक्तूबर को ढाई बजे दिल्ली पहुँच ताँगा ले श्री चन्द्रगुप्त विद्यालंकार के घर पर गया। दम्पती किसी काम से बाहर गये हुए थे। संविधान का अनुवाद पूरा करना था, और साथ ही संविधान की स्वीकृत परिभाषा सभी प्रादेशिक भाषाओं के विशेषज्ञों की परिषद् में रखकर अन्तिम रूप देना था। सभापति श्री घनश्याम सिंह गुप्त पहिले ही से मौजूद थे। काम कैसे चालू किया जाए, इस पर बातचीत हुई। मैंने कहा–परिषद् में पहिले तो भिन्न-भिन्न भाषाओं के प्रतिनिधियों के अपने विचारों को रखने का अवसर दिया जाये, और फिर वह समिति का रूप ले ले, और एक-एक परिभाषा पर विचार किया जाये। 800 से ऊपर परिभाषाएँ थीं, अभी मालूम नहीं था, कि बहस में कितना समय लगेगा।

29 तारीख को पौने 10 बजे पार्लियामेंट के राज्य-सभा-भवन में परिषद् जुटी। राजेन्द्र बाबू ने सभापतित्त्व किया। भिन्न-भिन्न प्रदेशों से 37 विद्वान् आए। पाँच घंटे तक भाषण और विचार-विनिमय होते रहे। तीन प्रस्ताव पास हुए–1. परिषद् 2 नवम्बर तक लगातार बैठे, आवश्यकता होने पर आगे भी समय बढ़ा दिया जाए। 2. प्रान्तीय भाषाओं में अनुवाद के लिए विशेषज्ञों की नियुक्ति प्रधान द्वारा बनाई समिति करेगी। यहीं संविधान के संस्कृत में अनुवाद करने के लिए भी एक समिति बना दी गई, जिसमें मेरा भी नाम था।

इसी समय कलिम्पोंग की कमाई 'आज की राजनीति' का प्रथम संस्करण राजकमल की ओर से छप रहा था।

परिभाषाओं पर काम होने लगा। 30 तारीख को दिन-भर में 40 शब्द स्वीकार किए जा सके। गति मन्द थी, इससे तीन सप्ताह लग जाते। लेकिन, हमें विश्वास था, आगे चलकर हरेक शब्द पर इतनी बहस की जरूरत नहीं होगी। हमने जिस सिद्धान्त के अनुसार शब्दों को बनाया था, उसके कारण मतभेद की गुंजाइश कम थी। कुछ तो परिषद में ऐसे आदमी रख लिए गए थे, जिन्हें न संस्कृत का ज्ञान था और न परिभाषा के निर्माण की परम्परा का। वह ऐसे सुझाव रख देते थे, जिनके बारे में न वह युक्ति दे सकते थे, और न वह साधारण तौर से देखने पर भी विचार करने लायक होते थे। पहिले एक-दो दिन उन्हें भी अवसर दिया गया। पीछे उन्होंने स्वयं देखा, कि सुझावों को रखकर वह सदस्यों के मनोरंजन के पात्र बन रहे हैं। उर्दूवाले विशेषज्ञ पहिले दिन की सबेरेवाली बैठक में आए, उसके बाद फिर नहीं आए। कैफ़ी साहब भी सदस्य नियुक्त किए गए थे, लेकिन वह कभी आए ही नहीं। 31 तारीख की बैठक में हमने सौ शब्द ठीक किए। वही शब्द लिये जा रहे थे, जिन्हें हमने रखा था। एक विद्वान् काफी मेहनत से संस्कृत की स्मृतियों आदि से शब्द चुनकर लाए, लेकिन हरेक शब्द अपने विशेष स्थान पर ही अर्थद्योतक होता है। स्मृतियों में एक ही चीज के लिए ग्रंथकारों ने मनमाने शब्द भी रखे हैं, ऐसे शब्दों को अपनाकर हम भ्रम नहीं फैला सकते थे। यह बात नहीं थी कि मैं परिषद् में अधिक बोलने के लिए उत्सुक था, पर गुप्तजी का भी आग्रह होता और परिभाषाओं के बारे में जो भी प्रश्न उठाए जाते, उसका जवाब देने के लिए मुझे बोलना पड़ता। एक दिन झुंझलाकर बोल उठे, आप अपने ही शब्दों को रख लेते हैं, हमारे शब्दों को नहीं स्वीकार करते। हम उपयुक्त शब्दों को स्वीकार करने के लिए तैयार नहीं थे, यह बात नहीं थी। पर शब्दों को स्वीकार करने के लिए यहाँ सभी भाषाओं के योग्य विद्वान् आए हुए थे, उनमें से शायद ही कोई हो, जो संस्कृत की अच्छी योग्यता न रखता हो और पारिभाषिक शब्दों के मर्म को न समझता हो। हमारे संस्कृत के वह विद्वान् जो एक प्रदेश तक ही ज्यादा सम्बन्ध रखते हैं, दूसरे प्रदेशवालों के बारे में नहीं जानते, भाषा की नब्ज को पूरी तरह पहिचान नहीं सकते। मुझे अपनी शिक्षा के सम्बन्ध में भिन्न-भिन्न प्रदेशों के संस्कृतज्ञों के घनिष्ट सम्पर्क में आने का मौका मिला था, इसलिए मैं जानता था, संस्कृत के भी कितने ही शब्द वस्तुतः एक ही अर्थ में हमारे सभी प्रदेशों में इस्तेमाल नहीं किए जाते। उपन्यास उत्तर में नावेल को कहते हैं, और दक्षिण में भाषण को।

कलकत्ता–3 नवम्बर को रात की गाड़ी पकड़कर प्रयाग के लिए रवाना हुआ। बर्थ पहिले ही से रिज़र्व थी, इसलिए सोने की दिक्कत नहीं हुई। सामने बेंच पर बाबू लक्ष्मीनारायण बैठे थे। मुजफ्फरपुर के इस तरुण ने अपना सारा जीवन खादी के काम के लिए लगा दिया। असहयोग की आँधी में कालेज की परीक्षा खतम कर चुके थे, लेकिन व्यवसाय कोई नहीं अपनाया था। उसी समय वह देश के काम में लग गए, और आज

तक बराबर उसी में हैं। किसी बैठक में दिल्ली आए थे, और अब बिहार लौट रहे थे। उनका सारा सामान सीधा-सादा और खादी का था। उनके अर्धनग्न और कुछ मलिन-से वस्त्रों को भी देखकर कम्पार्टमेंट में अंग्रेज पत्नी-सहित बैठे भारतीय कैसे समझ सकते थे, कि यह आदमी पूरी तौर से शिक्षित सुसंस्कृत है, साथ ही उसका सारा जीवन अडिग तपस्या का रहा है। बहुत वर्षों बाद मौका मिला था। देर तक हमारी बातचीत होती रही।

4 तारीख को सबेरे कानपुर आया। हाल में वर्षा हो गई थी, इसलिए जहाँ-तहाँ कुछ पानी दिखाई पड़ता था। यात्रा में मैंने देखा, खपड़ैल को छतें भरवाड़ी (जिला इलाहाबाद) से शुरू होती हैं। उससे पश्चिमी मिट्टी की छतें यूरोप की सीमा पर अवस्थित उराल पर्वतमाला तक चली गई हैं। जहाँ वर्षा अधिक हो, वहाँ कच्ची मिट्टी की छतें अनुकूल नहीं हो सकतीं।

प्रयाग में पहुँचकर श्री माचवेजी के यहाँ गया। उस समय वहीं के रेडियो स्टेशन में वह काम कर रहे थे। उसी बँगले में अज्ञेयजी भी रहते थे। सम्मेलन-कार्यालय में जा वहाँ कोश के बारे में कुछ देखभाल और पूछताछ की। आजकल सारनाथ में वार्षिकोत्सव का समय था। इसलिए वहाँ जाने का निश्चय कर लिया। गाड़ी पकड़कर आधी रात को सारनाथ स्टेशन पहुँचा। सारनाथ में इस समय आने का एक लोभ था भिन्न-भिन्न जगहों से आधे मित्रों से मिलने था। आनन्दजी भी वहाँ मिल गए और काश्यप जी भी। सबसे अपूर्व दर्शन चन्दा बाबा का हुआ। मुनि कान्ति सागर से भी उनकी पुरातात्विक स्थानों की खोजों के बारे में बातचीत होती रही। चोता पूची (छोटा पूची) भी मिले, और उनको देखते ही बोध गया के चोता फूची और बरा पूची की मनोरंजक विवादों की बातें याद आने लगीं। बरा पूची अब इस संसार में नहीं रहे। वह चीनी थे और चोता पूची माँ की ओर से तिब्बती और बाप की ओर से चीनी। दोनों बोध गया के धर्मशाला में वर्षों से रह रहे थे। उनमें प्रतिद्वन्द्विता भी थी। वर्षों रहने पर भी बड़े पूची हिन्दी नहीं के बराबर ही सीख सके। वह छोटे पूची की निन्दा करते कहते थे–"चोता पूची काना पेस-पेसी, पूजा तोरा-तोरा", अर्थात् छोटा पूची बेसी-बेसी खाना खाता है और पूजा कम करता है। और अपने लिए कहते थे–"बरा पूची काना तोरा-तारा, पूजा पेसी-पेसी।" दोपहर तक सारनाथ में रहकर मित्रों से मिल लिया, फिर छोटी लाइन की गाड़ी पकड़कर सवा 8 बजे शाम को प्रयाग लौट गया। अपनी पुस्तकों के प्रकाशन के सम्बन्ध में कुछ बात करनी थी। वस्तुतः अब पुस्तकें इतनी अधिक हो गई थीं, कि उन्हें कोई एक प्रकाशक प्रकाशित भी नहीं कर सकता था। वहाँ से 8 बजकर 10 मिनट पर दिल्ली मेल पकड़ा और कलकत्ता के लिए रवाना हो गया। 7 तारीख को 11 बजे हावड़ा पहुँचा, और पौन घंटे बाद श्री मणिहर्ष जी के मकान पर। टेक्सी नहीं मिली, घोड़ा-गाड़ी ली। रास्ते में बड़ा बाजार की सड़क पर इतनी भीड़ थी, कि देर तक रुकना पड़ा। उन दिनों कलकत्ता में यह आम शिकायत थी, और किसी-किसी समय एक सड़क से सिर्फ एक ओर जाने का नियम लागू किया जाता था। अब की प्रयाग में अश्कजी ने अपनी पुस्तक 'दो धारा' दे दी थी। पढ़ गया। इसमें अश्कजी और उनकी पत्नी कौशल्या दोनों की लेखनियों के चमत्कार अलग-अलग दिये हुए थे। मुझे तो कौशल्या पति को पछाड़कर आगे बढ़ी मालूम हुई। उनकी लेखनी में स्वाभाविकता तथा प्रसादगुण अधिक था। हो सकता है भाषा सँवारने में अश्कजी ने कुछ सहायता की हो, लेकिन दोनों की लेखनी का भेद स्पष्ट मालूम होता था।

कलकत्ता में अब सेठों की नई मनोवृत्तियाँ भी देखी जाती थीं। कितने ही करोड़पतियों ने कांग्रेस का पल्ला पकड़ा था। सभी वहाँ एक समान सुर्खरू नहीं हो सकते थे, इसलिए भी उन्हें दूसरे दरबार की जरूरत थी, और कुछ यह भी समझने लगे, कि कांग्रेस में जो भ्रष्टाचार फैला है, उसके कारण उससे ज्यादा दिनों की आशा नहीं रखी जा सकती। इसीलिए अब वह सोशलिस्टों के साथी बनने लगे। सोशलिज़्म से भला इन करोड़पति सेठों को क्या लेना-देना था ? उनमें कोई ऐसी आदर्शवाद की भावना भी नहीं थी, जिसकी प्रेरणा से वह तपस्वी जयप्रकाश नारायण के चरणों में बैठने के लिए उत्सुक हों। वह जानते थे कि समाजवाद को समाजवाद द्वारा ही भारत में आने से रोका जा सकता है। वह भली-भाँति जानते थे कि समाजवाद के असली वाहक कम्युनिस्ट ही होंगे। इसलिए उनसे बचना जरूरी समझते थे।

पश्चिमी पाकिस्तान से हिन्दुओं का निष्कासन तड़ाक-पड़ाक और बड़ी क्रूरता के साथ हुआ। उनके पुनर्वास

का काम यद्यपि अभी समाप्त नहीं हो पाया था, लेकिन बहुत कुछ अपने पैरों पर खड़ा होकर उन्होंने समस्या को कठिन नहीं बनने दिया। उनके लिए एक सुभीता यह भी हुआ कि पूर्वी पंजाब के मुसल्मान भारत छोड़कर चले गए, जिनके मकान और खेत नवागत शरणार्थियों को दिए जा सके। पूर्वी पाकिस्तान में ऐसा नहीं हुआ। अव्वल तो पश्चिमी बंगाल से बहुत ही कम मुसल्मान पाकिस्तान गए, जिसके कारण खेत और मकान खाली मिलनेवाले नहीं थे। और दूसरे पूर्वी पाकिस्तान से हिन्दुओं का निष्कासन जल्दी नहीं हुआ, वह ताँता अब भी लगा हुआ है। अन्दाज तो ऐसा लगता है, कि वहाँ बहुत कम ही हिन्दू रह पाएँगे। इनके पुनर्वास की समस्या अब (1956 में) भी उसी तरह बड़ी चिन्ताजनक है। 1949 में कलकत्ता में एक और दृश्य दिखाई दिया। सरकार शरणार्थियों को अपने ढंग से बसाना चाहती थी, परन्तु यह नहीं ख्याल करती थी, कि जंगल के महल को लेकर शरणार्थी चाट नहीं सकते। उन्हें ऐसी जगह चाहिए जहाँ वह हाथ-पैर हिलाकर या दिमाग चलाकर रोजी जमा सकें। यह सम्भावना शहर के पास ही रहती है, इसलिए यदि शरणार्थियों में से बहुत-से कलकत्ता के आसपास बसना चाहते थे, तो यह स्वाभाविक ही था। कलकत्ता के आसपास जितनी भी जमीन थी, वहाँ तेजी से बढ़ती हुई महानगरी जल्दी पहुँच जानेवाली थी। इन सब जमीनों को सेठों ने खरीद लिया था। मारवाड़ी सेठों के पास ही रुपया था, इसलिए ये जमीनें उन्हीं के हाथ में थीं। टालीगंज के रिजेंट पार्क के समीप मैं एक खाली जगह को देखने गया, जहाँ पूर्वी बंगाल से आये शरणार्थियों ने अपना अड्डा जमा लिया था। जमीन किसी सेठ ने ले रखी थी। वैयक्तिक सम्पत्ति हमारी सरकार के लिए परमपवित्र है, इसलिए उसे शरणार्थियों के अनुकूल स्थान पर बसाने से भी अधिक वैयक्तिक सम्पत्ति और उस पर कानूनी अधिकार रखनेवाले व्यक्तियों के स्वार्थ को देखना जरूरी था। शरणार्थियों ने खुली जगह देखकर वहाँ अपनी झोंपड़ियाँ खड़ी कर दीं। श्री शरत बोस जैसे जननेताओं ने भी उनका समर्थन किया। सेठों में इतनी शक्ति नहीं थी कि शरणार्थियों और उनके पीछे भारी जनता के मुकाबले में अपनी जमीन पर कब्जा रखते। सरकार ने झट से वहाँ पलटन भेज दी, जिसमें वहाँ मकान न बनने पाएँ। शरणार्थियों ने चटाई की दीवारें खड़ी कर उन पर फूस की छत डाल दी थी। सैनिक कह रहे थे–'हमको हुकुम है, कि नई झोंपड़ियों को नहीं बनाने दें।" शरणार्थी अपनी भूमि का किराया देने, किश्त से दाम भी चुकाने के लिए तैयार थे। इससे बढ़कर और क्या उचित हो सकता था। लेकिन, सरकार निहित स्वार्थों को जरा भी क्षति होने देना नहीं चाहती थी। उसके पिट्ठू कहते फिरते थे, शरत बोस अपना नेतृत्व कायम रखने के लिए प्रान्तीयता के युद्ध को उत्तेजित करना चाहते हैं। दुर्भाग्य से कलकत्ता के धनकुबेर अबंगाली हैं, किन्तु क्या प्रान्तीयता का डर समझकर बंगाली अपनी उचित माँगों को छोड़ दें ?

कलिम्पोंग–10 नवम्बर को 8 बजे विमान से उड़कर दो घंटे में मैं बागडोगरा पहुँच गया। आकाश स्वच्छ था, सर्दी नहीं मालूम हो रही थी, यद्यपि यह नवम्बर का दूसरा हफ्ता था। हवाई अड्डे से सिलिगुड़ी पहुँचकर 16 रुपये में टेक्सी में जगह मिली और ढाई बजे 'पार्वती' पहुँचा। भट्ट, सेनगुप्त और कमला सभी अच्छी तरह काम में लगे हुए थे। हमारा परिभाषा का काम चलने लगा। इसी समय डा. रोयरिक के साथ 'प्रमाणवार्तिक' के अंग्रेजी अनुवाद का भी काम शुरू हुआ। अब की कलकत्ता में श्री परमानन्द पोद्दार से बातचीत हुई। उन्होंने 25 हजार रुपया अग्रिम देते मेरी कितनी ही पुस्तकों को छापने की बात तय की। कलिम्पोंग रहते ही उसकी लिखा-पढ़ी भी हो गई।

दार्जिलिंग–कलिम्पोंग में रहने के समय का अन्त आ रहा था। दार्जिलिंग भी देख आंने का निश्चय करके 19 नवम्बर को सबेरे 8 बजे के बाद हम मणिहर्ष जी की बेबी आस्टिन पर निकले। ड्राइवर के साथ मैं बैठा था, और पिछली सीट पर सेनगुप्त, कमला और कमला की चचेरी बहिन तथा बाबू राधामोहन की पत्नी जमुनादेवी बैठी थीं। रास्ता तिस्ता-उपत्यका से चढ़ाई चढ़ के जाता है, जिसकी सड़क उतनी अच्छी नहीं है, और भारी गाड़ियों के लिए अनुकूल नहीं समझी जाती। तिस्सा पुल से दार्जिलिंग 28 मील पर है, और पुल कलिम्पोंग से 10 मील। 38 मील की यात्रा हमने डेढ़ घंटे में पूरी की। उपत्यका छोड़ने पर सख्त चढ़ाई चढ़ते पेशोक चायबागान के पास पहुँचे। आगे कितनी ही दूर तक भी कुछ चढ़ाई रही, कहना चाहिए चढ़ाई तो घूय तक थी। रास्ते में लेप्चू, छमील, जोर-बंगाल, घूय, काकझोड़ा पड़े। सिलिगुड़ी में दार्जिलिंग आनेवाली सड़क घूय में

मिल गई। रास्ता सारा चायबागानों या हरे-भरे जंगलों का था। हरियाली मनमोहक थी। चाय के बगीचे बाहर की लक्ष्मी के आवाहन के सबसे बड़े साधन थे। चाय यद्यपि सौ ही वर्ष पहिले इस भूमि में आई थी, लेकिन आज दार्जिलिंग की चाय दुनिया में सर्वश्रेष्ठ मानी जाती है। चार-पाँच हजार फुट ऊँची ठण्डी जगहों की पत्तियों में विशेष गुण होते हैं। यद्यपि सिलिगुड़ी में चाय यहाँ से दूनी और अधिक भी उपजती है, पर महँगाई के कारण यहाँ के बगीचे ज्यादा नफे में रहते हैं। जैसा कि पहिले कहा, दार्जिलिंग अब नेपालीभाषियों का है। पर, वह बगीचे में कुली ही भर बन सकते हैं। पहिले सारे बगीचे अंग्रेजों के हाथ में थे, अब उनमें से कितने ही हमारे सेठों के हाथ में चले आये हैं, और जो बचे हैं, वह भी पके आम की तरह उनकी गोद में गिरने के लिए तैयार हैं।

रास्ते में जगह-जगह दूकानें और छोटे-छाटे बाजार थे। चाय और सिगरेट तो प्रायः दो-दो मील पर बिक रहे थे। बीड़ी-सिगरेट अब और जगहों में भी बहुत पिये जाते हैं, इन पहाड़ों में तो स्त्रियों को भी उसके पीये बिना काम नहीं चलता। घूय से आगे प्रायः बस्ती ही बस्ती चली गई थी। दूर से ही हम पर्वत-पृष्ठ पर बसी दार्जिलिंग नगरी को देख रहे थे। नीले गुम्बदवाले राज्यपाल भवन और बर्दवानराज बाड़ी दर्शक की दृष्टि को अपनी ओर आकृष्ट किए बिना नहीं रह सकती थी। आजकल नवम्बर का तीसरा हफ्ता था। यह सैलानियों के आने का समय नहीं था, तब भी दार्जिलिंग केवल सैलानियों का नगर नहीं है, बल्कि वहाँ अपने स्थायी बाशिन्दे भी बहुत काफी हैं, जिले का वाणिज्य का केन्द्र है। इसलिए यह जाड़ों में वैसा सूना नहीं जो जाता, जैसा नैनीताल या मसूरी। सेंट्रल होटल में हम ठहर गये, जो मदन के होटलों में से एक था। कमरे का किराया दस रुपया प्रतिदिन था। भोजन यहाँ का ठीक नहीं था, लेकिन उस समय किसी एक की ऐसी शिकायत करना उचित नहीं था।

उसी दिन हम महाकाल देखने गए। बौद्ध अपने विहारों या मन्दिरों का स्थान चुनने में सभी देशों और कालों में कमाल रखते हैं। यहाँ पर सबसे ऊँची जगह पर उन्होंने अपना मन्दिर स्थापित किया था, जहाँ बुद्ध की भी मूर्ति रही होगी, लेकिन साथ ही धर्मपालक महाकाल भी स्थापित थे। हिन्दुओं के लिए भी यह नाम परिचित है, इसलिए हिन्दू और बौद्ध महाकाल में एक हो गए। जब अंग्रेज यहाँ पहुँचे, तो उन्हें यह देखकर बुरा लगा कि सबसे ऊँचे स्थान पर काफिरों का मन्दिर हो, और उनके गिर्जे का मस्तक उससे हेठा रहे। उन्होंने महाकाल को वहाँ से हटवाया और पास में अपना गिर्जा खड़ा किया।

दार्जिलिंग में हिन्दीभाषी भी काफी हैं। मारवाड़ी तो सेठ और छोटे दूकानदार हैं। उनसे भी अधिक संख्या बिहार और उत्तर प्रदेश के भोजपुरियों की है, जो अधिकतर छोटी-मोटी दूकानें करते हैं। पं. लालजी सहाय यहाँ के हाईस्कूल में अध्यापक थे। श्री जंगबहादुर प्रधान भी हिन्दी के उत्साही कार्यकर्ता थे। इनके प्रयत्न से कई साल पहिले यहाँ हिमाचल हिन्दी भवन स्थापित हुआ। दौड़-धूप करने पर अनुकूल भूमि भी मिल गई, और उस पर लकड़ी का मकान खड़ा कर दिया गया, जिसमें आजकल मिडिल स्कूल चल रहा था। मकान और बढ़ाने के लिए 30 हजार रुपया भी जमा हो गया था, लेकिन जरूरत थी 50 हजार की। हिन्दी भवन दार्जिलिंग के हिन्दीभाषियों के साहित्यिक और सांस्कृतिक जीवन का केन्द्र है।

20 नवम्बर भी दार्जिलिंग में ही बिताना था। जलपान करके 8 बजे निकले, तो भोजन के लिए दो बजे ही लौटकर आये। वनस्पति-उद्यान यहाँ की एक दर्शनीय चीज है, और मेरे लिए तो परिभाषा के कारण भी वह विशेष आकर्षण रखता था। इस उद्यान में ठण्डे मुल्कों के बहुत तरह के वृक्ष लगाये गये हैं। वृक्षों पर अंग्रेजी में उनका नाम भी दिया हुआ है, लेकिन भारतीय नाम शायद ही किसी का मिलता है; हालाँकि उद्यान के कर्मचारी, विशेषकर माली प्रायः सभी वृक्षों के देशी नाम जानते हैं। वह आसानी से इन नामों को दे सकते हैं, किन्तु उनके पास दो-चार दिन रहने के लिए किसी के आने की जरूरत थी। वहाँ के अधिकारी से इसके बारे में बातचीत की, और वह सहायता के लिए तैयार थे।

शहर के हिन्दू मन्दिर में गए। जिस तरह हमारे रहन-सहन में गंदगी है, उसी तरह हमारे देवता का रहन-सहन भी हो, तो अचरज क्या ? लेकिन, हिमालय के तमंग लोग भी बहुत अच्छि स्वच्छता-पसन्द नहीं हैं, उनका

विहार क्यों इतना स्वच्छ है ? जामामस्जिद भी यहाँ की एक खास धार्मिक इमारत है। उसमें भी हिन्दू मन्दिर से अधिक स्वच्छता देखी। मस्जिद के साथ धर्मशाला है। प्रबन्धक हमारे छपरा के मौलवी साहब निकले। उन्होंने सभी चीजें बड़े प्रेम से दिखलाईं, और बतलाया कि हमारी धर्मशाला में हिन्दू-मुसल्मान कोई भी आकर रह सकता है। दार्जिलिंग में बर्चहिल भी एक दर्शनीय स्थान है। यहाँ से कलिम्पोंग दिखाई पड़ता है। बर्च भुर्ज वृक्ष को कहते हैं, और वह इस स्थान से और सात हजार फुट ऊँची जगह में होता है, जहाँ साल में नौ महीने जमीन को बर्फ ढँके रहती है। यहाँ बर्च का कोई वृक्ष नहीं था, फिर इसका नाम भुर्जपर्वत क्यों रखा गया ? जंगलों से ढँका हुआ यह पर्वत पिकनिक और मनोरंजन के लिए अच्छा है।

दार्जिलिंग में आकर अपने पथ-प्रदर्शकों में से एक कुरोसी जोमा संदोर (अलेक्जाण्डर जोमा-दे-कोरो) की समाधि को बिना देखे यात्रा कैसे पूरी हो सकती था ? हम उतरकर यूरोपीय कब्रिस्तान में गए। बहुत कब्रों के भीतर वहाँ ईंट-चूने के अठकोने ने खम्भे के साथ जोमा की समाधि देखी। जोमा 1784 ई. में हंगरी में पैदा हुआ। उसे मालूम था कि हमारे मगयारों के पूर्वज एशिया से आए थे। उसके मन में आया, अपने पूर्वजों की भूमि और अपने भाई-बन्दों को देखा जाए। बड़ी-बड़ी तकलीफों को सहकर यह अदम्य घुमक्कड़ भारत पहुँचा, फिर सुन-सुनाकर तिब्बत को अपने लोगों को मूल स्थान समझ वह लद्दाख पहुँचा। मगयार लोग हूणों की सन्तान थे, और जिनका मूल स्थान मंगोलिया था, जोमा को वहाँ जाना चाहिए था। पर, वह कोलम्बस की तरह ढूँढ़ते भारत चला आया–कोलम्बस भारत ढूँढ़ते अमेरिका चला गया। इससे पहिले ही रूसी लोग तिब्बती भाषा और वहाँ के बौद्ध धर्म से सुपरिचित हो गए थे, क्योंकि उनका सम्पर्क 18वीं सदी के आरम्भ में ही मंगोल लोगों से हो गया था, जो धर्म से बौद्ध थे और जिनकी धर्मभाषा तिब्बती थी। रूसी विद्वानों ने भाषा और धर्म के ऊपर काफी लिखा भी था, इसलिए जोमा को प्रथम तिब्बती भाषाविद् नहीं कहा जा सकता। पर इसमें शक नहीं कि पश्चिमी यूरोप के विद्वानों के लिए तिब्बत का दरवाजा उसी ने खोला। वह लद्दाख और जास्कर में ऐसे लोगों में रहा, जो तिब्बती भाषा छोड़कर और दूसरी भाषा नहीं जानते। भाषा सीखने का अच्छा अवसर और क्या हो सकता था ? उसने तिब्बती भाषा पढ़ी। अंग्रेजी में उसका प्रथम व्याकरण और प्रथम कोश लिखा। साढ़े पाँच हजार भारतीय पुस्तकें तिब्बती भाषा में अनुदित होकर कंजूर-तंजूर के 338 'जिल्दों' में सुरक्षित हैं, उनका विश्लेषण जोमा ने अंग्रेजी में किया, और तिब्बत के बारे में बहुत लिखा। वह विद्या के पीछे फकीर था। उसकी योग्यता की अंग्रेज कदर करने लगे थे। कलकत्ता की एशियाटिक सोसाइटी ने उसके रहने के लिए विशेष तौर से प्रबन्ध किया था। लेकिन, वह उसी तरह और वैसी ही सीधी-सादी पोशाक में वहाँ रहता था, जैसे हिमालय के अपने प्रवास में रह चुका था। यदि वह एक ओर तिब्बती भाषा का एक प्रकाण्ड विद्वान् था, तो दूसरी ओर उसका सीधा-सादा जीवन एक मधुर काव्य था। वह कलकत्ता से चलकर दार्जिलिंग इसलिए आया था कि तिब्बत की ओर प्रस्थान करे। इसी समय वह बीमार पड़ गया, और अपनी अन्तिम इच्छा पूरा किए बिना 11 अप्रेल 1842 को यहीं दार्जिलिंग में उसने अपना शरीर छोड़ा। आज वह इसी समाधि में 107 वर्षों से सो रहा था। समाधि के ऊपर ईंटें-चूने का खम्भा पीछे खड़ा किया गया। इस पर हंगेरियन (मगयार) भाषा में दो और अंग्रेजी में एक अभिलेख है, जिसमें यही बतलाया गया है कि यही जोमा की कब्र है।

धीरधाम देखने गए। यह नेपालियों का मन्दिर, स्वच्छ और बड़े ही अनुकूल स्थान पर अवस्थित है। दार्जिलिंग अंग्रेजों का केन्द्र रहा है। चाय-बगीचेवाले तो बारह मास यहीं रहते थे, गर्मियों तथा बरसात में कलकत्ता से बड़ी भारी संख्या में अंग्रेज व्यापारी और अफसर अपने परिवार को लेकर यहाँ आया करते। पुरुष चाहे अपने काम पर लौट भी जाते, लेकिन बीवी-बच्चों को यहीं छोड़ जाते। जब इंग्लैण्ड जाना महीनों का काम था और यात्रा भी निरापद नहीं होती थी, उस समय अपने बच्चों की शिक्षा के लिए हिमालय की पुरियों का महत्त्व अंग्रेजों को मालूम हुआ, और यहाँ उन्होंने बहुत-से कान्वेन्ट और स्कूल स्थापित किए। इनमें उनके बच्चे अंग्रेजी वातावरण में और वहीं के विश्व-विद्यालयों के पाठ्य-क्रम के अनुसार शिक्षा पाते थे। अंग्रेजों के जाने के बाद यद्यपि उनमें से कुछ स्कूल बन्द हो गए, लेकिन बाकी अभी भी काफी फूल-फल रहे हैं। जब तक

अभिभावकों को विश्वास है कि अंग्रेजी द्वारा ही बड़ी-बड़ी नौकरियों का दरवाजा खुलता है, तब तक इन स्कूलों को हानि नहीं पहुँच सकती।

अपने पुराने परिचित स्वामी सच्चिदानन्द जी मिल गए। अपने धुन में चले जा रहे थे, किसानों-मजदूरों के लिए काम करते थे।

डा. एस. के. मजूमदार और उनकी जर्मन पत्नी बड़े सहृदय विद्वान् दम्पती हैं। गोरखा हॉल में मुझे अभिनन्दन-पत्र दिया गया जिसके प्रधान डा. मजूमदार रहे। यहीं श्री सूर्यविक्रम ज्ञवाली से साक्षात्कार हुआ, यद्यपि पत्र द्वारा उनका परिचय पहिले से भी था। वह नेपाली इतिहास और भाषा के बड़े विद्वान् हैं, और उस पर उन्होंने कई पुस्तकें लिखी हैं।

कलिम्पोंग–21 को सबेरे पौने 9 बजे दार्जिलिंग छोड़ दो घंटे में कलिम्पोंग पहुँच गए। जाते समय कमला को कै हुई थी। पहाड़ की मोटर-यात्रा में वह बहुत कच्ची हैं, लेकिन आज हिम्मत की इसलिए कै की नौबत नहीं आई। उस दिन की चढ़ाई अब खड़ी उतराई थी, जिसमें गाड़ी को बहुत सँभालकर चलाना पड़ता था। लौटने पर कई चिट्ठियाँ मिलीं। डा. ब्रजकिशोर मालवीय ने जीव-रसायन की परिभाषाओं के प्रतिशब्दों में अपने सुझाव को रखने का आग्रह किया था। विशेषज्ञों के दिए हुए प्रतिशब्दों का बहुत मूल्य होता है, इसे हम जानते थे, लेकिन साथ ही एक ही तरह के पारिभाषिक शब्द विज्ञान की कई शाखाओं में आते हैं। अंग्रेजी में जैसे उनकी एकता अक्षुण्ण रखी जाती है, वैसे ही हमें भी करना था, इसलिए मालवीयजी को हमने पीछे समझाकर लिखा और वह हमारी बात मानने के लिए तैयार हो गए। मालवीयजी उन विद्वानों में हैं जो हिन्दी के भविष्य पर पूरा विश्वास रखते हैं और उसके लिए काम करने के लिए भी तैयार हैं। वह चिकित्सा-विज्ञान की और शाखाओं में भी काम कर सकते थे। श्री गोविन्द मालवीय उस समय हिन्दू विश्वविद्यालय के उपकुलपति थे। उन्होंने मुझे प्राच्य-विद्या की एक योजना बनाने के लिए लिखा था, मैंने योजना बनाकर भेज भी दी। मैं चाहता था, हिन्दू विश्वविद्यालय में भी बौद्ध-वाङ्मय और उसकी भाषाओं के अध्ययन-अध्यापन और अनुसन्धान का प्रबन्ध हो। इसका जिक्र भी मैंने किया था और मालवीयजी के इच्छा प्रकट करने पर तिब्बत से कंजूर और तंजूर की पुस्तकें मँगवा दीं।

दिल्ली–23 नवम्बर को संविधान के अनुवाद-कार्य के लिए दिल्ली प्रस्थान करना पड़ा। साढ़े 11 बजे सिलिगुड़ी में विमान-कम्पनी के कार्यालय पर पहुँचकर ढाई बजे तक वहीं बैठा रहना पड़ा। फिर बागडोगरा जाकर 4 बजे विमान के धरती छोड़ने का समय आया। आज सारा विमान भरा हुआ था–16 यात्री थे। कुछ लोग सर्दी के कारण घर की ओर लौट रहे थे। अँधेरा होने से पहिले ही कलकत्ता पहुँच जाना जरूरी था। अड्डे से हम पौने 7 बजे मणिहर्षजी के निवास पर पहुँचे। 24 के सबेरे दमदम अड्डे पर पहुँच आई. एन. ए. के वाइकिंग विमान पर सवार हुए। वह छः हजार फुट की ऊँचाई पर उड़ता चला, और साढ़े तीन घंटे में दिल्ली पहुँच गया। गगन-पथ में बादल एकाध ही दिखाई पड़े, हाँ, धुंध अधिक थी। सहयात्री अधिकतर विदेशी थे। साढ़े 6 बजे शाम को विलिंगटन अड्डे से विमान-कार्यालय में पहुँच श्री चन्द्रगुप्तजी के यहाँ चला गया।

25 को 3 बजे भाषा-विशेषज्ञों की परिषद् आरम्भ हुई। अब की आसाम और कश्मीर के भी प्रतिनिधि आये हुए थे। परिभाषाओं के निश्चय के लिए काम होता रहा। पता लगा, इस वर्ष सम्मेलन के सभापति श्री चन्द्रबलि पांडे निर्वाचित हुए हैं। चन्द्रबलि पांडे हिन्दी के तपस्वी हैं। उन्होंने अपने जीवन की सारी उमंगें हिन्दी पर वार दीं, सारा समय उसी के साहित्य को समृद्ध करने के लिए लगाया। इस तरह का तपस्वी पण्डित हिन्दी में दूसरा नहीं है। उनका सभापति चुना जाना मेरे लिए बड़े हर्ष की बात थी। यह समझकर और भी गर्व होता था कि वह मेरे जिले (आजमगढ़) के ही नहीं, बल्कि मेरे पितृग्राम से चार ही पाँच कोस हटकर छठियाव में पैदा हुए। परिषद् की बैठक अतवार (27) को नहीं हुई, लेकिन हम अनुवाद-समितिवालों को उस दिन भी काम करना पड़ा। 30 नवम्बर तक, जहाँ तक हिन्दी अनुवाद का और परिभाषाओं का सम्बन्ध था, काम खतम हो गया। अन्तिम दिन परिषद् ने प्रस्ताव स्वीकृत किया कि भारत की सभी भाषाओं की परिभाषावलि एक रखी जाए, दूसरे शब्द अधिक अनुकूल जान पड़े, वहाँ भी कोष्टक में सार्वत्रिक परिभाषाओं को रखा जाए।

परिषद् में श्री बालसुब्रह्मण्य अय्यर, लक्ष्मीनारायण राव जैसे विद्वानों के सुझाव अच्छे होते रहे, वह मान लिये भी जाते थे, इसलिए अनुवाद-समिति पर अपने परिभाषाओं के आग्रह का आक्षेप नहीं किया जा सकता था। यदि अनुवाद-समिति के शब्द प्रायः सभी मान लिये गए, तो इसका कारण उनका आग्रह नहीं था, बल्कि सभी प्रादेशिक भाषाओं के विशेषज्ञ उन्हें ही ठीक समझते थे। श्री किकुभाई देसाई (गुजराती), श्री जनुनन्दन भारद्वाज (ग्वालियर) और श्री रामचन्द्र वर्मा (बनारस) के सुझाव यदि लोगों को पसन्द नहीं आते थे तो उसका कारण यह था कि वह इस बात का ध्यान नहीं रखते थे कि हमारे भाषा-भंडार की बहुत-सी निधियाँ सभी प्रादेशिक भाषाओं की सम्मिलित सम्पत्ति है, इसलिए हम सिर्फ हिन्दी या गुजराती की दृष्टि से परिभाषाओं का निर्माण नहीं कर सकते थे। श्री तीर्थनाथ शर्मा (असम), सुनीति बाबू (बंगला), मुनि दिग्विजय जी (गुजराती), श्री घनश्याम गुप्त (हिन्दी), श्री टी. एन. श्रीकंठैया (कर्नाटक), श्री जियालाल कौल (कश्मीरी), श्री कुन्हनराजा (मलयालम), श्री चेतु पिल्लई (तमिल), श्री सत्यनारायण (तेलुगु), श्री वाइ. आर. दाते (मराठी), श्री आर्तबल्लभ महंती (उड़िया), ज्ञानी गुरुमुखसिंह मुसाफिर (पंजाबी), काजी अब्दुल गफ़ार (उर्दू) परिषद के सदस्य थे। बालसुब्रह्मण्य अय्यर (संस्कृत) ने परिषद् के निर्णयों में अच्छा सहयोग दिया।

संविधान के संस्कृत-अनुवाद समिति भी बन गई थी। 1 दिसम्बर के 2 बजे से उसकी बैठक हुई। संविधान का कुछ थोड़ा-सा अनुवाद श्री कुन्हनराजा, श्री बालसुब्रह्मण्य अय्यर, डा. मंगलदेव और डा. रघुवीर भी करके लाए थे। लेकिन यह बैठक सिर्फ मिलकर बैठने-भर के लिए हुई थी। समिति के प्रधान डा. काणे यहाँ आने में असमर्थ थे, इसलिए काम को आगे के लिए छोड़कर बैठक उठ गई। संस्कृत समिति के सभी सदस्य मेरे परिचित थे। सिर्फ डा. काणे का दर्शन नहीं हुआ।

उसी दिन श्री पं. सत्यदेवजी (रामपुर) मिले। उन्होंने बतलाया, साल-भर से ऊपर हो गया, लेकिन हिमाचल-प्रदेश में जनता के हित का कोई काम नहीं हो रहा है। जो कुछ आमदनी होती है वह नौकरशाही के खर्च में चली जाती है। सचमुच ही हमारा शासन प्रजा के हित के लिए नहीं, बल्कि शासकों के हित के लिए है। यह बड़े दुःख की बात थी।

3 दिसम्बर को मनोनीत राष्ट्रपति राजेन्द्र बाबू का जन्मदिवस था। भारतीय पंचांग के अनुसार पूस बदी 1 को होता था। उस दिन अनुवाद-समिति के लोग भी उनके यहाँ गए। हवन-पूजा की आग और सामग्री सामने बिखरी हुई थी और राजेन्द्र बाबू नेपाली बगलबन्दी पहने आसन पर बैठे हुए थे। सभी लोग बधाई दे रहे थे। मुझे भी बोलने की जरूरत पड़ी। मैंने कहा : गणतन्त्र की घोषणा के समय यह भी घोषित कर दिया जाये कि आज से सड़कों और रास्तों पर दाहिने से चलना होगा। सिवाय अंग्रेजों के मुल्क और उनके शासित देशों के दुनिया में सभी जगह "दक्षिण चलो" का नियम है। यूरोप, अमेरिका ही नहीं, एसिया में भी यही बात है। फिर हम क्यों अंग्रेजों के जाने के बाद भी दुनिया से न्यारी उनकी रूढ़ि को बनाए रखें। राजेन्द्र बाबू ने कहा–जवाहरलाल से कहें। क्या सचमुच अंग्रेजों की सारी बेवकूफियों और हठों को कायम रखने का बीड़ा नेहरूजी ने उठाया है ? यह तो मालूम ही था कि राष्ट्रपति-पद के लिए राजगोपालाचारी भी लालायित थे। और उनके समर्थकों में शायद नेहरू जी भी थे, पर पटेल राजेन्द्र बाबू के पक्ष में थे। इसे सभी स्वीकार करेंगे, कि वह राजाजी से कहीं अधिक इस पद के योग्य थे। वह जनसाधारण के आदमी थे। मैं तो समझता था राष्ट्रपति बनने पर भी राजेन्द्र बाबू उसी तरह जनसाधारण में घुलते-मिलते रहेंगे, और जहाँ तक उनका सम्बन्ध है, उनके भाव वैसे ही हैं भी। पर नेहरू और दूसरे लिफाफियों ने दिल में बैठा दिया है कि राष्ट्रपति के पद की मर्यादा की रक्षा करने के लिए तड़क-भड़क का रहना जरूरी है। धोती, कुर्ते में नहीं, अचकन और चूड़ीदार पायजामे में रहने से इस पद के गौरव की रक्षा होती है। राजेन्द्र बाबू ने यद्यपि धोती-कुर्ते को छोड़ा नहीं, लेकिन खास-खास मौकों पर नेहरूशाही राष्ट्रीय पोशाक को धारण करना जरूर स्वीकार किया। मैंने उस दिन कहा था : अचकन और पायजामा नहीं, बल्कि धोती के साथ चौबन्दी अधिक राष्ट्रीय पोशाक है। भागलपुर जेल में किसी नेपाली दर्जी ने ऊनी चौबन्दी उनके लिए सी दी थी जिसे वह इस समय पहने हुए थे। कहने लगे–"देखिये, मैं यह पहने हुए हूँ।" चौबन्दी एक समय प्रायः सारे ही भारत की राष्ट्रीय पोशाक थी। आज

भी वह महाराष्ट्र, गुजरात, राजस्थान, हरियाना, पहाड़, नेपाल तक पहनी जाती है। पहिले असम, बंगाल, उड़ीसा और आंध्र में भी पहनी जाती थी। यदि अपनी एक विशेष पोशाक खास-खास समय के लिए आवश्यक है, तो बगलबन्दी, धोती या बगलबन्दी साधारण पायजामे को रखना चाहिए। नेहरूशाही पोशाक तो दुबले-पतले आदमी को कार्टून बना देती है, और कितने लोग कहने लगते हैं : अब केवल सारंगी की कसर है !

अनुवाद का अन्तिम पुनरावलोकन हो रहा था। उसमें कितना समय लग रहा था, यह इसी से मालूम होगा कि 5 दिसम्बर को 8 बजे हम वहाँ गए और शाम को 7 बजे छुट्टी मिली। अनुवाद के काम में सबसे अधिक मेहनत श्री घनश्याम सिंह गुप्त और बलकृष्ण जी को करनी पड़ी। तरुण बालकृष्ण जी उसके लिए सबसे उपयुक्त आदमी सिद्ध हुए। उनकी स्मृति बड़ी तीव्र थी। अंग्रेजी और उसके भारतीय प्रतिशब्दों के सूक्ष्म भेद को परखने की उनमें शक्ति थी और मेहनत करने में तो वह थकते ही नहीं थे।

7 दिसम्बर को सबेरे दिल्ली से कलकत्ता की गाड़ी पकड़ी। रेस्तोराँ-गाड़ी का भोजन बिल्कुल फीका था। अभी पुराने जमाने के लौटने की संभावना नहीं मालूम होती थी। रात्रि-भोजन का साढ़े तीन रुपया देना पड़ा, पर वह सबेरे के ढाई रुपयेवाले जितना बुरा नहीं था। दिल्ली मेल गया से आगे पहुँच देर तक रुका रहा। मैंने तो सपना देखा—"इंजन खराब हो गया है, और खड़ी ट्रेन को रस्सा बाँधकर खींचा जा रहा है। रस्से खींचने वालों में आगे-आगे मैं हूँ। चढ़ाई और समतल भूमि में वैसे ही खींचता रहा पर उतराई आने पर रुक गया। साथियों को भी कहने लगा कि ट्रेन पीछ से रोको, बिना पटरी के ही रेल चल रही है। कितने ही अक्लमन्द लोग कह रहे थे कि पृथ्वी की पटरी स्वभावतः अधिक कठोर होती है, इसलिए ऐसे चलने में कोई हर्ज नहीं है।" स्वप्न भी जागृति का ही अधिकतर प्रतिनिधित्व करता है। ट्रेन की चाल से ऊबे हुए मन ने यह दृश्य सामने रखा था।

8 दिसम्बर के सबेरे ट्रेन गोमो स्टेशन पर एक घंटा लेट पहुँची। आगे आसनसोल तक पथरीली भूमि है। यह कहने की आवश्यकता नहीं कि मुगलसराय से हमारी ट्रेन ने गया, हजारीबाग रोड का रास्ता लिया था। यह वह रास्ता है जिस पर ही हमारी कोयले और धातु की खानें पड़ती हैं, और आगे चलकर इसका महत्व पटना या भागलपुर होकर जानेवाली लाइनों से भी बढ़कर होगा। इंजन ने कोशिश की, तब भी हावड़ा हम 45 मिनट लेट पहुँचे। मणि बाबू की कार मौजूद थी, हम सीधे उनके घर पर पहुँचे। श्री पोद्दारजी से पुस्तकों के प्रकाशन के बारे में बात पूरी हुई, और उन्होंने मार्च में 25 हजार अग्रिम देना स्वीकार किया। यह अग्रिम पीछे कई कठिनाइयों का कारण हुआ, जिनमें पहिले ही इन्कम टैक्स अफसर ने इसे आमदनी मानकर सुपर-टैक्स लगा दिया, और बड़ी तरद्दुद करने के बाद इससे पिण्ड छूटा। फिर उस रुपये को बैंक में रखने पर एक तरफ रुपये के मूल्य गिरने से उसके झुरा जाने का डर था, तो दूसरी तरफ अपना मकान लेने का भी आग्रह हुआ और उस मकान को लिया भी, जिसमें ये पंक्तियाँ लिखी जा रही हैं और जिसे हम छोड़ना चाहते हैं, लेकिन उसे कोई पूछनेवाला नहीं है।

अपने पुराने परिचित स्थानों को देखने का शौक आदमी को होता ही है। बनारस जाने पर मैं मोतीराम के बगीचे के देखने का लोभ संवरण नहीं कर सकता और कलकत्ता में आने पर 1907 और 1909 के परिचित राजा चौक की उस कोठरी को देखने के लिए उत्सुक हो जाता, जिसमें मैं पाठकजी के आश्रित रहा करता था। मैं समझता था, जिसका नम्बर 64 है, वह तिमंजिले पर 80 नम्बर की कोठरी है। अब भी कुछ कोठरी हटकर वहीं नत्थासिंह सुरमेवाले का साइनबोर्ड लगा हुआ था।

कलिम्पोंग—10 तारीख को 8 बजे मुझे लेकर विमान उड़ा। 21 सीटों में सिर्फ 4 पर यात्री बैठे हुए थे, बाकी में कुछ माल भरा हुआ था। भला, ऐसी स्थिति में विमान-यात्रा के अच्छे प्रबन्ध की आशा कैसे हो सकती है ? अभी विमान-कम्पनियाँ सारी सेठों की थीं, जिनका सबसे पहिले ध्यान लाभ-शुभ की ओर होता है। डेढ़ बजे तक मैं कलिम्पोंग पहुँच गया। अब सर्दी बढ़ गई थी, और हमारे लोग अँगीठी जलाने लगे थे। श्री सेनगुप्त स्वदेशी के बड़े पक्षपाती हैं। हम लोग खाने में काँटे-चम्मच का इस्तेमाल करते थे, तो वह नाक-भौं सिकोड़ते अपने हाथ से खाते थे। अब देखा, वह भी काँटा-चम्मच इस्तेमाल कर रहे हैं। पूछने पर बतलाया, पानी ठण्डा

है, गरम होने पर भी कुछ देर में हाथ तो ठण्डा हो जाता है। मैंने सेनगुप्त जी को इस बुद्धिमानी के लिए साधुवाद दिया। सचमुच हमारे बहुत-से आचार-विचारों में देश और काल का प्रभाव निर्णायक होता है। सेनगुप्त जी काँटे-चम्मच का नाम लेने पर कहते थे–"क्या मेरे हाथ नहीं हैं।" और अब बिना किसी के कहे इस परितर्वन को मानने के लिए तैयार हो गए। यद्यपि कलिम्पोंग की सर्दी बहुत कड़ी नहीं होती, इसीलिए वहाँ बरफ नहीं पड़ती। लेकिन, सर्दी तो थी, और उससे सेनगुप्त जी को सबसे अधिक कष्ट हो रहा था।

11 दिसम्बर को डा. रोयरिक से मिलने गया। आजकल उनके अनुज स्वेतस्लाव और उनकी पत्नी देविका रानी भी आई थीं। स्वेतस्तलाव को बारह वर्ष बाद देखा था। उस समय भी उन्होंने दाढ़ी रखी थी, लेकिन अब वह अधिकांश सफेद हो चुकी थी। देविका रानी हिन्दी तथा लोक-कथाओं के बारे में बात करती रहीं। आयु 40 साल की होगी, लेकिन प्रसाधन भी क्या कमाल करता है। देखने में षोडशी मालूम हो रही थीं, ओठों पर अधर-राग, मुख पर सूक्ष्म क्रीम, बालों में एक दर्जन कुंचित अलकें, वेश शालीन, आँखों में चमक, मुख पर प्रसन्नता की स्वाभाविक मुद्रा–यह थीं देविकारानी, जिनके देखने के लिए कलिम्पोंग में भीड़ लग जाया करती थी। वह सुशिक्षित और सुसंस्कृत महिला हैं, यह उनके वार्तालाप से मालूम हो रहा था।

15 दिसम्बर को सेनगुप्त जी कलकत्ता दस-बारह दिनों के लिए गए। अब हम कलिम्पोंग से दंड-कंमडल उठानेवाले थे। चार ही महीने बाद फिर ठंडी जगह की तलाश करनी थी, इसलिए कई मित्रों को लिख रखा था। 17 दिसम्बर को पं. गयाप्रसाद शुक्ल का पत्र देहरादून से आया। उन्होंने लिखा था, चकरौता में एक अच्छा बँगला है, जो किराये पर भी मिल सकता है और मोल भी। उस समय यह पता नहीं था कि वर्षों के लिए हम शुक्लजी के पड़ोसी होने जा रहे हैं। कमला का पत्र दिल्ली में ही मिल चुका था, जिसमें उन्होंने लिखा था–यहाँ रहने में मुझे मानसिक पीड़ा होती है। मैं उनकी स्थिति का कुछ-कुछ अनुभव करता था और यह निश्चय कर चुका था कि अब उन्हें अपने भाग्य पर नहीं छोड़ना होगा। उनको अपनी प्रतिभा का जिस तरह भी अच्छी तरह उपयोग करने का अवसर मिले, वही मुझे करना होगा। विदाई देने के लिए लोग आने लगे। 18 को मिसेज क्रिस्प और दूसरे कितने ही मित्र आये। कमला का परिवार भी मिलने आया। अबके साल साहित्य सम्मेलन का वार्षिक अधिवेशन हैदराबाद में होनेवाला था। मेरा जाने का कोई इरादा नहीं था, लेकिन श्री बलभद्र मिश्र का आग्रह था, इसलिए मैं उसे टाल नहीं सका। 'साहित्य-वाचस्पति' की उपाधि अबके साल मुझे मिली थी। इसकी कृतज्ञता के लिए भी सम्मेलन के इस अधिवेशन में जाना जरूरी था। पर सबसे ज्यादा जिस बात ने मुझे जाने के लिए बाध्य किया, वह था परिभाषा का काम और उसके लिए पं. बलभद्र मिश्र का हाथ मजबूत करना। यदि मिश्रजी सम्मेलन के कर्णधार आगे भी बने रहते तो उनसे बड़ी आशा थी। वह भी बेलाग आदमी थे और उचित बात के लिए अपने या पराये की मुरौवत मानने के लिए तैयार नहीं थे।

दार्जिलिंग जिले का अन्न-जल इतने दिन तक खाकर उसके लिए कृतज्ञता प्रकट करना मेरे लिए जरूरी था। और उसी का क्यों, सारे हिमालय का मुझ पर ऋण था। मैं वर्षों हिमालय की शीतल छाया और शीतल जल का आनन्द लेता आया था। उसके पर्वतों, उपत्यकाओं, हिमानियों और सीधे-सादे लोगों से आत्मीयता पैदा की, उनसे परिचय प्राप्त किया। यात्रा करते वक्त मेरा हमेशा ध्यान रहा कि वह केवल स्वान्तः सुखाय नहीं होनी चाहिए, बल्कि उसके आनन्द में दूसरों को भी सहभागी बनाना चाहिए। इसीलिए मैंने अपनी हरेक यात्रा के विवरण लिखे। अब हिमालय कह रहा था, हमारे ऋण से भी तुम्हें उऋण होना चाहिए। इसीलिए मैंने निश्चय किया, दार्जिलिंग के बारे में लिखना चाहिए। कलिम्पोंग में ही मैंने 'दार्जिलिंग-परिचय' लिखना शुरू कर दिया और सामग्री उसी समय जमा कर ली। 'दार्जिलिंग-परिचय' के बाद फिर नैनीताल में रहते हुए 'कुमाऊँ' में हाथ लगाया। मसूरी में आने पर गढ़भूमि (गढ़वाल) का आग्रह हुआ, और उसे भी लिखा। फिर नेपाल कहने लगा, मुझे क्यों बीच में छोड़ रहे हो। उसे भी लिख डाला, और अन्त में 'देहरादून-जौनसार' और 'हिमाचल-प्रदेश' लिखकर भूटान की पश्चिमी सीमा से जम्मू-कश्मीर की पूर्वी सीमा तक फैले हिमालय के बारे में लिखकर मैंने अपने को उऋण करना चाहा। पुस्तकें मैंने लिख डालीं, कुछ के प्रकाशक अभी नहीं मिले, और कुछ के प्रकाशक फुटबाल बना या वर्षों रखकर अचार बनाने की चिन्ता में हैं।

20

हैदराबाद-सम्मेलन

सभी को कलिम्पोंग से जाना नहीं था। भट्ट और सेनगुप्त जी को यहीं रहकर काम करना था। कमला को हैदराबाद-सम्मेलन भी दिखलाना था। इस तरह आधे भारत को वह देख सकती थीं, इसलिए उन्हें भी साथ लेकर 21 दिसम्बर को टेक्सी से 2 बजे हम सिलिगुड़ी पहुँच गये। रास्ते में कमला को दो बार कै हुई, यद्यपि उन्होंने इससे बचने के लिए पेट को खाली रखा था। बागडोगरा पहुँचे। विमान अधिकतर खाली था। सिर्फ 6 मुसाफिर थे। मैंने बहुत समझाया कि विमान पहाड़ पर चलनेवाली मोटर की तरह हिलता-डुलता नहीं है, इसलिए इसमें कै करने की बिल्कुल जरूरत नहीं है। जो कै करते हैं, वह केवल मन के कारण ही। कमला ने निराहार व्रत रखा था और मन को काफी समझाने की कोशिश की। विमान में तो कै नहीं हुई, लेकिन कलकत्ता नगरी में मोटर पर चलते अपने को वह रोक नहीं सकीं। हम मणिहर्षजी के यहाँ पहुँचे। उसी रात नागपुर की तरफ रवाना होना चाहते थे। मेल ट्रेन में कोई जगह नहीं थी। पैसेंजर में जगह मिल रही थी। हर स्टेशन पर वह खड़ी होती चलती। समय का खून तो था ही, लेकिन हम चौबीस घंटा प्रतीक्षा करने के लिए तैयार नहीं थे। दो सीटें रिजर्व करवाईं। हावड़ा से नागपुर पैसेंजर 10 बजे रात को रवाना हुई। हमारे कम्पार्टमेन्ट में सात सीटें थीं, जिनमें से दो खाली रहीं।

कमला जीवन में कलकत्ता-भर आ पाई थीं। अब उन्हें बंगाल से मध्यप्रदेश की भूमि में चलने का मौका मिला। बंगाल को देखकर वह समझती होंगी, सभी जगह सपाट मैदान है और हरे-भरे पहाड़ केवल हिमालय में देखने को मिलते हैं। यहाँ अब उनके सामने छत्तीसगढ़ की हरी-भरी पहाड़ियाँ थीं। वर्षा का समय होता, तो वह और भी हरी होतीं। धान के खेत कट रहे थे। बंगाल, उड़ीसा की भूमि को पार कर वह मध्यप्रदेश में चल रही थीं। हैदराबाद में जाकर उन्हें तेलंगाना भी देखने का अवसर मिला। उसके बाद विन्ध्यप्रदेश, उत्तरप्रदेश, दिल्ली, पंजाब, बिहार ही नहीं, नेपाल भी वह देख चुकीं। पहाड़ में पैदा हुए व्यक्ति के लिए यह मामूली साहस-यात्रा नहीं थी।

23 दिसम्बर को 6 बजे सबेरे हम नागपुर पहुँचे। अपना सामान वर्धा की गाड़ी में रख सोच रहे थे कि वहाँ चलकर कुछ घंटे विश्राम करें। लेकिन प्लेटफार्म पर पं. बलभद्र मिश्र मिल गए। उन्होंने बतलाया, प्रयाग से ही रिवर्ज डब्बा आ रहा है, जिसमें बहुत-से साहित्यिक मित्र जा रहे हैं। फिर सन्त-समागम से वंचित रहने के लिए कौन तैयार होता ? पं. लक्ष्मी नारायण मिश्र, राय रामचरण, अशोक गुप्त, श्री पुरुषोत्तमदास टण्डन, आदि परिचित बन्धु वहाँ आसन लगाये बैठे थे। वहीं हम भी पहुँच गए। कमला को महिलाओं के सत्संग का लाभ हुआ। वर्धा में गाड़ी घंटा-भर खड़ी रही। यहीं जलपान हुआ। लौटकर राष्ट्रभाषा प्रचार समिति में आना था, इसलिए अपना आधा सामान वहाँ भिजवा दिया। आनन्दजी भी उसी ट्रेन से चल रहे थे। गाड़ी फिर

रवाना हुई।

अब हम हैदराबाद की तरफ चले। रात को चाँदा के बाद जंगल में दीवाली देखी। लक्ष्मी जहाँ बस जाए, वहाँ दीवाली, और उसके इशारे पर एक दिन की नहीं, बारहों मास की दीवाली हो सकती है। यहाँ कोई कारखाना था।

रात के साढ़े 9 बजे काजीमन्नपेट में पहुँचकर हमारा डब्बा काट दिया गया। भिनसार में सवा 6 बजे उसे हैदराबाद के लिए रवाना होना था। हम रेस्तोराँ में चले गए। वहाँ मुर्गमुसल्लम के तैयार की बात सुनी। हमने मँगा लिया। अभ्यस्त के लिए भी छुरी-काँटे से मुर्गमुसल्लम खाना जहमत की बात है। वह कमला के बस की बात नहीं थी। उन्होंने छुरी-काँटा इधर-उधर चलाया, लेकिन मुर्ग कटने की जगह जिन्दा होकर प्लेट से बाहर कूदने के लिए तैयार था। वह मानती थी कि मुर्गमुसल्लम छोड़ने की चीज नहीं है, लेकिन मजबूर थी।

गाड़ी डाक हो गई थी। सबेरे दो घंटे दिन से हैदराबाद की भूमि देखने का मौका मिला, और सिकन्दराबाद होते 8 बजे हम वहाँ पहुँच गए। स्टेशन पर स्वागत के लिए बड़ी तैयारी थी। जलूस निकलता और घंटों हैरान होना पड़ता। हमने पता लगाया, जब मालूम हुआ कि श्री लक्ष्मीनारायण गुप्त की कोठी पर ठहरना है, तो शहर से बाहर हम उनके मकान में पहुँच गए। सबसे पहिला काम था स्नान। रेल की यात्रा में आदमी म्लेच्छ हो जाता है। स्नान के बाद चायपान। फिर हम सम्मेलन के स्थान हिन्दी-नगर में गए। हैदराबाद के लिए एक साल पहिले हिन्दी तुच्छ और अजनबी-सी भाषा थी। निजाम-सरकार यहाँ की देशभाषाओं–मराठी, कन्नड़ और तेलुगु–को मानने के लिए तैयार नहीं थी। वह उर्दू को बढ़ाने के लिए करोड़ों रुपये पानी की तरह बहा रही थी। उस समय हिन्दी का नाम लेना भी कुफ्र होता था। लेकिन, अब निजामशाही खत्म हो चुकी थी, निजाम राज में राजप्रमुख बनाकर छोड़ दिया गया था। राजकाज उन लोगों की मंशा के मुताबिक होता था जिनको निजाम कोई वक़अत देने के लिए तैयार नहीं था। "कभी नाव गाड़ी पर और कभी गाड़ी नाव पर" होता ही रहता है। हैदराबाद तेलुगुभाषी क्षेत्र में है। तेलुगु, मराठी और कन्नड़ तीनों भाषाओं के बोलनेवाले नहीं जानते थे कि पर्दा किस चिड़िया का नाम है। बहमनीशाही और निजामशाही के 6 सौ वर्षों के घोर प्रचार करने पर भी पर्दा यहाँ जनप्रिय नहीं हो सका। इसीलिए हिन्दीनगर में यदि स्त्रियों की भारी संख्या दिखाई देती हो तो कोई ताज्जुब नहीं। तरुण स्वयं-सेविकाएँ अपने काम को बड़ी अच्छी तरह से कर रही थीं। भोजन का प्रबन्ध भी बहुत सुन्दर था। रोटी भी थी, किन्तु जिस देश में जाना, वहाँ का भोजन अपनाना मुझे ज्यादा प्रिय है। दोपहर को वहीं चावल, फीकी या खट्टी आलू की तरकारी और दूसरे व्यंजन खाये। मिर्च की शिकायत हो सकती थी, लेकिन यहाँ बनानेवालों ने उसका आग्रह छोड़ दिया था। रसम् (इमली का स्वादिष्ट पानी) दक्षिणी भोजन में मुझे बहुत प्रिय है, लेकिन मेरी ही तरह दूसरे मेहमान उसके गुणग्राहक नहीं थे।

2 बजे से स्थायी समिति बैठी। कई सालों से सम्मेलन की नियमावलि के संशोधन की बात चल रही थी। इस समय भी उनके बारे में कुछ बात हुई, लेकिन नियमावलि का संशोधन यदि इतनी जल्दी होकर वह पास हो जाती, तो सम्मेलन को आज के दिन कैसे देखने पड़ते ?

सम्मेलन–साढ़े 5 बजे अधिवेशन शुरू हुआ। स्वागताध्यक्ष श्री लक्ष्मीनारायण गुप्त ने अपना स्वागत-भाषण पढ़ा। फिर मध्य-प्रदेश के मुख्यमंत्री पं. रविशंकर शुक्ल ने उद्घाटन-भाषण दिया। मनोनीत सभापति पं. चन्द्रबलि पांडे के नाम का प्रस्ताव सेठ गोविन्द दास ने रखा। मैंने और पं. अम्बिकाप्रसाद वाजपेयी ने समर्थन किया। सारा भाषण पढ़ने में बहुत देर होती और वहाँ समय का सवाल था। 7 बजे हम अधिवेशन-स्थान से गुप्तजी के घर पर चले आये। कमला ने सम्मेलन की विशाल सभा को भी देख लिया। मुझे मंच पर बैठना था। उन्हें रानी टण्डन मिल गईं, जिन्होंने दुबली-पतली लड़की पर अधिक छोह दिखाना जरूरी समझा। यद्यपि कलिम्पोंग के आदमी के लिए हैदराबाद का दिसम्बर का महीना भी सर्द नहीं हो सकता, लेकिन राय रामचरण ने अपनी गरम चादर लाकर दे दी।

25 दिसम्बर के सबेरे साहित्य-परिषद् में श्री लक्ष्मीनारायण मिश्र का बहुत ही सुन्दर और सारगर्भित भाषण

हुआ। सम्मेलन और साहित्य-परिषद् दोनों के सभापति आजमगढ़ी थे। दोनों ही की योग्यता का लोहा लोग मान रहे थे। यह मेरे लिए वैयक्तिक अभिमान की बात थी। परिषद् से उठकर म्युजियम देखने गये। मुगल-शासन का दिल्ली में खातमा हो रहा था, उसी समय एक मुगल सामन्त निज़ामुलमुल्क ने हैदराबाद में अपनी ध्वजा फहराई। अन्तिम मुगल-काल में दिल्ली में चार राजनीतिक दल थे–1. मुगलों या मध्य-एसियायी तुर्कों का दल, जिसका नेता निज़ामुलमुल्क था, 2. ईरानी दल, जिसके नेता अवध और मुर्शिदाबाद के नवाब थे, 3. पठानों का दल अर्थात्, जिनका सबसे बड़ा नेता नज़ीबुद्दौला था, और जिसने नज़ीमाबाद को बसाया, 4. मुलकी दल अर्थात् देश के मुसल्मानों की पार्टी, जिसके नेता मुजफ्फरनगर जिले के सैयदबन्धु थे। निज़ामुलमुल्क मध्य-एशिया के तुर्कमान कबीले का था, इसलिए वह बादशाह निजी दल का आदमी था। वहाँ से बहुत-सी चीजें वह ला सकता था, जिनमें से कुछ इस म्युजियम में रखी हुई थीं। मुगलकालीन लघु-चित्रों का यहाँ सुन्दर संग्रह था। बहुत-से हस्तलिखित ग्रन्थ थे, जिनमें एक 'नौरस' पुस्तक भी थी। बहुत सुन्दर मूर्तियाँ हैदराबाद में जगह-जगह बिखरी थीं, जिनका बहुत अच्छा संग्रह हो सकता था। लेकिन वह तो कुफ्र की निशानी थी, इसलिए उनकी तरफ बेपरवाही करना स्वाभाविक था। एक जगह पर बरांडे में कई गन्धार-कला की मूर्तियाँ साधारण मूर्तियों के ढेर में पड़ी हुई थीं। यही बतला रही थी कि इस अन्धेर नगरी में चौपट राजा ही रह सकते हैं। जो दुरवस्था गान्धार-मूर्तियों की थी, वही अमरावती की मूर्तियों की थी। किसी मूर्ति पर कोई परिचय-वाक्य नहीं लिखा हुआ था। भोजनोपरान्त हम राजकीय पुस्तकालय देखने गये। फारसी-अरबी की मेरी जानकारी ने सहायता की और अधिकारी ने हरेक चीज को अच्छी तरह दिखलाया। पुस्तकों की सूची वन रही थी, इसलिए 'दक्खिनी' भाषा की कविताओं और दूसरे ग्रन्थों को हम अच्छी तरह नहीं देख सके। उनका देखना हैदराबाद आने के मेरे मुख्य उद्देश्यों में से था।

हाईकोर्ट देखा, अस्पताल की भव्य इमारत भी, फिर चारमीनार गए। उर्दू बुकसेलरों से मुझे काम था, लेकिन चलती पुस्तकों को छोड़ दूसरी पुस्तकें दुर्लभ होती जा रही थीं। प्रो. ज़ोर ने दक्खिनी के ग्रन्थों का सम्पादन किया था, उनसे मिलने की भी इच्छा हुई, पर उस दिन उनके प्रकाशित कुछ ग्रन्थों को ही पाकर संतोष करना पड़ा। इन पुस्तकों को निवास-स्थान पर छोड़कर फिर मैं हिन्दी नगर आ गया। महिला-सम्मेलन में भी कुछ बोलना पड़ा। महिलाओं की इतनी बड़ी संख्या देखकर पता लग गया कि यहाँ की महिलाएँ उत्तरी भारत की महिलाओं को अभी ही काफी पीछे छोड़ गई हैं। खुले अधिवेशन में भी एक प्रस्ताव पर बोलना पड़ा। रात के भोजन के बाद विषय-निर्धारिणी समिति में पौने 11 बजे तक रहना पड़ा।

26 दिसम्बर का सबेरा हुआ। जलपान करके हम 9 बजे हिन्दी नगर पहुँचे। विज्ञान परिषद् के सभापति डा. रंजन का भाषण सुना। मैंने भी परिभाषा के सम्बन्ध में कुछ कहा। डा. टोपा उस्मानिया विश्वविद्यालय दिखलाने के लिए ले गए। टोपा साहब पहिले ही से यहाँ निजाम की नौकरी में थे। कश्मीर के बाहर के कश्मीरी होने से उर्दू को वह अपनी मातृभाषा समझते थे, और यह भी मानते थे, कि अंग्रेजी ही ऐसी भाषा है जिसको अपनाए बिना गति नहीं। लेकिन, वह देख रहे थे, स्थानीय भाषाएँ इस बात को मानने के लिए तैयार नहीं हैं। हैदराबाद अब उर्दू के पृष्ठपोषक निजाम का नहीं है, बल्कि वहाँ की लक्ष-लक्ष जनता का है। तेलुगु, कन्नड़, मराठी अपने स्थान पर जबर्दस्ती बैठने जा रही हैं। उनकी सहानुभूति पाकर हिन्दी भी अपना स्थान बना रही है। टोपा साहब हमें यही समझाने की कोशिश करते थे कि ज्ञान-विज्ञान की भाषा भी जनता की भाषा से दूर नहीं होनी चाहिए। जनता की भाषा से उनका मतलब था, जो शिक्षित लिखते और चन्द कश्मीरी पण्डित बोलते हैं। वह जवाहरलाल की तरह यही समझते थे कि माँ के दूध के साथ जितनी भाषा सीखी, उससे अधिक जानने की जरूरत नहीं। हालाँकि अंग्रेजी के लिए दर्जनों वर्ष देकर इस बात का स्वयं खण्डन कर चुके हैं। टोपा साहब संस्कृत से भी कोरे थे, इसलिए यह कहना-समझना उनकी समझ से बाहर की बात थी कि संस्कृत के तत्सम शब्दों को हमारी भाषाओं ने 14वीं सदी से ही लेना शुरू किया और हिन्दी तत्सम शब्दों के लेने में बल्कि तेलुगु, कन्नड़, मराठी और मलयालम से बहुत पीछे है। जनता के कवि तुलसी ने भी तत्सम शब्दों को बहुत लिया है। तुलसी के प्रयोग में लाये संस्कृत शब्दों को लेने का हमें अधिकार है, या उन्हें भी छोड़ना

पड़ेगा। टोपा साहब बतलाने लगे–जनता की भाषा से दूर जाने के कारण निजाम-सरकार को करोड़ों रुपया खर्च करके भी विफल होना पड़ा। कई वर्षों तक निजाम-सरकार विद्वानों को रखकर अपने यहाँ उर्दू के पारिभाषिक शब्द बनवाती रही, जो प्रायः सभी अरबी के थे। टोपा साहब ने उनके ढेर को दिखलाकर कहा कि यही अवस्था होगी, यदि हिन्दी ने भी वैसी गलती की। मैंने कहा–इस ढेर का भी उपयोग हो सकता है, क्योंकि पाकिस्तानवाले उर्दू को ही आगे बढ़ाना चाहते हैं। रही हिन्दी की बात, तो हिन्दी अकेली इस नाव पर नहीं बैठ रही है, बल्कि उसके साथ ही असमिया, बंगला, उड़िया, तेलुगु, तमिल, मलयालम, कन्नड़, मराठी, गुजराती, पंजाबी, नेपाली ही नहीं, बल्कि सिंहली, बर्मी, स्यामी (थाई), कम्बुजी भी बैठी हुई हैं। हम कोशिश कर रहे हैं कि भाषा के विकास के इस काम में सभी एक-दूसरे का घनिष्ट सहयोग करें। साइन्स-कालेज, आर्ट-कालेज की सुन्दर इमारतें बनाने में निजाम ने मुक्तहस्त हो खर्च किया है। उस समय उस्मानिया यूनिवर्सिटी के उप-कुलपति कोई मुसल्मान सज्जन थे। साम्प्रदायिकता और उर्दू के पलड़े को पकड़कर आगे बढ़ने की गुंजाइश नहीं थी, इसलिए वह अपने को डाँवाडोल स्थिति में पाते थे। टोपा साहब कश्मीरी थे, अर्थात् नेहरू और काट्जू की बिरादरी के, इसलिए उनकी कदर सबसे अधिक थी, क्योंकि वही उनके गाढ़े समय में काम आ सकते थे।

दाइ-उल्-इस्लाम साहब से देश में नहीं, पर तेहरान के निवास के समय मेरी बहुत घनिष्टता थी। घंटों बातें होती थीं। वह बहुश्रुत ईरानी पण्डित थे। फारसी उनकी मातृभाषा थी। यद्यपि वह शिया थे, लेकिन फारसी संस्कृति भारत के मुसल्मानों को हमेशा मान्य रही, इसलिए निजाम के दरबार में उनकी कदर हुई, और उन्होंने कई जिल्दों में फारसी का एक बड़ा कोश तैयार किया। वह जानते थे, फारसी और संस्कृत दोनों एक परिवार की भाषाएँ हैं। इसी कारण संस्कृत के प्रति भी उनका बहुत प्रेम था और यहाँ रहते उन्होंने उसे पढ़ा था। अपने कोश में जगह-जगह उन्होंने संस्कृत शब्द भी दिये। हैदराबाद में उनका अपना घर था, वर्षों यहाँ रहे थे। मुझे उम्मीद थी कि वह इधर आए होंगे। बहुत पूछताछ करने पर घंटों बाद घर मिल गया, किन्तु मालूम हुआ, वह बम्बई चले गए।

27 दिसम्बर को सबेरे ज़ोर साहब से मिलने गया। भेंट नहीं हुई। थोड़ी देर तक डा. हुसेन ज़हीर से बात होती रही। अपने अनुज सज्जाद ज़हीर की तरह यह भी विचारों में प्रगतिशील हैं। विषय उनका साइन्स (रसायन) है, लेकिन साहित्य में भी रुचि रखते थे, और इसके कारण हिन्दी-उर्दू की समस्याओं के बारे में भी उनकी दिलचस्पी थी। उर्दू की रक्षा और प्रचार के लिए मैं अपने को किसी से कम नहीं जानता। मेरा विश्वास है कि उसका अनिष्ट नहीं होगा। हाँ, अब उर्दू के लिए नागरी लिपि का बायकाट नहीं किया जा सकता।

उसी दिन साढ़े 12 बजे बहुत-से साहित्यिक मित्रों के साथ गोलकुण्डा जाना पड़ा। पहले उस्मान सागर चले गये। यह विशाल सरोवर सिंचाई और नगर के पानी के लिए सातवें निजाम के समय तैयार किया गया था। किनारे पिकनिक के भी स्थान हैं। वहाँ कितनी ही मुसल्मान स्त्रियाँ भी पुरुषों के साथ पिकनिक के लिए आई हुई थीं। उनकी सूरत-शक्ल उत्तर-भारत की हिन्दू स्त्रियों जैसी ही थी, यद्यपि शिक्षित परिवार की महिलाएँ किताबी उर्दू बोलने में शान समझती थीं। 'दक्खिनी' सुनने में बड़ी प्यारी मालूम होती है। जनभाषा में विशेष तरह का माधुर्य होता ही है। उस्मान सागर से फिर हम गोलकुण्डा के किले में गये। चारों तरफ विशाल नगर प्राकार था, जो कितनी ही जगह अब गिर चुका है। निजाम ने गोलकुण्डा को नहीं, बल्कि गोलकुण्डा के बादशाह कुल्ली कुतुब की बेगम हैदरमहल के नाम से बसे हुए नगर को अपनी राजधानी बनाया। गोलकुण्डा का भाग्य क्यों नहीं लुटता। टूटी छतें और दीवारें रो रही थीं। एक पहाड़ को अजेय दुर्ग समझकर यह किला बनाया गया था–कुण्डा (कोंडा) का अर्थ पर्वत है। यह मूलतः द्रविड़ भाषा का शब्द है। पहाड़ कुछ गोल-सा है, इसलिए गोलकुण्डा नाम पड़ा। इसी पर्वत की चारों तरफ नगर बसा था। हम किले के भीतर चले। फाटक के पास गोल पटाववाला गुम्बद मिला जो आवाज देने पर कुछ हिलता-सा मालूम होता था। प्रतिध्वनि भी ज्यादा होती थी। इसे एक चमत्कार बतलाया गया। इस तरह के चमत्कार हमारे पुराने दक्ष वास्तुशास्त्री अक्सर दिखलाया करते थे। पहाड़ के ऊपर सुल्तान के महल अब भी अधिकतर सुरक्षित हैं। भव्य प्रासादों में विशाल शालाएँ थीं, फौव्वारे भी लगे थे। सुल्तान कुल्ली कुतुब का जमाना याद आ रहा था। 17वीं सदी के पूर्वार्ध में यहाँ

कितना ऐश-जैश होता रहा होगा, पर अब वह उजाड़ और ध्वस्तप्राय था।

आज भी दोपहर बाद हिन्दी नगर में गए। एक बैठक में आचार्य नरेन्द्र देव जी भी आये थे। यही उनके साथ अन्तिम साक्षात्कार था। नरेन्द्रदेव जी से वर्षों मेरा घनिष्ठ सम्बन्ध रहा और महीनों उनके परिवार के व्यक्ति के तौर पर भी काशी विद्यापीठ में मैं रहता था। मैं कम्युनिस्ट हूँ और वह ऐसी सोशलिस्ट पार्टी के नेता, जो कम्युनिस्टों का अन्धाधुन्ध विरोध करना अवश्य-कर्तव्य समझती है। फिर भी हमारे वैयक्तिक सम्बन्ध पर इसका कोई असर नहीं पड़ा। किसी समय हम दोनों से मिलकर कार्ल मार्क्स की 'कम्युनिस्ट घोषणा' का अनुवाद किया था, वह भी बौद्ध-दर्शन और संस्कृति के गम्भीर विद्वान् थे। इस प्रकार हम समानधर्मा थे। हमारा साहित्यिक सहयोग उसके बाद नहीं रहा, किन्तु हमारी साहित्यिक प्रवृत्तियाँ एक-दूसरे को हर्षित जरूर करती थीं। नरेन्द्रदेव जी मानव के तौर पर बड़ा ही आकर्षक व्यक्तित्त्व रखते थे। बड़े जिन्दादिल थे। जब वह इलाहाबाद यूनिवर्सिटी में पढ़ते थे, उस समय की बात है। देश में बहुत-से धर्म देखते-देखते वह ऊब-से गए थे। उनकी जन्मभूमि फैजाबाद के पास ही अयोध्या है, जहाँ सखी-मत का जबर्दस्त प्रचार था। पुरुष समझते थे कि स्त्री बने बिना भगवान् उनको स्वीकार नहीं करेंगे। इन मुच्छन्दर स्त्रियों को रामजी के निवास में क्या काम था ? और फिर रामजी तो एक पत्नी-व्रत थे। राधास्वामी और आर्यसमाजी, ब्रह्मसमाजी आदि-आदि पचासों धर्म चल रहे थे। उन्हें सूझी कि इन पंथों के केरिकेचर के तौर पर हमें भी एक पंथ खड़ा करना चाहिए। वह और उनके मित्रों ने मिलकर 'चोंच-पंथ' कायम किया। जब वे लोग आपस में मिलते, तो दाहिने हाथ को चोंच की तरह बनाकर अभिवादन करते। बाहरी जिज्ञासुओं को बहुत गम्भीरता से समझाते, सच्चा और मूल धर्म 'चोंच-पंथ' ही है। इसके लिए वह विष्णु-वाहन गरुड़जी, त्रेता के भक्त जटायु और सम्पाती की बातें बतला कर कायल करते। कितने ही दिनों तक चोंच-पंथ विद्यार्थियों के लिए मनोरंजन का साधन रहा।

मुझे जहाँ-तहाँ जाना पड़ता था। सभी जगह कमला को दिखलाने में सहायता नहीं कर सकता था। पर स्वयं-सेविकाओं के केम्प में उन्हें सुन्दरबाई मिल गईं, जिनके साथ उनका सखित्व स्थापित हो गया और अब भी दोनों सखियों में पत्र-व्यवहार होता रहता है। उस समय एक पहाड़ी लड़की के लिए मैदान का यह विशाल शहर विचित्र और भयोत्पादक मालूम होता था, यद्यपि उसने कलकत्ता देख लिया था पर वह दूसरे की अँगुली पकड़े जैसा ही देखना था। पुराने रिवाज के अनुसार सखी बनने का एक विशेष कर्म-काण्ड होता है, जिसे पहाड़ में भी माना जाता है। हमारे भोजपुरी क्षेत्र में तो कोई एक स्त्री अपनी सखी का नाम नहीं ले सकती। सखी बनते समय वह एक थाली या पत्तल में खाती हैं। सुन्दरबाई और कमला इस तरह से तो सखी नहीं बनीं, किन्तु उस समय सुन्दरबाई के कारण हैदराबाद कमला के लिए उतना डरावना नहीं मालूम हुआ। वह उनके साथ घूमा करतीं। श्री सुमित्राकुमारी सिन्हा और श्री कोकिल–हिन्दी की दो कवयित्रियाँ–भी वहाँ पहुँची थीं। उनके कारण भी उनका मन लग जाता था। कोकिलजी बेचारी का तो रुपया ही किसी ने चुरा लिया, और उन्हें बड़ी मुश्किल का सामना करना पड़ा। 28 तारीख को कमला अकेली रह गईं। उनका रोआँसा चेहरा देखकर श्री सत्येन्द्र जी (बदरीपुर) दिलजोई करना चाहते थे। उन्हें समझाते प्रदर्शनी में ले गए। खाने के लिए मिठाई भी दी, लेकिन मिठाई आँसुओं को रोकने में समर्थ नहीं हो सकती थी। सत्येन्द्र जी से उनका परिचय भी नहीं था। उन्हें क्या पता था कि वह क्यों इतनी खातिर कर रहे हैं। बड़े शहर में लड़कियों के चोरी होने की बात सुन रखी थी, इसलिए प्राण कंठ तक आ पहुँचा था। खैर, मैं आ गया, फिर उनको ढाँढ़स हुआ।

सम्मेलन के लिए तैयारी बड़े जोर-शोर से हुई थी। निजामशाही से दम घुटते हुए लोगों को ताजी हवा मिली थी। इस अखिल भारतीय मिलन के द्वारा हैदराबाद के हिन्दीभाषी और हिन्दीप्रेमी अपने मन का उल्लास दिखलाना चाहते थे। हिन्दी-नगर में रात को दीवाली का दृश्य होता। प्रबंध सभी अच्छा था।

मैं पुरानी उर्दू, विशेषतः दक्खिनी किताबों के संग्रह करने की धुन में था। चाहता था, हिन्दी के इस महत्त्वपूर्ण और अतिप्राचीन साहित्य का 'दक्खिनी हिन्दी काव्यधारा' के रूप में संग्रह प्रकाशित करूँ। उस दिन आबिद रोड पर गया। मक्तबे-इब्राहिमिया का नाम सुनकर वहाँ भी पहुँचा। उन्होंने बतलाया कि कल हम काफी किताबें दे सकेंगे, लेकिन अगले दिन जाने पर कोई नहीं मिली। कितने ही प्रतिनिधियों का भोजन श्री जेतली के यहाँ

हुआ। पं. रामनारायण मिश्र के दामाद होने से जेतली साहेब और इनकी पत्नी का हिन्दी-साहित्य से विशेष अनुराग था। हैदराबाद के नए प्रशासन को ठीक से चलाने के लिए जो अफसर बाहर से आए थे, उनमें ही जेतली साहब बड़े अफसर होकर आए थे। उसी दिन (28 को) उस्मानिया यूनिवर्सिटी के वायस-चांसलर ने चाय-पार्टी दी। उस दिन वह हिन्दी के लिए बहुत प्रेम दिखला रहे थे, लेकिन "गंगा गये गंगादास, जमुना गये जमुनादास" का क्या भरोसा ? कासिम रिज़वी के समय ये लोग उनकी जय मनाते होंगे। शाम को आचार्य नरेन्द्र देव के सभापतित्त्व में दक्षिणी भारतीय साहित्य संसद का अधिवेशन हुआ, जिसमें हिन्दी और दक्षिणी भाषाओं की उन्नति और विकास के ऊपर विचार-विनिमय हुआ। रात को राजा पित्ती के यहाँ भोजन हुआ। यह यहाँ के सेठ हुकुमचन्द हैं। भोजन के सभी पात्र चाँदी के थे। हैदराबाद में बहुत व्यस्त प्रोग्राम रहा। इसी बीच काफी पुस्तकें मोल से या भेंट से मैंने दक्खिनी की जमा कर लीं।

वेरूढ़ (एलोरा)–29 की रात को हमारी काफी बड़ी मण्डली हैदराबाद के प्राचीन स्थान को देखने निकली। श्री वाचस्पति पाठक, अशोक जी आदि तथा कुछ महिलाएँ भी साथ में थीं। बर्थ रिजर्व थी, 3 बजे गाड़ी पकड़ी। रास्ते में जालना स्टेशन पड़ा। नाना की पुरानी बातें याद आने लगीं। वह घर से भागकर यहाँ पलटन में भरती हुए थे, और यहीं दस वर्ष के करीब तिलंगा रहे थे। यहाँ की कितनी ही अपने साहस और शिकार की यात्राएँ वह नानी को सुनाया करते थे, जिन्हें मैं अबोध काल से ही सुना करता था, और जिन्होंने मेरे हृदय में घुमक्कड़ी का बीज पैदा किया था। लेकिन, अब यहाँ उतरकर देखते ही क्या। जालना के कुछ हिन्दी-प्रेमी हैदराबाद में मिले थे। उनसे यह मालूम हुआ कि वहाँ पर देशवाली पलटन की सन्तानें मौजूद हैं। उनमें यह कैसे पता लगता कि इनमें रामशरण पाठक की सन्तान कौन है। होती भी, तो इस समय नाना का लड़का 84 वर्ष का होता। तरह-तरह की बातें सोचते हम आगे बढ़े और 30 दिसम्बर के 5 बजे औरंगाबाद पहुँचे। यहीं से वेरूढ़ और अजिंठा (अजन्ता) की यात्राएँ करनी थीं। स्टेशन के पास ही एक बड़ी धर्मशाला थी। अब हमारी विदा होनेवाली बारात थी, शायद इसलिए, या 5 बजे रात के असमय के कारण वहाँ कोई पथ-प्रदर्शक नहीं मिला। हम धर्मशाला में दो-तीन कोठरियाँ लेकर अपने होलडाल और सूटकेस पटककर आगे की यात्रा की चिन्ता करने लगे।

दौड़-धूप करके वेरूढ़ के लिए निजाम बस-सर्विस की एक बस ठीक की, जिसमें चढ़ने के लिए 27 आदमियों का प्रबन्ध हुआ। मुँह-हाथ धोया, चाय-पानी हुआ, कुछ खाने की चीजें साथ लीं। मैं अनेक बार यहाँ आ चुका था, इसलिए दिक्कतों को जानता था। 8 बजे हमारी बस रवाना हुई। पहले वेरूढ़ चलने का निश्चय किया, देवगिरि (दौलताबाद) को लौटकर देखने के लिए छोड़ दिया। लेण्या (गुफा) में 9 बजे पहुँचे। बस बहुत नजदीक पहुँच गई। सिंहल में भी गुहा-विहारों को लेना कहा जाता है, और महाराष्ट्र में लेण्या। भारत की और जगहों में इस शब्द का प्रयोग नहीं है।

हमने उस छोर से शुरू किया, जहाँ बौद्ध-गुहाएँ हैं, और जो सब सातवीं से बारहवीं सदी की हैं। अंजिठा में पहिली से छठी सदी तक की बनी गुहाएँ अजिंठा की उत्तराधिकारिणी हैं। ये देवगिरि के यादवों के काल की बनी हुई हैं, इसलिए उनकी राजधानी के पास हैं। गुफा में पहुँचने पर अँधेरे में देखने के लिए टार्च की जरूरत थी। हम टार्च सँभालकर लाए थे, लेकिन कमला उसे बस पर छोड़ आई। जल्दी में आदमी उतावला होता है, और आवेग को प्रगट करने में शब्दों का ख्याल नहीं रखता। मैंने कुछ कठोर स्वर में कहा। कमला रोती हुई लेण्या की ओर चली गई और साथियों में से कोई टार्च लेने गया। पं. वाचस्पति की सहृदयता को इससे ठेस लगी। उन्होंने मुझसे तो कुछ नहीं कहा, लेकिन कमला को बहुत समझाया। सचमुच ही उतनी भीड़ के सामने किसी आत्मसम्मान रखनेवाले व्यक्ति को डाँटना बुरा था। इस समय कमला ने वाचस्पति पाठक की सहृदयता का मोल समझा। यद्यपि पार्वती बाला के आँसू थमे, पर उसे इन पुरानी गुहाओं के देखने में उतना मजा नहीं आया होगा, इसमें क्या सन्देह है ? उस समय कमला को इतिहास का उतना ही ज्ञान था जितना मेट्रिक में होता है। मुझे अपनी सारी मण्डली का आनरेरी पथ-प्रदर्शक बनना पड़ा और छोटा-मोटा लेक्चर देते हुए हरेक गुफा को दिखलाता रहा। भला इस तरह जो आदमी अपने कर्तव्य में लगा हुआ है, वह कैसे कमला का ध्यान कर सकता था। कमला को यह शिकायत होनी वाजिब थी कि मैं जिसके साथ इतनी दूर

आई, वह मेरी सुध भी नहीं लेता।

बौद्ध गुफाओं के देखने के बाद हम ब्राह्मणिक गुफाओं में गए। पहाड़ काटकर विशाल कैलाश मन्दिरों को आश्चर्य और अभिमान के साथ देखा। फिर जैन गुफाओं की बारी आई। डा. उदयनारायण, पं. बलभद्र मिश्र, वाचस्पति पाठक, आनन्दजी, भगवतीप्रसाद वाजपेयी, डा. केशरीनारायण शुक्ल सभी ऐसे व्यक्ति मण्डली में थे, जिनके साथ इन स्थानों के देखने में आनन्द आता था। लौटते वक्त हम खुलदाबाद (स्वर्गपुरी) आए। शायद औरंगजेब ने ही इसे यह नाम दिया। दक्षिण की रियासतों को छिन्न-भिन्न कर मुगल-साम्राज्य को बढ़ाने के लिए जिस समय औरंगजेब अपने शासन के आधे साल इधर लगा रहा था, हो सकता है, उस समय यह स्वर्गपुरी ही रही हो। लेकिन आजकल तो अधिकतर गिरे-पड़े और श्रीहीन मकान ही दिखाई पड़ते थे। औरंगजेब इधर ही मरा और खुलदाबाद ही में उसे दफनाया गया। वहाँ से हम देवगिरि (दौलताबाद) गए। यह दक्षिण के दुर्गों में अजेय समझा जाता था। गोलकुण्डा की तरह यहाँ भी एक अलग-थलग शैल के चारों तरफ विशाल नगरी बसी हुई है। उस नगरी के अवशेष दूर-दूर तक मिलते हैं। लेकिन, देखने लायक इमारतें शैल के ऊपर या उसके पास में हैं। फाटक के भीतर होकर हमारी मण्डली मीनार के पास पहुँची, फिर पर्वत पर चढ़ने लगी। वहाँ की इमारतें देखते लौटकर पुराने सूखे हुए जलकुण्ड के पास हजार खम्भों की मस्जिद देखी। 6 सौ वर्ष पहिले मन्दिर से इसे मस्जिद में परिवर्तित किया गया था, और अब आठ मास हो गए, वहाँ भगवती विराजमान थीं। पुजारी भी नियुक्त हो गए थे। हमारे साथियों ने बड़ी उत्सुकता के साथ भगवती का दर्शन किया। उपन्यासकार और कवि पं. भगवतीप्रसाद वाजपेयी तो थोड़ी देर के लिए वहाँ द्वारपाल बनने के लिए तैयार हो गए, जबकि मैंने फोटो लिया। मन्दिर 13वीं सदी के अन्त तक, और फिर मस्जिद, और फिर 1949 में मन्दिर–परिवर्तन आखिर संसार का नियम है। देवगिरि के इस शैल ने और भी कितने परिवर्तन देखे होंगे। मुहम्मद तुगलक ने इसे दौलताबाद बनाकर इसके भाग्य को खोलना चाहा था। दिल्ली को उजाड़कर यहाँ वह नई दिल्ली बसाना चाहता था। लोग उसे झक्की और सनकी कहते थे, लेकिन इसमें झक और सनक की तो कोई बात नहीं थी। वह जानता था और देख चुका था कि राजधानी को अगर राज्य के एक छोर में रखा गया, तो दक्षिण पर हम अपना अधिकार कायम नहीं रख सकते। इसी दूरी के कारण यहाँ बहमनी रियासत बनी, फिर उसकी जगह पाँच रियासतें आ मौजूद हुईं, जिन्होंने शाहजहाँ और औरंगजेब के दाँत खट्टे कर दिए।

बड़ी सड़क के किनारे हम लोगों का मध्याह्न-भोजन हुआ। शाम तक के लिए हम निश्चिन्त घूमते रहे। औरंगाबाद लौटने पर रात हो गई। धर्मशाला में किसी तरह गुजारा हो गया। दूकानें बाहर बहुत थीं, खाने की कोई दिक्कत नहीं थी, लेकिन हमारे देश में पाखाने की ओर अभी ध्यान देने की जरूरत नहीं समझी जाती। जब तक हमारे पाखाने साफ-सुथरे नहीं हो जाते, तब तक हम सभ्य और संस्कृत भी नहीं कहे जा सकते, यह भी निश्चित है।

अजिंठा (अजन्ता)–1949 की आज अन्तिम तिथि और शनीचर का दिन था। हमने अंजिटा आने-जाने के लिए अपने आदमियों के लिए एक बस ठीक कर ली थी। यदि पूरी बस अपने हाथ में हो और साथी सभी सहृदय और समानधर्मा हों, तो दस-बीस क्या सैकड़ों मीलों की यात्रा आनंद लेते हुए की जा सकती है। हमारी बस डीजल इंजन की थी। इंजन या मोटर अगर सँभालकर रखी जाए, तो उन्हें बहुत दिनों तक अच्छी हालत में रखा जा सकता है, बेगार टाली जाए, तो उसमें खराबी होने में देर नहीं लगती। इसी बेपर्वाही से हमारी बस की गति मन्द थी। हम सवा 8 बजे अजन्ता से चले। 58 मील पर अजिंठा गाँव है, जहाँ से सात मील आगे अजिंठा लेण्या–वेरूढ 18 ही मील पर था। गति मन्द होने से मन में कुढ़न हो रही थी। रास्ते में सड़क के किनारे कई गाँव पड़े। हैदराबाद रियासत में 90 प्रतिशत से भी अधिक हिन्दू रहते हैं, लेकिन मुगल-काल ही से यहाँ का हरेक मुसलमान हिन्दुओं को अर्ध-दास समझता आया था। मैं उस युग को कई बार यहाँ आकर देख चुका था। अब देख रहा था, कासिम रिज़वी के समय जो मुसलमान सिंह की तरह दहाड़ रहे थे, वे भीगी बिल्ली हो गए थे। अभी ताज़ी बात है, इसलिए पहिली स्थिति से नई स्थिति में आने में वह अभी अपना संतुलन खो चुके थे। कुछ समय लगेगा, फिर वह समझने लगेंगे कि इस भूमि के हम भी उसी तरह स्वामी

हैं, जैसे यहाँ के हिन्दू। यहाँ की हरेक चीज को हमें भी उन्हीं की तरह अपना समझना चाहिए, और यहाँ की सभी कीर्तियों का हमें अभिमान होना चाहिए। ये काफिरों की यादगारें हैं, और ये मुसल्मानों की, अथवा ये हमारी यादगारें हैं, और ये म्लेच्छों की, यह भाव छूटकर सबके हृदय में एकता जरूर आएगी, चाहे उसमें कुछ समय लगे।

अजिंठा गाँव बड़ी बस्ती है। इसके किनारे प्राकार हैं। बाजार भी है। पास की नदी बाँध दी गई है, ताकि गर्मियों में भी पानी मिलता रहे। बाजरे और गेहूँ की फसल एक साथ खड़ी थी। वस्तुतः हैदराबाद काफी दक्षिण है और उत्तर का ऋतु-भेद यहाँ कम मिलता है।

गाँव से आगे बढ़ती हुई हमारी बस लेण्या के पास 11 बजे पहुँची। अजन्ता तक नई सड़क बन गई है। गुफाओं के देखने में हमारे ढाई घंटे लगे। चित्रों को विशेष तौर से देखा गया। उत्तर में जेलगाँव स्टेशन पर उतरकर भी अजन्ता आया जा सकता है, पर हैदराबाद से आनेवालों के लिए यही रास्ता ठीक है। जेलगाँव यहाँ से 25 मील ही है। गुफाओं के दर्शन के बाद हमने सड़क के किनारे ही बैठकर मध्याह्न-भोजन किया। सभी चीजें हमारे साथ थीं। पहिले ऐसा नहीं था। अब की तो मालूम होता था, अजन्ता में रोज ही दर्शकों का छोटा-मोटा मेला लगा रहता है। पहिली बार मैं 1929 में आया था। उस समय अभी यहाँ सुनसान जंगल-सा दीखता था। 1933 में भी उससे बेहतर स्थिति नहीं देखी, लेकिन 16 वर्ष बाद अब काया पलट-सी मालूम होती थी। हमारे राष्ट्र को अजिंठा पर अभिमान है, लेकिन इस अभिमान को हम केवल अपने तक सीमित नहीं रख सकते। यह इसी से मालूम है कि 1955 में चीन ने अजिंटा की 15वीं शताब्दी मनाई है। चीनी गणराज्य अपनी चित्रकला में अजिंठा की देन को स्वीकार करता है। इसी के प्रति अपना सम्मान प्रकट करने के लिए उसने यह उत्सव मनाया। भारत की अभी इधर नजर भी नहीं गई। सचमुच ही यह खबर सुनकर हम आँख मलकर देखने लगे, हम सोते रह गए और अजिंठा के प्रति अपनी श्रद्धा प्रकट करने में चीन आगे बढ़ गया। अजन्ता ने भारतीय संस्कृति से प्रभावित हरेक देश को एक सूत्र में बाँध रखा है। जापान के प्राचीनतम मन्दिर होरियोजी के बोधिसत्व की तस्वीर देखकर सभी अजिंठा को याद करने लगते हैं।

भोजन के बाद हम लोग बस पर बैठे। बनारसी हो और उसका पान से प्रेम न हो, यह असम्भव है। वाचस्पतिजी पक्के बनारसी हैं। उनका बड़ा-सा पनडब्बा हमेशा पान के बीड़ों से भरा रहता है। उसमें बनारसी पान यहाँ कैसे हो सकता था ? जिसे बनारसी पान कहते हैं, वस्तुतः वह मगही पान है। लेकिन, दूसरे की चीजों पर अपना ठप्पा लगाना बनारस खूब जानता है। रेशम कहीं से आया, और उसे बनारसी रेशम (काशी सिल्क) का नाम मिल गया। पालि-ग्रंथों में काशी-चन्दन का उल्लेख जब मैंने पढ़ा, तो मुझे ख्याल हुआ कि सुदूर दक्षिण के चन्दन को ही लेकर बनारस ने अपना ठप्पा लगाया होगा। यह धारणा गलत साबित हुई, जबकि छपरा जिले के माझी गाँव में जंगली चन्दन के कुछ बिरवे देखे और यह मानने के लिए मजबूर होना पड़ा कि काशी की भूमि में भी चन्दन पैदा होता था। मैं बनारस का तो नहीं, लेकिन काशी जनपद की ही सन्तान हूँ। और इस जनपद के गाँवों में भी अच्छे किसम के पान को खाकर मुझे यह भी विश्वास हो गया कि ताम्बूल-विलास की आदि भूमि काशी ही है। पान से मेरा वैर नहीं हो सकता था, लेकिन खाने का मौका छठे-छमाहे मिलता। अच्छा मिले तो खा लेता, घटिया के खाने की इच्छा नहीं होती। छठे-छमाहे के पान खाने में अक्सर बीड़े में कभी अधिक चूना रहता और मुँह कट जाता। फिर गुनाह बेलज्जत कहकर पछताने लगता। सोचता, मैं क्यों इसे खाता हूँ ? उस दिन अजिंठा में भोजन के बाद आराम से बस पर बैठ मैंने कहा–"पाठकजी, पान !" पाठकजी ने अपना डब्बा मेरे हाथ की ओर बढ़ा दिया। मैंने ऊपर का बीड़ा मुँह में डाला। मुँह में चुनचुनाहट मालूम हुई। मैंने पाठक जी से कहा–"चूना ज्यादा लगा दिया है क्या ?" पाठकजी घबड़ाकर बोले–"ऊपर का पान तो नहीं लिया।" सचमुच ही मैंने ऊपर का पान लिया था, और कायदे के अनुसार मुझे ऐसा ही करना चाहिए था। लेकिन जब तक पाठकजी 'हाँ-हाँ' करें, तब तक सिर्फ चूना रखा हुआ वह पान दाँतों के नीचे आकर कुचला जा चुका था, मेरे सारे मुँह में चूना भर गया था। थूकने से क्या होता है ? चूना तो अपना काम कर चुका था। थोड़ा-बहुत कटाव होता तो गरी खाने से या दूसरी तरह से कुछ त्राण मिलता।

अब तो हफ्ते-भर के लिए नमकीन, मसाला-मिर्चवाला खाना हराम था। अच्छा गोश्त पका हुआ देखकर टुकुर-टुकुर ताकते रहना पड़ता। मसालेदार आलू देखता तो अपनी उस दिन की बेवकूफी पर रोष आता। मैंने तय कर लिया कि अब पान नहीं खाऊँगा। छः वर्ष से ऊपर इस नियम को पालन करते हो गए। कोई धार्मिक खफ्त तो थी नहीं, जिसको मानने के लिए मैं मजबूर हूँ, लेकिन किसी बात को तै कर लेने पर मेरे लिए वह वैसी ही हो जाती है। उससे भी बढ़कर यह भी तो ख्याल आता है कि छठे-छमाहे खाने पर फिर मुँह कटता ही रहेगा।

रात हो गई थी, जब कि साढ़े 8 बजे हम औरंगाबाद पहुँचे। आधे घंटे में हमें मनमाड की गाड़ी पकड़नी थी। बड़ी भीड़ थी। 1949 साल बीतने के आध घंटे बाद हम मनमाड पहुँचे। 3 बजे नागपुर एक्सप्रेस मिला, जिसमें हम अपने संख्या-बल के भरोसे ही चढ़ने में सफल हुए। चढ़ते-चढ़ते कुली आकर एक बिस्तरा यह कहकर रख गया कि यह आपके साथी का है।

इस साल के कामों में 'घुमक्कड़ शास्त्र', 'आज की राजनीति' और परिभाषा-निर्माण मुख्य थे। पहिली दोनों पुस्तकें लिखकर प्रकाशित भी हो गईं। 'मधुर स्वप्न' 26 अध्याय तक लिखा जा चुका था, और 'दार्जिलिंग-परिचय' के भी कुछ अध्याय तैयार हो चुके थे। संविधान के अनुवाद में काफी समय लगा था। सब मिलाकर साल व्यस्त जीवन का रहा।

21
नीड़ की खोज

1950 के प्रथम दिन का सबेरा बम्बई की सीमा के भीतर हुआ। आनन्दजी, डा. केसरीनारायण, मैं और कमला दूसरे दर्जे के एक ही डब्बे में थे। सवा 2 बजे दिन को हम वर्धा पहुँचे। हिन्दी नगर में दो-ढाई दिन रहना था। मनमाड में जो होलडाल कुली रख गया था और जिसे शीलभद्रजी बड़े यतन से उठाकर लाए थे, यहाँ आने पर कोई उसका पूछनेवाला नहीं मिला। खोलकर देखने पर उसमें स्लीपर, गौन, एक लाल साड़ी और कुछ और कपड़े थे। उस पर जी. एस. लिखा हुआ था। लेकिन, भारतवर्ष के 40 करोड़ लोगों में जी. एस. का कैसे पता लगता। पता लगाने की कोई कुंजी वहाँ नहीं थी। अन्दाज से यह कहा जा सकता था कि किसी गुजराती महिला का यह होलडाल है। इसे किसको सौंपा जाये, इसकी चिन्ता शीलभद्रजी को करनी थी।

वर्धा–यद्यपि सेवाग्राम हम कितनी ही बार देख चुके थे, लेकिन साथ में नए मित्र हों, तो उनके साथ गाँधीजी के आश्रम को देखने जाना आवश्यक हो जाता है। 2 जनवरी को पं. चन्द्रशेखर वाजपेयी, हर्षवर्द्धनजी (इलाहाबाद) और कमला को लिये हम सेवाग्राम पहुँचे। चार मील की यात्रा ताँगे ने पौन घंटे में पूरी की। ताँगेवाले ने एक बड़े पते की बात बतलाई। रास्ते में महिला आश्रम पड़ा। हम सफेदपोशों के मुँह से अशुद्ध नाम निकलते सुनकर वह कैसे चुप रहता ? उसने महिला आश्रम का निर्वाचन करते हुए बतलाया–बाबूजी, यहाँ स्त्रियाँ रहती हैं, अपने ही हाथ मैला साफ कर लेती हैं, इसीलिए इसका नाम 'मैला आसरम' है। सचमुच हमें स्वप्न में भी असली तत्त्व का पता नहीं लग सकता था। जिनको हम लोग अशिक्षित, उजड्ड समझते हैं, वह भी कभी-कभी लाख रुपए की बात बतला देते हैं। मैं तो बाहर का था, महिला आश्रम की मंत्राणी शान्ताबेन को भी असली रहस्य नहीं मालूम हुआ था, गाँधीजी से सम्बन्ध रखनेवाले आश्रम में मैला साफ करने का काम लोग करते ही हैं, इसलिए उनके लिए इससे उपयुक्त नाम नहीं हो सकता था। इस समय सेवाग्राम में अन्तर्राष्ट्रीय शान्ति परिषद् हो रही थी, जिसके कारण चहल-पहल थी। गाँधीजी के रहने की कोठरियों में साइनबोर्ड लगा दिए गए थे। एक आश्रमवासी दर्शकों का पथ-प्रदर्शन करते हुए उनके बारे में बतला रहे थे। अभी उनका परिचय सीधे-सादे शब्दों में होता था, अभी पँवाड़े बनने में कुछ देर थी। सौ वर्ष बाद इनका परिचय बिल्कुल अतिरंजित रूप में ही किया जाएगा। हाँ, लेकिन यह तभी, जबकि भारत साम्यवादी न हो जाए। साम्यवादी होने का मतलब यह नहीं कि गाँधीजी के आश्रम को भुला दिया जाएगा। रूस में ताल्स्ताय के यास्नया पोल्या के बारे में हम जानते हैं, जहाँ महान् लेखक, और महान् शान्ति-प्रचारक तथा गाँधीजी के भी गुरुओं में से एक ताल्स्ताय की हरेक चीज को सुव्यवस्थित रीति से रखा गया है। लोग उसे तीर्थ समझकर दर्शन करने आते हैं।

बाहर झोंपड़ी के बाहर एक जगह साँचे में ढली एक-सी पाँच मूर्तियाँ दिखाई पड़ीं। सभी की पसलियाँ

गिनी जा सकती थीं, और सभी के पेट और पीठ सटकर एक हो गए थे। ये गाँधीजी के पास रहनेवाले पुरुष थे। जापानी जोदो सम्प्रदाय के भी एक भिक्षु मिले। वह बुद्ध और गाँधी की समन्वित शिक्षा का प्रचार करना चाहते थे। लौटते समय हम महिला आश्रम गये, और शान्ता बेन को ताँगेवाले की व्याख्या सुनाई। अगले दिन 9 बजे सबेरे महिला आश्रम में फिर भाषण देने के लिए जाना पड़ा।

आनन्दजी पहिले भी कभी-कभी एक जगह खूँटे से बँधने की शिकायत करते थे, लेकिन वह अधिक उदासीन थे। प्रयागवाले सम्मेलन के कर्णधार अपनी दलबन्दी में कभी-कभी इनके ऊपर भी कुछ छीटें कस देते थे। आनन्दजी सोचते थे–स्वच्छन्द रहता, तो आज चारों खूँट जागीरी में रहता, देश-विदेश में जगह-जगह घूमता-फिरता। यहाँ काम की जिम्मेवारी सँभालने पर यह सब भी सुनना पड़ रहा है। वह त्यागपत्र दे देने की बात कर रहे थे। भाड़े की एक दरिद्र कोठरी से आरम्भ होकर राष्ट्रभाषा प्रचार समिति आज एक विशाल संस्था बन गई थी। हिन्दी नगर सचमुच ही एक नगर-सा जान पड़ता था। उसके कार्यकर्ताओं का जाल सारे भारत में फैला हुआ था। इतनी सफलता किसी एक व्यक्ति के कारण नहीं हो सकती, यह ठीक है, उसमें सबसे बड़ा कारण समय की माँग थी। हिन्दी का अब समय आ गया था, इसलिए उसके काम को हाथ में लेकर आगे बढ़नेवाली संस्था के लिए बहुत सुभीते थे, इसमें सन्देह नहीं। लेकिन, साथ ही संस्था को रोपना और उसे पानी से सींच-सींचकर बढ़ाना, बढ़ती हुई कर्मियों की संख्या को समेटकर ले चलना, नए सहायकों और मित्रों को प्राप्त करना, ये सब काम योग्य व्यक्ति ही कर सकता है। इसलिए राष्ट्रभाषा प्रचार समिति की इतनी उन्नति में आनन्दजी का सबसे बड़ा हाथ था, इसमें शक नहीं। और भी अधिक इसका श्रेय यह ख्याल करके आनन्दजी को देना पड़ता है कि गाँधीजी ने इस बिरवा को लगाया और थोड़े ही समय बाद हिन्दी-हिन्दुस्तानी के विवाद को लेकर उसके विरोधी हो गए। वह अपनी उदारता से समिति का अत्यनिष्ट करने के लिए तैयार नहीं हो सकते थे, लेकिन चेले वैसा करने से कभी बाज नहीं आए। इन सारे विरोधों के होते भी आनन्दजी गाँधीजी के चेलों के गढ़ में रहे–पानी में रहकर मगरमच्छ से वैर किया, और मजे से आगे बढ़ते रहे। मैंने यही कहा कि जब तक वैसी परिस्थिति नहीं उत्पन्न हो जाती तब तक त्यागपत्र नहीं देना चाहिए, जब वैसी स्थिति पैदा हो जाए, तो एक मिनट के लिए भी रुकना नहीं चाहिए। समिति का कार-बार वहुत बढ़ गया था, लेकिन दो कमियाँ मुझे खटकती थीं। एक तो समिति का एक अच्छा प्रेस होना चाहिए। अच्छा प्रेस तब तक नहीं हो सकता, जब तक कि मोनोटाइप न हो। दूसरी बात आवश्यक थी कि समिति अन्तर्प्रान्तीय श्रेष्ठ कृतियों के दानादान का साधन बने। हिन्दी के माध्यम से वह भारत की सभी प्रादेशिक और विदेशी भाषाओं को भी हमारे देश के लोगों के सामने रखे। इन दोनों चीजों का एक-दूसरे से सम्बन्ध है, क्योंकि ऐसी कृतियों का सुन्दर प्रकाश तब तक नहीं हो सकता जब तक कि काम मोनो टाइप से न हो। समिति की परीक्षाओं में लाखों विद्यार्थी बैठते थे, उनके लिए पाठ्य-पुस्तकें समिति ही छापती थी। एक-एक पुस्तक के बीस-बीस, तीस-तीस हजार के संस्करण निकलते। कम्पोज करना कम होता और छापना अधिक और दो-दो शिफ्ट में भी काम पूरा करना मुश्किल होता। मुझे आनन्दजी ने प्रकाशन की योजना बनाकर देने के लिए कहा। मैंने पहिले ही सोच रखा था, इसलिए उस दिन कागज पर उतारकर देने में कोई दिक्कत नहीं हुई–1. हिन्दी-हिन्दी, हिन्दी-विदेशी भाषाएँ, हिन्दी के कोष छापे जाएँ, 2. देशी-विदेशी भाषाओं के हिन्दी-माध्यम से स्वयं-शिक्षक तैयार किए जाएँ, जिनके साथ व्याकरण भी हो। 3. हिन्दी और दूसरी भाषाओं के साहित्य-इतिहास प्रकाशित किए जाएँ, 4. हिन्दी, प्रादेशिक भाषाओं और विदेशी भाषाओं के हिन्दी अनुवाद के साथ कविता-संग्रह, 5. देशी-विदेशी ग्रंथ-रत्नों में से हरेक भाषा की तीन-तीन पुस्तकों का अुनवाद हिन्दी में किया जाए। इस काम को आरम्भ करने के लिए 50 हजार की पूँजी पर्याप्त है, जो समिति की शक्ति से बाहर की बात नहीं है।

दोपहर बाद हम वर्धा से रवाना हुए। नागपुर में कुछ ठहरने पर छः वजे इटारसी की ओर जानेवाला पसिंजर मिला। 4 जनवरी को 5 बजे अभी रात ही थी, तभी हम इटारसी पहुँच गए। यहाँ से प्रायः छः घंटे बाद कलकत्ता मेल मिलनेवाला था। इटारसी में प्रातराश करके हम कलकत्ता मेल में वैठे। हमारे डब्बे में गुजराँवाला के एक जैन सज्जन तथा तीन अंग्रेज मिश्नरी चल रहे थे। जैन पाकिस्तान से भारत चले आए थे; रसायन

के एम. एस-सी. थे, और सिंद्री के खाद के कारखाने में काम करने के लिए विशेष अध्ययन करके साल-भर इंग्लैण्ड और अमेरिका में रहकर लौट रहे थे। वह सिन्द्री की परिस्थिति से असन्तुष्ट थे, क्योंकि वहाँ योग्यता की कदर नहीं, सिफारिश सब जगह चलती थी। मिश्नरियों में एक दम्पती आसाम के खसियों में काम करने जा रहे थे। भाषा नहीं जानते थे, जिसके लिए दार्जिलिंग में रहकर कुछ दिनों तैयारी करना चाहते थे। दूसरी मिश्नरी महिला नर्स का काम करने के लिए आसाम जा रही थी। उस समय और अब भी हमारे देश में अमेरिकन गुप्तचरों का जाल बिछा हुआ है। मिश्नरी, डाक्टर-नर्स और शिक्षक के रूप में अपने को अच्छी तरह छिपा सकते हैं। इसलिए अमेरिकन मिश्नरी ईसा के प्रेम का सन्देश देश के कोने-कोने में फैलाने जा रहे हैं, इसकी आशा नहीं रखनी चाहिए। पर हम यह भी नहीं कह सकते कि इस प्रचार के उद्देश्य से आनेवाला हरेक अमेरिकन मिश्नरी अवश्य जान-बूझकर गुप्तचरी कर रहा है। जिसको जरा भी उदार विचार का समझती है, उसे अमेरिकन सरकार कभी इस देश में भेजने के लिए तैयार नहीं होती। जब उन्हें मालूम हुआ, मैं रूस रह आया हूँ तो उन्होंने रूस के बारे में बहुत-सी बातें पूछीं।

इस वक्त फसल कट चुकी थी, हरियाली कम दिखलाई पड़ती थी। ट्रेन के लेट होने की शिकायत नहीं हो सकती थी, जबकि दो जगह समय से पहिले पहुँचने के कारण उसे रुक जाना पड़ा। एक जगह ट्रेन में ही एक मुसाफिर मर गया, जिसके लिए भी वह कुछ देर कटनी के आस-पास खड़ी रही। इटारसी में राजा महेन्द्र प्रताप कहीं जाते हुए आ गए। अदृष्ट परिचय तो मेरा बहुत पुराना था। जापान में एक समय मुलाकात होते-होते रह गई। उनके राजनीतिक विचारों से सहमत होना मेरे लिए कठिन था। वह जानते हैं कि आज मेरी बात को कोई सुनने के लिए तैयार नहीं है, तो भी अपनी झक में अपना काम किए जा रहे हैं। आजकल सामन्तों के मुर्दों को उखाड़कर उन्हें फिर वर्दी-पेटी पहनाकर खड़ा करने का जो काम वह कर रहे हैं, उसे देखकर तो और भी दया आती है। यह सब होते हुए भी राजा महेन्द्र प्रताप आग में तपे हुए कुन्दन हैं। आजीवन वह देश के परतन्त्रकर्ता अंग्रेजों के सामने नहीं झुके; और यदि देश स्वतन्त्र नहीं हुआ होता तो आज भी हम उन्हें अपनी उसी प्रतिज्ञा पर डटे रहकर दुनिया की खाक छानते पाते। देश की आजादी के लिए अदम्य विश्वास और अपनी दृष्टि के अनुसार प्रयत्न, अंग्रेजों के प्रति अपार घृणा, और सारी बेसरो-सामानी के रहते भी अनेक बार दुनिया की परिक्रमा करते प्रथम श्रेणी के घुमक्कड़ होना–ये तीन गुण इतने बड़े और इतनी मात्रा में उनमें हैं, जिनके कारण उनके सात खून भी माफ हैं।

इलाहाबाद हम साढ़े 10 बजे रात को पहुँचे, और वहाँ से ताँगा करके माचवेजी के घर चले गए।

प्रयाग–5 जनवरी को अब प्रयाग का काम देखना था। 'बौद्ध-संस्कृति' को हिन्दुस्तानी अकदमी छापने के लिए तभी तैयार थी, जबकि उसमें काट-छाँट की जाती। मैं तो लिखी पुस्तक को भी अपर्याप्त समझता था, इसलिए अकदमी के न छापने पर मैंने उसे प्रकाशक को बिना ठीक किए ही ला-जर्नल प्रेस में दे दिया था, अब श्री परमानन्द पोद्दार उसे ले चुके थे। ला-जर्नल प्रेस उसे कम्पोज करने लगा था। यह 5 जनवरी 1950 की बात है। पुस्तक छपकर आज से तीन वर्ष पहिले तैयार हो गई थी, उसके ब्लाक भी बन चुके हैं, लेकिन 26 फरवरी 1965 तक भी पुस्तक ने अँधेरी कोठरी से बाहर निकल प्रकाश नहीं देखा। पाँच-छः दिन प्रयाग में रहना था, इतने समय में मैंने 'दार्जिलिंग परिचय' कमला से लिखवाना शुरू किया। अभी 'मधुर स्वप्न' भी लिखकर समाप्त नहीं हुआ था। मित्रों से मुलाकात होती रही। डा. कपिल द्विवेदी ने रामगढ़ की प्रशंसा की और मन कुछ-कुछ खिंचने लगा। 6 तारीख को रेडियो के काम करनेवाले मित्र स्टेशन में उस्ताद फैयाज खाँ का गान सुनाने के लिए ले गए। उनका हाथ और गला जितना नहीं हिल रहा था, उतना वहाँ के कितने ही गुणग्राहक श्रोता झूम रहे थे। मुझे तो मालूम होता था, पागलों की मण्डली में कहाँ से आ फँसा। उस्तादी गान मुझे बिल्कुल पसन्द नहीं आता। इसका मतलब यह नहीं कि मैं उस्तादों की कदर नहीं करता, या उनकी जरूरत नहीं समझता। संगीत के तत्त्वदर्शी, पारदर्शी हैं। वह संगीत के गुरु हैं। इसी तरह उनके गुणों का उपयोग करना चाहिए, लेकिन गाने के लिए मधुर कण्ठ पहली शर्त है, जिससे अधिकांश कोरे होते हैं। आश्चर्य है, वह अपने दोष को समझ नहीं पाते। उन्हें ऊँचा-से-ऊँचा सम्मान मिलना चाहिए। जीवन की आवश्यकताओं

से उन्हें निश्चिन्त रखना राष्ट्र का कर्तव्य है। केन्द्र की संगीत अकादमी का सदस्य बनाकर उन्हें आजीवन अच्छी मासिक पेंशन मिलनी चाहिए, और संगीत के उच्च-विद्यालयों में अध्यापक बनाकर उनसे लाभ उठाना चाहिए। दिल्ली में नहीं, हरेक प्रादेशिक राजधानी और बड़े-बड़े नगरों में संगीत-शिक्षणालयों को प्रोत्साहन देकर इन गुणियों को जगह देनी चाहिए। उनकी कृतियों और कीर्ति को चिरस्थायी रखने की कोशिश करनी चाहिए। यह सब ठीक है, पर उन्हें गाने या दूसरों को उसे सुनने के लिए मजबूर करना हमारे गौरवमय संगीत-कला का अपमान करना है, उसके प्रति लोगों में विरक्ति पैदा करनी है। उस दिन की तरह यदि नकटेपंथी वाह-वाह की झड़ी लगाएँ या भूत सिर पर आए की तरह सिर हिलाएँ, तो उससे उस्तादी गाने की अप्रियता को ढाँका नहीं जा सकता। सारे अलंकारों और ध्वनियों को ही जमा करके पद्य-रचना करने से वह अच्छी कविता नहीं हो सकती। सिर्फ मसाला, मिर्च और खटाई को ही तैयार करके भोजन की थालियों में चुन देना स्वादु भोजन नहीं हो सकता। उसी तरह संगीत के नाना प्रकार के स्वरों, मूर्छनाओं, गमकों को जमा करके उसे बूढ़े गले से भाँय-भाँय निकालने से वह संगीत नहीं हो जाता। इन बातों को कहकर उस्ताद फैयाज खाँ के प्रति मैं असम्मान प्रकट नहीं करना चाहता। उनकी जिन्दगी-भर की तपस्या की पूरी कदर होनी चाहिए।

प्रयाग में मैं 'दार्जिलिंग-परिचय' लिखवा रहा था और समझता था कि बीच में मुझे जब अनुपस्थित रहना पड़ेगा, उस समय कमला उसे टाइप कर लेंगी।

7 जनवरी को कप्तान शिवप्रसाद सिंह आए। लड़ाई के वक्त में वह अध्यापकी छोड़कर फौज में चले गए थे। इधर वह कश्मीर में नियुक्त थे। उनका कहना था, कश्मीर की साधारण जनता भारत के पक्ष में भले ही हो, किन्तु शिक्षितों में वैसे कम ही हैं। बालतिस्तान में जिनका इलाका जिस तरफ है, वह उनकी जय मना रहे हैं। मुँह से आश्चर्य के साथ सुना कि श्रीनगर से करगिल तक जीप जाती है। बीच में जोजी-ला का साल में नौ महीने हिमाच्छादित डाँड़ा मिलता था। इस पर जीप जाने की संभावना भी पहिले नहीं की जा सकती थी। लेकिन, लड़ाई असम्भव को सम्भव बना देती है। हमारी सेना को अपने टैंकों को जोजी-ला पार कराना जरूरी था, नहीं तो पाकिस्तान की सैनिक और सहानुभूति रखनेवाली संख्या का बल हमें सफल नहीं होने देते। टैंक के चले जाने के बाद जीप भला उससे पीछे क्यों रह सकती थी। अब जाड़ों को छोड़कर वह करगिल की ओर दौड़ती रहती है। भारतीय सैनिकों ने सारी कठिनाइयों के रहते कश्मीर में जो सफलता प्राप्त की, उससे उन्हें विश्वास हो गया था कि अगर हमें रोका नहीं जाता, तो हम सारे कश्मीर को पाकिस्तानियों से खाली करा लिये होते।

8 जनवरी को माचवे-दम्पती के साथ कमला को लिये हम साहित्य-संसद् में निरालाजी से मिलने गए। पहिले से कुछ कृश थे, नहीं तो वही प्रसन्न मूर्ति थी। बातें करते रहे, कभी हमसे और कभी अपने मन से। सिद्धराज जो ठहरे। वह दोनों लोकों में एक ही समय विचरने में समर्थ थे–कभी जागृत जगत् में और कभी स्वप्न जगत् में। चाय पिलवाए बिना वह कैसे छोड़ सकते थे, और जब हम चले, तो ताँगे तक पहुँचाने भी आए। निरालाजी को कौन पागल कह सकता है ? जिस व्यक्ति की जागृत और स्वप्न की सीमाएँ टूट गई हैं, उसके लिए संयम रखना मुश्किल नहीं, असंभव है। यह हम अपनी जागृत, स्वप्न अवस्था को देखकर जान सकते हैं। निरालाजी इस सीमा के उच्छेद के बाद भी कड़े संयम और शिष्टाचार का पालन करते हैं, यह असाधारण है। कोई भी अपरिचित सहृदय व्यक्ति उनके पास जाकर कभी निराश या अपमानित होकर नहीं लौटता। सभी उनकी मानवता की प्रशंसा करते नहीं थकते। प्रयाग में आने पर निरालाजी से थोड़ी देर के लिए भी मिल लेना मैं बड़े सौभाग्य की बात समझता हूँ।

कपिलजी ने बतलाया कि रामगढ़ में बँगला सात-आठ सौ रुपया वार्षिक में मिल जाएगा। उसमें फ्लश या पाखाने का प्रबन्ध भी शायद हो।

9 जनवरी को मेरे अनुज रामधारी अपने भतीजे रामविलास के साथ आए। साढ़े तीन महीने से दिल्ली में नौकरी की तलाश में पड़े हुए थे। घर की खेती में नौकरी से कम नफा नहीं था, लेकिन वहाँ धूप-वर्षा खानी पड़ती और नौकरी में छाया में काम करते पैसे मिल जाते। लेकिन अब वह नौकरी की उमर पार कर

चुके थे।

11 जनवरी को किताब महल के हिसाब से मालूम हुआ कि मार्च 1949 को समाप्त होनेवाले साल में रायल्टी के 5,206 रुपये साढ़े 9 आने हमारे निकले थे। इतने दिनों के तजर्बे ने बतला दिया था कि पाँच सौ रुपए मासिक या छः हजार वार्षिक से कम में खर्च चलाना हमारे लिए मुश्किल है। जब केवल घुमक्कड़ी करता, तब अकिंचन रहते भी जीवनयात्रा करने में कोई दिक्कत नहीं हुई; लेकिन, अब तो स्थायी नीड़ ढूँढ़ने में न सफल होते भी अस्थायी मकान तो बाँध ही रहे थे। इसलिए अब खर्च स्थायी था।

दिल्ली–11 जनवरी को अनुवाद-समिति के काम के लिए दिल्ली के लिए रवाना हुआ। समिति के दूसरे सदस्य डा. बाबूराम सक्सेना भी साथ चल रहे थे। उन्होंने भी रामगढ़ को पसन्द किया। अगले दिन 6 बजे सबेरे के करीब हमारी गाड़ी दिल्ली स्टेशन पर पहुँची। ताँगा करके हम फीरोजशाह रोड के लिए रवाना हुए। ताँगेवाला समझता था, हम पूसा रोड जा रहे हैं। फिर कहाँ-कहाँ घुमाते वह चन्द्रगुप्तजी के निवास पर ले गया। दिल्ली में आजकल पराटाइफाइड की बीमारी फैली हुई थी। चन्द्रगुप्तजी और उनकी छोटी लड़की बीमार होकर उठे थे, और अब बड़ी लड़की रोग में फँसी थी।

3 बजे मैं संस्कृत-अनुवाद-समिति में पहुँचा। सभी सदस्य मिलकर अनुवाद कर नहीं सकते थे। कितने ही थोड़े-थोड़े अंशों का अनुवाद करके लाए थे, जिनमें मैं भी था। मैंने प्रस्ताव किया कि पं. लक्ष्मण शास्त्री और डा. मंगलदेव को अनुवाद करने का काम सौंपा जाए, एक-चौथाई अनुवाद हो जाने पर उसे देखने के लिए समिति की अगली बैठक बुलाई जाए। प्रस्ताव मंजूर हुआ। डा. रघुवीर 'ननु-नच' लगाना चाहते थे, लेकिन यहाँ अन्धों में काना राजा बनने की गुंजाइश नहीं थी।

इस यात्रा में कमला साथ नहीं गई थीं। संस्कृत का काम इस तरह एक ही दिन में खतम हो गया, हमारे कुछ साथी उसे इतनी जल्दी खतम कर देना नहीं चाहते थे। 13 की रात को ही चलकर अगले दिन सबेरे साढ़े नौ बजे मैं प्रयाग पहुँच गया। मेला का दिन था, हम भी दोपहर बाद त्रिवेणी गए। उत्तर-प्रदेशीय प्रचार-शिविर में देखा, पंतजी और सम्पूर्णानन्दजी के बड़े-बड़े फोटो के साथ अंग्रेजी में उनका वक्तव्य लगा हुआ है। शायद सरकार समझती है कि सभी मेलेवाले लोग अंग्रेजी जाननेवाले हैं, उन्हें हिन्दी की आवश्यकता नहीं है। मैंने इन्चार्ज को इसके लिए साधुवाद दिया। उन्होंने कहा–क्या करें, ऊपर से अंग्रेजी में छापकर हमारे पास भेजा गया है। आज लोहड़ी थी। पंजाब का यह राष्ट्रीय त्यौहार है। रात को आग जलाकर परिवार और मित्र-मंडली का बैठना, वार्तालाप या गीत से मनोरंजन करते रेवड़ी खाना। अज्ञेयजी उसी बँगले में रहते थे, वह भला लोहड़ी को कैसे भूल सकते थे ? इसके लिए हमें उनका कृतज्ञ होना चाहिए। कितनी ही रात तक हँसने-हँसाने के चुटकुले हम लोग कहते-सुनते रहे।

संस्कृत की कहावत है–"छिद्रेष्वनर्था बहुली भवन्ति"। उसके अनुसार डायबेटीज़ का छिद्र 'दोष' तो हमारे पास था ही, जिसमें घाव या फुनसी-फोड़ा बहुत बुरी चीज है। शरीर छिले-छाले नहीं, इसका बराबर ध्यान रखते भी आखिर चलते-फिरते कहीं-न-कहीं कोई चीज लग ही जाती। मालूम नहीं चमड़ा पतला हो गया था क्या, झट खून निकल आता। घाव लगा हुआ था। उसी बँगले में एक बंगाली डाक्टर भी रहते थे। उन्होंने पेनिसिलिन का पहला इन्जेक्शन दे दिया, बाकी तीन इन्जेक्शन कमला रानी ने दिया। लिखने में सहायक और ऐसे समय में चिकित्सक बनकर वह मेरा बहुत काम कर सकती हैं, इस ख्याल ने मुझे उन्हें अपने साथ रखने के लिए मजबूर किया। साथ ही मैं यह भी चाहता था कि उनकी प्रतिभा को विकसित होने का मौका मिले, जो कलिम्पोंग में नहीं हो सकता था। डायबेटीज़ तो अब थमने का नाम नहीं लेती थी और दो घंटे से पहिले ही जब पेशाब होने लगती, तो चिन्ता बढ़ जाती। लेकिन अभी नियमपूर्वक इन्सुलिन लेना नहीं शुरू किया था।

21 तारीख को हिन्दी-अनुवाद समिति के लिए दिल्ली रवाना हुआ। कमला को भी दिल्ली दिखा देना चाहता था। उसी ट्रेन से श्री घनश्याम सिंह गुप्त भी चल रहे थे। हम कान्स्टिट्यूशन हौस में ठहरनेवाले थे, लेकिन बच्चों के लिए कुछ खिलौने थे, जिन्हें देने के लिए रास्ते में चन्द्रगुप्तजी के यहाँ चले गए। फिर वहीं ठहर जाना पड़ा। इस वक्त उनके यहाँ कई मेहमान थे, इसलिए संकोच बहुत हो रहा था।

उसी दिन (22 जनवरी को) कुतुब दिखाने के लिए कमला को ले चला। हवा चल रही थी–कहावत है–"पूसे जाड़ न माघे जाड़, जब्बे हवा तब्बे जाड़।" माघ सुदी चौथ थी, हवा चलने के कारण सर्दी बहुत बढ़ गई थी। सर्द जगह की रहनेवाली कमला को भी दिल्ली ठिठुरने के लिए मजबूर कर रही थी। कुतुब मीनार, लोहे की लाट और पुराने मंदिरों के अवशेषों को दिखलाया। वहाँ से बौद्ध विहार दिखलाकर कमला को डेरे पर रखा, और 4 बजे मैं अनुवाद-समिति की बैठक में गया। संविधान का हिन्दी अनुवाद तैयार था। समिति के सदस्यों ने उस पर हस्ताक्षर किया, फिर हम उसे लेकर राजेन्द्र बाबू से मिलने गए, जो 26 जनवरी को गणराज्य घोषित करने के साथ भारत के प्रथम राष्ट्रपति बननेवाले थे।

23 को ताँगा से पुराना किला, हुमायूँ का मकबरा, निजामुद्दीन आदि दिखाने ले गया। पुराना किला शेरशाह और हुमायूँ की राजधानी रह चुका था। हुमायूँ का मकबरा मुगलों का सबसे पुराना मकबरा है, जिसे अकबर ने बनवाया था। यह बहुत ही सुन्दर इमारत है। पास में ही शेरशाह के अमीर ईसा खाँ की कब्र है, जो सहसराम में मौजूद शेरशाह की कब्र से बहुत मिलती-जुलती है। हाँ, उससे छोटी है। हुमायूँ के मकबरे में आजकल शरणार्थी भरे हुए थे। ऐतिहासिक इमारत उस समय पेशाब-पाखाने से गन्दी बनी हुई थी। लेकिन, इस वक्त तो लाखों की तादाद में चले आए शरणार्थियों के सिर के ऊपर छत की आवश्यकता थी। सांस्कृतिक रुचि और ऐतिहासिक सम्मान के ख्याल करने के लिए समय बीता नहीं जा रहा था। उसी में खाना बनाने के कारण छतें काली हो रही थीं। मुर्दों की कोठरियों में जिन्दे रहकर थोड़ी देर के लिए यदि आराम कर लें, तो क्या बुरा है ? फिर वहाँ से निजामुद्दीन औलिया की समाधि पर गए। औलिया से मुझे कुछ लेना-देना नहीं था, लेकिन वहीं पास में फारसी के महान कवि खुसरो सोए हुए थे। कवि की समाधि पर दो फूल चढ़ाना मेरे लिए आवश्यक था। दिल्ली से लाखों आदमी चले गए, लेकिन अब भी लाख से अधिक मुसलमान मौजूद थे। निजामुद्दीन मोहल्ले से भी बहुत-से लोग पाकिस्तान चले गए। उस समय अभी बहुत बेसरो-सामानी की स्थिति में था। खुसरो-सम्बन्धी फारसी की पुस्तकों की तलाश में था, लेकिन दो ही एक मिल सकीं। लोगों के घरों से ढूँढ़कर देने के लिए दूकानदार ने कहा, लेकिन मैं इतना ठहरनेवाला कहाँ था ? राजघाट में गाँधीजी की समाधि पर गए। उनके चिता का स्थान है। उससे भी स्मरणीय, हाँ, शोक के साथ, वह स्थान है, जहाँ पर नृशंस-हत्यारे ने अजातशत्रु पर गोलियाँ चलाई थीं। अभी वह भवन प्राइवेट सम्पत्ति है, किन्तु जहाँ गाँधीजी का रक्त गिरा, वह भूमि अधिक समय तक प्राइवेट सम्पत्ति नहीं रह सकती। चिता-स्थान उतना स्मरणीय नहीं है, जितना वह स्थान, जहाँ बापू का गरम-गरम खून गिरा था, और जहाँ पर उन्होंने अन्तिम साँस ली थी। गाँधीजी का स्मारक वहीं बनना चाहिए था, आज इतिहास की यही माँग है, लेकिन वह स्थान किसी की निजी सम्पत्ति है, और वहाँ राष्ट्रीय स्मारक बनाने का अभी नहीं ख्याल किया जा रहा है।

राजघाट से हम जामा मस्जिद गए, फिर लालकिला भी पहुँचे। लेकिन, वहाँ भीतर जाने के लिए लोगों का लम्बा क्यू लगा हुआ था, घंटे-भर वहाँ कौन इन्तिजार करे। मैं तो अंग्रेजों के समय ही एक बार लाल किले में गया था, उसके बाद क्यू के कारण फिर कभी नहीं जा सका।

मथुरा–तीन दिन बाद ही दिल्ली में भारत के गणराज्य की घोषणा होनेवाली थी। उस समय के लिए यहाँ बड़ी तैयारी हो रही थी। लेकिन हमारा दिल्ली का काम पूरा हो चुका था, इस चहल-पहल और भीड़ में दबने के लिए हम तैयार नहीं थे। 23 तारीख को 1 बजे रात को हम मथुरा पहुँच गए। ताँगेवाले से किसी होटल में ले चलने के लिए कहा, वह हमें ग्रीन होटल ले गया। मामूली हमाशुमा जैसों के लिए ही यह होटल खुला था। मथुरा में परिचित भी थे, लेकिन उस रात को किसी को तकलीफ देना पसंद नहीं था।

24 के सवेरे प्रातराश के बाद वृन्दावन गए। कमला ने वहाँ के मंदिरों को देखा, और एक कृष्ण भी खरीदा। साधु लोग हरिद्वार-कुम्भ की तैयारी कर रहे थे, जो 1 फरवरी से शुरू होनेवाला था। पण्डा बहुत दिखाने का आग्रह कर रहा था। मैंने कहा–झूठा वृन्दावन क्यों दिखला रहे हो ? वृन्दावन-मथुरा के बीच में तो जमना पड़ती थी। यह तो किसी गौड़िया साधु का जाल है। गोविन्दराज और रंगजी के मन्दिर देखने के बाद हम लौट पड़े। रास्ते में बिड़ला का गीता-मन्दिर और राजा महेन्द्र प्रताप का कीर्तिप्रेम महाविद्यालय भी पड़ा।

श्री प्रभुदयाल मित्तल को भी ढूँढ़ निकाला। उन्होंने अपने पास आ जाने के लिए बहुत आग्रह किया, लेकिन एक रात की और बात थी, इसलिए रहे वहीं और सांयकाल का भोजन मित्तलजी के यहाँ किया। म्युजियम दूसरा दर्शनीय स्थान था, जिसे कमला को दिखाया।

आगरा–जल्दी-जल्दी में निश्चय करने के कारण मित्रों को कोई पत्र नहीं लिख सका। भोजन करके बम्बई मेल पकड़ा और 1 बजे के करीब राजामण्डी स्टेशन पर उतर गया। पहले पता लगाकर शंकर होटल में चले गए, जहाँ 6 रुपए रोज पर अच्छा-खासा कमरा मिल गया। सबसे पहिले यहाँ के दर्शनीय स्थानों को देखना-दिखाना था। ताँगा लेकर हम दोनों ताजमहल गए। इस वक्त मरम्मत हो रही थी। ताज का वातावरण सौंदर्यमय है, अगर उसके इतिहास को न जानें, तब भी उसके देखने में आनन्द की कमी नहीं होती। लौटकर किले को भी देखा। जहाँगीर के महलों से कहीं बढ़-चढ़कर उसके पुत्र के महल हैं। सम्पूर्ण संगमर्मर की मोती मस्जिद भी देखी। दीवाने-खास के सामने एक अंग्रेज की कब्र शोभा बिगाड़ने के लिए ही मानो रखी गई थी। दोपहर बाद श्री पद्‌मसिंह कमलेश, डा. सत्येन्द्र और श्री महेन्द्रजी से भेंट हुई। हम अगले ही दिन चल देना चाहते थे, लेकिन आगरे के मित्रों के आग्रह पर 27 जनवरी की रात को गाड़ी पकड़ने का निश्चय किया।

26 जनवरी स्वतन्त्रता-दिवस था। आज 15 शताब्दियों बाद फिर हमारे देश में गणराज्य स्थापित हो रहा था। पुराने गणराज्य एक-दो जिलों के रहे, और अब सारा देश गणराज्य में परिवर्तित हो रहा था। यह बात खटकती जरूर थी कि हमारे देश में तो गणराज्य है, और हमारा देश ऐसे राज्य-समूहों में हो जिसकी मुखिया राजा-रानी हों। सबेरे, मुरारीलाल खत्री बालिका कालेज में डा. किरणकुमारी गुप्ता के आग्रह पर झण्डा फहराना और एक छोटा-सा भाषण देना पड़ा। अभी वह एफ. ए. तक था, लेकिन कुछ ही समय बाद डिग्री कालेज होनेवाला था। डा. किरणकुमारी की कार्य-तत्परता के बारे में यह कहना ही काफी होगा कि कई महिलाओं ने विवाह-प्रथा पर पुस्तक लिखने का बीड़ा उठाया, लेकिन उसे अच्छी तरह पूरा करके प्रकाशित करने का श्रेय किरणजी को ही है। छात्राओं की संख्या साढ़े सात सौ बतला रही थी कि कन्याओं की शिक्षा पर अब कितना अधिक ध्यान दिया जा रहा है। मध्यान्ह-भोजन कमलेशजी के यहाँ हुआ, फिर कार से फतेहपुर-सीकरी के लिए चल दिए। सीकरी को पहिले भी देख चुका था, और उसके बारे में लिख भी चुका हूँ। अब की तो विशेषकर कमला को दिखलाने के लिए ले गया था। दीवाने-खास, योधबाई महल देखे। तुर्की बेगम का फूस की झोंपड़ी के नमूने पर बना छोटा-सा सुन्दर कमरा दर्शनीय था। बुलन्द दरवाजे वाली मस्जिद के साथ लगी बावड़ी में स्नान करने की बात सुनकर हमें सन्देह प्रकट करते देखकर एक बूढ़े ने उसमें कूदकर दिखलाया। सीकरी गाँव की सड़क पर वहाँ के डाक्टर ने लाल पत्थर का दरवाजा बना 1947 में अपनी मूर्ति स्थापित करवा दी। निस्सन्तान पुरुष की इस प्रकार अपने अमर होने की लालसा निन्दनीय नहीं है। सीकरी का बाजार आज के लिए खूब सजा हुआ था। जलूस भी धूमधाम से निकला। साढ़े 5 बजे हम आगरा की तैयारी देखने के लिए लौट आए। लोगों में कोई जोश नहीं मालूम होता था। जोश आए कैसे ? अंग्रेजों को धीरे-से खिसकाकर उन्हीं के आसन पर काले साहब बैठ गए, उनकी रोज-रोज की अयोग्यताओं और भ्रष्टाचार से लोगों की घृणा ही बढ़ती जा रही थी। हरेक चीज दुर्लभ और महँगी, और सभी जगह चोरबाजारी। जब चौबीस घंटे इन्हीं बातों को देख रहे हैं, तो जन-मन में उत्साह कैसे आता ? बहुत कम जगहों पर रात को दीपमाला की गई। बाजे जरूर बजते रहे। दूकानें खुली थीं।

27 जनवरी को कानपुर के लिए रवाना होना था, इसलिए सबेरे होटल छोड़कर कमलेशजी के यहाँ सामान रख दिया, फिर सिकन्दरा में अकबर की कब्र देखने गये। 123 में से 23 एकड़ में इमारत है, बाकी बाग और घास का मैदान है। यहाँ हिरन भी पाले गये हैं, जो बढ़कर अधिक हो गए हैं। पालने के लिए पाल दिया, लेकिन उनके खाने का ख्याल नहीं किया गया। चारा-पानी बिना कभी-कभी कोई मरकर अपने साथियों को आराम देने की कोशिश करता। लंगूर भी बहुत थे। अकबर के इस मकबरे में आनेवाले सभी मुगल बादशाहों के लिए जगह रखी गई थी, किन्तु हुमायूँ मरा दिल्ली में, जहाँगीर लाहौर में, शाहजहाँ आगरा में मरकर ताजमहल

में दफन हुआ, औरंगजेब खुल्दाबाद में सो रहा है। इसी तरह दूसरे भी अन्यत्र मरकर सिकन्दरा में नहीं आ सके। शाहजहाँ ने ताजमहल के चारों विशाल मीनारों की प्रेरणा, मालूम होता है, यहीं से पाई और जहाँगीर ने इस विशाल इमारत को बनाकर इस विषय में अपने बेटे का पथ-प्रदर्शन किया। आरम्भ अकबर ने किया था, लेकिन अपनी गद्दी पर बैठने के 6 वर्ष बाद–1611 ई. में–जहाँगीर ने इसे पूरा किया। लौटते वक्त पुरानी पाठशाला नामनेर के आर्यसमाज में गये। हमारा मुसाफिर विद्यालय एक टूटी-फूटी इमारत में था, लेकिन अब वहाँ आर्यसमाज का नया साफ-सुथरा मन्दिर देखा।

आगरा कालेज की स्थापना में सबसे बड़ा हाथ गंगाधर शास्त्री का था। लेकिन, उस समय अंग्रेजों का ही नाम रखा जा सकता था। यह कालेज बहुत पुराना है, और विशाल हॉल मेस्टन हॉल के नाम से मशहूर है, जिसे अब गंगाधर शास्त्री भवन कहा जाता है। उसी में तीन घंटे कवि-सम्मेलन हुआ जिसका सभापति मुझे बनाया गया। मध्याह्नोत्तर जलपान डा. सत्येन्द्र के यहाँ हुआ, फिर आगरा छावनी में गाड़ी पकड़ी। यहाँ से एक डब्बा कानपुर के लिए जाता था, इसलिए हमें रास्ते में ट्रेन बदलने की तकलीफ नहीं पड़ी।

कानपुर–28 को 6 बजे सवेरे कानपुर पहुँचकर पहले स्टेशन व्यू होटल में सामान रखा, और एक दिन का दस रुपया भी दे दिया। फिर घूमने निकले। श्री सतीशचन्द्र कौशल से मिले। वह भला होटल में कैसे ठहरने देते ? सामान उठवा ले गये। स्नान-भोजन करने के बाद फिर कैलाश मन्दिर के हाते में श्री कैलाशचन्द्र कपूर के यहाँ पहुँचे। डा. कृष्णकुमार शर्मा से मिलकर बड़ी प्रसन्नता हुई। वह गुरुकुल के आयुर्वेदिक स्नातक होने के बाद एलोपैथी के डाक्टर बने। तेरह वर्ष से चिकित्सा विज्ञान की परिभाषाओं के निर्माण में जुटे हुए थे। उस समय तो लोग अवश्य इसे सनक समझते होंगे। अब समय उनके साथ था, हमारी योजना से उनसे बढ़कर हर्ष किसको होता ? मेटेरिया-मेडिका (औषधि-कोश) और पेथालौजी (निदान) के कोशों को लेने के बारे में मैंने कहा। उनसे बहुत मदद मिलती, लेकिन आगे तो उस काम को ही छोड़ देना पड़ा।

प्रयाग–29 जनवरी को सबेरे का जलपान श्री पुरुषोत्तम कपूर के यहाँ मनीराम की बगिया में हुआ। वहीं कानपुर के और कितने ही साहित्यिक मित्र आये। शिक्षित मित्रों और महिलाओं से मैं विवाह-प्रथा के गीतों और रवाजों को लिपिबद्ध करने के बारे में कहने से बाज नहीं आ सकता था। कपूरजी की पत्नी विमलाजी से भी कहा, कौशल की धर्मपत्नी तथा अनुज-वधू को भी प्रेरणा दी। कौशलजी की पत्नी के ही पितृकुल ने आगरे का खत्री बालिका कालेज बनवाया था। शाम को 5 बजकर 10 मिनट पर डाक पकड़ी और 8 बजे इलाहाबाद पहुँचकर माचवेजी के पास चले गये। गर्मी दो महीने बाद आनेवाली ही थी, इसलिए उसके बारे में सोचना जरूरी था। कमला की भी राय को देखना था। उनका आग्रह था, स्थान ऐसा हो, जहाँ पर बिजली जरूर होनी चाहिए। किसी स्थान को लेना और उसमें ऐसे आदमी की सलाह न लेना, जिसे ही अन्त में उसे सँभालना है, ठीक नहीं होता। कमला का आग्रह मैं पूरी तरह से मान नहीं सका, शायद मानने पर कई तरद्दुदों से बच जाता।

सम्मेलन में जाने पर पं. बलभद्र मिश्र से मुलाकात हुई। दिल्ली में कार्यालय बनाने और वहाँ भूमि हासिल करने की जरूरत सबसे अधिक प्रधान-मन्त्री समझते थे। काम में दीर्घ-सूत्रता उन्हें छू नहीं गई थी, लेकिन उसकी पूर्ति टन्डनजी करने के लिए तैयार थे। वहाँ शहर के भीतर बड़े अच्छे मौके पर जमीन मिल रही थी, कितने ही घर और किराये पर लगी दूकानें थीं। अपने पिता के इस स्मारक के लिए बेटे कुछ पैसा देने के लिए भी तैयार थे। सिर्फ लेने की स्वीकृति देनी थी, लेकिन टन्डनजी अन्त समय तक उसके बारे में कोई निश्चय नहीं कर पाये। मिश्रजी से पता लगा, आनन्दजी ने इस्तीफा लिखकर भेज दिया है, राष्ट्रभाषा प्रचार समिति से वह अलग होना चाहते हैं। कोश की छपाई में जैसी ढिलाई हो रही थी, वह तो मेरे लिए असह्य थी। मैं विद्वानों को वचन देकर उनके परिश्रम से जमा किये हुए शब्दकोशों को तैयार करता और वह यहाँ खटाई में पड़े थे।

जाड़ा समाप्त मालूम होता था। फरवरी के पहिले ही दिन सर्दी का पता नहीं था। डायबेटीज़ वैसी ही चल रही थी, पर न विशेष दुर्बलता थी, और न वजन ही कम हुआ था। 3 फरवरी तक 'दार्जिलिंग परिचय'

लिखवाकर समाप्त कर दिया। अब उसे दोहराने लगा था। 'विज्ञान' में लेख लिखने के लिए कहा गया था। मैंने अपने लेख में निम्न बातें परिभाषा के सम्बन्ध में बतलाईं–(1) बहुजन के लिए सुगम और भविष्य के विद्यार्थियों की अंग्रेजी की योग्यता की कमी के कारण हिन्दी के माध्यम से विज्ञान का पढ़ाना आवश्यक है। आज के अध्यापकों को हटाने का सवाल नहीं है, संक्रान्ति-काल में परिभाषाएँ दोनों चल सकती हैं। विदेशी भाषाओं के बायकाट करने का सवाल नहीं है, क्योंकि विज्ञान के विद्यार्थी के लिए भाषा-कूपमंडूक होना अहितकर है। (2) परिभाषा-निर्माण में हमें न रघुवीर का रास्ता लेते संस्कृत के अज्ञात और अप्रचलित शब्दों से उसका निर्माण करना होगा, और न जवाहरलालजी के विचार-अनुसार आम-फहम शब्दों से हम काम चला सकेंगे, क्योंकि परिभाषाएँ सारे भारत नहीं, वृहत्तर भारत की भी एक होने की दृष्टि से बनानी हैं। सभी भाषाओं के प्रतिनिधियों की इसके लिए समय-समय पर सम्मेलन या समिति बुलानी चाहिए। परिभाषाएँ संस्कृत में बनें, किन्तु सरल और सुपरिचित शब्दों से ही। साइन्स की जिन परिभाषाओं के साथ वैज्ञानिकों के नाम लगे हुए हैं, उन्हें उसी तरह सुरक्षित रखना चाहिए, इत्यादि।

कलिम्पोंग की हमारे गृह की स्वामिनी श्रीमती ज्योत्स्ना चटर्जी यहीं अपने भाई के पास आई हुई थीं। उनके पास चाय पीने गये। ज्योत्स्नाजी महातपस्विनी हैं। वर्षों से उनके पति का दिमाग विकृत हो गया है। पागल के साथ जीवन बिताना आसान काम नहीं है, लेकिन उन्होंने अपना सारा जीवन उन्हीं के साथ बिता दिया।

कपिलजी ने रामगढ़ के मकान की और भी कुछ बातें बतलाईं–दो बड़े-दो छोटे कमरे हैं, एक अलग नहान-कोष्ठक है, रसोई का अलग घर है। मालिक सेप्टिक टेंक का पाखाना लगाने के लिए तैयार है। पानी का नल भी है, पर बिजली नहीं है। मिट्टी का तेल उस समय आसानी से नहीं मिलता था। यद्यपि बिना बिजली की जगह पर कमला की राय के अनुसार मकान नहीं लेना चाहिए था, पर यह तो किराये का मकान था, इसलिए मैंने समझा कि इसे ले लेने में कोई हर्ज नहीं। "खैर, एक बार वहाँ जाकर निश्चय करना होगा" यह तो तय ही कर लिया। शाम को प्रयाग के बंगाली बन्धुओं की संस्था विचित्रा में गये : बहुत बड़ी संख्या में पुरुष और महिलाएँ आई थीं। संगीत का भी आयोजन था। हमारे पुरखों ने तो न जाने कब कह दिया था–"छाजा बाजा केस। यही बंगाला देस।" और अब तो दो शताब्दियों के विश्व के सम्पर्क के कारण बंगाली समाज संस्कृति और सुरुचि में हमारे देश का अगुवा है। मुझे भी वहाँ कुछ बोलना पड़ा। उस दिन 'हुमायूँ' फिल्म देखने गये। फिल्म देखने पर कमला की आँखें जरूर दुखा करतीं, पर देखे बिना रह भी नहीं सकतीं। यद्यपि इसका यह मतलब नहीं कि कमला रोज-रोज फिल्म देखने जातीं। यह फिल्म तो साल-भर बाद देखने को मिली थी। कलिम्पोंग से डंड-कवंडल लेकर चला आना था, इसलिए कमला को कलिम्पोंग ले जाने की जरूरत नहीं थी।

कलकत्ता–6 फरवरी को 8 बजे रात को दिल्ली मेल पकड़, कलकत्ता रवाना हो गया। मुगलसराय से गया की लाइन से हमारी ट्रेन चली। धनवाद में सवेरा हो गया। वह पौने 11 बजे हावड़ा पहुँची। मणिहर्षजी जरा देर से पहुँचे, जबकि मैं टेक्सी लेके रवाना हो चुका था। भीड़ के मारे सड़क एकतरफा चलती थी, इसलिए बहुत चक्कर लगाना पड़ा। नाखुदा मस्जिद के पास टेक्सी को छोड़ देना पड़ा, और कुली से सामान उठवाकर रामजीदास जेटिया लेन के मकान में पहुँचा। कलकत्ता से थोड़ी-बहुत खरीद-फरोख्त करनी थी। 'मधुर-स्वप्न' का कितना ही प्रूफ लेकर श्री परमानन्दजी मिले। उसके बाद वह 'आज की नीति' और 'दार्जिलिंग-परिचय' में हाथ लगानेवाले थे। राजकमल ने 'आज की राजनीति' आधी ही छापी थी, उसके महत्त्वपूर्ण अंग परिशिष्ट को छोड़ दिया था और आधुनिक पुस्तक भवन से उसे अब परमानन्दजी निकाल रहे थे। 9 फरवरी के लिए बागडोगरा का विमान का टिकट मिल गया। हिसाब की बेपरवाही प्रकट करने पर मैंने मणिहर्षजी से कहा–"भाई, किसी का पैसा अपने ऊपर रह जाना अच्छा नहीं। यदि पुनर्जन्म होता, तो बैल-भैंसा बनकर उससे उऋण होने की गुंजाइश रहती। निर्वाणगामी कैसे ऋण उतारने के लिए आएगा।"

8 तारीख की शाम को मारवाड़ी छात्रों के सामने गणराज्य के बारे में कुछ बोला–हॉल से दूने श्रोता

थे। आजकल खूसट दिमागी हिन्दुओं के नेता करपात्री जी और शंकराचार्य कलकत्ता में पड़े हुए थे। हिन्दू कानून को लेकर धर्मयुद्ध छेड़ रखा था। इसी का विरोध करने के लिए श्री भँवरमल सिंधी ने इस भाषण का आयोजन किया था।

कलिम्पोंग–9 फरवरी को साढ़े 8 बजे दमदम के अड्डे से हमारा विमान उड़ा। विमान में ही मेरे नाम के वह तरुण भी अकस्मात मिल गए, जिनके बारे में कितनी ही बार मैं सुन चुका था। मेरा नाम कोई रखे, यह न अनुचित है न अनहोनी बात। आखिर मुझसे भी पहिले इस नाम के बहुत-से लोग हो चुके हैं। पर लोगों में भ्रम पैदा करना दूसरी बात है। मैं उनके लेखों को पढ़ चुका था, उससे तरुण की प्रतिभा और विद्या का पता लगता था। मैंने बिना किसी भूमिका के संक्षेप में उनसे कहा–आपके पास विद्या और प्रतिभा, साहस और तरुणाई है, जिससे किसी महत्त्वाकांक्षा का भी पूरा होना आसान है, जल्दी का रास्ता न पकड़ें। अपने गुणों में से भी 25 प्रतिशत कम करके प्रकाशित करने की इच्छा रखें ! मेरा इससे कुछ नहीं बिगड़ता था, यदि वह मेरी तिब्बत की यात्राओं के पढ़ने के बल पर पूछने पर हंकार भर दें, मानो उन्होंने ही ये यात्राएँ की हैं। पीछे नेपाल जाने पर मालूम हुआ कि लोगों ने वहाँ राहुलजी के स्वागत में चाय-पार्टी दी। मुझे देखे हुए लोग भी चेहरे और आयु के भेद को देखकर कुछ शंकित जरूर हुए, लेकिन हमारे तरुण ने चेहरे पर बिना जरा भी बल लाये अपने पार्ट को अदा किया।

पौने 10 बजे विमान बागडोगरा में उतरा। दो अंग्रेज दम्पती कलिम्पोंग जा रहे थे। इसलिए यहीं टेक्सी मिल गई और 2 बजे 'पार्वती' पहुँच गए। भट्ट और सेनगुप्त स्वस्थ और प्रसन्न थे। भट्ट को कुछ इन्जेक्शन लेने पड़े थे। सर्दी अब कम थी। कलिम्पोंग के छोड़ने से पहिले इस अंचल की कुछ जगहों को देख-सुन लेना था। हमारे पास 13 दिन थे, हम 22 फरवरी को यहाँ से प्रस्थान करनेवाले थे।

अपनी पुस्तकों और सामान को फिर पैक कराने में लगना पड़ा। रसोइया अच्छा मिला था, चाहते थे कि चले तो उसे साथ ले चलें। श्री सेनगुप्त ने सूचित किया, यह पुलिस को सब बातों का पता देने जाया करता था। आखिर तीन स्टार के संदिग्ध व्यक्ति होने से अंग्रेजों की तरह भारतीयों की सरकार भी मेरे पीछे पड़ी हुई थी। डाक को सेंसर करने मेरे आने-जाने या मेरे पास आनेवालों की देखभाल करने की जिम्मेवारी खुफिया पुलिस को मिली थी। पूछ-ताछ के लिए मेरे पास आने की हिम्मत नहीं होती, इसलिए उन्होंने रसोइये को कुछ देकर अपना काम बनाया। यही नहीं, और जगहों पर भी ऐसा किया जाता था। इससे मुझे शंकित होने की जरूरत नहीं थी, क्योंकि मेरे जो भी विचार या कार्य थे, वह प्रकट थे।

फरवरी के मध्य में हवा जब-तब तेज होती, जिससे सर्दी बढ़ जाती। यदि इस सर्दी ने सेनगुप्त जी से अपना धर्म छुड़वाया और चम्मच इस्तेमाल करने के लिए मजबूर किया, तो उन्हें कैसे दोष दिया जा सकता था ? रात को वह गरम पानी की बोतल लेकर सोते थे लेकिन अभी भी पूरी तौर से गरम सूट का व्यवहार नहीं करते थे। मैंने कहा, अभी पूरी सर्दी से पाला नहीं पड़ा है, नहीं तो सूट-बूट बिना कहे ही पहनने लगोगे। वह गरम कपड़ा सिलवाकर लाये थे, लेकिन धोती छोड़ने में लज्जा अनुभव करते थे। इलाहाबाद विश्वविद्यालय में जब रूसी के अध्यापक हो गये, तब उन्हें अपने सहकारियों की देखा-देखी धोती को पैंट से बदलने में आना-कानी नहीं हुई।

बगल के बँगले में एक अमेरिकन मेडिकल मिश्नरी डा. डाँग आ गये थे। उन्हें 110 रुपये मासिक पर 'पार्वती' से कहीं अच्छा एवं सुन्दर बँगला मिल गया था। डा. डाँग और उनकी पत्नी सप्तम दिन एडवेंटिस्ट मिशन की ओर से पश्चिमी चीन में तिब्बत की सीमा के पास सालों से काम कर रहे थे। कम्युनिस्टों के शासन सँभालने पर वहाँ रहना उनके लिए संभव नहीं हुआ, लेकिन साथ ही उनका मिशन चाहता था कि वह तिब्बत की सीमा के पास रहें, इसलिए वह यहाँ चले आए थे। उनकी पत्नी बड़ी मेहनती थीं, अपने हाथ से घर को साफ-सुथरा रखना, भोजन बनाना, खिलाना और बच्चों को सँभालना सभी काम करती थीं। हम 13 को उनके यहाँ भोजन के लिए गए। हमें अफसोस हुआ कि ऐसे पड़ोसी का थोड़े ही दिनों तक सत्संग रहा। पीछे डा. डाँग मसूरी में भी एक बार मिले थे, तब उनकी नियुक्ति बम्बई प्रदेश में कहीं पर हुई थी। उसी दिन प्रयाग

से कमला का पत्र आया। उन्होंने लिखा कि मैं पढ़ रही हूँ, फिल्म देखने गई, सिर-दर्द लेकर लौटी। हमारे बँगले में बूबी (कुत्ते) ने अपने-आपको स्वयं आकार अर्पित कर दिया था, वह बड़े जोर-शोर से चौकीदारी करता था। दूसरे आदमी को वह हाते में आना पसन्द नहीं करता था, और एक से अधिक आदमियों को काटा भी था। आज भी उसका दाँत किसी के पैर पर पड़ा।

कलिम्पोंग में ग्राहम होम्स एक बड़ा ही सुन्दर शिक्षणालय है। 1900 ई. में पादरी ग्राहम ने मुख्यतः एंग्लो-इंडियन बच्चों के लिए छात्रावास सहित इस विद्यालय को खोला था। हिन्दुस्तान की हवा लगने से एंग्लो-इंडियन बच्चे अपने हाथ काम करने को नफरत की निगाह से देखते हैं, उसी तरह जैसे हिन्दुस्तानी मध्य और उच्च वर्ग के लड़के। यहाँ पाँच से पन्द्रह वर्ष तक के लड़के-लड़कियाँ रहते थे। स्थान हजार के लिए था पर उनकी संख्या सात सौ से ऊपर कभी नहीं पहुँची। द्वितीय विश्व-युद्ध के समय चीजों का दाम बढ़ गया, इसलिए संस्था घटानी पड़ी। संस्था पर कर्जा हो गया था, जिसे उतारने के लिए भारत सरकार ने एक लाख रुपया दिया। उस समय 480 लड़के-लड़कियाँ पढ़ रहे थे। हेड-मास्टर मिस्टर लायड ने हमें ले जाकर अच्छी तरह हरेक क्लास को दिखलाया। सुप्रिन्टेन्डेंट डंकन की बीवी ने चर्च और छात्रावास दिखलाये। होम्स में 600 एकड़ से अधिक भूमि है। एक छोटा-सा मैदान है, जिसमें छोटा हवाई जहाज एक मर्तबे उतरा था। अब भारतीय लड़के भी लिये जाते हैं। अंग्रेजी माध्यम है, लेकिन द्वितीय भाषा के तौर पर बंगला और हिन्दी भी पढ़ाई जाती है।

रास्ते में पन्द्रा छाङ् का ऊन-गोदाम देखा। यहाँ ऊन का निम्न, मध्यम, उत्तम श्रेणियों में वर्गीकरण होता है, फिर बाहर भेजने के लिए गाँठें बाँध दी जाती हैं। हिन्दू युनिवर्सिटी के लिए मँगाए गए तंजूर की 18 गाँठें आ गई थीं। मणिहर्षजी के अनुज रत्नज्योति जी ने अपने गोदाम में ले जाकर उन्हें दिखाया। मैंने गाँठों को विना खोले ही बनारस भेज दिया। रत्नज्योति अभी बिल्कुल तरुण थे। उस वक्त कौन आशा करता था कि वह इतनी जल्दी अपने स्वजनों को रोते छोड़ जायेंगे। पर मृत्यु के लिए तरुण क्या और वृद्ध क्या।

मंग्पू–भारत के कुनैन की खर्च को पूरा करने के लिए सिनकोना का बगीचा और कारखाना मंग्पू में है। उसे देखने के लिए 16 फरवरी को सवा 9 बजे सेनगुप्त और रत्नज्योति के साथ चले। भट्टजी के लिए चढ़ना-उतरना अच्छा नहीं था, इसलिए वह नहीं गए। दस मील जाने पर तिस्ता पुल और आठ मील जाने पर रम्वी पुल पार हुए, जहाँ से एक दूसरे रास्ते छः मील जाने पर मंग्पू पड़ा। मोटर वहाँ तक जाती है, यह छः मील की सड़क भी अच्छी है। प्रायः एक मील जाने पर सिनकोने के बाग आरंभ हो जाते हैं। सिनकोना वृक्ष शायद काम के सुभीते के लिए अधिक बढ़ने से रोका जाता है, क्योंकि वह सभी पोरसे से कम ही दीख पड़े। जाड़े के अन्त में उनके बहुत-से पत्ते लाल हो रहे थे। पत्ता चखने में कम कड़वा था, पूरी कड़वाहट छाल में होती है, सिनकोने की छाल से ही कुनैन बनाई जाती है। पहिले बाग के संचालक डा. सेन के बँगले पर गए, वह इस समय कलकत्ता गए हुए थे। कुनैन विशेषज्ञ स. सो. बनर्जी के पास गए। उन्होंने फैक्ट्री में ले जाकर कुनैन बनाने की प्रक्रिया दिखलाई। वृक्ष की छाल बड़े भारी परिमाण में एक जगह सूख रही थी। वह मशीन में डालकर पीसी कैसे जाती है, फिर पहिली छनाई कैसे होती है, फिर चूना और खनिज तेल कैसे मिलाया जाता है, फिर सोडा बाइकार्व मिलाकर दुबारा छनाई कैसे होती है, और अन्त में स्फटिकाणु कैसे बनते हैं और फिर चूर्ण करके या गोली बनाकर कैसे टिनों में बन्द की जाती है, सभी बातें हमने देखीं। एक प्रक्रिया से गुजरकर दूसरी जगह जाने में कन्वेयर (वाहक) इस्तेमाल किया जाता है। फैक्ट्री शायद बहुत पुरानी होने से उतनी आकर्षक और स्वच्छ नहीं थी। स्वच्छता तो इतनी भी नहीं थी जितना डायरेक्टर के बँगले में। हमारे सेनगुप्त जी रसायन के ही विद्यार्थी हैं, इसलिए वह हमसे अधिक बारीकियों को जान सकते थे। उनकी टिप्पणी थी–कितने ही बाइप्रोडक्ट (गौणउपजों) को फेंक दिया जाता है, जिनका इस्तेमाल हो सकता है। कुनैन की कुछ चीजें सस्ते में बनाई जा सकती हैं, जिन्हें यहाँ नहीं बनाया जाता। श्री बनर्जी ने बड़े प्रेम से सभी चीजें दिखलाईं। शालीनता और सहृदयता तो बंगाली का सहज गुण है, उसी तरह से जैसा अतिथि-सत्कार पंजाबी का। पास में वह बँगला भी हमें दिखलाया गया, जिसमें कवीन्द्र रवीन्द्र 1938, 1939 और 1940 में आकर रहे थे। उसे

रवीन्द्र-स्मारक का रूप दिया जानेवाला है, यह हर्ष का समाचार हमने सुना। मध्यान्ह भोजन यहीं समाप्त किया। रास्ते में एक जगह टायर पंक्चर हो गया, इसलिए कुछ देर से पौने 4 बजे घर लौटे।

17 फरवरी को पुस्तकें बक्सों में बहुत कुछ बन्द की जा चुकी थीं। दोपहर बाद हम श्रीमती क्रिस्प के यहाँ गए। रविवार को जाने के लिए कह रखा था, लेकिन दो दिन पहिले ही चले गये। वहाँ से विदाई ले डा. रोयरिक के यहाँ पहुँचे। आज तिब्बती नव-वर्ष था। रानी दोर्जे के भोज में वह गये हुए थे। वह आए, 'प्रमाणवार्तिक' के अंग्रेजी अनुवाद का काफी काम हुआ।

दिमाग में फिर दर्शन ने एक चक्कर मारा—"पूर्ण शान्ति या आपाततः पूर्ण शान्ति क्या है ? वह कैसे प्राप्त होती है ?" प्रथम का उत्तर है—"हृदय के किसी कोने में ठंडी हवा का झोंका या टीस न लगे। दूसरे के लिए इतना ही कहता हूँ कि हृदय की ओर झोंका पहुँचानेवाले छिद्रों का अधिक-से-अधिक अभाव हो, अर्थात् वैयक्तिक सम्बन्ध कम-से-कम हों, आकांक्षाएँ भी कम हों। सार्वजनिक सम्बन्ध तो रखना ही पड़ता है। वहाँ जरा-सा हल्का-सा भी झोंका अप्रिय होता है, अन्तस्तल में उदासी छा जाती है, यदि टीस न भी उठ पाए।"

18 फरवरी को हिल व्यू होटल में सांस्कृतिक प्रतिष्ठान के सदस्यों के सामने 'तिब्बत में भारतीय संस्कृति' पर भाषण दिया। बीस के करीब और सभी शिक्षित श्रोता—नेपाली, बंगाली, हिन्दी-भाषी थे।

गन्तोक—19 तारीख को साढ़े 8 बजे सेनगुप्त और रत्नज्योति के साथ हम मोटर से गन्तोक के लिए रवाना हुए। सड़क नीचे तिस्ता, और तिस्ता से रोंगफू और आगे तक बहुत अच्छी रही। पर जहाँ से गन्तोक की सड़क दाहिनी ओर मुड़ी, वहीं से खराब मिली। रोंगफू के पुल पर पुलिस ने अंग्रेज का नाम लिखना चाहा, लेकिन हमारी गाड़ी में कोई अंग्रेज नहीं था। मौसिम बीते महीनों हो गए, लेकिन रोंगफू में अब भी नारंगी की भरमार थी। शायद भारत में दूसरी जगहों के लोगों को नहीं मालूम है कि सिलहट (आसाम) और नागपुर से यहाँ की नारंगी कम अच्छी नहीं होती। नेपाल की तो सर्वश्रेष्ठ होती है। थोक के व्यापारी उन्हें यहाँ खरीदते हैं। कलिम्पोंग में पाँच रुपए में मिलनेवाला टोकरा यहाँ तीन रुपया सैकड़ा मिल रहा था। सिंग्तम् पुल पार कर बाजार के पास से तिस्ता-उपत्यका छोड़नी पड़ी। एक शाखा नदी के किनारे दूसरी ओर चले। मरतम गाँव के डाक-बँगले को छोड़ते रास्ते में एक जीप पड़ी देखकर रुक गए। मालूम हुआ सिक्कम के दीवान मिस्टर लाल रास्ते में पड़े एक गरीब तिब्बती को चलने में असमर्थ देखकर उससे हाल-चाल पूछ रहे थे। फिर लारी पर उसे चढ़ाकर वह अपनी जीप में आए, और रास्ता रोक देने के लिए हमसे क्षमा माँगी। लाल महाशय इस जगह के अनुरूप थे, उनकी नम्रता से हम बहुत प्रभावित हुए। उनकी पोशाक भी बड़ी सीधी-सादी और चुस्त थी। पोशाक में कमर तक फौजी गरम सलूका था और सीट पर फौजी झोला पड़ा हुआ था। मैंने कहा—यह है आदमी।

गन्तोक से आठ मील पहिले ही पुल के पास हम ठहर गए। यहीं बैठकर साथ लाया भोजन किया। फिर चलकर डेढ़ बजे के करीब गन्तोक पहुँचे। पुल से आगे चढ़ाई-ही-चढ़ाई थी।

आज हाट थी, इसलिए बड़ी भीड़ थी। हेड-मास्टर व्रजनन्द बाबू छुट्टी पर थे, इसलिए उनसे मुलाकात नहीं हुई। पोलिटिकल अफसर जब यहाँ अंग्रेज हुआ करते थे, तब उनके पास अनुमति-पत्र के लिए मुझे कई बार जाना पड़ा था। सोचा, अबकी भी हो लूँ। यहाँ कोई मिस्टर दयाल आई. सी. एस. इस पद पर विराजमान थे। बिना समय लिये हम गए थे। इसलिए एटिकेट के खिलाफ वह हमसे मिलने के लिए कैसे तैयार हो सकते थे। उनके यहाँ आने की क्या योग्यता थी ? न तिब्बती भाषा और न तिब्बती बात-विचार से उन्हें कोई वाकफियत थी। मेरे जैसे तिब्बत में अनेक बार गए हुए जानकार आदमी से मिलने से इन्कार करके उन्होंने यह भी बतला दिया कि उनको और जानने की कोई इच्छा भी नहीं है। हाँ, उनमें यह गुण जरूर था कि उनकी पत्नी टेनिस-स्टार थीं, उनकी सास श्रीमती विजयलक्ष्मी पंडित की ननद थीं और मिस्टर दयाल आई. सी. एस. थे। उन्होंने बचपन यूरोपियन स्कूलों में बिताया, फिर विलायत गए, आई. सी. एस. हुए और आज वह सिर्फ चमड़े से ही भारतीय थे। यहीं हमने दूसरे आई. सी. एस. मिस्टर लाल को रास्ते में देखा था। उन्होंने हमको क्या दिया

और इन्होंने हमसे क्या लिया, पर आदमी-आदमी की अलग पहचान होती है। मिस्टर दयाल अन्त में थोड़ी देर के लिए आए, लेकिन मालूम हुआ, वह गला दबाने के तौर पर ही हैं। हमारे दोनों हाथ जोड़ने का उत्तर उन्होंने एक हाथ से सलाम से दिया। बात में उन्होंने अंग्रेजी का पक्ष-समर्थन, संस्कृत का विरोध, उर्दू के लिए दर्द प्रकट किया। मालूम हुआ उनके पूर्वज आगरे के थे, लेकिन उनका बचपन नैनीताल के यूरोपियन स्कूल में गुजरा। वह नेहरू के छोटे संस्करण मालूम हुए। सेनगुप्तजी भी साथ थे। उन्होंने साफ कहा—नेहरू के सम्बन्ध के कारण ही यह यहाँ बैठाये गए हैं। जिस स्थान पर विलियमसन गोल्ड जैसे राजनीति के खुर्राट, लेकिन साथ ही संस्कृति के जिज्ञासु बैठते थे, वहाँ यह काले साहब बैठे हुए थे, जो तिब्बत के एक समय के ट्रेड एजेंट कप्तान हैली के पासंग भी नहीं थे। पुलिस ने पुस्तक पर लिखने के लिए कहा, तो मैंने लिख दिया "अन्धं तमः" (घोर अन्धेर नगरी)।

उसी दिन 7 बजे शाम को हम कलिम्पोंग लौट आए।

20 तारीख को 10 बजे डा. रोयरिक आए। 'प्रमाणवार्तिक' के प्रथम परिच्छेद का अनुवाद समाप्त हो गया, इससे हमें खुशी हुई लेकिन तीन परिच्छेद और रह गए थे। दोपहर बाद पुत्र सहित श्रीमती क्रिस्प भी आईं। यह अधेड़ आइरिश महिला बड़ी ही जिन्दादिल थीं। कितनी ही घटनाएँ सुनाते हमें मुग्ध कर देती थीं। मनुष्य भी वनस्पतियों की भाँति जरा-सा स्नेह पाते ही जड़ फैलाने लगता है। पिछले दस महीनों में यहाँ फैली जड़ें अब हमें उठते देख अपनी ओर तान रही थीं। संयोग और वियोग दोनों एक ही वस्तु के दो पार्श्व हैं। ओह, यह मानव-जगत ? पाँच लाख वर्ष से पहिले जिसका कहीं पता नहीं लगता, और शायद पाँच लाख वर्षों बाद भी वही बात हो, यदि सँभालकर उसे नहीं ले जाया जा सके। लेकिन, "आदावन्ते च यन्नास्ति वर्तमानेपि तत्तथा" (आदि-अन्त में जो नहीं, वह वर्तमान में भी वैसा ही)—यह नहीं कहा जा सकता। वस्तुएँ अचिरस्थायी हैं, इसलिए उन्हें निर्मूल्य नहीं कहा जा सकता। यदि एक बार करने से सदा के लिए बुभुक्षा शान्त नहीं हो जाती, तो उसका अर्थ यह नहीं कि भोजन का मूल्य ही नहीं। वस्तुओं का मूल्य उनकी चलायमानता में ढूँढ़ना होगा। विगतों के ख्याल से निस्सारता स्वीकार करना एकांगी विचार है, क्योंकि आनेवाली पीढ़ियाँ भी तो हैं। क्या आधी आयु के बाद मृत्यु की समीपता स्पष्ट मालूम होने लगती है ? पचास से पहिले भी तो मरनेवाले होते हैं। हाँ, उनकी अधिक जीने की सम्भावना है, जो पके आमों के लिए सम्भव नहीं।

20 की शाम को श्री के. देशराज के यहाँ चायपान था। वह पंजावी, और यहाँ के सफल ठेकेदार हैं। उनकी पत्नी हमारे एस. डी. ओ. श्री मोतीचन्द प्रधान की बहिन हैं, अर्थात् हिन्दू घर की हैं। देशराज भी पहिले हिन्दू थे, और अब ईसाई। हिन्दू-ईसाई दोनों धर्मों का सम्मिलन इनके घर में हो रहा था।

21 तारीख अन्तिम दिन था। बाबू राधामोहन वकील आए। फिर श्री मोतीचन्द प्रधान। दूसरे भी मित्र मिलकर गए। हमारे 1 बक्स तथा 8 ट्रंकों का वजन साढ़े 17 मन था। तीन मन से ऊपर हम अपने साथ ले जानेवाले थे। इतने सामान को लेकर अभी हम अनिश्चित स्थान ही में जा रहे थे। कमला की नाक से खून आया था, प्रयाग में इन्जेक्शन और दवा हो रही थी। 22 को लारी पर सामान लदवाया। साढ़े 11 बजे टेक्सी आई, जिस पर हम तीनों जनें चढ़कर चले। अव सिलिगुड़ी में रेल पहुँच गई थी, और उसके स्टेशन को सिलिगुड़ी-उत्तर कहा जाता था। सड़क पूरी तौर से बनी नहीं थी, लेकिन मुसाफिर चलने लगे थे। अपार भीड़ थी। यहाँ से सीट रिजर्व नहीं हुई। 226 रु. 8 आ. में प्रथम श्रेणी के हमने तीन टिकट लिये। यदि इस दर्जे का टिकट न होता, तो स्थान पाना मुश्किल था। रोज ही यहाँ बहुत-से यात्री छूट जाते थे। गाड़ियों में लोग लटककर चल रहे थे। खैर, हमने पौने 15 मन सामान लगेज की गाड़ी में डाला और अपने डब्बे में बैठ गए।

कटिहार—रात को 4 बजे ट्रेन कटिहार पहुँची। पहिले दर्जे का प्रतीक्षालय भी भरा हुआ था, इसलिए वहीं प्लेटफार्म पर पड़े रहे। लेकिन, मेघ देवता ने चैन से रहने नहीं दिया। खैर, किसी तरह 23 का सबेरा हुआ और हम श्री महावीरप्रसाद भावंडिया के घर पर पहुँचे। स्नान-भोजन किया। आज ही चल देने का निश्चय कर लिया था, पर हमें क्या पता था, क्या होनेवाला है। भोजन करने के बाद हम गाड़ी के लिए जल्दी-जल्दी

कर रहे थे। डा. भट्ट ने भोजन की प्रशंसा करके कहा था–आज मैंने ब्राह्मण की तरह भोजन किया। भावंडियाजी ने 555 सिगरेट सामने रख दिया। इस पर बोले–हमने पाथेय भी ले लिया। कुछ बूँदें पड़ रही थीं। भावंडियाजी अपनी कार को ड्राइव करते हमें ले चले। रेलवे लाइन पार करते हुए सेनगुप्तजी ने भट्टजी को देखकर कहा–अच्छा सोना चाहते हैं, सो जाइए। स्टेशन पर कार खड़ी हुई। देखा भट्टजी बेहोश हैं। उन्हें उठाकर ट्रेन पर ले गए। भावंडियाजी दौड़कर डाक्टर रामप्रसाद सूद को लाए। सूद साहब ने कहा, अब इस ट्रेन से इन्हें नहीं ले जाया जा सकता। गाड़ी पर से सामान उतरवाया, फिर भट्टजी को रेलवे अस्पताल में ले गए। अभी हम कैसे हँसी-खुशी मना रहे थे, और अब भट्टजी की स्थिति देखकर दिल काँप रहा था। कई कै हुईं। डाक्टर सूद ने कई इन्जेक्शन दिए। वह बड़ी तत्परता से देखने लगे, लेकिन अस्पताल में दवाएँ नहीं थीं। हम इस स्थिति में वहाँ पड़े थे। धीरे-धीरे पता लगा कि भट्टजी के एक अंग में लकवा मार गया। हृदय की बीमारी तो थी ही, पर पहाड़ पर ऐसा होना चाहिए था। लेकिन, चार हजार फुट की ऊँचाई इसके लिए कोई बाधक नहीं होती, हम भट्टजी को अस्पताल में रखकर भावंडियाजी के यहाँ चले आए। सामान रखकर वहाँ जाने-आने लगे। अगले दिन भी भट्टजी की अवस्था वैसी ही रही। आँखें बहुत कम खोलते थे। कभी होश में रहते, कभी बेहोशी में। अस्पताल की बेसरो-सामानी से प्रयाग पहुँचना अच्छा था, लेकिन इस हालत में जाने की डाक्टर सलाह नहीं दे रहे थे। फिर सब देखकर डा. सूद ने कहा–"साथ में एक डाक्टर लेकर जा सकते हैं।" भावंडियाजी ने तरुण डाक्टर कालीप्रसाद दास को तैयार किया। वह बड़े ही सहृदय मिले। चलने में भय तो था, किन्तु यहाँ रहने में भी वह वैसा ही था। बेहतर होता हम लखनऊ जाते, क्योंकि वहाँ मेडिकल कालेज था। पर सारा सामान इलाहाबाद की ओर जा रहा था, इसलिए पहिले प्रयाग ही चलने का निश्चय किया। सबसे बड़ी चिन्ता की बात यह थी कि भट्टजी को कोई चीज पचती नहीं थी, सब वमन कर देते थे।

25 तारीख को डा. सूद और डा. कुंडू ने देखा, दवाइयाँ भी लिख दीं। दोपहर बाद डा. भट्ट को लेकर गाड़ी में बैठे। 2 बजकर 40 मिनट पर हमारी गाड़ी रवाना हुई। डा. कालीप्रसाद दास एम. बी. हैं, उनकी पत्नी भी डाक्टर हैं। भट्टजी को तीन बार संतरे का रस दिया गया, लेकिन तीनों बार उन्होंने वमन कर दिया। अब ग्लुकोस के इन्जेक्शन का ही आसरा था। वैसे आज उनकी स्थिति में कुछ सुधार हुआ था। छोटी लाइन की गाड़ियाँ क्या कभी भी सुधरेंगी, यही हमें ख्याल आ रहा था। गद्दे फाड़े हुए, पाखाना ढंड-मंड, उसका द्वार खुला, खिड़कियाँ टूटी-फूटीं। पंखे को मिस्त्री को बुलाकर बनवा दिया गया था, नहीं तो परेशानी होती। भीड़ इतनी थी कि लोग छत पर भी बैठे हुए थे। एक जगह तो एक पूरी की पूरी बारात महिलाओं के पहिले दर्जे में बैठ गई। टिकट-कलेक्टर जब टिकट माँगने गया, तो उसके पिटने की नौबत आ गई। इधर अभी व्यवस्था के लिए ट्रेन के साथ रेलवे मजिस्ट्रेट नहीं चल रहे थे।

26 फरवरी को सबेरे हम छपरा पहुँचे। यहीं चाय पी। हमारे डब्बे में दलन छपरा के अवधेश बाबू रेलवे मजिस्ट्रेट बलिया तक के लिए साथी बने। बलिया में भट्ट को ग्लुकोस का इन्जेक्शन और दवा दी गई। बोलना नहीं चाहते थे, या शायद बोल नहीं सकते थे। एक बार पित्त का वमन हुआ। वैसे थोड़ा-थोड़ा ग्लुकोस और एक नारंगी का रस दिया। अभी भी उनकी नाड़ी बहुत मन्द थी। औड़िहार में भोजन के समय पहुँचे। दारागंज पहुँचते अँधेरा हो गया। तार दे दिया था। डा. उदयनारायण तिवारी मिले। रामबाग स्टेशन पर एम्बुलेन्स तैयार थी और राय रामचरण लाल भी अपनी कार लेकर आए थे। भट्टजी को एम्बुलेन्स कार में बिठाकर मोतीलाल मेमोरियल अस्पताल ले गए। पहले कालविन अस्पताल के नाम से प्रसिद्ध यह प्रान्त का अच्छा अस्पताल है। हमें प्रयाग में कभी अस्पतालों से काम नहीं पड़ा था, इसलिए हम इसे जानते नहीं थे। डा. पाटणकर ने भट्टजी को अच्छी तरह सँभाला। उनकी नाड़ी की गति 42 से 52 तक थी। एक अच्छे चिकित्सालय में अपने मित्र को पहुँचाकर हमने संतोष की साँस ली। यहाँ नर्सें भी थीं, सभी तरह की दवाइयाँ भी थीं, देखनेवाले सहृदय डाक्टर भी थे, और हमारे लोगों का प्रभाव भी था। भट्टजी यद्यपि कुछ दिनों बाद मृत्यु के जबड़े से बाहर निकल आए, लेकिन उनका लकवा साधारण नहीं था। साल-भर से अधिक वह इसी अस्पताल में रहे, फिर कहीं दूसरी जगह चले गए। मेरी बड़ी इच्छा थी, उनकी सहायता करूँ, लेकिन उसके बाद नैनीताल और मसूरी

मैं चला गया, जहाँ की ऊँचाई उनके बुलाने में भारी रुकावट थी। सिवाय मित्रों के पास पत्र लिखकर कहने के सिवा और कुछ करने में असमर्थ था। इस बेबसी पर मुझे सदा अफसोस रहेगा।

अस्पताल से हम उसी रात राय रामचरण के घर पर चले आए। अगले दिन 27 फरवरी भट्टजी की अवस्था वही थी, डाक्टर बतला रहे थे कि अभी भी वह खतरे से बाहर नहीं है। डाक्टरों ने पहाड़ पर ले जाने के लिए मना किया, पर बतलाया, देर लगेगी, लेकिन अब चिन्ता की बात नहीं।

कमला की हालत अब अच्छी थी, विशारद की परीक्षा नहीं दे सकीं, लेकिन अगले साल उसे देना अवश्य था। कमला का रास्ता साफ था। एफ. ए. की परीक्षा वह दे सकती थीं। सभी विषयों में उनकी रुचि थी, लेकिन, हमने समझा, विशारद और साहित्यरत्न के पढ़ने से हिन्दी की योग्यता बढ़ जाएगी, और साथ ही सुभीते से वह दूसरी परीक्षाएँ भी दे सकेंगी। साहित्यरत्न उन्होंने कर लिया और इस साल 1956, एम. ए. भी द्वितीय श्रेणी में पास कर लिया।

28 को डाक्टर उदयनारायण तिवारी के साथ सबेरे गंगा-पार टहलने गए। सबेरे का जलपान श्री गणेश पांडे के यहाँ हुआ और मध्यान्ह-भोजन श्री कमलाशंकर सिंह के यहाँ। निरालाजी भी वहीं ठहरे थे, उनके भी दर्शन हुए। पता लगा अभी उन्होंने 'गीति शतक' समाप्त किया, जो छप रहा है।

1 मार्च को सम्मेलन में साहित्य-समिति की बैठक हुई, कितनी ही पुस्तकों के सम्पादन और प्रकाशन के बारे में विचार हुआ। रूस से लौटने के बाद स्वामी सहजानन्दजी से मैं मिल नहीं सका था। वह यहाँ आये। उन्हें मेरी उपस्थिति का पता लगा। कार लेकर वह सारे इलाहाबाद का चक्कर लगाते रहे। अन्त में सम्मेलन में आकर पकड़ा। फिर उनके साथ बड़ी देर तक दिल खोलकर बातें होती रहीं। कितनी ही योजनाएँ बनीं। मैं कम्युनिस्ट पार्टी का मेम्बर अब नहीं था, और वह कम्युनिस्ट पार्टी के साथ काम नहीं कर रहे थे, लेकिन, हम दोनों ही पार्टी के जबर्दस्त समर्थक थे। उस दिन बातचीत करते समय मुझे क्या पता था कि यह मेरी-उनकी अन्तिम मुलाकात है। उनकी उमर बहुत अधिक नहीं थी, स्वास्थ्य भी बुरा नहीं दिखाई पड़ता था, न मोटे थे, और न अत्यन्त दुबले। उस कर्मठ पुरुष का एक-एक रोम उत्साह में नाच रहा था, आँखें चमक रही थीं। गरीबों और उत्पीड़ितों के लिए उसने अपना सारा जीवन दे दिया था। बड़े-बड़े राजा-रानी आरती उतारते थे, लेकिन, इस सम्मान की स्वामी ने कभी पर्वाह नहीं की। अपने तूफानी कामों और तूफानी दौरों से उन्होंने लाखों-करोड़ों आदमियों में रूह फूँकी थी। क्या स्वामी सहजानन्द के भौतिक शरीर के न रहने पर उनके कार्य का चक्र खतम हो सकता है ? यदि कार्य का चक्र आगे की तरफ बढ़ रहा है, तो रहने और न रहने की पर्वाह क्यों ? स्वामी सहजानंद की मृत्यु मेरे लिए एक वैयक्तिक महाक्षति थी। मैं हमेशा उस पुरुष का प्रशंसक रहा।

माचवेजी अब पहिले बँगले को छोड़कर एक-दूसरे घर में चले आए थे। मिला तो था एक ही कमरा लेकिन धीरे-धीरे उन्होंने तीन-चार बना लिये थे। वर्धा महिला आश्रम की स्नातिका शरदजी घर सँभालना अच्छी तरह जानती थीं। कमला भी इतने समय तक उन्हीं के साथ रहीं। 'मधुर स्वप्न' का कुछ भाग अभी अवशिष्ट था, जिसे हमने यहाँ लिखना शुरू किया। घरेलू हिसाब देखने से मालूम हुआ कि इस वर्ष हमने प्रायः हजार रुपया महीना खर्च किया। यह बहुत अधिक था। हमें किसी तरह भी पाँच हजार से अधिक साल में नहीं खर्च करना चाहिए।

इधर कई सालों से होली का दिन प्रयाग में ही होता आया था। इस साल भी 3 मार्च को हम होली मनाने के लिए यहीं रहे। सिविल लाइन्स के इस मोहल्ले में होली की अधिक चहल-पहल नहीं थी, क्योंकि यहाँ मध्य और उच्च वर्ग के शिक्षित लोग ही रहते थे। गर्मी पड़ने लगी थी। दोपहर के तीन घंटे तो पसीने में लदफद रहते थे। उसी दिन फिराक़ साहब आए। उर्दू के वह जाने-माने कवि हैं, और हिन्दी के भी ज्ञाता। अपने कालेज-जीवन में वह एक असाधारण प्रतिभा के धनी विद्यार्थी थे। असहयोग में फकीरी बाना पहना। अब कितने ही सालों से इलाहाबाद युनिवर्सिटी में अंग्रेजी अध्यापक हैं। वह मेरी इस राय से सहमत थे कि उर्दू का स्थान सदा बना रहेगा। हाँ, जिस रूप में वह समझ रहे थे, उस रूप में नहीं। हिन्दी-उर्दू दोनों एक

भाषा की दो शैलियों की तरह बनी रहेंगी, और समय दूर नहीं, जब उर्दू के लिए भी नागरी अपनी लिपि हो जायेगी, इसके कारण उर्दू बहुत लोगों के लिए सुपरिचित भी बन जाएगी। फिराक़ साहब ने अपना सारा साहित्यिक जीवन उर्दू के लिए दिया है। मैंने भी अगर वैसा किया होता—और लड़कपन से मैंने पढ़ी तो उर्दू ही थी—तो मैं भी शायद उन्हीं की तरह सोचता।

होली के दिन बनारस में मैंने सुव्यवस्था देखी थी। नहीं कह सकता, वह व्यवस्था 36-37 वर्ष बाद आज भी है या नहीं। वहाँ दोपहर तक चाहे जो भी फेंका-फेंकी हो, लेकिन दोपहर के बाद लोग सिर्फ सूखी अबीर का ही प्रयोग करते थे, यहाँ तो सुबह-शाम कोई अन्तर नहीं था।

5 तारीख को अस्पताल में जाने पर निश्चय मालूम हुआ कि भट्टजी के बाएँ अंग में लकवा मार गया। डाक्टर ने बतलाया, इसके दूर होने में बहुत देर लगेगी। अब भी उनका मस्तिष्क काम नहीं कर रहा था। डा. भट्ट के लिए अब मुझे सबसे अधिक चिन्ता थी। यदि वह स्वास्थ्य-लाभ नहीं कर सके, तो कौन उनका भार उठाएगा ? सम्मेलन कुछ दिनों तक सहायता जरूर करेगा। हो सकता है राष्ट्रभाषा-प्रचार समिति कुछ करे, लेकिन कितने दिनों तक। भट्टजी के परिवारवाले अब भी दक्षिणी कनारा जिले में थे। वह सनातनी माध्व ब्राह्मण थे। विलायत जाकर भट्ट ने अपना धर्म खो दिया था। उन्होंने सुना था कि घरवालों ने उन्हें मरा मानकर श्राद्ध भी कर डाला है। उनकी पत्नी भी मौजूद थीं और पति के जीवित रहते विधवा। उन्होंने न अपने घर से सम्बन्ध रखा न कर्नाटक से ही, और अब इस स्थिति में थे।

6 मार्च को डा. बद्रीनाथ प्रसाद से मिला। वह साल-भर के लिए पटना विश्वविद्यालय में गए थे। असन्तुष्ट थे। कह रहे थे—वहाँ तो और भी निम्न दर्जे की बेईमानी है, और दरबार में हाजिरी देना आवश्यक है।

रामगढ़—अन्त में रामगढ़ के लिए मैं सहमत हुआ, पर कमला ने उसे बिल्कुल पसन्द नहीं किया। मैंने कहा : "बिना देखे राय नहीं देनी चाहिए। वहाँ देखेंगे, यदि ठीक रहा, तो रहेंगे, नहीं तो और जगह चल देंगे।" 8 तारीख, मार्च को वहाँ के लिए रवाना होने से पहिले भट्टजी के पास गए। स्थिति में विशेष परिवर्तन नहीं हुआ था। गाड़ी 4 बजे चल देती है, इसकी सूचना एकाएक मिली, और सचमुच ही वह ठीक समय पर चल पड़ी। यहाँ से देहरादून का डब्बा लगता था, जो बरेली तक जानेवाला था। यद्यपि यह दूसरे दर्जे का डब्बा बहुत सँकरा, टाटा के गद्देवाला था, तो भी छोटी लाइन से बहुत अच्छा था। लखनऊ तक तीन आदमी रहे। पीछे एक आदमी उतरा और दो और चढ़े। पसिंजर ट्रेन थी, इसलिए हर स्टेशन पर ठहरती चल रही थी। 9 तारीख को सवेरे सवा 8 बजे बरेली पहुँचे। अब छोटी लाइन (ओ. टी. आर.) की गाड़ी बदलनी थी। पहिले दर्जे का टिकट और छः मन का सामान या लगेज बनवाया। गाड़ी 8 बजे खुली। सहयात्री ने बतलाया कि होली के रंग फेंकने को लेकर बरेली में झगड़ा हो गया। मुसल्मानों के दो लड़के मारे गए, और बहुत से घर जला दिये गए। उनमें कुछ भगदड़-सी मच गई थी। अभी दोनों ओर की असली स्थिति समझने में कुछ देर लगेगी। पर यह तो निश्चय ही था कि साम्प्रदायिकता की आग हमारे यहाँ सदा नहीं भड़काई जा सकती।

उत्तर-पंचाल की हरी-भरी भूमि को देखते हम सवा 12 बजे काठगोदाम पहुँचे। रामगढ़ के लिए यहीं से 35 रुपये से एक पूरी बस कर ली। 3 बजे हम भवाली पहुँचे। रामगढ़ के लिए मोटर की सड़क अभी हाल ही में चालू हुई थी। सँकरी थी, और काम भी कच्चा हुआ था, इसलिए सड़क एकतरफा चालू थी। एक घंटा प्रतीक्षा करने के बाद हम फिर 4 बजे रवाना हुए। सड़क बुरी नहीं थी। 7000 फुट से अधिक ऊँचे डाँडे को पार कर 5 बजे हम रामगढ़ पहुँचे। बाबू बच्चीसिंह प्रधान का बँगला सड़क से एक मील नीचे प्रायः सीधी उतराई में था। कुलियों से सामान उठवाया, और बँगले पर पहुँचे। बँगला बुरा नहीं था, लेकिन उसमें पाखाने तक का भी प्रबन्ध नहीं था। दो सोने के कमरे, दो बड़े कमरे, दो नहान कोष्ठक—काफी जगह थी। एक आँख देखते ही पता लग गया कि यहाँ हमारा रहना सम्भव नहीं। यही ख्याल करके हमने कुलियों को मजूरी नहीं दी, और उन्हें कल फिर सामान लेकर मोटर के अड्डे पर पहुँचाने के लिए कह दिया। कमला को बड़ी प्रसन्नता हुई, जब मैंने कहा—"कल हम नैनीताल चल देंगे।" रामगढ़ 6000 हजार फुट की ऊँचाई पर बसा हुआ है। यहाँ फलों के बहुत-से बगीचे हैं। उसका दुर्भाग्य समझिये या हमारा, जो हम वहाँ जाड़े के अन्त में पहुँचे थे।

इस समय हरियाली देखने को आँखें तरसती थीं। फलदार वृक्षों के पत्ते सूख गए थे, वह सूखे काँटे-से मालूम होते थे। यह दृश्य कैसे हमें अपनी ओर खींच सकता था ? बँगले के पास ही दो-एक दूकानें थीं, लेकिन वहाँ जरूरत की चीजें मिलती नहीं थीं। और तो और, चिराग जलाने के लिए मिट्टी के तेल के भी लाले थे। किसी तरह हमने रामगढ़ में एक रात बिताई, और उसके लिए हमें अफसोस नहीं था। न आते तो पछतावा होता कि हम एक अच्छे स्थान को देखने से वंचित रह गए। बहार और बरसात के दिनों में यह ऐसा श्रीहीन नहीं रहता होगा, इसमें सन्देह नहीं। फलों की भूमि होने के कारण इसका वर्तमान और भविष्य भी अच्छा है। अब तो वहाँ अच्छी सड़क बन गई है, और गढ़मुक्तेश्वर तक मोटरें आती-जाती रहती हैं।

22
नैनीताल

हमने बँगले में सामान भी नहीं खोला था। 10 मई का सवेरा हुआ। कुली आ गए, और फिर हमारा सामान बस की टिकान पर पहुँच गया। 17 रुपये दोनों तरफ की ढोआई के लगे और 15 रुपये में नैनीताल के लिए बस कर ली। उसमें अधिकतर हमारा ही सामान भरा था। साथ में पं. रघुवरदत्त पन्त चल रहे थे। वस्त्रोद्योग के विशेषज्ञ हैं, और इसकी विशेष शिक्षा प्राप्त करने के लिए इंग्लैंड गए थे। पर सरकारी नीति और पूँजीपतियों की धाँधली से असन्तुष्ट थे। वस्तुतः जो लूट में शामिल होने के लिए तैयार नहीं, और देश को कुछ आगे ले जाने की कल्पना रखता है, उसके लिए आज की व्यवस्था में सन्तुष्ट रहना कठिन है। दस मील चलकर भवाली आई। फिर सात मील आगे 9 बजे नैनीताल पहुँच गये। नेपाली कुलियों की पलटन ऐसी कहीं नहीं देखी थी। यही बात फिर मसूरी में देखने में भी आई। पश्चिमी नेपाल के लोग रोटी की तलाश में नैनीताल, बदरीनाथ, मसूरी आदि में सैकड़ों की तादाद में चले आते हैं, बाज तो दो-दो, तीन-तीन वर्ष तक घर का मुँह नहीं देखते। नेपाली सबसे अधिक मेहनती हैं। तीन-तीन मन बोझा पीठ पर लाद लेना इनके लिए कोई बात नहीं है। खून-पसीना एक करके चार पैसा कमाकर अपने बाल-बच्चों में जाते हैं। लेकिन, उन नेपालियों से तो अच्छे हैं, जो मलाया को परतन्त्र रखने के लिए अंग्रेजी साम्राज्यवाद की बलि के लिए दो पैसों पर बिक रहे हैं।

होटल मेट्रोपोल–डा. सत्यकेतु विद्यालंकार से पहिले ही पत्र-व्यवहार हो चुका था। वह भी हमारे आजकल आने की प्रतीक्षा कर रहे थे, अर्थात रामगढ़ के लिए हम निश्चिन्त नहीं थे। नैनीताल का शृंगार वहाँ का ताल है, जो किसी भी पर्वतीय विलासपुरी में नहीं है। बस का अड्डा तल्ली (निचले) ताल में है। यहाँ भी बाजार है और बड़ा डाकखाना भी यहीं है। कुलियों पर सामान उठवाकर ताल को बाईं छोड़ते हम सड़क के आगे बढ़े। थोड़ी ही दूर आगे पहाड़ की ओर दूकानें और होटल शुरू हो गए। यहीं सिनेमा भी है। ताल के परले छोर को मल्ली (ऊपरला) ताल कहते हैं। होटल में पहुँचने से पहिले डाक्टर साहब के ज्येष्ठ पुत्र श्री विश्वरंजन जी मिले। फिर डाक्टर साहब भी आए। सामान गोदाम में और हम दोनों रहने के कमरे में चले गए। बँगला किराये पर लेना था। डाक्टर साहब ने कहा, उसका मिलना मुश्किल नहीं होगा, देखकर ले लेंगे। हम वहाँ ठहर गए। पहिली ही नजर देखने पर हमने लिख मारा–"निश्चय ही नैनीताल के सामने शिमला और दार्जिलिंग कुछ भी नहीं हैं।" लेकिन साथ ही यह भी लिखा है–"कमी है, तो यही कि यह हिमालय के बाहरी क्षेत्र में है।" लेकिन, इससे भी बड़ी कमियाँ नैनीताल की मालूम हुईं–यहाँ आदमी को मालूम होता है कुएँ में है, जिसके किनारे पहाड़ की विशाल दीवारें खड़ी हैं। इन दीवारों को ही देखा जा सकता है। हिमाच्छादित पर्वत-श्रेणियों को देखने के लिए सारी दीवार को फाँदना पड़ेगा। वर्षा और पानी के कच्चे होने की भी शिकायत की जाती

है, लेकिन मैं उसको नहीं मानता।

शाम को टहलने तल्ली ताल तक गए। रास्ते में ही ताल से सटी म्युनिसिपल लाइब्रेरी थी, जिसके पुस्तकाध्यक्ष हीरालाल जी चिर-परिचित की तरह मिले और नैनीताल के निवास में वह हर तरह से सहायता करने के लिए तैयार रहे।

11 मार्च को किराये का बँगला देखने गए। अंग्रेजों के जाने के बाद इन विलासपुरियों पर साढ़े साती सनीचर का कोप है। नैनीताल में अंग्रेज किराये के बँगलों में रहते थे, जिन्हें भारतीयों ने अंग्रेजों के आराम की दृष्टि से ही बनाया था। जिन बँगलों को किराये पर चढ़े वर्षों हो गए, वह जीर्ण, गन्दे, पुराने या टूटे फर्नीचरवाले हों, तो क्या ताज्जुब ? अल्मा कॉटेज और ग्लेनमोर दो बँगले कुछ अच्छी हालत में थे, लेकिन उनमें आठ-आठ नौ-नौ कमरे थे, जिनकी सफाई के लिए एक अलग आदमी चाहिए। ग्लेनमोर बाजार से एक मील पर अवस्थित है। कमला को पसन्द आया। साढ़े छः हजार फुट की ऊँचाई पर ताल है, और यह उससे भी एक हजार फुट ऊपर है। किराया एक हजार वार्षिक के करीब था। कौंसल बुक डिपो के स्वामी श्री बाँकेलाल जी भी हमारी सहायता के लिए हर वक्त तैयार थे। उन्होंने श्री रामलाल शाह की कोठियाँ दिखलाईं।

पूर्वाह्न में हमने उत्तरवाली कोठियों को देखा। शाम को साढ़े 4 बजे दक्षिणवाली कोठियों की ओर चले। फर्न काटेज, हटन काटेज, डलहौसी काटेज और स्नाउडन काटेज आदि कितने ही बँगलें देखे। स्नाउडन सबसे अधिक पसन्द आया। मालूम हुआ, वह बिकनेवाला भी है, लेकिन 20-22 हजार तक ही हो, तब ही तो। किराया एक हजार तक पट जाने की उम्मीद थी। दक्षिणगिरि की कोठियाँ अपेक्षाकृत वेहतर अवस्था में थीं, इनके फर्नीचर भी बुरे नहीं थे। सीजन सिर पर था, इसलिए डाक्टर साहब अपने होटल को तैयार करने में बड़े व्यस्त थे। पर दिखाने के लिए आदमी दे दिया।

12 मार्च को उसके मालिक के साथ ग्लेनमोर बँगला देखने गए। अधिकांश बँगलों के मालिक कुमाऊँनी शाह लोग हैं। यह व्यवसायी बहुत कुछ नीचे के अग्रवाल बनियों से हैं। ग्लेनमोर बहुत बड़ा बँगला था, इसमें छः बड़े-बड़े कमरे थे। फर्नीचर भी था। हमने उसके गुण ही देखे, उसी पर मुग्ध होकर कह दिया, दो कमरे कल तैयार कर दिये जाएँ। किराया हजार ठीक हुआ, लेकिन शाहजी ने कहा, आदमी ज्यादा रहेंगे, तो किराया बढ़ा देंगे। बँगला कई साल से किराए पर नहीं चढ़ा था, इसलिए बहुत मरम्मत करनी थी। हमने कह दिया कि मरम्मत नहीं करेंगे, तो मरम्मत कराकर उसका पैसा इसी किराये में काट लेंगे। मालूम हुआ स्नाउडन दो साल पहिले 11 सौ रुपये पर उठा था, अब वह आठ-नौ सौ में जरूर मिल जाता। आजकल किराया आमतौर से गिरा हुआ था, लेकिन मेरा उतावलापन कहिए। ग्लेनमोर से फिर थोड़ा और चढ़कर पर्वत-प्राकार के ऊपर पहुँचे, जहाँ से हिमालय-श्रेणी दिखलाई देती थी। इधर से पाँच मील पगडंडी से उतरकर भवाली से रानीखेत जानेवाली सड़क मिल जाती है।

3 मार्च को फिर बँगलों की खोज में निकले। सबेरे स्नाउडन गए। स्नाउडन की दो-मंजिला इमारत और उसके अच्छे साफ-सुथरे कमरे हमें बहुत पसन्द आए। चौकीदार को कह दिया कि मालिक से पूछो, यदि नौ सौ रुपया वार्षिक पर देना चाहें, तो ले लेंगे। उधर हीरालालजी शाह को भी ग्लेनमोर के स्वामी के पास उतने ही किराए पर देने के लिए टेलीफोन करने को कहा। दोपहर बाद चन्दूलाल शाह के बँगलों, डलहौसी विला, डलहौसी काटेज, हटन हॉल और हटन काटेज देखने गए। हटन हॉल बहुत बड़ा था, और हजार रुपये में मिलने पर भी हमारे काम का नहीं था। डलहौसी विला उतना ही बड़ा था, जितना ग्लेनमोर। हाँ, उससे कुछ अधिक साफ था। डलहौसी काटेज और हटन काटेज हमारे लायक थे। मेरा मन अधिकतर स्नाउडन चाहता था, और कमला ग्लेनमोर की तरफ आकर्षित थीं। मेरे दिमाग में बँगला खरीदने का भी ख्याल चक्कर मार रहा था, समझता था यदि स्नाउडन का दाम माकूल हो, तो उसे ले लेंगे। डाक्टर साहब ने भी कहा, 20-25 हजार में वह जरूर मिल जाएगा।

ग्लेनमोर–14 माचे को तीन बँगलों का आफर आया, लेकिन सबसे पहिले 13 कुलियों के साथ हम दो बजे ग्लेनमोर पहुँचे। 6 बड़े-बड़े कमरे जरूर थे, लेकिन सीसे सबके टूटे हुए थे, चिटकनियों और काँचों को

खास तौर से तोड़ा गया था। शाम को जब सोने के लिए दरवाजा वन्द करने लगे, तब मालूम हुआ कि यहाँ तो सभी चीजें खुली हुई हैं और भीतर घुसने की सारी बाधाएँ दूर करके रखी गई हैं। फिर बाजार से यह बहुत दूर, करीब-करीब गिरि-प्राकार के सिरे पर टँगा हुआ है। यहाँ से उतरना-चढ़ना आसान नहीं था, और था बिलकुल अरक्षित स्थान में। यहाँ से हम खिसके ही नहीं कि आसानी से सारी चीजें उड़ाई जा सकती थीं। रात-भर इसी चिन्ता में अपनी जल्दबाजी पर अफसोस करते रहे।

ओक लॉज–रात को ही बँगले को छोड़ जाने का निश्चय कर लिया। अभी एक ही रात रहे थे, और बँगले के बारे में लिखा-पढ़ी नहीं हुई थी। तुरन्त दूसरी जगह जाने का प्रबन्ध करना पड़ा। चाय पीकर एक चिट्ठी श्री हीरालाल शाह को मकान के नापसन्द होने के बारे में लिखी और स्वयं श्री बाँकेलाल कोंसल के पास पहुँचे। ओक लॉज में पहुँचे। वह इस सारे बँगले के किरायेदार थे, नीचे उनका परिवार रहता था, ऊपर के भाग में गुप्ताजी ओवरसियर थे, और दूसरे भाग में दो कमरे और बराण्डा खाली था। रसोईखाने के लिए एक गुसलखाना काम दे सकता था। यद्यपि यहाँ स्थान की कमी थी, और फर्नीचर भी बहुत कम था, किन्तु पहिले तो हमें ग्लेनमोर से पिण्ड छुड़ाने की जल्दी थी। दूसरे यह भी सोचा कि यहाँ कोंसलजी का परिवार भी रहता है, जिससे कमला को अनुकूलता होगी। चढ़ाई भी यहाँ से आधी थी। कैसे भी गुजारा करना है, यही सोच रहे थे।

लौटकर सामान उठवाने के लिए आए, तो श्री हीरालालजी ने कहा, आप मकान को किराए पर ले चुके हैं, इसलिए किराया देना अनिवार्य होगा। मैंने कहा : जब तक लिखा-पढ़ी नहीं हुई, तब तक कोई कानूनी बाध्यता नहीं। खैर, वहाँ से सामान उठवाकर ओक लॉज में चले आए। किताबों को खोलें, तो रखें कहाँ, पहिले यही समस्या आई। कमरों में कोई आलमारी नहीं थी। रात 11 बजे तक कमला मकान को सजाने में लगी रहीं। शिवलाल को हमने रसोइया रक्खा, जो खाना बनाना नहीं जानता था।

नए मकान में वैसे भी आदमी को कुछ अड़चनें मालूम होती हैं। इस मकान के गुण के लिए यही कह सकते हैं कि ग्लेनमोर से निकलने के बाद इसने शरण दी। अब पुस्तकें लिखने में लगना था, और कमला को इस साल साहित्य सम्मेलन की विशारद परीक्षा अवश्य देनी थी। अगले दिन हमने छः बक्सों की पुस्तकें निकालकर जहाँ-तहाँ रख दीं। अपने तो जैसे भी गुजारा कर सकते थे, लेकिन चिन्ता थी मेहमानों के आने पर क्या किया जायेगा। जो भी हो, अब नैनीताल में 16 जून तक के लिए हम ओक लॉज के हो गए।

17 तारीख से हमने अपना काम भी शुरू कर दिया। कमला घंटे में डेढ़ पृष्ठ फुल्स्केप टाइप कर सकती थीं, जो थोड़े-से अभ्यास से दो हो सकते थे। चाय पीकर 9 बजे से 1 बजे तक हमने टाइप करने का काम रखा। किराया पूछने पर साल-भर का छः सौ रुपया था, जिसका आधा अभी देना था। बँगले की किसी चीज की मरम्मत कराने में वह असमर्थ थे, क्योंकि मकान-मालिक उसके लिए कुछ खर्च करना नहीं चाहता था। नए मकान में अड़चनें थीं, जो मेरे उतावलेपन का दण्ड था। यदि डॉक्टर साहब की बात को मानकर कुछ दिन और होटल में रह मकानों को अच्छी तरह देखभाल करके पसन्द करता, तो इससे कम में अच्छा बँगला मिल जाता।

डा. केसरवानी उस वक्त भवानी टी.बी. सेनिटोरियम के अध्यक्ष थे। कराँची-कांग्रेस के समय उनसे मेरी भेंट हुई थी। गुरुकुल कांगड़ी के आयुर्वेद के स्नातक थे। पीछे इटली में एलोपैथि के एम. डी. हुए, और जर्मनी में भी चिकित्सा विज्ञान की शिक्षा पाई। लड़ाई के दिनों में जर्मनी में रहे और जर्मन सेनाओं के साथ रूस के भीतर तक पहुँचे। उन्होंने रविवार (19 मार्च) को अपने यहाँ बुलाया था।

इस समय खाने की चीजों की तंगी थी। नैनीताल में यह सुभीता था कि यहाँ आधी राशनिंग थी, इसलिए कुछ राशनकार्ड से और कुछ बिना राशन के चीजें मिल जाती थीं। राशनकार्ड आसानी से बन गया जिसके बल पर तीन रुपए में तीन सेर आटा और दो सेर चीनी लाए। डा. सत्यकेतु के पास गए। भारतीय इतिहास के गम्भीर विद्वान, गुरुकुल कांगड़ी के स्नातक और पेरिस युनिवर्सिटी के डी. लिट्. होकर उन्होंने सोचा था, कहीं पढ़ने-पढ़ाने का काम करेंगे। पर लड़ाई ने रहे-सहे प्रयत्न को भी विफल कर दिया। वह और उनकी विदुषी

पत्नी सुशीला देवी शास्त्री दिल्ली में बच्चों का स्कूल खोले हुए थे, जिसे बन्द करना पड़ा। फिर जीवन-यात्रा के लिए तो कोई वसीला ढूँढ़ना ही था। प्रोफेसर, डॉक्टर और होटल-कीपर में बहुत अन्तर है। लेकिन, इस अन्तर को देखने के लिए जो तैयार हैं, वह संसार में कभी सफल नहीं हो सकते। उन्होंने मसूरी में लक्समौंट में एक होटल खोला। लड़ाई के दिनों में होटलों के लिए परिस्थिति बड़ी अनुकूल थी। कुछ कमाया, फिर बड़े स्वप्न देखने लगे। नैनीताल का सबसे बड़ा यह होटल किराए पर लगनेवाला था। पहिले किसी अंग्रेज का था, जिससे अवध के तालुकेदार राजा महमूदाबाद ने खरीद लिया था। डाक्टर साहब ने होटल को लेकर चलाने का निश्चय किया। बहुत बड़ा कारबार था, लेकिन अब लड़ाई खतम हुए पाँच साल हो गए थे, और होटलों की हालत बदतर हो गई थी। वह अब इससे पिण्ड छुड़ा मसूरी के लक्समौंट में ही जाकर रहना चाहते थे, जो अब भी उनके हाथ में था। इन सब बातों पर विचार करने पर मेरे मन में ख्याल आने लगा, मैं भी क्यों न मसूरी चला चलूँ। डॉक्टर साहब ने कहा कि वहाँ पर दाम या किराये पर अच्छी कोठियों के मिलने में दिक्कत नहीं होगी। महाराज युद्ध शमशेर की 50 हजार की कोठी बिकाऊ है, जो शायद आधे दाम में मिल जाए। डॉक्टर साहब 24 मार्च तक यहाँ से मसूरी चले जानेवाले थे। अव्यावहारिकता तो मेरे में होनी ही चाहिए, क्योंकि सारे जीवन व्यवहार के पथ का अनुसरण नहीं किया। सोचने लगा, दो-तीन महीने में रुपयों का प्रबन्ध करके उसे ले लेंगे : "मसूरी भी बुरी नहीं है··· वहाँ किन्नर के नजदीक भी पहुँच जाएँगे।"

आज की डाक से श्री प्रेमराज का पत्र मिला। मैंने अपने 'किन्नर देश में' में सराहन के बँगले में उनके मेरे नमस्ते के जवाव देने की भी फुर्सत न होने की शिकायत लिखी थी। उन्होंने बड़े क्षोभ के साथ मेरी भर्त्सना करते लिखा था कि उस दिन सराहन के वँगले में जिस पति-पत्नी से मुलाकात हुई थी, वह कोई इंजीनियर घोष थे। वह दम्पती बंगाली हर्गिज नहीं थे, इसलिए इस बात को कैसे मान सकता था ? तो भी उनको अगर मेरे लिखने से कष्ट हुआ, तो उनकी इस चिट्ठी को प्रकाशित कर देना मैं आवश्यक समझता था। उस पुस्तक के नए संस्करण के निकलने में न जाने कितनी देर होगी, इसलिए मैंने अभी छपते 'दार्जिलिंग-परिचय' में उसे दे दिया।

मसुरी ने बीच में आकर फिर हमारे दिमाग में अनिश्तिता पैदा कर दी। नैनीताल के लिए आकर्षण नहीं रह गया। तो भी मकान तो किराए पर ले चुके थे, इसलिए उसकी सद्गति करनी जरूरी थी, और वर्षा के बाद ही यहाँ से चल सकते थे। आर्थिक स्थिति का पता अब हमें मालूम होने लगा था, क्योंकि "अजगर करे न चाकरी, पंछी करे न काम" की वृत्ति पर गुजारा नहीं हो सकता था। एक जगह घर बनाकर रहना था, जिसका खर्च निश्चित था, इसलिए आमदनी भी निश्चित होनी चाहिए। उस समय हमारे पास चार सौ रुपए थे और बैंक में 23 सौ। हमें ढाई सौ रुपये मासिक में अपना काम चलाना होगा, लेकिन पीछे की कोशिशों ने बतलाया कि यह सम्भव नहीं है। श्री परमानन्दजी पोद्दार से 25 हजार अग्रिम मिलनेवाले थे, लेकिन वह तो मकान के लिए थे, इसलिए रोज-बरोज के खर्च की समस्या उनसे हल नहीं हो सकती थी।

प्रयाग से माचवेजी की चिट्ठी में यह पढ़कर संतोष हुआ कि वह मई में नैनीताल आवेंगे। सेनगुप्त ने लिखा, भट्टजी की हालत धीरे-धीरे सुधर रही है। एक तरफ आर्थिक स्थिति वैसी थी, दूसरी तरफ जब 21 को श्री कृष्णप्रसाद दर की चिट्ठी मिली कि 11 सौ रुपये का रोलेफ्लेक्स साढ़े आठ सौ में दिला देंगे, तो कहा—रुपये की कमी तो है, किन्तु लेना ही पड़ेगा। अपने ऊपर, शायद समय के वाद और लोग भी झुँझलाते होंगे, इसलिए मेरा वैसा करना अचरज की बात नहीं। 22 मार्च तक 'मधुर स्वप्न' को लिखकर समाप्त कर दिया। कमला ने उसके अवशिष्ट भाग को टाइप भी करना शुरू कर दिया। आनन्दजी के पत्र से पता लगा कि राष्ट्रभाषा प्रचार समिति मेरी साहित्यिक योजना को पूरा करने के लिए तैयार है, लेकिन उसके सम्पादन की जिम्मेवारी मुझे लेनी होगी।

मार्च का अन्त जाड़े का समय नहीं था, लेकिन साढ़े 6000 फुट ऊपर बसे नैनीताल (ओक लॉज 7000 फुट) में अब भी जाड़ा था। 22 को पानी और ओला पड़ा। आड़ू, खूवानी, नास्पाती के फूल झड़ गये, अब उनमें फल आने की सम्भावना नहीं थी। 23 मार्च को सवेरे उठे, तो देखा सभी ऊँचे स्थान वर्फ से ढँके हैं।

हमारे बँगले के आसपास भी बर्फ थी, जो दोपहर तक पिघल गई थी। सर्दी बहुत बढ़ गई थी। शिवलाल की जगह हरिराम को भोजन के लिए रखना पड़ा, किन्तु वह भी इस कला को हमारे ही साथ रहकर सीखना चाहता था। यदि उसमें कुछ अधिक था, तो यही कि अच्छी सामग्री को भी निःस्वादु भोजन में परिणत कर देना। नैनीताल को अब ग्रीष्म-राजधानी कहने में हमारे प्रभुओं को संकोच हो रहा था, क्योंकि अंग्रेजों के बहुत-से दफ्तरों को लखनऊ से यहाँ भेजना बन्द कर दिया था। लेकिन, वह अभी आरम्भिक दिन थे, कांग्रेसी नेता आदर्शवाद के लिए शर्म करते भी झुकते थे। अभी उस समय के आने में देर थी, जब कि फिर मुख्यमन्त्री और दूसरे मंत्रियों को नैनीताल को फिर से बसाना था, और तब नैनीताल के भाग्य में कुछ परिवर्तन भी होना जरूरी था। अंग्रेजों के जाने से यहाँ के बँगलों की क्या दुर्गति हुई, इसके बारे में हम कुछ बतला आए हैं। दूर-दूर के बँगलों के दिन लौटेंगे, इसकी आशा नहीं थी। नैनीताल में बहुत-से यूरोपियन स्कूल थे, जो थोड़े-से भारतीय लड़कों को भी ले लिया करते थे। अब उनमें से कितने ही बन्द हो चुके थे और कुछ को दूसरों ने लेकर अपनी संस्था खोली थी। बिड़ला विद्यामन्दिर उन्हीं में से एक था। यहाँ कोई स्थानीय ऐसा अखबार नहीं था कि जो सूचना देता, पर किसी तरह शिक्षितों में मेरे आने की खबर लग गई। म्युनिसिपल पुस्तकालय के अध्यक्ष जब जान गए, तो इस खबर का दूसरी जगह पहुँचना मुश्किल नहीं था।

25 मार्च को बिड़ला विद्यामन्दिर के अध्यापक श्री जगदीशनारायण जी आये। वह बलिया जिले के नरही गाँव के रहनेवाले अर्थात् भोजपुरी भैया हैं। मालूम हुआ, मन्दिर में आजकल दो सौ विद्यार्थी पढ़ते हैं। वार्षिक शुल्क बच्चों से हजार से 15 सौ रुपया तक लिया जाता है। सौ छात्र और हों तो मन्दिर स्वावलम्वी हो सकता है। लेकिन, फिर आज के मकान पर्याप्त नहीं होंगे।

हमारे निवास में मालिक से मरम्मत करने की आशा नहीं थी, और टूटे हूए शीशों से सर्दी और हवा भीतर पहुँच रही थी, इसलिए उन्हें अपने ही लगवाया। 26 मार्च को कुछ घण्टों तक बजरी पड़ती रही। ओला बर्फ जैसा कठोर होता है, और नरम पिलपिले ओले को बजरी कहते हैं, जिसके गिरने पर टीन की छत भड़भड़ाती नहीं और आदमी की खोपड़ी पर चोट नहीं पहुँचती। सर्द स्थानों में टेम्परेचर गिरने के साथ बरसता पानी बजरी के रूप में परिणत होता है, और कुछ सर्दी और बढ़ने पर वह हिम बन जाता है, अधिक सर्दी होने पर कणों के रूप में नहीं, बल्कि रूई के बड़े-बड़े फाहों के रूप में हिम हवा में तैरते हुए गिरने लगता है।

कमला असाधारण दुर्बल थी। सब 92 पौण्ड वजन था, फिर सिरदर्द, पेटदर्द और दूसरी तरह की शिकायतें क्यों न होतीं ? यहाँ के सरकारी अस्पताल के डा. मलहोत्रा ने रोन्तगेन कराने को कहा। दूसरे देशों में एक्सरे को उसके आविष्कारक जर्मन विद्वान रोन्तगेन के नाम से पुकारा जाता है, लेकिन अंग्रेज जर्मन नाम क्यों पसन्द करने लगे ? उन्हीं का दिया नाम एक्स-रे हमारे यहाँ चलता है। रोन्तगेन करवाया, डाक्टर ने और परीक्षा की और बतलाया : कमला का रक्तदाब कम है, विटामिन की आवश्यकता है, जिसके लिए सलाद, टमाटर और कलेजी खानी चाहिए। लेकिन कमला सलाद और टमाटर के बर्खिलाफ है। मैंने झुँझलाकर कहा–"कमला की औंधी खोपड़ी इसे माने तब ना। जीभ औषध ग्रहण करने में रुकावट डाल रही है।" कमला का वजन ठीक होने में बहुत समय लगा, और वजन ठीक होने पर शिकायतें कम हो गईं, यह स्वाभाविक था। 24 अप्रेल को फिर डा. मलहोत्रा और सिविलसर्जन ने कमला को देखा। सिवाजोल की गोलियाँ और एक टानिक खाने के लिए कहा। शाम को भोजन के बाद टानिक खाने पर कै हो गई। इधर वजन सौ पौण्ड तक पहुँचा था, वह घटकर 97 रह गया। आधे सिर का दर्द विशेष तौर से तंग करता था, जिसके कारण पढ़ने-लिखने में अड़चन थी। सलाद मुश्किल से कुछ खा लेतीं, लेकिन टमाटर की तरफ उनका देखने का भी मन नहीं करता था। खाने के बारे में जर्वदस्ती करना अच्छा भी नहीं, क्योंकि उससे कै हो जाने का डर था। आधाशीषी का कारण चश्मे की जरूरत भी हो सकती थी। डा. मायादास ने देखकर परीक्षा करके चश्मा दिलवाया। डा. मायादास नैनीताल की विभूति थे। वह दार्शनिक डाक्टर थे, रोगी की चिकित्सा करना, हर तरह से उसकी दिलजोई करना वह अपना परम कर्तव्य समझते थे। मस्तमौला तो ऐसे कि पीठ पर झोला रखे मीलों घूमने चले जाते थे। रास्ते में मिलने पर कोई कह नहीं सकता कि यह एक सिद्धहस्त डाक्टर हैं।

दिल्ली से खबर मिली कि वहाँ शिक्षामंत्री ने भारतीय सांस्कृतिक सम्बन्ध परिषद् स्थापित की है, जिसके 26 सदस्यों में मेरा भी नाम है। वहाँ मैंने डा. काणे, कृष्णस्वामी अय्यंगर, तारापोरवाला, आर. सी. मजूमदार जैसे नामों का अभाव देखा, और एक-तिहाई से अधिक इस्लामिक संस्कृति के प्रतिनिधियों को पाया। यह बुरा नहीं था, पर शिक्षा मंत्रालय से भारतीय संस्कृति के सम्बन्ध में इससे अधिक आशा ही क्या हो सकती थी ?

पश्चिमी पाकिस्तान में एक बार जोर का तूफान आया, और उसके बाद हिन्दुओं-मुसल्मानों का खून में लथ-फथ इधर से उधर जाना-आना होकर काम खत्म हो गया। लेकिन, पूर्वी बंगाल में हिन्दुओं पर विपदा रह-रहकर आ रही थी। हिन्दुओं के लिए वहाँ निश्चिन्त और सम्मानपूर्वक रहना मुश्किल-सा हो रहा था, इसलिए वह बड़ी भारी संख्या में अपने घरों को छोड़कर पश्चिमी बंगाल में आ रहे थे–यह सिलसिला आज (28 फरवरी 1956) भी जारी है।

डा. भट्ट के लिए अब एक दूसरी चिन्ता होने लगी। अस्पतालवाले उन्हें और रखने में अपने को असमर्थ बतला रहे थे। उनका कहाँ प्रबन्ध किया जाए, यह एक बड़ी समस्या थी। श्रद्धेय टण्डनजी ने भी इसके लिए प्रयत्न किया, और उसके परिणामस्वरूप भट्टजी को निकालकर सड़क पर नहीं फेंक दिया गया।

अभी मैं नैनीताल ही में था, लेकिन लखनऊ के 'पायनियर' में छप गया था कि मैं मसूरी में बसने जा रहा हूँ। उस समय यह अभी भविष्यवाणी-सी ही थी। रसोइये की वड़ी दिक्कत थी। 4 अप्रेल को एक नये रसोइये बिसुनसिंह को रखा। असल में मई-जून में जब सीजन शुरू होता है, तभी पहाड़ के भिन्न-भिन्न स्थानों से काम करनेवाले लोग विलासपुरियों में पहुँचते हैं। हम समय से पहले चले आए थे, इसलिए अभी न अच्छे रसोइये मिल सकते थे, न मकानों के प्रबन्धक, एजेन्ट या स्वामी वहाँ मौजूद थे।

हिन्दी कौरवी भाषा का साहित्यिक रूप है। कुरुक्षेत्र मुख्यतः गंगा और जमुना के बीच उत्तर में हिमालय की तराई से दक्षिण में आधे बुलन्दशहर जिले तक फैला था। जमुना के पश्चिम आजकल का हरियाना उस समय कुरुजांगल नाम से पुकारा जाता था। यहाँ गैर-आवाद जंगल अधिक थे, जहाँ पर कुरुओं के पशु अधिकतर चरा करते थे। कुरु और कुरुजांगल अथवा मेरठ कमिश्नरी का खड़ी भाषा-भाषी भाग और हरियाना की बोली एक ही है। वैसे तो चार-चार कोस पर भाषा में कुछ अन्तर आ जाता है। पश्चिमी हरियाना में एक और फर्क है कि जहाँ और जगह के कौरव 'है' बोलते हैं, वहाँ पश्चिमी हरियानावाले 'सै' कहते हैं। इसी तरह 'हूँ' भी 'सूँ' हो जाता है। लेकिन, इस ह-स के अन्तर से भाषा को भिन्न नहीं कहा जा सकता है। गुजराती में भी ह-स का अन्तर उसके पश्चिमी और पूर्वी रूपों में मिलता है, और साहित्यिक गुजराती ह को नहीं, स को स्वीकार करती है–हारो-सारो, हीरो-सीरो। किसी भी साहित्यिक भाषा के लिए अपनी लोक-भाषा से घनिष्ठ सम्बन्ध स्थापित करना अत्यावश्यक है। इसके बिना वह प्रवाहहीन नदी की छाड़न बन जाती है। मैं वर्षों से अपने कौरव मित्रों को प्रेरित करता रहा कि कौरवी के लोक-गीतों, लोककथाओं और दूसरे नमूनों को जमा करना चाहिए। इधर कितने ही तरुण-तरुणी इस काम में लग गए हैं, लेकिन नैनीताल के मेरे निवास के समय अभी वैसा करते लोग नहीं मिले थे। ओक लॉज के कोठे के एक भाग में ओवरसियर श्री शीतलप्रसाद गुप्त रहते थे। उनकी सौतेली माँ रामन माई 80 वर्ष की बुढ़िया उनके साथ थीं। रामन माई मुजफ्फरनगर जिले में पैदा हुईं, और मेरठ जिले के मवाना तहसील के एक गाँव में ब्याही गईं। जन्म-भर अनपढ़ और गाँव की रहनेवाली रहीं, बहुत चुप रहनेवाली नहीं। पुरानी बातों के संग्रह के लिए सहायता करने के वास्ते वह आदर्श थीं। मुझे ख्याल आया कि रामन माई से गीतों और कहानियों को क्यों न इकट्ठा करूँ। अब उनसे काफी परिचय हो गया था, और कमला पर तो उनका बहुत वात्सल्य था। आते ही पूछतीं–"कमलारानी, रोट्टी-राट्टी कर ली ?" कौरवी के इन मधुर शब्दों को सुनकर भारी आकर्षण हुआ। उनके पड़ोस में रहते तीन हफ्ते हो गए थे, इसलिए संकोच की बात नहीं थी। मेरे कहने पर रामन माई ने अपनी याद कहानियों और गीतों को लिखाना स्वीकार कर लिया। दोपहर के भोजन के बाद मैंने एक कहानी लिखने का निश्चय किया, और पहिली कहानी 4 अप्रेल को लिखी गई। कुछ दिन बाद तो मेरी ही तरह रामन माई को भी अपनी कहानियों को लिखा

देने की धुन हो गई। पहुँचने में जरा भी देर होने पर आकर पूछतीं–"क्या आज कहाणी नहीं लिखाणी है ?" आगे तो मैंने एक-एक दिन में तीन-तीन कहानियाँ लिखीं। यद्यपि रामन माई के बुढ़ापे की स्मृति के कारण कितनी कहानियाँ और गीतें पूरी नहीं थी, और सभी कहानियाँ साहित्य की दृष्टि से बहुत ऊँची नहीं थीं, तो भी विशेषता यह थीं कि ये सभी कहानियाँ एक व्यक्ति के मुँह से निकली थीं, एक ही भाषा में थीं, जो आज से 70 वर्ष पहिले जैसी बोली जाती थी, उस रूप में थी। रामन माई के पुत्र तो कुछ इसे पसन्द भी करते थे, लेकिन उनकी पत्नी हेमलताजी गँवार नहीं, शिक्षिता तरुणी थीं। वह शब्दों के गँवारू भद्दे उच्चारण को पसन्द नहीं करती थीं। सोचती होंगी, यह तो हमारे परिवार के संस्कृतिहीन होने की निशानी है। लेकिन रामन माई को अपनी बहू की इस रुख की कोई पर्वाह नहीं थी। ये कहानियाँ और गीत उसी साल 'आदि हिन्दी की कहानियाँ और गीत' नाम से प्रकाशित हुईं। प्रकाशक ने आग्रह करने पर भी प्रूफों को मेरे पास नहीं भेजा, जिसके कारण उसके बहुत-से मूल्यवान् उच्चारण विकृत हो गये। शाम के वक्त हम टहलने के लिए चले जाया करते थे। 9 अप्रेल को श्री शीतलप्रसादजी, बाँकेलालजी, उनके मझले भाई तथा दो-एक और भद्रजनों के साथ हम लठियाकंटा गए। कंटा यहाँ चोटी को कहते हैं, जिसे कहीं-कहीं कंडा भी कहा जाता है। लठियाकंटा से कहीं ऊँची चोटी चीना पीक है, पर लठियाकंटा गिरिमेखला से हटकर है, जो उसका खास महत्त्व है। स्थान तीन मील पर होगा। हम लोग काँटे पर पहुँचे। अन्त का 15-20 गज का रास्ता बहुत खराब था। देखने के लिए लकड़ी की दर्शन-बैठक बनी हुई थी। बाँकेलालजी के मझले भाई अब मैदानी नहीं रह गये थे। किसी भी कड़ी से कड़ी चढ़ाई या दुरारोह स्थान पर वह बकरे की तरह खट्-खट् चले जाते थे। वहाँ की वनस्पतियों का भी अच्छा परिचय रखते थे। उन्होंने गुहिया के वृक्षों की बड़ी निन्दा की, और कहते थे, इसकी गन्ध बिल्कुल गुह (पाखाने) जैसी होती है। संयोग से रास्ते में उसका वृक्ष मिल गया। मैंने तोड़कर सूँघकर देखा, कोई गुह जैसी गंध नहीं थी। फिर कहने लगे, भीगने पर बरसात में दुर्गंध आती है, अथवा आग में जलाने में वैसी गन्ध निकलती है। मुझे तो मालूम हुआ, बेचारी गुहिया यों ही बदनाम कर दी गयी है। इस समय अप्रेल के महीने में बुराँस (रोडंड्रन) के निरगंध, पर सुन्दर अतिरिक्त वर्ण फूल बहुत खिले हुए थे। पर्वतीय तरुणियाँ कितनी ही जगहों पर इससे अपने बालों का शृंगार करती हैं। लेकिन, कुमाऊँ या गढ़वाल में मैदानी असर बहुत पड़ा है, इसलिए वहाँ की तरुणियों में यह शौक नहीं देखा जाता। मैं तो उसे कई बार देख चुका था और कई बार उसकी प्रशंसा में लिख भी चुका था, उसे नयनाभिराम समझता था। पर कौसलजी ने बतलाया कि इसकी बड़ी अच्छी पकौड़ी होती है। उस दिन रात को देखा, उसकी पकौड़ी सचमुच ही अच्छी थी।

9 अप्रेल को मेरा 57 वाँ वर्ष पूरा हुआ, अब 58 वें वर्ष में मैंने पैर रखा। पिता-पितामह कोई 50 से ऊपर नहीं पहुँचा था। इस बारे में मैं उनसे अधिक भाग्यवान था। नैनीताल में कभी-कभी मैं चक्कर सड़क पर भी टहलने चला जाया करता। यह गिरिमेखला की आधी ऊँचाई पर सारी उपत्यका की परिक्रमा करती थी, और इसमें अधिक चढ़ाई-उतराई नहीं थी। सवा घंटे इस सड़क को पकड़कर चीना पीक के नीचे की ओर जाकर मैं लौट आता था। चीना पीक के नीचे के पहाड़ को देवपाटा कहते हैं। यहाँ के घुप्पी वृक्ष अंग्रेजों के लगाए नहीं, बल्कि स्वाभाविक हैं। देवदार के सौन्दर्य के साथ मेरा विशेष पक्षपात है।

17 अप्रेल को पहिली बार हमने नाव से ताल को पार किया। प्रति आदमी चार आना जाने का बहुत सस्ता था। बीस मिनट में मल्लीताल से तल्लीताल पहुँच जाते हैं। ताल में नौका-विहार नैनीताल की सबसे स्पृहणीय चीज है, बल्कि कहना चाहिए यही वहाँ का सबसे बड़ा आकर्षण है।

परिभाषा का काम अब भी बन्द नहीं हुआ था। श्री सेनगुप्त प्रयाग में रहते उसे कर रहे थे, किन्तु श्री विद्यानिवासजी से उनकी पटरी नहीं जम रही थी। मैं होता तो सँभाल लेता, पर यहाँ से क्या कर सकता था। दूसरी बातों में भी दिक्कतें पड़ रही थीं, जिससे परिभाषा के काम के आगे चालू रखने की संभावना कम रह गई थी। लिखने के लिए अब 'कुमाऊँ' का ख्याल दिमाग में दौड़ रहा था। 'दार्जिलिंग-परिचय' लिखकर हिमालय का परिचय देने का काम शुरू किया। मैं अब कुमाऊँ में था, इसलिए उसमें हाथ लगाने का सुभीता था। यहाँ उसके बारे में पुस्तकें जमा कीं और पढ़ते हुए अप्रेल के तीसरे सप्ताह में कुछ लिखना भी शुरू किया। बहुत

दिनों से 'मध्य-एसिया का इतिहास' की सामग्री साथ-साथ चल रही थी, अब उसमें भी हाथ लगाने का दिल में ख्याल आने लगा।

चीना शिखर–नैनीताल के निचले भाग से सामने पश्चिम की ओर देखने पर सबसे ऊँचा जो शिखर दिखाई देता है, वही चीना पीक है। यह अंग्रेजों का दिया हुआ नाम है। पहिले यह निर्जन-सा स्थान था, और केवल पशुपालक यहाँ आया करते थे। सिर्फ साल में एक दिन नैना देवी के मेले के लिए झील के किनारे जंगल में मंगल हो जाता था। अंग्रेजों ने इस अद्भुत ताल का पता नेपाल से कुमाऊँ छीनने (1814) के बाद पाया। फिर यहाँ बँगले बनने लगे, तथा धीरे-धीरे नैनीताल प्रदेश की ग्रीष्म राजधानी बन गया। 23 अप्रेल को सर्वोच्च शिखर पर जाने की हमारी सलाह हुई। नैनीताल जानेवाले पिकनिक के लिए एकाध बार वहाँ जरूर आते हैं। सड़क से कितनी ही दूर जा गिरिमेखला के डाँडे को पार कर पगडण्डी पकड़ ऊपर शिखर पर पहुँचे। एक पत्थर पर सामने दिखाई देनेवाले हिमाच्छादित शिखरों के नाम लिखे हुए थे, जो रेखा की सीध में देखने से सामने दिखलाई पड़ते थे। आज हमारे दुर्भाग्य से अधिकतर शिखर बादल से ढँके थे। बदरीनाथ से जमुनोत्री (बन्दरपूँछ) तक के शिखर ही नहीं देख सकते, बल्कि पूर्व में नेपाल के शिखर भी सामने पड़ते हैं। हम 6 आदमी थे। रास्ते-भर चुहुल और विनोद होता गया। यहाँ बैठकर वनभोज हुआ। सामने नीचे की ओर ताल में नावों को दौड़ते और आगे मैदानी भूमि देखते रहे। सवा 6 बजे वहाँ से लौटे। दूसरे रास्ते से, जो केमल पीक (ऊँट-शिखर) की ओर से होकर आता है, चीना चुंगी तक हमें सड़क मिली। अब सूर्य भी डूब गया, और हमारे साथियों ने पगडण्डी पकड़ ली, जिसमें कितनी जगह सीधी खड़ी उतराई उतरनी थी। ऐसी जगह यदि पैर काँपने लगे, तो दोष क्या ? जब सड़क पर पहुँचे, तो जान में जान आई। अँधेरा हो जाने पर 8 बजे घर लौटे।

1 मई को श्री परमानन्दजी ने 10 हजार रुपये का चेक भेज दिया, अर्थात् अब मकान खरीदने की ओर लुढ़कने का आधा सामान तैयार हो गया। भीमताल भी नैनीताल जिले में एक सुन्दर स्थान है। वहाँ एक बँगले के बिकाऊ होने की बात सुनी। अधिक पता लगाने पर मालूम हुआ कि कोई साहब आठ हजार में खरीदकर उसे 15 हजार में बेचना चाहते हैं। हम रामगढ़ देख चुके थे, इसलिए ऐसे स्थान में जाने के लिए तैयार नहीं थे, जहाँ बिजली-पानी का प्रबन्ध न हो। चन्द्रकान्तजी कुल्लू से लिख रहे थे कि मनाली में सेबों के बाग के साथ एक बहुत अच्छा 'बँगला' बिक रहा है। मनाली की सुषमा मेरे लिए आकर्षक हो सकती थी, लेकिन कमला उसके लिए तैयार नहीं थीं। नैनीताल से अब मन उचट ही गया था। डा. सत्यकेतु के मसूरी चले जाने पर हमारी भी डोरी उधर ही लगी हुई थी।

माचवेजी इस समय इलाहाबाद के रेडियो स्टेशन में काम कर रहे थे। वह 4 मई को अपनी पत्नी शरदजी और पुत्र असंग के साथ आये। छुट्टी नहीं मिली थी, इसलिए अभी शरद और असंग को पहुँचाकर चले गए। रोलेफ्लेक्स केमरा भी आ गया था। हमें यह जानकर बड़ी प्रसन्नता थी कि साढ़े दस सौ रुपये का केमरा साढ़े आठ सौ रुपये में मिल गया। दर साहब ने कमीशन छुड़वा दिया था। बराण्डे की कोठरी को लेकर भी हमारे पास सिर्फ तीन कमरे थे। बाहर के कमरे में टूटी कुर्सियाँ और टूटा सोफा था, जिसे हमने बैठकखाना बना दिया था और बाकी कमरे को शयनकक्ष में परिणत कर दिया था। दो वर्ष का असंग हमारे मनोरंजन का बड़ा साधन था। अभी उसे बहुत कम ही शब्द मालूम थे। अपने नाम को वह अचिंगा कहता था। पहिले अपने केमरे को हमने असंग पर खूब साफ किया, उनके बहुत-से फोटो लेते रहे। 10 मई को सबेरे से शाम तक उसे 101 डिग्री बुखार रहा। मालूम हुआ, बच्चे सिर्फ मनोविनोद के साधन ही नहीं हैं। आधा मील नीचे उतरकर उसे अस्पताल ले गए, शायद सर्दी लग गई थी। अगले दिन और उससे अगले दिन भी 102 और 101 तक टेम्परेचर रहा। डा. पुरुषोत्तम पांडे ने आकर देख लिया, और फीस लेने से इन्कार कर दिया। उन्होंने बतलाया, आजकल बच्चों को नैनीताल में चेचक अधिक हो रही है। शायद वही निकलनेवाली हो। माचवेजी को तार दिया, और वह महीने-भर की छुट्टी लेकर 14 मई को आ गए। अब असंग की तबीयत ठीक थी।

13 मई को सेनगुप्तजी के पत्र से मालूम हुआ, पं. बलभद्र मिश्र ने सम्मेलन के प्रधानमंत्री-पद से इस्तीफा दे दिया। मैंने मिश्रजी को ऐसा न करने के लिए लिखा, लेकिन जिस दल ने उन्हें अधिकारारूढ़ किया था,

उसी ने उन्हें ऐसा करने के लिए मजबूर किया। मिश्रजी के रहते मुझे कुछ आशा हो सकती थी, इसीलिए मैं परिभाषा-निर्माण के कार्य में अब भी लगा हुआ था, पर अब उसकी आशा खतम हो गई। मई के मध्य में पहुँचते-पहुँचते नैनीताल का सीजन पूरी तरह से शुरू हो गया। सैलानी चारों तरफ दिखाई पड़ते। सभी दूकानें खुल गई थीं। शाम को ताल के किनारे के राजपथ पर सैलानियों की भीड़ रहती। पंजाबी ललनाएँ फैशन में सबका कान काट रही थीं। नैनीताल उनके शृंगार के लिए मनो अधरराग और काजल खर्च कर रहा था। लोग दिन में भिन्न-भिन्न स्थानों में पिकनिक करने जाया करते थे।

21 मई अतवार का दिन था। हमने भी पिकनिक के लिए डोरोथी-सीट की ओर प्रस्थान किया। बाँकेलालजी सपरिवार, गुप्ताजी सपरिवार, हम दोनों और माचवेजी सभी चले। पकवान घर से बनाकर ले गए। चाय पीकर गए थे, पर कलकत्ते के मित्र श्री मदनलाल टाँटिया मिल गए, उन्होंने चाय पिलाई। 10 बजे चढ़ाई चढ़ते डोरोथी सीट पर पहुँचे। यहाँ से नैनीताल और आसपास के पर्वतों का सुन्दर दृश्य सामने आता है। किसी अंग्रेज ने अपनी पत्नी डोरोथी के नाम पर यहाँ सीमेंट का एक चबूतरा बना दिया था, जिस पर खड़े होकर लोग परिदर्शन करते। हरे-हरे वृक्षों की छाया में हमारी एक दर्जन से अधिक पुरुषों और महिलाओं की मण्डली भोजन के लिए बैठी। सबने कुछ-कुछ सामान और कुछ विशेष पकवान तैयार किए थे। बाँटकर खाने में बड़ा आनन्द आ रहा था। हमारी कोशिश थी कि यह आनन्द जल्दी समाप्त न हो जाए। काफी चढ़ाई चढ़कर आए थे, इसलिए विश्राम लेने में भी एक विशेष खुशी मालूम होती थी। बहुत देर बाद वहाँ से चलकर एक देवदारों से घिरी थोड़ी-सी खुली जगह में पहुँचे। यहाँ भी कुछ फलाहार हुआ। फिर हरे-हरे वृक्षों के भीतर से चलते हम घर लौटे। मुझे इस बात का बड़ा दुःख हुआ कि रामन माई को टाँटियाजी के बँगले पर ही छोड़ दिया गया। उतनी चढ़ाई चढ़ना शायद मुश्किल होता, और डाँडी पर चलने के लिए वह तैयार नहीं हुईं, इसलिए और कोई चारा नहीं था। बिहारीलालजी कोंसल पहाड़ी हैं। वह आयरपाटा (दक्षिणी गिरिमेखला) की एक दुर्गम चोटी टिफिन टाप पर हमें ले गए, जहाँ से हम में से बहुतों को उतरने में बड़ी मुश्किल मालूम हुई। कमला का एक जगह पैर कट गया, इसलिए उन्हें डाँडी पर भेजना पड़ा। बाजार में आकर शरदजी के भी पैर उठने मुश्किल हो रहे थे, इसलिए उन्हें भी डाँडी का सहारा लेना पड़ा। सभी लौटने पर थकावट से चूर-चूर थे, लेकिन दिन बहुत अच्छा कटा, इसे सभी मानते थे।

23 मई को सेनगुप्तजी के पत्र से मालूम हुआ कि भट्टजी अस्पताल छोड़कर बिना सूचित किए दूसरी जगह चले गए, जहाँ दस रुपये प्रतिदिन खर्च लग रहा है। कुछ रुपये उनके पास थे, लेकिन वह कितने दिनों चलते ? उसी दिन हमने सम्मेलन का हिसाब करके बाकी रुपया भेज दिया, और अब एक तरह काम से हाथ खींच लिया।

भवाली–'कुमाऊँ' लिखने की धुन थी। लेकिन हिमालय के किसी भूभाग का परिचय अधूरा ही रहता है, यदि उसमें अपनी की हुई यात्रा का भी कुछ वर्णन न हो। माचवेजी भी तैयार हो गए। हमने निश्चय किया, कुमाऊँ के कुछ स्थानों को देखा जाए। डा. केसरवानी कितनी ही बार मिलकर और पत्र से भी भवाली आने के लिए लिख चुके थे। 24 मई को भोजन करके 10 बजे हम तल्ली ताल के मोटर-अड्डे पर पहुँचे। साढ़े 11 बजे भवाली की बस मिली और 12 बजे सेनीटोरियम पहुँच गए। डॉ. धर्मानन्द केसरवानी अपने आफिस में थे। अपने बँगले पर ले गए, जो 6,300 फुट की ऊँचाई पर था। पहिले यह रामपुर-नवाब की सम्पत्ति थी। यहाँ जलेश्वर बाबू (छपरा) को देखकर और भी प्रसन्नता हुई। वह वकालत छोड़कर कितने ही दिनों से भारत सरकार के श्रम-परामर्शक (लेबर एडवाइजर) थे। छपरा में हम राजनीतिक-सहकर्मी थे। दिल्ली में भी उनसे एक बार मुलाकात हो चुकी थी। वह अपने कार्य से संतुष्ट नहीं थे। उनसे कम योग्यतावाले लोग हाईकोर्ट के जज बन गए थे, इसलिए भी उनका मन नहीं लगता था। घनिष्ट मित्र होने के कारण मेरी भी उन्होंने सलाह माँगी, और मैंने भी इस पद को छोड़ने की ही राय दी। डा. केसरवानी गुरुकुल के स्नातक होने से हिन्दी और संस्कृत के विद्वान और प्रेमी थे, इसलिए परिभाषा के काम में उनकी रुचि ज्यादा हो, यह स्वाभाविक था। उनकी पत्नी, जो महाराष्ट्र-तरुणी हैं, भी मौजूद थीं, लिखना तो चाहते थे, लेकिन समय की दिक्कत बतला

रहे थे। मैंने कहा, किसी को रखकर डिक्टेट कराइए।

भवाली की पहाड़ियाँ चीड़ के जंगल से ढँकी हैं। टी. बी. के लिए चीड़ की हवा अच्छी समझी जाती है, इसलिए उसके जंगल को और भी प्रोत्साहन मिला है। शाम को टहलने के लिए डाक्टर साहब हमें बँगले से उस तरफ ले चले, जहाँ से नल का पानी आता है। जलेश्वर बाबू भी हमारे साथ थे। रास्ता क्या, पगडण्डी भी उसे मुश्किल से कह सकते थे। ऐसे रास्ते चलना मेरे लिए भी मुश्किल था, पर जलेश्वर बाबू तो बहुत पछताने लगे। डा. केसरवानी की पत्नी की सखी कुमारी स्मृति सान्याल भी इस समय अपनी रुग्ण माता को देखने यहाँ आई हुई थीं, वह भी हमारे साथ थीं। उस मुश्किल की स्थिति में उन्होंने अपने मधुर कंठ से कुछ गीत सुनाकर हमें संतोष प्रदान किया। भवाली में दो सौ एकड़ से अधिक भूमि सेनिटोरियम के पास है, और 240 रोगी रहते हैं। इसका आरम्भ 1912 में हुआ था। मकानों की कमी है, इसलिए और रोगियों को लिया नहीं जा सकता। डा. केसरवानी जर्मनी के बड़े-बड़े अस्पतालों और बड़े-बड़े डाक्टरों के सम्पर्क में रह चुके थे, चाहते थे, काम को कुछ आगे बढ़ाएँ। लेकिन, उनकी टाँग पकड़कर खींचनेवाले लोग अधिक थे। उनका खरा स्वभाव भी बाधक था। पीछे जो लोग उनके सामने इस ऊँचे पद को पाने में असफल रहे, वे मौके की ताक में पड़े हुए थे। पहाड़ी-अपहाड़ी, जात-पाँत, झूठ-सच सभी उपायों से वे उन्हें नीचा गिराना चाहते थे। मेरे नैनीताल आने के बाद वे अपने उद्देश्य में सफल हुए, और डा. केसरवानी को भवाली से दूसरी जगह बदल कर मातहत के पद पर रख दिया गया। इतने ही से संतोष नहीं हुआ, बल्कि प्रतिद्वन्द्वियों की शह पर डाक्टरों की सभा ने इनका नाम सदस्यता से यह कहकर खारिज कर दिया कि वह गुरुकुल के आयुर्वेद-स्नातक हैं, एलोपैथी के डाक्टर नहीं। डा. केसरवानी ने इसके लिए मुकद्दमा किया, और वह जीत गए। रोम युनिवर्सिटी के वह एम. डी. थे, और जर्मनी में बड़े ऊँचे पद पर रहकर डाक्टर का काम कर चुके थे। हाँ, वह जितना काम कर सकते थे, उसके लिए रास्ता बन्द हो गया।

25 मई को डा. केसरवानी ने अपना शल्यगृह और सर्जरी की चीजें दिखलाईं। कुछ रोगियों के भवनों में भी हम गए। स्त्री रोगियों की भी कोठरियों को देखा। उन्होंने हृदय के ऑपरेशन किये थे, वह भी देखे। हृदय का ऑपरेशन आसान काम नहीं है।

अल्मोड़ा–उसी दिन 10 बजे हम बाजार में मोटर के अड्डे पर पहुँच गये। आठ रुपये में अल्मोड़ा के दो टिकट लिये। बड़ी गर्मी मालूम हो रही थी। बड़ी-बड़ी खूबानियाँ देखकर मुँह में पानी आने लगा। हमने भी खाया और माचवेजी ने भी। बस आगे चली। ड्राइवर के पासवाली पाँती से लोगों ने कै करना शुरू किया। एक के बाद एक पूरी पाँती लेट गई। फिर दूसरी पाँती की भी वही हालत हुई। हमारी पाँती आड़े-बेड़े दो थीं। माचवेजी सामने की सीट पर थे, जिसमें भी महामारी पहुँची। एक के बाद एक वीर लुढ़कने लगे। माचवेजी ने बड़ी हिम्मत की, लेकिन आखिर बच नहीं पाये। उस दिन तो इतना ही रहा। उसके बाद तो खूबानियों से उनको चिढ़ हो गई। नैनीताल में शरद जी यदि दो खूबानी सामने रख देतीं, तो यह माचवजी का पारा गरम करने के लिए काफी था। वह समझते थे, कि हमारे चिढ़ाने के लिए कर रही हैं।

रानीखेत रास्ते में पड़ा, लेकिन उसे हम लौटने के लिए छोड़ गये। आगे एक जगह सड़क का मोड़ था। एक-दूसरे को बिना देखे आमने-सामने बसें आईं, और ड्राइवरों का जैसा स्वभाव है, हार्न देने की जरूरत नहीं समझी। उस दिन दोनों के भिड़ जाने में कोई कसर नहीं रह गई थी, लेकिन, अन्त में मडगार्ड पहाड़ में धँस गया। ड्राइवर ने खैर किसी तरह से रोका, और हम बाल-बाल बचकर आगे चले। 5 बजे अल्मोड़ा पहुँच, रायल होटल में ठहरे। नाम से भड़किए नहीं, यह बिल्कुल मामूली तरह का बेसाजो-सामानवाला मजदूर होटल था। आजकल यशपाल जी भी यहीं ठहरे थे। उनसे मुलाकात हुई। हरिश्चन्द्र जोशी, प्रो. पांडे और कुछ और मित्रों को लेकर हम घूमने निकले। सुन्दरी मन्दिर में विष्णु की सुन्दर मूर्ति थी, जो गुर्जर-प्रतिहार या कलचुरी काल की हो सकती है, अर्थात् अल्मोड़ा नवीन स्थान नहीं है।

अगले दिन (26 मई को) सारा दिन घूमने में ही लगाया। सवेरे नैनादेवी गए, जिसे राजा दीपचन्द ने बनवाया था। त्रिपुर सुन्दरी मन्दिर में कई खण्डित, किन्तु अत्यन्त सुन्दर मूर्तियाँ थीं। पुजारी से आज्ञा लेकर

मूर्तियों को बाहर निकाल फोटो लेने का प्रयत्न बिल्कुल बेवकूफी है। ऐसे स्थानों के लिए गोली भरकर बन्दूक तैयार रखे, और इतनी फुर्ती से दागे कि जब तक किसी को खबर लगे, तब तक काम बन जाए। मैं इसी नीति का माननेवाला हूँ। फोटो के लिए उन खण्डित मूर्तियों को बाहर निकाला। बुढ़िया पुजारी से डर लग रहा था। लेकिन जब उसे मालूम हुआ कि हम फोटो ले रहे हैं, तो वह भी पहिन-ओढ़कर पास में बैठ गई। वहाँ से हम लक्ष्मीदत्त जोशी (सेठजी) के पास गये। वह सांस्कृतिक वस्तुओं के बड़े प्रेमी थे। हस्तलिखित पुस्तकें तथा दूसरी कितनी ही चीजें संग्रह करके रखे हुए थे। दोपहर के भोजन के बाद कुछ क्षण विश्राम करने के लिए लेट गए। 3 बजे फिर चले। हरीश जोशी वकील के यहाँ एक छोटी-सी साहित्यिक गोष्ठी थी। प्रो. प्रकाशचन्द्र गुप्त, यशपाल, मैं और कुछ स्थानीय साहित्यकार वहाँ आये थे। भाषा के बारे में मैंने भी अपनी राय देते कहा कि प्रादेशिक भाषाओं को अपने प्रदेशों में सर्वेसर्वा रखते हुए भी सारे देश की एक सम्मिलित भाषा की हमें अनिवार्य आवश्यकता है, यदि हम हिन्दी को यह स्थान नहीं देते, तो अंग्रेजी से हमारा पिण्ड नहीं छूट सकता।

कटारमल–कुमाऊँ के सबसे पुराने मन्दिरों में कटारमल भी है। यह नाम पड़ने का कारण क्या है, इसे नहीं कहा जा सकता। पर यह सूर्य का मन्दिर था। जो बतलाता था, यह गुर्जर प्रतिहार-काल से भी पहिले का हो सकता है। सूर्य की बूटधारी प्रतिमाएँ शकों के साथ भारत में आकर स्थापित हुईं। साढ़े सात बजे की बस से चलकर नीचे कोसी नदी के किनारे की एक दूकान में हमने अपना सामान रख दिया, और फिर मन्दिर की ओर चल पड़े। पहिले गाँव मिला, जिसमें 80-90 परिवार रहते थे। नायक, खश (राजपूत), ब्राह्मण और शिल्पकार (हरिजन) सभी थे। मन्दिर के पुजारी खश थे, जिन्होंने देखने में मदद की। मन्दिर भग्नावस्था में था, बहुत-सी मूर्तियाँ थीं, जो अधिक सुन्दर रही होंगी, जिन्हें अंग्रेज सैलानी या कत्यूरियो व्यापारी उड़ा ले गये होंगे, इसमें सन्देह नहीं। उसका तीन-चार सौ साल पुराना नक्काशीवाला काठ का दरवाजा किसी म्युजियम में सुरक्षित रखने लायक था। सूर्य की बूटधारी तीन मूर्तियाँ थीं। शिव और विष्णु की भी मूर्तियाँ थीं। मन्दिर के जगमोहन के सामने के खम्भे पर कुटिला अक्षर में तीन पंक्तियों का लेख लिखा था, जिसमें 'मलदेव' साफ पढ़ा जाता था। मल या मल्ल पीछे के कत्यूरियों की भी उपाधि मिलती है। चन्द्र वंश से पहिले के किसी राजा ने इस मन्दिर को बनवाया होगा। शिखर का एक-तिहाई भाग गिर चुका था। इस प्राचीन मन्दिर के नष्ट-भ्रष्ट करने का अपराध 1742 ई. के करीब रुहेलों ने किया। वे धातु की मूर्तियों को गलाकर दरब बनाने के लिए कसेरे साथ लिये चलते थे, इसीलिए धातु की मूर्तियाँ मन्दिरों में नहीं मिलतीं। पत्थर की मूर्तियाँ किसी काम की नहीं थीं, इसलिए उन्हें अंग-भंग करके छोड़ देते थे। एक घर के पास पहुँचकर मैं पुजारी से पूछ रहा था, नायक लोगों के घर कहाँ हैं। पुजारी ने मुझे चुप रहने के लिए कहा, और पीछे बतलाया कि ये घर नायक लोगों के ही हैं। पूर्वी उत्तरप्रदेश के गन्धर्व लोगों की तरह यहाँ के नायक लोग खानदानी वेश्यावृत्ति का पेशा करते रहे, या करने के लिए मजबूर थे। उनकी लड़कियाँ यहाँ या नीचे देश में इसके लिए चली जाती थीं। वर्तमान शताब्दी में उनमें इसके लिए कड़ा आन्दोलन हुआ, जिसने इस प्रथा को खतम कर दिया। अब तो वे नायक नाम भी सुनना नहीं चाहते।

मुख्य मन्दिर के पीछे के मन्दिर में एक जगह पत्थर पर खुदा हुआ था, "जंगम राउल जोगी, जोत राउल जोगी।" जंगम पशुपतों (शैवों) को कहते थे, जो अब उत्तर भारत से नष्ट हो चुके हैं, और केवल दक्षिण में कर्नाटक, तमिलनाडु में वीर-शैव के नाम से मौजूद हैं। दक्षिण के शैवों ने ही बनारस में 'जंगमबाड़ी' के नाम से अपना प्राचीन मठ कायम कर रखा है। पहाड़ में पाशुपत धर्म सबसे पीछे तक रहा, यह एक अभिलेख से भी पता लग रहा था।

किन्नर देश में मैंने पुराने काल की कब्रों और चीजों को देखा था, और जानता था कि उस समय लोग मुर्दों को शराब की कुपिया और भोजन-भरे बरतन के साथ कब्रों में दफनाते थे। मैं समझता था, यह प्रथा सारे हिमालय में होनी चाहिए। अल्मोड़ा से बस में आते समय एक सज्जन ने बतलाया कि रानीखेत के पास हमारे गाँवों में भी ऐसी कब्रें निकलती हैं, जिन्हें लोग मुसलमानों की कब्रें बतलाते हैं। चूँकि उनमें खाने-पीने

के बरतन निकलते हैं, इसलिए ये मुसल्मानों की कब्रें नहीं हैं, यह निश्चित था। कटारमल देखकर कोसी के किनारे अपना सामान लेकर मोटर से बैजनाथ की ओर जाने के लिए आये। दोपहर हो गया था। भोजन किया और बस पर रवाना हुए। श्री हरीश जोशी दो सीट अल्मोड़ा से ही रिजर्व कराकर हमारे लिए लाए थे, नहीं तो यहाँ से बस में जगह मिलनी मुश्किल होती। दोनों तरफ के पहाड़ चीड़ के दरख्तों से ढँके थे। कहीं-कहीं खाली जगह या खेत भी मिलते थे। सोमेश्वर काफी बड़ा बाजार है, यहाँ एक पुराना मन्दिर भी है। वहाँ से आगे चलकर कौसानी पहुँचे। कविवर पन्त जिस घर में पैदा हुए थे, उस घर को भी देखा। कौसानी सुन्दर और ठण्डी जगह है। जंगलों में अधिकतर चीड़ के दरख्त हैं। कौसानी के डाँडे पर पहुँचकर सामने हिमालय श्रेणी दिखाई पड़ी, फिर बस नीचे उतरने लगी। घूम-घुमौवा रास्ते से 6 बजे हम गरुड़ पहुँचे। अभी मोटर-सड़क यहीं तक आई थी, आगे बागेश्वर तक उसके जाने में अभी कुछ वर्षों की देर थी। सामान उतरवाकर हम बैजनाथ मन्दिर की ओर चले, जो वहाँ से आध मील से ऊपर तथा नदी के पार था।

बैजनाथ–शताब्दियों तक बैजनाथ कुमाऊँ की राजधानी रहा। केदार-कुमाऊँ के सम्मिलित राजा कत्यूरी राजाओं का राज्य जब छिन्न-भिन्न हुआ, तो एक शाखा अपनी पुरानी राजधानी जोशीमठ छोड़कर बैजनाथ (वैद्यनाथ) में आ गई। राजधानी के लिए पहाड़ में भी काफी समतल और सुरक्षित स्थान ढूँढ़ा जाता है। बैजनाथ में ये दोनों गुण थे। एक तरफ कौसानी का ऊँचा गिरिप्राकार था, और दूसरी तरफ गोमती के निकास का द्वार। यहाँ से द्वाराहाट और जोशीमठ को भी जानेवाले रास्ते थे। अब भी बदरीनाथ का बहुत-सा माल गरुड़ में मोटर से उतरकर इसी रास्ते जोशीमठ जाता है। गरुड़ से ही भूमि चौरस-सी हो गई है, जिसमें बड़े-बड़े सपाट खेत चले गए हैं, जो पहाड़ के लिए असाधारण-से हैं। बैजनाथ में शायद हमारे बारे में चिट्ठी पहुँच गई थी, इसलिए कुछ परिचित पुरुष आ गए। हरीशजी के साथ रहने से और भी सुभीता हुआ। मोटर से उतरकर हम बाजार होते आगे बढ़े। मोटर का अन्तिम अड्डा होने से यहाँ का बाजार काफी बड़ा है, जिसमें हमारे सीमान्त के नागरिक मोटान्तिक लोग भी काफी थे। जोहार और गरव्यांग के निवासी ये भाई पश्चिमी तिब्बत के सबसे बड़े व्यापारी हैं, जो माल खरीदने के लिए बम्बई-कलकत्ता तक पहुँचते हैं। उनकी दूकानें यहाँ क्यों न होतीं ? इस समय शाम के 6 बज चुके थे, इसलिए हमें पहिले टिकान पर जाना था। मन्दिरों का झुरमुट, जिसे बैजनाथ कहते हैं, यहाँ से प्रायः मील-भर था। गोमती का पुल पार करके दाहिने मुड़कर गोमती ही के एक घुमाव पर बैजनाथ है। एक अच्छे साफ-सुथरा कमरे में हमको ठहराया गया। अन्न की समस्या सारे भारत में ही आजकल कठिन थी, और कुमाऊँ-गढ़वाल तो अन्न के बारे में स्वावलम्बी भी नहीं हैं। लेकिन, यहाँ भी दो-चार दूकानें थीं, जिनसे खाने का सामान मिल गया। श्री जय-वल्लभ ममगाई ने मेरी सहायता में कोई कसर उठा नहीं रखी।

अगले दिन (28 मई को) बैजनाथ के भिन्न-भिन्न मन्दिरों और उनकी मूर्तियों को देखा। अष्टभुजा भगवती की काफी बड़ी मूर्ति बहुत सुन्दर है। अधिकांश मूर्तियों को रुहेलों ने तोड़ दिया, और मंदिर भी टूटने के लिए छोड़ दिये। प्रधान मंदिर का चिह्न-भर अवशिष्ट है। लेकिन, राजा का राजमहल यहाँ से कुछ हटकर तेलीहाट में था। कुमाऊँ-गढ़वाल में पुराने समय में हाट बाजार का नहीं, बल्कि राजधानी का वाचक था, जिस नाम के साथ हाट हो, वहाँ अवश्य ही पुराने मन्दिर या अवशेष मिलेंगे, यह द्वाराहाट और दूसरे हाटों से सिद्ध है। तेलीहाट क्यों नाम पड़ा ? तेली शायद किसी शब्द का बिगड़ा हुआ रूप है। जैसे ग्वालियर के किले में तैलप के मन्दिर को तेली मन्दिर कहकर किया गया है। गाँव में चौपड़-चबूतरा दिखाकर बतलाया गया, कि यहीं राजा-रानी चौपड़ खेला करते थे। बहुत सम्भव है, यहीं राजा का अन्तःपुर रहा हो। नारायण मन्दिर की मूल मूर्ति इस वक्त गणनाथग में रखी हुई है। मन्दिर खाली है। राकेश मन्दिर भी गाँव के भीतर है। लक्ष्मीनारायण मन्दिर गाँव से बाहर है, जिस पर शाके 1224 सन् (1302 ई.) का लेख है। यह भी मालूम होता है कि राजा हमीरदेव ने इसे बनवाया या मरम्मत करवाया था, उनके गुरु या महन्त लिंगराव दे थे। रानी धारादेई ने मन्दिर पर सुवर्ण कलश चढ़वाया था। एक दूसरे लेख में "किंकरा लाका रावल पाल्ह 1421" लिखा हुआ था। 1421 भी शाके ही होगा, जिसका मतलब है, कि रावल पाल्ह 1499 में हुए थे। राकेश मन्दिर भी शून्य मन्दिरों में

से है। गाँव के बिल्कुल बाहर खेतों में सत्यनारायण का अत्यन्त ध्वस्त मन्दिर है, जिसकी मूर्ति पुरानी नहीं है, अर्थात् 1742 के भी बाद की होगी। पुरानी होती तो रुहेले बिना खण्ड-मुण्ड किये कैसे रहते ? पुजारी वैष्णव थे। पहाड़ में साधु रहना वैसा ही मुश्किल है, जैसे स्वर्ग की अप्सराओं के बीच। बैजनाथ के महन्त भी कभी दसनामी साधु थे, और अब उनके वंशजों का एक गाँव बस गया है। वही बात यहाँ साधु की हुई है। बैजनाथ, तेलीहाट और दूसरे प्राचीन स्थानों में जितनी मूर्तियाँ आज देखी जाती हैं, पहिले उनसे कहीं अधिक थीं। लोगों ने बतलाया कि गोमती का जब पुल बनने लगा, तो उसमें गाड़ियों में मूर्तियाँ ढोकर नींव में डाल दी गईं। सारनाथ के रेलवे पुल के बारे में भी हम यह बात सुन चुके थे, इसलिए अविश्वास करने का कोई कारण नहीं था।

लौटकर बैजनाथ के मुख्य-मन्दिर के बाहर की सुन्दर देवी मूर्ति को देखा। पास के एक मन्दिर पर खुदा हुआ है, "भयंकरनाथ जोगी।" नाथ से गोरखनाथ पंथी भी हो सकता है, दसनामियों में भी नाथ की उपासना का प्रचार है, हो सकता है यह नाथ जंगम (वीर शैव या पाशुपत) रहे हों। हमें मालूम है, उत्तरी भारत में सबसे पीछे तक पाशुपतधर्मी लोग हिमालय प्रदेश में रहते थे। पुरातत्त्व-विभाग का ध्यान यहाँ की बहुमूल्य मूर्तियों की ओर गया था और उसने एक मूर्ति-गोदाम बनाकर उसमें 28 मूर्तियाँ सुरक्षित रख दी हैं। एक मूर्ति के ऊपर लिखा था "महाराजाधिराज परम भट्टारक श्री लखनपालदेवस भूमिदा : राजा त्रिभुवनपालदेव दान।" "लखनपाल··· बैद्यनाथ कार्तिकेयपुर" लेख से साफ ही है, कि राजा लखनपाल वैद्यनाथ (कार्तिकेयपुर) के शासक थे। कार्तिकेयपुर राजधानी का नाम था, जो शायद कत्यूरीपुर का संस्कृत रूपान्तरण है। कत्यूरी-वंश 14वीं-15वीं तक कुमाऊँ का शासक रहा। उसके बाद भी उसकी भिन्न-भिन्न शाखायें भिन्न-भिन्न जगहों पर शासन करती रहीं। उसके बारे में और अपनी इस यात्रा के सम्बन्ध में भी हम 'कुमाऊँ' में लिख चुके हैं। लेखों से यह भी पता लगता है कि लखनपाल के बाद इन्द्रपाल और उनके बाद त्रिभुवनपाल हुए थे। त्रिभुवनपाल ने "श्री वैद्यनाथदेव-भूमिदान··· सुरुजराउल भूमि लीयमाना सुवर्णतोल···" लेख लिखवाया था और भूमि और सोने का दान दिया था। वैद्यनाथ में सूर्य की बूटधारी मूर्ति भी मिली। यह बहुत सम्भव है कि शक काल में हिमालय के खशों पर शकों का काफी प्रभाव पड़ा। उन्हें क्या मालूम होगा कि मध्य-एसिया में दोनों का उद्गम एक ही था। हमें यहाँ से आज ही बागेश्वर (व्याघ्रेश्वर) जाना था। घोड़े की आशा में मध्याह्न का भोजन करके हम बहुत देर तक इन्तिजार करते रहे। जब उनके आने की आशा नहीं रही, तो साढ़े 4 बजे नाम-भर की चीजें कंधे पर रख हम दोनों चल पड़े। कुछ दूर जाने पर श्री ममगाईजी दौड़े आए और कहा कि घोड़े आ गए। हम घोड़े पर जायें और वह पैदल, यह हो नहीं सकता था, इसलिए हमीं घोड़े को लेकर चल पड़े। आगे चाय की दूकान के पास पहुँचते-पहुँचते जोर की वर्षा आई। कुछ देर रुकना पड़ा, फिर चलकर रात को कमेडी गाँव में 9 बजे पहुँचे। यह रास्ता काफी चालू मालूम होता है। आसपास के पहाड़ों में बहुत-से गाँव भी हैं, इसलिए सड़क पर जगह-जगह बनियों ने दूकानें खोल रखी हैं। हमें रहने के लिए सिर पर छत मिल गई। घोड़ेवालों ने भोजन बनाया। रास्ते में माचवेजी एक जगह घोड़े की पीठ से जमीन पर आ गए। जिनके पुर्खे घोड़ों की पीठ पर रह सारे भारत को विजय करने में एक बार करीब-करीब सफल हो गए थे, उनके लड़के गुरुत्वाकर्षण के वल पर घुड़सवारी करें, यह अचरज की बात थी।

बागेश्वर–अगले दिन (29 मई को) अँधेरा रहते 5 बजे ही हम चल दिये। रास्ता अच्छा था। मोटर की सड़क का काम भी शुरू हो गया था। चाहिए था, मील-मील सड़क तैयार करते आगे बढ़ते, लेकिन किया गया था, सड़क को सब जगह बनाया जाए और पुलों के काम को पीछे के लिए छोड़ दिया जाए। जब बजट में रुपया नहीं दिखाई पड़ा, तो जहाँ-तहाँ बनी सड़क को बिगड़ने के लिए छोड़ दिया गया। साढ़े 6 बजे तक हम साढ़े चार मील की यात्रा पूरी करके बागेश्वर पहुँच गये। काफी बड़ा बाजार है। यहाँ साल में एक बार भोट और पहाड़ के व्यापारियों का कई दिनों का एक बड़ा मेला लगता है। वैजनाथ से आनेवाली गोमती और दूसरी तरफ से आनेवाली सरजू का यहाँ संगम–त्रिवेणी–है। बड़ा मनोरम स्थान है। अधिकतर दूकानें और बाजार नदी के पार बसा हुआ है। पर सरजू के पार भी बस्ती और कितने ही साधुओं के स्थान हैं। व्याघ्रेश्वर में

कत्यूरी राजाओं का एक शिलालेख था, जिसे देखने का खास आकर्षण था, पर मालूम हुआ वह चोरी चला गया। मन्दिर के गंगा की तरफ जानेवाले दरवाजे पर पत्थर की दो अपेक्षाकृत बड़ी मूर्तियाँ पड़ी हुई थीं। इन्हें मूर्तियाँ नहीं कहना चाहिए, क्योंकि बहुत गौर से देखने पर ही आकार-प्रकार मूर्ति का मिलता। ये अक्षोभ्य मुद्रा में बुद्ध की मूर्तियाँ थीं। ऐसी हालत में क्यों ? शायद जिस मन्दिर में ये मूर्तियाँ थीं, उसमें आग लगाकर जला दिया गया, और ज्वाला में आगे का पत्थर का भाग तिनककर निकल गया। 1742 में रुहेले लूट-पाट करने सारे कुमाऊँ-गढ़वाल में दौड़े थे। उन्होंने मन्दिरों में आग लगा और मूर्तियों को तोड़कर सबाब हासिल किया था। अकबर के एक नौकरी से हटे जेनरल मुहम्मद हुसेन टुकड़िया ने भी पहाड़ पर जहाद बोली थी। जो भी हो, 16वीं सदी के उत्तरार्ध और 18वीं सदी के मध्य में इस प्रकार दो बार मूर्ति-भंजक और मन्दिर-दाहक जहादी यहाँ पहुँचे थे। बागेश्वर के मन्दिर को भी उस वक्त क्षति हुई होगी, लेकिन दीवार अधिकतर पत्थर की थी, विशाल शिवलिंग में पाशुपत का चिन्ह नहीं मिलता, लेकिन बगल में दो-तीन छोटे-छोटे मन्दिर हैं, जिनमें खण्डित मूर्तियों में मुखयुक्त लिंग भी है, जो बतलाते हैं कि यह पाशुपतों (लकुलीशों) का एक समय गढ़ था। कत्यूरी शिलालेख में व्याघ्रेश्वर महादेव को भूमि-दान देने का उल्लेख है, और यह भी कि राजा के मित्र किसी किरात-पुत्र ने भी अपनी जमीन दान दी थी। हिमालय में कश्मीर की सीमा से लेकर नेपाल के उत्तर होते कम्बुज (कम्बोडिया) तक किरात या मौनख्मेर जाति का पता लगता है। आज तिब्बत के सीमान्त पर मंगोलायित मुख-मुद्रावाली जो जातियाँ मिल रही हैं, उनमें से अधिक किरात हैं, जिन्हें तिब्बती लोन मोन् कहते हैं। जोहार, गरव्यांग, नीति-माणा और खुद व्याघ्रेश्वर से कुछ ही दूर पर आस्कोट में बहुत पिछड़ी जाति–राजकिराती (रांजी)–उसी वंश की हैं।

मैदान की तरह पहाड़ में भी साधु आकर अप्सराओं के फेर में पड़े, फिर उनका वंश चला। यह उनके आज के वंशजों के गिरिपुरी, आचारी, दास, नाथ आदि नामों से पता लगता है। पहाड़ में उनमें से कितनों को साधारण लोगों में ब्याह-शादी करके मिल जाने का अवसर था, क्योंकि यहाँ जाति-बन्धन उतने कड़े नहीं थे। मैदान में इसकी गुंजाइश कम थी। हमारे मेजबान मोती गिरि के लिए ममगाईजी ने पत्र दिया था। वहाँ पहुँचते ही हमने उनका घर ढूँढ़ लिया। गोमती और सरजू-जैसी पुनीत नदियों की मछलियाँ मिल रही हों और हम घास-पात खायें, यह कैसे हो सकता था ? मेरा और माचवेजी दोनों का एक रास्ता था। परले पार से लौटकर आने पर मछली-भात तैयार मिला, और तृप्त होकर हमने भोजन किया। एकाध मकानों में अंगूर की लताएँ देखीं, उनके फलों के लिए चार महीने तक यहाँ रहना चाहिए था। सम्भव न देखकर हमने कहा : ये अंगूर जरूर खट्टे होंगे ! कल पेशवों के सेनानी के वंशज ढाई हाथ के टट्टू से जमीन पर आ पड़े थे, उससे हाथ में कुछ चोट आ गई थी। अस्पताल देखकर उपचार के लिए हम वहाँ पहुँच गए। डाक्टर साहित्य के प्रेमी हों, यह कम ही देखा जाता है, लेकिन यह थे। उन्होंने पिछले ही हफ्ते दिल्ली के 'साप्ताहिक हिन्दुस्तान' में छपा मेरा एक लेख पढ़ा था, और नाम से पहिले ही परिचित थे। यदि हम ऐसा समझे होते, तो यहीं सामान छोड़ा होता। खैर, कुछ देर तक बात होती रही। गाँधी आश्रम के उनकी कताई-बुनाई के केन्द्र को भी देखा। 12 बजे हम रवाना हो गये। ढाई मील चलने पर जोर की आँधी आई, और डेढ़ घंटे के लिए हमें एक दूकान में शरण लेनी पड़ी। आज ही बस के टिकट का इन्तिजाम करना था, जिसका मिलना आसान नहीं था, इसलिए हमने घोड़ों का पैर बढ़वाया और 6 बजे बैजनाथ पहुँच गये। ऐसे समय विश्वास करने से काम नहीं चलता, इसलिए स्वयं टिकट लेने के लिए गरुड़ पहुँचे। जबाव मिला–कल देंगे। क्या पता कल टिकट मिलेगा ही ?–"यत्ने कृतेऽपि यदि न सिद्ध्यति कोऽत्र दोषः।" खैर, गरुड़ बाजार को देखा, और सामने बैजनाथ की ओर के पहाड़ों के ऊपर से झाँकते हिमालय के उत्तुंग शिखरों–त्रिशूल आदि की पाँती–को भी। बैजनाथ में दोनों सैलानियों के आने की खबर लग चुकी थी। रात को डाक्टर, स्कूल के अध्यापक तथा दूसरे साहित्यप्रेमी आ गये, जिनसे देर तक गोष्ठी होती रही, हम दोनों बारी-बारी से बोलते रहे।

द्वाराहाट–बैजनाथ से पहाड़ी डाँडे को पार कर एक सीधा रास्ता भी द्वाराहाट को जाता था जो आठ-दस मील से अधिक लम्बा नहीं था। लेकिन, हम छः महीने के नहीं बरस दिन के रास्ते को पसन्द करते थे, इसलिए

लौटकर रानीखेत से ही द्वाराहाट जाने की ठानी। मोटर में जगह मिल गई, और साढ़े सात बजे हम रवाना हो गए। कौसानी में दो मिनट के लिए उतरे, फिर सोमेश्वर पहुँचे। यहाँ से अपेक्षाकृत कुछ सरल रास्ता द्वाराहाट को जाता था। घोड़े मिलते तो शायद हम इसी रास्ते चल देते, लेकिन उसकी सम्भावना नहीं थी। वस्तुतः सवारी या भारवाहकों का अच्छा और बराबर का प्रबन्ध तभी हो सकता है जब यहाँ वरावर सैलानी आते रहें। छठे-छमाहे आनेवाले सैलानियों के लिए कौन अपने घर से खा-पीकर यहाँ इन्तिजार करता रहेगा ? कोसी पुल पर जरा देर रुककर उसी बस से हम रानीखेत पहुँचे। डी. सिंह होटल को देखकर वहीं भोजन के लिए चले गए। फिर हिन्दी के कथाकार अशोकजी (श्री जमुनादत्त पांडे वैष्णव) मिल गये। जब भाई-बिरादरी का आदमी मिल जाये, तो कोई स्थान अपरिचित कैसे रह सकता है ? लेकिन, हम आज ही द्वाराहाट जाना चाहते थे। ख्याल आया कि इतनी हड़बड़ी करने की क्या जरूरत ? लेकिन, भूतकाल के और वर्तमान काल के क्षणों में अन्तर होता है, भूतकालिक क्षण टके सेर से भी सस्ते मालूम होते हैं। हमने अपना सामान अशोकजी के पास 'जीवन-विलास' में रखा, और पैदल चल पड़े। घोड़ों के मिलने की न संभावना थी, और न आशा में हम बैठे रहना चाहते थे। आशा दिलाने के लिए किसी ने कह दिया था कि गगास के पुल पर घोड़े मिल जाएँगे, जो यहाँ से साढ़े पाँच मील उतरकर पड़ता था। बदरीनाथ जानेवालों के कुछ रास्ते एक ही हैं, लेकिन लौटनेवाले यात्री गंगासागर की गंगा की तरह सहस्रधार में बह जाते हैं। इन्हीं में एक चौखुटिया से द्वाराहाट होकर रानीखेत में मोटर पकड़ काठगोदाम रेलवे स्टेशन जाने का है। मोटर चलती देखकर हममें से कितने ही समझते हैं कि अब कोई काहे को पैदल चलता होगा, लेकिन बदरीनाथ के यात्री अव भी बहुत-से ऐसे हैं, जो मुश्किल से रेल के लिए कुछ रुपये जमा कर पाते हैं, और आटा-सत्तू बाँधकर पहाड़ की सारी यात्रा पैदल बिना पैसे की करते हैं। हमें सड़क पर चलते बदरीनाथ से लौटे कुछ यात्री मिले जो बतला रहे थे कि वहाँ चावल दो रुपया सेर मिल रहा था। गगास के पुल पर कोई घोड़ा नहीं मिला, और न आगे दड़माड़ में ही। कफड़ा की भी यही हालत रही। उससे कुछ पहिले सड़क की एक झोंपड़ी में चार छोटे-छोटे बच्चों और वीवी के साथ एक पैर सूखा पुरुष मिला। पूछने पर पता लगा, उसने देश के लिए कई बार जेल काटा है। उसने कुछ चिलमें रख छोड़ी थीं, जिनको पहाड़ी लोग खरीदते थे। वही गुजारा का साधन था। कह रहे थे–वच्चों का कोई प्रबन्ध हो जाये, बस मुझे इसी की चिन्ता है। किसी के बच्चे भी अनाथ हों, यह असह्य और अक्षंतव्य बात है। आधी दुनिया में वच्चों को अब अनाथ होने की जरूरत नहीं है। उनके माता-पिता सरकार है, लेकिन हमारे यहाँ अभी जनतांत्रिक अहिंसामय समाजवाद की बाट जोही जा रही है।

कफड़ा से चढ़ाई चढ़नी पड़ी, तल्लामिरे पहुँचे। नया घर बन रहा था जिसमें धूएँ के लिए चिमनी भी लग रही थी। उसके अच्छे दिन आए थे। कफड़ा से इस तरफ के पहाड़ वृक्ष-शून्य हैं। जान पड़ता था, हम तिब्बत में आ गये। इन वृक्षों का संहार आदमी के हाथों ने किया। मुझे हरे या नंगे पहाड़ याद आ रहे थे, और बीच-बीच में चुहल करने की भी इच्छा होती थी, लेकिन माचवेजी की वुरी हालत थी। उतराई में तो कोई बात नहीं थी, लेकिन चढ़ाई भारी आदमी के लिए भली नहीं मालूम होती। पैर फूल-चुके थे और वह हिम्मत करके ही चल रहे थे। डर लगने लगा था कि हम मल्ली-मरे तक नहीं पहुँच सकेंगे। इसी समय हिमालय के देवताओं को दया आई, कोई खाली घोड़ेवाला मिल गया। खैर, हम लोग उस पर चढ़कर वहाँ पहुँचे। चढ़ाई पार कर गए, फिर उतराई थी। रास्ते पर ही चंडेसर (चन्द्रेश्वर) का पुराना मन्दिर मिला, जिसमें कितने ही कत्यूरी या गुर्जर-प्रतिहार काल की खण्डित मूर्तियाँ मिलीं। उसी काल की मूर्तियाँ, जिसकी बुन्देलखण्ड के खजुराहों में मिलती हैं। इनमें वराह की भी एक सुन्दर छोटी-सी मूर्ति थी। अभी द्वाराहाट आगे था, लेकिन उतराई ने हिम्मत बढ़ा दी थी, साथ ही सहायता देने के लिए दूध की तरह छिटकी चाँदनी भी आ गई थी। चाहे मोटर की न हो, पर यह सड़क थी, इसलिए भूलने-भटकने का डर नहीं था। यहाँ के खेत छोटानागपुर के-से जान पड़ते थे। अन्त में हम द्वाराहाट पहुँच गए। किसी समय यह हाट (राजधानी) रही होगी, अब हजार-बारह सौ लोगों का एक बड़ा गाँव है, जिसमें बहुत-सी दूकानें वाजार की तरह पाँती से लगी हुई हैं। रानीखेत से किसी ने श्री अमरनाथलाल शर्मा को पत्र दे दिया था। उनके घर पहुँचे। उनके भाई हरिश्चन्द्र पन्त बड़े

उत्साही सहायक मिल गये। नेपाल की तरह का कई मंजिलों का और अधिकतर काठ का मकान था। सबसे ऊपरले भाग पर सोने के लिए स्थान मिला। डायबेटीज़ के लिए सोने का वह स्थान सुखद नहीं होता, जहाँ पास में पेशाब का प्रबन्ध न हो। रात को बिना खाये पन्तजी कैसे सोने देते, यद्यपि हम लोगों को उस थकावट में सबसे प्रिय भूख थी। एक ही दिन पहिले तो हम बागेश्वर में थे, और उसके दूसरे ही दिन द्वाराहाट पहुँच गये।

सबेरे निकल पड़े। चाय पीने के लिए घर पर इन्तिजार करने से किसी दूकान पर चाय पीना अच्छा था, इसलिए मेजबान के आग्रह पर भी हम दोनों उठ खड़े हुए, पथ-प्रदर्शक हरिश्चन्द्रजी थे। द्वाराहाट में बहुत दूर तक पुराने नगर के चिन्ह मिलते हैं, और मन्दिरों की संख्या दर्जन के करीब होगी। कई मन्दिरों को सुरक्षित घोषित कर दिया गया है। ये मन्दिर बिल्कुल खाली थे। आखिर टूटी-फूटी भी मूर्तियाँ तो कहीं होनी चाहिए। पर जब पिछले सौ सालों के मूर्तिचोरों और मूर्तिभक्तों पर ध्यान देंगे, तो कारण मालूम होना मुश्किल नहीं होगा। मूर्तियाँ भूगोल के भिन्न-भिन्न भागों पर बिखर गई होंगी। मृत्युंजय मन्दिर में जाने पर 12वीं सदी के आसपास की कुछ टूटी-फूटी मूर्तियाँ मिलीं। द्वाराहाट में भी खशों की कब्रों की बात सुनने में आई, और बतलाया गया, इनमें मिट्टी के बरतन मिलते हैं। घूमते-घामते नदी पार केदार मन्दिर में गए। यहाँ पीतल की पार्श्वनाथ और पत्थर की तीर्थंकर महावीर की मूर्ति देखी। पीतल की मूर्ति को बालगोपाल कहकर पूजा जाता था। द्वाराहाट जब राजधानी थी, उस समय वहाँ के सम्पन्न सेठों में कोई जैन धर्म को भी मानता होगा। पाँच पीढ़ी पहिले भैरवगिरि फक्कड़ साधु यहाँ आए, जिनकी सन्तानें यहाँ रहती हैं। नदी पार कर हम बाजार लौट आए। नदी क्या, नाला है। लेकिन, जहाँ साल में 30-40 इंच पानी बरसता हो, वहाँ पानी का दुःख क्यों ? ऊपर बाँध बाँधकर भारी जलनिधि तैयार की जा सकती है, लेकिन यह काम यहाँ के बारह सौ जीव तो नहीं कर सकते। यदि जलनिधि तैयार हो जाए, तो यहाँ दसियों हजार बहुत अच्छे खेत मोतियों जैसे चावल को उगलने के लिए तैयार हैं। रतनदेव के मन्दिर में गए। यह सात मन्दिरों का झुरमुट है, जिनमें एक में भी मूर्ति नहीं है। मन्या मन्दिर में भी उसी तरह सात मन्दिर हैं। शायद सप्तमातृकाएँ यहाँ कभी पूजी जाती थीं। मन्दिर की चहारदीवारी में एक जैन मूर्ति देखी। और मन्दिरों की तलाश करते-करते पंडित जवाहरलालजी के सबसे पुराने प्राइवेट सेक्रेटरी श्री शिवदत्त उपाध्याय के घर के पास पहुँचे। उपाध्यायजी घर पर नहीं थे। पास में कालिका का स्थान है, जिसमें भी तीन खण्डित जैन मूर्तियाँ (पार्श्वनाथ, महावीर की) देखीं। फिर द्वाराहाट के सबसे पुराने दो-मंजिला मकान को देखने गए, जिसने गोरखों के शासन को देखा था, लेकिन अब गिरने की प्रतीक्षा कर रहा था। इसे तो ऐतिहासिक स्मारक के तौर पर सुरक्षित रखना चाहिए। कचेड़ी शायद राजा की कचहरी रही हो, यहाँ दस शिखरदार मन्दिर हैं। मूर्तियाँ तेलिया (काले) पत्थर की हैं। गुरदेव का मन्दिर किसी समय यहाँ का सबसे भव्य मन्दिर रहा होगा। गुरदेव से शायद गुर्जर-प्रतिहार राजा अभिप्रेत है। इस मन्दिर की सारी दीवारें सुन्दर मूर्तियों और नक्काशी से भरी हुई थीं। अब मन्दिर का निचला भाग ही बच रहा है। 9वीं-11वीं शताब्दी में यह भूमि गुर्जर-प्रतिहारों के हाथ में थी, इसमें तो सन्देह नहीं। कन्नौज में प्रतिहार वंश के अपदस्थ होने पर भी उसका कोई छोटा-मोटा राजा गहड़वारों के अधीन रहते यहाँ शासन करता हो, तो आश्चर्य नहीं। मन्दिर के भीतर एक सुन्दर खण्डित मूर्ति है। बाजार पार कर सियालदे की पोखरी के पास बने नए मन्दिर में कितनी ही खण्डित मूर्तियाँ देखीं। सियालदे पोखरी सूख गई है। बदरीनाथ के मन्दिर में खड़ी एक बूटधारी सूर्य की मूर्ति भी है।

भोजनोपरान्त हमने रानीखेत की ओर मुँह किया। रास्ते में ही हाईस्कूल था, वहाँ गये। अध्यापकों से घंटे-भर चर्चा होती रही। पता लगा कि द्वाराहाट से बदरीनाथ की ओर थोड़ा ही बढ़ने पर शिला में मूर्तियाँ खुदी हुई हैं। यह भी बतला रहे थे कि यहाँ की खेती रामभरोसे होती है, अर्थात् वर्षा के सारे पानी को बह जाने दिया जाता है। द्वाराहाट में 14-15 घंटे में ही काफी परिचय हो गया था, इसलिए किराये पर दो घोड़ों के मिलने में दिक्कत नहीं हुई। हम साढ़े 12 बजे रवाना हुए, और साढ़े 6 बजे अशोकजी के स्थान पर पहुँच गये।

रानीखेत–रानीखेत आधुनिक अर्थ में हिमालय की सप्तपुरियों में है। अंग्रेजों ने गर्मी से बचने के लिए इनकी स्थापना की थी। रानीखेत मुख्यतः सैनिक छावनी का काम देती रही। फिर भारतीय नवशिक्षित लक्ष्मीपात्र भी इन पुरियों से लाभ उठाने लगे। अशोकजी एक तरुण स्वनिर्मित, कुशल चित्रकार के पास ले गये। यदि बाकायदा शिक्षा पाने का अवसर नहीं मिला, तो यह राष्ट्र का दोष है। लेकिन, चित्रकला के भरोसे जीना आजकल मुश्किल है। बहुतेरे प्रतिभावान चित्रकार फोटोग्राफी से शरीर-यात्रा चलाने के लिए मजबूर हैं। वही बात इनकी भी है। सबसे अधिक आकर्षक चीज उनका थापों का संग्रह था। विवाह या उत्सव आदि के समय दीवार पर थापे या रंगवल्ली (रंगौली) बनाने का रवाज है, उसी तरह जैसे मधुर लोकगीतों के गाने का। गीतों को अब भी मधुर और अभ्यस्त कण्ठ मिल जाते हैं, लेकिन थापों के भाग्य में ऐसा बहुत कम देखा जाता है। उत्तरी भारत में सभी जगह थापों के नाम पर चिन्हारी खींची जाती है। यदि लड़कियाँ बड़ी-बूढ़ियों से कुछ समय लगाकर ध्यानपूर्वक सीखती रहतीं, तो इन चिन्हारियों की नौबत नहीं आती। चिन्हारियाँ भी अपना मूल्य रखती हैं, इसमें सन्देह नहीं। मैं समझता हूँ कि उत्तर भारत में कला की दृष्टि से सबसे समृद्ध कुमाऊँ के थापे हैं। इनको कागज में उतारने की भी प्रथा है। तरुण चित्रकार ने सैकड़ों थापे बड़े परिश्रम से जमा किये हैं। इस साल (1956 ई.) श्री अशोकजी से मालूम हुआ कि उनका संग्रह और भी आगे बढ़ा है। यह राष्ट्रीय निधि होने लायक है और इसे दिल्ली की राष्ट्रीय चित्रशाला में सुरक्षित रखने की जरूरत है। निजी संग्रहों के नष्ट होने की संभावना होती है, क्योंकि उत्तराधिकारी भी उनके साथ वही भाव रखें, यह बहुत कम देखा जाता है।

रानीखेत पहाड़ी रीढ़ पर दूर तक बसा हुआ है। जिधर देखें उधर चीड़ के दरख्त हैं जो कि हिमालय के कुरूप वृक्षों में से एक है।

दोपहर को 2 बजे रानीखेत से रवाना हुए, और साढ़े 4 भवाली पहुँच गये। उसी दिन 5 बजे बाद तल्लीताल में उतर, नाव से मल्लीताल, फिर 6 बजे ओक-लॉज में पहुँच गये।

नैनीताल–नैनीताल का जीवन शुरू हो गया था। डा. गोरख प्रसाद और डा. अमरनाथ झा से मुलाकात हुई। अठारह वर्ष बाद पं. रुद्रदेव शास्त्री से मिलकर बहुत हर्ष हुआ। छोटा-सा कद, जिस पर प्रभाव लाने के लिए पण्डितजी ने दाढ़ी पालने का किसी समय रहस्य बतलाया था, अब वह बिल्कुल सफेद हो गई थी।

4 जून को कुछ ज्वर-सा मालूम हुआ। 10 बजे 97 डिग्री, 12 बजे 98.5 डिग्री, 3 बजे 100 डिग्री और 6 बजे 100 डिग्री तापमान रहा। उस दिन भोजन नहीं किया। अगले दिन भी उपवास रखा, और 48 घंटे के बाद साबूदाने के पथ्यवाले उपवास से ज्वर ने विदाई ले ली। पहाड़ में मांस-भक्षण सदा से विहित रहा है, लेकिन शिकार के मांस का सौभाग्य बहुत कम को ही मिलता है। 7 जून को साधारण शिकार नहीं, बल्कि गोराल मृग का मांस किसी मित्र ने भेजा। गोराल का शिकार अंग्रेजों के लिए बड़े साधु की चीज थी। मांस बड़ा स्वादिष्ट लगा।

भवाली–भवाली में कोई समारोह था, जिसमें डॉ. केसरवानी ने हमें भी निमंत्रित किया। 10 तारीख को साढ़े 11 बजे हम वहाँ पहुँच गये। सेनिटोरियम की एक शाखा डा. अमरनाथ झा से उद्घाटित करवाई गई। वहीं एक अंग्रेज के बिकाऊ बँगले डेवीनशायर को देखने गये। बीस हजार दाम माँग रहे थे। दीवारें टूटी, छत टेढ़ी थी। फर्नीचर कामचलाऊ कहे जा सकते थे। सात हजार में भी मिलता, तब भी मैं लेने के लिए तैयार नहीं था। पास में ओक लॉज का दाम 38 हजार बतलाया जा रहा था। सेनिटोरियम के यह काम के हो सकते थे, लेकिन सेनिटोरियम का अपना स्थान यहाँ से कुछ दूर है। अगले दिन (11 जून को) नैनीताल लौट आए।

कल ही श्री धूपनाथ सिंह और वीरेन्द्र कुमार आ गये थे। बड़ी देर तक बातचीत होती रही। धूपनाथजी को अपने विशाल परिवार की स्थिति शोकजनक मालूम होती थी, पर एक के चार और चार के सोलह पर तो हमेशा से होते आए हैं। घर भरा-पूरा बहुत अच्छा लगता है। चार मेहमानों के साथ बातें करने, चाय पीने या खाने में स्वाद दुगुना हो जाता है। हमारे घर में खूब चहल-पहल थी। कुछ सैलानी मित्र आ जाते थे।

15 जून को पं. वाचस्पति पाठक आए। पाठकजी "मगन रहु चोला" के बड़े अच्छे उदाहरण हैं। वर्षों की मनहूसी घर में उनके पैर रखते ही भाग खड़ी होती है। उनके साथ गंगाप्रसाद पांडे भी थे, फिर चन्द्रगुप्त विद्यालंकार आ गए। विद्यालंकारजी एक प्रकाशक के लिए कोई उपन्यास लिखने के वास्ते कह रहे थे, लेकिन अभी तो लिखने का कोई ख्याल नहीं था।

मसूरी–डा. सत्यकेतु से सलाह हो गई थी कि वह मसूरी में मकान देख रखें, और लिखने पर मैं चला आऊँगा। कमला को भी ले जाना चाहता था, लेकिन पहाड़ में मोटर की सवारी उनके लिए सुखद नहीं होती, इसलिए साथ ले चलने का ख्याल छोड़ना पड़ा। काठ-गोदाम में रेल पकड़नी थी। 17 को हमारे साथी धूपनाथजी, वीरेन्द्रजी और शरद तथा असंग के साथ माचवेजी भी नैनीताल से निकले। बाबा (असंग) अभी 22 मास का ही था, लेकिन बड़ा हँसाता, कभी भालू-नाच दिखलाता, कभी दूसरी नकल भी करता। वीरेन्द्रजी ने कहा : मैं अपनी प्रकाशन-संस्था का नाम राहुल-पुस्तक-प्रतिष्टान रखना चाहता हूँ। धूपनाथ के परिवार के लिए मैं इन्कार कैसे कर सकता था ? मुझे बरेली पहुँचकर रेल पकड़नी थी, और दूसरों को काठ-गोदाम में, इसलिए तल्लीताल से ही हम अलग-अलग हो गये। सात रुपये देकर मैंने बरेलीवाली बस पकड़ी और 2 बजे चलकर साढ़े 6 बजे बरेली पहुँच गया। रास्ते में हल्दवानी कस्वा देखा। तराई में मुसलमानों के गाँव के गाँव हैं, यह भी पता लगा। शायद 16वीं से 18वीं सदी में ये यहाँ बढ़े। कुछ दिनों पहिले भयंकर आँधी इधर से गुजरी थी। सड़क के किनारे कितने ही पेड़ जड़ से उखड़कर पड़े हुए थे। बरेली में पता लगा कि गाड़ी साढ़े 11 बजे रात को मिलेगी। गाड़ी पर चढ़े। हमारे डब्बे में प्रसिद्ध इंजीनियर राजा ज्वालाप्रसाद के पुत्र श्री क्रान्तिवीर गुप्त, श्री सुशीलादेवी शास्त्रिणी के पितृकुल के थे, और मेरे बारे में भी कुछ जानते थे। उन्होंने बिजनौर से चार मील पर अपना फार्म खोल रखा है। जाड़ों में आने के लिए निमंत्रण मिला।

पौ फटते समय हमारी गाड़ी हरद्वार पहुँची। फिर वह दून में घुसी, और 7 बजे हम देहरादून पहुँच गये। बाहर बसें और टेक्सियाँ खड़ी थीं। स्टेशन से पौने दो रुपये का टिकट लेकर रोडवेज की बस पर 8 बजे बैठे, और 22 मील चलकर 9 बजे किंक्रेग पहुँच गए। मसूरी अब से सात वर्ष पहिले एक बार देखी थी, लेकिन उस समय का कोई मानसिक नक्शा तुलना करने के लिए ठीक से मौजूद नहीं था। किंक्रेग जरूर कुछ-कुछ याद आता था। पहिले चिट्ठी भेज दी थी। डा. सत्यकेतु अड्डे पर ही मिले। फिर उनके साथ लक्समौंट गए। चाय-पान और स्नान हुआ। कुछ देर के लिए सो गए। शाम की चाय पीकर 5 बजे देखने के लिए निकले। केमल्स बैक (ऊँट-पीठ) सड़क से होकर एक चक्कर लगाया। सिंघानिया का प्रासाद देखा। उससे आगे आधा फर्लांग पर नीचे 'रुक्मिणी विला' बिकाऊ था। उसके साथ एक काटेज (कुटी) भी था। विला में 6 कमरे और एक नहान-कोष्ठक, दूसरे में तीन कमरे और एक कोष्ठक, साथ में साढ़े तीन एकड़ जमीन थी। लेकिन, घर तुरन्त रहने लायक नहीं था। रहने लायक बनाने में दस हजार की जरूरत थी। पसन्द नहीं आया। कुल्हड़ी से नीचे भी 16-17 हजार पर मिलनेवाला घर देखा। उसमें जमीन कुछ नहीं थी, और कमरे भी बैरक की तरह के थे। डाक्टर साहब ने लण्ढौर डिपो में भी बँगले की बात बतलाई। अपनी अव्यवहारिकता पर अब हँसी आती है, लेकिन उस समय यदि कोई कहता, तो सुनने के लिए भी तैयार होता। सच है "एक बार जंहड़ावे, तो बावन बार और कहावे।" एक बार धोखा खाने पर ही हमें अकल आनेवाली थी। लेकिन, यह एक बार तो आखिरी बार होनेवाला नहीं था। इस बेवकूफी की बानगी इन कुढ़ानेवाली पंक्तियों से भी स्पष्ट है–"लण्ढौर-डिपो में बँगला अच्छा मिल जाए, वहीं के लिए कोशिश करनी है। मकान लेकर ही लौटना, यह निश्चय है" (18 जून)। ऐसे उतावलेपन से अच्छे की आशा नहीं हो सकती थी। डा. सत्यकेतु की चलती, तो हम किराये पर ही यहाँ कुछ समय बिताते, फिर ठोक-ठाककर कोई मकान लेते। घुमक्कड़ शास्त्री से अब हम एकान्तवासी बनना चाहते थे। यदि कहीं लण्ढौर में मकान लिया होता, तो न जाने कैसी बीतती ? घूमते हुए एक जगह प्रो. धर्मेन्द्र शास्त्री तर्कशिरोमणि मिल गए। न्यायकंदली पढ़ते दूध दुहा रहे थे। पंजाब की छाप पड़ी थी, इसलिए दूध के लिए फकीर क्यों न होते ? और शुद्ध दूध तभी मिल सकता है, जब भैंस सामने दुही जाए। आजकल यहाँ यंग वीमेन क्रिश्चियन एसोसियेशन के मकान में डा. पा-चाउ (इलाहावाद) ठहरे हुए थे। अगले दिन (19

जून) वह मिलने आए। वह कम्युनिस्ट-क्रान्ति के पहिले से आकर भारत में रह रहे थे, और राजनीति से सम्पर्क नहीं रखते थे। कम्युनिस्टों के बारे में कितनी ही झूठी-सच्ची बातें सुन रखी थीं, उन्हीं के फेर में पड़े थे। डा. पा-चाउ चीनी बौद्ध-साहित्य के अच्छे पण्डित हैं। इलाहाबाद युनिवर्सिटी में पढ़ाते हुए अब डी. लिट्. की भी तैयारी कर रहे थे। मैंने कहा–नवीन चीन में विद्वानों के लिए विस्तृत कार्यक्षेत्र प्रतीक्षा कर रहा है। आप थेसिस का काम खतम करते ही चीन जाइये।

भोजनोपरान्त 3 बजे डा. सत्यकेतु मुझे लिए लण्ढौर डिपो की तरफ चले। लण्डौर में श्री जानकीनाथ इंजीनियर मिल गए। उनका अपना भी मकान बिकाऊ था, जिस मकान को दिखलाने चले थे, उसके वह एजेंट थे। डिपो और मसूरी की सबसे ऊँची टेकरी लाल टिब्बा। है। उस समय लाल नाम इतना भयंकर नहीं था, नहीं तो कोई दूसरा ही नाम पड़ता। वहाँ से दूर-दूर तक उत्तर में हिमालय-श्रेणियाँ और दक्षिण में मैदान दिखाई देता है। हाँ, यदि बादल बाधक न हों। टिब्बे के बाद एक विशाल बँगले में ले गए, जिसमें उस समय पाँच यूरोपीय परिवार ठहरे हुए थे। हम इतने बड़े बँगले को लेकर क्या करते ? फिर 'सी-फोर्म' बँगले को दिखाया। डिपो पर्वत की परिक्रमा सड़क है, जिसके किनारे एक-दूसरे से हटकर कितने ही बँगले बने हुए हैं। डिपो को अंग्रेजों ने सबसे पहिले आबाद किया। डिपो का मतलब कम्पनी के जमाने में सैनिक छावनी था। बीमार गोरों के लिए ही इस जगह को पसन्द किया गया था। मसूरी के दूसरे सभी पहाड़ों से यह ज्यादा हरा-भरा है, और देवदारों के कारण सुन्दर है। साढ़े सात हजार फुट की ऊँचाई होने से यह सर्द भी अधिक है, और जाड़ों में यहाँ बर्फ पहिले पड़ती है। 'सी-फार्म' के साथ साढ़े पाँच एकड़ जमीन भी थी। इससे काफी हटकर एक और बँगला और कुटीर मिला। बँगला साढ़े 12 हजार में मिल जायेगा, यह जानकर प्रसन्नता हुई। छोटा-सा, किन्तु सुन्दर था। सामने छोटी-सी फुलबगिया थी, और साग-सब्जी के लिए खेत भी काफी थे, जिनमें आलू लगे हुए थे। उस समय वहाँ डेन्मार्क का राजदूत ठहरा था। छोटे-छोटे कई कमरे थे। मैं मुग्ध हो गया। उस समय जरा भी ख्याल नहीं आया कि यह मसूरी का कालेपानी है, जहाँ सीजन में भी आदमियों के बहुत कम चेहरे दिखलाई देते हैं। करीब-करीब मैं तै कर चुका था। फिर हम उसके साथ लगे हुए कुटीर को देखने गए। कुटीर में दो-तीन कमरे थे, और सस्ते के कारण एक यूरोपीय पादरी अपनी पत्नी के साथ ठहरे हुए थे। कुटीर से आगे चलने पर रास्ते में वह मिल गए। श्री जानकीनाथजी ने उनसे खैर-सलाह पूछी, तो वह मुँह गिराकर बोले–"जरा ही इधर-उधर गया था कि कल हमारा कम्बल कोई उड़ा ले गया।" इस जगह के बँगले का यह दूसरा रुख भी मालूम हो गया। मैं इस खतरे को मोल लेने के लिए तैयार नहीं था, इसलिए उस बँगले और डिपो में कहीं भी मकान लेने का ख्याल छोड़ देना पड़ा। 20 जून को सवेरे 8 बजे सुशीलाजी और डाक्टर साहब के साथ हेपीवेली की ओर निकले, जिसे देखते ही मैंने उसका नाम सुभूमि रख दिया। मसूरी के एक छोर पर यह सुन्दर स्थान है, जिसमें बहुत-से बँगले बने हुए हैं। चार्लविल का फाटक आया, फिर नीचे जाने वाले रास्ते को पकड़ा। हेपीवेली क्लब के सामने काफी लम्बा-चौड़ा मैदान देखा। एक फाटक पर बिड़ला-भवन का नाम उत्कीर्ण देखा। आगे चुंगी की चौकी मिली। वाएँ दो बँगलों को छोड़कर हम हर्न-क्लिफ पहुँचे। न जाने क्या सोचकर उस दिन की डायरी में ब्रेकेट में इसका नाम 'मार्क्स भवन' भी रख दिया। शायद बिड़ला-भवन से तुक मिलाई। उस समय चौकीदार मौजूद नहीं था, इसलिए मकान को बाहर ही से घूमकर देखा। साढ़े 16 हजार के आस-पास मकान पट जायेगा, यह ख्याल कर मन में और भी उछाह था–अग्रिम 25 हजार रुपये बैंक में आ ही चुके थे।

शाम को फिर आकर भीतर से जाकर देखा। बीच में एक बड़ा हॉल और उसकी अगल-वगल में हॉल जैसे दो शयनकक्ष, जिनके दोनों सिरों पर दो स्नानगृह थे। सामने सीसेवाला बरॉडा दो कमरों की शकल में मौजूद था। दिमाग उड़ने लगा–शयनकक्ष बैठक भी हो सकती है, और अतिथि-निवेशन भी। वस्तुतः छः कमरों की जगह थी, किन्तु बड़ा बनाकर रख दिया गया था। विभाजन करके हॉल को दो बनाया जा सकता है, या भोजनालय के तौर पर एक ओर बरॉडे को इस्तेमाल किया जा सकता है। शयनकक्षों को विभाजन द्वारा दो बनाया जा सकता है, और बरॉडा लेकर एक समय तीन अतिथियों का काम चल सकता है। औट हौस (बाहरी

घर) में दोमंजिला आठ कोठरियाँ थीं, जिनमें से एक को अतिथि-भवन में भी परिणत किया जा सकता है, यदि उसकी बगलवाली को स्नान-कोष्ठक बनाया जा सके। बँगले की अगल-बगल में साग-सब्जी के लिए खेत भी था। सामने बहुत स्थान नहीं था, किन्तु फाटकवाले पार्श्व में बैठने का एक अच्छा स्थान बनाया जा सकता था। दो एकड़ जमीन और साढ़े 16 हजार रुपया दाम बहुत ज्यादा नहीं लगा। पता लगा, टेहरी रानी की सम्पत्ति है। मकान के बारे में निर्णय हो चुका था, तो भी लौटते वक्त हम दूसरे रास्ते से चले। वहाँ पटियाला के राजकुमार और उनके साले दलीपपुर के राजा की कोठियाँ देखीं। राजा साहब की कोठी में बहुत-से कमरे थे, लेकिन दाम 40 हजार माँग रहे थे। राजकुमार तो लाख की बात करते थे। कुछ ही दिनों बाद ये कोठियाँ मिट्टी के मोल गईं, पर उस समय अभी लोग लाखों की सोचते थे। मैं हर्न-क्लिफ को पसन्द कर चुका था। और कोठियाँ कोई ऐसी देखने को नहीं थीं, या यह कहिये कि उतावले आदमी के पास उसके लिए फुरसत नहीं थी। हर्न-क्लिफ भाग्य से बँध गया, और उस रात निश्चिन्त होकर सोया।

23
मसूरी को

21 जून को एजेन्ट से बातचीत हुई। दाम अधिक कहते थे, लेकिन साढ़े 16 हजार से उपर बढ़ने के लिए मैं तैयार नहीं था। उस समय ऐसे मकान का उतने से ज्यादा दाम नहीं हो सकता था, और आज तो 20 हजार खर्च करके यदि आधा मिल जाए तो बहुत समझिये। पड़ौसी 'किलडर' वाले जो 60 हजार से कम की बात सुनने के लिए तैयार नहीं थे, पीछे 22 हजार मिलने पर स्वामिनियों ने इसे बहुत समझा। शाम तक उतने ही दाम पर मकान ठीक हो गया। मकान पुराना था, लेकिन हमने सोचा, दस-बीस साल तो चल ही जाएगा। किताबघर की ओर जा रहे थे, तो रास्ते में श्री जगदीशचन्द्र माथुर पत्नी सहित मिल गये। आजकल बिहार सरकार के शिक्षा-सचिव थे। बड़े मुस्तैद पुरुष हैं। बिहार सरकार ने डा. जायसवाल रिसर्च इन्स्टीट्यूट कायम करना निश्चय किया था। माथुर साहब ने बतलाया कि इसके खर्च के लिए इस साल 25 हजार रुपया रखा गया है। जायसवालजी से मेरे सम्वन्ध और मेरे काम के वारे में उन्हें जानकारी थी। हिन्दी के एक अच्छे साहित्यकार के नाते वह मुझसे परिचित थे। सबसे पहिले हमारा परिचय उस समय हुआ था, जबकि लड़ाई के दिनों में कम्युनिस्ट होने के कारण मैं हजारीबाग जेल में बन्द था, और माथुर साहब आई. सी. एस. करके काम सीखने के दौरान जेल में आए। मेरे जैसे खतरनाक राजबन्दी के साथ उस समय मुलाकात करना नये अफसर के लिए खतरे की बात थी, लेकिन माथुर साहब को अपने ऊपर विश्वास था। जायसवालजी के नाम की संस्था में काम करने की इच्छा क्यों न होती, लेकिन न मैं नौकरी कर सकता था, और न बिहार की गर्मी-बरसात को बर्दाश्त कर सकता था। मैंने यही कहा कि मैं सहयोग देने को तैयार हूँ, किन्तु वैतनिक कार्य नहीं कर सकता। किताबघर (लाइब्रेरी) को सौ साल पहिले अंग्रेजों ने अपने लिए स्थापित किया था। पहिले इसमें अंग्रेज छोड़ कोई मेम्बर नहीं बन सकता था। अब छूट थी, यद्यपि प्रबन्ध एंग्लो-इंडियन पुरुषों और महिलाओं के हाथ में था। इसके अपने मकान में नीचे कई दूकानें हैं, और सदस्य-शुल्क भी आता है, इसलिए इसे निर्धन नहीं कहा जा सकता। सौ साल में बहुत-सी काम की पुस्तकें जमा हो सकती थीं, लेकिन वहाँ हल्की-फुल्की पुस्तकें ही ज्यादा देखीं। हिमालय के सम्बन्ध की एटकिन्सन की जैसी महत्त्वपूर्ण पुस्तकों का अभाव था।

22 तारीख को फिर एजेन्ट साहब ने मकान के दाम बढ़ाने की बात शुरू की। पहिले तो मालूम हुआ, अब दूसरा घर ढूँढ़ना पड़ेगा। हम उससे एक पैसा भी आगे बढ़ने के लिए तैयार नहीं थे। अन्त में उतना ही ठहरा, मैंने दो हजार बयाना दे दिया। डा. सत्यकेतु को पाँच सौ रुपया लेकर मकान की मरम्मत और सफेदी आदि कराने के लिए कह दिया। डा. केसकर डा. सत्यकेतु के पेरिस से परिचित थे, और मुझसे भी देखादेखी थी। उस दिन शाम को लक्स-मौंट में वे चाय पीने के लिए आए। मुझसे भी दरस-परस हुआ। उस शाम को फिर हर्न-क्लिफ गया। हर्न-क्लिफ के सारे गुणों को देखने के लिए न उस समय मेरे पास आँखें थीं और न

उसके दोषों को ही देख सकता था। मुझे बारहों महीना मसूरी में रहना था, जहाँ जाड़ों में कितनी ही बार दिन में भी तापमान हिमविन्दु से नीचे रहता है। ऐसे समय के लिए इसका सीसेदार बराँडा बहुत अनुकूल साबित हुआ, क्योंकि उसमें सूर्योदय के समय ही सूर्य की किरणें आ जातीं, और सूर्यास्त तक हटने का नाम नहीं लेती थीं। बराँडे के भीतर या बाहर से हिमाच्छादित गिरिराज की चोटियाँ प्रायः केदारनाथ के पास के जमुनोत्री के करीब तक दिखाई पड़ती थीं। चोटियाँ ही नहीं, उसके नीचे बहुत दूर तक अनेक पर्वत-पंक्तियाँ एक-दूसरे से मिलती क्रमशः उपर उठती चली गई थीं। वर्षा-काल में जब नीचे की सारी पर्वत-स्थली हरियाली से हरी और ऊपर रजतशिखर-शृंखलाएँ निरभ्र दिन में सामने उपस्थित होतीं तो दृश्य बड़ा मनमोहक होता। बादलों के होने पर उपत्यका के एक छोर से दूसरे छोर तक तना हुआ सतरंगा इन्द्रधनुष यहाँ के लिए दुर्लभ चीज नहीं थी। इन गुणों को उस समय मैंने नहीं समझा था, और न इस बड़े दोष को कि ये तीन हॉलों को जो लम्बे-चौड़े ही अधिक नहीं हैं, बल्कि दोमंजिला इमारत के बराबर ऊँचे हैं, आग जलाने का इन्तिजाम होने पर भी कभी गरम नहीं किया जा सकता, आग के पास दुबककर बैठने पर ही थोड़ी-सी गर्मी मिल सकती है। बँगले में फ्लश और वाशबेसिन का इन्तिजाम नहीं था, पर ऐसे बँगले ही यहाँ अधिक मिलते हैं।

नैनीताल–मकान ठीक-ठाक हो जाने पर अब नैनीताल जा सामान सहित कमला को लेकर आ जाना था। 23 जून को श्री प्रोफेसर गयाप्रसाद शुक्ल के यहाँ (सेवक आश्रम रोड पर) सवा 11 बजे पहुँचा। जून का अन्त था। वर्षा होने पर भी पसीना होना आम बात थी, और शुक्लजी के यहाँ पंखे का सहारा लेना पड़ा। मक्खियाँ बहुत थीं। इन दोनों का मसूरी या नैनीताल में अभाव था। देहरादून ने अपनी लीचियों के लिए बड़ी ख्याति प्राप्त की है। यहाँ की अच्छी लीचियाँ अपने स्वाद और आकार में मुजफ्फरपुर की लीचियों से किसी तरह भी कम नहीं होतीं। एक टोकरी लीची सौगात के तौर पर मैंने भी ले ली। साढ़े 7 बजे रात को दिल्ली जानेवाला एक्सप्रेस पकड़ा, जिसमें प्रयाग का डब्बा रहता था। हमारे डब्बे में जबलपुर जानेवाले एक सिक्ख कर्नल, दो 10-12 वर्ष के एंग्लो-इंण्डियन लड़के थे। कर्नल साहब के दो लड़के भी उनके साथ चल रहे थे, और पिता-पुत्र केवल अंग्रेजी में बात करते थे। यह दिमाग भला सिपाहियों से घुलने-मिलने देगा ? लेकिन, अभी तो सारे कुएँ में भाँग पड़ी मालूम होती है। लुक्सर में डब्बा सबेरे तक खड़ा रहा, फिर पश्चिम से दूसरी ट्रेन में जुड़कर 9 बजे बरेली पहुँचा। प्रो. भोलानाथ शर्मा से मिलना चाहता था, लेकिन काठगोदामवाली ट्रेन के जाने में देर नहीं थी। उसे पकड़कर 5 बजे शाम को मैं काठगोदाम पहुँचा, फिर बस पकड़कर पौने 7 बजे नैनीताल। वर्षा हो रही थी। इसी वर्षा में हमें मसूरी स्थान-परिवर्तन करना था। आजकल खूब भीड़ थी, नावों में लोग झिझरी खेल रहे थे, जिसके कारण वह नहीं मिली, और कुली पर सामान उठवाकर रात को ओक लॉज पहुँचा।

25 जून को अतवार था। आज साहित्यकार पं. गोविन्दवल्लभ पन्त आये। बहुत सीधा-सादा, लेकिन तज्ज्ञ के लिए अति आकर्षक व्यक्तित्व है। उन्होंने उपन्यास लिखे, नाटक लिखे और सभी काफी परिश्रम से तथा अच्छे लिखे गए। मुझे आश्चर्य और दुःख भी होता था कि क्यों इस सीधे-सादे पुरुष को हिन्दीवाले समझ नहीं रहे हैं। बहुत-सी बातें शान्तिप्रिय द्विवेदी और गोविन्दवल्लभ पन्त में एक-सी हैं। शान्तिप्रिय द्विवेदी की भी बहुत दिनों तक उपेक्षा रही, लेकिन इस शब्द और अर्थ के सजग शिल्पी को अब हिन्दीवाले पहचानने लगे हैं। इस अष्टावक्र मुनि के ऊपर अपने देह-भर ही का बोझ है, जो मन-भर का भी नहीं है। शान्तिप्रिय को फूँक दें, तो उड़ जाएँ। उनकी कृतियाँ अगर आज से 50 वर्ष बाद अस्तित्त्व में आतीं तो उनके पास अपना बँगला होता, अपनी कार होती, एक से अधिक महिलायें प्राइवेट-सेक्रेटरी, साहित्य-सेक्रेटरी और टाइपिस्ट का काम करतीं। "खाओ, पियो, मौज करो" की ध्वनि घर के दरो-दीवार से भी निकलती, लेकिन आज अजगरी वृत्ति है। सिर समाने के लिए ठीक से घर भी नहीं। अपना घर होता ही कैसे ? किसी साहित्य-रसिका महिला का कृपा-कटाक्ष उन्हें कभी नहीं मिला। शान्तिप्रियजी को अगले जन्म पर विश्वास है, इसलिए शायद वह इस जन्म का घाटा अगले जन्म में सूद-दर-सूद के साथ पूरा कर लें। इतना होने पर भी जब पन्तजी का मुकाबिला शान्तिप्रिय से करते हैं, तो यह कहना पड़ता है कि पन्त को और भी भीषण कष्टों और चिन्ताओं के बीच से होकर गुजरना पड़ता है। नैनीताल में सस्ता होने के कारण वह ऐसे मकान में रहते हैं, जो कभी भी गिरकर

उन्हें चिन्ताओं से मुक्त कर सकता है। क्या इसी ख्याल से तो वह उसमें नहीं रहते ? उनकी कृतियाँ भी मोती के अक्षरों से लिखी गई हैं। 'नूरजहाँ' को उठाते वक्त मुझे ख्याल आया, यह ऐतिहासिक कथा को लेकर लिखी हुई पुस्तक है, जो "दुर्गम् पथः तत् कवयो वदन्ति।" इस दुर्गम पथ में पद-पद पर स्खलित होने का डर है, लेकिन पुस्तक समाप्त करने पर मैं वाह-वाह करते इस बात से असन्तुष्ट हुआ कि मैं ही क्यों इतने दिनों तक इसे देखने से वंचित रहा। पन्त के नामराशि हमारे प्रदेश के मुख्यमंत्री भी हैं। साहित्यकार ने अपने नाम के साथ कोई उपनाम भी नहीं जोड़ा, इसका परिणाम अक्सर यह होता है कि साहित्यकार पन्त की चिट्ठियाँ मुख्यमंत्री के पास चली जाती हैं, और उनके चिट्ठियों के जंगल में भूलकर कितनी ही फिर लौटकर अपने स्थान पर नहीं पहुँचने पातीं। ऐसे सुन्दर साहित्यकार की इस दीन-हीन स्थिति को देखकर दिल बागी हो कहता–"उठकर सभी अट्टालिकाओं में आग लगा दो।" पर यह तो पागलपन होता। अट्टालिकाओं ने क्या अपराध किया ? अट्टालिकायें भी स्वामी-परिवर्तन कर सकती हैं, और उनमें से एक उपन्यास-नाटककार गोविन्दवल्लभ पन्त को और एक मोतियों पिरोनेवाले शान्तिप्रिय को मिल सकती हैं। इन अट्टालिकाओं पर आज अयोग्यों का अधिकार है, अन्धेरनगरी जो है। जब तक अन्धेरनगरी दूर नहीं होती, तब तक सभी जगह अन्धेर-खाता रहेगा।

श्री प्रभुदयाल मित्तल (मथुरा) की पुस्तक 'ऋतु-सौंदर्य' भूमिका लिखने के लिए आई। मित्तलजी ने ब्रजभाषा की कितनी ही निधियों का जिस लगन के साथ संग्रह और सम्पादन किया है, उसे देखते आग्रह को ठुकराना मेरे लिए सम्भव नहीं था। पर, काव्य-कृतियों के सम्बन्ध में राय देने में मुझे हद दर्जे का संकोच होता है। मैं उसके लिए अपने को अयोग्य समझता हूँ। अयोग्य क्यों न समझूँ ? जिन पंक्तियों को सुनकर लोग मस्त हो सिर हिलाने लगते हैं, उन्हें सुनकर या पढ़कर मेरा मन न पसीजता है, न उत्तप्त होता है, जैसे भैंस के सामने बीन बज रही है। सचमुच ही मैं अपने को काव्य-नेत्र का अन्धा समझता, यदि अश्वघोष, कालिदास, वाण, तुलसी, जयशंकर प्रसाद इस पत्थर के दिल को हिलाने और पिघलाने में समर्थ न होते। मित्तलजी की पुस्तक के साथ मैं अन्याय नहीं कर सकता था, पर दूसरे भी कितने ही तरुण और प्रौढ़ कवि जब इसी तरह का आग्रह करते हैं, तो बड़ी मुसीबत आ जाती है। कितनों की सम्मति लिखने की बात करके टरकाना, कितनों को बदरंग वाक्यों में कुछ लिख देना पड़ता है।

26 जून को श्री पुरुषोत्तम कपूर का लखनऊ से भिजवाया दसेरी आम आया। पहाड़ की सर्दी के लोभ में फँसने का यह सबसे बड़ा घाटा रहता है कि आमों के मौसिम में आमों के पास रहने का मौका नहीं मिलता। आम के प्रति मेरा विशेष पक्षपात है, यह कहना आत्मश्लाघा होगी, क्योंकि आम अजातशत्रु नहीं, बल्कि सर्वमित्र हैं। हिमालय की विलासपुरियों में वैसे आम दुर्लभ नहीं हैं, केवल दाम दूना होता है, लेकिन सबसे घाटे की बात यह है कि पेड़ों के नीचे ताजे पके आम को बाल्टी के पानी में रखकर खाने का जो आनन्द आता है, वह आनन्द यहाँ कहाँ ? बाजवक्त तो मालूम होता है, हम आम नहीं, कठोर पैसे खा रहे हैं।

इसी समय खबर पढ़ी, अमेरिका आधे दक्षिणी कोरिया से संतुष्ट न रह सारे को अपनी मुट्ठी में करना चाहता है। उसने अपनी कठपुतली सिगमन री को उकसाकर उत्तरकोरिया पर आक्रमण करा दिया है। असली बात यह थी, लेकिन हमारे यहाँ तो सारे संसार की खबरें रयूटर की मार्फत आती हैं, जो अमेरिका के खिलौने ब्रिटेन की साम्राज्यवादी नीति की प्रचारक एजेंसी मात्र है। अखबारों में छप रहा था, आक्रमण उत्तरी कोरिया ने किया है। उत्तरी कोरिया का कम्युनिस्ट शासन अमेरिका के आँखों का काँटा था, जिसे मान लेने के लिए उसे बराबर अफसोस हो रहा था।

27 जून को परमानन्दजी ने बाकी 15 हजार का चेक भी भेज दिया। दस हजार पहिले आया था, उसमें से खर्च होकर अब तीन हजार रह गया था। अभी 14 हजार मकान का देना था। हम बड़ी शाहखर्ची दिखला रहे थे, लेकिन साल-भर की खर्ची के लिए चिन्ता भी हो रही थी।

28 जून को एकाएक यह खबर पाकर मैं सन्न रह गया कि 26 जून को स्वामी सहजानन्द का देहान्त हो गया। उनके शरीर और रोम-रोम की कर्मठता देखकर मुझे कभी ख्याल भी नहीं हो सकता था कि वह इतनी जल्दी जवाब दे देंगे। पता लगा, उनको रक्तदाब की बीमारी थी। मुजफ्फरपुर जिले में मोटर से कहीं

जा रहे थे। रास्ते में दाब हद से अधिक बढ़ा और उनको लकवा मार गया। अस्पताल पहुँचाना बेकार हुआ। मजूर-किसान राज्य की स्थापना का निर्भय स्वप्नद्रष्टा, शोषितों-पीड़ितों का अदम्य नेता चल बसा। अभी इसी मार्च को तो वह प्रयाग में मिले थे, और आगे की कितनी ही योजनाएँ बना रहे थे। अपने स्नेह के कारण ही तो उस दिन प्रयाग में कितनी ही जगहों पर ढूँढ़ते-ढूँढ़ते आखिर उन्होंने मुझे पकड़ निकाला था। कम्युनिस्ट पार्टी की वर्तमान नीति से उनको मतभेद था, लेकिन पार्टी के वह अनन्य हितचन्तिक ही नहीं, बल्कि भक्त थे। कहते थे, तपे हुए ईमानदार कार्यकर्ता यहीं हैं। यहीं वह तरुण और प्रौढ़ हैं, जो अपने काम को सीखने के लिए पूरी मेहनत करते, खूब पढ़ते, खूब सोचते हैं। ये भ्रष्टाचार में नहीं पड़ सकते। पार्टी ही हमारे देश के भविष्य की एकमात्र आशा है। उस समय पार्टी के कुछ नेता तुरन्त क्रान्ति के लिए काम करना चाहते थे। स्वामीजी उस समय को अनुकूल नहीं मानते थे। कहते थे–हमें भी समझाएँ, छलाँग मारने से हम भी बाज नहीं आएँगे। पर, ऐसा तो तभी होना चाहिए, जब देश की प्रबुद्ध तरुण-मानवता का बहुत बड़ा भाग इस छलाँग में साथ देने के लिए तैयार हों, तभी कुछ बन सकता है। स्वामीजी मेरे जिले (आजमगढ़) के पड़ोसी गाज़ीपुर जिले में पैदा हुए थे, यह कहना पर्याप्त नहीं है, मेरे पितृग्राम से उनका जन्मग्राम कुछ ही कोसों पर था। सबसे पहिले उनका नाम असहयोग के दिनों में सुना था, लेकिन उस समय मैं बिहार में काम करता था, और वह युक्त-प्रान्त में। पहिली मुलाकात 1925 ई. में छपरा में हुई थी। वहाँ भूमिहार ब्राह्मण-सम्मेलन हो रहा था। आरम्भिक सार्वजनिक जीवन में स्वामीजी ने भूमिहारों के उत्थान का बीड़ा उठाया था। यह जाति गिरी हुई नहीं थी। पूर्वी युक्त-प्रान्त और बिहार में ही भूमिहार रहते हैं। वहाँ के बड़े-बड़े जमींदारों की अधिक संख्या भूमिहार थी। किसान होने पर भी वह अच्छी हालत में थे, जिसका यह अर्थ नहीं कि भूमिहारों की अधिक संख्या भूख-प्यास की पहुँच से बाहर है। यह बात कुछ समय बाद स्वामीजी समझ पाए। उस समय स्वामीजी के चरण धोने के लिए सचमुच ही बड़े-बड़े भूमिहार महाराजा और महाराजा बहादुर तैयार थे। सम्मान की सुवर्ण जंजीर से बाहर निकलना आदमी के लिए बहुत मुश्किल होता है। लेकिन, उस सच्चे और निर्भीक-हृदय पुरुष को अपने ध्येय से कोई शक्ति नहीं रोक सकती थी। भूमिहार-सम्मेलन में छपरा में उनसे मिलकर बड़ी प्रसन्नता हुई। किन्तु यह देखकर दुःख भी हुआ कि वह जात-पात के हितों के समर्थक हो रहे हैं। 1926 में कांग्रेस ने कौंसिलों के चुनाव में सीधे भाग लेने का निश्चय किया। बाबू जलेश्वर प्रसाद कांग्रेस की तरफ से उम्मीदवार खड़े हुए थे, और उनके प्रतिद्वन्द्वी कांग्रेस के ही दूसरे कार्यकर्ता बाबू श्रीनन्दन प्रसाद नारायण सिंह थे। श्री नन्दन बाबू को कांग्रेसकर्मियों का बहुत अधिक सहयोग मिला था, जिले के कांग्रेसकर्मी उन्हीं को खड़ा करना चाहते थे। पर जब जलेश्वर बाबू को कांग्रेस ने खड़ा कर दिया, तो मेरे लिए उनका समर्थन करने के सिवा कोई रास्ता नहीं था। जलेश्वर बाबू मेरे घनिष्ट मित्र थे, यह कारण नहीं था, बल्कि श्री नन्दन बाबू का स्नेह और सम्मान भी मेरे प्रति कम नहीं था, इस समय चुनाव-क्षेत्र में स्वामीजी और मैं आमने-सामने थे। जलेश्वर बाबू का सारथी मैं था, और श्रीनंदन बाबू के स्वामीजी। मैं सिर्फ छपरा जिले में ही सबसे अधिक चुनाव-प्रचार का काम करता था, और स्वामीजी कई जिलों में घूम रहे थे। हाँ, चुनाव के दिन जरूर हम दोनों उन थानों में डटे हुए थे, जहाँ के वोट निर्णायक थे। दो दलों के अगुवा होकर वैयक्तिक स्नेह और सम्मान कैसे अटूट रह सकता है, इसका पता मुझे यहीं लगा। स्वामी जी के ऊपर व्यक्तिगत आक्षेप सुनने के लिए मैं तैयार नहीं था, और वही बात उनके मन में भी थी। 1931 में हम अपने उद्देश्यों में एक हो गए, और तब से 19 वर्ष बीत गए, हम एक दूसरे से अत्यन्त समीप रहे–आध्यात्मिक शरीर में हम अभिन्न हो गए। उनसे कितनी आशाएँ बँधी हुई थीं, उनके शरीर को तीन ही महीने पहिले कार्यक्षम देख चुका था। ऐसे पुरुष का एकाएक हमेशा के लिए बिछोह क्यों न असह्य होता ?

मसूरी से डा. सत्यकेतु के पत्र के आने की देर थी, और हमें यहाँ से चल पड़ना था। उनका पत्र महीने की अन्तिम तारीख को आया कि 7 जुलाई तक बँगला रहने लायक हो जाएगा। लेकिन हम 11 जुलाई को ही नैनीताल छोड़ सके।

इधर केन्द्रीय सरकार के कई मंत्रालयों ने हिन्दी पारिभाषिक शब्दों के बनाने का काम अपने हाथ में

लिया था। इसका कारण मौलाना आजाद की उदासीनता या कामरोकू नीति थी। शिक्षा-मंत्रालय को इसके लिए आगे बढ़ना था, पर मौलाना के दिल को बहुत धक्का लगा, जब उर्दू के सम्बन्ध में उनकी बात नहीं मानी गई। अब वह अपनी नाक कटाकर भी असगुन करने के लिए तैयार थे। कृषिमन्त्री ने भी अपने विभाग सम्बन्धी ऐसी परिभाषावलि जमा करने के लिए एक समिति बनाई, जिसमें मेरा भी नाम था। ऐसे ही कुछ और विभागों ने भी समितियों में मुझे रखा, पर मसूरी पहुँचने के साथ मैं अपने सामने के कामों में ही पूरी तौर से लगना चाहता था, जिसमें समितियों की सदस्यता बाधक होती, इसलिए मैंने सबसे इस्तीफा दे दिया।

5 जुलाई से अपनी बिखरी हुई किताबों को फिर बक्सों में डालकर वर्षा से बचने के लिए तिरपाल से मढ़वाना शुरू किया। मकान का बाकी तीन सौ रुपया किराया भी चुका दिया। 9 जुलाई को हमारे पड़ोसी श्री शीतलप्रसाद गुप्ताजी ने एक छोटा-सा भोज दिया, जिसमें नीचे-ऊपर के सभी लोग शामिल थे। मालूम हो रहा था, पिछले तीन-चार महीनों में यहाँ हमारी जड़ भीतर तक चली गई थी। गुप्ताजी का परिवार, बाँकेलालजी का परिवार–दोनों अपने परिवार–से हो गए थे। एक दिन भी मन-मुटाव होने की नौबत नहीं आई। रसोइये की दिक्कत हमें बराबर रहती थी, लेकिन उस समय बाँकेलालजी के यहाँ आग्रहपूर्वक हमारा भोजन तैयार होता। बाँकेलालजी का सारा परिवार आर्यसमाजी था। वह नैनीताल आर्यसमाज के मुखिया थे, और इस समय आर्यसमाज मन्दिर बनाने में लगे हुए थे। उनकी पत्नी शनिवार को मौन रहती थीं, न जाने कितने महीनों या वर्षों से। हमने कभी नहीं कहा, मौन बेकार है, बल्कि उसकी अतिशयोक्तिपूर्वक प्रशंसा करते रहे, जिसके कारण उन्होंने एक दिन अपने इस व्रत को छोड़ दिया। बाँकेलालजी जैसे अदम्य पर्वतारोही थे, वैसे ही वह हँसमुख भी थे, और मेरी सहायता के लिए तो हर वक्त तैयार रहते थे। घर के बच्चे भी बहुत प्यारे थे। रामन माई ने तो कौरवी की सुन्दर कहानियों और गीतों को बोलकर हमारी बड़ी सहायता की थी। उनकी बात भूलने की नहीं, रोज खाना खा 10-11 बजे आकर कहतीं–"कमला रानी, रोट्टी-राट्टी कर ली।" गुप्ताजी और उनकी पत्नी हेमलता रामन माई की तीसरी पीढ़ी लायक थीं। वह ऊपर की मंजिल में हमारी बगल में ही रहते थे, इसलिए उनके साथ रात-दिन का सम्पर्क था।

10 जुलाई को सामान को बुक करने-भिजवाने में गुप्ताजी और श्री विद्याप्रकाश कौंसल ने बड़ी सहायता की। पाँच बक्सों को ही हम रेलवे पार्सल से भेज सके, बाकी तेरह चीजें अपने साथ रखी थीं। गुप्ताजी और विद्याप्रकाशजी की मदद से बस में जगह मिल गई। कमला ने पहाड़ की मोटर-यात्रा के लिए सबेरे से ही तैयारी की थी, मेरी चली होती तो एक प्याला चाय भी न पीने देता। रास्ते में उन्हें पाँच बार कै हुई। वह इसका दोष पेट्रोल की गंध को देती थीं। आँख बन्द करके चलने की बात को भी बेकार मानती थीं। सचमुच ही बेकार थी, क्योंकि यदि मन नहीं तैयार है, तो आँखों के बन्द करने से क्या होता है ? ट्रेन से हम बरेली होकर मसूरी जा रहे हैं, यह खबर श्री भोलानाथ शर्मा को मिल गई थी। वह काठगोदाम पर आ साथ ही बरेली तक जानेवाले थे। उनसे बड़ी सहायता मिली। इसी डब्बे में राजस्थान के ठाकुर कर्नल शार्दूलसिंह भी जा रहे थे। नैनीताल में उनके चाय-सत्कार पाने का सौभाग्य प्राप्त हुआ था। अभी यह पीढ़ी हिन्दी की तरफ झुकी नहीं है, लेकिन उसके साथ एक तरह का स्नेह जरूर पैदा हो रहा था।

हमारी ट्रेन लेट होकर 10 बजे रात को बरेली पहुँची। दून एक्सप्रेस भी एक घंटा लेट था। काठगोदाम से ही हम पं. भोलानाथजी के अरस्तू के 'राजनीतिशास्त्र' के अनुवाद को देख रहे थे। वह अपने काम में बड़े सजग रहते हैं। अगर ग्रीक दार्शनिकों की पुस्तक का कोई नया संस्करण यूरोप या अमेरिका में कहीं निकला सुनते हैं, तो उसकी सहायता लिये बिना अपने काम को अपूर्ण समझते। अरस्तू का लिखा 'एथेन्स का संविधान' नया सम्पादित हुआ था। अनुवाद कर लेने पर यह बात उन्हें मालूम हुई। उस पुस्तक को भी मँगाया। इस प्रकार 1950 के मध्य में 'राजनीतिशास्त्र' हिन्दी में अनुवादित होकर तैयार हो गया, लेकिन उसके प्रकाशित होने की नौबत 1956 में ही आई। यदि पहिले प्रकाशित हो गया होता, तो अरस्तू के कम-से-कम तीन ग्रन्थ और उन्होंने मूल ग्रीक से हिन्दी में कर डाले होते। हिन्दी की यह कितनी बड़ी क्षति है ? ऐसा योग्य विद्वान् इस काम के लिए हर वक्त मिल नहीं सकता। अपनी बेवसी पर हाथ मलना पड़ता था। एक्सप्रेस में पहिले

दर्जे में सिर्फ एक स्थान खाली था, और हम थे दो आदमी। लेकिन, किसी तरह चलना तो था ही। वर्षा भी उस वक्त भिगोने के लिए तैयार थी, कहीं-कहीं गाड़ी की छत से भी बूँदें टपक रही थीं। सामान रखा और दोनों एक सीट पर बैठ गए। पं. भोलानाथजी न होते, तो बहुत मुश्किल होता। अधिक सामान लेकर चलना बड़ी कबाहट है, लेकिन जब कन्धे पर घर-द्वार चल रहा हो, तो उसकी शिकायत क्या ? सबेरे (11 जुलाई) 8 बजे बाद हम देहरादून पहुँचे। पं. गयाप्रसाद शुक्लजी स्टेशन पर आए थे। जलपान करके चलने का उनका आग्रह था, लेकिन मसूरी जाने की बसें स्टेशन के बाहर खड़ी थीं। सारे सामान को लेकर या छोड़कर जलपान के लिए जा फिर यहीं लौटना था। कमला तो जलपान भी नहीं कर सकती थीं, क्योंकि अभी पहाड़ की मोटर-सवारी सामने थी। एक स्टेशन-वान पर सब सामान रखवाया और चल पड़े। बस पर जाते तो किंक्रेग पर ही उतरना पड़ता, वान या टेक्सी से सीधे किताबघर पहुँचा जा सकता था, जहाँ से हेपीवेली नजदीक थी।

नौ कुलियों पर सामान रखकर हम हर्न-क्लिफ पहुँचे। मकान के एजेंट ने कह रखा था कि बिक्री की लिखा-पढ़ी हो जाने पर ही बँगले में रहना होगा, लिखा-पढ़ी अभी हुई नहीं थी। पर, इसका हमें पता नहीं था। बँगले के चौकीदार को भी यह बात मालूम थी, लेकिन उसने बाधा नहीं डाली। उसने बँगला खोल दिया। सफाई अच्छी नहीं हुई थी, लेकिन डा. सत्यकेतु के घुटने में चोट आ गई थी, इसलिए देखभाल नहीं कर सके थे। फर्नीचर में से भी कितने ही उठ गए थे, और हम अचानक आकर बैठ न जाते, तो और भी कितने उठ गए होते। मकानों के बिकते समय अक्सर ऐसा होता है। चार अच्छी चारपाइयों की जगह चार रद्दी चारपाइयाँ थीं। सामान की सूची में आखिर संख्या ही तो लिखी जाती है, और वह यहाँ पूरी थी। एक कमरे की दरी का आधा भाग भी गुम था। कमला ने बँगले को पसन्द किया। हाँ, उसके एकान्त में होने की बात अवश्य कर रही थीं। लेकिन, हर्न-क्लिफ मामूली एकान्त स्थान नहीं था। यह ऐसा बँगला था, जिसके लिए ऋषि-मुनि भी तरसते। मसूरी म्युनिसिपैलिटी की सीमा और बँगले की एक सीमा थी; अर्थात् पश्चिम में इसके बाद कोई बँगला नहीं था। ऊपर हर्नहिल का विशाल बँगला था, जिसका ही हर्न-क्लिफ मेहमानखाना था, और बेचते वक्त ही दोनों की भूमि का बँटवारा हुआ था। हर्नहिल भी वर्षों से किसी रहनेवाले का मुँह नहीं देख पाया था, और वही अवस्था उसके पास की हर्नली बँगले की भी थी। हर्नली के नीचे किल्डेर का दोमंजिला भव्य बँगला था, जिसके पूसांग बहनें और उनके भाई स्थायी निवासी थे। वर्षों तक उनके पड़ोसी रहने का हमें आनन्द मिला।

योगिराज विट्ठलदास (गुजराती) इसी समय मसूरी में आये हुए थे। मेरे साथ उनका अदृष्ट परिचय था। मैंने उन्हें एक सिद्धहस्त घुमक्कड़ पाया। उन्होंने फुर्ती न दिखलाई होती, तो उसी दिन बिजली-पानी हमारे लिए न खुलता। यह भी पता लग गया कि रेलबे पार्सल से भेजी हमारी पुस्तकें औट-एजेंसी में आ गई हैं। पुस्तकों को रखने के लिए सिर्फ दो रैक थे। तीन अलमारियाँ कपड़ों की थीं, तीन-चार कपबोर्ड पुस्तकों को रखने के लिए उपयुक्त नहीं हो सकते थे। दो-तीन अलमारियों की तत्काल आवश्यकता मालूम हुई।

11 जुलाई अपने मकान में पहिली रात थी, अभी वर्षों मुझे इस मकान से असन्तुष्ट होने की जरूरत नहीं थी। उस समय तो बहुत खुशी हो रही थी।

12 जुलाई को मकान ठीक-ठाक करने में दोपहर तक लगे रहे, फिर कमला के साथ लक्समौंट गए। योगिराज ने गुछ गुजराती पकवान तैयार किए थे। योगिराज यौगिक आसन और कितनी ही और क्रियाएँ जानते थे, और उनका प्रयोग रहस्यमय ढंग से नहीं, बल्कि स्वास्थ्य के उपयोग के लिए करते और दूसरों को भी सिखलाते थे। वह अपनी इसी विद्या को लेकर यूरोप घूम आए थे, और कुछ ही दिनों बाद फिर विश्व-परिक्रमा के लिए निकलनेवाले थे। सेठ गोविन्ददास की 'पृथिवी परिक्रमा' में योगिराज न्यूयार्क में मिले थे। कितने सालों से न मिलने पर मन लालायित तो होता है, लेकिन घुमक्कड़ तो बतासपंछी होते हैं, "जो बिछड़ गए सो बिछड़ गए।"

नये मकान को किसी ने लिया है, यह सुनकर एक मिस्त्री आए और कहा, बँगले या पुश्ता कमजोर है, इसे मजबूत करना चाहिए, नहीं तो गिर जाने का डर है। हमें कोई कमजोरी नहीं मालूम हुई। और पुश्ता मजबूत करने का मतलब हजार-डेढ़ हजार स्वाहा करना था। सोच रहे थे—एक रसोइया तो रखना ही होगा,

जिसके लिए भोजन और 35 रुपया महीना देना पड़ेगा। आस-पास जो जमीन है, उसकी फुलवारी सजानी चाहिए, जिसके लिए 40 रुपये मासिक कम-से-कम माली को भी देने पड़ेंगे। सब चाहिए, लेकिन पास में रुपये कितने हैं, इसको भी देखना था, इसलिए उस समय एक रसोइये को ही रखने का निश्चय किया। बाजार से कुछ काम की चीजें खरीदीं, जिसमें 90 रुपये लग गए। रेडियो भी अब अनिवार्य मालूम होने लगा, खासकर इस एकान्त बँगले में उसकी जरूरत समाचार के लिए और मनोरंजन के लिए भी थी। 14 तारीख को 304 रुपये में मर्फी रेडियो आ गया। फ्लश की बात करने पर 16-17 सौ रुपये का अन्दाज लगाया गया। यदि मालूम होता कि वह ढाई हजार से ऊपर होगा, तो शायद हमने उसका संकल्प छोड़ दिया होता। लिखा-पढ़ी करते वक्त हमने ध्यान नहीं दिया, लेकिन अब नक्शा देखने से मालूम हुआ कि हर्नहिल से हर्न-क्लिफ को अलग करते वक्त हमें कम-से-कम जमीन देने की कोशिश की गई, और सीमा को हमारे बँगले की दीवारों के पास रखा गया। कहने के लिए इसमें प्रायः ढाई एकड़ जमीन थी, लेकिन मकान को छोड़कर आध एकड़ भी ऐसी नहीं थी जिसमें साग-सब्जी या फूल-पत्ती उगाए जा सकें। नीचे की ओर बहुत ऊँचा सीधा पहाड़ खड़ा था। इन पत्थरों से हमें क्या लेना-देना था ? जहाँ-तहाँ इसमें कुछ वृक्ष भी थे, लेकिन अव्वल तो उनका कटवाना आसान नहीं था, दूसरे नगरपालिका जंगलों को नष्ट नहीं होने देना चाहती, इसलिए काटने की इजाजत नहीं देती।

16 जुलाई को योगिराज दो और सज्जनों के साथ आए। उनमें से एक ने कहा, थोड़े ही दिनों बाद यहाँ चीते और बघेरे आने लगेंगे। इसका अर्थ था, हमें हथियार के लाइसेंस के लिए दर्खास्त देनी होगी, एक बन्दूक और एक पिस्तौल साथ में जरूर रखनी चाहिए। एकान्त बँगले में कुत्ते का रहना भी आवश्यक है। इन सबसे बढ़कर फिकर यह थी कि नैनीताल में आंशिक कंट्रोल था, और यहाँ आहार की हरेक चीज पर पूर्ण। 17 जुलाई तक पता लगा, अब चौथाई सैलानी ही रह गए हैं। मसूरी में बरसात से पहिले दूसरे सैलानी जगह खाली करके चले जाते हैं, उनमें से किसी-किसी के बीवी-बच्चे-भर रहते हैं। वर्षा के आरम्भ होते ही फिर पंजाब के सैलानियों का सीजन आरम्भ होता है। अब वही ज्यादातर दिखाई पड़ रहे थे। किताबों का बक्स या कोई और सामान उठाकर हम कुली के साथ आ रहे थे। कुली टेहरी का खश (राजपूत) था, बिल्कुल अनपढ़। उसके मुँह से ब्राह्मणों का जबर्दस्त विरोध सुनकर कुछ आश्चर्य हुआ। उत्तर भारत में ब्राह्मण और राजपूत का चोली-दामन का संबंध है–"मनतुरा हाजी बगोयम्, तू मरा हाजी बगो।" दोनों एक-दूसरे की हाँ में हाँ करने के लिए तैयार थे। यह बेसमय की रागिनी कैसी ? लेकिन, इसका कारण था। टेहरी राजा निरंकुश तानाशाह था। वह प्रजा को जरा भी सिर उठाते देखना नहीं चाहता था। इसी निरंकुशता की बलि सुमन का तरुण जीवन हुआ। भवितव्यता के सामने भी उसने खुशी से सिर नहीं झुकाया, बल्कि इसके लिए सकलानी और उनके साथी को शहादत का जाम पीना पड़ा। पर, अंग्रेजों के निकल जाने पर उनके दत्तक पुत्र कैसे टिक सकते थे ? टेहरी रियासत को विलीन होना ही पड़ा। निरंकुशता के खिलाफ प्रजा के आन्दोलन के अगुवों में राजपूत भी थे, लेकिन शिक्षा में बढ़े होने के कारण ब्राह्मणों का आगे रहना स्वाभाविक था। राजा के चरण धोने-चूमनेवालों में भी ब्राह्मणों की कमी नहीं थी। राजा ने यह प्रचार करना शुरू किया कि ब्राह्मणों ने हमारे हजार वर्ष पुराने राजवंश को उच्छिन्न करवाया। आगे कौंसिलों और पार्लियामेंट का चुनाव होनेवाला था, उसका ख्याल करके यह प्रचार और भी जोर-शोर से हो रहा था। उसका प्रभाव कितना दूर तक पहुँच चुका था, इसका प्रमाण उस दिन हम उस कुली के मुँह से सुन रहे थे।

यहाँ हफ्ते-भर तक कभी-कभी बूँदा-बाँदी हो जाती थी, नहीं तो वर्षा का नाम नहीं था। 18 जुलाई को मूसलाधार नहीं सूपाधार वर्षा होने लगी, जैसे आसमान से सूप करोड़ों सूप में भरकर पानी नीचे फेंका जा रहा है। बराँडे में कई जगह छत चूने लगी। वहाँ से चीजें इधर-उधर हटाईं। एक दिन टाट को गन्दा देखकर बाहर सूखने के लिए रखा। वह रात को न हटाने के कारण वर्षा से बिल्कुल भीग गया। अब उसे सूखने में न जाने कितने दिन लगेंगे, और बाहर रख भी नहीं सकते थे। एक शयनकक्ष के पूरे हॉल को ढकने-भर के लिए वह टाट था। वहीं उसे बिछा दिया। डर तो लग रहा था कि भीगा है, सड़ जाएगा, लेकिन रामवास की रस्सी

का टाट जल्दी सड़ना नहीं जानता। जहाँ सफेद फफूँदी आ गई थी, वहाँ भी नहीं सड़ा और बिछा-बिछा सूख गया।

18 जुलाई को महारानी कमलेन्दुमती ने हर्न-क्लिफ की मेरे नाम बेची रजिस्ट्री कर दी। मैं नहीं गया, डा. सत्यकेतु ने सब काम करा लिया। कोई विवाद होने पर सारी जिम्मेवारी हमारे ऊपर रखने की शर्त लगवाई गई थी, जिसे मैंने निकलवा दिया। उसी दिन से डा. सत्यकेतु ने अपने पुराने नौकर मातवरसिंह को रसोई बनाने के लिए हमारे पास भेज दिया। यहाँ मिले नौकरों में वह सबसे अच्छा था। ईमानदार था, काम करने में आलसी नहीं था, और बिना कहे काम को करता जाता था। हाँ, रसोई उतनी अच्छी नहीं बना सकता था, और वेतन भी अधिक था।

मैं भी कभी शीर्षासन किया करता था। योगिराज ने शीर्षासन और हलासन की तारिफ की, तो फिर 19 जुलाई को मैंने शुरू कर दिया। लेकिन बहुत दिनों तक चला नहीं। वस्तुतः बाहर टहलने से बचने के लिए हमारे मन ने यह बहाना ढूँढ़ा था, और पीछे उसने यह भी कह दिया : अब डायबेटीज़ तो जीवन-भर के लिए साथ हो गई है, इसलिए इससे क्या फायदा ?

धीरे-धीरे हम हर्न-क्लिफ के वासी और मसूरी के निवासी हो गए। वहाँ की चीजें कुछ दिनों तक नई-सी दीखती रहीं, पीछे उनका नयापन भी जाता रहा। कमला का स्थान के प्रति स्नेह बहुत सूक्ष्म गति से कम होने लगा। वह तपस्विनी होने के लिए नहीं पैदा हुई थीं, और न जन्मजात घुमक्कड़ थीं।

24
मसूरी का प्रथम निवास

1943 में मैं पहिले-पहिल मसूरी आया था, और मानसरोवर जाते तिब्बत की सीमा के पास के नेलंग गाँव से जल्दी-जल्दी मंजिल मारता यहाँ पहुँचा था। मेरे साथ नेलंग गाँव का एक तरुण था, उसके परिचित किशनसिंह लण्ढौर बाजार में रहते थे। उन्होंने अपनी छोटी-सी दूकान और निवास की कुटिया को दिखलाकर कहा था—"तकलीफ तो होगी, लेकिन यह कुटिया हाजिर है।" उन्होंने कुछ ऐसे स्वर में ये बातें कही थीं कि मैं उन्हीं के पास ठहर गया। कुटिया हो या महल, सब जगह आनन्दपूर्वक रहना घुमक्कड़ के लिए आवश्यक चीज है, मैं उसका अभ्यस्त था। किशनसिंह की फिर याद आई, और 24 जुलाई को कमला के साथ हम घूमते उनके पास गए। मसूरी में उन्हें मैंने सदा अपने स्वजन बन्धु-सा पाया। किशनसिंह कनौर के कनम् गाँव के रहनेवाले थे। अपने भाई-बन्दों की तरह व्यापार के कारण वह भी तिब्बत कई बार गये, और वहाँ की भाषा को अपनी मातृभाषा की तरह बोलने लगे। घुमक्कड़ी में बढ़ते-बढ़ते पैर उन्हें यहाँ लाया, द्विपाद से चतुष्पाद हो गये, आगे षट्पद और अष्टापद हुए। जीविका के लिए दूसरे खम्बा भोटियों की तरह उन्होंने भी सूई-धागा, चाकू-कैंची, साबुन और इसी तरह की सस्ती चीजों की छोटी-सी दूकान खोल ली। सीजन के वक्त उनकी पत्नी क्यूरियो का सामान लेकर होटलों में साहबों के पास भी जातीं, लेकिन अंग्रेजों के चले जाने पर अब इन चीजों के ग्राहक बहुत कम थे। जाड़ों में वह दिल्ली में रहते थे। वहाँ यूरोपियन ज्यादा थे, जो तिब्बत और चीन की इन कलापूर्ण चीजों को पसन्द करते थे। मसूरी में 10-15 खम्बा तिब्बती परिवार थे, जो पहिले से ही यही काम करते आये थे। किशनसिंह ने भी यही जीवन अपनाया था। किसी तरह गुजारा कर लेते थे। किशनसिंह से मिलकर फिर लण्ढौर बाजार के अन्तिम सिरे तक गये। मकान में बढ़ई से कुछ काम करवाना था, पूरनसिंह होशियारपुरी अपने पुत्र के साथ आने के लिए तैयार हुए। कई सीसे टूट गये थे, लकड़ी की चीजों में भी मरम्मत करनी थी, छत कहीं-कहीं चूती थी, औट हौस की बुरी हालत थी। दरअसल इस घर की मरम्मत नाममात्र की ही हो पाई थी। उस दिन लण्ढौर से हम बहुत-सी चीजें खरीदकर लाये। मसूरी में लण्ढौर, कुल्हड़ी और किताबघर तीन बाजार हैं, जिनमें लण्ढौर ही बारहों महीनों का है, क्योंकि यह सिर्फ सैलानियों पर निर्भर नहीं रहता, बल्कि आस-पास के पहाड़ी गाँवों के लोग भी यहाँ चीजें खरीदने आते हैं। पहाड़ों की तरफ भी अब मोटर-सड़कें बन रही हैं, अब बहुत-से ग्राहकों से लण्ढौरवालों को हाथ धोना पड़ेगा। उस समय अंग्रेजों के जाने पर भी उनके सम्बन्ध की बहुत-सी चीजें बिक रही थीं। फौज का बेकार का सामान और दवाओं का ढेर लगा हुआ था, अंग्रेजी किताबें और अंग्रेजों के दूसरे सामान भी बिक रहे थे। मैंने एक पीठ पर का सैनिक झोला भी ले लिया, जिसमें 15 सेर सामान आसानी से आ सकता था। सोच रहा था, अगले साल 'गढ़वाल' के सिलसिले में बदरीनाथ जाना पड़ेगा, उस वक्त यह काम आयेगा। घुमक्कड़ी तो मैं कर चुका था, लेकिन मेरी यह लालसा

अपूर्ण ही रही कि सब सामान अपनी पीठ पर रखकर चला जाए। जिन्दगी में सिर्फ एक बार कुछ दिनों के लिए पहिली तिब्बत-यात्रा में ऐसा मौका मिला था। लेकिन, सामान जरूरत से कुछ अधिक था, और मुझे बोझा ढोने का अभ्यास नहीं था। समझता था, अब अभ्यास करके शायद उसे पूरा किया जा सके। बहुत पहिले घुमक्कड़ी में पैर रखते ही बड़ी साध के साथ इस श्लोक को पढ़ रहा था, "एकाकी निस्पृहः शान्तः पाणिपात्रो दिगम्बरः। कदा भविष्यामि।" पाणिपात्र और दिगम्बर बनकर प्रार्थना करने की साध तो अब नहीं रह गई थी, पर इसकी साध जरूरी थी कि सब सामान अपनी पीठ पर रखकर घूमता। लेकिन, यह क्या उस समय सोचने की बात थी, जब कि मैं घर बाँध चुका था, और कोई कहे, "न गृहं गृहमित्याहुः गृहिणी गृहमुच्यते।" तो गृहणी भी गृह के साथ आ गई थी। कमला के साथ परिचय और घनिष्टता दूसरी स्थिति और दूसरे उद्देश्यों से हुई थी। पर, वह घनिष्टता अब दूसरे रूप में परिणत होनेवाली थी। मैं जब दोनों की आयु का ख्याल करता, तो हिचकिचाता था, समझता था, कमला को सुशिक्षित कर अपने पैरा पर खड़ा कर देना ही ठीक होगा। पर, जब अपने देश के समाज को देखता तो यह नीचे दर्जे का स्वार्थ मालूम होता। आखिर कमला और मेरे साथ रहने को समाज किस अर्थ में ले रहा था, इसकी यदि मुझे पर्वाह नहीं थी, तो यह तो देखना ही था कि दूसरों की टीका-टिप्पणियों का कमला के ऊपर क्या असर होगा। यह सब देखते घुमक्कड़ी का ख्वाब अब बिल्कुल बेकार की बात थी।

24 को ही सरदार पूरनसिंह अपने लड़के के साथ काम करने के लिए चले आए, और कई दिनों तक काम करते रहे। बँगले के कुछ सामान उठ गये थे, लेकिन तो भी काफी सामान थे। गद्दीदार कई कुर्सियाँ मरम्मत के बिना बेकार थीं, दो-तीन छोटी-छोटी मेजें भी गोदाम से निकल आईं। फर्नीचर की मरम्मत के बाद छत को भी रँगना आवश्यक समझा गया। हमारे बँगले की छत बिना रँगी थी। गुणियों ने बतलाया कि रँग देने पर लोहे की चादरें मुर्चे से भी बच जाती हैं, उनकी आयु बढ़ जाती है। खैर, छः वर्ष तो अभी इन चादरों को बदलवाने की जरूरत नहीं पड़ी, क्या जाने यह रँगने ही के प्रताप से हुआ। श्री सेनगुप्त अब भी इलाहाबाद में परिभाषा का काम कर रहे थे। मैं उसकी देखभाल कर लिया करता था, पर पं. बलभद्र मिश्र के हट जाने के बाद मुझसे कोई आशा नहीं रह गई थी। सेनगुप्त को वहाँ युनिवर्सिटी में रूसी पढ़ाने का काम मिल रहा था, मेरी भी इसमें सहमति और सहायता रही। अब वह युनिवर्सिटी में चले गए। लेकिन, उसके बाद भी उन्होंने काम से हाथ नहीं उठाया। कलिम्पोंग में तैयार किए हुए हमारे कोशों में से कितने उनकी ही सावधानी के कारण अच्छी तरह छप सके।

मेरी दो-तीन पुस्तकें गुजराती में अनुवादित हो चुकी थीं। अहमदाबाद के श्री नवनीतलाल मद्रासी गुजराती प्रकाशन का काम करते थे, और मेरे मित्र पं. भागवताचार्य के स्नेहपात्र थे। उन्होंने कुछ और पुस्तकें गुजराती में अनुवाद करके प्रकाशित करनी चाहीं। मैंने अनुमति दे दी, और 'जय यौधेय', 'सिंह सेनापति', 'मधुर स्वप्न', 'जादू का मुल्क' आदि कई पुस्तकें उन्होंने प्रकाशित कीं। उनके पत्र से मालूम हुआ कि आजकल पं. भागवताचार्यजी अफ्रीका गए हुए हैं। स्वामी सहजानंद और स्वामी भागवताचार्य में कितनी ही बातें एक-सी थीं। दोनों ही मेरे स्नेह और सम्मान के एक-से भाजन थे। दोनों ही संस्कृत के प्रकाण्ड पण्डित थे। राजनीति में भी दोनों आगे बढ़े हुए थे, पर स्वामी सहजानन्द जहाँ मजूरों-किसानों के बिल्कुल अपने हो गये थे, वहाँ भागवताचार्य जी गाँधीजी के मानवतावाद तक पहुँचे थे। उन्होंने संस्कृत में गाँधीजी की पद्यबद्ध जीवनी 'भारतपारिजातम्' तीन भागों में लिखी थी।

इस समय वाई. डब्लू. सी. ए. (तरुण महिला क्रिश्चियन सभा) में कई देशों की महिलाओं का क्लास हो रहा था। डा. पा-चाउ से उन्हें मेरे बारे में मालूम हुआ, और उन्होंने मुझे व्याख्यान देखने के लिए कहा। इसमें कोई उजुर नहीं हो सकता था, विशेषकर जब कि इसके द्वारा एसिया के बहुत-से भागों की महिलाओं से भेंट करने का मौका मिल रहा था। पर भारत में अंग्रेजी में व्याख्यान देना मैं पसन्द नहीं करता। इसमें एक तरह की हीनता का भान समझ लीजिए, या अंग्रेजों की भाषा होने से अपने देश में गुलामी का चिन्ह समझकर उसके उपयोग में आत्मग्लानि होती है। हिन्दी जाननेवाला यदि अंग्रेजी में पत्र लिखता, तो मैं उसका जवाब देने से इन्कार कर देता। लेकिन, यदि कोई अंग्रेजी ही जानता है, तो उससे बोलने या पत्र-व्यवहार

करने के लिए अंग्रेजी के व्यवहार में मुझे कोई आपत्ति नहीं। यहाँ भी आखिर जापान, इंडो-चायना, फिलिपीन, सीलोन आदि की महिलाएँ थीं, जो अंग्रेजी ही समझ सकती थीं, इसलिए मैंने उनके यहाँ भाषण देना स्वीकार कर लिया और भाषण दिया भी।

हमारे नीचे का 'हर्न-लॉज' बँगला जान लेडली के पिता की सम्पत्ति थी। बैंक के मैनेजर बूढ़े लेडली थे। अवकाश प्राप्त करने पर मसूरी में 'हर्न-लॉज' और 'आर्टन' दो बँगलों को लेकर यहीं रहने लगे। 'आर्टन' में लेडली पिता-पुत्र रहते, और 'हर्न-लॉज' में एक शरणार्थी सरदार दो-तीन सालों से रह रहे थे। वह कूका सिक्ख थे। कूका गुरु रामसिंह और उनके शिष्यों ने देश के लिए कितना आत्मवलिदान किया, यह सभी को विदित है। उनके सैकड़ों शिष्यों को गोली से उड़ा या फाँसी देकर गुरु रामसिंह को अंग्रेजों ने बर्मा भेज दिया। शिष्यों ने प्रतिज्ञा की कि हम अंग्रेजों की कचहरियों में नहीं जाएँगे, हम अंग्रेजों की रेलों पर नहीं चढ़ेंगे, इत्यादि। और इसका उन्होंने भारत के स्वतन्त्र होने तक निर्वाह किया। सरदार से जब-तब बातचीत हो जाती थी, पर उनका ज्ञान और रुचि सीमित थी, इसलिए हम मामूली बातों तक ही सीमित रहते। उन्होंने बतलाया, यहाँ बघेरे तो हैं, और जाड़ों ही नहीं, गर्मी-बरसात में भी रात को आ जाते हैं, लेकिन अभी तक उन्होंने किसी मानव-पुत्र को कोई कष्ट नहीं दिया, न उस पर हमला किया। हाँ, कुत्तों को वह बिल्कुल नहीं छोड़ते। अपने एक कुत्ते के बारे में बतला रहे थे–अभी सूर्य बिल्कुल डूबा भी नहीं था। लड़के जंजीर में बँधे कुत्ते को खाना खिला रहे थे। इसी समय न जाने कहाँ से वह टूट पड़ा और उसे लेकर चम्पत हो गया। हमारे ऊपर की कोठी 'हर्न-हिल' वर्षों से सूनी थी। एक औट हौस दुमंजिला था, और एक कई कमरों का एकमंजिला नौकरों के लिए। इन कमरों में चौकीदार के अतिरिक्त धोबी, नाई और सीजन के वक्त दूसरे भी काम करनेवाले रहते। धोबिन के कई कुत्ते बघेरा ले गया था। कुत्ते और बघेरे के इस सम्बन्ध को सुनकर हमने सोचा, तब कोई महँगा कुत्ता नहीं लेना चाहिए। लेकिन, कुत्ते के लिए अपनी जान तो महँगी ही होती है। खैर, अभी कुत्ता लेने में देर थी। किशनसिंह से कह रखा था कि एक हमारे लिए भी ढूँढ़ रखें। उनके पास एक सुन्दर तिब्बती कालीन पड़ा हुआ था। कमला उसकी जरूरत नहीं बतला रही थी, लेकिन किशनसिंह को हम कुछ सहायता करना चाहते थे, इसलिए सौ रुपये पर उसे ले आए।

पिछले साल चूक जाने का अफसोस था। इस साल कमला को विशारद की परीक्षा अवश्य दिलवानी थी। चाहे इसके लिए इलाहाबाद ही जाना पड़ता, मालूम हुआ, देहरादून में भी परीक्षा-केन्द्र है। हमने दोनों जगह फार्म भरवा दिया। कमला पहिले ही से कुछ तैयारी कर रही थीं। साल-भर से रात-दिन वह हिन्दी ही बोल रही थीं, हिन्दी पुस्तकों को पढ़ भी रही थीं, मेरी नई पुस्तकों को वही टाइप भी करती थीं, इसलिए भाषा का ज्ञान उनका काफी था, अब पुस्तकों को तैयार करना था।

'हर्न-क्लिफ' में रहने के लिए हथियारों की जरूरत थी। मैंने एक रिवाल्वर और एक बन्दूक के लाइसेन्स के लिए दर्खास्त दे दी। पुलिस इसके बारे में जाँच कर रही थी। पुलिस क्या खाक जाँच करती ? राजनीतिक दृष्टि से मैं पूरा अविश्वसनीय था। विश्वसनीय होने पर भी पैसेवाले को ही अंग्रेज हथियार दिया करते थे। यदि पैसा नहीं है, तो यह तर्क दिया करते थे कि उसे किस चीज की रक्षा करने की जरूरत है। देश को परतन्त्र रखने के लिए उन लोगों को निहत्था रखना भी उनके लिए जरूरी था। स्वतन्त्र भारत के शासन-सूत्रधार अंग्रेजों की बनाई लकीर से जरा भी हिलने-डुलनेवाले नहीं हैं। मालूम होता है, वह भी हमारी जनता से उतना ही डरते हैं, जितना अंग्रेज डरते थे। डरना भी चाहिए, क्योंकि उनका शासन जनता के हित के लिए नहीं, बल्कि कुछ मुट्ठी-भर चोरबाजारी सेठों, और घूसखोर मंत्रियों-नौकरशाहों के लिए है। अंग्रेजों से स्वतन्त्रता की माँग करते, कांग्रेस में प्रस्ताव करते थे कि हर स्वतन्त्र देश के नागरिक को हथियार रखने का अधिकार है, इसलिए हथियार के कानून को रद्द करना चाहिए। पर अब वह प्रस्तावकर्ता अगर जिन्दा भी हैं, तो यह मानने के लिए भी तैयार नहीं हैं कि वह कभी ऐसी माँग करते थे। यदि स्वतन्त्र नागरिक के लिए अपनी रक्षा के लिए बन्दूक और पिस्तौल का रखना नागरिक के हक के तौर पर उचित है, और ऐसा दूसरे देशों में देखा भी जाता है, तो हथियार के कानून को क्यों नहीं उठा के ताक पर रख दिया जाता, और बन्दूक तथा पिस्तौल को भी

लाठी-छूरे की तरह माना जाता ? इन हथियारों के दाम इतने हैं कि गरीब स्वयं इन्हें नहीं खरीद सकते। और मंत्रियों और प्रभुओं को जैसे-तैसे आदमियों के हाथों में इनके जाने से डरना भी नहीं चाहिए, क्योंकि जैसे-तैसे आदमी अगर किसी की जान लेने के लिए तैयार है, तो हथियार का कानून उनको रोक नहीं सकता। क्या गोडसे को उसने रोका ? क्या हमारे देश के भिन्न-भिन्न भागों में लूट-मार करनेवाले सैकड़ों डाकुओं को आधुनिकतम पिस्तौलों, बन्दूकों ही नहीं, बल्कि लुइस गनों के पाने से वंचित किया ? जनता को निहत्थी रखकर, बल्कि उसे इन हथियार लेकर घूमनेवाले लुटेरों की दया पर छोड़ दिया जाता है। किसी भी दृष्टि से देखने से अब हथियार के कानून की आवश्यकता नहीं थी, लेकिन किसी तरह भी सोचने से यह् आशा नहीं कि आज की सरकार इसमें जरा भी ढिलाई करेगी।

खैर, इस समय तो देश के लिए नहीं, बल्कि अपने लिए हथियारों की आवश्यकता थी। पुलिस की रिपोर्ट पर वह नहीं मिल सकती थी। यद्यपि मैं छः-सात हजार रुपये की आमदनी पर टैक्स दे रहा था, और इस प्रकार रक्षा पाने का हक था। उस समय श्री लालबहादुर शास्त्री युक्त-प्रान्त में गृह-विभाग के मन्त्री थे। उनके पास मैंने चिट्ठी लिखी : "मैं ऐसी जगह रहता हूँ, जहाँ हथियार की जरूरत है। पुलिस क्या मेरे बारे में जाँच करके मालूम करेगी। आप मुझे और मेरे राजनीतिक विचारों को भी कहीं अधिक जानते हैं। यह बतलाइये कि लाइसेन्स देने की मनसा है या नहीं।" लालबहादुर शास्त्री वैसे तो बहुत हलके-फुलके मुट्ठी भर के आदमी हैं। शिक्षा के लिए भी उन्हें आक्सफोर्ड या केम्ब्रिज तो दूर, यहाँ के किसी विश्वविद्यालय का भी मुँह देखना नहीं पड़ा, वह काशी विद्यापीठ में पढ़े। लेकिन, न काबुल में गहदों का अभाव होता है, और न दूसरी ही जगहों में। लालबहादुर शास्त्री के विचारों से सहमत होना न मेरे लिए जरूरी था, न मेरे विचारों से सहमत होना उनके लिए; पर मैं अच्छी तरह उनके मूल्य को जानता था, और वस्तुतः इसीलिए मैंने उन्हें सीधे लिखा था। नौकरशाही लाल-फीते से बचना तो मुश्किल था, लेकिन अगर किसी आदमी में उसकी अवहेलना की शक्ति थी, तो वह लालबहादुर शास्त्री थे। उन्होंने ऊपर से हुकुम दिया। मुझे वन्दूक का लाइसेन्स मिल गया और कुछ दिनों बाद पिस्तौल का भी लाइसेन्स आ गया।

6 अगस्त को श्री आनन्दजी के शहर अम्बाला के लाला सूर्यभानजी आये। वह गाँधीवादी और आनन्दजी के पुराने नाम हरनामदास से कुछ परिचित भी थे। आदर्शवाद की पुट तो जीवन में थी। अम्वाला के बाहर कितनी ही एकड़ जमीन थी, जिसमें साम्यवादी परिवार के बसाने का स्वप्न देखते थे। उस समय ख्याल कर रहे थे, कि यहीं पास के 'हर्न-हिल' बँगले को लेकर उसकी काफी जमीन में खेती-बारी करके रहें। लेकिन, कहावत है, "अल्ला मियाँ गंजे को नाखून नहीं देता। नहीं तो वह अपनी चाँद ही कुरेद डाले।" मेरे मन में भी तरह-तरह के स्वप्न आते थे, जिनमें एक स्वप्न को अभी-अभी मकान के खूँटे से बाँधकर पूरा किया। अगर लाख रुपये और मिल जाते, तो इसमें शक नहीं कि 'हर्न-हिल', 'किलडेर' और 'हर्न-ली' को भी खरीद डालते। सोचते, यहाँ साहित्यकार मित्र आकर रहें। ऐसा करने में मेरा अनुभव शायद महादेवीजी से बिल्कुल भिन्न नहीं होता; लेकिन, अल्ला मियाँ ने नाखून न देकर अच्छा ही किया।

7 अगस्त 1950 मेरे लिए बहुत ही स्मरणीय दिवस था। उसी दिन मुझे जन्म-जन्म के बिछड़े मित्र की तरह एक बन्धु से साक्षात्कार करने का मौका मिला। स्वामी हरिशरणानन्दजी जन्मजात घुमक्कड़ थे। यह समान गुण हम दोनों में एक-सा था। योगिराज विट्ठलदासजी के साथ वह पहिले भी एक दिन आए थे, लेकिन उस दिन उनसे परिचित होने का मौका नहीं मिला था। आज वह अपनी पत्नी जानकीदेवी के साथ आए। फिर उनसे बात करने, उनके बारे में जानने का मौका मिला। यद्यपि मुझे उन्होंने देखा नहीं था, पर मेरी पुस्तकों के पढ़ने से मेरा काफी परिचय रखते थे। पहिले मैंने यही समझा कि वह दुर्गम पहाड़ों के जबर्दस्त घुमक्कड़ रहे हैं, एक सफल वैद्य हैं, पीछे कुछ ही दिनों में जब उनकी आयुर्वेद-सम्बन्धी पुस्तकें पढ़ीं, तो यह भी मालूम हुआ कि वह कूपमंडूकता से बहुत दूर हैं, और राजनीतिक-सामाजिक विचार भी बहुत आगे बढ़े हुए रखते हैं। इसके बाद तो हमारी घनिष्टता दिन पर दिन बढ़ती गई। मैं उन्हें भैया कहने लगा। मैं अपने घर में सबसे बड़ा लड़का था, और पास-पड़ोस के परिवार में भी कोई मुझसे बड़ा नहीं था। गोया मैं किसी बड़े भाई को

ढूँढ़ ही रहा था, और वह स्वामी हरिशरणानन्द के रूप में मिल गए। वह हर साल मसूरी आते और कई महीने रहते थे। उस समय बड़ा मन लगता, पुस्तकों के काम को छोड़ने में भी दुःख नहीं होता। हफ्ते में एक दिन जरूर मैं उनके यहाँ जाता और वह भी मेरे यहाँ आते। वह मुझसे कहीं अधिक व्यावहारिक थे, यह कहना उनके गुणों को कम करना होगा। आदर्शवादी रहते भी जितनी व्यावहारिकता रह सकती है, वह सारी की सारी उनके भीतर मौजूद थी। मैं तो इसमें अपने को कोरा समझता हूँ, यद्यपि अबुद्धिवादी न होने के कारण उससे मुझे उतनी हानि नहीं उठानी पड़ी।

स्वामी हरिशरणानन्द की जीवनी अलग लिख चुका हूँ, इसलिए उनके बारे में विस्तार से यहाँ कहने की आवश्यकता नहीं। वह कानपुर में मुझसे दो-तीन साल पहिले पैदा हुए। माँ पहिले मर गईं, पिता भी बचपन ही में चल बसे। साधुओं के सम्पर्क में आए। अयोध्या मेले में गए, और साधु हो हरिदास बन गए। 8वीं-9वीं क्लास तक स्कूल में पढ़े, इसलिए उनको ज्यादा संस्कृत गुरु और समाज की आवश्यकता थी। घुमक्कड़ी देश दिखाने की ओर सुनी-सुनाई बातों से योग के प्रति अनुराग योगी बनने की प्रेरणा दे रहा था। घुमक्कड़ी करते हरद्वार में उन्हें एक योगिराज से परिचय हुआ। योगिराज वैष्णव सखी मत के थे, पर रूढ़िवादी नहीं थे। उन्होंने अपने सम्प्रदाय के सम्बन्ध को दिखलाने के लिए दास को हटाकर हमारे मित्र को शरण बना दिया। बहुत पीछे जब पंजाब में रहने लगे और देखा कि गेरुआ और आनन्द का ज्यादा मान है, तो भाई साहब हरिशरणानन्द बन गए, लेकिन यह बहुत पीछे की बात है। उन्होंने मानसरोवर और हिमालय के दूसरे कठिन स्थानों की यात्राएँ कीं। योग-सिद्धि के लिए ऐसे जंगल के एक पेड़ पर जाकर महीनों के लिए बैठ गए। रात को हाथियों का झुण्ड चरने के लिए वहाँ से निकलता था। गंध लगी, तो पेड़ को हिलाना शुरू किया, लेकिन पेड़ एक हाथी के मान का नहीं था। एक बार हिलाने से मिट्टी का घड़ा ऊपर से गिरा। दंतैल हाथी को मालूम हुआ, कोई बम ही गिरा रहा है, इसलिए वह जान लेकर भागा। उनके पेड़ के पास ही गंगा बहती थी, और जहाँ बहुत चट्टानें पड़ी हुई थीं। एक दिन हाथी का छोटा बच्चा उसमें फँस गया। हाथियों ने उसे निकालने की बहुत कोशिश की। पौ फटते देख वह उसे छोड़कर चले गए। भाई साहब ने अपने दूध देनेवाले ग्वालियों को उसे पोसने के लिए कह दिया। वह पुसता रहा, पर पीछे पूरी पर्वरिश न होने पर मर गया। गंगा के पार के इन जंगलों में हमारे योगिराज इसलिए आए थे कि उन्हें भक्त लोग दिक नहीं करेंगे, लेकिन दिल्ली, कलकत्ता और बम्बई से योगियों की टोह में आये लोगों को पेड़-वासी योगिराज का पता क्यों न लगता ? मन की एकाग्रता करने में तरुण योगिराज को काफी सफलता मिली थी, पर अब स्थान एकान्त नहीं रह गया था। वह जमुना के किनारे पौंटा के पास कुटिया में अभ्यास करने लगे। कुटिया क्या, साँपों की मढ़ी थी। विश्वास था, अहिंसा में प्रतिष्ठित होने पर सभी प्राणियों से द्रोह या डर नहीं रहता, जो सरासर झूटी बात थी। भला भेड़ें बेचारी किसके खिलाफ हिंसा करती हैं, बकरियाँ किसका अनभला चाहती हैं, लेकिन यह जंगली रहने पर हिंस्र पशुओं के लिए स्वाभाविक भक्ष्य हैं, और ग्राम्य होने पर नागरिकों के लिए। संयोग समझिए, जो भाई साहब को किसी विषधर ने नहीं सूँघा। ध्यानावस्थ होते वक्त एक बार साँप उनके ऊपर गिरा। उसकी मानसिक प्रतिक्रिया ऐसी हुई कि फिर वह अभ्यास में नहीं जुट सके। कोशिश करते, तो मन में ऐसी विह्वलता पैदा होती कि जान पड़ता अब उससे हाथ धोना पड़ेगा। योग का रास्ता उन्होंने छोड़ दिया।

अब केवल घुमक्कड़ी उनके सामने थी, लेकिन उसके साथ ही उनका मन भिखमंगी से विद्रोह करता कहता था—"तुलसी कर पर कर धरो, कर तर कर न धरो।" उन्हें ख्याल आया, वैद्यक स्वावलम्बी बनने के लिए सबसे अच्छा साधन है। नाहन में रहते वैद्यक की परीक्षा पास कर ली। इसके बाद घुमक्कड़ी और चिकित्सा करने से भी अधिक आयुर्वेद की पुस्तकों की खोज उनका लक्ष्य हो गया। कथा-संक्षेप करते कहें—"पर्यटन् विविधान् लोकान्" वह एक समय अमृतसर पहुँचे। जलियाँवाला बाग में सभा हो रही थी। अपने एक चिरमित्र के साथ वहाँ पहुँचे। मित्र (वैष्णवदास) वहीं शहीद हुए। स्वामी हरिशरणानन्द को कुछ अपने मित्र की स्मृति सताने लगी, और उससे भी अधिक नई राजनीतिक चेतना और देश की आजादी की आकांक्षा दिल में लहरें मारने लगी। अब वह पंजाब के हो अमृतसर में रहने लगे। कांग्रेस में काम किया, एक से अधिक बार जेल गए। चिकित्सा

करते-करते आयुर्वेदिक दवाओं के बनाने की ओर ध्यान गया, और उन्होंने पंजाब आयुर्वेदिक फार्मेसी के नाम से अपने तरह की पहिली फार्मेसी खोली। समय इसके अनुकूल था, फार्मेसी का काम बढ़ा। उन्होंने आयुर्वेद की परीक्षा देते समय सोचा था कि मैं लखपति बन जाऊँ, तो आर्थिक चिन्ता से मुक्त हो जाऊँगा। लखपति बनने में उन्हें देर नहीं लगी, और वह और भी बढ़ सकते थे; लेकिन, पैसा कमाना उनका मुख्य ध्येय नहीं था। यह भी कहा जा सकता है कि विज्ञापन के आधुनिक साधनों को पूरी तरह न अपनाकर उन्होंने अपने को अव्यावहारिक नहीं, तो कुछ पुराणपंथी जरूर सावित किया।

अमृतसर में रहते वह स्वामी हरिशरणानन्द बन गए। द्वितीय महायुद्ध का भी काफी समय बीत चुका था। कभी-कभी अस्वस्थ होते अपने शरीर को देखकर उनको सहधर्मिणी की आवश्यकता मालूम हुई। धर्म कहना गलत होगा, क्योंकि भाई साहब का न धर्म पर विश्वास था न भगवान् पर। देख-सुनकर भाभी जानकीदेवी से ब्याह किया। दोनों की अचल जोड़ी न आगे बढ़ी न पीछे हटी। सबका स्वभाव एक नहीं होता, लेकिन स्वभाव में भेद होने से यह जरूरी नहीं कि दो पहिये की गाड़ी न चल पाए। दोनों कभी रूठते भी, फिर मिल जाते।

कलिम्पोंग से लौटकर आई हुई डाक में शासन-विधान-सम्बन्धी परिभाषाओं की दो सूचियाँ भी थीं, लेकिन इसमें बालकृष्णजी का नाम नहीं था, जो खटकने की वात थी। बालकृष्णजी से योग्य इस विषय का जानकार व्यक्ति मिलना मुश्किल नहीं, बल्कि उनके तजर्बे को देखकर कहना पड़ेगा कि असम्भव था। लेकिन, अच्छी सरकारी मशीनों में भी गलती हो जाती है, और यहाँ तो नीचे से ऊपर तक अयोग्यों की ही भरमार है। मन्त्रियों में से अधिकांश जी-हुजूरी या तिकड़म के भरोसे ऊपर पहुँचे। अपने विभाग के सँभालने की उनमें कोई क्षमता नहीं। यदि आई. सी. एस. सेक्रेटरियों के भरोसे सँभालना है, तो किसी भी मिट्टी के लोंदे को वहाँ बैठाया जा सकता है। बाकी जगहों पर भाई-भतीजों-भांजों की या और किसी तरह से घनिष्टता प्राप्त सम्बन्धियों या उनकी सन्तानों की गुंजाइश है। ऐसी अवस्था में योग्यता को कौन देखता है ? कौन-सा योग्य आदमी इस दम घुटनेवाले वातावरण में अच्छी तरह साँस ले सकता है ? इसका परिणाम सारी मशीन का तीन सालों के भीतर ही अकर्मण्य हो जाना हुआ। प्रान्तों से लेकर केन्द्रीय सरकार तक के दफ्तरों में अंग्रेजों के समय से अब चौगुने से भी ज्यादा कर्मचारी हो गए हैं, जबकि देश का क्षेत्रफल पाकिस्तान के अलग हो जाने से कम हो गया है। यह कर्मचारियों की चौगुनी पलटन उतना भी काम नहीं कर पाती, जितना कि अंग्रेजों के समय इनसे चौथाई आदमी कर लेते थे। 10 बजे आफिस का समय हो, तो 11 बजे कर्मचारी और 12 बजे बड़े साहब यदि पहुँच जाएँ, तो बहुत मेहरबानी है। कभी-कभी बड़े साहब का फोन आ जाता है कि आज कचहरी बँगले पर ही होगी। दूर-दूर से तारीख पर कचहरी में जमा हुए लोगों को अब साहेब के बँगले पर दौड़ करनी होगी। वहाँ पहुँचते-पहुँचते यह भी सुनना पड़ता है, डिप्टी-कमिश्नर साहब आज देहात के दौरे पर चले गए हैं। कौन पूछनेवाला है, जब एक ही हाँड़ी के कालिख से सभी पुते हुए हैं, और सभी किसी-न-किसी भाई, चचा या मामा की सिफारिश का बल रखते हैं। पीछे मालूम हुआ, सचमुच ही प्रो. बालकृष्ण को उस स्थान से हटा दिया गया। अन्धेरनगरी, तेरा बेड़ा गर्क हो।

18 अगस्त को सूचना के अनुसार 11 बजे मैं स्थानीय कचहरी में गया। हथियार के लाइसेंस के बारे में जाँच करनी थी। नायब तहसीलदार साहब साढ़े 11 बजे के करीब आए। खैर, गनीमत थी। इन्कम-टैक्स की रसीद के बारे में पूछा। इन्कम-टैक्स ही सरकार के लिए प्रामाणिक चीज है, लेखनी की सम्पत्ति का कोई मूल्य नहीं।

वर्षा के समय पहाड़ी में कहीं पर भूपात होना और कहीं पुल टूट जाना साधारण-सी बात है। लेकिन, मसूरी की तरह जिसके पास सवा सौ वर्ष का तजर्बा हो, वह कठिनाइयों को जानता है, और उसके लिए आदमी मौजूद रहते हैं। 21 की डाक नहीं आई। मालूम हुआ, दाल में कुछ काला है और अगले दिन पता लगा कि देहरादून से आनेवाली सड़क पर कहीं पहाड़ टूट गया। पहाड़ टूटने पर डाक के थैलों को उसी समय भेज देना कोई मुश्किल नहीं था, लेकिन जब बहाना मिल गया, तब क्यों तरद्दुद उठाया जाए।

मैं तो जंगल में आ गया था। अभी मुझे कुछ भी नहीं मालूम हो रहा था कि मैंने गलती की है। हाँ, यह जरूर चाहता था कि पास के 'हर्न-हिल' और 'हर्न-ली' दोनों बँगलों में अगर कोई हितमित्र आ जाए, तो बहुत अच्छा। सूर्यभानुजी पहिले आकृष्ट हुए थे, फिर भैया को भी मैंने आकृष्ट करना चाहा, लेकिन वह मुझसे कहीं अधिक व्यावहारिक थे। वह क्यों इस जंगल के टूटे मकान में 25-30 हजार फँसाने लगे, जब जानते थे कि साल में तीन महीने के लिए तीन-चार सौ रुपये पर केन्द्रीय कुल्हड़ी बाजार के आस-पास अच्छा मकान मिल सकता है।

इस समय चीनी की बहुत दिक्कत थी। मेहमानों के सत्कार का सबसे अच्छा साधन चाय है। चोरबाजार की चीनी बहुत महँगी थी, और भरसक उससे बचना चाहता था। एकाध बार राशन के अधिकारी ने विशेष तौर से कुछ चीनी दिलवाई। फिर हमने सोचा, गुड़ की साफ की हुई अच्छी चाशनी बना ली जाए। गुड़ अपेक्षाकृत सस्ता था और उस पर कन्ट्रोल भी नहीं था। गुड़ के साथ कॉफी पीना मैंने कॉफी की जन्मभूमि कुर्गम में सीखा था। वहाँ रहते-रहते यह मेरा विश्वास जम गया था कि कॉफी के लिए चीनी इस्तेमाल करना उसके स्वाद को घटाना है, इसलिए भी गुड़ की ओर मेरा पक्षपात था, और कॉफी पीने के समय तो मैं बराबर गुड़ की चाशनी ही इस्तेमाल करना चाहता था।

सितम्बर के पहिले सप्ताह में मालूम हुआ श्री पुरुषोत्तमदास टंडन कांग्रेस के सभापति चुने गये हैं। यह भी कहा जा रहा था कि नेहरूजी ने उनके चुनाव का सबसे अधिक विरोध किया था, और यह भी धमकी दी थी कि उनके चुने जाने पर मैं इस्तीफा दे दूँगा। एक बार ऐसी ही परिस्थिति में गाँधीजी का भारी विरोध होते भी सुभाष बाबू कांग्रेस के सभापति चुने गये थे। उस समय कांग्रेस के लिए शक्तिशाली नेतृत्व की आवश्यकता थी। पर आजकल कोई भी कांग्रेस को उस दलदल से निकाल नहीं सकता, जिसमें वह अपने साथ देश को भी लिये जा रही है। कोई त्यागपत्र क्यों देगा, क्योंकि सरकार से निकलकर बाहर उसके लिए करने को क्या है ? लोगों ने यदि नेहरू की बात को ठुकराकर टंडनजी को सभापति बनाया, तो इसका अर्थ यही था कि अभी उनके दिमाग अपरिपक्व थे, और अपनी हानि-लाभ को नहीं समझते थे। नये साधारण चुनाव के बाद जो मूर्तियाँ ऊपर आईं, उन्होंने इस तथ्य को समझा कि नेहरूजी के बिना हमारा काम नहीं चल सकता, साथ ही हमारे बिना उनका भी काम नहीं चल सकता।

'हर्न-क्लिफ' में साग-सब्जी के लिए जमीन जरूरत के मुताबिक काफी थी और नया आदमी उसे देखकर समझेगा कि थोड़ा-सा हाथ-पैर चलाना चाहिए, फिर साग-सब्जी खरीदने की जरूरत नहीं पड़ेगी। मसूरी में साग-सब्जी बहुत महँगी मिलती है। नीचे देहरादून में जो चीज दो आना सेर मिलेगी, वह यहाँ छः आना सेर। साग-सब्जी के लिए आस-पास के पहाड़ी गाँवों को प्रोत्साहन देने की कोशिश नहीं की गई। नई नगरपालिका के निर्वाचन होने पर आशा की गई थी कि वह कुछ करेगी, लेकिन जान पड़ता है, राजा भोज के सिंहासन पर बैठते ही आदमी का दिमाग फिर जाता है। पहिले दो-तीन वर्षों तक मुझ पर साग-सब्जी की खेती की सनक सवार थी। अपने भी काम करता था। जानता तो था नहीं कि गोभी कैसे और कब रोपी जाती है, और टमाटर के लिए क्या करना होता है। अपने, मातवरसिंह और कभी किसी मजदूर को लगाकर वर्षों से घास की चरागाह बन गई क्यारियों को खुदवाया, खाद डलवाई, बाजार से बीज मँगवाया। सोचा, यदि जमीन भीगी हो और खाद पड़ जाये, तो बीज जमेगा। जब बीज ने हफ्तों जमने का नाम नहीं लिया, तब मालूम हुआ कि उसके जमने के लिए तापमान की आवश्यकता है। जाड़ों में वह नहीं जमा करते। तापमान के अतिरिक्त हरेक का अपना काल होता है। हमने सोचा, सभी चीजें जमीन में डाल दो, यह तजर्बा आगे काम देगा। गोभी, टमाटर, पालक, मूली सब के बीजों को डाल दिया।

खेत तो है ही। दुनिया में जब ऐसे खेतों में साग-सब्जी उगाई जाती है, तो हम भी उगा लेंगे, हाँ, कुछ गलती करके, तजर्बा हासिल करके। पर यह मालूम नहीं था कि यहाँ समय-समय पर लंगूरों और लाल मुँह के बन्दरों की पलटन आया करती है। यह घुमन्तू घर बाँधकर रहनेवालों के हरेक श्रम को अपनी ही चीज समझते हैं, और हफ्तों नहीं महीनों से जोगा कर रखी गई फसल को पलक मारते-मारते सफाचट करके चल

देते हैं। इस साल जब हमने खेत को तैयार किया, तो दरअसल फसल का समय बीत चुका था, इसलिए हनुमानजी की काली-गोरी पलटन को नये रैयत से लाभ उठाने का मौका नहीं मिला।

किताबों के रखने के लिए अलमारी की जरूरत थी। कबाड़ियों के यहाँ भैया ने फेरे दिए। 75 रुपए में दो शीशेदार अलमारियाँ हमारे पास पहुँच गईं और हमने आवश्यक किताबों को उनमें सजा भी दिया। जब दाम देने लगे, तो भैया ने उसे लेने से इन्कार कर दिया। मित्रों के साथ ऐसा नाता स्थापित करना मुझे रुचिकर नहीं होता, लेकिन भैयाजी इस साल ही तक नये रहे, अगले साल से वह नवीनता जाती रही, और इस तरह का आग्रह न हमारी ओर से हुआ न उनकी ओर से।

संसार में रहने पर बहुत दिनों के बिछुड़े भी मिल जाते हैं। 33 वर्ष हुए, मैं भी तरुण था और मास्टर विश्वम्भरदयाल भी। प्रथम विश्व-युद्ध के समय 1917 में धौलपुर के राजा ने वहाँ बनते आर्यसमाज मन्दिर को तोड़वा दिया या बनना बन्द कर दिया था। भिड़ के छत्ते में अँगुली दे दी थी। अभी सत्याग्रह की धूम दूर दक्षिण अफ्रीका में ही सुनाई पड़ी थी, लेकिन आर्यसमाजियों ने धौलपुर में उस युद्ध को छेड़ दिया। मेरे गुरु मुंशी महेशप्रसाद जी वहाँ पहुँचे, मैं भी गया, मास्टर विश्वम्भरदयाल भी आ मौजूद हुए, और भी न जाने कहाँ-कहाँ की मूर्तियाँ आईं। स्वामी श्रद्धानन्द भी आए। उन्होंने ही बीच में पड़कर राजा को समझाया। हम में से कितने ही गरम खूनवाले तरुण स्वामीजी को दब्बू कहने से भी बाज नहीं आये। लेकिन, बात आगे नहीं बढ़ी और हफ्ते-भर के करीब ही हमें वहाँ सत्याग्रहियों के कैम्प का जीवन बिताने का आनन्द मिला। मास्टरजी उस समय शायद गुरुकुल कांगड़ी के स्कूल-विभाग के हेड-मास्टर थे। उनके चेहरे और व्यवहार की छाप ऐसी पड़ी थी कि उनसे मिलते-जुलते पटना के कांग्रेसी नेता लाल बाबू से घनिष्टता होने पर मुझे बार-बार मास्टर विश्वम्भरदयाल याद आते। 10 दिसम्बर को वह मेरे घर आये। वृद्ध और बूढ़ी हड्डियों को उठाने के लिए भारी-भरकम शरीर। 'हर्न-क्लिफ' आने में थोड़ी-सी चढ़ाई थी, लेकिन वह आये। उनके पुत्र भारतभूषणजी यहाँ के इन्टर कालेज में अध्यापक थे, वह भी उनके साथ थे। कितनी ही देर तक पुराने और नये युग की बातें होती रहीं।

मसूरी में मेरे आने का पता लोगों को लग गया। हिन्दी पत्रों में सूचना निकल गई थी। वह समय भी आयेगा, जब आज से कहीं अधिक समृद्ध और भारी संख्यावाली मसूरी का अपना दैनिक पत्र निकलेगा, जिसे लोग चाव से खरीदेंगे। उस वक्त मसूरी में कौन आ-जा रहा है, इसका पता लगना मुश्किल नहीं रहेगा। अभी भी अंग्रेजी राज्य की देन दो-तीन साप्ताहिक अंग्रेजी में निकलते हैं, लेकिन वह विज्ञापन के लिए ही हैं। शायद ही कोई उन्हें पैसे देकर खरीदता है। श्री सत्यप्रकाश रतूड़ी ने 'हिमाचल' की धूनी रमा दी है, लेकिन वही बतला सकते हैं कि कैसे वह वर्षों से इसे चला रहे हैं। मसूरी के दूकानदार उसमें विज्ञापन देने को लाभदायक नहीं समझते। यहाँ के अल्ट्रा-माडर्न सैलानी जेन्टलमेन और लेडीज़ तो हिन्दी की ओर देखकर नाक-भौं सिकोड़ना भी पसन्द नहीं करते। कुछ वर्षों रहकर रतूड़ीजी अपने 'हिमाचल' को ऋषिकेश ले गए। यहाँ से तो जरूर वह बेहतर हालत में है। खैर, किसी तरह पं. नरदेव शास्त्रीजी को पता लगा। उन्होंने सूचना दी और 17 सितम्बर को आये। शास्त्रीजी मेरे लिए उन पुरुषों में से हैं, जिनको आदर्श मानकर मैंने अपनी पढ़ाई में आगे बढ़ने की कोशिश की। उनको वेदतीर्थ जान मैंने भी वही रास्ता लिया और मध्यमा पास कर गया। यदि थोड़ा और प्रयत्न किया होता, तो वेदतीर्थ होने में कोई सन्देह नहीं था। शास्त्रीजी आये। स्थान की प्रशंसा करते नहीं थक रहे थे। आखिर गुरुकुल के पारखी ठहरे, और इस एकान्त स्थान में दिखती हिमालय की छटा सामने आकर आदमी की आँखों में चकाचौंध पैदा किये बिना नहीं रहती। भैया भी उस दिन मौजूद थे। वह बड़े खरे आदमी हैं, अपनी बिल्कुल उलटी राय साफ शब्दों में देने में नहीं हिचकते।

अगले दिन भैया आये, तो उन्होंने अपनी कल्पना मेरे सामने रखी। वह व्यावहारिक हैं, लेकिन कल्पनाशून्य नहीं। वह मेरी कठिनाइयों को समझ रहे थे। सोच रहे थे, अपना प्रेस बढ़ाया जाये, पुस्तकों का प्रकाशन किया जाये। अमृतसर में उनका प्रेस था, जिसमें दो-तीन मशीनें थीं। लेकिन अमृतसर भारत के एक कोने में है, सो भी पाकिस्तान की सीमा पर। वहाँ किराये पर मकान मुश्किल से, या बहुत महँगे मिलते हैं। पर आप अपने

मकान या जमीन को बेचना चाहें, तो विभाजन से पहिले जिसका सवा लाख मिलता, उसका 25 हजार मिलना भी मुश्किल है। व्यापारी तो बड़े-बड़े खतरे मोल लेने के लिए तैयार रहते हैं। लड़ाई के दिनों में गोलियों के भीतर से दोनों शत्रु देशों के नागरिक अपने सौदे को एक जगह से दूसरी जगह पहुँचाने में प्राणों की बाजी लगाते हैं। पाकिस्तान-हिन्दुस्तान की सीमान्त चौकियों की गोलियों से लुढ़कने का डर रहता है, तब भी गैर-कानूनी तरह से माल को इधर से उधर करने में लोग बाज नहीं आते। जान पड़ता है, मनुष्य सदा से प्राणों का जुआ खेलता आया है, अब भी वह इसे छोड़ना नहीं चाहता। तो भी कोई उद्योगपति अब अमृतसर में नया कारखाना नहीं खोलना चाहता, कोई व्यापारी अपने व्यापार को यहाँ बढ़ाने की जगह उसे दिल्ली में स्थानान्तरित करना अधिक पसन्द करता है। भैयाजी भी इसे समझते थे, और चाहते थे कि प्रेस को अमृतसर से अन्यत्र लाया जाये। मेरे पास रखने के ख्याल से कितने ही दिनों तक देहरादून के बारे में सोचते रहे। वहाँ जगह-मकान भी देखे। मेरी चली होती, तो प्रेस देहरादून आ जाता। जब प्रेस की बात छिड़ गई, तो ख्याल आया उसे अप-टू-डेट कर देना चाहिए। भैयाजी ने दिल्ली में भी जमीन देखी। उनकी व्यवहार-बुद्धि ने बतला दिया कि देहरादून की बेवकूफी छोड़ो, दिल्ली की यह जमीन ले लो। वहाँ कभी घाटे की गुंजाइश नहीं। प्रेस-प्रकाशन चला, तो चला, नहीं तो अल्ला-अल्ला खैर सल्ला। उन्होंने 54-55 हजार रुपया लगाकर फ़ैज़ बाजार में बड़े अच्छे मौके पर जमीन ले ली। उससे कुछ और अधिक रुपया लगाकर मकान भी खड़ा कर दिया। अमृतसर से प्रेस मँगाकर लगा दिया। देखने लगे, पीर बवर्ची-भिश्ती सब हमें ही होना होगा। प्रेस की मनेजरी करो, कम्पोजीटर टाइप न चुराएँ उसकी देखभाल करो, बाहर से काम ढूँढ़कर लाओ, प्रकाशन में भारी रकम लगाने के लिए तैयार होओ। यदि जवानी होती, तो इसमें शक नहीं, भैयाजी पिल पड़ते। मैं सलाह दे रहा था, क्यों अन्तिम साँस तक के लिए है-है खट-खट कर रहे हैं। गति का रुख बदला। छुड़ाओ इस प्रेस के जंजाल से अपने सिर को। एक-एक करके बेच दिया। अभी भी एक-दो मशीनें बिकने को बाकी हैं। प्रेस जो हॉल में बनाया था, वह अच्छे किराये पर उठ गया। ऊपर की मंजिल पर एक ओर के कमरे अपने लिए रखे और दूसरी ओर का डेढ़ सौ रुपये महीने पर किराये पर दे रखा। तीसरी मंजिल बनने को बाकी है, जिसका तीन सौ रुपया महीना से साल-भर का किराया पेशगी देने के लिए लोग तैयार हैं। कितनी दूर की सूझ ? यदि प्रेस-प्रकाशन नहीं चला, तो भी जायदाद बेकार नहीं है। हजार-बारह सौ रुपये महीने किराया मिलने को तैयार है।

एक जगह घर बाँधकर रहने पर पुस्तकों का संग्रह किया जा सकता था। अब तक तो मेरी अजगरी वृत्ति थी, पुस्तकें मिलती थीं। उन्हें बाँट देता था। पालि, संस्कृत के अपने संग्रह को विहार रिसर्च सोसायटी के पुस्तकालय में रख छोड़ा था, जिसे अब यहाँ मँगाने की सोचने लगा। प्रकाशक मित्रों ने भी अपने प्रकाशनों की प्रतियाँ भेजीं। प्रयाग से पं. गणेश पांडे ने पहिले आरम्भ किया, फिर यशपालजी की पुस्तकें आईं। उसके बाद देवराज जी ने राजकमल प्रकाशन की पुस्तकें भेजीं। धीरे-धीरे हिन्दी की पुस्तकें काफी जमा हो गईं। पुस्तकों के बारे में पहिले ही सयानों ने कह रखा है–"लेखनी पुस्तिका नारी, परहस्तगता गता।" और यहाँ तो लेखक का पुस्तकालय है। अपने लिखने के कार्य में उसे न जाने किस पुस्तक की आवश्यकता पड़े। पर कितना ही संकोच करो, कभी पुस्तकें 'गता' होने के लिए परहस्तगता हो ही जाती हैं।

21 सितम्बर को वाई. डब्लू. सी. ए. में मैंने एशियायी महिलाओं के सामने भाषण दिया। इसमें लेबनान, फिलिस्तीन, जापान, बर्मा, लंका, जावा, स्याम, इंदोचीन और चीन की 50 महिलाएँ थीं। उनका कोई क्लास या सेमिनार चल रहा था। आयु में वह 30 से 60 वर्ष तक की थीं। भाषण के बाद आधा घंटा तक प्रश्नोत्तर चलता रहा। आर्मेनियन महिला मार्क्सवाद के बारे में पूछने लगी। मार्क्सवाद या बौद्ध-दर्शन यह तो मछली के लिए पानी का मिल जाना था। पर ईसाई मिश्नरी आम तौर से कम्युनिज़्म से भड़कते हैं, एसिया में तो विशेष तौर से।

22 सितम्बर को दिल्ली के साप्ताहिक 'नवयुग' में मेरा द्वाराहाट की यात्रावाला लेख छपा। उसी में डा. रामविलास शर्मा का लेख मेरे विरुद्ध निकला, जिसमें उन्होंने यह सिद्ध करने की कोशिश की कि राहुलजी मार्क्सवादी नहीं, केवल बौद्ध हैं। उसमें कुछ सत्य का अंश भी था, लेकिन झूठ का अंश ज्यादा। रामविलासजी उन आदमियों

में हैं, जो किसी बात पर तुल जाएँ, तो वह किसी हथियार को भी इस्तेमाल करने से बाज नहीं आते। इसके बाद और भी लेख उसी तरह लिखे। मुझे जवाब देने के लिए सम्पादक और दूसरे मित्रों ने भी कहा, लेकिन मैंने उसे बेकार समझा। हजारों पृष्ठ मैंने इन विषयों पर लिखे हैं, अगर वह मेरी सफाई नहीं दे सकते, तो कुछ पृष्ठों को "तू-तू मैं-मैं" से काला करना बेकार था। यद्यपि तरुणाई में मैं वाणी के मल्लयुद्ध को पसन्द करता था, कलम से भी और वाणी से भी ऐसा करने में मुझे आनन्द आता था। ऐसी घटनाएँ 'मेरी जीवन यात्रा' के प्रथम भाग में मिलेंगी। अब उस तरह के मल्ल युद्ध की कोई इच्छा नहीं। मुझे बुद्ध का वचन याद आया, "सत्ताहं सद्दो भविष्यति" (झूठे प्रचार का हल्ला सप्ताह-भर रहता है), फिर अपने आप ठण्डा हो जाता है। प्राचीन दर्शनों में बौद्ध दर्शन मार्क्सीय दर्शन के अत्यन्त समीप है। धर्मकीर्ति मार्क्स से, हेगल से भी अधिक समीप है, इसलिए यदि धर्मकीर्ति के दर्शन के महत्त्व को मैं बतलाऊँ, तो आश्चर्य नहीं।

मैंने सिंहलद्वीप में पालि त्रिपिटक के पढ़ते वक्त 'बुद्धचर्या' लिखी थी, और 1931-32 में वह छपी। कितने ही दिनों से वह समाप्त हो चुकी थी। मैं तो समझता था, इतनी बड़ी पुस्तक का हिन्दी में नया संस्करण मेरे जीवन के बाद की बात है। पर देवप्रियजी की कृपा से अब उसका दूसरा संस्करण छपने लगा था। अपनी सन्तान आँखों के सामने न मरे, इसकी प्रसन्नता होती ही है। 25 सितम्बर को बैरिस्टर श्री मुकुन्दीलालजी आये। मुकुन्दीलालजी अपने क्षेत्र में वही स्थान रखते हैं, जो कि जायसवालजी विहार में। दोनों आक्सफोर्ड के स्नातक और बैरिस्टर हैं। जायसवालजी बैरिस्ट्री से उखड़े नहीं, बढ़े हुए खर्च के लिए पर्याप्त न होने पर भी वह महीने में चार-पाँच हजार कमा लेते थे। मुकुन्दीलालजी जमे नहीं। रियासत की चीफ जजी करने चले गए। एक मर्तबा कुछ वर्षों के लिए आप स्थान-भ्रष्ट हो जाइये, तो फिर प्रेक्टिस जमाना मुश्किल हो जाता है। जायसवालजी की तरह मुकुन्दीलालजी भी हिन्दी को आदर की दृष्टि से देखते हैं, और कभी-कभी उसमें लिखते भी हैं। लेकिन, अपने सभी बढ़िया अण्डों को उन्होंने अंग्रेजी की एक ही टोकरी में रखा, यह गलती थी। उनके गम्भीर और सुन्दर लेख अंग्रेजी के बड़े-बड़े पत्रों और पत्रिकाओं में निकलते थे। चित्रकला, विशेषकर पहाड़ी कलम, उनका अपना प्रिय विषय है। उस पर उनके सचित्र लेख कीमती पत्रिकाओं में छपे हैं। अंग्रेजों के राज्य के समय यदि फुर्सत निकालकर अपने विषय पर बड़ी पुस्तकें लिखते, तो छपने में कोई दिक्कत नहीं होती। लेकिन, आजकल अंग्रेजी के समर्थ प्रकाशक भी अंग्रेजी पुस्तकों के प्रकाशन में रुपया लगाने में बड़ी हिचकिचाहट दिखलाते हैं। कला की पुस्तक तो खैर, वीस वर्ष में भी अपने खर्च को नहीं निकाल सकती। मैं उनको देखकर अपने भाग्य को सराहता था। उन्होंने यदि एक टोकरी (अंग्रेजी) में अपने सारे अण्डे रखे, तो मैंने भी एक टोकरी अर्थात् हिन्दी में सब-कुछ लिखा। दो-चार पुस्तकें तिब्बती में या दो-चार संस्कृत में यों ही लिखीं। हिन्दी के लिए दिन पर दिन अनुकूल समय आता गया, और अब सौ-सौ फार्म की पुस्तक लिखने पर भी यह सोचकर झंखने की जरूरत नहीं कि इसे प्रकाशित करनेवाला कहाँ मिलेगा। मुकुन्दीलालजी सही अर्थों में सुशिक्षित और सुसंस्कृत पुरुष हैं। जब भी उनके साथ बात करने का मुझे मौका मिलता है, मालूम होता है, हम दोनों की बगल में जायसवालजी भी बैठे हुए हैं–मुकुन्दीलालजी का जायसवालजी से घनिष्ट परिचय था। इस समय मैं 'गढ़वाल' लिखने जा रहा था। मुकुन्दीलालजी गढ़माता के योग्य पुत्र हैं, और उसके इतिहास और संस्कृति का गम्भीर परिचय रखते हैं। उन्हीं से मालूम हुआ कि परसों टेहरी के महाराजा नरेन्द्रशाह नरेंद्रनगर से अपनी मोटर पर ऋषिकेश जाते, खड्ड में गिरकर मर गये। शराब में धुत् होकर कार हाँकना कभी न कभी ऐसा परिणाम जरूर लाता है। बकरे की माँ कितने दिनों तक खैर मनाती। महाराजा नरेन्द्रशाह निरंकुशता को पसन्द करते थे, लेकिन शिक्षित और योग्य थे, इसमें सन्देह नहीं। हमने उनके ही मकान को लिया था, और हमारी अनुपस्थिति के समय एक बार वह इस बँगले के हाते में भी आये थे। रहता तो बात होती। खैर, मुकुन्दीलालजी वर्षों से बरेली में सरकारी टारपेंटीन फैक्ट्री के मुख्य प्रवन्धक हैं।

उसी दिन (25) भाभीजी के साथ भैयाजी आए। पं. गयाप्रसाद शुक्ल भी सवेरे आए थे। भोजनोपरान्त शुक्लजी देहरादून लौट गये। उन्हें पहाड़ में मोटर पर चलने में कै के मारे जान पर आ बनती है, इसलिए पैरों के भरोसे ही वह पर्वत-लंघन करते हैं। हम लोग कम्पनी बाग गये। जब तक ईस्ट इंडिया कम्पनी का

राज रहा, तब तक सार्वजनिक उद्यानों या दूसरे सार्वजनिक स्मारकों के साथ कम्पनी का नाम जोड़ा जाता था। कम्पनी बाग नाम सुनने से ही मालूम था कि इसकी स्थापना 1857 के पहिले हुई होंगी। मसूरी के मुख्य केन्द्र से जितनी दूर हमारा स्थान है, करीब-करीब उतना ही यह बाग भी है। चार्लविल होटल से ही उसकी भी सड़क अलग होती है। कम्पनी बाग छोटा किन्तु अच्छा बाग है। फूलों की सजावट सितम्बर के अन्त में हो ही क्या सकती थी, वैसे भी उस समय उसकी अवस्था अच्छी नहीं थी! कम्पनी बाग के साथ लगे हुए पहाड़ पर दूर तक अंग्रेजों ने देवदार लगा दिये हैं। डिपो को छोड़ मसूरी का सबसे बड़ा देवदारों का जंगल यहीं है। इसे देखनेवाला समझेगा, यह प्राकृतिक देवदार वन है। पर प्राकृतिक देवदार नौ-दस हजार फुट से नीचे नहीं होता। हिमालय में विशेष-विशेष उपत्यकाएँ ही हैं, जहाँ स्वाभाविक देवदार पाया जाता है। अंग्रेजी शासनकाल में जंगलों की रक्षा की ओर ध्यान जाने पर जंगलात विभाग संगठित हुआ। उसने भी बहुत जगह नये देवदार वन लगाये। कम्पनी बाग में बच्चों के लिए झूला भी है, रेस्तोराँ की कोठरी और मकान भी, लेकिन इनके कभी आवाद होने की सम्भावना नहीं है। अधिकांश लोग अपने साथ खाने-पीने की चीजें लाते हैं, फिर यहाँ कौन अपना रेस्तोराँ या दूकान खोलकर मक्खी मारने के लिए तैयार होगा ? कम्पनी बाग के रास्ते में डा. अमरनाथ झा का बँगला और प्रो. रंजन की बैरक मिली। प्रो. रंजन साइन्स के विद्वान हैं, इसलिए कला के प्रति उदासीनता दिखाएँ, तो कोई आश्चर्य नहीं। सचमुच उसे पाँती से खड़ी तीन-चार सीमेंट की कोठरियों के रूप में देखकर ख्याल आता है, इसे और बेहतर वनाया जा सकता था। डा. झा का बँगला किसी साहेब का पुराना बँगला है, और पहिले-पहिल जो भी उसके भीतर पहुँचता, वह जरूर समझता कि हम इन्द्र की अमरावती के किसी कोने में हैं। वहाँ चारों ओर हरे-हरे वृक्षों और वनस्पतियों की छाया थी। झा साहव के निधन पर यह बँगला मिट्टी के मोल बिक गया।

सितम्वर के समाप्त होते-होते वर्षा खतम हुई मालूम होने लगी। खेत सूख गये थे, तव पता लगा कि यहाँ पानी बिना कुछ नहीं हो सकता। पीने का पानी खेत में डालना एक तो नागरिक-कानून की अवहेलना करना था, और दूसरा वह बहुत महँगा पड़ता था। 'हर्न-क्लिफ' और 'हर्न-हिल' हमारे आने से पहिले एक ही थे। ऊपर पानीघर बना था, जिसमें बरसात का बहुतेरा पानी जमा हो जाता, जो खेतों के लिए साल-भर पर्याप्त होता था। इस समय वर्षों से उस पानीघर की कोई खोज-खबर लेनेवाला नहीं था। छत टूट गई थी, सीमेंट भी उखड़ गया था, जिससे सारा पानी सुरक्षित नहीं रह सकता था। तो भी मोटे पाइप द्वारा छत का पानी हौज में आ जाता था। आजकल खेती के लिए उसका कोई उपयोग नहीं था। हाँ, धोबन को उसके कारण अपना कपड़ा धोने के लिए दो-तीन मील दूर धोबीघट्टा जाने की जरूरत नहीं थी। 'हर्न-हिल' के आउट-हौस में स्थायी रहनेवाले निवासियों में धोबिन, उसका अन्धा-बहरा पति और नन्दू नौकर भी थे। वहरे होने के साथ आदमी यदि अन्धा भी हो जाये, तो सचमुच ही वह मनुष्य क्या, प्राणी भी नहीं रह जाता। दुनिया की किसी चीज को टटोलने-भर का ही उसको अधिकार था। यदि वह आवाज देता तो मालूम नहीं होता कि उसकी आवाज किसी के कान में पड़ रही है। वह नहीं आ रहा है, इसलिए उस पर क्रोध करना चाहिए, अथवा आसपास कोई आदमी नहीं है, इसलिए गुस्सा करने से फायदा क्या ? बुढ़ापे की सीमा के भीतर आ जाने पर उसने तरुणी बरेठिन से ब्याह किया था। कितने ही साल दोनों के हँसी-खुशी से गुजरे। उसी समय एक पहाड़ी छोकरे को कपड़ा धोने के लिए नौकर रख लिया। नन्दू की विरादरी के लोग हजाम का काम करते थे, पर नन्दू ने कपड़ा धोना ही सीखा। फिर समय आया, जब धोवी आँखों और कानों को खो बैठा, और लोथ की तरह अपनी कोठरी में पड़ा रहता। क्या सोचता और क्या बड़बड़ाता था, इसे सुनने की किसी को फुरसत नहीं थी। तो भी बरेठिन उसको खिला-पिला दिया करती, पेशाब-पाखाने में सहायता करती। एक दिन, एक महीना नहीं, बल्कि वर्षों तक ऐसा करना साधारण बात नहीं थी। वह हर वक्त उसके पास उपस्थित नहीं रहती थी, क्योंकि उसे कमाकर अपने पति को भी खिलाना था। आसपास की कोठियों में अब कम ही लोग रहते थे और बरेठिन कपड़ा भी अच्छा नहीं धोती थी, तो भी उसके खाने-पीने के लिए कोई तकलीफ नहीं थी, उसे काम मिल जाता था। नन्दू उसके काम का भागीदार था, पर बरेठिन उसे नौकर ही कहकर याद किया करती थी।

साग-सब्जी उगाने के लिए पानी अब हमारे लिए समस्या थी। यदि ऊपर के मकान को कोई खरीद लेता और पानी घर को ठीक करवा देता, तो मुमकिन है, हमारा भी काम चलता। जम गये गोभी या टमाटर में हर हफ्ते पानी डलवाने की जरूरत थी।

हमारा देश भी विचित्र है। दुनिया में भी जोतिस, हस्तरेखा आदि पर विश्वास करनेवालों का अभाव नहीं है, पर यहाँ की तो दुनिया ही दूसरी है। किसी जोतिसी ने खबर उड़ा दी कि 24-25 सितम्बर को भूकम्प आयेगा। फिर क्या था, लोग शहर के शहर खाली करने लगे, अमृतसर से हजारों भागकर मसूरी आ पहुँचे। देहरादून में हजारों लोग घर छोड़कर मैदान में पड़े रहे। ऐसे जोतिसियों को फाँसी पर क्यों नहीं चढ़ा दिया जाता ? इनकी अफवाहों से चोरों की बन आती है।

कोरिया में घमासान युद्ध चल रहा था। अमेरिका उसमें कूद पड़ा था, और उत्तरी कोरिया की सेना को ढकेलकर वह 38 अक्षांश के ऊपर ले जाने पर तुला हुआ था, अर्थात् वह उत्तरी कोरिया को भी अपनी मुट्ठी में रखना चाहता था। हमारी सरकार ने अमेरिका को सावधान किया कि यदि आगे बढ़े, तो चीन चुप नहीं रहेगा। लेकिन, मदमस्त अमेरिकन थैलीशाही भारत की बात कान में क्यों लाने लगी ? युद्ध ने और तूल पकड़ा। चीन को उसमें कूदना पड़ा, क्योंकि वह अपनी सीमान्त को खतरे में डालने के लिए तैयार नहीं था। नवीन चीन की सेना के विक्रम को अमेरिका देख चुका था। चांग-काइ-शेक को शिखंडी बनाकर वह लड़ा था, हाँ, अपनी सेना द्वारा नहीं, बल्कि सेनापतियों द्वारा। सब करने पर भी कम्युनिस्ट सेना ने चांग-काइ-शेक को प्रशान्त महासागर में फेंक दिया। अमेरिका शायद समझता था, चीन बन्दरघुड़की दे रहा है। प्रायः सारे उत्तरी कोरिया को अपने हाथ में करने के बाद अमेरिका को चीनी स्वयंसेवकों से पाला पड़ा। अब तुरन्त सन्धि-सुलह की बात करना कायरता होती। 10 अक्तूबर को कोरिया में अमेरिकन प्रगति को देखकर हृदय काँप रहा था। अपने व्यक्तित्व को अपने नजदीक से दूर बढ़ाने का यही फल है। पर आदमी यदि ऐसा न हो, तो आदमी ही क्या ? मालूम हो रहा था कोरिया में उत्तरी कोरियनों की हार नहीं, बल्कि हमारी हार हो रही थी।

वर्षों तक हमारा मकान बिना धनी-धोरी का था। टोले-मोहल्ले के लोग उसे अपनी चरागाह बनाये हुए थे। कितने परिश्रम से और महँगा पानी डाल-डालकर गोभी तैयार की थी। 11 अक्तूबर को धोबिन की बकरी ने आकर सब साफ कर दिया। दरवाजे के फाटक को हमने लगवा दिया था, लेकिन बकरी ऊपर की तरफ से आई थी। गुस्सा किसके ऊपर होते ?

15 अक्तूबर को 11 बजे केम्पटी फाल (जलप्रपात) देखने निकले। पीठ का फौजी झोला आखिर किसलिए खरीदा था ? आज उसे पीठ पर रखा और खाली नहीं, कुछ सामान के साथ। 14-15 आदमियों की पलटन थी। डा. सत्यकेतु का परिवार, उनके साथ और भी कुछ परिवार, भैया-भाभीजी, कमला और मैं। वहाँ जाने पर और भी टोलियाँ मिलीं। केम्पटी फाल की सड़क चार्लविल के फाटक के परे से पहाड़ का चक्कर काट कर जाती है। हमने सीधी पगडण्डी पकड़ी। भैयाजी ही उसका कुछ ज्ञान रखते थे, हम भटककर आगे बढ़ गये। फिर चौपाया बनकर पगडण्डियाँ सूँघते असली रास्ते पर जाने की कोशिश की। दूसरा रास्ता मिला, तो कहा—चलो इसी से चले चलो। खैर, किसी तरह प्रपात की ओर जानेवाली सड़क पर हम पहुँचे। प्रपात दूर से ही दिखाई देता है। पचासों फुट ऊपर से आठ-दस हाथ चौड़ी धार गिरती हुई बड़ी सुन्दर मालूम होती है। लेकिन बरसात को छोड़कर इसे रोज नहीं देखा जा सकता, क्योंकि ऊपरी गाँववाले इसके पानी को अपने खेतों के लिए इस्तेमाल करते हैं। 'अनादिकाल' से रविवार के दिन उन्हें हाथ रोकना पड़ता है, तब खेतों में जानेवाला पानी जुटकर चट्टानों पर से नीचे गिरता हमारे नयनों को आनन्दित करता है। हम प्रपात के पास पहुँचे। और लोग उससे आगे बढ़ रहे थे। रास्ते में तेज धार थी, पर जब सब लोग जा रहे थे, तो हमें डरने की क्या जरूरत थी ? कमला की हिम्मत नहीं हुई, इसलिए मैं भी नहीं जा सका। हम चार-पाँच आदमी लौटकर एक खेत में गए, और और लोगों के भी आ जाने पर पिकनिक का बक्स खोला गया। देर तक भोजन होता रहा, गप-शप चलती रही। 3-4 बजे के करीब वहाँ से जमात लौटी। प्रपात की विशेष सड़क आते वक्त उतराई की थी, लेकिन अब वह सीधी चढ़ाई हो गई थी, जिसमें अपराह्न का सूर्य बिल्कुल मुँह पर पड़ रहा था। चढ़ाई, धूप और पीठ पर लादा हैवरशोफ सबने मिलकर एक साथ प्रहार किया। मेरी हालत तो बुरी हो गई। सोच

रहा था, नकली वीर बनने की क्या जरूरत थी, कम से कम इस पीठ के झोले को न लाया होता, तो कुछ तो शरीर हल्का होता। खैर, बीच में लेटना नहीं था, यह शान के खिलाफ होता। किसी तरह वह एक मील का रास्ता पूरा करके चकरौतावाली सड़क पर आ गए और कुछ ही दूर पर चाय की दूकान मिली। "प्राण बचे, लाखों पाये" या "बिल्ली के भाग्य छींका टूट पड़ा"–चाय पीने के बहाने हम वहाँ डट गये। अब सूर्य भी अस्ताचल के पास चले गये थे, रास्ता भी चढ़ाई का नहीं था, इसलिए हमें हिम्मत हारने की जरूरत नहीं थी। पर, भाभीजी को साढ़े-साती सनीचर अब भी छोड़नेवाला नहीं था। वह रास्ते-भर विना पानी के न जाने किस-किस को कोसती आईं। अब मैं बिल्कुल प्रकृतिस्थ था। आगे बढ़ते यह सोच रहे थे कि बारह महीने का रास्ता छोड़कर सीधा 'हर्न-क्लिफ' जाने की पगडण्डी पकड़नी चाहिए। इधर से सीजन के वक्त सैंकड़ों लोग जाते हैं, पर वह कौन रास्ता है, यह हमें मालूम नहीं था। सूर्यास्त हो चुका था। अभी अँधेरा नहीं हुआ था, इसी समय कमला को एक और तरुणी सहायिका मिल गई। दोनों ने सोचा, इन चींटी की चाल चलनेवालों के साथ हम क्यों अपनी जवानी को हँसाएँ ? दोनों फुर्ती से आगे बढ़ीं। न जाने कितने समय तक वे चलती रहीं। हम सोच रहे थे कि अब वह 'हर्न-क्लिफ' पहुँचकर चाय की तैयारी कर रही होंगी। पेड़ों के नीचे कुछ-कुछ अँधेरा हाथ-पैर मारने लगा था। हम एक मोड़ पर पहुँचे, तो मालूम हुआ, मसूरी में दौड़ की बाजी लगी हुई है। दो दौड़बाज़िनें जान तोड़कर पहिले पहुँचने के लिए हमारी तरफ आ रही थीं। हमें सोचने का मौका भी नहीं मिला, और वे पास पहुँच गईं। शायद गिरने से बचाने के लिए दोनों दौड़बाज़िनों को लोगों ने हाथ से पकड़ा। कुछ देर तक तो उन्हें बोलने की फुरसत नहीं थी। हाँ, हमने पहचान लिया कि इनमें एक कमलाजी हैं और दूसरी अध्यापिका सुदर्शनजी की बहिन। अब तर-ऊपर होती साँस कुछ मन्द हुई, और उसी के साथ हमारी जिज्ञासा तीव्रतर हुई। दोनों के मुँह से एक-दूसरे की पूरी करती सारी सूचना मिली।

दोनों साथिनें उमंग में चली जा रही थीं। शीलाजी, सत्यकेतुजी कुछ और तेजी से आगे बढ़ रहे थे। दोनों तरुणियाँ पीछे रह गईं। जंगल का सुनसान रास्ता था। चारों तरफ घने पेड़ थे, जिनमें छाया अन्धकार का रूप पकड़ चुकी थी। आदमी का कहीं पता नहीं था। यह ऐसा जंगल है, जहाँ रीछ और बघेरे का रहना बिल्कुल निश्चित-सा है। पर पीछे हमारे मित्र कुंजजी और दूसरों ने बतलाया कि जिस जगह दोनों तरुणियाँ पहुँची थीं, वहाँ एक जबर्दस्त भूत रहता है। इन्हें क्या मालूम था ? अचानक भूत की जगह पर पहुँच गईं। पत्ते खड़के। मालूम हुआ, कुछ पेड़ों के ऊपर महामारी आ गई है। अब प्राणों का संकट सामने था। बड़े-बड़े वीर भी इस समय ऐसी जगह डट नहीं सकते थे, फिर बेचारी दो अबला तरुणियों के लिए क्या कहना ? उन्होंने यही सोचा, जब तक और कुछ न बिगड़े, तभी तक यहाँ से पीछे मुँह करना चाहिए। मुँह पीछे फिरा, तो पैर फुर्ती दिखलाने लगे। कोई कसर रही तो कमला के साथिन ने पूरा कर दिया। "हूँ-हूँ, मैं तो अपनी माँ की सबसे छोटी लड़की हूँ, क्या कहेंगी, वह। कैसे धीरज धरेंगी ?" पैरों ने अब घोड़े का नहीं, बिजली का रूप लिया। अपनी बेवकूफी पर पछताने के लिए फुर्सत नहीं थी, और दोनों दौड़बाज़िनें हमारे पास पहुँचकर गिरने से किसी तरह बचीं।

यह जरूर फायदा हुआ, भाभीजी कोसना अब भूल गई थीं, और हम दोनों शहीदिनों को साथ लेते उनको ढाढ़स बँधाते 'हर्न-क्लिफ' की तरफ चले। चढ़ाई भी आई, लेकिन मालूम नहीं हुई। रास्ता भूलकर चक्कर काटते बरस दिन के रास्ते ही से लौटने में हम सफल हुए, और पौने 8 बजे 'हर्न-क्लिफ' पहुँचने पर सारा बदन चूर-चूर था।

इस साल श्री परमानन्दजी पोद्दार भी मसूरी आए, और दो-तीन बार मिले थे। राष्ट्रभाषा प्रचार समिति ने हमारी योजना मंजूर की थी। डा. सत्यकेतु ने हिन्दी में 'फ्रेंच स्वयं शिक्षक' लिखना शुरू किया। परमानन्दजी उसके लिए आवश्यक चार-छः टाइपों का प्रबन्ध करके अपने प्रेस में छापने को तैयार थे। उन्होंने एक 40-50 हजार के छोटे हिन्दी कोश की भी कल्पना की थी। बड़े टाइप में कोश की एक-दो प्रतियाँ छापकर उसे स्वीडन में भेज ब्लाक से 50-60 हजार का संस्करण छपवाया जाए। कागज की भूमि में कागज सस्ता होगा, और करीब-करीब कागज के दाम ही पर कोश यहाँ पहुँच जायेगा, जिसका दो रुपया दाम आसानी से रखा

जा सकता है, फिर उसके हाथों-हाथ बिकने में क्या दिक्कत हो सकती है। पर इसमें लगाने के लिए काफी रकम की जरूरत थी, इसलिए यह योजना जन्मते ही मृत्यु को प्राप्त हो गई।

19 अक्तूबर को श्री रामचन्द्र सिंह आये। फिजिक्स के प्रतिभाशाली विद्यार्थी और आइन्सटाइन के शिष्य थे। गुरु के जर्मनी छोड़कर भागने पर साइन्स से पथभ्रष्ट हो गये। कितने ही दिनों वहाँ बिताने के बाद भारत में जर्मन बिजली कम्पनी श्रीमान के यहाँ काम करते रहे। इसी अवस्था में कलकत्ता में मैंने उन्हें देखा था। अब कई सालों बाद वह मिले। कलकत्ता में ही शायद वकालत पास कर ली थी, और अब इलाहाबाद में वकालत कर रहे थे। मसूरी में भी कितने ही समय तक वकालत करते रहे। डॉ. सत्यकेतु अपने मुकदमे के तर्जबे के आधार पर कह रहे थे कि उनमें सफल वकील होने की प्रतिभा है। पर प्रतिभा असंतुलित भी हुआ करती है। मसूरी में वकालत की फीस लेने की जगह उन्होंने पेटी लगा रखी थी। मुअक्किल जितना चाहे, उतना पारिश्रमिक उसमें डाल जाए। वकालत से भी दूसरी चीजें उनके लिए अधिक आकर्षण रखती थीं। आइन्सटाइन के चले जाने पर दूसरे प्रोफेसर के नीचे वह डी. एस-सी. कुछ ही महीने में कर सकते थे। लेकिन उस रास्ते को छोड़ने में उन्हें अफसोस नहीं हुआ। पिछली बार जब से मुझसे मुलाकात हुई थी, तब से उन्होंने संस्कृत पर ध्यान दिया था, और दर्शन तथा महाभाष्य की भी खबर ली थी। ऋषिकेश के एक विद्वान् और त्यागी साधु की प्रशंसा करते नहीं थकते थे। पीछे औरों से भी मालूम हुआ, वह प्रशंसा के योग्य थे। उनसे उन्होंने संस्कृत और दर्शन पढ़ा। रामचंद्र ब्रह्मवादी भी नहीं थे, रहस्यवाद पर भी आस्था नहीं रख सकते थे, क्योंकि साइन्स ने उन्हें बुद्धिवादी बना छोड़ा था। एक से एक अध्यात्म की बड़ी-बड़ी दूकानें भारत में चल रही थीं, किसी दूकान में अपनी बुद्धि रेहन रख मानसिक शान्ति प्राप्त करते। वह बुद्धिवादी और साइन्स-अनुरागी भी रहना चाहते थे, और साथ ही भारतीय दर्शन और संस्कृत की महत्ता का भी सिक्का बैठाना चाहते थे। पंथ नहीं चलाना चाहते थे, लेकिन चाहते थे, उन्हीं की तरह दर्शन के लिए कुछ फकीर साथ ही जाएँ। सोशलिज़्म की आवश्यकता को महसूस करते थे, पर चाहते थे कि दूसरी धमाचौकड़ी भी चलती रही। इसी में कुछ समय या साल उन्होंने अपनी जमींदारी के गाँव के किसानों में भी बिताए थे, और ग्रामोत्थान करना चाहते थे। पहिले गाँववालों पर उनकी विद्या का प्रभाव पड़ा, लेकिन बहुत घुल-मिल जाने पर उन्होंने उन्हें अव्यावहारिक देखा। मेरा-रामचन्द्र जी का सम्बन्ध पहिले ही जैसा रहा। उनको देखकर यही अफसोस होता था कि देश एक बड़ी प्रतिभा से वंचित हो गया।

20 अक्तूबर को विजयदशमी थी। यह उत्तरी भारत के मैदानों का त्योहार है। हिमालय में नवरात्र का मान है, विजयदशमी से उन्हें कुछ लेना-देना नहीं है। हाँ, यदि इसमें कुछ लीला-तमाशा हो, नाच-गाना हो, तो शायद पहाड़ के नर-नारियों को आकृष्ट कर सकती। मसूरी तो अंग्रेजों की थी, उन्हें ये चीजें पसंद नहीं थीं। अब ऐसी परम्परा कायम करने में बड़े श्रम, धन और धैर्य की आवश्यकता है।

बरसात के बाद मसूरी का दूसरा सैलानी-सीज़न शुरू होता है, जो मई-जूनवाले की अपेक्षा छोटा होता है, पर दोनों के सैलानी बँटे हुए हैं। सबसे पहिले अप्रेल में बम्बई तरफ के कुछ थोड़े-से लोग आ पहुँचते हैं। फिर उत्तरप्रदेश, और दिल्ली का सीज़न शुरू होता है। बरसात में पंजाबी लोग रहते हैं, और बरसात के बाद दुर्गापूजा की छुट्टियों का फायदा उठाते कितने ही बंगाली भद्र परिवार आ जाते हैं, लेकिन वे मसूरी की एकान्त निष्ठा के साथ नहीं आते, बल्कि इसी यात्रा में वे हरद्वार, ऋषिकेश, दिल्ली, मथुरा, बनारस सबको शामिल कर लेते हैं। बंगाल-बिहार का पुराना सम्बन्ध है, दोनों एक प्रान्त थे, और बड़ी जद्दोजहद के बाद बिहार अपने को अलग कर पाया था। अब फिर 'पुनर्मूषिको भव' के न्याय को चरितार्थ किये जाने का उपक्रम हो रहा है। इस छोटे सीज़न में बिहार के भी कुछ लोग आ जाते हैं। उस दिन पं. गोविन्द मालवीय मिले। कुछ दुबले मालूम हो रहे थे। उसी दिन शाम को बिहार के मुख्यमन्त्री श्री कृष्ण बाबू सदल-बल सामने सड़क से आते दिखाई पड़े। बिहार अपने वातावरण को, जान पड़ता है साथ ढोये चलता है। बीस आदमियों से कम की मण्डली क्या रही होगी ? दूसरे मन्त्री और मुसाहिब भी थे, शरीर-रक्षक भी थे और दया-दृष्टि के इच्छुक भक्त लोग भी। मसूरी में चहल-पहल थी।

21 अक्तूबर को श्री मुकुन्दीलालजी ने भोलाराम के बारे में बतलाया। 'गढ़वाल' के बारे में बात हो रही थी। भोलाराम भारत के महान् और गढ़वाल के परम यशस्वी चित्रकार ही नहीं थे, बल्कि उन्होंने गढ़वाल का पद्यबद्ध इतिहास लिखा था। उनके ऊपर मुकुन्दीलालजी ने लेख लिखे थे, जिन्हें वह अपने साथ लाये थे। उनसे यह भी मालूम हुआ कि भोलाराम के वंशज श्रीनगर में अब सुनारी का काम करते हैं। अगले साल गर्मियों में बदरी-केदार की यात्रा करनी थी, क्योंकि उसके बिना 'गढ़वाल' पूरा नहीं समझा जा सकता था, सोचा, उसी समय उनके बारे में भी कितनी ही जानकारी प्राप्त करेंगे।

22 तारीख को तजर्बे ने लिखवाया–"यहाँ साग पैदा करना काफी मेहनत का काम है। लंगूर और लालमुँहे आते ही रहते हैं।" अगले दिन मालवीयजी से मुलाकात हुई। वह इस समय हिन्दू विश्वविद्यालय के कुलपति थे। कह रहे थे, हम विश्वविद्यालय में इंडोलोजी का महाविद्यालय स्थापित कर रहे हैं, आपको उसमें आके काम करना चाहिए। बराबर नहीं, तो कुछ महीनों के लिए, और जिस वक्त चाहें उसी वक्त आकर रहें। मैं भी समझता था, काशी इस विषय का विशाल केन्द्र बन सकती है। संस्कृत का केन्द्र वह पहिले ही से है, और वहाँ आसानी से वृहत्तर भारत की जानकारी के लिए भाषाओं और साहित्य के पढ़ाने का प्रबन्ध भी हो सकता है। पर, अब तो मसूरी से जाना असम्भव था, एकान्त के बँगले को किसके ऊपर छोड़कर जाता ?

उसी दिन मैं जब लौट रहा था, तो एक परिचित-से पुरुष ने परम रहस्य के तौर पर कहा–"आपकी पुलिस देखभाल करती है।" वह समझते थे, मुझे यह मालूम नहीं है। देखभाल करती रहे; मुझे उसकी क्या पर्वाह। मेरे विचार तो 'आज की राजनीति' में आ गये हैं, और समय-समय पर अपने लेखों में भी उसे व्यक्त कर देता हूँ। मैं कम्युनिस्ट हूँ, यद्यपि इस समय पार्टी का मेम्बर नहीं था। पर पार्टी के हरेक निर्णय का अपने को जिम्मेवार मानता हूँ, और वही कारण था कि हार हो रही थी। कोरिया में उत्तर कोरियावालों की और यहाँ हमारी नींद हराम हो रही थी, मालूम होता था कलेजे में सैकड़ों सूइयाँ चुभ रही हैं।

बँगले में फ्लश की कमी खटकती थी। युगों से हाथ से पाखाना साफ होता रहा है, मसूरी में भी अधिकांश बँगले फ्लश के बिना हैं, पर मुझे उसका अभाव बहुत खटकता था। देहरादून के गुप्ता सेनिटरी स्टोर्सवालों ने अपनी योजना दी। मैंने उसे मंजूर किया। लेकिन, फ्लश के तैयार होने में अगले साल के आरम्भ तक की प्रतीक्षा करनी थी।

शरद पूनों बड़ी प्यारी होती है। मसूरी में अक्सर उस दिन आकाश निरभ्र होता है। ऊपर नीले आसमान में सोलह कला से उगे चन्द्रदेव, नीचे देवदारों के नोकदार उच्च वृक्षों, बान (बज्रांठ) के घने पत्तों और खुली तथा ढँकी जमीन पर फैली हुई चाँदनी। इस एकान्त स्थान में रात को नीरवता जल्दी छा जाती थी, और कभी-कभी कोई चिड़िया निश्चित सेकेन्ड के बाद अपनी आवाज देती सारी रात बोलती रहती। चाँदनी सामने की हिम-शिखर-पंक्ति पर और भी तेज़ पड़ती और वह गन्धर्वनगर-सी दिखाई पड़ती। 10 बजे रात को चाँद और ऊपर चढ़ गया, चमक और भी तेज हो गई। इस समय हिमश्रेणी पर बादल नहीं था। रजतनगरी के उत्तुंग विशाल सौधों की भाँति हिमालय दिखाई पड़ रहा था, यद्यपि सुस्पष्ट नहीं था। हिमालय लाखों नहीं, बल्कि करोड़ों वर्ष से इसी तरह रहा होगा। शरद पूनों की यही छटा रहती होगी, पर सारा शृंगार बेकार है, यदि उसको देखकर तारीफ करनेवाला न हो। मनुष्य ने ही पृथ्वी पर आकर इस सौन्दर्य के मूल्य को बढ़ाया।

26 अक्तूबर को सारनाथ से भिक्षु धर्मालोक आये। हमारी बिरादरी बहुत बढ़ी हुई है। घुमक्कड़ तो अपने हैं ही, तिब्बत और तिब्बती से सम्बन्ध रखनेवाले भी बन्धु हैं, और बौद्ध भिक्षु तो घुमक्कड़ और बौद्ध दोनों होने के नाते। साहित्यकार भी सहोदर हैं, कम्युनिस्टों के बारे में तो कहना ही नहीं। बहुत वर्ष हो गए, एक अंग्रेज योग-रहस्यवादी विद्वान् डा. इबेंज्वेंज ने योगाश्रम खोलने के लिए ऋषिकेश में 35 एकड़ भूमि ली थी। अब आश्रम खोलने की सम्भावना नहीं रह गई, इसलिए वह इसे महोबोधि के सभा को और कुछ पैसों के साथ देना चाहते थे। सभा ने धर्मालोकजी को जमीन देखने के लिए भेजा था। वह उसे देखकर यहाँ आये थे। कह रहे थे, वहाँ मच्छर बहुत हैं। ऋषिकेश से थोड़ा हटकर जमीन थी। पास में ही मीरा बहिन ने 'पशुलोक' खोल रखा था। मैंने कहा–"दोनों लोक एक जगह रहें, अच्छा होगा। लेकिन, जगह को सँभालते वक्त मसूरी

में भी एक जगह लेनी जरूरी होगी।" उन्होंने पूछा—"क्यों ?" मैंने कहा—"मलेरिया में लोग जब महीनों बीमार रहेंगे, तो उनके लिए एक स्वास्थ्यकर जगह भी चाहिए।" अगले दिन धर्मालोकजी गये, और उसी दिन भैया और भाभीजी भी। उनके साथ ही वह ऋषिकेश गये। भैयाजी अपनी याददाश्त ताजा करने के लिए लक्ष्मण झूला के महन्त रामोदार दास के पास भी गये। अपनी घुमक्कड़ी के समय उन्होंने तरुण रामोदार दास को वहाँ के पहिले महन्त के पास रखवा दिया था। मैं भी बैरागी रहते उनका नाम सुन चुका था, क्योंकि मेरा भी नाम उस समय वही था। 1943 में मैं लक्ष्मणझूला गया और उनके मठ के कई मकानों के विस्तार को भी देखा। न जाने कहाँ से मैंने खबर सुन ली थी कि अब वह इस दुनिया में नहीं हैं। इसे अपनी 'जीवन-यात्रा' में भी लिख मारा। भैयाजी ने उसे पढ़ लिया था।

अक्तूबर के अन्त तक जाड़े का आगमन हो चुका था। फूल सब सूख गये थे। गिरनेवाले पत्ते गिरकर पेड़ों को नंगा कर चुके थे। सफेदा, बीरी, पांगर (चेस्टनट), नासपाती सभी काँटे हो गये थे। हमारे लिए पहिले-पहिल जाड़ा मसूरी में आनेवाला था, उसके बारे में जानकार लोगों से हम जानकारी प्राप्त करने की कोशिश करते थे। मिस पूसांग और उनके परिवार से अब अच्छा परिचय हो गया था। वह बतला रही थीं—1945 में बरफ इतनी अधिक पड़ी कि आना-जाना रुक गया। 60 रुपया लगाकर हमने रास्ता बनवाया। छतों पर इतनी बरफ पड़ गई कि कितनी टूट गईं और कितनों की दीवारें धँस गईं। देखना था, इस साल कैसा जाड़ा होगा।

29 को कानपुर निवासी श्री बलदेवजी आए। उनके साथ मेरठ की श्रीमती शकुन्तलादेवी भी थीं। बलदेवजी प्रायः हर साल ही मसूरी आ जाया करते थे, और उस समय हर साल उनसे बातचीत करने का मौका मिलता। शकुन्तलाजी का तो यहाँ अपना मकान है, और कुछ दिनों के लिए वह यहाँ जरूर आती थीं। इधर उन्होंने सार्वजनिक कार्यों में हाथ लगाया था, इसलिए समय की शिकायत रहती थी। उद्योगपरायण हैं, यह तो इसी से मालूम होगा कि कितने सालों के बाद फिर मेहनत करके उन्होंने मैट्रिक दूसरी श्रेणी में पास किया। चाहतीं तो और भी आगे बढ़ सकती थीं, लेकिन अब उन्हें मेरठ की महिलाओं का नेतृत्व करना था। जिसका जीवन अभी आधा भी न बीता हो, और वैधव्य का भार सिर पर पड़ा हो, उसके लिए अपने जीवन का इससे अच्छा उपयोग और क्या हो सकता है।

भैया और भाभीजी के चले जाने से एक अभाव-सा मालूम होने लगा। जब से मूसरी पहुँचे थे, तब से ही हर सप्ताह दो-तीन बार घंटों हम साथ रहते। यदि हमें स्वामी हरिशरणानन्द के रूप में एक दिली दोस्त मिल गया था, तो कमला को भी जानकीदेवी का स्नेह प्राप्त था। उनके रहते कमला को यहाँ का एकान्त अखरता नहीं था। मैं पुस्तकों में डूबता हूँ, तो सब ग़म गलत हो जाते हैं। 60 के होने में मुझे तीन वर्ष की देर थी। दूसरे के सामने नहीं, बल्कि अपने भीतर भी मैं यह मानने के लिए तैयार नहीं था कि मैं जरा की सीमा के भीतर पहुँच गया हूँ। हाँ 60 वर्ष के बाद जबर्दस्ती जरा ने इसे मनवा लिया। उस समय हफ्ते या दस दिन में मैं शहर जरूर चला जाता था। शहर का मतलब किताबघर भी हो सकता था, क्योंकि वहाँ भी बहुत-सी दूकानें हैं, पर मैं कुल्हड़ी को ही शहर कहता हूँ, जो केन्द्र में है और जहाँ बड़ी संख्या में अच्छी-अच्छी दूकानें हैं। वहीं बड़ा डाकखाना और रेलवे का आफिस है, बैंक भी वहीं हैं। वैसे सबसे अधिक दूकानें लण्ढौर में हैं। लण्ढौर कभी छठे-छमाहे जा पाता था, लेकिन उस समय शहर जाना हो तो लण्ढौर चला जाता था। 4 नवम्बर को सर्दी पूरी तौर से आ गई थी। लण्ढौर गया तो सड़क सर्दी के कारण कुछ अधिक कड़ी या फिसलाऊ थी। एक जगह मेरा बूट फिसला और जोर से गिरा। खैर, कहीं छिला-छला नहीं, और हथेली पर भार पड़ने से उसी में कुछ दर्द हुआ।

तिब्बती—लण्ढौर में 15-16 तिब्बती-भाषी परिवार हैं, जिन्हें यहाँ के लोग भोंटिया कहते हैं। किशनसिंह भोंटिया नहीं कनौरे थे, लेकिन उन्हें भी उसी नाम से लोग जानते थे। लण्ढौर जाने का एक लालच किशनसिंह से मिलना भी था। मूसरी के तिब्बतीभाषी वस्तुतः ग्यगर खम्पा थे। ग्यगर भारत और खम् चीन के भीतर पूर्वी तिब्बत के बढ़े हुए भाग को कहते हैं। यह मूलतः खम् के रहनेवाले थे, इसमें भारी सन्देह है। वस्तुतः अज्ञात काल में किसी समय इन्होंने घुमन्तू-जीवन स्वीकार किया, और अपनी घुमक्कड़ी में हर साल भारत और

तिब्बत का चक्कर काटते रहे। जाड़ों में दिल्ली, कलकत्ता, बम्बई तक धावा मारना और गर्मियों में मानसरोवर प्रदेश चला जाना। इन्हीं में से कुछ क्यूरियों की चीजें बेचते मसूरी में पहुँच यहीं बस गये। कितने ही समय तक नये सौदे को लाने के लिए तिब्बत भी जाते थे, फिर तिब्बत और चीन के नाम से बिकनेवाली चीजें अमृतसर और दिल्ली में तैयार होने लगीं, जो सस्ती भी थीं, इसलिए वहाँ जाने की जरूरत नहीं रह गई। इनसे मिलने पर तिब्बती भाषा बोलने और तिब्बत के बारे में जानने का मौका मिलता था। वहाँ बतला रहे थे, चीनी कम्युनिस्ट सेना सिंक्यांग से चांथांग के रास्ते गरतोक पहुँच गई है। सिक्यांग चीनी तुर्किस्तान है, चांथांग वह विशाल निर्जन मैदान है, जो आबाद तिब्बत के उत्तर और सिक्यांग के दक्षिण में पड़ता है। यह भी मालूम हुआ कि गरतोक आनेवाली सेना ने जीप का इस्तेमाल किया। अखबारों से यह भी पता लगा, कि ल्हासा के साथ भारत का सम्बन्ध नहीं है। अभी तिब्बत और चीन के सम्बन्ध के बारे में भारत सरकार अपना कोई निश्चय नहीं कर पाई है। सरदार, राजगोपालाचारी और दूसरे नेता चीनी कम्युनिस्टों के घोर विरोधी थे, और उनसे विरुद्ध मत रखनेवाले नेहरू जैसों की चलती नहीं थी। तिब्बत में कम्युनिस्टों के आने पर नेपाल में भी खलबली मचे, तो आश्चर्य क्या ?

9 नवम्बर के रेडियो से पता लगा कि नेपाल के महाराजाधिराज ने कल काठमाण्डु के भारतीय दूतावास में शरण ली। राणा लोगों ने साम-दाम सब दिखला-समझाकर लौटाने की कोशिश की, लेकिन महाराज त्रिभुवन लौटने के लिए तैयार नहीं हुए। इस पर राणाओं ने उनके तीन वर्ष के पोते और अपने नाती ज्ञानेन्द्र विक्रम शाह को गद्दी पर बैठा दिया। अंग्रेज और अमेरिकन साम्राज्यवादी राणा राहुओं के पक्षपाती थे। वह नवीन नेपाल को अपने अनुकूल नहीं समझते थे। दोनों ज्ञानेन्द्र को मानने के लिए तैयार थे। लेकिन, भारत सरकार अभी मान्यता देने पर विचार कर रही थी। इतना भी शायद नेहरू के रुख के कारण हुआ था। उधर नेपाली जनता ने राणा-शासन के खिलाफ सशस्त्र युद्ध छेड़ दिया था।

हमारे पड़ौसी लेडली साहब के इकलौते पुत्र जान लेडली अब उस अवस्था को पहुँच गये थे, जब उन्हें अपनी जीविका का कोई प्रबन्ध करना चाहिए था। एंग्लो-इंडियनों के लिए रेलवे की नौकरियाँ अच्छी और बड़ी आसानी से मिल जाती थीं। वह अब के साल कई महीने बाहर धक्का खाकर लौटे थे, कोई नौकरी नहीं मिली। बाप के पास दो बँगले और कुछ नकद भी था, इसलिए अब उन्होंने यहीं रहकर काम करने का निश्चय किया। बँगले के पास के खेतों को आबाद किया, गाय-भैंसें खरीदकर डेरी चलाने की तैयारी की। मुर्गियों के पालने का भी सोच रहे थे, मधुमक्खी का भी एक-दो छत्ता रख लिया था। अभी वह 'अर्टेन' में ही रहते थे, लेकिन सरदार के 'हर्न-लॉज' छोड़ने पर वे यहाँ आ जाना चाहते थे। हमारे वह स्थायी पड़ोसी और दिल मिलनेवाले आदमी थे, इसलिए उनके अभ्युदय में हमारी भी दिलचस्पी थी। हर्न-लॉज डेरी अगले साल बाकायदा खुलकर अब भी चल रही है। मसूरी में सबसे अधिक प्रामाणिक दूध यहीं से मिलता था। दूध का क्रीम निकालकर जाड़ों में उन्होंने घी बनाने का काम भी शुरू किया, जो अच्छा चला भी। लेकिन, एक साल घी अधिक तैयार कर लिया, और सीजन के वक्त चौथाई की भी खपत नहीं हुई, जिसके कारण उन्हें घाटा उठाना पड़ा। देखा-देखी दूसरे बनियों ने भी क्रीम निकालने की मशीन मँगा ली और गाँवों में ले जाकर वे दूध से घी निकालने लगे। होड़ लग गई।

13 नवम्बर को जाड़े का मध्याह्न नहीं था, लेकिन सर्दी काफी थी। अब हमें अपने बरांडे के उस अंश का महत्व मालूम हो गया, जहाँ दिन-भर धूप रहती। हमने वहीं अपना अड्डा जमा दिया। कमला को गरम कपड़ा पहनने की बड़ी ताकीद करता था, किन्तु उन्हें परवाह नहीं थी। सर्दी में काँपती भी रहतीं, लेकिन तब भी गरम कोट से शरीर ढकना भार मालूम होता। उस दिन उनके कलेजे में बड़ा तेज दर्द होने लगा।

14 नवम्बर को पता लग गया, ल्हासा में चीनी कम्युनिस्ट सेना आ गई है। भारत सरकार ने चीन के सामने यह सुझाव रक्खा था कि वहाँ बल-प्रयोग न किया जाए, और अन्त में बल-प्रयोग की जरूरत भी नहीं पड़ी। चीन और तिब्बत के प्रतिनिधियों ने मिलकर समझौता कर लिया।

दिल्ली–परिभाषा के सम्बन्ध में 17 नवम्बर को दिल्ली जाने की नौबत आई। अब मसूरी में सैलानी नहीं

थे, इसलिए रिक्शे और कुली दुर्लभ थे। चार्लविल का फाटक सुनसान था। पुलिस चौकी के हैड कान्स्टेवल श्री टीकाराम 'कुंज' गढ़वाली भाषा के कवि और हिन्दी साहित्य के प्रेमी थे। वह अक्सर मिलने आया करते थे। साथ का सामान लेकर चार्लविल जा एक बँगले के चौकीदार को लेकर किताबघर पहुँचे। किताबघर के चौक को गाँधी चौक नाम दिया गया है, लेकिन अभी उस नाम से बहुत कम ही लोग परिचित हैं। जाड़ों में टेक्सियाँ कभी सस्ती भी मिल जाती हैं। साढ़े 3 रुपए में टेक्सी मिली। 10 बजे किंक्रेग से आगे चले। सामने से एक बस गोया भिड़ने के ही लिए आगे दौड़ी-दौड़ी आई। दोनों ड्राइवर सिक्ख थे, मुस्कुराकर रह गए। इधर राष्ट्रभाषा प्रचार समिति की योजना के अनुसार साहित्य तैयार करने के लिए मसूरी में काम करने का निश्चय हुआ था। मैंने अपने मित्र डा. महादेव साहा को उसके लिए आने को लिखा था, कितने ही दिनों से उनकी प्रतीक्षा थी। आज देखा, भिड़नेवाली बस पर वे बैठे हैं। ड्राइवर को रोकने के लिए कहा, लेकिन सभी एक-से नहीं होते, तो भी हमें इत्मीनान था कि अब कमला अकेली नहीं रहेंगी।

देहरादून में पं. गयाप्रसाद शुक्लजी के यहाँ गए। आज ही वह आगरा से लौटे थे। डी. ए. वी कालेज में विद्यार्थियों के सामने मैंने भाषण दिया। कालेज में तीन हजार से अधिक विद्यार्थी हैं, पर पुस्तकें केवल 10 हजार, यह बात खटकती थी। हिन्दी की समस्या पर भाषण और कुछ प्रश्नोत्तर हुए। रात की दिल्ली की गाड़ी में सीट रिजर्व थी। ट्रेन में कुछ देर तक शुक्लजी से बात होती रही। फिर वहाँ से चलकर 18 के सबेरे साढ़े 6 बजे दिल्ली पहुँचे गए।

क्या बात थी, यहाँ का भी तापमान मसूरी जैसा ही दीख पड़ता था। अब की बौद्ध विहार में ठहरा। वहाँ सिंहल के भिक्षु मिले, जिन्होंने बतलाया कि इस समय विद्यालंकार परिवेण (विहार) में त्रिपिटक का संगायन चल रहा है, और कितने ही भिक्षु मिलकर उसका संशोधन कर रहे हैं। जिस समय बुद्ध के उपदेश कागज पर उतरे नहीं थे और लोग उन्हें कंठस्थ करके रखते थे, उस समय विशेष स्वर से मिलकर उनके पाठ करने को संगायन कहते थे। अब तो संगायन का सवाल नहीं था, क्योंकि सभी विनय, सुत्त और अभिधम्मपिटक मुद्रित हैं। कोई कंठस्थ करके रखनेवाला भी नहीं मिलेगा। धम्मपद जैसे छोटे-मोटे संदर्भ को याद रखनेवाला भले ही कोई मिल जाए। पालि त्रिपिटक इस समय सिंहली, बर्मी, थाई (स्यामी), कम्बोजी और रोमन लिपियों में छपा मिलता था, जिनमें पूरा और अधिक सुलभ वर्मी और स्यामी लिपि का ही था। भारत में संस्कृत की पुस्तकें पहिले नागरी, बंगला, उड़िया, तेलुगु, ग्रंथ तमिल, मलयालम, कन्नड़ लिपियों में छपा करती थीं। नागरी सबके ऊपर हावी हो गई और 20वीं सदी के आरंभ में जो उसने संस्कृत पर एकाधिपत्य कायम करना शुरू किया, तो आज ऐसी अवस्था पैदा हो गई कि शायद ही कोई संस्कृत पुस्तक उन लिपियों में छपती हो। नागरी के लिए पालि साहित्य में भी बहुत मौका है। वही एक लिपि है, जिसको पालि के लिए आज के चारों बौद्ध देश अपना सकते हैं। वस्तुतः कितने ही हद तक अपनाये भी हैं। सिंहल में प्रायः सभी पालि पंडित भिक्षु संस्कृत से परिचित होते हैं, क्योंकि वैद्यक और ज्योतिष की पुस्तकें वहाँ संस्कृत में ही पढ़ाई जाती हैं। और बौद्ध देशों में भी थोड़े-बहुत संस्कृत पढ़नेवाले अतएव नागरी अक्षर से परिचित विद्वान् मिल जाते हैं। अब तक नागरी में त्रिपिटक को प्रकाशित करने में सफलता नहीं हुई है। इस दिशा में जो प्रयत्न हुए, वह बहुत दूर तक नहीं जा सके। भिक्षु उत्तम की सहायता से हम लोगों ने नागरी में पालि त्रिपिटक का सम्पादन शुरू किया था, लेकिन वह 'खुद्दकनिकाय' के कुछ ग्रंथों तक ही सीमित रह गया। 'जातक' का भी एक ही भाग नागरी में निकला। 'दीघनिकाय' और 'विनयपिटक' के छिट-पुट ग्रंथ जहाँ-तहाँ से छपे। यह प्रसन्नता की बात है कि भारत सरकार, नालन्दा से सारे त्रिपिटक को नागरी अक्षरों में छपवाने जा रही है। 'दीघनिकाय' प्रेस में चला गया है, और सम्पादन का काम बहुत तेजी से हो रहा है, पर मुद्रण चींटी की चाल से होने के कारण इस गति से इस शताब्दी के अन्त तक शायद त्रिपिटक को नागरी अक्षरों में देखा जा सके। खैर, यह शुभ आरम्भ है, आशा है पालि के बारे में नागरी वही काम करने में समर्थ होगी, जो कि संस्कृत के सम्बन्ध में उसने किया।

परिभाषाओं की विशेषज्ञ समिति बनाई गई थी, जिसके ही सम्बन्ध में दिल्ली आया था। हमारे परिचित श्री बालसुब्रह्मण्य अय्यर और डॉ. कुन्हन राजा भी इसमें शामिल हुए थे। कानून और दूसरे विषयों की परिभाषाओं

के लिए अलग-अलग समिति की शाखाएँ बनाने का निश्चय हुआ। पहले संसद् (पार्लियामेण्ट) सम्बन्धी परिभाषाएँ, फिर भू-कर आदि कानूनों सम्बन्धी हाथ में ली जाएँ। बालकृष्णजी का अभाव खटकता था, जो बतलाता था कि परिभाषा के बारे में सरकार ज्यादा उत्सुक नहीं है, वह उसे टालना चाहती है।

अगले साल राष्ट्रभाषा प्रचार समिति मेरी दी हुई योजना के अनुसार साहित्य का कार्य कराने जा रही थी, जिसमें विद्वानों की आवश्यकता थी। नागार्जुन उसके लिए बहुत योग्य थे, पर उनका स्वास्थ्य अच्छा नहीं था। डॉ. भारद्वाज ने बतलाया, यदि वह सर्दी बर्दाश्त कर सकें, तो कोई हर्ज नहीं। मैंने नागार्जुनजी को आने के लिए लिख दिया।

19 को फिर विशेषज्ञों की समिति की बैठक हुई। हम लोगों ने पहिले ही विचार किया था कि स्टाफ (कर्मियों) को बढ़ाए बिना काम शीघ्रता से नहीं हो सकता। इस बैठक में राष्ट्रपति और अध्यक्ष मावलंकरजी आए थे। गुप्तजी ने स्टाफ बढ़ाने का सुझाव रखा, दोनों ने इसे माना। जब तक संविधान सभा थी, तब तक राजेन्द्र बाबू उसके अध्यक्ष थे। संविधान बन जाने पर वह भारतीय गणराज्य के प्रथम राष्ट्रपति बने। वह जानते थे, परिभाषा का काम बहुत महत्वपूर्ण है, उसके बिना अंग्रेजी हमारी छाती पर से नहीं उतर सकती, क्योंकि परिभाषा बिना हिन्दी उसका स्थान लेने योग्य नहीं होगी। वह यह भी समझते थे कि मौलाना और उनका शिक्षा-विभाग संविधान में उर्दू के सम्मिलित भाषा के प्रयत्न की हार से और जल उठा है, वह हिन्दी के रास्ते में पग-पग पर रोड़ा अटकाएगा। इसलिए विशेषज्ञों की समिति का भार मावलंकर को दिया। इधर जब और तरह से काम नहीं बनते देखा और परिभाषा का काम अपने विभाग में नहीं आया, तो आज़ाद ने एक दूसरी चाल चली, और दिवाकर, सत्यनारायण तथा मावलंकर से मिलकर चाहा, कि परिभाषा बनाने का काम हिन्दुस्तानी अकदमी को दे दिया जाए, जिसमें काका कालेलकर सर्वेसर्वा बनकर सारा गुड़ गोबर करें। मुझे आश्चर्य होता है, इन लोगों को नाक की सीध से दूर क्यों नहीं सूझता ? किसी एक या दस-पाँच आदमी के प्रयत्न से कोई भाषा भारत की सार्वदेशिक भाषा नहीं हो सकती। जिसमें वैसा होने की क्षमता है, वही हो सकती है। हिन्दी सदियों से अन्तर्प्रान्तीय क्षेत्र में सम्मिलित भाषा के तौर पर व्यवहार की जाती रही है, क्योंकि देश के बहुत बड़े क्षेत्र में वह बोली या समझी जाती है। उर्दू नहीं, हिन्दी शैली ही सार्वदेशिक भाषा बनने की क्षमता रखती है, यह हमारे या किसी के प्रयत्न के कारण नहीं, बल्कि हिन्दी और भारत की और प्रादेशिक भाषाओं के शब्दकोश एक होने के कारण, जिससे उसका यह अंश पहिले ही से हिमालय से कन्याकुमारी तक समझा जाता है। उर्दू के फारसी-अरबी शब्द असमिया, बंगला, उड़िया, तेलुगु, तमिल, मलयालम, कन्नड़, मराठी, गुजराती के लिए लोहे के चने हो जाते हैं। हिन्दी को हटाकर उर्दू-हिन्दुस्तानी के नाम से धोखे-धड़ी से सार्वदेशिक भाषा नहीं बन सकती, इसे जरा भी दिमाग रखनेवाला आदमी समझ सकता है, लेकिन पक्षपात से अन्धी खोपड़ियों के लिए क्या कहा जाए ? काका कालेलकर अपनी महंथी चाहते थे, सत्यनारायण उसी के नाम पर ऊपर तक सुर्ख़रू थे, दिवाकर और मावलंकर बड़ों की हाँ में हाँ मिलानेवाले ठहरे। हिन्दी के खिलाफ यह षड्यंत्र देखकर सचमुच कोफ्त होती थी।

बिना काम बड़ों से मिलने की मेरी इच्छा नहीं होती। लेकिन श्री सोहनलाल शास्त्री और शंकरानन्दजी ने बहुत जोर दिया, इसलिए शंकरानन्दजी के साथ 19 नवम्बर को मैं डा. अम्बेडकर के यहाँ गया। अम्बेडकर की योग्यता और काम को न मानना मेरे लिए सम्भव नहीं था। उनके कितनी ही प्रतिगामी बातों को जानते भी, सबसे दलित जाति में चेतना और आत्माभिमान पैदा करने का जो बड़ा काम किया था, उसके लिए मैं उनका बहुत प्रशंसक हूँ। सचमुच ही मेरे लिए यह समझना बहुत मुश्किल था कि उनकी तरह का समझदार आदमी कैसे अमेरिकी और अंग्रेज थैलीशाहों का समर्थक और रूस जैसे शोषण के कट्टर शत्रु तथा अपने व्यवहार से विषमताओं को हटानेवाले देश के प्रति द्वेष रख सकता है। मुझे अम्बेडकर से मिलने की इच्छा नहीं थी। आध-पौन घंटे बातें हुईं। वह इस समय बुद्ध की एक वाणी तैयार कर रहे थे, उसके बारे में भी कहा। इस पुरुष को जिन्दगी में बड़ी ठोकरें खानी पड़ीं। बड़ी जातवालों ने बराबर यह समझाने की कोशिश की कि तुम अपनी स्थिति समझो। लेकिन, इसने कर्ण के शब्दों में कहा–

"**सूतो** वा सूतपुत्रो वा यो वा को वा भवाम्यहम्।
दैवायत्तं कुले जन्म मदायत्तं तु पौरुषम्।"

अम्बेडकर ने अपने पौरुष से अपना लोहा मनवा लिया। मेरे लिए उनका यह रूप बहुत ही प्रिय और सम्माननीय था। पर उस थोड़ी देर की बात-व्यवहार से मुझे उनमें नीरसता मालूम हुई। मैं तो पहिले ही भड़क रहा था, इसलिए जरा भी कुछ दूसरा रूप देखकर धारणा बनाना आसान था। इस तरह की मुलाकात में चाय-पानी की बात करना जरूरी था, लेकिन मालूम होता था, मैं कानूनमन्त्री के आफिस में कोई नौकरी ढूँढ़ने के लिए गया हूँ, उन्हें नपी-तुली ही बातें करनी चाहिए। खैर, इससे कोई मतलब नहीं था। इसके बाद मेरा विचार यही हुआ—"सात खून माफ लायक आदमी है, किन्तु मेरी तो यह प्रथम और अन्तिम भेंट मालूम होती है।" मृत्यु से कुछ दिन पहिले नेपाल में अम्बेडकर को देखा। योद्धा अब भी थे, पर स्वास्थ्य जवाब दे चुका था। मरने से पहिले अम्बेडकर ने बौद्ध धर्म की नींव पुनः रख दी।

बौद्ध विहार में कई जगहों के आदमियों से मुलाकात हुई, जिसके लिए ही अब के मैं वहाँ ठहरा था, पाकिस्तान के हाथ में गये मीरपुर (जम्मू) के शरणार्थी श्री ओमप्रकाशजी मिले। वह उस समय अपने घर से भगे, जब मीरपुर में भी आग लग गई थी। उनके पिता वकील थे। अपना घर-द्वार और सम्पत्ति थी। कैसे ही भागे। अपना और अपनों का प्राण सम्पत्ति से अधिक मूल्यवान होता है। जब होश आया, तो चारों ओर से अपने को घिरा देखा। पिता और परिवार के कितने ही लोग मारे गये। दो बहनें पाकिस्तान में कई वर्षों तक रहीं, जहाँ उनका ब्याह भी हो गया था, लेकिन यह जबर्दस्ती का था। इसलिए अवसर मिलने पर वह अपने भाई के पास भारत चली आईं। किस तरह हिन्दू स्त्रियों ने आततायियों के हाथ में पड़ने की जगह नदी में कूदकर अपना छुटकारा किया, कैसी सासत सहीं, इसका बड़ा हृदयद्रावक वर्णन कर रहे थे। मैंने ओमप्रकाशजी से कहा—इसको लिपिबद्ध कर डालिए। हाँ, यह जरूर था कि वह आततायीपन एकतरफा नहीं हुआ, जहाँ जिसका बस चला, वहाँ उसने अपने को मानवता से गिरा साबित किया।

अमृतसर—भैयाजी का बहुत आग्रह था कि दिल्ली आने पर अमृतसर जरूर आऊँ। आजकल सर्दियों का समय था, इसलिए तकलीफ का कोई सवाल नहीं था। 9 बजे रात की अमृतसरवाली गाड़ी पकड़ी, और सहारनपुर के रास्ते चलकर 21 नवम्बर के सबेरे अमृतसर पहुँच गये। भैया और भाभीजी स्टेशन पर मौजूद थे, इसलिए घर ढूँढ़ने की तकलीफ नहीं उठानी पड़ी। तीन वर्ष पहिले अमृतसर में आग लगी थी, वास्तविक और मानसिक भी। समझता था कि शहर अधिकतर उजड़ा मिलेगा और लोग बहुत कम। भैया का घर शहर के गर्भ में था, इसलिए शहर के बहुत-से भाग को रास्ते में देखते जाना पड़ा। मनुष्यों की संख्या कम नहीं मालूम होती थी। पहिले कूचा कुत्तियाँ में भैया के तिमंजिला मकान की ऊपरी छत पर पहुँचा। इधर-उधर की बातें हुईं, भोजन किया, तब बाहर निकले। अकाली मार्केट में भैया का प्रेस, पंजाब आयुर्वेदिक फार्मेसी और दवाईखाना है। भाई साहब दिमाग में बिल्कुल आधुनिकता रखते हैं, और बुद्धिवाद की तो साकार मूर्ति हैं। जब आयुर्वेदिक दवायें बनानी शुरू कीं, तो उन्होंने सोचा, दवाओं के बनाने में आधुनिक यंत्रों की भी सहायता ली जा सकती है। गोलियों के बनाने के लिए पहिले भी कितने ही लोग मशीन का इस्तेमाल करते थे। भैया ने खरल और ढेंकी तथा ओखल का काम भी बिजलीचालित यंत्रों द्वारा लिया, और इसके लिए मशीनें यहीं के मिस्त्रियों से बनवाईं। भस्म बनाने में भी उन्होंने आधुनिक साधनों का उपयोग किया, और दवाइयों में अनन्त शुद्ध कच्ची सामग्री इस्तेमाल की। इसी के कारण उनकी फार्मेसी खूब चली। फार्मेसी के कारखाने को देखकर यह मालूम होता था कि उस पर यंत्र-युग की छाप थी, पर घर में उतनी सफाई नहीं थी। पर यह अपना घर भी नहीं था। जैसे-तैसे घर में काम शुरू किया था, जिसमें सुधार करना अपने बस की बात नहीं थी। वाइलेट (अतिकासिनी) किरणों का तेलों पर क्या असर होता है, आजकल इसकी परीक्षा पर भाई साहब जुटे हुए थे। अवधी प्रान्त में भी दूध का बायकाट नहीं है, लेकिन दूध के भ्रम से चूने के पानी पर टूटनेवाला दूधभक्त वहाँ कोई नहीं मिलेगा। पंजाब में भाई साहब को रहते तीस वर्ष से अधिक हो गये, इसलिए यदि पंजाब की कितनी ही बातों को अपना चुके थे, तो क्या आश्चर्य ? भाभीजी को यहाँ आए अभी दस वर्ष भी नहीं हुए, लेकिन उनकी

बोली पर पंजाबी अधिक छाई हुई थी। घर में घड़े-घड़े दूध देनेवाली दो भैंसे थीं। इस समय एक दूध दे रही थी। दूध, मक्खन, घी, दही का क्या पूछना ? देश में न हो, पर उस घर में तो दूध की नदी बह रही थी। छाछ इतना होता कि मुहल्लेवालों में सदावर्त जारी था। अपने राम भी छाछ के बड़े प्रेमी हैं। दूध के लिए जैसा आक्षेप दूसरे पर करते थे, वैसे ही दूसरे छाछ के लिए हमारे ऊपर कर सकते थे। घर में ताँगा और अच्छी घोड़ी ही नहीं, बल्कि उसकी बछेड़ी भी थी। घुमक्कड़राज ने गृहस्थी अच्छी जोड़ी है, क्या इसे कहने की आवश्यकता है ?

कई बाजारों से होते दरबार साहब की ओर चले। दरबार तो तालाब के बीच में है, लेकिन तालाब के हाते के भीतर घुसते ही हुकुम हुआ, सिर ढाँक लीजिए। सम्मान प्रदर्शित करने के अपने-अपने तरीकें हैं। जब केश रखना परम धर्म माना गया, तो केशों को नंगा रखना शोभा की चीज नहीं थी, इसलिए पगड़ी बाँधना अनिवार्य हो गया। जब सारे लोग पगड़ी बाँधकर मन्दिर में जा रहे हैं, तो दूसरों को नंगे सिर कैसे जाने दिया जाए, इसलिए सिर ढाँकने के नियम को सबसे मनवाया जाने लगा। बौद्धों में सिर ढाँककर मन्दिर में जाने का अर्थ असम्मान प्रदर्शित करना है, ईसाइयों में भी यही बात है। पर मुसल्मानों में सिर ढाँकना जरूरी है। शायद कितनी ही बातों की तरह इसे भी सिक्खों से मुसलमानों ने लिया। अमूर्तिपूजक सिक्ख मन्दिर के भीतर कोई मूर्ति नहीं रख सकते, और जो मूर्ति का जबर्दस्त बायकाट करेगा, वह कला से वंचित हो जाएगा। लेकिन, लोगों को क्या पता कि वस्तुतः भगवान् झूठा है और मूर्तियाँ ही सच्ची हैं। भगवान् उतने उच्च भावों को मनुष्य के हृदय में नहीं भर सकता, जितना कि सुन्दर कलापूर्ण मूर्तियाँ। ग्रंथ साहब को वहाँ दो अंधे रागी पढ़ नहीं, गा रहे थे। खैर, इससे संगीत की तो पूछ जरूर है। तालाब के किनारे संगमरमर का फर्श लगा है। जान पड़ता है, धीरे-धीरे आसपास संगमरमर ही संगमरमर हो जाएगा। बहुत-से मकानों को गिराकर वहाँ एक तरह के मकान बनवाये गए थे। सरोवर के भीतर मन्दिर देखकर तिब्बत के बौद्ध इसे गुरु पद्मसम्भव का स्थान मानते हैं, और जाड़ों में कितने ही तिब्बती तीर्थयात्री दण्डवत् करते, परिक्रमा करते भी देखे जाते हैं। मन्दिर को देखकर देश के लिए सिक्खों का बलिदान याद आये बिना नहीं रहता। इन वीरों के भविष्य की सेवाओं का ख्याल आते तुरन्त कोमागातामारू की अमर कहानी आँखों के सामने आ जाती है, और प्रथम विश्वयुद्ध में 70-70 वीरों के हँसते-हँसते देश के लिए सूली-फाँसी पर चढ़ जाने का दृश्य सामने उपस्थित हो जाता है। करतारसिंह होता, तो आज बूढ़ा होता, लेकिन उसने बीस वर्ष की अवस्था में ही अद्‌भुत निर्भीकता का परिचय दे अपनी जवानी का बलिदान किया था, और उसकी वह जवानी अमर है।

दिल्ली में वर्मन की पुस्तक 'मिस्ट्री आफ बिड़ला हाउस' मिली। उसे घर में बैठे पढ़ते रहे। आँखों के सामने ये सब हो रहा था, तब भी किसी के कान पर जूँ क्यों नहीं रेंगती ?

अमृतसर मैं सिर्फ दो दिन के लिए आया था। पहिले दिन रात को ऊपर से सीढ़ियों से उतर रहा था, रोशनी साफ नहीं थी, और पैर ने एक की जगह दो सीढ़ी पार करना चाहा। शायद यह आखरी सीढ़ी थी, इसलिए धड़ाम से गिरने पर बहुत चोट नहीं आई, हाँ, घुटना छिल गया। "कोई बात नहीं"—मैंने उस वक्त यही कहा।

22 को चाय पीकर कम्पनी बाग की ओर टहलने गए। आजकल सैनिक-उत्सव की तैयारी हो रही थी। रास्ते में गोविन्दगढ़ मिला। एक जगह घोड़ी भी गिर गई, और ताँगा उसके ऊपर पहुँच गया। पर घोड़े इसके अभ्यस्त होते हैं। डा. पेडामल से भेंट करने गए। 80 वर्ष के हो चुके हैं। यह पुरानी पीढ़ी के उन पुरुषों में से हैं, जिनको बुद्ध के व्यक्तित्व ने बहुत आकृष्ट किया। बौद्ध और दूसरी पुस्तकों का एक अच्छा संग्रह उनके पास था, और पुरानी मूर्तियों के भी प्रेमी थे। स्वयं बुद्ध-भक्त थे और बुद्धिवादी, पर पत्नी राधास्वामी की भक्तिन थीं। द्वन्द्व-समागम था, पर विरुद्ध प्रकृति के लोगों में जब स्नेह होता, तो वह भी बहुत घना रूप लेता है।

शाम को टहलते जलियाँवाला बाग गये। दीवारों के ऊपर 31 वर्ष बाद अब भी कितनी ही गोलियों के निशान मौजूद थे। भाई साहब ने उस मन्दिर को भी दिखलाया, जिसके पीछे छिपकर उन्होंने और दूसरों ने

अपने प्राण बचाये।

मसूरी–22 की शाम को देहरादून की गाड़ी पकड़ी और सोते हुए रात के पौन बजे सहारनपुर पहुँच गया। दिल्ली के अखबार इसी वक्त यहाँ आकर विशेष कार से मसूरी पहुँचाये जाते हैं, यह हमें मालूम था। स्टेशन से बाहर निकलते ही आवाज सुनी और सात रुपया देकर 'स्टेट्समैन' वाली टैक्सी में बैठ गये, जो पौने चार बजे रवाना हुई। अँधेरे ही अँधेरे में मैदान छोड़ सिवालिक में प्रविष्ट हो घाटा पार करते पता भी नहीं लगा। हाँ, रोशनी में 'राजाजी सेंक्चुअरी' अंग्रेजी में लिखा देखा। मालूम हुआ, अंग्रेजों के समय का 'अभयदान-वन' अब राजाजी के नाम से प्रसिद्ध किया गया है। घंटे-भर में हम देहरादून पहुँच गए। कारवाले ने एजेंटों को अखबार दिए, फिर पहाड़ पर चढ़ते 6 बजे किताबघर में ले जाकर हमें उतार दिया। अभी भी चिराग जल रहे थे। देहरादून से मसूरी की दीपमालिका दिखाई पड़ती थी, और यहाँ से तो देहरादून हजारों बिजली के चिरागों से जगमग-जगमग कर रहा था। इतने सवेरे भला कुली कहाँ से मिलता । चिरागों के बुझ जाने तक अपना सामान लिये अड्डे पर बैठा रहा। अँधेरा दूर हुआ, कुली आए। एक की पीठ पर सामान रखकर अपने घर की ओर चले। रास्ते में सड़क पर कुछ ऐसी जगह हैं, जहाँ सूर्य की धूप नहीं पड़ती। वहाँ की ओस जमकर सफेद बर्फ बनी हुई थी।

महादेवजी सर्दी से परेशान मिले, लेकिन कहा–"कोई बात नहीं, भुगत लेंगे।" रात को आग जला देते थे। मकान खरीदते वक्त ऊँची छत को भूषण समझा था, लेकिन अब वह दूषण दीख रही थी। छोटी छत होती, तो लकड़ी जलाकर सारे मकान को गरम कर दिया जाता और जाड़े को बाहर रहकर चिरौरी करनी पड़ती। फ्लश बनाने में ढिलाई हो रही थी। मैंने समझा था, लौट के आने तक वह तैयार मिलेगा।

महादेवजी की सर्दी का इन्तिजाम सबसे पहिले करना था, इसलिए अगले दिन (24 नवम्बर को) उनके साथ हम लण्ढौर बाजार गए, और गरम कपड़ा कोट-पायजामा बनाने के लिए दर्जी को दे आए। बाजार जाने पर डा. सत्येकेतु के यहाँ चाय पीना अनिवार्य था।

लौटते वक्त हेपी वेली क्लब के घर को रँगा जाते देखा। किसी समय यह क्लब मसूरी की नाक थी। उस समय समझा जाता था, इस क्लब के विना मसूरी श्रीहीन होगी। इतना लम्बा-चौड़ा समतल स्थान मसूरी में किसी मकान के पास नहीं है। उसमें सात-आठ टेनिस-कोर्ट थे। गाँधीजी ने यहाँ कितनी ही बार शाम की प्रार्थना कराई थी, और पास में ही बिड़ला निवास में ठहरे थे। मैंने अपने प्रथम वर्ष के निवास में बहुत चाहा, कि अंग्रेजी नाम बदलकर इसका भारतीय नाम हो जाए, और गाँधी-भूमि जैसे नाम का सुझाव भी दिया था। उस समय कई सालों से नगरपालिका के बोर्ड को तोड़कर प्रबन्ध को सरकार ने अपने हाथ में ले लिया था। आशा थी, कि जन-निर्वाचित नगरपालिका कुछ करेगी, पर वह पहिले से भी गई-बीती सावित हुई–इसी नहीं, और बातों में भी। हेपी वेली क्लब वर्षों से सूना पड़ा हुआ था, बरसात में छत चूती थी, जिससे कितने ही फर्नीचर और दरी-टाट खराव हो गए थे। क्लब में पुस्तकों का भी एक अच्छा संग्रह था, जिसकी पूछ करनेवाला कोई नहीं था। आज घर को रँगे जाते देखकर आशा हुई, हेपी वेली का भाग्य शायद फिर जगेगा, लेकिन जब सारी मसूरी का भाग्य सो रहा हो, तो इस क्लब को क्या आशा थी ?

नेपाल में इस समय स्वतंत्रता का युद्ध छिड़ा हुआ था। नेपाली कांग्रेस के वीरों ने वीरगंज को राणा-शासन से मुक्त कर लिया था। लेकिन, कांग्रेसी स्वयंसेवक सुशिक्षित सेना नहीं थी, न उनके पास हथियार थे। भारत सरकार किसी तरह की सहायता प्राप्त करने में बाधा डालने के लिए उतारू थी। स्वतन्त्रताप्रेमियों को चक्की के दो पाटों के भीतर पड़कर पिसना था। 24 नवम्बर को पता लगा, नेपाली कांग्रेस के स्वयंसेवकों को वीरगंज छोड़कर पीछे हटना पड़ा। क्या उनकी कुर्वानियाँ व्यर्थ जाएँगी ? उस समय तो एक ही आशा थी कि नेपाली सेना राणाओं के हाथ से वेहाथ हो जाएगी। सारी परिस्थिति प्रतिकूल मालूम हो रही थी, लेकिन काल स्वतन्त्रताप्रेमियों के पक्ष में था। अगले दिन की खवरों से मालूम हुआ कि नेपाल का सशस्त्र-विद्रोह सफल नहीं हुआ। कांग्रेसवाले सेना को प्रभावित नहीं कर सके, भारत सरकार ने भारी रुकावटें पैदा कर दीं। अंग्रेज बलि का बकरा बनाने के लिए नेपालियों को अपनी सेना में भरती कर रहे थे, जिसमें राणा परम सहायक थे, इसलिए

वह अपने पोष्यपुत्रों को कैसे अपदस्थ होने देते ? इसी बीच त्रिभुवन काठमाण्डु के भारतीय दूतावास में शरण लेकर और हमारी दृढ़ता के कारण भारतीय विमान में चढ़कर दिल्ली पहुँच गए। सरकार की ओर से उनका खूब स्वागत हुआ था। पर, यदि राणाओं को अपने पद पर बने रहने के लिए अप्रत्यक्ष रूप से काम करने देना था, तो इस प्रदर्शन का क्या मतलव ?

भारत में पिछले कई वर्षों से जो शासन का सूत्र कांग्रेसियों के हाथ में आया, तब से भ्रष्टाचार और अयोग्यता इतनी बढ़ गई कि कितने ही लोग समझने लगे कि कांग्रेस अब चूती नाव है, इसमें रहने की जरूरत नहीं। डेमोक्रेटिक फ्रंट यही सोचकर कांग्रेस से अलग हो गया। लेकिन, कांग्रेस की निर्वलताओं से तभी फायदा उठाया जा सकता है, जब उसके मुकाबले में वैसा ही एक सम्मिलित संगठित मोर्चा तैयार हो।

बम्बई–संविधान के संस्कृत अनुवाद समिति के डा. काणे अपनी वद्धावस्था के कारण बम्बई से इधर-उधर जाने में असमर्थ थे, इसलिए समिति की बैठक बम्बई में बुलाई गई थी, मुझे भी वहाँ जाना था। 27 नवम्बर को घर से प्रस्थान कर तीन रुपये में टेक्सी ले सवा 10 बजे शुक्लजी के घर पहुँचा। फ्लश बनानेवाले बड़ी सुस्ती दिखला रहे थे। गुप्ता स्टोर में पूछने पर मालूम हुआ, अभी कलकत्ता से सामान नहीं आया। छपरा के दो तरुण देहरा में वर्षों से रह रहे थे, एक सफल वैद्य थे और दूसरे ने हिन्दी विद्यालय खोल रखा था। देहरा उनका घर बनता जा रहा था, अगली पीढ़ी तो शायद छपरा की वोली भी भूल जाएगी।

आजकल युनिवर्सिटियों में डाक्टर बननेवालों की बाढ़ आ गई थी। पी-एच. डी. और डी. लिट्. का टके सेर होना कुछ लोगों को बुरा लग रहा था। पर यह दोष डिग्रियों का नहीं है। डिग्री के लिए अनुसन्धान करनेवालों में कोई-कोई अच्छे भी निकल आ सकते हैं। शुक्लजी संस्कृत और हिन्दी के विद्वान् तथा सफल अध्यापक हैं। उनकी कुछ इच्छा देख मैंने भी ज्यादा प्रोत्साहन दिया। विषय 'कृष्ण-काव्य का स्रोत' रखना था। कुछ सालों तक शुक्लजी का ध्यान इधर था, और मैं भी आगे बढ़ाने की कोशिश करता रहा। लेकिन, यह भार ढोना उनके लिए मुश्किल और व्यर्थ भी था। हिन्दी-विभाग के अध्यक्ष थे, देहरादून छोड़कर और कहीं काम करने जाना नहीं था, इसलिए डाक्टर बनने से कोई लाभ नहीं था। फिर शुक्लजी बहुधन्धी और सबकी सेवा के लिए हर वक्त तैयार रहते हैं। कालेज में पढ़ाई के घंटों को छोड़कर वाकी सारा समय उनका परोपकार में लगता है। सबेरे चाय और मध्याह्न भोजन तो घर में होना निश्चित है। फिर 12 बजे रात तक उनका घर में पता नहीं रहता। साईकल भी नहीं चलाना जानते, सारी यात्रा पैदल ही करते थे। इससे एक लाभ तो उन्हें जरूर होगा कि वह शुक्लाइनजी की तरह कभी डायवेटीज़ के शिकार नहीं हुए। नगरपालिका के नये चुनाव में वह शिक्षा-विभाग के अध्यक्ष बना दिये गए–"एक करेला दूसरे नीम पर चढ़ा।" अब भला उनको साँस लेने की फुरसत कहाँ हो सकती थी ? पर मेरे आने पर थोड़ी-बहुत फुरसत उन्हें निकालनी ही पड़ती थी।

देहरादून से बम्बई के लिए रवाना हुआ। 28 नवम्बर को सबेरे पौ फटते हमारी ट्रेन दिल्ली पहुँची। यहाँ हमें ट्रेन बदलनी थी। दूसरी ट्रेन में बर्थ रिजर्व नहीं, इसलिए जगह मिलने में सन्देह मालूम हो रहा था, लेकिन फ्रांटियर मेल से कितने ही लोग दिल्ली में उतरे। मैं जिस डब्बे में बैठा, उसमें अमृतसर से आनेवाले दो तरुण भी थे। ट्रेन ने यहीं से लेट होना शुरू किया। मथुरा, भरतपुर, कोटा, रतलाम, बड़ौदा, सूरत से होते जाना था। रास्ते में करौली और जयपुर के भी इलाके मिले। एक जगह जयपुर के गुप्तजी गाड़ी पर चढ़े, हमारा कम्पार्टमेंट पूरी तौर से भर गया। मालव की भूमि पार करते गुजरात में प्रविष्ट होने के कारण कुछ ही देर बाद रात हो गई। सबेरे बलसार आया। मालूम हुआ ट्रेन दो घंटा लेट है। दो घन्टा लेट ही हम बम्बई सेन्ट्रल स्टेशन पहुँचे। श्री घनश्यामदास पोद्दार को पहिले ही पत्र लिख चुका था, उनका आदमी मौजूद था। इसलिए मलाबार हिल पर सेठजी के घर पर पहुँचने में कोई दिक्कत नहीं हुई। आजकल स्वास्थ्य के ख्याल से पोद्दारजी समुद्र के किनारे जुहू में रहते थे, मुझे उनके घर पर ही ठहरना था। दो दिन पहिले आ गया था, सोचा था इसमें बम्बई के मित्रों से मिलना-जुलना हो जाएगा। उस दिन स्नान और भोजन के बाद थोड़ी देर विश्राम किया। बड़े शहरों में एक जगह से दूसरी जगह जाने की बड़ी दिक्कत होती है, पर कार मौजूद थी। मुझे परतन्त्र सवारी में घूमने में एक डर यह भी रहता है कि कहीं कोई घाव न लग जाये। सिद्धान्त के तौर पर तो पहिले

से ही मानता था कि डायबेटीज़ में घाव या फोड़ा-फुन्सी होना ही उसे बीमारी का रूप देना है।

अमृतसर में घुटना मामूली-सा छिल गया था। जिन्दगी में इस तरह का छिलना कोई बात नहीं समझता था। मसूरी में रहने पर मालूम हुआ, वह सूख गया। यहाँ आकर स्नान करते वक्त भिगोने से परहेज नहीं किया। अब डायबेटीज़ भवानी ने अपना रूप दिखाना शुरू किया। पहिले दिन खतरा उतना मालूम भी नहीं हुआ था। उस दिन 3 बजे निकला। 'गढ़वाल' लिखने में हाथ लगाया था, इसलिए 'केदारखण्ड' और कुछ दूसरी संस्कृत पुस्तकों की आवश्यकता थी। वेंकटेश्वर प्रेस गया। 'वेंकटेश्वर समाचार' के सम्पादक शास्त्रीजी और दूसरे कितने ही अदृष्ट परिचित निकल आए। वेंकटेश्वर प्रेस ने संस्कृत की बड़ी सेवा की है। अपने बचपन में संस्कृत से अपरिचित होते समय पन्दहा में मैंने इस प्रेस का नाम सुना था, जबकि मेरे नाना के पुरोहित ऊधौ बाबा के नाती ने कोई पुस्तक यहाँ से वी. पी. द्वारा मँगवाई थी। उसी के आसपास कनैला में आने पर इस प्रेस की छपी कुछ चौताल और दूसरी पुस्तकें अपने घर पर मिलीं, जिसे मेरे मँझले फूफा ने बम्बई से भेजा था। आजकल उसका प्रबन्ध रिसीवर के हाथ में था, जिसके कारण उन्नति रुक गई थी। सारा प्रेस दिखाया गया, 'केदारखण्ड' भी मिल गया। प्रेस के मालिक तरुण सेठ भी मिले।

वहाँ से पार्टी के केन्द्रीय आफिस में गए, कुछ परिचित मित्रों से मुलाकात हुई।

अगले दिन 30 नवम्बर को डॉ. हेमचन्द्र जोशी से मिलने गया। आजकल वह यहाँ 'धर्मयुग' साप्ताहिक का सम्पादन कर रहे थे। इलाचन्द्रजी भी यहीं पर थे। 'धर्मयुग' को जब चालू करना था, तब इसके लिए इनकी योग्यता से लाभ उठाना था, जब इनकी कलम और वर्ग-पहेली के कारण 'धर्मयुग' 50 हजार से भी अधिक छपने लगा, तो इनकी जरूरत नहीं रही, और सेठजी ने धत्ता बता दिया। डाँगे से मिलने गये। वह उस वक्त घर पर ही थे। कितनी ही देर तक बातचीत होती रही। डाँगे सबसे पुराने तपे हुए मजदूर-नेता और मार्क्सवाद के पण्डित ही नहीं, बल्कि भारतीय इतिहास और संस्कृति के भी गम्भीर विद्वान हैं। उनके साथ बात करने में आदमी को आनन्द आता है। कह रहे थे, हमें पार्टी की नीति बदलनी होगी। बड़ी गलती की गई है, जिससे पार्टी को बहुत हानि पहुँची है।

उसी समय एक चीनी फिल्म का निजी प्रदर्शन सेन्ट्रल स्टुडियो (तारदेव) में हो रहा था। ऐसे फिल्म देखने को बहुत कम ही मिलते हैं, जो सिरदर्द न पैदा करते हों। इस मौके से लाभ उठाये बिना मैं कैसे रह सकता था। पास भी मिल गया था। एक चीनी वीर तरुणी का जीवन इसमें चित्रित किया गया था। कैसे उसने हँसते-हँसते जापानी आक्रमणकारियों के हाथों अपने प्राण खोये और उससे पहिले, कितने साहस के बड़े-बड़े काम किये, यह उसमें दिखाया गया था।

1 दिसम्बर को देखा, बाएँ घुटने का छिला भाग हरा हो गया है। दवाई लगाई, पानी से पीछे बचाया भी, पर वह ठीक नहीं हुआ। आज अनुवाद-समिति की बैठक थी, इसलिए पहिले वहाँ जाना जरूरी था। समय था, इसलिए पहले म्युजियम में डॉ. मोतीचन्द के पास गया। सिर्फ उनसे ही बातचीत होती रही, और म्युजियम नहीं देखा। समिति की बैठक दो घंटे तक चली। पं. लक्ष्मण शास्त्री और डॉ. मंगलदेव शास्त्री के किए हुए अनुवादों को दोहराया गया। डा. मंगलदेव शास्त्री, डा. बाबूराम सक्सेना, सुनीति बाबू और डा. काणे उपस्थित थे। डा. कुन्हन राजा संस्कृत पढ़ाने ईरान चले गए थे, इसलिए उनके आने की आशा नहीं थी। अब रोज अपराह्न में समिति की बैठक होने लगी। सोमवार को श्री बालसुब्रह्मण्य अय्यर और महामहोपाध्याय गिरधर शर्मा भी आये, लेकिन, सुनीति बाबू और डॉ. बाबूराम चले गये। अनुवाद का काम इधर चलता रहा, और इधर मेरे घाव ने अपना रूप दिखाना शुरू किया। तब भी एकाध दिन रोका। "रिपु रुज पावक पाप, इनहिं न गनिये छोट कहि" की सूक्ति दिमाग में चक्कर काटने लगी, जब डाक्टर की शरण लेना अनिवार्य जान पड़ा। सेठजी के मकान के पास ही उनके डाक्टर थे। उन्होंने मूत्र की परीक्षा करके बतलाया, कि चीनी दो सैकड़ा है, रक्तदाब 170-190 है, जो थोड़ा-सा अधिक है। पैरों में हल्की सूजन भी है। आज उन्होंने इन्सुलिन दे दी। अभी तक मैं इन्सुलिन का एकान्त भक्त नहीं हुआ था, उससे बचना चाहता था, वैसे सूई लेने में कोई घबराहट नहीं होती। डाक्टर ने कहा, आवश्यकता हुई, तो कल पेनिसिलिन देंगे, और तब तक के लिए पेनिसिलिन की दस गोलियाँ

खाने के लिए भी दीं। सोच रहा था–"अवहितभार हूँ। जीवन में करणीय से अधिक कर चुका हूँ, इसलिए मृत्यु का जरा भी भय नहीं, अफसोस नहीं। तो भी बुरी मौत मरने की आवश्यकता क्या ?" अब पैर पर अपना पूरा अधिकार नहीं था, लेकिन अवलम्ब रखने की उतनी आवश्यकता भी नहीं थी। समिति की बैठक की जगह पर कार से पहुँच अपनी कुर्सी पर जा बैठता।

कोरिया की स्थिति ने अब गम्भीर रूप धारण किया था। अमेरिका 35 अक्षांश को पार कर आगे बढ़, अपने को बड़ा तीसमार खाँ समझता था, लेकिन जब चीनी सैनिकों से पाला पड़ा, तो उसकी सेना में भगदड़ मच गई। जान पड़ने लगा, कि चांग-काइ-शेक की तरह अमेरिकनों को भी चीनी बहादुर प्रशान्त सागर में फेंक कर दम लेंगे। अमेरिका ने परमाणु बम़ इस्तेमाल करने की धमकी दी। धमकी ही नहीं, उसके इस्तेमाल करने के लिए वह तुला दीख पड़ा। पश्चिमी यूरोप के उसके पिट्ठू घबड़ा उठे। रूस के पास भी परमाणु बम था, वह अमेरिका को खुला छोड़ नहीं सकता था। रूस के परमाणु बमों के सबसे पहिले शिकार इंग्लैण्ड और फ्रांस होते, और वहाँ "रहा न कोउ कुल रोवनिहारा" की नौबत आती, इसलिए एटली यह समझाने के लिए भागे-भागे अमेरिका गए, परमाणु बम इस्तेमाल न करें, और चीन के साथ सुलह की जाये।

पेनिसिलिन और इन्सुलिन दोनों का इन्जेक्शन होने लगा। यहाँ से चलने के पहिले घाव को सूख जाना चाहिए था। पर, डायबेटीज़ ऐसी बात सुनने के लिए तैयार नहीं थी। बम्बई के कौंसिल भवन में ही हमारी बैठक होती थी, म्युजियम भी वहाँ से बहुत दूर नहीं था। 5 दिसम्बर को संग्रहालय में डा. मोतीचन्दजी से एक घंटे बातें होती रहीं। वहीं पटना के एक क्यूरियो-विक्रेता मिल गये। कह रहे थे, हमारे पास 40 हजार हस्तलिखित ग्रंथ हैं। हमने और जालानजी ने राजगुरु पं. हेमराज की बहुत-सी पुस्तकें खरीद ली हैं। राजगुरु ने बड़ी मेहनत से जिन्दगी-भर कितनी ही तालपत्र और दूसरी दुर्लभ पुस्तकें जमा की थीं। इस तरह का संग्रह मिलना चाहिए था, किसी राष्ट्रीय संग्रहालय या पुस्तकालय को। अब वह इस तरह बँट रहा था। निजी संग्रहों में अनमोल वस्तुओं का सुरक्षित रखना सम्भव नहीं है, यही ख्याल करके मैंने अपने संग्रह को पटना म्युज़ियम और बिहार रिसर्च सोसाइटी को दे दिया था।

आज ही 79 वर्ष की उमर में श्रीअरविन्द घोष के देहान्त की खबर मिली। महर्षि रमन और अरविन्द आध्यात्मिकता के महान् प्रकाश-स्तम्भ थे। मेरी दृष्टि से भले ही वह महान् अन्धकार-स्तम्भ रहे हों, पर लाखों उनके भक्त थे। सेठ-सेठानी तथा राजा-रानी तो उन्हें अन्तिम अवतार समझकर आरती उतारते थे। अफसोस है, यह दोनों चल बसे। लेकिन, पूरी उमर पाकर ही, इसलिए किसी को शिकायत करने की गुंजाइश नहीं। दोनों की दिव्य शक्तियों का पिछली चौथाई शताब्दियों से धूँआधार प्रचार हुआ था। अरविंद के चेले कहा करते थे कि उनका शरीर कभी नहीं विकृत होगा, लेकिन दो ही दिन में जब गंध आने लगी, तो जल्दी-जल्दी उन्हें बक्स में बन्द करके दफना दिया गया। हिन्दुओं ने दफनाने की प्रथा बहुत पहिले ही छोड़ दी थी, और उसकी जगह जलाने की स्वास्थ्यकर प्रणाली अपनायी थी। पर, चेलों को तो अरविन्द की कब्र पुजवानी थी, इसलिए क्यों उसे जलाने लगे ? दोनों आध्यात्मिक प्रकाश-स्तम्भों में आपस में नहीं बनती थी। कभी एक जगह बैठने का तो उन्हें मौका नहीं मिला, पर मन ही मन समझते थे कि एक जंगल में दो सिंह नहीं रह सकते। विश्वासियों को घबराने की जरूरत नहीं, अगर उनके पास मूढ़ श्रद्धा मौजूद है तो अंधकारपुंज के दूसरे महास्तम्भ खड़े होने में मुश्किल नहीं होगी। देर लगेगी, लेकिन कल्की अवतार आवेंगे जरूर। अरविन्द के मरने से सारी बम्बई पर शोक छा गया, यह कहना लगत है, क्योंकि वह केवल उस वर्ग के पूज्य और परिचित थे, जिसकी संख्या अँगुलियों पर गिनी जा सकती है। उन लोगों में जरूर शोक छाया हुआ था।

6 दिसम्बर को डा. जगदीशचन्द्र जैन से मिले। फिर अँधेरी में सरदार पृथिवीसिंह से मिलने गया। सरदार आजकल यहाँ नहीं थे, और प्रभा भाभी जी पुत्र विजय के साथ घूमने गई थीं, इसलिए दोनों से मुलाकात नहीं हो सकी।

7 दिसम्बर को डॉ. मोतीचन्द और उनके एक पारसी मित्र के साथ ताज होटल में चाय पीने गया। पारसी सज्जन पीतलों और पीतल की मूर्तियों के संग्राहक तथा उत्साही जिज्ञासु थे। वहाँ से डॉ. मोतीचन्द दूसरे होटल

में ले गये, जहाँ मुर्गमुसल्लम का भोज हुआ। उनके चचा भारतेन्दु हरिश्चन्द्र अपने समय के समाज से बहुत आगे बढ़े हुए थे, लेकिन मुर्गमुसल्लम का साहस उन्होंने भी कभी नहीं किया होगा। यदि जीते जी यह सौभाग्य नहीं प्राप्त हुआ, तो श्राद्ध का मुर्गमुसल्लम तो मौजूद था। आओ परमवैष्णव, और नहीं तो "घ्राणम् अर्द्ध भोजनम्" ही सही।

8 दिसम्बर को फिर अँधेरी गए। अब के प्रभा बहिन मिली। विजय की बहिन प्रज्ञा भी संसार में आई थी। वहीं भोजन हुआ। फिर पिछले कई सालों की बीती बातें सुनीं। सरदार का एक पैर बम्बई में और एक पैर भावनगर में रहता है। प्रभा बहिन बच्चों की शिक्षा का ख्याल करके बम्बई छोड़ने के लिए तैयार नहीं।

9 दिसम्बर को अन्तिम बार समिति में तीन-चार घंटे रहा। भारतीय विद्या भवन में आज ही भारतीय संस्कृति पर भाषण देना था। मुनि जिनविजयजी समिति के सदस्य होने के कारण वहीं मिल गये थे, वही इस सभा के सभापति थे। मुनिजी बहुत वर्षों तक भारतीय विद्या भवन के संचालक रहे, उसके प्रतिष्ठाता श्री कन्हैयालाल माणिक लाल मुंशीजी थे। मुनिजी भारतीय संस्कृति और विद्या के गम्भीर साधक विद्वान थे। हम दोनों का परिचय भी साधारण नहीं था। उन्होंने 'प्रमाणवार्तिकभाष्य' को यहाँ से प्रकाशित करना चाहा था, जिसमें वह सफल नहीं हुए। तिब्बत से एक दूसरी महत्वपूर्ण ताल-पोथी हर्षवर्धन शीलादित्य के गुरु गुणप्रभ की महान् कृति 'विनयसूत्र' को उतारकर मैं लाया था, जो सारे 'विनयपिटक' का सार था। 'सुत्तपिटक' के बारे में जो काम वसुबन्धु ने अपने 'अभिधर्मकोश' के रूप में किया, वही काम 'विनयपिटक' के सम्बन्ध में गुणप्रभ ने किया था। तिब्बत में पाँच मूल पाठ्य-ग्रंथों में एक यह भी है। इसके तिब्बती अनुवाद का पता तो लोगों को था, पर मूल के मिलने की आशा नहीं थी। मैं उसे बड़ी साध के साथ वहाँ से उतारकर लाया था। रूस जाने से पहिले विद्या भवन ने उसे छपवाना शुरू किया था। सारी पुस्तक 1947 में ही छप चुकी थी, सिर्फ भूमिका के लिखने की जरूरत थी, जिसके लिए मैं व्यग्र था। पर 47 में छप गई पुस्तक 1956 में भी प्रकाश में नहीं आई। शायद हमारी अगली पीढ़ी को इसे देखने का अवसर मिलेगा। यह दीर्घसूत्रता मेरे लिए अक्षंतव्य थी, लेकिन फड़फड़ाने से क्या होता है ? मुनिजी अब बम्बई में रहते भी कम थे। चित्तौड़ से चार मील पर कृषि-आश्रम बनाने की धुन में थे, और साथ ही राजस्थान सरकार ने भी अपने अनुसंधान-प्रतिष्ठान का कार्यभार उन्हें सौंप दिया है, इसलिए उन्हें भी क्यों दोष दिया जाए ?

आज ही शाम को पोद्दारजी के यहाँ जुहू गये। पाँच वर्ष के लिए ज़मीन मिली थी, जिस पर 50 हजार रुपया खर्च करके बँगला खड़ा कर दिया गया था। साल का दस ही हजार तो हुआ। स्थान हवादार और स्वास्थ्यप्रद था, इसे कहने की आवश्यकता नहीं। सेठ घनश्यामदास सरल प्रकृति के मितभाषी और मारवाड़ी सेठों के बहुत से दुर्गुणों से मुक्त पुरुष हैं। इस समय लखनऊ के एक कलाकार तरुण उनके यहाँ ठहरे हुए थे। वह नाक से सितार, शहनाई, वीणा ऐसी सुन्दर बजाते थे, कि असल और नकल में भेद करना मुश्किल था। कई भाषाओं के बोलने में वह गजब का अनुकरण करते थे। इस दिशा में उनकी प्रतिभा गम्भीर कला का रूप ले सकती थी, किन्तु अभी इन चीजों को मामूली कौतूहल-साधन तक ही सीमित रखा जाता है। रात को मैं भी वहीं जुहू में रहा। अगले दिन सवेरे उठकर समुद्र-तट पर गया जो कुछ ही हाथों पर नीचे तरंगित हो रहा था। पैर अभी ऐसी स्थिति में नहीं था, कि बहुत दूर तक चहलकदमी कर सकता। आसपास में बिड़ला, सेठ आनंदीलाल पोद्दार आदि के भी बँगले थे। जमनालाल बजाज ने यहाँ बहुत-सी जमीन मिट्टी के मोल खरीद ली थी, जो अब सोने की हो गई थी। चारों ओर बँगले, बँगलियाँ और सौध बनते जा रहे हैं। यहाँ तक बस आ जाने के कारण कम खर्च में आने-जाने का भी लोगों को सुभीता था। मलाबार हिल से यह जगह अधिक ठंडी थी, किन्तु बम्बई में सर्दी की बात करने की जरूरत ही नहीं, वहाँ तो माघ-पूष में भी सिनेमा-घरों में पंखे चलाने पड़ते हैं।

आज पूर्वाह्न में माटुंगा के मद्रासी बन्धुओं की हिन्दी कक्षा में भाषण देने जाना पड़ा। वहाँ तरुण-तरुणियाँ सैकड़ों की संख्या में उपस्थित थे, और बतला रहे थे, कि तमिलभाषी लोग भी हिन्दी के महत्व को समझते हैं। मैंने अपने भाषण में पल्लव-संस्कृति पर कहते बतलाया था, कि तमिल भूमि की संस्कृति ने जावा और

कम्बोज पर कितना प्रभाव डाला था।

आज भी खाने के बाद 1 बजे से 4 बजे तक अनुवाद-समिति में रहा।

वर्धा–गाड़ियों में अब भी बहुत भीड़ रहा करती थी, लेकिन मैंने पहिले दर्जे की एक बर्थ पहिले ही वे रिज़र्व करा ली थी। हमारे डब्बे में एक मारवाड़ी, दो पिता-पुत्री कच्छी और मैं–चार ही आदमी थे। वे तीनों उड़ीसा (अंगोल) के नेपाल बाबा के पास जा रहे थे। लड़का नेपाल उड़ीसा में ईसा मसीह का अवतार बनकर पैदा हुआ था। अंधे जाते और वह एक आँख देख लेता, आँख मिल जाती। लँगड़े-लूले जाते और दर्शन मात्र से वह पैरों से दौड़ने लगते। कोढ़ियों की कंचन काया बन जाती, निर्धन मालामाल हो जाते। कौन-सी तकलीफ और आफत थी, जिसको नेपाल बाबा के दर्शन मात्र से नहीं हटाया जा सकता था। कच्छी वृद्ध की लड़की की एक आँख में बहुत बड़ी फूली पड़ी हुई थी, वैसे वह तरुणी और सर्वांग सुन्दरी थी। नेपाल बाबा यदि उसकी फूली को हटा देंगे, तो फिर वह किसी मेनका से कम नहीं होती। इस लालसा से वह पिता के साथ जा रही थी। मारवाड़ी सज्जन भी अपनी किसी गरज के लिए जा रहे थे। सारी ट्रेन में मालूम होता था नेपाल बाबा के भक्तों का कब्जा था। बड़ी भीड़ थी। लोग आपस में बात भी कर रहे थे, तो नेपाल बाबा ही की। मैं दिलचस्पी से उनकी बातें सुन रहा था, लेकिन अपनी तरफ से कोई श्रद्धा नहीं प्रकट कर रहा था। ट्रेन दिन ही में रवाना हुई थी। घंटा-डेढ़ घंटा तक हमारी ओर से नेपाल बाबा की भक्ति के बारे में कुछ भी न निकलते देखकर एक ने स्वयं कहा–"ऐसे महात्मा का दर्शन भाग्य से मिलता है।।" मैंने कहा–"इसमें क्या शक ?" ट्रेन में तिल रखने की जगह नहीं, यही इसका प्रमाण था। उन्होंने कहा–"आप भी चलिए।" मैंने कहा–"मेरे इतने भाग्य कहाँ, कि उस दिव्य पुरुष के दर्शन कर सकूँ।" उन आँख के अन्धों के सामने मैं नेपाल बाबा की ओर से मन हटाने की बात करने की क्यों कोशिश करता।

11 दिसम्बर के सबेरे 8 बजे मैं वर्धा स्टेशन पहुँचा। आनन्दजी और दूसरे मित्र स्टेशन पर मौजूद थे। हिन्दी नगर में जब भी आता, वहाँ कुछ वृद्धि अवश्य दिखाई पड़ती। अबकी अतिथि-भवन तैयार हो चुका था। एक कुएँ पर बिजली का पम्प भी लग गया था। साहित्यिक योजना के बारे में कुछ बातचीत हुई, और कार्यकर्ताओं के वेतन और दूसरे खर्च का हिसाब लगाया गया। शाम को टाउन हॉल में वर्तमान परिस्थिति पर व्याख्यान दिया। विनोदजी को परिचय का काम मिला, और अतिशयोक्ति के लिए उनकी जीभ पर शारदा बैठ गई।

12 दिसम्बर को 2 बजे आनन्दजी और विनोदजी के साथ नागपुर गया। वहाँ लड़कियों की पाठशाला में पहिले भाषण देना पड़ा, फिर नागपुर महाविद्यालय (मेरिस कालेज) में छात्रों और अध्यापकों के सामने हिन्दी साहित्य और परिभाषा पर बोला। रात को डेढ़ घंटा साहित्यिक गोष्ठी हुई, जिसमें यहाँ के सर्वोच्च अधिकारी तथा नागरिक सम्मिलित हुए। बहुत तरह के प्रश्न पूछे गए, उनमें हिन्दी की रुचि को देखकर मुझे प्रसन्नता हुई।

13 दिसम्बर को हमें यहाँ से मसूरी को प्रस्थान करना था। घाव का धोना-बाँधना अब भी वैसे ही चल रहा था, और वह सूखने का नाम नहीं ले रहा था। दोपहर की गाड़ी पकड़ने से पहिले राज्यपाल श्री मंगलदास पकवासा से मिलना ठीक हुआ था। पं. हृषिकेश शर्मा पकवासाजी की सुयोग्य पुत्रवधू के हिन्दी-अध्यापक थे। उनके ही आग्रह पर इसे स्वीकार किया, और पौने 9 बजे राजभवन में पहुँचे। प्रातराश के साथ ही बातचीत भी करनी थी। एक सुशिक्षित संस्कृत शिष्ट देशप्रेमी के अनुसार ही वहाँ सवाल-जवाब हुए। पकवासाजी स्वयं भी डायबेटीज़ के मरीज थे। उन्होंने अपने तजर्बो को बतलाया, और रूस देखने की बड़ी इच्छा प्रकट की। उस समय अभी हमारे कांग्रेसी नेता रूस से भड़कते थे, और आजकल की तरह की आवा-जाही की कल्पना भी नहीं कर सकते थे।

मसूरी–राजभवन से स्टेशन आकर गाड़ी पकड़ी। फिर अनेक वार चले उसी रास्ते से इटारसी की ओर बढ़ा। भोपाल रास्ते में पड़ा। अगले दिन (14 दिसम्बर) का सबेरा आगरा में हुआ, 11 बजे दिल्ली आई। दिल्ली में उतरना था। घाव की भी देखभाल करनी थी। भैया के स्थानीय मैनेजर श्री गौरीलाल चानना स्टेशन पर

आये हुए थे। उनके साथ गली में उनके घर पर गए, जो पुरानी दिल्ली के मोहल्ले में था। यहाँ आधे हिन्दू और आधे मुसलमान रहा करते थे। विभाजन के बाद सारे मुसल्मान पाकिस्तान चले गए और उनके घरों में पंजाब के शरणार्थी रहने लगे। श्री गौरीलालजी भी उसी तरह अब एक कोठरी में रहते थे। दोपहर का भोजन करके तीन घंटा सोता रहा। आगे देहरादून तक न जाने सोने को मिले या नहीं, इसलिए पहिले ही कमी पूरी कर देना चाहता था। बयालू करके 8 बजे फ्रन्टियर मेल पर सवार हुआ। जगह पहिले ऊपर मिली। एक तो डायबेटीज़ वाले को पेशाब को लिए उठना पड़ता है, इसलिए भी ऊपर की सीट अनुकूल नहीं होती, पर अब तो लँगड़ा भी हो गया था। दूसरे सज्जन ने अपनी सीट हमें दे दी। घाव की मरहम-पट्टी हुई, लेकिन उसमें कुछ भी सुधार नहीं मालूम होता था।

सहारनपुर तक ही इस ट्रेन से जाना था, जहाँ रात 2 बजे से पहिले पहुँच गया। अखबारवाली कार में बैठकर साढ़े 5 बजे किताबघर पहुँचा। वहाँ से सामान उठवाया, और उषाकाल में ही 'हर्न-क्लिफ' आ गया। देखा, फ्लशवालों ने पाइप बैठाने के लिए जमीन खोद ली थी। महादेवजी के दाहिने हाथ में इधर कितने ही दिनों से दर्द था, वह लिखने में असमर्थ थे। अब वह चलने की सोच रहे थे। पर, मैंने कहा—"कोई लिपिक आ ही रहा है, इसलिए उसकी चिन्ता न करें। अपनी पट्टी खोली, तो घाव का रुख देखकर जान पड़ा अस्पताल जाना पड़ेगा। लेकिन कमला को विशारद की परीक्षा इसी महीने देनी थी। अस्पताल यहाँ से बहुत दूर लण्ढौर के पास था। वहाँ जाने में न जाने कितना समय लगे, इसलिए तब तक मरहम-पट्टी यहीं करने का निश्चय किया।

आज सरदार वल्लभभाई पटेल का बम्बई में देहान्त हो गया। "कांग्रेस में वही एक आदमी था, जो कुछ करने की क्षमता रखता था। चाहे सूझ न भी हो।" रियासतों का एकीकरण सरदार का सबसे बड़ा काम था, और हैदराबाद को ठीक करना उससे भी बड़ा काम। बारदोली के नेता के ये काम हमेशा स्मरणीय रहेंगे। वैसे वे सेठों के सबसे बड़े समर्थक थे, और अपने रास्ते में किसी रोड़े को फूटी आँखों भी देखना नहीं चाहते थे।

कमला को साथ रहते अब डेढ़ वर्ष से ऊपर हो गया था। उन्हें आगे बढ़ाने में पहिला कदम यही हुआ था कि इस साल वह विशारद मैं बैठनेवाली थीं। उन्हें मेरे साथ और मुझे उनके साथ रहना था। इतने दिनों में हम एक-दूसरे की प्रकृति से काफी परिचित हो चुके थे। स्त्री-पुरुष के ऐसे घनिष्ट सम्बन्ध को अनिश्चित स्थिति में रखना ठीक नहीं था। पुरुषों के राज में स्त्रियों के लिए यह स्थिति और भी असह्य थी। इसलिए 18 दिसम्बर को हमने निश्चय किया कि दोनों पति-पत्नी बन जाएँ। मुझे हिचक सबसे बड़ी आयु की थी। मैं नहीं चाहता था कि तरुण जीवन को बन्धन में डालूँ। 23 दिसम्बर को उषा-काल के साथ डॉ. सत्यकेतु और शीलाजी 11 बजे आ गए। नागार्जुन के आने की आशा थी, लेकिन अभी वह नहीं आ पाए थे। महादेव भाई साथ ही थे। 12 बजे के करीब डा. सत्यकेतु पुरोहित बने और हम दोनों का ब्याह हो गया। साहित्यिक काम और मेरे स्वास्थ्य के बारे में डेढ़ साल तक जो देखभाल कमला ने की थी, वह बड़ी ही श्लाघनीय थी। डायबेटीज़ का शिकार शरीर हो ही चुका था, इसलिए उसको ठीक से चलाने में भी कमला के हाथ की जरूरत थी। यदि मैं इसे न करता, तो वह हद दर्जे की स्वार्थपरता होती, और कमला के साथ भारी अन्याय भी। अगले दिन (24 दिसम्बर को) परीक्षा देने के लिए कमला को देहरादून जाना था, जिससे पहिले इस काम को कर लेना था।

19 दिसम्बर को भी घाव की वही हालत रही। अब इन्सुलिन का इन्जेक्शन खाने के पहिले रोज लेने लगा, सिवाजोल की गोलियाँ भी खाईं। घाव से बचाना तथा इन्सुलिन को बराबर लेते रहना है, अब यह साफ दिखलाई देने लगा। जब तक घाव है, तब तक तो इन्सुलिन से पिण्ड नहीं छूटता, लेकिन पीछे के लिए समझता था कि उसे लगातार नहीं लूँगा, भोजन का सेवन रखूँगा। पर यह इतना आसान काम नहीं था। वर्ष के अन्त में 31 दिसम्बर को डायरी में लिखा—"अभी भी घाव अच्छा नहीं हो रहा है। कल चाहते हैं, पेनिसिलिन लेना। दो-ढाई महीने के करीब यह घाव मेरे साथ रहा। उसने शिक्षा दी कि अब इन्सुलिन को रोज लेना चाहिए,

और घाव से जितना बचा जाय उतना बचना चाहिए। मसूरी में रहते उसकी सम्भावना कम थी, लेकिन बाहरी यात्रा चाहे रेल की हो, मोटर की या पैदल, घाव का डर बना ही रहता है, इसीलिए मैंने बाहर जाने का ख्याल छोड़ दिया। पहिले इन्सुलिन शाम-सबेरे दो वक्त लेता रहा, फिर सोचा, यदि खाना शाम का छोड़ दें, तो दो बार सुई चुभोने की जरूरत नहीं होगी। तब से शाम का खाना छोड़ दिया। पीछे डाक्टर ने बतलाया एक वक्त अधिक खाने से हृदय को बहुत काम करना पड़ता है, हृदय का दर्द उसी के कारण है। तब 24 घण्टे की इन्सुलिन लेकर दोनों वक्त खाने लगा, मेदे ने काम करने से इन्कार कर दिया, और खट्टी डकारें आने लगीं। इसलिए दो वक्त के चाय के वक्त थोड़ा भोजन बढ़ाकर मध्याह्न-भोजन को ही मुख्य बनाने का निश्चय किया। घाव न रहने पर इन्सुलिन न लेने से पेशाब का अधिक आना, मुँह का सूखा बने रहना, और साथ ही दिमाग में एक तरह का खुमार-सा बना रहना बुरा था, जिसके कारण ही इन्सुलिन-व्रती बनना पड़ा।

24 दिसम्बर को परीक्षा देने के लिए कमला देहरादून गईं। वह परीक्षा ही देने के लिए नहीं गई थीं, बल्कि उन्हें अब की कलिम्पोंग भी जाना था, अर्थात् महीने-भर बाद ही वह लौट सकती थीं। उस दिल बादल छाया था, सर्दी बहुत बढ़ गई थी। आग जलाई, तो चिमनी का रास्ता रुका हुआ था, सारे घर में धुआँ भर गया। रात को पानी बरसा। 25 को बड़े दिन का सवेरा आया। वर्षा हिमपात के रूप में परिणत हो गई। दोपहर तक हमारी क्यारियाँ और रास्ता बर्फ की सफेद चादर से ढँक गया। हवा बिल्कुल बन्द थी। बरफ वृक्षों के शाखा-शाखा, पत्ते-पत्ते पर मढ़ गई, सामने की विलायती खजूर पहिले हाथी के कान-जैसे अपने पत्तों को हिलाकर बर्फ के फायों को हटाना चाहती थी, पर जब हवा बन्द हुई, तो पत्तों पर भी फाये चिपकने लगे। आसपास और हमारे मकान की सारी छतें सफेद हो गई। कीट-पतंग पशु-पक्षी कहीं किसी की आवाज नहीं सुनाई देती, चारों तरफ नीरवता का अखण्ड राज था। बरामदे में दिन में भी तापमान 34 डिग्री था, बाहर और भी कम, इसलिए बरफ के पिघलने का कोई सवाल नहीं था। मैंने ज्यादातर चारपाई पर बैठे-बैठे 'गढ़वाल' लिखने में अपना समय बिताया। अगले दिन 'प्रथम हिमपात' के नाम से एक छोटा-सा लेख लिखकर 'नवयुग' को भेजा। आज बरफ पिघलने लगी, लेकिन आकाश से बादल बिल्कुल हटे नहीं थे, तो भी सूर्य बीच-बीच में झाँककर दीखता था। 26 को महादेवजी देहरादून से आ गये।

हमारे पड़ौसी लेडली-परिवार और पूसंग-परिवार ईसाई एंग्लोइडिण्यन थे। दोनों के ही साथ हमारा सम्बन्ध बहुत अच्छा था। बड़े दिन का पर्व उनके लिए वैसे ही महत्व रखता था, जैसा हमारे लिए होली-दीवाली। चाहे हम उसके धार्मिक अंश पर विश्वास न रखें, पर बचपन से उनके कारण जो मीठे पकवान खाये हैं, परिवार और समाज में जो उल्लास देखा है, वह अब भी अपना आकर्षण पैदा किये बिना नहीं रह सकता।

29 को महादेवजी फिर देहरादून गए। उनसे कह दिया, यदि कमला कलिम्पोंग जाना चाहें, तो इसी वक्त हो आएँ। कमला परीक्षा देकर वहाँ गईं भी।

30 दिसम्बर को सर्दी बढ़ गई थी। पं. सुखलालजी ने अपने सम्पादित 'हेतु-बिन्दु' की एक प्रति भिजवाई। धर्मकीर्ति की इस महत्वपूर्ण पुस्तक का मूल संस्कृत नहीं मिला था। किसी जैन भंडार में अर्चट लिखित इसकी टीका मिली थी, और दुर्वेक मिश्र की उस पर अनुटीका तिब्बत में मैंने लिखा था। पं. सुखलालजी ने इन्हें सम्पादित करने का भार लिया। मैंने तिब्बती के आधार पर उसके मूल को भी संस्कृत में कर दिया। तीनों चीजें एक साथ छपी हैं, यह जानकर मुझे प्रसन्नता हुई–धर्मकीर्ति की एक और कृति मूल भाषा में उनके देशभाइयों के सामने आ गई।

1950 का अन्तिम दिन (31 दिसम्बर) अतवार को पड़ा। साल-भर का लेखा-जोखा लेने पर मालूम हुआ कि इस साल 'मधुर स्वप्न' और 'दार्जिलिंग-परिचय' प्रकाशित हुए। 'कुमाऊ' लिखकर प्रेस में भेजा था, किन्तु 1956 के अन्तिम पाद में ही उसके छपने की नौबत आई। 'आदि हिन्दी' की छपाई में हाथ लगा, और 'गढ़वाल' के दो सौ पृष्ठ लिखे जा चुके। अपने काम से सन्तोष था। पर अभी सामने ढेर का ढेर काम पड़ा हुआ था। सबसे बड़ा काम था 'मध्य-एसिया का इतिहास' जिसमें न जाने कितना समय लगेगा। इस साल बाहर न जाने का संकल्प रहते भी कलिम्पोंग, कलकत्ता, दिल्ली, प्रयाग, अमृतसर, बम्बई, वर्धा, नागपुर, हैदाराबाद जाना पड़ा।

शरीर में शक्ति की कमी नहीं मालूम होती थी, तो भी घाव विकट रूप ले रहा था, इसकी चिन्ता जरूर थी।

मसूरी में रहते प्रायः 6 महीने हो गए थे। यहाँ का प्रथम आकर्षण न रहने पर भी वह अच्छी मालूम होती थी। आबोहवा बिल्कुल अनुकूल थी। सर्दी मेरे लिए परेशानी की चीज नहीं थी, और सफेद-सफेद बरफ को देखने में तो वैसे ही आनन्द मिलता, जैसे हरे-हरे देवदारों के वन को देखकर। परिचय अधिक बढ़ाना पसन्द नहीं था, क्योंकि उसमें समय के अपव्यय का सवाल था, तो भी सहृदय हितबन्धुओं से मिलकर जो आनन्द प्राप्त होता है, उससे वंचित रहना मैं भी नहीं पसन्द करता था। 'हर्न-क्लिफ' से बाजार की ओर आने-जाने में थोड़ी-सी चढ़ाई पड़ती थी, जो बिल्कुल मालूम नहीं होती थी और न हृदय पर उसका किसी तरह का बोझ मालूम होता था। डायबेटीज़ से यद्यपि इस वक्त परेशान था, किन्तु चीनी इतनी नहीं जा रही थी कि जिसका वजन पर असर पड़ता।

खेती-बारी का तजर्बा अभी नया-नया था, और वह भी उस समय का जबकि खेती का मौसम बीत चुका था। घंटे-डेढ़ घंटे निकालकर खेत में काम करना मैं चाहता, और करता भी था। कितनी ही साग-सब्जियों से निराश होकर भी हिम्मत छोड़नेवाला नहीं था। बरफ के दिनों में राई और गोभी डटी रहीं। बरफ पिघलते ही उसकी हरी-हरी पत्तियाँ फिर चमकने लगीं, टमाटर ने सूखकर फिर उठने का नाम नहीं लिया। लाल मिर्च की भी स्थिति वैसी ही दीख पड़ी। तजर्बे से देखा कि अगर धरती के भीतर इनकी जड़ को ही मृत न होने दिया जाये, तो वसन्त में वही पेड़ फिर पत्ते और अंकुर देने लगते हैं, और सबसे पहिले इनमें फल लगते हैं। हर साल उनकी रक्षा में हम यथोचित ध्यान नहीं दे सके, लेकिन तो भी इन्होंने, विशेषकर मिर्च ने निराश नहीं किया। 1950 की लगाई, एक लाल मिर्च तो आज भी उसी तरह तैयार है, और हर साल सैकड़ों फल देती है। कड़वी इतनी, कि बड़े-बड़े सूरमाओं के दाँत खट्टे कर देती है। प्रो. विश्वनाथ शुक्ल बड़ी डींग हाँकते थे। जब घर की एक छोटी-सी मिर्च उनके सामने रख दी गई, तो उन्होंने हार मान ली। मिर्च का बिल्कुल बायकाट करता, पर हमारे घर में मिर्च-प्रेमियों की कमी नहीं है। कमला को तो उसके बिना सरता ही नहीं ।

■■■